Kıygı
Wirtschaftswörterbuch

Band II: Deutsch-Türkisch

Wirtschaftswörterbuch

Band II: Deutsch-Türkisch

von

Osman Nazım Kıygı, M. A.

herausgegeben vom

Zentrum für Türkeistudien,
Institut an der Universität GH Essen

Verlag Franz Vahlen München

Zentrum für Türkeistudien, Institut an der Universität GH Essen
Hauptstelle: Overbergstr. 27, 45141 Essen, Tel. (02 01) 31 10 41/42, Telefax (02 01) 31 10 43

Zentrum für Türkeistudien

Mitglieder des Vorstandes: Prof. Dr.-Ing. E. h. Enno *Vocke*
                                           HOCHTIEF AG Essen
                                           Dr. Gisela *Freudenberg*
                                           Forschungsgruppe Modellprojekte e. V.
                                           Heppenheim
                                           Prof. Dr. Elmar *Lehmann*
                                           Rektor der Universität GH Essen

Direktor: Prof. Dr. Faruk *Şen*

Wissenschaftlicher Beirat des Zentrums für Türkeistudien:
Prof. Dr. Fikret *Adanır*, Bochum   MinDirig. Helmut *Heyden*, Berlin
Prof. Dr. Şefik Alp *Bahadır*, Erlangen   MinR. Dr. Werner *Joel*, Düsseldorf
Prof. Dr. Ursula *Boos-Nünning*, Essen   Prof. Dr. Petra *Kappert*, Hamburg
Prof. Dr. Paul *Dumont*, Straßburg   Prof. Dr. Dr. h. c. Fritz *Neumark* †,
Prof. Dr. Günter *Endruweit*, Kiel   Baden-Baden
Prof. Dr. Dr. h. c. K.-D. *Grothusen*,   Prof. Dr. Dankwart A. *Rüstow*, New York
Hamburg †   Prof. Dr. Günter *Schiller*, Wuppertal
Prof. Dr. Dr. h. c. Werner *Gumpel*, München

Trägerinstitutionen des Zentrums für Türkeistudien:
Bundesministerium für Bildung und Wissenschaft
Ministerium für Arbeit, Gesundheit und Soziales des Landes Nordrhein-Westfalen
Ministerium für Wissenschaft und Forschung des Landes Nordrhein-Westfalen
Forschungsgruppe Modellprojekte e. V.
Freudenberg Stiftung
Stifterverband für die Deutsche Wissenschaft
Stadt Essen
Universität Gesamthochschule Essen

Die Deutsche Bibliothek – CIP-Einheitsaufnahme

Kıygı, Osman Nazım:
Wirtschaftswörterbuch / von Osman Nazım Kıygı. Hrsg. vom
Zentrum für Türkeistudien, Institut an der Universität GH
Essen. – München : Vahlen.
NE: HST

Bd. 2. Deutsch-türkisch. – 1995
   ISBN 3-8006-1873-7

ISBN 3 8006 1873 7

© 1995 Verlag Franz Vahlen GmbH, München
Satz und Druck: Wagner GmbH, Nördlingen

Vorwort

Wenn Neuland betreten wird, ist die Verlockung groß, ein Werk zu schaffen, das endgültig ist. Die türkische Sprache erlaubt dies jedoch nicht. Sie ist nämlich eine der Sprachen, die seit über 60 Jahren einem solch rapiden Wandel unterworfen ist, daß einem sprichwörtlich der Atem wegbleibt. Im einsprachigen Wörterbuch „Kamus-u Türkî" (Großwörterbuch des Türkischen) von *Şemsettin Sami*, erschienen im Jahre 1901, waren 9.917 von 29.255 Wörtern türkischer Abstammung (Cumhuriyet Dönemi Türkiye Ansiklopedisi, Bd. 10, 1983, İletişim Yayınları, İstanbul, S. 2584). Der Rest setzte sich aus Lehnwörtern aus den arabischen, persischen und französischen Sprachen zusammen. Dies entspricht einem Verhältnis von 34%. In der 7. Auflage des Wörterbuchs „Türkçe Sözlük" im Jahre 1983 war die Anzahl der türkischen Wörter auf 27.326 gestiegen. Diese Entwicklung ist vor allem der Forschungsarbeit der 1932 gegründeten Türkischen Sprachgesellschaft, „Türk Dil Kurumu" zu verdanken. Dies bedeutet eine Neuprägung von ca. 17.500 Begriffen türkischer Abstammung in 50 Jahren.

Ich kann mich gut an die Zeit erinnern, als ich von der Grundschule nach Hause kam und in Erdkunde die Himmelsrichtungen gelernt hatte: „Kuzey", „Güney", „Dogu" und „Batı". Meine Eltern konnten damals mit diesen für sie völlig neuen Begriffen nichts anfangen. Für sie gab es vier Himmelsrichtungen und sie hießen „şimal", „cenup", „şark" und „garp". Es dauerte aber nicht lange, bis auch sie die neuen Begriffe annahmen und sie dann sowohl schriftlich als auch mündlich benutzten. Dies geschah ohne Zwang und ohne Widerstand. Es mag erstaunlich klingen, daß eine solche Bereitschaft vorhanden ist, innerhalb einer einzigen Generation, völlig neue Wortbildungen so schnell anzunehmen und aktiv zu benutzen. Erklärlich ist es dennoch: Die neuen Wortprägungen bedienen sich Wortstämmen, die jeder Türke versteht. Natürlich geht es nicht von heute auf morgen, daß auf einmal alle Wörter runderneuert werden. Eine Zeitlang werden dann beide Begriffe neu und alt nebeneinander sowohl in der gesprochenen wie auch in der geschriebenen Sprache angewendet. Die damals eingeführten Begriffe für die Himmelsrichtungen haben sich bewährt. Die heutige Jugend kann mit den Begriffen „şimal", „cenup", „garp" nichts mehr anfangen. Das Wort „şark" ist höchstens noch in der Zusammensetzung „şark kafası" verständlich. Die durch die „Türk Dil Kurumu" forcierte Sprachreform hat inzwischen eine solche Eigendynamik entwickelt, daß ein Ende noch lange nicht in Sicht ist.

Parallel hierzu ist durch die wirtschaftliche und technologische Entwicklung besonders im Westen ein ständiger und atemberaubender Entstehungsprozeß im Bereich der Fachwörter zu beobachten. Diese werden dann fast unverändert ins

Türkische übernommen und beispielsweise Wörter wie „özdevinim" haben es schwer sich gegen pro-westliche Leih-Prägungen wie „otomasyon" durchzusetzen. Gleichzeitig erleben wir öfters den Gebrauch von gleichdeutigen Wörtern wie „aktualite" und „güncellik" im Alltag.

Die Verlockung ist groß, türkische Begriffe zu verwenden und fremde Begriffe wegzulassen, und auf diese Art und Weise diese Entwicklung zu unterstützen. Ich habe dies jedoch nicht getan, weil ich eingesehen habe, daß ein zweisprachiges Fachwörterbuch nicht die Aufgabe hat, die Sprache weiterzuentwickeln, sondern sich an dem bestehenden und aktuellen Sprachgebrauch orientieren muß.

Das ständige Lesen der türkischen Fachliteratur ist verwirrend. Die Entscheidung, ob ich das deutsche Wort „direkt" mit „direkt", „dolaysız" oder mit „vasıtalı" übersetze, wann und wo, bei welcher Wortzusammensetzung ich das mache, oder ob ich alle drei Begriffe übernehme, hat mich schier verzweifeln lassen und mir schlaflose Nächte bereitet. Die Frage, ob ich für „Beweislast" „beyyine külfeti" stehenlasse oder nur „ispat yükü" nehme oder beides aufführe, ob ich Wörter wie „komünikasyon" durch das wunderschöne Wort „iletişim" ersetze, ob das Wort „tanıtım" gleichbedeutend mit „reklam" ist, ob ich statt „sosyal" nur noch „toplumsal" sage, was ich dann mit dem Ministerium „Çalışma und Sosyal Güvenlik Bakanlığı" mache, all diese und ähnliche Fragen haben mich schwer beschäftigt, beschäftigen mich heute noch und werden mich weiter beschäftigen.

Ferner habe ich mir anfangs den Kopf darüber zerbrochen, ob es möglich sei, den Unterschied zwischen „iş"="Arbeit" und „iş"="Geschäft" darzustellen. Im Deutschen ist der Unterschied zwischen „Arbeitsleben" und „Geschäftsleben" eindeutig. Im Türkischen dagegen wird häufig „iş yaşamı" im Sinne von „çalışma yaşamı", also „Arbeitsleben" gebraucht. Bei der Frage, ob ich nun für den Begriff „Arbeitsleben" nur „çalışma yaşamı" verwende oder beide Möglichkeiten angebe und ob ich dieses für alle Zusammensetzungen mit „Arbeit" tue, mußte ich mich in jedem einzelnen Fall entscheiden. Diese und ähnliche Fragen haben die Arbeit zusätzlich erschwert.

Die oben aufgeführten Beispiele zeigen nur einige Problembereiche, die bei der Erstellung dieses Fachwörterbuchs von Bedeutung waren.

Anschließend möchte ich mich bei Herrn *Güray Öz* bedanken, der in der Anfangsphase der Entstehung dieses Wörterbuchs im Zentrum für Türkeistudien in Essen mir mit seinem feinen Sprachgefühl des Türkischen zur Seite stand und stundenlang mit mir über Begriffe diskutiert hat. Mein Dank gilt auch allen, die mich in den letzten drei Jahren mit Geduld und Verständnis ertragen haben.

Duisburg, im Dezember 1994 *Nazım Kıygı*

Abkürzungsverzeichnis nach Sachgebieten
Konulara göre Kısaltmalar

(AußH)	**Außenhandel** – dış ticaret	
(Bahn)	**Eisenbahn** – demiryolları	
(BauW)	**Bauwesen** – inşaatçılık	
(BergB)	**Bergbauwesen** – madencilik	
(BkW)	**Bankwesen/Finanzierung** – bankacılık/finansman	
(Bö)	**Börse** – borsa	
(BWL)	**Betriebswirtschaftslehre** – işletme ekonomisi	
(EDV)	**Elektronische Datenverarbeitung** – elektronik bilgiişlem	
(Elek)	**Elektrizität** – elektrik	
(EU)	**Europäische Union** – Avrupa Birliği	
(Flug)	**Flugwesen** – havayolları	
(Inco)	**Incoterms** – uluslararası ticarette satış sözleşmelerine ilişkin terimler	
(Ind)	**Industrie** – sanayi	
(Jur)	**Rechtswesen** – hukuk	
(Kfz)	**Kraftfahrzeuge** – motorlu taşıtlar	
(KoR)	**Kostenrechnung** – maliyet muhasebesi	
(LandW)	**Landwirtschaft** – tarım	
(LebV)	**Lebensversicherung** – hayat sigortası	
(Math)	**Mathematik** – matematik	
(Mk)	**Marketing** – pazarlama	
(Med)	**Medizin** – tıp	
(öFi)	**öffentliche Finanzen** – kamu maliyesi	
(OR)	**Operations Research** – yöneylem araştırması	
(Pat)	**Patentwesen** – patent	
(Press)	**Pressewesen** – basın yayın	
(Post)	**Postwesen** – posta	
(ReW)	**Rechnungswesen** – muhasebe	
(Schff)	**Schiffahrt** – gemi taşımacılığı	
(SeeV)	**Seeversicherung** – denizcilik sigortası	
(SozV)	**Sozialversicherung** – sosyal sigorta	
(Stat)	**Statistik** – istatistik	
(StR)	**Steuerrecht** – vergi hukuku	
(Tele)	**Telekommunikation** – telekomünikasyon	
(Vers)	**Versicherungswesen** – sigortacı işleri	

(vGR)   **volkswirtschaftliche Gesamtrechnung** – milli muhasebe
(VWL)   **Volkswirtschaftslehre** – iktisat
(WeR)   **Wertpapierrecht** – kıymetli evrak hukuku
(Zo)   **Zollwesen** – gümrük işleri

Weitere Abkürzungen
Diğer Kısaltmalar

(AG)   **Aktiengesellschaft** – anonim şirket
(D)   **Deutschland** – Almanya
(Eng)   **Englisch** – İngilizce
(EWS)   **Europäisches Währungssystem** – Avrupa Para Sistemi
(HV)   **Hauptversammlung** – genel kurul
(IWF)   **Weltwährungsfonds** – Uluslararası Para Fonu
(TR)   **Türkei** – Türkiye

Grammatikalische Abkürzungen
Dilbilgisi ile ilgili Kısaltmalar

⟨adj⟩   **Adjektiv** – sıfat
⟨adv⟩   **Adverb** – zarf
⟨f⟩   **Femininum** – dişi
⟨int⟩   **intransitives Verb** – geçişsiz fiil
⟨m⟩   **Maskulinum** – erkek
⟨n⟩   **Neutrum** – cinssiz
⟨präp⟩   **Präposition** – öntakı
⟨refl⟩   **Reflexivum** – dönüşlü fiil
⟨v/t⟩   **transitives Verb** – geçişli fiil

Allgemeine Abkürzungen
Genel Kısaltmalar

etw.   **etwas** – birşey
jdm.   **jemandem** – bir kimseye
jdn.   **jemanden** – bir kimseyi
jds.   **jemandes** – bir kimsenin
z. B.   **zum Beispiel** – örneğin

Benutzerhinweise

Ich stelle mir vor, daß der Benutzer dieses Wörterbuchs, sei er nun Übersetzer, Journalist oder Wissenschaftler, in der Regel immer eines im Sinn haben wird: Das Transferieren eines Ausdrucks aus dem Deutschen ins Türkische. Es ist auch völlig egal, ob er die Aufgabe hat, einen deutschen Text ins Türkische zu übersetzen oder ob er nur den Sinn eines vorliegenden deutschen Textes verstehen will. In beiden Fällen wird er das, was deutsch ausgedrückt ist, ins Türkische transferieren. Die Ausgangssprache wird in beiden Fällen deutsch, die Zielsprache türkisch sein.

Wenn der Benutzer beim Transferieren oder Übersetzen nach der Bedeutung eines Wortes sucht, sucht er diese Bedeutung in einem bestimmten Textzusammenhang. Er will das Wort, das er vorläufig aus seinem Zusammenhang im Ausgangstext herausgenommen hat, erst begreifen, dann übersetzen, um es dann in der Zielsprache einzusetzen. Dieser Vorgang wird erschwert, wenn der Benutzer zwei oder mehr äquivalente Wörter, die jedoch völlig verschiedene Bedeutungen haben, in der Zielsprache findet. Um die Auswahl zu treffen, muß der Benutzer das herausgenommene Wort immer in Verbindung mit dem Ausgangstext betrachten. Also transferiert oder übersetzt der Benutzer nicht bloße Wörter, sondern Wörter, die nur im Zusammenhang mit anderen Wörtern etwas bestimmtes ausdrücken.

Daher kann ein Wörterbuch, das die unterschiedlichen Bedeutungen eines Wortes im Zusammenhang mit anderen Wörtern hervorhebt, hier Abhilfe schaffen. Gerade in der Fachsprache, in der die Begriffsbildung durch zusammengesetzte Wörter und Wortbindungen stattfindet, ist ein solches Wörterbuch – ein sogenanntes Kollokationswörterbuch – unabdingbar.

Das Wirtschaftswörterbuch Deutsch-Türkisch ist als Kollokationswörterbuch in zwei Ebenen konzipiert worden.

Auf weitere Ebenen bzw. Unterteilungen wurde bewußt verzichtet, um dem eiligen Benutzer unnötigen Zeitaufwand zu ersparen.

Erste Ebene

Auf der ersten Ebene wurden Wörter in der Ausgangssprache als Ausgangswörter ungetrennt alphabetisch angeordnet. Das heißt, daß zusammengesetzte Wörter wie „Wirtschaftswachstum" nicht in sich geteilt wurden und daher nicht unter dem Ausgangswort „Wachstum" zu finden sind.

Auch Beiwörter wie Adjektive und Verben sind auf der ersten Ebene alphabetisch angeordnet. Jedoch dienen diese in der Regel nicht als Ausgangswörter.

Das bedeutet, daß Wörter wie „intensiv" oder „ankurbeln" zwar auf der ersten Ebene zu finden sind, jedoch Zusammensetzungen wie „intensives Wirtschaftswachstum" und „Wirtschaftswachstum ankurbeln" unter dem Ausgangswort „Wirtschaftswachstum" und nicht unter dem Wort „intensiv" oder ankurbeln" zu finden sind.

Die verschiedenen Bedeutungen eines Wortes auf der ersten Ebene wurden dort numeriert, wo es notwendig erschien. In der Regel wurden die Bedeutungsunterschiede durch die in Klammern den jeweiligen Worten *kursiv* vorgesetzten Zuordnungshinweise (siehe unten) wie *(Schule)*, *(AG)*, *(D)*, *(BKW)* usw. kenntlich gemacht.

Jedes Ausgangswort wurde durch Abkürzungen wie ⟨f⟩, ⟨pl⟩, ⟨refl⟩ (siehe Grammatikalische Abkürzungen), die hinter dem Wort stehen, grammatikalisch definiert.

Alle Ausgangswörter erscheinen im Fettdruck, um sie hervorzuheben. Auch Ausgangswörter, auf die durch einen Pfeil als Synonyme verwiesen wird, sind fett gedruckt.

Zweite Ebene

Auf der zweiten Ebene befinden sich die Ausgangswörter in Verbindung mit anderen Wörtern und Beiwörtern in eckigen Klammern und sind durch drei Punkte „..." ersetzt, um Wiederholungen zu vermeiden. Die alphabetische Anordnung in der zweiten Ebene sieht so aus, daß eine Verlagerung des Ausgangswortes bzw. der drei Punkte „..." von links nach rechts stattfindet.

Beispiel:

Abstimmung ⟨f⟩
[... laufender Einnahmen und Ausgaben]
[briefliche ...]
[zeitliche ...]
[zinspolitische ...]
Durch die Zusammensetzungen auf der zweiten Ebene, wie oben am Beispiel zu sehen ist, werden die unterschiedlichen Bedeutungen des Wortes **„Abstimmung"** auch ohne die entsprechenden türkischen Wörter deutlich.

Zuordnungsverweise

Zuordnungsverweise haben die Aufgabe der Differenzierung und stehen in Klammern kursiv vor den Ausdrücken in der Zielsprache. Sie können Abkürzungen sein und sind dann zu finden in den Abkürzungsverzeichnissen. Wenn sie Wörter wie *(Parlament)*, *(Schule)*, *(Geld)*, *(Ausschreibung)* usw. sind, dann sind sie als Verweis zu verstehen. Die Bedeutung des folgenden Wortes ist nur im Zusammenhang mit dem in Klammern gesetzten Ausdruck zu verstehen.

Beispielsweise stehen dem deutschen Wort „ablösen" drei unterschiedliche türkische Wörter gegenüber. Die Differenzierung an dieser Stelle wurde vorgenommen durch die Zuordnungsverweise:
1. *(entfernen)*, d. h. „ablösen" im Sinne von „entfernen",
2. *(ersetzen)*, d. h. „ablösen" im Sinne von „ersetzen" und
3. *(Schulden)*, d. h. im Sinne von „Schulden ablösen". In allen drei Fällen ist das deutsche Wort **„ablösen"** im Türkischen mit einem anderen Wort äquivalent.

Zeichen

Folgende Zeichen wurden benutzt, um dem Benutzer die Anwendung des Wörterbuchs zu erleichtern:

Der Schrägstrich „/" ist im Sinne von „oder" zu verstehen und wurde eingesetzt, um unnötige Wiederholungen zu vermeiden. Wörter, die mit einem Schrägstrich „/" verbunden sind, müssen nicht unbedingt Synonyme sein.

Der Pfeil „→" ist im Sinne von „siehe auch" oder „gleichbedeutend mit" zu verstehen und verweist auf die Synonyme.

Drei Punkte „..." ersetzen das Ausgangswort. Sie befinden sich nur auf der zweiten Ebene und in den eckigen Klammern.

A

abändern ⟨v/t⟩ değiştirmek; *(Text)* değiştirmek; düzeltmek; tahrif etmek; tadil etmek; *(Jur)* değiştirmek
Abänderung ⟨f⟩ değişiklik; düzeltme; tadil; tahrif [...en vornehmen] değişiklik yapma; *(BauW)* tadilat yapmak
Abänderungsantrag ⟨m⟩ *(Parlament)* tadilname; değişiklik önergesi
Abänderungsklage ⟨f⟩ *(Jur)* değişiklik davası
Abänderungsurteil ⟨n⟩ *(Jur)* değişiklik kararı;
Abänderungsvertrag ⟨m⟩ *(Jur)* esas iş akdi üzerinde değişiklik yapan akit
Abandon ⟨n⟩ *(Vers)* bırakma
Abandonerklärung ⟨f⟩ *(SeeV)* bırakma beyanı
Abandonrecht ⟨n⟩ *(Jur)* bırakma/terk hakkı
Abandonrevers ⟨m⟩ *(SeeV)* bırakma beyannamesi
Abbau ⟨m⟩ azaltma; tasfiye; *(Ind)* demontaj; *(Ind)* sökme; *(BergB)* işletme
[... von Arbeitsplätzen] iş/çalışma yerlerinin tasfiyesi
[... von Maschinen] *(Ind)* makinaları sökme; *(Ind)* makinaların demontajı
[... von Erzen] *(BergB)* maden işletme; *(BergB)* madenlerin işletilmesi
abbauen ⟨v/t⟩ azaltmak; tasfiye etmek; *(Ind)* demonte etmek; *(Ind)* sökmek; *(BergB)* işletmek
[... von Arbeitsplätzen] iş/çalışma yerlerini tasfiye etmek
[... von Preisen] fiyatları düşürmek/indirmek
[... von Erzen] *(BergB)* maden işletmek
[... von Maschinen] *(Ind)* makinaları sökmek; *(Ind)* makinaları demonte etmek
abbaufähig ⟨adj⟩ tasfiyesi mümkün; *(Ind)* sökülebilir; *(BergB)* işletilebilir
Abbaukonzession ⟨f⟩ *(BergB)* maden işletme imtiyazı; *(BergB)* maden ruhsatnamesi
Abbaurecht ⟨n⟩ *(BergB)* maden işletme hakkı
Abbauwirtschaft ⟨f⟩ *(BergB)* madencilik sanayii
abberufen ⟨v/t⟩ azletmek; görevden/vazifeden almak
abbestellen ⟨v/t⟩ (siparişi) iptal etmek; siparişi geri almak/çekmek
Abbestellung ⟨f⟩ (siparişte) iptal
abbezahlen ⟨v/t⟩ 1. tamamiyle ödemek 2. taksitle ödemek
abbröckeln ⟨int⟩ 1. parçalara ayrılmak; parçalanmak 2. yavaş yavaş düşmek
[... von Preisen] fiyatların yavaş yavaş düşmesi
[... von Kursen] *(Bö)* fiyatların yavaş yavaş düşmesi
Abbruch ⟨m⟩ kesme; kesilme; bozma; bozulma; *(BauW)* yıkma; yıkım
[... von Beziehungen] ilişkilerin kesilmesi
[... von Verhandlungen] görüşmelerin kesilmesi
Abbrucharbeiten ⟨pl⟩ *(BauW)* yıkma işleri
Abbruchkosten ⟨pl⟩ yıkım maliyeti
Abbruchunternehmer ⟨m⟩ *(BauW)* yıkıcı (müteahhit)
Abbruchwert ⟨m⟩ *(ReW)* hurda değeri; *(ReW)* demontaj değeri
abbuchen ⟨v/t⟩ borç olarak kaydetmek
Abbuchung ⟨f⟩ borç kaydı; hesaben tasil
Abbuchungsauftrag ⟨m⟩ *(BkW)* borç kaydı emri/talimatı
Abbuchungsbeleg ⟨m⟩ *(BkW)* borç dekontu; *(ReW)* borç kaydı pusulası
Abbuchungsermächtigung ⟨f⟩ borç kaydı yetkisi
Abbuchungsverfahren ⟨n⟩ *(BkW)* borç kaydı usulü
ABC-Analyse ⟨f⟩ stok değerleme; envanter değerlendirme
abdecken ⟨v/t⟩ açığı kapamak/karşılamak
Abdeckung ⟨f⟩ karşılık; bedel; karşılayıcı teminat; (kredi veya açığın) karşılığı; güvence; kuvertür
Abdeckungssumme ⟨f⟩ güvence meblağı; (kredi veya açığı) karşılayıcı (teminat) miktarı; kuvertür bedeli; teminat akçesi
Abdruck ⟨m⟩ bası; kopya; suret
abdrucken ⟨v/t⟩ yeniden basmak
Abdruckerlaubnis ⟨f⟩ basım izni; çoğaltarak basma izni
Aberdepot ⟨n⟩ *(BkW)* portföy; bankada tahvilat, hisse senedi ve menkul kıymetlerin alım satımı için kullanılan hesap; saklama hesabı
Aberkennung ⟨f⟩ kaldırma; ıskat
[... der Immunität] dokunulmazlığı kaldırma
[... der Staatsbürgerschaft] vatandaşlıktan çıkarma
Abfahrhafen ⟨m⟩ *(Schff)* çıkış limanı; *(Schff)* hareket limanı
Abfall ⟨m⟩ çöp; döküntü; *(Ind)* ıskarta; *(Ind)* atık
[... behandeln] çöpleri işlemek; atıkları arıtmak
[... deponieren] çöpleri çöplükte toplamak; atıkları depolamak
[... lagern] çöpleri çöplükte toplamak; atıkları depolamak
[... verwerten] çöpleri değerlendirmek; atıkları arıtmak
[gewerblicher ...] sanayi atıkları
Abfallbehandlung ⟨f⟩ atık arıtma; çöplerin işlenmesi
Abfallbeseitigung ⟨f⟩ çöplerin yokedilmesi/imhası/tasfiyesi
Abfallbörse ⟨f⟩ atık/çöp borsası
Abfalldeponie ⟨f⟩ çöplük; çöplerin teslim edildiği yer
Abfallentsorgung ⟨f⟩ zarar verici atıkların/çöplerin işlenip zararsız veya daha az zararlı duruma getirilmesi
Abfallerzeugnis ⟨n⟩ atık ürün
Abfallmaterial ⟨n⟩ atık malzeme
Abfallprodukte ⟨pl⟩ atık ürünler; döküntü/kalıntı ürünler
Abfallverwertung ⟨f⟩ atıkların/çöplerin arıtılması/değerlendirilmesi
Abfallwirtschaft ⟨f⟩ atık sanayii; çöp ekonomisi
abfassen ⟨v/t⟩ 1. telif etmek; yazmak; kaleme almak 2. formüle etmek

abfertigen ⟨v/t⟩ işlem/muamele yapmak; yollama işlemi yapmak; irsal etmek
[... am Grenzübergang] *(Zo)* sınır kapısında muamele yapmak
[... am Zoll] *(Zo)* gümrükte muamele yapmak
Abfertigung ⟨f⟩ 1. yollama; irsal; irsalat 2. işlem; muamele 3. *(Ind)* işleme; hazırlama
[zollamtliche ...] *(Zo)* gümrük muamelesi
Abfertigungsagent ⟨m⟩ irsalatçı
Abfertigungsbescheinigung ⟨f⟩ irsal pusulası
Abfertigungsgebühr ⟨f⟩ irsal harcı; işlem ücreti; irsaliye
Abfertigungsgut ⟨n⟩ irsal malı
abfinden ⟨v/t⟩ 1. hakkını ödemek 2. tazminat ödemek 3. tatmin etmek
Abfindung ⟨f⟩ ödence; tazminat; ikramiye; ivaz
Abfindungsentschädigung ⟨f⟩ kıdem ve ihbar tazminatı; işten ayrılma tazminatı
Abfindungsforderung ⟨f⟩ tazminat talebi
Abfindungssumme ⟨f⟩ tazminat bedeli
Abfindungszahlung ⟨f⟩ tazminat ödemesi
Abflug ⟨m⟩ *(Flug)* kalkış; *(Flug)* hareket; uçuş
Abflughafen ⟨m⟩ *(Flug)* hareket havaalanı; *(Flug)* kalkış havaalanı
Abfluß ⟨m⟩ akış; akarak azalma/kaybolma
[... von Geld] para akışı; paranın akarak azalması
[... von Geld ins Ausland] *(AußH)* paranın yurtdışına akışı
Abfuhr ⟨f⟩ *(Kfz)* taşıma; nakil; sevk; götürme
abführen ⟨v/t⟩ *(BkW/StR)* ödemek; *(Kfz)* taşımak; götürmek; sevk etmek
[Geld ...] para ödemek/göndermek
[Steuern ...] *(StR)* vergi ödemek
Abfuhrlohn ⟨m⟩ *(Kfz)* nakil/sevk/taşıma ücreti
Abführung ⟨f⟩ ödeme; sevk
Abgabe ⟨f⟩ veriş; verme; verilme; teslim (etme); *(StR)* vergi; *(StR)* harç; *(Zo)* resim; *(öFi)* ödeme
[... eines Angebots] teklif verme; icap yapma; pey sürme
[... von Wertpapieren zum Einheitspreis] *(BkW)* tekdüzen fiyattan kıymetli evrakın teslim edilmesi
Abgabefrist ⟨f⟩ verilme süresi; ödeme mühleti; teslim (etme) öneli
Abgaben ⟨f⟩ *(StR)* harç ve resimler; vergiler; *(öFi)* ödemeler
[Befrachter zahlt ...] harç ve resimleri taşıtan öder; *(Inco)* c.p.d.
[gesetzliche ...] yasal vergiler; kanunen yapılan (tüm) ödemeler
[öffentliche ...] *(öFi)* kamu ödemeleri
Abgabenbefreiung ⟨f⟩ *(StR)* harç istisnası; *(Zo)* resim istisnası
[teilweise ...] *(Zo)* kısmî istisna
[vollständige ...] *(Zo)* tam istisna
abgabenfrei ⟨adj⟩ vergiden muaf; vergisiz; harçsız; ödemesiz
abgabenpflichtig ⟨adj⟩ *(StR)* mükellef; yükümlü
Abgabenquote ⟨f⟩ *(StR)* vergi haddi/oranı; vergi kotası; *(öFi)* ödeme payı
Abgabe(n)pflicht ⟨f⟩ *(StR)* mükellefiyet; vergi yükümlülüğü
Abgabepreis ⟨m⟩ satış fiyatı
[empfohlener ...] tavsiye edilen satış fiyatı

Abgabetermin ⟨m⟩ ödeme/verme tarihi; teslim etme tarihi
Abgang ⟨m⟩ çıkış; çıkma; ayrılma; terk
[... von Waren] malların çıkışı
Abgangsbahnhof ⟨m⟩ *(Bahn)* hareket istasyonu
Abgangsdatum ⟨n⟩ çıkış/hareket tarihi; ayrılma tarihi
Abgangshafen ⟨m⟩ *(Schff)* kalkma limanı
Abgangsstelle ⟨f⟩ çıkış/hareket yeri
Abgangszollstelle ⟨f⟩ *(Zo)* çıkış gümrüğü kapısı
abgeben ⟨v/t⟩ 1. vermek; teslim etmek 2. bırakmak; tevdi etmek
[Stimme ...] oy vermek
[kostenlos ...] bedelsiz teslim etmek; parasız/ücretsiz vermek
abgehen ⟨int⟩ 1. hareket etmek; gitmek; kalkmak 2. ayrılmak
[... lassen] göndermek; yollamak
Abgeld ⟨n⟩ *(BkW)* disacyo; kesinti; indirim; tenzilât; iskonto
abgelten ⟨v/t⟩ 1. tazmin etmek; hakkını ödemek 2. bedelini ödemek; ivazla ifa etmek; telâfi etmek
Abgeltung ⟨f⟩ bedelini ödeme; tazmin etme; telâfi etme
[... der Kosten] maliyet bedelini ödeme; masrafların ödenmesi
Abgleich ⟨m⟩ (denge) düzenleme; ayarlama; eşitleme
abgleichen ⟨v/t⟩ (denge) düzenlemek; ayarlamak; (borç ve alacakları) eşitlemek
abgrenzen ⟨v/t⟩ sınırlamak
Abgrenzung ⟨f⟩ sınırlama; *(ReW)* gerçekleşme ve erteleme; tahakkuk ve tehir
[jährliche ...] *(StR)* (ertelenmiş vergilerde) yıllık sınırlama
[periodengerechte ...] döneme uygun gerçekleşme ve erteleme
Abgrenzungskonten ⟨pl⟩ *(ReW)* dönem ayarlayıcı hesaplar
Abgrenzungskosten ⟨f⟩ gerçekleşme ve erteleme maliyeti; tahakkuk ve tehir masrafları; sınırlama masrafları
Abgrenzungsposten ⟨m⟩ *(ReW)* erteleyici/düzeltici kalem; *(aktiv)* tranzituar aktifler; ertelenmiş giderler; *(passiv)* tranzituar pasifler; ertelenmiş gelirler; sınırlamayı kaldırıcı kayıt
Abgrenzungsrechnung ⟨f⟩ gerçekleşme ve erteleme hesabı; tahakkuk ve tehir hesabı
abgruppieren ⟨v/t⟩ düşük gruba almak; grubunu düşürmek
abhaken ⟨v/t⟩ işaret koymak; puanlamak
abhandeln ⟨v/t⟩ 1. pazarlık etmek 2. görüşmek
Abhängigkeit ⟨f⟩ bağımlılık
Abhängigkeitsbericht ⟨m⟩ bağlı şirketin raporu; bağımlılık raporu
Abhängigkeitsprüfung ⟨f⟩ ana şirket denetlemesi; bağımlılık denetimi
Abhängigkeitsverhältnis ⟨n⟩ bağımlılık ilişkisi
Abheben ⟨n⟩ *(Geld)* çekme; *(Flug)* havalanma; kalkış
abheben ⟨v/t⟩ kaldırmak; *(Geld)* çekmek; ⟨int⟩ *(Flug)* havalanmak; kalkmak
[Geld ...] *(BkW)* para çekmek
Abhebung ⟨f⟩ *(BkW)* (para) çekme

[... mittels einer Kreditkarte] *(BkW)* kredi kartı ile para çekme
Abhebungsauftrag ⟨m⟩ *(BkW)* (para) çekme emri
[begebbarer ...] *(BkW)* ciro edilebilir para çekme emri
Abhebungshöchstbetrag ⟨m⟩ çekilebilir azami para miktarı
abheften ⟨v/t⟩ dosyaya koymak; dosyalamak
abheuern ⟨v/t⟩ *(Schff)* başka bir geminin tayfalarını devralmak
abholbereit ⟨adj⟩ (teslim) alınmaya hazır
Abholfach ⟨n⟩ *(Post)* özel posta kutusu
Abholgroßhandel ⟨m⟩ toptancı pazarı
Abholgrossist ⟨m⟩ toptancı
Abhol- und Zustelldienst ⟨m⟩ evden eve paket servisi
Abholung ⟨f⟩ teslim alma; toplama
Abkommen ⟨n⟩ 1. an(t)laşma; sözleşme 2. mukavele; akit; kontrat
[... schließen] anlaşma/sözleşme yapmak
[... treffen] anlaşmaya varmak
[gegenseitiges ...] karşılıklı anlaşma
[gütliches ...] iyi niyet anlaşması
[mehrseitiges ...] çok taraflı anlaşma/sözleşme
[unwiderrufliches ...] dönülemez/kesin anlaşma/sözleşme
[zweiseitiges ...] iki taraflı anlaşma/sözleşme
abkömmlich ⟨adj⟩ zorunlu olmayan
Abkühlung ⟨f⟩ soğuma; soğukluk
[... der Konjunktur] konjonktürün soğuması
[... des Konjunkturklimas] konjonktürdeki havanın soğuması
[konjunkturelle ...] devresel/konjonktürel soğuma/soğukluk
[wirtschaftliche ...] ekonomik soğukluk
Abkürzung ⟨f⟩ *(Weg)* kestirme; *(Text)* kısaltma
Abladegebühr ⟨f⟩ (yük) boşaltma harcı/resmi; yükleme ücreti
Abladegewicht ⟨n⟩ yükleme ağırlığı
Abladehafen ⟨f⟩ *(Schff)* yükleme limanı;
Abladekonnossement ⟨n⟩ *(Schff)* yükleme konşimentosu
abladen ⟨v/t⟩ *(Schff)* yüklemek
Abladeplatz ⟨m⟩ yükleme yeri; *(Müll)* çöplük; çöp dökme yeri
Ablader ⟨m⟩ *(Schff)* yükleten
Abladeschein ⟨m⟩ yükleme belgesi
Abladestelle ⟨f⟩ yükleme yeri
Abladezeit ⟨f⟩ yükleme müddeti
Ablage ⟨f⟩ 1. dosyalara konulacak/geçirilecek evrak 2. ambar; depo 3. göz
Ablagefach ⟨n⟩ evrak gözü/kutusu; kâğıtlık
ablassen ⟨v/t⟩ *(Preis)* düşürmek; *(Flüssigkeit)* dökmek; ⟨refl⟩ katlanmak
Ablauf ⟨m⟩ 1. akış; seyir; gidiş 2. süreç 3. bitme; bitiş; son; sona erme; hulul
[... der Frist] muacceliyet; vadenin sonu; önelin bitmesi; mehil sonu; hululu vade
[... der Frist hemmen] süreyi uzatmak; *(Jur)* kesin mehil vermek
[... der Geltungsdauer] meriyetin sonu
[... der Kündigungsfrist] (feshi) ihbar süresinin dolması
[... der Police] *(Vers)* poliçe süresinin bitmesi/dolması

[... des Mietverhältnisses] kira sözleşmesinin sona ermesi
[... eines Patents] *(Pat)* patent süresinin sonu
[... eines Vertrages] sözleşmenin sona ermesi; *(Jur)* akdin hitamı
[... eines Wechsels] *(WeR)* poliçenin muacceliyeti
[bei ... dieser Frist] bu sürenin bitmesinden sonra
[nach ... der Frist] sürenin bitmesinden sonra; vadeden sonra
[sequentieller ...] *(EDV)* ardışık süreç
Ablaufabschnitt ⟨m⟩ iş seyri aşaması; süreç aşaması
Ablaufanalyse ⟨f⟩ *(Ind)* iş akımı analizi; süreç analizi
Ablaufdiagramm ⟨n⟩ akış diyagramı; akış çizelgesi/tablosu
Abläufe ⟨pl⟩ süreçler
[gesamtwirtschaftliche ...] *(VWL)* makroekonomik süreçler
ablaufen ⟨int⟩ muaccel olmak; tahakkuk etmek; bitmek; dolmak; sona ermek
Ablaufforschung ⟨f⟩ *(OR)* yöneylem araştırması; *(Eng)* operations research
Ablauffrist ⟨f⟩ muacceliyet; tahakkuk tarihi; önel/mehil sonu
Ablaufhemmung ⟨f⟩ akış tutukluluğu; süreci erteleme; sürecin tehiri; *(Jur)* kesin mehil
Ablaufkontrolle ⟨f⟩ *(Ind)* süreç denetim
Ablauforganisation ⟨f⟩ akış organizasyonu; sürecin örgütlenmesi; iş akışı/seyri organizasyonu
Ablaufplan ⟨m⟩ akış planı
Ablaufplanung ⟨f⟩ *(BWL)* planlama; organizasyon planlaması; *(Ind)* süreç planlama
Ablauftermin ⟨m⟩ tahakkuk tarihi; muacceliyet; bitiş tarihi; son tarih
ablegen ⟨v/t⟩ dosyaya koymak; kayıtlara geçirmek
ablehnen ⟨v/t⟩ reddetmek; kabul etmemek; itiraz etmek
Ablehnung ⟨m⟩ red; reddetme; kabul etmeme; itiraz; olumsuz cevap
[... des Richters wegen Befangenheit] *(Jur)* hakimin reddi
[... eines Antrags] müracaatın/talebin/dilekçenin reddi
Ablehnungsantrag ⟨m⟩ *(Jur)* red dilekçesi
Ablehnungsbeschluß ⟨m⟩ red kararı
Ablehnungsgrund ⟨m⟩ itiraz/red nedeni
Ablehnungsmitteilung ⟨f⟩ red cevabı
Ableichtern ⟨n⟩ *(Schff)* (nakliye yükünü) azaltma/düşürme; mavna boşaltma
ableitend ⟨adj⟩ *(Math)* türevsel; *(Jur)* fer'i
Ableitung ⟨f⟩ *(Math)* türev
ablichten ⟨v/t⟩ fotokopi yapmak
Ablichtung ⟨f⟩ fotokopi
Ablieferer ⟨m⟩ teslim eden
abliefern ⟨v/t⟩ teslim etmek
Ablieferung ⟨f⟩ teslim
[bei ... bezahlen] tesliminde ödenir
[verspätete ...] gecikmeli teslim
[zahlbar bei ...] tesliminde ödenmek üzere
Ablieferungsanzeige ⟨f⟩ (mal) teslim bildirisi/ihbarı
Ablieferungsbescheinigung ⟨f⟩ (mal) teslim belgesi/makbuzu

Ablieferungsort ⟨m⟩ teslim yeri
Ablieferungspreis ⟨m⟩ teslim fiyatı
Ablieferungsschein ⟨m⟩ teslim belgesi
Ablieferungstermin ⟨m⟩ (malın) teslim günü/tarihi
Ablöse ⟨f⟩ tazminat; hava parası; telafi (bedeli/ücreti)
ablösen ⟨v/t⟩ *(entfernen)* ayırmak; *(ersetzen)* yerine geçmek; *(Schulden)* ödemek
Ablösesumme ⟨f⟩ ödenecek miktar; *(Fußball)* transfer bedeli/ücreti
Abluft ⟨f⟩ çıkan (pis) hava
abmachen ⟨v/t⟩ kararlaştırmak; anlaşmak
Abmachung ⟨f⟩ 1. anlaşma; sözleşme 2. karar; akit
[... einhalten] anlaşmayı yerine getirmek
[... treffen] anlaşmaya varmak; karar vermek
[allgemeine...] genel anlaşma
[außergerichtliche...] davasız anlaşma; mahkeme dışı anlaşma
[bindende...] bağlayıcı anlaşma
[einschränkende...] kayıtlı anlaşma
[mündliche...] sözlü anlaşma
[schriftliche...] yazılı anlaşma
[vertragliche...] sözleşmeli anlaşma
[vorherige...] önceki anlaşma
abmahnen ⟨v/t⟩ uyarmak; ihtar/ikaz etmek
Abmahnschreiben ⟨n⟩ uyarı yazısı; ihtarname
Abmahnung ⟨f⟩ uyarı; ihtar; ikaz
[trotz...] uyarıya rağmen
Abmahnungsfrist ⟨f⟩ ihtar süresi/öneli
Abmahnungsschreiben ⟨n⟩ uyarı mektubu; ihtarname
abmarken ⟨v/t⟩ *(Grundstück)* parsellere ayırmak; *(Jur)* ifraz etmek
Abmarkung ⟨f⟩ *(Grundstück)* parsellere ayırma; *(Jur)* ifraz
abmelden ⟨v/t⟩ iptal etmek; ⟨refl⟩ gideceğini/ayrılacağına bildirmek
Abmessungen ⟨pl⟩ boyutlar
abmontieren ⟨v/t⟩ sökmek
Abnahme ⟨f⟩ 1. teslim alma; tesellüm 2. satınalma 3. redüksiyon; azalma 4. kabul etme
[... der Bevölkerung] nüfusun azalması
[... einer Lieferung] gönderileni teslim alma
[... finden] satılma
[... größerer Mengen] büyük miktar(lar)da satın/teslim alma
Abnahmeabschnitt ⟨m⟩ *(Zo)* dip koçanı
Abnahmebeauftragter ⟨m⟩ kontrol memuru
Abnahmebescheinigung ⟨f⟩ kontrol belgesi
Abnahmefrist ⟨f⟩ teslim alma süresi/öneli
Abnahmegarantie ⟨f⟩ teslim/satın alma garantisi/teminatı
Abnahmemenge ⟨f⟩ teslim/sipariş miktarı; ısmarlanan/alınan miktar
Abnahmepflicht ⟨f⟩ teslim/satın alma yükümlülüğü
Abnahmeprüfung ⟨f⟩ teslim alırken kontrol; tesellüm muayenesi
Abnahmeverpflichtung ⟨f⟩ satın/teslim alma yükümlülüğü
Abnahmeverweigerung ⟨f⟩ satın/teslim almayı reddetme
abnehmbar ⟨adj⟩ sökülebilir
abnehmen ⟨v/t⟩ satın/teslim almak; ⟨int⟩ azalmak; düşmek; zayıflamak; kilo vermek
abnehmend ⟨adj⟩ azalan

Abnehmer ⟨m⟩ alıcı; gönderilen; müşteri
[alleiniger...] tek alıcı
[keine... finden] alıcı bulamamak
Abnehmerbranche ⟨f⟩ alıcılar; müşteriler
Abnehmerkreis ⟨m⟩ 1. alıcı sektörü 2. müşteri çevresi
abnormal ⟨adj⟩ anormal
Abnormalität ⟨f⟩ anormallik
abnutzbar ⟨adj⟩ aşınır; eskir; yıpranır
abnutzen ⟨v/t⟩ aşın(dır)mak; eski(t)mek; yıpratmak/yıpranmak
Abnutzung ⟨f⟩ aşınma; eskime; yıpranma
[... durch Gebrauch] kullanma yoluyla aşınma
[natürliche...] doğal aşınma
[substantielle...] fiziksel aşınma
Abnutzungsaufwand ⟨m⟩ aşınma/eskime/yıpranma masrafı
Abnutzungsentschädigung ⟨f⟩ eskitme tazminatı
Abnutzungsgut ⟨n⟩ aşınan/kullanılan mal/eşya
Abnutzungsschaden ⟨m⟩ aşınma hasarı
Abnutzungswert ⟨m⟩ aşınma/yıpranma/eskime değeri; hurda değeri
Abonnement ⟨n⟩ abonman; abone; sürdürüm
Abonnementbedingungen ⟨pl⟩ abone koşulları
Abonnementdauer ⟨f⟩ abone süresi
Abonnementpolice ⟨f⟩ *(Vers)* dalgalı poliçe
Abonnementpreis ⟨m⟩ abonman/abone fiyatı/bedeli
Abonnent ⟨m⟩ abone; sürdürümcü
abonnieren ⟨v/t⟩ abone olmak
abordnen ⟨v/t⟩ bir işe tayin etmek
Abordnung ⟨f⟩ heyet; delegasyon
Abpackanlage ⟨f⟩ ambalajlama/paketleme tesisi
abpacken ⟨v/t⟩ ambalajlamak/paketlemek; küçük miktarlarda paketlemek
Abpacker ⟨m⟩ ambalajcı; paketleyici; balya yapan
abrechnen ⟨v/t⟩ hesaplaşmak; ödeşmek; ciro etmek
Abrechnung ⟨f⟩ 1. fatura 2. hesap; hesaplaşma; hesap görme 3. tasfiye; likidasyon 4. bordro; hesap pusulası
[endgültige...] kesin hesap
[vollständige...] kesin/tam hesap; kliring
Abrechnungsbank ⟨f⟩ kliring bankası; hesap görülen banka
Abrechnungsbedingungen ⟨f⟩ hesaplaşma koşulları
Abrechnungsbeleg ⟨m⟩ hesap pusulası
Abrechnungskurs ⟨m⟩ *(Bö)* işlem kuru
Abrechnungsnota ⟨f⟩ hesaplaşma belgesi
Abrechnungsperiode ⟨f⟩ *(ReW)* hesap dönemi
Abrechnungspreis ⟨m⟩ 1. hesaplaşma tutarı 2. satış fiyatı
Abrechnungssaldo ⟨m⟩ hesap bakiyesi
Abrechnungsstelle ⟨f⟩ 1. kliring bürosu; takas odası 2. tasfiye bürosu
Abrechnungssystem ⟨n⟩ kliring sistemi
Abrechnungstag ⟨m⟩ hesap/hesaplaşma günü
[letzter...] son hesap/hesaplaşma günü
Abrechnungsverfahren ⟨n⟩ 1. kliring sistemi 2. hesapla(ş)ma yöntemi
Abrechnungsverkehr ⟨m⟩ 1. kliring (sistemi/işleri) 2. hesap işlemleri
Abrechnungszeitraum ⟨m⟩ *(ReW)* hesap dönemi
Abrede ⟨f⟩ uzlaşma; *(Vereinbarung)* anlaşma; *(Leugnung)* itiraz

[... treffen] anlaşmaya varmak
[in ... stellen] itiraz etmek
[mündliche ...] sözlü anlaşma
abredewidrig ⟨adj⟩ anlaşmaya karşı
Abreise ⟨f⟩ gidiş; hareket; yola çıkma
Abreisetag ⟨m⟩ hareket günü
Abrollkosten ⟨f⟩ nakliye/sevk maliyeti
Abruf ⟨m⟩ isteme; çağırma; apel; talep etme
[auf ...] talep edildiğinde
Abrufauftrag ⟨m⟩ talep/apel üzerine emir
Abrufbestellung ⟨f⟩ talepli hazır sipariş; talep üzerine sipariş
abrunden ⟨v/t⟩ aşağı doğru yuvarlak hesap yapmak
Abrundung ⟨f⟩ aşağı doğru yuvarlak hesap
Abrüstung ⟨f⟩ 1. silahsızlanma 2. sökme
Absage ⟨f⟩ iptal; red; reddetme
Absagebrief ⟨m⟩ iptal etme yazısı; red mektubu
absagen ⟨v/t⟩ iptal etmek; reddetmek
Absatz ⟨m⟩ 1. (sürüm ve) satış; pazarlama 2. mahreç 3. fıkra; paragraf; *(Jur)* bent
[... finden] mahreç/pazar bulmak, satılmak
[... fördern] sürüm ve satışı teşvik etmek; pazarını geliştirmek
[... steigern] sürüm ve satışı artırmak; pazarını genişletmek
[... und Vertrieb] pazarlama; satış ve dağıtım/sürüm
[direkter ...] doğrudan pazarlama
[genossenschaftlicher ...] kooperatif pazarlaması
[guten ... finden] iyi satılmak; iyi sürümü olmak
[günstiger ...] avantajlı/uygun satış
[lebhafter ...] canlı satış
[reger ...] canlı satış
[schleppender ...] durgun satış
Absatzabkommen ⟨n⟩ sürüm ve satış anlaşması; pazarlama anlaşması
Absatzanalyse ⟨f⟩ sürüm ve satış analizi; pazarlama araştırması
Absatzanstrengungen ⟨pl⟩ → **Absatzbemühungen**
Absatzausweitung ⟨f⟩ satış kapasitesini artırma
Absatzbarometer ⟨n⟩ satış barometresi
Absatzbedingungen ⟨pl⟩ satış/pazarlama koşulları
Absatzbelebung ⟨f⟩ satışlarda canlanma
Absatzbemühungen ⟨pl⟩ sürüm ve satış çabaları; pazarlama eforları/çabaları
Absatzberater ⟨m⟩ pazarlama danışmanı; marketing uzmanı
Absatzbereich ⟨m⟩ satış sektörü/alanı; pazar
Absatzchancen ⟨pl⟩ (sürüm ve) satış fırsatları/olanakları
Absatzeinbruch ⟨m⟩ sürüm ve satışta duraklama
Absatzeinbuße ⟨f⟩ sürüm ve satışta gerileme
Absatzentwicklung ⟨f⟩ satış trendi; pazar gelişmesi
Absatzerfolg ⟨m⟩ sürüm ve satışta başarı; pazarlama başarısı
Absatzergebnis ⟨n⟩ satış hasılası; pazarlama sonucu
Absatzerwartungen ⟨pl⟩ (sürüm ve) satıştan beklentiler
absatzfähig ⟨adj⟩ sürüme/satışa elverişli; pazarlanabilir
Absatzfinanzierung ⟨f⟩ sürüm ve satış finansmanı
Absatzflaute ⟨f⟩ sürüm ve satışlarda durgunluk

stagnasyon
Absatzfunktion ⟨f⟩ satış fonksiyonu
Absatzfonds ⟨m⟩ satışı teşvik fonu
Absatzförderung ⟨f⟩ sürüm ve satış teşviki
Absatzforschung ⟨f⟩ pazar/piyasa araştırması; marketing
Absatzgebiet ⟨n⟩ sürüm ve satış bölgesi; pazar
Absatzgenossenschaft ⟨f⟩ satış kooperatifi
Absatzgeschwindigkeit ⟨f⟩ satış/pazarlama çabukluğu/hızı
Absatzhemmnis ⟨n⟩ satış engeli
Absatzhilfe ⟨f⟩ pazarlama yardımı/teşviki
Absatzhöhe ⟨f⟩ satış hacmi
Absatzkalkulation ⟨f⟩ satış muhasebesi
Absatzkanal ⟨m⟩ sürüm ve satış kanalı; pazarlama yolu
Absatzkapazität ⟨f⟩ satış kapasitesi
Absatzkartell ⟨n⟩ satış karteli
Absatzkette ⟨f⟩ pazarlama zinciri
Absatzkontingent ⟨n⟩ satış kotası
Absatzkontrolle ⟨f⟩ satış kontrolu/denetimi
Absatzkosten ⟨f⟩ sürüm ve satış maliyeti; pazarlama maliyeti
Absatzkredit ⟨m⟩ sürüm ve satış kredisi; pazarlama kredisi
Absatzland ⟨n⟩ satış yapılan ülke
Absatzlehre ⟨f⟩ pazarlama
Absatzlenkung ⟨f⟩ pazarlama güdümü
Absatzmarkt ⟨m⟩ sürüm ve satış pazarı/piyasası
[... erschließen] sürüm ve satış pazarı/piyasası kazanmak/oluşturmak/edindirmek
Absatzmenge ⟨f⟩ (sürüm ve) satış miktarı
Absatzmittler ⟨m⟩ pazarlama acentası; sürüm ve satış aracısı; distribütör
Absatzmöglichkeiten ⟨pl⟩ sürüm ve satış olanakları; pazarlama olanakları
[... schaffen] pazar yaratmak
Absatznetz ⟨n⟩ sürüm ve satış ağı; dağıtım ağı; pazarlama şebekesi
Absatzorganisation ⟨f⟩ sürüm ve satış organizasyonu; pazarlama organizasyonu
Absatzperiode ⟨f⟩ satış devresi/dönemi
Absatzplanung ⟨f⟩ sürüm ve satış planlaması; pazarlama planlaması
Absatzpolitik ⟨f⟩ sürüm ve satış politikası
Absatzpreis ⟨m⟩ satış fiyatı
Absatzprognose ⟨f⟩ satış prognozu/tahmini
Absatzprovision ⟨f⟩ satış komisyonu/yüzdesi
Absatzrückgang ⟨m⟩ (sürüm ve) satışlarda düşüş gerileme
Absatzsoll ⟨n⟩ (sürüm ve) satış hedefi
Absatzspezialist ⟨m⟩ pazarlama uzmanı
Absatzsteigerung ⟨f⟩ sürüm ve satışlarda artış
Absatzsteuerung ⟨f⟩ satış güdümü
Absatzstrategie ⟨f⟩ sürüm ve satış stratejisi; pazarlama stratejisi
Absatzstruktur ⟨f⟩ pazar(lama) yapısı
[regionale ...] bölgesel pazar yapısı
Absatzstudie ⟨f⟩ sürüm ve satış araştırması; pazar/piyasa araştırması
Absatztechnik ⟨f⟩ pazarlama tekniği
Absatztrend ⟨m⟩ pazar trendi
Absatzumfang ⟨m⟩ satış hacmi
Absatzvertretung ⟨f⟩ satış acenteliği/temsilciliği; distribütörlük

Absatzvorbereitung ⟨f⟩ sürüm ve satış hazırlığı
Absatzwachstum ⟨n⟩ satışlarda artış
Absatzweg ⟨m⟩ sürüm ve satış yolu; pazarlama yolu; mahreç
[Gesetz der ... e] mahreçler kanunu
Absatzwerbung ⟨f⟩ satış reklamı/tanıtımı
Absatzwert ⟨m⟩ satış(ların) değeri
Absatzwesen ⟨n⟩ pazarlama
Absatzwirtschaft ⟨f⟩ sürüm ve satış ekonomisi; pazarlama ekonomisi
Absatzzentrum ⟨n⟩ satış (ve dağıtım) merkezi
Absatzziel ⟨n⟩ satış hedefi
Absatzzuwachs ⟨m⟩ satışlarda artış
abschaffen ⟨v/t⟩ (ortadan) kaldırmak; feshetmek
Abschaffung ⟨f⟩ (ortadan) kaldırma; fesih; tensik
[... der Zölle] gümrüklerin (ortadan) kaldırılması
abschätzen ⟨v/t⟩ değerini tahmin etmek; takdir etmek
Abschichtungsbilanz ⟨f⟩ alacak-borç bilançosu/dengesi/hesabı
abschicken ⟨v/t⟩ göndermek
Abschlag ⟨m⟩ 1. kesinti; redüksiyon 2. indirim; tenzilat
[mit ...] kesintili; indirimli
[mit ... verkaufen] indirimli/tenzilatlı satmak
[ohne ...] indirimsiz/tenzilatsız satmak
Abschlagsdividende ⟨f⟩ ara temettüü
Abschlagszahlung ⟨f⟩ kısmen ödeme; taksit; avans
abschließen ⟨v/t⟩ 1. bitirmek 2. kapamak 3. tamamlamak
[mit Plus Minus Null ...] ne kâr ne de zararla kapamak; sıfıra sıfırla kapamak
Abschluß ⟨m⟩ 1. bit(ir)me; kapa(n)ma 2. son; kapanış 3. *(ReW)* bilanço; *(ReW)* mizan; *(ReW)* finansal tablo; 4. akit
[... des Geschäftsjahres] *(ReW)* dönem sonu bilançosu; faaliyet/hesap yılını kapama
[... des Haushaltsjahres] bütçe yılını kapama
[... eines Kaufvertrages] satış akdi
[... erzielen] anlaşmaya varmak; akit/sözleşme yapmak
[... machen] mezun olmak; bitirmek
[... mit Bestätigungsvermerk] derkenar tasdikli finansal tablo
[fester ...] kesin akit
[konsolidierter ...] *(ReW)* konsolide finansal tablo; *(ReW)* konsolide bilanço; *(ReW)* füzyon bilançosu
[neuer ...] yeni sipariş
[provisorischer ...] *(ReW)* geçici mizan
[testierter ...] *(ReW)* denetlenmiş/onaylanmış bilanço/mizan
[vorläufiger ...] *(ReW)* geçici mizan
[zu einem ... kommen] akit yapmak; anlaşmaya varmak
[zum ... bringen] bitirmek; sona erdirmek; anlaşmaya varmak
Abschlußanalyse ⟨f⟩ *(ReW)* bilanço analizi
Abschlußarbeiten ⟨pl⟩ dönem sonu işleri
Abschlußbedingungen ⟨pl⟩ iş (yapma) koşulları
Abschlußbericht ⟨m⟩ dönem sonu (mali) rapor; hesap dönemi kapanış raporu
Abschlußbestätigung ⟨f⟩ akdin onayı/teyidi; alımsatım onayı/teyidi

Abschlußbilanz ⟨f⟩ *(ReW)* kapanış bilançosu; *(ReW)* dönem sonu bilançosu
Abschlußbuchung ⟨f⟩ kapanış kaydı; kesin/katî kayıt; tasfiye tescili
Abschlußdividende ⟨f⟩ *(BkW)* dönem sonu temettüü; kesin temettü
Abschlußergebnis ⟨n⟩ hesap dönemi sonu hasılası; kesin hasıla
Abschlußexamen ⟨n⟩ bitirme/diploma sınavı
Abschlußgebühr ⟨f⟩ satış resmi; akit/sözleşme harcı
Abschlußgratifikation ⟨f⟩ yıl/dönem sonu primi
Abschlußkonto ⟨n⟩ kapanış hesabı
Abschlußkosten ⟨f⟩ mukavele masrafları
Abschlußkurs ⟨m⟩ *(Bö)* kapanış fiyatı
[... an der Börse] *(Bö)* borsada kapanış fiyatı
Abschlußposten ⟨m⟩ *(ReW)* kapanış kalemi
Abschlußpreis ⟨m⟩ son fiyat
Abschlußprovision ⟨f⟩ mukavele komisyonu
Abschlußprüfer ⟨m⟩ *(ReW)* mali denetçi; *(ReW)* bilanço denetçisi; *(ReW)* hesap müfettişi
Abschlußprüfung ⟨f⟩ *(ReW)* bilanço denetimi; bitirme sınavı; son kontrol
[freiwillige ...] *(ReW)* isteğe bağlı (mali) denetim
[vorgeschriebene ...] *(ReW)* kanunî denetim
Abschlußrechnung ⟨f⟩ sonuç/kapanış hesabı; kesin/katî hesap
Abschlußstichtag ⟨m⟩ (son) hesap günü
Abschlußvergütung ⟨f⟩ dönem sonu primi
Abschlußvollmacht ⟨f⟩ akit/sözleşme/mukavele yapma vekâleti/yetkisi
Abschlußzahlung ⟨f⟩ son ödeme
Abschlußzeitraum ⟨m⟩ *(ReW)* hesap dönemi
Abschlußzeugnis ⟨n⟩ bitirme belgesi; diploma
Abschnitt ⟨m⟩ 1. kesim; bölge 2. parça; kısım 3. kupon 4. fasıl; bölüm; bap 5. küpür/kupür
abschöpfen ⟨v/t⟩ massetmek; soğurmak; vergi koyarak tahsil etmek
Abschöpfung ⟨f⟩ massetme; soğurma; telafi edici vergi; prelevman
[... der Kaufkraft] alım gücünün devlet tarafından vergi konarak massedilmesi
abschöpfungsfrei ⟨adj⟩ *(StR)* vergiden muaf
Abschöpfungspreispolitik ⟨f⟩ *(VWL)* soğurma politikası
Abschöpfungsregelung ⟨f⟩ vergi sistemi
Abschöpfungssystem ⟨n⟩ telafi edici gümrük rejimi
Abschöpfungstarif ⟨m⟩ *(StR)* (telafi edici) vergi tarifesi
abschreiben ⟨v/t⟩ *(ReW)* aşınma payı ayırmak; *(ReW)* amortisman payı ayırmak; *(ReW)* amorti etmek; varlığı giderleştirmek; hesaptan çıkarmak; kopya etmek
[degressiv ...] azalan oranla amorti etmek; iki vergi oranı arasındaki farka göre amorti etmek
[linear ...] sabit oranla amorti etmek
[steuerlich ...] *(StR)* vergiden indirmek; vergiden düşürmek (için amorti etmek)
[vollständig ...] tamamını ayırmak; tamamını amorti etmek
Abschreibung ⟨f⟩ *(ReW)* amortisman (ayırma); *(ReW)* aşınma/yıpranma payı (ayırma)
[... auf Betriebs- und Geschäftsausstattung] *(ReW)* şirket envanterinin amortismanı

[... auf Sachanlagen] *(ReW)* maddî varlıklarda amortisman
[... der Warenbestände] *(ReW)* mal stoklarının amortismanı
[... der Lagerbestände] *(ReW)* depo envanterinin amortismanı
[... des Anlagevermögens] *(ReW)* sabit varlıkların amortismanı
[... des Anschaffungswertes] *(ReW)* alım değerinin amortismanı
[... des Geschäftswertes] *(ReW)* şirket değerinin amortismanı
[... des Inventars] *(ReW)* envanterin amortismanı
[... für Abnutzung] *(AfA) (ReW)* aşınma amortismanı
[... für Wertminderung] *(ReW)* değer kaybı amortismanı
[... mit konstanten Quoten] *(ReW)* sabit oranlı amortisman
[... vom Abschaffungspreis] *(ReW)* satış fiyatından amortisman
[... vom Restwert] *(ReW)* artık değer amortismanı
[... vom Wiederbeschaffungswert] *(ReW)* ikame değeri üzerinden amortisman
[... von Anlagewerten] *(ReW)* yatırım değerlerinin amortismanı
[... von Forderungen] *(ReW)* alacakların amortismanı
[arithmetisch-degressive ...] *(ReW)* azalan oranlı dizisel amortisman
[aufgelaufene ... en] *(ReW)* birikmiş amortismanlar
[außerordentliche ...] *(ReW)* olağanüstü amortisman
[außerplanmäßige ...] plandışı amortisman
[beschleunigte ...] *(ReW)* hızlandırılmış/ivmeli amortisman
[bilanzielle ...] bilançoya göre amortisman
[bilanzmäßige ...] bilançoya göre amortisman
[degressive ...] *(ReW)* azalan bakiyeli amortisman; *(ReW)* azalan oranlı amortisman
[digitale ...] *(ReW)* azalan oranlı dizisel amortisman
[direkte ...] *(ReW)* direkt amortisman; *(ReW)* dolaysız amortisman; *(ReW)* doğrudan amortisman
[geometrisch degressive ...] *(ReW)* azalan bakiyeli amortisman
[gleichmäßige...] sabit oranlı amortisman
[indirekte ...] endirekt/dolaylı amortisman
[jährliche ...] yıllık amortisman
[kalkulatorische ...] izafî/hesaplı amortisman
[lineare ...] doğrusal amortisman
[normale ...] normal amortisman
[planmäßige ...] planlı amortisman
[progressive ...] artan oranlı amortisman
[steuerliche ...] *(StR)* yatırım indirimi
[verbrauchsbedingte ...] tüketim/maliyet amaçlı amortisman
[verdiente ...] realize edilmiş amortisman
[vorzeitige ...] öncelikli/hızlandırılmış amortisman
Abschreibungsart ⟨f⟩ amortisman metodu

Abschreibungsaufwand ⟨m⟩ amortisman (ayırma) gideri
[jährlicher ...] yıllık amortisman gideri
Abschreibungsausgangsbetrag ⟨f⟩ *(ReW)* amortisman matrahı; amortisman bazı/esası
Abschreibungsbasis ⟨f⟩ *(ReW)* amortisman matrahı; amortisman bazı/esası
Abschreibungsbetrag ⟨m⟩ amortisman bedeli
Abschreibungsbedarf ⟨m⟩ amortisman gereksinmesi
Abschreibungseinheit ⟨f⟩ amortisman birimi
Abschreibungserleichterungen ⟨pl⟩ (hızlandırılmış) amortisman kolaylıkları
abschreibungsfähig ⟨adj⟩ aşınma payı ayrılabilir
Abschreibungsfinanzierung ⟨f⟩ amortisman finansmanı
Abschreibungsfonds ⟨m⟩ amortisman fonu
Abschreibungsfreibetrag ⟨m⟩ vergiden muaf amortisman bedeli
Abschreibungsfunktion ⟨f⟩ amortisman fonksiyonu
Abschreibungsgesellschaft ⟨f⟩ amortisman şirketi
Abschreibungsgrundlage ⟨f⟩ *(ReW)* amortisman matrahı; amortisman bazı/esası
Abschreibungsgrundwert ⟨m⟩ amortisman esas değeri; amortisman matrahı
Abschreibungskonto ⟨n⟩ amortisman hesabı
Abschreibungsmethode ⟨f⟩ amortisman (ayırma) metodu
[digitale ...] azalan oranlı dizisel amortisman metodu
[direkte ...] direkt amortisman (ayırma) metodu
[indirekte ...] endirekt amortisman (ayırma) metodu
[progressive ...] artan oranlı amortisman (ayırma) metodu
Abschreibungsmöglichkeit ⟨f⟩ amortisman olanağı; aşınma payı ayırma olanağı
Abschreibungsquote ⟨f⟩ amortisman oranı
[durchschnittliche ...] ortalama amortisman oranı
Abschreibungspolitik ⟨f⟩ amortisman politikası
Abschreibungsprozentsatz ⟨m⟩ amortisman yüzdesi
Abschreibungsrate ⟨f⟩ amortisman oranı
Abschreibungsrechnung ⟨f⟩ amortisman muhasebesi
Abschreibungsreserve ⟨f⟩ amortisman rezervi/ yedeği
Abschreibungsrücklage ⟨f⟩ amortisman ihtiyatı
Abschreibungsrückstellung ⟨f⟩ amortisma ayırma
Abschreibungssatz ⟨m⟩ amortisman haddi
[konstanter ...] sabit amortisman haddi
[linearer ...] doğrusal amortisman haddi
Abschreibungssumme ⟨f⟩ amortisman toplamı; *(ReW)* amortisman matrahı
Abschreibungsverfahren ⟨n⟩ amortisman (ayırma ve kaydetme) yöntemi
[degressives ...] azalan oranlı amortisman yöntemi
[lineares ...] doğrusal amortisman yöntemi
Abschreibungsverlust ⟨m⟩ amortisman kaybı
Abschreibungsvorteile ⟨pl⟩ amortisman (ayırma) avantajları
Abschreibungswagnis ⟨n⟩ amortisman riski

Abschreibungswert ⟨m⟩ amortisman değeri
Abschreibungszeitraum ⟨m⟩ *(ReW)* amortisman (ayırma) süresi
Abschrift ⟨f⟩ suret; ikinci nüsha
[... anfertigen] suret tanzim etmek
[... beifügen] sureti eklemek
[amtliche ...] resmi suret
[beglaubigte ...] tasdikli/onaylı suret
[Diese ... stimmt mit deren Urschrift überein.] İşbu suret aslı gibidir.
[gerichtlich beglaubigte ...] mahkeme(ce) tasdikli/onaylı suret
[mit der Urschrift übereinstimmende ...] aslının aynı (olan) suret
[notariell beglaubigte ...] noter tasdikli/onaylı suret
[vollständige ...] eksiksiz suret
abschwächen ⟨v/t⟩ zayıflatmak
Abschwächung ⟨f⟩ zayıflama
[konjunkturelle ...] konjonktürel zayıflama
Abschwung ⟨m⟩ durgunluk; iktisadî yavaşlama
absenden ⟨v/t⟩ yollamak; göndermek; irsal/sevk etmek
Absender ⟨m⟩ gönderen
[an den ... zurück] gönderene iade
absetzbar ⟨adj⟩ 1. satılabilir; pazarlanabilir 2. amorti edilebilir 3. vergiden düşürülebilir
[schwer ...] zor pazarlanır/satılır
[steuerlich ...] vergiden düşürülebilir
absetzen ⟨v/t⟩ 1. (mal) satmak/pazarlamak; (mal) dağıtımı yapmak 2. amorti etmek
[bestens ...] en iyi fiyat üzerinden satmak
[bestmöglich ...] en iyi fiyat üzerinden satmak
[sich leicht ... lassen] kolay satılmak
Absetzung ⟨f⟩ *(Kosten/Steuer)* gelirden yapılan masraf indirimi; (vergiden) düşme; *(Beamter)* azletme; azil
[... für Abnutzung/AfA] aşınma payını (vergiden) düşme/indirme; aşınma ve yıpranma masraflarını brüt gelirden indirme
[... von der Steuer] masrafları ödenecek vergiden düşme/indirme
absichern ⟨v/t⟩ güvenceye/emniyete almak; korumak
Absicherung ⟨f⟩ güvenceye alma; önlem; tedbir
Absicherungsgeschäft ⟨n⟩ (vadeli satışta) güvenceye alma işlemi
Absicht ⟨f⟩ niyet; amaç; hedef; güdü
[... der Gewinnerzielung] kâr yapma amacı
[böswillige ...] ardniyet; kötü niyet; desise
[gewinnsüchtige ...] kâr güdüsü/amacı
[in bester ...] en iyi niyetle
[in böswilliger ...] ardniyetle; kötü niyetle
[verbrecherische ...] suç işleme niyeti
absichtlich ⟨adj⟩ kasıtlı/niyetli olarak; kasten; kastî
Absichtserklärung ⟨f⟩ niyet beyanı
absolut ⟨adj⟩ mutlak; salt
Absolutwert ⟨m⟩ mutlak değer
absolvieren ⟨int⟩ mezun olmak; bitirmek
absondern ⟨v/t⟩ ayırmak; tecrit etmek
Absonderung ⟨f⟩ ayırma; ayrılık; tecrit
Absonderungsanspruch ⟨m⟩ imtiyazlı hak
Absonderungsberechtigter ⟨m⟩ tercih hakkına sahip alacaklı
Absonderungsgläubiger ⟨m⟩ imtiyazlı alacaklı

Absorptionsfähigkeit ⟨f⟩ soğurma/massetme kapasitesi/yeteneği
Absorptionsprinzip ⟨n⟩ soğurma/massetme ilkesi
Absorptionstheorie ⟨f⟩ soğurma/massetme kuramı
Absparen ⟨n⟩ tasarrufu harcama
absperren ⟨v/t⟩ *(Gas/Wasser)* kesmek
Absperrkette ⟨f⟩ polis kordonu
Absperrung ⟨f⟩ barikat; kordon; mania; engel
Absprache ⟨f⟩ anlaşma; uyuşma; danışma
[diskriminierende ...] ayıracı anlaşma
[geheime ...] gizli anlaşma/danışma
[gemäß ...] anlaşmaya göre
[heimliche ...] gizli(ce) anlaşma/danışma
[in (geheimer) ...] danışıklı olarak
[laut ...] anlaşmaya göre
[mündliche ...] sözlü anlaşma
[ohne vorherige ...] anlaşmadan/danışmadan
absprachegemäß ⟨adj⟩ anlaşmaya varıldığı gibi; anlaşmaya göre; danışıklı
Abstand ⟨m⟩ ara; (aradaki) mesafe
[bezahlter ...] ödenmiş hava parası
[einzeiliger ...] tek sıralı ara
Abstandsgeld ⟨n⟩ hava parası; *(Entlassung)* tazminat; *(Bö)* opsiyon ücreti; *(Miete)* hava parası
Abstandssumme ⟨f⟩ hava parası (tutarı)
Abstandszahlung ⟨f⟩ *(Miete)* hava parası (ödeme)
abstellen ⟨v/t⟩ 1. yere koymak; bırakmak 2. kesmek 3. kapamak 4. durdurmak 5. park etmek
Abstellfläche ⟨f⟩ otopark alanı
Abstellgleis ⟨n⟩ *(Bahn)* şube hattı
Abstellplatz ⟨m⟩ otopark (yeri)
Abstellraum ⟨m⟩ sandık odası
Abstellung ⟨f⟩ 1. kesme 2. durdurma 3. kapama
abstempeln ⟨v/t⟩ mühür basmak; damgalamak
abstimmen ⟨int⟩ 1. oy kullanmak 2. koordine etmek; ayarlamak; uyum sağlamak
Abstimmung ⟨f⟩ 1. oy kullanma; oylama 2. koordinasyon; denkleştirme; eş güdüm; uyum sağlama
[... laufender Einnahmen und Ausgaben] cari tahsilat ile harcamalar arasında eş güdüm; sabit gelir ve giderlerin koordinasyonu
[... zwischen Produktion und Lager] üretim ile depo arasındaki koordinasyon
[briefliche ...] mektupla oy kullanma; mektupla oylama
[geheime ...] gizli oylama
[offene ...] açık oylama
[sich bei der ... vertreten lassen] oy vermede vekil tayin etmek
[zeitliche ...] zamanlama
[zinspolitische ...] faiz politikasında uyum sağlama
Abstimmungsarbeiten ⟨f⟩ (hesap) denkleştirme iş(lem)leri; koordinasyon iş(lem)leri
abstimmungsberechtigt ⟨adj⟩ oy verme yetkisi olan; oy sahibi
Abstimmungsergebnis ⟨n⟩ oylama sonucu
Abstimmungsverfahren ⟨n⟩ oylama yöntemi
Abstimmungsverhältnis ⟨n⟩ oyların oranı
Abstimmungsvorschriften ⟨pl⟩ oylama kuralları
Abstimmungszettel ⟨m⟩ oy pusulası
Abstinenz ⟨f⟩ *(Alkohol)* yeşilaycılık
Abstinenztheorie ⟨f⟩ perhiz kuramı
[... des Zinses] *(VWL)* Faizin Kaçınma Teorisi

abstoßen ⟨v/t⟩ 1. yük boşaltmak 2. satmak 3. elden çıkarmak
Abstottern ⟨n⟩ taksitle ödeme
abstottern ⟨v/t⟩ taksitle ödemek
abstrakt ⟨adj⟩ soyut
Abstraktion ⟨f⟩ soyutlama; genelleştirme
Abstraktionsniveau ⟨n⟩ genelleştirme düzeyi
abstreichen ⟨v/t⟩ 1. işaretlemek 2. hesaba katmamak
abstreiten ⟨v/t⟩ inkâr etmek; kabul etmemek; itiraz etmek
Abstrich ⟨m⟩ kesinti; indirim
Abszisse ⟨f⟩ *(Math)* yatay eksen
abtakeln ⟨v/t⟩ *(Schff)* armasını soymak
abtasten ⟨v/t⟩ yoklamak; inceden inceye araştırmak
Abteil ⟨n⟩ *(Bahn)* kompartıman
 [... für Nichtraucher] *(Bahn)* sigara içme yasağı olan kompartıman
 [... für Raucher] *(Bahn)* sigara içenler için (ayrılmış) kompartıman
Abteilung ⟨f⟩ bölüm; kısım; şube; daire; departman; servis; ekip; branş; dal; *(Krankenhaus)* servis
 [... für Bankgeschäfte] *(BkW)* banka iş(lem)leri dairesi/bölümü
 [... für Börsenzulassung] *(Bö)* borsa kayıt dairesi
 [... für Finanzstudien] (mali) analiz departmanı
 [... für Forderungsinkasso] tahsil dairesi
 [versicherungsmathematische ...] *(Vers)* aktüer servisi
Abteilungschef ⟨m⟩ bölüm şefi
Abteilungsdirektor ⟨m⟩ daire amiri; bölüm başkanı
Abteilungserfolgsrechnung ⟨f⟩ *(KoR)* bölüm/departman kâr (ve zarar) hesabı
Abteilungsgemeinkosten ⟨f⟩ *(KoR)* bölüm/departman genel/dolaylı maliyeti
Abteilungsgewinn ⟨m⟩ *(KoR)* departman kârı
abteilungsintern ⟨adj⟩ bölüm/şube içi
Abteilungskalkulation ⟨f⟩ *(KoR)* departman muhasebesi
Abteilungskosten ⟨pl⟩ *(KoR)* departman maliyeti
Abteilungskostenrechnung ⟨f⟩ *(KoR)* bölüm/departman maliyet muhasebesi
Abteilungsleiter ⟨m⟩ bölüm/kısım şefi/müdürü; daire başkanı
Abteilungsspanne ⟨f⟩ *(KoR)* departman (kâr) marjı
Abteilungsvorstand ⟨m⟩ departman/bölüm başkanı
abtragen ⟨v/t⟩ 1. tekrar satınalmak 2. bedelini vererek kurtarmak
Abtragung ⟨f⟩ 1. amortisman; itfa 2. geri satınalma 3. ipotekten kurtarma
abtrennen ⟨v/t⟩ 1. söküp çıkarmak 2. ayırmak; tecrit etmek
Abtrennung ⟨f⟩ 1. ayırma; tecrit
 [... eines Verfahrens] davayı ayırma; *(Jur)* davanın tecriti
abtreten ⟨v/t⟩ 1. (devir ve) temlik etmek 2. istifa etmek; çekilmek
Abtretung ⟨f⟩ 1. devir ve temlik 2. terk ve ferağ
 [... an Leistungs Statt] *(Jur)* tediye yerine yapılan temlik
 [... einer Forderung] alacağın devri/temliki
 [... von Lohn und Gehaltsansprüchen] ücret ve maaşların (devir ve) temliki
Abtretungsanzeige ⟨f⟩ (devir ve) temlik ilâmı
Abtretungsbegünstigter ⟨m⟩ temlik lehdarı
Abtretungsempfänger ⟨m⟩ temellük eden
Abtretungsurkunde ⟨f⟩ *(Jur)* temlikname
Abtretungsverbot ⟨n⟩ (devir ve) temlik yasağı
Abtretungsverbotsklausel ⟨f⟩ *(Jur)* ferağdan men şartı; temlik edilmemek şartı
Abtrieb ⟨m⟩ *(Schff)* rotadan ayrılma
aburteilen ⟨v/t⟩ *(Jur)* 1. mahkûm etmek; ceza vermek 2. yargılamak
Aburteilung ⟨f⟩ *(Jur)* 1. mahkûmiyet 2. yargılama
abwählen ⟨v/t⟩ oylama ile azletmek
Abwälzung ⟨f⟩ yansıtma; yükleme
abwandeln ⟨v/t⟩ değiştirmek; tadil etmek
Abwandelung ⟨f⟩ değiştirme; değişiklik; tadilat
Abwanderung ⟨f⟩ başka yere gitme; göç
 [... von Kapital] sermaye göçü; sermayenin başka yere gitmesi
 [... von Wissenschaftlern] fikir göçü
abwarten ⟨v/t⟩ beklemek; kollamak; *(Bö)* ihtiyatlı olmak
 [... und Tee trinken] sabırla beklemek
 [das Ergebnis ...] sonucu beklemek
 [ungeduldig ...] sabırsızca beklemek
abwartend ⟨adj⟩ bekler vaziyette; *(Bö)* ihtiyatlı
Abwärtsbewegung ⟨f⟩ aşağıya doğru hareket; alçalış/düşüş (hareketi)
 [... an der Börse] *(Bö)* borsada düşüş
Abwärtstendenz ⟨f⟩ *(Bö)* düşüş eğilimi/trendi
Abwärtstrend ⟨m⟩ *(Bö)* düşüş trendi
Abwasser ⟨n⟩ atıksu; lağım suyu
Abwasseraufbereitung ⟨f⟩ atıksu işleme/arıtma
Abwasserkanal ⟨m⟩ kanalizasyon
Abwasserreinigung ⟨f⟩ atıksu arıtma
Abwasserreinigungsanlage ⟨f⟩ atıksu arıtma tesisi
abwechselnd ⟨adj⟩ değişik; rotasyonlu; alternatif
Abwechslung ⟨f⟩ değişiklik
 [... gestalten] değişiklik yaratmak
 [zur ...] değişiklik için
Abwehr ⟨f⟩ savunma; müdafaa; koru(n)ma; karşı koyma
Abwehranspruch ⟨m⟩ *(Jur)* savunma hakkı
Abwehraussperrung ⟨f⟩ savunma amaçlı lokavt
Abwehrklage ⟨f⟩ *(Jur)* müdahalenin meni davası
Abwehrkonditionen ⟨pl⟩ koruyucu koşullar
Abwehrmaßnahme ⟨f⟩ savunma önlemi; koruyucu tedbir
Abwehrstreik ⟨m⟩ savunma grevi
Abwehrzoll ⟨m⟩ *(Zo)* koruyucu/himayeci gümrük resmi
abweichen (von) ⟨int⟩ sapmak; farklı olmak
Abweichung ⟨f⟩ *(Stat)* sapma; *(KoR)* sapma; varyans; 2. (asıl saptanan ile elde edilen arasındaki) fark; *(Gewicht)* fark
 [durchschnittliche ...] *(Stat)* ortalama sapma
 [erwartete ...] *(KoR)* bütçelenmiş sapma
 [mittlere ...] *(Stat)* ortalama sapma
 [mittlere quadratische ...] *(Stat)* standart sapma
 [positive ...] *(Stat)* pozitif sapma
 [prozentuale mittlere ...] *(Stat)* standart yüzde sapma
 [relative ...] *(Stat)* bağıntılı sapma
 [statistische ...] *(Stat)* istatistik sapma

[wahrscheinliche ...] *(Stat)* ihtimal hatası
Abweichungsanalyse ⟨f⟩ *(Stat)* varyans analizi; *(Stat)* sapma analizi; *(KoR)* maliyet sapması analizi
Abweichungskoeffizient ⟨m⟩ *(Stat)* varyans katsayısı
Abweichungsverteilung ⟨f⟩ *(Stat)* varyans dağılımı
abweisen ⟨v/t⟩ reddetmek; kabul etmemek; savmak
[Klage ...] *(Jur)* (masrafları üzerinde bırakılmak şartıyla) davayı reddetmek
Abweisung ⟨f⟩ red; reddetme; kabul etmeme
[... der Klage] *(Jur)* davanın reddi
abwerben ⟨v/t⟩ (işçi) ayartmak
Abwerber ⟨m⟩ (işçi) ayartıcı; kafa avcısı; uzman işçi arayıp bulan simsar
abwerfen ⟨v/t⟩ atmak; fırlatmak
[Gewinn ...] kâr bırakmak/sağlamak
abwerten ⟨v/t⟩ devalüe etmek; değerini düşürmek
Abwertung ⟨f⟩ devalüasyon; değer düşürümü
[... auf Fertigerzeugnisse] bitmiş mallarda değer düşürümü; hazır ürünlerde devalüasyon
[... aus Wettbewerbsgründen] rekabet yüzünden değer düşürümü
[versteckte ...] üstü kapalı devalüasyon; gizli devalüasyon
abwertungsbedingt ⟨adj⟩ devalüasyona bağlı
Abwertungsdruck ⟨m⟩ devalüasyon baskısı
Abwertungseffekt ⟨m⟩ devalüasyon etkisi
Abwertungsgewinn ⟨m⟩ devalüasyon kârı; değer düşürümü sonunda arta kalan kâr
Abwertungssatz ⟨m⟩ devalüasyon haddi/oranı
Abwertungswelle ⟨f⟩ devalüasyon dalgası
Abwertungszyklus ⟨m⟩ devalüasyon döngüsü
abwesend ⟨adj⟩ gaip; yok; bulunmayan
[geistig ...] dalgın
Abwesenheit ⟨f⟩ bulunmazlık; mevcut olmama; absanteizm; *(Jur)* gıyap
[... aus geschäftlichen Gründen] iş nedeniyle/yüzünden bulunmazlık
[in ... von] gıyabında
Abwesenheitserkenntnis ⟨f⟩ *(Jur)* gıyapta yargılama
Abwesenheitsquote ⟨f⟩ bulunmayanların oranı; absanteizm oranı
Abwesenheitsurteil ⟨n⟩ *(Jur)* gıyap kararı
Abwesenheitsverfahren ⟨n⟩ *(Jur)* gıyap yöntemi; gıyapta yargılama
Abwesenheitsvermutung ⟨f⟩ *(Jur)* gıyap karinesi
Abwesenheitszeit ⟨f⟩ bulunmazlık süresi
abwickeln ⟨v/t⟩ 1. tasfiye etmek 2. iş görüp bitirmek; çözümlemek; halletmek 3. çözmek
Abwickler ⟨m⟩ tasfiyeci; likiditör; iş gören; *(Jur)* tasfiye memuru
Abwicklung ⟨f⟩ 1. tasfiye; likidasyon 2. iş yapıp bitirme; iş yürütme; halletme; iş çözümleme 3. çözme
[... der Investitionen] *(BkW)* yatırımları yönetme; yatırım işlerini yürütme
[... des Havarieschadens] *(SeeV)* avarya hasarının tesviyesi
[... des Kredits] *(BkW)* kredinin (geri) ödenmesi
[... einer Gesellschaft] şirketin tasfiyesi
[... in Stufen] kademeli/tedrici tasfiye

[außergerichtliche ...] davasız tasfiye; mahkeme dışı tasfiye
[freiwillige ...] ihtiyarî/gönüllü tasfiye; isteğe bağlı tasfiye
[gerichtliche ...] *(Jur)* adlî tasfiye
[stufenweise ...] kademeli/tedrici tasfiye
Abwicklungsbank ⟨f⟩ *(BkW)* tasfiye/likidasyon/kliring bankası
Abwicklungsbedingungen ⟨pl⟩ iş görme koşulları
Abwicklungsbilanz ⟨f⟩ *(ReW)* tasfiye bilançosu
Abwicklungseröffnungsbilanz ⟨f⟩ tasfiye öncesi bilançosu
Abwicklungsfirma ⟨f⟩ tasfiye edilen firma/şirket
Abwicklungsgebühr ⟨f⟩ tasfiye harcı/ücreti
Abwicklungsgeschäft ⟨n⟩ tasfiye işlemi
Abwicklungsgewinn ⟨m⟩ tasfiye kârı
Abwicklungskonto ⟨n⟩ tasfiye hesabı
Abwicklungskosten ⟨pl⟩ tasfiye maliyeti; işlem masrafları
Abwicklungsmasse ⟨f⟩ tasfiye varlığı
Abwicklungsstelle ⟨f⟩ 1. tasfiye masası 2. kliring yeri
Abwicklungstermin ⟨m⟩ tasfiye tarihi
Abwicklungsverfahren ⟨n⟩ tasfiye davası/yöntemi
Abwicklungswert ⟨m⟩ *(ReW)* tasfiye değeri
abwracken ⟨v/t⟩ yıkmak; sökmek
abzahlbar ⟨adj⟩ taksitle ödenebilir; itfa edilebilir
[monatlich ...] aylık (taksitle) ödenebilir
abzahlen ⟨v/t⟩ 1. taksitle ödemek 2. vadeli ödemek 3. itfa etmek
[monatlich ...] aylık taksitlerle ödemek
Abzahlung ⟨f⟩ 1. taksitle ödeme 2. vadeli ödeme 3. itfa 4. akont; alelhesap
[auf ... kaufen] 1. taksitle satınalmak 2. vadeli satınalmak
Abzahlungsbank ⟨f⟩ kredi bankası
Abzahlungsbedingungen ⟨pl⟩ itfa koşulları; (taksitle) ödeme koşulları
Abzahlungsfrist ⟨f⟩ itfa süresi/öneli; (taksitle) ödeme süresi/müddeti
Abzahlungsgeschäft ⟨n⟩ 1. taksitli işlem 2. taksitle satış yapan mağaza 3. itfa iş(lem)i
Abzahlungsgesellschaft ⟨f⟩ kredi şirketi/kurumu
Abzahlungskauf ⟨m⟩ taksitle satınalma
Abzahlungskredit ⟨m⟩ taksitle ödeme kredisi
Abzahlungsplan ⟨m⟩ itfa planı; taksitle ödeme planı
Abzahlungspreis ⟨m⟩ taksitle ödeme fiyatı
Abzahlungssystem ⟨n⟩ taksitçilik
Abzahlungsverkauf ⟨m⟩ taksitle satış
Abzahlungsverpflichtungen ⟨pl⟩ taksitle ödeme yükümlülükleri
Abzahlungsvertrag ⟨m⟩ taksitle ödeme sözleşmesi
abzeichnen ⟨v/t⟩ 1. vize etmek 2. imzalamak; imza atmak; ⟨refl⟩ belirmek; belli olmak
[sich klar ...] iyice belli olmak
abziehen ⟨v/t⟩ çıkarmak; indirmek; düşürmek; iskonto etmek; tenzil etmek
abzinsen ⟨v/t⟩ faizi indirmek/düşürmek
Abzinsung ⟨f⟩ faiz/fiyat indirimi; iskonto
Abzinsungsbetrag ⟨m⟩ iskonto bedeli
Abzinsungsfaktor ⟨m⟩ iskonto faktörü
Abzinsungssatz ⟨m⟩ iskonto haddi
Abzinsungstabelle ⟨f⟩ iskonto tarifesi
Abzug ⟨m⟩ 1. dekont; tenzil; indirim; iskonto;

remiz; kesenek; kesinti 2. suret
[... an der Quelle] *(Steuer)* stopaj; kaynakta kesme
[... für Steuern] vergi keseneği
[bar ohne ...] nakden ve kesintisiz; kesintisiz nakden
[handsignierter ...] elle imzalı suret
[in ... bringen] hesaptan düşürme/indirme
[nach ... aller Unkosten] tüm masraflar çıktıktan sonra
[nach ... der Spesen] harcırah/masraflar çıktıktan sonra
[nach ... der Steuern] vergi kesildikten sonra; vergi sonrası
[sofort bar ohne ...] peşin ve kesintisiz; kesintisiz peşin
[vor ... der Steuern] vergi kesilmeden önce; vergi öncesi
Abzüge ⟨pl⟩ kesenekler; kesintiler
[frei von ... n] kesintisiz
[gesetzliche ...] kanunî kesenekler
[gleichbleibende ...] sabit (oranlı) kesenekler
abzüglich ⟨präp⟩ çıktıktan sonra
Abzugsbetrag ⟨m⟩ kesilen bedel; iskonto/indirim bedeli
Abzugseffekt ⟨m⟩ göç etkisi
abzugsfähig ⟨adj⟩ dekont edilebilir; indirilebilir; kesilebilir
[steuerlich ...] vergiden indirilebilir
[steuerlich nicht ...] vergiden indirilemez
Abzugsfähigkeit ⟨f⟩ indirilebilirlik; kesilebilirlik
[steuerliche ...] vergiden indirilebilirlik
Abzugsmethode ⟨f⟩ *(Steuer)* indirme metodu
Abzugssteuer ⟨f⟩ (kaynakta) kesilen vergi
[... bei beschränkter Steuerpflicht] kısmî yükümlülükte kesilen vergi
Abzugsweg ⟨m⟩ kesme yolu/metodu
abzweigen ⟨v/t⟩ ayırmak; ⟨int⟩ ayrılmak; ⟨refl⟩ kollara/şubelere ayrılmak
Abzweigung ⟨f⟩ ayırma; ayrılma; *(Kfz)* yolun ayrılması; kavşak
Achillesferse ⟨f⟩ can damarı
Achse ⟨f⟩ 1. dingil 2. eksen
[per ...] *(Bahn)* trenle
Achsgewicht ⟨n⟩ *(Kfz)* dingil ağırlığı
Achslast ⟨f⟩ *(Kfz)* dingil (taşıma) yükü
Acht ⟨f⟩ 1. sekiz 2. sürgün 3. dikkat
[außer ... lassen] ihmal etmek; dikkat etmemek; dikkate almamak
achtbar ⟨adj⟩ saygıdeğer; itibarlı; sayın
achten ⟨v/t⟩ 1. saygı göstermek; saymak; takdir etmek 2. uymak; riayet etmek
Achterdeck ⟨n⟩ *(Schff)* kıç güverte
Achtstundenschicht ⟨f⟩ sekiz saatlik mesai
Achtstundentag ⟨m⟩ sekiz saatlik mesai günü
Achtung ⟨f⟩ 1. dikkat 2. riayet; uyma 3. itibar; saygı 4. takdir; hürmet
[... vor dem Gesetz] kanunlara/yasalara riayet/uyma
Acker ⟨m⟩ *(LandW)* tarla
[... bestellen] tarla sürmek
Ackerbau ⟨m⟩ *(LandW)* tarım; ziraat; çiftçilik
[... nur für den Eigenbedarf] sadece kendi ihtiyaçlarını karşılamak için çiftçilik
Ackerbauer ⟨m⟩ *(LandW)* çiftçi

Ackerboden ⟨m⟩ *(LandW)* tarımlık toprak; tarımsal arazi; tarla toprağı
Ackerfrucht ⟨f⟩ *(LandW)* tarla mahsulü/ürünü; tarımsal ürün/mahsul/meyve
Ackerland ⟨n⟩ *(LandW)* tarıma elverişli arazi; tarım arazisi
ad acta dosyalık
[... legen] 1. dosyasına koymak; dosyalamak 2. meseleyi kapamak
Adäquanztheorie ⟨f⟩ uygun nedensellik kuramı
adäquat ⟨adj⟩ uygun
Addenda ⟨f⟩ eklemeler
Addierbarkeit ⟨f⟩ toplanabilirlik
addieren ⟨v/t⟩ 1. toplamak 2. eklemek
Addition ⟨f⟩ toplama
adjustieren ⟨v/t⟩ 1. ayarlamak 2. doğrultmak; düzeltmek
Administration ⟨f⟩ idare; müdüriyet; amirlik
administrativ ⟨adj⟩ 1. idarî 2. mülkî
Adressant ⟨m⟩ gönderen; mektubu yazan
Adressat ⟨m⟩ gönderilen; alıcı; adres sahibi
Adreßbuch ⟨n⟩ adres defteri
Adresse ⟨f⟩ adres
[erste ...] ilk/ana adres
[genaue ...] tam/tüm adres
[per ...] birisi eliyle; (c/o)
[ständige ...] sürekli/devamlı adres
Adressenänderung ⟨f⟩ adres değişikliği
Adressenliste ⟨f⟩ adres listesi
Adressenlistenmakler ⟨m⟩ adres satan acenta
Adressenverzeichnis ⟨n⟩ adres rehberi
adressieren ⟨v/t⟩ adreslemek; adres yazmak
adressiert ⟨adj⟩ adresli; adreslenmiş; adresi yazılmış
[falsch ...] adresi yanlış yazılmış
Adressierung ⟨f⟩ adresleme; adres yazma
ad valorem kıymet üzerinden
à-forfait-Geschäft ⟨n⟩ mal satınalma ve alacak toplama işlemi/muamelesi; götürü işlem; götürü alışveriş; factoring iş(lem)leri/transferleri
AG → **Aktiengesellschaft**
Agenda ⟨f⟩ ajanda; muhtıra defteri; andaç
Agent ⟨m⟩ 1. ajan; acente 2. muameleci; komisyoncu 3. temsilci; mümessil
Agentenprovision ⟨f⟩ 1. acente komisyonu 2. komisyoncu payı
Agentur ⟨f⟩ 1. acente/acenta; acentelik 2. ajans 3. temsilcilik; mümessillik
Agenturgeschäft ⟨n⟩ acente(lik) işi
Agenturumsatz ⟨m⟩ acente satışları/cirosu
Agenturvergütung ⟨f⟩ acente ücreti
Agenturvertrag ⟨m⟩ acentelik sözleşmesi
Agglomeration ⟨f⟩ yığışım
Aggregat ⟨n⟩ *(Stat)* toplam/genel
[monetäres ...] parasal toplam
Aggregationszustand ⟨f⟩ maddenin durumu
Agio ⟨n⟩ → **Aufgeld** 1. acyo; akçe farkı 2. prim; ikramiye
[mit ...] acyolu
[mit ... verkaufen] acyolu satmak
Agioerträge ⟨f⟩ acyo gelirleri
Agiokonto ⟨n⟩ acyo hesabı
Agioteur ⟨m⟩ acyocu; *(BkW)* kambist
Agiorücklage ⟨f⟩ acyo yedek akçesi; acyo ihtiyatı
Agiotheorie ⟨f⟩ acyo kuramı/teorisi

11

[... des Zinses] *(VWL)* acyo faiz kuramı/teorisi
Agiotage ⟨f⟩ acyotaj; döviz alım satımı
agiotieren ⟨int⟩ *(Bö)* tahvil/senet alıp satmak
Agrarabgaben ⟨pl⟩ tarım vergisi; tarımsal ürünler için ödenen vergi
Agrarabschöpfungen ⟨pl⟩ *(EU)* telafi edici tarım vergileri; (tarımsal) prelevman; tarımsal soğurmalar/ödenekler; AT ülkelerinde gümrük resmi yerine AT'ye ödenen tarım ürünleri ödenekleri
Agrarausgaben ⟨f⟩ tarımsal harcamalar
Agrarbevölkerung ⟨f⟩ tarımsal nüfus; çiftçi halk
Agrareinkommen ⟨n⟩ tarım geliri; tarımsal gelir
Agrarerzeugnisse ⟨pl⟩ tarım ürünleri; tarımsal ürünler
Agrargenossenschaft ⟨f⟩ tarım (kredi/satış) kooperatifi
Agrarhandel ⟨m⟩ tarım ürünleri ticareti
Agrarindustrie ⟨f⟩ tarım (ürünleri) sanayii
agrarisch ⟨adj⟩ tarımsal
Agrarkredit ⟨m⟩ tarımsal kredi
Agrarland ⟨n⟩ *(VWL)* tarım ülkesi; tarıma elverişli arazi
Agrarmarkt ⟨m⟩ tarım ürünleri pazarı/piyasası
[gemeinsamer ...] *(EU)* ortak tarım pazarı/piyasası
Agrarpolitik ⟨f⟩ tarım politikası
[gemeinsame ...] *(EU)* ortak tarım politikası
Agrarpreis ⟨m⟩ tarımsal fiyat
Agrarpreisstützung ⟨f⟩ tarımsal fiyatları destekleme
Agrarprodukt ⟨n⟩ tarım ürünü
Agrarproduktion ⟨f⟩ tarımsal üretim
Agrarreform ⟨f⟩ *(VWL)* tarım reformu
Agrarrohstoff ⟨m⟩ tarımsal hammadde
Agrarstaat ⟨m⟩ *(VWL)* tarım ülkesi
Agrarstützpreis ⟨m⟩ tarımı destekleme fiyatı
Agrarsubvention ⟨f⟩ tarım sübvansiyonu
Agrarwirtschaft ⟨f⟩ tarım ekonomisi; agroekonomi/agrarekonomi
Agrarzoll ⟨m⟩ tarım (ürünleri) gümrüğü
Akkord ⟨m⟩ akort
[im ... arbeiten] akort işte çalışmak
Akkordarbeit ⟨f⟩ akort işi
Akkordarbeiter ⟨m⟩ akort işçisi
Akkordausgleich ⟨m⟩ akort ikramiyesi
Akkordlohn ⟨m⟩ 1. akort ücreti 2. → **Stücklohn** parça başına ücret
Akkordlohnsatz ⟨m⟩ akort iş ücret haddi
Akkordzuschlag ⟨m⟩ akort primi
Akkreditierung ⟨f⟩ 1. kredi verme; akreditif açma 2. yetkilendirme
Akkreditiv ⟨n⟩ 1. akreditif; ödeme buyruğu 2. itibar mektubu; itimatname
[... eröffnen] akreditif açmak
[... mit Dokumentenaufnahme] vesikalı akreditif
[... ohne Dokumente] vesikasız akreditif
[begebbares ...] ciro edilebilir akreditif
[bestätigtes ...] teyitli/müeyyet akreditif
[bestätigtes unwiderrufliches ...] teyitli vazgeçilmez akreditif
[dokumentäres ...] vesikalı akreditif
[einfaches ...] basit akreditif
[teilbares ...] bölünebilen akreditif; kabili taksim akreditif

[übertragbares ...] devredilebilen akreditif; temlik edilebilen akreditif
[unwiderruflich gültiges und bestätigtes ...] dönülemez geçerli ve teyitli akreditif
[unwiderrufliches ...] dönülemez akreditif
[widerrufliches ...] dönülebilir akreditif
Akkreditivbank ⟨f⟩ akreditif bankası; akreditif mektubu veren banka
Akkreditivbegünstigter ⟨m⟩ akreditif lehtarı
Akkreditivbestätigung ⟨f⟩ akreditif teyidi/onayı
Akkreditivbevorschussung ⟨f⟩ akreditif avansı; hazırlık için peşin ödemeye imkân veren akreditif
Akkreditiveröffnung ⟨f⟩ akreditif açma/küşadı; küşat
Akkreditivinanspruchnahme ⟨f⟩ akreditif kullanma; akreditiften yararlanma
Akkreditivinhaber ⟨m⟩ akreditif amiri/hamili/sahibi
Akkreditivstellung ⟨f⟩ akreditif tahsisi/tesisi
Akkreditivverpflichtung ⟨f⟩ akreditif yükümlülüğü
Akkreditivvorschuß ⟨m⟩ akreditif avansı
Akkreditivziehungen ⟨f⟩ akreditif üzerinden para çekme
Akontozahlung ⟨f⟩ akont; alel hesap; hesaba mahsuben ödeme
[als ... erhalten] akont olarak alınma
akquirieren ⟨v/t⟩ müşteri kazanmak amacıyla kampanya yapmak
Akquisiteur ⟨m⟩ 1. plasiye 2. mümessil 3. oy tasnifini yapan kimse
Akquisition ⟨f⟩ 1. kazanç 2. (müşteri kazanmak amacıyla) eşantiyon veya kartvisit dağıtarak tanıtım
Akte ⟨f⟩ 1. dosya 2. yazı 3. senet; vesika, belge 4. evrak; doküman
[... schließen] dosyayı kapamak
Akten ⟨pl⟩ 1. dosyalar 2. klasör 3. yazılar; belgeler; evraklar
[... einsehen] evrakları/belgeleri/dosyayı incelemek
[bei den ...] dosyada/belgede/evrakta
[für die ...] dosya/evrak için
[zu den ...] dosyaya
[zu den ... nehmen] dosyaya eklemek/kaydetmek
Aktenauszug ⟨m⟩ dosya kaydı örneği; dosya kayıt sureti
Aktendeckel ⟨m⟩ doküman şeridi; dosya kapağı
Akteneinsicht ⟨f⟩ dosyayı inceleme
aktenkundig ⟨adj⟩ (dosyada) kayıtlı
Aktennotiz ⟨f⟩ dosya notu; derkenar
Aktenordner ⟨m⟩ klasör
Aktenstück ⟨n⟩ evrak; dosya
Aktenzeichen ⟨n⟩ dosya işareti; esas numarası; sayı
Aktie ⟨f⟩ hisse senedi
[auf den Inhaber lautende ...] taşıyana/hamiline yazılı hisse senedi
[auf den Namen lautende ...] ada/nama yazılı hisse senedi
[bevorrechtigte ...] imtiyazlı hisse senedi
Aktien ⟨pl⟩ hisse senetleri
[... an der Börse einführen] hisse senetlerini piyasaya sürmek
[... ausgeben] hisse senetleri ihraç/tahsis etmek

[... besitzen] hisse senedine sahip olmak
[... einziehen] piyasadaki hisse senetlerini toplamak
[... lombardieren] hisse senedi karşılığı kredi/para vermek
[... mit Gewinnbeteiligung] kâra katılımlı hisse senetleri
[... mit Stimmrecht] sahibine oy hakkı veren hisse senetleri
[... mit Vetorecht] sahibine veto hakkı veren hisse senetleri
[... notieren] hisse senetlerini kote etmek
[... notieren lassen] hisse senetlerini kote ettirmek
[... ohne Nennwert] nominal değeri olmayan hisse senetleri
[... unterbringen] hisse senetlerine alıcı bulmak
[... zeichnen] hisse senetlerini taahhüt etmek
[... zuteilen] hisse senetlerini (hissedarlara) dağıtmak
[ausgegebene ...] ihraç edilmiş hisse senetleri
[beste ...] piyasada güven kazanmış hisse senetleri
[bezahlte ...] ödenmiş hisse senetleri
[börsenfähige ...] borsa yetenekli hisse senetleri
[börsennotierte ...] borsada kayıtlı/koteli hisse senetleri
[emittierte ...] tahsis edilmiş ve piyasaya sürülmüş hisse senetleri
[erstklassige ...] *(Eng.)* Blue Chip; birinci sınıf hisse senetleri
[gängige ...] (piyasada yaygın) işlem gören hisse senetleri
[gewöhnliche ...] basit hisse senetleri
[gezeichnete ...] taahhütlü hisse senetleri
[junge ...] yeni hisse senetleri
[kaduzierte ...] silinmiş hisse senetleri; piyasadan geri çekilmiş hisse senetleri
[in ... spekulieren] hisse senetleriyle spekülasyon yapmak
[konjunkturempfindliche ...] devresel hisse senetleri
[nicht bevorrechtigte ...] imtiyazsız hisse senetleri
[nennwertlose ...] nominal değeri olmayan hisse senetleri
[notierte ...] koteli/kayıtlı hisse senetleri
[stimmberechtigte ...] sahibine oy hakkı veren hisse senetleri
[stimmrechtlose ...] oy haksız paylar; sahibine oy hakkı vermeyen hisse senetleri
[wertbeständige ...] değeri tutarlı hisse senetleri; (piyasada güven kazanmış) sağlam hisse senetleri
[zugeteilte ...] (iştirak taahhütnamesinin karşılığında) tahsis edilen hisse senetleri
Aktienabschnitt ⟨m⟩ hisse senedi kuponu
Aktienagio ⟨n⟩ hisse senedi acyosu
Aktienaufgeld ⟨n⟩ hisse senedi acyosu
Aktienagiokonto ⟨n⟩ hisse senedi acyo hesabı
Aktienanalyse ⟨f⟩ hisse senedi analizi
  [technische ...] hisse senedi teknik analizi
Aktienanlage ⟨f⟩ portföy plasmanı/yatırımı; hisse senetleri yatırımı

Aktienanleger ⟨m⟩ hisse senedi yatırımcısı
Aktienaufgeld ⟨n⟩ hisse senedi acyosu
Aktienaufteilung ⟨f⟩ hisse bölünmesi; spliting
Aktienausgabe ⟨f⟩ hisse senetleri tahsisi; menkul değer ihracı
Aktienbaisse ⟨f⟩ hisse senedi fiyatlarının düşme eğilimini gösteren piyasa; kötümser piyasa
Aktienbesitz ⟨m⟩ hisse senetleri zilyetliği/elmenliği
Aktienbesitzer ⟨m⟩ hisse senedi sahibi
Aktienbestand ⟨m⟩ hisse senetleri miktarı/toplamı
Aktienbeteiligung ⟨f⟩ hisseye iştirak
Aktienbewertung ⟨f⟩ hisse senetlerini değerleme/değerlendirme
Aktienbezugsrecht ⟨n⟩ hisse senedi alma hakkı
Aktienbörse ⟨f⟩ menkul kıymetler borsası
Aktiendisagio ⟨n⟩ hisse senedi dizacyosu
Aktiendividende ⟨f⟩ hisse senedi temettüü; pay başına temettü
Aktienemission ⟨f⟩ hisse senedi emisyonu
Aktienemissionsagio ⟨n⟩ flotasyon acyosu
Aktienemissionsdisagio ⟨n⟩ flotasyon dizacyosu
Aktienemissionskurs ⟨m⟩ hisse senedi emisyon fiyatı
Aktienerwerb ⟨m⟩ hisse senedi alımı/edinimi
Aktienfonds ⟨m⟩ hisse senedi fonları
Aktiengeschäft ⟨n⟩ hisse senedi alım satım işlemi; hisseli işlemler
Aktiengesellschaft ⟨f⟩ anonim şirket
  [börsennotierte ...] borsada koteli/kayıtlı anonim şirket
  [in eine ... umwandeln] anonim şirket yapmak
Aktiengesetz ⟨n⟩ hisse senetleri yasası; menkul kıymetler kanunu
Aktienhandel ⟨m⟩ hisse senetleri alım ve satımı
Aktienhändler ⟨m⟩ borsa acentesi; borsacı
Aktienhausse ⟨f⟩ hisse senetleri fiyatlarının yükselmesi
Aktienindex ⟨m⟩ hisse senetleri indeksi
Aktieninhaber ⟨m⟩ hisse senedi sahibi; hissedar
Aktienkapital ⟨n⟩ hissedarlar sermayesi; hisseli sermaye; hisse senetli kapital; hisselere bölünmüş sermaye
  [... erhöhen] hissedarlar sermayesini arttırmak
  [... herabsetzen] hissedarlar sermayesini azaltmak
  [... verwässern] hissedarlar sermayesini sulandırmak
  [ausgegebenes ...] harcanmış hissedarlar sermayesi
  [dividendenberechtigtes ...] temettü hakkı olan hissedarlar sermayesi
  [eingezahltes ...] ödenmiş hissedarlar sermayesi
  [genehmigtes ...] onaylanmış hissedarlar sermayesi; nominal sermaye
  [stimmberechtigtes ...] sahibine oy hakkı sağlayan hisseli sermaye; oy hakkı olan hissedarlar sermayesi
Aktienkurs ⟨m⟩ hisse senedi kuru/fiyatı
Aktienmantel ⟨m⟩ hisse sertifikası
Aktienmarkt ⟨m⟩ hisse senetleri piyasası
Aktienmehrheit ⟨f⟩ hisse çoğunluğu/ekseriyeti
Aktiennotierung ⟨f⟩ hisse senedi kotesi
Aktiennotiz ⟨f⟩ hisse senedi kaydı
Aktienpaket ⟨n⟩ hisse senedi paketi; *(Bö)* lot
Aktienportefeuille ⟨n⟩ hisse senetleri portföyü

Aktienpreis ⟨m⟩ hisse senedi fiyatı
Aktienrecht ⟨n⟩ şirket hukuku
Aktienregister ⟨n⟩ hisse senedi kaydı
Aktienrendite ⟨f⟩ hisse başına düşen kâr payı
Aktienschein ⟨m⟩ hisse senedi
Aktiensparen ⟨n⟩ hisse senedi tasarrufu
Aktiensparplan ⟨m⟩ hisse senedi tasarruf planı
Aktienspekulation ⟨f⟩ hisse senedi spekülasyonu
Aktienstreubesitz ⟨m⟩ çeşitli hisse senetlerine sahip olma
Aktienstückelung ⟨f⟩ hisse senedi birimi
Aktientausch ⟨m⟩ hisse senedi değiştokuşu/takası
Aktienteilung ⟨f⟩ hisse senedi taksimi; hisse bölümü
Aktienurkunde ⟨f⟩ hisse senedi
Aktienverwahrung ⟨f⟩ hisse senetlerini saklama
Aktienwert ⟨m⟩ hisse (senedi) değeri/fiyatı
[führender...] önder hisse (senedi) değeri
Aktienzeichner ⟨m⟩ hisse senedi almayı taahhüt eden kişi
Aktienzeichnung ⟨f⟩ hisse (senedine) katılım yüklenimi; iştirak taahhüdü
Aktienzertifikat ⟨n⟩ hisse sertifikası
Aktienzuteilung ⟨f⟩ hisse senedi tahsisi; hisselerin taksimi
Aktion ⟨f⟩ aksiyon; eylem; teşebbüs; girişim; kampanya; işlem; müzayede
Aktionator ⟨m⟩ müzayedeci
Aktionär ⟨m⟩ aksiyoner; hissedar
[freier...] serbest aksiyoner
Aktionärsbrief ⟨m⟩ aksiyonerler/hissedarlar sirküleri
Aktionssprecher ⟨m⟩ aksiyonerler sözcüsü
Aktionsvertreter ⟨m⟩ aksiyonerler temsilcisi
Aktionsgemeinschaft ⟨f⟩ aksiyonerler topluluğu; girişim/teşebbüs grubu
aktiv ⟨adj⟩ aktif; faal
[nicht...] pasif; aktif/faal olmayan
Aktiva ⟨pl⟩ aktifler; varlıklar; mevcudat
[... und Passiva] aktif ve pasifler
[antizipatorische...] değerlendirilmiş aktifler
[immaterielle...] gayri maddî aktifler
[laufende...] cari/dönen varlıklar
[leicht realisierbare...] likit varlıklar
[materielle...] maddî varlıklar
[produktive...] *(ReW)* işletme aktifleri
[sofort realisierbare...] likit varlıklar
[transitorische...] geleceğe ait ödenek; peşin ödenen bedel
[werbende...] gelir sağlayan aktifler; kâr getiren varlıklar
Aktivbilanz ⟨f⟩ aktif/lehte bilanço
Aktivforderungen ⟨pl⟩ aktif alacaklar
Aktivgeschäft ⟨n⟩ aktif işlem; mevcudat işlemi
aktivieren ⟨v/t⟩ aktifleştirmek; canlandırmak; kapitalize etmek
Aktivierung ⟨f⟩ aktifleştirme; canlandırma; kapitalize etme
[... der Handelsbilanz] ticaret bilançosunu aktifleştirme
Aktivierungspflicht ⟨f⟩ aktifleştirme yükümlülüğü
Aktivierungsverbot ⟨n⟩ aktifleştirme yasağı
Aktivität ⟨f⟩ faaliyet; aktivite
[gesamtwirtschaftliche...] toplam/genel ekonomik faaliyet

[konjunkturelle...] konjonktürel faaliyet
Aktivitäten ⟨pl⟩ faaliyetler; aktiviteler
[nachgeschaltete...] sonraki faaliyetler
[vorgeschaltete...] ön faaliyetler
Aktivitätsanalyse ⟨f⟩ *(OR)* aktivite analizi
Aktivkapital ⟨n⟩ aktif sermaye
Aktivkonto ⟨n⟩ *(ReW)* aktif hesap; aktif kıymetler
Aktivkredit ⟨m⟩ mevcudat kredisi; aktif kredi
Aktivlegitimation ⟨f⟩ *(Jur)* dava ehliyeti; müspet husumet
Aktivmasse ⟨f⟩ aktiflerin tümü
Aktivposten ⟨m⟩ aktif kalemi
Aktivsaldo ⟨m⟩ aktif bakiye
[... der Zahlungsbilanz] *(AußH)* ödemeler dengesi fazlalığı
Aktivschuld ⟨f⟩ aktif borç
Aktivseite ⟨f⟩ aktif taraf
Aktivvermögen ⟨n⟩ aktif kıymetler; efektif kapital
Aktivwechsel ⟨m⟩ tahsil olunacak senet
Aktivzins ⟨m⟩ mevcudat faizi
Akzelerationskoeffizient ⟨m⟩ *(VWL)* hızlandıran katsayısı
Akzelerationsprinzip ⟨n⟩ *(VWL)* hızlandırma ilkesi/prensibi
Akzelerator ⟨m⟩ *(VWL)* hızlandıran
Akzelerator-Multiplikator-Prozeß ⟨m⟩ hızlandıran-çarpan süreci
Akzeleratorgröße ⟨f⟩ hızlandıran katsayısı
Akzeleratorprinzip ⟨n⟩ hızlandıran ilkesi
Akzept ⟨n⟩ kabul; akseptans
[bedingtes...] koşullu/kısmî kabul
[bedingungsloses...] koşulsuz kabul
[domiziliertes...] ikametgâhlı kabul
[eigenes...] emre yazılı senet; bono
[Haftung aus...] kabul kredisi sorumluluğu
[mangels... protestiert] reddi protesto etmek
[mangels... zurück] kabulsüz iade; kabul olmadığından iade
[mangels...] kabulsüz; kabul/akseptans olmadan
[mangels... protestieren] reddi protesto etmek
[mit... versehen] kabul şerhli/edilmiş; akseptanslı
[unbedingtes...] koşulsuz kabul
[ungedecktes...] açık kabul/akseptans
[verfallenes...] vakti geçmiş kabul/akseptans
[zum... vorlegen] kabul (edilmek) için sunmak
akzeptabel ⟨adj⟩ kabul edilebilir; uygun
[beiderseitig...] her iki taraf için de uygun
[nicht...] kabul edilemez; uygun değil
Akzeptant ⟨m⟩ muhatap; kabul eden
Akzeptationskredit ⟨m⟩ açık kredi
Akzeptbank ⟨f⟩ senetleri kabul eden banka
Akzeptbestand ⟨m⟩ kabul/akseptans mevcudu; kabul senetlerinin toplamı
Akzeptbuch ⟨n⟩ akseptans/kabul defteri
Akzepte ⟨pl⟩ akseptanslar; kabuller; kabul senetleri
[... im Umlauf] dolaşımdaki kabul senetleri; tahsil olunmamış kabul senetleri
[laufende...] cari kabuller
Akzepteinlösung ⟨f⟩ kabul senedini paraya çevirme; akseptansı kırdırma
akzeptfähig ⟨adj⟩ kabul edilir; ciro edilebilir

Akzept-Fälligkeitsliste ⟨f⟩ *(BkW)* kabul kredilerinin vadelerini gösteren liste
Akzeptfrist ⟨f⟩ kabul süresi/öneli
Akzeptgläubiger ⟨m⟩ kabul/akseptans alacaklısı; (kabul eden) alacaklı
Akzepthaus ⟨n⟩ kabul kurumu/bankası; senet kabul eden mali kurum/müessese
akzeptieren ⟨v/t⟩ kabul etmek; üstüne almak; taahhüt etmek
Akzeptierung ⟨f⟩ kabul (etme)
Akzeptierungsermächtigung ⟨f⟩ kabul (etme) yetkisi
Akzeptkonto ⟨n⟩ kabul (kredisi) hesabı
Akzeptkredit ⟨m⟩ *(BkW)* kabul kredisi [dokumentärer...] vesikalı kabul kredisi
Akzeptlinie ⟨f⟩ *(BkW)* kabul kredisi limiti
Akzeptobligo ⟨n⟩ *(BkW)* kabul kredisi tam sorumluluğu
Akzeptschuldner ⟨m⟩ (kabul eden) borçlu; taahhüdü yerine getirmekle yükümlü kişi
Akzeptumlauf ⟨m⟩ kabul senetleri dolaşımı; akseptans tedavülü
Akzeptverbindlichkeiten ⟨pl⟩ tahsil olunacak kabul senetleri
Akzeptverweigerung ⟨f⟩ kabul etmeme; akseptans/kabul reddi
Akzeptvorlage ⟨f⟩ kabul için ibraz/sunma
Akzidenzdrucker ⟨m⟩ matbaa makinası
Akzise ⟨f⟩ dolaylı/vasıtalı vergi; oktruva
Allbranchenversicherer ⟨m⟩ genel sigortacı; her dalda sigorta yapan acente
Allbranchenversicherung ⟨f⟩ genel sigorta; her dalda sigorta
Alleinaktionär ⟨m⟩ münferit/tek hissedar
Alleinauslieferer ⟨m⟩ tek dağıtıcı; genel distribütör
Alleinberechtigung ⟨f⟩ mutlak/münferit yetki; tek başına yetki
Alleinbesitz ⟨m⟩ mutlak/yalnız zilyetlik
Alleinbesitzer ⟨m⟩ mutlak/yalnız zilyet; tel başına zilyet
Alleineigentümer ⟨m⟩ yalnız malik; tek (başına) mal sahibi
Alleinbetrieb ⟨m⟩ tek kişilik işletme
Alleinbezugsrecht ⟨n⟩ tek başına alış hakkı; münferit abone hakkı
Alleinerbe ⟨m⟩ tek mirasçı; münferit varis
Alleingesellschafter ⟨m⟩ tek/münferit ortak
Alleinhersteller ⟨m⟩ tek/münferit üretici; tekel; monopol
Alleinherstellungsrecht ⟨n⟩ mahsus/münhasır/münferit/tek üretim hakkı; (üretimde) tekel/monopol hakkı
Alleinimport ⟨m⟩ tek başına ithalat
Alleininhaber ⟨m⟩ tek (başına) sahip/hamil
Alleinlizenz ⟨f⟩ özel lisans/ruhsat; tek kişiye ait ruhsatname
Alleinrechte ⟨pl⟩ tekel hakları; münferit haklar
Alleinverkauf ⟨m⟩ satış tekeli; genel distribütörlük
Alleinverkaufsrecht ⟨n⟩ satış tekeli hakkı; genel distribütörlük yetkisi
Alleinvertreter ⟨m⟩ tek temsilci; münhasır mümessil; genel distribütör
Alleinvertretung ⟨f⟩ genel/münferit temsil(cilik); tek başına temsil(cilik)
Alleinvertretungsbefugnis ⟨f⟩ münferit temsil yetkisi

Alleinvertrieb ⟨m⟩ tek yetkili distribütörlük; dağıtım tekeli
Alleinvorstand ⟨m⟩ tek kişiden oluşma yönetim kurulu
Alleinzeichnungsberechtigter ⟨m⟩ tek (başına) imza yetkilisi
Allgemeinversicherungssparte ⟨f⟩ genel sigorta grubu
Allgemeinvollmacht ⟨f⟩ *(Jur)* genel vekâletname
Allokation ⟨f⟩ dağılım; tahsisat
[... der Ressourcen] *(BWL)* kaynak dağılımı
Allokationseffekt ⟨m⟩ *(VWL)* dağılım etkisi
Allokationseffizienz ⟨f⟩ *(VWL)* dağılım etkinliği
Almosen ⟨n⟩ sadaka; hayır
Almosensteuer ⟨f⟩ zekât; hayır vergisi
Als-ob-Bestimmung ⟨f⟩ varsayımlardan yola çıkarak belirleme
Altaktie ⟨f⟩ eski hisse senedi
Altaktionär ⟨m⟩ eski hissedar
altansässig ⟨adj⟩ eskiden beri kurulmuş olan
alteingesessen ⟨adj⟩ eskiden beri oturmuş olan
alteingeführt ⟨adj⟩ eskiden beri yerleşmiş olan
Alteisen ⟨n⟩ hurda demir
Alter ⟨n⟩ yaş; yaşlılık
[im arbeitsfähigen...] çalışabilir yaşta; iş yapabilir yaşta
[im erwerbsfähigen...] kazanç sağlayabilir yaşta
[pensionsfähiges...] (memurlarda) emekli olunacak yaş
[rentenfähiges...] (işçilerde) emekli olunacak yaş
[vorgeschriebenes...] ön görülen yaş
Alternative ⟨f⟩ seçenek; alternatif
Alternativkosten ⟨pl⟩ *(BWL)* alternatif maliyet; *(BWL)* fırsat maliyeti
Alternativlösung ⟨f⟩ alternatif çözüm
Altersaufbau ⟨m⟩ yaş yapısı
Altersbezüge ⟨pl⟩ kıdem ödemeleri
Altersfreibetrag ⟨m⟩ vergiden muaf (tutulan) kıdem bedeli
Altersgrenze ⟨f⟩ yaş haddi/sınırı
[vorgezogene...] erken emeklilik yaş haddi; öne alınmış yaş sınırı
Alterspyramide ⟨f⟩ nüfus piramidi
Altersrente ⟨f⟩ yaşlılık emekliliği
Altersrentner ⟨m⟩ yaşından dolayı emekli; yaşlılık yüzünden emekli
Altersruhegeld ⟨n⟩ yaşlılık aylığı
[betriebliches...] işletme emekli parası
[vorgezogenes...] erken emekli parası
Alterssicherung ⟨f⟩ yaşlılık/ihtiyarlık güvencesi/fonu
Altersstruktur ⟨f⟩ yaş yapısı
Altersstufe ⟨f⟩ kıdem; yaş derecesi/kademesi
Altersversicherung ⟨f⟩ *(SozV)* yaşlılık sigortası
Altersversicherungsbeitrag ⟨m⟩ *(SozV)* yaşlılık sigortası primi
Altersversorgung ⟨f⟩ emeklilik
[berufliche...] meslek emekliliği
[betriebliche...] işletme emekliliği
[staatliche...] devlet emekliliği
Altersversorgungskasse ⟨f⟩ emekli sandığı; emeklilik fonu
Alterszulage ⟨f⟩ kıdem tazminatı/zammı

15

Altgeselischafter ⟨m⟩ eski ortak
Altglas ⟨n⟩ eski cam
Altindustrie ⟨f⟩ eski sanayi
Altlast ⟨f⟩ eski yüküm
[industrielle ...] ihmal edilmiş ve terkedilmiş sanayi malları ve toprağı; endüstriyel eski yüküm
Altmaterial ⟨n⟩ hurda/eski madde/malzeme
Altmaterialhändler ⟨m⟩ hurdacı; eski madde/malzeme tüccarı
Altmetall ⟨n⟩ hurda/eski metal
Altpapier ⟨n⟩ eski kâğıt
Altstoffbehandlung ⟨f⟩ eski maddeleri işleme
Altstoffverwertung ⟨f⟩ eski maddeleri değerlendirme
Altwarenhandel ⟨m⟩ hurdacılık; eskicilik; hırdavatçılık
Amortisation ⟨f⟩ itfa
Amortisationsanleihe ⟨f⟩ itfa kabiliyetli istikraz
Amortisationsdauer ⟨f⟩ itfa süresi
Amortisationsfonds ⟨m⟩ itfa fonu
Amortisationskasse ⟨f⟩ itfa fonu
Amortisationskredit ⟨m⟩ taksitle geri ödenebilir kredi
Amortisationsmethode ⟨f⟩ itfa tarzı
Amortisationsrücklage ⟨f⟩ itfa akçesi
Amortisationsschuld ⟨f⟩ itfaya tabi borç
Amortisationszeit ⟨f⟩ geri ödeme süresi; kendini amorti etme süresi
amortisieren ⟨v/t⟩ itfa etmek; geri ödemek; amorti etmek
amortisiert ⟨adj⟩ itfa edilmiş
Amt ⟨n⟩ 1. (resmî) görev; iş 2. hizmet 3. makam; mevki; memurluk; memuriyet 4. daire; idare; kurum; ofis
[... antreten] (resmî) göreve başlamak
[... bekleiden] (resmî) görevde bulunmak
[... innehaben] (resmî) görevi olmak
[aus dem ... scheiden] (resmî) görevden ayrılmak
[öffentliches ...] 1. resmî görev 2. devlet dairesi
[städtisches ...] belediye dairesi
[von ... s wegen] görevden ötürü; resen
amtieren ⟨int⟩ görev başında bulunmak; görevli olmak
[stellvertretend ...] temsilen/vekâleten görev başında bulunmak
amtlich ⟨adj⟩ resmî
Amtsantritt ⟨m⟩ (resmî) göreve başlama
Amtsaufgabe ⟨f⟩ (resmî) görevi bırakma/terk
Amtsausübung ⟨f⟩ görev yapma
Amtsbezeichnung ⟨f⟩ resmî unvan
Amtsbezirk ⟨m⟩ resmî dairenin yetki bölgesi; resmî daireinin sorumlu olduğu bölge; resmî daire
Amtsblatt ⟨n⟩ Resmî Gazete
Amtseid ⟨m⟩ memurluğa giriş yemini
Amtsführung ⟨f⟩ resmî idare/yönetim
Amtsgeheimnis ⟨n⟩ görev/memuriyet sırrı
Amtsgericht ⟨n⟩ yerel mahkeme
Amtsgeschäfte ⟨pl⟩ resmî işler
Amtsgewalt ⟨f⟩ mevki nüfuzu; otorite
Amtshaftung ⟨f⟩ resmî sorumluluk
Amtshandlung ⟨f⟩ resmî işlem/muamele
Amtshilfe ⟨f⟩ resmî yardım
Amtsinhaber ⟨m⟩ makam sahibi
Amtsleiter ⟨m⟩ müdür

Amtsmißbrauch ⟨m⟩ görevi kötüye kullanma; yolsuzluk
Amtsperiode ⟨f⟩ görev süresi
Amtspflicht ⟨f⟩ resmî görev
Amtsrichter ⟨m⟩ yerel mahkeme hakimi
Amtssiegel ⟨n⟩ resmî mühür
Amtssitz ⟨m⟩ 1. resmî konut 2. rezidans
Amtssprache ⟨f⟩ resmî dil
Amtsvollmacht ⟨f⟩ resmî yetki
Amtsweg ⟨m⟩ resmî işlem/kanal
[auf dem ...] resmî işlem yoluyla
Amtszeit ⟨f⟩ görev süresi
Amtszimmer ⟨n⟩ 1. resmî daire 2. makam odası 3. kalem odası
Analyse ⟨f⟩ analiz; çözümleme; tahlil
[... der Kostenabweichung] *(Stat)* varyans analizi; maliyet sapması analizi
[... der Kostenvorteile] *(BWL)* maliyet fayda analizi
[... der Werbeträger] *(Mk)* medya analizi
[dynamische ...] *(VWL)* dinamik analiz
[empirische ...] deneysel analiz
[finanztechnische ...] finansal analiz
[kurzfristige ...] *(VWL)* kısa dönem analizi
[numerische ...] *(EDV)* nümerik analiz
[ökonomische ...] *(VWL)* ekonomik analiz
[quantitative ...] nicel/kantitatif/nümerik analiz
[statistische ...] *(Stat)* istatistik analiz
analisieren ⟨v/t⟩ analize etmek
Analytiker ⟨m⟩ analizci
analytisch ⟨adj⟩ analitik
Anbahnung ⟨f⟩ 1. yol açma 2. hazırlama
[... von Geschäftsbeziehungen] ticarî ilişkiler için hazırlık
Anbau ⟨m⟩ *(LandW)* tarım; *(LandW)* ekim; *(BauW)* ek yapı/inşaat; *(BauW)* müştemilat
anbauen ⟨v/t⟩ *(LandW)* ekin ekmek; *(LandW)* tarımcılık yapmak; *(BauW)* bina eklemek
Anbaufläche ⟨f⟩ *(LandW)* işlenecek alan; *(LandW)* ekilecek alan; *(LandW)* mezra; *(BauW)* yapı alanı; *(BauW)* inşaat alanı
Anbaugebiet ⟨n⟩ *(LandW)* ekime elverişli bölgesi; *(BauW)* inşaat bölgesi
anbieten 1. arz etmek 2. satışa sunmak
[fest ...] kesin fiyatla arz etmek
[freibleibend ...] onaylanmak üzere arz etmek
[zu billig ...] değerinden düşük fiyatla arz etmek
Anbieter ⟨m⟩ 1. arz eden 2. satıcı 3. donatan 4. icapçı
[billigster ...] en düşük fiyatla arz eden
[zugelassener ...] ruhsatlı satıcı
Anbietermarkt ⟨m⟩ malzeme ve donatım satış pazarı
Anderdepot ⟨n⟩ vakıf mevduatı; üçüncü şahıs depozitesi/deposu
Anderkonto ⟨n⟩ vekâleten başkasının adına açılmış hesap
ändern ⟨v/t⟩ değiştirmek; değişiklik yapmak; düzeltmek; tadil etmek
Änderung ⟨f⟩ değişiklik; değiştirme; düzeltme; tadil
[... der Geschäftsgrundlage] iş sözleşmesini değiştirme
[... eines Gesetzes] kanun/yasa değişikliği

[... vornehmen] tadil etmek; değiştirmek; düzeltmek
[...en vorbehalten] değiştirme hakkı saklıdır
Änderungsantrag ⟨m⟩ değişiklik için dilekçe; *(Parlament)* tadilname; değişiklik önergesi
Änderungsdienst ⟨m⟩ düzeltme/değiştirme servisi
Änderungsklage ⟨f⟩ değişiklik davası
Änderungskündigung ⟨f⟩ değiştirileceğini bildirme/ihbar
Änderungsmitteilung ⟨f⟩ değişikliği bildirme
Änderungsrecht ⟨n⟩ değiştirme hakkı
Änderungsvertrag ⟨m⟩ esas iş akdi üzerinde değişiklik yapan akit
andienen ⟨v/t⟩ teklif etmek
Andienung ⟨f⟩ teklif
Andienungspflicht ⟨f⟩ teklif etme yükümlülüğü
Andienungspreis ⟨m⟩ teklif fiyatı
Androhung ⟨f⟩ ihtar; tehdit
[... einer Ausschlußfrist] ıskat edici müddetle ihtar; hak düşümü süresi ile ihtar
aneignen ⟨v/t⟩ 1. benimsemek; ihraz etmek 2. sahiplenmek; temellük etmek
Aneignung ⟨f⟩ 1. benimseme; ihraz 2. sahiplenme; temellük 3. iktisap
[rechtswidrige ...] 1. haksız iktisap 2. gasp
Anerbieten ⟨n⟩ teklif; takdim
anerkannt ⟨adj⟩ müsellem; söz götürmez; tanınmış
anerkennen ⟨v/t⟩ 1. kabul etmek; tanımak 2. kabul ve tensip etmek
[nicht ...] kabul etmemek; tanımamak; tensip etmemek
Anerkennung ⟨f⟩ 1. kabul; rıza 2. takdir 3. tensip 4. tanıma
[... einer Forderung] alacak talebini kabul etme
[stillschweigende ...] zımnî rıza
Anerkennungsbetrag ⟨m⟩ takdir bedeli
Anerkennungspreis ⟨m⟩ takdir edilen fiyat
Anerkennungsstreik ⟨m⟩ hakların tanınması için yapılan grev
Anerkennungszinssatz ⟨m⟩ takdir edilen faiz haddi; nominal faiz haddi
Anfang ⟨m⟩ başlangıç; açılış
Anfangsbelastung ⟨f⟩ başlangıç yükü
Anfangsbestand ⟨m⟩ açılış/kuruluş envanteri
Anfangsbuchung ⟨f⟩ açılış kaydı
Anfangsfinanzierung ⟨f⟩ açılış/kuruluş finansmanı
Anfangsgehalt ⟨n⟩ başlangıç maaşı
Anfangsguthaben ⟨n⟩ başlangıç mevduatı
Anfangsinventar ⟨n⟩ açılış envanteri
Anfangsinvestitionen ⟨pl⟩ başlangıç yatırımları
Anfangskurs ⟨m⟩ *(Bö)* açılış kuru/fiyatı
Anfangsnotierung ⟨f⟩ *(Bö)* açılış kaydı/kotesi
Anfangslohn ⟨m⟩ başlangıç ücreti
Anfangssaldo ⟨m⟩ açılış bakiyesi
Anfangsvermögen ⟨n⟩ başlangıç sermayesi
Anfechtbarkeit ⟨f⟩ 1. bozulabilme 2. nispî butlan
anfechten ⟨v/t⟩ itirazda bulunmak; reddetmek
Anfechtung ⟨f⟩ 1. itiraz; ret 2. iğva
[... der Kündigung] fesih bildirisine itiraz
Anfechtungsgrund ⟨m⟩ itiraz nedeni
Anfechtungsklage ⟨f⟩ fesih/iptal davası
anfertigen ⟨v/t⟩ yapmak; imal etmek
Anfertigung ⟨f⟩ yapım; imal
anfordern ⟨v/t⟩ istemek; talep etmek
Anforderung ⟨f⟩ talep; isteme

[auf ... zahlbar] talep üzerine ödenebilir
[betriebliche ...] işletme talebi/gereksinmesi
Anforderungsformular ⟨n⟩ talep örneği/formüleri
Anforderungsschein ⟨m⟩ talep tezkeresi
Anforderungprofil ⟨n⟩ iş şartları/nitelikleri
Anfrage ⟨f⟩ 1. soru; müracaat 2. bilgi isteme; baş vurma
[... wegen Kreditfähigkeit] borçlanma ehliyeti hakkında bilgi isteme
anfragen ⟨int⟩ 1. müracaat etmek; baş vurmak 2. bilgi istemek
Anfuhr ⟨f⟩ taşıt ile nakil/sevk
Anfuhrkosten ⟨pl⟩ nakil/sevk maliyeti
Anfuhrrechnung ⟨f⟩ nakil faturası
Angabe ⟨f⟩ 1. veri; bilgi 2. tarif 3. bildiri; beyan
[laut ...] veriye/bilgiye göre; tarife göre; verilen bilgiye göre
[ohne ... von Gründen] neden göstermeden
Angaben ⟨pl⟩ veriler; (verilen) bilgiler; malumat; beyan
[... zur Person] kişinin kimliği hakkında bilgiler
[ausführliche ...] ayrıntılı/etraflı veriler/bilgiler
[betriebswirtschaftliche ...] işletmecilik verileri/bilgileri
[detaillierte ...] ayrıntılı/detaylı veriler/bilgiler
[falsche ...] yanlış veriler/bilgiler
[nähere ...] yakın veriler/bilgiler
[sachdienliche ...] konuyla ilgili bilgiler
[statistische ...] istatistik veriler
[vertrauliche ...] gizli veriler/malumat
[vollständige ...] eksiksiz/tam veriler/bilgiler
angeben ⟨v/t⟩ söylemek; bildirmek; haber vermek; beyan etmek; (bilgi) vermek
[einzeln ...] teker teker söylemek/bildirmek
[genau ...] tam olarak söylemek/bildirmek
[näher ...] daha etraflı anlatmak
Angebot ⟨n⟩ arz; sunu; icap; teklif
[... abgeben] teklif vermek; icap yapmak
[... ablehnen] teklifi reddetmek
[... annehmen] teklifi/icabı kabul etmek
[... einreichen] teklif vermek
[... machen] teklifte bulunmak; icapta bulunmak
[... ohne Festpreis] sabit/kesin fiyatsız teklif/icap
[... und Annahme] arz ve kabul
[... und Nachfrage] arz ve talep
[... zurückziehen] teklifi geri çekmek/almak
[abgesprochenes ...] danışıklı sunu/icap/teklif
[attraktives ...] cazip teklif
[befristetes ...] süreli teklif
[bindendes ...] bağlayıcı teklif
[festes ...] kesin teklif
[freibleibendes ...] açık teklif
[gesamtwirtschaftliches ...] toplam ekonomik arz
[günstiges ...] avantajlı/uygun teklif; uygun fiyatla arz
[im ...] ucuzlukta; ucuz satışta
[letztes ...] son/kesin teklif; son söz
[mündliches ...] sözlü teklif
[preisgünstiges ...] fiyatı uygun teklif
[schriftliches ...] yazılı teklif
[unverlangtes ...] istenmeden yapılan teklif
[verbindliches ...] bağlayıcı teklif

[verlockendes ...] cazip teklif
Angebote ⟨pl⟩ teklifler; icaplar
 [... einholen] teklifleri toplamak
Angebotsabgabe ⟨f⟩ teklif verme; icap yapma
Angebotsabsprache ⟨f⟩ teklif vermede danışıklık
Angebotsannahme ⟨f⟩ teklif kabulü
Angebotsbetrag ⟨m⟩ teklif edilen bedel/fiyat; arz bedeli
Angebotselastizität ⟨f⟩ arz elastikliği
Angebotsgarantie ⟨f⟩ teklif/arz garantisi
Angebotsinflation ⟨f⟩ arz enflasyonu
Angebotskontingentierung ⟨f⟩ arzın kotalanması
Angebotskurve ⟨f⟩ arz eğrisi
 [... der Industrie] sanayi arz eğrisi
 [... eines Landes für ein Gut auf dem Weltmarkt] dünya piyasasında bir mal/ürün için bir ülkenin arz eğrisi; teklif eğrisi
 [inverse ...] tersine dönen arz eğrisi
 [regressive ...] tersine dönen arz eğrisi
Angebotslage ⟨f⟩ arz durumu
Angebotsmenge ⟨f⟩ arz miktarı
Angebotsoptimierung ⟨f⟩ arzda optimum sağlama; arzı en uygun düzeyde ayarlama; kârlı satış için yapılacak üretimin planlanması
angebotsorientiert ⟨adj⟩ arza yönelik
Angebotspolitik ⟨f⟩ arz politikası
Angebotspolitiker ⟨m⟩ arz taraftarı politikacı
Angebotspreis ⟨m⟩ arz/teklif fiyatı
Angebotsseite ⟨f⟩ arz tarafı
Angebotssprünge ⟨pl⟩ arz şoku
Angebotssteller ⟨m⟩ arz eden; teklif yapan; satıcı
Angebotssteuerung ⟨f⟩ arzın yönlendirilmesi; arz güdümü
Angebotsüberhang ⟨m⟩ arz fazlası/üstesi
Angebotsverknappung ⟨f⟩ arz daralması
Angebotsvielfalt ⟨f⟩ arz çokluğu
anfertigen ⟨v/t⟩ yapmak; imal etmek
angefertigt ⟨adj⟩ yapılmış; imal edilmiş
 [einzeln ...] elle yapılmış; teker teker yapılmış
 [speziell ...] özel yapılmış
angegeben ⟨adj⟩ beyan edilen
Angeld ⟨n⟩ pey akçesi; kaparo; ön peşinat; depozito; akont
Angelegenheit ⟨f⟩ iş; husus; konu; mesele
 [dienstliche ...] iş hususu; resmî mesele
 [finanzielle ...] mali husus
 [geschäftliche ...] iş hususu
 [persönliche ...] özel mesele
 [strittige ...] çekişmeli/ihtilaflı mesele
angelernt ⟨adj⟩ yarı kalifiye
angestellt ⟨adj⟩ işe/memuriyete alınmış
 [fest ...] süresiz işe/memuriyete alınmış
Angestellter ⟨m⟩ (ücretli) memur
 [... im öffentlichen Dienst] kamu hizmetlerinde çalışan (ücretli) memur
 [... in leitender Stellung] yönetici kademedeki memur
 [kaufmännischer ...] ticari memur
 [leitender ...] yönetmen memur
 [technischer ...] teknik memur
Angestelltenberuf ⟨m⟩ memuriyet; memurluk
Angestelltengehälter ⟨pl⟩ memur maaşları
Angestelltengewerkschaft ⟨f⟩ memurlar sendikası
Angestelltenverhältnis ⟨n⟩ memuriyet
Angestelltenversicherung ⟨f⟩ memur sigortası;

bağımlı çalışanlar sigortası
angleichen ⟨v/t⟩ ayarlamak; eşitlemek; dengelemek
Angleichung ⟨f⟩ ayarlama; eşitleme; dengeleme
 [... der Löhne an das Preisniveau] fiyat düzeyine göre ücretleri ayarlama
 [automatische ...] eşel mobil; otomatik dengeleme/ayarlama
Angleichungsklausel ⟨f⟩ ayarlama/eşitleme şartı; eşel mobil sistemi; fiyat oranına göre ücretlerin ayarlanmasıyla/denkleştirilmesiyle ilgili toplu sözleşmelere konan koşul
angliedern ⟨v/t⟩ bağlamak; katmak
Angliederung ⟨f⟩ bağlama; katma
Angst ⟨f⟩ korku
Angstindossament ⟨n⟩ şartlı/tahdidî ciro
Angstkäufe ⟨pl⟩ panik alışlar; panik içinde satınalma
Angstsparen ⟨n⟩ panik içinde tasarruf etme
Angstverkäufe ⟨pl⟩ *(Bö)* panik satışlar
Anhang ⟨m⟩ ek; ilave
Anhänger ⟨m⟩ etiket; römork; treyler
Anhängeschildchen ⟨n⟩ etiket
Anhängezettel ⟨m⟩ etiket
anhäufen ⟨v/t⟩ yığmak; biriktirmek
Anhäufung ⟨f⟩ yığıntı; birikinti
anheben ⟨v/t⟩ kaldırmak; yükseltmek
Anhebung ⟨f⟩ artış; yükseltme
anheuern ⟨v/t⟩ gemiye tayfa yazdırmak
Ankauf ⟨m⟩ alış; alım; satınalma
 [... und Verkauf] alım ve satım
 [freihändiger ...] elden satınalma
ankaufen ⟨v/t⟩ satın almak
Ankaufskosten ⟨pl⟩ satınalma/alış maliyeti
Ankaufskredit ⟨m⟩ satınalma kredisi
Ankaufspreis ⟨m⟩ satınalma fiyatı
Ankaufssatz ⟨m⟩ alış haddi
Ankaufssumme ⟨f⟩ satınalma tutarı
Ankaufswert ⟨m⟩ satınalma değeri; iştira kıymeti
Anklage ⟨f⟩ *(Jur)* iddia
Anklagebehörde ⟨f⟩ *(Jur)* iddia makamı
Anklageerhebung ⟨f⟩ *(Jur)* dava ikamesi
anklagen ⟨v/t⟩ *(Jur)* suçlandırmak; itham etmek
Anklageschrift ⟨f⟩ *(Jur)* iddianame
Anklang ⟨m⟩ rağbet; revaç; istekle karşılanma
 [... finden] rağbet görmek; beğenilmek
ankreuzen ⟨v/t⟩ işaretlemek
ankündigen ⟨v/t⟩ bildirmek; haber vermek; ihbar etmek; anonse etmek
Ankündigung ⟨f⟩ bildiri; ihbar; beyan; anons
 [schriftliche ...] ihbarname; yazılı bildiri
Ankündigungsschreiben ⟨n⟩ beyanname; bildirme/ihbar yazısı; ihbarname
Ankunft ⟨f⟩ varış
Ankunftshafen ⟨m⟩ *(Schff)* varış limanı
Ankunftzeit ⟨f⟩ varış zamanı
ankurbeln ⟨v/t⟩ pompalamak; harekete geçirmek; canlandırmak
Ankurbelung ⟨f⟩ pompalama; harekete geçirme; canlandırma
 [... der Konjunktur] konjonktürü pompalama
 [... der Nachfrage] talebi pompalama
Anlage ⟨f⟩ 1. yatırım; plasman 2. sabit sermaye; sermaye yatırımı 3. kuruluş; tesis 4. taslak; plan; tertip 5. (mektupta) ek

[... abschreiben] yatırımı amorti etmek
[... in Wertpapieren] kıymetli evrak olarak plasman/yatırım
[... und Ausrüstungsinvestitionen] tesis ve donatım/teçhizat yatırımları
[als ...] (mektupta) ek olarak; ilişikte
[erstklassige ...] birinci sınıf plasman/yatırım
[ertragreiche ...] verimli yatırım
[genehmigungsbedürftige ...] izne bağlı tesis
[gewinnbringende ...] kâr getiren plasman/yatırım
[in der ...] (mektupta) ekte; ilişikte
[in der ... beifügen] ekte göndermek; ilişik olarak göndermek
[im Bau befindliche ...] inşaat halinde bulunan tesis
[mündelsichere ...] birinci derecede sağlam plasman/yatırım
[produktive ...] üretken yatırım
[rentierliche ...] gelir sağlayan plasman/yatırım
[schlüsselfertige ...] anahtar teslimi tesis
[vermögensbildende ...] varlık oluşturan plasman/yatırım
[werbende ...] gelir sağlayan plasman/yatırım
Anlageabschreibung ⟨f⟩ yatırım amortismanı
Anlageanalyse ⟨f⟩ yatırım/plasman analizi
Anlageaufwand ⟨m⟩ yatırım gideri/harcamaları
Anlagebedarf ⟨m⟩ yatırım yapma ihtiyacı; yatırım talepleri
Anlagebedingungen ⟨pl⟩ yatırım koşulları
Anlageberater ⟨m⟩ yatırım danışmanı
Anlageberatung ⟨f⟩ yatırım danışmanlığı
Anlagebereitschaft ⟨f⟩ yatırım yapmaya hazır olma; yatırım eğilimi
Anlagebetrag ⟨m⟩ yatırım/plasman bedeli
Anlagebewertung ⟨f⟩ yatırımın değerlendirmesi; plasman/yatırım değerleme
Anlageempfehlung ⟨f⟩ yatırım öğüdü/tavsiyesi; yatırım için yol gösterme
Anlageerfolg ⟨m⟩ yatırım başarısı/performansı
Anlageertrag ⟨m⟩ yatırım verimi; plasman getirisi
Anlagefinanzierung ⟨f⟩ yatırım/plasman finansmanı
Anlageform ⟨f⟩ yatırım/plasman şekli
Anlagegegenstand ⟨m⟩ sabit/duran varlık
Anlagegeschäft ⟨n⟩ yatırım/plasman işlemi/muamelesi
Anlagegesellschaft ⟨f⟩ yatırım şirketi
Anlagegut ⟨n⟩ sermaye/üretici malı; sabit sermaye malı
Anlagegüter ⟨pl⟩ sabit sermaye malları; üretici malları
[abschreibungsfähige ...] amorti edilebilir üretici malları
[bewegliche ...] taşınır üretici/sermaye malları
[immaterielle ...] maddî olmayan üretici/sermaye malları
[kurzfristige ...] kısa vadeli üretici/sermaye malları
[langfristige ...] uzun vadeli üretici/sermaye malları; daimî yatırımlar
[unbewegliche ...] taşınmaz üretici/sermaye malları
Anlagegüterexport ⟨m⟩ üretici/sermaye malları ihracatı

Anlageinvestition ⟨f⟩ sabit sermaye yatırımı
Anlageinvestitionsgüter ⟨pl⟩ sabit sermaye (yatırımı) malları
Anlagekapital ⟨n⟩ sabit sermaye
Anlagekapitalbildung ⟨f⟩ sabit sermaye oluşumu/teşekkülü/birikimi
Anlagekäufe ⟨pl⟩ yatırım yapma
Anlageklima ⟨n⟩ yatırım ortamı
Anlagekonto ⟨n⟩ yatırım/plasman hesabı
Anlagekosten ⟨pl⟩ tesisat maliyeti
Anlagekredit ⟨m⟩ yatırım kredisi; sabit tesis ve kıymetler için verilen kredi
Anlagemittel ⟨pl⟩ yatırım fonları
Anlagemöglichkeit ⟨f⟩ yatırım yapma imkânı; plasman olanağı
Anlagen ⟨pl⟩ 1. tesisler 2. yatırımlar; plasmanlar 3. sabit kıymetler; duran varlıklar
[fest eingebaute ...] 1. müştemilat 2. demirbaşlar
[feste ...] 1. sabit/maddî kıymetler 2. demirbaşlar
[festverzinsliche ...] sabit faizli plasmanlar/yatırımlar
[flüssige ...] mütedavil kıymetler; döner sermaye
[gewerbliche ...] sanayi tesisleri
[immaterielle ...] gayri maddî sabit kıymetler; maddî olmayan duran varlıklar
[liquide ...] likit kıymetler; döner sermaye
[selbsterstellte ...] özgül oluşturulmuş sabit kıymetler
[veraltete ...] eskimiş tesisler; eskimiş sabit kıymetler
[werterhöhende ...] değer artıran plasmanlar/yatırımlar
Anlagenabgang ⟨m⟩ sabit kıymetlerin satışı veya elden çıkarılması
Anlagenabschreibung ⟨f⟩ tesis amortismanı
Anlagenausfall ⟨m⟩ tesisatın bozulması
Anlagenausschlachtung ⟨f⟩ tesisatın hurdaya çıkarılması
Anlagenbau ⟨m⟩ tesis yapımı
Anlagendeckungsgrad ⟨m⟩ sabit kıymetlerin net değerlerine oranı
Anlagenerhaltung ⟨f⟩ tesis bakım ve onarımı
Anlagenerneuerung ⟨f⟩ tesisi yenileme; tesis onarımı
Anlagengeschäft ⟨n⟩ sermaye teçhizatı alım satımı; sermaye faaliyeti
Anlagenkonto ⟨n⟩ sabit tesislerin kaydedildiği defter; emtia hesabı
Anlagennutzung ⟨f⟩ tesis kullanımı
Anlagenrechnung ⟨f⟩ sabit kıymetler muhasebesi
Anlagentausch ⟨m⟩ sabit kıymetlerin takası
Anlagenvermietung ⟨f⟩ tesis icarı; tesisin kiraya verilmesi
Anlagenzugänge ⟨pl⟩ sabit kıymetlere ilaveler
Anlageobjekt ⟨n⟩ yatırım objesi/konusu
Anlagepachtung ⟨f⟩ tesis kiralama/icarı
Anlagepapiere ⟨pl⟩ yatırım senetleri
Anlagerechnung ⟨f⟩ sabit kıymetler muhasebesi
Anlageseite ⟨f⟩ (bilançoda) emtia sayfası
Anlagespiegel ⟨m⟩ sabit kıymetler alım ve satımının çizelgesi
Anlagestrategie ⟨f⟩ yatırım stratejisi

Anlagestreuung ⟨f⟩ sermaye dağılımı; sabit kıymetler sermayesini çeşitli menkul kıymetlere yatırma
Anlagevermögen ⟨n⟩ sabit/duran varlıklar
[... zum Anschaffungswert] alım/tahsilat değerinde sabit varlıklar
[bewegliches ...] taşınır duran varlıklar; menkul sabit varlıklar
[immaterielles ...] manevî sabit varlıklar; maddî olmayan duran varlıklar
[materielles ...] nesnel duran varlıklar; maddî sabit varlıklar
[unbewegliches ...] taşınmaz sabit/duran varlıklar
[wertberichtigtes ...] sabit varlıklar net muhasebe değeri
Anlageverzinsung ⟨f⟩ yatırım faiz hasılatı
Anlagewert ⟨m⟩ plasman/sermaye/yatırım değeri
Anlageminderung ⟨f⟩ sermaye amortismanı/aşınması
Anlagesteigerung ⟨f⟩ duran varlıkların değerindeki artış
Anlagezeitraum ⟨m⟩ yatırım süresi
anlaufen ⟨int⟩ çalışmak; işlemeye başlamak
anlaufen ⟨v/t⟩ limana varmak
Anlaufhafen ⟨m⟩ giriş limanı
Anlaufkapital ⟨n⟩ kuruluş sermayesi
Anlaufkosten ⟨pl⟩ kuruluş maliyeti
Anlaufkredit ⟨m⟩ kuruluş kredisi
Anlaufverlust ⟨m⟩ kuruluş kaybı
Anlaufzeit ⟨f⟩ kuruluş süresi
anlegen ⟨v/t⟩ *(BkW)* yatırım yapmak; *(Schff)* iskeleye/rıhtıma yanaşmak
[verzinslich ...] faiz getiren yatırım yapmak
Anleger ⟨m⟩ yatırımcı
[institutioneller ...] kurumsal yatırımcı
Anlegerkreise ⟨pl⟩ yatırımcılar çevresi/sektörü/kesimi
Anleihe ⟨f⟩ 1. borçlanma (senedi); borç alma; istikraz 2. tahvil; bono
[... auflegen] borçlanma senetleri ihraç etmek
[... bedienen] borçlanma senetleri kullanmak
[... begeben] borçlanma senetleri ihraç etmek
[... der öffentlichen Hand] kamu borçlanma senedi
[... konsolidieren] borçlanma senedini konsolide etmek; borçlanmayı/istikrazı paraya çevirmek
[... kündigen] borçlanmanın/istikrazın feshini bildirmek; borcun ödenmesini istemek
[... mit Kurs unter Nennwert] iskontolu borçlanma senedi
[... mit Optionsscheinen] varantlı borçlanma senedi; rehinli bono
[... mit variabler Verzinsung] değişken faizli borçlanma senedi
[... ohne Begrenzung des Gesamtbetrages] açık uçlu borçlanma senedi
[... plazieren] borçlanma senedini plase etmek
[... tilgen] borcu ödemek; borçlanmayı/istikrazı itfa etmek
[... zeichnen] borçlanma senedine abone olmak
[abgezinste ...] sıfır faizli bono
[ablösbare ...] geri ödenebilir borçlanma/istikraz

[ausländische ...] dış borçlanma (senedi)
[äußere ...] dış borçlanma
[Darlehen und ...] borç verme ve alma; ikraz ve istikraz
[durch ... aufbringen] *(öFi)* borçlanma/istikraz yoluyla fon yaratma
[fundierte ...] konsolide borçlar
[gesicherte ...] teminatlı istikraz; karşılığı olan istikraz
[hochverzinsliche ...] yüksek faizli istikraz
[hypothekarisch gesicherte ...] ipotek teminatlı istikraz
[konsolidierte ...] konsolide borçlar; konsolidasyon bonosu
[konvertible ...] konvertibl bono
[kündbare ...] ihbarlı istikraz
[mündelsichere ...] birinci derecede sağlam tahvil
[öffentliche ...] kamu borçlanması; devlet iç borçlanma senedi
[ungedeckte ...] bedelsiz/karşılıksız borçlanma senedi
[ungesicherte ...] garantisiz/teminatsız borçlanma senedi
[verzinsliche ...] faizli borçlanma/istikraz
[wertlose ...] değersiz bono/tahvil
[zinsbegünstigte ...] düşük faizli borçlanma senedi
Anleiheablösung ⟨f⟩ borcun ödenmesi; borç itfası
Anleiheausstattung ⟨f⟩ borçlanma koşulları; borç alma koşulları
Anleihebedarf ⟨m⟩ borçlanma gereksinmesi
Anleihebedingungen ⟨pl⟩ borçlanma koşulları; borç alma koşulları
Anleiheemission ⟨f⟩ bono/tahvil emisyonu
Anleiheertrag ⟨m⟩ borçlanma/istikraz getirisi
Anleihegarant ⟨m⟩ borçlanmada garantör; borç/istikraz kefili
Anleihegarantie ⟨f⟩ borç garantisi
Anleihegeber ⟨m⟩ borç veren; mukriz
Anleiheinhaber ⟨m⟩ bono/tahvil sahibi
Anleihekapital ⟨n⟩ borç/istikraz sermayesi; borç alınan sermaye
Anleihekonsortium ⟨n⟩ istikraz konsorsiyumu
Anleihekündigung ⟨f⟩ borcu ödemeye çağrı
Anleihekupon ⟨m⟩ bono/tahvil kuponu
Anleihekurs ⟨m⟩ bono/tahvil fiyatı; borçlanma/istikraz kuru
Anleihelaufzeit ⟨f⟩ borçlanma/istikraz süresi
Anleihemarkt ⟨m⟩ bono/tahvil piyasası
Anleiherendite ⟨f⟩ borçlanma/istikraz getirisi/verimi/rantı; borçlanma senetlerinden elde edilen (yıllık) gelir
Anleiherückkauf ⟨m⟩ bonoların geri (satın) alınması
Anleiherückzahlung ⟨f⟩ borcun geri ödenmesi
Anleiheschuld ⟨f⟩ fon borcu; senetli borç
Anleihestückelung ⟨f⟩ bono/tahvil birimi
Anleihetilgung ⟨f⟩ borcun ödenmesi; borç itfası
Anleihetilgungsfonds ⟨m⟩ istikraz itfa fonu
Anleiheumlauf ⟨m⟩ bono dolaşımı/tedavülü
Anleiheverschuldung ⟨f⟩ senetli borçlanma
Anleihevolumen ⟨n⟩ borçlanma hacmi
Anleihewerber ⟨m⟩ borç almak için müracaat eden; borçlanmaya başvuran

Anleihezeichner ⟨m⟩ borçlanmayı taahhüt eden; borçlanmaya abone olan
Anleihezeichnung ⟨f⟩ borçlanmaya katılım taahhüdü
Anleihezinsen ⟨pl⟩ borçlanma faizleri
Anlernberuf ⟨m⟩ çalışarak/pratikte öğrenilmiş meslek
Anlernling ⟨m⟩ iş öğrenen
anliefern ⟨v/t⟩ göndermek; teslim etmek
Anlieferung ⟨f⟩ gönderme; teslim
 [einsatz-synchrone...] serviste senkronik teslim; hizmet eşzamanlı teslim
anliegend ⟨adj⟩ ilişikte; ekte; ilişik/ek olarak
anmahnen ⟨v/t⟩ işin yapılmasını hatırlatmak; ihtar/ikaz etmek
Anmahnung ⟨f⟩ uyarma; ihtar; ikaz
Anmeldedatum ⟨n⟩ (kayıt için) başvuru/müracaat tarihi
Anmeldeformular ⟨n⟩ (kayıt için) başvuru/müracaat formu
Anmeldefrist ⟨f⟩ (kayıt için) başvuru/müracaat süresi
Anmeldegebühr ⟨f⟩ kayıt ve tescil harcı
anmelden ⟨v/t⟩ 1. bildirmek; haber vermek; beyan etmek 2. kaydettirmek; yazdırmak 3. tescil ettirmek 4. ilan etmek 5. başvurmak; müracaat etmek
Anmeldepflicht ⟨f⟩ beyan/müracaat zorunluluğu; başvuru yükümlülüğü
anmeldepflichtig ⟨adj⟩ beyana tabi; bildirme yükümlülüğü taşıyan
Anmeldeschein ⟨m⟩ beyanname; başvuru/müracaat/kayıt belgesi
Anmeldeschluß ⟨m⟩ başvuru/müracaat/kayıt/tescil için son tarih
Anmeldetermin ⟨m⟩ beyan/kayıt tarihi; başvuru/müracaat günü
Anmeldung ⟨f⟩ 1. müracaat 2. *(Hotel)* resepsiyon 3. kayıt ve tescil 4. beyan
 [... der Warenausfuhr] ihraç edilecek malların beyanı
 [... der Wareneinfuhr] ithal edilecek malların beyanı
 [... des Konkurses] iflasın beyanı
 [... einer Konkursforderung] iflas tespiti beyanı
 [... eines Patents] patentin kayıt ve tescili
 [... eines Warenzeichens] markanın tescili (için müracaat)
 [... zum Handelsregister] ticaret siciline kayıt ve tescil
 [handelsgerichtliche...] ticaret mahkemesince tescil
anmieten ⟨v/t⟩ kiralamak
Anmieter ⟨m⟩ kiracı
Anmietung ⟨f⟩ kiralama
Annahme ⟨f⟩ kabul; tasvip; tasdik; akseptans; teslim; varsayım
 [... der Leistung ablehnen] edimi/edayı/ödemeyi reddetmek
 [... einer Bestellung bestätigen] siparişin kabulünü onaylamak
 [... eines Angebots] arzın/icabın kabulü
 [... finden] tasvip olunmak; kabul edilmek
 [... nach Protest] protestolu akseptans
 [... protestieren] kabulü protesto etmek

 [... unter Vorbehalt] çekinçeli/kısmî kabul
 [... verweigern] akseptansı/kabulü reddetmek
 [... verweigert] red edilmiştir; akseptans reddi
 [bedingte...] şartlı kabul; kısmî kabul
 [gegen...] kabule karşılık; kabul karşılığı
 [mangels...] kabul olmadan; tasdiksiz
 [mangels... protestieren] kabul etmemeyi protesto etmek
 [mangels... zurück] kabul edilmediği için geriye iade
 [nach...] alındıktan/kabulden sonra
 [stillschweigende...] zımnî/zımnen kabul; üstü kapalı kabul
 [unbedingte...] genel/şartsız/kayıtsız kabul
 [uneingeschränkte...] sınırsız kabul
 [vorbehaltlose...] kayıtsız şartsız kabul
 [zur... vorlegen] kabul için sunmak
Annahmeanordnung ⟨f⟩ kabul emri
Annahmebestätigung ⟨f⟩ kabul onayı/teyidi
Annahmeerklärung ⟨f⟩ kabul beyanı
Annahmefrist ⟨f⟩ kabul süresi/mühleti/öneli
Annahmepflicht ⟨f⟩ kabul etme yükümlülüğü; teslim alma yükümlülüğü
Annahmeprotest ⟨m⟩ kabul etmeme protestosu
Annahmeprüfung ⟨f⟩ kabul teftişi; teslim kontrolu
Annahmevermerk ⟨m⟩ kabul notu/şerhi; teslim alındığını tasdik eden not
Annahmeverweigerung ⟨f⟩ akseptans reddi; kabul etmeme
annehmen ⟨v/t⟩ kabul etmek; teslim almak; varsaymak
Annehmender ⟨m⟩ teslim alıcı; kabul eden
Annehmer ⟨m⟩ teslim alan; kabul eden
Annonce ⟨f⟩ ilan
Annoncenakquisiteur ⟨m⟩ ilancılık acentesi; reklamcı
Annoncentarif ⟨m⟩ ilan (verme) tarifesi/fiyatı
annoncieren ⟨v/t⟩ ilan vermek
Annuität ⟨f⟩ anüite; faiziyle birlikte yıllık borç taksiti
 [lebenslängliche...] kaydıhayatla/ömürboyu anüite
 [Tageswert der...] anüitelerin bugünkü değeri
 [Zinseszinsen der...] anüitelerin toplu son değeri
Annuitätenhypothek ⟨f⟩ yıllık borç taksitli ipotek; anüiteli ipotek
annullieren ⟨v/t⟩ iptal etmek; fesih etmek
Annullierung ⟨f⟩ iptal; fesih
anordnen ⟨v/t⟩ 1. sıralamak 2. tasnif etmek 3. tayin etmek 4. talimat vermek
Anordnung ⟨f⟩ 1. sıra 2. tertip 3. tayin 4. talimat; karar
 [... erlassen] talimat vermek
 [bis auf weitere...] başka karar çıkıncaya kadar; yeni talimat gelinceye kadar
 [einstweilige...] ihtiyatî tedbir
 [gerichtliche...] mahkeme kararı/talimatı
anpachten ⟨v/t⟩ kiralamak
Anpachtung ⟨f⟩ kiralama; icar
Anpassung ⟨f⟩ uyum sağlama; uydurma; ayarlama; ayak uydurma; indirgeme
 [... der Löhne und Gehälter] maaş ve ücretlerin ayarlanması
 [automatische...] otomatik ayarlama

Anpassungsbeihilfe ⟨f⟩ uyum sağlama yardımı
Anpassungsklausel ⟨f⟩ ayarlama kaydı; eşel mobil kaydı
anrechnen ⟨v/t⟩ 1. hesaba geçirmek; saymak; mahsup etmek 2. takdir etmek
Anrechnung ⟨f⟩ 1. mahsup 2. takdir
anrechnungsfähig ⟨adj⟩ mahsup edilebilir; indirimli
Anrecht ⟨n⟩ hak
Anrede ⟨f⟩ hitap
Anredeform ⟨f⟩ hitap şekli
Anreicherung ⟨f⟩ katma; çoğaltma; zenginleştirme
[... der Arbeitsinhalte] iş konularını zenginleştirme
[... der Aufgabeninhalte] görev içeriklerini zenginleştirme
Anreiz ⟨m⟩ teşvik; özendirme; güdüleme
[finanzieller ...] finansal teşvik/güdüleme; parasal/mali teşvik
[steuerlicher ...] *(StR)* vergi teşviki; vergi indirimli teşvik
Anreizprämie ⟨f⟩ teşvik primi
ansammeln ⟨v/t⟩ toplamak; biriktirmek
Ansammlung ⟨f⟩ toplanma; birikme
ansässig ⟨adj⟩ 1. mukim; oturan 2. yerleşmiş; yerleşik
Ansatz ⟨m⟩ yaklaşım; başlangıç; metod; *(öFi)* tahmin; *(öFi)* tahsisat; (Math) tertip; *(Ind)* eklenti; ek parça; ilâve
[güterorientierter ...] *(Mk)* mal yönlü yaklaşım
[in ... bringen] hesaba katmak
Ansatzpunkt ⟨m⟩ başlangıç noktası
Ansatzstück ⟨n⟩ *(WeR)* alonj
anschaffen ⟨v/t⟩ satınalmak; iktisap etmek; tedarik etmek
Anschaffung ⟨f⟩ alım; alış; satınalma; iktisap; tedarik
[... zum Tageswert] günlük değeri/fiyat üzerinden alım/alış
Anschaffungsdarlehen ⟨n⟩ şahıs/tüketici avansı/ikrazı/kredisi; özel ikraz
Anschaffungsgeschäft ⟨n⟩ alım/alış işlemi; iktisap muamelesi
Anschaffungskosten ⟨pl⟩ alım/alış maliyeti
Anschaffungskredit ⟨m⟩ alım/tüketim kredisi
Anschaffungsnebenkosten ⟨pl⟩ arızî alım/alış maliyeti
[aktivierungspflichtige ...] aktifleştirme yükümlülüğü taşıyan arızî alım/alış/iktisap maliyeti
Anschaffungspreis ⟨m⟩ alım/alış fiyatı; maliyet fiyatı
Anschaffungswert ⟨m⟩ alım/alış/tahsilat değeri; iktisap kıymeti
[Anlagevermögen zum ...] tahsilat değerinde sabit/duran varlıklar; alım/alış değeri üzerinden duran varlıklar
Anschlag ⟨m⟩ 1. değer biçme; kıymet takdiri 2. ilan; afiş
Anschlagpreis ⟨m⟩ ilan/takdir edilen fiyat; biçilen fiyat
Anschlagwand ⟨f⟩ ilan duvarı
Anschlagwerbung ⟨f⟩ afiş reklamcılık; afişle tanıtım
Anschluß ⟨m⟩ bağlantı; irtibat; hat; ek; müteakip; munzam

Anschlußauftrag ⟨m⟩ munzam sipariş
Anschlußbuchung ⟨f⟩ *(Flug)* aktarma rezervasyonu
Anschlußfinanzierung ⟨f⟩ ek finansman; munzam kredi
Anschlußfracht ⟨f⟩ bağlantı kargosu/yükü; *(Schff)* aktarma navlunu
Anschlußgleis ⟨n⟩ *(Bahn)* şube hattı
Anschlußkonkurs ⟨m⟩ *(Jur)* müteakip iflas
Anschlußkosten ⟨pl⟩ munzam maliyet
Anschlußkredit ⟨m⟩ munzam kredi
Anschlußreeder ⟨m⟩ *(Schff)* aktarma donatanı
Anschlußvertrag ⟨m⟩ bağlantı kontratı
Anschlußzug ⟨m⟩ *(Bahn)* aktarma treni
Anschreibekonto ⟨n⟩ veresiye hesabı
Anschreibekredit ⟨m⟩ ticarî kredi
Anschreiben ⟨n⟩ ek olarak gönderilen mektup
[... lassen] veresiye almak
Anschrift ⟨f⟩ adres
Anschriftenkartei ⟨f⟩ adres listesi
Anschriftenverzeichnis ⟨n⟩ adres listesi
Anschwärzung ⟨f⟩ çamurculuk; tezvircilik; kötüleme
[... der Konkurrenz] rakipleri kötüleme; rakiplere çamur atma
Ansehen ⟨n⟩ itibar; prestij; takdir; otorite
[geschäftliches ...] firma/şirket prestiji
ansetzen ⟨v/t⟩ 1. eklemek 2. tespit etmek; kararlaştırmak 3. tahmin etmek
Ansicht ⟨f⟩ 1. manzara; görünüm 2. fikir; görüş 3. gözden geçirme
[zur ...] gözden geçirmek için; örnek olarak
Ansichtsmuster ⟨n⟩ kontrol edilmek için örnek
Ansichtssendung ⟨f⟩ gözden geçirmek için gönderilmiş örnek/numune
ansiedeln ⟨v/t⟩ kurmak; yerleşmek
Ansiedlung ⟨f⟩ site; yerleşim; yerleşme; mezra
Ansiedlungsfläche ⟨f⟩ site/yerleşim alanı
Ansiedlungsgelände ⟨n⟩ site/yerleşim alanı/bölgesi
Anspannung ⟨f⟩ gerilim
[... an den Finanzmärkten] mali piyasada gerilim
[... des Geldmarktes] para piyasasında gerilim
[finanzielle ...] mali gerilim
ansparen ⟨v/t⟩ para biriktirmek; tasarruf etmek
Ansparleistung ⟨f⟩ tasarruf verimi
ansprechen ⟨v/t⟩ hitap etmek; görüşmek; ilişkiye geçmek
Anspruch ⟨m⟩ 1. hak 2. talep 3. dava
[... abtreten] hakkından feragat etmek; talebinden vazgeçmek
[... abweisen] talebi/davayı reddetmek
[... anerkennen] hakkını tanımak; talebi kabul etmek
[... anmelden] hakkını talep etmek; talep dava etmek
[... auf bevorrechtigte Befriedigung] tercihli tazminat hakkı
[... auf Erfüllung] ifa hakkı; yerine getirilme hakkı
[... auf Herausgabe] haciz hakkı; devralma hakkı
[... auf Schadenersatz] tazminat talebi/hakkı
[... auf Versicherungsleistungen] sigorta tazminatı hakkı
[... aufgeben] hakkından/talebinden vazgeçmek

[... aufrechterhalten] talebinde/hakkında israr etmek
[... aus einem Recht] bir haktan doğan talep
[... aus einem Vertrag] sözleşmede olan hak
[... aus Mängeln] kusurdan doğan hak
[... befriedigen] hakkını vermek; talebi yerine getirmek
[... begründen] hakkını ispatlamak
[... durchsetzen] hakkını almak
[... einreichen] hakkını talep etmek; dava açmak
[... erfüllen] hakkı ifa etmek; hakkı/talebi yerine getirmek
[... fallenlassen] hakkından/talebinden vazgeçmek
[... geltend machen] hakkını talep etmek
[... haben auf] üzerinde hakkı olmak
[... zurückweisen] talebi/davayı reddetmek
[abgetretener ...] devredilmiş hak/talep
[anerkannter ...] tanınmış hak/talep
[berechtigter ...] haklı talep
[billiger ...] adil hak
[einklagbarer ...] dava edilebilir hak/talep
[gesetzlicher ...] kanunî hak
[rechtmäßiger ...] meşru hak; haklı talep
[unbegründeter ...] gerekçesiz hak/talep
[verjährter ...] zaman aşımına uğramış hak/talep
[vertraglicher ...] sözleşmeli talep
[von einem ... zurücktreten] hakkından feragat etmek
Anspruchsabtretung ⟨f⟩ hak ve taleplerin devri; temlik
anspruchsberechtigt ⟨adj⟩ haklı; seçilebilir
Anspruchsberechtigter ⟨m⟩ imtiyazlı; hak/talep sahibi
Anspruchsberechtigung ⟨f⟩ talep hakkı
Anspruchsregulierung ⟨f⟩ hak ve talepler üzerine anlaşmaya varma
Anspruchsverjährung ⟨f⟩ hak ve taleplerin mürürü-zamana uğraması; hak zamanaşımı
Anspruchsverzicht ⟨m⟩ feragat; hak ve taleplerden vazgeçme
Anstalt ⟨f⟩ kurum; müessese; kuruluş
[... des öffentlichen Rechts] kamu tüzel kişiliği; kamu kuruluşu
[gemeinnützige ...] kamuya yararlı kuruluş
anstatt ⟨präp⟩ yerine
Ansteigen ⟨n⟩ yükselme; artış
ansteigen ⟨int⟩ yükselmek
anstellen ⟨v/t⟩ işe almak; istihdam etmek
Anstellung ⟨f⟩ işe alma/alınma; iş; memuriyet; istihdam
Anstellung [... auf Lebenszeit] kaydıhayat şartı ile iş/memuriyet
Anstellung [... auf Probe] aday olarak işe alınma; intibak için işe alınma
Anstellungsbedingungen ⟨pl⟩ işe alınma koşulları; istihdam koşulları
Anstellungsverhältnis ⟨n⟩ iş durumu/akdi/mukavelesi/kontratı
Anstellungsvertrag ⟨m⟩ iş mukavelesi/kontratı
Anstieg ⟨m⟩ yükselme; yükseliş; çoğalma; artış
Anstoß ⟨m⟩ 1. vurma; çarpma; tokuşma 2. teşvik
Anstoßwirkung ⟨f⟩ çarpma/tokuşma etkisi

Ansturm ⟨m⟩ saldırı; hücum; üşüşme
[... auf eine Bank] para çekmek için bankaya hücum
Anteil ⟨m⟩ pay; hisse
[... am Gewinn] kâr payı
[... am Kapital] sermayedeki pay
[... aus heimischer Produktion] yerli üretim payı
[... verkaufen] hisse/pay satmak
[...e am Fremdbesitz] fer'i zilyetlikte hisse/pay
[den ... auszahlen lassen] hissesini/payını satmak
anteilig ⟨adj⟩ pay başına; nispeten; nispet üzere; prorate; oranlı olarak
anteilmäßig ⟨adj⟩ orantılı; nispeten; nispet üzere; prorate; oranlı olarak
anteilsberechtigt ⟨adj⟩ pay hakkına sahip
Anteilseigentum ⟨n⟩ ortak mülkiyet
Anteilseigentümer ⟨m⟩ hissedar; hisse sahibi
Anteilseigner ⟨m⟩ hissedar; hisse sahibi
Anteilsinhaber ⟨m⟩ hissedar; hisse sahibi
Anteilschein ⟨m⟩ pay/hisse senedi; *(Bö)* katılma belgesi
Anteilsumlauf ⟨m⟩ pay/hisse dolaşımı/tedavülü
Anteilswert ⟨m⟩ pay/hisse değeri
Anteilszeichner ⟨m⟩ katılmayı taahhüt eden
Antidumping ⟨n⟩ anti damping; dampinge karşı
Antidumpingzoll ⟨m⟩ Anti-Damping vergi
anti-inflationär ⟨adj⟩ enflasyona karşı; anti-enflasyonist
Anti-Inflationspolitik ⟨f⟩ anti-enflasyonist politika
antizipativ ⟨adj⟩ *(ReW)* tahakkuk etmiş; birikmiş
antizyklisch ⟨adj⟩ telafi edici; düzensiz; antisiklik
Antrag ⟨m⟩ dilekçe; istida; talep; başvuru; başvurma; müracaat; önerge
[... ablehnen] dilekçeyi/talebi reddetmek
[... auf Baugenehmigung] inşaat ruhsatı dilekçesi
[... auf Börseneinführung] borsa kaydı için müracaat/dilekçe
[... auf Börsenzulassung] borsa koduna kabul için başvuru/müracaat
[... auf Einstellung des Verfahrens] davanın sukutu için dilekçe
[... auf Erlaß einer einstweiligen Verfügung] ihtiyatî tedbir alınması için dilekçe
[... auf Erteilung einer Einfuhrgenehmigung] ithal permisi dilekçesi
[... auf Erteilung einer Konzession] ruhsatname dilekçesi
[... auf Geschäftseröffnung] iş yeri ruhsatı dilekçesi
[... auf Konkurseröffnung] iflasın açılması için dilekçe
[... auf Liquidation] tasfiye dilekçesi
[... auf Lohnsteuerjahresausgleich] yıllık gelir vergisi denkleştirmesi için dilekçe/müracaat
[... auf Steuererstattung] vergi iadesi için dilekçe
[... auf Zollabfertigung] gümrük işlemi/muamelesi dilekçesi
[... auf Zwangsliquidation] cebren tasfiye için dilekçe
[... bewilligen] dilekçeyi kabul etmek
[... einbringen] dilekçe vermek/sunmak

[... einreichen] dilekçe vermek
[... stellen] başvuruda/talepte bulunmak; dilekçe vermek; müracaat etmek
[... unterstützen] dilekçeyi/talebi desteklemek; dilekçeyi aynen kabul etmek
[... zur Geschäftsordnung] usul hakkında dilekçe
[auf ...] müracaat/başvuru/talep üzerine
[einem ... stattgeben] dilekçeyi kabul etmek
[formloser ...] şekle bağlı olmayan dilekçe
[schriftlicher ...] yazılı dilekçe
antragsberechtigt ⟨adj⟩ dilekçe vermeye yetkili
Antragsberechtigter ⟨m⟩ dilekçe yetkilisi
Antragsberechtigung ⟨f⟩ dilekçe yetkisi
Antragsdatum ⟨n⟩ dilekçe/müracaat tarihi
Antragseingang ⟨m⟩ dilekçenin giriş/alınma tarihi
Antragsformular ⟨n⟩ dilekçe/müracaat/başvuru formu
Antragsfrist ⟨f⟩ başvuru/müracaat süresi; dilekçe verme mühleti/öneli
Antragsteller ⟨m⟩ başvuran; müracaat eden; dilekçe sahibi; *(Jur)* davacı
Antragsverfahren ⟨n⟩ dilekçe usulü; başvurma yöntemi
Antragsvordruck ⟨m⟩ başvuru/dilekçe formu
Antwort ⟨f⟩ cevap
[... zahlt Empfänger] alıcı tarafından ödenir cevap
[ablehnende ...] olumsuz cevap; ret cevabı
[abschlägige ...] ret cevabı
[bejahende ...] olumlu cevap; kabul cevabı
[positive ...] olumlu cevap
[prompte ...] derhal/hemen cevap
[schriftliche ...] yazılı cevap
[sofortige ...] derhal/hemen cevap
[umgehende ...] derhal/hemen cevap; vakit geçirmeden cevap
Antwortdienst ⟨m⟩ cevap servisi; danışma
antworten ⟨int⟩ cevap vermek; cevaplandırmak
Antwortkarte ⟨f⟩ *(Post)* cevap/iade kartı; taahhüt kâğıdı
Antwortschein ⟨m⟩ *(Post)* cevap kuponu
[internationaler ...] *(Post)* uluslararası cevap kuponu
Anwalt ⟨m⟩ *(Jur)* avukat
[... für Steuersachen] vergi avukatı
[... beauftragen] avukat görevlendirmek
[gerichtlich bestellter ...] mahkeme tarafından görevlendirilen avukat
Anwaltsanderkonto ⟨n⟩ avukatın müvekkili için açtığı banka hesabı
Anwaltsanwärter ⟨m⟩ *(Jur)* avukat adayı; *(Jur)* stajyer avukat
Anwaltsberuf ⟨m⟩ avukatlık mesleği
Anwaltschaft ⟨f⟩ avukatlık
Anwaltsfirma ⟨f⟩ avukatlık bürosu
Anwaltshonorar ⟨n⟩ *(Jur)* avukatlık ücreti; *(Jur)* vekâlet ücreti
Anwaltskanzlei ⟨f⟩ avukatlar bürosu
Anwaltspraxis ⟨f⟩ avukat bürosu/yazıhanesi
Anwärter ⟨m⟩ aday/namzet
Anwartschaft ⟨f⟩ adaylık; beklenen hak
Anwartschaftsdividende ⟨f⟩ (örneğin emeklilik için) adaylık süresi boyunca toplanan hakların temettüsü

Anwartschaftsrecht ⟨n⟩ beklenen hak
Anwartschaftsrente ⟨f⟩ beklenen emeklilik parası; müeccel rant
Anwartschaftszeit ⟨f⟩ adaylık süresi
anweisen ⟨v/t⟩ 1. direktif/emir/talimat vermek 2. havale etmek
Anweisung ⟨f⟩ direktif; emir; talimat; *(BkW)* havale
[mündliche ...] sözlü talimat/havale
[schriftliche ...] yazılı talimat/havale
[unbedingte ...] kesin talimat; kayıtsız şartsız havale
Anweisungsbetrag ⟨m⟩ havale bedeli
Anweisungsempfänger ⟨m⟩ havale edilen; havaleyi alan
anwendbar ⟨adj⟩ kullanılabilir; uygulanabilir; tatbik edilebilir
anwenden ⟨v/t⟩ tatbik etmek; uygulamak; kullanmak
Anwender ⟨m⟩ tatbik eden; uygulayan; kullanan
Anwenderberatung ⟨f⟩ uygulayıcı/tüketici danışmanlığı
Anwendung ⟨f⟩ uygula(n)ma; tatbik; tatbikat; kullanma; kullanış
[... der Wettbewerbsvorschriften] rekabetle ilgili hükümlerin uygulanması
[... finden] uygulanmak; tatbik edilmek; kullanılmak
[... multipler Wechselkurse] katlı döviz kurlarının uygulanması
[... von Gewalt] zor kullanma
[kommerzielle ...] ticari uygulama
[praktische ...] pratik uygulama
[unter ... von Gewalt] zor kullanma yoluyla; zor kullanarak
[zur ... kommen] tatbik edilmek; kullanılmak
Anwendungsbereich ⟨m⟩ uygulama alanı
anwendungsbezogen ⟨adj⟩ *(Forschung)* uygulamalı; tatbikî
Anwendungsgebiet ⟨n⟩ uygulama bölgesi
Anwendungsmöglichkeit ⟨f⟩ uygulama olanağı
anwerben ⟨v/t⟩ işçi almak; iş vermek; angaje etmek
Anwerbestopp ⟨m⟩ iş gücü alımının durdurulması
Anwerbung ⟨f⟩ iş gücü alımı; işe alma; istihdam etme
[... von Fachkräften] kalifiye işçi alımı/istihdamı
[... von Führungskräften] yönetici kadro alımı/istihdamı
[... von Hochschulabgängern] yüksek okuldan ayrılanları işe alma
[... von Hochschulabsolventen] yüksek okul mezunlarını işe alma
Anwerbungskampagne ⟨f⟩ işe alma kampanyası
Anwesen ⟨n⟩ mülk; emlak
[landwirtschaftliches ...] tarımsal mülk; çiftlik
Anwesenheit ⟨f⟩ bulunma; mevcudiyet
Anwesenheitsbuch ⟨n⟩ yoklama defteri
Anwesenheitsdauer ⟨f⟩ bulunma/mevcudiyet süresi
Anwesenheitsgeld ⟨n⟩ oturum ücreti; hakkıhuzur
Anwesenheitsliste ⟨f⟩ yoklama listesi
Anwesenheitsprämie ⟨f⟩ hazır bulunma primi
Anwesenheitsverzeichnis ⟨n⟩ bulunanların/mevcut olanların listesi

Anwesenheitszeit ⟨f⟩ bulunma zamanı
Anwesenheitszulage ⟨f⟩ mevcudiyet ek ödeneği
Anzahl ⟨f⟩ *(Math)* sayı; miktar
  [... der Beobachtungen] *(Stat)* gözlem sayısı
  [... der Buchungsposten] *(ReW)* kayıt kalemlerinin sayısı
  [... der Geschäfte] işlemlerin sayısı/miktarı
  [beschlußfähige ...] *(Jur)* yetersayı; *(Jur)* karar yetersayısı
  [nur in beschränkter ... vorhanden] sınırlı miktarda bulunan
anzahlen ⟨v/t⟩ pey/kaparo vermek; ön ödeme yapmak; akont olarak vermek
Anzahlung ⟨f⟩ pey akçesi; peşinat; kaparo; ön ödeme; akont
Anzahlungsgeschäft ⟨n⟩ kaparolu alım satım; akontlu/peşinatlı muamele
Anzahlungssumme ⟨f⟩ kaparo/peşinat miktarı
Anzeige ⟨f⟩ *(Press)* ilan; *(Press)* reklam; *(Jur)* ihbar; bildiri; beyan
  [... unter Chiffre] şifreli ilan
  [... aufgeben] ilan vermek
  [amtliche ...] resmî bildiri/beyan
  [chiffrierte ...] şifreli ilan
  [doppelseitige ...] çift sayfalı ilan
  [ganzseitige ...] tam sayfalı ilan
  [kleine ... n] küçük ilanlar
  [zweiseitige ...] iki sayfalı ilan
anzeigen ⟨v/t⟩ bildirmek; *(Jur)* ihbar etmek
Anzeigenabteilung ⟨f⟩ ilan servisi; reklam bölümü
Anzeigenagentur ⟨f⟩ reklam ajansı
Anzeigenannahmestelle ⟨f⟩ ilan (kabul) servisi
Anzeigenbeilage ⟨f⟩ reklam ilavesi
Anzeigenblatt ⟨n⟩ reklam/ilan gazetesi
Anzeigengeschäft ⟨n⟩ reklamcılık; ilancılık
Anzeigengestalter ⟨m⟩ *(Press)* sayfa düzenleyici
Anzeigenkampagne ⟨f⟩ *(Mk)* reklam kampanyası
Anzeigenpreis ⟨m⟩ *(Press)* reklam ücreti
Anzeigenteil ⟨m⟩ *(Press)* ilan sayfası/bölümü
Anzeigentext ⟨m⟩ *(Press)* ilan metni
Anzeigenwerbung ⟨f⟩ *(Press)* basılı reklam
Anzeigepflicht ⟨f⟩ *(Jur)* ihbar yükümlülüğü
Anzeiger ⟨m⟩ 1. ilan veren 2. gazete
Anziehen ⟨n⟩ 1. sıkılma 2. yükselme
  [... der Kreditschraube] kredilerin kısıtlanması; kredi musluklarının sıkılması
  [... der Preise] fiyatların yükselmesi
  [... der Steuerschraube] vergi tahsilinin hızlandırılması
anziehen ⟨v/t⟩ sıkmak; (örneğin müşteri) çekmek; ⟨int⟩ yükselmek; çoğalmak
aperiodisch ⟨adj⟩ düzenli olmayan
Apparat ⟨m⟩ 1. alet; cihaz 2. makina 3. telefon
  [am ...] telefonda; (Telefon görüşmelerinde "Buyrun, benim!" anlamında kullanılan söz.)
  [am ... bleiben] (Telefon görüşmelerinde "Bekleyiniz!" anlamında kullanılan söz.)
Apparatebau ⟨m⟩ *(Ind)* alet/makina yapımı
äquivalent ⟨adj⟩ eşdeğerli
Äquivalenz ⟨f⟩ eşdeğerlik
Arbeit ⟨f⟩ iş; işçilik; çalışma; emek; → **Beschäftigung** istihdam
  [... aufnehmen] çalışmaya/işe başlamak
  [... außer Haus geben/vergeben] işi dışarıya verme

  [... beschaffen] iş/istihdam yaratmak
  [... einstellen] işe son vermek; grev yapmak
  [... niederlegen] işi bırakmak; grev yapmak
  [... haben] işi olmak
  [... nach Vorschrift] kurallar çerçevesinde iş
  [... suchen] iş aramak
  [... und Kapital] emek ve sermaye
  [... wiederaufnehmen] işe devam etmek
  [angelernte ...] meslekten öğrenilmiş iş; tam kalifiye olmayan iş
  [einer ... nachgehen] iş yapmak; işi gücü olmak
  [einfache ...] düz iş; kalifiye olmayan iş
  [feste ...] sağlam/düzenli iş
  [geistige ...] kafa emeği; fikir işi
  [gutbezahlte ...] dolgun ücretli iş
  [in ...] işlemde; işlem görmede
  [körperliche ...] kol emeği; bedensel çalışma/emek
  [nichtselbständige ...] bağımlı çalışma
  [öffentliche ...] kamu işi
  [ohne ...] işsiz
  [regelmäßig anfallende ...] düzenli aralarla yapılması gereken iş
  [sich zur ... melden] işe hazır olduğunu bildirmek
  [unerledigte ...] tamamlanmamış/bitmemiş iş
  [ungelernte ...] düz iş
  [von der ... freistellen] işten muaf tutmak
  [vorbereitende ...] hazırlık çalışması
  [zeitweilige ...] geçici iş/çalışma
  [zur ... erscheinen] işe gelmek/gitmek
Arbeiten ⟨pl⟩ işler
  [anstrengend und gefährliche ...] ağır ve tehlikeli işler
arbeiten ⟨int⟩ çalışmak; iş yapmak
  [ganztags ...] tam gün çalışmak
  [gewinnbringend ...] kâr/kazanç/gelir sağlayan/getirici iş yapmak; kârla çalışmak
  [halbtags ...] yarım gün çalışmak
  [kostendeckend ...] maliyeti karşılayıcı şekilde çalışmak
  [wirtschaftlich ...] ekonomik/iktisadî çalışmak
Arbeiter ⟨m⟩ işçi; amele; emekçi
  [... und Angestellter] işçi ve memur
  [angelernter ...] yarı kalifiye işçi; eğitilmiş işçi
  [ausländischer ...] yabancı işçi
  [einheimischer ...] yerli işçi
  [gelernter ...] eğitilmiş/kalifiye işçi
  [gewerblicher ...] sanayi işçisi
  [ungelernter ...] düz/acemi işçi
Arbeiterbewegung ⟨f⟩ işçi hareketi
Arbeiterklasse ⟨f⟩ işçi sınıfı
Arbeitermilieu ⟨n⟩ işçi ortamı
Arbeiterrentenversicherung ⟨f⟩ işçi emeklilik sigortası
Arbeiterschaft ⟨f⟩ işçi kesimi; işçiler
Arbeiterselbstverwaltung ⟨f⟩ işçilerin özyönetimi
Arbeiterunfallversicherung ⟨f⟩ işçi kaza sigortası
Arbeitervertreter ⟨m⟩ işçi temsilcisi
Arbeiterwohlfahrt ⟨f⟩ İşçi (ve işçi aileleri için) Hayır Kurumu
Arbeitgeber ⟨m⟩ işveren; patron
  [... und Arbeitnehmer] işveren ve işverilen/işçi
Arbeitgeberanteil ⟨m⟩ (sigorta/vergi ödemelerinde) işveren payı

Arbeitgeberbeitrag ⟨m⟩ işveren aidatı/ödentisi
arbeitgeberfeindlich ⟨adj⟩ işverene karşı; işveren aleyhinde
arbeitgeberfreundlich ⟨adj⟩ işveren lehinde; işverenden yana
Arbeitgeberzuschuß ⟨m⟩ işveren primi/katkısı
Arbeitgeberhaftpflicht ⟨f⟩ işveren sorumluluk sigortası
Arbeitgeberorganisation ⟨f⟩ işverenler örgütü
Arbeitgeberverband ⟨m⟩ işverenler sendikası
Arbeitgeberseite ⟨f⟩ işveren tarafı
Arbeitnehmer ⟨m⟩ işverilen; çalışan; işçi; emekçi [... im Aufsichtsrat] denetim kurulunda işçi [Arbeitgeber und ...] işveren ve işverilen/işçi [gewerblicher ...] sanayi işçisi; ücretli işçi [kaufmännischer ...] büro işçisi; ticarî memur
Arbeitnehmeraktie ⟨f⟩ işçi hisse senedi
Arbeitnehmeranteil ⟨m⟩ işçi payı
Arbeitnehmereinkommen ⟨n⟩ işçi geliri
Arbeitnehmererfinder ⟨m⟩ mucit işçi
arbeitnehmerfeindlich ⟨adj⟩ emekçi düşmanı
Arbeitnehmerfreibetrag ⟨m⟩ işçiler için vergiden muaf bedel
arbeitnehmerfreundlich ⟨adj⟩ işçiler lehinde; işçiden/emekçiden yana
Arbeitnehmerhaushalt ⟨m⟩ işçi bütçesi
Arbeitnehmerschaft ⟨f⟩ işverilenler; işçi kesimi
Arbeitnehmerseite ⟨f⟩ işçi/işverilen tarafı
Arbeitnehmervergütung ⟨f⟩ işçi ödemesi/ücreti
Arbeitnehmervertreter ⟨m⟩ işçi temsilcisi
Arbeitnehmervertretung ⟨f⟩ işçi temsilciliği
Arbeitsablaufanalyse ⟨f⟩ *(Ind)* iş akım analizi; süreç analizi
Arbeitsablaufdarstellung ⟨f⟩ işin akım çizelgesi
Arbeitsablaufdiagramm ⟨n⟩ işin akım çizgesi/diyagramı
Arbeitsamt ⟨n⟩ iş ve işçi bulma kurumu
Arbeitsanfall ⟨m⟩ yapılacak işlerin tümü; iş hacmi
Arbeitsangebot ⟨n⟩ iş arzı
Arbeitsantritt ⟨m⟩ işe başlama
Arbeitsanweisung ⟨f⟩ iş talimatı
Arbeitsanzug ⟨m⟩ iş elbisesi
Arbeitsatmosphäre ⟨f⟩ çalışma ortamı/havası
Arbeitsauftrag ⟨m⟩ iş buyruğu/siparişi; görev verme
Arbeitsaufwand ⟨m⟩ *(KoR)* işçilik; *(KoR)* işçilik maliyeti; *(KoR)* iş maliyeti [... pro Auftrag] *(KoR)* sipariş başına işçilik [... pro Einheit] *(KoR)* birim başına işçilik [unmittelbarer ...] *(KoR)* direkt işçilik; *(KoR)* dolaysız iş maliyeti
Arbeitsausfall ⟨m⟩ iş kaybı
Arbeitsausweitung ⟨f⟩ işi genişletme
Arbeitsbedingungen ⟨f⟩ çalışma koşulları
Arbeitsbefreiung ⟨f⟩ işten muaflık
Arbeitsbeginn ⟨m⟩ iş başlangıcı
Arbeitsbelastung ⟨f⟩ iş yükü; işin ağırlığı
Arbeitsbereicherung ⟨f⟩ işi/çalışmayı zenginleştirme; iş koşullarını çekici hale getirme
Arbeitsbereitschaft ⟨f⟩ iş yapmaya hazır olma; çalışma istemi/arzusu
Arbeitsbericht ⟨m⟩ çalışma/istihdam raporu
Arbeitsbeschaffung ⟨f⟩ istihdam yaratma
Arbeitsbeschaffungsmaßnahme ⟨f⟩ istihdam yaratma önlemi

Arbeitsbescheinigung ⟨f⟩ çalışma belgesi
Arbeitsbewertung ⟨f⟩ iş değerlemesi
Arbeitsblatt ⟨n⟩ mizan; yapılan işin sonucunu gösteren hesap özeti
Arbeitsbuch ⟨n⟩ işçi karnesi
Arbeitsdauer ⟨f⟩ iş/çalışma süresi
Arbeitsdirektor ⟨m⟩ (büyük işletmelerin yönetim kurulunda üye veya çelik sanayii müdürlüğünde görevli olan işçi çıkarlarını temsil eden) çalışma amiri
Arbeitseinheit ⟨f⟩ iş birimi
Arbeitseinkommen ⟨n⟩ iş geliri; çalışma karşılığı gelir
Arbeitseinsatz ⟨m⟩ iş girdisi; istihdam
Arbeitseinsatzplanung ⟨f⟩ iş girdisi planlaması; istihdam planlaması
Arbeitseinstellung ⟨f⟩ işi bırakma; grev
Arbeitsentgelt ⟨n⟩ emek/iş bedeli; çalışma karşılığı; ücret
Arbeitserlaubnis ⟨f⟩ çalışma izni
Arbeitsersparnis ⟨f⟩ iş tasarrufu
Arbeitsertrag ⟨m⟩ iş/emek verimi; çalışma getirisi
Arbeitsessen ⟨n⟩ iş yemeği
arbeitsfähig ⟨adj⟩ eli ayağı tutar; çalışabilir
Arbeitsfeld ⟨n⟩ iş alanı
Arbeitsfeldvergrößerung ⟨f⟩ iş alanının büyütülmesi [horizontale ...] işin genişletilmesi
Arbeitsfluß ⟨m⟩ iş akışı
Arbeitsflußdarstellung ⟨f⟩ işin akım çizelgesi
Arbeitsflußdiagramm ⟨n⟩ işin akım çizgesi/diyagramı
Arbeitsfolge ⟨f⟩ işleme sekansı; iş sırası
Arbeitsförderungsgesetz ⟨n⟩ *(Jur)* iş teşvik kanunu/yasası
Arbeitsfreistellung ⟨f⟩ açığa alma; (geçici) işten çıkarma
Arbeitsfrieden ⟨m⟩ iş huzuru/barışı
Arbeitsgang ⟨m⟩ ameliye; işlem; iş muamelesi
Arbeitsgebiet ⟨n⟩ işkolu; iş sektörü
Arbeitsgemeinschaft ⟨f⟩ 1. işbirliği; kooperasyon 2. kooperatif
Arbeitsgericht ⟨n⟩ iş mahkemesi; iş ihtilafları hakem kurulu
Arbeitsgesetzgebung ⟨f⟩ çalışma/iş mevzuatı
Arbeitsgruppe ⟨f⟩ çalışma grubu
Arbeitsinhalt ⟨m⟩ işin esası/içeriği
arbeitsintensiv ⟨adj⟩ yoğun çalışma gerektiren; emek-yoğun
Arbeitskampf ⟨m⟩ iş ihtilafı/uyuşmazlığı
Arbeitskittel ⟨m⟩ tulum; iş gömleği; önlüğü
Arbeitskapazität ⟨f⟩ çalışma/emek kapasitesi
Arbeitskapital ⟨n⟩ çalışan/döner sermaye
Arbeitskleidung ⟨f⟩ çalışma elbisesi
Arbeitsklima ⟨n⟩ çalışma ortamı
Arbeitskollege ⟨m⟩ iş arkadaşı
Arbeitskolonne ⟨f⟩ çalışma grubu/ekibi
Arbeitskosten ⟨pl⟩ *(KoR)* işçilik (maliyeti) [direkte ...] *(KoR)* direkt işçilik (maliyeti); *(KoR)* dolaysız iş maliyeti [indirekte ...] *(KoR)* dolaylı işçilik (maliyeti); *(KoR)* dolaylı iş maliyeti
arbeitskostenintensiv ⟨adj⟩ emek-yoğun; işçilik/iş maliyeti yoğun
Arbeitskraft ⟨f⟩ işgücü; çalışma gücü

Arbeitskräfte ⟨pl⟩ işgücü; işçiler
[... abbauen] işçilerin sayısını azaltmak
[... einsetzen] işgücünü kullanmak
[... einsparen] işgücünden/işçiden tasarruf etmek
[... einstellen] (işe) işçi almak; istihdam etmek
[... freisetzen] işçiye yol vermek
[... umgruppieren] işgücünü yeniden gruplara ayırmak
[... umsetzen] işçileri başka işlere koymak/ yerleştirmek
[... vermitteln] işçilere iş yeri bulmak
[angelernte ...] yetiştirilmiş işgücü; yarı kalifiye işgücü
[ausgebildete ...] eğitilmiş işgücü
[menschliche ...] insan işgücü
[gewerkschaftlich organisierte ...] sendika örgütlü işgücü
[qualifizierte ...] vasıflı/kalifiye işgücü
[überschüssige ...] fazlalık işgücü
[ungelernte ...] düz/acemi işgücü
Arbeitskräfteabbau ⟨m⟩ işgücü tasfiyesi
Arbeitskräfteangebot ⟨n⟩ işgücü arzı
Arbeitskräftebedarf ⟨m⟩ işgücü ihtiyacı
Arbeitskräfteeinsatz ⟨m⟩ işgücü kullanımı
Arbeitskräftemangel ⟨m⟩ işgücü eksikliği
Arbeitskräftepotential ⟨n⟩ işgücü birikimi/potansiyeli/gizilgücü
Arbeitskräftereserve ⟨f⟩ işgücü rezervi
arbeitskräftesparend ⟨adj⟩ işgücünden tasarruf edici
Arbeitskräfteüberangebot ⟨n⟩ işgücü arz fazlalığı
Arbeitskräfteüberschuß ⟨m⟩ işgücü fazlalığı/üstesi
Arbeitskreis ⟨m⟩ çalışma komitesi
Arbeitslager ⟨n⟩ çalışma kampı
Arbeitslaufzettel ⟨m⟩ çalışma karnesi
Arbeitsleben ⟨n⟩ çalışma yaşamı
Arbeitsleistung ⟨f⟩ iş/çalışma verimi; randıman; iş yapma kapasitesi; performans
Arbeitslohn ⟨m⟩ işçilik/çalışma ücreti
Arbeitslöhne ⟨pl⟩ çalışma ücretleri
arbeitslos ⟨adj⟩ işsiz
Arbeitslosengeld ⟨n⟩ *(SozV)* işsizlik tazminatı
Arbeitslosenhilfe ⟨f⟩ *(SozV)* işsizlik yardımı
Arbeitslosenpflichtversicherung ⟨f⟩ *(SozV)* zorunlu işsizlik sigortası
Arbeitslosenquote ⟨f⟩ *(VWL)* işsizlik oranı
Arbeitslosenrate ⟨f⟩ *(VWL)* işsizlik oranı
Arbeitslosenstatistik ⟨f⟩ *(Stat)* işsizlik istatistiği
Arbeitslosenunterstützung ⟨f⟩ *(SozV)* işsizlik yardımı
Arbeitslosenversicherung ⟨f⟩ *(SozV)* işsizlik sigortası
Arbeitslosenversicherungsbeitrag ⟨m⟩ *(SozV)* işsizlik sigortası primi
Arbeitslosenversicherungsträger ⟨m⟩ *(SozV)* işsizlik sigortası kurumu
Arbeitslosenzahl ⟨f⟩ işsiz sayısı
Arbeitsloser ⟨m⟩ işsiz
Arbeitslosigkeit ⟨f⟩ *(VWL)* işsizlik
[... durch Fluktuation] *(VWL)* friksiyonel işsizlik; emek piyasasının iyi çalışamamasından doğan işsizlik
[chronische ...] *(VWL)* kronik işsizlik
[dauernde ...] *(VWL)* kronik işsizlik
[fluktuierende ...] *(VWL)* friksiyonel işsizlik; emek piyasasının iyi çalışamamasından doğan işsizlik
[friktionelle ...] *(VWL)* friksiyonel işsizlik; emek piyasasının iyi çalışamamasından doğan işsizlik
[konjunkturbedingte ...] *(VWL)* devrevi işsizlik; *(VWL)* devresel işsizlik; konjonktüre bağlı işsizlik
[konjunkturelle ...] *(VWL)* devrevi işsizlik; *(VWL)* devresel işsizlik
[saisonale ...] *(VWL)* mevsimlik işsizlik
[strukturbedingte ...] *(VWL)* yapısal işsizlik
[strukturelle ...] *(VWL)* yapısal işsizlik
[verdeckte ...] *(VWL)* gizli işsizlik; kapalı/örtülü işsizlik
[versteckte ...] *(VWL)* gizli işsizlik; saklı işsizlik
[zyklische ...] *(VWL)* devrevi işsizlik; *(VWL)* devresel işsizlik
Arbeitsmarkt ⟨m⟩ iş ve işçi piyasası; emek piyasası
[angespannter ...] sıkışık iş/emek piyasası
[leerer ...] durgun iş/emek piyasası
Arbeitsmarktabgabe ⟨f⟩ iş/emek piyasası takviye kesintisi
Arbeitsmarktaussichten ⟨pl⟩ iş/emek piyasasının geleceği
Arbeitsmarktentwicklung ⟨f⟩ iş/emek piyasasının gelişmesi
Arbeitsmarktforschung ⟨f⟩ iş/emek piyasası araştırması
Arbeitsmarktlage ⟨f⟩ iş/emek piyasasının durumu
Arbeitsmarktsituation ⟨f⟩ iş/emek piyasasının durumu
Arbeitsmarktpolitik ⟨f⟩ iş ve işçi piyasası politikası
Arbeitsmarktstatistik ⟨f⟩ iş/emek piyasası istatistiği
Arbeitsmarktzahlen ⟨pl⟩ iş/emek piyasası sayıları
Arbeitsmaßnahme ⟨f⟩ iş (yaratma) yöntemi
Arbeitsmaterial ⟨n⟩ iş malzemesi
Arbeitsmedizin ⟨f⟩ iş tıbbı
Arbeitsmethode ⟨f⟩ çalışma metodu
Arbeitsminister ⟨m⟩ çalışma bakanı
Arbeitsministerium ⟨n⟩ çalışma bakanlığı
Arbeitsminute ⟨f⟩ iş/çalışma dakikası
Arbeitsmobilität ⟨f⟩ iş akıcılığı; işgücü hareketliliği
Arbeitsnachweis ⟨m⟩ çalışma karnesi; çalışmanın kanıtı; işçilik zaman kartı
Arbeitsniederlegung ⟨f⟩ işbırakımı; işi bırakma; grev
[spontane ...] ani grev
Arbeitsnormen ⟨pl⟩ iş standartları
Arbeitsökonomie ⟨f⟩ iş ekonomisi
Arbeitsordnung ⟨f⟩ çalışma düzeni/tüzüğü
Arbeitsorganisation ⟨f⟩ 1. iş organizasyonu 2. çalışma örgütü
[Internationale ...] Uluslararası Çalışma Örgütü
Arbeitsort ⟨m⟩ çalışma yeri
Arbeitspapier ⟨n⟩ çalışma tablosu
Arbeitspapiere ⟨pl⟩ çalışma belgeleri
Arbeitspause ⟨f⟩ (işyerinde) ara dinlenmesi
Arbeitspensum ⟨n⟩ iş miktarı ve bitirme süresi
Arbeitsplan ⟨m⟩ çalışma planı
Arbeitsplanung ⟨f⟩ iş planlama
Arbeitsplatz ⟨m⟩ çalışma yeri
[... wechseln] çalışma yerini değiştirmek
[am ...] çalışma/iş yerinde

[freier ...] boş çalışma yeri
[gewerblicher ...] ticarî çalışma yeri
[krisensicherer ...] iş güvencesi olan çalışma yeri
Arbeitsplatzabbau ⟨m⟩ çalışma yerlerinin sayısını azaltma
Arbeitsplatzanforderungen ⟨pl⟩ çalışma yerinde aranan koşullar
Arbeitsplatzangebot ⟨n⟩ çalışma yeri arzı
Arbeitsplatzaufwertung ⟨f⟩ iş zenginleştirme/değerlendirme
Arbeitsplatzbereicherung ⟨f⟩ iş zenginleştirme/değerlendirme
Arbeitsplatzbeschaffung ⟨f⟩ çalışma yeri yaratma; işyeri yaratma
Arbeitsplatzbeschreibung ⟨f⟩ çalışma yerinin tarifi/tanıtımı
Arbeitsplatzbewertung ⟨f⟩ çalışma yerini değerleme
Arbeitsplatzcomputer ⟨m⟩ çalışma yeri için bilgisayar
Arbeitsplätze ⟨pl⟩ çalışma yerleri
[... abbauen] çalışma yerlerini tasfiye etmek
[... aufwerten] çalışma yerlerini yeniden değerlemek
[... besetzen] çalışma yerlerini doldurmak
[... einsparen] çalışma yerlerinden tasarruf etmek
[... freisetzen] çalışma yerlerini boşaltmak/kapamak
[... streichen] çalışma yerlerini kapamak
[... vernichten] çalışma yerlerini yoketmek
[... wechseln] çalışma yerlerini değişmek
Arbeitsplatzerhaltung ⟨f⟩ çalışma yerlerinin korunması
Arbeitsplatzerweiterung ⟨f⟩ çalışma yerlerini artırma
Arbeitsplatzgarantie ⟨f⟩ çalışma yeri güvencesi
Arbeitsplatzgestaltung ⟨f⟩ çalışma yerini düzenleme; işyeri dizaynı
Arbeitsplatzmangel ⟨m⟩ çalışma yeri eksikliği/kıtlığı
Arbeitsplatzsicherheit ⟨f⟩ çalışma yerinde güvenlik/emniyet
Arbeitsplatzverlagerung ⟨f⟩ çalışma yerini (başka yere) nakletme
Arbeitsplatzverlust ⟨m⟩ çalışma yerinin kaybı
Arbeitsplatzvernichtung ⟨f⟩ çalışma yerlerini yok etme
Arbeitsplatzwahl ⟨f⟩ çalışma yerini seçme; işyeri seçimi
Arbeitsplatzwechsel ⟨m⟩ çalışma yerini değiştirme; işi değiştirme
Arbeitsproduktivität ⟨f⟩ çalışma/iş verimliliği; işin üretkenliği
Arbeitsprozeß ⟨m⟩ çalışma/iş süreci
Arbeitsraum ⟨m⟩ çalışma odası
Arbeitsrecht ⟨n⟩ *(Jur)* iş hukuku
Arbeitsrichter ⟨m⟩ *(Jur)* iş hukuku hakimi
Arbeitsrückstand ⟨m⟩ işin geri kalması
Arbeitsruhe ⟨f⟩ ara dinlenmesi
arbeitsscheu ⟨adj⟩ çalışmadan korkan; iş yapmaktan çekinen; tembel
Arbeitsschlichtungsausschuß ⟨m⟩ iş uyuşmazlıkları hakem kurulu

Arbeitsschutz ⟨m⟩ çalışma güvenliği; iş emniyeti
Arbeitssicherheit ⟨f⟩ çalışma güvenliği; iş emniyeti
Arbeitssitzung ⟨f⟩ çalışma oturumu
arbeitssparend ⟨adj⟩ çalışmadan tasarruflu
Arbeitsstab ⟨m⟩ çalışma kadrosu/ekibi
Arbeitsstätte ⟨f⟩ çalışma yeri
Arbeitsstelle ⟨f⟩ işyeri
Arbeitsstörung ⟨f⟩ işi bozma; iş bozukluğu
Arbeitsstreitigkeit ⟨f⟩ iş uyuşmazlığı
Arbeitsstruktur ⟨f⟩ çalışma/iş yapısı
Arbeitsstück ⟨n⟩ iş örneği/numunesi; işin bir parçası
Arbeitsstudie ⟨f⟩ *(Ind)* çalışma etüdü; *(Ind)* zaman ve hareket etüdü
Arbeitsstunde ⟨f⟩ çalışma saati; adam saat
Arbeitsstundensatz ⟨m⟩ saat başına ücret; adam saat oranı
Arbeitstakt ⟨m⟩ çalışma hızı
Arbeitsteilung ⟨f⟩ iş bölümü; işi paylaşma
Arbeitstempo ⟨n⟩ çalışma hızı
Arbeitsüberlastung ⟨f⟩ iş fazlalığı
Arbeitsumgebung ⟨f⟩ iş çevresi
Arbeitsumgebungsanalyse ⟨f⟩ iş çevresi analizi
arbeitsunfähig ⟨adj⟩ çalışamaz; iş göremez
Arbeitsunfähigkeit ⟨f⟩ çalışamazlık; iş göremezlik
Arbeitsunfähigkeitsbescheinigung ⟨f⟩ iş göremezlik belgesi/raporu
[ärztliche ...] (doktordan) iş göremezlik belgesi/raporu; dinlenme raporu
Arbeitsunfall ⟨m⟩ iş kazası
Arbeitsunfallversicherung ⟨f⟩ iş kazası sigortası
Arbeitsunruhen ⟨pl⟩ iş huzursuzlukları
Arbeitsunterbrechung ⟨f⟩ çalışmaya ara verme; çalışmayı durdurma
Arbeitsverbot ⟨n⟩ çalışma yasağı
Arbeitsverdienst ⟨m⟩ çalışma kazancı
Arbeitsverhältnis ⟨n⟩ çalışma ilişkisi; işçi ile işveren arasındaki ilişki
[... kündigen] çalışma ilişkisinin feshini bildirmek
[befristetes ...] süreli çalışma ilişkisi
[unbefristetes ...] süresiz çalışma ilişkisi
[unkündbares ...] feshedilemez çalışma ilişkisi
Arbeitsvermittlung ⟨f⟩ iş ve işçi bulma aracılığı
Arbeitsvermögen ⟨n⟩ *(VWL)* beşerî sermaye
arbeitsvernichtend ⟨adj⟩ çalışmayı yok edici
Arbeitsversäumnis ⟨n⟩ absanteizm; çalışmada bulunmama; işe gelmeme
Arbeitsvertrag ⟨m⟩ hizmet akdi; çalışma sözleşmesi
Arbeitsverwaltung ⟨f⟩ personel yönetimi; çalışma müdürlüğü; iş idaresi; iş ve işçi bulma kurumu müdürlüğü
Arbeitsverweigerung ⟨f⟩ çalışmaya itiraz etme
Arbeitsvorbereitung ⟨f⟩ *(Ind)* süreç planlama
Arbeitsvorschriften ⟨pl⟩ iş mevzuatı; çalışma yönetmeliği
Arbeitsweise ⟨f⟩ çalışma tarzı
Arbeitswelt ⟨f⟩ çalışma/emek dünyası
Arbeitswert ⟨m⟩ emek değeri; yapılan işin değeri
Arbeitswertlehre ⟨f⟩ emek-değer öğretisi
arbeitswillig ⟨adj⟩ çalışmaya hevesli/hazır
Arbeitswissenschaft ⟨f⟩ işbilim; ergonomi
Arbeitswoche ⟨f⟩ iş/çalışma haftası
[gleitende ...] kaygan/değişen iş/çalışma haftası
[normale ...] normal iş/çalışma haftası

Arbeitszeit ⟨f⟩ çalışma saatleri/süresi; iş süresi; iş zamanı
[betriebsübliche ...] işyerinde normal çalışma süresi
[flexible ...] esnek çalışma saatleri; esnek iş süresi
[gleitende ...] esnek çalışma saatleri; esnek iş süresi
[produktive ...] üretken çalışma süresi
[tägliche ...] günlük çalışma süresi
[tarifliche ...] toplu sözleşmeye göre çalışma süresi
[tariflich festgelegte ...] toplu sözleşmede saptanan çalışma süresi
[während der ...] çalışma süresinde; iş zamanında
Arbeitszeitaufzeichnungen ⟨pl⟩ çalışma süresi kayıtları/çizelgesi
Arbeitszeiteinteilung ⟨f⟩ çalışma sürelerini düzenleme
Arbeitszeitnachweis ⟨m⟩ çalışılmış saatleri gösteren karne/kart
Arbeitszeitstudie ⟨f⟩ çalışma süresi etüdü
Arbeitszeitverkürzung ⟨f⟩ çalışma saatlerinin azaltılması; iş süresini azaltma/kısaltma
Arbeitszeitverringerung ⟨f⟩ çalışma saatlerinin azaltılması; iş süresini azaltma/kısaltma
Arbeitszettel ⟨m⟩ çalışma (süreleri/zamanları) cetveli
Arbeitszeugnis ⟨n⟩ çalışma belgesi; bonservis
Arbeitszimmer ⟨n⟩ çalışma odası
Arbeitszufriedenheit ⟨f⟩ çalışmadan memnun kalma
Arbeitszyklus ⟨m⟩ iş devri/döngüsü; işin dönmesi
Arbitrage ⟨f⟩ arbitraj; *(Jur)* tahkim
Arbitragegeschäft ⟨n⟩ arbitraj muamelesi
Arbitragehändler ⟨m⟩ arbitraj komisyoncusu
Arbitrageklausel ⟨f⟩ arbitraj koşulu; *(Jur)* tahkim şartı
Arbitrageur ⟨m⟩ arbitrajcı
Archiv ⟨n⟩ arşiv
Armenfürsorge ⟨f⟩ sosyal yardım; yoksullar için yardım
Armenküche ⟨f⟩ imaret; yoksullara yiyecek dağıtmak için kurulmuş hayır kurumu
Armenrecht ⟨n⟩ *(Jur)* yoksullar hukuku
Armensteuer ⟨f⟩ zekât
Armut ⟨f⟩ yoksulluk; fakirlik
Armutsfalle ⟨f⟩ *(VWL)* yoksulluk çukuru
Armutsgebiet ⟨n⟩ yoksulluk bölgesi
Armutsgrenze ⟨f⟩ yoksulluk sınırı
Arrangement ⟨n⟩ aranjman; uzlaşma; tertip; düzenleme
[... mit Gläubigern treffen] alacaklılarla uzlaşmak/anlaşmak
Arrest ⟨m⟩ *(Jur)* haciz; *(Jur)* gözaltı; *(Jur)* nezaret; *(Jur)* kısa hapis; *(Schff)* müsadere
[... verhängen] haczetmek
[dinglicher ...] *(Jur)* ihtiyatî haciz
[offener ...] müflisin mallarının idaresiyle ilgili mahkeme kararı
Arrestanordnung ⟨f⟩ haciz emri; eşyayı alıkoyma yetkisini veren müzekkere
Arrestbefehl ⟨m⟩ haciz emri
Arrestbeschluß ⟨m⟩ haciz kararı
Arrestverfügung ⟨f⟩ haciz kararı
Art ⟨f⟩ tip; çeşit; cins; nevi
[von gleicher ... und Güte] aynı tip ve kalitede
[von mittlerer ... und Güte] orta tip ve kaliteli
Artikel ⟨m⟩ 1. makale; yazı 2. madde 3. kalem 4. mal; eşya; meta
[... führen] malı bulundurmak; malın olması
[ausgegangener ...] (satılıp) bitmiş mal
[ausgelaufener ...] (üretimi) bitmiş mal
[neu eingeführter ...] (piyasaya) yeni sürülmüş mal
[gängiger ...] sürümü olan mal; iyi satılan mal
[gängigster ...] en iyi sürümü olan mal; en iyi satılan mal
[hochwertiger ...] değeri yüksek mal; yüksek değerli mal
[kleinpreisiger ...] düşük fiyatlı mal; ucuz mal
[umsatzstärkster ...] en yüksek ciro yapan mal
[zugkräftiger ...] sürümü yüksek olan mal; iyi satılan mal
Artikelgruppe ⟨f⟩ bir işletme tarafından üretilen mallar/eşyalar sınıfı/çeşidi
Arzneimittel ⟨n⟩ ilaç; tıbbî ecza
Arzneimittelhersteller ⟨m⟩ ilaç imalatçısı
Arzt ⟨m⟩ doktor; hekim; tabip
[... aufsuchen] doktora gitmek
[approbierter ...] mütehassıs (doktor)
[diensttuender ...] nöbetçi doktor
Arztberuf ⟨m⟩ doktorluk/hekimlik (mesleği)
Arztbesuch ⟨m⟩ vizite
Arztpraxis ⟨f⟩ doktor muayenehanesi
Arztvisite ⟨f⟩ vizite
Assekurant ⟨m⟩ sigortacı; sigorta eden
Assekuranz ⟨f⟩ sigorta; taahhüt iş(lem)leri
assekurieren ⟨v/t⟩ sigorta etmek; taahhüt etmek
Asservatenkonto ⟨n⟩ *(ReW)* aracı hesap; ansüspan hesabı; mutavassıt hesap
Assoziation ⟨f⟩ bağlılık; ortaklık
Assoziationsabkommen ⟨n⟩ bağlılık anlaşması
Assoziationskoeffizient ⟨m⟩ bağlılık katsayısı
Assoziationsvertrag ⟨m⟩ bağlılık/ortaklık sözleşmesi
assoziieren ⟨refl⟩ ortak olmak; kendini ortak etmek; kendini bağlamak
Attrappe ⟨f⟩ aldatmaca
aufaddieren ⟨v/t⟩ (üstüne) toplamak
aufarbeiten ⟨v/t⟩ çalışarak bitirmek
Aufbau ⟨m⟩ organizasyon; yapı
[... von Lagerbeständen] stoklama; stok yapma
[organisatorischer ...] organizasyon ve yapı
aufbauen ⟨v/t⟩ kurmak; yapmak; organize etmek
aufbauend ⟨adj⟩ konstrüktif; kurucu
Aufbaukonto ⟨n⟩ tasarruf hesabı
Aufbauorganisation ⟨f⟩ yapısal organizasyon/düzenleme
Aufbauten ⟨pl⟩ üst kısımlar; ilave katlar; palavra üstündeki üst kısımları; üst güverte
Aufbereitung ⟨f⟩ hazırlama; *(Ind)* işleme; *(Metall)* maden filizini hazırlama
Aufbereitungsanlage ⟨f⟩ *(Ind)* işleme atölyesi/tesisi; *(Metall)* hazırlama tesisi
Aufbereitungstechnik ⟨f⟩ *(Ind)* işleme teknolojisi
aufbessern ⟨v/t⟩ düzeltmek; yükseltmek
aufbewahren ⟨v/t⟩ saklamak; muhafaza etmek
[kühl ...] soğuk saklamak

[liegend ...] yatar şekilde saklamak
[sicher ...] emin yerde saklamak
[trocken ...] kuru saklamak
Aufbewahrung ⟨f⟩ saklama; muhafaza
Aufbewahrungsfrist ⟨f⟩ saklama süresi; muhafaza müddeti/mühleti
Aufbewahrungsgebühr ⟨f⟩ saklama/depolama ücreti
Aufbewahrungsort ⟨m⟩ saklama/depolama yeri
Aufbewahrungspflicht ⟨f⟩ saklama yükümlülüğü; muhafaza mükellefiyeti
aufbrauchen ⟨v/t⟩ kullanıp bitirmek
aufbringen ⟨v/t⟩ tedarik/temin etmek; bulmak
Aufdruck ⟨m⟩ antet; başlık
[mit ...] antetli; başlıklı
Aufenthalt ⟨m⟩ ikametgâh; oturulan yer
Aufenthaltsberechtigung ⟨f⟩ oturma hakkı
Aufenthaltsdauer ⟨f⟩ oturma süresi
Aufenthaltserlaubnis ⟨f⟩ oturma izni
Aufenthaltsgenehmigung ⟨f⟩ oturma izni
Aufenthaltsort ⟨m⟩ oturulan yer; ikametgâh
Aufenthaltsraum ⟨m⟩ oturma odası; lokal
Aufenthaltsrecht ⟨n⟩ ikamet hukuku/hakkı
Auffanggesellschaft ⟨f⟩ teslim alan şirket; yararlanan şirket
Aufforderung ⟨f⟩ 1. talep; istek 2. davet; çağrı 3. emir 4. apel
[... zur Abgabe eines Angebots] icaba davet
[... zur Kapitaleinbringung] ödeme çağrısı; apel
[... zur Rückzahlung] geri ödemeye davet
[auf ...] talep/istek/davet üzerine
[dringende ...] acil talep
[letzte ...] son çağrı
[ohne ...] talepsiz; çağrı yapmadan
[zahlbar bei ...] talep üzerine ödenecek/ödemeli
auffüllen ⟨v/t⟩ doldurmak; stoku tamamlamak
Auffüllung ⟨f⟩ yeniden doldurma; yenileme
[... von Lagerbeständen] emtia mevcudunu yenileme; stok yenileme
Aufgabe ⟨f⟩ 1. ödev; görev; iş 2. postalama 3. bırakma; terk
[... der Dienstbarkeit] irtifak hakkının terki
[... erfüllen] görev yerine getirmek
[... übernehmen] görev üstlenmek
[laut ...] görev gereğince; göreve göre
Aufgabenbereich ⟨m⟩ görev alanı
Aufgabendelegation ⟨f⟩ görev komisyonu/delegasyonu
Aufgabengliederung ⟨f⟩ görev taksimi/bölümü
Aufgabenverteilung ⟨f⟩ görev dağıtımı
Aufgabeort ⟨m⟩ *(Post)* postalama yeri
Aufgabepostamt ⟨n⟩ *(Post)* gönderen/yollayan postane
Aufgabespediteur ⟨m⟩ gönderen nakliyeci/speditör
Aufgabespedition ⟨f⟩ gönderen nakliye şirketi
Aufgabestelle ⟨f⟩ yollama yeri
aufgeben ⟨v/t⟩ 1. yollamak; göndermek 2. bırakmak; terk etmek
Aufgeber ⟨m⟩ gönderen
Aufgeld ⟨n⟩ acyo
[mit ...] acyolu
Aufgelddrücklage ⟨f⟩ acyo ihtiyatı
Aufgliederung ⟨f⟩ bölme; ayırma; döküm

aufhaben ⟨int⟩ açık olmak
aufhalden ⟨v/t⟩ stok yapmak
aufhalten ⟨v/t⟩ tutarak engellemek/geciktirmek
aufheben ⟨v/t⟩ kaldırmak; feshetmek; geçersiz kılmak
[zeitweilig ...] geçici olarak geçersiz kılmak
Aufhebung ⟨f⟩ kaldırma; geçersiz kılma; bozma; fesih; iptal
[... einer Blockade] *(AußH)* ablukanın kaldırılması
[... einer Gesellschaft] bir şirketin kaldırılması/feshi
[... der Bruchteilsgemeinschaft] *(Jur)* izalei şüyu; paydaşlığın giderilmesi
[... der Preisbindung] maktu fiyatların kaldırılması
[... der Zölle] gümrük resminin kaldırılması
[... der Zwangsbewirtschaftung] güdümlü işletmenin kaldırılması
[... des Konkursverfahrens] iflas ameliyesinin geçersiz kılınması; iflas davasının/yönteminin kaldırılması
[... des Urteils] *(Jur)* kararın bozulması
[... des Vertrages] *(Jur)* akdin feshi
[... von Beschränkungen] sınırlamaları/kısıtlamaları kaldırma
Aufhebungsklage ⟨f⟩ *(Jur)* fesih davası; iptal davası
Aufhebungsvertrag ⟨m⟩ *(Jur)* fesih akdi
Aufkauf ⟨m⟩ satınalma; devralma
Aufkommen ⟨n⟩ 1. hasılat; verim; varidat; hasıla 2. oluşum
aufkommen ⟨int⟩ gelişmek; doğmak; oluşmak; meydana gelmek
aufkündigen ⟨v/t⟩ feshetmek; vazgeçmek
Aufkündigung ⟨f⟩ fesih; vazgeçme
aufladen ⟨v/t⟩ yüklemek
Auflage ⟨f⟩ 1. vergi; harç 2. yükümlülük 3. bası; baskı 4. şart; koşul
[gesetzliche ...] kanunî yükümlülük
[verkaufte ...] (ödenmiş) satılan miktar/tiraj
Auflagenhöhe ⟨f⟩ tiraj (haddi)
Auflagenziffer ⟨f⟩ tiraj
[mit hoher ...] yüksek tirajlı
auflassen ⟨v/t⟩ 1. terketmek 2. taşınmaz mülkiyeti devretmek
Auflassung ⟨f⟩ ferağ; devir ve temlik muamelesi
auflaufen ⟨int⟩ 1. birikmek; çoğalmak 2. *(Schff)* karaya oturmak
aufleben ⟨int⟩ dirilmek; canlanmak
[wieder ... lassen] tekrar yaşatmak; yeniden harekete geçirmek
auflegen ⟨v/t⟩ 1. yayınlamak 2. tanzim etmek; ihraç etmek
Auflegung ⟨f⟩ tanzim etme; ihraç etme; tevzi etme
auflisten ⟨v/t⟩ sıralamak
[einzeln ...] teker teker sıralamak
auflösen ⟨v/t⟩ feshetmek; iptal etmek; kaldırmak; çözmek
Auflösung ⟨f⟩ fesih; iptal; çöz(ül)me
[... der Partenreederei] donatma iştirakının feshi
[... des Arbeitsverhältnisses] çalışma akdinin feshi

[... durch Gerichtsbeschluß] mahkeme kararı ile fesih
[... der Gesellschaft] şirketin feshi
[... von Rechnungsabgrenzungsposten] hesaplardan tahdidatın kaldırılması kaydının iptali
Auflösungsantrag ⟨m⟩ fesih davası dilekçesi
Auflösungsbeschluß ⟨m⟩ fesih kararı
Auflösungsklage ⟨f⟩ fesih davası
Aufmachung ⟨f⟩ yapılış; (arz/takdim için) yapılış şekli; dizgi
Aufnahme ⟨f⟩ alınma; kabul olunma
[... beantragen] üye/ortak olmak için başvurmak
[... der Bestände] envanter yapma; stokların sayımı
[... der Geschäftstätigkeit] iş faaliyetine başlama
[... des Betriebs] işletmenin faaliyete geçmesi
[... eines Teilhabers] bir ortağın kabul olunması
Aufnahmeantrag ⟨m⟩ üyelik/ortaklık için dilekçe/başvuru/müracaat
Aufnahmebereitschaft ⟨f⟩ kabul etmek için hazır olma; kabul (etme) eğilimi
[... der Verbraucher] tüketicilerin (bir malı) kabul etmeye hazır olmaları
aufnahmefähig ⟨adj⟩ alabilme; almaya hazır
Aufnahmefähigkeit ⟨f⟩ alabilme gücü/potansiyeli
aufnehmen ⟨v/t⟩ 1. kabul etmek 2. almak [Kredit ...] kredi almak
Aufpreis ⟨m⟩ zam; nema
[... der Kassaware/Spotware gegenüber Terminwaren] *(Bö)* depor; işlem gören değerde peşin/spot fiyatın vadeli/alivre fiyattan fazla olması
[... der Terminware gegenüber der Kassaware/Spotware] *(Bö)* repor; işlem gören değerde vadeli/alivre fiyatın peşin/spot fiyattan fazla olması
aufrechenbar ⟨adj⟩ takas edilebilir
aufrechnen ⟨v/t⟩ takas etmek
Aufrechnung ⟨f⟩ takas
[gegenseitige ...] karşılıklı takas (ve mahsup)
Aufrechnungsverbot ⟨n⟩ takas/kliring yasağı
Aufruf ⟨m⟩ 1. çağrı; apel; davet; celp 2. kamu oyuna bildirme
[... von Wertpapieren] değerli kağıtları geri toplama çağrısı
aufrunden ⟨v/t⟩ yukarıya doğru toparlamak; iblağ etmek
aufschieben ⟨v/t⟩ ertelemek; geciktirmek; başka bir zamana bırakmak
Aufschlag ⟨m⟩ zam; nema; alım ile satım arasındaki fiyat farkı
Aufschlagskalkulation ⟨f⟩ zammı hesaplama
aufschlüsseln ⟨v/t⟩ belli bir sisteme göre bölmek/ayırmak
Aufschlüsselung ⟨f⟩ belli bir sisteme göre bölme/ayırma
Aufschub ⟨m⟩ erteleme; tehir; tecil; temdit
[... der Zwangsvollstreckung] zorunlu icranın ertelenmesi
[... einer Frist] sürenin uzatılması; vadenin temdidi
[... einer Zahlungsfrist] ödeme süresinin uzatılması

[... bewilligen] ertelemeyi/tecili/temdidi kabul etmek
[... verlangen] ertelenmesini istemek; tecilini talep etmek
Aufschubzinsen ⟨pl⟩ erteleme/tecil faizleri
Aufschwung ⟨m⟩ canlanma; boom
[expansionsdämpfender Automatismus analog den built-in- stabilizern im ...] mali sürüklenme
[konjunktureller ...] konjonktürel/devresel canlanma
[wirtschaftlicher ...] ekonomik canlanma; boom
Aufseher ⟨m⟩ kontrolör; amele başı
Aufsicht ⟨f⟩ denetim; denetleme; kontrol; murakabe; teftiş
[unter ... stellen] denetim altına almak
Aufsichtsamt ⟨n⟩ denetim/denetleme dairesi
Aufsichtsbeamter ⟨m⟩ denetçi; murakıp; teftiş memuru; denetim görevlisi
Aufsichtsbefugnis ⟨f⟩ denetleme yetkisi
Aufsichtsbehörde ⟨f⟩ kontrol/tetkik mercii
Aufsichtsorgan ⟨n⟩ denetim organı
Aufsichtsperson ⟨f⟩ denetçi; murakıp
Aufsichtspersonal ⟨n⟩ denetim/denetleme kadrosu
Aufsichtspflicht ⟨f⟩ denetleme yükümlülüğü
Aufsichtsrat ⟨m⟩ denetim/denetleme kurulu
Aufsichtsratsbezüge ⟨pl⟩ denetim kurulu huzur hakları
Aufsichtsratsmandat ⟨n⟩ denetim kurulu üyeliği
Aufsichtsratsmitglied ⟨n⟩ denetim kurulu üyesi
Aufsichtsratstantiemen ⟨pl⟩ denetim kurulu huzur hakları
Aufsichtsratsvergütungen ⟨pl⟩ denetim kurulu huzur hakları
Aufsichtsratsvorsitzender ⟨m⟩ denetim kurulu başkanı
aufstapeln ⟨v/t⟩ üst üste yığmak; istif etmek; istiflemek
Aufstellung ⟨f⟩ 1. düzenleme 2. döküm; cetvel; tablo 3. montaj
[... der Kosten] maliyet dökümü; maliyet dağıtım tablosu
[... des Inventars] envanter dökümü
[... des Jahresabschlusses] yıllık bilançonun dökümü
[... einer Bilanz] bilançonun düzenlenmesi/dökümü
[... von Aktiva und Passiva] aktif ve pasiflerin dökümü
[... von Streikposten] grev gözcülerini görevlendirme
Aufstieg ⟨m⟩ yükselme; terfi
[beruflicher ...] meslekte ilerleme/yükselme; terfi
Aufstiegschancen ⟨pl⟩ (meslekte) ilerleme olanakları; terfi şansı
Aufstockung ⟨f⟩ arttırma/artırma; artırım
[... des Kapitals] sermaye artırımı
auftauen ⟨v/t⟩ eritmek; debloke etmek
Auftauung ⟨f⟩ eritme; serbest bırakma
[... eingefrorener Forderungen] dondurulmuş alacakların deblokajı
aufteilen ⟨v/t⟩ bölmek; paylaştırmak; ayırmak; taksim etmek

Aufteilung ⟨f⟩ bölme; bölünme; paylaşılma; taksim; ayırma; ayrılma
  [... der Märkte] pazarların bölünmesi/taksimi
  [... des Grundbesitzes] emlak ve arazinin parsellenmesi; gayrimenkulün taksimi; mülkün bölünmesi
  [... eines Gesamtbetrages auf verschiedene Unterposten] toplam meblağın çeşitli tali kalemlere/hesaplara ayrılması
Auftrag ⟨m⟩ 1. buyruk; emir; görev 2. sipariş; talep 3. (yapılması istenen) iş; 4. vekâlet
  [... ablehnen] emri reddetmek; siparişi kabul etmemek
  [... abwickeln] emri/siparişi yerine getirmek
  [... annehmen] görev/sipariş üstlenmek; iş almak
  [... annullieren] emri/siparişi iptal etmek
  [... ausführen] emri/siparişi yerine getirmek; işi yapmak
  [... bearbeiten] emri/siparişi işlemek
  [... bestätigen] emri/siparişi doğrulamak
  [... buchen] sipariş/iş kaydetmek
  [... erhalten] emir/sipariş/iş almak
  [... erledigen] emri/siparişi yerine getirmek; işi bitirmek
  [... erteilen] emir/sipariş vermek; iş vermek
  [... mit Preisbegrenzung] fiyat sınırı olan sipariş; limitli emir
  [... mit Rückgaberecht] geri verme hakkı olan sipariş/iş
  [... nach außerhalb vergeben] dışa/başkasına sipariş/iş vermek
  [... stornieren] emri/siparişi iptal etmek
  [... streichen] emri/siparişi silmek
  [... vergeben] dışarıya sipariş/emir/iş vermek
  [... widerrufen] emri/siparişi geri çekmek
  [... zurücknehmen] emri/siparişi geri almak
  [... zum günstigsten Preis] en avantajlı/düşük fiyat üzerinden sipariş; *(Bö)* en avantajlı/düşük fiyat üzerinden alım ordinosu/emri
  [... zum Schlußkurs] *(Bö)* kapanış fiyatı üzerinden alım emri
  [... zur Risikoabdeckung] *(Bö)* riski önlemek için satış emri
  [aus meinem ...] buyruğuma/emrime göre; verdiğim siparişe göre
  [eingehender ...] alınan emir/sipariş/iş
  [fester ...] kesin emir/sipariş
  [freibleibender ...] yerine getirilmesi zorunlu olmayan emir/iş
  [freihändiger ...] elden/açık sipariş
  [im ... und für Rechnung] vekâleten ve ödenmek üzere
  [im ... von] vekâleten; emriyle; namına
  [in ... geben] işin/siparişin yapılması için emir vermek
  [laut ...] emre/siparişe göre; emir gereğince
  [limitierter ...] *(Bö)* limitli emir
  [nach ... anfertigen] emre/siparişe göre hazırlamak
  [schriftlicher ...] yazılı buyruk/emir/sipariş; *(Bö)* ordino
Aufträge ⟨pl⟩ buyruklar; siparişler; talepler; (yapılması istenen) işler
  [öffentliche ...] kamu buyrukları
  [neue ...] yeni siparişler
  [rückständige ...] yarım kalmış siparişler
  [unerledigte ...] tamamlanmamış/bitmemiş siparişler
Auftraggeber ⟨m⟩ emir veren; sipariş veren; işi veren; müvekkil
  [... und Auftragnehmer] emir veren ve alan; sipariş veren ve alan
Auftragnehmer ⟨m⟩ emir/sipariş/iş alan; vekil
Auftragsabschluß ⟨m⟩ siparişin/emrin/işin yerine getirilmesi
Auftragsabwicklung ⟨f⟩ siparişi hazırlama; emri yerine getirme
Auftragsausführung ⟨f⟩ emrin/siparişin yerine getirilmesi; vekâleti ifa
Auftragsbearbeitung ⟨f⟩ emrin/siparişin/işin yapılması
Auftragsannahme ⟨f⟩ buyruk/sipariş kabulü; emir girdisi; işi alma; vekâleti kabul
Auftragsbedingungen ⟨pl⟩ sipariş koşulları
Auftragsbestand ⟨m⟩ sipariş mevcudu
Auftragsbestätigung ⟨f⟩ (verilen) emri/siparişi/işi doğrulama/onaylama
Auftragsbuch ⟨n⟩ sipariş/buyruk/ısmarlama defteri
Auftragsdatum ⟨n⟩ sipariş tarihi
Auftragseingang ⟨m⟩ sipariş girişi; emri/işi alma
Auftragserteilung ⟨f⟩ sipariş/emir/iş verme
  [bei ...] sipariş/emir üzerine
  [zahlbar bei ...] sipariş/emir üzerine ödenir
Auftragsfertigung ⟨f⟩ sipariş üzerine yapım/imal/inşa; fason imalat
Auftragsformular ⟨n⟩ sipariş formu
auftragsgemäß ⟨adv⟩ buyruğa/emre/siparişe uygun
Auftragskalkulation ⟨f⟩ sipariş muhasebesi; sipariş maliyetini hesaplama
Auftragskosten ⟨pl⟩ sipariş maliyeti
Auftragskostenrechnung ⟨f⟩ sipariş maliyeti muhasebesi/hesabı
Auftragslage ⟨f⟩ sipariş durumu
Auftragsmangel ⟨m⟩ sipariş eksikliği/kıtlığı
Auftragsnummer ⟨f⟩ sipariş numarası
Auftragspolster ⟨n⟩ sipariş rezervi/fazlalığı
Auftragsrückgang ⟨m⟩ siparişlerin azalması; siparişlerde düşüş/gerileme
Auftragsschein ⟨m⟩ sipariş pusulası/fişi
Auftragsstornierung ⟨f⟩ siparişin iptali; buyruğun/emrin iptali
Auftragsstreichung ⟨f⟩ siparişin iptali; buyruğun/emrin iptali
Auftragsüberhang ⟨m⟩ sipariş fazlalığı/üstesi
Auftragsvergabe ⟨f⟩ (teklif yapana) işi verme
  [öffentliche ...] açık teklif usulü ile işi verme
Auftragsvolumen ⟨n⟩ sipariş hacmi
Auftragswert ⟨m⟩ sipariş değeri
Auftragszettel ⟨m⟩ sipariş pusulası/fişi; *(Bö)* ordino
Auftrieb ⟨m⟩ canlılık; canlanma
  [konjunktureller ...] *(VWL)* ekonomik canlanma
Auf-und Abbewegung ⟨f⟩ dalgalanma; bir aşağı bir yukarı oynama
Aufwand ⟨m⟩ gider(ler); harcama(lar); masraf(lar)
  [... und Ertrag] gider ve gelir
  [aktivierungspflichtiger ...] *(ReW)* aktifleştirme

yükümlülüğü taşıyan harcama; sabit varlıklara/sermayeye yapılması gereken ilaveler
[außerordentlicher ...] olağanüstü harcamalar
[betrieblicher ...] *(ReW)* cari harcamalar
[betriebsbedingter ...] *(ReW)* işletme gideri/harcamaları
[betriebsfremder ...] arızî gider(ler)/harcama
[sonstiger ...] sair/diğer giderler/masraflar
Aufwandsart ⟨f⟩ gider/harcama/masraf türü
Aufwandsentschädigung ⟨f⟩ harcamaların/masrafların tazmini; yol avansları
Aufwandskonto ⟨n⟩ *(ReW)* giderler hesabı
Aufwandskontrolle ⟨f⟩ gider/masraf kontrolu
Aufwandskosten ⟨pl⟩ gider maliyeti
Aufwandsrechnung ⟨f⟩ *(ReW)* gider muhasebesi/hesabı
Aufwands- und Ertragskonten ⟨pl⟩ *(ReW)* gelir gider hesapları
Aufwands- und Ertragsrechnung ⟨f⟩ *(ReW)* gelir gider tablosu; *(ReW)* gelir gider muhasebesi
Aufwandsverteilung ⟨f⟩ gider dağıtımı
Aufwandszinsen ⟨pl⟩ gider faizleri
Aufwärtsbewegung ⟨f⟩ yükseliş (hareketi)
[... an der Börse] *(Bö)* borsada yükseliş
Aufwärtstendenz ⟨f⟩ *(Bö)* yükseliş eğilimi
Aufwärtstrend ⟨m⟩ *(Bö)* yükseliş trendi; *(Bö)* tırmanma trendi
aufwendig ⟨adj⟩ yüksek giderli; masraflı
Aufwendungen ⟨pl⟩ giderler; harcamalar; masraflar
[... bestreiten] masraflara itiraz etmek
[... für die Altersversorgung] emeklilik hakkı için yapılan harcamalar
[... für die Betriebsführung] işletme yönetimi için harcamalar
[... für Einrichtungen und Geschäftsausstattung] işyeri donanım ve donatım harcamaları
[... für Forschung und Entwicklung] bilimsel araştırma ve geliştirme için yapılan harcamalar
[... und Erträge] gider ve gelirler
[... und Instandhaltung] bakım ve onarım harcamaları
[aktivierte ...] aktifleştirilen masraflar
[außergewöhnliche ...] olağanüstü harcamalar
[außerordentliche ...] olağanüstü harcamalar
[betriebliche ...] işletme harcamaları; genel giderler
[betriebsfremde ...] arızî giderler; işletme dışı harcamalar
[einmalige ...] istisnaî harcamalar
[kapitalisierte ...] dondurulmuş masraflar
[laufende ...] cari/sürekli giderler/harcamalar
[sonstige ...] sair/diğer giderler/harcamalar
[steuerabzugsfähige ...] vergiden indirilebilir giderler
aufwerten ⟨v/t⟩ değerini yükseltmek; değer kazandırmak; revalüe etmek
Aufwertung ⟨f⟩ değer kazandırma/yükseltme; değerlendirme; zenginleştirme; revalüasyon; revalorizasyon
Aufwertungsgewinn ⟨m⟩ revalüasyon kârı
Aufwertungsrate ⟨f⟩ revalüasyon oranı; değer yükseltme oranı
Aufwertungssatz ⟨m⟩ revalüasyon oranı; değer yükseltme oranı

Aufwertungsverlust ⟨m⟩ revalüasyon kaybı
aufzehren ⟨v/t⟩ tüketmek; sarf ve istihlak etmek
aufzeichnen ⟨v/t⟩ kaydetmek; not etmek
Aufzeichnung ⟨f⟩ kayıt; not
aufzinsen ⟨v/t⟩ faizi ana paraya eklemek
Aufzucht ⟨f⟩ yetiştirilen hayvanlar
Auktion ⟨f⟩ açık artırma; müzayede
[durch ... verkaufen] açık artırma yolu ile satmak
[zur ... bringen] açık artırmaya çıkarmak
Auktionator ⟨m⟩ müzayedeci; mezat komiseri/memuru
auktionieren ⟨v/t⟩ açık artırma ile satmak; müzayede yolu ile satmak
Auktionslokal ⟨n⟩ müzayede salonu; açık artırma salonu; mezat dairesi
Auktionspreis ⟨m⟩ müzayede/artırma fiyatı
Ausbau ⟨m⟩ 1. tadilat 2. ikmal; tamamlama 3. tevsi; genişletme
ausbaufähig ⟨adj⟩ tadil/tevsi edilebilir; genişletilebilir
Ausbaugewerbe ⟨n⟩ ikmalcilik
ausbedingen ⟨v/t⟩ koşul/şart olarak ileri sürmek; şarta bağlamak
Ausbesserung ⟨f⟩ onarım; düzeltme
Ausbesserungen ⟨pl⟩ onarmalar; düzeltmeler; tamirat
ausbeutbar ⟨adj⟩ sömürülebilir; *(BergB)* işletilebilir
[wirtschaftlich ...] *(BergB)* iktisadî olarak işletilebilir
Ausbeute ⟨f⟩ 1. hasılat 2. temettü; kâr; randıman
ausbeuten ⟨v/t⟩ sömürmek; *(BergB)* işletmek
Ausbeutung ⟨f⟩ sömürü; *(BergB)* işletme
Ausbeutungskosten ⟨pl⟩ *(BergB)* işletme maliyeti
ausbezahlen ⟨v/t⟩ 1. ödemek; tediye etmek 2. ücretini vermek
ausbilden ⟨v/t⟩ yetiştirmek; eğitmek
Ausbilder ⟨m⟩ eğitici; eğitmen
Ausbildung ⟨f⟩ eğitim
[... am Arbeitsplatz] çalışma yerinde eğitim; iş başında eğitim
[... und Fortbildung] eğitim ve mesleği geliştirme
[... und Weiterbildung] eğitim ve mesleği geliştirme
[berufliche ...] meslek eğitimi
[betriebliche ...] işyerinde/işletmede eğitim
[duale ...] ikili meslek eğitimi
[innerbetriebliche ...] işletme içi eğitim; hizmetiçi eğitim
[praktische ...] pratik/uygulamalı eğitim
[theoretische ...] teorik/kuramsal eğitim
Ausbildungsabschlußprüfung ⟨f⟩ eğitim bitirme sınavı
Ausbildungsberuf ⟨m⟩ öğrenilmiş meslek
Ausbildungsdauer ⟨f⟩ eğitim süresi
Ausbildungslehrgang ⟨m⟩ eğitim kursu
Ausbildungsleiter ⟨m⟩ eğitim müdürü/yönetmeni; eğitimi yöneten
Ausbildungsplatz ⟨m⟩ eğitim yeri
Ausbildungsstätte ⟨f⟩ eğitim merkezi/yeri
Ausbildungsverhältnis ⟨n⟩ eğitim oranı/durumu/ilişkisi; çıraklık
Ausbildungswerkstatt ⟨f⟩ eğitim atölyesi

Ausbleiben ⟨n⟩ gecikmek; gelmemek
[... der Zahlung] ödemenin gecikmesi
Ausbringung ⟨f⟩ üretim; istihsal
[betriebsoptimale ...] *(BWL)* işletme optimumu; *(BWL)* pratik kapasite
ausbuchen ⟨v/t⟩ borçlandırmak; borç/zimmet kaydetmek
Ausbuchung ⟨f⟩ borçlandırma; borç/zimmet kaydetme
Auseinandersetzung ⟨f⟩ çatışma; ihtilaf
[arbeitsrechtliche ...] iş hukuku çatışması
[tarifpolitische ...] toplu sözleşme çatışması
[vermögensrechtliche ...] mal ve mülk hukuku ihtilafı
Auseinandersetzungsbilanz ⟨f⟩ tasfiye/taksim bilançosu
Auseinandersetzungsvertrag ⟨m⟩ tasfiye akdi
ausfahren ⟨v/t⟩ 1. yola çıkmak 2. maden ocağından asansörle çıkmak
Ausfahrt ⟨f⟩ yola çıkış; yoldan çıkış; çıkış kapısı
Ausfail ⟨m⟩ açık; eksiklik; yetersizlik; kifayetsizlik; kayıp; zarar; ziyan; fire
Ausfallbürge ⟨m⟩ (adi) kefil
Ausfallbürgschaft ⟨f⟩ (adi) kefalet
ausfallen ⟨int⟩ 1. sonuç vermek 2. durmak; bozulmak; yapılmamak
Ausfallentschädigung ⟨f⟩ yetersizlik tazminatı; üretimi terk ödencesi
Ausfallforderung ⟨f⟩ zarar ziyan alacağı; yetersizlikten doğan alacak
Ausfallhaftung ⟨f⟩ yetersizlik sorumluluğu
Ausfallmuster ⟨n⟩ örnek; numune; eşantiyon
Ausfallrate ⟨f⟩ fire/kifayetsizlik/yetersizlik oranı
Ausfallrisiko ⟨n⟩ kifayetsizlik/yetersizlik riski; açık/fire verme riski
Ausfallversicherung ⟨f⟩ kifayetsizlik/yetersizlik sigortası
Ausfallzahlung ⟨f⟩ yetersizlik tazminatı; üretimi terk ödemesi
Ausfallzeit ⟨f⟩ işlememe süresi; (işten) kayıp zaman
ausfertigen ⟨v/t⟩ 1. hazırlamak; tanzim etmek 2. tevdi etmek
Ausfertigung ⟨f⟩ 1. tanzim; yazılma 2. suret; nüsha 3. tevdi; teslim 4. ilâm
[erste ...] aslı; birinci nüsha
[... des Urteils] hükmün ilâmı
[vollstreckbare ...] *(Jur)* icra edilebilir ilâm
[zweite ...] suret; ikinci nüsha
ausfolgen ⟨int⟩ tevdi etmek; teslim etmek; yollamak
Ausfolgeschein ⟨m⟩ yollama/sevk vesikası; teslim belgesi
Ausfolgungsprotest ⟨m⟩ teslim edilmemesini protesto etme
Ausfracht ⟨f⟩ dış navlun/hamule/kargo/yük
Ausfuhr ⟨f⟩ →**Export** ihracat; dışsatım; çıkış
[... von Waren zu Schleuderpreisen] dış ticarette damping
[sichtbare ...] görülür ihracat
[unsichtbare ...] görünmez/hayalî ihracat; meri olmayan ihracat
[zur ... bestimmt] dışsatım için öngörülen; ihracata tahsis edilmiş

Ausfuhrabfertigung ⟨f⟩ *(Zo)* ihraç işlemi/muamelesi
Ausfuhrabgabe ⟨f⟩ *(Zo)* ihracat vergisi; *(Zo)* çıkış resmi
Ausfuhranmeldung ⟨f⟩ ihraç dilekçesi/beyannamesi; ihracat için müracaat
Ausfuhrbestimmungen ⟨pl⟩ ihracat koşulları
Ausfuhrbeschränkungen ⟨pl⟩ *(AußH)* ihracat kısıtlamaları/sınırlamaları
Ausfuhrbewilligung ⟨f⟩ ihracat lisansı/permisi
Ausfuhrbürgschaft ⟨f⟩ *(AußH)* dışsatım/ihracat kefaleti; ihracat teminatı/garantisi
ausführen ⟨v/t⟩ 1. ihraç etmek; yurt dışına satmak 2. yerine getirmek; yapmak; icra etmek; uygulamak
Ausfuhrdeklaration ⟨f⟩ *(Zo)* ihraç beyannamesi
Ausfuhrerklärung ⟨f⟩ *(Zo)* ihraç beyannamesi
Ausfuhrerlöse ⟨pl⟩ ihracat gelirleri
Ausfuhrerstattung ⟨f⟩ ihracat primi; *(EU)* ihracat iadesi
Ausfuhrerzeugnis ⟨n⟩ *(AußH)* ihraç ürünü
Ausfuhrfinanzierung ⟨f⟩ *(BkW)* dışsatım finansmanı
Ausfuhrförderung ⟨f⟩ *(AußH)* ihracatı teşvik
Ausfuhrförderungskredit ⟨m⟩ *(BkW)* ihracatı teşvik kredisi
Ausfuhrgarantie ⟨f⟩ ihraç teminatı/garantisi
Ausfuhrgenehmigung ⟨f⟩ ihracat izni/permisi
Ausfuhrgüter ⟨pl⟩ ihraç malları
Ausfuhrhafen ⟨m⟩ *(Schff)* çıkış limanı
Ausfuhrhandel ⟨m⟩ *(AußH)* ihracatçılık; dışsatım ticareti
Ausfuhrkredit ⟨m⟩ *(BkW)* ihracat kredisi
Ausfuhrland ⟨n⟩ *(AußH)* ihracatçı ülke
Ausfuhrnachweis ⟨m⟩ ihracat vesikası; dışsatım kanıtı
Ausfuhrort ⟨m⟩ çıkış yeri
Ausfuhrprämie ⟨f⟩ *(AußH)* ihracat primi
Ausfuhrpreis ⟨m⟩ ihraç fiyatı
Ausfuhrrückerstattung ⟨f⟩ *(EU)* ihracatta vergi iadesi
Ausfuhrrückvergütung ⟨f⟩ ihracatta vergi iadesi
Ausfuhrstatistik ⟨f⟩ *(AußH)* ihracat istatistiği
Ausführung ⟨f⟩ icra; yürütme; yapılma; yerine getirme; uygula(n)ma
[... anzeigen] icrasını bildirmek
[... eines Auftrags] emrin icrası; siparişin yerine getirilmesi
Ausführungsanzeige ⟨f⟩ icra bildirisi
Ausführungsbestimmung ⟨f⟩ uygulama kaydı/koşulu; icra şartı
Ausführungsebene ⟨f⟩ *(BWL)* işletme düzeyi
Ausführungsfrist ⟨f⟩ icra/uygulama süresi
Ausführungsgarantie ⟨f⟩ icra garantisi/teminatı
Ausführungsverordnung ⟨f⟩ icra/uygulama yönetmeliği
Ausfuhrverbot ⟨n⟩ *(AußH)* ihraç yasağı
Ausfuhrvergütung ⟨f⟩ ihracat tazminatı
Ausfuhrversicherung ⟨f⟩ *(Vers)* ihracat sigortası
[staatliche ...] devlet dışsatım sigortası
Ausfuhrwaren ⟨pl⟩ *(AußH)* ihraç malları
Ausfuhrwirtschaft ⟨f⟩ dışsatım/ihracat ekonomisi
Ausfuhrzahlen ⟨pl⟩ *(AußH)* ihracat istatistiği
Ausfuhrzoll ⟨m⟩ dışsatım gümrüğü; ihracat rüsumu; reftiye

ausfüllen ⟨v/t⟩ doldurmak
 [Formular...] form doldurmak
Ausgabe ⟨f⟩ gider; harcama; *(BWL)* çıktı; *(BkW)* ihraç; *(BkW)* emisyon; (Press) baskı
 [... von Aktien] *(BKW)* hisse senetlerinin ihracı
 [... von Belegschaftsaktien] *(BWL)* personel için öngörülen hisse senetlerinin ihracı
 [... von Berichtigungsaktien] *(BKW)* geçici/muvakkat hisse senetlerinin ihracı; gelecekte dağıtılacak kâr için verilen ve tedavül edilebilen emre yazılı hisse senetlerinin ihracı
 [... von Gratisaktien] *(BKW)* ikramiyeli hisse senetlerinin ihracı
 [letzte...] *(Press)* son baskı
Ausgabebedingungen ⟨pl⟩ *(BkW)* emisyon koşulları
Ausgabebewilligung ⟨f⟩ *(öFi)* bütçenin onanması
Ausgabeermächtigung ⟨f⟩ *(öFi)* bütçe yetkisi; *(BkW)* sermaye taahhüdü
Ausgabegewohnheiten ⟨pl⟩ *(Mk)* harcama alışkanlıkları
Ausgabekurs ⟨m⟩ *(BkW)* ihraç fiyatı; *(BkW)* emisyon fiyatı
Ausgaben ⟨pl⟩ harcamalar; giderler; masraflar; çıktılar; sarfiyat
 [... aufschlüsseln] çıktıları/giderleri dağıtmak
 [... der öffentlichen Hand] *(öFi)* kamu (sektörü) harcamaları
 [... drosseln] harcamaları kısmak
 [... erhöhen] harcamaları artırmak
 [... erstatten] harcamaları ödemek
 [... für Anlagen] yatırım harcamaları; sermaye harcamaları
 [... für Forschung und Entwicklung] *(BWL)* araştırma ve geliştirme için harcamalar
 [absetzbare...] amorti edilebilir harcamalar
 [abzugsfähige...] amorti edilebilir harcamalar
 [aufwandsgleiche...] gider benzeri harcamalar
 [außerordentliche...] olağanüstü harcamalar
 [außerplanmäßige...] plandışı harcamalar
 [betriebliche...] işletme harcamaları
 [einmalige...] bir defaya mahsus giderleri/harcamalar
 [laufende...] *(ReW)* cari harcamalar
 [unerwartete...] beklenmeyen/beklenmedik giderler/harcamalar
 [unvorhergesehene...] öngörülemeyen harcamalar
 [verschiedene...] çeşitli harcamalar
Ausgabenaufwand ⟨m⟩ masraflar; harcamalar; giderler; sarfiyat
Ausgabenbeleg ⟨m⟩ masraf pusulası
Ausgabenbeschränkung ⟨f⟩ gider/masraf kısıtlaması; harcamada sınırlama
Ausgabeneignung ⟨f⟩ *(VWL)* harcama eğilimi; masraf yapma eğilimi
Ausgabenhöhe ⟨f⟩ harcamalar tutarı; toplam harcamalar
 [geplante...] öngörülen toplam harcamalar
Ausgabenkürzung ⟨f⟩ harcamaları kısma
 [radikale...] kemer-sıkma
Ausgabenposition ⟨f⟩ *(ReW)* masraf kalemi
Ausgabenposten ⟨m⟩ *(ReW)* masraf kalemi
Ausgabenrechnung ⟨f⟩ gider hesabı
Ausgabensperre ⟨f⟩ harcamaları durdurma; harcama yasağı
Ausgabenströme ⟨pl⟩ *(BkW)* nakit çıkışı
Ausgabenüberhang ⟨m⟩ masraf/gider fazlalığı; maliyet fazlası/üstesi
Ausgabenüberwachung ⟨f⟩ masraf denetimi; sarfiyat kontrolü
Ausgabenüberziehung ⟨f⟩ masrafları aşma; fazla masraf yapma
Ausgabenvoranschlag ⟨m⟩ *(ReW)* gider tahmini; masraf tahmini
Ausgabeort ⟨m⟩ *(BkW)* ihraç yeri; dağıtma yeri; tevzi merkezi
Ausgabepreis ⟨m⟩ *(BkW)* ihraç fiyatı; *(BkW)* emisyon fiyatı
Ausgang ⟨m⟩ çıkış
Ausgangsabfertigung ⟨f⟩ *(Zo)* çıkış muamelesi
Ausgangsbahnhof ⟨m⟩ *(Bahn)* çıkış/hareket istasyonu
Ausgangserzeugnis ⟨n⟩ esas ürün
Ausgangsfracht ⟨f⟩ çıkış kargosu; *(Schff)* çıkış navlunu; *(Bahn)* çıkış hamulesi
Ausgangshafen ⟨m⟩ *(Schff)* çıkış limanı
Ausgangskapital ⟨n⟩ esas sermaye
Ausgangspost ⟨f⟩ giden posta
Ausgangspreis ⟨m⟩ çıkış fiyatı
Ausgangsprodukt ⟨n⟩ esas ürün; çıkış ürünü
Ausgangsrechnung ⟨f⟩ çıkış/satış faturası
Ausgangswert ⟨m⟩ esas değer; çıkış değeri
Ausgangszoll ⟨m⟩ *(Zo)* çıkış gümrüğü
Ausgangszollstelle ⟨f⟩ *(Zo)* çıkış gümrüğü kapısı
ausgeben ⟨v/t⟩ harcamak; sarfetmek
ausgebildet ⟨adj⟩ eğitim görmüş
ausgefertigt ⟨adj⟩ sureti çıkarılmış; hazırlanmış; yazılmış; yapılmış; düzenlenmiş
ausgeglichen ⟨adj⟩ dengeli; denk; eşit; muadil; muvazeneli
Ausgleich ⟨m⟩ 1. denge 2. denkleştirme; dengeleme 3. düzleme; tesviye 4. takas
 [... in bar] nakdî denge
 [... der Zahlungsbilanz] ödemeler bilançosu dengesi
 [zum... des Kontos] hesaptaki açığı kapamak için; hesap bakiyesini ödemek üzere
ausgleichen ⟨v/t⟩ denkleştirmek; dengelemek; bakiyeyi ödemek
 [Konto...] hesabı denkleştirmek; hesap bakiyesini ödemek; hesaptaki açığı kapamak
Ausgleichsabgabe ⟨f⟩ takas resmi/harcı; telafi edici vergi
Ausgleichsabschöpfung ⟨f⟩ denkleştirme ödeneği; telafi edici vergi
Ausgleichsanspruch ⟨m⟩ tesviye/tazminat talebi
Ausgleichsbetrag ⟨m⟩ denkleştirici meblağ/bedel; takas bedeli/meblağı; dengeyi sağlayan bedel
Ausgleichsentschädigung ⟨f⟩ taviz; takas tazminatı
Ausgleichslager ⟨n⟩ tampon stok(lar); arz ve talebin dengesini sağlamak üzere kurulan depo; fiyat dalgalanmalarını azaltmak amacıyla stoklama
Ausgleichsposten ⟨m⟩ takas hesabı kalemi
Ausgleichsprämie ⟨f⟩ takas primi
Ausgleichspreis ⟨m⟩ takas fiyatı
Ausgleichssteuer ⟨f⟩ dengeleme vergisi; takas resmi; telafi edici vergi
Ausgleichstransaktionen ⟨pl⟩ *(AußH)* denkleştirici işlemler

Ausgleichszahlung ⟨f⟩ açığı/eksiyi kapama ödemesi; tazminat
Ausgleichszoll ⟨m⟩ takas gümrük resmi; telafi edici gümrük resmi
ausgliedern ⟨v/t⟩ şirket şubelerini tasfiye etmek
Ausgliederung ⟨f⟩ şirket şubelerinin tasfiyesi
aushandeln ⟨v/t⟩ pazarlık etmek; fiyat üzerine görüşme yapmak
aushändigen ⟨v/t⟩ teslim/tevdi etmek; eline vermek; ibraz etmek; vermek
Aushändigung ⟨f⟩ teslim; tevdi; ibraz; teslim/tevdi/ ibraz etme
Aushilfe ⟨f⟩ geçici yardım
Aushilfsarbeiter ⟨m⟩ geçici işçi
Aushilfskraft ⟨f⟩ geçici işçi
Aushilfspersonal ⟨n⟩ geçici kadro
ausgründen ⟨v/t⟩ şirket şubelerini tasfiye etmek
Ausgründung ⟨f⟩ şirket şubelerinin tasfiyesi
ausklarieren ⟨v/t⟩ *(Zo)* muameleyi/işlemi bitirmek
Ausklarierung ⟨f⟩ *(Zo)* muameleyi/işlemi bitirme
 [... aus dem Zollager] *(Zo)* antrepo muamelesini bitirme
Auskommen ⟨n⟩ geçim
Auskunft ⟨f⟩ 1. bilgi; enformasyon; istihbarat 2. referans 3. danışma
 [... über Kreditwürdigkeit] itibar/kredibilite referansı
 [... erteilen] bilgi vermek
 [... geben] bilgi vermek
Auskunftei ⟨f⟩ haber ajansı; danışma bürosu
Auskunftsersuchen ⟨n⟩ bilgi isteme; istihbarat talepnamesi
Auskunftpflicht ⟨f⟩ bilgi verme zorunluluğu/ yükümlülüğü
auskunftspflichtig ⟨adj⟩ bilgi vermekle yükümlü
Auskunftsschalter ⟨m⟩ danışma gişesi
Ausladebahnhof ⟨m⟩ *(Bahn)* boşaltma/tahliye istasyonu
Ausladehafen ⟨m⟩ *(Schff)* boşaltma/tahliye limanı
ausladen ⟨v/t⟩ boşaltmak; tahliye etmek
Ausladeort ⟨m⟩ boşaltma/tahliye yeri
Auslader ⟨m⟩ boşaltıcı; tahliyeci
Ausladung ⟨f⟩ boşaltma; tahliye
Auslage ⟨f⟩ (başkası namına) harcama/masraf
Auslagen ⟨pl⟩ (başkası namına) harcamalar/ masraflar
 [... bestreiten] masrafları reddetmek
 [... ersetzen] masrafları ödemek
 [... erstatten] masrafları ödemek
auslagern ⟨v/t⟩ stoktan/satıştan/depodan çıkarmak
Auslagerung ⟨f⟩ stoktan/satıştan/depodan çıkarma
Ausland ⟨n⟩ yurtdışı; dış ülke
 [aus dem ...] yurtdışından; dış ülkeden
 [im ...] yurtdışında; dış ülkede
 [ins ...] yurtdışına; dış ülkeye
Ausländer ⟨m⟩ yabancı uyruklu; yabancı
Ausländergesetz ⟨n⟩ *(Jur)* yabancılar kanunu/ yasası
Ausländerguthaben ⟨n⟩ *(AußH)* yabancılara ait mevduat
Ausländerkonto ⟨n⟩ *(BkW)* yabancılara mahsus özel hesap
Auslandsabsatz ⟨m⟩ *(AußH)* dış satışlar; ihracat
Auslandsaktivitäten ⟨pl⟩ *(AußH)* dış faaliyetler; yurtdışı faaliyetleri

Auslandsanlage ⟨f⟩ *(AußH)* dış yatırım; yurtdışında yatırım
Auslandsauftrag ⟨m⟩ *(AußH)* dış sipariş; yurtdışından verilen sipariş
Auslandsbezüge ⟨pl⟩ *(AußH)* dışalımlar; ithalat
Auslandsdefizit ⟨n⟩ dış açık
 [potentielles ...] gizil/potansiyel dış açık
Auslandserfahrung ⟨f⟩ *(AußH)* dış deneyim; yurtdışında deneyim/tecrübe
Auslandserträge ⟨pl⟩ dış gelirler
Auslandsfertigung ⟨f⟩ *(AußH)* yurtdışında fabrikasyon/yapım/imalat
Auslandsfiliale ⟨f⟩ *(AußH)* yurtdışı şubesi
Auslandsniederlassung ⟨f⟩ *(AußH)* yurtdışı yerleşim merkezi
Auslandsforderung ⟨f⟩ *(ReW)* dış alacaklar; yurtdışından alacaklar
Auslandsgeschäft ⟨n⟩ *(AußH)* dış işlemler/faaliyetler; yurtdışı faaliyeti; yurtdışında yapılan ticarî işlemler
Auslandsguthaben ⟨n⟩ yabancı ülkelerin matlubatı; yabancılara ait mevduat
Auslandshilfe ⟨f⟩ *(AußH)* dış yardım
Auslandsinvestition ⟨f⟩ *(AußH)* dış yatırım; yurtdışında yatırım
Auslandskapital ⟨n⟩ dış sermaye
Auslandskonkurrenz ⟨f⟩ *(AußH)* dış rekabet
Auslandskredit ⟨m⟩ dış kredi
Auslandskunde ⟨m⟩ yabancı müşteri
Auslandsmarkt ⟨m⟩ dış piyasa; yurtdışı pazarı
Auslandsnachfrage ⟨f⟩ *(AußH)* dış talep; yurtdışı talebi
Auslandsüberweisung ⟨f⟩ yurtdışı havalesi
Auslandsumsatz ⟨m⟩ *(AußH)* dış satışlar; yurtdışı hasılatı
Auslandsvermögen ⟨n⟩ *(AußH)* dış varlıklar
Auslandsverschuldung ⟨f⟩ *(AußH)* dış borçlanma
Auslandsvertretung ⟨f⟩ *(AußH)* dış temsilcilik; yurtdışı temsilciliği
Auslandswährung ⟨f⟩ yabancı para; döviz
Auslandswechsel ⟨m⟩ yabancı kambiyo senedi/ poliçesi/mektubu
Auslandszulage ⟨f⟩ yabancı ülke (mahrumiyet) tazminatı
auslasten ⟨v/t⟩ yararlanmak; kullanmak; faydalanmak
Auslastung ⟨f⟩ *(BWL)* yararlanma; kapasiteyi kullanma
 [geplante ...] *(BWL)* bütçelenmiş yararlanma düzeyi
 [kostendeckende ...] maliyet karşılayıcı şekilde yararlanma
Auslastungsgrad ⟨m⟩ *(BWL)* (kapasiteden) yararlanma haddi/oranı
auslaufbereit ⟨adj⟩ *(Schff)* harekete hazır; limandan çıkmaya hazır
Auslaufdatum ⟨n⟩ muacceliyet; vade/süre sonu; bitiş tarihi; *(Schff)* hareket tarihi
auslaufen ⟨int⟩ muaccel olmak; bitmek; sona ermek; *(Schff)* avara etmek; limandan ayrılmak
Auslaufhafen ⟨m⟩ *(Schff)* hareket limanı
Auslegung ⟨f⟩ *(Jur)* yorum
ausleihen ⟨v/t⟩ ödünç vermek
Ausleihung ⟨f⟩ ödünç; avans
Auslieferer ⟨m⟩ irsalatçı; teslimatı yapan

ausliefern ⟨v/t⟩ irsal etmek; sevk ve teslim etmek; teslim etmek
Auslieferung ⟨f⟩ sevk ve teslim; (teslim edilmek üzere) gönderme; teslim
[... der Schiffspapiere gegen Bezahlung] *(Schff)* ödeme karşılığında gemi belgelerinin teslimi [zahlbar bei ...] tesliminde ödenmek üzere
Auslieferungsanspruch ⟨m⟩ teslimat hakkı
Auslieferungsanweisung ⟨f⟩ (sevk ve) teslim emri/talimatı
Auslieferungsauftrag ⟨m⟩ (sevk ve) teslim emri/siparişi
Auslieferungsbedingungen ⟨pl⟩ sevk ve teslim koşulları
Auslieferungsdatum ⟨n⟩ (sevk ve) teslim tarihi
Auslieferungsgebühr ⟨f⟩ (sevk ve) teslim harcı
Auslieferungsgewicht ⟨n⟩ sevkiyatın ağırlığı
Auslieferungslager ⟨n⟩ irsal/sevkiyat/gönderme deposu
Auslieferungsschein ⟨m⟩ teslimat belgesi
Auslieferungszettel ⟨m⟩ teslimat pusulası
auslosen ⟨v/t⟩ kura çekmek
ausmachen ⟨v/t⟩ kararlaştırmak
ausmustern ⟨v/t⟩ *(Ind)* ıskartaya çıkarmak; *(Ind)* hurdaya çıkarmak; *(Ind)* ayıklamak; *(Militär)* çürüğe çıkarmak
Ausnahme ⟨f⟩ istisna; fevkalade; olağanüstü
Ausnahmebescheinigung ⟨f⟩ istisna belgesi
Ausnahmegenehmigung ⟨f⟩ özel/olağanüstü izin
Ausnahmepreis ⟨m⟩ özel fiyat
Ausnahmetarif ⟨m⟩ özel tarife; imtiyazlı tarife
Ausnutzung ⟨f⟩ yararlanma; faydalanma; kullanma; işletme
[mangelnde ...] *(BWL)* eksik istihdam
Ausnutzungsgrad ⟨m⟩ *(BWL)* (kapasiteden) yararlanma haddi/oranı
auspacken ⟨v/t⟩ ambalaj/paket açmak
ausrechnen ⟨v/t⟩ hesaplamak; saymak
Ausreise ⟨f⟩ yurtdışına çıkış
[bei ... verzollen] *(Zo)* yurtdışına çıkışta gümrüklemek
ausrüsten ⟨v/t⟩ donatmak; teçhiz etmek
Ausrüstung ⟨f⟩ teçhiz(at); donatım; donatma
[gewerbliche ...] sınaî teçhizat
[technische ...] teknik donatım
Ausrüstungsgegenstände ⟨pl⟩ donatım eşyası
Ausrüstungsgüter ⟨pl⟩ donatım malları; teçhizat emtiası
Ausrüstungsinvestitionen ⟨pl⟩ *(ReW)* donatım yatırımları
Ausrüstungsmaterial ⟨n⟩ donatım/teçhizat malzemesi
Ausrüstungsvermietung ⟨f⟩ teçhizat kiralama
ausscheiden ⟨int⟩ ayrılmak; çekilmek
ausschiffen ⟨v/t⟩ *(Schff)* gemi boşaltmak; *(Schff)* debarkman yapmak; *(Schff)* karaya çıkarmak
ausschlachten ⟨v/t⟩ parçalamak; bölmek; parçalara ayırmak
Ausschlachtung ⟨f⟩ parçalama; bölme; parçalara ayırma
Ausschlag ⟨m⟩ dalgalanma
ausschließen ⟨v/t⟩ çıkarmak; tart etmek; ıskat etmek; dışarda bırakmak; hariç bırakmak/kılmak
[vertraglich ...] akden ıskat etmek; sözleşmeli olarak hariç bırakmak/kılmak

ausschließlich ⟨adj⟩ münhasıran; yalnız; sırf; hariç olarak
Ausschließlichkeitserklärung ⟨f⟩ inhisar/tekel beyannamesi
Ausschließlichkeitsklausel ⟨f⟩ inhisar/tekel şartı
Ausschließlichkeitsvereinbarung ⟨f⟩ inhisarî acentelik sözleşmesi
Ausschließlichkeitsvertrag ⟨m⟩ inhisarî acentelik sözleşmesi
Ausschluß ⟨m⟩ hariç bırakma/kılma; *(Jur)* hak düşümü; ıskat
[... der Gewährleistung] garanti hakkının reddi; teminatsız
[... der Haftung] sorumluluğun reddi
[... des allgemeinen Gerichtsstandes] yetkili mahkemeyi hariç kılma; yetkili mahkemenin ıskatı
[... des Wettbewerbs] rekabetin men'i/yasaklanması
[... jeglicher Haftung] her türlü sorumluluktan hariç kılma
[unter ... der Gewährleistung] garantisiz; teminatsız
[vertraglich festgelegter ...] sözleşmede saptanarak hariç kılma
Ausschlußfrist ⟨f⟩ hak düşümü süresi; *(Jur)* ıskat edici müddet
Ausschlußtermin ⟨m⟩ ıskat etme tarihi; haktan menetme tarihi
ausschreiben ⟨v/t⟩ ihaleye koymak; ilan etmek; teklife sunmak
Ausschreibung ⟨f⟩ ihale; ilan
[... veranstalten] ihale düzenlemek
[durch ... verkaufen] ihale yoluyla satmak
[sich an einer ... beteiligen] ihaleye girmek; katılmak
[staatliche ...] devlet ihalesi
Ausschreibungsabsprache ⟨f⟩ danışıklı teklif verme/yapma
Ausschreibungsangebot ⟨n⟩ ihalede teklif; ihale icabı
Ausschreibungsbedingungen ⟨pl⟩ ihale koşulları
Ausschreibungsfrist ⟨f⟩ ihale süresi/müddeti
Ausschreibungsschluß ⟨m⟩ ihale sonu
Ausschreibungstermin ⟨m⟩ ihale tarihi; ilan tarihi
Ausschuß ⟨m⟩ 1. kurul; heyet; komisyon; komite; encümen 2. ıskarta; fire
[beratender ...] danışma kurulu/heyeti/komisyonu
[geschäftsführender ...] idare kurulu/heyeti/komisyonu
Ausschußanteil ⟨m⟩ ıskarta oranı; fire oranı; kusurlu oran
Ausschußartikel ⟨m⟩ ıskarta mal; reddedilebilir ürün/mal; döküntü
Ausschußquote ⟨f⟩ ıskarta oranı; fire oranı; kusurlu oran
Ausschußstück ⟨n⟩ ıskarta; döküntü
Ausschußware ⟨f⟩ ıskarta mal; reddedilebilir ürün/mal; kusurlu mal
ausschütten ⟨v/t⟩ dağıtmak; boşaltmak; tevzi etmek
Ausschüttung ⟨f⟩ dağıtma; dağıtım; tevzi
[... einer Dividende] *(BkW)* temettünün dağıtımı

[... einer Dividende beschließen] temettünün dağıtımına karar vermek
[... von Kapitalgewinnen] sermaye kârlarının dağıtımı/tevzii
ausschüttungsberechtigt ⟨adj⟩ dağıtım/tevzi hakkı olan
Ausschüttungsbetrag ⟨m⟩ dağıtım bedeli; tevzi meblağı
Ausschüttungssatz ⟨m⟩ dağıtım oranı
Außenabsatz ⟨m⟩ dış satışlar
Außendienst ⟨m⟩ dış servis; dış görevi; merkez dışı görevi
[im ...] dış serviste; dış görevinde
Außendienstleiter ⟨m⟩ dış servis müdürü; dış görevler/görevi amiri
Außendienstmitarbeiter ⟨m⟩ dış görevi/servis kadrosu elemanı
Außendienstorganisation ⟨f⟩ dış servis organizasyonu; dış görevi teşkilatı; merkez dışı görev organizasyonu
Außendiensttätigkeit ⟨f⟩ dış serviste çalışma; dış görevi yapma
Außendiensttechniker ⟨m⟩ dış servis/görevi teknisyeni
Außenfinanzierung ⟨f⟩ *(BkW)* dış finansman
Außenhandel ⟨m⟩ *(AußH)* dış ticaret
Außenhandelsbank ⟨f⟩ *(BkW)* dış ticaret bankası
Außenhandelsbeschränkungen ⟨pl⟩ dış ticaret kısıtlamaları
Außenhandelsbeziehungen ⟨pl⟩ dış ticaret ilişkileri
Außenhandelsbilanz ⟨f⟩ *(AußH)* dış ödemeler bilançosu; *(AußH)* dış ticaret bilançosu; *(AußH)* dış ticaret dengesi
[aktive ...] aktif dış ticaret bilançosu
[passive ...] pasif dış ticaret bilançosu
Außenhandelsbürgschaft ⟨f⟩ dış ticaret kefaleti
Außenhandelsdefizit ⟨n⟩ *(AußH)* dış ticaret açığı
Außenhandelsfinanzierung ⟨f⟩ dış ticaret finansmanı
Außenhandelsgeschäft ⟨n⟩ dış ticaret muamelesi
Außenhandelskaufmann ⟨m⟩ dış tüccarı
Außenhandelskonto ⟨n⟩ dış ticaret hesabı
Außenhandelskredit ⟨m⟩ dış ticaret kredisi
Außenhandelsmultiplikator ⟨m⟩ *(VWL)* dış ticaret çarpanı
Außenhandelspolitik ⟨f⟩ *(AußH)* dış ticaret politikası
[protektionistische ...] *(AußH)* koruyucu dış ticaret politikası
Außenhandelssaldo ⟨m⟩ *(AußH)* dış ticaret bakiyesi
Außenhandelsstatistik ⟨m⟩ *(AußH)* dış ticaret istatistiği
Außenhandelstheorie ⟨f⟩ *(AußH)* dış ticaret kuramı
Ausgleichstransaktionen ⟨pl⟩ *(AußH)* denkleştirici işlemler
Außenhandelsüberschuß ⟨m⟩ *(AußH)* dış ticaret fazlalığı/bakiyesi
Außenhandelsunternehmen ⟨n⟩ *(AußH)* dış ticaret sermaye şirketi
Außenhandelswachstum ⟨n⟩ *(AußH)* dış ticaret hacminin büyümesi
[Wohlstandsverluste durch ...] *(VWL)* fakirleştiren büyüme

Außenhandelszahlen ⟨pl⟩ *(AußH)* dış ticaret sayıları/rakamları
Außenhandelsziffern ⟨pl⟩ *(AußH)* dış ticaret sayıları/rakamları
Außenlager ⟨n⟩ merkez dışı ambar/depo/ardiye
Außenprüfer ⟨m⟩ gezici denetçi; seyyar müfettiş
Außenrevisor ⟨m⟩ gezici denetçi; seyyar müfettiş
Außenprüfung ⟨f⟩ *(BWL)* dış denetim; merkez dışı teftiş
Außenstände ⟨pl⟩ *(ReW)* alacaklar; *(ReW)* alacak hesapları
[... eintreiben] alacakları tahsil etmek
[zweifelhafte ...] *(ReW)* şüpheli alacaklar
Außenstelle ⟨f⟩ (dış) şube; haricî servis
Außenumsatz ⟨m⟩ dış devir miktarı; dış satışlar
Außenwert ⟨m⟩ dış değer
[... des Geldes] ulusal paranın dış değeri
Außenwirtschaft ⟨f⟩ *(VWL)* dış ekonomi
außenwirtschaftlich ⟨adj⟩ *(VWL)* dış ekonomik
Außenwirtschaftsbereich ⟨m⟩ *(VWL)* dış ekonomi sektörü
Außenwirtschaftsbeziehungen ⟨pl⟩ dış ekonomi ilişkileri
Außenwirtschaftsbilanz ⟨f⟩ dış ekonomi bilançosu
Außenwirtschaftsverkehr ⟨m⟩ dış ekonomik faaliyetler/işlemler
Außenwirtschaftszahlen ⟨pl⟩ dış ekonomi sayıları/rakamları
Außenzoll ⟨m⟩ *(Zo)* dış gümrük resmi
außerbetrieblich ⟨adj⟩ işletme dışı
Außerbetriebnahme ⟨f⟩ işletme/devre dışı bırakma
Außerbetriebsetzung ⟨f⟩ işletme/devre dışı bırakma
außerbörslich ⟨adj⟩ borsa dışı; tezgâh üstü
außerdienstlich ⟨adj⟩ görev/hizmet dışı
Außerdienststellung ⟨f⟩ açığa çıkarma; görevden alma; hizmetten çıkarma
außergerichtlich ⟨adj⟩ mahkeme dışı; davasız
Außerkraftsetzung ⟨f⟩ geçersiz kılma; fesih; iptal; kaldırma
Außerkurssetzung ⟨f⟩ dolaşımdan/tedavülden kaldırma; kur dışı bırakma
außerordentlich ⟨adj⟩ olağanüstü; fevkalade
außerplanmäßig ⟨adj⟩ plandışı; bütçelenmemiş
außertariflich ⟨adj⟩ toplu sözleşme dışı
außervertraglich ⟨adj⟩ sözleşme/akit dışı
aussetzen ⟨v/t⟩ durdurmak
Aussetzung ⟨f⟩ durdurma; bırakma; mücceliyet; *(Jur)* talik
[... der Börsennotiz] borsa cetveli kaydını durdurma
[... der Notierung] *(Bö)* kotasyonu durdurma
[... der Zahlung] ödemeyi durdurma; ödemeyi tatil etme
[... der Zwangsvollstreckung] *(Jur)* zorunlu icranın taliki
[... des Handels] ticareti durdurma
[... des Konkursverfahrens] *(Jur)* iflas davasının taliki
[... des Verfahrens] *(Jur)* davanın taliki
aussondern ⟨v/t⟩ 1. ayırmak; ayıklamak 2. elemek; tasfiye etmek
Aussonderung ⟨f⟩ 1. ayırma; ayıklama 2. eleme; istihkak; tasfiye
Aussonderungsanspruch ⟨m⟩ *(Konkurs)* tasfiyede isteme/mutalebe hakkı

aussonderungsfähig ⟨adj⟩ tahsil edilebilir; zarardan kurtarılabilir
Aussonderungsgläubiger ⟨m⟩ *(Konkurs)* tasfiyede mutalebe hakkına sahip alacaklı
Aussonderungsrecht ⟨n⟩ *(Jur)* istihkak hakkı
aussperren ⟨v/t⟩ lokavt yapmak
Aussperrung ⟨f⟩ lokavt
Ausstand ⟨m⟩ grev
  [in den... treten] greve başlamak
ausstatten ⟨v/t⟩ donatmak; döşemek
  [finanziell...] finanse etmek
Ausstattung ⟨f⟩ 1. donatım; teçhizat; döşeme 2. sermaye
  [finanzielle...] finansal/parasal donatım
Ausstattungsgegenstand ⟨m⟩ donatım malzemesi
Ausstattungskosten ⟨pl⟩ donatım maliyeti
Ausstelldatum ⟨n⟩ *(WeR)* keşide tarihi; *(Dokument)* düzenleme tarihi
ausstellen ⟨v/t⟩ *(WeR)* keşide etmek; *(Mk)* sergilemek; teşhir etmek
Aussteller ⟨m⟩ *(WeR)* keşideci; *(Mk)* sergileyen; sergide/fuarda mal teşhir eden
  [an den... zurück] *(WeR)* keşideciye verilmek üzere
Ausstellerhaftung ⟨f⟩ *(WeR)* keşideci sorumluluğu
Ausstellung ⟨f⟩ *(WeR)* keşide; *(Dokument)* tanzim; düzenleme; *(Mk)* sergi; fuar
  [... eines Schecks] *(WeR)* çekin keşidesi
  [Datum und Ort der...] *(WeR)* keşide yeri ve tarihi; *(Dokument)* tanzim yeri ve tarihi
Ausstellungsdatum ⟨n⟩ *(WeR)* keşide tarihi; *(Dokument)* tanzim tarihi; *(Mk)* sergi tarihi
Ausstellungsgegenstand ⟨m⟩ sergi eşyası; sergilenen mal
Ausstellungsgelände ⟨n⟩ sergi/fuar alanı
Ausstellungshalle ⟨f⟩ sergi salonu
Ausstellungsort ⟨m⟩ *(WeR)* keşide yeri; *(Dokument)* tanzim yeri; *(MK)* sergi/fuar yeri
Ausstellungsraum ⟨m⟩ sergi odası
Ausstoß ⟨m⟩ verim; randıman
ausstreichen ⟨v/t⟩ silmek; üstünü çizmek
Austausch ⟨m⟩ mübadele; değiş tokuş; trampa
Austauschbedingungen ⟨pl⟩ mübadele/trampa koşulları
Austauschrelationen ⟨pl⟩ mübadele/trampa koşulları
austauschen ⟨v/t⟩ trampa etmek; değiştirmek
Austauschprodukt ⟨n⟩ mübadele ürünü
Austauschverhältnis ⟨n⟩ döviz/kambiyo kuru
Austauschverhältnisse ⟨pl⟩ döviz/kambiyo kurları
  [reale...] ticaret hadleri
austeilen ⟨v/t⟩ dağıtmak; tevzi etmek
ausüben ⟨v/t⟩ kullanmak; yapmak; icra etmek
Ausübung ⟨f⟩ kullanma; yapma; icra etme
  [... des Bezugsrechts] *(BkW)* yeni pay alma hakkını kullanma
  [... einer Pflicht] bir görevi yerine getirme
  [... eines Rechts] bir hakkı kullanma
Ausverkauf ⟨m⟩ tasfiye satışı
ausverkaufen ⟨v/t⟩ hepsini satmak
Ausverkaufspreis ⟨m⟩ tasfiye satış fiyatı
Auswahl ⟨f⟩ tercih; seçme; ayırma; eleme; çeşitler; örnek; örnekler; (Stat) örnek(leme)
  [in die engere... gelangen] son elemeye kalmak
  [gewogene...] çeşitli gruplardan örnek
  [gute... haben] iyi çeşitleri olmak
  [mehrstufige...] *(Stat)* çok aşamalı örnekleme; kümelere göre örnekleme
  [repräsentative...] temsilî örnekler
Auswahlausschuß ⟨m⟩ seçme komitesi
auswählen ⟨v/t⟩ seçmek; tercih etmek
Auswahlgespräch ⟨n⟩ eleman seçmek için görüşme
Auswahlmuster ⟨n⟩ numune; örnek
Auswahlsendung ⟨f⟩ seçme yolu ile (satış için) mal irsali/gönderme
Auswahlverfahren ⟨n⟩ sondaj usulü/metodu; *(Stat)* örnekleme (yöntemi)
Ausweichlager ⟨n⟩ *(AußH)* tampon stoklar; fiyat dalgalanmalarını önlemek için depolama
Ausweichstoff ⟨m⟩ esas maddenin/ürünün yerine geçebilecek madde/ürün
Ausweis ⟨m⟩ *(Personal-)* kimlik (cüzdanı); hüviyet; *(BkW)* karne; *(Konto)* cüzdan
ausweiten ⟨v/t⟩ genişletmek; yaymak; tevsi etmek
Ausweitung ⟨f⟩ genişletme; tevsi etme
auswerten ⟨v/t⟩ değerlemek; değerlendirmek; sonuçları çıkarmak
Auswertung ⟨f⟩ değerleme; sonuçları çıkarma
auszahlen ⟨v/t⟩ ödemek; tediye etmek
Auszahlung ⟨f⟩ ödeme; tediye
  [... der Gläubiger] alacaklılara ödemede bulunma
  [... eines Teilhabers] hisse sahibine hakkını ödeme
Auszahlungsanweisung ⟨f⟩ ödeme emri
Auszahlungsauftrag ⟨m⟩ ödeme emri
Auszahlungsbeleg ⟨m⟩ ödeme makbuzu
Auszahlungsbetrag ⟨m⟩ ödenen bedel/meblağ
Auszahlungskurs ⟨m⟩ ödeme fiyatı
Auszahlungsschein ⟨m⟩ ödeme fişi
Auszahlungsstelle ⟨f⟩ ödeme yeri
Auszahlungsströme ⟨pl⟩ *(BkW)* nakit çıkışları
Auszahlungstermin ⟨m⟩ ödeme tarihi
Auszahlungsverfügung ⟨f⟩ ödeme emri; *(Jur)* tediye tasarrufu
Auszahlungswert ⟨m⟩ ödenen bedel
auszeichnen ⟨v/t⟩ fiyatlandırmak; fiyat koymak
  [billiger...] daha düşük fiyatlandırmak; daha düşük fiyat koymak
  [teuerer...] daha yüksek fiyatlandırmak; daha yüksek fiyat koymak
Auszeichnung ⟨f⟩ fiyatlandırma; fiyat koyma
  [höhere...] daha yüksek fiyatlandırma; daha yüksek fiyat koyma
  [niedrigere...] daha düşük fiyatlandırma; daha düşük fiyat koyma
Auszubildender ⟨m⟩ çırak
  [gewerblich...] sınaî çırak; esnaf ve sanat çırağı
  [kaufmännischer...] ticarî çırak; perakendeci çırağı
Auszug ⟨m⟩ 1. suret; kayıt örneği 2. özet; hülasa; ekstre
  [... aus dem Grundbuch] tapu sicili kayıt örneği
  [... aus dem Handelsregister] ticaret sicili kayıt örneği
auszugsweise ⟨adj⟩ özet olarak
autark ⟨adj⟩ iktisaden müstakil; ticarî olarak bağımsız

Autarkie ⟨f⟩ *(VWL)* otarşi; *(VWL)* ekonomik yeterlik
Auto ⟨n⟩ *(Kfz)* oto; *(Kfz)* otomobil; araba
Automat ⟨m⟩ otomat
Automatensteuer ⟨f⟩ *(StR)* otomat vergisi
Automatenverkauf ⟨m⟩ otomatla satış
Automation ⟨f⟩ otomasyon; öz devim
Automatismus ⟨m⟩ öz devinim; otomatizm [expansionsdämpfender ... analog den built-in-stabilizern im Aufschwung] mali sürüklenme
Automobil ⟨n⟩ otomobil
Automobilhersteller ⟨m⟩ otomobil yapımcısı/üreticisi
Automobilhändler ⟨m⟩ otomobil komisyoncusu
Automobilindustrie ⟨f⟩ otomotiv sanayii
Automobilkonzern ⟨m⟩ otomobil konserni
Automobilmarkt ⟨m⟩ otomobil piyasası
Automobilproduktion ⟨f⟩ otomobil üretimi
Automobilversicherung ⟨f⟩ *(Vers)* otomobil/trafik sigortası
Autor ⟨m⟩ yazar; müellif
Autorenhonorar ⟨n⟩ yazar(ın) yüzdesi/ücreti
Autorität ⟨f⟩ otorite; yetki

[funktionale ...] fonksiyonel yetki
Autoschalter ⟨m⟩ otomobille girilip para çekilen bankamatik
Autoverleih ⟨m⟩ oto kiralama; *(Eng)* Rent-a-car
Autovermietung ⟨f⟩ oto kiralama; *(Eng)* Rent-a-car
Autoversicherung ⟨f⟩ *(Vers)* otomobil/trafik sigortası
Aval ⟨m⟩ aval; senede yazılan kefalet
Avalakzept ⟨n⟩ aval kabulü
Avalbürge ⟨m⟩ senede kefil; aval veren
avalieren ⟨v/t⟩ aval/garanti vermek
Avalkredit ⟨m⟩ *(BkW)* aval kredisi
Avalwechsel ⟨m⟩ *(WeR)* aval verilen poliçe; *(WeR)* aval senedi
Avis ⟨m⟩ ihbar; haber; ihbarname
[laut ...] ihbara göre
avisieren ⟨v/t⟩ ihtar etmek; haber vermek
Avistawechsel ⟨m⟩ *(WeR)* görüldüğünde ödenir poliçe; *(WeR)* ibrazında tediyeli poliçe
Aviszettel ⟨m⟩ ihbarname
azyklisch ⟨adj⟩ *(VWL)* devresel olmayan; döngüsel olmayan; aperiyodik

B

Bäcker ⟨m⟩ ekmekçi; fırıncı
Bäckerhandwerk ⟨n⟩ ekmekçilik; fırıncılık; fırıncının zanaatı
Bäckerei ⟨f⟩ fırın
Backstube ⟨f⟩ fırının hamur odası
Backware ⟨f⟩ hamur işleri
Bagatelle ⟨f⟩ ufak tefek iş; kolay/önemsiz şey
Bagatellausgaben ⟨pl⟩ küçük harcamalar/giderler
Bagatellbetrag ⟨m⟩ önemsiz miktar/hesap; cüz'i bedel/tutar
Bagatellgrenze ⟨f⟩ asgari had/sınır
Bagatellschaden ⟨m⟩ masrafı düşük zarar; *(Vers)* cüz'i zarar
Bagatellsteuer ⟨f⟩ gereksiz vergi
Bahn ⟨f⟩ *(Bahn)* demiryolu; *(Bahn)* hat; *(Kfz)* yol; *(Ind)* hat
[frei ...] *(Bahn)* vagonda teslim; *(Inco)* f.o.r.
[mit der ...] *(Bahn)* demiryolu ile
[mit der ... befördern] *(Bahn)* demiryolu ile taşımak
[per ...] *(Bahn)* demiryolu ile
Bahnabfertigung ⟨f⟩ demiryolu ile yollama muamelesi; *(Bahn)* demiryolu irsali
Bahnanschluß ⟨m⟩ *(Bahn)* demiryolu bağlantısı; muvasala hattı
Bahnarbeiter ⟨m⟩ *(Bahn)* hat işçisi; demiryolu işçisi
Bahnbeförderung ⟨f⟩ *(Bahn)* demiryolu ile taşıma
Bahnbrief ⟨m⟩ demiryolu taşıma belgesi; demiryolu irsaliyesi
Bahnfracht ⟨f⟩ hamule; demiryolu/tren yükü
Bahnfrachtverkehr ⟨m⟩ hamule trafiği; demiryolu yük trafiği
bahnfrei ⟨adj⟩ hamulesi ödenmiş; demiryoluyla taşıma ücreti ödenmiş
Bahngut ⟨n⟩ *(Bahn)* hamule; tren yükü
Bahnhof ⟨m⟩ *(Bahn)* gar; demiryolu/tren istasyonu

[frei ...] garda/istasyonda teslim; *(Inco)* FOR
[von ... zu ...] gardan gara
Bahnhofsvorsteher ⟨m⟩ *(Bahn)* istasyon/gar şefi
Bahnkosten ⟨pl⟩ *(Bahn)* demiryoluyla taşıma maliyeti
Bahnlagergeld ⟨n⟩ gar/istasyon depolama ücreti
bahnlagernd ⟨adj⟩ gardan/istasyondan alınmak üzere; gar/istasyon deposunda
Bahnlinie ⟨f⟩ *(Bahn)* demiryolu hattı
Bahnnetz ⟨n⟩ *(Bahn)* demiryolu şebekesi/ağı
Bahnpost ⟨f⟩ *(Post)* tren postası
Bahnrollfuhr ⟨f⟩ *(Bahn)* (demiryolu) yükleme ve taşıma ücreti
Bahnspediteur ⟨m⟩ *(Bahn)* demiryolu taşıma/nakliyat acentesi
Bahnsteig ⟨m⟩ *(Bahn)* peron
Bahntarif ⟨m⟩ *(Bahn)* demiryolu tarifesi
Bahntransport ⟨m⟩ demiryolu ile taşıma
Bahnversand ⟨m⟩ demiryolu ile gönderme/yollama; demiryolu irsali
Bahnwärter ⟨m⟩ *(Bahn)* hat bekçisi
Bahnwärterhäuschen ⟨n⟩ *(Bahn)* hat bekçisi kulübesi
Baisse ⟨f⟩ fiyat düşüklüğü; *(Bö)* ayı eğilimi; fiyatların tabana düşmesi
[auf ... spekulieren] *(Bö)* fiyatların düşmesi ümidiyle işlem görmek; ayı eğilimi beklentisiyle alıp satmak
baissegünstig ⟨adj⟩ *(Bö)* düşük fiyatlı ve satın alınmaya uygun
Baissemarkt ⟨m⟩ *(Bö)* ayı piyasası; fiyatlarda düşüş eğilimi gösteren piyasa
Baissespekulant ⟨m⟩ *(Bö)* ayı vurguncusu; en düşük fiyatla satın almaya çalışan spekülatör; besye spekülatörü
Baissespekulation ⟨f⟩ *(Bö)* ayı (eğilimi) spekülasyonu; besye spekülasyonu

Baissestimmung ⟨f⟩ *(Bö)* fiyatların düşme eğilimi; ayı eğilimi
Baissetendenz ⟨f⟩ *(Bö)* fiyatların düşme eğilimi; ayı eğilimi
Baissier ⟨m⟩ *(Bö)* besye; spekülatör; açıkçı
Balkendiagramm ⟨n⟩ *(Stat)* sütunlu diyagram; histogram; çubuk çizenek
Ballast ⟨m⟩ *(Schff)* safra; denge ağırlığı
Ballastfracht ⟨f⟩ *(Schff)* dengeleyici yük; *(Schff)* safra yükü
Ballastgewicht ⟨n⟩ *(Schff)* dengeleyici ağırlık; *(Schff)* safra ağırlığı
Ballasttank ⟨m⟩ *(Schff)* safra sarnıcı
Ballen ⟨m⟩ balya; denk; top
Ballengewicht ⟨n⟩ balya ağırlığı
Ballengut ⟨n⟩ → **Ballenware**
Ballenware ⟨f⟩ denk yapılmış mal; balyalanmış mal
ballenweise ⟨adj⟩ balyalar/denkler/toplar halinde
Ballung ⟨f⟩ (bir noktada) toplanma
Ballungsgebiet ⟨n⟩ yoğun nüfuslu bölge; gelişmiş yöre
Band ⟨n⟩ bağ; şerit; bant; zincir; marj; *(Buch)* cilt
[am laufenden . . .] seri şekilde; zincirleme; durmadan
[laufendes . . .] *(Ind)* konveyör bandı/şeridi
Bandarbeiter ⟨m⟩ *(Ind)* bant işçisi
Bandbreite ⟨f⟩ *(Ind)* bant genişliği; *(AußH)* değişkenlik oranı; marjinal değişkenlik
[. . . für Kursschwankungen] *(AußH)* döviz kurları arasındaki değişkenlik oranı
[gleitende . . .] *(BkW)* kaygan değişkenlik oranı; *(BkW)* kaygan kur/parite; *(AußH)* alış ve satışlarda değişen fiyat tespitleri
Banderole ⟨f⟩ *(StR)* bandrol; *(StR)* tekel vergisi etiketi
Banderolensteuer ⟨f⟩ *(StR)* bandrol vergisi
Banderolensystem ⟨n⟩ *(StR)* bandrol usulü
Bandfertigung ⟨f⟩ *(Ind)* bantlı yapım/imal/üretme
Bandproduktion ⟨f⟩ *(Ind)* bantlı üretim
Bandgeschwindigkeit ⟨f⟩ bant/şerit hızı
Bandmontage ⟨f⟩ *(Ind)* bant usulü montaj
Bank ⟨f⟩ *(BkW)* banka
[. . . für Internationalen Zahlungsausgleich] Uluslararası Denkleştirme Bankası
[. . . mit mehreren Zweigstellen] çok şubeli banka
[. . . ohne Zweigstellen] şubesiz banka
[akkreditivstellende . . .] akreditif (mektubu) veren banka; amir banka
[ausstellende . . .] amir banka
[auszahlende . . .] ödeyen banka
[avisierende . . .] müşavere bankası
[bestätigende . . .] teyit eden banka
[bezogene . . .] muhatap banka; ödeyecek olan banka
[eingeschaltete . . .] aracı banka
[einlösende . . .] ödemeyi yapan banka; mutavassıt banka
[einziehende . . .] tahsil eden banka
[emittierende . . .] ihraç eden banka; ihraç bankası
[federführende . . .] yönetici/önder banka; yönetici konsorsiyum bankası
[konsortialführende . . .] yönetici konsorsiyum bankası
[genossenschaftliche . . .] kooperatif bankası
[kontoführende . . .] hesap yöneten banka
[konzessionierte . . .] imtiyazlı banka
[korrespondierende . . .] muhabir banka
[kreditgebende . . .] kredi veren banka
[mit einer . . . arbeiten] banka üzerinden/ile iş yapmak
[übermittelnde . . .] aracı/muhabir banka
[überweisende . . .] virman bankası; havale eden banka
[vermittelnde . . .] aracı banka
[verwahrende . . .] portföy bankası; esham ve tahvilatı muhafaza eden ve bunlara ait gelirleri tahsil eden banka
[zweitbeauftragte . . .] *(Akkreditiv)* aracı/muhabir banka
Bankabbuchung ⟨f⟩ *(BkW)* banka(nın) borçlandırması
Bankabbuchungsbeleg ⟨m⟩ banka zimmet dekontu
Bankabbuchungsverfahren ⟨n⟩ *(BkW)* bankanın borçlandırma usulü/yönetmi
Bankabhebung ⟨f⟩ bankadan (para) çekme
Bankabrechnungsstelle ⟨f⟩ *(BkW)* bankanın takas odası; bankaların mümessillerinin ellerindeki senetleri takas ve mahsup etmek üzere toplandıkları yer
Bankabschluß ⟨m⟩ banka bilançosu
bankähnlich ⟨adj⟩ bankaya benzer; banka bezeri
Bankakkreditiv ⟨n⟩ banka akreditifi
Bankaktie ⟨f⟩ *(WeR)* banka hisse senedi
Bankakzept ⟨n⟩ *(WeR)* banka kabulü; *(BkW)* banka akseptansı
[erstklassiges . . .] birinci sınıf banka kabulü/akseptansı
Bankangelegenheiten ⟨pl⟩ banka hususları/işleri
Bankangestellter ⟨m⟩ *(BkW)* banka memuru
Bankanleihe ⟨f⟩ banka borçlanma senedi; banka bonosu/istikrazı
Bankanleihekonsortium ⟨n⟩ *(BkW)* bankalar istikraz konsorsiyumu
Bankanteil ⟨m⟩ banka payı
Bankanweisung ⟨f⟩ banka ödeme emri
Bankapparat ⟨m⟩ bankacılık; bankalar sistemi
Bankarbeitstag ⟨m⟩ banka iş/çalışma günü; bankanın açık olduğu gün
Bankaufsicht ⟨f⟩ banka denetimi/murakabesi
Bankaufsichtsbehörde ⟨f⟩ bankalar murakabe komisyonu
Bankauftrag ⟨m⟩ *(BkW)* banka emri; banka talimatı; banka havalesi
Bankauskunft ⟨f⟩ *(BkW)* banka tezkiyesi; banka tarafından verilen bilgi
Bankausweis ⟨m⟩ banka karnesi/raporu; bankanın (durumu gösteren) karne
Bankauszug ⟨m⟩ *(BkW)* banka dekontu; banka ekstresi; banka hesap özeti/hülasası
Bankautomat ⟨m⟩ bankamatik; otomatik banka veznesi
Bankautomation ⟨f⟩ banka (hizmetlerinin) otomasyonu
Bankaval ⟨m⟩ *(WeR)* (poliçe şeklinde) banka garantisi/kefaleti
Bankavis ⟨m⟩ banka tavsiyesi
Bankbelegschaft ⟨f⟩ *(BkW)* banka personeli; banka kadrosu

Bankbestätigung ⟨f⟩ *(BkW)* banka tezkiyesi
Bankbeteiligung ⟨f⟩ *(BkW)* banka katılımı; *(BkW)* banka iştirakı; banka ortaklığı
Bankbetrieb ⟨m⟩ banka operasyonları/işlemleri; banka işletmesi
Bankbetriebslehre ⟨f⟩ bankacılık; banka işletmeciliği
Bankbilanz ⟨f⟩ banka bilançosu
Bankbonifikation ⟨f⟩ banka ikramiyesi/komisyonu
Bankbuch ⟨n⟩ *(BkW)* banka cüzdanı; pasbuk
Bankbuchhalter ⟨m⟩ *(BkW)* banka muhasibi; *(BkW)* banka muhasebecisi
Bankbuchhaltung ⟨f⟩ *(BkW)* banka muhasebesi
Bankbürgschaft ⟨f⟩ banka kefaleti
Bankdarlehen ⟨n⟩ dekuvert; banka ikrazı/avansı/kredisi
Bankdeckung ⟨f⟩ *(BkW)* banka kuvertürü
Bankdepositen ⟨pl⟩ *(BkW)* banka mevduatları; *(BkW)* banka depozitoları
Bankdepot ⟨n⟩ *(BkW)* banka portföyü
Bankdienstleistungen ⟨pl⟩ *(BkW)* bankacılık hizmetleri
Bankdirektor ⟨m⟩ *(BkW)* banka müdürü
Bankdiskont ⟨m⟩ *(BkW)* banka iskontosu
Bankdiskontrate ⟨f⟩ *(BkW)* banka iskonto oranı
Bankdiskontsatz ⟨m⟩ *(BkW)* banka iskonto haddi
bankeigen ⟨adj⟩ bankaya ait
Bankeingänge ⟨pl⟩ banka girişleri
Bankeinlage ⟨f⟩ *(BkW)* banka mevduatı
Bankeinzug ⟨m⟩ *(BkW)* banka yoluyla tahsil
Bankenabrechnung ⟨f⟩ *(BkW)* (bankalararası) kliring
Bankenapparat ⟨m⟩ *(BkW)* bankacılık sistemi; *(BkW)* bankalar
Bankenaufsicht ⟨f⟩ bankalar denetimi
Bankenaufsichtsbehörde ⟨f⟩ bankalar denetim/murakabe komisyonu
Bankenbonifikation ⟨f⟩ banka komisyonu
Bankendebitoren ⟨pl⟩ *(ReW)* bankalardan alacaklar; banka borçları
Bankendienstleistung ⟨f⟩ *(BkW)* banka hizmeti
Bankenfonds ⟨m⟩ *(BkW)* banka fonu
Bankenfusion ⟨f⟩ *(VWL)* banka(ların) füzyonu
Bankengelder ⟨pl⟩ *(BkW)* banka paraları
Bankengeldmarkt ⟨m⟩ *(BkW)* bankalararası para piyasası
Bankengeldmarktsatz ⟨m⟩ *(BkW)* bankalararası para piyasası haddi
Bankengeldschöpfung ⟨f⟩ banka parası yaratma
Bankengemeinschaft ⟨f⟩ bankalar topluluğu/grubu
Bankenhandel ⟨m⟩ bankalararası alışveriş/ticaret
Bankenkonsortium ⟨n⟩ *(BkW)* bankalar konsorsiyumu; *(BkW)* banka birliği
Bankenkreditoren ⟨pl⟩ *(BkW)* banka alacakları
Bankenkrise ⟨f⟩ *(VWL)* banka bunalımı; *(VWL)* banka krizi
Bankenliquidität ⟨f⟩ *(ReW)* banka likiditesi
Bankenmarkt ⟨m⟩ bankalararası piyasa; interbank piyasa
Bankenneuordnung ⟨f⟩ bankacılıkta yeniden düzenleme; bankacılıkta deregülasyon
Bankenorderscheck ⟨m⟩ *(WeR)* emre yazılı banka çeki
Bankenplatz ⟨m⟩ bankaların bulunduğu yer; bankalar caddesi

Bankenpublikum ⟨n⟩ *(Bö)* banka aracıları
Bankenquête ⟨f⟩ banka tezkiyesi
Bankensektor ⟨m⟩ bankacılık sektörü; bankalar sektörü
Bankenstruktur ⟨f⟩ bankalar yapısı; bankacılık yapısı
Bankensystem ⟨n⟩ bankalar sistemi
Bankentitel ⟨pl⟩ *(Bö)* banka kağıtları
Bankenüberweisungsverkehr ⟨m⟩ banka transfer sistemi
Bankenvereinigung ⟨f⟩ bankacılık birliği; bankacılar birliği
Bankenverfahren ⟨n⟩ banka(cılık) yöntemi
Bankenverordnung ⟨f⟩ banka mevzuatı
Bankenvertreter ⟨m⟩ banka temsilcisi
Bankenwelt ⟨f⟩ bankacılık kesimi
Bankenwerte ⟨pl⟩ *(Bö)* banka kıymetleri/kâğıtları
Bankenzentrum ⟨n⟩ bankacılık merkezi
Bankerträge ⟨pl⟩ banka girdileri; bankanın kârları
Bankfach ⟨n⟩ 1. bankacılık 2. banka kasası
Bankfachmann ⟨m⟩ banka(cılık) uzmanı
bankfähig ⟨adj⟩ bankaca geçerli; kırdırılabilir [nicht ...] bankaca geçerli olmayan
Bankfeiertag ⟨m⟩ bankalar tatili; bankaların kapalı olduğu gün
Bankfiliale ⟨f⟩ banka şubesi
Bankfilialnetz ⟨n⟩ banka şube(leri) ağı
bankfinanziert ⟨adj⟩ banka finansmanlı
Bankfinanzierung ⟨f⟩ banka finansmanı
Bankforderung ⟨f⟩ banka alacağı
bankfremd ⟨adj⟩ banka dışı
Bankfusion ⟨f⟩ banka füzyonu
Bankgarantie ⟨f⟩ banka garantisi/teminatı
Bankgebäude ⟨n⟩ banka binası
Bankgebühren ⟨pl⟩ banka hizmetleri vergisi
Bankgeheimnis ⟨n⟩ banka(cılık) sırrı; banka muamelelerine ait sır
Bankgeld ⟨n⟩ banka parası
Bankgeschäft ⟨n⟩ *(BkW)* banka işlem(ler)i; *(BkW)* bankacılık
[... mit Privatkunden] bireysel bankacılık; özel şahıslarla bankacılık
[... mit Unternehmen] işletmelerle bankacılık
[internationales ...] *(AußH)* uluslararası bankacılık
Bankgeschäfte ⟨pl⟩ *(BkW)* banka operasyonları/işlemleri; *(BkW)* bankacılık
[... in Anlagewerten] yatırım bankacılığı
[... mit Privatkunden] bireysel bankacılık; özel şahıslarla bankacılık
Bankgesellschaft ⟨f⟩ banka şirketi/ortaklığı
Bankgesetz ⟨n⟩ *(Jur)* bankalar kanunu/yasası
Bankgesetzgebung ⟨f⟩ *(Jur)* bankalar mevzuatı
Bankgewerbe ⟨n⟩ *(BkW)* bankacılık
[privates ...] özel bankacılık
bankgiriert ⟨adj⟩ banka cirolu; bankaca ciro edilmiş
Bankgiro ⟨n⟩ *(BkW)* banka cirosu; *(BkW)* virman
Bankguthaben ⟨n⟩ *(BkW)* banka mevduatı
[gegenseitige ...] bankalararası mevduatlar
[wechselseitige ...] bankalararası mevduatlar
Bankhauptbuch ⟨n⟩ banka ana defteri
Bankhaus ⟨n⟩ banka; özel banka
Bank-Holding ⟨f⟩ banka holdingi
Bankier ⟨m⟩ *(BkW)* banker; *(BkW)* bankacı

Bankiertag ⟨m⟩ bankacılar kongresi
Bankindossament ⟨n⟩ *(WeR)* banka cirosu
Bankinhaber ⟨m⟩ *(BkW)* banka sahibi
Bankinspektor ⟨m⟩ banka müfettişi
Bankinstitut ⟨n⟩ banka; bankacılık kuruluşu
Bankjustitiar ⟨m⟩ banka(nın) hukuk müşaviri
Bankkalkulation ⟨f⟩ *(ReW)* banka muhasebesi
Bankkapital ⟨n⟩ *(BkW)* banka sermayesi
Bankkarte ⟨f⟩ *(BkW)* bankkart; *(BkW)* banka kartı
Bankkassierer ⟨m⟩ *(BkW)* banka veznedarı; *(BkW)* banka vezne memuru
Bankkomissar ⟨m⟩ banka denetçisi/müfettişi/komiseri
Bankkonditionen ⟨pl⟩ banka koşulları
Bankkonkurs ⟨m⟩ banka iflası
Bankkonto ⟨n⟩ *(BkW)* banka hesabı
 [... eröffnen] banka hesabı açmak
 [... haben] banka hesabı olmak
Bankkontokorrent ⟨n⟩ bankada cari hesap
Bankkontrolle ⟨f⟩ *(BkW)* banka denetimi
Bankkonzern ⟨m⟩ bankacılık grubu/konserni
Bankkonzerngeschäfte ⟨pl⟩ grup bankacılığı
Bankkonzession ⟨f⟩ banka (işletme) ruhsatı
Bankkostenrechnung ⟨f⟩ *(ReW)* banka maliyet muhasebesi
Bankkredit ⟨m⟩ *(BkW)* banka kredisi
 [durch Bürgschaft gesicherter ...] kefalet teminatlı banka kredisi
 [mittelfristiger ...] orta vadeli banka kredisi
Bankkreditvolumen ⟨n⟩ banka kredi hacmi
Bankkreise ⟨pl⟩ bankacılık kesimi
Bankkrise ⟨f⟩ banka krizi; banka bunalımı/buhranı
Bankkunde ⟨m⟩ *(BkW)* banka müşterisi
Bankkundenkarte ⟨f⟩ *(BkW)* banka müşteri kartı
Bankkundschaft ⟨f⟩ banka müşterileri
Banklehre ⟨f⟩ bankada çıraklık
Banklehrling ⟨m⟩ banka çırağı
Bankleistungen ⟨pl⟩ *(BkW)* banka ödemeleri; *(BkW)* banka servisleri
Bankleitung ⟨f⟩ banka yönetimi
Bankleitzahl ⟨f⟩ *(BkW)* banka şifresi; *(BkW)* banka kodu
Bankliquidität ⟨f⟩ *(ReW)* banka likiditesi
Bankniederlassung ⟨f⟩ bankacılık acentesi
Banknote ⟨f⟩ banknot; kağıt para
Banknoten ⟨pl⟩ banknotlar; kağıt paralar
 [... einziehen] banknotları (dolaşımdan/tedavülden) geri çekmek
 [... im Umlauf] dolaşımdaki/tedavüldeki banknotlar
 [... in Umlauf setzen] banknotları piyasaya sürmek
 [ausländische ... und Münzen] yabancı kâğıt ve bozuk paralar
 [gefälschte ...] sahte banknotlar
 [falsche ...] sahte banknotlar
Banknotenausgabe ⟨f⟩ *(BkW)* banknot çıkarma/emisyonu/ihracı
Banknotenbündel ⟨m⟩ bir tomar banknot
Banknotenemission ⟨f⟩ *(BkW)* banknot çıkarma/emisyonu/ihracı
Banknotenfälscher ⟨m⟩ kalpazan
Banknotenfälschung ⟨f⟩ sahte banknot basma; kalpazanlık

Banknotenmonopol ⟨n⟩ banknot tekeli
Banknotenpapier ⟨n⟩ banknot kâğıdı
Banknotenumlauf ⟨m⟩ banknot dolaşımı/tedavülü
Bankobligation ⟨f⟩ *(WeR)* banka tahvili
Bankomat ⟨m⟩ bankamatik; otomatik para veznesi
Bankorderscheck ⟨m⟩ *(WeR)* emre yazılı banka çeki
Bankorganisation ⟨f⟩ banka örgütü
Bankpapiere ⟨pl⟩ *(BkW)* banka evrakları; *(WeR)* banka senetleri
Bankpersonal ⟨n⟩ *(BkW)* banka personeli
Bankpfandrecht ⟨n⟩ bankanın rehin hakkı
Bankplatz ⟨m⟩ bankaların bulunduğu yer; bankalar caddesi
Bankpleite ⟨f⟩ banka iflası
Bankpolitik ⟨f⟩ banka politikası
Bankpraxis ⟨f⟩ banka uygulamaları
Bankpreise ⟨pl⟩ banka harçları
Bankprovision ⟨f⟩ banka komisyonu
Bankprüfung ⟨f⟩ banka denetimi
Bankquittung ⟨f⟩ banka makbuzu
Bankrat ⟨m⟩ banka meclisi
Bankrate ⟨f⟩ *(BkW)* banka oranı; *(BkW)* reeskont oranı
Bankraub ⟨m⟩ banka soygunu
Bankräuber ⟨m⟩ banka soyguncusu
Bankrechnungswesen ⟨n⟩ *(BkW)* banka muhasebesi
Bankrecht ⟨f⟩ *(Jur)* bankacılık hukuku
Bankreferenz ⟨f⟩ *(BkW)* banka referansı; *(BkW)* banka tezkiyesi
Bankregel ⟨f⟩ bankacılık kuralı
Bankrembours ⟨m⟩ banka rambursmanı
Bankreserven ⟨pl⟩ banka ihtiyatları/yedekleri/rezervleri
Bankrevision ⟨f⟩ banka denetimi
Bankrevisor ⟨m⟩ banka denetçisi
Bankrott ⟨m⟩ *(Jur)* iflas; ⟨adj⟩ iflas etmiş
 [... anmelden] iflası talep etmek
 [... gehen] iflas etmek
 [betrügerischer ...] *(Jur)* hileli iflas
Bankrotterklärung ⟨f⟩ iflas beyanı/bildirgesi
Bankrotteur ⟨m⟩ iflas eden; *(Jur)* müflis
Bankrücklage ⟨f⟩ banka ihtiyatı/yedeği
Banksafe ⟨m⟩ *(BkW)* banka kasası; *(BkW)* kasalar dairesi
Banksaldenbestätigung ⟨f⟩ banka bilançosunu/bakiyesini onaylama
Banksaldo ⟨m⟩ *(BkW)* banka bakiyesi
Bankschließfach ⟨n⟩ *(BkW)* banka kasası
Banksaldo ⟨m⟩ banka (hesap) bakiyesi
Banksatz ⟨m⟩ *(BkW)* banka haddi; *(BkW)* reeskont haddi
Bankschalter ⟨m⟩ *(BkW)* banka veznesi
Bankscheck ⟨m⟩ *(WeR)* banka çeki
Bankschein ⟨m⟩ *(WeR)* banka senedi
Bankschulden ⟨pl⟩ banka borçları
Bankschuldner ⟨m⟩ banka borçlusu
Bankschuldschein ⟨m⟩ *(WeR)* banka borç senedi
Bankschuldverschreibung ⟨f⟩ *(WeR)* banka tahvili
Banksicherheit ⟨f⟩ *(BkW)* banka teminatı; *(BkW)* banka kefaleti
Banksparbrief ⟨m⟩ *(WeR)* banka tasarruf bonosu
Banksparen ⟨n⟩ *(BkW)* bankada tasarruf
Bankspesen ⟨pl⟩ banka giderleri/masrafları

43

Banksprache ⟨f⟩ *(BkW)* bankacılık dili
Bankstelle ⟨f⟩ *(BkW)* banka şubesi
Banksteuer ⟨f⟩ *(StR)* banka(lar) vergisi
Banksystem ⟨n⟩ *(BkW)* bankacılık sistemi
Banktätigkeit ⟨f⟩ *(BkW)* banka faaliyeti
Banktransaktion ⟨f⟩ banka operasyonu
Banktratte ⟨f⟩ *(WeR)* banka poliçesi
Banktresor ⟨m⟩ banka kasası
Banküberfall ⟨m⟩ banka soygunu
Banküberweisung ⟨f⟩ *(BkW)* banka havalesi; *(BkW)* virman
Banküberziehung ⟨f⟩ *(BkW)* banka depasmanı; *(BkW)* depasman
Banküberziehungskredit ⟨m⟩ *(BkW)* banka depasman kredisi
Bankumsätze ⟨pl⟩ banka devir miktarları
Bankunterlagen ⟨pl⟩ banka vesikaları
Bankvaloren ⟨pl⟩ banka kıymetleri/hisseleri
Bankvaluta ⟨pl⟩ banka valörü/parası
Bankverbindlichkeiten ⟨pl⟩ banka yükümlülükleri
Bankverbindung ⟨f⟩ *(BkW)* banka bağlantısı
Bankverkehr ⟨m⟩ banka işlemleri/muameleleri/operasyonları
Bankvermögen ⟨n⟩ *(BkW)* banka varlıkları
Bankverschuldung ⟨f⟩ banka borçlanması
Bankvertreter ⟨m⟩ banka temsilcisi
Bankverwahrungsvertrag ⟨m⟩ banka saklama sözleşmesi; banka vedia akdi; bankada muhafaza etme sözleşmesi
Bankvollmacht ⟨f⟩ banka işlemleri ile ilgili vekalet-(name)/yetki
Bankvorschriften ⟨pl⟩ banka mevzuatı
Bankvorschuß ⟨m⟩ *(BkW)* banka avansı
Bankvorstand ⟨m⟩ banka yönetim kurulu
Bankwährung ⟨f⟩ banka parası
Bankwechsel ⟨m⟩ *(WeR)* banka senedi; *(WeR)* banka poliçesi
Bankwelt ⟨f⟩ bankacılık kesimi
Bankwerte ⟨pl⟩ banka kıymetleri/hisseleri
Bankwesen ⟨n⟩ bankacılık
[genossenschaftliches ...] kooperatifçi bankacılık
Bankwirtschaft ⟨f⟩ banka ekonomisi
Bankwissenschaft ⟨f⟩ bankacılık bilimi
Bankzahlung ⟨f⟩ banka ödemesi
Bankzahlungsmittel ⟨pl⟩ banka ödeme araçları
Bankzentrum ⟨n⟩ bankacılık merkezi
Bankziehung ⟨f⟩ banka keşidesi
Bankzinsen ⟨pl⟩ *(BkW)* banka faizleri
Bankzinssatz ⟨m⟩ *(BkW)* banka faiz haddi
Bankzusammenbruch ⟨m⟩ banka iflası
Bankzusammenschluß ⟨m⟩ banka füzyonu
Banngut ⟨n⟩ *(Zo)* kaçak eşya
bar ⟨adj⟩ 1. efektif; likit; net 2. nakit; peşin para; para 3. kasa
[... ohne Abzug] kesintisiz peşin; net olarak
[gegen ...] nakit karşılığında; peşin olarak
[in ...] nakden; peşinen; nakit olarak
[sofort ... ohne Abzug] kesintisiz hemen peşin
Barabfindung ⟨f⟩ para tazminatı; nakdî tazminat
Barabhebung ⟨f⟩ para çekme
Baraufwendungen ⟨pl⟩ efektif harcamalar; cepten giderler; peşin ödenen masraflar
Barauslagen ⟨pl⟩ cepten giderler; efektif harcamalar; nakit/peşin harcamalar

Barausgaben ⟨pl⟩ nakit harcamalar; efektif giderler
Barausgänge ⟨pl⟩ nakit çıkışlar
Barausschüttung ⟨f⟩ nakden kâr dağıtımı
Bardividende ⟨f⟩ nakden ödenen temettü; nakit temettü
Barauszahlung ⟨f⟩ *(BkW)* nakit ödeme
Barbestand ⟨m⟩ *(BkW)* nakit/kasa mevcudu; eldeki mevcut para
Barbetrag ⟨m⟩ efektif bedel; para/nakit bedeli
Bardepot ⟨n⟩ *(BkW)* nakit mevduat
Bardiskont ⟨m⟩ nakit/kasa iskontosu; peşin tenzilat
Bardurchfluß ⟨m⟩ nakit akışı
Bareingänge ⟨pl⟩ nakit girişler; kasa girdileri
Bareinkauf ⟨m⟩ peşin alış; peşinatla satın alma
Bareinlage ⟨f⟩ kasa mevduatı; nakit/likit mevduat
Bareinlösung ⟨f⟩ nakit/para karşılığı geri (satın) alma
Bareinnahmen ⟨pl⟩ kasa tahsilatı; nakden tahsilat
Bareinschuß ⟨m⟩ banka/kasa mevduatı
Bareinzahlung ⟨f⟩ para yatırma; tevdiat
Barentnahme ⟨f⟩ para çekme
Barerlös ⟨m⟩ kasa hasılatı; net hasılat
Barerstattung ⟨f⟩ geri verilen para; nakden iade
Bargeld ⟨n⟩ nakit (para)
Bargeldabhebung ⟨f⟩ *(BkW)* (hesaptan/bankadan) para çekme
Bargeldbestand ⟨m⟩ nakit mevcudu
Bargeldeinnahmen ⟨pl⟩ nakit para tahsilatı; kasa tahsilatı
bargeldlos ⟨adj⟩ nakitsiz; parasız; gayri nakdî; nakdî olmayan; ciro ile
Bargeldmenge ⟨f⟩ nakit para miktarı
Bargeldumlauf ⟨m⟩ nakit para dolaşımı
Bargeldverkehr ⟨m⟩ nakit işlemler; nakdî muamelat; peşin para ile muamele
Bargeldwert ⟨m⟩ nakit değer; efektif kıymet
Bargeschäft ⟨n⟩ nakit işlem; peşin para muamelesi; para karşılığı ticarî muamele
Bargründung ⟨f⟩ *(Jur)* nakdî kuruluş
Barguthaben ⟨n⟩ nakit mevduat; nakit aktif; para mevduatı
Barkapital ⟨n⟩ *(BkW)* nakit sermaye; likit/efektif sermaye
Barkauf ⟨m⟩ nakit alım; peşin (para ile) satın alma
Barkredit ⟨m⟩ *(BkW)* nakdî kredi
Barmittel ⟨pl⟩ *(BkW)* likit fonlar
Barpreis ⟨m⟩ efektif/peşin fiyat
Barrabatt ⟨m⟩ nakit/kasa iskontosu; peşin tenzilat
Barren ⟨m⟩ külçe
Barrengold ⟨n⟩ külçe altın
Barrensilber ⟨n⟩ çubuk gümüş
Barrendite ⟨f⟩ nakit gelir
Barreserve ⟨f⟩ *(BkW)* nakit/para rezervi; likit rezerv
Barscheck ⟨m⟩ *(BkW)* para çeki; açık çek
Bartergeschäft ⟨n⟩ *(AußH)* barter işlemi; takaslı işlem
Barüberweisung ⟨f⟩ nakit/para havalesi; nakdî havale
Barverkauf ⟨m⟩ nakdî satış; peşin (para ile) satış; kasa satışı
Barverknappung ⟨f⟩ nakit/para daralması
Barvermögen ⟨n⟩ nakit aktif; para varlığı

Barvorschuß ⟨m⟩ kasa avansı; nakdî avans
Barwert ⟨m⟩ efektif kıymet; nakdî değer; nakit/para/kasa değeri
Barzahler ⟨m⟩ nakit ödeme yapan (alıcı); peşin ödeyen (alıcı)
Barzahlung ⟨f⟩ nakit/peşin ödeme
[... ohne Abzug] kesintisiz/iskontosuz/indirimsiz nakit ödeme
[... bei Auftragserteilung] sipariş verildiğinde nakit ödeme
[... gegen Dokumente] vesaik karşılığında peşin (para) ödeme
[... bei Lieferung] tesliminde peşin ödemeli
[gegen ... und bei eigenem Transport] peşin (para) ödeyip malını alıp gitme
[sofortige ...] hemen peşin/nakden (para) ödeme
Barzahlungsbedingungen ⟨pl⟩ peşin (para) ödeme koşulları
Barzahlungsgeschäft ⟨n⟩ peşin (para) ödeme işlemi/muamelesi
Barzahlungskunde ⟨m⟩ peşin (para) ödeyen müşteri
Barzahlungsnachlaß ⟨m⟩ nakit iskontosu
Barzahlungsrabatt ⟨m⟩ nakit iskontosu
Barzufluß ⟨m⟩ *(BkW)* nakit girişi
Basar ⟨m⟩ çarşı; pazar
Basis ⟨f⟩ baz; esas; temel; taban
[auf privater ...] özel olarak
[monetäre ...] *(VWL)* parasal taban
Basisdaten ⟨pl⟩ *(Stat)* temel veriler
Basisgeschäft ⟨n⟩ ana iş; esas iş/muamele
Basiswährung ⟨f⟩ *(BkW)* (alım satım muamelesinin yapıldığı) esas para mikyası
Basiswert ⟨m⟩ esas değer
Basiszins ⟨m⟩ esas/temel faiz; baz faiz
Basiszinssatz ⟨m⟩ baz faiz oranı
Bau ⟨m⟩ 1. bina; yapı 2. inşaat; şantiye 3. imal
[Anlagen im ...] *(BauW)* inşa halindeki tesisler
[im ...] *(BauW)* inşa halinde
Bauamt ⟨n⟩ inşaat dairesi
Bauantrag ⟨m⟩ inşaat izni/ruhsatı dilekçesi
Bauarbeiten ⟨pl⟩ inşaat faaliyetleri/çalışmaları
Bauarbeiter ⟨m⟩ *(BauW)* inşaat işçisi; *(BauW)* şantiye işçisi
Bauart ⟨f⟩ 1. yapı stili/tarzı; mimarî 2. inşaat sınıfı
Bauauftrag ⟨m⟩ inşaat emri
Baubedarf ⟨m⟩ inşaat gereçleri/levazımatı
Baubeginn ⟨m⟩ inşaata başlama
Baudarlehen ⟨n⟩ *(BkW)* inşaat/yapı ikrazı/kredisi
bauen ⟨v/t⟩ *(BauW)* inşa etmek; kurmak
Bauer ⟨m⟩ *(LandW)* çiftçi; *(LandW)* rençper
Bauerlaubnis ⟨f⟩ inşaat izni/müsaadesi/ruhsatı
bäuerlich ⟨adj⟩ kırsal; tarımsal
Bauernhof ⟨m⟩ *(LandW)* çiftlik
Bauerwartungsland ⟨n⟩ imar ve iskânı beklenen arazi
Baufach ⟨n⟩ inşaat dalı
baufällig ⟨adj⟩ yıkılmağa yüz tutan; viran
Baufinanzierung ⟨f⟩ *(BkW)* inşaat/yapı finansmanı
Baufirma ⟨f⟩ *(BauW)* inşaat firması
Baugelände ⟨n⟩ *(BauW)* inşaat sahası
Baugeld ⟨n⟩ yapı parası/fonu; *(BkW)* inşaat kredisi
Baugenehmigung ⟨f⟩ *(Jur)* inşaat ruhsatı
Baugenossenschaft ⟨f⟩ yapı kooperatifi
Baugesellschaft ⟨f⟩ inşaat şirketi
Baugewerbe ⟨n⟩ *(BauW)* inşaatçılık
Baugrund ⟨m⟩ *(BauW)* inşaat arsası
Baugrundstück ⟨n⟩ *(BauW)* inşaat yapılacak arsa
Bauhandwerk ⟨n⟩ *(BauW)* inşaat zanaatı/işçiliği
Bauherr ⟨m⟩ inşaat sahibi
Bauhof ⟨m⟩ *(BauW)* şantiye
Bauhütte ⟨f⟩ *(BauW)* şantiye binası
Bauholz ⟨n⟩ *(BauW)* inşaat kerestesi
Bauhypothek ⟨f⟩ yapı ipoteği
Bauindustrie ⟨f⟩ inşaat sanayii
Bauingenieur ⟨m⟩ inşaat mühendisi
Baujahr ⟨n⟩ yapım/imal yılı
Baukapital ⟨n⟩ *(BkW)* inşaat sermayesi
Baukastenfertigung ⟨f⟩ *(BauW)* tek tarz yapı üretimi
Baukastenprinzip ⟨n⟩ *(BauW)* tek tarz yapı prensibi
Baukastensystem ⟨n⟩ *(BauW)* tek tarz yapı usulü
Baukosten ⟨pl⟩ inşaat masrafları/maliyeti
Baukostenindex inşaat maliyeti indeksi
Baukostenüberschreitung ⟨f⟩ öngörülen inşaat maliyetini aşma
Baukostenvoranschlag ⟨m⟩ inşaat maliyeti öntasarısı
Baukredit ⟨m⟩ *(BkW)* inşaat/yapı kredisi
Bauland ⟨n⟩ imar ve iskân edilebilecek arazi; arsa
[... erschließen] araziyi imar açısından uygun parçalara bölmek; *(Jur)* ifraz etmek
Baulanderschließung ⟨f⟩ araziyi arsalara bölme; *(Jur)* ifraz
Baulandpreise ⟨pl⟩ arsa fiyatları
Baulandsteuer ⟨f⟩ *(StR)* arsa vergisi
Bauleistung ⟨f⟩ yapı verimi/randımanı
Bauleiter ⟨m⟩ *(BauW)* şantiye şefi
Bauleitplan ⟨m⟩ *(BauW)* inşaat projesi planı
Bauleitung ⟨f⟩ *(BauW)* inşaat/şantiye yönetimi
Baumarkt ⟨m⟩ yapı/inşaat malzemesi satan süpermarket
Baumaßnahme ⟨f⟩ inşaat projesi
Baumaterial ⟨n⟩ yapı/inşaat malzemesi
Baumeister ⟨m⟩ *(BauW)* inşaat ustası
Baumwolle ⟨f⟩ *(LandW)* pamuk
Baumwollspinnerei ⟨f⟩ pamuk ipliği fabrikası
Baumwollstoffe ⟨pl⟩ pamuklu maddeler/ürünler
Bauordnung ⟨f⟩ inşaat yönetmeliği; yapı nizamnamesi
Bauplan ⟨m⟩ inşaat planı
Bauprojekt ⟨n⟩ *(BauW)* inşaat projesi
Bauprojektleiter ⟨m⟩ *(BauW)* inşaat projesi yöneticisi
Bauprojektleitung ⟨f⟩ *(BauW)* inşaat projesi yönetimi
Baurecht ⟨n⟩ *(Jur)* üst hakkı
Bausch ⟨m⟩ buruşuk kumaş/kağıt
[in ... und Bogen] toptan; götürü olarak
Bauschaden ⟨m⟩ *(Vers)* yapısal hasar
Bauschlosser ⟨m⟩ *(BauW)* çilingir
Bauschreiner ⟨m⟩ *(BauW)* doğramacı
Bauschutt ⟨m⟩ *(BauW)* inşaat/yapı molozu
Bauspardarlehen ⟨n⟩ *(BkW)* yapı tasarrufu ikrazı/kredisi
Bausparen ⟨n⟩ *(BkW)* yapı tasarrufu
Bausparer ⟨m⟩ *(BkW)* yapı tasarrufu sahibi
Bausparhypothek ⟨f⟩ *(BkW)* yapı ipoteği
Bausparkasse ⟨f⟩ *(BkW)* yapı tasarruf sandığı

Bausparkredit ⟨m⟩ *(BkW)* yapı tasarrufu kredisi
Bausparprämie ⟨f⟩ *(BkW)* yapı tasarrufu ikramiyesi
Bausparsumme ⟨f⟩ *(BkW)* yapı tasarrufu tutarı
Bausparvertrag ⟨m⟩ yapı tasarrufu sözleşmesi
Bausparzinsen ⟨pl⟩ *(BkW)* yapı tasarrufu faizleri
Baustein ⟨m⟩ *(BauW)* yapıtaşı; *(BauW)* tuğla
Baustelle ⟨f⟩ *(BauW)* inşaat yeri; *(BauW)* şantiye; iş şantiyesi
Baustellengelände ⟨n⟩ *(BauW)* şantiye sahası
Baustellenleiter ⟨m⟩ *(BauW)* şantiye şefi
Baustoffe ⟨pl⟩ yapı maddeleri
Bautätigkeit ⟨f⟩ inşaat/yapı faaliyeti
Bauten ⟨pl⟩ *(BauW)* binalar; *(BauW)* yapılar
Bautischler ⟨m⟩ *(BauW)* doğramacı
Bauunternehmer ⟨m⟩ *(BauW)* inşaat müteahhidi
Bauunternehmung ⟨f⟩ inşaat şirketi/teşebbüsü
Bauverbot ⟨n⟩ inşaat yasağı
Bauvertrag ⟨m⟩ inşaat mukavelesi/sözleşmesi
Bauversicherung ⟨f⟩ *(Vers)* yapı/inşaat sigortası
Bauvolumen ⟨n⟩ *(BauW)* yapı kapsamı
Bauvorhaben ⟨n⟩ inşaat projesi
Bauvorschriften ⟨pl⟩ inşaat yönetmeliği
Bauweise ⟨f⟩ *(BauW)* yapı tarzı
Bauwerk ⟨n⟩ *(BauW)* inşaat; *(BauW)* yapı
Bauwesen ⟨n⟩ *(BauW)* yapı işleri; *(BauW)* inşaatçılık; mimarlık
Bauwirtschaft ⟨f⟩ inşaat ekonomisi
Bauzeit ⟨f⟩ *(BauW)* yapım/inşaat süresi
Bauzins ⟨m⟩ *(BkW)* inşaat/yapı faizi
Beamte ⟨m⟩ resmî memur; devlet memuru
Beamtenabbau ⟨m⟩ resmî memur kadrosu sayısının azaltılması
Beamtenanwärter ⟨m⟩ resmî memur adayı
Beamtenbesoldung ⟨f⟩ memur baremi
Beamtenbesoldungsgesetz ⟨n⟩ *(Jur)* barem kanunu
Beamtenlaufbahn ⟨f⟩ memurluk hayatı
Beamtenschaft ⟨f⟩ resmî memuriyet
Beamtenstelle ⟨f⟩ makam
Beamter ⟨m⟩ devlet memuru; resmî memur
  [... auf Lebenszeit] ömür/hayat boyu memur
  [... im Ruhestand] emekli memur
  [... auf Widerruf] geçici memur
  [... auf Zeit] belli bir süre için görevli memur
beanspruchen ⟨v/t⟩ 1. talep etmek; istemek; hak iddia etmek 2. yararlanmak; kullanmak; işletmek 3. zorlamak; aşındırmak
Beanspruchung ⟨f⟩ 1. talep; istem 2. yararlanma; kullanma; işletme 3. zorlama; aşındırma
  [... des Kapitalmarktes] sermaye piyasasından yararlanma; sermaye piyasasını kullanma
beanstanden ⟨v/t⟩ kusurlu bulmak; itiraz etmek; reddetmek
Beanstandung ⟨f⟩ kusurlu bulma; itiraz; reddetme; şikâyet
  [berechtigte...] haklı itiraz/şikâyet
beantragen ⟨v/t⟩ 1. talep etmek 2. dilekçe/istida vermek; başvurmak
beantworten ⟨v/t⟩ cevap vermek; cevaplandırmak
Beantwortung ⟨f⟩ cevap; cevaplandırma
bearbeiten ⟨v/t⟩ 1. işlemek 2. araştırmak; tetkik etmek 3. hazırlamak 4. muamelesini yapmak
Bearbeitung ⟨f⟩ 1. işleme; çalışma; şekil verme 2. araştırma; tetkik 3. muamele; işlem
Bearbeitungsgebühr ⟨f⟩ işlem/muamele harcı

Bearbeitungskosten ⟨pl⟩ 1. işleme maliyeti 2. işlem/muamele masrafları
Bearbeitungsphase ⟨f⟩ işleme/hazırlama aşaması
Bearbeitungsvorgang ⟨m⟩ işleme ameliyesi/prosedürü
Bearbeitungszeit ⟨f⟩ işleme/hazırlama zamanı
beaufsichtigen ⟨v/t⟩ denetlemek; teftiş etmek; kontrol etmek
Beaufsichtigung ⟨f⟩ denetleme; teftiş; kontrol
beauftragen ⟨v/t⟩ görevlendirmek
Beauftragter ⟨m⟩ 1. vekil; murahhas; delege 2. görevli
bebauen ⟨v/t⟩ imar etmek; kurmak; ekmek; dikmek; toprağı sürmek/işlemek
Bedarf ⟨m⟩ 1. gereç; levazımat 2. gereksinme; gereksem; gereksinim; ihtiyaç 3. talep
  [... an liquiden Mitteln] *(BkW)* nakit ihtiyacı
  [... befriedigen] talebi/ihtiyacı karşılamak
  [... decken] talebi/ihtiyacı karşılamak
  [... haben an] için ihtiyaç/gereksinme olmak
  [... wecken] talep yaratmak; ihtiyaç/gereksinme uyandırmak
  [aufgestauter...] birikmiş talep/gereksinme
  [lebensnotwendiger...] yaşam için zorunlu ihtiyaç/gereksinme
Bedarfsanalyse ⟨f⟩ *(Mk)* talep analizi
Bedarfsartikel ⟨m⟩ gereksinim/ihtiyaç maddesi
Bedarfsauslösung ⟨f⟩ talep/ihtiyaç yaratma
Bedarfsdeckung ⟨f⟩ ihtiyaçları karşılama
Bedarfsdeckungswirtschaft ⟨f⟩ *(VWL)* asgari geçim ekonomisi
Bedarfselastizität ⟨f⟩ *(Mk)* talep elastikliği
Bedarfsfaktoren ⟨pl⟩ *(Mk)* talep faktörleri
Bedarfsforschung ⟨f⟩ *(Mk)* toplumda talebi saptama araştırması
Bedarfsgegenstand ⟨m⟩ kitlesel mal; tüketim eşyası; gerekli eşya; gereç
Bedarfsgesellschaft ⟨f⟩ *(VWL)* tüketici toplumu
Bedarfsgüter ⟨pl⟩ ana mallar; hammaddeler
Bedarfslenkung ⟨f⟩ *(VWL)* talep güdümü
Bedarfsplanung ⟨f⟩ ihtiyaç planlaması; talep/gereksinme planlaması
Bedarfsprognose ⟨f⟩ talep/gereksinme tahmini
Bedarfsprüfung ⟨f⟩ *(Mk)* toplumda talebi saptama araştırması
Bedarfsrechnung ⟨f⟩ talep değerlendirmesi
Bedarfssättigung ⟨f⟩ *(VWL)* talebin/gereksinmenin doyması
Bedarfsspitze ⟨f⟩ talep zirvesi; gereksinme doruğu
Bedarfsweckung ⟨f⟩ *(Mk)* talep yaratma; ihtiyaç/gereksinme uyandırma
Bedarfswirtschaft ⟨f⟩ *(VWL)* asgari geçim ekonomisi
Bedenkfrist ⟨f⟩ düşünme süresi/öneli
Bedenkzeit ⟨f⟩ düşünme süresi
bedienen ⟨v/t⟩ hizmet etmek; servis yapmak; *(Maschine)* işletmek
Bediensteter ⟨m⟩ hizmet eden; görevli
Bedienung ⟨f⟩ hizmet; servis; *(Maschine)* işletme
Bedienungsanleitung ⟨f⟩ kullanım kılavuzu; tarife
Bedienungsgeld ⟨n⟩ servis harcı; garsoniye; bahşiş
Bedienungspersonal ⟨n⟩ servis personeli; hizmet/servis kadrosu
Bedienungstheorie ⟨f⟩ *(OR)* bekleme hattı teorisi
Bedingtgeschäft ⟨n⟩ koşullu işlem;

(Jur) şartlı muamele
Bedingtlieferung ⟨f⟩ (istirdat) koşullu mal teslimi; şartlı teslim
Bedingung ⟨f⟩ koşul; şart
[auflösende...] bozucu/kaldırıcı koşul; *(Jur)* infisahî şart
[aufschiebende...] erteleyici koşul; *(Jur)* talikî şart
[unannehmbare...] kabulü mümkün olmayan koşul
[unerläßliche...] zorunlu koşul; *(Jur)* zarurî şart
[unzulässige...] yasak koşul
Bedingungen ⟨pl⟩ koşullar; şartlar
[... angeben] koşulları bildirmek
[... einhalten] koşullara uymak
[... erfüllen] koşulları yerine getirmek; koşulları ifa etmek
[... nennen] koşulları bildirmek
[allgemeine...] genel koşullar
[einschränkende...] kısıtlayıcı koşullar
[gesetzliche...] yasal koşullar
[günstige...] avantajlı/uygun koşullar
[stillschweigende...] üstü kapalı koşullar; saklı koşullar
[übliche...] standart koşullar; mutad şartlar
[unter bestimmten...] belli koşullar altında
[vereinbarte...] sözleşmeli koşullar
[vertragliche...] sözleşmeli koşullar
Bedingungskauf ⟨m⟩ koşullu satın alma
Bedürfnis ⟨n⟩ ihtiyaç; gereksinme; gereksinim
Bedürfnisse ⟨pl⟩ ihtiyaçlar
[öffentliche...] *(VWL)* kamu ihtiyaçları; *(VWL)* toplumsal ihtiyaçlar
bedürftig ⟨adj⟩ yoksul; muhtaç
Bedürftigkeit ⟨f⟩ yoksulluk; muhtaçlık
Bedürftigkeitsnachweis ⟨m⟩ yoksulluk beyyinesi; yoksulluğun kanıtı
beeinträchtigen ⟨v/t⟩ (olumsuz şekilde) etkilemek; kısıtlamak; ihlal etmek
Beeinträchtigung ⟨f⟩ (olumsuz) etkileme; kısıtlama; ihlâl etme
[... der Erwerbstätigkeit] kazanç sağlamayı etkileme; gelir sağlama eylemini kısıtlama
[... der persönlichen Freiheit] kişisel özgürlüğü etkileme/kısıtlama
beenden ⟨v/t⟩ bitirmek; son vermek
Beendigung ⟨f⟩ son verme; bitim
[... des Arbeitsverhältnisses] iş ilişkisine son verme
[... des Beschäftigungsverhältnisses] çalıştırma ilişkisine son verme
befähigen ⟨v/t⟩ yeteneklendirmek; yetenekli/muktedir kılmak
Befähigung ⟨f⟩ yetenek; ehliyet; beceri
Befähigungsnachweis ⟨m⟩ yetenek belgesi; ehliyetname
befahrbar ⟨adj⟩ trafiğe elverişli; sürülebilir
Befehl ⟨m⟩ emir; kumanda; komuta; talimat; müzekkere
Befehlswirtschaft ⟨f⟩ *(VWL)* kumanda ekonomisi; planlı ekonomi
befestigen ⟨v/t⟩ sıkıştırmak; tutturmak
Beförderer ⟨m⟩ nakliyatçı; taşımacı; taşıyıcı; ulaştırıcı

befördern ⟨v/t⟩ nakletmek; taşımak; ulaştırmak
Beförderung ⟨f⟩ 1. taşıma; nakliye; ulaştırma 2. terfi; yükselme
[... auf dem Luftweg] *(Flug)* havayolu taşıması; havayolu ile taşıma
[... auf dem Seewege] *(Schff)* denizyolu taşıması; denizyolu ile taşıma
[... auf dem Wasserweg] *(Schff)* su üstünde taşıma; su yolu ile taşıma
[... im Straßenverkehr] *(Kfz)* karayolu taşıması; karayolu ile taşıma
[... im Transitverkehr] transit taşıma
[... mit Lastkraftwagen] *(Kfz)* kamyon ile taşıma
[... nach Dienstalter] kıdeme göre terfi
[... per Bahn] *(Bahn)* demiryolu taşıması; demiryolu ile taşıma
[... per Schiff] *(Schff)* gemi ile taşıma/ulaştırma
[... unter Zollverschluß] *(Zo)* gümrük mühürü altında taşıma
[... von Haus zu Haus] evden eve taşıma/ulaştırma
[... von Reisenden] yolcuların taşınması
Beförderungsart ⟨f⟩ taşıma/ulaştırma nevi/türü
Beförderungsaufkommen ⟨n⟩ toplam taşıma/ulaştırma
Beförderungsaussichten ⟨pl⟩ terfi ettirilme şansı; yükselme olanakları
Beförderungsbedingungen ⟨pl⟩ 1. taşıma/ulaştırma koşulları 2. terfi ettirilme koşulları
Beförderungseinrichtungen ⟨pl⟩ taşıma teçhizatı
Beförderungsgebühr ⟨f⟩ taşıma ücreti
Beförderungsgeschäft ⟨n⟩ taşıma/ulaştırma işi; taşımacılık ticareti
Beförderungsgut ⟨n⟩ taşınan eşya
Beförderungskosten ⟨pl⟩ taşıma giderleri; ulaştırma maliyeti
Beförderungsleistung ⟨f⟩ taşıma gücü
Beförderungsliste ⟨f⟩ terfi listesi
Beförderungsmittel ⟨pl⟩ ulaştırma/nakil araçları; taşıtlar
Beförderungsschein ⟨m⟩ ulaştırma/nakliye belgesi
Beförderungssteuer ⟨f⟩ taşıma/ulaştırma vergisi
Beförderungsvertrag ⟨m⟩ taşıma sözleşmesi
Beförderungsvorschriften ⟨pl⟩ taşıma mevzuatı
Beförderungswesen ⟨n⟩ taşımacılık; ulaştırmacılık; nakliyat işleri
Beförderungszulage ⟨f⟩ terfi (ettirilme) zammı
Befruchten (eşya/mal) taşıma/yükletme
befrachten ⟨v/t⟩ (eşya/mal) taşıtmak/yükletmek
Befrachter ⟨m⟩ taşıtan
[... zahlt Abgaben] vergi ve resimleri taşıtan öder; *(Inco)* c.p.d.
Befrachtung ⟨f⟩ taşıtma; yükletme
Befrachtungsbüro ⟨n⟩ *(Schff)* kiralama/yükletme ofisi
Befrachtungsvertrag ⟨m⟩ taşıtma mukavelesi
befragen ⟨v/t⟩ sormak; soruşturmak; *(Jur)* sorgulamak; sorguya çekmek
Befragung ⟨f⟩ araştırma; anket; soruşturma; *(Stat)* derleme; örnekleme; *(Press)* söyleşi; *(Jur)* sorgulama
[repräsentative...] temsilî araştırma
Befreiung ⟨f⟩ kurtarma; muaf kılma/tutma;

(StR) muaflık; muafiyet
[... von Abgaben] *(StR)* vergi ve resimlerden muaflık/muafiyet
[... von der Steuer] *(StR)* vergiden muaflık/muafiyet
[... von einer Verbindlichkeit] yükümlülükten kurtarma
[... von einer Verpflichtung] sorumluluktan muaflık/kurtarma
befriedigen ⟨v/t⟩ tatmin etmek; alacakları kapamak; ödemek
Befriedigung ⟨f⟩ ödeme; tatmin (etme); yerine getirme
[... eines Anspruchs] bir talebi yerine getirme
[... einer Forderung] bir alacağı ödeme
[... des Bedarfs] ihtiyaçları karşılama
[... der Gläubiger] alacaklıları tatmin etme
[berufliche ...] meslekte tatmin olma
[bevorzugte ...] imtiyazlı ödeme
[gesonderte ...] özel muameleli ödeme
[Recht auf gesonderte ...] özel ödemede tercih hakkı
[teilweise ...] kısmen ödeme
befristen ⟨v/t⟩ vadeye bağlamak; süre belirlemek; önellendirmek
befristet ⟨adj⟩ vadeli; müeccel; süreli
[kurz ...] kısa vadeli
Befugnis ⟨f⟩ *(Jur)* yetki; *(Jur)* selahiyet; *(Jur)* salâhiyet
befugt ⟨adj⟩ *(Jur)* yetkili; *(Jur)* selahiyetli; *(Jur)* salâhiyetli
befürworten ⟨v/t⟩ onamak; tasvip etmek
begebbar ⟨adj⟩ ciro edilebilir; kırdırılabilir; devredilebilir; cirolu
Begebbarkeit ⟨f⟩ tedavül yeteneği; ciro edilebilme
begeben ⟨adj⟩ *(BkW)* ihraç etmek; tedavüle çıkarmak; *(BkW)* ihdas etmek; ciro etmek
Begebung ⟨f⟩ *(BkW)* emisyon; *(BkW)* ihraç; *(BkW)* ihdas; *(WeR)* iskonto; *(WeR)* ciro; *(BkW)* kırdırma; *(Jur)* ref'i yed
[...von Aktien] *(BkW)* hisse senetlerinin ihracı
Begebungskonsortium ⟨n⟩ *(BkW)* ihraç konsorsiyumu
Begebungskurs ⟨m⟩ *(BkW)* ihraç fiyatı; *(BkW)* emisyon fiyatı/kuru
Begebungspreis ⟨m⟩ *(BkW)* ihraç fiyatı; *(BkW)* emisyon fiyatı/kuru
Begebungsvertrag ⟨m⟩ *(BkW)* transfer sözleşmesi
beglaubigen ⟨v/t⟩ onaylamak; *(Jur)* tasdik etmek
[amtlich ...] resmen onaylamak
beglaubigt ⟨adj⟩ onaylı; *(Jur)* tasdikli
Beglaubigung ⟨f⟩ onay; *(Jur)* tasdik; onaylama
[... der Namensunterzeichnung] *(Jur)* imzanın tasdiki
[... der Unterschrift] *(Jur)* imzanın tasdiki
[amtliche ...] *(Jur)* resmî tasdik
[notarielle ...] *(Jur)* noterce tasdik
Beglaubigungsvermerk ⟨m⟩ *(Jur)* tasdik şerhi
begleichen ⟨v/t⟩ (karşılığını) ödemek; (açığı) ödeyerek kapamak/kapatmak
[Rechnung ...] faturayı ödemek
Begleichung ⟨f⟩ karşılığını ödeme; açığı kapama/kapatma
[... der Forderung] alacağı ödeme
[... einer Schuld] bir borcu ödeme

Begleitbrief ⟨m⟩ refakat mektubu; birlikte gönderilen yazı; irsal kaimesi
Begleitdokumente ⟨pl⟩ birlikte gönderilen evraklar; irsal kaimesi
Begleitpapiere ⟨pl⟩ → **Begleitdokumente**
Begleitschein ⟨m⟩ irsal kaimesi; gönderme belgesi; irsaliye
Begleitschreiben ⟨n⟩ irsal/sevk mektubu; faturalı mektup
Begleitzettel ⟨m⟩ irsal/sevk pusulası; irsaliye
begrenzen ⟨v/t⟩ sınırlamak
begrenzt ⟨adj⟩ sınırlı
Begrenzung ⟨f⟩ sınırlama
[... der Haftung] sorumluluğun sınırlanması
[gesetzliche ...] kanunen sınırlama
[zeitliche ...] süreli sınırlama
Begriff ⟨m⟩ kavram; terim
Begriffsbildung ⟨f⟩ kavram türetimi
Begriffsinhalt ⟨m⟩ kavram içeriği
begründen ⟨v/t⟩ kanıtlamak; neden göstermek; kurmak; tesis etmek
Begründer ⟨m⟩ kurucu
Begründung ⟨f⟩ neden; sebep; gerekçe; kuruluş
[... einer Mängelrüge] *(Jur)* kusurdan dolayı ihtarın gerekçesi
[eingehende ...] ayrıntılı/tafsilatlı gerekçe
begünstigen ⟨v/t⟩ 1. iltimas etmek 2. tercih etmek 3. himaye etmek; korumak
Begünstigter ⟨m⟩ lehdar
Begünstigung ⟨f⟩ 1. iltimas; imtiyaz 2. tercih 3. himaye; koruma
Begünstigungstarif ⟨m⟩ imtiyazlı/tercihli tarife
Begünstigungszeitraum ⟨m⟩ imtiyazın geçerlilik süresi
Begünstigungszoll ⟨m⟩ *(Zo)* imtiyazlı gümrük; himayeci gümrük
begutachten ⟨v/t⟩ rapor vermek
Begutachtung ⟨f⟩ ekspertiz; rapor; rapor verme
Begutachtungsgebühr ⟨f⟩ ekspertiz/rapor ücreti
Behälter ⟨m⟩ konteyner
Behälterverkehr ⟨m⟩ konteyner nakliyesi/servisi
behandeln ⟨v/t⟩ işlem/muamele yapmak; *(Ind)* işlemek; *(Med)* tedavi etmek
[bevorzugt ...] imtiyazlı muamele yapmak
[steuerlich ...] *(StR)* vergi muamelesi yapmak
[vertraulich ...] güvenilir şekilde işlem yapmak
Behandlung ⟨f⟩ işlem; muamele; *(Med)* tedavi
[ambulante ...] *(Med)* ayakta tedavi
[ärztliche ...] *(Med)* doktor tedavisi
[nachlässige ...] dikkatsizce/ihmalkâr muamele
[sachgemäße ...] usulüne uygun muamele; yönteme uygun işlem
[sachgemäße ... der Waren] mallarda usulüne uygun muamele
[stationäre ...] *(Med)* (hastanede) yataklı yapılan tedavi
Behandlungskosten ⟨pl⟩ işlem/muamele giderleri; *(Med)* tedavi masrafları
behaupten ⟨v/t⟩ *(Jur)* iddia etmek
Behauptung ⟨f⟩ *(Jur)* iddia
beheben ⟨v/t⟩ 1. ortadan kaldırmak 2. gidermek; düzeltmek
Behelf ⟨m⟩ geçici çare; tedbir
behelfsmäßig ⟨adj⟩ yardımcı/destekleyici/geçici (olarak)

Beherbergung ⟨f⟩ konaklama; barındırma; yatırma
Beherbergungsgewerbe ⟨n⟩ otelcilik; konaklama işi
Beherrschung ⟨f⟩ egemenlik; hakimiyet; kontrol
Beherrschungsvertrag ⟨m⟩ hakimiyet/idare anlaşması; bir şirketin diğer bir şirketi yönetebilmesi için yapılan anlaşma
behindern ⟨v/t⟩ önlemek; engellemek; önüne geçmek
Behinderung ⟨f⟩ önle(n)me; engelle(n)me
[... des Wettbewerbs] rekabetin engellenmesi/önlenmesi
Behörde ⟨f⟩ *(Jur)* (resmî) makam; merci
[kommunale ...] mahallî makam
beibringen ⟨v/t⟩ (bulup) getirmek
beifügen ⟨v/t⟩ eklemek; ilave etmek; iliştirmek
Beifügung ⟨f⟩ ek; ekleme; ilave
beigefügt ⟨adj⟩ ilişikteki; ekteki
Beihilfe ⟨f⟩ ek yardım; para yardımı; ödenek; tahsisat
beihilfeberechtigt ⟨adj⟩ ek yardım alma hakkı olan
Beihilfeempfänger ⟨m⟩ ek yardım alan
Beiladung ⟨f⟩ ek/yan yük
Beilage ⟨f⟩ ek; ilişik; ilave
beilegen ⟨v/t⟩ ilave etmek; katmak; *(Jur)* sulh etmek; uzlaşmak
Beilegung ⟨f⟩ *(Jur)* sulh; *(Jur)* uzlaşma
[... durch Schlichtung] arabulma yoluyla sulh/uzlaşma
[schiedsgerichtliche ...] *(Jur)* hakem yoluyla sulh/uzlaşma
beiliegend ⟨adj⟩ ilişikte; ekte
Beitrag ⟨m⟩ 1. ödenti; aidat; ek ödeme 2. ödenek 3. prim 4. iştirak; katılım
[... leisten] aidat/prim ödemek; ödentide bulunmak
[... zur Arbeitslosenversicherung] işsizlik sigortası primi
[... zur gesetzlichen Rentenversicherung] *(SozV)* kanunî emeklilik sigortası primi
[anteiliger ...] oranlı aidat/ödenti; oran üzerinden aidat/ödenti
[jährlicher ...] (abonede) yıllık aidat
[öffentlicher ...] kamu ödenekleri
Beitragsabführung ⟨f⟩ prim/aidat ödeme; ödentide bulunmak
Beitragsabzug ⟨m⟩ ödenek kesintisi; *(Gewerkschaft)* aidat kesintisi; *(SozV)* prim kesintisi
Beitragsanteil ⟨m⟩ aidat payı
Beitragsaufkommen ⟨n⟩ aidat varidatı
Beitragsbefreiung ⟨f⟩ primden muafiyet; aidat/ödenti muaflığı/muafiyeti
Beitragsbemessungsgrenze ⟨f⟩ *(SozV)* sosyal sigorta kesintileri ödemesinde azami kazanç sınırı
Beitragseingang ⟨m⟩ aidat/ödenti girdileri
Beitragseinnahmen ⟨pl⟩ aidat/ödenti tahsilatı
Beitragserhöhung ⟨f⟩ aidatı/ödentileri artırma
Beitragsermäßigung ⟨f⟩ aidatta/ödentide indirim; katılma indirimi
Beitragserstattung ⟨f⟩ primlerin iadesi
Beitragsfestsetzung ⟨f⟩ aidatların/ödentilerin saptanması
beitragsfrei ⟨adj⟩ primsiz; aidattan/ödentiden muaf; aidatsız/ödentisiz
beitragspflichtig ⟨adj⟩ aidat/ödenti yükümlü; aidata tabi

Beitragspflichtiger ⟨m⟩ aidat/iştirak yükümlüsü
Beitragsrückerstattung ⟨f⟩ aidat/ödenti iadesi
Beitragsrückvergütung ⟨f⟩ → **Beitragsrückerstattung**
Beitragssatz ⟨m⟩ aidat/ödenti/prim oranı
Beitragszahler ⟨m⟩ aidat/prim ödeyen; ödenti yapan
Beitragszeit ⟨f⟩ aidat/ödenti süresi
beitreiben ⟨v/t⟩ (zorla) tahsil etmek
Beitreibung ⟨f⟩ (zorla) tahsil; *(Jur)* ahzukabz
[... von Außenständen] *(Jur)* alacakların ahzukabzı
Beitreibungsauftrag ⟨m⟩ takip ve tahsil etme vekâleti
Beitreibungskosten ⟨pl⟩ tahsilat masrafları
beitreten ⟨v/t⟩ katılmak; iştirak etmek; üye olmak
Beitritt ⟨m⟩ girme; katılma; iştirak; üye olma
Beitrittsalter ⟨n⟩ üye olma yaşı; iştirak yaşı
Beitrittsantrag ⟨m⟩ katılmak için dilekçe; üye olmak için dilekçe
Beitrittserklärung ⟨f⟩ katılma/iştirak beyannamesi
Beitrittspflicht ⟨f⟩ katılma yükümlülüğü; iştirak mükellefiyeti
Beitrittszwang ⟨m⟩ katılma zorunluluğu; iştirak mecburiyeti
bekämpfen ⟨v/t⟩ mücadele etmek
[bis aufs Messer ...] kıyasıya mücadele etmek
Bekämpfung ⟨f⟩ mücadele
[... der Arbeitslosigkeit] işsizlikle mücadele
bekannt ⟨adj⟩ belli; bilinen; tanınmış
Bekanntgabe ⟨f⟩ bildiri; duyuru; ilân
bekanntgeben ⟨v/t⟩ bildirmek; ilân etmek
Bekanntheitsgrad ⟨m⟩ tanınma derecesi
bekanntmachen ⟨v/t⟩ ilân etmek; bildirmek
Bekanntmachung ⟨f⟩ bildiri; ilân
[amtliche ...] resmî bildiri/ilân
Beklagter ⟨m⟩ *(Jur)* davalı
Bekleidung ⟨f⟩ giyim
Bekleidungsartikel ⟨m⟩ giyim eşyası
Beladen ⟨n⟩ yükleme
[... und Entladen] *(Schff)* yükleme ve boşaltma
beladen ⟨v/t⟩ yüklemek; ⟨adj⟩ yüklü; yüklenmiş
[voll ...] tam yüklü; *(Schff)* ıskarça
Belader ⟨m⟩ yükleten
Belang ⟨m⟩ 1. ilgi; önem 2. çıkar
[öffentliche ...] *(VWL)* kamu çıkarları
[wirtschaftliche ...] *(VWL)* ekonomik çıkarlar
belanglos ⟨adj⟩ önemsiz
belasten ⟨v/t⟩ 1. borçlandırmak; zimmete geçirmek 2. kaydetmek, takyit etmek 3. tahmil etmek; yüklemek 4. itham etmek
[anteilig ...] oran üzerinden yüklemek; nispeten borçlandırmak
[hypothekarisch ...] ipotekle borçlandırmak; ipotek takyit etmek
[zuviel ...] aşırı yüklemek; haddinden fazla yüklemek
[zu wenig ...] çok az borçlandırmak/yüklemek
Belastung ⟨f⟩ 1. yükümlülük; (tapu sicilinde kayıtlı ipotek, intifa hakkı gibi bir) yükümlülük 2. bir taşıtın taşıyabileceği toplam azami ağırlığı 3. kayıtlama; takyit 4. borç
[dingliche ...] aynî yükümlülük
[finanzielle ...] mali yükümlülük; finansal kayıtlama

[hypothekarische ...] ipotekle kayıtlama/takyit; ipotekten doğan yükümlülük; ipotek borcu
[schwebende ...] askıda olan borç; süründecede olan yükümlülük; muallak yükümlülük
[steuerliche ...] vergi külfeti; vergi borcu/ yükümlülüğü/yükü
[zulässige ...] (kanunen) azami ağırlık/yükleme
Belastungsanzeige ⟨f⟩ *(BkW)* borç dekontu
Belastungsaufgabe ⟨f⟩ *(ReW)* borç kaydı; zimmet kaydı
Belastungsbuchung ⟨f⟩ *(ReW)* borç kaydı; zimmet kaydı
belastungsfähig ⟨adj⟩ borçlandırılabilir; yüklenebilir
Belastungsgrenze ⟨f⟩ *(Grundstück)* borçlandırma sınırı/derecesi
Belastungsvergleich ⟨m⟩ borç eşitleme
[steuerlicher ...] *(StR)* vergi borcu eşitlemesi
Belebung ⟨f⟩ canlanma; canlandırma
Beleg ⟨m⟩ 1. isbat/ispat; delil; kanıt 2. *(Quittung)* makbuz; alındı 3. evrak; vesika; varaka; senet 4. fiş
[... beibringen] delil/evrak/makbuz getirmek
[... einreichen] delil/evrak sunmak/vermek
[... vorlegen] evrakı ibraz etmek; delil göstermek
[urkundlicher ...] doküman
belegbar ⟨adj⟩ kanıtlanabilir; ispat edilebilir
Belegbearbeitung ⟨f⟩ fişlerin/evrakın işlenmesi
beleglos 1. makbuzsuz; fişsiz 2. kanıtsız
Belegnummer ⟨f⟩ makbuz/fiş/kayıt numarası
Belegquote ⟨f⟩ *(Hotel)* rezervasyon oranı
Belegrate ⟨f⟩ → Belegquote
Belegschaft ⟨f⟩ kadro; personel; ekip
Belegschaftsabbau ⟨m⟩ kadroyu küçültme; kadronun azaltılması
Belegschaftsaktie ⟨f⟩ kadro hisse senedi; işveren tarafından anonim şirkette çalışan kadroya sunulan imtiyazlı hisse senedi
Belegschaftsangehöriger ⟨m⟩ kadrodan/personelden olan
Belegschaftsversammlung ⟨f⟩ kadro/personel toplantısı
Belegschaftsvertretung ⟨f⟩ kadro/personel temsilciliği
Belegschein ⟨m⟩ makbuz belgesi/fişi
Belegstück ⟨n⟩ numune; örnek
Belegsystem ⟨n⟩ *(ReW)* belgeli kayıt sistemi
Belegung ⟨f⟩ doldurma; meşguliyet; *(Hotel)* rezervasyon
[urkundliche ...] dokümantasyon
Belegungsquote ⟨f⟩ *(Hotel)* rezervasyon oranı
Belehrung ⟨f⟩ talimat; önbilgi; *(Jur)* hakkı ihtar etme; *(Jur)* açıklama; *(Jur)* meşruhat
Beleidigung ⟨f⟩ hakaret; tahkir; sövme
[schriftliche ...] *(Jur)* neşren hakaret
Beleidigungsklage ⟨f⟩ *(Jur)* hakaret davası
beleihbar ⟨adj⟩ ikrazı mümkün; ödünç verilebilir
beleihen ⟨v/t⟩ ödünç vermek; ikraz etmek
Beleihung ⟨f⟩ ödünç (verme); avans; ikraz
[... von Wertpapieren] *(BkW)* kıymetli evrakın ikrazı; *(BkW)* kıymetli evrak karşılığı avans/kredi
Beleihungsgrenze ⟨f⟩ avans/ikraz sınırı; ödünç verme haddi

Beleihungssumme ⟨f⟩ ikraz/ödünç tutarı
Beleihungswert ⟨m⟩ ikraz değeri
beliefern ⟨v/t⟩ mal vermek; (teslim etmek üzere) servis yapmak
Belieferung ⟨f⟩ mal verme; (teslim etmek üzere) servis
Belieferungszyklus ⟨m⟩ mal teslimi döngüsü; teslim/servis devri
Belohnung ⟨f⟩ ödül; mükâfat
bemessen ⟨v/t⟩ ölçmek; hesaplamak
Bemessung ⟨f⟩ ölçme; hesaplama; takdir
Bemessungsgrenze ⟨f⟩ takdir haddi
Bemessungsgrundlage ⟨f⟩ hesaplama/ölçü esası; matrah; *(StR)* matrah;
Bemessungszeitraum ⟨m⟩ hesaplama/takdir süresi
bemustern ⟨v/t⟩ örnek/numune göndermek
benachrichtigen ⟨v/t⟩ haberdar etmek; bildirmek
Benachrichtigung ⟨f⟩ haber verme; bildirme
[mangels ...] haber vermeme yüzünden
[ohne vorherige ...] haber vermeden; bildirmeden
Benachrichtigungspflicht ⟨f⟩ haber verme yükümlülüğü
benachteiligen ⟨v/t⟩ haksızlık etmek
Benachteiligung ⟨f⟩ haksızlık
[wirtschaftliche ...] ekonomik haksızlık
benötigen ⟨v/t⟩ gereksinim/ihtiyaç olmak
benutzen ⟨v/t⟩ kullanmak
Benutzer ⟨m⟩ kullanan; kullanıcı
benutzerfreundlich ⟨adj⟩ kullanışlı
Benutzerfreundlichkeit ⟨f⟩ kullanışlılık
Benutzergebühr ⟨f⟩ kullanma ücreti
Benutzerhandbuch ⟨n⟩ kullanım kılavuzu
Benutzung ⟨f⟩ kullanım; kullanma
[mißbräuchliche ...] kötüye kullanma
Benutzungsentgelt ⟨n⟩ kullanma parası/karşılığı
Beobachter ⟨m⟩ gözlemci
Beobachtung ⟨f⟩ gözlem; *(Stat)* gözlem
Beobachtungsfehler ⟨m⟩ *(Stat)* gözlem hatası
Beobachtungsperiode ⟨f⟩ *(Stat)* gözlem dönemi
Beobachtungszeitraum ⟨m⟩ *(Stat)* gözlem dönemi
beraten ⟨v/t⟩ danışmak; bilgi/öğüt vermek
Berater ⟨m⟩ danışman
[technischer ...] teknik danışman
[unabhängiger ...] bağımsız/serbest danışman
Beraterfirma ⟨f⟩ danışmanlar firması
Beraterstab ⟨m⟩ danışmanlar kurulu
Beratung ⟨f⟩ danışma; danışmanlık; görüşme
[fachmännische ...] uzman danışması/danışmanlığı
[sachkundige ...] usulü hakkında danışma
Beratungsagentur ⟨f⟩ danışma/danışmanlık acentesi
Beratungsdienst ⟨m⟩ danışma hizmeti/servisi
Beratungsfirma ⟨f⟩ danışma firması
Beratungskosten ⟨pl⟩ danışma maliyeti/masrafları
Beratungsstelle ⟨f⟩ danışma bürosu/dairesi
Beratungstätigkeit ⟨f⟩ danışmanlık işi
Beratungszentrum ⟨n⟩ danışma merkezi
berechenbar ⟨adj⟩ hesaplı; hesaplanır; hesabı yapılabilir
berechnen ⟨v/t⟩ hesaplamak; hesap etmek;
Berechnung ⟨f⟩ hesap; hesaplama; hesaplanma
[... der Kosten] *(ReW)* maliyeti/masrafları hesaplama

[... von Zinsen] faizlerin hesaplanması
[... zum Selbstkostenpreis] *(ReW)* has maliyet fiyatı üzerinden hesaplama
[annähernde ...] *(ReW)* yaklaşık hesap
[gemittelte ...] *(ReW)* ortalama hesap
[nach ungefährer ...] *(ReW)* ortalama hesaba göre
[ohne ...] hesapsız; hesaplamadan
[ungefähre ...] *(ReW)* yaklaşık hesap; *(ReW)* ortalama hesap
[vorsichtige ...] dikkatli hesap/hesaplama
Berechnungsart ⟨f⟩ *(ReW)* hesaplama şekli
Berechnungseinheit ⟨f⟩ *(ReW)* hesaplama birimi
Berechnungsgrundlage ⟨f⟩ *(ReW)* hesaplama esası; matrah
Berechnungsschlüssel ⟨m⟩ *(ReW)* hesaplama formülü
Berechnungstafel ⟨f⟩ *(ReW)* hesaplama tablosu
Berechnungsweise ⟨f⟩ *(ReW)* hesaplama tarzı
Berechnungszeitraum ⟨m⟩ *(ReW)* hesaplama devresi/süresi
berechtigen ⟨v/t⟩ *(Jur)* yetkili kılmak; *(Jur)* salâhiyetlendirmek
berechtigt ⟨adj⟩ *(Jur)* haklı; *(Jur)* hakkı olan; *(Jur)* yetkili
Berechtigter ⟨m⟩ *(Jur)* hak sahibi; *(Jur)* yetki sahibi
Berechtigung ⟨f⟩ *(Jur)* hak; *(Jur)* yetki
Berechtigungsalter ⟨n⟩ hakka/yetkiye sahip olma yaşı
Berechtigungsnachweis ⟨m⟩ hak belgesi; hakkın kanıtı
Berechtigungsschein ⟨m⟩ hak belgesi
Bereich ⟨m⟩ alan; dal; sektör; kesim; bölüm
[ineffizienter ...] *(BWL)* verimsiz sektör
[öffentlicher ...] *(VWL)* kamu kesimi/sektörü
[relevanter ...] *(KoR)* uygun hacim aralığı; *(KoR)* uygun faaliyet hacmi aralığı
[staatlicher ...] *(VWL)* devlet kesimi/sektörü
[privater ...] özel kesim/sektör
Bereicherung ⟨f⟩ zenginleşme; *(Jur)* iktisap
[... ohne Grund] nedensiz zenginleşme
[ungerechtfertigte ...] haksız zenginleşme
Bereicherungsklage ⟨f⟩ *(Jur)* iktisap davası
Bereichsabkommen ⟨n⟩ sektör anlaşması
Bereichsleiter ⟨m⟩ bölüm şefi
Bereichsrechnung ⟨f⟩ sektör hesabı
bereinigen ⟨v/t⟩ arındırmak; düzeltmek; ayarlamak
bereinigt ⟨adj⟩ arındırılmış; düzeltilmiş; ayarlanmış
[saisonal ...] mevsime/sezona göre arındırılmış/ayarlanmış
Bereinigung ⟨f⟩ arındırma; düzeltme; ayarlama; temizleme
[technische ...] açık kalemleri düzeltme/ayarlama; kayıtlarda uygunluk sağlama; konkordans; teknik ayarlama/arındırma
Bereinigungseffekt ⟨m⟩ arındırma/düzeltme/ayarlama etkisi
Bereinigungswettbewerb ⟨m⟩ kıyasıya rekabet
bereit ⟨adj⟩ hazır
Bereitschaft ⟨f⟩ 1. hazır bulunma/olma; dispozisyon; bekleme; nöbet 2. eğilim
[... haben] nöbeti olmak; hazır bulunmak
Bereitschaftsdienst ⟨m⟩ nöbet; nöbetçilik

Bereitschaftserklärung ⟨f⟩ hazırda bulunma beyanı; hazır olduğunu bildirme
Bereitschaftskosten ⟨pl⟩ hazır bulunma maliyeti; düzenleme masrafları
Bereitschaftskredit ⟨m⟩ hazırda bekleyen kredi; düzenlenmiş/hazır kredi; stand-by kredisi
Bereitschaftszeit ⟨f⟩ *(Ind)* bekleme süresi
bereitstehen ⟨int⟩ (emre) hazır olmak/bulunmak; beklemek
bereitstellen ⟨v/t⟩ (emre) hazır bulundurmak; bekletmek
Bereitstellung ⟨f⟩ düzenleme; (emre) hazır bulundurma/bulunma; bekletme
[... von Gütern und Dienstleistungen] mal ve hizmetlerin (emre) hazır bulunmaları
[... von Haushaltsmitteln] *(öFi)* ödeneklerin düzenlenmesi
[vorläufige ...] geçici düzenleme
Bereitstellungsgebühr ⟨f⟩ düzenleme harcı/ücreti
Bereitstellungsplanung ⟨f⟩ düzenleme planlaması
Bereitstellungsprovision ⟨f⟩ düzenleme komisyonu
Bereitstellungskosten ⟨pl⟩ düzenleme maliyeti/masrafları
Bereitstellungskredit ⟨m⟩ düzenleme kredisi
bereitwillig ⟨adj⟩ hazır; istekli
Bereitwilligkeit ⟨f⟩ isteklilik; hazır bulunma/olma
Bergarbeiter ⟨m⟩ *(BergB)* madenci; *(BergB)* maden işçisi
Berggewerkschaft ⟨f⟩ madenciler sendikası
Bergbau ⟨m⟩ *(BergB)* madencilik; *(BergB)* maden işletmeciliği/işletmesi
Bergbaugebiet ⟨n⟩ *(BergB)* maden bölgesi
Bergbaugenossenschaft ⟨f⟩ *(BergB)* madenciler kooperatifi
Bergbaugesellschaft ⟨f⟩ maden şirketi
Bergbauingenieur ⟨m⟩ maden mühendisi
Bergbaurevier ⟨n⟩ maden bölgesi
Bergbauunternehmen ⟨n⟩ maden şirketi; madencilik girişimi/teşebbüsü
Bergegeld ⟨n⟩ kurtarma parası; sudan veya toprak altından kurtarılan mallar için alınan ücret
Bergelohn ⟨m⟩ kurtarma ücreti; sudan veya toprak altından kurtarılan mallar için alınan ücret
bergen ⟨v/t⟩ sudan veya toprak altından can ve mal kurtarmak
Bergewert ⟨m⟩ kurtulan malların değeri
Bergmann ⟨m⟩ *(BergB)* madenci
Bergmannsprämie ⟨f⟩ madenci primi/ikramiyesi
Bergmannsrente ⟨f⟩ madenci emekliliği
Bergschaden ⟨m⟩ *(Vers)* yeraltı toprak kaymasından oluşan hasar
Bergung ⟨f⟩ (sudan veya toprak altından can ve mal) kurtarma
[... und Hilfeleistung] kurtarma ve yardım
[... und Hilfeleistung in Seenot] *(SeeV)* denizde kurtarma ve yardım
Bergungsgut ⟨n⟩ (sudan veya toprak altından) kurtarılan mal
Bergungskosten ⟨pl⟩ kurtarma maliyeti/masrafları
Bergungslohn ⟨m⟩ kurtarma ücreti; sudan veya toprak altından kurtarılan mallar için alınan ücret
Bergungsschiff ⟨n⟩ *(Schff)* kurtarma gemisi
Bergungsunternehmen ⟨n⟩ can ve mal kurtarma şirketi
Bergwerk ⟨n⟩ *(BergB)* maden ocağı

Bergwerksabgabe ⟨f⟩ maden ocağı ödeneği
Bergwerksgerechtigkeit ⟨f⟩ *(BergB)* madencilik adaleti
Bergwerkskonzession ⟨f⟩ *(Jur)* maden işletme ruhsatı
Bericht ⟨m⟩ rapor
 [... des Wirtschaftsprüfers] *(ReW)* mali denetçinin raporu
 [... erstatten] rapor vermek
 [... über die Finanzlage] mali durum hakkında rapor
 [... über die Vermögenslage] varlık/servet durumu hakkında rapor
 [... über die Führung der Gesellschaft] şirketin yönetim raporu
 [... zusammenstellen] rapor hazırlamak
 [laut...] rapora göre
 [mangels...] raporsuzluk yüzünden
 [monatlicher...] aylık rapor
 [ohne...] raporsuz
 [vorläufiger...] geçici rapor
 [zusammenfassender...] özet halinde rapor
 [zusammengefaßter...] kısaltılmış rapor
berichten ⟨v/t⟩ rapor sunmak/vermek
Berichterstatter ⟨m⟩ rapor veren
Berichterstattung ⟨f⟩ rapor sunma/verme
 [finanzwirtschaftliche...] mali rapor sunma/verme
 [gesellschaftsbezogene...] şirketle ilgili rapor
Berichterstattungsgrundsatz ⟨m⟩ rapor sunma/verme esası
Berichterstellung ⟨f⟩ rapor hazırlama
berichtigen ⟨v/t⟩ düzeltmek; ayarlamak
berichtigend ⟨adj⟩ düzeltici; ayarlayıcı
Berichtigung ⟨f⟩ düzeltme; ayarlama
Berichtigungsaktie ⟨f⟩ geçici/muvakkat/düzeltici hisse senedi; gelecekte dağıtılacak kâr için verilen ve tedavül edilebilen emre yazılı hisse senedi
Berichtigungsbuchung ⟨f⟩ *(ReW)* ayarlama kaydı; *(ReW)* düzeltme kaydı
Berichtigungsposten ⟨m⟩ düzeltilen kalem
Berichtsdaten ⟨pl⟩ rapor verileri
Berichtsjahr ⟨n⟩ revizyon/rapor yılı
Berichtsperiode ⟨f⟩ rapor dönemi; revizyon dönemi
Berichtszeitraum ⟨m⟩ rapor dönemi
Berichtspflicht ⟨f⟩ rapor zorunluluğu
Berücksichtigung ⟨f⟩ dikkate alma
berücksichtigungsfähig ⟨adj⟩ dikkate alınabilir
Beruf ⟨m⟩ meslek
 [... ausüben] meslekte çalışmak
 [... ergreifen] meslek edinmek
 [ausgeübter...] çalışılan meslek
 [den... wechseln] mesleği değiştirmek
 [erlernter...] öğrenilmiş meslek
 [freier...] serbest meslek
 [gelernter...] öğrenilmiş meslek
 [gewerblicher...] ticarî meslek
 [handwerklicher...] el sanatı mesleği; zanaatçılık
 [kaufmännischer...] ticarî meslek
berufen ⟨v/t⟩ atamak; tayin etmek
beruflich ⟨adj⟩ meslekî
Berufsanfänger ⟨m⟩ yeni meslek sahibi; mesleğe yeni başlayan

Berufsaufbauschule ⟨f⟩ mesleği ilerletme okulu
Berufsausbildung ⟨f⟩ meslek eğitimi
 [... am Arbeitsplatz] işyerinde meslek eğitimi
 [abgeschlossene...] tamamlanmış meslek eğitimi
 [betriebliche...] işletmede/işyerinde meslek eğitimi
Berufsausbildungsstätte ⟨f⟩ meslek eğitimi merkezi
Berufsausbildungsverhältnis ⟨n⟩ meslek eğitimi
Berufsausbildungsvertrag ⟨m⟩ meslek eğitimi sözleşmesi
Berufsausbildungswesen ⟨n⟩ meslek eğitimi sistemi
Berufsaussichten ⟨pl⟩ mesleğinde ilerleme olanakları; meslekî olanaklar
Berufsausübung ⟨f⟩ meslekte/mesleğinde çalışma; meslek icrası
Berufsberater ⟨m⟩ meslek danışmanı
Berufsberatung ⟨f⟩ meslek danışmanlığı
Berufsbezeichnung ⟨f⟩ meslek ünvanı; unvan
Berufsbildung ⟨f⟩ meslek eğitimi; meslekî eğitim
 [duale...] ikili meslek eğitimi
Berufsbildungsausschuß ⟨m⟩ meslek eğitimi komisyonu
Berufsbildungsgesetz ⟨n⟩ *(Jur)* Meslek Eğitimi Kanunu; *(Jur)* Çırak, Kalfa ve Ustalık Kanunu
Berufsehre ⟨f⟩ meslek ahlâkı/şerefi/haysiyeti
Berufserfahrung ⟨f⟩ meslek deneyimi/tecrübesi
Berufsfachschule ⟨f⟩ meslek okulu
Berufsförderung ⟨f⟩ meslek teşviki; işsizleri (meslek kazandırma amacıyla eğiterek) teşvik etme
Berufsförderungsgesetz ⟨n⟩ *(Jur)* Meslek Teşvik Yasası
Berufsfortbildung ⟨f⟩ meslek geliştirme eğitimi
Berufsgeheimnis ⟨n⟩ meslek sırrı
Berufsgenossenschaft ⟨f⟩ meslek kazası sigorta kooperatifi
Berufsgewerkschaft ⟨f⟩ meslek sahipleri sendikası
Berufsgrundschuljahr ⟨n⟩ 11.inci sınıfta mesleğe hazırlık yılı
Berufsgruppe ⟨f⟩ meslek grubu
Berufshaftpflichtversicherung ⟨f⟩ *(Vers)* zorunlu meslekî (mali) sorumluluk sigortası
Berufshandel ⟨m⟩ meslekî ticaret
Berufsjahr ⟨n⟩ meslekî/meslekte faaliyet yılı
Berufskleidung ⟨f⟩ iş elbisesi
Berufskollege ⟨m⟩ meslektaş; iş arkadaşı
Berufskrankheit ⟨f⟩ meslek hastalığı
Berufslaufbahn ⟨f⟩ meslekî aşama
Berufsleben ⟨n⟩ meslek yaşamı/hayatı
berufsmäßig ⟨adj⟩ meslek olarak; profesyonel
Berufsnormung ⟨f⟩ iş standardizasyonu
Berufsorganisation ⟨f⟩ meslek örgütü; meslekî teşkilat
Berufspraktikum ⟨n⟩ meslek stajı
Berufspraxis ⟨f⟩ meslek deneyimi
Berufsqualifikation ⟨f⟩ meslekte uzmanlaşma; meslekî kalifikasyon
Berufsrisiko ⟨n⟩ meslek riski
Berufsschule ⟨f⟩ meslek okulu
Berufsstand ⟨m⟩ meslekî durum
berufstätig ⟨adj⟩ mesleğinde çalışan; meslekî faaliyette bulunan
Berufstätigkeit ⟨f⟩ meslekî faaliyet
berufsunfähig ⟨adj⟩ görev malulü; mesleğinde çalışamaz

Berufsunfähigkeit ⟨f⟩ görev malullüğü; mesleğinde çalışamamazlık
Berufsunfähigkeitsrente ⟨f⟩ görev malullüğü aylığı
Berufsunfall ⟨m⟩ *(Vers)* meslek kazası
Berufsunfallversicherung ⟨f⟩ *(Vers)* meslek kaza sigortası
Berufsverband ⟨m⟩ meslek (sahipleri) birliği
Berufsvereinigung ⟨f⟩ meslek (sahipleri) örgütü
Berufsverkehr ⟨m⟩ iş zamanı trafiği
Berufsverlauf ⟨m⟩ meslekte çalışma süreci
Berufswahl ⟨f⟩ meslek seçimi
Berufswechsel ⟨m⟩ mesleği değiştirme
Berufswunsch ⟨m⟩ meslek istemi/tercihi
Berufung ⟨f⟩ tayin; ata(n)ma; *(Jur)* istinaf; *(Jur)* temyiz
 [... einlegen] istinaf/temyiz etmek
 [... verwerfen] istinafı reddetmek
 [Anspruch auf ...] istinaf/temyiz hakkı
 [der ... stattgeben] istinafı kabul etmek
 [unter ...] *(Jur)* istinafen; *(Jur)* temyizen
Berufungsgericht ⟨n⟩ *(Jur)* istinaf mahkemesi; *(Jur)* temyiz mahkemesi
Berufungsinstanz ⟨f⟩ *(Jur)* istinaf (mahkemesi)
Berufungskammer ⟨f⟩ *(Jur)* istinaf mahkemesi; mahkemenin istinaf odası
Berufungsverfahren ⟨n⟩ *(Jur)* istinaf/temyiz yöntemi/usulü/davası
Berufungsverhandlung ⟨f⟩ istinaf yargılaması
Beruhigung ⟨f⟩ sakinleşme; ferahlama; rahatlama; teskin; durulma
 [... des Preisanstiegs] fiyat artışlarında yavaşlama
 [wirtschaftliche ...] *(VWL)* ekonomik durgunluk
Beruhigungsmittel ⟨n⟩ *(Med)* sinir(leri teskin) ilacı
Berührungspunkt ⟨m⟩ kesişme noktası
Besatzung ⟨f⟩ 1. kadro; ekip; *(Schff)* gemi adamları; mürettebat 2. işgal
beschädigen ⟨v/t⟩ bozmak; hasar vermek; *(Schff)* yaralamak
beschädigt ⟨adj⟩ kusurlu; hasarlı; bozuk; kırık; zarar gören; *(SeeV)* avaryalı; *(Urkunde)* tahrif edilmiş
Beschädigung ⟨f⟩ hasar (verme); zarar (verme); bozma; *(SeeV)* avarya; *(Urkunde)* tahrif
 [... während des Transports] taşıma sırasında hasar
 [einschließlich ...] hasar dahil
 [frei von ...] kusursuz; hasarsız;
 (SeeV) avaryasız
beschaffen ⟨v/t⟩ temin/tedarik etmek; para bulmak; sağlamak
Beschaffenheit ⟨f⟩ 1. yaradılış 2. durum; yapı 3. vasıf; özellik 4. nitelik
 [äußerliche ...] dış görünüşü/yapısı
 [äußerlich gute ...] dış görünüşte iyi durumda olma
Beschaffenheitsschaden ⟨m⟩ yapısal hasar/zarar
Beschaffer ⟨m⟩ sağlayan; tedarik/temin eden; (arayıp) bulan
Beschaffung ⟨f⟩ sağla(n)ma; tedarik; temin; alış; tedarik etme; (arayıp) bulma; yaratma
Beschaffung [... von Geld] para temini; para bulma/sağlama; paranın temini/bulunması/sağlanması/tedariki; para mobilizasyonu
Beschaffung [... von Mitteln] fon sağlama; kaynak yaratma
Beschaffung [lagerlose ...] ardiyesiz/deposuz sağla(n)ma/temin/tedarik
Beschaffung [örtliche ...] yerel sağlanma/tedarik
Beschaffung [produktionssynchrone ...] üretime uyumlu sağlama/tedarik
Beschaffungsabteilung ⟨f⟩ tedarik bölümü; alım/alış dairesi
Beschaffungsetat ⟨m⟩ alım/alış/sağlama/tedarik bütçesi
Beschaffungshaushalt ⟨m⟩ alım/alış/sağlama/tedarik bütçesi
Beschaffungskosten ⟨pl⟩ alım/alış maliyeti; sağlama/tedarik masrafları
Beschaffungskredit ⟨m⟩ alım/alış/sağlama/tedarik kredisi
Beschaffungsmenge ⟨f⟩ sağlanan miktar; tedarik edilen miktar
Beschaffungspolitik ⟨f⟩ sağlama/tedarik politikası
Beschaffungspreis ⟨m⟩ alış/tedarik fiyatı
Beschaffungswert ⟨m⟩ alış/tedarik değeri
Beschaffungswesen ⟨n⟩ sağlama/tedarik sistemi
beschäftigen ⟨v/t⟩ çalıştırmak; istihdam etmek
beschäftigt ⟨adj⟩ çalışan; istihdam edilmiş; meşgul
 [gewerblich ...] ticari sektörde çalışan
 [gut ...] (işi olup) iyi çalışan
Beschäftigter ⟨m⟩ çalışan
 [... im öffentlichen Dienst] kamu hizmetinde çalışan
 [... in der Privatwirtschaft] özel sektörde çalışan
Beschäftigtenabbau ⟨m⟩ çalışanların sayısını azaltma
Beschäftigung ⟨f⟩ 1. istihdam; çalıştırma 2. çalışma; iş; uğraşı; meşguliyet
 [... an der Kapazitätsgrenze] tam kapasite çalıştırma
 [... in abhängiger Stellung] bağımlı mevkide çalıştırma
 [... in der gewerblichen Wirtschaft] ticarî sektörde istihdam
 [... in der Industrie] sanayide istihdam
 [... von Frauen] kadınların istihdamı; kadınları çalıştırma
 [... von Jugendlichen] gençleri çalıştırma
 [... von Kindern] çocukları çalıştırma
 [abhängige ...] bağımlı çalıştırma
 [beitragspflichtige ...] ödenti yükümlü istihdam; sosyal sigortalı çalıştırma
 [berufliche ...] meslekî istihdam
 [feste ...] işyeri sağlam istihdam
 [fixkostenrelevante ...] *(KoR)* uygun faaliyet hacmi aralığı
 [gelegentliche ...] arada sırada çalışma/çalıştırma; fırsat olduğunda çalışma/çalıştırma
 [geregelte ...] düzenli istihdam/çalışma/ çalıştırma
 [gewerbliche ...] ticarî istihdam
 [hauptamtliche ...] esas iş; aslî istihdam
 [nebenberufliche ...] asıl işinin yanısıra çalışma; yan meslekte çalışma/çalıştırma
 [nichtselbständige ...] bağımsız/serbest olmayan çalışma/iş
 [ohne ...] işsiz; meşguliyetsiz; meşgalesiz

[ruhegehaltsfähige ...] emeklilik hakları olan çalışma
[unselbständige ...] bağımsız/serbest olmayan çalışma/iş
[vorübergehende ...] geçici istihdam/ çalıştırma/iş
Beschäftigungsabbau ⟨m⟩ istihdamı azaltma
Beschäftigungsabweichung ⟨f⟩ *(KoR)* kapasite sapması; *(BWL)* kapasite farkı
Beschäftigungsanstieg ⟨m⟩ istihdamda artış
Beschäftigungsbedingungen ⟨pl⟩ istihdam koşulları
Beschäftigungsbeschränkung ⟨f⟩ istihdam kısıtlaması
Beschäftigungsdauer ⟨f⟩ çalıştırma/istihdam süresi
Beschäftigungseffekt ⟨m⟩ *(VWL)* istihdam etkisi
Beschäftigungseinbruch ⟨m⟩ istihdamda gerileme
Beschäftigungsgrad ⟨m⟩ *(BWL)* kapasite kullanım oranı; istihdam derecesi
beschäftigungsintensiv ⟨adj⟩ istihdam-yoğun
Beschäftigungskosten ⟨pl⟩ *(KoR)* istihdam maliyeti; personel giderleri
Beschäftigungslage ⟨f⟩ *(VWL)* istihdam durumu; *(VWL)* iş piyasası durumu; *(VWL)* istihdam düzeyi
beschäftigungslos ⟨adj⟩ işsiz
Beschäftigungslosigkeit ⟨f⟩ iş yokluğu; şomaj
Beschäftigungsmöglichkeit ⟨f⟩ istihdam/çalıştırma olanağı
Beschäftigungsnachweis ⟨m⟩ çalışma ve kimlik karnesi; istihdam kanıtı
Beschäftigungspolitik ⟨f⟩ *(VWL)* istihdam politikası; personel politikası
Beschäftigungsprogramm ⟨n⟩ istihdam programı
Beschäftigungsquote ⟨f⟩ *(VWL)* istihdam oranı
Beschäftigungsrückgang ⟨m⟩ istihdamda gerileme
Beschäftigungsschwankung ⟨f⟩ istihdamda dalgalanma
Beschäftigungsstand ⟨m⟩ istihdam durumu; *(VWL)* istihdam düzeyi
Beschäftigungsverbot ⟨n⟩ istihdam/çalıştırma yasağı
Beschäftigungsverhältnis ⟨n⟩ istihdam ilişkisi; istihdam eden ve edilen ilişkisi
Beschäftigungsvolumen ⟨n⟩ istihdam hacmi
Beschäftigungswachstum ⟨n⟩ istihdamın artması
beschäftigungswirksam ⟨adj⟩ istihdamı (olumlu) etkileyici
Beschäftigungszeit ⟨f⟩ çalıştırma/istihdam süresi
Beschäftigungszwang ⟨m⟩ çalıştırma/istihdam zorunluluğu
Bescheid ⟨m⟩ 1. cevap; haber; bildirge 2. ihbar; tefhim 3. karar(name); emir(name); müzekkere
[... erhalten] cevap/haber almak
[... erteilen] tefhim etmek
[... geben] cevap/haber vermek; bildirmek
[abschlägiger ...] olumsuz cevap; red kararı/ cevabı
[endgültiger ...] kesin cevap/karar
[schriftlicher ...] yazılı cevap/emir
[vorläufiger ...] geçici/muvakkat karar/emir
bescheinigen ⟨v/t⟩ belgelemek; onaylamak; tasdik etmek
bescheinigt ⟨adj⟩; onaylanmış; onanmış; tasdik edilmiş
Bescheinigung ⟨f⟩ belge; sertifika

[... ausstellen] belge tanzim etmek
[... beibringen] belge/vesika getirmek
[... der Ursprungsbezeichnung] menşe işareti şahadetnamesi
[... der Zahlungsunfähigkeit] *(Jur)* aciz belgesi
[... der Zollstelle] *(Zo)* gümrük belgesi
[... des Konsulats] *(AußH)* konsolosluk belgesi
[... des Ursprungs] menşe şahadetnamesi; kaynak belgesi
[... vorlegen] belge ibraz etmek
[amtliche ...] resmî belge
[ärztliche ...] *(Med)* doktor belgesi/raporu
[beglaubigte ...] tasdikli/onaylı belge
[konsularische ...] *(AußH)* konsolosluk belgesi
[notarielle ...] *(Jur)* noter belgesi
[vorläufige ...] geçici/muvakkat belge
[zollamtliche ...] *(Zo)* gümrük belgesi
Beschlagnahme ⟨f⟩ elkoyma; haciz; zoralım; zabıt; müsadere
[... des Führerscheins] sürücü belgesine elkoyma
[... des Schiffes] *(Schff)* geminin zapt ve müsaderesi
[... von Forderungen] alacakların haczi/zaptı
[... durch Pfändungsbeschluß] haciz kararı ile elkoyma
[... und Zwangsvollstreckung] *(Jur)* haciz ve cebrî icra
Beschlagnahmeanordnung ⟨f⟩ elkoyma/haciz emri
Beschlagnahmebeamter ⟨m⟩ *(Jur)* haciz memuru
beschlagnahmen ⟨v/t⟩ elkoymak; haczetmek; müsadere etmek
Beschlagnahmeverfügung ⟨f⟩ yazılı elkoyma/haciz emri
beschlagnahmt ⟨adj⟩ elkonulmuş; hacizli; haciz edilmiş
beschleunigen ⟨v/t⟩ hızlandırmak; hızlanmak; ivmek
beschließen ⟨v/t⟩ karar vermek
[einstimmig ...] oy birliğiyle karar vermek
Beschluß ⟨m⟩ *(Jur)* hüküm; *(Jur)* karar
[... ablehnen] karara itiraz etmek
[... annehmen] kararı kabul etmek
[... aufheben] hükmü/kararı kaldırmak
[... ausführen] kararı uygulamak; *(Jur)* hükmü infaz etmek
[... aussetzen] karar icrasının tatili
[... fassen] karar vermek
[... über die Eröffnung des Konkursverfahrens] iflas davasının açılması kararı
[bindender ...] *(Jur)* bağlayıcı karar
[einstimmiger ...] oybirliği ile karar
[gerichtlicher ...] *(Jur)* mahkeme kararı
[rechtskräftiger ...] *(Jur)* kesinleşmiş karar
[vorläufiger ...] geçici/muvakkat karar
[zwingender ...] buyurucu/emredici/kesin karar
Beschlußfähigkeit ⟨f⟩ *(Jur)* karar yetersayısı
[... festlegen] karar yetersayısını tayin etmek
Beschlußvorlage ⟨f⟩ karar ibrazı/önerisi
beschmutzt ⟨adj⟩ kirlenmiş; kirli
beschränken ⟨v/t⟩ kısıtlamak; sınırlamak; tahdit etmek
Beschränkung ⟨f⟩ sınırlama; tahdit; kısıtlama
[... aufheben] sınırlamayı kaldırmak
[... der Ausfuhr] ihracaatı sınırlama

[... der Geldmenge] para miktarını sınırlama
[devisenrechtliche ...] kambiyo kısıtlaması
[mengenmäßige ...] miktarda sınırlama
[ohne ...] sınırlamasız; kısıtlamasız; tahditsiz
Beschränkungsprogramm ⟨n⟩ sınırlama/kısıtlama programı
beschreibbar ⟨adj⟩ tarif edilebilir
beschreiben ⟨v/t⟩ tarif etmek
Beschreibung ⟨f⟩ spesifikasyon; tarif; tarife
[der ... entsprechend] spesifikasyona/tarife uygun
[laut ...] spesifikasyona göre; tarife/tarifeye göre
beschriften ⟨v/t⟩ yazmak; (üstüne) yazı koymak
Beschriftung ⟨f⟩ yazı
Beschwerde ⟨f⟩ itiraz; şikâyet
[... ablehnen] itirazı reddetmek
[... anerkennen] itirazı kabul etmek
[... einbringen] itiraz/şikâyet etmek
[... einlegen] itiraz etmek
[... einreichen] itiraz etmek
[... zurückweisen] itirazı reddetmek; itirazı kabul etmemek
[berechtigte ...] haklı itiraz
[einer ... stattgeben] itirazı kabul etmek
[leichte ...] basit itiraz
[schriftliche ...] yazılı itiraz; şikâyetname
[sofortige ...] *(Jur)* acele itiraz
[ungerechtfertigte ...] haksız itiraz
Beschwerdeabteilung ⟨f⟩ itiraz/şikâyet bölümü
Beschwerdeantrag ⟨m⟩ itiraz dilekçesi
Beschwerdeausschuß ⟨m⟩ itiraz komisyonu
Beschwerdebrief ⟨m⟩ şikâyet/itiraz mektubu
Beschwerdefrist ⟨f⟩ itiraz mühleti
Beschwerdeführer ⟨m⟩ şikâyetçi
Beschwerdeinstanz ⟨f⟩ tetkik mercii; temyiz mahkemesi
Beschwerderecht ⟨n⟩ itiraz/şikâyet hakkı
Beschwerdeschreiben ⟨n⟩ şikâyet/itiraz mektubu
Beschwerdeschrift ⟨f⟩ şikâyetname; itiraz yazısı
Beschwerdestelle ⟨f⟩ itiraz/şikâyet dairesi
Beseitigung ⟨f⟩ yoketme; ortadan kaldırma; tasfiye
[... von Verlustquellen] kayba neden olan kaynakları yoketme
besetzt ⟨adj⟩ meşgul; dolu
Besetztzeichen ⟨n⟩ *(Tele)* meşgul işareti
Besetzung ⟨f⟩ işgal
[... einer Führungsposition] yönetici mevkiinin işgali
[... einer Stelle] bir mevkiin/yerin işgali
Besetzungszahl ⟨f⟩ *(Stat)* frekans
besichtigen ⟨v/t⟩ görmek; teftiş etmek; keşif yapmak
besichtigt ⟨adj⟩ görülen; teftiş edilen; keşif yapılan
[wie ...] görüldüğü gibi; keşif yapıldığı gibi
Besichtigung ⟨f⟩ görme; *(Jur)* keşif
[... an Ort und Stelle] yerinde görme; *(Jur)* yerinde keşif
Besitz ⟨m⟩ *(Jur)* zilyetlik; elmenlik
[... entziehen] zilyetliğe elkoymak
[... ergreifen] zilyetliğe elkoymak
[dinglicher ...] *(Jur)* aynî zilyetlik
[gemeinsamer ...] birlikte zilyetlik
[in ... nehmen] kabzetmek; zilyetlik altına almak

[in öffentlichem ...] kamu zilyetliği altında
[in privatem ...] özel zilyetlik altında
[mittelbarer ...] dolayısıyle zilyetlik
[persönlicher ...] şahsî zilyetlik
[unmittelbarer ...] doğrudan doğruya zilyetlik
Besitzanspruch ⟨m⟩ *(Jur)* zilyetlik hakkı
Besitzdiener ⟨m⟩ *(Jur)* zilyetlik yardımcısı
besitzen ⟨v/t⟩ zilyedinde/elinde bulundurmak; zilyet bulunmak
Besitzenthebung ⟨f⟩ zilyedin kaldırılması
Besitzentsetzung ⟨f⟩ zapt hali; çıkarma
Besitzentzug ⟨m⟩ zilyetliğe elkoyma
[Anspruch aus ...] refiyet hakkı
Besitzer ⟨m⟩ *(Jur)* zilyet; elmen; sahip; hamil
[... auf Lebenszeit] kaydıhayat ile zilyet
[... wechseln] el değiştirmek; zilyet değiştirmek
[alleiniger ...] aslî/müstakil zilyet; tek başına zilyet
[mittelbarer ...] dolayısiyle zilyet
[rechtmäßiger ...] kanunî/meşru zilyet
[unmittelbarer ...] doğrudan doğruya zilyet
Besitzergreifung ⟨f⟩ zilyetliğe elkoyma
Besitzerwerb ⟨m⟩ zilyetlik iktisabı
Besitzklage ⟨f⟩ *(Jur)* zilyetlik davası
Besitzrecht ⟨n⟩ *(Jur)* zilyetlik hakkı
[... auf ein Grundstück] arsa üzerinde zilyetlik hakkı
[alleiniges ...] aslî/münferit zilyetlik hakkı; tek başına zilyetlik hakkı
Besitzstand ⟨m⟩ zilyetlik hali/durumu
Besitzstandsschutz ⟨m⟩ zilyetliğin idarî yoldan korunması
Besitzsteuern ⟨pl⟩ zilyetlik vergileri
Besitzstörung ⟨f⟩ *(Jur)* zilyetliğe tecavüz; *(Jur)* zilyetliğin ihlâli
Besitzstörungsklage ⟨f⟩ *(Jur)* zilyetliğin ihlâlinden doğan dava; *(Jur)* müdahalenin meni davası
Besitztitel ⟨m⟩ *(Jur)* zilyetlik sıfatı
Besitztum ⟨n⟩ mal ve mülk varlığı; malvarlığı
Besitzübertragung ⟨f⟩ *(Jur)* zilyetliğin devir ve temliki
Besitzwechsel ⟨m⟩ el değiştirme; zilyetliğin el değiştirmesi
besolden ⟨v/t⟩ baremlendirmek; ödemek
Besoldung ⟨f⟩ barem; ödeme; maaş
Besoldungsgruppe ⟨f⟩ barem grubu
Besoldungsstufe ⟨f⟩ barem derecesi
Besonderheit ⟨f⟩ özellik
[technische ...] teknik özellik
besorgen ⟨v/t⟩ temin/tedarik etmek; sağlamak
Besorgung ⟨f⟩ (ihtiyaçları) temin/tedarik
Besprechung ⟨f⟩ görüşme; toplantı; konferans
[... auf höchster Ebene] en üst düzeyde görüşme
[geschäftliche ...] iş görüşmesi/toplantısı
Besprechungsraum ⟨m⟩ görüşme odası
Besserung ⟨f⟩ düzeltme; iyileşme
besserungsfähig ⟨adj⟩ düzeltilebilir
Besserungsschein ⟨m⟩ *(Jur)* aciz belgesi
Besserverdiener ⟨m⟩ yüksek kazançlı; kazancı iyi olan; iyi kazanan
bestallen ⟨v/t⟩ atamak; tayin etmek
Bestallung ⟨f⟩ atama; tayin
[... als Nachlaßpfleger] *(Jur)* tereke idare memuru olarak tayin

[... als Vormund] *(Jur)* vasi olarak tayin
[... eines Vertreters] vekilin tayini
Bestallungsurkunde ⟨f⟩ *(Jur)* berat;
(Jur) velâyetname
Bestand ⟨m⟩ stok; envanter; mevcut; mevcudiyet; ankes; varlık
[... am Jahresende] yılsonu envanteri
[... an Aufträgen] (eldeki) sipariş miktarı
[... an Bargeld] nakit para mevcudu; kasa mevcudu
[... an Devisen] döviz mevcudu
[... an Diskonten] iskontolar mevcudu
[... an fertigen Erzeugnissen] mamul mal mevcudu/stoku
[... an fertigen und unfertigen Erzeugnissen] mamul ve yarı mamul stoku
[... an unfertigen Erzeugnissen] yarı mamuller stoku
Bestände ⟨pl⟩ stoklar; mevcudat
[... abbauen] stokları tasfiye etmek
[... auffüllen] stokları yenilemek
[... aufnehmen] stokları saymak; envanter çıkarmak
Bestandsabbau ⟨m⟩ envanterin tasfiyesi
Bestandsabschreibung ⟨f⟩ *(ReW)* envanterin amortismanı
Bestandsauffüllung ⟨f⟩ stok yenileme
Bestandsaufnahme ⟨f⟩ envanter çıkarma; envanter/stok sayımı
Bestandsaufstockung ⟨f⟩ stok artırımı
Bestandsbewertung ⟨f⟩ envanter değerleme; stok değerleme
Bestandsbuch ⟨n⟩ envanter/mevcudat defteri
Bestandsfehlbetrag ⟨m⟩ *(ReW)* envanter açığı
Bestandsfortschreibung ⟨f⟩ mevcudat/envanter (hesabının) devamı
Bestandsgröße ⟨f⟩ envanter büyüklüğü/hacmi/ölçüsü
Bestandskarte ⟨f⟩ envanter kartı
Bestandskartei ⟨f⟩ envanter dosyası
Bestandskonto ⟨n⟩ envanter/mevcudat hesabı
Bestandskontrolle ⟨f⟩ envanter/stok kontrolu
Bestandsprüfung ⟨f⟩ envanter denetimi
Bestandsrechnung ⟨f⟩ envanter hesabı
Bestandsschwund ⟨m⟩ envanterde azalma; stok kaybı; fire
Bestandsüberwachung ⟨f⟩ stok denetimi
Bestandsveränderung ⟨f⟩ envanterde/stoklarda değişme; hesap dönemi içinde işlenmiş ve işlenmemiş ürünlerin miktarında değişme
Bestandsverlust ⟨m⟩ stok kaybı
Bestandsverzeichnis ⟨n⟩ envanter listesi; mevcut defteri
Bestandswert ⟨m⟩ envanter/stokların değeri
Bestandszunahme ⟨f⟩ stokların büyümesi
bestätigen ⟨v/t⟩ doğrulamak; teyit etmek; onaylamak
[amtlich ...] resmen doğrulamak
[notariell ...] noterce teyit ettirmek
Bestätigung ⟨f⟩ doğrulama; teyit; onay
[... des Abschlusses] bilançoyu doğrulama; bilanço onayı
[... des Empfangs] alındığını doğrulama
[... einer Bestellung] siparişi doğrulama
[... eines Auftrags] emri doğrulama

Bestätigungsvermerk ⟨m⟩ doğrulama kaydı; teyit şerhi
[eingeschränkter ...] sınırlı doğrulama kaydı; tahditli teyit şerhi
[uneingeschränkter ...] sınırsız doğrulama kaydı; tahditsiz teyit şerhi
Bestauftrag ⟨m⟩ *(Ausschreibung)* en iyi teklif
Bestbietender ⟨m⟩ *(Ausschreibung)* en iyi pey süren; en yüksek teklifi yapan/veren
bestechen ⟨v/t⟩ rüşvet vermek; para yedirmek
Bestechung ⟨f⟩ *(Jur)* rüşvet
Bestechungsgeld ⟨n⟩ rüşvet parası
bestehend ⟨adj⟩ 1. mevcut 2. şimdiki 3. meri
[... aus] ibaret olan; kurulu; -den mevcut
Bestellabschnitt ⟨m⟩ sipariş kuponu/dipkoçanı
Bestellabteilung ⟨f⟩ sipariş departmanı
Bestellbestand ⟨m⟩ sipariş mevcudu/miktarı
Bestellbuch ⟨n⟩ sipariş defteri
Bestelldatum ⟨n⟩ sipariş tarihi
Bestelleingang ⟨m⟩ sipariş girişi; alınan/giren sipariş(ler)
bestellen ⟨v/t⟩ ısmarlamak; sipariş vermek; çağırmak; *(Ernennung)* atamak; tayin etmek; *(LandW)* ekmek; *(LandW)* sürmek; *(LandW)* işlemek; *(Zimmer)* ayırtmak
[im voraus ...] peşin sipariş vermek
[mündlich ...] sözlü sipariş vermek
[telefonisch ...] telefonla ısmarlamak; telefonla sipariş vermek
Besteller ⟨m⟩ sipariş veren; ısmarlayan; siparişçi
Bestellerkredit ⟨m⟩ *(BkW)* siparişçi kredisi
Bestellformular ⟨n⟩ ısmarlama/sipariş formu
Bestellhäufigkeit ⟨f⟩ sipariş çokluğu
Bestellindex ⟨m⟩ sipariş indeksi
Bestellkarte ⟨f⟩ sipariş kartı
Bestellkosten ⟨pl⟩ sipariş maliyeti/masrafları
Bestellkupon ⟨m⟩ ısmarlama/sipariş kuponu
Bestellmenge ⟨f⟩ sipariş miktarı; ısmarlanan miktar
[optimale ...] optimum sipariş miktarı
[variable ...] değişken sipariş miktarı
Bestellnummer ⟨f⟩ sipariş numarası
Bestellschein ⟨m⟩ sipariş pusulası; sipariş mektubu
Bestellschreiben ⟨n⟩ sipariş mektubu
bestellt ⟨adj⟩ 1. ısmarlanmış; siparişi verilmiş 2. tayin edilmiş 3. *(LandW)* ekili; 4. çağırılmış
[amtlich ...] resmen tayin edilmiş
[ordnungsgemäß ...] usulen tayin edilmiş
Bestellung ⟨f⟩ sipariş; ısmarlama; *(Ernennung)* atama; tayin; *(Zimmer)* rezervasyon; *(Zeitung)* abone; abonman; *(LandW)* ekme
[... annehmen] sipariş almak; (verilen) siparişi kabul etmek
[... annullieren] siparişi iptal etmek; *(Zimmer)* rezervasyonu iptal etmek
[... aufgeben] sipariş vermek
[... aufnehmen] sipariş almak
[... ausführen] siparişi yerine getirmek
[... der Revisoren] denetçilerin tayini
[... des Geschäftsführers] genel müdürün tayini
[... in Auftrag geben] sipariş emri vermek
[... machen] sipariş vermek
[... stornieren] siparişi iptal etmek; rezervasyonu iptal etmek
[... vormerken] siparişi not etmek; rezervasyon yapmak; yer ayırmak

Bestellungsannahme   **Betrag**

[... widerrufen] siparişi geri almak
[auf...] sipariş üzerine
[auf... anfertigen] sipariş üzerine yapmak
[bei...] sipariş üzerine
[dringende...] acil sipariş
[feste...] kesin sipariş
[laufende...] daimî sipariş
[laut...] siparişe göre
[mündliche...] sözlü sipariş
[nach... angefertigt] sipariş üzerine yapılmış
[schriftliche...] yazılı sipariş; yazılı rezervasyon
[telefonische...] telefonla sipariş; telefonla rezervasyon
[verbindliche...] bağlayıcı sipariş
Bestellungsannahme ⟨f⟩ sipariş kabulü
Bestellzettel ⟨m⟩ sipariş pusulası
bestens ⟨adj⟩ en iyi şekilde; en iyi fiyattan
besteuerbar ⟨adj⟩ vergilenebilir; vergiye tabi tutulabilir
besteuern ⟨v/t⟩ *(StR)* vergilemek; *(StR)* vergilendirmek
Besteuerter ⟨m⟩ *(StR)* vergi ödeyen; *(StR)* mükellef
Besteuerung ⟨f⟩ *(StR)* vergileme; *(StR)* vergilendirme
[anteilmäßige...] orantılı vergileme
[degressive...] azalan oranlı vergileme
[direkte...] dolaysız vergileme
[doppelte...] *(StR)* çift vergileme
[indirekte...] dolaylı vergileme
[progressive...] artan oranlı vergileme
[von der... ausgenommen] vergilemeden muaf
Besteuerungsgrundlagen ⟨pl⟩ *(StR)* vergileme esasları
Besteuerungsgrundsätze ⟨pl⟩ *(StR)* vergileme ilkeleri
Besteuerungshoheit ⟨f⟩ vergileme yetkisi
Besteuerungsrecht ⟨n⟩ vergileme yetkisi
Besteuerungssystem ⟨n⟩ *(StR)* vergileme sistemi
Besteuerungszeitraum ⟨m⟩ *(StR)* vergilendirme dönemi
bestimmen ⟨v/t⟩ 1. belirlemek 2. tayin etmek
Bestimmung ⟨f⟩ 1. karar; hüküm 2. talimat; yönerge; direktif 3. tarif; tayin 4. şart; koşul
[amtliche...] resmî karar/hüküm
[auflösende...] feshedici karar/şart
[einschränkende...] kısıtlayıcı koşul/şart
[entgegenstehende...] karşı karar
[gegenteilige...] karşıt şart
[gesetzliche...] yasal şart
Bestimmungen ⟨pl⟩ hükümler; mevzuat; koşullar; şartlar; rejim
[allgemeine...] genel mevzuat/hükümler
[gesetzliche...] kanunî mevzuat; mevzuat hükümleri
[gültige...] geçerli/meri mevzuat
[rechtliche...] hukukî mevzuat/şartlar
[satzungsgemäße...] tüzük hükümleri
[vertragliche...] sözleşme hükümleri
Bestimmungsbahnhof ⟨m⟩ *(Bahn)* varma istasyonu
Bestimmungsfaktor ⟨m⟩ determinant; belirleyici faktör
Bestimmungsflughafen ⟨m⟩ *(Flug)* varış havaalanı
Bestimmungsgröße ⟨f⟩ parametre; determinant; belirleyici katsayı

Bestimmungshafen ⟨m⟩ *(Schff)* varma limanı
Bestimmungskauf ⟨m⟩ amaçlı alım
Bestimmungsland ⟨n⟩ *(AußH)* gönderilen ülke
Bestimmungsort ⟨m⟩ varma yeri
Bestimmungszollstelle ⟨f⟩ *(Zo)* varma gümrüğü
Bestleistung ⟨f⟩ *(KoR)* optimum verim
Bestpreis ⟨m⟩ en iyi/yüksek fiyat
Bestreiken ⟨n⟩ grev yapma; grevde bulunma
bestreikt ⟨adj⟩ grev yapılan; grevde olan
bestreiten ⟨v/t⟩ inkâr etmek
Besuch ⟨m⟩ ziyaret
[unangemeldeter...] habersiz ziyaret
besuchen ⟨v/t⟩ ziyaret etmek
Besucher ⟨m⟩ ziyaretçi; konuk
beteiligen ⟨refl⟩ katılmak; iştirak etmek; ortak olmak
[finanziell...] sermayeyle/parayla ortak olmak
[sich an der Ausschreibung...] ihaleye katılmak
Beteiligter ⟨m⟩ katılımcı; katılan; iştirak eden; iştirakçı; ortak
Beteiligung ⟨f⟩ 1. katılma; katılım; iştirak; ortaklık 2. hisse; pay
[... am Gewinn] kâra katılma/iştirak
[... an Kapitalgesellschaften] sermaye şirketlerine iştirak/katılma
[... der Arbeitnehmer] işçilerin katılımı/iştiraki
[100-prozentige...] yüzde yüz katılım/iştirak
[maßgebliche...] önemli ölçüde katılım
[stille...] komanditer olarak katılma/iştirak
[wechselseitige...] karşılıklı katılma/iştirak
Beteiligungertrag ⟨m⟩ katılım/iştirak getirisi
Beteiligungsbesitz ⟨m⟩ *(Jur)* iştirak halinde zilyetlik
Beteiligungserwerb ⟨m⟩ hisse/pay edinme
Beteiligungsfinanzierung ⟨f⟩ *(BkW)* iştirak finansmanı
Beteiligungsgeschäft ⟨n⟩ ortak girişim
Beteiligungsgesellschaft ⟨f⟩ katılımcı şirket; ortak şirket; *(Eng)* joint venture
Beteiligungsinvestition ⟨f⟩ *(BkW)* ortak yatırım; *(BkW)* ticarî yatırım; *(BkW)* portföy yatırımı
Beteiligungskapital ⟨n⟩ *(BkW)* iştirak sermayesi; *(BkW)* risk sermayesi
Beteiligungskonto ⟨n⟩ iştirak hesabı
Beteiligungskosten ⟨pl⟩ katılım maliyeti
Beteiligungslohn ⟨m⟩ iştirak ücreti; kâra katılma (ücreti)
Beteiligungsmodell ⟨n⟩ ortaklık modeli
Beteiligungspapier ⟨n⟩ *(WeR)* iştirak senedi
Beteiligungsquote ⟨f⟩ iştirak oranı
Beteiligungsstrategie ⟨f⟩ ortaklık stratejisi
Beteiligungswert ⟨m⟩ iştirak değeri
Betrag ⟨m⟩ bedel; meblağ; tutar; miktar; para; yekün; toplam
[... abbuchen] bedeli borç olarak kaydetmek
[... einem Konto gutschreiben] bedeli mahsuben hesaba geçirmek
[... erhalten] bedeli alınmıştır
[... in bar erhalten] bedeli nakden alınmıştır
[... in Buchstaben] bedeli yazılı olarak
[... in Zahlen] bedeli sayı olarak
[... überweisen] bedelini havale etmek
[... zur Verrechnung erhalten] bedeli mahsuben alınmıştır
[abzugsfähiger...] amorti edilebilir meblağ

57

[angezahlter ...] kaparo bedeli
[aufgelaufener ...] yürütülen meblağ; tahakkuk etmiş meblağ
[ausstehender ...] tahsil edilmemiş bedel/meblağ; ödenmemiş meblağ
[eingezahlter ...] ödenen/ödenmiş bedel/meblağ
[eingezahlter ... des Grundkapitals] esas sermayeye (mahsuben) ödenen meblağ
[einmaliger ...] bir kereye mahsus alınan bedel
[fälliger ...] tahakkuk etmiş meblağ
[in Rechnung gestellter ...] fatura bedeli
[restlicher ...] bakiye meblağ
[steuerfreier ...] *(StR)* (vergiden) muaf meblağ
[strittiger ...] ihtilaflı meblağ
[überfälliger ...] ödeme mühleti dolmuş borç; vadesi geçmiş borç
[überwiesener ...] havale edilmiş meblağ
[zuviel gezahlter ...] fazla ödenmiş meblağ
betragen ⟨int⟩ (miktar olarak) tutmak
Betreff ⟨m⟩ ilgi; konu
betreffend ⟨adj⟩ ilgili
betreiben ⟨v/t⟩ çalıştırmak; işletmek
Betreiber ⟨m⟩ çalıştıran; işleten; operatör
Betrieb ⟨m⟩ 1. işletme; işyeri 2. çalışma; faaliyet; operasyon
[... aufgeben] işletme/işyeri kapatmak
[... aufnehmen] işletme/işyeri açmak
[... einstellen] işletme/işyeri kapatmak
[... stillegen] işletme kapatmak
[außer ...] bozuk; işlemez
[bestreikter ...] grev yapılan işletme
[forstwirtschaftlicher ...] ormancılık işletmesi
[gewerblicher ...] sınaî işletme
[gewerkschaftsfreier ...] sendikasız işletme
[gewerkschaftspflichtiger ...] sendikaya üye olma zorunluğu olan işletme
[im ...] işletmede
[in ...] faaliyette; işler/çalışır (durumda)
[in ... gehen] çalışmaya/işe başlamak; işletilmeye başlamak
[in ... nehmen] çalıştırmak; işletmeye başlamak
[in ...] işler (durumda); açık
[kleiner ...] küçük işletme
[landwirtschaftlicher ...] tarımsal işletme
[mittelständischer ...] orta ölçekli işletme
[selbständiger ...] özel işletme/işyeri
[staatlicher ...] kamu işletmesi; kamu iktisadi teşekkülü
[wettbewerbsfähiger ...] rekabet edebilir işletme
[wirtschaftlicher ...] iktisadî işletme
betrieben ⟨adj⟩ işleyen; çalışan
[elektrisch ...] elektrikle işleyen
[maschinell ...] makine gücü ile çalışan
Betriebsablauf ⟨m⟩ *(BWL)* seyir; süreç; faaliyet seyri
Betriebsablaufplanung ⟨f⟩ süreç planlama; faaliyet/iş akımı planı
Betriebsabrechnung ⟨f⟩ *(KoR)* faaliyet muhasebesi; *(KoR)* iç maliyet muhasebesi
Betriebsaktiva ⟨pl⟩ *(ReW)* işletme aktifleri
Betriebsanalyse ⟨f⟩ *(BWL)* işletme analizi; *(BWL)* operasyonel analiz
betriebsam ⟨adj⟩ faal; aktif; işlek; çalışkan
Betriebsamkeit ⟨f⟩ faaliyet; aktivite

Betriebsangehöriger ⟨m⟩ işletmenin elemanı; işletme personeli
Betriebsanlage ⟨f⟩ işletme tesisi
Betriebsart ⟨f⟩ işletme türü
Betriebsaufbau ⟨m⟩ işletme yapısı
Betriebsaufnahme ⟨f⟩ faaliyete/işletmeye başlama
Betriebsaufsicht ⟨f⟩ işletme denetimi
Betriebsaufwand ⟨f⟩ işletme giderleri
Betriebsaufzeichnungen ⟨pl⟩ işletme kayıtları
Betriebsausfall ⟨m⟩ *(Ind)* arıza
Betriebsausgaben ⟨pl⟩ işletme masrafları/harcamaları; genel giderler
Betriebsauslastung ⟨f⟩ işletme kullanımı
Betriebsausrüstung ⟨f⟩ *(Ind)* işletme donanımı/tesisatı
Betriebsausstattung ⟨f⟩ *(Ind)* işletme donatımı
betriebsbereit ⟨adj⟩ *(Ind)* işletmeye hazır; *(Ind)* işler; çalışır
Betriebsbuchführung ⟨f⟩ *(ReW)* işletme muhasebesi; *(KoR)* iç maliyet muhasebesi
Betriebsbuchhalter ⟨m⟩ işletme muhasebecisi
Betriebsbuchhaltung ⟨f⟩ *(ReW)* işletme muhasebesi; *(KoR)* iç maliyet muhasebesi
Betriebsdaten ⟨pl⟩ işletme sayıları; faaliyet verileri
Betriebsdauer ⟨f⟩ işletme/faaliyet süresi
Betriebsdirektor ⟨m⟩ işletme müdürü
Betriebsebene ⟨f⟩ işletme düzeyi
Betriebseinheit ⟨f⟩ işletme birimi
Betriebseinkommen ⟨n⟩ işletme faaliyeti geliri
Betriebseinnahmen ⟨pl⟩ işletme tahsilatı
Betriebseinstellung ⟨f⟩ işletmeyi durdurma/kapatma
Betriebsergebnis ⟨n⟩ işletme kârı; faaliyet hasılası
Betriebsergebnisberechnung ⟨f⟩ işletme kârı hesabı
Betriebserlaubnis ⟨f⟩ işletme ruhsatı/izni; kullanma belgesi; küşat
Betriebseröffnung ⟨f⟩ işletme açılışı
Betriebsertrag ⟨m⟩ işletme/faaliyet getirisi/verimi
Betriebserweiterung ⟨f⟩ işletmeyi genişletme
Betriebsetat ⟨m⟩ işletme bütçesi
betriebsfähig ⟨adj⟩ işler (durumda)
Betriebsferien ⟨pl⟩ iş/işletme tatili
betriebsfertig ⟨adj⟩ işletmeye hazır
Betriebsfläche ⟨f⟩ işletme/faaliyet alanı
[landwirtschaftliche ...] tarımsal işletme/faaliyet alanı
Betriebsform ⟨f⟩ işletme tarzı
Betriebsführung ⟨f⟩ işletme yönetimi
Betriebsführungsgesellschaft ⟨f⟩ işletme yönetim şirketi
Betriebsgebäude ⟨n⟩ işletme binası
Betriebsgeheimnis ⟨n⟩ işletme sırrı
Betriebsgelände ⟨n⟩ işletmeye ait arazi
Betriebsgenossenschaft ⟨f⟩ faaliyet kooperatifi
Betriebsgesellschaft ⟨f⟩ faaliyet şirketi
Betriebsgewerkschaft ⟨f⟩ işletme sendikası
Betriebsgewinn ⟨m⟩ işletme/faaliyet kârı
Betriebsgleis ⟨n⟩ işletme (demiryolu) hattı
Betriebsgröße ⟨f⟩ işletme büyüklüğü
Betriebsgrundstück ⟨n⟩ işletmeye ait arsa
Betriebsgründung ⟨f⟩ işletme kuruluşu
Betriebshaftpflicht ⟨f⟩ işletmenin zorunlu (mali) sorumluluğu

Betriebshaftpflichtversicherung ⟨f⟩ zorunlu işletme (mali) sorumluluk sigortası
Betriebshandbuch ⟨n⟩ işletme rehberi; kullanım kılavuzu
Betriebshandelsspanne ⟨f⟩ satış kârı; gayri safi kâr
Betriebsinformatik ⟨f⟩ işletme enformatiği
Betriebsingenieur ⟨m⟩ işletme mühendisi
Betriebsinhaber ⟨m⟩ işletme sahibi
Betriebsinspektor ⟨m⟩ işletme müfettişi
Betriebsjahr ⟨n⟩ *(ReW)* faaliyet yılı
Betriebskalkulation ⟨f⟩ *(KoR)* işletme muhasebesi; işletme maliyetini hesaplama
Betriebskapazität ⟨f⟩ işletme/faaliyet kapasitesi
Betriebskapital ⟨n⟩ çalışma sermayesi; işletme sermayesi; çalışan sermaye
Betriebsklima ⟨n⟩ (işyerinde) çalışma ortamı
Betriebskosten ⟨pl⟩ *(KoR)* işletme maliyeti
[... pro Einheit] birim başına işletme maliyeti
[kurzfristige ...] kısa dönem işletme maliyeti
Betriebskostenkalkulation ⟨f⟩ *(KoR)* işletme maliyeti muhasebesi
Betriebskostenzuschuß ⟨m⟩ işletme maliyeti zammı
Betriebskrankenkasse ⟨f⟩ işletme hastalık sigortaları
Betriebskredit ⟨m⟩ *(BkW)* işletme kredisi
Betriebslehre ⟨f⟩ *(BWL)* işletmecilik
[... der Land- und Forstwirtschaft] tarım ve ormancılık işletmeciliği
Betriebsleistung ⟨f⟩ işletme verimi/kapasitesi
Betriebsleiter ⟨m⟩ işletme müdürü
Betriebsleitung ⟨f⟩ işletme müdürlüğü
Betriebsmaterial ⟨n⟩ işletme maddesi/malzemesi
Betriebsmittel ⟨pl⟩ işletme fonları
Betriebsmittelbestand ⟨m⟩ işletme fonları mevcudu
Betriebsmittelkredit ⟨m⟩ işletme fon kredisi
Betriebsmittelrechnung ⟨f⟩ işletme fonları hesabı
Betriebsmittelzuweisung ⟨f⟩ işletme fonları ödeneği
Betriebsoptimierung ⟨f⟩ *(BWL)* işletme optimasyonu; *(BWL)* işletmede optimum sağlama; işletmeyi en elverişli duruma sokma;
Betriebsoptimum ⟨n⟩ *(BWL)* işletme optimumu; *(BWL)* pratik kapasite; optimum verim
Betriebsordnung ⟨f⟩ işletme düzeni
Betriebsorganisation ⟨f⟩ *(BWL)* işletme organizasyonu; işyerini örgütleme/düzenleme
Betriebsperiode ⟨f⟩ işletme/faaliyet dönemi
Betriebspersonal ⟨n⟩ işletme personeli
Betriebsplanung ⟨f⟩ işletme planlaması
Betriebspraktikum ⟨n⟩ işletme stajı
Betriebsprüfer ⟨m⟩ işletme denetçisi
Betriebsprüfung ⟨f⟩ işletme denetimi
Betriebsrat ⟨m⟩ işçi temsilciliği
Betriebsratsmitglied ⟨n⟩ işçi temsilciliği üyesi
Betriebsratsvorsitzender ⟨m⟩ işçi temsilciliği başkanı
Betriebsrechnung ⟨f⟩ *(ReW)* işletme hesabı
Betriebsrentabilität ⟨f⟩ işletme/aktif kârlılığı
Betriebsrente ⟨f⟩ işletme emekliliği; işletme rantı
Betriebsreserve ⟨f⟩ işletme ihtiyatı/yedekleri
Betriebsrevision ⟨f⟩ işletmenin denetlenmesi
Betriebsrevisor ⟨m⟩ işletme denetçisi/müfettişi
Betriebsschließung ⟨f⟩ işletmenin kapatılması
Betriebssicherheit ⟨f⟩ (işletmede) iş güvenliği
Betriebsstandort ⟨m⟩ işletme ikametgâhı; işletmenin kuruluş/yerleşim yeri

Betriebsstatistik ⟨f⟩ işletme istatistiği
Betriebsstätte ⟨f⟩ işletme tesisi
Betriebssteuer ⟨f⟩ *(StR)* işletme vergisi
Betriebsstillegung ⟨f⟩ işletmenin kapatılması
Betriebsstoff ⟨m⟩ yakıt; işletme maddesi; üretimde dolaylı kullanılan madde
Betriebsstoffe ⟨pl⟩ işletme maddeleri
Betriebsstörung ⟨f⟩ işletme arızası/bozukluğu
Betriebsteil ⟨m⟩ faaliyet birimi
Betriebsunfall ⟨m⟩ iş kazası
Betriebsunterbrechung ⟨f⟩ işletmeye/çalışmaya ara verme
Betriebsunterlagen ⟨pl⟩ işletme belgeleri
Betriebsvereinbarung ⟨f⟩ işletme anlaşması
Betriebsverfassung ⟨f⟩ işletme yönetmeliği
Betriebsverfassungsgesetz ⟨n⟩ işletme yönetmelikleri yasası
Betriebsverlagerung ⟨f⟩ işletmeyi (başka yere) taşıma; işletmenin nakli/taşınması
Betriebsverlust ⟨m⟩ işletme kaybı; faaliyet zararı
Betriebsvermögen ⟨n⟩ işletme varlığı
[produktives ...] üretken işletme varlığı
Betriebsversammlung ⟨f⟩ işletme kadrosu toplantısı
Betriebsversicherung ⟨f⟩ *(Vers)* işletme/işyeri sigortası
Betriebsvertretung ⟨f⟩ işçi temsilciliği
Betriebsvorrat ⟨m⟩ işletme (ürün/mal) stokları
Betriebswagnis ⟨n⟩ faaliyet rizikosu/riski
Betriebswert ⟨m⟩ işletme değeri
Betriebswirt ⟨m⟩ *(BWL)* işletmeci
[graduierter ...] diplomalı işletmeci
Betriebswirtschaftler ⟨m⟩ *(BWL)* işletme iktisatçısı
Betriebswirtschaftslehre ⟨f⟩ *(BWL)* işletme ekonomisi (dersi/öğretisi)
[allgemeine ...] genel işletme ekonomisi
[kaufmännische ...] ticarî işletme ekonomisi
[spezielle ...] özel işletme işletme ekonomisi
Betriebswirtschaftstheorie ⟨f⟩ *(BWL)* işletme ekonomisi kuramı
Betriebswissenschaft ⟨f⟩ *(BWL)* işletmecilik bilimi
Betriebszeit ⟨f⟩ faaliyet süresi/zamanı
Betriebszweig ⟨m⟩ faaliyet dalı
Betrug ⟨m⟩ dolandırıcılık; sahtekârlık
betrügen ⟨v/t⟩ dolandırmak
Betrüger ⟨m⟩ dolandırıcı; sahtekâr
betrügerisch ⟨adj⟩ dolanlı; sahtekârca
beurkunden ⟨v/t⟩ belgelemek
beurkundet ⟨adj⟩ belgeli
Beurkundung ⟨f⟩ belgeleme
beurlauben ⟨v/t⟩ 1. (zorunlu) izin vermek 2. açığa çıkartmak
Beurlaubung ⟨f⟩ 1. (zorunlu) izin verme 2. açığa çıkartma
beurteilen ⟨v/t⟩ not/karar vermek
Beurteilung ⟨f⟩ not; karar; derecelendirme
[... der Kreditwürdigkeit] kredibilite notu; itibar kararı/notu
[... der Leistung] başarı notu; başarıyı derecelendirme
Beurteilungsgespräch ⟨n⟩ karar verme görüşmesi
Bevölkerung ⟨f⟩ *(VWL)* nüfus
[arbeitende ...] *(VWL)* çalışan nüfus;
(VWL) emekçi nüfus
[berufstätige ...] *(VWL)* aktif nüfus;

(VWL) faal nüfus
[beschäftigte ...] *(VWL)* aktif nüfus;
(VWL) faal nüfus
[dichte ...] yoğun nüfus
[einheimische ...] yerli nüfus
[erwerbsfähige ...] kazanç sağlayabilir nüfus
[erwerbstätige ...] iktisaden faal nüfus
[ländliche ...] kırsal nüfus
[landwirtschaftliche ...] *(VWL)* tarımsal nüfus
[städtische ...] kentsel nüfus
[unselbständig tätige ...] bağımlı aktif/faal nüfus
Bevölkerungsabnahme ⟨f⟩ *(VWL)* nüfus azalması
Bevölkerungsanstieg ⟨m⟩ *(VWL)* nüfus artışı
Bevölkerungsaufbau ⟨m⟩ *(VWL)* nüfus yapısı
Bevölkerungsdichte ⟨f⟩ *(VWL)* nüfus yoğunluğu
Bevölkerungsentwicklung ⟨f⟩ nüfus gelişmesi
Bevölkerungsexplosion ⟨f⟩ nüfus patlaması
Bevölkerungskunde ⟨f⟩ nüfusbilim
Bevölkerungslehre ⟨f⟩ → Bevölkerungskunde
Bevölkerungspolitik ⟨f⟩ *(VWL)* nüfus politikası
Bevölkerungsrückgang ⟨m⟩ *(VWL)* nüfüs azalması
Bevölkerungsschicht ⟨f⟩ nüfus kesimi
Bevölkerungsstatistik ⟨f⟩ nüfus istatistiği
Bevölkerungsstatistiker ⟨m⟩ nüfus bilimci; demograf
Bevölkerungsstruktur ⟨f⟩ *(VWL)* nüfus yapısı
Bevölkerungspyramide ⟨f⟩ *(VWL)* yaş piramidi
Bevölkerungswachstum ⟨n⟩ *(VWL)* nüfus artışı
Bevölkerungswachstumsrate ⟨f⟩ *(VWL)* nüfus artış oranı
Bevölkerungswissenschaft ⟨f⟩ nüfusbilim
Bevölkerungswissenschaftler ⟨m⟩ nüfusbilimci
Bevölkerungszahl ⟨f⟩ *(VWL)* nüfus
bevollmächtigen ⟨v/t⟩ vekillik/yetki vermek; vekil olarak atamak
bevollmächtigt ⟨adj⟩ yetkili; murahhas
Bevollmächtigter ⟨m⟩ *(Jur)* vekil; yetki sahibi; yetkili
Bevollmächtigung ⟨f⟩ *(Jur)* vekâlet; yetki
bevorraten ⟨v/t⟩ stoklamak; stok yapmak
Bevorratung ⟨f⟩ stoklama; stok yapma
bevorrechtigt ⟨adj⟩ seçmeli; tercihli; imtiyazlı
bevorschussen ⟨v/t⟩ *(BkW)* avans vermek
Bevorschussung ⟨f⟩ *(BkW)* avans (verme); *(BkW)* kredi
[... von Rechnungen] fatura karşılığı avans
[... von Verschiffungsdokumenten] deniz nakliyatı vesikaları karşılığı avans
Bewegung ⟨f⟩ hareket
Bewegungsbilanz ⟨f⟩ fon akımı tablosu; hareket bilançosu
Bewegungsfreiheit ⟨f⟩ hareket serbestisi
Bewegungsstudie ⟨f⟩ *(Ind)* hareket etüdü
Bewegungszeitstudie ⟨f⟩ *(Ind)* zaman ve hareket etüdü; *(Ind)* kronometraj
Beweis ⟨m⟩ *(Jur)* delil; kanıt
[... beibringen] delil getirmek
[rechtserheblicher ...] hukuken önemli delil
[urkundlicher ...] *(Jur)* dokümantasyon
beweisen ⟨v/t⟩ kanıtlamak; ispat etmek
Beweislast ⟨f⟩ delil gösterme yükü; *(Jur)* ispat yükü
Beweismaterial ⟨n⟩ dokümantasyon; deliller
Beweisstück ⟨n⟩ *(Jur)* delil; ispat

bewerben ⟨v/t⟩ başvurmak; müracaat etmek
[... um] için başvurmak; için müracaat etmek
Bewerber ⟨m⟩ başvurucu; başvuran; müracaatçı; müracaat eden; aday
Bewerbung ⟨f⟩ 1. başvuru; müracaat 2. adaylık
Bewerbungsformular ⟨n⟩ başvuru/müracaat formu
Bewerbungsfrist ⟨f⟩ başvuru/müracaat süresi
Bewerbungsschreiben ⟨n⟩ başvuru/müracaat yazısı/ dilekçesi
Bewerbungsunterlagen ⟨pl⟩ başvuru/müracaat belgeleri
bewerten ⟨v/t⟩ değerlemek; değerlendirmek; not vermek
Bewertung ⟨f⟩ değerleme; değerlendirme; değer biçme; not verme
[... des Vorratsvermögens] stok varlığını değerleme
[... durch die Börse] borsa fiyatıyla/yoluyla değerleme
[... eines Betriebes] işletmenin değerlenmesi
[... eines Schadens] *(Vers)* hasarın değerlenmesi
[... nach dem Niederstwertprinzip] *(ReW)* asgari değer prensibine göre değerleme
[... von Aktiva] aktifleri değerleme
[... zu festen Verrechnungspreisen] sabit ve mahsup fiyatlarla değerleme
[... zum Marktpreis] piyasa fiyatı üzerinden değerleme
[... zum Nettowert] net değer üzerinden değerleme
[... zum Verkehrswert] rayici üzerinden değerleme
[... zum Wiederbeschaffungspreis] *(ReW)* ikame fiyatı üzerinden değerleme
[einheitliche ...] tek tip değerleme; standart değerleme
[versicherungstechnische ...] *(Vers)* aktüeryal değerleme; *(Vers)* teknik değerleme
Bewertungsabschlag ⟨m⟩ değerleme kesintisi
Bewertungsgrundlage ⟨f⟩ değerleme esası
Bewertungskennziffern ⟨pl⟩ değerleme rasyoları/ reşyoları/kodları/ölçüleri
Bewertungsvorschriften ⟨pl⟩ değerleme yönetmeliği
Bewertungswahlrecht ⟨n⟩ değerlemede seçme hakkı
bewilligen ⟨v/t⟩ onamak; kabul etmek; izin vermek; tahsis etmek; onaylamak
Bewilligung ⟨f⟩ onama; kabul; tensip; izin; tahsis; onay
Bewilligungsbescheid ⟨m⟩ tahsis kararı; onay bildirgesi
Bewilligungsschreiben ⟨n⟩ tahsis/onay yazısı
Bewilligungszeitraum ⟨m⟩ onaylı süre; tahsis süresi
bewirtschaften ⟨v/t⟩ işletmek
Bewirtschaftung ⟨f⟩ işletme
Bewirtung ⟨f⟩ ağırlama
[... von Geschäftsfreunden] iş arkadaşlarını ağırlama
Bewirtungskosten ⟨pl⟩ ağırlama masrafları
bezahlen ⟨v/t⟩ ödemek
[pünktlich ...] vaktinde ödemek
[teilweise ...] kısmen ödemek

[im voraus ...] peşin ödemek
bezahlt ⟨adj⟩ ödenmiş; hesabı ödendi
Bezahlung ⟨f⟩ ödeme; ödenme
[... bei Auftragserteilung] ihalesinde ödeme; emir/sipariş verildiğinde ödeme
[... einer Rechnung] faturayı ödeme; faturanın ödenmesi
[... nach Erfolg] iş tamamlandığında ödeme
[... nach Lieferung] tesliminde ödeme
[... nach Rechnungseingang] fatura alındığında ödeme
[bis zur endgültigen ...] kesin ödemeye kadar
[leistungsgerechte ...] edaya bağlı ödeme; başarıya göre ödeme
[monatliche ...] aylık ödeme
[vollständige ...] tam ödeme
bezeichnen ⟨v/t⟩ nitelemek; isimlendirmek; adlandırmak
Bezeichnung ⟨f⟩ 1. işaret; marka; etiket 2. isim; ad
[... der Ware] malın etiketi/markası/işareti
beziehen ⟨v/t⟩ almak
Bezieher ⟨m⟩ alıcı
Beziehung ⟨f⟩ ilişki; münasebet
[exponentielle ...] *(Math)* üstel ilişki
Beziehungen ⟨pl⟩ ilişkiler
[... der Tarifparteien] toplu sözleşme tarafları arasındaki ilişkiler
[... zwischen Arbeitgebern und Arbeitnehmern] işveren ve işçiler arasındaki ilişkiler
[Abbruch von ...] ilişkilerin kesilmesi
[geschäftliche ...] ticarî ilişkiler; iş ilişkileri
beziffern ⟨v/t⟩ rakamla ifade etmek
Bezirk ⟨m⟩ ilçe; bucak; bölge
Bezirksbüro ⟨n⟩ bölge bürosu/ofisi
Bezirksleiter ⟨m⟩ bölge müdürü
Bezirksleitung ⟨f⟩ bölge müdürlüğü
Bezirksstadt ⟨f⟩ ilçe merkezi
Bezirksverband ⟨m⟩ merkez teşekkülü; bölge birliği
Bezirksvertreter ⟨m⟩ bölge acentası/mümessili/temsilcisi
Bezogener ⟨m⟩ muhatap; ödeyecek olan; kefil; senet için kefalet eden
Bezug ⟨m⟩ 1. ilgi; konu 2. satın alma; teslim alma
[... nehmen auf] konuyla ilgili olarak; konuya değinmek
[in ... auf] (konuyla) ilgili; (konuya) ilişkin
[mit ... auf] (konuyla) ilgili olarak **Bezüge** ⟨pl⟩ gelir; gelirler; ücret; ücretler; varidat
Bezugnahme ⟨f⟩ ilgi
Bezugsangebot ⟨n⟩ abone teklifi
Bezugsbedingungen ⟨pl⟩ abone koşulları
Bezugsberechtigung ⟨f⟩ abone/alım hakkı
Bezugsdatum ⟨n⟩ abone/alım tarihi
Bezugskalkulation ⟨f⟩ alım maliyetini hesaplama
Bezugskosten ⟨pl⟩ alım maliyeti
Bezugskurs ⟨m⟩ abone/alım kuru/fiyatı
Bezugsland ⟨n⟩ *(AußH)* kaynak ülke
Bezugsnummer ⟨f⟩ abone/alım numarası
Bezugspreis ⟨m⟩ abone/alım fiyatı
Bezugsquelle ⟨f⟩ alım kaynağı
Bezugsquellenverzeichnis ⟨n⟩ alım kaynağı rehberi
Bezugsrecht ⟨n⟩ abone hak; yeni pay alma hakkı
[... ausüben] abone hakkı kullanmak; alım hakkını kullanmak

Bezugsrechtsangebot ⟨n⟩ abone/alım hakkına ilişkin teklif
Bezugsrechtsausgabe ⟨f⟩ abone/alım hakkı emisyonu
Bezugsrechtshandel abone/alım hakkı ticareti
Bezugsrechtskurs ⟨m⟩ abone hak kuru; alım hakkı kuru
Bezugsrechtsmitteilung ⟨f⟩ abone/alım hakkını bildirme
Bezugsrechtswert ⟨m⟩ abone/alım hakkı değeri
Bezugsrechtszuteilung ⟨f⟩ abone/alım hakkı tahsisi
Bezugsschein ⟨m⟩ abone/alım fişi
Bezugsstelle ⟨f⟩ abone/alım yeri
Bezugsverhältnis ⟨n⟩ abone/alım oranı
Bezugszeichen ⟨n⟩ abone/alım işareti
Bezugszeitraum ⟨m⟩ abone süresi
bezuschussen ⟨v/t⟩ finansal destekte bulunmak
Biersteuer ⟨f⟩ *(StR)* bira vergisi
bieten ⟨v/t⟩ 1. pey sürmek; artırmak 2. arzetmek; teklif etmek/vermek; teklifte bulunmak
Bietungsgarantie ⟨f⟩ 1. pey (sürme) teminatı 2. teklifte bulunma garantisi
Bietungskurs ⟨m⟩ pey (sürme) fiyatı; teklif edilen fiyat
Bilanz ⟨f⟩ bilanço; denge
[... aufstellen] bilanço düzenlemek
[... der laufenden Posten] *(vGR)* cari işlemler (bilançosu); *(vGR)* cari işlemler dengesi; *(vGR)* cari kalemler bilançosu; *(BkW)* cari hesap bakiyesi
[... der Übertragungen] *(vGR)* devir bilançosu
[... der unsichtbaren Leistungen] *(vGR)* görünmeyen ödemeler bilançosu; görünmeyenler
[... des Kapitalverkehrs] sermaye işlemlerinin bilançosu
[... des Warenhandels] mal alım satımının bilançosu
[... erstellen] *(ReW)* bilanço düzenlemek/hazırlamak
[... prüfen] bilançoyu denetlemek
[... prüfen lassen] bilançoyu denetmek/denettirmek
[... ziehen] bilanço yapmak
[aktive ...] aktif bilanço
[ausgeglichene ...] *(ReW)* dengeli bilanço; sıfır bakiye
[außenwirtschaftliche ...] dış ekonomi bilançosu
[berichtigte ...] *(ReW)* ayarlanmış bilanço
[finanzwirtschaftliche ...] mali bilanço
[geprüfte ...] denetlenmiş bilanço
[in der ... aktivieren] bilançoya aktif olarak koymak
[konsolidierte ...] *(ReW)* konsolide bilanço; organik bilanço
[passive ...] pasif bilanço
Bilanzabschluß ⟨m⟩ kapanış bilançosu; bilançoyu kapama
Bilanzanalyse ⟨f⟩ *(ReW)* bilanço analizi
Bilanzbuch ⟨n⟩ bilanço defteri
Bilanzfälschung ⟨f⟩ bilanço dolanı; bilançoda hile/sahtekârlık
Bilanzgerade ⟨f⟩ *(VWL)* bütçe doğrusu; *(VWL)* bütçe eğrisi
Bilanzgewinn ⟨m⟩ bilanço kârı
Bilanzgleichung ⟨f⟩ bilanço denklemi

Bilanzgliederung ⟨f⟩ bilançoyu sınıflandırma
bilanzieren ⟨⟨v/t⟩ *(ReW)* bilanço yapmak; *(ReW)* bilanço düzenlemek; *(ReW)* bilançolamak
Bilanzierung ⟨f⟩ *(ReW)* bilançolama; *(ReW)* bilanço düzenleme; *(ReW)* muhasebe(cilik)
Bilanzierungsbestimmung ⟨f⟩ bilançolama kuralı
bilanzierungsfähig ⟨adj⟩ bilançolanabilir
Bilanzierungsgrundsätze ⟨pl⟩ *(ReW)* bilançolama esasları
Bilanzierungsmethode ⟨f⟩ bilançolama metodu
Bilanzierungsperiode ⟨f⟩ *(ReW)* hesap dönemi
bilanzierungspflichtig ⟨adj⟩ bilanço yapmakla yükümlü
Bilanzierungsregeln ⟨pl⟩ bilançolama kuralları
Bilanzierungsrichtlinien ⟨pl⟩ muhasebecilik mevzuatı; bilanço yönergesi
Bilanzierungsvorschriften ⟨pl⟩ muhasebecilik mevzuatı
Bilanzjahr ⟨n⟩ *(ReW)* bilanço yılı
Bilanzkennzahl ⟨f⟩ bilanço oranı/rasyosu/reşyosu; bilanço kod/referans numarası
Bilanzkennziffer ⟨f⟩ → **Bilanzkennzahl**
Bilanzklarheit ⟨f⟩ bilanço açıklığı
Bilanzkritik ⟨f⟩ bilanço kritiği
Bilanzkurs ⟨m⟩ bilanço kuru
Bilanzperiode ⟨f⟩ *(ReW)* hesap dönemi
Bilanzpolitik ⟨f⟩ bütçe/bilanço politikası
Bilanzposition ⟨f⟩ *(ReW)* bilanço kalemi
Bilanzposten ⟨m⟩ *(ReW)* bilanço kalemi
Bilanzprüfer ⟨m⟩ *(ReW)* bilanço denetçisi
Bilanzprüfung ⟨f⟩ *(ReW)* bilanço denetimi
Bilanzpünktlichkeit ⟨f⟩ ajur
Bilanzregel ⟨f⟩ bilanço kuralı
Bilanzrichtlinien ⟨pl⟩ bilançolar yönetmeliği
Bilanzrichtlinien-Gesetz ⟨n⟩ bilançolar yönetmeliği kanunu
Bilanzstichtag ⟨m⟩ bilanço günü
Bilanzstrukturkennziffer ⟨f⟩ bilanço yapı oranı/rasyosu
Bilanzsumme ⟨f⟩ bilanço toplamı
Bilanztheorie ⟨f⟩ bilanço kuramı
Bilanzverlust ⟨m⟩ bilanço kaybı
Bilanzvolumen ⟨n⟩ bilanço hacmi
Bilanzwahrheit ⟨f⟩ bilanço gerçeği
Bilanzzahlen ⟨pl⟩ bilanço sayıları
Bilanzziffern ⟨pl⟩ bilanço rakamları/sayıları
Bildschirm ⟨m⟩ ekran
Bildschirmtext ⟨m⟩ ekran metni
Bildüberschrift ⟨f⟩ resim başlığı
Bildung ⟨f⟩ 1. teşekkül; tertip; oluşma; oluşturma 2. eğitim; öğrenim
[... von Rücklagen] yedeklerin/ihtiyatların oluşması/oluşturulması
[berufliche ...] meslek eğitimi
Bildungsabschluß ⟨m⟩ eğitim/öğrenim diploması
Bildungsanforderung ⟨f⟩ eğitimde istenilenler
Bildungseinrichtung ⟨f⟩ eğitim kuruluşu/tesisi
Bildungspolitik ⟨f⟩ eğitim politikası
Bildungsstand ⟨m⟩ eğitim düzeyi
Bildungsurlaub ⟨m⟩ eğitim izni
Bildungswesen ⟨n⟩ eğitim işleri
Bildwerbung ⟨f⟩ resim reklamcılığı; resimli tanıtım
billig ⟨adj⟩ ucuz; düşük fiyatlı
Billigangebot ⟨n⟩ ucuz arz/teklif

billigen ⟨v/t⟩ onaylamak; tasvip etmek
Billigkeit ⟨f⟩ *(Jur)* hakkaniyet; *(Jur)* hak ve adalete uygunluk
Billigkredit ⟨m⟩ ucuz kredi; düşük faizli kredi
Billiglohnland ⟨n⟩ *(AußH)* düşük ücretler ülkesi
Billigmarke ⟨f⟩ ucuz marka
Billigpreisgeschäft ⟨n⟩ düşük fiyatla ticaret; ucuzcu mağaza; bonmarşe
billigst ⟨adj⟩ *(Bö)* en düşük fiyatla
Billigstangebot ⟨n⟩ en düşük fiyatla arz
Billigtarif ⟨m⟩ ucuz tarife
Billigung ⟨f⟩ onay; tasvip
Billigwarengeschäft ⟨n⟩ ucuz mallar mağazası; ucuzcu mağaza; bonmarşe
Binärzahl ⟨f⟩ *(EDV)* ikili sayı
Bindefrist ⟨f⟩ bağlayıcı süre
binden ⟨v/t⟩ bağlamak
bindend ⟨adj⟩ bağlayıcı
Bindung ⟨f⟩ 1. bağla(n)ma; bağlılık; angajman; taahhüt; yükümlülük 2. düzenle(n)me; sapta(n)ma; sabitleştir(il)me; tayin 3. bileşim
[... von Preisen] fiyatların düzenlenmesi/tayini
[... von Währungen] döviz kurlarının düzenlenmesi
Bindungsfrist ⟨f⟩ bağlama süresi; bağlayıcı süre
Binnenfracht ⟨f⟩ sınıriçi/yurtiçi kargosu/hamulesi; *(Schff)* yurtiçi navlunu
Binnenhafen ⟨m⟩ *(Schff)* iç liman
Binnenhandel ⟨m⟩ iç ticaret
Binnenkaufkraft ⟨f⟩ iç alım gücü
Binnenkonjunktur ⟨f⟩ *(VWL)* iç konjonktür
Binnenmarkt ⟨m⟩ *(VWL)* iç pazar; *(EU)* tek pazar
Binnennachfrage ⟨f⟩ yurtiçi talebi
Binnenschiffahrt ⟨f⟩ karasuları denizciliği; yurtiçi denizyolları
Binnenschiffahrtsspediteur ⟨m⟩ *(Schff)* yurtiçi denizyolları acentası
Binnenschiffahrtsweg ⟨m⟩ yurtiçi gemi yolu
Binnentransport ⟨m⟩ iç nakliyat/taşıma
Binnenumsätze ⟨pl⟩ *(VWL)* iç satışlar
Binnenwettbewerb ⟨m⟩ iç rekabet
Binnenwirtschaft ⟨f⟩ *(VWL)* iç ekonomi; yerli ekonomi
binnenwirtschaftlich ⟨adj⟩ *(VWL)* iç ekonomik
Binnenzoll ⟨m⟩ *(Zo)* iç/dahilî gümrük; *(Zo)* oktruva
Binnenzollstelle ⟨f⟩ *(Zo)* iç gümrük kapısı
Bitte ⟨f⟩ rica
[... um Kreditauskunft] kredibilite hakkında bilgi için dilekçe; istihbarat talebi
Blankett ⟨n⟩ form; boş formüler; örnek
blanko ⟨adj⟩ açık; beyaz
[... indossiert] *(WeR)* açık cirolu
Blankoakzept ⟨n⟩ *(WeR)* açık kabul; *(WeR)* beyaz kabul
Blankoauftrag ⟨m⟩ açık emir
Blankobankscheck ⟨m⟩ açık banka çeki
Blankoformular ⟨n⟩ doldurulmamış/boş formüler
Blankogiro ⟨n⟩ açık/beyaz ciro; açık aktarım
Blankoindossament ⟨n⟩ *(WeR)* beyaz ciro; açık aktarım
Blankokredit ⟨m⟩ *(BkW)* açık kredi; *(BkW)* karşılıksız kredi
Blankoscheck ⟨m⟩ *(WeR)* açık çek

Blankotrassierung ⟨f⟩ *(WeR)* açık keşide
Blankounterschrift ⟨f⟩ açığa imza
Blankoverkauf ⟨m⟩ açıktan satış
Blankoverkäufer ⟨m⟩ açıktan satıcı
Blankovollmacht ⟨f⟩ sonsuz vekâlet
Blankowechsel ⟨m⟩ *(WeR)* açık senet; *(WeR)* açık poliçe
Blankounterschrift ⟨f⟩ açık/açığa imza
Blankozession ⟨f⟩ açıktan devir; karşılıksız devir
blind ⟨adj⟩ kör
Blindbuchung ⟨f⟩ *(ReW)* kafadan kayıt; hileli yevmiye maddesi
Blindschreiben ⟨n⟩ (tuşlara) bakmadan yazı yazmak
Blitz ⟨m⟩ 1. şimşek; yıldırım 2. ani
Blitzprüfung ⟨f⟩ ani/ihbarsız denetim
Blitzstreik ⟨m⟩ ani grev
Blitzumfrage ⟨f⟩ yıldırım anket
Block ⟨m⟩ blok
Blockbuchung ⟨f⟩ blok kayıt
Blockfloaten ⟨n⟩ *(AußH)* blok dalgalanma
blockieren ⟨v/t⟩ bloke etmek; *(Kapital)* dondurmak
Blokierung ⟨f⟩ blokaj
Blockprüfung ⟨f⟩ blok denetim
Blockschrift ⟨f⟩ matbaa harfleri yazısı
 [Bitte in ... ausfüllen] Lütfen kitap harfleriyle doldurunuz
Boden ⟨m⟩ yer; taban; toprak; arazi, arsa
Bodenbank ⟨f⟩ *(BkW)* ipotek bankası
Bodenbearbeitung ⟨f⟩ toprak işleme
Bodenbewirtschaftung ⟨f⟩ toprak işleme
Bodendienst ⟨m⟩ *(Flug)* yer servisi
Bodenertrag ⟨m⟩ toprak verimi
Bodenerzeugnis ⟨n⟩ toprak mahsulü
Bodenkredit ⟨m⟩ *(BkW)* tarım kredisi; *(BkW)* kredi fonsiye
Bodenkreditanstalt ⟨f⟩ arazi/toprak kredi sandığı
Bodenkultur ⟨f⟩ tarım ve ormancılık
Bodennutzung ⟨f⟩ toprağı işleme/kullanma; araziden faydalanma
Bodenpfandbrief ⟨m⟩ *(WeR)* arazi rehinli tahvil
Bodenpreis ⟨m⟩ arazi/toprak fiyatı
Bodenrecht ⟨n⟩ *(Jur)* toprak esası; arazi hukuku
Bodenreform ⟨f⟩ *(VWL)* toprak reformu
Bodenrente ⟨f⟩ *(VWL)* toprak rantı
Bodensanierung ⟨f⟩ toprağı arıtma
Bodensatz ⟨m⟩ taban haddi; asgari had; ana mevduat
Bodenschaden ⟨m⟩ arazi hasarı
Bodenschätze ⟨pl⟩ *(VWL)* doğal kaynaklar; yeraltı servetleri
Bodenspekulation ⟨f⟩ arazi/arsa spekülasyonu
Bodentransport ⟨m⟩ kara nakliyatı
Bodenverbesserung ⟨f⟩ toprağın verimliliğini yükseltme
Bodenverschmutzung ⟨f⟩ toprak kirliliği
Bodensteuer ⟨f⟩ *(StR)* arazi vergisi
Bodenverunreinigung ⟨f⟩ toprak kirlenmesi
Bodenverseuchung ⟨f⟩ toprak kirlenmesi
Bodenvorrat ⟨m⟩ (kullanılabilir) arazi/toprak mevcudu
Bodenwert ⟨m⟩ arazi/toprak değeri
Bodenzins ⟨m⟩ arazi iradı
Bodmerei ⟨f⟩ gemi rehni; deniz ödüncü

Bodmereibrief ⟨m⟩ deniz ödüncü tahvili
Bodmereidarlehen ⟨n⟩ *(BkW)* gemi rehni karşılığında ikraz/kredi
Bodmereikredit ⟨m⟩ *(BkW)* gemi rehni karşılığında kredi
Bodmereigläubiger ⟨m⟩ *(Schff)* deniz ödüncü tahvilleri sahibi
Bodmereischuldner ⟨m⟩ *(Schff)* deniz ödüncü borçlusu
Bodmerist ⟨m⟩ *(Schff)* deniz ödüncünü veren
Bogenelastizität ⟨f⟩ *(VWL)* yay elastikliği
bona fide ⟨adj⟩ bona fide
Bonifikation ⟨f⟩ ikramiye
Bonität ⟨f⟩ *(BkW)* kredibilite; *(BkW)* ödeme gücü/kabiliyeti; *(BkW)* sağlamlık; *(BkW)* itibar
Bonitätsauskunft ⟨f⟩ *(BkW)* banka tezkiyesi
Bonitätseinstufung ⟨f⟩ kredibilite derecelemesi
Bonitätskategorie ⟨f⟩ kredibilite derecesi/notu
Bonitätsprüfung ⟨f⟩ *(BkW)* kredibilite denetimi; *(BkW)* itibar kontrolu
Bonitätsrisiko ⟨n⟩ *(BkW)* kredibilite riski
Bonus ⟨m⟩ ikramiye; prim
Bonusaktienverfahren ⟨n⟩ ikramiyeli hisse senedi usulü
Boom ⟨m⟩ *(VWL)* (konjontürel) patlama; *(VWL)* konjonktürde yükselme; *(Eng)* boom
Bord ⟨m⟩ borda; güverte
 [an ...] *(Flug)* uçakta; *(Schff)* güvertede; bordada; gemide
 [an ... gebracht und gestaut] uçağa/güverteye teslim ve yerleştirme
 [franko ...] *(Inco)* → fob güverteye teslim; nakliyesiz teslim
 [frei an ...] *(Inco)* → fob güverteye teslim; nakliyesiz teslim
 [frei an ... des Flugzeugs] *(Flug)* uçağa teslim
Bordbescheinigung ⟨f⟩ *(Schff)* güverte belgesi
Bordempfangsschein ⟨m⟩ *(Schff)* yükleme belgesi; güverteye teslim alma belgesi; güverte makbuzu
Bordkonnossement ⟨n⟩ *(Schff)* yükleme konşimentosu
Börse ⟨f⟩ *(Bö)* borsa
 [an der ... gehandelt werden] borsada işlem görmek
 [an der ... notieren] borsada koteli olmak
 [an die ... gehen] borsaya girmek
 [feste ...] sağlam borsa
 [flaue ...] durgun borsa
 [freundliche ...] borsada iyimser piyasa
 [inoffizielle ...] gayri resmi borsa
 [stabile ...] istikrarlı borsa
 [steigende ...] yükselen borsa
Börsenabschluß ⟨m⟩ borsa kapanışı
Börsenabschlußeinheit ⟨f⟩ borsa kapanış birimi
Börsenaufsicht ⟨f⟩ *(Bö)* borsa denetimi; *(Bö)* borsa komiseri
Börsenauftrag ⟨m⟩ *(Bö)* borsa emri; *(Bö)* ordino
Börsenbeobachter ⟨m⟩ borsa gözlemcisi
Börsenbericht ⟨m⟩ *(Bö)* borsa bülteni
Börsenblatt ⟨n⟩ *(Bö)* borsa gazetesi
Börseneinführung ⟨f⟩ borsaya sürme
Börseneinführungsprospekt ⟨m⟩ *(Bö)* borsa bülteni
Börsenfreiverkehr ⟨m⟩ borsa dışı işlemler; tezgâh üstü satışlar; köşebaşı işlemler
börsengängig ⟨adj⟩ borsada işlem görebilir

Börsengeschäft ⟨n⟩ *(Bö)* borsa işlemi/muamelesi; borsada alım satım
Börsenhandel ⟨m⟩ *(Bö)* borsa işlemleri; borsa alım satımı
Börsenhandelseinheit ⟨f⟩ *(Bö)* borsa işlem birimi; borsa balyası/lotu
Börsenhändler ⟨m⟩ *(Bö)* borsa ajanı/komisyoncusu; *(Eng)* broker
Börsenhausse ⟨f⟩ *(Bö)* borsa tavanı
Börsenindex ⟨m⟩ *(Bö)* borsa indeksi
Börsenklima ⟨n⟩ *(Bö)* borsa ortamı; *(Bö)* borsada hava
Börsenkommission ⟨f⟩ borsa komisyonu
Börsenkrach ⟨m⟩ borsa krizi
Börsenkurs ⟨m⟩ borsa kuru
Börsenmakler ⟨m⟩ borsa simsarı; borsa komisyoncusu; borsacı; broker
Börsenmarkt ⟨m⟩ borsa pazarı/piyasası
Börsenmitglied ⟨n⟩ borsa üyesi
börsennotiert ⟨adj⟩ borsada koteli/kayıtlı
Börsennotierung ⟨f⟩ borsa kotasyonu/kaydı/kotesi
Börsenorgane ⟨f⟩ borsa organları
Börsenorganisation ⟨f⟩ borsa örgütü/teşkilatı
Börsenpapiere ⟨pl⟩ borsa kâğıtları; borsa (kıymetli) evrakı
Börsenparkett ⟨n⟩ *(Bö)* borsa parkesi
Börsenpreis ⟨m⟩ *(Bö)* borsa fiyatı
Börsenprospekt ⟨m⟩ *(Bö)* borsa bülteni
Börsenrecht ⟨n⟩ borsa hukuku
Börsensaal ⟨m⟩ *(Bö)* borsa salonu
Börsenschluß ⟨m⟩ *(Bö)* borsa kapanışı
Börsensitzung ⟨f⟩ *(Bö)* borsa seansı
Börsenspekulant ⟨m⟩ *(Bö)* borsa spekülatörü
Börsenspekulation ⟨f⟩ *(Bö)* borsa spekülasyonu
Börsenstimmung ⟨f⟩ *(Bö)* borsada hava/ortam
Börsenstunden ⟨pl⟩ *(Bö)* borsa saatleri
Börsenteil ⟨m⟩ *(Zeitung)* borsa kısmı
Börsentendenz ⟨f⟩ borsa eğilimi
Börsentermingeschäft ⟨n⟩ *(Bö)* borsa vadeli işlemi
Börsenterminhandel ⟨m⟩ *(Bö)* borsada vadeli işlemler
Börsentrend ⟨m⟩ *(Bö)* borsa trendi
Börsenumsatzsteuer ⟨f⟩ *(StR)* borsa muamele vergisi
Börsenviertel ⟨n⟩ borsa semti
Börsenwert ⟨m⟩ borsa değeri
[aktueller . . .] güncel borsa değeri
Börsenzeit ⟨f⟩ borsa süresi
Börsenzulassung ⟨f⟩ borsa kotuna kaydedilme
[Abteilung für . . .] borsa kaydı/kayıt işleri dairesi
Börsenzulassungsprospekt ⟨m⟩ borsaya kayıt prospektüsü
Börsenzulassungsstelle ⟨f⟩ borsa kaydı/kayıt işleri dairesi
Börsenzusammenbruch ⟨m⟩ borsa bunalımı/krizi
Börsianer ⟨m⟩ borsacı
Bote ⟨m⟩ ulak; kurye; haberci; hademe
Botendienst ⟨m⟩ ulak servisi; kuryelik hizmeti
Botengang ⟨m⟩ haber götürme
Boteninkasso ⟨n⟩ *(BkW)* kuryeli tahsil
Boykott ⟨m⟩ boykot
boykottieren ⟨v/t⟩ boykot etmek
brachlegen ⟨v/t⟩ *(LandW)* nadasa bırakmak/yatırmak

Brache ⟨f⟩ *(LandW)* nadaslık tarla; ekilmemiş tarla
Brachezeit ⟨f⟩ *(LandW)* nadas; (tarlanın) dinlenme zamanı
Branche ⟨f⟩ işkolu; branş; dal; sektör
Branchenadreßbuch ⟨n⟩ işkolları (adres) rehberi
Branchenanalyse ⟨f⟩ işkolları analizi
Branchenbeobachter ⟨m⟩ işkolları gözlemcisi/izleyicisi
Branchendurchschnitt ⟨m⟩ işkolları ortalaması
Branchengliederung ⟨f⟩ işkolları dağılımı/sınıflandırması
Branchenindex ⟨m⟩ işkolu indeksi
Branchenkenner ⟨m⟩ işkolunu iyi bilen/tanıyan
Branchenkonjunktur ⟨f⟩ işkolu konjonktörü
Branchenkreise ⟨pl⟩ işkolu çevreleri
Branchenrisiko ⟨n⟩ işkoluna özgül risk; sektörel risk
branchenspezifisch ⟨adj⟩ işkoluna özgül; sektörel
Branchenstruktur ⟨f⟩ işkolu yapısı
branchenüblich ⟨adj⟩ işkolunda alışagelmiş
Branchenverzeichnis ⟨n⟩ işkolu rehberi
Brand ⟨m⟩ yangın
Brandkasse ⟨f⟩ *(Vers)* yangın sigortası
Brandschaden ⟨m⟩ yangın hasarı
Brandstiftung ⟨f⟩ kundakçılık
Brandversicherung ⟨f⟩ *(Vers)* yangına karşı sigorta
Branntweinmonopol ⟨n⟩ konyak tekeli
Branntweinsteuer ⟨f⟩ *(StR)* konyak vergisi
Brauch ⟨m⟩ gelenek; töre; âdet; teamül
brauchbar ⟨adj⟩ kullanışlı
Brauchbarkeit ⟨f⟩ kullanışlılık
[handelsübliche . . .] ticarî kullanışlılık
Brauchbarkeitsminderung ⟨f⟩ kullanışlılıkta azalma
Braunkohle ⟨f⟩ *(BergB)* linyit kömürü
Break-Even-Analyse ⟨f⟩ *(KoR)* başabaş analizi; *(KoR)* eşik analizi
Break-even Punkt ⟨m⟩ *(BkW)* başabaş noktası
Brennstoff ⟨m⟩ yakıt; yanıcı/yanar madde
Brief ⟨m⟩ mektup; *(Bö)* arz; sunu
[. . . mit Wertangabe] *(Bö)* fiyatlı arz/sunu
[beiliegender . . .] ekteki mektup
[vertraulicher . . .] özel/şahsî mektup
Briefanfang ⟨m⟩ mektubun başı; mektup başlığı
Briefausgang ⟨m⟩ posta çıkışı; çıkan posta
Briefbogen ⟨m⟩ antetli mektup kâğıdı
Briefdrucksache ⟨f⟩ *(Post)* açık mektup; *(Post)* matbu gönderi
Briefeingang ⟨m⟩ posta girişi; giren posta
Briefgeheimnis ⟨n⟩ posta sırrı
Briefgestaltung ⟨f⟩ mektup dizaynı; mektuba şekil verme; mektubu şekillendirme
Briefinhalt ⟨m⟩ mektubun içeriği
Briefkastenfirma ⟨f⟩ paravan firma
Briefkastengesellschaft ⟨f⟩ → **Briefkastenfirma**
Briefkopf ⟨m⟩ antet; mektup başlığı
[Blattpapier mit . . .] antetli kağıt
Briefkurs ⟨m⟩ *(Bö)* arz/sunu fiyatı; istenen fiyat
Briefsatz ⟨m⟩ → **Briefkurs**
brieflich ⟨adj⟩ mektup olarak
Briefpapier ⟨n⟩ mektup kağıdı
[. . . mit aufgedrucktem Firmenkopf] antetli/başlıklı mektup kağıdı
Briefporto ⟨n⟩ *(Post)* mektup ücreti

Briefpost ⟨f⟩ posta; mektuplar; mektup postası
Briefüberweisung ⟨f⟩ mektupla havale
Briefumschlag ⟨m⟩ mektup zarfı
Briefverkehr ⟨m⟩ mektuplaşma; (mektupla) yazışma
Briefwechsel ⟨m⟩ mektuplaşma; (mektupla) yazışma
Briefwahl ⟨f⟩ mektupla seçim
Briefzustellung ⟨f⟩ *(Post)* mektup tebligatı
bringen ⟨v/t⟩ getirmek; götürmek
Bringschuld ⟨f⟩ götürülecek borç; alacaklının bulunduğu yerde ödenecek borç
Brokerfirma ⟨f⟩ *(Bö)* broker firması; borsa simsarlığı şirketi
Brochüre ⟨f⟩ broşür
Bruch ⟨m⟩ 1. kırık; kırılma 2. bozulma, 3. *(Math)* kesir
[frei von ...] kırıksız
bruchfest ⟨adj⟩ → **bruchsicher** kırılmaz
bruchfrei ⟨adj⟩ kırıksız
Bruchrisiko ⟨n⟩ kırılma riski/tehlikesi
Bruchschaden ⟨m⟩ *(Ver)* kırılma yüzünden meydana gelen zarar ve ziyan
bruchsicher ⟨adj⟩ → **bruchfest** kırılmaz
Bruchteil ⟨m⟩ *(Math)* kesir
Bruchteilaktie ⟨f⟩ *(WeR)* kesirli hisse senedi
Bruchteileigentum ⟨n⟩ *(Jur)* müşterek/şüyulu mülkiyet
Bruchteilsgemeinschaft ⟨f⟩ müşterek/şüyulu ortaklık
[Aufhebung der ...] *(Jur)* izalei şüyu; paydaşlığın giderilmesi
Bruchteilrecht ⟨n⟩ *(Jur)* müşterek/şüyulu mülkiyet hakkı
brutto ⟨adj⟩ brüt; gayri safi
[... für netto] net karşılığı brüt
Bruttoabsatz ⟨m⟩ brüt satış
Bruttoanlageinvestitionen ⟨pl⟩ *(vGR)* gayri safi sabit sermaye teşekkülü
Bruttoanlagevermögen ⟨n⟩ gayri safi duran varlıklar
Bruttoarbeitslohn ⟨m⟩ brüt iş ücreti
Bruttoaufschlag ⟨m⟩ satış kârı; gayri safi kâr
Bruttoausgaben ⟨pl⟩ *(vGR)* gayri safi harcama
Bruttobetrag ⟨m⟩ brüt meblağ/tutar; gayri safi meblağ/bedel
Bruttobetriebsergebnis ⟨n⟩ gayri safi hasılat; gayri safi işletme/faaliyet kârı/hasılatı; vergi öncesi kâr/hasılat
Bruttobezüge ⟨pl⟩ gayri safi ödeme
Bruttobilanz ⟨f⟩ gayri safi bilanço
Bruttodividende ⟨f⟩ gayri safi temettü
Bruttoeinkommen ⟨n⟩ gayri safi gelir
Bruttoerfolgsrechnung ⟨f⟩ *(KoR)* gayri safi kâr (ve zarar) hesabı
Bruttoergebnis ⟨n⟩ gayri safi işletme/faaliyet kârı; vergi öncesi kâr
Bruttoerlös ⟨m⟩ *(ReW)* gayri safi hasılat; gayri safi satış(lar); (yatırımdan) gayri safi getiri
Bruttoersparnis ⟨f⟩ *(vGR)* gayri safi tasarruf
Bruttoertrag ⟨m⟩ *(ReW)* gayri safi hasılat; gayri safi satışlar; (yatırımdan) gayri safi getiri
Bruttoertragsanalyse ⟨f⟩ *(BkW)* nakit akımı analizi
Bruttoertragslage ⟨f⟩ nakit akımı durumu
Bruttoertragsziffer ⟨f⟩ gayri safi hasıla
Bruttoetat ⟨m⟩ *(öFi)* gayri safi bütçe

Bruttofracht ⟨f⟩ brüt hamule/navlun/yük
Bruttogehalt ⟨n⟩ brüt maaş
Bruttogeschäftsgewinn ⟨m⟩ *(ReW)* gayri safi faaliyet kârı; brüt ticarî kâr
Bruttogewicht ⟨n⟩ brüt ağırlık
Bruttogewinn ⟨m⟩ brüt kâr; gayri safi kâr
Bruttogewinnspanne ⟨f⟩ brüt kâr marjı
Bruttoinlandsinvestitionen ⟨pl⟩ *(vGR)* gayri safi yatırım
[private ...] *(vGR)* gayri safi özel yatırım
Bruttoinlandsprodukt (BIP) ⟨n⟩ *(vGR)* gayri safi yurtiçi hasıla; (G.S.Y.İ.H.)
[... zu Faktorkosten] *(vGR)* faktör fiyatlarıyla gayri safi yurtiçi hasıla
[... zu Marktpreisen] *(vGR)* piyasa fiyatlarıyla gayri safi yurtiçi hasıla
Bruttoinlandsproduktion ⟨f⟩ *(vGR)* gayri safi yurtiçi üretim
Bruttoinvestitionen ⟨pl⟩ *(vGR)* gayri safi yatırım
Bruttoinvestitionsquote ⟨f⟩ *(vGR)* gayri safi yatırım oranı
Bruttolohn ⟨m⟩ brüt ücret
Bruttolohnsumme ⟨f⟩ brüt ücret tutarı; toplam brüt ücret
Bruttomiete ⟨f⟩ brüt kira
Bruttonationalprodukt ⟨n⟩ *(vGR)* gayri safi milli hasıla
Bruttopreis ⟨m⟩ brüt fiyat
Bruttoproduktion ⟨f⟩ brüt üretim; gayri safi üretim
Bruttoraumgehalt ⟨m⟩ brüt hacim
Bruttoregistertonne ⟨f⟩ brüt tonaj
Bruttorendite ⟨f⟩ brüt rant/gelir
Bruttosozialprodukt (BSP) ⟨n⟩ *(vGR)* gayri safi milli hasıla; (GSMH)
[... zu Faktorkosten] *(vGR)* faktör fiyatlarıyla gayri safi milli hasıla
[... zu Marktpreisen] *(vGR)* piyasa fiyatlarıyla gayri safi milli hasıla
[reales ...] *(vGR)* gerçek gayri safi milli hasıla
Bruttosozialprodukt-Deflator ⟨m⟩ *(vGR)* gayri safi milli hasıla deflatörü
Bruttosozialprodukt-Lücke ⟨f⟩ *(vGR)* gayri safi milli hasıla açığı
Bruttospanne ⟨f⟩ *(ReW)* gayri safi kâr; satış kârı
Bruttoüberschuß ⟨m⟩ brüt fazlalık
Bruttoumsatz ⟨m⟩ gayri safi satış(lar); brüt ciro
Bruttoumsatzerlös ⟨m⟩ gayri safi hasılat; cirodan brüt kâr
Bruttoverdienst ⟨m⟩ brüt kazanç
Bruttoverzinsung ⟨f⟩ brüt faizleme
Bruttowarengewinn ⟨m⟩ *(ReW)* gayri safi faaliyet kârı; brüt ticarî kâr
Bruttowert ⟨m⟩ brüt değer; gayri safi kıymet
Bruttozins ⟨m⟩ brüt faiz
Buch ⟨n⟩ kitap; *(ReW)* defter
[... führen über] hakkında defter tutmak
Buchabschluß ⟨m⟩ defterleri/hesapları/muhasebeyi kapama
Buchabschreibung ⟨f⟩ defter amortismanı
Buchauszug ⟨m⟩ defter kaydı sureti; muhasebe kayıt sureti
Buchbestände ⟨pl⟩ defterlere göre mevcutlar; defter mevcudatı
Bucheinsicht ⟨f⟩ defterleri inceleme

buchen ⟨v/t⟩ *(ReW)* (deftere) kaydetmek/geçirmek; ayır(t)mak; rezervasyon yapmak
[Gewinn . . .] kâr sağlamak/kaydetmek; kâr elde etmek
[Platz . . .] yer ayır(t)mak
[Vorteil . . .] avantaj sağlamak
Bücher ⟨pl⟩ kitaplar; *(ReW)* defterler
[. . . führen] *(ReW)* defter tutmak
Buchforderung ⟨f⟩ defter alacağı; kayıtlı alacak
Buchführer ⟨m⟩ defter tutan; muhasebeci
Buchführung ⟨f⟩ *(ReW)* defter tutma; *(ReW)* muhasebe
[doppelte . . .] *(ReW)* ikili muhasebe; *(ReW)* ikili kayıt usulü defter tutma; *(ReW)* çift girişli muhasebe
[einfache . . .] *(ReW)* basit muhasebe; *(ReW)* tek kayıt usulü defter tutma
[handschriftliche . . .] elle kayıt muhasebesi
[kostenlose . . .] ücretsiz defter tutma
[kaufmännische . . .] mali muhasebe
[treuhänderische . . .] itimada müstenit muhasebe
Buchführungsbelege ⟨pl⟩ *(ReW)* muhasebe fişleri
Buchführungsmethode ⟨f⟩ muhasebe kayıt metodu
buchführungspflichtig ⟨adj⟩ defter tutmakla yükümlü
Buchführungssystem ⟨n⟩ *(ReW)* defter tutma sistemi; *(ReW)* muhasebe kayıt sistemi
Buchgeld ⟨n⟩ kaydi/yazılı para
Buchgewinn ⟨m⟩ muhasebe kârı
Buchgrundschuld ⟨f⟩ kayıtlı/tescilli ipotek
Buchguthaben ⟨n⟩ muhasebe matlup fişi; kayıtlı mevduat
Buchhalter ⟨m⟩ *(ReW)* muhasebeci; *(ReW)* muhasebe memuru; *(ReW)* muhasip
[geprüfter . . .] diplomalı muhasebeci
buchhalterisch ⟨adj⟩ muhasebece
Buchhaltung ⟨f⟩ *(ReW)* muhasebe; *(ReW)* defter tutma
[EDV-gestützte . . .] bilgisayar destekli muhasebe
[kaufmännische . . .] mali muhasebe
Buchaltungsabteilung ⟨f⟩ *(ReW)* muhasebe (servisi)
Buchaltungsleiter ⟨m⟩ *(ReW)* muhasebe şefi
Buchaltungsposten ⟨m⟩ *(ReW)* muhasebe kalemi
Buchhypothek ⟨f⟩ kayıtlı/tescilli ipotek
Buchinventar ⟨n⟩ defter mevcudu; muhasebe envanteri
Buchinventur ⟨f⟩ muhasebe dökümü/envanteri; defterlerin denetimi
Buchkredit ⟨m⟩ açık kredi
Buchprüfer ⟨m⟩ *(ReW)* muhasebe denetçisi
[beeidigter . . .] yeminli muhasebe denetçisi
Buchprüfung ⟨f⟩ muhasebe (defteri) denetimi
[. . . durch betriebsfremde Prüfer] bağımsız denetçi yoluyla muhasebe denetimi
[. . . durchführen] muhasebe denetimi yapmak
Buchprüfungsbericht ⟨m⟩ muhasebe denetimi raporu
Buchprüfungsvermerk ⟨m⟩ muhasebe denetimi kaydı
Buchrestwert ⟨m⟩ *(ReW)* artık defter değeri
Buchsachverständiger ⟨m⟩ *(ReW)* muhasebeci
Buchschulden ⟨pl⟩ alacaklılar hesabı

Buchung ⟨f⟩ 1. kayıt; tescil 2. rezervasyon; yer ayırma 3. yevmiye maddesi
[. . . stornieren] kaydı/rezervasyonu iptal etmek
[einfache . . .] *(ReW)* basit kayıt; basit yevmiye maddesi
[feste . . .] kesin rezervasyon; kesin kayıt
[gleichlautende . . .] değişmeyen kayıt
[transitorische . . .] *(ReW)* geçici kayıt; geleceğe ait kayıt
[zusammengefaßte . . .] kısa kayıt
Buchungen ⟨pl⟩ kayıtlar; rezervasyonlar; *(ReW)* kayıtlar
[. . . zur Periodenabgrenzung] *(ReW)* ayarlama kayıtları
Buchungsabteilung ⟨f⟩ *(ReW)* muhasebe (servisi)
Buchungsanzeige ⟨f⟩ kayıt beyanı; *(ReW)* muhasebe matlup fişi
Buchungsbeleg ⟨m⟩ *(ReW)* kayıt fişi; *(ReW)* muhasebe fişi
Buchungsdatum ⟨n⟩ *(ReW)* kayıt tarihi
Buchungsfehler ⟨m⟩ *(ReW)* kayıt hatası
Buchungsgebühr ⟨f⟩ *(BkW)* kayıt ücreti; *(BkW)* kayıt harcı
Buchungsnummer ⟨f⟩ kayıt numarası
[laufende . . .] yevmiye numarası
Buchungsposten ⟨m⟩ *(ReW)* kayıt kalemi; *(ReW)* defter/muhasebe kaydı
Buchungspostenzahl ⟨f⟩ *(ReW)* işlem sayısı
Buchungssatz ⟨m⟩ *(ReW)* kayıt haddi
Buchungsunterlagen ⟨pl⟩ *(ReW)* kayıt evrakı; *(ReW)* defterler; *(ReW)* kayıtlar; *(ReW)* muhasebe kayıtları
Buchungsverfahren ⟨n⟩ *(ReW)* kayıt usulü; *(ReW)* muhasebe usulü
[doppeltes . . .] *(ReW)* ikili kayıt usulü; *(ReW)* ikili muhasebe usulü; *(ReW)* çift kayıt sistemi
[einfaches . . .] *(ReW)* basit kayıt usulü; *(ReW)* basit muhasebe usulü
Buchungsvorfall ⟨m⟩ kayıt işlemi
Buchungsvorgang ⟨m⟩ *(ReW)* kayıt işlemi
Buchverlag ⟨m⟩ kitabevi; basımevi
Buchverlust ⟨m⟩ *(ReW)* defter kaybı
Buchwert ⟨m⟩ *(ReW)* defter değeri; *(ReW)* muhasebe değeri; kayıtlı değer; işleyen teşebbüs değeri; *(StR)* mukayyet değer
[. . . vor Abschreibungen] *(ReW)* brüt defter değeri; *(ReW)* amortisman öncesi defter değeri
[. . . der Investitionen] *(BkW)* iştirakların değeri; yatırımların muhasebe değeri
[. . . des Anlagevermögens] *(ReW)* net sabit sermaye yatırımı; (ReW) safi varlık yatırımı; *(ReW)* sabit varlıkların defter değeri
[. . . herabsetzen] defter değerini düşürmek
[. . . heraufsetzen] defter değerini yükseltmek
Buchwertabschreibung ⟨f⟩ *(ReW)* defter değeri amortismanı; *(ReW)* azalan oranlı bilanço metodu; *(ReW)* azalan bakiyeli amortisman
Buchzahlung ⟨f⟩ *(BkW)* nakitsiz ödeme
Budget ⟨n⟩ bütçe
[. . . des Fertigungsbereichs] *(KoR)* üretim bütçesi
[ausgeglichenes . . .] *(BkW)* dengeli bütçe
[ertragsorientiertes . . .] *(öFi)* performans bütçe
[flexibles . . .] *(BWL)* esnek bütçe

[konventionelles ...] geleneksel bütçe
[optimales ...] *(öFi)* optimum bütçe
[zielorientiertes ...] *(öFi)* performans bütçe
Budgetabweichung ⟨f⟩ *(KoR)* bütçe sapması
Budgetaufstellung ⟨f⟩ *(BWL)* bütçeleme
Budgetgerade ⟨f⟩ *(VWL)* bütçe eğrisi
Budgetierung ⟨f⟩ *(BWL)* bütçeleme; *(öFi)* bütçeleme
Budgetierungszeitraum ⟨m⟩ *(BWL)* bütçe dönemi
bugsieren ⟨v/t⟩ *(Schff)* yedek çekmek; yedeğe alıp çekmek; yedeklemek
Bugsierlohn ⟨m⟩ *(Schff)* yedeğe alma ücreti; yedekleme ücreti
Bugsierschlepper ⟨m⟩ *(Schff)* römorkör; yedek çeken gemi
Bummelstreik ⟨m⟩ işi yavaşlatma grevi
Bund ⟨m⟩ birlik; federal devlet
Bündel ⟨m⟩ demet; deste; tomar; çıkın
bündeln ⟨v/t⟩ demetlemek; destelemek
Bündelung ⟨f⟩ demetleme; desteleme
Bundesamt ⟨n⟩ *(D)* devlet dairesi
Bundesanleihe ⟨f⟩ *(D)* devlet borçlanma senedi
Bundesanstalt ⟨f⟩ *(D)* devlet kurumu; resmî kurum
[... für Arbeit] *(D)* İş ve İşçi Bulma Kurumu
Bundesanzeiger ⟨m⟩ *(D)* Resmî Gazete
Bundesarbeitsgericht ⟨n⟩ *(D)* Federal (Almanya) İş Mahkemesi
Bundesaufsichtsamt ⟨n⟩ *(D)* Federal (Almanya) Devlet Denetleme Dairesi
[... für das Kreditwesen] *(D)* Kredi İşleri Federal Devlet Denetleme Dairesi
Bundesausbildungsförderungsgesetz ⟨n⟩ *(D)* Eğitimi Teşvik Yasası
Bundesausgaben ⟨pl⟩ *(D)* devlet/kamu giderleri/harcamaları
Bundesbahn ⟨f⟩ Federal Almanya Demiryolları; Alman Devlet Demiryolları
Bundesbank ⟨f⟩ Alman Merkez Bankası
Bundesbankleitzins ⟨m⟩ Alman Merkez Bankası güdümlü faizi
Bundesbehörde ⟨f⟩ *(D)* devlet makamı
Bundesbürgschaft ⟨f⟩ *(D)* devlet kefaleti
Bundesfinanzhof ⟨m⟩ *(D)* Sayıştay; Federal devlet maliye kurulu
Bundesgerichtshof ⟨m⟩ *(D)* Federal Mahkeme (Divanı)
Bundesgesetz ⟨n⟩ *(D)* Federal yasa; Alman Kanunu
Bundesgesetzblatt ⟨n⟩ *(D)* Resmî Gazete
Bundeshaushalt ⟨m⟩ *(D)* millî bütçe
Bundeskanzler ⟨m⟩ *(D)* Federal Almanya şansölyesi/başbakanı
Bundeskartellamt ⟨n⟩ *(D)* Federal (Almanya) kartel dairesi
Bundeskasse ⟨f⟩ *(D)* devlet hazinesi
Bundesland ⟨n⟩ *(D)* eyalet; *(D)* Federal eyalet
Bundesminister ⟨m⟩ Federal Almanya bakanı; Federal bakan
Bundesministerium ⟨n⟩ *(D)* bakanlık
Bundesmittel ⟨pl⟩ *(D)* devlet/kamu fonları
Bundespost ⟨f⟩ *(D)* Federal Almanya Postası
Bundespräsident ⟨m⟩ Federal Almanya cumhurbaşkanı
Bundesrat ⟨m⟩ Federal Almanya Eyaletler Meclisi

Bundesrechnungshof ⟨m⟩ *(D)* Sayıştay
Bundesregierung ⟨f⟩ *(D)* Federal (Almanya) hükümet(i); Alman hükümeti
Bundesschatzanweisung ⟨f⟩ *(D)* devlet hazinesi kefaletini haiz bono
Bundesschatzbrief ⟨m⟩ *(D)* hazine bonosu
Bundessozialgericht ⟨n⟩ *(D)* Federal Sosyal Mahkeme
Bundesstaat ⟨m⟩ *(D)* Federal Almanya Devleti; federal/birleşik devlet
Bundestag ⟨m⟩ *(D)* Federal Almanya Parlamentosu; *(D)* Federal Parlamento
Bundesunternehmen ⟨n⟩ *(D)* (Alman) devlet (iktisadî) teşebbüsü/girişimi
Bundesverband ⟨m⟩ *(D)* Federal birlik/konfederasyon
[... der deutschen Industrie] Alman Sanayi Konfederasyonu
Bundesverfassungsgericht ⟨n⟩ *(D)* Federal (Almanya) Anayasa Mahkemesi
Bundesversammlung ⟨f⟩ *(D)* Federal Parlamento; Alman parlamentosu
Bundesversicherungsamt ⟨n⟩ *(D)* Federal (Almanya) Sosyal Sigortalar Dairesi
Bundesversicherungsanstalt ⟨f⟩ Federal (Almanya) Sosyal Sigortalar Kurumu
[... für Angestellte] *(D)* Ücretli Memurlar için Federal (Almanya) Sosyal Sigortalar Kurumu
Bundesverwaltungsgericht ⟨n⟩ *(D)* Federal İdare Mahkemesi
Bundesvorstand ⟨m⟩ *(D)* Federal Yönetim Kurulu
Bürge ⟨m⟩ *(Jur)* kefil
[als ... haften] kefil olarak sorumlu olmak
[selbstschuldnerischer ...] kendi kendine kefil
bürgen ⟨int⟩ kefil olmak
Bürger ⟨m⟩ vatandaş
Bürgermeister ⟨m⟩ kaymakam; vali
Bürgerrechte ⟨pl⟩ vatandaşlık hakları
Bürgschaft ⟨f⟩ *(Jur)* kefalet
[... leisten] kefalet vermek; kefil olmak
[gesamtschuldnerische ...] zincirleme birlikte kefalet; dayanışmalı kefalet
[nicht dinglich abgesicherte ...] nesnel/aynî teminatlı olmayan kefalet
[selbstschuldnerische ...] zincirleme kefalet
[Vorschuß gegen ...] kefalet karşılığı avans
Bürgschaftsbrief ⟨m⟩ kefalet mektubu
Bürgschaftserklärung ⟨f⟩ kefalet (mektubu) taahhütnamesi; aval taahhüdü
Bürgschaftsgeber ⟨m⟩ kefalet veren; kefil
Bürgschaftsgläubiger ⟨m⟩ kefalet alacaklısı
Bürgschaftskredit ⟨m⟩ kefalete karşı kredi
Bürgschaftsleistung ⟨f⟩ kefalet edimi
Bürgschaftsnehmer ⟨m⟩ kefaleti kullanan
Bürgschaftsrahmen ⟨m⟩ kefalet kapsamı
Bürgschaftsrisiko ⟨n⟩ kefalet riski
Bürgschaftsschein ⟨m⟩ kefalet belgesi
Bürgschaftsschuld ⟨f⟩ kefalet borcu
Bürgschaftssicherheit ⟨f⟩ kefalet teminatı
Bürgschaftsversicherung ⟨f⟩ kefalet sigortası
Bürgschaftswechsel ⟨m⟩ kefalet senedi
Bürgschein ⟨m⟩ kefil belgesi
Büro ⟨n⟩ büro; ofis; yazıhane
Büroangestellter ⟨m⟩ büro/ofis/yazıhane memuru; müstahdem

Büroarbeit ⟨f⟩ büro/yazıhane işi; yazı işleri
Büroarbeitsplatz ⟨m⟩ büroda/yazıhanede çalışma yeri
Büroautomatisierung ⟨f⟩ büroda/yazıhanede otomasyon
Bürobauten ⟨pl⟩ ofis binaları
Bürobedarf ⟨m⟩ yazıhane/büro/ofis ihtiyaçları
Büroberuf ⟨m⟩ sekreterlik mesleği
Bürofläche ⟨f⟩ yazıhane/büro/ofis alanı; büronun metrekaresi
Bürogebäude ⟨n⟩ ofis binası; işhanı
Bürokommunikation ⟨f⟩ büro haberleşmesi/iletişimi
Bürokratie ⟨f⟩ bürokrasi
Büromaterial ⟨n⟩ yazıhane/büro/ofis malzemesi; kırtasiye
Büropersonal ⟨n⟩ yazıhane/büro/ofis personeli/kadrosu
Büroraum ⟨m⟩ yazıhane/büro odası
Büroschluß ⟨m⟩ büro/ofis kapanış saati
Bürostunden ⟨pl⟩ yazıhane/büro/ofis çalışma saatleri
Bußgeld ⟨n⟩ *(Jur)* para cezası
Bußgeldverfahren ⟨n⟩ *(Jur)* para cezası yöntemi

C

Carnet ⟨n⟩ *(Zo)* karne
Cashflow ⟨m⟩ *(BkW)* nakit akışı
Catering ⟨n⟩ hazır yemek servisi; iaşe servisi; *(Eng)* catering
Chance ⟨f⟩ fırsat; şans
[... verpassen] fırsat kaçırmak
Chancengleichheit ⟨f⟩ olanak ve fırsat eşitliği
Charter ⟨m⟩ çarter
Charterbedingungen ⟨pl⟩ çarter koşulları
Charterdienst ⟨m⟩ çarter hizmeti/servisi
Charterflug ⟨m⟩ *(Flug)* çarter uçuşu
Charterflugzeug ⟨n⟩ *(Flug)* çarter uçağı
Chartergesellschaft ⟨f⟩ çarter ortaklığı
Chartermaschine ⟨f⟩ *(Flug)* çarter uçağı
Chartepartie ⟨f⟩ *(Schff)* çarter parti
Charterverkehr ⟨m⟩ çarter ulaştırması
Chartervertrag ⟨m⟩ *(Schff)* çarter sözleşmesi
Chef ⟨m⟩ müdür; şef; patron
Chefbuchhalter ⟨m⟩ baş muhasebeci
Chefinspektor ⟨m⟩ baş müfettiş
Chefsekretärin ⟨f⟩ şef sekreter
Chemie ⟨f⟩ kimya
Chemieanlage ⟨f⟩ kimya tesisi
Chemieindustrie ⟨f⟩ kimya sanayii
Chiffre ⟨f⟩ şifre
Chiffreanzeige ⟨f⟩ şifreli ilan
Chi-Quadrat-Anpassungstest ⟨m⟩ *(Stat)* ki-kare uygunluk testi
Chi-Quadrat-Test ⟨m⟩ *(Stat)* ki-kare testi
Chi-Quadrat-Unabhängigkeitstest ⟨m⟩ *(Stat)* ki-kare bağımsızlık testi
Chi-Quadrat-Verteilung ⟨f⟩ *(Stat)* ki-kare bölünmesi
cif *(Inco)* cif; sif *(Eng: cost, insurance, freight)*
[...-Preis] cif/sif fiyatı; nakliye ve sigortası masrafları dahil mal bedeli, sigorta ve taşımayı içine alan fiyat
Clearing ⟨n⟩ kliring; takas
[bilaterales...] iki taraflı kliring
[multilaterales...] çok taraflı kliring
Clearingabkommen ⟨n⟩ kliring anlaşması
Clearingbank ⟨f⟩ *(BkW)* kliring bankası; *(BkW)* takas bankası
Clearingforderungen ⟨pl⟩ kliring alacakları
Clearingguthaben ⟨n⟩ kliring mevduatı
Clearinghaus ⟨n⟩ kliring odası
Clearingkonto ⟨n⟩ kliring hesabı
Clearingschuld ⟨f⟩ kliring borcu
Clearingstelle ⟨f⟩ kliring ofisi
Clearingverkehr ⟨m⟩ kliring işlemleri/sistemi
Clearingvorschuß ⟨m⟩ kliring avansı
Cobb-Douglas-Produktionsfunktion ⟨f⟩ *(VWL)* Cobb-Douglas Üretim Fonksiyonu
Computer ⟨m⟩ *(EDV)* bilgisayar
[durch... verbunden] bilgisayarla bağlı
Computerausbildung ⟨f⟩ bilgisayar eğitimi
computergesteuert ⟨adj⟩ bilgisayar güdümlü
Computerindustrie ⟨f⟩ bilgisayar sanayii
Computeringenieur ⟨m⟩ bilgisayar mühendisi
Computerprogramm ⟨n⟩ *(EDV)* bilgisayar programı
Computersprache ⟨f⟩ *(EDV)* bilgisayar dili
Computersystem ⟨n⟩ *(EDV)* bilgisayar sistemi
Computerverbindung ⟨f⟩ bilgisayar bağlantısı
Computerverbund ⟨m⟩ bilgisayar ağı
Container ⟨m⟩ konteyner
Containerbahnhof ⟨m⟩ *(Bahn)* konteyner istasyonu
Containerfracht ⟨f⟩ konteyner yükü
Containerhafen ⟨m⟩ *(Schff)* konteyner limanı
Containerschiff ⟨n⟩ *(Schff)* konteyner gemisi
Containerverkehr ⟨m⟩ konteynerli ulaştırma
Coupon ⟨m⟩ kupon
Courtage ⟨f⟩ kurtaj
[franko...] kurtajsız
Courtagetarif ⟨m⟩ kurtaj tarifesi
Couvert ⟨n⟩ zarf
Cross-Rate ⟨f⟩ *(BkW)* çapraz kur

D

Dach ⟨n⟩ çatı
Dachgesellschaft ⟨f⟩ holding; şemsiye şirket
Dachorganisation ⟨f⟩ çatı örgütü
Damnum ⟨n⟩ *(BkW)* banka iskontosu; *(BkW)* disacyo
Dampfer ⟨m⟩ *(Schff)* buharlı gemi
Dämpfung ⟨f⟩ gevşeme
[konjunkturelle...] ekonomik gevşeme; resesyon
Dank ⟨m⟩ teşekkür

Dankschreiben ⟨n⟩ teşekkür mektubu
Darlehen ⟨n⟩ *(BkW)* kredi; *(BkW)* avans; *(BkW)* ikraz; ödünç para
[... aufnehmen] kredi almak; ikraz almak
[... einer Gebirtskörperschaft] *(öFi)* kamu kredisi
[... erhalten] kredi almak; ikraz almak
[... gegen Pfandbestellung] rehin karşılığı ikraz
[... gegen Pfandurkunden] *(WeR)* rehinli senetler karşılığı ikraz
[... gewähren] kredi vermek; avans vermek; ikraz vermek
[... kündigen] ikrazın feshini bildirmek
[... mit täglicher Kündigung] *(BkW)* vadesiz kredi
[... ohne Deckung] *(BkW)* karşılıksız kredi; *(BkW)* kuvertürsüz avans/kredi; güvencesiz/karşılıksız ikraz
[... tilgen] krediyi geri ödemek; ikrazı itfa etmek
[... zurückzahlen] krediyi/ikrazı geri ödemek
[befristetes ...] vadeli kredi; vadeli ikraz
[besichertes ...] güvenceli kredi; karşılığı olan ikraz
[hypothekarisch besichertes ...] gayrimenkul karşılığı ikraz
[kündbares ...] ihbarlı kredi/ikraz; feshi kabil ikraz
[projektgebundenes ...] amaca bağlı kredi; projeye bağlı ikraz
[täglich kündbares ...] günlük ihbarlı kredi/ikraz
[unkündbares ...] feshedilemez ikraz
[verzinsliches ...] faizli kredi/ikraz
[zinsfreies ...] faizsiz kredi/ikraz
[zinsgünstiges ...] düşük faizli kredi/ikraz
Darlehensabgeld ⟨n⟩ kredi acyosu; ikraz acyosu
Darlehensagio ⟨n⟩ kredi acyosu; ikraz acyosu
Darlehensantrag ⟨m⟩ kredi/ikraz talebi; ikraz alma dilekçesi
Darlehensaufnahme ⟨f⟩ kredi/ikraz alma
Darlehensbesicherung ⟨f⟩ kredi kuvertürü; ikraz karşılığı
Darlehensbestimmungen ⟨pl⟩ kredi/ikraz koşulları
Darlehensbetrag ⟨m⟩ kredi bedeli; ikraz edilen meblağ; ikraz bedeli
Darlehensempfänger ⟨m⟩ müstakriz; kredi/ikraz alan; ödünç para alan
Darlehensforderung ⟨f⟩ kredi/ikraz alacağı
Darlehensgeber ⟨m⟩ mukriz; kredi/avans veren; ödünç para veren; ikraz veren
Darlehensgebühren ⟨pl⟩ kredi komisyonu; ikraz ücreti
Darlehensgeschäft ⟨n⟩ karz; ikraz muamelesi/işlemi; ödünç verme işi
Darlehensgläubiger ⟨m⟩ ikraz alacaklısı
Darlehensgrenze ⟨f⟩ kredi/ikraz haddi
[höchste ...] azami kredi/ikraz haddi
Darlehenskapital ⟨n⟩ krediden/ikrazdan oluşan sermaye
Darlehenskasse ⟨f⟩ kredi sandığı; ikraz sandığı
Darlehenskosten ⟨pl⟩ kredi/ikraz masrafları
Darlehensnehmer ⟨m⟩ müstakriz; kredi/ikraz alan; ödünç para alan
Darlehensrückzahlung ⟨f⟩ krediyi/ikrazı geri ödeme

Darlehensschuld ⟨f⟩ kredi/ikraz borcu
Darlehensschuldner ⟨m⟩ kredi/ikraz borçlusu
Darlehenssumme ⟨f⟩ kredi/ikraz tutarı
Darlehenstilgung ⟨f⟩ kredinin itfası; ikraz itfası
Darlehenszinsen ⟨pl⟩ kredi/ikraz faizi
Darlehenszinssatz ⟨m⟩ kredi/ikraz faiz haddi
Darlehenszusage ⟨f⟩ kredi/ikraz tahsisi
Darstellung ⟨f⟩ grafik; çizelge; şekil; tablo; ifade; gösteri
[bildliche ...] resimli grafik
[graphische ...] grafik; grafikli çizelge; çizge
[logarithmische ...] logaritmalı grafik
[tabellarische ...] tablolu grafik/çizelge
Datei ⟨f⟩ dosya
Dateibezeichnung ⟨f⟩ dosya adı
Dateiname ⟨m⟩ dosya adı
Dateiverarbeitung ⟨f⟩ dosya işlemi
[elektronische ...] *(EDV)* elektronik dosya işlemi
Dateiverarbeitungssystem ⟨n⟩ dosya işlem sistemi
Dateiverwaltung ⟨f⟩ dosya yönetimi
Daten ⟨pl⟩ veriler; bilgiler
[betriebswirtschaftliche ...] ekonomik/iktisadî veriler
[statistische ...] *(Stat)* istatistik verileri
[technische ...] teknik veriler/bilgiler
Datenaufbereitung ⟨f⟩ verileri/bilgileri değerlendirme
Datenaufnahme ⟨f⟩ veri/bilgi girişi
Datenausgabe ⟨f⟩ veri/bilgi çıkışı
Datenbank ⟨f⟩ *(EDV)* veri/bilgi bankası
Datenbankverwaltung ⟨f⟩ veri/bilgi bankası yönetimi
Datenbeschaffung ⟨f⟩ veri/bilgi toplama
Dateneingabe ⟨f⟩ veri/bilgi girişi
Datenendgerät ⟨n⟩ *(EDV)* terminal
Datenendplatz ⟨m⟩ *(EDV)* terminal
Datenerfassung ⟨f⟩ veri/bilgi toplama
Datenfernverarbeitung ⟨f⟩ *(EDV)* tele bilgiişlem
Datenfluß ⟨m⟩ *(EDV)* veri/bilgi akışı
Datenmaterial ⟨n⟩ bilgi malzemesi
Datennetz ⟨n⟩ veri/bilgi ağı
Datenschutz ⟨m⟩ veri/bilgi koruma
Datenschutzbeauftragter ⟨m⟩ veri/bilgi koruma yetkilisi
Datensichtgerät ⟨n⟩ veri ekranı; *(EDV)* monitor; *(EDV)* görüntü ünitesi
Datenspeicher ⟨m⟩ *(EDV)* bilgi deposu/hafızası; *(EDV)* veri belleği
Datenspeicherung ⟨f⟩ *(EDV)* bilgi depolama
Datenstation ⟨f⟩ *(EDV)* veri terminali
Datentausch ⟨m⟩ veri iletişimi; bilgi takası
Datentechnik ⟨f⟩ veri teknolojisi; *(EDV)* bilgiişlem tekniği
Datenträger ⟨m⟩ *(EDV)* veri/bilgi taşıyıcı
Datenträgeraustausch ⟨m⟩ veri/bilgi taşıyıcı aktarımı/takası
Datenübermittlung ⟨f⟩ veri iletişimi; *(EDV)* bilgi aktarımı
Datenübertragung ⟨f⟩ veri iletişimi; *(EDV)* bilgi aktarma
Datenübertragungsgeschwindigkeit ⟨f⟩ *(EDV)* bilgi aktarma hızı; veri iletişim hızı
Datenverarbeiter ⟨m⟩ bilgi işlemcisi
Datenverarbeitung ⟨f⟩ veriişlem; *(EDV)* bilgiişlem

[automatische ...] *(EDV)* otomatik bilgiişlem; öz devimli veriişlem
[automatisierte ...] otomatize bilgiişlem
[dezentrale ...] merkeze bağlı olmayan bilgiişlem
[elektronische ...] elektronik bilgiişlem
[graphische ...] çizgeli/grafik bilgiişlem
Datenverarbeitungsanlage ⟨f⟩ bilgiişlem teçhizatı
Datenverarbeitungsgeräte ⟨pl⟩ bilgiişlem aletleri
Datenverarbeitungsindustrie ⟨f⟩ veriişlem/bilgiişlem sanayii
Datenverwaltung ⟨f⟩ veri yönetimi; *(EDV)* bilgiyönetim
Datenverwaltungssystem ⟨n⟩ veri yönetim sistemi; *(EDV)* bilgiyönetim sistemi
datieren ⟨v/t⟩ tarih koymak
datiert ⟨adj⟩ tarihli
[nicht ...] tarihsiz
Datierung ⟨f⟩ tarih koyma
Datum ⟨n⟩ tarih
[... der Antragstellung] dilekçenin tarihi
[... der Ausstellung einer Police] *(Vers)* poliçenin keşide tarihi
[... der Einreichung] ibraz tarihi; veriş tarihi
[... des Inkrafttretens] *(Jur)* kesinleşme tarihi
[... des Versands] irsal/sevk/gönderme/yollama tarihi
[... der Zustellung] tebliğ tarihi
[... des Angebots] arz/icap tarihi
[... und Ort der Ausstellung] *(WeR)* keşide yeri ve tarihi
[ohne ...] tarihsiz
Datumsangabe ⟨f⟩ tarihi
[ohne ...] tarihsiz
Datumsstempel ⟨m⟩ tarih damgası
Dauer ⟨f⟩ 1. süre; müddet 2. ardışık; devamlı; sürekli; daimî; aralıksız; kesintisiz
[... der Arbeitslosigkeit] işsizlik süresi
[... der Beschäftigung] istihdam süresi; çalış(tır)ma süresi
[... der Betriebszugehörigkeit] işletmede/firmada çalışma süresi
[... eines Patents] *(Pat)* patent süresi; ihtira beratının süresi
[während der ... eines Vertrages] sözleşme süresi içinde
Dauerangestellter ⟨m⟩ daimî/sürekli memur
Dauerarbeitsloser ⟨m⟩ daimî/sürekli işsiz
Dauerarbeitslosigkeit ⟨f⟩ daimî/sürekli işsizlik
Dauerarbeitsplatz ⟨m⟩ daimî/sürekli çalışma yeri
Dauerauftrag ⟨m⟩ daimî/aralıksız/kesintisiz sipariş; açık emir
Dauerausweis ⟨m⟩ abonman karnesi/kartı
Dauerbelegschaft ⟨f⟩ sürekli kadro
Dauerbeschäftigung ⟨f⟩ sürekli çalıştırma; hayat boyu istihdam
Dauerbetrieb ⟨m⟩ daimî/sürekli işletme/işleme
Dauerbezugskarte ⟨f⟩ süresiz abonman kartı
Dauereinkommen ⟨n⟩ hayat boyu gelir
Dauereinnahme ⟨f⟩ daimî/sürekli tahsilat/gelir
Daueremittent ⟨m⟩ *(BkW)* aralıksız emisyoncu
Dauerfahrkarte ⟨f⟩ abonman pasosu/bileti
Dauergüter ⟨pl⟩ sürekli mallar
dauerhaft ⟨adj⟩ sürekli; dayanıklı; kesintisiz
[nicht ...] süreksiz; dayanıksız

Dauerhaftigkeit ⟨f⟩ süreklilik
Dauerinflation ⟨f⟩ *(VWL)* sürekli enflasyon
Dauerinvalidität ⟨f⟩ sürekli sakatlık; *(SozV)* daimî malullük
Dauerkarte ⟨f⟩ abonman kartı
Dauerkunde ⟨f⟩ daimî/sürekli müşteri
Dauerkundschaft ⟨f⟩ daimî/sürekli müşteriler
Dauerlasten ⟨pl⟩ daimî yükler
Dauerprüfung ⟨f⟩ *(Ind)* dayanıklılık testi
Dauerschaden ⟨m⟩ *(Vers)* daimî hasar; sürekli zarar
Dauerschulden ⟨pl⟩ daimî/sürekli borçlar
Dauerschuldner ⟨m⟩ daimî/sürekli borçlu
Dauerschuldverhältnisse ⟨pl⟩ *(BkW)* daimî/sürekli borç ilişkileri
Dauerschuldverschreibung ⟨f⟩ *(WeR)* daimî tahvil; *(WeR)* süresiz tahvil
Dauerstellung ⟨f⟩ sağlam pozisyon
Dauerüberweisungsauftrag ⟨m⟩ *(BkW)* daimî havale emri
Dauerverlust ⟨m⟩ daimî/sürekli kayıp
Dauerverpflichtungen ⟨pl⟩ sürekli yükümlülükler
Dauerwaren ⟨pl⟩ sürekli/dayanıklı mallar
Dauerwohnsitz ⟨m⟩ devamlı oturulan yer; *(Jur)* daimî ikametgâh
Debet ⟨n⟩ borç; zimmet
[... und Kredit] borç ve kredi
Debetanzeige ⟨f⟩ borç dekontu; borç ihbarı/bildirisi
Debetbeleg ⟨m⟩ borç dekontu
Debetbuchung ⟨f⟩ borç kaydı
Debetkonto ⟨n⟩ borçlu hesap
Debetnote ⟨f⟩ borç dekontu; borç ihbarı/bildirisi
Debetposten ⟨m⟩ borçlu kalem; borç kaydı
Debetsaldo ⟨m⟩ borçlu bakiye
Debetseite ⟨f⟩ borçlu taraf
Debetspalte ⟨f⟩ borç hanesi
Debetzinsen ⟨pl⟩ borç faizleri
Debetzinssatz ⟨m⟩ borç faiz haddi
debitieren ⟨v/t⟩ borç hanesine kaydetmek; borçlu tarafa kaydetmek; (hesabı) borçlandırmak
Debitor ⟨m⟩ borçlu
Debitoren ⟨pl⟩ 1. borçlular 2. alacaklar
[... aus Schuldscheinen] borç senetlerinden borçlular
[... aus Wechseln] poliçe borçluları
[dubiose ...] şüpheli borçlular/alacaklar
[sonstige ...] diğer/sair borçlular
[verschiedene ...] muhtelif borçlular
Debitorenabtretung ⟨f⟩ alacakların devri
Debitorenausfälle ⟨pl⟩ alacakların kaybı
Debitorenbestand ⟨m⟩ borçluların mevcudu
Debitorenbuch ⟨n⟩ borçlular defteri
Debitorenbuchhaltung ⟨f⟩ *(ReW)* alacaklar muhasebesi
Debitorengeschäft ⟨n⟩ borçlular/alacaklar işlemi/muamelesi
Debitorenkonto ⟨n⟩ borçlu(lar) hesabı; alacaklar hesabı
Debitorensaldo ⟨m⟩ borçlu bakiyesi; alacaklar bakiyesi
Debitorenverkauf ⟨m⟩ alacakların satışı
Debitorenverluste ⟨pl⟩ alacak kayıpları
debitorisch ⟨adj⟩ borçlu taraf; alacak tarafı
Deck ⟨n⟩ *(Schff)* güverte

decken ⟨v/t⟩ karşılamak; temin etmek
Deckladungsversicherung ⟨f⟩ *(SeeV)* güverte yükü sigortası
Deckung ⟨f⟩ güvence; karşılık; karşılama; teminat; garanti; üstlenme; üstüne alma; kuvertür; provizyon
[... anschaffen] kuvertür/güvence/karşılık/teminat sağlamak
[... der Kosten] maliyeti karşılama; maliyetin karşılığı
[... der Seetransportversicherung] *(SeeV)* açık kuvertür
[... des Bedarfs] ihtiyacı/gereksinimi karşılama
[... des Schecks] *(BkW)* çekin karşılığı
[... gegen alle Schäden und Gefahren] *(Vers)* tüm hasar ve risklere karşı güvence/teminat
[... gewähren] güvence/teminat sağlamak; *(BkW)* provizyon vermek
[ausreichende ...] yeterli güvence/teminat/kuvertür
[genügende ...] yeterli güvence/teminat/kuvertür
[keine ...] karşılıksız; *(BkW)* kuvertürsüz; *(BkW)* provizyonsuz
[mit ... versehen] karşılığı gösterilmiş; *(BkW)* provizyonlu
[offene ...] *(BkW)* açık kuvertür; *(BkW)* açık teminat
[ungenügende ...] yetersiz teminat
[volle ...] tam güvence/teminat
[vorläufige ...] geçici güvence/teminat
Deckungsbeitrag ⟨m⟩ *(KoR)* marjinal gelir; *(KoR)* katkı oranı
Deckungsbeitragsrechnung ⟨f⟩ *(KoR)* katkı kavramı yaklaşımı
Deckungsbescheid ⟨m⟩ güvence/karşılık/teminat bildirgesi
Deckungsbestand ⟨m⟩ güvence/teminat miktarı; *(Vers)* kuvertür hacmi; *(Vers)* ihtiyat mevcudu
Deckungsbestätigung ⟨f⟩ provizyon/güvence onayı; teminat teyidi
deckungsfähig ⟨adj⟩ karşılanabilir; güvence verilebilir
Deckungsgegenstand ⟨m⟩ riziko; güvencenin/teminatın konusu
Deckungsgeschäft ⟨n⟩ güvenceli/kuvertürlü/provizyonlu işlem
Deckungsgrad ⟨m⟩ güvence/karşılık derecesi
Deckungskapital ⟨n⟩ teminat sermayesi; ihtiyatlar; karşılıklar
Deckungskauf ⟨m⟩ açıktan alış/alma
Deckungspunktanalyse ⟨f⟩ *(KoR)* eşik analizi; *(KoR)* başabaş analizi
Deckungsrechnung ⟨f⟩ *(KoR)* başabaş analizi; *(KoR)* marjinal maliyetleme; *(KoR)* maliyet-gelir eşitleme hesabı
Deckungsrücklage ⟨f⟩ teminat akçesi; munzam karşılık
Deckungsrückstellung ⟨f⟩ provizyon ayırma; karşılayıcı ihtiyat
Deckungssatz ⟨m⟩ teminat haddi
Deckungsschutz ⟨m⟩ karşılayıcı teminat
Deckungsstock ⟨m⟩ karşılayıcı stoklar
Deckungssumme ⟨f⟩ kuvertür/güvence/karşılık/teminat bedeli

Deckungsumsatz ⟨m⟩ *(KoR)* başabaş satış miktarı
Deckungsverhältnis ⟨n⟩ karşılama oranı; kuvertür oranı; ihtiyat oranı
Deckungszusage ⟨f⟩ güvence/teminat taahhüdü; karşılamayı kabul; provizyon verme
Defizit ⟨n⟩ açık
[... abdecken] açığı kapatmak
[... der öffentlichen Hand] *(öFi)* kamu kesimi açığı
[... im Außenhandel] *(AußH)* dış ticaret açığı
[... im Haushalt] *(ÖFi)* bütçede açık; *(öFi)* bütçe açığı
[... in der Handelsbilanz] *(AußH)* ticaret bilançosunda açık
[... in der Leistungsbilanz] *(AußH)* cari işlemler açığı
[... in der Zahlungsbilanz] *(AußH)* ödemeler bilançosunda açık; (AußH) dış açık
[das ... ausgleichen] açığı kapatmak
[strukturelles ...] *(öFi)* yapısal açık
[versicherungsmathematisches ...] *(Vers)* aktüerya açığı
defizitär ⟨adj⟩ açık veren/verici; zarar eden
Defizitfinanzierung ⟨f⟩ *(öFi)* açık finansman; *(öFi)* açık harcama
Deflation ⟨f⟩ *(VWL)* deflasyon
deflationär ⟨adj⟩ *(VWL)* deflasyoncu
deflationistisch ⟨adj⟩ *(VWL)* deflasyoncu
Deflationsfaktor ⟨m⟩ *(VWL)* deflatör
Deflationslücke ⟨f⟩ *(VWL)* deflasyoncu açık
Deflationspolitik ⟨f⟩ *(VWL)* istikrar politikası
deflatorisch ⟨adj⟩ *(VWL)* deflasyoncu
Degression ⟨f⟩ degresyon
Degressionseffekt ⟨m⟩ *(VWL)* ölçek etkisi; *(VWL)* ölçek ekonomileri
Degressionsgewinne ⟨pl⟩ *(VWL)* ölçek ekonomileri; *(VWL)* ölçeğe getiriler
degressiv ⟨adj⟩ azalan (oranlı)
Dekartellisierung ⟨f⟩ kartelleşmeyi bozma/kaldırma
Deklaration ⟨f⟩ beyan; beyanname; bildirge
Deklarationswert ⟨m⟩ *(Zo)* beyan edilen değer
deklarieren ⟨v/t⟩ *(Zo)* beyan etmek; deklare etmek; bildirmek
delegieren ⟨v/t⟩ delege tayin etmek; delege/temsilci yollamak
Delegierter ⟨m⟩ delege; murahhas
Delikt ⟨n⟩ *(Jur)* suç
Delikthaftung ⟨f⟩ suç sorumluluğu; suç işlemekten doğan sorumluluk
Delkredere ⟨n⟩ dükruvar; aracı/simsar borçlanımı; kredi teminatı
[... stehen] dükruvar üstlenme; kredi riskini üstlenme
[... übernehmen] dükruvar üstlenme; kredi riskini üstlenme
Delkredereagent ⟨m⟩ dükruvar komisyoncu; alıcının ödemesini satıcıya karşı taahhüt eden komisyoncu
Delkrederehaftung ⟨f⟩ dükruvar sorumluluğu/kefaleti; aracının kredi yükümlülüğü
Delkredereprovision ⟨f⟩ dükruvar komisyonu
Demograph ⟨m⟩ demograf; nüfus bilimci
Demographie ⟨f⟩ demografi; nüfus bilimi
Demonstration ⟨f⟩ gösteri; yürüyüş

Demonstrationsanlage ⟨f⟩ gösteri tesisatı
Demontage ⟨f⟩ *(Ind)* demontaj; *(Ind)* sökme
demontieren ⟨v/t⟩ *(Ind)* demonte etmek; *(Ind)* sökmek
Demoskopie ⟨f⟩ demoskopi
Depotbank ⟨f⟩ *(BkW)* portföy bankası
Deponent ⟨m⟩ *(BkW)* mevduat sahibi; yatıran; *(Jur)* saklatan
Deponie ⟨f⟩ depo; ardiye; çöplük
deponieren ⟨v/t⟩ yatırmak; tevdi etmek
Deport ⟨m⟩ depor; erteleme tazminatı; ters repo
Deportgeschäft ⟨n⟩ depor işlemi
Deposit ⟨n⟩ *(BkW)* mevduat; depozito
Depositar ⟨m⟩ depoziter; saklayan
Depositen ⟨pl⟩ tevdiat; depozitler; depozitolar; mevduat
Depositenbank ⟨f⟩ *(BkW)* mevduat bankası
Depositeneinlagen ⟨pl⟩ tevdiat; depozito/yatırılan mevduat
Depositengeschäft ⟨n⟩ *(BkW)* mevduat bankacılığı
Depositengelder ⟨f⟩ tevdiat; depozito/yatırılan mevduat/paralar
Depositenkonto ⟨n⟩ *(BkW)* tevdiat hesabı; *(BkW)* mevduat hesabı
Depositenschein ⟨m⟩ mevduat sertifikası
Depositensparen ⟨n⟩ mevduat tasarrufu
Depositenzertifikat ⟨n⟩ mevduat sertifikası
Depositenzinsen ⟨pl⟩ mevduat faizleri
Depot ⟨n⟩ *(BkW)* portföy; emanet [gesperrtes...] bloke portföy
Depotaufbewahrung ⟨f⟩ portföyde (emaneten) saklama
Depotauszug ⟨m⟩ portföy dekontu/ekstresi
Depotbank ⟨f⟩ *(BkW)* portföy bankası
Depotbestand ⟨m⟩ portföy mevcudu
Depotgebühr ⟨f⟩ portföy harcı/ücreti
Depotgeschäft ⟨n⟩ portföy işlemi/işletmeciliği
Depotinhaber ⟨m⟩ *(BkW)* portföy sahibi
Depotkonto ⟨n⟩ *(BkW)* portföy hesabı
Depotstimmrecht ⟨n⟩ portföy oy hakkı
Depotstruktur ⟨f⟩ portföy yapısı
Depotverwahrung ⟨f⟩ portföyde (emaneten) saklama
Depotverwaltung ⟨f⟩ *(BkW)* portföy yönetimi
Depotwechsel ⟨m⟩ portföy senedi
Depotzertifikat ⟨n⟩ portföy sertifikası
Deputat ⟨n⟩ aynî ücret/ödeme
Deputatregulierung ⟨f⟩ aynî ödemeyi düzenleme
Desinflation ⟨f⟩ dezenflasyon; para şişkinliğini önleme
Desinteresse ⟨n⟩ ilgisizlik
desinvestieren ⟨int⟩ ters/eksi/negatif yatırım yapmak
Desinvestition ⟨f⟩ *(VWL)* negatif yatırım; ters/eksi yatırım [geplante...] planlanan negatif yatırım
Detail ⟨n⟩ ayrıntı; detay; tekten
Detailhändler ⟨m⟩ perakendeci; tektenci
Detailverkauf ⟨m⟩ perakende/tekten satış
deuten ⟨v/t⟩ yorumlamak
Deutung ⟨f⟩ yorum
Devisen ⟨pl⟩ döviz; kambiyo
Devisenankauf ⟨m⟩ döviz alımı
Devisenankaufskurs ⟨m⟩ *(BkW)* döviz/kambiyo alış kuru

Devisenausgleich ⟨m⟩ kambiyo dengesi
Devisenbeschränkungen ⟨pl⟩ kambiyo kısıtlamaları
Devisenbestände ⟨pl⟩ döviz stokları
Devisenbestimmungen ⟨pl⟩ kambiyo hükümleri
Devisenbewirtschaftung ⟨f⟩ kambiyo işletmeciliği
Devisenbilanz ⟨f⟩ kambiyo bilançosu
Devisenbörse ⟨f⟩ döviz borsası
Devisenbringer ⟨m⟩ döviz getiren
Devisen-Cross Rates ⟨pl⟩ döviz/kambiyo çapraz kurları
Deviseneinkünfte ⟨pl⟩ kambiyo gelirleri
Deviseneinnahmen ⟨pl⟩ kambiyo tahsilatı
Devisengeschäft ⟨n⟩ kambiyo işlemi; dövizli işlem
Devisenguthaben ⟨n⟩ *(BkW)* döviz mevduatı; *(BkW)* dövizli mevduat; *(BkW)* kambiyo mevduatı; *(BkW)* dövize çevrilebilir mevduat
Devisenhandel ⟨m⟩ döviz işlemleri; ticareti; sarraflık; *(Bank)* kambiyo [intervalutarischer...] *(Bö)* çapraz döviz işlemleri
Devisenhändler ⟨m⟩ döviz tüccarı; sarraf; *(Bank)* kambist
Devisenkonto ⟨n⟩ *(BkW)* döviz mevduat hesabı; *(BkW)* dövizli mevduat hesabı; (BkW) döviz tevdiat hesabı; *(BkW)* dövize çevrilebilir mevduat hesabı
Devisenkontrolle ⟨f⟩ döviz kontrolu
Devisenkredit ⟨m⟩ *(BkW)* döviz kredisi
Devisenkurs ⟨m⟩ döviz/kambiyo kuru [... im Freiverkehr] serbest piyasada döviz/kambiyo kuru; tezgâh üstü döviz/kambiyo kuru; köşebaşında döviz kuru
Devisenkursschwankungen ⟨pl⟩ döviz/kambiyo kuru dalgalanmaları
Devisenkurssicherung ⟨f⟩ döviz kurlarını destekleme
Devisenmakler ⟨m⟩ döviz komisyoncusu
Devisenmarkt ⟨m⟩ döviz piyasası
Devisenoptionen ⟨pl⟩ döviz opsiyonları
Devisenposition ⟨f⟩ döviz pozisyonu
Devisenreserven ⟨pl⟩ döviz rezervleri; kambiyo ihtiyatları
Devisenspekulation ⟨f⟩ döviz spekülasyonu; dövizle spekülasyon
Devisenstatus ⟨m⟩ döviz pozisyonu
Devisentausch ⟨m⟩ döviz takası; döviz alım satımı; kambiyo işlemi
Devisenterminbörse ⟨f⟩ gelecekte teslim döviz borsası; vadeli döviz borsası
Devisentermingeschäft ⟨n⟩ gelecekte teslim döviz işlemi; vadeli döviz işlemi
Devisenterminmarkt ⟨m⟩ gelecekte teslim döviz piyasası; vadeli döviz piyasası
Devisenüberschuß ⟨m⟩ döviz fazlası
Devisenverbindlichkeiten ⟨pl⟩ kambiyo/döviz borçları
Devisenverkehr ⟨m⟩ döviz/kambiyo işlemleri; döviz alım satımı
Devisenvorschriften ⟨pl⟩ kambiyo mevzuatı/yönetmeliği
Devisenzuteilung ⟨f⟩ döviz dağıtımı/tahsisi
Dezentralisierung ⟨f⟩ merkezileşmeyi (ortadan) kaldırma; ademi merkezileşme
Dezernat ⟨n⟩ daire; bölüm; masa
Diäten ⟨pl⟩ huzur hakları

Diebstahl ⟨m⟩ hırsızlık
Diebstahlversicherung ⟨f⟩ hırsızlığa karşı sigorta
Dienst ⟨m⟩ servis; hizmet; görev; vazife; iş
 [... beenden] görevi/hizmeti bitirmek
 [... erweisen] hizmette bulunmak
 [... leisten] görev/servis yapmak; hizmet etmek
 [... nach Vorschrift] yönetmelik gereğince görev
 [aus dem ... ausscheiden] görevden ayrılmak
 [außer ... stellen] görevden çıkarmak
 [im ...] görevde; hizmette; serviste
 [in ... stellen] göreve/hizmete almak
 [nicht im ...] görev/hizmet dışı
 [öffentlicher ...] kamu görevi/hizmeti; toplumsal hizmet
 [vom ... beurlauben] işten/görevden el çektirmek
Dienstalter ⟨n⟩ kıdem
Dienstalterszulage ⟨f⟩ kıdem zammı
Dienstangelegenheit ⟨f⟩ iş hususu
Dienstanweisung ⟨f⟩ talimat; direktif
Dienstaufsicht ⟨f⟩ memurlar üzerinde denetleme/murakabe
Dienstausweis ⟨m⟩ görev kimliği; hizmet cüzdanı/karnesi
Dienstbarkeit ⟨f⟩ *(Jur)* irtifak (hakkı)
 [Aufgabe der ...] irtifak hakkının terki
 [beschränkte ...] sınırlı (yararlanma yetkisi veren) irtifak
 [negative ...] olumsuz irtifak
 [persönliche ...] kişisel/şahsî irtifak
 [positive ...] olumlu irtifak
Dienstgrad ⟨m⟩ rütbe
diensthabend ⟨adj⟩ görevli; nöbetçi
dienstleistend ⟨adj⟩ hizmet veren/verici
Dienstleistung ⟨f⟩ hizmet; hizmet verme; hizmet verimi/ifası; servis
 [erbrachte ...] yerine getirilmiş hizmet; görülmüş iş
 [finanzielle ...] finansal hizmet verme
Dienstleistungsangebot ⟨n⟩ hizmet (verme) teklifi
Dienstleistungsbereich ⟨m⟩ hizmet (veren/verici) sektörü
Dienstleistungsbilanz ⟨f⟩ *(vGR)* görünmeyen ödemeler bilançosu; görünmeyenler
Dienstleistungsgeschäfte ⟨pl⟩ hizmet muameleleri
Dienstleistungsgesellschaft ⟨f⟩ hizmet veren şirket
Dienstleistungsgewerbe ⟨n⟩ üretken hizmetler; hizmet (verme) işleri
Dienstleistungsprämie ⟨f⟩ hizmet (verme/üretimi) primi
Dienstleistungssektor ⟨m⟩ hizmet (veren/verici) sektör
Dienstleistungsvertrag ⟨m⟩ hizmet (verme) sözleşmesi
dienstlich ⟨adj⟩ 1. görevli 2. resmen; resmî
Dienstordnung ⟨f⟩ iş yönetmeliği/talimatnamesi
Dienstpflicht ⟨f⟩ görev/hizmet yükümlülüğü
Dienstplan ⟨m⟩ hizmet/servis planı; görev nöbetlerini gösteren cetvel
Dienstpost ⟨f⟩ 1. resmî posta 2. servis postası
Dienstrang ⟨m⟩ rütbe; görev rütbesi
Dienstreise ⟨f⟩ görev yolculuğu; iş seyahati
Dienstschluß ⟨m⟩ görev bitimi; paydos
Dienstsiegel ⟨m⟩ resmî mühür

Dienststelle ⟨f⟩ makam; görev dairesi; görev yeri [zuständige ...] yetkili makam
Dienststunden ⟨pl⟩ iş/mesai/servis saatleri
dienstunfähig ⟨adj⟩ görev/hizmet yapamaz
Dienstunfähigkeit ⟨f⟩ görev/hizmet yapamazlık
Dienstunfall ⟨m⟩ görev başında kaza
Dienstvereinbarung ⟨f⟩ hizmet sözleşmesi
Dienstvergehen ⟨n⟩ görevini kötüye kullanma suçu
Dienstverhältnis ⟨n⟩ hizmet ilişkisi
Dienstvertrag ⟨m⟩ hizmet akdi/mukavelesi/sözleşmesi
Dienstvorgesetzter ⟨m⟩ görev amiri
Dienstvorschrift ⟨f⟩ görev yönetmeliği
Dienstwagen ⟨m⟩ 1. görev arabası 2. makam arabası 3. servis arabası
Dienstweg ⟨m⟩ 1. resmî yol 2. işlem; muamele
Dienstwohnung ⟨f⟩ hizmet/servis konutu
Dienstzeit ⟨f⟩ görev/hizmet zamanı; iş vakti
Dienstzeugnis ⟨n⟩ hizmet belgesi; bonservis
Dienstzulage ⟨f⟩ hizmet zammı
Differenz ⟨f⟩ fark; marj
Differenzbetrag ⟨m⟩ fark bedeli
Differenzgeschäft ⟨n⟩ marj işlemi
Differenzkosten ⟨pl⟩ *(KoR)* marjinal maliyet
Differenzposten ⟨m⟩ *(ReW)* dengeleyici kalem
Differenzwert ⟨m⟩ marjinal değer
Differenzzahlung ⟨f⟩ farkı ödeme
Differenzzoll ⟨m⟩ *(Zo)* ayırımcı gümrük (resmi)
Digitalabschreibung ⟨f⟩ *(ReW)* (amortismanda) yıllık tutar metodu
Diktat ⟨n⟩ dikte; yazdırma; yazdırım
 [... aufnehmen] dikte edilen kaydetmek
 [... übertragen] dikte edilen yazıya aktarmak
Dilemma ⟨n⟩ ikilem
Dimension ⟨f⟩ boyut
Diplom ⟨n⟩ diploma
direkt ⟨adj⟩ doğrudan (doğruya); aracısız; dolaysız; direkt
Direktabsatz ⟨m⟩ *(Mk)* aracısız/doğrudan satış; *(Mk)* aracısız pazarlama
Direktlieferung ⟨f⟩ aracısız/doğrudan teslim
Direktgeschäft ⟨n⟩ doğrudan/dolaysız işlem
Direkthandel ⟨m⟩ aracısız ticaret
Direktinvestition ⟨f⟩ *(BkW)* direkt yatırım; *(BkW)* doğrudan/dolaysız yatırım
Direktion ⟨f⟩ müdürlük; idare; yönetim
Direktionsassistent ⟨m⟩ müdür muavini/yardımcısı
Direktionsbefugnis ⟨n⟩ müdürlük yetkisi
Direktive ⟨f⟩ talimat; emir; direktif
Direktkosten ⟨pl⟩ *(KoR)* direkt maliyet; *(KoR)* dolaysız maliyet
Direktkostenrechnung ⟨f⟩ *(KoR)* direkt maliyetleme; *(KoR)* doğrudan maliyetleme
Direktor ⟨m⟩ direktör; müdür
 [geschäftsführender ...] yönetici/genel müdür
 [stellvertretender ...] müdür vekili
 [technischer ...] teknik müdür
Direktorium ⟨n⟩ başkanlık; direktörlük; müdürlük
Direktverkauf ⟨m⟩ *(Mk)* doğrudan satım; *(BkW)* aracısız satım
Direktversand ⟨m⟩ doğrudan sevk/gönderme
Direktverschiffung ⟨f⟩ *(Schff)* doğrudan (gemiye) yükleme
Direktversicherer ⟨m⟩ *(Vers)* aracısız sigortacı; doğrudan sigorta eden

Direktvertrieb ⟨m⟩ doğrudan dağıtım
Direktwerbung ⟨f⟩ *(Mk)* doğrudan tanıtım
Dirigismus ⟨m⟩ *(VWL)* güdümcülük; *(VWL)* dirijizm
Disagio ⟨n⟩ *(BkW)* disacyo
Disagioerträge ⟨pl⟩ disacyo kazançları
Disagiogewinn ⟨m⟩ disacyo kârı
Discounter ⟨m⟩ iskontocu
Diskont ⟨m⟩ iskonto; indirim; reeskont
[... einräumen] iskonto yapmak
[... gewähren] iskonto tanımak/vermek
[mit ...] iskontolu
Diskontabzug ⟨m⟩ iskonto indirimi; iskonto kesintisi/düşülmesi
Diskontbank ⟨f⟩ *(BkW)* iskonto bankası; *(BkW)* kredi bankası
Diskonterhöhung ⟨f⟩ reeskont oranını artırma
diskontfähig ⟨adj⟩ iskonto yapılabilir/edilebilir
diskontierbar ⟨adj⟩ iskonto yapılabilir/edilebilir
diskontieren ⟨v/t⟩ iskonto yapmak/etmek/ettirmek
Diskontkontingent ⟨n⟩ iskonto kotası
Diskontkredit ⟨m⟩ *(BkW)* reeskont kredisi
Diskontladen ⟨m⟩ ucuzcu/iskontolu/indirimli mağaza
Diskontsatz ⟨m⟩ iskonto oranı/haddi; reeskont haddi
Diskontspesen ⟨pl⟩ iskonto masrafları
Diskontverbindlichkeiten ⟨pl⟩ iskonto taahhütleri/borçları
Diskontwechsel ⟨m⟩ *(WeR)* iskonto senedi
Diskontwert ⟨m⟩ iskonto değeri
Diskontzinsen ⟨pl⟩ *(BkW)* iskonto faizleri
Diskussion ⟨f⟩ tartışma
Dispache ⟨f⟩ *(SeeV)* dispeççi; dispaşör
Dispersion ⟨f⟩ *(Stat)* dağılma; *(Stat)* yayılma; *(Stat)* değişkenlik
Dispersionsindex ⟨m⟩ *(Stat)* yayılma indeksi/endeksi
Disponent ⟨m⟩ (yetkisi sınırlı) şirket yöneticisi; yönetici vekili
Disponibilität ⟨f⟩ *(BkW)* disponibilite
disponieren ⟨v/t⟩ düzenlemek; ayarlamak
Disposition ⟨f⟩ 1. düzenleme; ayarlama 2. tasarruf
Dispositionsfonds ⟨m⟩ örtülü ödenek
Dispositionsguthaben ⟨n⟩ düzenlenmiş mevduat
Dispositionskredit ⟨m⟩ düzenlenmiş kredi
Distanz ⟨f⟩ uzaklık; mesafe
Distanzfracht ⟨f⟩ şehirlerarası/uluslararası navlun/hamule/kargo; mesafe navlunu
Distanzgeschäft ⟨n⟩ iştira işlemi
Distanzhandel ⟨m⟩ iştira işlemleri; (telefonla/postayla) alışveriş
Distanzkauf ⟨m⟩ uzaktan (telefonla/postayla) alım
Distanzscheck ⟨m⟩ *(BkW)* iştira çeki; mahallî olmayan çek
Distanzwechsel ⟨m⟩ *(BkW)* iştira senedi; mahallî olmayan poliçe/senet; kırıldığı yer dışında tahsil edilir poliçe/senet
Distribution ⟨f⟩ dağıtım
Distributionsfunktion ⟨f⟩ dağıtım fonksiyonu/işlevi
Distributionsweg ⟨m⟩ *(Mk)* dağıtım yolu
Disziplinarverfahren ⟨n⟩ *(Jur)* disiplin yöntemi/usulü
Disziplinarvorgesetzter ⟨m⟩ disiplin amiri
Diversifikation ⟨f⟩ *(BWL)* çeşitlendirme
[horizontale ...] *(BWL)* yatay çeşitlendirme
[komplementäre ...] *(BWL)* tamamlayıcı çeşitlendirme
[vertikale ...] *(BWL)* dikey çeşitlendirme
Diversifikationsbemühungen ⟨pl⟩ çeşitlendirme çabaları
Diversifikationseffekt ⟨m⟩ *(BkW)* portföy etkisi
Diversifikationspolitik ⟨f⟩ çeşitlendirme politikası
diversifizieren ⟨v/t⟩ *(BWL)* çeşitlendirmek
Diverzifizierung ⟨f⟩ *(BWL)* çeşitlendirme
Diverzifizierungsinvestition ⟨f⟩ *(BWL)* çeşitlendirme yatırımı
Dividende ⟨f⟩ temettü; kâr payı; *(AG)* dividant
[... ausfallen lassen] temettü dağıtmamak
[... ausschütten] temettü dağıtmak
[... beschließen] temettü dağıtımına karar vermek
[aufgelaufene ...] *(BkW)* birikmiş temettü; *(BkW)* tahakkuk etmiş temettü
[ausgeschüttete ...] dağıtılmış/dağıtılan temettü
[ex ...] geçmiş/gerçekleşen temettü
[festgesetzte ...] maktu temettü
[kumulative ...] birikmiş temettü; kümülatif/yığışımlı temettü
[mit ...] temettülü
[vorläufige ...] geçici/muvakkat temettü
Dividendenabschlag ⟨m⟩ geçici temettü
Dividendenabschnitt ⟨m⟩ temettü kuponu
Dividendenanspruch ⟨m⟩ temettü hakkı
Dividendenausfall ⟨m⟩ temettünün dağıtılmaması
Dividendenausschüttung ⟨f⟩ temettü dağıtımı
dividendenberechtigt ⟨adj⟩ temettü hakkı olan
Dividendendeckung ⟨f⟩ temettü karşılığı
Dividendenertrag ⟨m⟩ temettü getirisi/verimi
Dividendenfestsetzung ⟨f⟩ temettünün belirlenmesi/saptanması/tayini
Dividendengewinnverhältnis ⟨n⟩ temettü kârı oranı
Dividendengutschrift ⟨f⟩ temettü alacak kaydı; temettü matlup fişi
Dividendenhöhe ⟨f⟩ temettü miktarı
Dividendensatz ⟨m⟩ temettü haddi/oranı
Dividendenschein ⟨m⟩ temettü kuponu
Dividendenvorschlag ⟨m⟩ temettü önerisi
Dividendenwert ⟨m⟩ temettü değeri
Dividendenzahlung ⟨f⟩ temettü ödemesi
Divisionskalkulation ⟨f⟩ *(KoR)* safha maliyeti sistemi
Dockanlagen ⟨pl⟩ *(Schff)* rıhtım tesisleri
Dockarbeiter ⟨m⟩ *(Schff)* dok/liman/rıhtım işçisi; doker
Dockempfangsschein ⟨m⟩ rıhtım teslimi makbuzu
Docklagerschein ⟨m⟩ rıhtım ambar makbuzu
Dockgebühren ⟨pl⟩ *(StR)* rıhtım resmi
Dockgeld ⟨n⟩ rıhtım parası
Dokument ⟨n⟩ vesika; evrak; belge; doküman
[amtliches ...] resmî evrak/vesika
[begebbares ...] ciro edilebilir evrak
dokumentär ⟨adj⟩ vesikalı
[nicht ...] vesikasız
Dokumentarkredit ⟨m⟩ vesikalı kredi
Dokumentartratte ⟨f⟩ *(WeR)* vesikalı poliçe
Dokumente ⟨pl⟩ vesikalar; vesaik; evraklar; belgeler
[... gegen Akzept] kabul karşılığı vesikalar

[... gegen bar] peşinat karşılığı vesikalar
[... gegen Bezahlung] ödeme karşılığı vesikalar
[... gegen Kasse] nakit karşılığı vesikalar
[Akkreditiv ohne ...] vesikasız akreditif
Dokumentenakkreditiv ⟨n⟩ *(WeR)* vesikalı akreditif; belgeli akreditif
[unwiderrufliches ...] dönülemez vesikalı akreditif
[widerrufliches ...] vazgeçilir vesikalı akreditif
Dokumentenauftrag ⟨m⟩ vesikalar/evrak karşılığı ödeme emri
Dokumenteninkasso ⟨n⟩ belgelerin/vesikaların ahzukabzı
Dokumentenkreditbrief ⟨m⟩ *(WeR)* vesikalı akreditif
Dokumentensatz ⟨m⟩ vesikalar; evrak dosyası
Dokumententratte ⟨f⟩ *(WeR)* vesikalı poliçe; belgeli poliçe
Dokumentenübergabe ⟨f⟩ vesika teslimi
Dokumentenvorschuß ⟨m⟩ *(BkW)* vesika karşılığı avans
Dokumentenwechsel ⟨m⟩ *(WeR)* vesikalı senet
Domizil ⟨n⟩ ikametgâh
Domizilakzept ⟨n⟩ *(WeR)* ikametgâhlı kabul
Domizilgebühr ⟨f⟩ ikametgâhlı işlem harcı
Domiziliant ⟨m⟩ *(WeR)* ikametgâhlı poliçe muhatabı
Domiziliat ⟨m⟩ *(WeR)* ikametgâhlı poliçe lehdarı
domizilieren ⟨v/t⟩ poliçeyi/senedi muhatabın oturduğu yerden başka bir yerde ödenmek üzere keşide etmek
Domizilklausel ⟨f⟩ *(WeR)* ikametgâh şartı/kaydı
Domizilort ⟨m⟩ *(WeR)* ikametgâh yeri
Domizilprovision ⟨f⟩ ikametgâhlı işlem komisyonu
Domizilstelle ⟨f⟩ *(WeR)* ibraz yeri
Domizilvermerk ⟨m⟩ *(WeR)* ikametgâh şartı/kaydı
Domizilwechsel ⟨m⟩ *(WeR)* (adresli ve) ikametgâhlı senet
Dontgeschäft ⟨n⟩ prim karşılığı cayma işlemi; primli işlem
Doppel ⟨n⟩ çift; çifte
Doppelbesteuerung ⟨f⟩ *(StR)* çift vergileme
Doppelbuchhaltung ⟨f⟩ *(ReW)* çift girişli muhasebe; *(ReW)* çift muhasebe; *(ReW)* ikili muhasebe
Doppeleintrag ⟨m⟩ *(ReW)* çift kayıt
Doppelpreissystem ⟨n⟩ *(Mk)* çift fiyat yöntemi/sistemi
Doppelpunkt ⟨m⟩ iki nokta üstüste
Doppelquittung ⟨f⟩ *(ReW)* çift makbuz
Doppelveranlagung ⟨f⟩ *(StR)* çifte mükellefiyet
Doppelverdiener ⟨m⟩ çift kazançlı
Doppelversicherung ⟨f⟩ *(Vers)* çifte sigorta
Doppelwährung ⟨f⟩ *(VWL)* çift maden sistemi
Doppelwechsel ⟨m⟩ *(WeR)* çift senet; *(WeR)* çift poliçe
Doppelzentner ⟨m⟩ yüz kilogram
Dotation ⟨f⟩ vakıf; tahsisat
Dotierung ⟨f⟩ vakıf; tahsisat
dotieren ⟨v/t⟩ vakfetmek; tahsis etmek
Draht ⟨n⟩ tel
Drahtakzept ⟨n⟩ telgrafla kabul
Drahtangabe ⟨f⟩ *(Tele)* telgrafla talimat
Drahtannahme ⟨f⟩ telgrafla kabul
Drahtanschrift ⟨f⟩ *(Tele)* telgraf adresi
Drahtanweisung ⟨f⟩ *(BkW)* telli havale/transfer

Drahtantwort ⟨f⟩ telgrafla cevap
Drahtaviso ⟨n⟩ telli avizo
Drahtbericht ⟨m⟩ *(Tele)* telgrafla rapor
Drahtseilbahn ⟨f⟩ teleferik
Drahtüberweisung ⟨f⟩ telli havale
Draufgabe ⟨f⟩ bahşiş; üstelik
Draufgeld ⟨n⟩ 1. pey akçesi 2. bahşiş
dreibändig ⟨adj⟩ üç ciltli
dreidimensional ⟨adj⟩ üç boyutlu/buutlu
Dreieck ⟨n⟩ üçgen
[magisches ...] tam istihdam, fiyat istikrarı ve ödemeler dengesi eşitliği
Dreiecksgeschäft ⟨n⟩ üç taraflı iş/işlem
Dreieckshandel ⟨m⟩ üç taraflı ticaret
Dreiecksverkehr ⟨m⟩ üç taraflı ulaştırma
Dreierkonferenz ⟨f⟩ üçlü görüşme
Dreifelderwirtschaft ⟨f⟩ *(LandW)* tarlada üç ekim değiştirme usulü
dreijährig ⟨adj⟩ üç yıllık
Dreimeilengrenze ⟨f⟩ *(Schff)* üç millik mıntıka; karasular(ı)
Dreimeilenzone ⟨f⟩ *(Schff)* üç millik mıntıka; karasular(ı)
dreimonatlich ⟨adj⟩ üç aylık
Dreiphasenstrom ⟨m⟩ *(Elek)* alternatif akım; *(Elek)* üç fazlı cereyan; *(Elek)* trifaze cereyan
dreiphasig ⟨adj⟩ *(Elek)* üç fazlı/safhalı; *(Elek)* trifaze
Dreischichtenbetrieb ⟨m⟩ üç vardiyeli işletme
dreiseitig ⟨adj⟩ üç sayfalı; üç yanlı/taraflı; üç kenarlı
Dreispaltentarif ⟨m⟩ üç sütunlu tarife
dreistellig ⟨adj⟩ üç haneli
dreistufig ⟨adj⟩ üç basamaklı
Dreivierteljahresabschnitt ⟨m⟩ *(ReW)* dokuz aylık dönem
Dreiviertelmehrheit ⟨f⟩ dörtte üç ekseriyet/çoğunluk
dreschen ⟨v/t⟩ *(LandW)* harman dövmek
Dreschmaschine ⟨f⟩ *(LandW)* harman makinesi
Dressman ⟨m⟩ *(Mk)* erkek model
dringend ⟨adj⟩ acele; acil; ivedi; zorunlu
[äußerst ...] son derece acele/acil
dringlich ⟨adj⟩ → dringend
Dringlichkeit ⟨f⟩ acillik; ivedilik; zorunluluk; öncelik
Dringlichkeitsantrag ⟨m⟩ *(Parlament)* acele görüşme teklifi
Dringlichkeitsauftrag ⟨m⟩ acil emir; öncelikli sipariş
Dringlichkeitsdebatte ⟨f⟩ *(Parlament)* takdimen müzakere
Dringlichkeitsliste ⟨f⟩ müstaceliyet sıra cetveli
Drittausfertigung ⟨f⟩ üçüncü nüsha
Drittbegünstigter ⟨m⟩ üçüncü lehtar
Dritter ⟨m⟩ üçüncü kişi/şahıs
[Vertrag zu Lasten ...] üçüncü kişi hesabına sözleşme
[Vertrag zugunsten ...] üçüncü kişi lehine sözleşme
[zugunsten ...] üçüncü kişi lehine
Drittgeschäft ⟨n⟩ üçüncü işlem
Drittkunde ⟨m⟩ üçüncü müşteri
Drittland ⟨n⟩ *(AußH)* üçüncü ülke

Drittschaden ⟨m⟩ *(Vers)* üçüncü (kişinin) hasarı/zararı
Drittschrift ⟨f⟩ *(Jur)* üçüncü nüsha
Drittschuldner ⟨m⟩ *(Jur)* üçüncü borçlu
Drittumsatz ⟨m⟩ *(ReW)* müşteri cirosu
Drittwährung ⟨f⟩ yabancı para; döviz
Drittwährungsanleihe ⟨f⟩ döviz tahvili/istikrazı; dövizle borçlanma
Drogerie ⟨f⟩ *(Med)* eczane
Drogist ⟨m⟩ *(Med)* eczacı
drosseln ⟨v/t⟩ kısmak; kısıtlamak; frenlemek
Drosselung ⟨f⟩ kısma; kısıtlama; frenleme
 [... der Ausgaben] harcamaları kısma
 [... der Einfuhr] ithalatı kısıtlama
 [... der Produktion] üretimi kısma
 [... des Wachstumstempos] büyüme hızını kısma
Druck ⟨m⟩ baskı; *(Press)* basım; basınç
 [... auf den Gewinn] kârda baskı
 [... auf die Erträge] gelirler üzerinde baskı
 [... auf die Handelsspanne] ticarî marj üzerinde baskı
Druckauflage ⟨f⟩ *(Press)* tiraj
drucken ⟨v/t⟩ basmak
 [Geld ...] para basmak
drücken ⟨v/t⟩ sıkmak; basmak
 [Preise ...] fiyatları düşürmek
Drucker ⟨m⟩ *(Press)* basımcı; *(EDV)* yazıcı; *(EDV)* printer
Druckerei ⟨f⟩ *(Press)* basımevi
Druckgewerbe ⟨n⟩ *(Press)* matbaacılık
Druckindustrie ⟨f⟩ *(Press)* matbaa sanayii
Drucksache ⟨f⟩ *(Post)* matbu gönderi; *(Post)* matbua; *(Post)* açık mektup
Drucksachenwerbung ⟨f⟩ *(Mk)* açık mektupla tanıtım
Druckschrift ⟨f⟩ 1. matbua 2. broşür 3. kitap yazısı
 [amtliche ...] resmi matbua/broşür
Druckseite ⟨f⟩ *(Press)* başılmış sayfa
dubios ⟨adj⟩ şüpheli
Dubiosen ⟨pl⟩ *(ReW)* şüpheli alacaklar
Dubiosenrückstellung ⟨pl⟩ şüpheli alacaklar karşılığı
Duft ⟨m⟩ koku
dulden ⟨v/t⟩ göz yummak; katlanmak; müsamaha etmek 2. hoşgörmek 3. izin vermek; kabul etmek
Duldung ⟨f⟩ 1. göz yumma; katlanma; müsamaha 2. hoşgörü 3. izin; kabul
 [stillschweigende ...] üstü kapalı göz yumma; zımnî müsamaha
Dumping ⟨n⟩ damping
 [... betreiben] damping yapmak/uygulamak
 [negatives ...] ters damping
 [umgekehrtes ...] ters damping
 [verschleiertes ...] gizli damping
Dumpingabwehr ⟨f⟩ dampinge karşı savunma
Dumpingbekämpfungszoll ⟨m⟩ *(Zo)* anti-damping vergi
Dumpingeinfuhr ⟨f⟩ *(AußH)* damping ithalat
Dumpingklage ⟨f⟩ damping davası
Dumpingpolitik ⟨f⟩ *(AußH)* damping politikası
Dumpingpreis ⟨m⟩ damping fiyatı
Dumpingverbot ⟨n⟩ *(Jur)* damping yasağı
Dumpingwaren ⟨pl⟩ damping malları

Düngemittel ⟨n⟩ *(LandW)* gübre
Düngemittelfabrik ⟨f⟩ gübre fabrikası
Düngemittelhersteller ⟨m⟩ gübre üreticisi
Dünger ⟨m⟩ *(LandW)* gübre
Duplikat ⟨n⟩ kopya; ikinci nüsha; düplikata
Duplikatenfrachtbrief ⟨m⟩ *(WeR)* taşıma senedinin ikinci nüshası
Duplikatenwechsel ⟨m⟩ *(WeR)* poliçe nüshası
durchdeklarieren ⟨v/t⟩ *(Zo)* transit beyan etmek
Durchfahrt ⟨f⟩ *(Zo)* transit (geçme)
Durchfahrterlaubnis ⟨f⟩ *(Zo)* transit (geçme) izni
Durchfahrtsrecht ⟨n⟩ *(Zo)* transit (geçme) hakkı
Durchfahrtzoll ⟨m⟩ *(Zo)* transit gümrüğü
durchfinanzieren ⟨v/t⟩ baştan sona kadar finanse etmek
Durchfracht ⟨f⟩ transit yük
Durchfrachtbrief ⟨m⟩ transit (yük) tezkeresi; transit taşıma senedi
Durchfrachtkonnossement ⟨n⟩ transit (yük) konşimentosu
Durchfuhr ⟨f⟩ (taşıtla) transit; düzgeçit
Durchfuhrabgabe ⟨f⟩ *(Zo)* transit resmi
durchführbar ⟨adj⟩ yapılabilir; uygulanabilir
Durchführbarkeit ⟨f⟩ *(Mk)* fizibilite
Durchführbarkeitsstudie ⟨f⟩ *(Mk)* fizibilite araştırması/etüdü
Durchfuhrbescheinigung ⟨f⟩ *(Zo)* transit belgesi
Durchfuhrbewilligung ⟨f⟩ → **Durchfuhrgenehmigung**
Durchfuhrdeklaration ⟨f⟩ → **Durchfuhrerklärung**
Durchfuhrerklärung ⟨f⟩ *(Zo)* transit bildirgesi/ beyannamesi
Durchfuhrerlaubnis ⟨f⟩ → **Durchfuhrgenehmigung**
Durchfuhrfreiheit ⟨f⟩ transit serbestisi
Durchfuhrgenehmigung ⟨f⟩ *(Zo)* transit permisi; transit (geçme) izni
Durchfuhrgut ⟨n⟩ *(Zo)* transit eşyası
Durchfuhrhandel ⟨m⟩ *(AußH)* transit ticareti
Durchfuhrpapier ⟨n⟩ *(Zo)* transit kâğıdı/tezkeresi
Durchfuhrschein ⟨m⟩ *(Zo)* transit belgesi
Durchfuhrtarif ⟨m⟩ *(Zo)* transit tarifesi
Durchführung ⟨f⟩ uygulama; icra
Durchführungsbedingungen ⟨pl⟩ uygulama koşulları/şartları
Durchführungsbestimmungen ⟨pl⟩ uygulama mevzuatı/hükümleri
Durchführungsplanung ⟨f⟩ yönetsel planlama; organizasyon planlaması
Durchfuhrverbot ⟨n⟩ *(Zo)* transit yasağı
Durchfuhrverkehr ⟨m⟩ *(Zo)* transit trafiği
Durchfuhrzoll ⟨m⟩ *(Zo)* transit gümrüğü
Durchgang ⟨m⟩ geçiş; geçit; pasaj
 [... verboten] geçiş yasak
 [gebührenfreier ...] *(Zo)* ücretsiz geçiş
Durchgangsabgabe ⟨f⟩ *(Zo)* geçiş/transit resmi
Durchgangsfracht ⟨f⟩ transit yükü/hamulesi/kargosu; *(Schff)* transit navlunu
Durchgangsfrachtbrief ⟨m⟩ transit konşimentosu; transit taşıma senedi
Durchgangsgüter ⟨pl⟩ transit malları
Durchgangshandel ⟨m⟩ transit ticaret
Durchgangskonnossement ⟨n⟩ geçiş/transit konşimentosu
Durchgangskonto ⟨n⟩ *(ReW)* geçici hesap; *(ReW)* tranzituar hesap

Durchgangslager ⟨n⟩ *(Zo)* transit antreposu; transit (mallar) deposu
Durchgangsposten ⟨m⟩ *(ReW)* tranzituar kalem; aslî hesaplara geçmemiş kalem
Durchgangsreisender ⟨m⟩ transit yolcusu
Durchgangssatz ⟨m⟩ geçiş/transit oranı
Durchgangssendung ⟨f⟩ transit gönderi
Durchgangsstraße ⟨f⟩ geçiş/transit yolu
Durchgangsstrecke ⟨f⟩ geçiş/transit yolu/hattı
Durchgangstarif ⟨m⟩ geçiş/transit tarifesi
Durchgangstransport ⟨m⟩ transit taşıma/nakliyat
Durchgangsverkehr ⟨m⟩ geçiş/transit trafiği
Durchgangsvisum ⟨n⟩ transit vizesi
Durchgangswaren ⟨pl⟩ transit mallar
Durchgangszoll ⟨m⟩ *(Zo)* transit gümrüğü
Durchgangszollstelle ⟨f⟩ transit gümrük kapısı
Durchkonnossement ⟨n⟩ tek konşimento; transit konşimentosu
Durchlaufposten ⟨m⟩ *(ReW)* tranzituar kalem; aslî hesaplara geçmemiş kalem
durchrationalisieren ⟨v/t⟩ *(BWL)* tamamiyle rasyonalize etmek
Durchrationalisierung ⟨f⟩ *(BWL)* tam rasyonalizasyon/rasyonelleştirme
Durchsatz ⟨m⟩ *(Ind)* (üretim sürecinde) işleme oranı
Durchschlag ⟨m⟩ kopya; nüsha
Durchschlagpapier ⟨n⟩ teksir kâğıdı
Durchschlupf ⟨m⟩ kalite kontrolundan geçen ortalama
Durchschnitt ⟨m⟩ ortalama
 [im ...] ortalamada; ortalama olarak
 [im ... betragen] ortalama olarak tutmak
 [gewichteter ...] *(Stat)* ağırlıklı ortalama
 [repräsentativer ...] *(Stat)* temsilî ortalama
durchschnittlich ⟨adj⟩ ortalama olarak

Durchschnittsbetrag ⟨m⟩ ortalama tutar/bedel
Durchschnittseinkommen ⟨n⟩ ortalama gelir
Durchschnittsgeschwindigkeit ⟨f⟩ ortalama hız
Durchschnittskosten ⟨pl⟩ ortalama maliyet
Durchschnittskostenrechnung ⟨f⟩ *(KoR)* ortalama maliyetleme
Durchschnittskurs ⟨m⟩ ortalama fiyat
Durchschnittsleistung ⟨f⟩ ortalama randıman/verim
Durchschnittspreis ⟨m⟩ ortalama fiyat
Durchschnittsproduktivität ⟨f⟩ *(BWL)* ortalama üretkenlik/verimlilik
Durchschnittsqualität ⟨f⟩ ortalama kalite
Durchschnittsrendite ⟨f⟩ ortalama rant/gelir
Durchschnittssatz ⟨m⟩ ortalama had
Durchschnittsverdienst ⟨m⟩ ortalama kazanç
Durchschnittsware ⟨f⟩ ortalama (kalitede) mal
Durchschnittswert ⟨m⟩ ortalama değer
Durchschrift ⟨f⟩ kopya; suret; nüsha
durchsetzen ⟨v/t⟩ uygulanmasını sağlamak
Durchsicht ⟨f⟩ denetim; teftiş; kontrol
durchstreichen ⟨v/t⟩ silmek; (üstünü) çizmek/karalamak
Durchsuchung ⟨f⟩ *(Jur)* arama
Durchsuchungsbefehl ⟨m⟩ *(Jur)* arama müzekkeresi/emri
Durchwahl ⟨f⟩ *(Tele)* direkt bağlantı/hat
Dutzend ⟨n⟩ düzine
Dutzendpreis ⟨m⟩ düzine fiyatı
Dutzendware ⟨f⟩ düzine mal
dutzendweise ⟨adv⟩ düzine olarak
Dynamik ⟨f⟩ dinamik
 [... der Renten] *(SozV)* emeklilik aylıklarında endeksle(n)me
dynamisieren ⟨v/t⟩ endekslemek
Dynamisierung ⟨f⟩ (finansal) endeksleme

E

Ebene ⟨f⟩ düzey
 [auf nationaler ...] ulusal düzeyde
edel ⟨adj⟩ değerli; kıymetli
Edelmetall ⟨n⟩ değerli maden
Edelstein ⟨m⟩ değerli/kıymetli taş; mücevher
Edelsteinbörse ⟨f⟩ değerli/kıymetli taş(lar) piyasası
Echtheit ⟨f⟩ 1. hakikisi; orijinali 2. safiyet; saflık
 [... bestätigen] saflığını onaylamak; hakiki olduğunu teyid etmek
 [auf ... prüfen] saflığını araştırmak
Echtzeit ⟨f⟩ *(EDV)* gerçek zaman; *(EDV)* hakiki süre
Echtzeitverarbeitung ⟨f⟩ *(EDV)* hakiki sürede işleme
Eckartikel ⟨m⟩ müracaat numunesi
Eckdaten ⟨pl⟩ ana veriler
Ecklohn ⟨m⟩ asıl/esas ücret
Eckwert ⟨m⟩ asıl/esas değer
Eckwerte ⟨pl⟩ asıl/esas değerler
Eckzins ⟨m⟩ ana faiz
Edelmetall ⟨n⟩ değerli maden
Edelmetallbörse ⟨f⟩ değerli maden borsası
Edelmetallmarkt ⟨m⟩ değerli maden piyasası
Edelmetallhandel ⟨m⟩ değerli maden ticareti

Effekt ⟨m⟩ etki
 [ohne ...] etkisiz
 [technologischer externer ...] teknik dışsallık
Effekte ⟨pl⟩ etkiler
 [externe ...] *(VWL)* dışsal etkiler; *(VWL)* dışsallıklar
 [negative externe ...] *(VWL)* negatif dışsal etkiler; *(VWL)* negatif dışsallıklar
 [positive externe ...] *(VWL)* pozitif dışsal etkiler; *(VWL)* dışsal yararlar
Effekten ⟨pl⟩ menkul değerler/kıymetler; esham ve tahvilat; aksiyon ve obligasyonlar
 [börsengängige ...] borsada işlem görebilecek menkul değerler
 [erstklassige ...] birinci sınıf menkul değerler; piyasada güven kazanmış menkul değerler
 [festverzinsliche ...] sabit faiz getirir menkul değerler
 [gesperrte ...] dondurulmuş menkul değerler
 [marktfähige ...] işlem görebilir menkul değerler
 [mündelsichere ...] sağlam menkul değerler
Effektenabrechnung ⟨f⟩ tellal/komisyoncu/simsar bordrosu

Effektenabteilung ⟨f⟩ menkul kıymetler ve tahviller dairesi
Effektenbaisse ⟨f⟩ *(Bö)* menkul kıymetlerde taban
Effektenbank ⟨f⟩ *(BkW)* takas/kliring odası
Effektenbeleihung ⟨f⟩ menkul değerler karşılığında ikraz/avans
Effektenbestand ⟨m⟩ menkul değerler mevcudu
Effektenbörse ⟨f⟩ menkul değerler/kıymetler borsası; aksiyon ve obligasyon borsası
Effektendepot ⟨n⟩ *(BkW)* menkul kıymetler/değerler portföyü
Effektenemission ⟨f⟩ menkul kıymet/değer emisyonu/ihracı
[... auf fremde Rechnung] üçüncü kişiler adına menkul değer emisyonu; menkul değer pazarlamasında en iyi çaba ile satış yöntemi
Effektenerwerb ⟨m⟩ menkul değer alımı/edinimi
Effektengeschäft ⟨n⟩ menkul değer işi/işlemi
Effektenhandel ⟨m⟩ menkul değer alım satımı
Effektengiro ⟨n⟩ menkul değer cirosu; menkul kıymetler devri ve ferağı
Effektenguthaben ⟨n⟩ *(BkW)* menkul değerler portföyü; menkul kıymetler portföyü
Effektenhändler ⟨m⟩ kırıcı; borsa simsarı; *(Eng)* broker
Effektenhausse ⟨f⟩ *(Bö)* menkul kıymetlerde tavan
Effektenindex ⟨m⟩ menkul değerler/kıymetler indeksi
Effektenkauf ⟨m⟩ menkul değer alımı
Effektenkredit ⟨m⟩ *(BkW)* menkul değer karşılığı kredi
Effektenlombard ⟨m⟩ menkul değer karşılığı ikraz/avans/kredi
Effektenkurs ⟨m⟩ menkul değer/kıymet fiyatları
Effektennotierung ⟨f⟩ menkul kıymet fiyatlarının borsa cetveline kaydı
Effektenskontro ⟨n⟩ menkul değer ana defteri; menkul kıymet defterikebiri
Effektensparen ⟨n⟩ menkul değer tasarrufu; portföy yatırımı
Effektensteuer ⟨f⟩ menkul değer vergisi; (senedat, esham ve tahvilat) devir ve temlik vergisi
Effektenverkauf ⟨m⟩ menkul değer satışı; esham ve tahvilat satımı
Effektenverkehr ⟨m⟩ menkul değer işlemleri; esham ve tahvilat alım satımı
Effektenverwahrung ⟨f⟩ menkul değer saklama; menkul kıymetler depozitosu
Effektenverwaltung ⟨f⟩ (menkul değerlerde) portföy yönetimi
effektiv ⟨adj⟩ efektif; edimsel; gerçek
Effektivbestand ⟨m⟩ gerçek/efektif mevcut
Effektivbetrag ⟨m⟩ efektif/gerçek bedel
Effektivgeschäft ⟨n⟩ efektif/nakdi işlem; para işlemi
Effektivhandel ⟨m⟩ edimsel ticaret/alışveriş
Effektivkosten ⟨pl⟩ *(KoR)* gerçek maliyet
Effektivlohn ⟨m⟩ efektif ücret
Effektivverzinsung ⟨f⟩ *(BkW)* efektif faiz (verimi)
Effektivware ⟨f⟩ edimsel/gerçek mallar
Effektivwert ⟨m⟩ gerçek/efektif değer
Effektivzins ⟨m⟩ *(BkW)* efektif faiz
Effektivzoll ⟨m⟩ *(Zo)* efektif gümrük (resmi)
effizient ⟨adj⟩ etkin
Effizienz ⟨f⟩ etkinlik; *(Stat)* etkinlik
[ökonomische ...] *(BWL)* ekonomik etkinlik

Ehre ⟨f⟩ onur; namus; şeref; haysiyet
Ehrenakzept ⟨n⟩ *(WeR)* bittavassut kabul; *(WeR)* araya girme suretiyle kabul; aracılı onama; tavassuten kabul
Ehrenakzeptant ⟨m⟩ *(WeR)* bittavassut kabul eden; *(WeR)* araya girme suretiyle kabul eden
Ehrenamt ⟨n⟩ fahrî/onursal görev
Ehrenannahme ⟨f⟩ *(WeR)* bittavassut kabul; *(WeR)* araya girme suretiyle kabul; aracılı onama; tavassuten kabul
Ehrengericht ⟨n⟩ *(Jur)* onur kurulu
Ehrengerichtsverfahren ⟨n⟩ *(Jur)* onur kurulu davası
Ehrenkodex ⟨m⟩ şeref kuralları
Ehrenpräsident ⟨m⟩ fahrî/onursal başkan
Ehrenschuld ⟨f⟩ namus borcu
Ehrenzahlung ⟨f⟩ *(WeR)* bittavassut tediye; *(WeR)* araya girmek suretiyle ödeme
ehrlich ⟨adj⟩ namuslu
Eichmaß ⟨n⟩ ayar
Eid ⟨m⟩ *(Jur)* yemin
[... leisten] yemin etmek; ant içmek
[... schwören] yemin etmek
eidesstattlich ⟨adj⟩ *(Jur)* yeminli
Eigenakzept ⟨n⟩ *(WeR)* emre yazılı kabul
Eigenanteil ⟨m⟩ kendi payı; kişisel pay
Eigenbedarf ⟨m⟩ kişisel gereksinim; şahsî ihtiyaç; kendi ihtiyacı
[Ackerbau nur für den ...] *(LandW)* sadece kendi ihtiyaçlarını karşılamak için çiftçilik
Eigenbehalt ⟨m⟩ saklama payı; alıkoyma
Eigenbesitz ⟨m⟩ *(Jur)* aslî zilyetlik; malik sıfatıyla zilyetlik
Eigenbeteiligung ⟨f⟩ özel iştirak
Eigenbetrieb ⟨m⟩ kendine ait işletme; özel işletme
Eigenbewirtschaftung ⟨f⟩ *(LandW)* sahibi tarafında işletilme
Eigenentwicklung ⟨f⟩ (şirketin) kendi yaratımı
Eigenerstellung ⟨f⟩ öz üretim
Eigenerzeugnis ⟨n⟩ özel ürün
Eigenerzeugung ⟨f⟩ öz üretim
Eigenfabrikat ⟨n⟩ özel yapım
Eigenfertigung ⟨f⟩ özyapım
eigenfinanziert ⟨adj⟩ kendi kendine finanse edilmiş
Eigenfinanzierung ⟨f⟩ otofinansman; kendi kendini finanse etme
Eigenfinanzierungsquote ⟨f⟩ otofinansman oranı
Eigengebrauch ⟨m⟩ kişisel kullanım; özkullanım
Eigengewicht ⟨n⟩ kendi ağırlığı; öz ağırlık
Eigenhandel ⟨m⟩ aracısız ticaret; kendi başına ticaret
Eigenhändler ⟨m⟩ bağımsız/müstakil tüccar
Eigenheim ⟨n⟩ müstakil ev/konut; kendi evi
Eigenheimbesitzer ⟨m⟩ müstakil ev/konut sahibi
Eigeninitiative ⟨f⟩ özgirişim; kendi insiyatifi; tek başına girişimde bulunma
Eigenkapital ⟨n⟩ *(BkW)* özsermaye
[... und Rücklagen] özsermaye ve ihtiyatlar/yedekler
[haftendes ...] sorumlu özsermaye
[konstantes ...] sabit özsermaye
[variables ...] değişken özsermaye
Eigenkapitalanteil ⟨m⟩ özsermaye payı
Eigenkapitalauszehrung ⟨f⟩ özsermayeyi kullanma

Eigenkapitalbedarf ⟨m⟩ özsermaye gereksinimi/ihtiyacı
Eigenkapitalbeteiligung ⟨f⟩ özsermaye katılımı; özsermayeye iştirak
Eigenkapitalbildung ⟨f⟩ özsermaye oluşumu
Eigenkapitaldecke ⟨f⟩ özsermaye stoku
Eigenkapitalmangel ⟨m⟩ özsermaye yetersizliği
Eigenkapitalquote ⟨f⟩ özsermaye oranı
Eigenkapitalrendite ⟨f⟩ özsermaye rantı/geliri
Eigenkapitalrentabilität ⟨f⟩ özsermaye kârlılığı
Eigenkapitalreserven ⟨pl⟩ özsermaye rezervleri/yedekleri
Eigenkapitalverzinsung ⟨f⟩ özsermaye faizi
Eigenkontrolle ⟨f⟩ özdenetim
Eigenleistung ⟨f⟩ özveri
   [aktivierte...] aktif özveri
Eigenmarke ⟨f⟩ öz/özel marka; kendi markası
Eigenmittel ⟨pl⟩ özel fonlar; kendi olanakları
Eigennutz ⟨m⟩ kişisel çıkar
Eigennutzung ⟨f⟩ kişisel/öz kullanım
Eigenproduktion ⟨f⟩ öz üretim
Eigenressourcen ⟨pl⟩ öz kaynaklar
Eigenschaft ⟨f⟩ özellik; nitelik; özgüllük
   [zugesicherte...] temin edilen nitelik
eigenständig ⟨adj⟩ serbest; kendi başına; müstakil
eigentrassiert ⟨adj⟩ *(WeR)* özel keşideli
Eigentum ⟨n⟩ *(Jur)* mülkiyet; iyelik; mal; mülk
   [...beanspruchen] malı/mülkü kullanmak
   [...belasten] mülkiyeti borçlandırmak
   [...beschlagnahmen] malı/mülkü haczetmek
   [...besitzen] mala/mülke sahip olmak; mülkiyet sahibi olmak
   [...erwerben] mal/mülk almak/edinmek; mülkiyet iktisap etmek
   [...pfänden] mülke haciz koymak
   [...übertragen] mülkiyeti devir ve temlik etmek
   [...zur gesamten Hand] el birliği mülkiyeti
   [absolutes...] mutlak mülkiyet
   [belastetes...] yükümlü/ipotekli mülkiyet
   [bewegliches...] taşınabilir mal/mülk; menkul mülkiyet
   [fremdes...] yabancı mülk
   [gemeinsames...] ortak/müşterek mülkiyet
   [gewerbliches...] ticarî mülkiyet
   [öffentliches...] kamu malları
   [persönliches...] kişisel mülkiyet; şahıs malı/mülkiyeti
   [privates...] özel mülk(iyet)
   [Recht auf privates...] özel mülkiyet hakkı
   [rechtmäßiges...] yasal mülkiyet
   [treuhänderisches...] yediemin/tröst mülkiyeti
   [unbewegliches...] taşınmaz mülkiyeti; emlak
   [uneingeschränktes...] mutlak mülkiyet
Eigentümer ⟨m⟩ iye; malik; mal/mülk/mülkiyet sahibi
   [alleinverfügungsberechtigter...] tek yetkili mal/mülk sahibi
   [eingetragener...] (tapuda) tescilli mal/mülk sahibi
   [rechtmäßiger...] yasal iye; hukukî mal/mülk sahibi
   [unbeschränkter...] sınırsız iye; tek mal/mülk sahibi
   [verfügungsberechtigter...] kullanma hakkı olan mal/mülk sahibi

Eigentümergemeinschaft ⟨f⟩ mülk sahipleri kooperatifi
Eigentümerhaftpflicht ⟨f⟩ mal/mülk sahibinin tazminat yükümlülüğü
Eigentumsanspruch ⟨m⟩ iyelik/mülkiyet hakkı
Eigentumsdelikt ⟨n⟩ mülkle ilgili suç
Eigentumserwerb ⟨m⟩ *(Jur)* mülkiyet iktisabı; mal/mülk alımı/edinme
Eigentumsgesellschaft ⟨f⟩ konut ortaklığı
Eigentumsnachweis ⟨m⟩ iyelik/mülkiyet kanıtı; tapu
Eigentumsrecht ⟨n⟩ *(Jur)* mülkiyet hakkı; mülkiyet hukuku; malikiyet
   [...am Grundstück] arsa üzerinde mülkiyet hakkı
   [...an Waren] mallar üzerinde mülkiyet hakkı
   [...erwerben] mülkiyet hakkı kazanmak/edinmek
   [absolutes...] mutlak mülkiyet hakkı
   [dingliches...] aynî mülkiyet hakkı
   [mangelhaftes...] kusurlu mülkiyet hakkı
Eigentumsstörung ⟨f⟩ mülkiyete tecavüz; gayri menkule tecavüz
Eigentumstitel ⟨m⟩ *(Jur)* mülkiyet sıfatı; iyelik sıfatı
Eigentumsübergang ⟨m⟩ *(Jur)* mülkiyetin intikali
Eigentumsüberschreibung ⟨f⟩ mülkiyetin ferağ ve devri
Eigentumsübertragung ⟨f⟩ mülkiyetin devir ve temliki
Eigentumsurkunde ⟨f⟩ iyelik belgesi; tapu senedi
Eigentumsvorbehalt ⟨m⟩ mülkiyeti muhafaza; iyeliği saklı tutma
Eigentumswechsel ⟨m⟩ mülkiyetin el değiştirmesi
Eigentumswohnung ⟨f⟩ müstakil daire; müstakil apartman dairesi
Eigenverbrauch ⟨m⟩ öztüketim; özel/kişisel tüketim
   [für den...] öztüketim için; özel/kişisel tüketim için
Eigenversorgung ⟨f⟩ kendi kendine bakma; kendi kendini geçindirme
Eigenvorteil ⟨m⟩ özel/kişisel çıkar
Eigenwechsel ⟨m⟩ *(WeR)* emre yazılı senet; *(WeR)* bono
Eigner ⟨m⟩ sahip
Eignung ⟨f⟩ yeterlik; ön yeterlilik
   [berufliche...] meslekî yetenek
   [fachliche...] uzman yeteneği; ihtisas becerisi
Eignungsnachweis ⟨m⟩ yeterlik belgesi; ön yeterlilik kanıtı
Eignungsprüfung ⟨f⟩ yeterlik sınavı; ön yeterlilik sınavı
Eilauftrag ⟨m⟩ acil sipariş
Eilbeförderung ⟨f⟩ ekspres sevketme
Eilbote ⟨m⟩ acil ulak
Eilbrief ⟨m⟩ *(Post)* özel ulak mektubu
Eilpost ⟨f⟩ *(Post)* özel ulak postası
Eilfracht ⟨f⟩ ekspres navlun/kargo/hamule
Eilgebühr ⟨f⟩ *(Post)* ekspres ücreti
Eilgut ⟨n⟩ *(Post)* ekspres mal
Eilpaket ⟨n⟩ *(Post)* ekspres paket
Eilsendung ⟨f⟩ acele yollama
Eilzustellung ⟨f⟩ ekspres tebliğ; acele teslim
Einarbeitung ⟨f⟩ çalışmaya uyum sağlama;

işe alıştırma
Einarbeitungszeit ⟨f⟩ çalışmaya uyum sağlama süresi; işe alıştırma süresi
Einbau ⟨m⟩ donatım; demirbaş
Einbauten ⟨pl⟩ demirbaşlar
einbegriffen ⟨adj⟩ içinde; dahil
einbehalten ⟨adj⟩ alıkoymak; (elinde) tutmak
Einbehaltung ⟨f⟩ alıkoyma; (elinde) tutma
 [... der Lohnsteuer] kazanç vergisini alıkoyma
 [... des Lohns] ücreti alıkoyma
 [... und Abführung] alıkoyma ve ödeme
einberufen ⟨v/t⟩ (toplantıya) çağırmak; davet etmek
Einberufung ⟨f⟩ (toplantıya) çağırma; davet etme
 [... der Hauptversammlung] genel kurulun (toplantıya) çağırılması
 [satzungsgemäße ...] tüzük hükümleri uyarınca (toplantıya) çağırma
Einberufungsfrist ⟨f⟩ (toplantıya) çağırma müddeti/öneli
Einbrecher ⟨m⟩ (zorla bir yere giren) hırsız
einbringen ⟨v/t⟩ 1. iştirakte bulunmak 2. (kâr/kazanç/gelir) sağlamak
Einbruch ⟨m⟩ (zorla bir yere girerek) hırsızlık
Einbruchsversicherung ⟨f⟩ (Vers) hırsızlık sigortası
Einbuße ⟨f⟩ kayıp
eindecken ⟨ref⟩ stok yapmak
eindringen ⟨int⟩ girmek
einfordern ⟨v/t⟩ talep etmek
einfrieren ⟨v/t⟩ dondurmak
Einfrierung ⟨f⟩ dondurma
Einfuhr ⟨f⟩ dışalım; ithal; ithalat; giriş
 [... und Ausfuhr] ithalat ve ihracat
 [bei ... verzollen] (Zo) ithalde/girişte gümrüklemek
 [gewerbliche ...] sınaî ithalat
 [kontingentierte ...] kotalı ithalat
 [sichtbare ...] (VWL) görünür ithalat
 [unsichtbare ...] (VWL) görünmez/gizli ithalat
 [vorübergehende ...] (Zo) geçici kabul
 [zollfreie ...] bedelsiz/gümrüksüz ithalat
Einfuhrabfertigung ⟨f⟩ ithalat işlemi/muamelesi
Einfuhrabgabe ⟨f⟩ (StR) ithal resmi
Einfuhrabschöpfung ⟨f⟩ ithalatta soğurma; ithalat ödeneği
Einfuhrbeschränkungen ⟨pl⟩ ithalat kısıtlamaları
Einfuhrbestimmungen ⟨pl⟩ ithalat koşulları
Einfuhrbewilligung ⟨f⟩ ithalat permisi/ruhsatı/izni
einführen ⟨v/t⟩ 1. ithal etmek 2. tanıtmak; takdim etmek
Einfuhrerklärung ⟨f⟩ ithalat bildirgesi/beyannamesi
Einfuhrgenehmigung ⟨f⟩ ithalat izni/müsaadesi/permisi
Einfuhrerzeugnis ⟨n⟩ (AußH) ithal malı; ithal ürünü/mamulü
Einfuhrfreigabe ⟨f⟩ ithalatın serbest bırakılması
Einfuhrgüter ⟨pl⟩ ithal malları
Einfuhrhafen ⟨m⟩ (Schff) ithal limanı
Einfuhrhändler ⟨m⟩ ithalatçı
Einfuhrkonnossement ⟨n⟩ ithal konşimentosu
Einfuhrkontrolle ⟨f⟩ ithalat kontrolu
Einfuhrrechnung ⟨f⟩ ithalat faturası
Einfuhrschein ⟨m⟩ ithal belgesi
Einfuhrsendung ⟨f⟩ ithal gönderisi

Einfuhrsteuer ⟨f⟩ (StR) ithalat vergisi
Einfuhrstopp ⟨m⟩ ithalatı durdurma
Einfuhrüberschuß ⟨m⟩ ithalat fazlası
Einfuhrumsatzsteuer ⟨f⟩ (StR) ithalat (toptan) satış vergisi
Einführung ⟨f⟩ 1. uygulama/uygulanma 2. takdim; tanıtma 3. giriş
 [... der freien Marktwirtschaft] serbest piyasa ekonomisinin uygulanması
 [... der Marktwirtschaft] piyasa ekonomisinin uygulanması
Einführungsangebot ⟨n⟩ promosyon arzı
Einführungskonsortium ⟨n⟩ uygulama/işlem konsorsiyumu
Einführungspreis ⟨m⟩ (piyasaya) giriş fiyatı; tanıtma fiyatı
Einführungsprospekt ⟨m⟩ (Bö) giriş/tanıtma prospektüsü
Einführungsrabatt ⟨m⟩ (Mk) tanıtım iskontosu
Einführungsschreiben ⟨n⟩ (Mk) tanıtma yazısı
Einfuhrverbot ⟨n⟩ ithal yasağı
Einfuhrverfahren ⟨n⟩ ithalat yöntemi
Einfuhrwaren ⟨pl⟩ ithal malları
Einfuhrwert ⟨m⟩ ithal değeri
Einfuhrzoll ⟨m⟩ (Zo) ithal gümrüğü; (Zo) ithalat gümrük resmi
Einfuhrzollschein ⟨m⟩ (Zo) ithalat gümrük belgesi
Eingabe ⟨f⟩ (EDV) kayıt; kaydetme
Eingang ⟨m⟩ giriş; girdi
 [... bestätigen] girişi teyit etmek; girdiyi onaylamak
Eingangsabfertigung ⟨f⟩ giriş işlemi/muamelesi
Eingangsanzeige ⟨f⟩ girdi bildirimi; alacak dekontu
Eingangsbestätigung ⟨f⟩ giriş/girdi onayı
Eingangsdatum ⟨n⟩ giriş tarihi
Eingangsfracht ⟨f⟩ (Schff) giriş/ithal navlunu
Eingangshafen ⟨m⟩ (Schff) giriş/ithal limanı
Eingangsquittung ⟨f⟩ girdi makbuzu
Eingangsstempel ⟨m⟩ giriş damgası
eingedeckt ⟨adj⟩ stokta bulunan; karşılığı olan
eingehen ⟨int⟩ girmek; (Post) alınmak
 [Risiko ...] riske girmek
eingetragen ⟨adj⟩ kaydedilmiş
eingliedern ⟨v/t⟩ birleştirmek; koordine etmek
Eingliederung ⟨f⟩ birleştirme
eingreifen ⟨v/t⟩ müdahale etmek; karışmak
einhalten ⟨v/t⟩ uymak; riayet etmek
Einhaltung ⟨f⟩ uyma; riayet
 [... der Frist] süreye uyma
einheimisch ⟨adj⟩ yerli
Einheit ⟨f⟩ birlik; birim; ünite; standart; tek tip; tekdüzen; (EDV) ünite
 [statistische ...] (Stat) gözlem
einheitlich ⟨adj⟩ birlikte; tek tip; standart
Einheitserzeugnis ⟨n⟩ tek tip ürün; standart ürün
Einheitsfrachttarif ⟨m⟩ standart yük tarifesi; tek tip navlun tarifesi
Einheitsgebühr ⟨f⟩ tek tip ücret; standart ücret
Einheitsgewerkschaft ⟨f⟩ tek tip sendika
Einheitskosten ⟨pl⟩ (KoR) birim maliyeti; (KoR) standart maliyet
Einheitsladung ⟨f⟩ tek tip yük; standart yük
Einheitspreis ⟨m⟩ tekdüzen/standart fiyat
Einheitssteuer ⟨f⟩ (StR) tekdüzen vergi

Einheitsstücklohn ⟨m⟩ standart parça başına ücret
Einheitstarif ⟨m⟩ tek tip tarife; standart tarife
Einheitsversicherung ⟨f⟩ *(Vers)* tek tip sigorta; *(Vers)* standart sigorta
Einheitswert ⟨m⟩ birim değeri; standart değer
 [... festsetzen] standart değeri saptamak; birim değerini tespit etmek
Einheitswertbescheid ⟨m⟩ birim/standart değer bildirimi
Einheitszoll ⟨m⟩ *(Zo)* tek tip gümrük; *(Zo)* standart gümrük
einigen ⟨ref⟩ anlaşmak; uzlaşmak
 [sich außergerichtlich ...] mahkeme dışı uzlaşmak; davasız uzlaşmak
 [sich gütlich ...] iyiniyetli uzlaşmak
Einigung ⟨f⟩ uzlaşma; anlaşma
 [außergerichtliche ...] mahkeme/dava dışı uzlaşma; davasız uzlaşma
 [gütliche ...] iyiniyetli uzlaşma
Einigungsvertrag ⟨m⟩ uzlaşma sözleşmesi
einkalkulieren ⟨v/t⟩ hesaba katmak
einkassieren ⟨v/t⟩ tahsil etmek
Einkauf ⟨m⟩ satın alma; alışveriş
 [bargeldloser ...] parasız satın alma; parasız alışveriş
einkaufen ⟨v/t⟩ alışveriş yapmak; satınalmak
Einkäufer ⟨m⟩ satın alıcı; alışveriş yapan; mübayaacı; müşteri
Einkaufsabrechnung ⟨f⟩ alışveriş faturası
Einkaufsabteilung ⟨f⟩ satın alma bölümü
Einkaufsauftrag ⟨m⟩ satın alma emri
Einkaufsbedingungen ⟨pl⟩ satın alma koşulları
Einkaufsgenossenschaft ⟨f⟩ alım/alıcı/tüketici kooperatifi
Einkaufsmacht ⟨f⟩ satın alma gücü
Einkaufspreis ⟨m⟩ satın alma fiyatı
Einkaufsquelle ⟨f⟩ satın alma kaynağı
Einkaufsrabatt ⟨m⟩ alışveriş indirimi/iskontosu
Einkaufsrechnung ⟨f⟩ alışveriş faturası
Einkaufsrechnungspreis ⟨m⟩ alışveriş fatura bedeli
Einkaufssteuer ⟨f⟩ satın alma vergisi
Einkaufsstraße ⟨f⟩ alışveriş caddesi
Einkaufsverband ⟨m⟩ alım birliği
Einkaufsvereinigung ⟨f⟩ alım derneği/birliği
Einkaufsverhalten ⟨n⟩ satın alma davranışı; alışveriş tutumu
Einkaufsvertreter ⟨m⟩ satın alma temsilcisi
Einkaufswert ⟨m⟩ (satın) alma/alış/alım değeri
Einkaufszentrale ⟨f⟩ satın alma merkezi
einklagen ⟨v/t⟩ dava etmek
einklarieren ⟨v/t⟩ *(Zo)* beyanla yurtiçine sokmak
Einkommen ⟨n⟩ gelir; kazanç
 [... aus Kapitalvermögen] sermaye geliri
 [... aus nichtselbständiger Arbeit] serbest olmayan çalışmadan elde edilen gelir
 [... des Einzelnen] bireyin geliri; bireysel gelir
 [... pro Kopf der Bevölkerung] nüfusun birey/kişi başına geliri
 [abgeleitetes ...] türevsel gelir
 [ausreichendes ...] yeterli gelir
 [disponibles ...] kullanılabilir gelir
 [effektives ...] reel gelir
 [festes ...] sabit/devamlı gelir
 [fiktives ...] fiktif gelir
 [freies ...] serbest/net gelir
 [geschätztes ...] tahminî gelir
 [gesichertes ...] sağlam gelir
 [gewerbliches ...] ticarî gelir
 [jährliches ...] yıllık gelir
 [landwirtschaftliches ...] tarımsal gelir
 [lebenslängliches ...] ömür/hayat boyu gelir
 [mittleres ...] orta (derecede) gelir
 [nationales ...] *(vGR)* milli gelir; *(vGR)* ulusal gelir
 [niedriges ...] düşük gelir
 [nominales ...] nominal gelir
 [persönliches ...] kişisel gelir; bireysel gelir
 [regelmäßiges ...] düzenli gelir
 [ruhegehaltsfähiges ...] emeklilik hakkı doğuran gelir
 [sozialversicherungsfähiges ...] *(SozV)* sosyal sigortalı gelir
 [ständiges ...] devamlı/sürekli gelir
 [steuerbares ...] vergilendirilebilir gelir
 [steuerfreies ...] *(StR)* vergiden muaf gelir
 [steuerpflichtiges ...] *(StR)* vergiye tabi gelir; vergi yükümlü gelir
 [tatsächliches ...] gerçek/fiili/reel/efektif gelir
 [verfügbares ...] *(vGR)* kullanılabilir gelir; *(vGR)* kullanılabilir milli gelir; eldeki kazanç
 [verfügbares ... der privaten Haushalte] *(vGR)* hanehalkının kullanılabilir geliri; özel bütçelerin tasarruf gelir(ler)i
 [verfügbares persönliches ...] *(vGR)* kullanılabilir kişisel gelir; kullanılabilir bireysel gelir
 [versteuertes ...] vergilendirilmiş gelir
 [zu versteuerndes ...] vergilendirilmesi gereken gelir
 [zusätzliches ...] ek gelir
einkommensabhängig ⟨adj⟩ gelire bağlı
Einkommensaktie ⟨f⟩ gelir ortaklığı senedi
Einkommensaufstellung ⟨f⟩ gelir cetveli
Einkommensbeihilfe ⟨f⟩ gelir yardımı
Einkommensbesteuerung ⟨f⟩ *(StR)* geliri vergilendirme
Einkommensbetrag ⟨m⟩ gelir bedeli
Einkommensbezieher ⟨m⟩ gelir sağlayan; geliri olan
Einkommensbildung ⟨f⟩ gelir oluşturma/yaratma
Einkommensdefizit ⟨n⟩ *(Staat)* gelir açığı
Einkommenseffekt ⟨m⟩ *(VWL)* gelir etkisi
Einkommenselastizität ⟨f⟩ *(VWL)* gelir elastikliği
 [... der Nachfrage] *(VWL)* talebin gelir elastikliği
Einkommensentwicklung ⟨f⟩ gelirlerdeki gelişme
Einkommensertrag ⟨m⟩ gelir getirisi; rant
Einkommenserzielung ⟨f⟩ gelir sağlama; gelir elde etme; kazanma
Einkommensfaktor ⟨m⟩ gelir faktörü
Einkommensfonds ⟨m⟩ *(BkW)* gelir fonu
Einkommensgruppe ⟨f⟩ *(VWL)* gelir grubu/sınıfı
Einkommenshöhe ⟨f⟩ gelir düzeyi
Einkommensinflation ⟨f⟩ gelir enflasyonu
Einkommens-Konsum-Kurve ⟨f⟩ *(VWL)* gelir-tüketim eğrisi
Einkommenskreislauf ⟨m⟩ *(VWL)* gelir dolanımı; *(VWL)* gelirin dairesel/devresel akımı
Einkommenskreislaufgeschwindigkeit ⟨f⟩ *(VWL)* gelir dolanım hızı

[... des Geldes] *(VWL)* paranın gelir dolanım hızı
Einkommensmechanismus ⟨m⟩ *(AußH)* gelir mekanizması
einkommensmindernd ⟨adj⟩ geliri azaltıcı
Einkommensmultiplikator ⟨m⟩ gelir çarpanı
Einkommens-Nachfrage-Funktion ⟨f⟩ *(VWL)* gelir-talep fonksiyonu
Einkommensniveau ⟨n⟩ gelir düzeyi
Einkommenspfändung ⟨f⟩ gelirin haczi
Einkommenspolitik ⟨f⟩ *(VWL)* gelir politikası
Einkommensquelle ⟨f⟩ gelir kaynağı
Einkommensschere ⟨f⟩ *(VWL)* gelir makası
einkommensschwach ⟨adj⟩ dargelirli; düşük/az gelirli; geliri az/düşük
Einkommenssituation ⟨f⟩ gelir durumu
Einkommensstand ⟨m⟩ gelir düzeyi
einkommensstark ⟨adj⟩ yüksek/çok gelirli; geliri çok/yüksek
Einkommenssteigerung ⟨f⟩ gelir/kazanç artımı
Einkommensstufe ⟨f⟩ gelir derecesi/kademesi
Einkommenstendenz ⟨f⟩ gelir trendi
Einkommensteuer ⟨f⟩ *(StR)* gelir vergisi
 [... einbehalten] gelir vergisini tahsis etmek
 [... festsetzen] gelir vergisini saptamak
 [... hinterziehen] gelir vergisi kaçırmak
 [der ... unterliegen] gelir vergisine tabi olmak
 [negative ...] *(öFi)* negatif gelir vergisi
 [persönliche ...] bireysel gelir vergisi
 [progressive ...] artan oranlı gelir vergisi
 [veranlagte ...] saptanmış gelir vergisi
 [von der ... befreien] gelir vergisinden muaf kılmak
 [zur ... veranlagen] gelir vergisine tabi kılmak
 [zurückgestellte ...] ertelenmiş gelir vergisi
Einkommensteuerabteilung ⟨f⟩ vergi dairesinde gelir vergisi için sorumlu bölüm
Einkommensteuerabzug ⟨m⟩ *(StR)* gelir vergisi tevkifatı/kesintisi
Einkommensteuerbehandlung ⟨f⟩ gelir vergisi muamelesi
Einkommensteuerbehörde ⟨f⟩ gelir vergisi makamı
Einkommensteuerbemessungsgrundlage ⟨f⟩ gelir vergisi matrahı
Einkommensteuerbescheid ⟨m⟩ gelir vergisi ihbarnamesi/bildirimi
Einkommensteuererklärung ⟨f⟩ gelir vergisi beyannamesi
 [... abgeben] gelir vergisi beyannamesini vermek
Einkommensteuererstattung ⟨f⟩ gelir vergisi iadesi
Einkommensteuerfreibetrag ⟨m⟩ gelir vergisi indirimi; en az geçim indirimi
 [... für Alleinstehende] bekârlar için vergi muafiyeti; gelir vergisinde bekârlar için indirim
 [... für Verheiratete] evliler için vergi muafiyeti; gelir vergisinde evliler için indirim
Einkommensteuergruppe ⟨f⟩ gelir vergisi sınıfı
Einkommensteuerpflicht ⟨f⟩ gelir vergisi mükellefiyeti/yükümlülüğü
einkommensteuerpflichtig ⟨adj⟩ gelir vergisine tabi
Einkommensteuerreform ⟨f⟩ gelir vergisi reformu
Einkommensteuerschuld ⟨f⟩ gelir vergisi borcu
Einkommenstabelle ⟨f⟩ kazanç cetveli
Einkommensteuertabelle ⟨f⟩ gelir vergisi cetveli

Einkommensteuertarif ⟨m⟩ gelir vergisi tarifesi
Einkommensteuerveranlagung ⟨f⟩ gelir vergisi yükümlülüğü
Einkommensteuervorauszahlung ⟨f⟩ gelir vergisi ön ödemesi
Einkommensteuerzuschlag ⟨m⟩ gelir vergi zammı
Einkommensumschichtung ⟨f⟩ → **Einkommensumverteilung**
Einkommensumverteilung ⟨f⟩ gelir vergisinde yeniden dağılım
Einkommensunterstützung ⟨f⟩ geçim desteği/yardımı
Einkommensverhältnisse ⟨pl⟩ gelir durumu
Einkommensverteilung ⟨f⟩ *(VWL)* gelir dağılımı
 [funktionelle ...] *(VWL)* fonksiyonel gelir dağılımı
 [personelle ...] *(VWL)* kişisel gelir dağılımı
Einkommenswachstum ⟨m⟩ gelir/kazanç artışı
Einkommenszuschuß ⟨m⟩ gelir/kazanç zammı
Einkünfte ⟨pl⟩ kazançlar; gelirler; varidat
 [... aus freiberuflicher Tätigkeit] serbest çalışmadan elde edilen kazançlar
 [... aus Kapitalbesitz] sermaye varidatı
 [... aus Kapitalvermögen] sermaye varlıklarından elde edilen kazançlar/gelirler
 [... aus selbständiger Arbeit/Tätigkeit] bağımsız işten elde edilen kazançlar/gelirler
 [... aus unselbständiger Arbeit/Tätigkeit] bağımlı işten elde edilen kazançlar/gelirler
 [... aus Vermietung] kiradan elde edilen kazançlar/gelirler
 [außerbetriebliche ...] işletme dışı kazançlar/gelirler
 [betriebsfremde ...] arızî kazançlar/gelirler
 [unerwartete ...] beklenmeyen kazançlar/gelirler
einladen ⟨v/t⟩ 1. davet etmek 2. yüklemek
Einlage ⟨f⟩ 1. mevduat; depozit; portföy 2. yatırım; pay 3. tevdiat
 [... mit fester Laufzeit] kesin vadeli mevduat; süresi belirli mevduat
 [... mit Kündigungsfrist] ihbarlı mevduat; preavili mevduat
Einlagebrief ⟨m⟩ *(WeR)* mevduat sertifikası
Einlagekapital ⟨n⟩ ödenmiş sermaye; katılım/iştirak
Einlagekonto ⟨n⟩ mevduat hesabı
Einlagen ⟨pl⟩ mevduat(lar); banka mevduatı
 [befristete ...] vadeli mevduat
 [gesetzliche ...] mevduat munzam karşılıkları
 [kündbare ...] ihbarlı/preavili mevduat
 [kurzfristige ...] kısa vadeli mevduat
 [mindestreservepflichtige ...] asgari ihtiyat zorunluluğu taşıyan mevduat
 [täglich fällige ...] ihbarsız/vadesiz mevduat; günlük tevdiat
 [verzinsliche ...] faiz getiren mevduat
Einlagengeschäft ⟨n⟩ *(BkW)* mevduat bankacılığı
Einlagenkonto ⟨n⟩ *(BkW)* mevduat hesabı
Einlagenschein ⟨m⟩ *(BkW)* mevduat zertifikası
Einlagensicherung ⟨f⟩ mevduat temini; mevduat munzam karşılıkları
Einlagenüberhang ⟨m⟩ depozit/mevduat fazlalığı
Einlagenversicherung ⟨f⟩ *(Vers)* (bankanın) mevduat sigortası

Einlagenzertifikat ⟨n⟩ *(BkW)* mevduat sertifikası
einlagern ⟨v/t⟩ stoklamak; depolamak
Einlagerung ⟨f⟩ stoklama; depolama
[... unter Zollverschluß] *(VWL)* antrepo rejimi; *(Zo)* gümrük mühürü altında depolama
Einlagerungskredit ⟨m⟩ depolama kredisi
Einlagerungsschein ⟨m⟩ ardiye/depo makbuzu
einlaufen ⟨int⟩ geminin limana girmesi
einlegen ⟨v/t⟩ tevdi etmek; saklatmak; yatırmak
Einleger ⟨m⟩ müstevdi; tevdi eden; yatıran
Einleitung ⟨f⟩ 1. ikame 2. açma; başlama
[... eines Konkursverfahrens] iflas davasının açılması
[... gerichtlicher Schritte] hukukî yola başvurma
Einleitungsbeschluß ⟨m⟩ ikame hükmü/ilamı
einliefern ⟨v/t⟩ teslim etmek
Einlieferung ⟨f⟩ teslim (etme)
Einlieferungsbescheinigung ⟨f⟩ teslim belgesi; resepise; makbuz senedi
Einlieferungsschein ⟨m⟩ teslim (etme) belgesi; resepise; makbuz senedi
Einliniensystem ⟨n⟩ tek hat sistemi
einlösbar ⟨adj⟩ 1. tahsil edilebilir 2. rehinden kurtarılabilir 3. kırdırılabilir
einlösen ⟨v/t⟩ 1. tahsil etmek/ettirmek; ödemek 2. rehinden kurtarmak 3. kırdırmak
[Wechsel...] senet kırdırmak
Einlösung ⟨f⟩ 1. tahsil etme/ettirme; ödeme 2. rehinden kurtarma
Einlösungsauftrag ⟨m⟩ tahsil etme/ettirme emri; ödeme emri
Einlösungsfrist ⟨f⟩ 1. tahsil etme/ettirme süresi; ödeme süresi 2. rehinden kurtarma müddeti/süresi
Einlösungskurs ⟨m⟩ tahsil fiyatı/kuru
Einlösungsstelle ⟨f⟩ tahsil/ödeme yeri
Einlösungstermin ⟨m⟩ tahakkuk tarihi; tahsil/ödeme günü/tarihi
Einlösungswert ⟨m⟩ tahsil değeri
Einmalaufwand ⟨m⟩ bir defaya mahsus gider/masraf
Einmalbetrag ⟨m⟩ bir defaya mahsus bedel
Einmalerträge ⟨pl⟩ bir defaya mahsus gelirler
Einmalkosten ⟨pl⟩ bir defaya mahsus masraflar
Einmalpackung ⟨f⟩ tek yönlü ambalaj; bir kerelik ambalaj
Einmalprämie ⟨f⟩ bir defalık prim/ikramiye
Einmalzahlung ⟨f⟩ bir defaya mahsus ödeme
Einmannbetrieb ⟨m⟩ tek kişilik işletme
Einmannfirma ⟨f⟩ tek kişilik firma; tek adam firması
Einmanngesellschaft ⟨f⟩ tek kişilik şirket; tek adam şirketi
Einmischung ⟨f⟩ karışma; müdahale
Einnahme ⟨f⟩ 1. gelir; kazanç; rant 2. tahsilat
Einnahmen ⟨pl⟩ 1. gelirler; varidat; irat; hasılat 2. tahsilat
[... aus dem Fremdenverkehr] turizmden elde edilen gelirler
[... aus unsichtbaren Leistungen] görünmez hizmetlerden elde edilen gelirler/hasılat; görünmez hizmetlerden tahsilat
[...- Ausgaben-Plan] nakit bütçesi
[... in laufender Rechnung] cari hesaptaki tahsilat
[... und Ausgaben] tahsilat ve sarfiyat; gelir ve harcamalar
[...- und Ausgabenplanung] gelir ve gider planlaması
[betriebsfremde...] arızî gelirler; işletme dışı hasılat
[einmalige...] bir kereye mahsus tahsilat/gelirler
[passivierte...] ertelenmiş tahsilat
[periodische...] dönemsel tahsilat
[steuerfreie...] (vergiden) muaf tahsilat/gelirler
Einnahmenausfall ⟨m⟩ varidat/tahsilat kaybı
Einnahmequelle ⟨f⟩ gelir kaynağı
Einnahmeseite ⟨f⟩ alacaklı/gelir tarafı
Einnahmeüberschuß ⟨m⟩ hasılat fazlası
Einnahmeverlust ⟨m⟩ gelir kaybı
einnehmen ⟨v/t⟩ tahsil etmek
einpacken ⟨v/t⟩ paketlemek; ambalaja koymak
einpendeln ⟨int⟩ (işe) gelmek; ⟨refl⟩ (belli bir düzeye gelip) kalmak
Einpendler ⟨m⟩ dışardan (işe) gelen
Einpersonengesellschaft ⟨f⟩ tek kişilik şirket
einplanen ⟨v/t⟩ hesaba katmak; beklemek; planlamak
einräumen ⟨v/t⟩ kabul etmek; hesaplamak
einreichen ⟨v/t⟩ vermek; arz etmek; sunmak; ibraz etmek
Einreicher ⟨m⟩ veren; arz eden; sunan; ibraz eden
Einreichung ⟨f⟩ verme; verilme; arz etme; sunu; sunulma; ibraz
[... zum Akzept] kabul için sunu/ibraz
[... eines Antrags] dilekçenin ibrazı/verilmesi/sunulması
[... der Klage] dava açma; davanın ikamesi
[zur... von Angeboten auffordern] tekliflerin verilmesini talep etmek; teklif yapılması için çağrıda bulunmak; icaba davet etmek
Einreichungsdatum ⟨n⟩ verme tarihi; ibraz etme tarihi
Einreichungsfrist ⟨f⟩ ibraz etme süresi
einrichten ⟨v/t⟩ 1. kurmak; tesis etmek 2. donamak; döşemek, donatmak
Einrichtung ⟨f⟩ 1. kuruluş; teşekkül; tesis 2. donanım; döşeme; donatım
Einrichtungen ⟨pl⟩ 1. kuruluşlar; teşekküller; tesisler 2. araç ve gereçler; donatım; tesisat
[gemeinnützige...] kamuya yararlı kuruluşlar
[öffentliche...] halka açık tesisler; kamu kuruluşları
[städtische...] belediye tesisleri
Einrichtungsgegenstände ⟨pl⟩ donatım eşyası; araç ve gereçler
[bewegliche und unbewegliche...] taşınır ve taşınmaz donatım eşyası; menkul ve gayrimenkul tesisat
einrücken ⟨v/t⟩ satırbaşı yapmak
Einsatz ⟨m⟩ faaliyet; operasyon; ikame; girdi; kullanma; işletme
Einsatzgebiet ⟨n⟩ faaliyet alanı
Einsatzmöglichkeit ⟨f⟩ kullanma olanağı/imkânı
Einsatzgüter ⟨pl⟩ işletme/üretim malları
Einsatzplan ⟨m⟩ faaliyet planı; görev nöbetlerini gösteren cetvel

einschätzen ⟨v/t⟩ 1. tahmin etmek 2. değerlendirmek
Einschätzung ⟨f⟩ 1. tahmin 2. değerlendirme
Einschichtbetrieb ⟨m⟩ tek vardiyalı işletme/çalışma
einschießen ⟨v/t⟩ para/sermaye yatırmak
einschlagen ⟨int⟩ rağbet görmek; beğenilmek; tutulmak
[sofort ...] hemen/anında rağbet görmek
einschlägig ⟨adj⟩ önemli
einschließen ⟨v/t⟩ katmak; dahil etmek
einschließlich ⟨präp⟩ içinde/dahil (olmak üzere)
einschränken ⟨v/t⟩ kısıtlamak; sınırlandırmak; kotalamak
einschränkend ⟨adj⟩ kısıtlayıcı; sınırlayıcı
Einschränkung ⟨f⟩ kısıtlama; kısıntı; sınırlama; kotalama
Einschreibebrief ⟨m⟩ taahhütlü mektup
Einschreiben ⟨n⟩ taahhütlü (mektup)
Einschuß ⟨m⟩ apor; ödeme; *(Bö)* marj
Einschußaufforderung ⟨f⟩ ödemeye/apora çağrı/davet; apel
einsenden ⟨v/t⟩ göndermek
Einsendeschluß ⟨m⟩ son gönderme tarihi
einsetzen ⟨v/t⟩ 1. tayin etmek; işe almak 2. başlatmak
Einsetzung ⟨f⟩ tayin
[... eines Begünstigten] imtiyazlı kişinin tayini
[... eines Nachfolgers] ardılın/halefin tayini
Einsicht ⟨f⟩ incele(n)me; tetkik; teftiş
[... in die Bücher] defterlerin incelenmesi/teftişi
[zur öffentlichen ... ausliegen] kamunun bilgisine açıktır
Einsichtnahme ⟨f⟩ inceleme
einsparen ⟨v/t⟩ tasarruf etmek
Einsparung ⟨f⟩ tasarruf
[... durch Massenproduktion] kitlesel üretim yoluyla tasarruf
Einspruch ⟨m⟩ itiraz
[... einlegen] itiraz etmek; *(Jur)* temyiz yoluna başvurmak
[... verwerfen] itirazı reddetmek
[einem ... stattgeben] itirazı kabul etmek
Einspruchsfrist ⟨f⟩ itiraz müddeti
Einspruchspatent ⟨n⟩ *(Pat)* itiraz edici ihtira beratı; *(Pat)* karşı patent
Einspruchsrecht ⟨n⟩ *(Jur)* itiraz hakkı
Einspruchsverfahren ⟨n⟩ *(Jur)* itiraz usulü; itiraz davası
Einstandskosten ⟨pl⟩ maliyet fiyatı; tarihî maliyet; (piyasaya) giriş maliyeti
Einstandskurs ⟨m⟩ maliyet fiyatı; (piyasaya) giriş fiyatı
Einstandspreis ⟨m⟩ maliyet fiyatı; (piyasaya) giriş fiyatı
Einstandswert ⟨m⟩ maliyet değeri; (piyasaya) giriş değeri
einstellen ⟨v/t⟩ 1. işe almak 2. bitirmek; durdurmak
einstellig ⟨adj⟩ tek rakamlı/haneli
Einstellung ⟨f⟩ 1. işe alma/alınma 2. durdurma; son verme; tatil etme 3. ayar
[... der Geschäftstätigkeit] iş faaliyetine son verme

[... des Konkursverfahrens] iflasta takipsizlik
[... des Verfahrens] *(Jur)* takipsizlik
[... mangels Masse] (iflas masasında) varlık bulunmaması yüzünden takipsizlik
[... auf Probe] denemek üzere işe alma
[... der Zahlung] ödemeyi durdurma; ödemeyi tatil etme
[... der Zwangsvollstreckung] zorunlu icrayı durdurma
Einstellungsalter ⟨n⟩ işe alma yaşı
Einstellungsbedingungen ⟨pl⟩ işe alınma koşulları
Einstellungsgespräch ⟨n⟩ işe alınma görüşmesi
einstimmig ⟨adj⟩ oybirliği ile
einstufen ⟨v/t⟩ derecelemek; sınıflandırmak
[gehaltlich ...] baremlendirmek
Einstufung ⟨f⟩ dereceleme; sınıflandırma
[... nach Leistung] verime göre dereceleme
[gehaltliche ...] baremlendirme
Einstufungstabelle ⟨f⟩ barem cetveli
Eintausch ⟨m⟩ değiştirme; eskisini verip yenisini alma
eintauschen ⟨v/t⟩ değiştirmek; eskisini verip yenisini almak
Einteilung ⟨f⟩ ayırma; bölme
Eintrag ⟨m⟩ kayıt; tescil
[vorläufiger ...] geçici kayıt
eintragen ⟨v/t⟩ kaydetmek; tescil etmek
einträglich ⟨adj⟩ rantabl; kârlı
Eintragung ⟨f⟩ kayıt; tescil
[... eines Warenzeichens] *(Pat)* markanın tescili
[... löschen] kaydı silmek
[handelsgerichtliche ...] ticaret mahkemesi yoluyla tescil
[vorläufige ...] geçici kayıt
Eintragungsbescheinigung ⟨f⟩ tescil belgesi
Eintragungsgebühr ⟨f⟩ tescil harcı; kaydiye
eintragungspflichtig ⟨adj⟩ tescil edilmesi zorunlu
Eintragungsurkunde ⟨f⟩ *(Jur)* tescilname
[handelsgerichtliche ...] ticaret mahkemesinin tescilnamesi
eintreiben ⟨v/t⟩ tahsil etmek
Eintreibung ⟨f⟩ tahsil
[... von Außenständen] ödenmemiş alacakların tahsili
Eintritt ⟨m⟩ giriş
[... ins Erwerbsleben] kazanç sağlamaya başlama; çalışma hayatına giriş/başlama; edinim yaşamına giriş
[... des Schadensfalles] *(Vers)* hasar ve zarar durumunun oluşması
Eintrittsalter ⟨n⟩ giriş/başlama yaşı
Eintrittsgebühr ⟨f⟩ giriş ücreti
Eintrittsgeld ⟨n⟩ giriş parası
Ein- und Ausfuhren ⟨pl⟩ *(AußH)* dış alım ve satımlar
[unsichtbare ...] *(AußH)* görünmeyen dış alım ve satımlar; *(vGR)* görünmeyenler
Einvernehmen ⟨n⟩ anlaşma; uzlaşma
[im gegenseitigen ...] karşılıklı uzlaşma ile
Einverständnis ⟨n⟩ kabullenme; rıza; muvafakat
[im beiderseitigen ...] iki tarafın kabullenmesi/rızası ile
[im gegenseitigen ...] karşılıklı kabullenme/rıza ile

[schriftliches...] yazılı kabullenme/rıza
[stillschweigendes...] üstü kapalı kabullenme; zımnî rıza
Einwand ⟨m⟩ itiraz
Einwanderung ⟨f⟩ (ülkeye/yurtiçine) göç
einwandfrei ⟨adj⟩ kusursuz
einwechseln ⟨v/t⟩ tahvil etmek; değiştirmek; bozmak
Einwegbehälter ⟨m⟩ tek yönlü kap; bir kez kullanılır kap; bir kerelik kap
einweisen ⟨v/t⟩ işe alıştırmak; iş göstermek
Einweisung ⟨f⟩ işe alıştırma; iş gösterme
einwerfen ⟨v/t⟩ (kutuya/otomata) atmak
einwilligen ⟨v/t⟩ muvafakat etmek; onamak
Einwilligung ⟨f⟩ muvafakat; onama
Einwohner ⟨m⟩ nüfus
Einwohnermeldeamt ⟨n⟩ nüfus (kayıt) dairesi
einzahlen ⟨v/t⟩ para yatırmak; ödemek; ödeme yapmak
Einzahler ⟨m⟩ mudi; ödeyen; para yatıran
Einzahlung ⟨f⟩ ödeme; para yatırma
[... auf Aktien leisten] hisse senetleri (alımı) için ödeme yapma
Einzahlungsbeleg ⟨m⟩ ödeme fişi/makbuzu
Einzahlungsquittung ⟨f⟩ ödeme makbuzu
Einzahlungsreihe ⟨f⟩ nakit girişleri
Einzahlungsverpflichtung ⟨f⟩ ödeme yükümlülüğü
Einzelanfertigung ⟨f⟩ özel yapım
Einzelauftrag ⟨m⟩ özel sipariş
Einzelbankwesen ⟨n⟩ (BkW) tek banka sistemi
Einzelbewertung ⟨f⟩ birim değerlendirme; tek başına değerlendirme
Einzelbürgschaft ⟨f⟩ bireysel kefalet
Einzelerzeugnis ⟨n⟩ özel (yapılmış) ürün
Einzelfall ⟨m⟩ özel/istisna durum
Einzelfertigung ⟨f⟩ özel yapım
Einzelfirma ⟨f⟩ tek firma
Einzelhandel ⟨m⟩ perakende ticaret; perakendecilik
[im... verkaufen] perakendede satmak
Einzelhandelsbetrieb ⟨m⟩ perakende ticaret işletmesi
Einzelhandelsbranche ⟨f⟩ perakendecilik sektörü/işkolu
Einzelhandelsform ⟨f⟩ perakendecilik şekli
Einzelhandelsfachgeschäft ⟨n⟩ perakende ihtisas mağazası
Einzelhandelsfirma ⟨f⟩ perakende firması/ticarethanesi
Einzelhandelsgeschatt ⟨n⟩ perakende ticaret evi; perakende işlemi/dükkânı/mağazası
Einzelhandelskaufmann ⟨m⟩ perakendeci tacir
Einzelhandelskette ⟨f⟩ perakendeci (mağazalar) zinciri
Einzelhandelskredit ⟨m⟩ perakende(ci) kredisi
Einzelhandelskunde ⟨f⟩ perakende müşterisi
Einzelhandelspreis ⟨m⟩ perakende(ci) fiyat(ı)
Einzelhandelspreisbindung ⟨f⟩ perakende fiyat bağımlılığı
Einzelhandelspreisindex ⟨m⟩ perakende(ci) fiyat(ları) indeksi
Einzelhandelsrabatt ⟨m⟩ perakendeci iskontosu
Einzelhandelsrichtpreis ⟨m⟩ perakende(ci) güdüm fiyatı
Einzelhandelsspanne ⟨f⟩ perakende(ci) marjı

Einzelhandelsumsatz ⟨m⟩ perakende cirosu
Einzelhandelsunternehmen ⟨n⟩ perakendecilik girişimi
Einzelhandelsverband ⟨m⟩ küçük esnaf ve perakendeciler birliği
Einzelhändler ⟨m⟩ perakendeci; küçük tacir/esnaf
Einzelheit ⟨f⟩ ayrıntı
Einzelheiten ⟨pl⟩ ayrıntılar; teferruat
Einzelinhaber ⟨m⟩ tek/müstakil sahip
Einzelkaufmann ⟨m⟩ müstakil tacir
Einzelkosten ⟨pl⟩ (KoR) direkt maliyet; dolaysız/doğrudan maliyet
Einzellöhne ⟨pl⟩ (KoR) direkt işçilik; dolaysız/doğrudan ücretler
Einzelmaterial ⟨n⟩ (KoR) direkt malzeme; dolaysız/doğrudan madde/malzeme
Einzelperson ⟨f⟩ tek kişi; birey
Einzelpreis ⟨m⟩ tane fiyatı; parça başına fiyat
Einzelstück ⟨n⟩ tek parça
Einzeltransport ⟨m⟩ parça nakliyat
Einzelunternehmen ⟨n⟩ tek kişilik girişim; özel/bireysel girişim
Einzelverkauf ⟨m⟩ perakende satış
Einzelversicherung ⟨f⟩ bireysel sigorta
Einzelvollmacht ⟨f⟩ (Jur) özel vekâlet(name)
Einzelwert ⟨m⟩ özel değer
Einzelwertberichtigung ⟨f⟩ (özel) değer ayarlaması
einziehen ⟨v/t⟩ kabzetmek; tahsil etmek
Einziehung ⟨f⟩ ahzukabz; tahsil
[... von Außenständen] tahsil edilmemiş alacakların ahzukabzı
[... von Steuern] vergilerin ahzukabzı/tahsili
Einziehungsauftrag ⟨m⟩ ahzukabz/tahsil emri/talimatı
Einziehungsbefehl ⟨m⟩ ahzukabz/tahsil emri/talimatı
Einzug ⟨m⟩ tahsil
Einzugsauftrag ⟨m⟩ tahsil emri/talimatı
Einzugsbank ⟨f⟩ tahsil eden banka
Einzugsermächtigung ⟨f⟩ (banka yoluyla) tahsil yetkisi
Einzugsermächtigungsverfahren ⟨n⟩ tahsil yetkisi usulü/yöntemi
Einzugsgebiet ⟨n⟩ tahsil bölgesi
Einzugsspesen ⟨pl⟩ tahsil harcırahı
Einzugswechsel ⟨m⟩ tahsil senedi
Eisen ⟨n⟩ demir
[...- und Stahlindustrie] Demir ve Çelik Sanayii
Eisenbahn ⟨f⟩ (Bahn) demiryolu
Eisenbahnbeförderung ⟨f⟩ (Bahn) demiryolu ulaştırması/taşımacılığı
Eisenbahnempfangsbescheinigung ⟨f⟩ demiryoluyla teslim alma makbuzu
Eisenbahnfracht ⟨f⟩ (Bahn) hamule
Eisenbahnfrachtbrief ⟨m⟩ (Bahn) hamule senedi
Eisenbahnfrachttarif ⟨f⟩ demiryolu yük tarifesi; (Bahn) hamule tarifesi
Eisenbahngüterverkehr ⟨m⟩ hamule ulaştırması
Eisenbahnnetz ⟨n⟩ (Bahn) demiryolu şebekesi
Eisenbahntarif ⟨m⟩ (Bahn) demiryolu tarifesi
Eisenbahntransport ⟨m⟩ demiryolu ulaştırması/taşımacılığı/nakliyatı
Eisenbahnversand ⟨m⟩ demiryolu ile yollama; demiryolu sevkiyatı
Eisenbahnverwaltung ⟨f⟩ demiryolu yönetimi/

idaresi
Eisenbahnwagen ⟨m⟩ *(Bahn)* vagon; demiryolu vagonu
Eisenbahnwaggon ⟨m⟩ *(Bahn)* vagon; demiryolu vagonu
Eisenwaren ⟨pl⟩ hırdavat
Eisenwarenhändler ⟨m⟩ hırdavatçı; demir tüccarı
Elastizität ⟨f⟩ *(VWL)* elastiklik
[... der Nachfrage] *(VWL)* talebin elastikliği
[... des Angebots] *(VWL)* arzın elastikliği
Elefantenhochzeit ⟨f⟩ (büyük şirketlerin birleşmesine verilen ad) fillerin düğünü
Elektrizität ⟨f⟩ *(Elek)* elektrik
Elektrizitätserzeugung ⟨f⟩ elektrik üretimi
Elektrizitätsindustrie ⟨f⟩ elektrik sanayii
Elektrizitätsunternehmen ⟨n⟩ elektrik şirketi
Elektrizitätsverbrauch ⟨m⟩ elektrik tüketimi
Elektrizitätswirtschaft ⟨f⟩ elektrik sanayii
Elektrobranche ⟨f⟩ elektronik sektörü
Elektronik ⟨f⟩ elektronik
Elektronikindustrie ⟨f⟩ elektronik sanayii
Elektrotechnik ⟨f⟩ elektroteknik
Element ⟨n⟩ unsur; öğe
Elementarereignis ⟨n⟩ olağanüstü olay; mücbir sebep/kuvvet
Elementarschaden ⟨m⟩ doğal afetten oluşan hasar
Elementarschadenversicherung ⟨f⟩ doğal afetlere karşı sigorta
Embargo ⟨n⟩ *(AußH)* ambargo
[... aufheben] ambargoyu kaldırmak
[... verhängen] ambargo koymak
Emission ⟨f⟩ (para, senet, tahvil gibi değerlerde) ihraç; emisyon
[... begeben] dolaşıma çıkarmak
[... garantieren] emisyonu garanti etmek
[... unterbringen] plase etmek
[öffentlich begebene ...] resmî emisyon
[nicht öffentlich begebene ...] resmî olmayan emisyon
Emissionsagio ⟨n⟩ emisyon acyosu
Emissionsaktivität ⟨f⟩ emisyon faaliyeti
Emissionsangebot ⟨n⟩ emisyon arzı/teklifi
Emissionsaufgeld ⟨n⟩ emisyon acyosu
Emissionsbank ⟨f⟩ *(BkW)* emisyon bankası
Emissionsdisagio ⟨n⟩ emisyon disacyosu
Emissionsgarantie ⟨f⟩ *(Bö)* emisyon garantisi
Emissionskonsortium ⟨n⟩ aracılık yüklenim konsorsiyumu
Emissionskredit ⟨m⟩ *(BkW)* emisyon kredisi
Emissionskurs ⟨m⟩ ihraç/emisyon fiyatı
Emissionspreis ⟨m⟩ emisyon fiyatı
Emissionsprospekt ⟨m⟩ emisyon prospektüsü
Emissionsübernahmegeschäft ⟨n⟩ aracılık yüklenim işlemi
Emissionsübernahmevertrag ⟨m⟩ aracılık yüklenim sözleşmesi
Emissionsvertrag ⟨m⟩ aracılık sözleşmesi
Emissionsvolumen ⟨n⟩ emisyon hacmi
Emittent ⟨m⟩ emisyoncu
emittieren ⟨v/t⟩ ihraç etmek
Empfang ⟨m⟩ (teslim) alma; tesellüm
[... anzeigen] (teslim) alındığını bildirmek
[... bestätigen] (teslim) alındığını teyit etmek
[... quittieren] (teslim) alındığına dair makbuz vermek
[bei ... zahlen] alındığında/tesliminde ödemeli
[nach ... zahlen] alındıktan sonra ödemeli
[zahlbar bei ...] alındığında/tesliminde ödenir
empfangen ⟨v/t⟩ (teslim) almak
Empfänger ⟨m⟩ (teslim) alan; gönderilen; teslim alacak olan kimse
Empfangsanzeige ⟨f⟩ (teslim) alma ihbarı
empfangsberechtigt ⟨adj⟩ teslim alma yetkisini haiz
Empfangsbescheinigung ⟨f⟩ resepise; makbuz senedi; tesellüm belgesi
Empfangsbestätigung ⟨f⟩ tesellüm teyidi/onayı
Empfangskonnossement ⟨n⟩ tesellüm konşimentosu
Empfangsquittung ⟨f⟩ tesellüm makbuzu
Empfangsschein ⟨m⟩ resepise; makbuz senedi; tesellüm belgesi
Empfangsspediteur ⟨m⟩ teslim alan taşıyıcı/irsalatçı
Empfangsstation ⟨f⟩ alıcı istasyonu
Empfangsstempel ⟨m⟩ teslim alındı mühürü
empfehlen ⟨v/t⟩ tavsiye etmek
Empfehlung ⟨f⟩ referans; tavsiye
[auf ... von] tavsiyesi üzerine
[geschäftliche ...] iş referansı
Empfehlungspreis ⟨m⟩ tavsiye edilen fiyat
Empfehlungsschreiben ⟨n⟩ tavsiye mektubu; referans yazısı
empfehlungswert ⟨adj⟩ tavsiye edilebilir
[nicht ...] tavsiye edilemez
empfindlich ⟨adj⟩ hassas; duyarlı
Empfindlichkeit ⟨f⟩ hassaslık; hassasiyet; duyarlılık
Empfindlichkeitsanalyse ⟨f⟩ *(BWL)* hassasiyet analizi; *(BWL)* duyarlılık analizi
empirisch ⟨adj⟩ deneysel; ampirik
Endabnahme ⟨f⟩ çıkış kontrolü; nihaî/son kontrol
Endabnehmer ⟨m⟩ son/nihaî alıcı
Endabrechnung ⟨f⟩ kesin/nihaî hesap
Endbearbeitung ⟨f⟩ kesin/nihaî işleme
Endbehandlung ⟨f⟩ son muamele
Endbescheid ⟨m⟩ kesin karar/cevap
Endbestand ⟨m⟩ kesin/son envanter
Endbetrag ⟨m⟩ kesin/toplam bedel
Ende ⟨n⟩ son; uç
[... der Beschäftigung] istihdam sonu; çalışma ilişkisinin sonu
[... der Laufzeit] *(Vers)* tahakkuk tarihi; sürenin sonu
[... der Versicherung] sigortanın sonu
[... des Beschäftigungsverhältnisses] çalışma ilişkisinin sonu
[oberes ...] üst ucu
[ohne ...] sonsuz
[unteres ...] alt ucu
enden ⟨int⟩ sona ermek; bitmek
Enderzeugnis ⟨n⟩ bitmiş ürün
Endfabrikat ⟨n⟩ mamul mal; bitmiş ürün
Endfertigung ⟨f⟩ nihaî üretim
Endlager ⟨n⟩ mamul deposu; bitmiş/nihaî mallar deposu/ardiyesi
Endlagerstätte ⟨f⟩ bitmiş/nihaî ürünleri/malları depolama yeri
Endnachfrage ⟨f⟩ kesin/nihaî talep
Endprodukt ⟨n⟩ bitmiş/nihaî mal

Endsaldo ⟨m⟩ kesin/nihaî bakiye
Endverbraucher ⟨m⟩ kesin/son tüketici
Endverbrauchsgüter ⟨pl⟩ son tüketim malları
Endverkaufspreis ⟨m⟩ kesin/son satış fiyatı; nihaî fiyat
Energie ⟨f⟩ enerji
Energiebedarf ⟨m⟩ *(Ind)* enerji ihtiyacı; enerji gereksinmesi
Energieeinsparung ⟨f⟩ *(Ind)* enerji tasarrufu
Energieerzeugung ⟨f⟩ enerji üretimi
Energiekosten ⟨f⟩ enerji maliyeti
Energiekrise ⟨f⟩ *(VWL)* enerji krizi
Energiepolitik ⟨f⟩ *(VWL)* enerji politikası
Energieproblem ⟨n⟩ *(VWL)* enerji sorunu
Energiequelle ⟨f⟩ enerji kaynağı
Energiereserve ⟨f⟩ *(VWL)* enerji rezervi; *(VWL)* enerji stokları
Energiesektor ⟨m⟩ *(VWL)* enerji sektörü
Energiesparprogramm ⟨n⟩ *(Ind)* enerji tasarruf programı
Energieträger ⟨m⟩ *(VWL)* enerji kaynağı
Energieverbrauch ⟨m⟩ *(VWL)* enerji tüketimi
Energieversorgung ⟨f⟩ enerji temin ve arzı/dağıtımı; enerji sağlama
Energieversorgungsunternehmen ⟨n⟩ enerji (üretip) dağıtan işletme
Energievorräte ⟨pl⟩ *(VWL)* enerji stokları
Energiewirtschaft ⟨f⟩ *(VWL)* enerji ekonomisi
Engpaß ⟨m⟩ darboğaz; darlık; sıkıntı; güçlük
[finanzieller ...] finansal darboğaz; mali sıkıntı
Engpaßfaktor ⟨m⟩ darboğaz faktörü; kritik faktör
Engpaßinvestition ⟨f⟩ *(BWL)* darboğaz yatırımı
en gros ⟨adj⟩ toptan; topu
Engrosgeschäft ⟨n⟩ toptan satış; toptancı işlemi
Engroshandel ⟨m⟩ toptan alışveriş; toptancılık
Engroshändler ⟨m⟩ toptancı
Engrospreis ⟨m⟩ toptan (alış/satış) fiyatı
Engrosrabatt ⟨m⟩ toptan (alış/satış) iskontosu
Enkelgesellschaft ⟨f⟩ torun şirket/ortaklık
enteignen ⟨v/t⟩ istimlak etmek; kamulaştırmak
Enteignung ⟨f⟩ istimlak; kamulaştırma
[entschädigungslose ...] tazminatsız kamulaştırma
entfallen ⟨int⟩ hissesine düşmek
entflechten ⟨v/t⟩ (kartelleri) dağıtmak; parçalamak; kaldırmak
Entflechtung ⟨f⟩ (kartelleri) dağıtma; parçalama; kaldırma
entgegenkommen ⟨int⟩ kolaylık göstermek
Entgegennahme ⟨f⟩ kabul etme
entgegennehmen ⟨v/t⟩ (teslim) almak; kabul etmek
entgegensehen ⟨int⟩ (gelmesini/olmasını) beklemek
Entgelt ⟨n⟩ 1. bedel 2. ücret 3. tazminat
[gegen ...] para karşılığında
entgelten ⟨v/t⟩ 1. ödemek 2. tazmin etmek
entgeltlich ⟨adj⟩ ivazlı; paralı
entheben ⟨v/t⟩ ibra etmek; borçtan kurtarmak
entindustrialisieren ⟨v/t⟩ sanayii kaldırmak
Entladedauer ⟨f⟩ boşaltma süresi
Entladehafen ⟨m⟩ *(Schff)* boşaltma limanı
Entladen ⟨n⟩ boşaltma
entladen ⟨v/t⟩ boşaltmak
Entladeplatz ⟨m⟩ boşaltma yeri

entlassen ⟨v/t⟩ işten çıkarmak; çıkış vermek; (memuriyetten) ihraç etmek
[fristlos ...] ihbarsız çıkış vermek
Entlassung ⟨f⟩ işten çıkarma; çıkış verme; (memuriyetten) ihraç etme
[endgültige ...] kesin işten çıkarma; kesin çıkış verme
[fristlose ...] ihbarsız işten çıkarma; ihbarsız çıkış verme
[gerechtfertigte ...] haklı işten çıkarma
[grundlose ...] nedensiz işten çıkarma; nedensiz çıkış verme
[ungerechtfertigte ...] haksız işten çıkarma
[vorübergehende ...] açığa alma; geçici olarak işten çıkarma
Entlassungsabfindung ⟨f⟩ işten çıkarma tazminatı
Entlassungsbescheid ⟨m⟩ işten çıkarma ihbarı
Entlassungsentschädigung ⟨f⟩ işten çıkarma tazminatı
Entlassungsgeld ⟨n⟩ işten çıkarma tazminatı
Entlassungsgrund ⟨m⟩ işten çıkarma nedeni
Entlassungspapiere ⟨pl⟩ (işten) çıkış evrakı
Entlassungsschreiben ⟨n⟩ işten çıkarma yazısı
entlasten ⟨v/t⟩ aklamak; temiz(e) çıkarmak; ibra etmek
Entlastung ⟨f⟩ aklama; ibra; temize çıkarma
[... des Abschlußprüfers] bilanço denetçisinin aklanması
[... des Aufsichtsrats] denetim kurulunun aklanması
[... des Vorstands] yönetim kurulunun aklanması
[... erteilen] aklandığını bildirmek
Entlastungsanzeige ⟨f⟩ temiz/aklama belgesi; *(Jur)* ibraname
Entlastungsbeschluß ⟨m⟩ aklama kararı
entlohnen ⟨v/t⟩ ücreti ödemek
Entlohnung ⟨f⟩ ücreti ödeme
[... auf Leistungsgrundlage] verim esasına göre (ücret) ödeme
[... in Sachwerten] ayniyat olarak (ücret) ödeme; aynî (ücret) ödeme
Entnahme ⟨f⟩ alma; alınma
[... von Stichproben] örnek/numune alma/alınma
[widerrechtliche ...] gasp
entschädigen ⟨v/t⟩ zararını ödemek/gidermek; tazmin etmek
Entschädigung ⟨f⟩ ödence; tazminat; zarar ödeme; taviz
[... beanspruchen] tazminat (hakkını) kullanmak
[... gewähren] tazminat sağlamak
[... zahlen] tazminat ödemek
[angemessene ...] uygun tazminat
[freiwillige ...] gönüllü tazminat; isteğe bağlı tazminat
Entschädigungsanspruch ⟨m⟩ tazminat hakkı
entschädigungsberechtigt ⟨adj⟩ tazminat hakkı olan
Entschädigungsberechtigter ⟨m⟩ tazminat hakkı olan (kişi)
Entschädigungsempfänger ⟨m⟩ tazminatı alan
Entschädigungsleistung ⟨f⟩ tazminat edimi/ödemesi

Entschädigungspflicht ⟨f⟩ tazminat (ödeme) yükümlülüğü
Entschädigungsplan ⟨m⟩ tazminat planı
Entschädigungssumme ⟨f⟩ tazminat miktarı/parası
Entscheid ⟨m⟩ karar
entscheiden ⟨v/t⟩ karar vermek
  [schiedrichterlich ...] hakem kararı vermek
Entscheidung ⟨f⟩ karar; hüküm
  [... anfechten] karara itiraz etmek
  [... aufheben] kararı kaldırmak
  [... fällen] karar vermek
  [... nach Aktenlage] *(Jur)* evraka müstenid hüküm
  [bindende ...] bağlayıcı karar
  [einstimmige ...] oy birliği ile (alınan/verilen) karar
  [gerichtliche ...] *(Jur)* mahkeme kararı
  [schiedsrichterliche ...] *(Jur)* hakem kararı
  [unternehmerische ...] girişimci kararı
  [zur ... vorlegen] karar (verilmesi) için sunmak
Entscheidungsbefugnis ⟨n⟩ *(Jur)* karar yetkisi
Entscheidungsfindung ⟨f⟩ karar verme; hükmolunma
Entscheidungsgrund ⟨m⟩ karar nedeni; *(Jur)* gerekçe; *(Jur)* karar gerekçesi
Entscheidungsprozeß ⟨m⟩ karar süreci
Entschließung ⟨f⟩ karar verme
Entschluß ⟨m⟩ karar
entschulden ⟨v/t⟩ borçtan kurtarmak
entschuldigen ⟨v/t⟩ affetmek; özürü kabul etmek
Entschuldigung ⟨f⟩ özür
  [um ... bitten] özür dilemek
Entschuldung ⟨f⟩ borçtan kurtarma
entsorgen ⟨v/t⟩ arıtmak; temizlemek
Entsorgung ⟨f⟩ arıtma; temizleme
Entsparen ⟨n⟩ *(VWL)* negatif tasarruf
entsprechen ⟨v/t⟩ uymak; benzemek
entstaatlichen ⟨v/t⟩ özelleştirmek; devlet elinden çıkarmak
Entstaatlichung ⟨f⟩ özelleştirme
Entstehung ⟨f⟩ oluşma
entwenden ⟨v/t⟩ çalmak; aşırmak
Entwendung ⟨f⟩ çalma; aşırma
entwerten ⟨v/t⟩ devalüe etmek; değerini düşürmek
Entwertung ⟨f⟩ devalüasyon
  [... durch technischen Fortschritt] teknolojik ilerleme yoluyla devalüasyon
Entwertungsrücklage ⟨f⟩ enflasyon yedeği; yeniden değerlendirme fonu
entwickeln ⟨v/t⟩ geliştirmek; oluşturmak
Entwicklung ⟨f⟩ gelişme; kalkınma; geliştirme
  [geschäftliche ...] işin gelişmesi
  [günstige ...] olumlu gelişme
  [industrielle ...] *(VWL)* endüstriyel kalkınma
  [konjunkturelle ...] *(VWL)* devresel gelişme
  [negative ...] olumsuz gelişme
  [positive ...] olumlu gelişme
  [regionale ...] *(VWL)* bölgesel kalkınma
  [soziale ...] *(VWL)* toplumsal kalkınma
  [technische ...] *(VWL)* teknik/teknolojik gelişme
  [volkswirtschafliche ...] *(VWL)* iktisadi gelişme; *(VWL)* ekonomik kalkınma; *(VWL)* toplumsal kalkınma
  [wirtschaftliche ...] *(VWL)* ekonomik gelişme/kalkınma
  [zwischenzeitliche ...] zamanlararası gelişme/kalkınma
Entwicklungsabteilung ⟨f⟩ geliştirme bölümü
Entwicklungsaufwand ⟨m⟩ geliştirme masrafları
Entwicklungsbank ⟨f⟩ *(BkW)* kalkınma bankası
entwicklungsfähig ⟨adj⟩ gelişebilir; geliştirilebilir
Entwicklungsgebiet ⟨n⟩ *(VWL)* kalkınma bölgesi; gelişmekte olan bölge
Entwicklungsgesellschaft ⟨f⟩ geliştirme şirketi
Entwicklungshilfe ⟨f⟩ kalkınma yardımı
Entwicklungsland ⟨n⟩ gelişmekte olan ülke
Entwicklungsländer ⟨f⟩ gelişmekte olan ülkeler
Entwicklungsniveau ⟨n⟩ *(VWL)* kalkınma düzeyi
Entwicklungsplan ⟨m⟩ *(VWL)* kalkınma planı
Entwicklungspolitik ⟨f⟩ *(VWL)* kalkınma politikası
Entwicklungspotential ⟨n⟩ kalkınma potansiyeli
Entwicklungsprogramm ⟨n⟩ *(VWL)* kalkınma programı
  [wirtschaftliches ...] ekonomik kalkınma programı
Entwicklungsprojekt ⟨n⟩ kalkınma projesi; geliştirme projesi
Entwicklungsrate ⟨f⟩ *(VWL)* kalkınma oranı; *(VWL)* kalkınma hızı
Entwicklungsstadium ⟨n⟩ kalkınma aşaması; geliştirme aşaması
Entwicklungsvorsprung ⟨m⟩ kalkınmada avantaj
Entwicklungszeit ⟨f⟩ kalkınma/geliş(tir)me süresi
Entwurf ⟨m⟩ tasarı; taslak; *(Ind)* dizayn
entziehen ⟨v/t⟩ elinden almak; mahrum bırakmak
Entzug ⟨m⟩ elinden alma; *(Jur)* ıskat; mahrum bırakma
Erbanspruch ⟨m⟩ *(Jur)* miras hakkı
Erbanteil ⟨m⟩ *(Jur)* miras payı/hissesi
Erbantwartschaft ⟨f⟩ *(Jur)* miras hakları
Erbbauberechtigter ⟨m⟩ *(Jur)* irsî üst hakkı sahibi
Erbbaurecht ⟨n⟩ *(Jur)* miras yoluyla geçen üst hakkı; *(Jur)* irsî üst hakkı
Erbbauzins ⟨m⟩ miras yoluyla geçen üst hakkından oluşan rant/faiz
erbberechtigt ⟨adj⟩ miras hakkı olan
Erbberechtigter ⟨m⟩ *(Jur)* mirasçı
Erbberechtigung ⟨f⟩ *(Jur)* miras hakkı
Erbe ⟨m⟩ *(Jur)* mirasçı
  [alleiniger ...] tek mirasçı
  [pflichtteilbeteiligter ...] saklı/mahfuz hisseli mirasçı
  [testamentarischer ...] (vasiyet yoluyla) atanmış mirasçı
erben ⟨v/t⟩ mirasa konmak
Erbengemeinschaft ⟨f⟩ miras şirketi/ortaklığı
Erbfall ⟨m⟩ *(Jur)* miras
Erbfolge ⟨f⟩ *(Jur)* veraset silsilesi
  [gesetzliche ...] *(Jur)* kanunî veraset silsilesi
  [testamentarische ...] (vasiyet yoluyla) tayin edilmiş veraset silsilesi
Erbgut ⟨n⟩ miras/veraset yoluyla intikal eden mal/mülk
Erblasser ⟨m⟩ *(Jur)* muris; mirasbırakan
Erbmasse ⟨f⟩ *(Jur)* tereke
Erbpacht ⟨f⟩ *(Jur)* irsî hasılat icarı; miras/veraset yoluyla intikal eden kira

Erbpachtberechtigter ⟨m⟩ *(Jur)* irsî hasılat icarı hak sahibi
Erbpachtbesitzer ⟨m⟩ *(Jur)* miras/veraset yoluyla intikal eden kiranın zilyedi
Erbpachtgrundstück ⟨n⟩ *(Jur)* miras/veraset yolu ile intikal edip kira getiren gayrimenkul
Erbpachtzins ⟨m⟩ *(Jur)* miras/veraset yoluyla intikal eden kiranın faizi
Erbrecht ⟨n⟩ *(Jur)* miras hukuku
erbringen ⟨v/t⟩ gerçekleştirmek
Erbschaft ⟨f⟩ *(Jur)* veraset; *(Jur)* miras
Erbschaftsangelegenheiten ⟨pl⟩ *(Jur)* veraset işleri
Erbschaftssteuer ⟨f⟩ *(StR)* veraset vergisi
Erbschaftsteilung ⟨f⟩ *(Jur)* mirasın taksimi
Erbschaftsverwalter ⟨m⟩ *(Jur)* tereke idare memuru; *(Jur)* vasiyeti tenfiz memuru
Erbschein ⟨m⟩ *(Jur)* veraset belgesi; *(Jur)* veraset senedi
Erbteil ⟨m⟩ *(Jur)* miras payı/hissesi
Erbteilung ⟨f⟩ *(Jur)* terekenin taksimi; mirasın paylaşılması
Erdgas ⟨n⟩ doğalgaz
Erdöl ⟨n⟩ petrol
Ereignisraum ⟨m⟩ *(Stat)* olaylar uzayı
Erfahrung ⟨f⟩ deneyim, tecrübe
 [langjährige ...] uzun yıllık deneyim
 [nachweisliche ...] kanıtlanabilir deneyim
Erfahrungsbericht ⟨m⟩ faaliyet raporu
Erfahrungswert ⟨m⟩ ampirik/deneysel değer
erfassen ⟨v/t⟩ toplamak; kaydetmek; kapsamak
Erfassung ⟨f⟩ topla(n)ma
 [... von Daten] verilerin toplanması
Erfinder ⟨m⟩ *(Pat)* mucit; icat eden kimse
Erfinderanteil ⟨m⟩ *(Pat)* mucit payı
Erfinderprämie ⟨f⟩ *(Pat)* mucit ikramiyesi
Erfindung ⟨f⟩ buluş; icat
 [... benutzen] buluşu/icadı kullanmak
 [... patentieren lassen] icata patent almak
 [... verwerten] buluştan/icattan faydalanmak
Erfolg ⟨m⟩ başarı; sonuç; verim; *(ReW)* kâr
 [... erzielen] sonuç elde etmek; başarıya ulaşmak
 [... haben] başarılı olmak
 [geschäftlicher ...] iş başarısı
 [marktwirtschaftlicher ...] ekonomik başarı
 [nachweislicher ...] kanıtlanabilir başarı
 [neutraler ...] işletilmeyen kâr; faaliyet dışı kâr
 [nominaler ...] nominal başarı/kâr; *(ReW)* tarihî maliyet üzerinden hesaplanmış kâr ve zarar
 [realer ...] fiilî başarı; cari maliyet üzerinden hesaplanmış kâr ve zarar
 [voller ...] tam başarı
erfolglos ⟨adj⟩ başarısız; verimsiz
Erfolglosigkeit ⟨f⟩ başarısızlık
erfolgreich ⟨adj⟩ başarılı; verimli
erfolgsabhängig ⟨adj⟩ başarıya bağlı; kâra yönelik
Erfolgsanalyse ⟨f⟩ *(BWL)* kâr (ve zarar) analizi; performans analizi
Erfolgsanteil ⟨m⟩ başarı/kâr payı
Erfolgsbeteiligung ⟨f⟩ kâra katılma
erfolgsbezogen ⟨adj⟩ kâra yönelik
Erfolgsbilanz ⟨f⟩ *(ReW)* kâr ve zarar hesabı; *(ReW)* gelir tablosu; başarı raporu
Erfolgschance ⟨f⟩ başarı şansı

Erfolgsermittlung ⟨f⟩ *(BWL)* başarı değerlemesi
Erfolgshonorar ⟨n⟩ başarı hakkı
Erfolgskennzahl ⟨n⟩ faaliyet kod/referans numarası; başarı rasyosu/reşyosu
Erfolgskennziffer ⟨f⟩ → Erfolgskennzahl
Erfolgskonsolidierung ⟨f⟩ kâr konsolidasyonu
Erfolgskonto ⟨n⟩ *(ReW)* kâr (ve zarar) hesabı; *(ReW)* işletme hesabı
Erfolgskontosaldo ⟨m⟩ kâr ve zarar (kalemi/bakiyesi)
Erfolgskontrolle ⟨f⟩ *(KoR)* maliyet kâr kontrolü; *(BWL)* etkinlik kontrolü; başarı takdiri
Erfolgsleiter ⟨f⟩ başarı merdiveni
Erfolgslohn ⟨m⟩ başarıya göre ücret
Erfolgsnachweis ⟨m⟩ başarı/kâr vesikası; başarının kanıtı; kâr ve zarar tablosu
erfolgsneutral ⟨adj⟩ kârı etkilemeyen
Erfolgsorientierung ⟨f⟩ kâra yönelme
Erfolgsplanung ⟨f⟩ *(BkW)* kâr planlama; performans planlama
Erfolgsposten ⟨m⟩ *(ReW)* kâr ve zarar kalemi
Erfolgspotential ⟨n⟩ kâr (yapma) kapasitesi/potansiyeli
Erfolgsprämie ⟨f⟩ başarı primi
Erfolgsquote ⟨f⟩ başarı/kâr oranı
Erfolgsrechnung ⟨f⟩ *(ReW)* gelir gider tablosu; *(ReW)* gelir gider muhasebesi; *(ReW)* kâr ve zarar hesabı; *(ReW)* işletme hesabı
 [außenwirtschaftliche ...] *(AußH)* dış ödemeler bilançosu
 [kurzfristige ...] kısa vadeli kâr (ve zarar) hesabı
 [monatliche ...] aylık kâr (ve zarar) hesabı
 [zusammengefaßte ...] *(ReW)* işletme hesabı hülasası
Erfolgsregulierungsposten ⟨m⟩ *(ReW)* ertelenmiş kalem
Erfolgsvergleichsrechnung ⟨f⟩ *(ReW)* karşılaştırmalı gelir gider tablosu; *(ReW)* kâr ve zarar hesabı
Erfolgsverwendung ⟨f⟩ kârı kullanma
erforderlich ⟨adj⟩ gerekli
Erfordernis ⟨n⟩ icap; gerek; gereklik
erfüllen ⟨v/t⟩ borcu yerine getirmek; ifa etmek
Erfüllung ⟨f⟩ yerine getirme/getirilme; *(Jur)* ifa
 [... einer Bedingung] bir koşulun yerine getirilmesi
 [... eines Anspruchs] bir talebin yerine getirilmesi
 [... eines Kaufvertrages] bir satış sözleşmesinin yerine getirilmesi
 [auf ... klagen] ifasını dava etmek
Erfüllungsanspruch ⟨m⟩ *(Jur)* ifa hakkı
Erfüllungsfrist ⟨f⟩ ifa zamanı; borcun yerine getirileceği zaman
Erfüllungsgarantie ⟨f⟩ ifa teminatı; yerine getirme garantisi
Erfüllungsgehilfe ⟨m⟩ *(Jur)* ifa yardımcısı; muavin şahıs; yardımcı kişi
Erfüllungsmangel ⟨m⟩ *(Jur)* ifa noksanı; yerine getirmede eksiklik
Erfüllungsort ⟨m⟩ *(Jur)* ifa yeri
 [üblicher Brauch am ...] ifa yerindeki örf ve âdet
Erfüllungsprinzip ⟨n⟩ performans prensibi

Erfüllungstag ⟨m⟩ ifa günü/tarihi
Erfüllungsverpflichtung ⟨f⟩ yerine getirme yükümlülüğü; ifa mükellefiyeti
ergänzen ⟨v/t⟩ bütünlemek; tamamlamak
Ergänzung ⟨f⟩ bütünleme; tamamlama; katma; ek
Ergänzungsabgabe ⟨f⟩ *(StR)* ek/munzam vergi
Ergänzungshaushalt ⟨m⟩ *(öFi)* katma bütçe
Ergänzungszuweisung ⟨f⟩ *(öFi)* ek ödenek; munzam tahsisat
ergeben ⟨v/t⟩ etmek/eder; tutmak
[durchschnittlich ...] ortalama eder
Ergebnis ⟨n⟩ sonuç; netice; bulgu
[... des laufenden Geschäfts] cari işlemler sonucu
[... des Geschäftsjahres] faaliyet yılı sonucu
[... erzielen] sonuç elde etmek; sonuca varmak
[ausgeglichenes ...] dengeli sonuç
[außerordentliches ...] olağanüstü sonuç
[neutrales ...] tarafsız sonuç
[vorläufiges ...] geçici sonuç
Ergebnisanalyse ⟨f⟩ *(BWL)* kâr ve zarar analizi
Ergebnisaufstellung ⟨f⟩ *(ReW)* kâr ve zarar dökümü
Ergebnisbeteiligung ⟨f⟩ kâra iştirak/katılım/katılma
Ergebniseinheit ⟨f⟩ *(BWL)* kâr merkezi
Ergebnisrechnung ⟨f⟩ *(ReW)* kâr ve zarar muhasebesi; *(ReW)* gelir tablosu
Ergebnisübernahmevertrag ⟨m⟩ kâr ve zararı devralma sözleşmesi
Ergebnisverwendung ⟨f⟩ sonucu kullanma; *(ReW)* (safi) kâr dağılımı
ergiebig ⟨adj⟩ kârlı; semereli; verimli
Ergonomie ⟨f⟩ *(Ind)* ergonomi; *(Ind)* işbilim
ergonomisch ⟨adj⟩ *(Ind)* ergonomik; *(Ind)* işbilimsel
Erhalt ⟨m⟩ alınma
[nach ...] alındıktan sonra
[bei ...] zahlbar] alındığında ödemeli
Erhaltung ⟨f⟩ sakım; korunma; bakım (ve onarım)
[... der Preisstabilität] *(VWL)* fiyat istikrarının korunması
[... von Arbeitsplätzen] işyerlerinin korunması; iş güvencesi
Erhaltungsaufwand ⟨m⟩ bakım gideri
Erhaltungsinvestitionen ⟨pl⟩ *(BWL)* ikame yatırımları
Erhaltungszustand ⟨m⟩ bakım ve onarım durumu
erheben ⟨v/t⟩ *(Geld)* tahsil etmek; toplamak; *(StR)* tarhetmek; *(Stat)* derlemek; *(Jur)* ikame etmek
[Anspruch ...] hak iddia/talep etmek
[Einspruch ...] itiraz etmek
[Klage ...] *(Jur)* dava açmak; *(Jur)* dava ikame etmek
[Steuern ...] *(StR)* vergilendirmek; vergi tarhetmek
Erhebung ⟨f⟩ *(Geld)* tahsilat; tahsil etme; toplama; *(StR)* tarh; kesme; (Stat) derleme; anket; araştırma; *(Jur)* ikame
[... durch Abzug an der Quelle] *(StR)* kaynakta kesme yoluyla tarh; kesinti yolu ile vergilendirme
[... durchführen] *(Stat)* derleme yapmak; *(Stat)* derlemek

[... einer Klage] *(Jur)* dava ikamesi
[... von Steuern] *(StR)* vergilendirme; vergi tarhı
[indirekte ...] *(Mk)* dolaylı derleme
[primärstatistische ...] *(Stat)* aslî derleme
[sekundärstatistische ...] *(Stat)* talî derleme
Erhebungen ⟨pl⟩ *(Stat)* derlemeler; *(Stat)* istatistikler
[... anstellen] derleme yapmak; derlemek; araştırmak
Erhebungsauswahl ⟨f⟩ *(Stat)* örnek
Erhebungsmethode ⟨f⟩ *(Stat)* derleme metodu
Erhebungsstichtag ⟨m⟩ *(Stat)* derleme günü
Erhebungsverfahren ⟨n⟩ *(StR)* tarh usulü
Erhebungszeitraum ⟨m⟩ *(Stat)* derleme süresi; *(StR)* vergi dönemi
erhöhen ⟨v/t⟩ arttırmak/artırmak; yükseltmek
Erhöhung ⟨f⟩ 1. artış; yükseliş
2. artır(ıl)ma; yükselt(il)me
[... der Bestände] stokları artırma
[... des Diskontsatzes] *(BkW)* reeskont haddinin yükseltilmesi
[... um Punkte] puanlık yükseliş
[lineare ...] doğrusal artış/yükseliş
[spürbare ...] hissedilir artış/yükseliş
erholen ⟨refl⟩ toparlanmak; dinlenmek
Erholung ⟨f⟩ toparlanma; dinlenme
[konjunkturelle ...] *(VWL)* konjonktürel toparlanma
[wirtschaftliche ...] *(VWL)* ekonomik toparlanma
Erholungspause ⟨f⟩ dinlenme
Erholungsurlaub ⟨m⟩ dinlenme izni
Erholungszuschlag ⟨m⟩ dinlenme zammı
Erinnerung ⟨f⟩ hatıra; hatırlama; hatırlatma; ikaz; uyarı
Erinnerungsbrief ⟨m⟩ hatırlatma/ikaz/uyarı mektubu
Erinnerungsschreiben ⟨n⟩ hatırlatma/ikaz/uyarı yazısı
Erinnerungsposten ⟨m⟩ nazım hesaplar
Erinnerungswerbung ⟨f⟩ hatırlatıcı tanıtım
Erinnerungswert ⟨m⟩ hatıra değeri
erkennen ⟨v/t⟩ tanımak
erklären ⟨v/t⟩ *(Jur)* beyan etmek; açıklamak; taahhüt etmek
[bankrott ...] iflasını beyan etmek
[eidesstattlich ...] *(Jur)* yeminli/yeminle beyan etmek
[eidlich ...] *(Jur)* yeminli/yeminle beyan etmek
[für fällig ...] surenin dolduğunu beyan etmek
[für null und nichtig ...] kayıtsız şartsız geçersiz olduğunu beyan etmek
[für ungültig ...] geçersiz olduğunu beyan etmek
[für zahlungsunfähig ...] aciz beyan etmek
Erklärung ⟨f⟩ demeç; açıklama; beyan; beyanname; bildirge; taahhüt(name)
[... an Eides statt] *(Jur)* yemin yerine (geçerli) beyan
[eidesstattliche ...] *(Jur)* yeminli beyan; *(Jur)* yemin yerine (geçerli) beyan
[eidliche ...] *(Jur)* yeminli beyan
Erklärungsfrist ⟨f⟩ beyan süresi
Erklärungstag ⟨m⟩ beyan günü

Erkrankung ⟨f⟩ *(Med)* hastalanma
Erkrankungsziffer ⟨f⟩ hastalanma oranı
Erlaß ⟨m⟩ 1. emir(name); karar(name)
   2. tenzil; ikram; iskonto; indirim 3. çıkartma
   4. *(Jur)* ibra; emir; af
   [... der Gebühren] harçlarda/ücrette ikram/indirim
   [... einer einstweiligen Verfügung] ihtiyatî tedbir emri
   [... einer Forderung] alacaktan ibra
   [... einer Schuld] borçtan ibra
   [... einer Verfügung] tasarruf emri; kararname çıkarma
   [... von Abgaben] vergi ve resimlerden ibra
erlassen ⟨v/t⟩ 1. çıkartmak; ısdar etmek
   2. ibra etmek
Erlaubnis ⟨f⟩ izin; müsaade
   [ohne ...] izinsiz; müsaadesiz
Erläuterung ⟨f⟩ açıklama; izah
Erläuterungsbericht ⟨m⟩ açıklama raporu
Erlebensalter ⟨n⟩ *(Vers)* sigortalanma yaşı
Erlebensversicherung ⟨f⟩ *(Vers)* yaşama/hayat durumunda/halinde sigorta
erledigen ⟨v/t⟩ tamamlamak; bitirmek; ifa etmek; yerine getirmek
Erledigung ⟨f⟩ tamamlama; bitirme; ikmal; ifa; yerine getirme
   [... eines Auftrags] siparişi yerine getirme
Erledigungsvermerk ⟨m⟩ tamamlama kaydı/şerhi
Erleichterung ⟨f⟩ kolaylık
   [steuerliche ...] vergide kolaylık; *(StR)* istisna
Erlös ⟨m⟩ kâr
Erlösanteil ⟨m⟩ kâr payı; temettü
Erlösbeitrag ⟨m⟩ kâr ödentisi; temettü
Erlöschen ⟨n⟩ bitme; sona erme
   [... der Mitgliedschaft] üyeliğin bitmesi
   [... einer Versicherung] *(Vers)* sigortanın bitmesi
   [... eines Schuldverhältnisses] borç ilişkisinin bitmesi
   [... eines Vertrages] sözleşmenin sona ermesi
Erlöse ⟨pl⟩ kârlar; hasılat
   [... aus Veräußerungen] satış kârları
Erlöseinbuße ⟨f⟩ kâr kaybı
erlösen ⟨v/t⟩ (satarak) gerçekleştirmek
erlösmindernd ⟨adj⟩ kârı azaltan
Erlösschmälerung ⟨f⟩ kârda azalma
Erlössteigerung ⟨f⟩ kâr artışı
Erlösverbesserung ⟨f⟩ kârda düzelme; kârın artması
Erlösverfall ⟨m⟩ kârda düşüş
ermächtigen ⟨v/t⟩ yetkilendirmek; yetki vermek
Ermächtigung ⟨f⟩ *(Jur)* yetki; *(Jur)* selâhiyet; *(Jur)* yetkilendirme; *(Vollmacht)* vekâlet
   [... erteilen] *(Jur)* yetki vermek; *(Jur)* yetkilendirmek
   [ohne ...] *(Jur)* yetkisiz
Ermächtigungsklausel ⟨f⟩ *(Jur)* yetki şartı; yetkilendirme kaydı
Ermächtigungsschreiben ⟨n⟩ yetkilendirme yazısı
ermäßigen ⟨v/t⟩ indirim yapmak; indirmek; düşürmek; tenzil etmek
Ermäßigung ⟨f⟩ indirim; tenzilat
Ermessen ⟨n⟩ takdir; değer biçme; değerlendirme
   [nach bestem ...] en iyi şekilde takdir
   [nach billigem ...] gönülce takdir
   [nach freiem ...] bağımsızca takdir
Ermessensausübung ⟨f⟩ takdirin uygulanması
Ermessensbefugnis ⟨n⟩ takdir yetkisi
Ermessensbereich ⟨m⟩ takdir (yetkisi) alanı
Ermessensentscheidung ⟨f⟩ takdir kararı
Ermessensfreiheit ⟨f⟩ değerlendirme serbestliği; *(Jur)* takdir hakkı
   [Mißbrauch der ...] takdir hakkının kötüye kullanılması
Ermessenssache ⟨f⟩ takdir meselesi/hususu
Ermessensspielraum ⟨m⟩ takdir olanağı
ermitteln ⟨v/t⟩ soruşturmak; tahkik etmek
Ermittlung ⟨f⟩ soruşturma; tahkikat
Ermittlungsausschuß ⟨m⟩ soruşturma heyeti
Ermittlungsbehörde ⟨f⟩ soruşturma makamı/mercii
Ermittlungsrichter ⟨m⟩ *(Jur)* sorgu hakimi
Ermittlungsverfahren ⟨n⟩ *(Jur)* hazırlık tahkikatı/soruşturması
Ernährer ⟨m⟩ geçindiren; *(Jur)* muin
Ernährung ⟨f⟩ besi; besin; beslenme; gıda
Ernährungsgüter ⟨pl⟩ besi ürünleri; gıda maddeleri
Ernährungswirtschaft ⟨f⟩ besin/gıda sanayii
ernennen ⟨v/t⟩ atamak; tayin etmek
Ernennung ⟨f⟩ ata(n)ma; tayin
   [... auf Lebenszeit] ömür boyu ata(n)ma
   [... eines Nachfolgers] ardılın/halefin atanması
   [... von Rechnungsprüfern] muhasebe denetçisinin tayini
Ernennungsurkunde ⟨f⟩ *(Jur)* atama belgesi; *(Jur)* tayin beratı
erneuern ⟨v/t⟩ yenilemek
Erneuerung ⟨f⟩ yenile(n)me
   [... der Anlagen] *(BWL)* tesislerin yenilenmesi
   [... des Kredits] *(BkW)* kredinin yenilenmesi
   [... einer Police] *(Vers)* poliçenin yenilenmesi
Erneuerungsbedarf ⟨m⟩ yenile(n)me gereksinimi
Erneuerungswert ⟨m⟩ yenilenme değeri; ikame değeri
Ernte ⟨f⟩ *(LandW)* mahsul; hasat
   [verkäufliche ...] satılık mahsul
Ernteausfall ⟨m⟩ *(LandW)* mahsul kaybı
Ernteergebnis ⟨n⟩ *(LandW)* mahsul sonucu
Ernteertrag ⟨m⟩ *(LandW)* mahsul getirisi/verimi
Erntekredit ⟨m⟩ *(BkW)* mahsul kredisi
ernten ⟨v/t⟩ *(LandW)* mahsul kaldırmak/toplamak
Ernteschaden ⟨m⟩ *(LandW)* mahsul hasarı
Ernteverlust ⟨m⟩ *(LandW)* mahsul kaybı
Ernteversicherung ⟨f⟩ *(Vers)* ürün/mahsul sigortası
eröffnen ⟨v/t⟩ açmak
   [fest ...] *(Bö)* borsa açılışında fiyatların istikrarlı olması
   [leichter ...] *(Bö)* borsa açılışında fiyatların düşük olması
Eröffnung ⟨f⟩ açılma; açılış; *(BkW)* küşat
   [... eines Akkreditivs] akreditif açılması/küşadı
   [... eines Geschäfts] işyeri açılışı
   [... des Konkursverfahrens] *(Jur)* iflas ameliyesinin açılması
Eröffnungsbank ⟨f⟩ (hesap/kredi) açan/açılan banka; küşat eden banka
Eröffnungbeschluß ⟨m⟩ *(Jur)* tensip kararı
Eröffnungsbilanz ⟨f⟩ *(ReW)* açılış bilançosu

Eröffnungsbuchung ⟨f⟩ *(ReW)* açılış kaydı; *(BkW)* açılış dekontu
Eröffnungsgebot ⟨n⟩ açılış teklifi; ilk icap
Eröffnungsinventar ⟨n⟩ açılış envanteri
Eröffnungsinventur ⟨f⟩ açılış envanteri dökümü
Eröffnungskurs ⟨m⟩ *(Bö)* açılış fiyatı
Eröffnungsrabatt ⟨m⟩ açılış iskontosu/indirimi
Eröffnungsrede ⟨f⟩ açılış konuşması
errechnen ⟨v/t⟩ hesaplamak
errichten ⟨v/t⟩ inşa/tesis etmek; kurmak
Errichtung ⟨f⟩ inşa; kurma
Errungenschaft ⟨f⟩ başarı
Ersatz ⟨m⟩ ikame; yedek; yerine koyma; yenileme; karşılık; telafi; tazmin
 [... der Auslagen] harcamaların ödenmesi
 [... des tatsächlichen Schadens] gerçek hasarın tazmini/ikamesi
 [... fordern] karşılığını/tazminat istemek
 [... leisten] karşılığını/tazminat vermek; yerine koymak; taviz etmek
 [... von Anlagegegenständen] tesis mallarının tazmini/ikamesi
 [... von Gegenständen des Anlagevermögens] duran varlık mallarının tazmini/ikamesi
 [kostenloser ...] bedelsiz/maliyetsiz ikame
Ersatzanspruch ⟨m⟩ tazminat talebi/hakkı; zarar tazminatı
Ersatzaufwand ⟨m⟩ yenileme masrafları; ikame maliyeti
Ersatzaufwendungen ⟨pl⟩ yedek harcamalar
Ersatzbedarf ⟨m⟩ ikame ihtiyacı; yenileme ihtiyacı
Ersatzbeschaffung ⟨f⟩ yenileme; yerine koyma; ikame
Ersatzerbe ⟨m⟩ yedek mirasçı
Ersatzforderung ⟨f⟩ tazminat talebi; hasar için tazminat isteme
Ersatzgüter ⟨pl⟩ *(VWL)* ikame mallar
Ersatzinvestition ⟨f⟩ *(BWL)* ikame yatırımı
Ersatzkasse ⟨f⟩ *(Vers)* yedek sigorta
Ersatzkrankenkasse ⟨f⟩ *(Vers)* yedek sağlık sigortası
Ersatzleistung ⟨f⟩ tazmin edimi; karşı edim; taviz
Ersatzlieferung ⟨f⟩ ikame teslim
Ersatzlösung ⟨f⟩ alternatif çözüm
ersatzpflichtig ⟨adj⟩ tazminle yükümlü; yerine yenisini/başkasını temin etmekle yükümlü
Ersatzreifen ⟨m⟩ *(Kfz)* yedek lastik
Ersatzstoff ⟨m⟩ yedek madde
Ersatzstück ⟨n⟩ yedek parça
Ersatzteil ⟨n⟩ *(Ind)* yedek parça
Ersatzteildienst ⟨m⟩ yedek parça servisi
Ersatzteillager ⟨n⟩ yedek parça deposu
Ersatzteillagerung ⟨f⟩ yedek parça depolama
Ersatzteillieferant ⟨m⟩ yedek parça müteahhidi; yedek parça temin ve teslim eden
Ersatzware ⟨f⟩ *(VWL)* ikame malı
ersatzweise ⟨adv⟩ yedek olarak
Ersatzwert ⟨m⟩ *(ReW)* ikame değeri
Erscheinungsbild ⟨n⟩ imaj; tablo
 [einheitliches ...] pürüzsüz imaj; düzgün tablo
 [einheitliches ... einer Unternehmung] bir şirketin pürüzsüz imajı; şirket kimliği/karnesi
Erscheinungsdatum ⟨n⟩ yayın tarihi
Erscheinungsjahr ⟨n⟩ yayın yılı
erschleichen ⟨v/t⟩ kurnazlıkla elde etmek

erschließen ⟨v/t⟩ elde etmek; kazanmak; işlenecek duruma getirmek; tesis etmek; oluşturmak; geliştirmek; kalkındırmak; imar etmek
Erschließung ⟨f⟩ kalkın(dır)ma; edin(dir)me; elde etme; kazanma; işlenecek duruma getirme; geliştirme
 [... eines Marktes] *(Mk)* pazar kazanma/yaratma
 [... von Bauland] *(VWL)* bölgesel kalkınma; arsa kazanma; parselleme; *(Jur)* ifraz
 [... von Bodenschätzen] doğal kaynakları kullanma; yeraltı zenginlikleri kazanma
 [industrielle ...] endüstriyel kalkınma
 [regionale ...] *(VWL)* bölgesel kalkınma
Erschließungsaufwand ⟨m⟩ (arazi/toprak) geliştirme gider(ler)i
Erschließungsgebiet ⟨n⟩ *(VWL)* kalkınma bölgesi; *(VWL)* teşvik bölgesi
Erschließungsgesellschaft ⟨f⟩ (arazi/toprak) geliştirme şirketi
Erschließungsgewinn ⟨m⟩ kalkınma kârı
Erschließungsvorhaben ⟨n⟩ kalkınma projesi
erschöpfen ⟨v/t⟩ tüketmek; bitirmek
Erschwernis ⟨f⟩ zorluk; güçlük; külfet
Erschwerniszulage ⟨f⟩ ağır iş zammı
erschwingbar ⟨adj⟩ → **erschwinglich**
erschwinglich ⟨adj⟩ satın alınabilir; ödenebilir
ersetzen ⟨v/t⟩ ikame etmek; yenilemek; yerine koymak; taviz etmek
Ersetzung ⟨f⟩ ikame; yenileme; yerine koyma
 [... von Anlagen] tesislerin ikamesi; tesislerin yenilenmesi
 [dingliche ...] aynî ikame
Ersetzungskosten ⟨pl⟩ *(BWL)* ikame maliyeti; *(BWL)* yenileme maliyeti; *(BWL)* yerine koyma maliyeti
ersitzen ⟨v/t⟩ yıllandırmak
Ersparnis ⟨f⟩ tasarruf
 [erzwungene ...] zorunlu tasarruf
 [negative ...] *(VWL)* negatif tasarruf
Ersparnisbildung ⟨f⟩ tasarruf oluşumu
Ersparnisse ⟨pl⟩ tasarruflar
 [interne ...] iç tasarruflar
 [negative ...] olumsuz tasarruflar
 [negative interne ...] olumsuz iç tasarruflar
Erspartes ⟨n⟩ tasarruf
Erstabnehmer ⟨m⟩ ilk alıcı
Erstabsatz ⟨m⟩ ilk satış
Erstabschreibung ⟨f⟩ ilk amortisman
Erstangebot ⟨n⟩ ilk teklif
erstatten ⟨v/t⟩ iade etmek; geri ödemek/vermek
 [Bericht ...] rapor vermek
 [Kosten ...] masrafları ödemek
Erstattung ⟨f⟩ rambursman; geri ödeme/verme; iade; tazmin
Erstattungsantrag ⟨m⟩ iade talebi; geri ödeme talebi
erstattungsfähig ⟨adj⟩ geri ödenebilir; iade edilebilir
Erstauftrag ⟨m⟩ ilk sipariş
Erstausbildung ⟨f⟩ temel meslek eğitimi
Erstausfertigung ⟨f⟩ *(Jur)* ilk nüsha
Erstausrüster ⟨m⟩ ilk donatımcı
Erstausstattung ⟨f⟩ ilk donatım
Erstbegünstigter ⟨m⟩ aslî lehdar

Erstbestellung ⟨f⟩ ilk sipariş
erstehen ⟨v/t⟩ (satın) almak
ersteigern ⟨v/t⟩ artırmada/müzayedede elde etmek
erstellen ⟨v/t⟩ yapmak; hazırlamak; tanzim etmek
Erstellung ⟨f⟩ yapım; hazırlama; tanzim; düzenleme
 [... eines konsolidierten Abschlusses] konsolide bilançonun tanzimi/düzenlenmesi/hazırlanması
Ersterwerb ⟨m⟩ ilk alım/edinim; *(Jur)* aslî iktisap
Ersterwerber ⟨m⟩ ilk alan
Ersthypothek ⟨f⟩ birinci/ilk ipotek
erstinstanzlich ⟨adj⟩ *(Jur)* aslî
Erstinvestition ⟨f⟩ ilk/temel yatırım
Erstkäufer ⟨m⟩ ilk/birinci alıcı
erstklassig ⟨adj⟩ birinci sınıf
Erstplazierung ⟨f⟩ ilk plasman
erstrangig ⟨adj⟩ birinci derecede
Erstschrift ⟨f⟩ birinci nüsha
Erstschuldner ⟨m⟩ asıl borçlu
Erstversicherer ⟨m⟩ *(Vers)* ilk/ana/asıl sigortacı
Erstzeichner ⟨m⟩ ilk taahhüt eden
Ersuchen ⟨n⟩ talep; istek; dilekçe; başvuru
erteilen ⟨v/t⟩ vermek
 [Auftrag ...] sipariş/emir vermek
 [Erlaubnis ...] izin vermek
 [Prokura ...] ticarî vekâlet vermek; tevkil etmek
Erteilung ⟨f⟩ verme
 [... von Einfuhrgenehmigungen] ithal izni/permisi verme
 [... einer Vollmacht] vekâlet verme
Ertrag ⟨m⟩ 1. getiri; hasılat 2. mahsul; ürün; verim; randıman 3. irat; gelir; kâr; kazanç; risturn
 [... abwerfen] getiri sağlamak
 [... bringen] getiri sağlamak
 [... und Aufwand] gelir ve giderler
 [... vor Abzug der Steuern] vergi öncesi kârı
 [abnehmender ...] azalan getiri/verim
 [ausgewiesener ...] gösterilen kâr
 [außerordentlicher ...] olağanüstü getiri
 [betrieblicher ...] işletme kazancı; iç verim/getiri
 [betriebsfremder ...] arızî gelir
 [geringer ...] düşük getiri/verim
 [hoher ...] yüksek getiri
 [landwirtschaftlicher ...] tarımsal getiri/verim/hasılat
 [laufender ...] sürekli getiri; cari gelir
 [monatlicher ...] aylık getiri
 [sich vermindernder ...] azalan gelir
ertragbringend ⟨adj⟩ verimli; kâr getiren
Erträge ⟨pl⟩ 1. getiriler 2. gelirler; kazançlar 3. mahsuller 4. hasılat
 [... aus Beteiligungen] katılım getirileri; iştirak gelirleri
 [... aus dem laufenden Geschäft] cari faaliyetlerden oluşan getiriler/gelirler
 [... aus Gewinnabführungsverträgen] kâr transfer akitlerinden oluşan getiriler/gelirler
 [... aus Warenverkäufen] mal satışlarından gelen getiriler/gelirler
 [... vor Abzug der Steuern] stopaj öncesi getiriler/gelirler
 [betriebsneutrale ...] faaliyet dışı getirler/gelirler

[sonstige ...] sair gelirler
[zinsähnliche ...] faiz benzeri getiriler
ertragreich ⟨adj⟩ verimli; yüksek getirili
ertragsabhängig ⟨adj⟩ kâra/verime bağlı
Ertragsanalyse ⟨f⟩ *(BWL)* kâr analizi
Ertragsausfall ⟨m⟩ getiri/kâr kaybı
Ertragsausschüttung ⟨f⟩ getiri/kâr dağıtımı
Ertragsaussichten ⟨pl⟩ getiri/kâr beklentisi
Ertragsausweis ⟨m⟩ kâr ve zarar karnesi/beyanı
Ertragsbesteuerung ⟨f⟩ *(StR)* kârı vergileme
Ertragsbilanz ⟨f⟩ getiri/kâr bilançosu
Ertragseinbruch ⟨m⟩ verimde azalma
Ertragsentwicklung ⟨f⟩ verimin gelişmesi
Ertragserwartung ⟨f⟩ verim/getiri/kâr beklentisi
Ertragsfähigkeit ⟨f⟩ verim/getiri/kâr yeteneği
Ertragsgesetz ⟨n⟩ *(VWL)* Azalan Verimler Kanunu/Yasası
Ertragsgrenze ⟨f⟩ getiri/kâr haddi
Ertragskraft ⟨f⟩ kârlılık; getiri gücü
Ertragslage ⟨f⟩ getiri/kâr durumu
Ertragsleistung ⟨f⟩ gelir sağlama gücü; çıktı etkinliği; randıman
Ertragsquote ⟨f⟩ kâr/verim oranı
Ertragsrate ⟨f⟩ getiri/kâr/verim oranı
Ertragsrechnung ⟨f⟩ *(ReW)* kâr ve zarar muhasebesi/hesabı; *(ReW)* gelir tablosu
Ertragsrückgang ⟨m⟩ kârda/verimde azalma/gerileme
Ertragsschwankung ⟨f⟩ getiride dalgalanma
Ertragsschwelle ⟨f⟩ kâra geçiş noktası; eşik/başabaş noktası; girdinin maliyeti geçtiği nokta
Ertragsspanne ⟨f⟩ kâr marjı
ertragsstark ⟨adj⟩ geliri yüksek; kârlı; yüksek getirili/verimli
Ertragssteigerung ⟨f⟩ getiri/verim artışı/artırımı
Ertragssteuer ⟨f⟩ gelir/kazanç vergisi
Ertragssteuerbilanz ⟨f⟩ gelir/kazanç vergisi bilançosu
Ertragsverbesserung ⟨f⟩ gelirde düzelme
Ertragsverfall ⟨m⟩ gelirde azalma
Ertragswert ⟨m⟩ kazanç/randıman gücü
ertragswirksam ⟨adj⟩ geliri/kazancı etkileyici
Ertragswirtschaft ⟨f⟩ kâr ekonomisi
Erwachsenenbildung ⟨f⟩ yetişkinlere yönelik eğitim
erwähnt ⟨adj⟩ sözü geçen; sözkonusu; zikredilen
 [oben ...] yukarıda sözü geçen
 [unten ...] aşağıda sözü geçen
Erwartung ⟨f⟩ beklenti
Erwartungsbildung ⟨f⟩ beklenti oluşumu
Erwartungskauf ⟨m⟩ beklentili alım
Erwartungstreue ⟨f⟩ *(Stat)* kusursuzluk
Erwartungswert ⟨m⟩ *(Stat)* beklenti değeri; beklenen değer
erweitern ⟨v/t⟩ genişletmek; artırmak
Erweiterung ⟨f⟩ genişle(t)me; artırma
 [... der Arbeitsaufgaben] görevlerin artırılması
 [... des Arbeitsinhalts] çalışmayı/işi zenginleştirme
 [... des Betriebs] *(BWL)* işletmenin genişletilmesi
Erweiterungsinvestition ⟨f⟩ genişletme yatırımları
Erwerb ⟨m⟩ 1. edinme; edinim; iktisap; alım 2. kazanç sağlama; kazanma
 [... einer Kaufoption] alış opsiyonu edinme
 [abgeleiteter ...] *(Jur)* fer'i iktisap

[gutgläubiger ...] iyi niyetle iktisap
[unentgeltlicher ...] ivazsız iktisap
erwerben ⟨v/t⟩ edinmek; iktisap etmek; satın almak
Erwerber ⟨m⟩ edinen; iktisap eden; alıcı
Erwerbsarbeit ⟨f⟩ edinim işi; kazanç sağlayan çalışma/iş
Erwerbsbevölkerung ⟨f⟩ kazanç sağlayan nüfus; *(VWL)* aktif nüfus
Erwerbseinkommen ⟨n⟩ çalışmadan sağlanan gelir
erwerbsfähig ⟨adj⟩ kazanç sağlayabilir
Erwerbsfähigkeit ⟨f⟩ kazanç sağlama yeteneği; edinme yeteneği
Erwerbsgenossenschaft ⟨f⟩ alım/iktisap kooperatifi
Erwerbsgesellschaft ⟨f⟩ alım/iktisap ortaklığı
Erwerbsgrundlage ⟨f⟩ kazanç/edinim kaynağı
Erwerbskosten ⟨pl⟩ iktisap maliyeti; edinim/alım maliyeti
Erwerbskraft ⟨f⟩ kazanç sağlama gücü; edinim gücü
Erwerbsleben ⟨n⟩ çalışma/edinim yaşamı
[im ... stehen] çalışma/edinim yaşamında bulunmak
erwerbslos ⟨adj⟩ kazançsız
Erwerbslosenquote ⟨f⟩ işsizlik oranı
Erwerbslosenunterstützung ⟨f⟩ işsizlik yardımı
Erwerbsloser ⟨m⟩ kazançsız
Erwerbslosigkeit ⟨f⟩ kazançsızlık; işsizlik
Erwerbsperson ⟨f⟩ kazanç sağlayan kişi
Erwerbspreis ⟨m⟩ alım/edinme/iktisap fiyatı
[zum ...] alım/edinme/iktisap fiyatına
Erwerbsquelle ⟨f⟩ kazanç/geçim/edinim kaynağı
Erwerbsquote ⟨f⟩ *(VWL)* istihdam oranı
erwerbstätig ⟨adj⟩ iktisaden faal; kazanç sağlayan; gelir getiren
Erwerbstätige ⟨pl⟩ iktisaden faal nüfus; çalışanlar; işgücü; aktif nüfus
Erwerbstätiger ⟨m⟩ iktisaden faal olan; çalışan; kazanç sağlayan
Erwerbstätigkeit ⟨f⟩ kazanç sağlayıcı faaliyet; gelir getirici faaliyet
erwerbsunfähig ⟨adj⟩ malûl; kazanç sağlayamayan
Erwerbsunfähigkeit ⟨f⟩ malûliyet; malûllük; kazanç sağlama yeteneksizliği
[dauernde ...] daimî malûllük
Erwerbsunfähigkeitsrente ⟨f⟩ malûllük maaşı/emekliliği
Erwerbsunternehmen ⟨n⟩ ticarî girişim/şirket/ortaklık
Erwerbsvermögen ⟨n⟩ kazançtan/çalışmadan oluşan varlık/servet
Erwerbswert ⟨m⟩ iktisap değeri
Erwerbswirtschaft ⟨f⟩ *(VWL)* iş ekonomisi
erwerbswirtschaftlich ⟨adj⟩ ticarî
Erwerbszeitpunkt ⟨m⟩ alındığı/edinildiği zaman
Erwerbszweck ⟨m⟩ alım amacı
Erwerbszweig ⟨m⟩ işkolu
Erwiderung ⟨f⟩ cevap/karşılık verme
erwirtschaften ⟨v/t⟩ üretmek
Erz ⟨n⟩ *(BergB)* maden
erzeugen ⟨v/t⟩ üretmek; imal etmek
Erzeuger ⟨m⟩ üretici; imalatçı
Erzeugergemeinschaft ⟨f⟩ *(LandW)* ortaklık
Erzeugergenossenschaft ⟨f⟩ *(LandW)* üretici kooperatifi

Erzeugergroßmarkt ⟨m⟩ üretici/imalatçı toptancı pazarı
Erzeugerkosten ⟨pl⟩ üretici maliyeti
Erzeugerpreis ⟨m⟩ üretici(nin) fiyatı
[landwirtschaftlicher ...] *(LandW)* tarımsal üretici fiyatı
Erzeugerpreisindex ⟨m⟩ imalatçı/üretici fiyat indeksi
Erzeugerpreisinflation ⟨f⟩ *(VWL)* üretici fiyatlarında enflasyon
Erzeugnis ⟨n⟩ ürün; mamul mal
[gewerbliches ...] ticarî ürün
[industrielles ...] sanayi ürünü
[konsumnahes ...] tüketim yanı mal
Erzeugnisgruppe ⟨f⟩ ürün grubu
Erzeugnisstruktur ⟨f⟩ ürün yapısı
Erzeugnisse ⟨pl⟩ ürünler; mamuller
[... in der Fabrikation] yapımdaki ürünler
[fertige ...] bitmiş ürünler/mallar; mamul mallar
[gewerbliche ...] ticarî ürünler
[halbfertige ...] yarımamul ürünler; yarı mamuller
[industrielle ...] sanayi ürünleri
[petrochemische ...] petro-kimya ürünleri
[unfertige ...] bitmemiş ürünler; yarı mamuller
[veredelte ...] arıtılmış ürünler
Erzeugung ⟨f⟩ üretim; imalat
Erzeugungsmenge ⟨f⟩ üretim/imalat miktarı
Erziehung ⟨f⟩ eğitim; terbiye
Erziehungsbeihilfe ⟨f⟩ eğitim için para yardımı
Erziehungsberechtigter ⟨m⟩ *(Jur)* veli
Erziehungsgeld ⟨n⟩ eğitim parası
erzielen ⟨v/t⟩ elde etmek
Erzlager ⟨n⟩ *(BergB)* maden yatağı
Erzlagerstätte ⟨f⟩ *(BergB)* maden yatakları
Erzvorkommen ⟨n⟩ *(BergB)* maden yatakları
erzwingen ⟨v/t⟩ zorlamak
Essigsäuresteuer ⟨f⟩ *(StR)* asetik asit vergisi
Etat ⟨m⟩ bütçe
[... aufstellen] bütçe tanzim etmek
[... ausgleichen] bütçeyi denkleştirmek
[... bewilligen] bütçeyi kabul etmek; bütçeyi onaylamak
[... kürzen] bütçeyi düşürmek/kısmak/kesmek
[... überschreiten] bütçeyi aşmak
[ausgeglichener ...] dengeli bütçe
[genehmigter ...] onaylanmış bütçe
[veranschlagter ...] önerilmiş bütçe
Etatanforderung ⟨f⟩ bütçenin ihtiyacı
Etatansatz ⟨m⟩ bütçe tahsisi
Etatberatung ⟨f⟩ bütçe görüşmesi/danışması/müzakeresi
etatisieren ⟨v/t⟩ bütçeye katmak
Etatjahr ⟨n⟩ bütçe yılı; mali yıl
Etatkürzung ⟨f⟩ bütçe kesintisi
Etatmittel ⟨pl⟩ bütçe fonları
Etatposten ⟨m⟩ bütçe kalemi
Etattitel ⟨m⟩ bütçe kaydı
Etatüberschreitung ⟨f⟩ bütçeyi aşma
Etatüberziehung ⟨f⟩ bütçe depasmanı; bütçeyi aşma
Etatunterschreitung ⟨f⟩ bütçenin altında kalma
Etatvoranschlag ⟨m⟩ bütçe önerisi
Etatzuweisung ⟨f⟩ bütçe ödeneği; ödenek

Etikett ⟨n⟩ etiket
Etikettenschwindel ⟨m⟩ etiket dolandırıcılığı/sahtekârlığı
etikettieren ⟨v/t⟩ etiketlemek
Euroanleihe ⟨f⟩ *(EU)* Euro tahvil
Eurodollar ⟨m⟩ *(EU)* Euro dolar
Eurogeldmarkt ⟨m⟩ *(EU)* Euro para piyasası
europäische ⟨adj⟩ Avrupa
[... Freihandelsgemeinschaft] **(EFTA)** *(EU)* Avrupa Serbest Ticaret Birliği; *(Eng: European Free Trade Association)*
[... Freihandelszone] *(EU)* Avrupa Serbest Ticaret Birliği
[... Gemeinschaft] *(EU)* Avrupa Topluluğu
[... Gemeinschaft für Kohle und Stahl] Avrupa Kömür ve Äelik Topluluğu
[... Kommission] *(EU)* Avrupa (Topluluğu) komisyonu
[... Organisation für wirtschaftliche Zusammenarbeit] *(EU)* Avrupa (Topluluğu) Ekonomik İşbirliği Örgütü
[... Währungseinheit] **(ECU)** *(EU)* Avrupa Para Birimi; *(Eng: European Currency Unit)*
[... Währungsunion] *(EU)* Avrupa Para Birliği
[... Wirtschaftsgemeinschaft] **(EWG)** *(EU)* Avrupa Ekonomik Topluluğu; (AET)
[... Gerichtshof] *(EU)* Avrupa Topluluğu Adalet Divanı
[... Währungsfonds] *(EU)* Avrupa Parasal İşbirliği Fonu
[... Wechselkursmechanismus] *(EU)* Avrupa kambiyo mekanizması
[... Parlament] *(EU)* Avrupa Parlamentosu
[... Währungssystem] **(EWS)** *(EU)* Avrupa Para Sistemi
Europarat ⟨m⟩ *(EU)* Avrupa Konseyi
Eventualhaftung ⟨f⟩ icabı halinde sorumluluk; olasılı sorumluluk; ihtimali mesuliyet
Eventualität ⟨f⟩ olasılık
Eventualreserve ⟨f⟩ olasılı yedek; icabı halinde ihtiyat
Eventualverbindlichkeit ⟨f⟩ olasılı borç; icabı halinde taahhüt
exekutieren ⟨v/t⟩ yürütmek; icra/infaz/tenfiz etmek; uygulamak
Exemplar ⟨n⟩ 1. nüsha 2. suret 3. örnek
Existenz ⟨f⟩ varolma; geçim; iş
[... gründen] iş kurma
Existenzaufbaudarlehen ⟨n⟩ işi genişletme ikrazı
existenzfähig adj⟩ iş kurabilir
Existenzgründer ⟨m⟩ iş kuran; girişimci
Existenzgründerzentrum ⟨n⟩ iş kurma merkezi
Existenzgrundlage ⟨f⟩ geçim esası/temeli
Existenzgründung ⟨f⟩ iş kurma
Existenzgründungsdarlehen ⟨n⟩ iş kurma ikrazı/kredisi
Existenzminimum ⟨n⟩ asgari geçim haddi
Existenzsicherung ⟨f⟩ geçim/iş güvencesi
Existenzvernichtung ⟨f⟩ geçim/iş olanaklarını yoketme
exklusiv ⟨adj⟩ özel
Exklusivverkaufsrecht ⟨n⟩ özel satış hakkı
Exklusivvertretung ⟨f⟩ özel temsilcilik
expandieren ⟨int⟩ genişlemek
Expansion ⟨f⟩ genişleme

Expansionsmöglichkeit ⟨f⟩ genişleme olanağı
Expansionsrate ⟨f⟩ genişleme oranı
Expansionstempo ⟨n⟩ genişleme hızı/temposu
Expedient ⟨m⟩ sevk memuru
expedieren ⟨v/t⟩ sevketmek; yollamak; göndermek
Expedition ⟨f⟩ 1. sevk; irsal; sevketme; yollama 2. yollama/sevkiyat dairesi
Experte ⟨m⟩ eksper; uzman
Expertise ⟨f⟩ ekspertiz
Explosion ⟨f⟩ patlama
explosiv ⟨adj⟩ patlayıcı
Explosivstoff ⟨m⟩ patlayıcı madde
Exponent ⟨m⟩ *(Math)* üs
Exponentialfunktion ⟨f⟩ *(Math)* üstel fonksiyon
Exponentialgleichung ⟨f⟩ *(Math)* üstel denklem
Exponentialkurve ⟨f⟩ *(Math)* üstel eğri
Exponentiallag ⟨m⟩ *(VWL)* üstel gecikme
Exponentialtrend ⟨m⟩ *(VWL)* üstel trend
Exponentialverteilung ⟨f⟩ *(Math)* üstel dağılım
exponentiell ⟨adj⟩ *(Math)* üstel
Export ⟨m⟩ *(AußH)* ihracat; *(AußH)* dışsatım
[für den ... bestimmt] ihracat için ayrılmış
[zum ... geeignet] ihraç edilebilir
Exportabfertigung ⟨f⟩ *(Zo)* ihraç muamelesi/işlemi
Exportabgabe ⟨f⟩ *(StR)* ihracat vergisi
Exportabteilung ⟨f⟩ ihracat bölümü/bürosu
Exportanreiz ⟨m⟩ ihracatı güdüleme; ihracat teşviki
Exportanstieg ⟨m⟩ ihracatın artması
Exportanteil ⟨m⟩ *(AußH)* ihracat payı
Exportartikel ⟨m⟩ *(AußH)* ihracat malı
Exportauftrag ⟨m⟩ ihracat emri
Exportbehinderung ⟨f⟩ *(AußH)* ihracatı engelleme; *(AußH)* ihracat engeli
Exportbescheinigung ⟨f⟩ *(AußH)* ihracat belgesi
Exportbeschränkung ⟨f⟩ ihracat kısıtlaması
Exportbestimmungen ⟨pl⟩ ihracat mevzuatı
Exportbewilligung ⟨f⟩ ihracat izni
Exportbürgschaft ⟨f⟩ dışsatım/ihracat kefaleti
Exportdeklaration ⟨f⟩ *(Zo)* ihracat beyannamesi
Exportdokumente ⟨pl⟩ ihracat evrakları
Exporterlöse ⟨pl⟩ ihracat gelirleri
Exporterstattung ⟨f⟩ *(StR)* ihracatta vergi iadesi
Exporterzeugnis ⟨n⟩ ihraç ürünü/mamulü
Exporteur ⟨m⟩ *(AußH)* ihracatçı
exportfähig ⟨adj⟩ ihraç edilebilir
Exportfinanzierung ⟨f⟩ *(BkW)* ihracat finansmanı
Exportfirma ⟨f⟩ ihracatçı şirket/firma
Exportförderung ⟨f⟩ *(AußH)* ihracat teşviki
Exportgarantie ⟨f⟩ ihracat garantisi
Exportgenehmigung ⟨f⟩ ihracat izni/ruhsatı; ihraç lisansı
Exportgeschäft ⟨n⟩ ihracatçılık; ihracat muamelesi
Exportgüter ⟨pl⟩ ihracat malları
Exporthandel ⟨m⟩ ihracat ticareti
Exporthändler ⟨m⟩ *(AußH)* ihracatçı
exportieren ⟨v/t⟩ ihracat yapmak; ihraç etmek
Exportindustrie ⟨f⟩ ihracat sanayii
Exportkaufmann ⟨m⟩ dışsatım taciri
Exportkonjunktur ⟨f⟩ ihracat konjonktürü
Exportkonnossement ⟨n⟩ ihracat konşimentosu
Exportkontingent ⟨n⟩ ihracat kontenjanı/kotası
Exportkontrolle ⟨f⟩ ihracat kontrolu
Exportkredit ⟨m⟩ *(BkW)* ihracat kredisi
Exportkreditbrief ⟨m⟩ ihracat kredi belgesi

Exportkreditgarantie ⟨f⟩ ihracat kredisi garantisi
Exportkreditversicherung ⟨f⟩ *(Vers)* ihracat kredisi sigortası
Exportland ⟨n⟩ *(AußH)* ihracatçı ülke
Exportleiter ⟨m⟩ ihracat müdürü; ihracattan sorumlu yönetici
Exportmarkt ⟨m⟩ ihracat piyasası
Exportmultiplikator ⟨m⟩ *(VWL)* ihracat çarpanı; *(VWL)* dış ticaret çarpanı
exportorientiert ⟨adj⟩ ihracata yönelik
Exportpapiere ⟨pl⟩ ihraç evrakları
Exportprämie ⟨f⟩ ihracat/ihraç primi
Exportpreis ⟨m⟩ ihracat fiyatı
Exportquote ⟨f⟩ ihracat oranı/kotası
Exportrisiko ⟨n⟩ *(Vers)* ihracat rizikosu
Exportrückvergütung ⟨f⟩ ihracatçı primi
Exportsachbearbeiter ⟨m⟩ ihracat işlemleri yardımcısı
Exportselbstbehalt ⟨m⟩ ihracatçının alıkoyması
Exportsendung ⟨f⟩ dışsatım yollaması
Exporttarif ⟨m⟩ ihracat tarifesi
Exporttätigkeit ⟨f⟩ ihracat faaliyeti
Exportüberschuß ⟨m⟩ ihracat fazlası
Exportverbot ⟨n⟩ *(Vers)* ihraç etme yasağı
Exportversandliste ⟨f⟩ ihraç listesi
Exportversicherer ⟨m⟩ *(Vers)* ihracat sigortacısı
Exportversicherung ⟨f⟩ *(Vers)* ihracat sigortası
Exportvertreter ⟨m⟩ ihracat temsilcisi
Exportvolumen ⟨n⟩ ihracat hacmi
Exportwachstum ⟨n⟩ ihracatın büyümesi
Exportwaren ⟨pl⟩ ihracat malları
Exportwert ⟨m⟩ ihraç değeri
Exportwirtschaft ⟨f⟩ ihracat ekonomisi
Exportzoll ⟨m⟩ *(Zo)* ihraç resmi/vergisi
Exportzollschein ⟨m⟩ *(Zo)* ihracat rüsumu makbuzu
Expreßbeförderung ⟨f⟩ *(Post)* özel ulakla gönderme
Expreßbrief ⟨m⟩ *(Post)* özel ulak; *(Post)* ekspres
Expreßgebühr ⟨f⟩ *(StR)* özel ulak resmi/vergisi
Expreßgut ⟨n⟩ ekspres mal
Expreßpaket ⟨n⟩ ekspres paket
Expreßzustellung ⟨f⟩ *(Post)* özel ulakla tebligat
extern ⟨adj⟩ dışsal
Externalitäten ⟨pl⟩ *(VWL)* dışsallıklar; *(VWL)* dışsal fayda ve maliyet; *(VWL)* dış etkenler [negative ...] *(VWL)* negatif dışsallıklar
Extraausgaben ⟨pl⟩ ek masraflar
Extraprämie ⟨f⟩ ek prim
Extrarabatt ⟨m⟩ özel indirim
Exzedent ⟨n⟩ *(Vers)* aşkın hasar
Exzedentenrückversicherung ⟨f⟩ *(Vers)* aşkın hasar reasüransı

F

F & E → **Forschung und Entwicklung**
Fabrik ⟨f⟩ fabrika
 [... unter Zollverschluß] *(Zo)* gümrük mühürü altında fabrika
 [ab ...] fabrika çıkışı
Fabrikabgabepreis ⟨m⟩ fabrika çıkışı fiyatı
Fabrikabsatz ⟨m⟩ fabrikadan satış
Fabrikanlage ⟨f⟩ fabrika tesisi
Fabrikant ⟨m⟩ fabrika sahibi; fabrikatör; sanayici
Fabrikarbeit ⟨f⟩ fabrika işi
Fabrikarbeiter ⟨m⟩ fabrika işçisi
Fabrikat ⟨n⟩ fabrika ürünü/yapımı/mahsulü
Fabrikation ⟨f⟩ üretim; imalat; prodüksiyon; fabrikasyon
Fabrikationsfehler ⟨m⟩ fabrikasyon hatası
Fabrikationsprogramm ⟨n⟩ imalat programı
Fabrikauftrag ⟨m⟩ imalat siparişi
Fabrikauslieferung ⟨f⟩ fabrika mal teslimi
Fabrikausstoß ⟨m⟩ fabrika verimi/randımanı; fabrikadan çıkan mahsul miktarı
Fabrikbesitzer ⟨m⟩ fabrika sahibi
Fabrikdirektor ⟨m⟩ fabrika müdürü
Fabrikgebäude ⟨n⟩ fabrika binası
Fabrikgleis ⟨n⟩ *(Bahn)* fabrika tren hattı
Fabrikgrundstück ⟨n⟩ fabrika arsası
Fabriklager ⟨n⟩ fabrika deposu/ardiyesi; fabrikaya ait depo/ardiye
Fabrikmarke ⟨f⟩ fabrika markası
fabrikneu ⟨adj⟩ yepyeni; fabrikadan çıkma
Fabrikpreis ⟨m⟩ fabrika (çıkışı) fiyatı
Fabrikschließung ⟨f⟩ fabrikanın kapanması
Fabrikschornstein ⟨m⟩ fabrika bacası
Fabrikware ⟨f⟩ fabrika ürünü; mamul
fabrizieren ⟨v/t⟩ imal etmek
Fach ⟨n⟩ meslek; ihtisas
Facharbeiter ⟨m⟩ uzman işçi
Fachausbildung ⟨f⟩ ihtisas; uzmanlık eğitimi
Fachausdruck ⟨m⟩ teknik kavram; ihtisas/meslek kavramı
Fachberater ⟨m⟩ uzman danışman
Fachbrief ⟨m⟩ uzmanlık sertifikası/diploması
Facheinzelhandel ⟨m⟩ uzman perakendecilik
Facheinzelhändler ⟨m⟩ uzman perakendeci
Fachgebiet ⟨n⟩ uzmanlık alanı; ihtisas dalı
Fachgeschäft ⟨n⟩ ihtisas mağazası
Fachgewerkschaft ⟨f⟩ işkolu sendikası
Fachhandel ⟨m⟩ uzman/ihtisas piyasası
Fachhochschule ⟨f⟩ meslek yüksek okulu
Fachkenntnisse ⟨pl⟩ ihtisas dalında bilgiler; *(Eng)* Know-how
Fachkraft ⟨f⟩ uzman eleman
Fachleute ⟨f⟩ uzman kişiler; uzmanlar
Fachmangel ⟨m⟩ uzman eleman eksikliği/kıtlığı
Fachmann ⟨m⟩ uzman; eksper; mütehassıs
 [... des Rechnungswesens] *(ReW)* muhasebeci; muhasebe uzmanı
Fachmesse ⟨f⟩ *(Mk)* ihtisas fuarı
Fachpersonal ⟨n⟩ uzman personel/kadro
Fachpresse ⟨f⟩ *(Press)* uzman(laşmış) basın; *(Press)* ihtisas basını
Fachschule ⟨f⟩ meslek okulu
Fachspediteur ⟨m⟩ uzman nakliyatçı
Fachspedition ⟨f⟩ uzman nakliyat
Fachtagung ⟨f⟩ uzmanlar semineri/konferansı/toplantısı/kongresi
Fachverband ⟨m⟩ ihtisas birliği

Fachverkäufer ⟨m⟩ uzman satıcı
Fachwissen ⟨n⟩ uzbilim; ihtisas dalında bilgiler; *(Eng)* know-how
Fachzeitschrift ⟨f⟩ ihtisas dergisi
Factoring ⟨n⟩ mal satın alma ve alacak toplama; *(Eng)* factoring
Factoringgebühr ⟨f⟩ mal satın alma ve alacak toplama ücreti
Factoringprovision ⟨f⟩ mal satın alma ve alacak toplama komisyonu
Fähigkeit ⟨f⟩ yetenek; beceri
Fähre ⟨f⟩ *(Schff)* vapur
Fahrgast ⟨m⟩ yolcu
Fahrgeld ⟨n⟩ bilet parası
fahrlässig ⟨adj⟩ kusurlu
Fahrlässigkeit ⟨f⟩ kusur; ihmal
[grobe . . .] ağır kusur/ihmal
Fahrplan ⟨m⟩ yol/gidiş tarifesi
Fahrpreis ⟨m⟩ yol parası/ücreti; gidiş fiyatı
Fahrpreisanzeiger ⟨m⟩ taksimetre
Fahrschein ⟨m⟩ bilet
Fahrt ⟨f⟩ gidiş; yolculuk; seyahat
Fahrtkosten ⟨pl⟩ gidiş/yol masrafları
Fahrtkostenentschädigung ⟨f⟩ yol masrafları tazminatı
Fahrtkostenzuschuß ⟨m⟩ yol masrafları katkısı/primi/zammı
Fährverkehr ⟨m⟩ *(Schff)* vapur servisi
Fahrzeug ⟨n⟩ taşıma aracı; araç; taşıt; vasıta; otomobil
Fahrzeugbau ⟨m⟩ taşıt yapımı; otomotiv sanayii
Fahrzeughändler ⟨m⟩ otomobil satıcısı/komisyoncusu
Fahrzeughersteller ⟨m⟩ otomobil imalatçısı
Fahrzeugindustrie ⟨f⟩ otomotiv sanayii
Fahrzeugversicherung ⟨f⟩ *(Vers)* araç/taşıt sigortası
Faksimile ⟨n⟩ faksimile; tıpkıbasım
Faktor ⟨m⟩ faktör; öğe; etken
[bestimmender . . .] belirleyici faktör
[wesentlicher . . .] önemli etken/faktör
Faktoranalyse ⟨f⟩ *(Stat)* faktör analizi
Faktorangebot ⟨n⟩ *(VWL)* faktör arzı
Faktorausstattung ⟨f⟩ *(VWL)* faktör donatımı
Faktoreinkommen ⟨n⟩ faktör geliri
Faktoreinsatz ⟨m⟩ *(VWL)* faktör girdisi/ikamesi
Faktoreinsatzmenge ⟨f⟩ faktör miktarı
Faktorerträge ⟨pl⟩ *(VWL)* faktör gelirleri
Faktorgrenzkosten ⟨pl⟩ *(VWL)* marjinal faktör maliyeti
Faktorintensität ⟨f⟩ faktör girdi oranı; faktör yoğunluğu
Faktorkombination ⟨f⟩ *(VWL)* faktör bileşimi
[optimale . . .] *(VWL)* optimum faktör bileşimi
Faktorkosten ⟨pl⟩ *(VWL)* faktör maliyeti
Faktorkurve ⟨f⟩ *(VWL)* faktör eğrisi
Faktorleistungen ⟨pl⟩ *(VWL)* faktör ödemeleri
Faktormarkt ⟨m⟩ *(VWL)* faktör piyasası
Faktormobilität ⟨f⟩ *(VWL)* faktör mobilitesi/hareketliliği
Faktornachfrage ⟨f⟩ *(VWL)* faktör talebi
Faktorpreis ⟨m⟩ *(VWL)* faktör fiyatı
Faktorproportionen ⟨pl⟩ *(VWL)* faktör büyüklükleri
Faktorstufe ⟨f⟩ faktör düzeyi
Faktorsubstitution ⟨f⟩ faktör ikamesi

Faktorwanderungen ⟨pl⟩ *(VWL)* faktör hareketleri
Faktura ⟨f⟩ *(ReW)* fatura; *(ReW)* hesap pusulası
[laut . . .] faturaya göre
Fakturenabteilung ⟨f⟩ fatura bölümü; muhasebe
fakturieren ⟨v/t⟩ fatura çıkarmak
Fall ⟨m⟩ durum; *(Jur)* dava; *(Jur)* durum
[grundlegender . . .] *(Jur)* esas dava
[möglicher . . .] *(Jur)* şüpheli durum
[schwebender . . .] askıda olma durumu; *(Jur)* sürüncemede bulunan dava
[von . . . zu . . . entscheiden] duruma göre karar vermek
Fallbrücke ⟨f⟩ *(BauW)* açılır kapanır köprü
fällig ⟨adj⟩ süresi dolmuş; vadesi gelmiş; ödenmesi gerekli; muaccel; ivedilik kazanmış
[. . . werden] muaccel olmak; vadesi gelmek
[jederzeit . . .] hemen ödenebilir; muaccel
[täglich . . .] günlük muaccel; hergün ödenebilir
Fälligkeit ⟨f⟩ tahakkuk; sürenin dolması; muacceliyet; vade sonu/bitimi
[bei . . . zahlbar] muacceliyette ödenir
Fälligkeitsliste ⟨f⟩ vade defteri
Fälligkeitstag ⟨m⟩ tahakkuk tarihi; muacceliyet günü
Fälligkeitstermin ⟨m⟩ tahakkuk tarihi; vade(nin bitme) tarihi; muacceliyet anı/tarihi
[mittlerer . . .] ortalama muacceliyet anı/tarihi
Fälligkeitsdatum ⟨n⟩ tahakkuk tarihi; vade(nin bitme) tarihi
Falschbuchung ⟨f⟩ yanlış/hatalı kayıt; deftere yanlış geçirme
fälschen ⟨v/t⟩ sahtekârlık etmek; *(Geld)* sahte para basmak
Fälscher ⟨m⟩ sahtekâr; *(Geld)* kalpazan
Falschgeld ⟨n⟩ sahte/kalp/düzme para
Falschlieferung ⟨f⟩ yanlış (mal) teslimi
Falschmünzer ⟨m⟩ kalpazan
Falschmünzerei ⟨m⟩ kalpazanlık
Fälschung ⟨f⟩ sahtekârlık; taklit; tahrif; tağşiş
Familie ⟨f⟩ aile
Familienabzug ⟨m⟩ *(StR)* aile için en az geçim indirimi
Familienangehöriger ⟨m⟩ aile üyesi
Familienbeihilfe ⟨f⟩ aile ödenekleri
Familienbetrieb ⟨m⟩ aile işletmesi
Familienhaushalt ⟨m⟩ aile bütçesi
Familienname ⟨f⟩ soyadı
Familienstand ⟨m⟩ *(Jur)* medenî hal
Familienunterhalt ⟨m⟩ ailenin geçimi
Familienunternehmen ⟨n⟩ aile şirketi
Familienunterstützung ⟨n⟩ aile yardımı
Fanggebiet ⟨n⟩ balık avlama alanı
Fangrechte ⟨pl⟩ balık avlama hakkı/yasası
Farbstoff ⟨m⟩ boyarmadde
Faser ⟨f⟩ lif; elyaf
Faß ⟨n⟩ fıçı
Fassung ⟨f⟩ çerçeve; kap
Fassungsvermögen ⟨n⟩ kapasite
Faustpfand ⟨n⟩ teslimi meşrut şekilde rehin
Fautfracht ⟨f⟩ *(Schff)* pişmanlık navlunu
Fazilität ⟨f⟩ 1. olanak; imkân
2. kolaylık; ödeme/kredi/finansman kolaylığı
[. . . des IWF für kompensierende Finanzierung von Exporterlösausfällen] *(IWF)* Uluslararası Para Fonu'nun telafi edici finansman kolaylığı

[... des IWF zur Finanzierung von Rohstoffausgleichslagern] *(IWF)* Uluslararası Para Fonu'nun tampon stok finansman kolaylığı
federführend ⟨adj⟩ önde gelen; öncü; önder; yönetici
Federführung ⟨f⟩ öncülük; önderlik; yönetim
Fehlablieferung ⟨f⟩ yanlış teslim
Fehlanzeige ⟨f⟩ olumsuz ihbar/rapor
Fehlbestand ⟨m⟩ eksik miktar; açık; noksan mevcut
Fehlbetrag ⟨m⟩ noksan/eksik bedel; açık; açık meblağ
Fehlbewertung ⟨f⟩ yanlış değerlendirme
Fehlbuchung ⟨f⟩ hatalı/yanlış kayıt
Fehleinschätzung ⟨f⟩ yanlış değerlendirme
Fehlen ⟨n⟩ eksik; noksan; bulunmama; olmama
  [... wegen Krankheit] hastalık yüzünden bulunmama
  [häufiges ... am Arbeitsplatz] işe sık sık gelmeme; absanteizm
  [unentschuldigtes ...] özürsüz/mazeretsiz bulunmama
fehlen ⟨int⟩ eksik/noksan olmak; bulunmamak; olmamak
Fehlentscheidung ⟨f⟩ hatalı karar
Fehler ⟨m⟩ hata; yanılgı; yanlışlık; kusur; bozukluk; defo
  [... anstreichen] hatayı işaretlemek; hatanın altını/üstünü çizmek
  [... begehen] hata işlemek/yapmak
  [... beheben] hatayı kaldırmak/düzeltmek
  [... berichtigen] hatayı düzeltmek
  [... beseitigen] hatayı yoketmek/düzeltmek
  [... erster Ordnung] alfa hatası
  [... machen] hata yapmak
  [... suchen] hata aramak
  [... verbessern] hata düzeltmek
  [absoluter ...] mutlak hata; salt yanılgı
  [belangloser ...] önemsiz hata
  [grober ...] ağır ihmal; kaba hata/kusur
  [mittlerer ...] *(Stat)* standart hata
  [schwerer ...] ciddî hata
  [stichprobenfremder ...] *(Stat)* örnekleme dışı hata; *(Stat)* tesadüfî hata
  [versteckter ...] saklı kusur/hata
Fehleranteil ⟨m⟩ hata payı
  [durchschnittlicher ...] ortalama hata payı
fehlerfrei ⟨adj⟩ hatasız/kusursuz
Fehlergrenze ⟨f⟩ hata hududu; kusur marjı
fehlerhaft ⟨adj⟩ hatalı; kusurlu
Fehlerhäufigkeit ⟨f⟩ hata çokluğu/sıklığı
Fehlerquote ⟨f⟩ hata oranı
Fehlerverzeichnis ⟨n⟩ hata sevap cetveli
Fehlerwahrscheinlichkeit ⟨f⟩ hata ihtimali
Fehlfracht ⟨f⟩ eksik yük
Fehlgewicht ⟨n⟩ fire
Fehlguß ⟨m⟩ *(Ind)* bozuk döküm
Fehlinvestition ⟨f⟩ *(BkW)* hatalı yatırım
Fehlkalkulation ⟨f⟩ *(ReW)* hatalı hesap
fehlleiten ⟨v/t⟩ yanlış (yere) göndermek
Fehllieferung ⟨f⟩ hatalı teslim
Fehlmenge ⟨f⟩ eksik miktar
  [... bei Lieferung] teslimde eksik miktar
Fehlplanung ⟨f⟩ hatalı planlama
Fehlschicht ⟨f⟩ eksik mesai; iş yapılmayan mesai

Fehlschlag ⟨m⟩ başarısızlık
fehlschlagen ⟨int⟩ başarısızlığa uğramak; başarılı olmamak
Fehlspekulation ⟨f⟩ hatalı spekülasyon
Fehlspruch ⟨m⟩ hatalı/kusurlu karar
Fehlurteil ⟨n⟩ hatalı/kusurlu karar
Fehlverladung ⟨f⟩ hatalı yükleme; yanlış yere mal gönderme
Fehlzeit ⟨f⟩ devamsızlık
Fehlzeitenquote ⟨f⟩ absanteizm haddi; devamsızlık oranı
Feierschicht ⟨f⟩ iş yapılmayan mesai
Feiertag ⟨m⟩ bayram günü; tatil
  [allgemeiner ...] genel tatil
  [gesetzlicher ...] resmî/yasal bayram günü; resmî tatil
Feiertagsarbeit ⟨f⟩ bayram/tatil gününde çalışma
Feiertagszuschlag ⟨m⟩ bayram/tatil günü ek ödemesi
feilhalten ⟨v/t⟩ satış teklifi yapmak
feilschen ⟨v/t⟩ pazarlık yapmak
feinbearbeiten ⟨v/t⟩ ince iş yapmak
Feinmechanik ⟨f⟩ 1. hassas mekanik
  2. ince tesviyecilik
Feinsteuerung ⟨f⟩ ince ayarlama
Feinunze ⟨f⟩ ince ons; (değerli madenler için ölçü birimi = 31,10 g)
Feld ⟨n⟩ kesim; alan; sektör; *(LandW)* tarla
  [bestelltes ...] *(LandW)* ekili tarla
Fenster ⟨n⟩ pencere
Fensterbriefumschlag ⟨m⟩ *(Post)* pencereli zarf
Ferien ⟨pl⟩ tatil
Ferienarbeit ⟨f⟩ tatilde çalışma
Ferienkurs ⟨m⟩ tatil kursu
Ferienort ⟨m⟩ tatil yeri
Ferienreise ⟨f⟩ tatil yolculuğu
Fernbleiben ⟨n⟩ bulunmama; gelmeme
  [unentschuldigtes ...] özürsüz bulunmama
Fernfaksimilemaschine ⟨f⟩ telefaks makinesi
Fernfrachtverkehr ⟨m⟩ uzak yere yük ulaştırma
Ferngespräch ⟨n⟩ *(Tele)* (şehirlerarası) telefon konuşması
Fernlehrgang ⟨m⟩ mektupla eğitim
fernmündlich ⟨adj⟩ *(Tele)* telefonla
Fernscheck ⟨m⟩ mahallî olmayan çek; şehirdışı çeki
Fernschreiben ⟨n⟩ *(Tele)* teleks (yazısı)
  [... schicken] *(Tele)* teleks yollamak
Fernschreiber ⟨m⟩ *(Tele)* teleks (aleti)
fernschriftlich ⟨adj⟩ *(Tele)* teleks ile
Fernsehen ⟨n⟩ televizyon
Fernsehwerbung ⟨f⟩ *(Mk)* televizyonda tanıtım; televizyon reklamı
Fernstraße ⟨f⟩ şehirlerarası karayolu
Ferntransport ⟨m⟩ şehirlerarası taşıma/nakliyat
Fernverkehr ⟨m⟩ şehirlerarası ulaştırma/trafiği
Fernwärme ⟨f⟩ uzaktan ısıtma
fertig ⟨adj⟩ hazır; işlenmiş; mamul
Fertigbearbeitung ⟨f⟩ hazır işleme
fertigen ⟨v/t⟩ hazırlamak; işlemek; üretmek; imal etmek
Fertigerzeugnis ⟨n⟩ mamul mal; nihaî/hazır/işlenmiş ürün
Fertigerzeugnisse ⟨pl⟩ mamul/nihaî/hazır/işlenmiş ürünler

Fertigfabrikate ⟨pl⟩ nihaî/hazır/işlenmiş ürünler; mamul mallar/ürünler; tam işlenmiş emtia
Fertiggewicht ⟨n⟩ mamul ağırlığı
Fertiggüter ⟨pl⟩ mamul mallar; nihaî/hazır/işlenmiş mallar
Fertigkeit ⟨f⟩ beceri
Fertigmontage ⟨f⟩ hazır montaj
Fertigprodukt ⟨n⟩ mamul/nihaî/hazır/işlenmiş ürün
fertigstellen ⟨v/t⟩ tamamlamak
Fertigstellung ⟨f⟩ tamamlama
Fertigteil ⟨n⟩ hazır/işlenmiş parça
Fertigung ⟨f⟩ üretim; yapım; imalat
 [bedarfsorientierte...] *(Ind)* talep yönlü üretim; talebe yönelik imalat/yapım
 [computergestützte...] *(EDV)* bilgisayar takviyeli üretim/yapım
 [lagerlose...] deposuz imalat/yapım
Fertigungsablaufplan ⟨m⟩ yapım/imalat akışı/süreci planı
Fertigungsablaufplanung ⟨f⟩ yapım/imalat akışı/süreci planlaması
Fertigungsablaufsteuerung ⟨f⟩ yapım/imalat akışı/süreci güdümü
Fertigungsanlage ⟨f⟩ yapım/imalat tesisi; imalathane
Fertigungsanteil ⟨m⟩ yapım/imalat payı
 [einheimischer...] yerli yapım payı
Fertigungsauftrag ⟨m⟩ yapım/imalat emri
Fertigungsbetrieb ⟨m⟩ imalathane
Fertigungseinrichtungen ⟨pl⟩ yapım/imalat tesisleri
Fertigungsgemeinkosten ⟨pl⟩ *(KoR)* genel imalat maliyeti
Fertigungsgemeinkostenlohn ⟨m⟩ *(KoR)* genel imalat maliyeti ücreti
Fertigungsgemeinkostenmaterial ⟨n⟩ *(KoR)* genel imalat maliyeti malzemesi
Fertigungsgemeinkostenkapazität ⟨f⟩ *(KoR)* genel imalat maliyeti kapasitesi
Fertigungskontrolle ⟨f⟩ yapım/imalat kontrolü
Fertigungskosten ⟨pl⟩ yapım/imalat/işleme maliyeti
Fertigungsleiter ⟨m⟩ imalat müdürü; yapım yöneticisi
Fertigungslohn ⟨m⟩ *(KoR)* direkt işçilik; *(KoR)* doğrudan işçilik
Fertigungsmaterial ⟨n⟩ yapım/imalat malzemesi
Fertigungsplan ⟨m⟩ *(Ind)* üretim bütçesi
Fertigungsplanung ⟨f⟩ *(Ind)* üretim planlama; yapım/imalat planı
Fertigungsprogramm ⟨n⟩ yapım/imalat programı
Fertigungsprozeß ⟨m⟩ yapım süreci
Fertigungsqualität ⟨f⟩ yapım/imalat kalitesi
 [durchschnittliche...] ortalama yapım kalitesi
 [erreichbare...] erişilebilir yapım kalitesi
Fertigungsstätte ⟨f⟩ yapım evi; imalathane
Fertigungssteuerung ⟨f⟩ yapım güdümü
Fertigungstechnik ⟨f⟩ yapım tekniği
Fertigungstiefe ⟨f⟩ yapım dikeyi
Fertigungssystem ⟨n⟩ üretim tarzı
 [flexibles...] *(Ind)* esnek üretim tarzı
Fertigungsvorbereitung ⟨f⟩ yapım hazırlığı/planlaması
Fertigungszeit ⟨f⟩ yapım/imalat süresi/zamanı
Fertigverarbeitung ⟨f⟩ bitirme; tamamlama
fertigverpackt ⟨adj⟩ hazır paketlenmiş
Fertigwaren ⟨pl⟩ nihaî/mamul/işlenmiş mallar

Fertigwarenlager ⟨n⟩ nihaî/mamul mallar ambarı/deposu; işlenmiş mallar deposu; hazır emtia deposu
fest ⟨adj⟩ 1. kesin; katî 2. sabit; sağlam 3. dayanıklı
Festangebot ⟨n⟩ kesin icap/öneri/teklif
Festangestellter ⟨m⟩ daimî/sürekli memur
Festauftrag ⟨m⟩ kesin sipariş
Festbestellung ⟨f⟩ kesin sipariş
Festeinkommen ⟨n⟩ sabit gelir
Festgebot ⟨n⟩ *(Ausschreibung)* kesin pey/icap
Festgehalt ⟨n⟩ sabit maaş
Festgeld ⟨n⟩ *(BkW)* kesin vadeli mevduat; kesin vadeli (yatırılmış) para
Festgeldanlage ⟨f⟩ preavili plasman; kesin vadeli plasman
Festgeldeinlage ⟨f⟩ *(BkW)* kesin vadeli mevduat; preavili mevduat
Festgeldkonto ⟨n⟩ preavili hesap; kesin vadeli mevduat hesabı
Festigung ⟨f⟩ stabilizasyon; konsolidasyon; *(Preise)* sabitleştirme
Festkapital ⟨n⟩ sabit sermaye
Festkauf ⟨m⟩ kesin alım/satın alma
Festkonditionen ⟨pl⟩ kesin koşullar
Festkosten ⟨pl⟩ sabit maliyet
Festkredit ⟨m⟩ *(BkW)* sabit faizli kredi
Festlaufzeit ⟨f⟩ kesin/sabit vade
festlegen ⟨v/t⟩ 1. vadeli (para) yatırmak 2. saptamak; tayin/tespit etmek 3. bağlamak
Festlegung ⟨f⟩ 1. vadeli (para) yatırma; blokaj 2. saptanım; tayin; tespit; sabitleştirme 3. bağlama
Festlegungsfrist ⟨f⟩ 1. vade süresi 2. bağlama müddeti
Festlohn ⟨m⟩ sabit ücret
Festmeter ⟨m⟩ (ağaç ve kerestede) metre küp
Festpreis ⟨m⟩ maktu/sabit fiyat
festsetzen ⟨v/t⟩ 1. saptamak; belirlemek; tayin/tespit etmek 2. kararlaştırmak 3. tahdit etmek
Festsetzung ⟨f⟩ 1. sapta(n)ma; belirle(n)me; tayin; tespit 2. tahdit koyma 3. takdir
 [... der Entschädigung] tazminatın saptanması/tespiti
 [... der Lohnsätze] ücret oranlarının saptanması/tespiti
 [... von Schadenersatz] maddî tazminatın saptanması/tespiti
Feststellung ⟨f⟩ 1. sapta(n)ma; tespit 2. sabitleştirme
 [... des Jahresabschlusses] yıl sonu kapanış hesaplarının saptanması/tespiti; yıllık mali tabloların tespiti
 [... des Schadens] hasarın saptanması/tespiti
 [amtliche... der Devisenkurse] döviz kuru sabitleştirmesi
Feststellungsbescheid ⟨m⟩ tespit bildirimi
Festübernahme ⟨f⟩ *(Anleihe)* tam aracılık; kesin bağlantı aracılığı
festverzinslich ⟨adj⟩ sabit faizli
Festwert ⟨m⟩ sabit değer
Festzinshypothek ⟨f⟩ sabit faizli ipotek
Feuchtigkeit ⟨f⟩ nem; rutubet
Feuer ⟨f⟩ yangın
feuerfest ⟨adj⟩ yanmaz
feuern ⟨v/t⟩ işten atmak

Feuerprämie ⟨f⟩ *(Vers)* yangın (sigortası) primi
Feuerschaden ⟨m⟩ *(Vers)* yangından doğan zarar
Feuerschutzsteuer ⟨f⟩ *(StR)* yangına karşı korunma vergisi
Feuerversicherung ⟨f⟩ *(Vers)* yangına karşı sigorta
Fiberglas ⟨n⟩ cam elyafı
FIFO-Methode ⟨f⟩ ilk giren ilk çıkar metodu; FİFO yöntemi
Filialabteilung ⟨f⟩ şube (merkezi/bölümü)
Filialbank ⟨f⟩ *(BkW)* şube bankası
Filialbanksystem ⟨n⟩ *(BkW)* branş bankacılığı
Filialbetrieb ⟨m⟩ branş işletme/faaliyeti
Filiale ⟨f⟩ şube
Filialgeschäft ⟨n⟩ şube bayi
Filialleiter ⟨m⟩ şube müdürü
Filialunternehmen ⟨n⟩ şubeli girişim
Finalgüter ⟨pl⟩ nihaî mallar
Finanzamt ⟨n⟩ maliye dairesi
Finanzanalyst ⟨m⟩ *(BkW)* mali analist
Finanzanlagen ⟨pl⟩ mali/finansal yatırımlar
Finanzanlagevermögen ⟨n⟩ finansal duran varlıklar; mali yatırımlar
Finanzausgleich ⟨m⟩ mali dengeleme
Finanzausschuß ⟨m⟩ mali komisyon/encümen
Finanzausweis ⟨m⟩ mali karne/beyan/demeç
Finanzbeamter ⟨m⟩ maliye memuru
Finanzbedarf ⟨m⟩ mali/finansal gereksinim/ihtiyaç
Finanzbedarfsrechnung ⟨f⟩ finansal gereksinimler hesabı
Finanzbehörde ⟨f⟩ maliye dairesi/makamı
Finanzberater ⟨m⟩ mali danışman/müşavir
Finanzberatung ⟨f⟩ mali danışmanlık/müşavirlik
Finanzbuchhaltung ⟨f⟩ maliye muhasebesi; genel/finansal/mali muhasebe
Finanzdienstleistungen ⟨pl⟩ mali hizmetler; maliye hizmetleri
Finanzdirektor ⟨m⟩ mali müdür
Finanzen ⟨pl⟩ maliye
 [öffentliche ...] kamu maliyesi
Finanzexperte ⟨m⟩ finans eksperi; mali uzman
Finanzfachmann ⟨m⟩ malî uzman
finanziell ⟨adj⟩ mali; finansal
Finanzier ⟨m⟩ finanse eden; finansör
finanzieren ⟨v/t⟩ finanse etmek
Finanzierung ⟨f⟩ finansman
 [... der Staatsausgaben] devlet giderleri finansmanı
 [... durch Fremdmittel] örtülü sermaye ile finansman
 [... mit Risikokapital] risk sermayesi ile finansman
 [... über Aktien] hisse senetleri üzerinde finansman
 [... von Investitionen] yatırım finansmanı
 [Fazilität des IWF für kompensierende ... von Exporterlösausfällen] *(IWF)* Uluslararası Para Fonu'nun telafi edici finansman kolaylığı
 [Fazilität des IWF zur ... von Rohstoffausgleichslagern] *(IWF)* Uluslararası Para Fonu'nun tampon stok finansman kolaylığı
Finanzierungsbedarf ⟨m⟩ finansman gereksimi/ihtiyacı
Finanzierungsbeitrag ⟨m⟩ finansman ödentisi/ödeneği
Finanzierungsbilanz ⟨f⟩ finansman bilançosu

Finanzierungsdefizit ⟨n⟩ finansman açığı
Finanzierungsform ⟨f⟩ finansman şekli
Finanzierungsgesellschaft ⟨f⟩ finansman kurumu
 [Internationale ...] Uluslararası Finansman Kurumu
Finanzierungshilfe ⟨f⟩ finansman yardımı
Finanzierungsinstrument ⟨n⟩ finansman aracı
Finanzierungskredit ⟨m⟩ finansman kredisi
Finanzierungslücke ⟨f⟩ finansman açığı
Finanzierungsrechnung ⟨f⟩ finansman hesabı
Finanzierungsregel ⟨f⟩ finansman kuralı
Finanzierungsquelle ⟨f⟩ finansman kaynağı
Finanzinnovation ⟨f⟩ mali yenilenme
Finanzinstitut ⟨n⟩ mali kurum
 [intermediäres ...] *(BkW)* mali aracı (kurum)
Finanzinstrument ⟨n⟩ mali araç
Finanzintermediär ⟨m⟩ mali aracı
Finanzinvestition ⟨f⟩ finansal/mali yatırım
Finanzjahr ⟨n⟩ mali yıl
Finanzkraft ⟨f⟩ mali güç
Finanzkrise ⟨f⟩ *(BkW)* mali buhran/kriz
Finanzlage ⟨f⟩ finansal durum
Finanzmarkt ⟨m⟩ *(BkW)* finansal piyasa
Finanzmathematik ⟨f⟩ finans matematiği; mali matematik/cebir
Finanzminister ⟨m⟩ maliye bakanı
Finanzministerium ⟨n⟩ maliye bakanlığı
Finanzmittel ⟨pl⟩ mali araçlar; (finansman için) fonlar
Finanzmittler ⟨m⟩ *(BkW)* mali aracı
Finanzplan ⟨m⟩ *(BkW)* mali plan; maliye planı
Finanzplanung ⟨f⟩ *(BkW)* finansal/mali planlama
Finanzpolitik ⟨f⟩ mali politika; maliye politikası
 [... unter stabilitäts- bzw. konjunkturpolitischen Gesichtspunkten] istikrar ve konjonktür politikası (bakış) açısından mali politika
 [antizyklische ...] telafi edici mali politika
 [expansive ...] genişlemeci mali politika
finanzschwach ⟨adj⟩ mali açıdan/yönden zayıf
Finanzstruktur ⟨f⟩ mali yapı; maliye yapısı
Finanzverknappung ⟨f⟩ mali daralma/sıkışıklık
Finanzvermögen ⟨n⟩ mali varlık
Finanzverwaltung ⟨f⟩ mali yönetim; maliye idaresi
Finanzvoranschlag ⟨m⟩ *(öFi)* bütçe tahmin(ler)i
Finanzwechsel ⟨m⟩ mali senet
Finanzwelt ⟨f⟩ finans dünyası
Finanzwesen ⟨n⟩ maliye
Finanzwirtschaft ⟨f⟩ mali ekonomi; maliye ekonomisi
Finanzwissenschaft ⟨f⟩ maliye bilimi
Finanzzuweisung ⟨f⟩ mali tahsisat
Firma ⟨f⟩ firma; ticarethane; şirket; *(Jur)* ticaret unvanı
 [... handelsgerichtlich eintragen] ticaret unvanı ticaret mahkemesi yoluyla tescil edilmiştir
 [... gründen] firma kurmak
 [... liquidieren] firma tasfiye etmek
 [... sanieren] firma yenilemek
 [... übernehmen] firma devralmak
 [alteingesessene ...] eskiden beri itibarı olan firma
 [gut fundierte ...] itibarı olan firma
 [ortsansässige ...] yerel firma
Firmenangehöriger ⟨m⟩ firma mensubu
Firmenanschrift ⟨f⟩ firma adresi

Firmenauflösung ⟨f⟩ firmanın feshi
Firmenbesitzer ⟨m⟩ firma zilyedi
Firmeneigentum ⟨n⟩ firma mülkiyeti
Firmeneintragung ⟨f⟩ firma tescili
Firmenfahrzeug ⟨n⟩ firma arabası
Firmengröße ⟨f⟩ firma büyüklüğü
Firmengründer ⟨m⟩ firma kurucusu
Firmengründung ⟨f⟩ firma(nın) kuruluşu
Firmenhaftung ⟨f⟩ firma sorumluluğu
Firmeninhaber ⟨m⟩ firma sahibi
Firmenkunde ⟨m⟩ firma müşterisi
Firmenkundschaft ⟨f⟩ firma müşterileri
Firmenleitung ⟨f⟩ firma yönetimi
Firmenlieferant ⟨m⟩ firma teslimcisi/müteahhidi
Firmenmantel ⟨m⟩ firma çatısı
Firmenname ⟨m⟩ firma adı; ticaret unvanı
Firmenneugründung ⟨f⟩ yeni firma kuruluşu/kurma
Firmenpolitik ⟨f⟩ firma politikası
Firmenschild ⟨n⟩ firma levhası
Firmensitz ⟨m⟩ firma ikametgâhı/merkezi
Firmenstempel ⟨m⟩ firma mühürü
Firmenvermögen ⟨n⟩ firma(nın) varlığı
Firmenverzeichnis ⟨n⟩ firmalar rehberi/listesi
Firmenwerbung ⟨f⟩ firma tanıtımı
Firmenwert ⟨m⟩ işleyen teşebbüs değeri; firma değeri; peştamallık; şerefiye; hava parası
Firmenzeichen ⟨n⟩ firma amblemi/işareti
Firmenzugehörigkeit ⟨f⟩ firmaya bağlılık
Firmenzusammenbruch ⟨m⟩ firmanın batması
firmieren ⟨int⟩ firmalaşmak/şirketleşmek
Fischerei ⟨f⟩ balıkçılık
Fischereiflotte ⟨f⟩ balıkçı filosu
Fischereihafen ⟨m⟩ balıkçı limanı
Fischereirecht ⟨n⟩ balıkçılık hukuku
Fischfang ⟨m⟩ balık tutma
Fischgeschäft ⟨n⟩ balıkçılık
Fischhändler ⟨m⟩ balık satıcısı; madrabaz
fiskalisch ⟨adj⟩ mali; fiskal
Fiskalpolitik ⟨f⟩ mali politika; maliye politikası [antizyklische ...] telafi edici mali politika
Fiskus ⟨m⟩ hazine; devlet hazinesi
Fixkosten ⟨pl⟩ sabit maliyet
Fixum ⟨n⟩ kesin ücret
Fläche ⟨f⟩ 1. alan; yüzey 2. bölge; çevre [bebaute ...] imar edilmiş alan/bölge; *(LandW)* ekili alan [gewerblich genutzte ...] sınaî alan/bölge [landwirtschaftliche ...] tarımsal alan/bölge
Flächenbedarf ⟨m⟩ bölgesel/yüzeysel gereksinme
flächendeckend ⟨adj⟩ yüzeysel; bölgeyi kapsayan
Flächenertrag ⟨m⟩ bölgesel/yüzeysel verim
Flächennutzung ⟨f⟩ bölge kullanılması; alandan faydalanma
Flächennutzungsplan ⟨m⟩ bölge planlaması
Flächenstreik ⟨m⟩ bölgesel grev
Flagge ⟨f⟩ bayrak
flau ⟨adj⟩ durgun
Flaute ⟨f⟩ durgunluk; depresyon; stagnasyon
fleißig ⟨adj⟩ çalışkan
flexibel ⟨adj⟩ esnek
Flexibilität ⟨f⟩ esneklik; fleksibilite [... der Wechselkursparitäten] *(AußH)* döviz kurları esnekliği
Fließarbeit ⟨f⟩ *(Ind)* seri iş; bant işi

Fließband ⟨n⟩ *(Ind)* hareketli bant/şerit
Fließbandfertigung ⟨f⟩ *(Ind)* hareketli bantta imalat/yapım; seri imalat
Fließbandmontage ⟨f⟩ *(Ind)* hareketli bantta montaj; seri montaj
Fließbandproduktion ⟨f⟩ *(Ind)* hareketli bant üretimi; seri üretim
Fließdiagramm ⟨n⟩ akım çizgesi/diyagramı
Floaten ⟨n⟩ dalgalanma [frei ... lassen] serbest dalgalanmaya bırakmak [sauberes ...] temiz dalgalanma
Flucht ⟨f⟩ kaçma; kaçış [... in die Sachwerte] aynî değerlere kaçış; paradan kaçış
Fluchtgeld ⟨n⟩ kara para
Fluchtkapital ⟨n⟩ kara sermaye
Flug ⟨m⟩ *(Flug)* uçuş
Fluganweisung ⟨f⟩ *(Flug)* uçuş talimatı
Fluggast ⟨m⟩ *(Flug)* uçak yolcusu
Fluggastabfertigung ⟨f⟩ *(Flug)* uçak yolcusu kontrolü
Fluggastaufkommen ⟨n⟩ *(Flug)* uçak yolcusu sayısı
Fluggesellschaft ⟨f⟩ *(Flug)* havayolu şirketi
Flughafen ⟨m⟩ *(Flug)* hava limanı; *(Flug)* havaalanı [frei ...] havaalanında teslim
Flughafenbau ⟨m⟩ *(Flug)* hava limanı inşası
Flughafenbefeuerung ⟨f⟩ *(Flug)* hava limanı ışıklandırması
Flughafengebäude ⟨n⟩ *(Flug)* havaalanı binası; *(Flug)* terminal
Flugkarte ⟨f⟩ *(Flug)* uçak bileti
Flugleitung ⟨f⟩ *(Flug)* uçuş idaresi
Fluglinie ⟨f⟩ *(Flug)* uçuş hattı
Flugpassagier ⟨m⟩ *(Flug)* uçak yolcusu
Flugpauschalreise ⟨f⟩ *(Flug)* programlı uçak yolculuğu; *(Flug)* paket halinde uçak seyahati
Flugplan ⟨m⟩ *(Flug)* uçuş planı
Flugpost ⟨f⟩ *(Post)* uçak postası
Flugpreis ⟨m⟩ *(Flug)* uçuş fiyatı
Flugreise ⟨f⟩ *(Flug)* uçak yolculuğu/seyahati/seferi
Flugreiseveranstalter ⟨m⟩ *(Flug)* uçak tur operatörü
Flugrichtung ⟨f⟩ *(Flug)* uçuş yönü
Flugschein ⟨m⟩ *(Flug)* uçak bileti
Flugstunde ⟨f⟩ *(Flug)* uçuş saati
flugtauglich ⟨adj⟩ *(Flug)* uçuşa elverişli
Flugtauglichkeit ⟨f⟩ *(Flug)* uçuşa elverişlilik
Flugtauglichkeitsbescheinigung ⟨f⟩ *(Flug)* uçuşa elverişlilik raporu
Flugtauglichkeitszeugnis ⟨n⟩ → **Flugtauglichkeitsbescheinigung**
flugtüchtig ⟨adj⟩ *(Flug)* uçuşa elverişli
Flugverkehr ⟨m⟩ *(Flug)* hava trafiği
Flugzeit ⟨f⟩ *(Flug)* uçuş süresi
Flugzeug ⟨n⟩ *(Flug)* uçak [mit dem ... befördern] uçak ile taşımak
Flugzeugbehälter ⟨m⟩ *(Flug)* uçak konteyneri
Flugzeugfrachtbrief ⟨m⟩ *(Flug)* uçakla taşıma senedi; uçak nakliyatına ait irsaliye
Flugzeugherstellung ⟨f⟩ uçak sanayii/üretimi
Flugzeugindustrie ⟨f⟩ *(Ind)* uçak sanayii
Flugzeugkaskoversicherung ⟨f⟩ *(Vers)* uçak gövde sigortası
Flugzeugladung ⟨f⟩ *(Flug)* uçak yükü

Flugzeugpassagier ⟨m⟩ *(Flug)* uçak yolcusu
Flugzeugrumpf ⟨m⟩ *(Flug)* uçak gövdesi
Flugzeugunfall ⟨m⟩ *(Vers)* uçak kazası
Flugzeugunglück ⟨n⟩ uçak kazası
Flugzeugversicherung ⟨f⟩ *(Vers)* uçak sigortası
Fluktuation ⟨f⟩ dalgalanma
Flurbereinigung ⟨f⟩ parselleri birleştirme
Flurschaden ⟨m⟩ *(LandW)* arazide oluşan zarar
Fluß ⟨m⟩ 1. akarsu 2. akım; akış
Flußbild ⟨n⟩ akış çizelgesi
Flußdiagramm ⟨m⟩ akış diyagramı
Flußfrachtgeschäft ⟨n⟩ *(Schff)* akarsu taşımacılığı
Flußfrachtgut ⟨n⟩ akarsu nakliyatı malı
flüssig ⟨adj⟩ akar; likit
[... machen] paraya çevirmek
Flüssigkeit ⟨f⟩ sıvı
Flüssigkeits- likidite
Flüssigkeitsgrad ⟨m⟩ *(BkW)* likidite derecesi; *(BkW)* borç ödeme gücü
Flüssigkeitskoeffizient ⟨m⟩ likidite katsayısı
Flüssigkeitsverhältnis ⟨n⟩ *(BkW)* asit test oranı; *(BkW)* birinci derecede likidite
Flußkahn ⟨m⟩ *(Schff)* mavna
Flußkonnossement ⟨n⟩ *(Schff)* akarsu taşımacılığı konşimentosu
Flußschiffahrt ⟨f⟩ *(Schff)* akarsu vapur yolculuğu
Flußspediteur ⟨m⟩ akarsu nakliyatçısı
Flut ⟨f⟩ akım; sel
[... von Aufträgen] sipariş akımı
foa *(Inco)* uçakta teslim
fob *(Inco)* güvertede/güverteye teslim
Folge ⟨f⟩ 1. devam 2. sonuç; netice 3. munzam; arkadan gelen; ortaya çıkan; sonraki; müteakip; izleyen
Folgeabschreibungen ⟨pl⟩ *(ReW)* müteakip/sonraki amortismanlar
Folgeauftrag ⟨m⟩ munzam sipariş
Folgeausgaben ⟨pl⟩ munzam masraflar
Folgebrief ⟨m⟩ bir sonraki mektup
Folgeinvestition ⟨f⟩ müteakip yatırım
Folgekosten ⟨pl⟩ munzam masraflar
Folgeprämie ⟨f⟩ munzam prim; *(Vers)* yenileme primi
Folgeprodukt ⟨n⟩ ortaya çıkan ürün
Folgeprüfung ⟨f⟩ *(Stat)* ardışık analiz
Folgerichtigkeit ⟨f⟩ tutarlılık
Folgeschaden ⟨m⟩ dolaylı zarar; zarar sonucu doğan zarar
Folgeschadenversicherung ⟨f⟩ *(Vers)* dolaylı zarara karşı sigorta
Folgesteuer ⟨f⟩ *(StR)* munzam vergi
folglich ⟨adv⟩ dolayısıyla
Fonds ⟨m⟩ fon; fonlar
[... für unvorhergesehene Ausgaben] olağanüstü giderler fonu
[... für wirtschaftliche und soziale Entwicklung] Ekonomik ve Sosyal Kalkınma Fonu
[... dotieren] fon tahsis etmek
[... zur Zeichnung auflegen] taahhüt için fon tanzim/ihraç etmek
[Arabischer ... für wirtschaftliche und soziale Entwicklung] Arap Ekonomik ve Sosyal Kalkınma Fonu
[Europäischer ... für regionale Entwicklung] *(EU)* Avrupa Bölgesel Kalkınma Fonu

[geschlossener ...] kapalı uçlu fonlar
[offener ...] *(BkW)* açık uçlu fonlar
[sich stets erneuernder ...] kendi kendini devamlı yenileyen fon
[thesaurierender ...] biriken fonlar
Fondsanlage ⟨f⟩ fon yatırımı
Fondsanteil ⟨m⟩ fon payı
Fondsanteilsinhaber ⟨m⟩ fon payı hamili/sahibi
Fondsbörse ⟨f⟩ fonlar borsası
Fondsfazilität ⟨f⟩ fon kolaylığı
[erweiterte ... des IWF] Uluslararası Para Fonu'nun genişletilmiş fon kolaylığı
Fondsgeschäft ⟨n⟩ fon işlemi
Fondsstruktur ⟨f⟩ fon yapısı
Fondsvermögen ⟨n⟩ fonlar varlığı
Fondsverwalter ⟨m⟩ fonlar idarecisi
Fondsverwaltung ⟨f⟩ fonlar idaresi
Fondszuweisung ⟨f⟩ fon tahsisi/ödeneği
f.o.r. *(Bahn) (Eng. = free on rail)* vagonda teslim
Förderabgaben ⟨pl⟩ *(BergB)* işletme resim ve vergileri
Förderantrag ⟨m⟩ parasal yardım talebi; teşvik talebi
Förderband ⟨n⟩ taşıyıcı bant
Förderer ⟨m⟩ teşvikçi
Fördergebiet ⟨n⟩ teşvik/kalkınma bölgesi
Förderhöchstgrenze ⟨f⟩ azami teşvik haddi
Förderkapazität ⟨f⟩ üretim kapasitesi
Förderleistung ⟨f⟩ randıman; üretim kapasitesi
Fördermenge ⟨f⟩ üretim miktarı
Fördermittel ⟨pl⟩ teşvik fonları
fördern ⟨v/t⟩ 1. teşvik etmek 2. işletmek
[Absatz ...] satışı teşvik etmek; pazarını geliştirmek
fordern ⟨v/t⟩ talep etmek
Förderpolitik ⟨f⟩ *(VWL)* teşvik politikası
Forderung ⟨f⟩ alacak; matlup; talep
[... abgelten] alacağı ödemek
[... ablehnen] alacağı reddetmek
[... abtreten] alacağı devir ve temlik etmek; alacağı devretmek
[... anmelden] alacağı bildirmek
[... auf Herausgabe] iade/istihkak talebi
[... erfüllen] alacağı ödemek
[... erlassen] alacaktan feragat etmek
[... fallenlassen] alacaktan feragat etmek
[... pfänden] alacağı haczetmek; alacağa haciz koymak
[... übertragen] alacağı devretmek; alacağı temlik etmek
[... zurückweisen] alacak talebini reddetmek
[abgetretene ...] temlik edilmiş alacak
[Abtretung einer ...] alacağın devri/temliki
[angemeldete ...] talep edilen alacak
[auf eine ... verzichten] alacaktan vazgeçmek
[ausstehende ...] tahsil edilmemiş alacak
[bevorrechtigte ...] imtiyazlı alacak/talep
[billige ...] âdil alacak talebi
[dubiose ...] şüpheli alacak
[gesicherte ...] teminatlı alacak
[hypothekarisch gesicherte ...] ipotek teminatlı alacak
[nichtgesicherte ...] teminatsız alacak
[nichtverbriefte ...] rehinsiz alacak
[schuldrechtliche ...] akitten doğan alacak

[überfällige ...] vadesi dolmuş alacak
[übertragbare ...] devri mümkün alacak; temlik edilir alacak
[verbriefte ...] rehinli alacak
[vollstreckbare ...] tahsili icra edilebilir alacak
[zweifelhafte ...] şüpheli alacak
Förderung ⟨f⟩ *(VWL)* teşvik; *(StR)* teşvik; *(Mk)* promosyon; *(BergB)* çıkarma; (BergB) istihraç
[... der Investitionstätigkeit] *(VWL)* yatırım(ların) teşviki
[... langfristiger Kapitalanlagen] uzun vadeli sermaye yatırımlarının teşviki
[... steigern] *(BergB)* istihracı artırma
[regionale ...] yöresel teşvik
[staatliche ...] devlet teşviki
[zweckgebundene finanzielle ...] amaca bağlı finansal teşvik
Forderungen ⟨pl⟩ alacaklar; matlubat; alacak hesapları; borçları; talepler
[... abgelten] borçları ödemek
[... ablehnen] borçlara itiraz etmek; borçları reddetmek
[... abschreiben] alacakları amorti etmek
[... abtreten] alacakları temlik etmek
[... an Kunden] müşterilerden alacaklar
[... aufkaufen] alacak haklarını satın almak
[... aus Inkassogeschäften] tahsilat alacakları; ahzukabz muamelelerinden alacaklar
[... aus Lieferungen und Leistungen] mal teslimi ve hizmetlerinden oluşan alacaklar
[... befriedigen] borçları ödemek
[... begleichen] borçları ödemek
[... beitreiben] alacakları toplamak
[... bevorschussen] borçları finanse etmek
[... eintreiben] alacakları tahsil etmek
[... einziehen] alacakları tahsil etmek
[... erfüllen] borçları ödemek
[... erlassen] alacaklardan vazgeçmek
[... fallenlassen] alacaklardan vazgeçmek
[... pfänden] alacakları haczetmek
[... übertragen] alacakları devretmek
[... und Verbindlichkeiten] alacaklar ve borçlar
[... zur Konkursmasse anmelden] alacakları iflas masasına bildirilmek
[... zurückweisen] alacak talebini reddetmek
[abgetretene ...] devir ve temlik edilmiş alacaklar
[Abtretung von ...] alacakların devir ve temliki
[angemeldete ...] (iflas halinde) bildirilen alacaklar
[auf ... verzichten] alacaklardan vazgeçmek
[Auftauung eingefrorener ...] donmuş alacakların deblokajı
[bevorrechtigte ...] imtiyazlı alacaklar
[billige ...] âdil alacak taleperi
[diverse ...] çeşitli alacaklar
[dubiose ...] şüpheli alacaklar
[eingefrorene ...] dondurulmuş alacaklar
[gesicherte ...] güvenceli/teminatlı alacaklar
[hypothekarisch gesicherte ...] ipotek teminatlı alacaklar
[kurzfristige ...] kısa vadeli alacaklar
[langfristige ...] uzun vadeli alacaklar
[nichtgesicherte ...] güvencesiz alacaklar
[nichtverbriefte ...] rehinsiz alacaklar

[Nießbrauch an ...] alacak üstünde intifa hakkı
[Pfandrecht an ...] alacak üstünde rehin hakkı
[Pfändungspfandrecht an ...] alacak üstünde haciz hakkı
[schuldrechtliche ...] akitten doğan alacaklar
[sonstige ...] sair alacaklar
[überfällige ...] vadesinde tahsil edilemeyen alacaklar; ödenmesi gecikmiş alacaklar
[übertragbare ...] devri mümkün alacaklar
[uneinbringliche ...] tahsil edilemeyen alacaklar; değersiz/çürük alacaklar
[unübertragbare ...] devri mümkün olmayan alacaklar
[verbriefte ...] rehinli alacaklar
[vollstreckbare ...] tahsili icra edilebilir alacaklar
[zweifelhafte ...] şüpheli alacaklar
Forderungsabschreibung ⟨f⟩ alacakların amortismanı
Forderungsabtretung ⟨f⟩ alacak/alacağın temliki/devri
Forderungsanmeldefrist ⟨f⟩ alacak/talep beyanı mühleti
Forderungsanmeldung ⟨f⟩ alacak/talep beyanı
Forderungsanspruch ⟨m⟩ alacak/talep hakkı
Forderungsanspruch ⟨m⟩ teşvik hakkı
Forderungsart ⟨f⟩ teşvik cinsi
Forderungsaufkauf ⟨m⟩ alacak haklarının satın alınması
Forderungsaufrechnung ⟨f⟩ alacak devir hesabı; alacağın takası; kliring
[gegenseitige ...] karşılıklı alacakların takası; karşılıklı kliring; karşılıklı alacak devir hesabı
Forderungsausfall ⟨m⟩ alacakların kaybı
Forderungsausfall ⟨m⟩ 1. teşvikin durması 2. üretim kaybı
Forderungsausfallversicherung ⟨f⟩ acze karşı sigorta; itibar sigortası
forderungsberechtigt ⟨adj⟩ alacaklı hakkını haiz; talep hakkına sahip
Forderungsberechtigter ⟨m⟩ alacaklı; talep sahibi
Forderungsberechtigung ⟨f⟩ teşvik hakkı
Forderungsbevorschussung ⟨f⟩ alacakların finansmanı
Forderungsdauer ⟨f⟩ teşvik süresi
Forderungsgebiet ⟨n⟩ teşvik/kalkınma bölgesi
Forderungsgläubiger ⟨m⟩ alacaklı; talep sahibi
Forderungsinkasso ⟨n⟩ alacakların ahzukabzı/tahsili
Forderungskauf ⟨m⟩ alacak hakkını satın alma
Forderungsklage ⟨f⟩ alacak davası
Forderungsmaßname ⟨f⟩ teşvik önlemi
Forderungsmaßnahmen ⟨pl⟩ teşvik önlemleri/tedbirleri
Forderungsmittel ⟨pl⟩ teşvik araçları
Forderungsnießbrauch ⟨m⟩ alacak üstünde intifa/yararlanma hakkı
Forderungspfandrecht ⟨n⟩ alacak üstünde rehin hakkı
Forderungspfändung ⟨f⟩ alacak haczi
Forderungspolitik ⟨f⟩ teşvik politikası
Forderungsrechte ⟨pl⟩ alacak hakları
Forderungssicherung ⟨f⟩ borcun teminat altına alınması
Forderungsübergang ⟨m⟩ alacağın intikali

[... kraft Richterspruch] *(Jur)* kazaî temlik
Forderungsübertragung ⟨f⟩ alacağın devri/temliki
Forderungsverkauf ⟨m⟩ factoring
Forderungsverlust ⟨m⟩ alacakların kaybı
Forderungsvermögen ⟨n⟩ aktif varlıklar
förderungswürdig ⟨adj⟩ teşvike değer
Forfaitierung ⟨f⟩ *(Eng)* forfaiting; mal satın alma ve alacak toplama finansmanı; götürü işlem
Form ⟨f⟩ biçim; şekil
[der ... halber] proforma
[in mündlicher ...] sözlü şekilde
[in schriftlicher ...] yazılı şekilde
Formalität ⟨f⟩ formalite; işlem; muamele
formalrechtlich ⟨adj⟩ hukuken şekle bağlı
Format ⟨n⟩ büyüklük; ebat
Formblatt ⟨n⟩ çizelge; form; formüler; örnek; nüsha
Formfehler ⟨m⟩ 1. şekil hatası/noksanı 2. biçimde bozukluk/kusur
Formgebung ⟨f⟩ şekil verme; dizayn
formgerecht ⟨adj⟩ şekle uygun
formlos ⟨adj⟩ şekilsiz; örneksiz
Formmangel ⟨m⟩ şekil noksanı/noksanlığı; şekilde noksanlık
Formsache ⟨f⟩ formalite; şeklî işlem/muamele
[reine ...] sadece/sırf formalite
Formular ⟨n⟩ form; formüler; örnek; nüsha
Formularbrief ⟨m⟩ şeklî mektup
Formularvertrag ⟨m⟩ şeklî akit
formulieren ⟨v/t⟩ formüle etmek
form- und fristgerecht ⟨adj⟩ şekle ve süreye uygun
Formverletzung ⟨f⟩ şekle aykırılık
Formvorschrift ⟨f⟩ şekil kuralı; şeklî hüküm/kaide/kural
formwidrig ⟨adj⟩ şekle aykırı
Forschung ⟨f⟩ araştırma
[... und Entwicklung] araştırma ve geliştirme
[industrielle ...] endüstriyel araştırma; sanayisel araştırma
Forschungsabteilung ⟨f⟩ araştırma bölümü
Forschungsauftrag ⟨m⟩ araştırma görevi
[... annehmen] araştırma görevi üstlenmek
[... durchführen] araştırma görevini yerine getirmek
Forschungsaufwand ⟨m⟩ araştırma masrafları
Forschungsbericht ⟨m⟩ araştırma raporu
Forschungsergebnis ⟨n⟩ araştırmanın neticesi/sonucu
Forschungstätigkeit ⟨f⟩ araştırma işi/faaliyeti/çalışması
Forschungs- und Entwicklungskosten ⟨pl⟩ araştırma ve geliştirme maliyeti
Forschungszuschuß ⟨m⟩ araştırma için ek ödeme; araştırma zammı
Forst ⟨m⟩ orman; koru
Forstbetrieb ⟨m⟩ ormancılık işletmesi
Forstkultur ⟨f⟩ amenajman; ormancılık
Forstrevier ⟨n⟩ orman bölgesi; koruluk; revir
Forstwirtschaft ⟨f⟩ ormancılık
Förster ⟨m⟩ ormancı; orman memuru
Fortbildung ⟨f⟩ geliştirme/ilerletme eğitimi; ileri eğitim
[berufliche ...] mesleği geliştirme/ilerletme eğitimi
[innerbetriebliche ...] işletme içi geliştirme/ilerletme eğitimi; hizmetiçi geliştirme/ilerletme eğitimi
Fortbildungslehrgang ⟨m⟩ ileri eğitim kursu
Fortbildungsurlaub ⟨m⟩ mesleği geliştirme/ilerletme izni
Fortfall ⟨m⟩ bitme; son bulma; sona erme; fesih; ortadan kalkma
[... der Geschäftsgrundlage] ticarî ilişkinin bitmesi
Fortführung ⟨f⟩ devam ettirme
[... des Betriebs] işletmeyi devam ettirme
Fortkommen ⟨n⟩ ilerleme
[... im Beruf] meslekte ilerleme
[berufliches ...] meslekî ilerleme
Fortschreibung ⟨f⟩ dış değerbiçim; ekstrapolasyon
Fortschritt ⟨m⟩ ilerleme; kalkınma
[... erzielen] ilerleme kaydetmek
[sequentieller ...] ardışık ilerleme
[ständiger ...] sürekli ilerleme
[technischer ...] teknik (alanda) ilerleme
[technologischer ...] teknolojik ilerleme
[wirtschaftlicher ...] ekonomik ilerleme
[wissenschaftlicher ...] bilimsel (alanda) ilerleme
fortschrittlich ⟨adj⟩ ileri; ilerici; modern
Fortschrittsbericht ⟨m⟩ başarı raporu
Fortschrittsrate ⟨f⟩ kalkınma oranı
Fracht ⟨f⟩ yük; kargo; *(Bahn)* hamule; *(Schff)* navlun
[... befördern] kargo/yük taşımak
[... bei Ankunft der Ware zu bezahlen] mal geldiğinde ödenmek üzere
[... berechnen] kargoyu/navlunu/hamuleyi hesaplamak; nakliye ücreti almak
[... bezahlt] taşıma ücreti ödenmiştir
[... bezahlt Empfänger] (taşıma ücretini) gönderilen öder
[... im Voraus bezahlen] taşıma/nakliye ücretini peşin ödemek; kargoyu/navlunu/hamuleyi peşin ödemek
[... löschen] yük boşaltmak
[... nachnehmen] ek yük almak
[... umschlagen] yükü devretmek
[... und Zoll] kargo/hamule/navlun ve gümrük
[... vorausbezahlt] (kargo/hamule/navlun) ücreti peşin ödenmiştir
[... zusammenstellen] yükü yerleştirmek
[abgehende ...] gönderilen yük
[ausgehende ...] çıkan/gönderilen yük
[bedungene ...] kararlaştırılmış yük/kargo/hamule/navlun
[durchgehende ...] transit yük
[franko ...] ücretsiz nakliye/yük
[franko ... und Zoll] ücretsiz ve gümrüksüz kargo/hamule/navlun; kargo/hamule/navlun ve gümrük peşin ödenmiş
[tote ...] âtıl/ölü yük
[ungebrochene ...] açılmamış yük; transit kargo/hamule/navlun
[volle ...] tam yük; tam kargo/hamule/navlun
[zahlende ...] ödeyen kargo/hamule/navlun
Frachtabfertigung ⟨f⟩ kargo/hamule/navlun işlemi/muamelesi; irsaliye
Frachtagent ⟨m⟩ taşıma aracılığı yapan acenta; *(Schff)* deniz yolları ajanı

Frachtannahme ⟨f⟩ yük alma; kargo/hamule/navlun kabulü
Frachtannahmeschein ⟨m⟩ yükleme ordinosu; yük (teslim alma) senedi
Frachtanteil ⟨m⟩ yük oranı; *(Schff)* navlun nispeti
Frachtaufkommen ⟨n⟩ yük hacmi
Frachtaufschlag ⟨m⟩ fazla yük ücreti; kargoya/hamuleye/navluna zam
Frachtbedingungen ⟨pl⟩ (yük) taşıma koşulları
Frachtbeförderung ⟨f⟩ yük taşıma
Frachtbörse ⟨f⟩ emtia borsası
Frachtbrief ⟨m⟩ taşıma senedi; irsaliye; irsal mektubu; konşimento
Frachtcharter ⟨f⟩ çarter parti
Frachtdampfer ⟨m⟩ *(Schff)* yük gemisi; *(Schff)* şilep
Frachtempfangsbescheinigung ⟨f⟩ yük teslim alma senedi; nakliye faturası
Frachter ⟨m⟩ *(Schff)* yük gemisi; *(Schff)* şilep
frachtfrei ⟨adj⟩ taşıma ücreti ödenmiş
Frachtführer ⟨m⟩ taşıyıcı; taşıyan
Frachtführerpfandrecht ⟨n⟩ taşıyanın rehin hakkı
Frachtgebühr ⟨f⟩ taşıma/nakliye ücreti; kargo; *(Schff)* navlun; *(Bahn)* hamule
Frachtgeld ⟨n⟩ taşıma/nakliye parası; kargo; *(Schff)* navlun; *(Bahn)* hamule
Frachtgeschäft ⟨n⟩ taşımacılık; nakliyat
Frachtgut ⟨n⟩ kargo; taşınan mal; nakliye yükü
Frachtinhaber ⟨m⟩ yük hamili
Frachtinkasso ⟨n⟩ hamule/navlun ahzukabzı/tahsili
Frachtkosten ⟨pl⟩ 1. navlun; hamule; kargo 2. yük (taşıma/nakliye) maliyeti
Frachtliste ⟨f⟩ yük listesi
Frachtlohn ⟨m⟩ taşıma ücreti
Frachtmakler ⟨m⟩ taşıma aracılığı yapan acenta; nakliyat komisyoncusu
Frachtmanifest ⟨n⟩ yük manifestosu
Frachtnachnahme ⟨f⟩ taşımayı (yük tesliminde) ödeme koşulu/şartı
Frachtniederlage ⟨f⟩ ardiye
Frachtpapier ⟨n⟩ konşimento; navlun belgesi
Frachtpolice ⟨f⟩ kargo/hamule poliçesi; *(SeeV)* navlun poliçesi
Frachtraum ⟨m⟩ yük bölümü; ambar
Frachtrechnung ⟨f⟩ nakliye faturası
Frachtschaden ⟨m⟩ taşıma/nakliye hasarı/zararı
Frachtschiff ⟨n⟩ yük gemisi; şilep
Frachtsendung ⟨f⟩ yük/mal gönderme; yük irsali
Frachtspediteur ⟨m⟩ taşıma aracılığı yapan acenta
Frachtspesen ⟨pl⟩ taşıma harcamaları/masrafları
Frachttarif ⟨m⟩ yük/kargo/hamule/navlun tarifesi
Frachtumschlag ⟨m⟩ navlun devri
Frachtunternehmen ⟨n⟩ taşıma/nakliye şirketi
Frachtunternehmer ⟨m⟩ yük taşıyıcı/nakliyeci
Frachtverkehr ⟨m⟩ yük ulaştırma
Frachtverlust ⟨m⟩ yük/kargo/hamule/navlun kaybı
Frachtversender ⟨m⟩ taşıtan; yük gönderen
frachtversichert ⟨adj⟩ kargo/hamule/navlun sigortalı
Frachtversicherung ⟨f⟩ kargo/hamule/navlun sigortası
Frachtverteilung ⟨f⟩ kargo/hamule/navlun dağıtımı/taksimi
Frachtvertrag ⟨m⟩ kargo/hamule/navlun sözleşmesi

Frachtzuschlag ⟨m⟩ kargo/hamule/navlun zammı
Frachtzustellung ⟨f⟩ kargo/hamule/navlun/yük teslimi
Fragebogen ⟨m⟩ soru/anket kâğıdı
 [... ausfüllen] soru kâğıdını doldurmak
Franchise ⟨f⟩ ticarî imtiyaz; ticaret yetkisi
Franchisegeber ⟨m⟩ ticarî imtiyaz veren
Franchisegeschäft ⟨n⟩ ticarî imtiyazlı müessese; imtiyazlı ticarî işlem
Franchisenehmer ⟨m⟩ ticarî imtiyaz sahibi
frankieren ⟨v/t⟩ pul koymak/yapıştırmak
frankiert ⟨adj⟩ pullu
franko ⟨adv⟩ ücretsiz
 [... Bord] güverte teslimi; nakliyesiz teslim; *(Inco)* FOB
 [... Fracht] ücretsiz nakliye/yük
 [... Fracht und Zoll] ücretsiz ve gümrüksüz kargo/hamule/navlun; kargo/hamule/navlun ve gümrük peşin ödenmiş
Frau ⟨f⟩ kadın
 [berufstätige ...] çalışan kadın
Frauenerwerbstätigkeit ⟨f⟩ kadınların (faaliyet göstererek) kazanç sağlaması
frei ⟨adj⟩ 1. serbest 2. bedava; parasız
 [... an Bord] güverteye teslim; *(Schff)* malın yüklendiği limandaki değeri; *(Inco)* FOB
 [... Bahnhof] *(Bahn)* demiryolu istasyonunda teslim
 [... von Leckage] akma frankodur
Freiaktie ⟨f⟩ ikramiyeli hisse senedi
Freiberufler ⟨m⟩ serbest meslek sahibi
freiberuflich ⟨adj⟩ serbest meslek sahibi olarak
Freiberufliche ⟨pl⟩ serbest meslek sahipleri; serbest çalışanlar
Freibetrag ⟨m⟩ muafiyet; (vergiden) muaf meblağ
 [... für Arbeitseinkünfte] iş gelirinde (vergiden) muaf meblağ
 [... für Ledige] bekârlar için (vergiden) muaf meblağ
 [... für Verheiratete] evliler için (vergiden) muaf meblağ
freibleibend ⟨adj⟩ mükellefiyetsiz; zorunlu olmayan
Freibörse ⟨f⟩ serbest borsa
freifinanziert ⟨adj⟩ özel şahıs tarafından finanse edilen
Freigabe ⟨f⟩ serbest bırakma
 [... der Tarifgestaltung] tarife düzenlemesini serbest bırakma
freigeben ⟨v/t⟩ serbest bırakmak; (kısıtlamayı/tarifeyi) kaldırmak; debloke etmek
Freigelände ⟨n⟩ açık alan/arazi
Freigewicht ⟨n⟩ ücretten muaf ağırlık
Freigrenze ⟨f⟩ *(StR)* muafiyet sınırı
Freigut ⟨n⟩ *(Zo)* gümrüksüz mal; *(Zo)* gümrük resminden muaf mal
Freihafen ⟨m⟩ *(Schff)* açık/serbest liman
Freihafenveredelungsverkehr ⟨m⟩ *(Schff)* serbest liman değerlendirme işlemleri
Freihandel ⟨m⟩ serbest ticaret
Freihandelsabkommen ⟨n⟩ serbest ticaret anlaşması
Freihandelsgemeinschaft ⟨f⟩ *(AußH)* serbest ticaret topluluğu
Freihandelspolitik ⟨f⟩ *(AußH)* serbest ticaret politikası

105

Freihandelsraum ⟨m⟩ *(AußH)* serbest ticaret bölgesi
Freihandelszone ⟨f⟩ *(AußH)* serbest ticaret alanı/bölgesi; serbest bölge
[Europäische ...] **(EFTA)** *(EU)* Avrupa Serbest Ticaret Bölgesi
freihändig ⟨adj⟩ pazarlıkla; elden; özel olarak; *(Bö)* dış piyasada
Freihändler ⟨m⟩ serbest tacir/tüccar; pazarlıkçı
Freiheit ⟨f⟩ özgürlük; serbesti
[... der Meere] denizlerin serbestisi
[... der Presse] basın özgürlüğü
[... des Wettbewerbs] rekabet serbestisi
Freiheitsberaubung ⟨f⟩ *(Jur)* hürriyetten mahrum etme
Freiheitsgrad ⟨m⟩ *(Stat)* serbestlik derecesi
Freiheitsstrafe ⟨f⟩ *(Jur)* hürriyeti bağlayıcı ceza
Freijahr ⟨n⟩ *(StR)* muaf yıl; *(StR)* muafiyet yılı
Freiladekai ⟨n⟩ *(Schff)* serbest rıhtım
Freilager ⟨n⟩ *(Zo)* (açık/serbest) antrepo
Freiland- açık arazi; *(LandW)* ekilmemiş arazi
Freilassung ⟨f⟩ serbest bırakma; *(Jur)* salıverme; *(Jur)* tahliye
[... gegen Kaution] *(Jur)* kefalet karşılığı salıverme; *(Jur)* kefaletle tahliye
Freiliste ⟨f⟩ *(StR)* muafiyet listesi; *(Zo)* gümrüksüz mallar listesi
freimachen ⟨v/t⟩ *(Post)* pul yapıştırmak
Freimakler ⟨m⟩ serbest komisyoncu; bağımsız simsar
Freimarke ⟨f⟩ *(Post)* posta pulu
Freimenge ⟨f⟩ gümrükten muaf miktar
freischaffend ⟨adj⟩ serbest iş yapan; serbest meslekte çalışan
Freischaffender ⟨m⟩ serbest meslek sahibi
Freischicht ⟨f⟩ boş/çalışılmayan vardiya; iş görmeyen vardiya
freisetzen ⟨v/t⟩ işten çıkarmak
Freispruch ⟨m⟩ beraet/beraat
freistehend ⟨adj⟩ boş duran; dört tarafı açık olan
freistellen ⟨v/t⟩ muaf tutmak; takdirine bırakmak
Freistellung ⟨f⟩ muaf tutma; muafiyet
[... eines Gemeinschuldners] müflisin muafiyeti
Freistellungsbescheid ⟨m⟩ *(StR)* muafiyet emri
freistempeln ⟨v/t⟩ *(Post)* pullamak
Freistempler ⟨m⟩ pul makinesi
Freiumschlag ⟨m⟩ pullu zarf; postası ödenmiş zarf
Freiverkauf ⟨m⟩ köşebaşı satışı; pazarlıkla alışveriş/satış
Freiverkehr ⟨m⟩ *(Bö)* açık/serbest piyasa; serbest işlemler; tezgâh üstü işlemler/satışlar; köşebaşı işlemler
[im ...] borsa dışında; köşebaşında
[ungeregelter ...] köşebaşı piyasası
Freiverkehrsbörse ⟨f⟩ serbest piyasa işlemleri borsası; tezgâh üstü işlemler/satışlar; köşebaşı borsası
Freiverkehrshandel ⟨m⟩ borsa dışı işlemleri; serbest piyasa işlemleri; tezgâh üstü işlemler/satışlar; köşebaşı ticareti
Freiverkehrshändler borsa dışı serbest işlem komisyoncusu; tezgâh üstü işlem komisyoncusu; köşebaşı komisyoncusu
Freiverkehrskurs ⟨m⟩ borsa dışı serbest işlem piyasası kuru; tezgâh üstü işlem kuru/fiyatı; pazarlık fiyatı
Freiverkehrsmakler ⟨m⟩ borsa dışı serbest işlem komisyoncusu; tezgâh üstü işlem komisyoncusu
Freiverkehrsmarkt ⟨m⟩ borsa dışı serbest işlem piyasası; tezgâh üstü işlemler piyasası; köşebaşı piyasası
Freiverkehrswert ⟨m⟩ borsa dışı serbest işlem değeri; tezgâh üstü işlem/satış değeri; pazarlık değeri
freiwillig ⟨adj⟩ gönüllü; isteğe bağlı
freizeichnen ⟨refl⟩ sözleşme dışı bırakmak
Freizeichnung ⟨f⟩ sorumsuzluk
Freizeichnungsgrenze ⟨f⟩ *(Vers)* sorumsuzluk haddi
Freizeichnungsklausel ⟨f⟩ *(SeeV)* avarya şartı; *(Garantie)* sorumsuzluk şartı; *(Abrechnung)* hata ve unutma müstesna
Freizeit ⟨f⟩ boş zaman; dinlenme
Freizeitarbeit ⟨f⟩ 1. iş dışında çalışma
2. kaçak çalışma
Freizeiteinrichtung ⟨f⟩ dinlenme tesisi
Freizeitgestaltung ⟨f⟩ boş zamanları değerlendirme
Freizeitindustrie ⟨f⟩ tatil sanayii
Freizone ⟨f⟩ açık bölge; serbest mıntıka
Freizügigkeit ⟨f⟩ serbest dolaşım; serbesti
[... der Arbeitnehmer] işçilerin dolaşım serbestisi
[... des Kapitalverkehrs] sermayenin dolaşım serbestisi
[... im Handel] ticarette serbesti
[... im Warenverkehr] mallarda dolaşım serbestisi
fremd ⟨adj⟩ yabancı; dış
Fremdabsatz ⟨m⟩ dış satışlar
Fremdanteil ⟨m⟩ yabancı hisse/pay
fremdbeschafft/fremdbezogen ⟨adj⟩ dış alımlı
Fremdbesitz ⟨m⟩ ikincil el; *(Jur)* fer'i zilyetlik
Fremdbeteiligung ⟨f⟩ *(BkW)* dış katılım/iştirak; yabancı katılım
Fremdbezug ⟨m⟩ dış alım
Fremdenführer ⟨m⟩ turizm kılavuzu/rehberi
Fremdenverkehr ⟨m⟩ turizm
Fremdenverkehrsamt ⟨n⟩ turizm ofisi
Fremdenverkehrsbilanz ⟨f⟩ turizm bilançosu
Fremdenverkehrsbüro ⟨n⟩ turizm ofisi
Fremdenverkehrseinnahmen ⟨pl⟩ turizm gelirleri
Fremdenverkehrseinrichtungen ⟨pl⟩ turistik tesisler
Fremdertrag ⟨m⟩ dış gelir
fremdfinanzieren ⟨v/t⟩ borç alarak finanse etmek
Fremdfinanzierung ⟨f⟩ *(BkW)* dış finansman; borçlanma
[... durch wertpapiermäßige Sicherung von Verbindlichkeiten] *(BkW)* menkul kıymetlere dayalı finansman
Fremdgeld ⟨n⟩ örtülü/yabancı fonlar; ikincil elden para; borç para
Fremdkapital ⟨n⟩ *(BkW)* örtülü/dış/yabancı sermaye; borçlanmalar
[... aufnehmen] örtülü/yabancı sermaye almak/kullanmak
Fremdkapitalanteil ⟨m⟩ *(BkW)* örtülü/yabancı sermaye payı

Fremdkapitalbeteiligung ⟨f⟩ örtülü/yabancı sermaye katılımı/iştiraki
[direkte...] dolaysız örtülü/yabancı sermaye katılımı/iştiraki
[indirekte...] dolaylı örtülü/yabancı sermaye katılımı/iştiraki
Fremdleistungen ⟨pl⟩ ikincil elden yapılan hizmetler/ödemeler
Fremdlieferung ⟨f⟩ ikincil elden teslim
Fremdlöhne ⟨pl⟩ dış ücretler
Fremdmaterial ⟨n⟩ yabancı malzeme
Fremdmittel ⟨pl⟩ *(BkW)* dış fonlar; *(BkW)* yabancı fonlar
Fremdvergabe ⟨f⟩ dışa sipariş verme
Fremdwährung ⟨f⟩ *(BkW)* döviz; *(BkW)* yabancı para
Fremdwährungsanleihe ⟨f⟩ döviz tahvili/istikrazı; *(BkW)* dövizle borçlanma
Fremdwährungsguthaben ⟨n⟩ *(BkW)* döviz mevduatı
Fremdwährungskonto ⟨n⟩ *(BkW)* döviz tevdiat hesabı
Fremdwährungsrisiko ⟨n⟩ döviz riski; kambiyo rizikosu
Fremdwährungsumrechnung ⟨f⟩ döviz (alımsatım) kurlarını hesaplama
Fremdwährungswechsel ⟨m⟩ *(WeR)* kambiyo senedi
Frieden ⟨m⟩ sulh; barış; huzur
[... am Arbeitsplatz] işyerinde huzur
Friedenspflicht ⟨f⟩ *(Streik)* barışı koruma zorunluğu
Frist ⟨f⟩ 1. süre; ecel; önel; müddet; mühlet; mehil 2. vade
[... bewilligen] süre tanımak
[... einhalten] süreye uymak
[... gewähren] süre tanımak; mehil vermek
[... hemmen] *(Jur)* süreyi tatil etmek; süreyi durdurmak
[... setzen] süre koymak/belirlemek
[... überschreiten] süreyi geçirmek
[... verlängern] süre uzatmak; müddeti temdit etmek
[Ablauf der...] sürenin sona ermesi; muacceliyet; vade
[außerordentliche...] olağanüstü süre
[gesetzliche...] yasal süre; kanunî mühlet
[innerhalb der angegebenen...] verilen süre içinde
[mit einer... von 4 Wochen kündigen] 4 haftalık süre içinde bildirmek; 4 hafta öncesinden ihbar etmek
[vereinbarte...] anlaşmalı/kararlaştırılan süre
Fristablauf ⟨m⟩ muacceliyet; vadenin dolması/hülulü; vadenin sona ermesi; süre/vade/mehil sonu/bitimi; sürenin bitmesi/dolması; tahakkuk tarihi; vade
[nach...] süre(nin) bitiminden sonra; vadeden dolmasından sonra; muacceliyetten sonra
Fristeinlage ⟨f⟩ *(BkW)* vadeli mevduat
Fristerfüllung ⟨f⟩ vadesinde/süresinde yerine getirme
fristgemäß ⟨adj⟩ muaccelen; süresi içinde; zamanında
fristgerecht ⟨adj⟩ muaccelen; süreye uygun

Fristhemmung ⟨f⟩ süreyi durdurma; sürenin tatili
Fristigkeit ⟨f⟩ müecceliyet
fristlos ⟨adj⟩ ihbarsız; habersiz; bildirmeden
Fristsetzung ⟨f⟩ süre koyma/belirleme/saptama; önel tanıma; mehil tayini
Fristtage ⟨pl⟩ atıfet müddeti/mehili
Fristüberschreitung ⟨f⟩ süreyi geçirme
Fristverlängerung ⟨f⟩ süreyi uzatma/temdit; sürenin tecili; *(BkW)* report
Fristversäumnis ⟨n⟩ süreyi geçirme; sürede gecikme; temerrüt
Frucht ⟨f⟩ meyve; yemiş
Früchte ⟨pl⟩ 1. meyveler; yemişler 2. semere
[bürgerliche...] medenî semere
fruchtbar ⟨adj⟩ semereli; verimli
Fruchtfolge ⟨f⟩ meyve sırası
Fruchtwechsel ⟨m⟩ *(LandW)* ekinde rotasyon
Frühindikator ⟨m⟩ öncü gösterge
Frühkapitalismus ⟨m⟩ Manchester kapitalizmi
Frühpensionierung ⟨f⟩ *(SozV)* erken emeklilik
Frühschicht ⟨f⟩ sabah vardiyası
Frühstück ⟨n⟩ kahvaltı
Frühstückspause ⟨f⟩ sabah dinlenmesi
frühzeitig ⟨adj⟩ erken; erkenden; vaktinde; zamanında
Fühlung ⟨f⟩ temas
Fühlungsvorteil ⟨m⟩ yakında olma avantajı
Fuhre ⟨f⟩ *(Kfz)* kamyon yükü
führen ⟨v/t⟩ 1. yönetmek; idare etmek 2. (satış listesinde) bulundurmak
[Ware...] mal çeşitleri arasında bulundurma
[Ware nicht...] mal çeşitleri arasında bulundurmamak
führend ⟨adj⟩ önde gelen; önder; öncü
Fuhrgeld ⟨n⟩ nakliye/taşıma parası
Fuhrlohn ⟨m⟩ nakliye/taşıma ücreti
Fuhrpark ⟨m⟩ taşıtlar filosu
Führung ⟨f⟩ yönetme; yönetme; idare; önderlik
[... der Geschäfte] faaliyetleri yönetme
[... des Protokolls] tutanak tutma
[... eines landwirtschaftlichen Betriebs] tarımsal işletme yönetimi
[... durch Erfolgsmessung] başarıyı ölçerek yönetme
[... durch Mitarbeitermotivation] eleman güdüleme yoluyla yönetim
[... durch Vorgabe von Zielen] *(BWL)* amaçlara göre yönetim; *(BWL)* hedeflere göre yönetim
[... durch Zielvereinbarung] *(BWL)* amaçlara göre yönetim; *(BWL)* hedeflere göre yönetim
[... durch Zielvorgaben] *(BWL)* amaçlara göre yönetim; *(BWL)* hedeflere göre yönetim
Führungsaufgaben ⟨pl⟩ yönetim görevleri
Führungsbefugnis ⟨f⟩ komuta/yürütme yetkisi
Führungsebene ⟨f⟩ yönetim düzeyi
[mittlere...] orta yönetim düzeyi
[oberste...] üst yönetim düzeyi
[operative...] işlevsel yönetim düzeyi
[untere...] alt yönetim düzeyi
Führungsgremium ⟨n⟩ yönetim kurulu
Führungshierarchie ⟨f⟩ yönetim kademeleri
Führungskraft ⟨f⟩ yönetici; yönetici eleman; menecer
[... auf der mittleren Ebene] orta düzeyde yönetici eleman

[... für den Verkauf] satış için yönetici eleman
[... im Marketing] pazarlamada yönetici eleman
[... mit Hochschulabschluß] yüksek okul mezunu yönetici (eleman)
[akademisch ausgebildete ...] yüksek okul mezunu yönetici (eleman)
[fachliche ...] uzman yönetici (eleman)
[mittlere ...] orta düzey yönetici (eleman)
[oberste ...] en üst düzey yönetici (eleman)
[weibliche ...] kadın yönetici (eleman)
Führungskräfte ⟨pl⟩ yönetici elemanlar; yönetici kadro(su); yönetici güç
[obere ...] üst düzey yönetici kadro(su)
[oberste ...] en üst düzey yönetici kadro(su)
Führungskräftepotential ⟨n⟩ yönetici eleman/güç potansiyeli
Führungskunst ⟨f⟩ yönetme/yöneticilik sanatı
Führungsnachwuchs ⟨m⟩ genç yönetici kadro/eleman(lar)
Führungsnachwuchskraft ⟨f⟩ genç yönetici stajyer
Führungstechnik ⟨f⟩ yönetim tekniği
Führungspersonal ⟨n⟩ yönetici kadro
Führungsposition ⟨f⟩ yönetici pozisyonu/mevkii
Führungsposten ⟨m⟩ →**Führungsposition**
Führungsstil ⟨m⟩ yönetim stili/tarzı
Führungswechsel ⟨m⟩ yönetimde değişiklik
Führungszeugnis ⟨f⟩ bonservis
Führungsziele ⟨pl⟩ yönetimin hedefleri
Fuhrunternehmen ⟨n⟩ nakliye şirketi
Fuhrunternehmer ⟨m⟩ nakliyeci; taşıyıcı
Füllmaterial ⟨n⟩ (ambalajı) doldurma malzemesi
Fundbüro ⟨n⟩ kayıp eşya bürosu
fundieren ⟨v/t⟩ konsolide etmek; sağlamlaştırmak
Fundierung ⟨f⟩ konsolidasyon
[... der Staatsschulden] *(öFi)* devlet borçlarının konsolidasyonu
Fundierungsanleihe ⟨f⟩ konsolidasyon istikrazı; konsolide borçlanma senedi
Fundsache ⟨f⟩ buluntu; kayıp eşya
Fünfjahres- beş yıllık
Fünfjahresplan ⟨m⟩ *(öFi)* beş yıllık plan
funkelnagelneu ⟨adj⟩ yepyeni; gıcır gıcır
Funktion ⟨f⟩ işlev; fonksiyon; görev
[amtliche ...] resmî görev
[fehlerhafte ...] bozukluk
[geschäftliche ...] ticarî fonksiyon/görev
funktional ⟨adj⟩ işlevsel; fonksiyonel

Funktionär ⟨m⟩ görevli
funktionell ⟨adj⟩ işlevsel; fonksiyonel
Funktionenbudget ⟨n⟩ *(öFi)* fonksiyonel bütçe
funktionieren ⟨int⟩ işlemek; çalışmak
[nicht ...] işlememek; çalışmamak
[reibungslos ...] düzgün işlemek/çalışmak
[schlecht ...] bozuk/kötü işlemek/çalışmak
funktionsfähig ⟨adj⟩ işler/çalışır (durumda)
[nicht ...] işlemez/çalışmaz (durumda)
Funktionsfähigkeit ⟨f⟨ işlerlik
Funktionsgliederung ⟨f⟩ işlevsel düzenleme
Funktionsstörung ⟨f⟩ bozukluk
Funktionsträger ⟨m⟩ görevli; yetkili; görev/yetki sahibi
funktionstüchtig ⟨adj⟩ işler; çalışır
Fürsorge ⟨f⟩ bakım; yardım; özen
[soziale ...] *(SozV)* sosyal bakım/yardım
[öffentliche ...] kamu yardımı
[staatliche ...] devlet/kamu yardımı
Fürsorgebehörde ⟨f⟩ *(SozV)* (sosyal) bakım/yardım dairesi
Fürsorgeaufwand ⟨m⟩ *(SozV)* (sosyal) bakım/yardım masrafları
fürsorgeberechtigt ⟨adj⟩ *(SozV)* (sosyal) yardım alabilme hakkı olan
Fürsorgeempfänger ⟨m⟩ *(SozV)* (sosyal) yardım alan
Fürsorgeleistungen ⟨pl⟩ *(SozV)* (sosyal) bakım yardımları/ödemeleri
Fürsorgepflicht ⟨f⟩ bakım yükümlülüğü
Fürsorgerente ⟨f⟩ *(SozV)* bakım emekliliği; *(SozV)* ek emeklilik
Fusion ⟨f⟩ füzyon; kaynaşma; şirketlerin birleşmesi; amalgamasyon
[... branchenfremder Unternehmen] değişik sektörlerden şirketlerin füzyonu/birleşmesi/kaynaşması
fusionieren ⟨int⟩ birleşmek; kaynaşmak
Fusionsbilanz ⟨f⟩ füzyon bilançosu; kaynaşma bilançosu
Fusionskontrolle ⟨f⟩ füzyon kontrolu
Fusionsverhandlungen ⟨pl⟩ füzyon/birleşme görüşmeleri
Fusionswelle ⟨f⟩ füzyon dalgası
Futter ⟨n⟩ *(LandW)* yem
Futtergetreide ⟨n⟩ *(LandW)* yemlik tahıl
Futtermittel ⟨n⟩ *(LandW)* yem; *(LandW)* yemlik malzeme

G

G. →**Geld** *(Bö)* talep; *(Bö)* alıcıların satıcılardan fazla olması
Gabelstapler ⟨m⟩ *(Ind)* fork-lift
gangbar ⟨adj⟩ 1. geçer; cari 2. sürümü olan; revaçta olan
gängig ⟨adj⟩ (piyasada) bulunan/satılan
Ganzfabrikat ⟨n⟩ *(Ind)* hazır ürün; *(Ind)* nihai ürün
Ganztagsarbeit ⟨f⟩ tam gün çalışma
Ganztagsbeschäftigung ⟨f⟩ tam gün çalıştırma; tam gün istihdam
Garant ⟨m⟩ *(BkW)* garantör; *(BkW)* kefil; *(Effek-*

tenemission) (çıkarılan tahvilleri satın almayı) taahhüt eden aracı
Garantie ⟨f⟩ garanti; teminat; güvence
[... leisten] garanti vermek; teminat vermek
[mit ...] garantili; teminatlı
[unter ...] garantili; teminatlı
[mit bedingungsloser ...] koşulsuz garanti
[stillschweigend gewährte ...] üstü kapalı verilen garanti; *(Jur)* zımnî teminat
[stillschweigende ...] üstü kapalı garanti; *(Jur)* zımnî teminat
[vertragliche ...] *(Jur)* akdî teminat

Garantieanspruch ⟨m⟩ garanti hakkı
Garantieausschluß ⟨m⟩ garantisiz; teminatsız
Garantiebrief ⟨m⟩ garanti mektubu; teminat mektubu
Garantieerklärung ⟨f⟩ garanti beyannamesi; garanti/teminat mektubu
Garantiefrist ⟨f⟩ garanti süresi; teminat müddeti
Garantiegeber ⟨m⟩ garanti/teminat veren; *(BkW)* garantör; *(Jur)* kefil
Garantieinhaber ⟨m⟩ garanti verilen
Garantiekapital ⟨n⟩ *(BkW)* sermaye kaynakları; *(BkW)* özsermaye
Garantienehmer ⟨m⟩ garanti verilen
Garantiepreis ⟨m⟩ garanti edilen fiyat; temin edilen fiyat
garantieren ⟨v/t⟩ garanti etmek; temin etmek
Garantieschein ⟨m⟩ garanti belgesi
Garantieschreiben ⟨n⟩ garanti mektubu/yazısı; teminat mektubu
Garantieschuldner ⟨m⟩ garantör; *(Jur)* kefil
Garantieverletzung ⟨f⟩ garantiyi/teminatı bozma; teminatın yerine getirilmemesi
Garantieverpflichtung ⟨f⟩ garanti yükümlülüğü
Garantieversicherung ⟨f⟩ *(Vers)* kefalet sigortası; *(Vers)* tazminat sigortası
Garantievertreter ⟨m⟩ teminat veren aracı; dükruvar temsilcisi
Gartenbau ⟨m⟩ bahçıvanlık; bostancılık; hortikültür
Gärtnerei ⟨f⟩ bahçe; bostan
Gas ⟨n⟩ gaz; havagazı
Gaslager ⟨n⟩ gaz deposu
Gast ⟨m⟩ konuk; misafir
Gastarbeiter ⟨m⟩ *(AußH)* konuk işçi; *(AußH)* yabancı işçi
Gastarbeiterüberweisungen ⟨pl⟩ *(BkW)* konuk/yabancı işçi havaleleri
Gastfreundschaft ⟨f⟩ misafirperverlik
Gastgeber ⟨m⟩ ev sahibi; konuk eden; ikram eden
Gastronom ⟨m⟩ lokantacı; restoran işleten; gastronom
Gastronomie ⟨f⟩ lokantacılık; restorancılık; gastronomi
Gaststätte ⟨f⟩ lokanta; küçük otel
Gaststätten- und Beherbergungsgewerbe ⟨n⟩ konaklama ve yeme içme işleri; otelcilik ve lokantacılık
Gaststättenverband ⟨m⟩ lokantacılar birliği
Gasversorgung ⟨f⟩ havagazı ulaştırma ve dağıtımı
Gasvorkommen ⟨n⟩ havagazı kaynakları
Gattung ⟨f⟩ cins; çeşit; nevi; tür
Gattungsbezeichnung ⟨f⟩ çeşit adı; cinsin/türün adı
Gattungskauf ⟨m⟩ *(Jur)* neviyle yapılan alım
Gattungsmuster ⟨n⟩ çeşidin deseni
Gattungsschuld ⟨f⟩ *(Jur)* neviyle tayin edilen borç
Gattungsware ⟨f⟩ *(Jur)* nevi ile muayyen mal
Gauss-Kurve ⟨f⟩ *(VWL)* Gauss eğrisi
Gebäude ⟨n⟩ bina; *(BauW)* yapı
 [gewerblich genutztes ...] iş hanı; ofis binası
 [öffentliches ...] kamuya açık bina; kamuya ait bina
Gebäudeabnutzung ⟨f⟩ binanın aşınması
Gebäudeabschreibung ⟨f⟩ *(ReW)* binanın amortismanı

Gebäudebesteuerung ⟨f⟩ *(StR)* binaların vergilendirilmesi
Gebäudemiete ⟨f⟩ binanın kirası
Gebäudesanierung ⟨f⟩ *(BauW)* bina onarımı
Gebäudeschaden ⟨m⟩ *(BauW)* (binada) yapısal hasar
Gebäudesteuer ⟨f⟩ *(StR)* bina vergisi
Gebäudeunterhaltung ⟨f⟩ binanın bakım ve onarımı
Gebäudeversicherung ⟨f⟩ *(Vers)* bina sigortası
Gebäudewert ⟨m⟩ bina değeri
Gebiet ⟨n⟩ bölge; çevre; yöre
 [ländliches ...] *(VWL)* kırsal bölge
 [strukturschwaches ...] *(VWL)* kalkınma bölgesi; altyapısı zayıf bölge
 [übervölkertes ...] aşırı/aşkın nüfuslu bölge; nüfus fazlalığı olan bölge
Gebietsabgrenzung ⟨f⟩ demarkasyon; bölge sınırlaması
Gebietsaufteilung ⟨f⟩ *(Mk)* bölge taksimi
Gebietsausweisung ⟨f⟩ bölgeden çıkarma
Gebietsdirektor ⟨m⟩ bölge müdürü
Gebietsleiter ⟨m⟩ bölge yöneticisi/müdürü
gebietsfremd ⟨adj⟩ bölgenin yabancısı
Gebietskörperschaft ⟨f⟩ bölgesel kurum
Gebietsmarkt ⟨m⟩ *(Mk)* yerel pazar; *(Mk)* yerel piyasa
Gebietsvertreter ⟨m⟩ *(Mk)* bölge temsilcisi
Gebot ⟨n⟩ pey; icap; öneri; teklif
 [... abgeben] pey sürmek; icap yapmak; teklif vermek; icapta/teklifte bulunmak
 [erstes ...] *(Auktion)* ilk pey/icap/teklif
 [festes ...] kesin icap/teklif
 [höchstes ...] en yüksek icap/teklif/pey
 [letztes ...] son icap/teklif/pey; en yüksek teklif
Gebrauch ⟨m⟩ kullanma; kullanım
 [... machen von] kullanmak; faydalanmak
 [... unzulässiger Maße] yasalara aykırı ölçü kullanma
 [bestimmungsgemäßer ...] amaca uygun kullanım
 [für den eigenen ...] özel kullanım için
 [sparsam im ...] kullanımda tasarruflu; ekonomik
 [widerrechtlicher ...] kanuna aykırı kullanma/kullanım
 [zum gefälligen ...] isteğe göre kullanmak için
 [zum persönlichen ...] özel kullanım için
gebrauchen ⟨v/t⟩ kullanmak
gebräuchlich ⟨adj⟩ kullanışlı
Gebrauchsabnahme ⟨f⟩ (kullanıma izin vermeden önce yapılan) kontrol muayenesi
Gebrauchsabnutzung ⟨f⟩ kullanım ve aşınma
Gebrauchsabschreibung ⟨f⟩ aşınma amortismanı
Gebrauchsanleitung ⟨f⟩ kullanım kılavuzu; tarife
Gebrauchsanmeldung ⟨f⟩ kullanıma başvuru
Gebrauchsanweisung ⟨f⟩ kullanım kılavuzu; tarife
Gebrauchsartikel ⟨m⟩ kullanım/tüketim eşyası
gebrauchsfertig ⟨adj⟩ kullanılmaya hazır
Gebrauchsgegenstände ⟨pl⟩ kullanım/tüketim eşyaları
Gebrauchsgüter ⟨pl⟩ kullanım/tüketim malları
 [langlebige ...] uzun ömürlü kullanım/tüketim malları; dayanıklı kullanım/tüketim malları

[technische...] teknik kullanım/tüketim malları
Gebrauchsgüterhersteller ⟨m⟩ kullanım/tüketim malı üreticisi
Gebrauchsgüterindustrie ⟨f⟩ kullanım/tüketim malları sanayii
Gebrauchsmuster ⟨n⟩ eşantiyon; kullanım örneği
Gebrauchsschutz ⟨m⟩ izinsiz kullanıma karşı koruma
Gebrauchsverletzung ⟨f⟩ izinsiz/hatalı kullanma; kullanmada kusur
gebrauchsunfähig ⟨adj⟩ kullanışsız
Gebrauchsverschleiß ⟨m⟩ aşınma; yıpranma
Gebrauchswert ⟨m⟩ kullanım değeri
gebraucht ⟨adj⟩ kullanılmış; ikinci elden; elden düşme
Gebrauchtimmobilie ⟨f⟩ elden düşme emlak/gayrimenkul
Gebrauchtwagen ⟨m⟩ kullanılmış araba
Gebühr ⟨f⟩ harç; ücret; *(Steuer)* vergi; *(Abgabe)* resim
[... bezahlt] harcı/ücreti ödenmiştir
[... berechnen] (mahsuben) harç tahsil etmek
[... erheben] harç tahsil etmek; (mahsuben) harç/ücret almak
[... erlassen] harç koymak
[... ermäßigen] harcı/ücreti düşürmek
[... erstatten] (ödenmiş) harcı iade etmek
[... für Überliegezeit] *(Schff)* sürastarya ücreti
[... für Überstandszeit] *(Schff)* sürastarya ücreti
[... rückvergüten] (ödenmiş) harcı iade etmek
[ermäßigte...] indirimli ücret; tenzilatlı harç
[tarifmäßige...] maktu harç
[zusätzliche...] munzam/ek ücret; sürşarj
Gebühren ⟨pl⟩ harçlar; ücretler
[... und Abgaben] harç ve resimler
Gebührenanhebung ⟨f⟩ harçlara zam yapma
Gebührenaufkommen ⟨n⟩ harç (tahsilatı) gelirleri
Gebührenaufstellung ⟨f⟩ ücret tablosu
Gebührenbefreiung ⟨f⟩ harç/ücret ödemeden muaflık/muafiyet
Gebühreneinheit ⟨f⟩ ücret birimi
Gebührenerhöhung ⟨f⟩ harçlara zam yapma
Gebührenermäßigung ⟨f⟩ harç indirimi
gebührenfrei ⟨adj⟩ harçsız; ücretsiz
Gebührenfreiheit ⟨f⟩ harçtan muafiyet
Gebührenordnung ⟨f⟩ harçlar yasası
gebührenpflichtig ⟨adj⟩ ücrete tabi; ücretli
Gebührenrechnung ⟨f⟩ ücret faturası
Gebührensatz ⟨m⟩ harç haddi
Gebührenstaffel ⟨f⟩ harçlar kademesi
Gebührentabelle ⟨f⟩ harç ve ücretler cetveli
Gebührenverzeichnis ⟨n⟩ harç ve ücretler tarifesi
Geburt ⟨f⟩ doğum
Geburtenbeihilfe ⟨f⟩ doğum yardımı ödeneği
Geburtenhäufigkeit ⟨f⟩ doğum çokluğu/sıklığı
Geburtenkontrolle ⟨f⟩ doğum kontrolü
Geburtenrate ⟨f⟩ doğum oranı
geburtenschwach ⟨adj⟩ alçak doğum oranlı
geburtenstark ⟨adj⟩ yüksek doğum oranlı
Geburtenüberschuß ⟨m⟩ doğanların ölenlere oranla fazlalığı
Geburtsjahr ⟨n⟩ doğum yılı
Geburtsname ⟨m⟩ doğum/kızlık adı
Geburtsort ⟨m⟩ doğum yeri
Gedinge ⟨n⟩ → **Akkordlohn** akord ücreti

Gedingelohn ⟨m⟩ parça başına ücret
Gefahr ⟨f⟩ → **Risiko** tehlike; muhatara; risk; riziko
[auf... des Eigentümers] riski sahibine ait olmak üzere
[auf... des Empfängers] riski gönderilene ait olmak üzere
[auf... des Spediteurs] riski taşıyana ait olmak üzere
[auf eigene...] kendi rizikosu
[versicherungsfähige...] sigorta edilebilir riziko
Gefahren ⟨pl⟩ tehlikeler; muhataralar; riskler; rizikolar
[... am Arbeitsplatz] işyerindeki rizikolar
[gedeckte...] tazminat karşılığı olan rizikolar
[gegen alle...] tüm rizikolara karşı
Gefährdung ⟨f⟩ risk; tehlike
Gefährdungshaftung ⟨f⟩ riziko sorumluluğu
Gefahrengemeinschaft ⟨f⟩ *(Vers)* benzer rizikolar
Gefahrenklasse ⟨f⟩ *(Vers)* tehlike sınıfı; riziko dalı
Gefahrenmerkmale ⟨pl⟩ *(Vers)* tehlike sınıf ve derecelerinin mahiyeti
Gefahrenquelle ⟨f⟩ riziko/tehlike kaynağı
Gefahrenzone ⟨f⟩ tehlikeli bölge
Gefahrenzulage ⟨f⟩ tehlike/riziko zammı
Gefahrgüter ⟨pl⟩ tehlikeli eşya
gefährlich ⟨adj⟩ tehlikeli; rizikolu
Gefahrmüll ⟨m⟩ tehlikeli atık
Gefahrübergang ⟨m⟩ tehlikeyi atlatma
Gefälligkeit ⟨f⟩ hatır
Gefälligkeitsadresse ⟨f⟩ hatır adresi
Gefälligkeitsakzept ⟨n⟩ hatır/karşılıksız kabulü
Gefälligkeitsaussteller ⟨m⟩ karşılıksız keşide eden
Gefälligkeitsdarlehen ⟨n⟩ karşılıksız avans/ikraz
Gefälligkeitsdeckung ⟨f⟩ *(Vers)* hatır karşılığı
Gefälligkeitsflagge ⟨f⟩ *(Schff)* mücamele bayrağı
Gefälligkeitsgiro ⟨n⟩ hatır cirosu
Gefälligkeitsindossament ⟨n⟩ hatır cirosu
Gefälligkeits-Indossant ⟨m⟩ *(StR)* hatır senedi cirantası
Gefälligkeitskonnossement ⟨n⟩ hatır konşimentosu
Gefälligkeitswechsel ⟨m⟩ hatır/mücamele senedi; çürük senet
Gefriergut ⟨n⟩ dondurulmuş mal
Gegenabrede ⟨f⟩ karşılıklı anlaşma
Gegenakkreditiv ⟨n⟩ *(BkW)* karşılıklı akreditif
Gegen(an)gebot ⟨n⟩ karşı icap
Gegenanspruch ⟨m⟩ karşı hak/talep
Gegenbesuch ⟨m⟩ karşılık ziyaret
Gegenbuch ⟨n⟩ *(BkW)* pasbuk
gegenbuchen ⟨v/t⟩ *(ReW)* ters kayıt etmek
Gegenbuchung ⟨f⟩ *(ReW)* ters kayıt; karşılık kaydı
Gegeneintrag ⟨m⟩ → **Gegenbuchung**
Gegengeschäft ⟨n⟩ karşılık/ters işlem
Gegengewicht ⟨n⟩ denk ağırlık
Gegenhypothese ⟨f⟩ karşıt hipotez
Gegenkonto ⟨n⟩ *(ReW)* karşı hesap
Gegenleistung ⟨f⟩ karşılık; bedel; ivaz; *(Jur)* mukabil eda; karşı edim
[mangelnde...] eksik bedel
[ohne...] karşılıksız; ivazsız bir tarzda
[vertragliche...] akdî mukabil eda
Gegenposten ⟨m⟩ *(ReW)* karşı kayıt/kalem
Gegenrechnung ⟨f⟩ *(ReW)* karşı hesap
Gegenrimesse ⟨f⟩ ters remise
Gegensaldo ⟨m⟩ *(ReW)* ters bakiye

gegenschreiben ⟨v/t⟩ tasdiken imza etmek
gegenseitig ⟨adj⟩ karşılıklı; mütekabil; dayanışmalı
Gegenseitigkeit ⟨f⟩ karşılık; mütekabiliyet
  [auf...] karşılıklı (olarak)
Gegenseitigkeitsgeschäft ⟨n⟩ takas muamelesi; *(AußH)* barter işlemi
Gegenseitigkeitsvereinbarung ⟨f⟩ karşılıklı anlaşma
Gegenseitigkeitsversicherung ⟨f⟩ *(Vers)* karşılıklı sigorta
Gegenseitigkeitsvertrag ⟨m⟩ karşılıklı/ivazlı akit/sözleşme
Gegenspekulation ⟨f⟩ karşı spekülasyon
Gegenstand ⟨m⟩ konu; mevzu; *(Jur)* amaç ve konu; nesne; süje; eşya; mal
  [... der Gesellschaft] *(Jur)* şirketin amaç ve konusu
  [... des Anlagevermögens] sabit sermayenin amaç ve konusu
  [... des Unternehmens] şirketin amaç ve konusu
  [steuerpflichtiger...] *(StR)* verginin konusu
Gegenstände ⟨pl⟩ mallar; eşyalar
  [... des täglichen Bedarfs] günlük ihtiyaç/gereksinim malları
  [... des Umlaufvermögens] cari/dönen varlık malları
  [... persönlichen Gebrauchs] şahsî ihtiyaçlar
  [gepfändete...] hacizli eşyalar
  [unpfändbare...] *(Jur)* haczi caiz olmayan eşyalar/mallar
Gegensteuerung ⟨f⟩ ters güdüm
  [konjunkturelle...] *(VWL)* devresel ters güdüm
Gegenteiliges aksi; tersi
  [wenn nichts... vereinbart ist] sözleşmede aksi bulunmadığı takdirde
Gegenunterschrift ⟨f⟩ teyit/onay imzası; namına/tasdiken imza
Gegenverkauf ⟨m⟩ barter satışı; karşı/mukabil satış
Gegenwartswert ⟨m⟩ cari değer
Gegenwechsel ⟨m⟩ senet karşılığı poliçe; rötret/retret
Gegenwert ⟨m⟩ bedel
  [... in Geld] bedeli nakit/para (olarak)
  [als...] bedel olarak
  [als... erhalten] bedel olarak alınmıştır
Gegenwertmittel ⟨pl⟩ karşılık paralar
gegenzeichnen ⟨v/t⟩ (imzayı) imza ile onaylamak
Gehalt ⟨n⟩ maaş
  [... beziehen] maaş almak
  [... erhöhen] maaşı yükseltmek
  [... kürzen] maaşı azaltmak/düşürmek
  [... nach Vereinbarung] anlaşmaya göre maaş
  [... plus Nebenleistungen] maaş ve ek ödemeler
  [... und sonstige Zuwendungen] maaş ve sair ödemeler
  [... Verhandlungssache] maaş anlaşmaya bağlıdır
  [festes...] fiks maaş
  [tatsächliches...] efektif/gerçek maaş
gehalten ⟨adj⟩ *(Bö)* istikrarlı
Gehaltsabrechnung ⟨f⟩ maaş bordrosu
Gehaltsabtretung ⟨f⟩ maaşın devri
Gehaltsabzug ⟨m⟩ maaş kesintisi; stopaj

Gehaltsanspruch ⟨m⟩ maaş hakkı/talebi
Gehaltsansprüche ⟨pl⟩ *(Bewerbung)* maaş talebi
Gehaltsaufbesserung ⟨f⟩ maaşı yükseltme/arttırma
Gehaltsauszahlung ⟨f⟩ maaş ödemesi
Gehaltsauszug ⟨m⟩ maaş bordrosu
Gehaltseinbuße ⟨f⟩ maaş kesintisi
Gehaltsempfänger ⟨m⟩ maaş alan; maaşlı
Gehaltserhöhung ⟨f⟩ maaş artışı; maaşı yükseltme
  [automatische...] otomatik maaş artışı
Gehaltsforderung ⟨f⟩ maaş talebi
Gehaltsfortzahlung ⟨f⟩ sonraki maaş ödemeleri
Gehaltsgruppe ⟨f⟩ maaş grubu
Gehaltsklasse ⟨f⟩ barem
Gehaltskonto ⟨n⟩ maaş hesabı
Gehaltskürzung ⟨f⟩ maaşta kesinti yapma; maaş kesintisi
Gehaltsliste ⟨f⟩ maaş bordrosu
Gehaltsnachzahlung ⟨f⟩ ek maaş ödemesi
Gehaltsskala ⟨f⟩ barem; maaş cetveli
Gehaltssteigerung ⟨f⟩ maaş artışı
Gehaltsstruktur ⟨f⟩ maaş yapısı
Gehaltsstufe ⟨f⟩ barem; maaş derecesi
Gehaltstabelle ⟨f⟩ barem/maaş cetveli
Gehaltstarif ⟨m⟩ barem; maaş tarifesi
Gehaltsüberprüfung ⟨f⟩ maaş kontrolü
Gehaltsüberweisung ⟨f⟩ maaşın havalesi
Gehaltsvorschuß ⟨m⟩ maaş üzerinden avans
Gehaltszulage ⟨f⟩ ek maaş
gehandelt ⟨adj⟩ *(Bö)* işlem gören
geheim ⟨adj⟩ gizli; kapalı
Geheimbuchführung ⟨f⟩ gizli muhasebe
geheimgehalten ⟨adj⟩ gizli tutulan
Geheimhaltung ⟨f⟩ gizli tutma; gizlilik
Geheimhaltungspflicht ⟨f⟩ gizlilik zorunluğu
Geheimnis ⟨n⟩ sır
Geheimsache ⟨f⟩ gizli evrak
Geheimzahl ⟨f⟩ *(BkW)* (bankamatik için) gizli kod numarası
gehen ⟨int⟩ *(Ware)* gitmek
Gehilfe ⟨m⟩ yardımcı
Gehöft ⟨n⟩ *(LandW)* çiftlik
gehören zu ⟨int⟩ ait olmak
Geist ⟨m⟩ ruh
Geistesarbeit ⟨f⟩ fikir işi
Geistesarbeiter ⟨m⟩ fikir işçisi
gekauft ⟨adj⟩ (satın) alınmış
  [bar...] peşin/nakden alınmış
Gelände ⟨n⟩ arazi; alan; yer; toprak
  [... erschließen] arazi edin(dir)mek/kazanmak
Geländebereitung ⟨f⟩ arazi edinme ve tesis çalışması/hazırlığı
Geländeauffüllung ⟨f⟩ arazi(yi toprakla) doldurma
Geländeaufnahme ⟨f⟩ topografi
Geländeerschließung ⟨f⟩ arazi edin(dir)me; bayındırlık
Geld ⟨n⟩ para; *(Bargeld)* nakit (para); *(Wechselgeld)* bozuk para; *(Bö)* talep
  [... abführen] para göndermek
  [... abheben] *(BkW)* para çekmek
  [... anlegen] para yatırmak
  [... auf Abruf] ihbarlı para/mevduat
  [... aufbringen] para temin etmek
  [... aufnehmen] (borç) para almak
  [... ausleihen] (borç) para vermek
  [... bereitstellen] para/fon tahsis etmek

[... beschaffen] para bulmak; para tedarik etmek
[... bewilligen] para vermeyi kabul etmek
[... binden] para bağlamak
[... einschießen] para katmak
[... einzahlen] para ödemek/yatırmak
[... einziehen] para tahsil etmek; *(Jur)* para ahzukabzı
[... fest anlegen] parayı vadeli yatırmak
[... festlegen] para bağlamak
[... für einen bestimmten Zweck bereitstellen] belirli amaç için para tahsis etmek
[... hinterlegen] para tevdi etmek
[... leihen] ödünç para vermek
[... schöpfen] para yaratmak
[... schulden] para borcu olmak
[... stillegen] parayı dondurmak
[... überweisen] para havale etmek
[... und Brief] *(Bö)* teklif ve talep
[...- und Kapitalvermittlungsstellen] mali aracılar
[...- und Kreditwirtschaft] para ve kredi ekonomisi
[... verauslagen] to disburse money;
[... verdienen] para kazanmak
[... verlieren] para kaybetmek
[... verschwenden] parayı israf etmek
[... verzinslich anlegen] faizle para yatırmak
[... vorschießen] avans para vermek
[... vorstrecken] avans para vermek
[... waschen] para yıkamak
[... wechseln] para bozmak
[... zurückerstatten] parayı geri ödemek
[... zuschießen] para katkısında bulunmak
[...er] → **Gelder**
[Abfluß von ...] paranın (akarak) azalması
[Abfluß von ... ins Ausland] paranın yurtdışına akması/kaçması
[angelegtes ...] yatırılmış para; yatırım
[aufgenommenes ...] ödünç alınmış para
[ausgezahltes ...] ödenmiş para
[ausländisches ...] yabancı para
[ausstehendes ...] tahsil edilmemiş para
[bezahlt ...] **(bG, bg)** *(Bö)* alıcının satıcıdan çok olması
[bares ...] nakit para
[bedingungsloses ...] koşulsuz para
[billiges ...] ucuz/kolay para
[blockiertes ...] bloke para
[brachliegendes ...] *(BkW)* âtıl para
[disponibles ...] harcanabilir/kulanılabilir para
[endogenes ...] içsel para
[erspartes ...] tasarruf parası; tasarruflar
[exogenes ...] *(VWL)* parasal taban; *(VWL)* para bazı
[falsches ...] sahte para
[fest angelegtes ...] vadeli yatırılmış para
[festes ...] vadeli para
[flüssiges ...] nakit/likit/hazır para
[frei verfügbares ...] kullanılabilir para; tasarruf parası
[gefälschstes ...] sahte para
[gegen bares ...] nakit/peşin para karşılığı
[gehortetes ...] gömülenmiş para
[geliehenes ...] borç para
[gesperrtes ...] bloke para
[gutes ...] iyi para
[gutes ... wird von schlechtem ... verdrängt] kötü para iyi parayı kovar
[hartes ...] katı para
[heißes ...] kara para; bildirilmemiş para
[inaktifes ...] âtıl para
[jdn mit ... abfinden] birisini parayla tazmin etmek
[knapp an ...] parası kıt
[knappes ...] kıt/dar para
[konvertierbares ...] konvertibl para
[kursierendes ...] cari para
[kurzfristiges ...] kısa vadeli para/mevduat
[langfristiges ...] uzun vadeli para/mevduat
[mit Kündigungsfrist angelegtes ...] vadeli yatırılmış para
[mittelfristiges ...] orta vadeli para/mevduat
[neutrales ...] nötral para
[richtiges ...] iyi para
[schlechtes ...] kötü para
[schwarzes ...] kara para
[sicher angelegtes ...] sağlam yatırılmış para
[spekulatives ...] spekülatif (amaçlı) para
[stabiles ...] sağlam para
[stillgelegtes ...] dondurulmuş/yatan para
[täglich abrufbares ...] günlük ihbarlı para/mevduat
[tägliches ...] *(BkW)* günlük para
[teures ...] pahalı/dar para
[umlaufendes ...] dönen/dolaşımdaki para
[vagabundierendes ...] kara para; bildirilmemiş para
[verfügbares ...] kullanılabilir para; tasarruf parası
[viel ...] çok para
[weggeworfenes ...] israf edilmiş para; sokağa atılmış para
[wöchentliches ...] haftalık para
Geld- para; parasal; mali
Geldabfindung ⟨f⟩ *(Jur)* para tazminatı
Geldabgabe ⟨f⟩ *(Kredit)* para verme
Geldabhebung ⟨f⟩ para çekme
Geldabschöpfung ⟨f⟩ para soğurma; para tahsilatı
geldabsorbierend ⟨adj⟩ para soğurucu
Geldabwertung ⟨f⟩ para değerini düşürme
Geldaggregat ⟨n⟩ *(VWL)* parasal toplam
geldähnlich ⟨adj⟩ para benzeri
Geldakkord ⟨m⟩ para akordu
Geldanforderung ⟨f⟩ para istemi
Geldangebot ⟨n⟩ *(VWL)* para arzı
Geldangebotskurve ⟨f⟩ para arzı eğrisi
Geldangebotsmultiplikator ⟨m⟩ *(VWL)* para arzı çarpanı
Geldangelegenheit ⟨f⟩ para meselesi
Geldangelegenheiten ⟨pl⟩ para işleri
Geldanhäufung ⟨f⟩ para birikimi/bolluğu
Geldanlage ⟨f⟩ para yatırımı; yatırım; plasman
[kurzfristige ...] kısa vadeli yatırım/plasman
Geldanlagen ⟨pl⟩ para yatırımları; plasmanlar
[... der privaten Haushalte] hanehalklarının (para) yatırımları
[... in der Industrie] sanayinin (para) yatırımları
[befristete ...] vadeli para yatırımları

[werbende...] gelir getiren para yatırımları
Geldanlagenmarkt ⟨m⟩ para piyasası
Geldanleger ⟨m⟩ para yatıran; yatırımcı; plasmancı
Geldanleihe ⟨f⟩ para istikrazı; borç para alma; borçlanma
Geldanspannung ⟨f⟩ para sıkışıklığı
Geldanspruch ⟨m⟩ para alacağı
Geldanweisung ⟨f⟩ para havalesi
[telegrafische...] telgrafla para havalesi
Geldaristokratie ⟨f⟩ plutokrasi
Geldaufnahme ⟨f⟩ borç para alma; borçlanma
[kurzfristige...] kısa vadeli borçlanma
Geldaufnahmebedarf ⟨m⟩ borçlanma gereksinmesi/ihtiyacı
[... der öffentlichen Hand] kamu sektörünün borçlanma gereksinmesi/ihtiyacı
Geldaufwand ⟨m⟩ gider; harcama; masraf
[mit großem...] büyük masrafla
Geldaufwertung ⟨f⟩ parayı değerlendirme; paranın değerini artırma
Geldausfuhr ⟨f⟩ para ihracı
Geldausgabe ⟨f⟩ para harcama
Geldausgabeautomat ⟨m⟩ otomatik para veznesi; bankamatik; bankomat
Geldausgänge ⟨pl⟩ para giderleri
Geldausgleich ⟨m⟩ (BkW) kliring; eşitleme
Geldauslage ⟨f⟩ ödünç para
Geldausleiher ⟨m⟩ ödünç para veren
Geldausleihung ⟨f⟩ ödünç para verme
Geldausweitung ⟨f⟩ para stoklarının artması; parasal genişleme
Geldautomat ⟨m⟩ bankamatik; bankomat; otomatik para veznesi
Geldbasis ⟨f⟩ (VWL) parasal taban; (VWL) para bazı; rezerv para
Geldbedarf ⟨m⟩ (BkW) nakit ihtiyacı
Geldbeihilfe ⟨f⟩ para yardımı
Geldbelohnung ⟨f⟩ para ödülü/mükâfatı
Geldbereitstellung ⟨f⟩ para tahsisi
Geldbeschaffung ⟨f⟩ para tedariki/temini; para bulma/sağlama; borçlanma
Geldbeschaffungskosten ⟨pl⟩ para bulma maliyeti; kredi/borçlanma maliyeti
Geldbeschaffungsmaßnahme ⟨f⟩ para bulma önlemi; borçlanma önlemi
Geldbestand ⟨m⟩ (VWL) para stoku
[gesamter...] toplam para mevcudu/stoku
Geldbetrag ⟨m⟩ para bedeli/meblağı
[... zeichnen] para bedelini taahhüt etmek; sermayeye katılmak
Geldbeutel ⟨m⟩ para cüzdanı
Geldbewegung ⟨f⟩ para hareketi
Geldbewegungen ⟨pl⟩ para hareketleri; flotasyonlar
[... zwischen Banken] bankalararası flotasyonlar
Geldbörse ⟨f⟩ 1. para borsası 2. para cüzdanı
Geldbrief ⟨m⟩ paralı mektup
Geld-Brief-Schlußkurs ⟨m⟩ (Bö) arz-talep kapanış fiyatı
Geld-Brief-Spanne ⟨f⟩ (Bö) arz-talep marjı
Geldbuße ⟨f⟩ (Jur) para cezası
Gelddeckung ⟨f⟩ para karşılığı/teminatı
Gelddisposition ⟨f⟩ para yönetimi

Geldeingang ⟨m⟩ para girdisi
Geldeinheit ⟨f⟩ para birimi
Geldeinkommen ⟨n⟩ (VWL) parasal gelir
Geldeinlage ⟨f⟩ nakit mevduat
Geldeinnahme ⟨f⟩ para tahsili
Geldeinschuß ⟨m⟩ para/nakit dopingi
Geldeinsendung ⟨f⟩ para yollama/gönderme
Geldeinstandskosten ⟨pl⟩ para maliyeti
Geldempfänger ⟨m⟩ para gönderilen
Geldentschädigung ⟨f⟩ nakdî/parasal tazminat
Geldentwertung ⟨f⟩ para değerinde düşme; (AußH) devalvasyon; (VWL) para erozyonu
Gelder ⟨pl⟩ paralar; fonlar
[... abziehen] paraları/fonları geri çekmek
[... abrufen] paraları/fonları talep etmek
[... unterschlagen] paraları zimmete geçirmek
[... veruntreuen] paraları zimmete geçirmek
[durchlaufende...] cari fonlar
[fremde...] dış fonlar
[mündelsichere...] birinci derecede emin fonlar
[öffentliche...] kamu fonları
[täglich fällige...] günlük ihbarsız paralar/fonlar
[treuhänderisch verwaltete...] emaneten idare edilen fonlar
[überschüssige...] fon fazlası/bakiyesi
[zinslose...] faizsiz paralar; sıfır faizli paralar/fonlar
[zweckgebundene...] amaca bağlı fonlar
Geldersatz ⟨m⟩ simgesel para
Geldersparnis ⟨f⟩ para tasarrufu/biriktirimi
Gelderwerb ⟨m⟩ para alımı
Geldexpansion ⟨f⟩ parasal genişleme
Geldexport ⟨m⟩ para ihracı
Geldfluß ⟨m⟩ para akışı
Geldflußrechnung ⟨f⟩ para akışı hesabı
Geldforderung ⟨f⟩ para alacağı
Geldfrage ⟨f⟩ para sorunu
Geldgeber ⟨m⟩ finanse eden; para/borç veren; mükris
Geldgeschäft ⟨n⟩ para işlemi/faaliyeti
Geldhandel ⟨m⟩ para ticareti
Geldillusion ⟨f⟩ (VWL) para aldatması/yanılgısı; (VWL) parasal yanılgı
Geldkapital ⟨n⟩ parasal sermaye
Geldkapitalbildung ⟨f⟩ parasal sermaye oluşumu
Geldkassette ⟨f⟩ (küçük) para kasası
Geldknappheit ⟨f⟩ (BkW) para darlığı; (BkW) para kıtlığı
Geldkosten ⟨pl⟩ (KoR) para maliyeti
Geldkreislauf ⟨m⟩ (VWL) para akımı; (VWL) paranın dairesel akımı
Geldkurs ⟨m⟩ (Bö) efektif kur
Geldleistung ⟨f⟩ parasal edim; nakit ödeme
geldlich ⟨adj⟩ parasal
Geldlohn ⟨m⟩ parasal ücret
Geldmangel ⟨m⟩ para darlığı
Geldmarkt ⟨m⟩ (BkW) para piyasası
[angespannter...] (BkW) sıkışık para piyasası
[flüssiger...] (BkW) likit para piyasası
Geldmarktanlage ⟨f⟩ para piyasası yatırımı/plasmanı
Geldmarktanspannung ⟨f⟩ para piyasasında gerilim

Geldmarkteinlage ⟨f⟩ para piyasası mevduatı
Geldmarktfonds ⟨m⟩ para piyasası fonları
Geldmarktoperation ⟨f⟩ para (piyasası) operasyonu
Geldmarktpapier ⟨n⟩ para piyasası senedi
Geldmarktsatz ⟨m⟩ *(BkW)* para piyasası haddi; piyasada faiz haddi
Geldmarkttitel ⟨m⟩ para piyasası aracı
Geldmarktverschuldung ⟨f⟩ para piyasasının borçlanması
Geldmarktwechsel ⟨m⟩ para piyasası senedi
Geldmarktzins ⟨m⟩ para piyasası faizi
Geldmenge ⟨f⟩ *(VWL)* para stoku/miktarı; *(VWL)* para arzı; *(BkW)* para miktarı/arzı; *(VWL)* geniş para
 [hohe ...] yüksek para miktarı
Geldmengenausweitung ⟨f⟩ *(VWL)* parasal genişleme
Geldmengenbeschränkung ⟨f⟩ para miktarını kısıtlama/sınırlama
Geldmengensteuerung ⟨f⟩ para miktarı güdümü
Geldmengentheorie ⟨f⟩ *(VWL)* paranın miktar teorisi
Geldmengenwachstum ⟨n⟩ *(VWL)* parasal büyüme; *(VWL)* para miktarında artış; *(VWL)* para stokunun büyümesi; *(BkW)* para arzının genişlemesi
Geldmengenziel ⟨n⟩ para miktarındaki hedef
Geldmittel ⟨pl⟩ fonlar; paralar
 [... bereitstellen] fon tahsis etmek
 [... bewilligen] fon tahsis etmek
 [... binden] fonları bağlamak
Geldmittelbestand ⟨m⟩ fon mevcudu
Geldmittelbewegung ⟨f⟩ fon hareketi/akımı/akışı
Geldmünze ⟨f⟩ bozuk para; sikke
Geldnachfrage ⟨f⟩ *(VWL)* para talebi
Geldnachfragefunktion ⟨f⟩ *(VWL)* para talep fonksiyonu
Geldnot ⟨f⟩ para sıkıntısı
Geld- und Währungsordnung ⟨f⟩ *(VWL)* parasal sistem
Geldparität ⟨f⟩ parasal parite
Geldpolitik ⟨f⟩ *(VWL)* para politikası
 [expansive ...] *(VWL)* genişleyici para politikası
 [kontraktive ...] *(BkW)* sıkı para politikası
 [restriktive ...] koruyucu para politikası
Geldprämie ⟨f⟩ para ikramiyesi
Geldquelle ⟨f⟩ *(BkW)* fon kaynağı
Geldrente ⟨f⟩ nakit rant; anüite
Geldreserve ⟨f⟩ nakit rezerv
Geldsatz ⟨m⟩ para haddi
Geldsätze ⟨pl⟩ *(BkW)* para hadleri
 [... unter Banken] *(BkW)* bankalararası para hadleri
 [billige ...] ucuz para
Geldschaffung ⟨f⟩ para tedariki/temini
Geldschein ⟨m⟩ banknot; kağıt para
Geldschleier ⟨f⟩ *(VWL)* para aldatması/yanılgısı; *(VWL)* parasal yanılgı
Geldschöpfung ⟨f⟩ para yaratma
Geldschrank ⟨m⟩ kasa
Geldschuld ⟨f⟩ para borcu
Geldschwemme ⟨f⟩ para bolluğu
Geldsendung ⟨f⟩ para gönderisi/havalesi

Geldsorte ⟨f⟩ para çeşidi
Geldsorten ⟨pl⟩ para çeşitleri
Geldspende ⟨f⟩ para bağışı
Geldspender ⟨m⟩ 1. para bağışlayan
 2. *(Automat)* para veznesi
Geldstabilität ⟨f⟩ para istikrarı; parasal istikrar
Geldstrafe ⟨f⟩ *(Jur)* para cezası
 [empfindliche ...] *(Jur)* ağır para cezası
Geldstrom ⟨m⟩ *(VWL)* para akımı
 [... der Bruttoerträge] brüt nakit akımı
Geldstück ⟨n⟩ sikke
Geldsumme ⟨f⟩ para toplamı
Geldtermingeschäfte ⟨pl⟩ parasal alivre/vadeli işlemler
Geldtheorie ⟨f⟩ *(VWL)* para kuramı; *(VWL)* para teorisi
Geldtitel ⟨m⟩ nakit senedi; nakit varlık
Geldtransfer ⟨m⟩ para transferi
Geldüberweisung ⟨f⟩ para havalesi
Geldumlauf ⟨m⟩ *(VWL)* para dolaşımı
 [betrieblicher ...] iç para dolaşımı
Geldumlaufgeschwindigkeit ⟨f⟩ para dolaşım hızı; paranın dönme çabukluğu
Geldumlaufvermögen ⟨n⟩ dolaşımdaki para varlığı; nakit döner sermaye
Geldverkehr ⟨m⟩ para işlemleri
Geldverknappung ⟨f⟩ *(BkW)* para arzının daralması
Geldverleiher ⟨m⟩ ödünç para veren; tefeci
Geldvermehrung ⟨f⟩ para enflasyonu
Geldvermittler ⟨m⟩ para bulan aracı
Geld- und Kapitalvermittler ⟨m⟩ finansal aracı
Geldvermögen ⟨n⟩ para varlığı
Geldvermögensbildung ⟨f⟩ para varlığı oluşumu
Geldvermögenswert ⟨m⟩ para varlığı değeri
Geldverpflichtung ⟨f⟩ parasal yükümlülük; para borcu
Geldverschwendung ⟨f⟩ para israfı/savurganlığı
Geldversorgung ⟨f⟩ para/fon bulma; nakit/para sağlama/sağlanması/temini
Geldverteuerung ⟨f⟩ para değerinin artması; para pahalılığı
Geldvolumen ⟨n⟩ *(VWL)* para arzı
Geldvorschuß ⟨m⟩ para avansı
Geldwäsche ⟨f⟩ para yıkama
Geldwechsel ⟨m⟩ para bozma
Geldwechsler ⟨m⟩ *(BkW)* sarraf
Geldwert ⟨m⟩ *(VWL)* para değeri
Geldwertbeständigkeit ⟨f⟩ para değerinin tutarlılığı/istikrarı
Geldwertschwund ⟨m⟩ *(VWL)* para erozyonu
Geldwerttheorie ⟨f⟩ *(VWL)* paranın mal kuramı; para değeri kuramı
Geldwesen ⟨n⟩ maliye; finans
Geldwirtschaft ⟨f⟩ *(VWL)* para ekonomisi
Geldwucher ⟨m⟩ fahiş fiyat; tefeci fiyatı
Geldzahlung ⟨f⟩ para ödemesi
Geldzins ⟨m⟩ para faizi; nakit faiz
Geldzufluß ⟨m⟩ nakit girişi
Geldzuschuß ⟨m⟩ para avansı
Geldzuwendung ⟨f⟩ fon tahsisi; ödenek
gelegen ⟨adj⟩ konumlu; bulunan
Gelegenheit ⟨f⟩ fırsat
 [günstige ...] iyi fırsat
Gelegenheitsarbeit ⟨f⟩ geçici çalışma

Gelegenheitsarbeiter ⟨m⟩ geçici işçi
Gelegenheitsbeschäftigung ⟨f⟩ geçici istihdam
Gelegenheitsgesellschaft ⟨f⟩ fırsat ortaklığı
Gelegenheitskauf ⟨m⟩ fırsat alım
Gelegenheitskunde ⟨m⟩ fırsat kollayan/arayan müşteri
Gelegenheitspreis ⟨m⟩ fırsat fiyatı
Gelegenheitsspediteur ⟨m⟩ özel taşıyıcı
gelernt ⟨adj⟩ kalifiye
geliefert ⟨adj⟩ teslim edilmiş
 [zu knapp...] *(Schff)* eksik teslim (edilmiş)
 [verzollt...] gümrüklenmiş ve teslim edilmiş
gelten ⟨int⟩ geçerli olmak
geltend ⟨adj⟩ geçerli; yürürlükteki; mer'i
 [... machen] *(Jur)* geçerli kılmak; talep/dava etmek; talep ve dava etmek
Geltendmachung ⟨f⟩ geçerli kılma; talep ve dava etme
 [... von Ersatzansprüchen] tazminat haklarını talep ve dava etme
Geltung ⟨f⟩ geçerlilik; yürürlük; meriyet
Geltungsbereich ⟨m⟩ geçerlilik alanı
Geltungsdauer ⟨f⟩ geçerlilik süresi
Geltungsgebiet ⟨n⟩ geçerlilik bölgesi/alanı
Gemarkung ⟨f⟩ sınır; bölge
Gemeinbedürfnisse ⟨pl⟩ *(VWL)* kamu ihtiyaçları; *(VWL)* toplumsal ihtiyaçlar
Gemeinbesitz ⟨m⟩ kamu zilyetliği
Gemeinde ⟨f⟩ belediye; mahalle; yerel idare; → **Kommunal-** mahallî; yerel
Gemeindeabgaben ⟨pl⟩ yerel/mahallî vergiler
Gemeindedirektor ⟨m⟩ belediye başkanı
Gemeindeeigentum ⟨n⟩ belediye malı
Gemeindefinanzen ⟨pl⟩ belediye maliyesi
Gemeindegrenze ⟨f⟩ belediye sınırı
Gemeindeordnung ⟨f⟩ belediye yönetmeliği
Gemeinderat ⟨m⟩ belediye meclisi/encümeni
Gemeindesatzung ⟨f⟩ belediye nizamnamesi/tüzüğü
Gemeindesteuer ⟨f⟩ belediye vergisi; yerel vergi
Gemeindesteuerbescheid ⟨m⟩ yerel vergi bildirgesi
Gemeindesteuerpflichtiger ⟨m⟩ yerel vergisi yükümlüsü
Gemeindesteuerveranlagung ⟨f⟩ yerel vergi tahakkuku
Gemeindesteuerzahler ⟨m⟩ yerel vergi yükümlüsü
Gemeindeverwaltung ⟨f⟩ belediye idaresi; yerel idare
Gemeineigentum ⟨n⟩ kamu mülkiyeti
 [in... überführen] kamulaştırmak; kamu mülkiyetine geçirmek
Gemeingebrauch ⟨m⟩ genel (olarak) kullanım/kullanma
Gemeingefahr ⟨f⟩ genel tehlike
Gemeingläubiger ⟨m⟩ asıl/baş/esas alacaklı
Gemeinhaftung ⟨f⟩ ortak/müşterek sorumluluk
Gemeinkosten ⟨pl⟩ *(KoR)* genel imalat maliyeti; dolaylı/endirekt maliyet; genel giderler
 [aktivierungspflichtige...] *(KoR)* bütçelenmiş genel imalat maliyeti
 [fixe...] *(KoR)* bütçelenmiş sabit genel imalat maliyeti
 [variable...] değişken genel imalat maliyeti
 [verrechnete...] hesaba yansıtılmış genel imalat maliyeti; mahsup genel giderler

Gemeinkostenabweichung ⟨f⟩ *(KoR)* genel imalat maliyeti farkı; genel imal giderleri sapması
Gemeinkostenausgleichsrücklage ⟨f⟩ genel imalat/üretim maliyetini karşılayıcı yedekler
Gemeinkostenlöhne ⟨pl⟩ dolaylı işçilik
Gemeinkostenmaterial ⟨n⟩ genel maliyet maddesi/malzemesi
Gemeinkostenstelle ⟨f⟩ genel maliyet yeri
Gemeinkostenüberdeckung ⟨f⟩ genel imalat maliyeti karşılığı üstesi
Gemeinkostenumlage ⟨f⟩ genel imalat maliyeti dağıtımı/dağılımı
Gemeinkostenunterdeckung ⟨f⟩ eksik genel imalat maliyeti karşılığı
Gemeinkostenverrechnung ⟨f⟩ genel imalat maliyetinin dağıtımı/yansıtılması
 [... auf den Kostenträger] yardımcı dairelerde toplanan maliyetlerin maliyet taşıyıcısına dağıtımı/yansıtılması
Gemeinkostenzuschlag ⟨m⟩ *(KoR)* maliyet yükleme haddi
Gemeinlast ⟨f⟩ kamu yükü
Gemeinnutz ⟨m⟩ kamu çıkarı/yararı
gemeinnützig ⟨adj⟩ kamuya yararlı; kamu yararına çalışan
Gemeinnützigkeit ⟨f⟩ kamuya yararlılık; kamu yararına çalışma
gemeinsam ⟨adj⟩ birlikte; müşterek; ortak; toplu olarak
Gemeinschaft ⟨f⟩ 1. topluluk; birlik 2. ortaklık
 [... der Sechs] Altılar Topluluğu
 [... unabhängiger Staaten/GUS] Bağımsız Devletler Topluluğu/BDT
 [... zur gesamten Hand] el birliği ortaklığı
 [eheliche...] evlilik birliği
 [erweiterte...] *(EU)* genişletilmiş Topluluk
 [Europäische...] **(EG)** Avrupa Topluluğu (AT)
gemeinschaftlich ⟨adj⟩ birlikte; müşterek; ortaklaşa
Gemeinschaftsabgabe ⟨f⟩ *(EU)* Topluluk vergisi
Gemeinschaftsangebot ⟨n⟩ birlikte/ortak/müşterek teklif
Gemeinschaftsbank ⟨f⟩ konsorsiyum bankası
Gemeinschaftsbeschaffung ⟨f⟩ birlikte/ortaklaşa alım/tedarik
Gemeinschaftsbeteiligung ⟨f⟩ ortaklı katılım
Gemeinschaftsbetrieb ⟨m⟩ ortak işletme
Gemeinschaftseigentum ⟨n⟩ iştirak halinde mülkiyet; ortak mülkiyet
Gemeinschaftseinkauf ⟨m⟩ ortak alım; *(Einzelhändler)* birlikte satın alma
Gemeinschaftseinkäufer ⟨m⟩ grup için alıcı
Gemeinschaftseinrichtung ⟨f⟩ ortak kuruluş
Gemeinschaftserzeugnis ⟨n⟩ *(EU)* Topluluk ürünü
Gemeinschaftsetat ⟨m⟩ *(EU)* Topluluk bütçesi
Gemeinschaftsfinanzierung ⟨f⟩ *(BkW)* ortak finansman
Gemeinschaftsfirma ⟨f⟩ ortak girişim firması
Gemeinschaftsfonds ⟨m⟩ ortak/karşılıklı fonlar
Gemeinschaftsgründung ⟨f⟩ ortak girişim; *(Eng)* joint venture
Gemeinschaftshaftung ⟨f⟩ birlikte sorumluluk; müşterek mesuliyet
Gemeinschaftshaushalt ⟨m⟩ *(EU)* Topluluk bütçesi

Gemeinschaftskasse ⟨f⟩ ortak/müşterek/birlikte kasa
Gemeinschaftskontingent ⟨n⟩ *(EU)* Topluluk kotası
Gemeinschaftskonto ⟨n⟩ *(BkW)* müşterek hesap
Gemeinschaftspatent ⟨n⟩ *(Pat)* ortak patent
Gemeinschaftspraxis ⟨f⟩ *(Med)* müşterek muayenehane
Gemeinschaftsproduktion ⟨f⟩ ortak/müşterek üretim
Gemeinschaftsprojekt ⟨n⟩ ortak proje
Gemeinschaftsrecht ⟨n⟩ *(EU)* Topluluk hukuku
Gemeinschaftsreisen ⟨pl⟩ grup yolculuğu
Gemeinschaftssteuer ⟨f⟩ *(EU)* Topluluk vergisi
Gemeinschaftsunternehmen ⟨n⟩ ortak(laşa) girişim
Gemeinschaftsverfahren ⟨n⟩ *(EU)* Topluluk yöntemi
Gemeinschaftsverkauf ⟨m⟩ konsolide/birlikte satış
Gemeinschaftsverpflegung ⟨f⟩ toplu iaşe; toplu yemek servisi
Gemeinschaftsversicherung ⟨f⟩ *(Vers)* müşterek sigorta
Gemeinschaftsvertrieb ⟨m⟩ ortak pazarlama; kooperatif yoluyla dağıtım
Gemeinschaftswährung ⟨f⟩ *(EU)* Topluluk parası
Gemeinschaftswaren ⟨pl⟩ *(EU)* Topluluk malları
Gemeinschaftswerbung ⟨f⟩ *(Mk)* birlikte tanıtım
Gemeinschaftswerk ⟨n⟩ ortaklı tesis
Gemeinschaftszoll ⟨m⟩ *(EU)* Topluluk gümrüğü
Gemeinschuldner ⟨m⟩ *(Jur)* müflis
[... entlasten] müflisin itibarını yerine getirmek
Gemeinwert ⟨m⟩ rayiç
Gemeinwirtschaft ⟨f⟩ *(VWL)* toplumsal ekonomi
gemeinwirtschaftlich ⟨adj⟩ kamuya yararlı
Gemeinwohl ⟨n⟩ toplumsal refah; kamu refahı; kamu yararı
Gemischtwaren ⟨pl⟩ bakkaliye
Gemischtwarenladen ⟨m⟩ bakkal dükkânı
Gemüseanbau ⟨m⟩ *(LandW)* sebze yetiştirme
genehmigen ⟨v/t⟩ izin/ruhsat/permi/lisans vermek; müsaade/kabul etmek; onaylamak
Genehmigung ⟨f⟩ izin; müsaade; ruhsat; onay; permi
[... des Protokolls] tutanağın onaylanması
[... beantragen] izin için başvurmak
[... verweigern] izin vermemek
[besondere ...] özel izin
[endgültige ...] kesin onay
[stillschweigende ...] *(Jur)* zımnî rıza/kabul/muvafakat
genehmigungsbedürftig ⟨adj⟩ izne tabi
Genehmigungsbehörde ⟨f⟩ (izin/ruhsat veren) yetkili makam
Genehmigungsbeschluß ⟨m⟩ *(HV)* onay kararı; aklama
Genehmigungspflicht ⟨f⟩ izin zorunluğu
genehmigungspflichtig ⟨adj⟩ izne/müsaadeye tabi
Genehmigungsurkunde ⟨f⟩ lisans; permi; ruhsat; izin belgesi
Genehmigungsverfahren ⟨n⟩ izin (verme) yöntemi
Generalabtretung ⟨f⟩ genel devir ve temlik
Generalagent ⟨m⟩ genel ajan
Generalagentur ⟨f⟩ genel acenta
Generalauftrag ⟨m⟩ genel sipariş/talimat

Generalbevollmächtigter ⟨m⟩ *(Jur)* genel vekil
Generaldirektion ⟨f⟩ genel müdürlük
Generaldirektor ⟨m⟩ genel müdür
Generalklausel ⟨f⟩ genel şart
Generalpolice ⟨f⟩ *(Vers)* genel/global poliçe; *(Vers)* açık teminat
Generalsekretär ⟨m⟩ genel sekreter
Generalsekretariat ⟨n⟩ genel sekreterlik
Generalstreik ⟨m⟩ genel grev
Generalunkosten ⟨pl⟩ genel giderler/maliyet
Generalunternehmer ⟨m⟩ genel müteahhit
Generalversammlung ⟨f⟩ genel kurul (toplantısı)
Generalversicherung ⟨f⟩ *(Vers)* genel sigorta
Generalversicherungspolice ⟨f⟩ *(Vers)* genel sigorta poliçesi
Generalvertreter ⟨m⟩ genel temsilci
Generalvertretung ⟨f⟩ genel temsilcilik
Generalvollmacht ⟨f⟩ genel vekâlet/yetki
Genosse ⟨m⟩ kooperatif ortağı
Genossenschaft ⟨f⟩ kooperatif
[... des Einzelhandels] perakendeciler kooperatifi
[gewerbliche ...] sınaî kooperatif
[landwirtschaftliche ...] tarım kooperatifi
genossenschaftlich ⟨adj⟩ kooperatif
Genossenschaftsanteil ⟨m⟩ kooperatif hissesi/payı
Genossenschaftsbank ⟨f⟩ *(BkW)* kooperatif bankası
[landwirtschaftliche ...] tarım kooperatifi bankası
Genossenschaftskapital ⟨n⟩ kooperatif sermayesi
Genossenschaftsvertrag ⟨m⟩ kooperatif sözleşmesi
Genossenschaftswesen ⟨n⟩ kooperatifçilik
Genuskauf ⟨m⟩ (görmeden) anlatımlı (mal) satın alma
Genuß ⟨m⟩ yararlanma; istifade; intifa
Genußrecht ⟨n⟩ yararlanma hakkı; *(Jur)* intifa hakkı
Genußschein ⟨m⟩ (katılma) intifa senedi
genutzt ⟨adj⟩ kullanılan
[gewerblich ...] ticarî olarak kullanılan
Gepäck ⟨n⟩ bagaj
Gepäckabfertigung ⟨f⟩ *(Zo)* bagaj muayenesi; bagaj kontrolü
Gepäckförderungsfahrzeug ⟨n⟩ bagaj taşıma arabası
Gepäckkarre ⟨f⟩ bagaj arabası
Gepäckkontrolle ⟨f⟩ *(Zo)* bagaj muayenesi; bagaj kontrolü
Gepäckversicherung ⟨f⟩ *(Vers)* bagaj sigortası
Gepflogenheit ⟨f⟩ alışkanlık; âdet
Gerät ⟨n⟩ alet; gereç; makine; cihaz
Geräte ⟨pl⟩ aletler
Gerätebau ⟨m⟩ *(Ind)* alet yapımı
Gerätehersteller ⟨m⟩ alet üreticisi
gerecht ⟨adj⟩ adil; adaletli
Gerechtigkeit ⟨f⟩ adalet
Gerechtsame ⟨f⟩ imtiyaz; öncelik; *(BergB)* maden hakkı
Gericht ⟨n⟩ *(Jur)* mahkeme
[... anrufen] mahkemeye başvurmak; mahkemeye dilekçe vermek
[... erster Instanz] ilk derece mahkemesi
[... zweiter Instanz] ikinci derece mahkemesi; *(TR)* temyiz mahkemesi

[bei ... anhängig] mahkemede ikameli/görüşülen
[erstinstanzliches ...] ilk derece mahkemesi; asliye mahkemesi
[höchstes ...] en yüksek mahkeme
[höheres ...] yüksek mahkeme; *(TR)* temyiz mahkemesi
[Sache vor ... verhandeln] davayı mahkeme önünde görüşmek
[übergeordnetes ...] yüksek mahkeme; *(TR)* temyiz mahkemesi
[vor ... bringen] mahkemeye vermek
[zuständiges ...] yetkili mahkeme
[zweitinstanzliches ...] ikinci derece mahkemesi
gerichtlich ⟨adj⟩ *(Jur)* hukukî; mahkemece
Gerichtsanordnung ⟨f⟩ mahkeme talimatı/kararı
Gerichtsbarkeit ⟨f⟩ *(Jur)* yargı
Gerichtsbeschluß ⟨m⟩ *(Jur)* ilâm; *(Jur)* mahkeme hükmü; *(Jur)* mahkeme kararı
[vorläufiger ...] geçici mahkeme kararı; belli sürede temyiz edilmezse kesinleşecek olan mahkeme kararı
Gerichtsentscheidung ⟨f⟩ mahkeme kararı
[... aufheben] mahkeme kararını kaldırmak
[... erwirken] mahkemede karar aldırmak
Gerichtsgebühren ⟨pl⟩ mahkeme harcı
Gerichtshof ⟨m⟩ *(Jur)* mahkeme; *(Jur)* adalet divanı
[... der Europäischen Gemeinschaft] *(EU)* Avrupa Topluluğu Adalet Divanı
[Oberster ...] *(Jur)* Yargıtay
Gerichtsinstanz ⟨f⟩ mahkeme derecesi
Gerichtskosten ⟨pl⟩ *(Jur)* mahkeme masrafları
Gerichtsort ⟨m⟩ *(Jur)* mahkeme yeri; *(Jur)* kaza
[zuständiger ...] *(Jur)* yetkili mahkeme; *(Jur)* yetkili kaza
Gerichtssaal ⟨m⟩ *(Jur)* mahkeme salonu
Gerichtssachverständiger ⟨m⟩ mahkemenin tayin ettiği bilirkişi
Gerichtsstand ⟨m⟩ *(Jur)* mahkeme yeri; *(Jur)* kaza
[... des Erfüllungsortes] *(Jur)* ifa yerinin mahkemesi
[... des Wohnsitzes] *(Jur)* ikametgâhın mahkemesi
Gerichtstermin ⟨m⟩ *(Jur)* duruşma; mahkemede duruşma
Gerichtsurteil ⟨n⟩ *(Jur)* mahkeme kararı
Gerichtsverfahren ⟨n⟩ dava; mahkeme yöntemi
Gerichtsverhandlung ⟨f⟩ *(Jur)* mahkeme yargılaması
Gerichtsvollzieher ⟨m⟩ *(Jur)* mahkeme icra memuru
Geringverdiener ⟨m⟩ düşük kazanç sahibi
geringwertig ⟨adj⟩ düşük değerli
gesamt ⟨adj⟩ toplam; tüm; bütün; genel; *(Haftung)* zincirleme birlikte
Gesamtabsatz ⟨m⟩ toplam satış(lar)
Gesamtabschluß ⟨m⟩ toplam sonuç
Gesamtabschreibung ⟨f⟩ genel amortisman
Gesamtaktiva ⟨pl⟩ *(BkW)* toplam aktifler; *(BkW)* aktiflerin toplamı
Gesamtangebot ⟨n⟩ *(VWL)* toplam arz; global arz

Gesamtangebotskurve ⟨f⟩ *(VWL)* toplam arz eğrisi; *(VWL)* global arz eğrisi
Gesamtauftragswert ⟨m⟩ toplam sipariş değeri
Gesamtaufwand ⟨m⟩ *(ReW)* toplam gider; toplam harcamalar
Gesamtbelegschaft ⟨f⟩ toplam kadro
Gesamtbeschäftigung ⟨f⟩ *(BWL)* toplam istihdam
Gesamtbetrag ⟨m⟩ toplam bedel/meblağ/yekûn/tutar; genel toplam
[... der Ausgaben] giderlerin toplam meblağı
[... der Einkünfte] gelirlerin toplam meblağı
[... der Rechnung] faturanın toplam bedeli
Gesamtbetriebskalkulation ⟨f⟩ *(ReW)* genel işletme muhasebesi
Gesamtbetriebsrat ⟨m⟩ genel işçi temsilciliği
Gesamtbetriebswert ⟨m⟩ işletmenin toplam değeri
Gesamtbewertung ⟨f⟩ genel değerlendirme
Gesamtbilanz ⟨f⟩ genel bilanço
Gesamtbudget ⟨n⟩ *(BWL)* ana bütçe
[betriebliches ...] *(BWL)* işletme bütçesi
Gesamtbürgschaft ⟨f⟩ *(Jur)* zincirleme kefalet; *(Jur)* müteselsil kefalet
Gesamtdauer ⟨f⟩ toplam ömrü
Gesamteinlagen ⟨pl⟩ *(BkW)* toplam mevduat
Gesamteinnahmen ⟨pl⟩ toplam tahsilat
Gesamtentwicklung ⟨f⟩ genel trend/eğilim
Gesamtergebnis ⟨n⟩ toplam sonuç
Gesamtergebnisrechnung ⟨f⟩ toplam kâr ve zarar hesabı
Gesamterlös ⟨m⟩ *(VWL)* toplam hasıla; toplam gelir
Gesamtertrag ⟨m⟩ *(VWL)* toplam hasıla
Gesamtfinanzierung ⟨f⟩ *(BkW)* toplam finansman; finansman paketi
Gesamtgewicht ⟨n⟩ toplam ağırlık
Gesamthaftung ⟨f⟩ *(Jur)* dayanışmalı sorumluluk; *(Jur)* müteselsil mesuliyet
Gesamthandsbesitz ⟨m⟩ elbirliği zilyetliği
Gesamthandseigentum ⟨n⟩ elbirliği mülkiyeti; *(Jur)* iştirak halinde mülkiyet
Gesamthandsgemeinschaft ⟨f⟩ elbirliği ortaklığı; aile malları ortaklığı
Gesamthandsschuld ⟨f⟩ elbirliği borcu; *(Jur)* müteselsil borç
Gesamthaushalt ⟨m⟩ *(öFi)* genel bütçe
Gesamthaushaltseinkommen ⟨n⟩ *(VWL)* genel bütçe gelirleri
Gesamthaushaltssumme ⟨f⟩ *(öFi)* genel bütçe toplamı
Gesamtheit ⟨f⟩ bütünlük; genel toplam; *(Stat)* kitle
Gesamtkapital ⟨n⟩ *(BkW)* toplam sermaye
Gesamtkapitalrentabilität ⟨f⟩ *(BkW)* toplam sermaye kârlılığı
Gesamtkonzern ⟨m⟩ *(VWL)* konglomera
Gesamtkosten ⟨pl⟩ *(KoR)* toplam maliyet; *(VWL)* toplam maliyet
[durchschnittliche ...] *(VWL)* ortalama toplam maliyet
[volkswirtschaftliche ... der Produktion] *(VWL)* üretimin toplumsal maliyeti
Gesamtkostenfunktion ⟨f⟩ *(VWL)* toplam maliyet fonksiyonu
Gesamtkostenkurve ⟨f⟩ *(VWL)* toplam maliyet eğrisi

Gesamtkostenverfahren ⟨n⟩ *(ReW)* toplam maliyet yöntemi; *(ReW)* toplam maliyet esası
Gesamtlebensdauer ⟨f⟩ *(LebV)* müşterek yaşam süresi
Gesamtleistung ⟨f⟩ *(BWL)* toplam verim
[wirtschaftliche...] *(vGR)* gayri safi millî hasıla
Gesamtnachfrage ⟨f⟩ *(VWL)* toplam talep; *(VWL)* pazar talebi
[monetäre...] *(VWL)* toplam parasal talep
[volkswirtschaftliche...] *(VWL)* toplam toplumsal talep
Gesamtnutzen ⟨m⟩ *(VWL)* toplam fayda
Gesamtpreis ⟨m⟩ (herşey içinde) toplam fiyat
Gesamtprodukt ⟨n⟩ *(vGR)* milli hasıla; toplam hasıla
[volkswirtschaftliches...] *(vGR)* gayri safi milli hasıla
Gesamtproduktion ⟨f⟩ *(BWL)* toplam üretim; *(BWL)* toplam çıktı
Gesamtrechnung ⟨f⟩ genel muhasebe/hesaplar
[volkswirtschaftliche...] *(vGR)* milli muhasebe; *(vGR)* sosyal muhasebe; milli hesaplar; makroekonomik muhasebe/hesaplar
Gesamtrechnungsbetrag ⟨m⟩ genel hesap toplamı
Gesamtrendite ⟨f⟩ toplam gelir
Gesamtrisiko ⟨n⟩ *(BkW)* genel riziko
Gesamtschaden ⟨m⟩ *(Vers)* toplam zarar ve ziyan; *(Vers)* toplam hasar
Gesamtschuld ⟨f⟩ borçların toplamı
Gesamtschuldner ⟨m⟩ zincirleme birlikte borçlu; *(Jur)* müteselsil borçlu
[als... haften] zincirleme birlikte borçlu olarak sorumlu olmak
gesamtschuldnerisch ⟨adj⟩ *(Jur)* zincirleme birlikte; *(Jur)* müteselsilen
[... haften] zincirleme birlikte sorumluluk taşımak; dayanışmalı olarak sorumlu olmak
[als... haftend gelten] zincirleme birlikte sorumlu sayılmak; dayanışmalı olarak sorumlu sayılmak
Gesamtsteueraufkommen ⟨n⟩ *(öFi)* toplam vergi gelirleri; *(öFi)* toplam hasıla
Gesamtsumme ⟨f⟩ toplam tutar
Gesamttarifvertrag ⟨m⟩ toplu iş sözleşmesi
Gesamtumsatz ⟨m⟩ *(ReW)* toplam satışlar
Gesamtunternehmen ⟨n⟩ konsern; şirketler topluluğu
Gesamtunternehmer ⟨m⟩ genel müteahhit/girişimci
Gesamtverband ⟨m⟩ çatı örgütü; konfederasyon
Gesamtverbindlichkeit ⟨f⟩ *(Jur)* müteselsil borç; *(Jur)* müteselsil mesuliyet
Gesamtverlust ⟨m⟩ toplam zarar ve ziyan
Gesamtvermögen ⟨n⟩ *(BkW)* toplam varlıklar; *(BkW)* varlıkların toplamı
Gesamtversicherung ⟨f⟩ *(Vers)* genel/global sigorta
Gesamtvolumen ⟨n⟩ toplam hacim
Gesamtwert ⟨m⟩ toplam değer
Gesamtwirtschaft ⟨f⟩ *(VWL)* millî ekonomi; *(VWL)* makro ekonomi
gesamtwirtschaftlich ⟨adj⟩ *(VWL)* makro ekonomik; *(VWL)* toplam ekonomik
Gesamtzahl ⟨f⟩ toplam sayı
[... der Arbeitslosen] toplam işsiz sayısı
[... der Erwerbstätigen] toplam aktif nüfus

[... der offenen Stellen] açık iş yerlerinin toplam sayısı
Gesamtzuladungsgewicht ⟨n⟩ azami yükleme ağırlığı
Geschädigter ⟨m⟩ zarar gören; *(Jur)* mağdur
Geschäft ⟨n⟩ 1. iş; işlem; muamele; faaliyet 2. dükkan; mağaza; işyeri 3. ticaret; alım satım
[... abschließen] iş sözleşmesi yapmak
[... abwickeln] iş bağlamak
[... auf der Basis von Marktpreisen] rayicine göre iş
[... aufgeben] işyerini kapamak
[... auflösen] işyerini tasfiye etmek
[... aufmachen] işyeri açmak; iş kurmak
[... betreiben] iş yürütmek; işyeri işletmek
[... eröffnen] işyeri açmak; iş kurmak
[... führen] iş yürütmek; işyeri işletmek
[... für eigene und fremde Rechnung] kendi ve üçüncü şahıs hesabına iş/faaliyet/ticaret
[... gegen bar] peşin işlem/muamele; peşinatlı ticaret
[... gründen] işyeri açmak; iş kurmak
[... im Freiverkehr] açık/serbest piyasa işlemleri; tezgâh üstü işlemler/satışlar
[... machen] iş/ticaret yapmak
[... mit jedermann] açık ticaret
[... schließen] işyerini/dükânı kapatmak
[gut eingeführtes...] rayına oturmuş iş
[gutes... machen] iyi/kârlı iş yapmak
[lebhaftes...] *(Bö)* canlı alım satım
[lustloses...] hevessiz/isteksiz alım satım
[operatives...] faaliyetler
[rentables...] kârlı iş
Geschäfte ⟨pl⟩ işler; işlemler
[Anzahl der...] işlemlerin sayısı; işlem miktarı
[dunkle...] karanlık işler
Geschäftemacher ⟨m⟩ vurguncu; fırsatçı; spekülatör
Geschäftsabschluß ⟨m⟩ akit; pazarlık; işlem
Geschäftsabwicklung ⟨f⟩ iş bağlama; ticarî işlem
Geschäftsadresse ⟨f⟩ iş/işyeri adresi
Geschäftsakten ⟨pl⟩ iş evrakı; ticarî evrak
Geschäftsangelegenheiten ⟨pl⟩ iş hususları
Geschäftsanschrift ⟨f⟩ iş/işyeri adresi
Geschäftsanteil ⟨m⟩ pay; hisse
Geschäftsaufgabe ⟨f⟩ işten vazgeçme; işyerini/dükânı kapatma
Geschäftsauflösung ⟨f⟩ iş akdinin feshi; işyerini/dükânı kapatma
Geschäftsausgaben ⟨pl⟩ iş maliyeti
Geschäftsausstattung ⟨f⟩ işyeri donatımı
Geschäftsbank ⟨f⟩ *(BkW)* iş bankası
Geschäftsbedingungen ⟨pl⟩ iş koşulları
Geschäftsbelebung ⟨f⟩ işin/ticaretin canlanması
Geschäftsbereich ⟨m⟩ iş alanı; faaliyet sektörü
[... die Gewinnverantwortung] kâr yapma sorumluluğu olan bölüm
Geschäftsbericht ⟨m⟩ faaliyet raporu
[... des Vorsitzenden] başkanın faaliyet raporu
Geschäftsbesprechung ⟨f⟩ iş görüşmesi
Geschäftsbeteiligung ⟨f⟩ ticarî ortaklık/katılım
Geschäftsbetrieb ⟨m⟩ ticarî işletme
Geschäftsbeziehung ⟨f⟩ iş ilişkisi
[...en anknüpfen/herstellen] iş ilişkileri kurmak
Geschäftsbrauch ⟨m⟩ ticarî örf ve adetler

Geschäftsbrief ⟨m⟩ iş mektubu
Geschäftsbücher ⟨pl⟩ muhasebe defterleri
Geschäftsbuchführung ⟨f⟩ *(ReW)* mali muhasebe; *(ReW)* genel muhasebe; *(ReW)* yönetim muhasebesi
Geschäftsbuchhaltung ⟨f⟩ *(ReW)* mali muhasebe; *(ReW)* genel muhasebe; *(ReW)* yönetim muhasebesi
Geschäftsdrucksache ⟨f⟩ açık ticarî gönderi; ticarî matbu (gönderi)
Geschäftseigentümer ⟨m⟩ iş/işyeri sahibi
Geschäftseinkommen ⟨n⟩ ticarî gelir
Geschäftseinlage ⟨f⟩ iş/sermaye payı
Geschäftseinnahmen ⟨pl⟩ ticarî gelir/tahlisat/girdiler
Geschäftseinrichtungen ⟨pl⟩ ticarî tesis ve donatım
Geschäftsempfehlung ⟨f⟩ referans
Geschäftserfahrung ⟨f⟩ iş deneyimi
Geschäftserfolg ⟨m⟩ iş başarısı
Geschäftsergebnis ⟨n⟩ faaliyet sonucu
Geschäftseröffnung ⟨f⟩ işyeri açma; iş kurma
Geschäftserweiterung ⟨f⟩ işi genişletme/büyütme
geschäftsfähig ⟨adj⟩ ehil
Geschäftsfähigkeit ⟨f⟩ (ticarî) ehliyet
Geschäftsfreund ⟨m⟩ iş arkadaşı
geschäftsführend ⟨adj⟩ yönetici; idarî; yönetimsel
Geschäftsführer ⟨m⟩ mali yönetici; genel müdür; murahhas; iş yapan kimse; işgören
Geschäftsführung ⟨f⟩ genel müdürlük; iş/faaliyet yürütme; iş yönetimi
[... der Gesellschaft] şirket işlerini yürütme/yönetme
[ordnungsgemäße ...] usulüne uygun olarak işleri yönetme
Geschäftsführungsbefugnis ⟨f⟩ iş yönetimi yetkisi
Geschäftsgang ⟨m⟩ ticarî işlem; iş muamelesi
Geschäftsgebaren ⟨n⟩ iş davranışı/ahlâkı; ticarî ahlâk
[unlauteres ...] haksız iş davranışı
Geschäftsgebäude ⟨n⟩ işhanı
Geschäfts- und Fabrikgebäude ⟨pl⟩ yönetim ve fabrika binaları
Geschäftsgeheimnis ⟨n⟩ iş sırrı; ticarî sır
Geschäftsgepflogenheit ⟨f⟩ ticarî usul/gelenek
Geschäftsgewinn ⟨m⟩ faaliyet kârı
Geschäftsgründung ⟨f⟩ iş/işyeri kuruluşu/kurma
Geschäftshaus ⟨n⟩ işhanı; iş merkezi binası
Geschäftsinhaber ⟨m⟩ iş/işyeri/dükkan/mağaza sahibi
Geschäftsinventar ⟨n⟩ işyeri envanteri
Geschäftsjahr ⟨n⟩ iş/faaliyet yılı; mali yıl
Geschäftskapital ⟨n⟩ iş sermayesi
Geschäftsklima ⟨n⟩ iş (yapma) ortamı
Geschäftskorrespondenz ⟨f⟩ iş yazışması
Geschäftskosten ⟨pl⟩ iş maliyeti; faaliyet masrafları
Geschäftskreise ⟨pl⟩ iş çevreleri
Geschäftslage ⟨f⟩ iş durumu; iş yerinin konumu
Geschäftsleben ⟨n⟩ iş yaşamı/hayatı
Geschäftsleitung ⟨f⟩ iş yönetimi
Geschäftsleute ⟨pl⟩ iş adamları
Geschäftslokal ⟨n⟩ dükkân; işyeri; büro
Geschäftsmann ⟨m⟩ iş adamı
Geschäftsmoral ticarî ahlâk
Geschäftsordnung ⟨f⟩ iç yönetmelik; içtüzük; usul

[Antrag zur ...] usul hakkında dilekçe
[zur ...] usul hakkında
Geschäftspartner ⟨m⟩ iş ortağı
Geschäftspolitik ⟨f⟩ iş/şirket politikası; iş yapma politikası
Geschäftspost ⟨f⟩ iş postası
Geschäftspraktiken ⟨pl⟩ ticarî pratikler
Geschäftsraum ⟨m⟩ ofis
Geschäftsreise ⟨f⟩ iş seyahati/yolculuğu
Geschäftsreisender ⟨m⟩ iş yolculuğu yapan; seyyar ticarî mümessil
Geschäftsrückgang ⟨m⟩ işlerde gerileme
geschäftsschädigend ⟨adj⟩ işe zararlı
Geschäftsschädigung ⟨f⟩ işe/ticarete zararlı
Geschäftsschließung ⟨f⟩ iş yerini kapatma
Geschäftsschluß ⟨m⟩ iş yerinin kapanış saati
[früher ...] iş yerlerini erken kapama
[nach ...] iş yerleri kapandıktan sonra
Geschäftsschulden ⟨pl⟩ ticarî borçlar
Geschäftssinn ⟨m⟩ iş yapmaya yatkınlık; ticaret anlayışı
Geschäftssitz ⟨m⟩ iş merkezi
Geschäftsstelle ⟨f⟩ işyeri; şube; ofis; yazı işleri
Geschäftsstraße ⟨f⟩ alışveriş caddesi
Geschäftsstunden ⟨pl⟩ iş saatleri
Geschäftstagebuch ⟨n⟩ *(ReW)* işletme defteri
Geschäftstätigkeit ⟨f⟩ iş faaliyeti
[... aufnehmen] işe başlamak/girişmek
Geschäftsumfang ⟨m⟩ iş/ticaret hacmi
Geschäftsumsatz ⟨m⟩ ciro; satışlar
geschäftsunfähig ⟨adj⟩ ehliyetsiz
Geschäftsunfähigkeit ⟨f⟩ (ticarî) ehliyetsizlik
[absolute ...] tam ehliyetsizlik
Geschäftsunkosten ⟨pl⟩ iş/faaliyet masrafları
Geschäftsunterbrechung ⟨f⟩ işe ara verme
Geschäftsunterlagen ⟨pl⟩ iş evrakı
Geschäftsverbindung ⟨f⟩ iş bağlantısı/ilişkisi
Geschäftsverbindungen ⟨pl⟩ iş bağlantıları/ilişkileri
Geschäftsvereinbarung ⟨f⟩ iş anlaşması/sözleşmesi
Geschäftsverkehr ⟨m⟩ ticarî işlemler
Geschäftsverlagerung ⟨f⟩ işyerinin/işin nakli
Geschäftsverlust ⟨m⟩ iş zararı
Geschäftsvermögen ⟨n⟩ dönen varlıklar; döner sermaye; iş sermayesi
Geschäftsverpflichtungen ⟨pl⟩ iş yükümlülükleri
Geschäftsverteilungsplan ⟨m⟩ iş dağıtımı planı; iş organizasyonu
Geschäftsviertel ⟨n⟩ iş semti; çarşı
Geschäftsvolumen ⟨n⟩ iş/işlem hacmi
Geschäftsvorfall ⟨m⟩ ticarî işlem/muamele
Geschäftsvorgang ⟨m⟩ ticarî işlem/muamele
Geschäftswelt ⟨f⟩ iş dünyası
Geschäftswert ⟨m⟩ *(ReW)* işleyen teşebbüs değeri; peştemallik
Geschäftszeit ⟨f⟩ iş zamanı
Geschäftszweig ⟨m⟩ iş dalı; işkolu; branş
Geschenk ⟨n⟩ hediye
Geschenkartikel ⟨m⟩ hediyelik eşya
Geschenksendung ⟨f⟩ hediyelik gönderi
Geschmack ⟨m⟩ zevk; tat
Geschmacksmuster ⟨n⟩ (tescilli) desen
geschützt ⟨adj⟩ (hakkı) saklı/mahfuz
[gesetzlich ...] (kanunen) hakkı saklı/mahfuz
[nicht ...] *(Ware)* genel; umumî
[urheberrechtlich ...] telif hakkı saklıdır

gesehen ⟨adj⟩ görülmüş
 [... und genehmigt] görülmüş ve onaylanmış
Geselle ⟨m⟩ kalfa
Gesellenprüfung ⟨f⟩ kalfalık sınavı
Gesellenstück ⟨n⟩ (kalfa adayının kalfa olabilmek için işlediği) kalfalık eseri
Gesellschaft ⟨f⟩ 1. ortaklık; şirket 2. toplum
 [... auf Gegenseitigkeit] karşılık esası üzerine kurulu ortaklık
 [... auflösen] şirketi feshetmek
 [... des bürgerlichen Rechts] **(GbR)** adi şirket; bayağı ortaklık
 [... errichten] şirket kurmak
 [... gründen] şirket kurmak
 [... handelsgerichtlich eintragen] şirketin ticaret mahkemesince tescili
 [... liquidieren] şirketi tasfiye etmek
 [... mit ausländischem Kapital] yabancı sermayeli şirket
 [... mit beschränktem Aktionärskreis] sınırlı sayıda hissedarlı şirket
 [... mit beschränkter Haftung] **(GmbH)** limited şirket
 [... mit geschlossenem Gesellschafterkreis] özel şirket
 [... mit Sitz im Ausland] ikametgâhı yurtdışında olan şirket
 [abhängige ...] bağlı/bağımlı şirket
 [angegliederte ...] bağlanmış şirket
 [Auflösung der ...] şirketin feshi/kapatılması
 [ausländische ...] yabancı şirket
 [Ausscheiden aus der ...] şirketten çıkma
 [Ausschluß aus der ...] şirketten çıkarılma
 [Bekanntmachung der ...] şirketin ilanı
 [beherrschende ...] egemen/hakim şirket
 [börsennotierte ...] borsada koteli/kayıtlı şirket
 [de facto ...] fiilî şirket; edimsel ortaklık
 [Eintragung der ...] şirketin tescili
 [Firma der ...] şirketin unvanı
 [Gegenstand der ...] şirketin konusu
 [gemeinnützige ...] kamuya yararlı ortaklık/şirket
 [gemischtwirtschaftliche ...] iktisadî kamu ortaklığı
 [Gründungskapital einer ...] apor; şirketin kuruluş sermayesi
 [Handelsname der ...] şirketin ticaret unvanı
 [Hauptniederlassung der ...] şirketin (yerleşim) merkezi
 [herrschende ...] hakim şirket
 [Liquidation der ...] şirketin tasfiyesi
 [öffentlich-rechtliche ...] kamu şirketi
 [privatrechtliche ...] özel şirket
 [Sitz der ...] şirketin merkezi
 [staatliche ...] devlet/kamu ortaklığı
 [stille ...] komanditer ortaklık
 [tätige ...] aktif ortaklık; ticarî şirket
 [übernehmende ...] üstlenen şirket
 [Vertretung der ...] şirketi temsil
Gesellschafter ⟨m⟩ ortak; şirket ortağı; hissedar; şerik
 [ausgeschiedener ...] ayrılan/çıkan ortak
 [ausgeschlossener ...] çıkarılan ortak
 [ausscheidender ...] ayrılan ortak
 [beschränkt haftender ...] sınırlı sorumlu ortak; komanditer
 [gesamtschuldnerischer ...] zincirleme birlikte borçlu/kefil ortak
 [geschäftsführender ...] yönetici/komandite ortak; *(AG)* murahhas üye
 [nachrangig haftender ...] ikinci derecede sorumlu ortak
 [persönlich haftender ...] komandite (ortak)
 [später eingetretener ...] sonradan katılan ortak
 [stiller ...] komanditer (ortak)
 [tätiger ...] aktif/faal/çalışan/komandite ortak
 [unbeschränkt haftender ...] sınırsız sorumlu ortak; komandite (ortak)
 [vorangig haftender ...] ön/birinci derecede mesul ortak
Gesellschafteranteil ⟨m⟩ ortağın payı
Gesellschafterbeschluß ⟨m⟩ ortakların kararı
Gesellschafterdarlehen ⟨n⟩ ortakların istikrazı
Gesellschafterhaftung ⟨f⟩ ortakların mesuliyeti/sorumluluğu
Gesellschafterkapital ⟨n⟩ ortakların sermayesi
Gesellschafterverhältnis ⟨n⟩ ortaklar arasındaki münasebetler
Gesellschafterversammlung ⟨f⟩ hissedarlar/ortaklar toplantısı
Gesellschaftervertrag ⟨m⟩ ortaklık mukavelesi
Gesellschafterverzeichnis ⟨n⟩ pay sahipleri defteri; haziran cetveli
Gesellschaftsanteil ⟨m⟩ şirket payı; ortağın şirketteki payı
Gesellschaftsbefugnisse ⟨pl⟩ ortaklık salâhiyetleri/yetkileri
Gesellschaftsbilanz ⟨f⟩ şirket bilançosu
Gesellschaftsdauer ⟨f⟩ şirket müddeti
Gesellschaftsform ⟨f⟩ şirketin nev'i
Gesellschaftsgläubiger ⟨pl⟩ şirket alacaklıları
Gesellschaftsgründer ⟨m⟩ kurucu; şirket kurucusu
Gesellschaftsgründung ⟨f⟩ şirket kuruluşu; şirketin kurulması
Gesellschaftshaftung ⟨f⟩ şirket sorumluluğu
Gesellschaftskapital ⟨n⟩ şirket sermayesi
Gesellschaftsrecht ⟨n⟩ şirketler hukuku
Gesellschaftsregister ⟨n⟩ şirketler sicili
Gesellschaftsreisen ⟨pl⟩ grup halinde yolculuk
Gesellschaftssatzung ⟨f⟩ şirketin tüzüğü
Gesellschaftsschicht ⟨f⟩ toplumsal/sosyal kesim
Gesellschaftssitz ⟨m⟩ şirket merkezi
Gesellschaftsstruktur ⟨f⟩ 1. şirket yapısı 2. toplum yapısı
Gesellschaftsstatut ⟨n⟩ şirketin esas mukavelenamesi; şirketin tüzüğü
Gesellschaftsteuer ⟨f⟩ şirketler vergisi
Gesellschaftssystem ⟨n⟩ sosyal sistem
Gesellschaftsvermögen ⟨n⟩ şirket varlıkları
Gesellschaftsverhältnis ⟨n⟩ şirket ilişkisi
Gesellschaftsversammlung ⟨f⟩ şirket toplantısı
Gesellschaftsvertrag ⟨m⟩ şirket mukavelesi
Gesellschaftszweck ⟨m⟩ şirketin amaç ve konusu
Gesetz ⟨n⟩ kanun; yasa; kuram
 [... beachten] kanuna riayet etmek
 [... befolgen] kanuna riayet etmek
 [... der Absatzwege] Mahreçler Kanunu; Kaynaklar Kuramı

[... der großen Zahlen] *(Stat)* Büyük Sayılar Kanunu
[... des abnehmenden Ertrages] *(VWL)* Azalan Verimler Kanunu/Yasası
[... des abnehmenden Grenznutzens] *(VWL)* Azalan Marjinal Fayda Yasası
[... gegen unlauteren Wettbewerb] Haksız Rekabeti Önleme Yasası
[... gegen Wettbewerbsbeschränkungen] Rekabet Sınırlamalarını Önleme Yasası
[... übertreten] kanuna karşı gelmek; kanunu ihlal etmek; yasaları çiğnemek
[... vom abnehmenden Ertragszuwachs] *(VWL)* Azalan Verimler Yasası
[... vom abnehmenden Grenzertrag] Azalan Verimler Yasası
[... vom abnehmenden Grenznutzen] *(VWL)* Azalan Marjinal Fayda Yasası
[... verletzt haben] kanuna karşı gelmiş olmak; kanunu ihlal etmiş olmak; yasaları çiğnemiş olmak
[... von Angebot und Nachfrage] Arz ve Talep Yasası
[aufgrund eines ... es klagen] yasa hükümlerince dava etmek
[einschlägiges ...] geçerli yasa
[gegen das ... verstoßen] kanuna aykırı harekette bulunmak
[gegen ein ... verstoßen] bir kanuna aykırı harekette bulunmak
[geltendes ...] geçerli yasa
[Gresham'sches ...] *(VWL)* Gresham Yasası
[kraft ... es] kanundan/yasadan doğan
[laut ...] kanun gereğince; kanunen
[mit dem ... in Konflikt geraten] yasalara karşı gelmek
Gesetzauslegung ⟨f⟩ yasayı yorumlama
Gesetzblatt ⟨n⟩ resmî gazete
Gesetzbuch ⟨n⟩ *(Jur)* kanun (kitabı); yasa (kitabı); kanunname
[Bürgerliches ...] **(BGB)** *(Jur)* Alman Medenî Kanunu
Gesetzentwurf ⟨m⟩ kanun tasarısı
Gesetzesanwendung ⟨f⟩ yasayı/kanunu uygulama
Gesetzesentwurf ⟨m⟩ kanun tasarısı
Gesetzeskraft ⟨f⟩ kanun erki/kuvveti
Gesetzeslücke ⟨f⟩ kanunda açık
Gesetzessammlung ⟨f⟩ *(Jur)* düstur; desatir; kanunlar mecmuası
Gesetzesvollzug ⟨m⟩ kanunların/yasaların icrası
Gesetzesvorlage ⟨f⟩ kanun taslağı
Gesetzgeber ⟨m⟩ kanun koyucu
Gesetzgebung ⟨f⟩ mevzuat; yasalar
[arbeitsrechtliche ...] iş hukuku mevzuatı
[rückwirkende ...] geçmişe etkili mevzuat
gesetzlich ⟨adj⟩ yasal; kanunî; kanunen
Gesetzwidrig ⟨adj⟩ kanuna aykırı
Gesetzwidrigkeit ⟨f⟩ kanuna aykırılık
gesichert ⟨adj⟩ teminatlı; güvenceli
[banküblich ...] banka teminatlı
[dinglich ...] aynî/nesnel teminatlı
[hypothekarisch .] ipotek teminatlı
Gespräch ⟨n⟩ konuşma; görüşme
[dienstliches ...] iş görüşmesi
Gesprächsgebühr ⟨f⟩ konuşma/görüşme ücreti

Gesprächskreis ⟨m⟩ tartışma grubu
gestalten ⟨v/t⟩ düzenlemek; tasarlamak; yaratmak
Gestaltung ⟨f⟩ düzenleme; dizayn; tasarım
Gestattungsvertrag ⟨m⟩ lisans sözleşmesi
Gestehungskosten ⟨pl⟩ alış maliyeti; asıl maliyet; ön maliyet
[... plus Gewinnspanne] alış maliyeti artı kâr marjı
[zu ... ausweisen] alış maliyetine göstermek
Gestehungspreis ⟨m⟩ maliyet fiyatı
Gestellungskosten ⟨pl⟩ *(ReW)* asıl maliyet; *(ReW)* ön maliyet; *(ReW)* alış maliyeti; *(ReW)* üretim maliyeti
gestreut ⟨adj⟩ *(Aktienbesitz)* yayılmış
gestrichen ⟨adj⟩ silinmiş; iptal edilmiş; *(Kurs)* kotesiz
Gesuch ⟨n⟩ talep; dilekçe
[... bewilligen] talebi kabul etmek
[... einreichen] talepte bulunmak; dilekçe vermek
Gesundheit ⟨f⟩ sağlık; sıhhat
[öffentliche ...] kamu sağlığı
Gesundheitsamt ⟨n⟩ sağlık dairesi
Gesundheitsattest ⟨n⟩ *(Med)* sağlık raporu; *(Schff)* temiz patentesi
Gesundheitsbeamter ⟨m⟩ sağlık memuru
Gesundheitsbehörde ⟨f⟩ sağlık (bakanlığı) makamı/dairesi
Gesundheitsdienst ⟨m⟩ sağlık hizmeti
[staatlicher ...] devlet sağlık hizmeti
Gesundheitseinrichtungen ⟨pl⟩ sağlık kurumları
Gesundheitsfürsorge ⟨f⟩ koruyucu sağlık hizmetleri
gesundheitsgefährdend ⟨adj⟩ sağlığa zarar verici
Gesundheitskontrolle ⟨f⟩ sağlık denetimi; sağlık kontrolü
Gesundheitsminister ⟨m⟩ sağlık bakanı
Gesundheitsministerium ⟨n⟩ sağlık bakanlığı
Gesundheitsnachweis ⟨m⟩ *(Med)* sağlık belgesi
Gesundheitspflege ⟨f⟩ sağlık bakımı
Gesundheitspolitik ⟨f⟩ sağlık politikası
Gesundheitsrisiko ⟨n⟩ *(SozV)* sağlık riski
gesundheitsschädlich ⟨adj⟩ sağlığa zarar verici
Gesundheitsversicherung ⟨f⟩ *(Vers)* sağlık sigortası
Gesundheitswesen ⟨n⟩ *(SozV)* sağlık işleri
Gesundheitszeugnis ⟨n⟩ *(Med)* sağlık belgesi
Gesundheitszustand ⟨m⟩ *(Med)* sağlık durumu
[allgemeiner ...] genel sağlık durumu
Gesundschrumpfung ⟨f⟩ sağlıklı küçülme
Gesundung ⟨f⟩ iyileşme
Gesundwert ⟨m⟩ sağlam değer
Getränk ⟨n⟩ içki
[alkoholfreies ...] alkolsüz içki
Getränke ⟨pl⟩ meşrubat; içkiler
[alkoholische ...] alkollü içkiler
Getränkesteuer ⟨f⟩ *(StR)* meşrubat vergisi
Getreide ⟨n⟩ *(LandW)* hububat; *(LandW)* tahıl
Getreidebörse ⟨f⟩ hububat/tahıl borsası
Getreideerzeugnis ⟨n⟩ hububattan hazırlanmış ürün
Getreidehändler ⟨m⟩ hububat tüccarı
Getreidesilo ⟨n⟩ *(LandW)* tahıl silosu
Gewähr ⟨f⟩ garanti; teminat; güvence
[... für zugesicherte Eigenschaften] sözverilen nitelikler için garanti/teminat/güvence

[... leisten] garanti etmek; teminat vermek
[ohne ...] garantisiz; teminatsız
[stillschweigend zugesicherte ...] üstü kapalı garanti; zımnî teminat
gewähren ⟨v/t⟩ sağlamak; temin etmek
[Vorteil ...] yarar sağlamak
gewährleisten ⟨v/t⟩ garanti vermek; teminatı yerine getirmek; sağlamak
gewährleistet ⟨adj⟩ garantili; teminatlı; sağlamalı
Gewährleistung ⟨f⟩ tazminat; sağlama (edimi); garanti; teminatı yerine getirme; tekeffül (borcu)
[... der Durchschnittsqualität] ortalama/standart kalite garantisi
[... der zugesicherten Eigenschaften] sözverilen nitelikleri sağlama edimi
[... des Verkäufers] satıcı garantisi; satıcının teminatı yerine getirmesi
[... übernehmen] garantiyi/sağlamayı/teminatı üstlenmek
[ausdrückliche oder stillschweigende ...] açık veya üstü kapalı teminat/sağlama
Gewährleistungsanspruch ⟨m⟩ tazminat hakkı; teminattan doğan hak/talep
Gewährleistungsausschluß ⟨m⟩ alıcı tedbirli olsun kaydı; sağlamayı hariç kılma
Gewährleistungsbruch ⟨m⟩ teminatı yerine getirmeme
Gewährleistungsfall ⟨m⟩ tazminat hali/durumu; edim durumu
Gewährleistungsfrist ⟨f⟩ tazminat süresi; sağlama süresi; edim süresi
Gewährleistungsgarantie ⟨f⟩ tazminat/sağlama garantisi; bozukluklara karşı sağlama garantisi
[... des Verkäufers] satıcının tazminat garantisi
Gewährleistungsklage ⟨f⟩ tazminat/edim/eda/sağlama davası
Gewährleistungspflicht ⟨f⟩ tazminat zorunluluğu; sağlama yükümlülüğü; teminatı yerine getirme yükümlülüğü; tekeffül borcu
[... wegen Sach- und Rechtsmängel] bozukluklara karşı tazminat/sağlama zorunluluğu/yükümlülüğü; ayıp ve kusurlara karşı tekeffül borcu
Gewährleistungsversicherung ⟨f⟩ *(Vers)* tazminat sigortası
Gewährsmangel ⟨m⟩ teminat eksikliği
Gewährsschein ⟨m⟩ teminat/dükruvar senedi
Gewährung ⟨f⟩ kabullenme
[... von Ansprüchen] hak ve talepleri kabullenme
Gewalt ⟨f⟩ güç; erk; iktidar
[gesetzgebende ...] *(Jur)* yasama erki
[Höhere ...] mücbir sebep
[öffentliche ...] kamu iktidarı
[rechtsprechende ...] *(Jur)* yargı erki
[wegen höherer ...] mücbir sebeplerden dolayı
[vollziehende ...] *(Jur)* yürütme erki
Gewebe ⟨n⟩ dokuma; doku
Gewerbe ⟨n⟩ esnaflık; zanaat; iş; ticaret
[... anmelden] iş yapma ruhsatı için dilekçe vermek
[... ausüben] iş/ticaret/esnaflık yapmak
[ambulantes ...] gezici/seyyar esnaflık
[dienstleistendes ...] hizmet (verici) işler
[(güter)produzierendes ...] üretken sanatlar
[handwerkliches ...] zanaat; el sanatları

[verarbeitendes ...] (ürün) işleyen sanatlar
Gewerbeabfall ⟨m⟩ sanayi atığı
Gewerbeamt ⟨n⟩ ticaret dairesi
Gewerbeansiedlung ⟨f⟩ esnaflar sitesi; sanayi sitesi
Gewerbeaufseher ⟨m⟩ sınaî denetçi
Gewerbeaufsicht ⟨f⟩ sınaî denetim
Gewerbeaufsichtsamt ⟨n⟩ sınaî ve esnaflık denetim dairesi
Gewerbeausbildung ⟨f⟩ sinaî eğitim
Gewerbebau ⟨m⟩ ticaret ve iş hanı
Gewerbebauten ⟨pl⟩ ticaret ve iş hanları
Gewerbeberechtigung ⟨f⟩ ticarî ehliyet belgesi
Gewerbebesteuerung ⟨f⟩ ticareti vergileme
Gewerbetreibender ⟨m⟩ zanaatçı; esnaf
Gewerbebetrieb ⟨m⟩ sınaî işletme; ticarethane
Gewerbeerlaubnis ⟨f⟩ ticarî ruhsat
Gewerbeertrag ⟨m⟩ sınaî gelir; ticarî verim; faaliyet getirisi/verimi
Gewerbeertragssteuer ⟨f⟩ ticarî gelir/kazanç vergisi
Gewerbeerzeugnis ⟨n⟩ sanayi ürünü
Gewerbefläche ⟨f⟩ ticaret/sanayi alanı/bölgesi
Gewerbeförderung ⟨f⟩ ticarî/endüstriyel/sanayisel teşvik
Gewerbefreiheit ⟨f⟩ ticarî serbesti
Gewerbegebiet ⟨n⟩ sınaî bölge; sanayi bölgesi
Gewerbegenehmigung ⟨f⟩ ticarî ruhsat
Gewerbegrundstück ⟨n⟩ sanayi arsası
Gewerbekapital ⟨n⟩ ticarî sermaye
Gewerbekapitalsteuer ⟨f⟩ *(StR)* ticarî sermaye vergisi
Gewerbepolizei ⟨f⟩ sınaî polis
Gewerberäume ⟨pl⟩ yazıhaneler
Gewerbeschein ⟨m⟩ (işyeri) işletme ruhsatı
Gewerbeschule ⟨f⟩ ticarî meslek okulu
Gewerbesteuer ⟨f⟩ *(StR)* ticarî kazançlar vergisi; *(StR)* işletme gelirleri vergisi; *(StR)* işletme vergisi
Gewerbesteueraufkommen ⟨n⟩ ticarî kazançlar vergisi varidatı
Gewerbesteuerbescheid ⟨m⟩ *(StR)* (ticarî) gelir vergisi bildirgesi
Gewerbesteuerpflichtig ⟨adj⟩ *(StR)* ticarî kazançlar vergisine tabi; *(StR)* işletme vergisine tabi
Gewerbetreibender ⟨m⟩ zanaatçı; esnaf
Gewerbe- und Industriepark ⟨m⟩ ticaret ve sanayi sitesi
Gewerbeunfallversicherung ⟨f⟩ *(Vers)* sınaî kaza sigortası
Gewerbeverband ⟨m⟩ Esnaf ve Sanatkârlar Konfederasyonu
Gewerbeverzeichnis ⟨n⟩ ticaret listesi/rehberi/kılavuzu
Gewerbezentrum ⟨n⟩ sanayi ve ticaret merkezi
Gewerbe- und Freizeitzentrum ⟨n⟩ ticaret ve eğlence merkezi
Gewerbezweck ⟨m⟩ sınaî/ticarî amaç
Gewerbezweig ⟨m⟩ *(VWL)* işkolu
gewerblich ⟨adj⟩ sınaî; ticarî
gewerbsmäßig ⟨adj⟩ sınaî; ticarî
Gewerkschaft ⟨f⟩ sendika
[arbeitgeberfreundliche ...] sarı sendika; işveren taraftarı sendika
Gewerkschaft(l)er ⟨m⟩ sendikacı
gewerkschaftlich ⟨adj⟩ sendikal; sendika olarak

Gewerkschaftsbeitrag ⟨m⟩ sendika aidatı/ödentisi
Gewerkschaftsbund ⟨m⟩ sendikalar birliği
  [Deutscher ...] **(DGB)** Alman İşçi Sendikaları Birliği
gewerkschaftsfeindlich ⟨adj⟩ sendikaya karşı
Gewerkschaftsfreundlich ⟨adj⟩ sendika taraftarı
Gewerkschaftsführer ⟨m⟩ sendika başkanı
Gewerkschaftsführung ⟨f⟩ sendika yönetimi/başkanlığı
Gewerkschaftsmitglied ⟨n⟩ sendika üyesi
Gewerkschaftsmitgliedschaft ⟨f⟩ sendika üyeliği
Gewerkschaftsverband ⟨m⟩ sendikalar birliği
Gewerkschaftsvertreter ⟨m⟩ sendika temsilcisi
Gewerkschaftszugehörigkeit ⟨f⟩ sendika üyeliği
Gewicht ⟨n⟩ ağırlık
  [gesetzliches ...] standart ağırlık
  [lebendes ...] canlı ağırlık
  [nach ... verkaufen] ağırlık üzerinde satmak
  [zollpflichtiges ...] *(Zo)* gümrüğe tabi ağırlık
gewichtet ⟨adj⟩ ağırlıklı
Gewichtsabgang ⟨m⟩ ağırlık kaybı
  [gewöhnlicher ... und Schwund] normal ağırlık kaybı ve fire
Gewichtsabweichung ⟨f⟩ ağırlık farkı/sapması/toleransı
Gewichtsangabe ⟨f⟩ ağırlığını bildirme; ağırlık beyanı
Gewichtsbasis ⟨f⟩ ağırlık esası
Gewichtsbescheinigung ⟨f⟩ ağırlık sertifikası
Gewichtsfracht ⟨f⟩ *(Schff)* ağırlık navlunu
Gewichtsgrenze ⟨f⟩ ağırlık sınırı
Gewichtskoeffizient ⟨m⟩ *(Stat)* ağırlık katsayısı
Gewichtskontrolle ⟨f⟩ ağırlık kontrolü
Gewichtsliste ⟨f⟩ ağırlık listesi
Gewichtsmanko ⟨n⟩ ağırlık noksanı; eksik ağırlık
Gewichtsschwund ⟨m⟩ ağırlık kaybı; fire
Gewichtstarif ⟨m⟩ ağırlık üzerinden tarife; ağırlık fiyatı
Gewichtstonne ⟨f⟩ tonaj; *(Schff)* tonilato
Gewichtsüberschuß ⟨m⟩ ağırlık fazlası; fazla ağırlık
Gewichtsvergütung ⟨f⟩ ağırlık eksikliğinde yapılan indirim
Gewichtsverlust ⟨m⟩ ağırlık kaybı
Gewichtswert ⟨m⟩ ağırlık üzerinden değer
Gewichtszoll ⟨m⟩ *(Zo)* ağırlık üzerinden alınan gümrük
Gewichtung ⟨f⟩ ağırlıklama
Gewinn ⟨m⟩ →**Profit** kâr; kazanç
  [... abführen] kârı teslim etmek
  [... abwerfen] kâr bırakmak
  [... abwerfend] kâr bırakan; rantabl
  [... aufweisen] kâr göstermek
  [... aus Anlagenverkauf] sabit varlıkların satışından elde edilen kâr
  [... aus Buchwerterhöhungen] *(ReW)* değer artışı kazancı
  [... ausschütten] *(BkW)* kâr dağıtmak
  [... ausweisen] kâr göstermek
  [... bringen] kâr getirmek
  [... des Geschäftsjahres] *(ReW)* faaliyet yılı kârı; mali yıl kârı
  [... des Konsolidierungskreises ohne Gewinnanteile Dritter] üçüncü kişilerin kâr payları dışında konsolide kârlar
  [... erwirtschaften] kâr yapmak
  [... erzielen] kâr yapmak; kazanmak
  [... in Prozent des investierten Kapitals] yatırılan sermayenin yüzde kârı
  [... machen] kâr yapmak
  [... nach Steuern] *(ReW)* vergi sonrası kâr
  [... pro Aktie] *(BkW)* hisse senedi başına kâr
  [... und Verlust] *(ReW)* kâr ve zarar
  [...- und Verlustkonto] *(ReW)* kâr ve zarar hesabı
  [...- und Verlustrechnung] **(GuV)** *(ReW)* kâr ve zarar muhasebesi/hesabı
  [... vor Abschreibungen und Wertberichtigungen] *(ReW)* gayri safi ticarî kâr
  [... vor (Abzug der) Steuern] *(ReW)* vergi (kesintisi) öncesi kâr
  [... vor Steuern] *(ReW)* vergi öncesi kâr
  [...e] →**Gewinne**
  [angefallener ...] tahakkuk etmiş kâr; birikmiş kâr
  [ausgeschütteter ...] *(BkW)* dağıtılan kâr
  [ausgewiesener ...] beyan edilen kâr; gösterilen kâr
  [ausschüttungsfähiger ...] *(BkW)* dağıtılabilir kâr
  [außerordentlicher ...] olağanüstü kâr
  [betriebsbezogener ...] *(ReW)* işletme kârı
  [bilanzieller ...] *(ReW)* bilanço kârı
  [einbehaltener ...] *(BkW)* dağıtılmayan kâr
  [einmaliger ...] bir kereye mahsus kâr; arızî kazanç
  [erzielter ...] elde edilen kâr
  [gewerblicher ...] ticarî kazanç/kâr; *(ReW)* faaliyet kârı
  [hoher ...] yüksek kâr
  [konsolidierte ...- und Verlustrechnung] *(ReW)* konsolide kâr ve zarar hesabı; *(ReW)* konsolide gelir tablosu
  [konsolidierter ...] *(ReW)* konsolide kâr
  [mit ...] kârla; kârlı; kâr ile
  [mit ... abschließen] kârla kapamak
  [mit ... arbeiten] kârla çalışmak
  [mit ... verkaufen] kâr ile satmak
  [neutraler ...] işletme dışı kâr
  [ohne ... oder Verlust abschließen] ne kâr ne de zararla kapamak; başabaş kapamak
  [periodenechter ...] *(ReW)* gerçek dönem kârı
  [realisierter ...] gerçekleşmiş kâr
  [rechnerischer ...] *(ReW)* izafî kâr;
  (ReW) muhasebe kâr
  [reiner ...] *(ReW)* net kâr; *(ReW)* safi kâr
  [steuerpflichtiger ...] *(StR)* vergiye tabi kâr
  [technischer ...] *(ReW)* işlem kârı;
  (ReW) teknik kâr
  [Teilnahme am ...] *(BkW)* kâra katılma; *(BkW)* kâra iştirak
  [übermäßig hoher ...] aşırı kâr; aşırı kazanç
  [unerwarteter ...] beklenmeyen kâr
  [unrechtmäßiger ...] anafor
  [verteilter ...] *(BkW)* dağıtılmış kâr; *(BkW)* dağıtılan kâr
  [vorgetragener ...] *(ReW)* gösterilen kâr
  [zu versteuernder ...] *(StR)* vergiye tabi kâr
  [zur Ausschüttung kommender ...] *(BkW)* dağıtılacak kâr

Gewinnabführung ⟨f⟩ *(BkW)* kâr transferi; *(BkW)* kâr nakli
Gewinnabhängig ⟨adj⟩ kâra bağlı
Gewinnansprüche ⟨pl⟩ kâr hakları
[... Dritter] üçüncü kişilerin kâr hakları
Gewinnanstieg ⟨m⟩ kârda artış; kârın artması/yükselmesi
Gewinnanteil ⟨m⟩ *(BkW)* kâr payı; *(BkW)* temettü
Gewinnanteilschein ⟨m⟩ *(BkW)* temettü kuponu; *(BkW)* kâra katılma belgesi
Gewinnaufschlag ⟨m⟩ fiyat zammı; satış fiyatlarını yükseltme
Gewinnaufschlagskalkulation ⟨f⟩ *(ReW)* maliyet-kâr hesabı
Gewinnaufstellung ⟨f⟩ kâr cetveli; *(ReW)* gelir tablosu
Gewinnausfall ⟨m⟩ kâr kaybı
Gewinnausschüttung ⟨f⟩ *(BkW)* kâr dağıtımı
Gewinnausweis ⟨m⟩ kâr beyanı; kazanç karnesi; *(ReW)* gelir tablosu
Gewinnbeitrag ⟨m⟩ kâr/kazanç ödentisi
Gewinnberechtigt ⟨adj⟩ kâra katılma hakkı olan
Gewinnberechtigung ⟨f⟩ kâra katılma hakkı
Gewinnbeteiligung ⟨f⟩ kâra katılım/katılma/iştirak
[... der Arbeiter] işçilerin kâra katılmaları
[... der Arbeitnehmer] çalışanların kâra katılmaları
Gewinnbringend ⟨adj⟩ kâr getiren/getirici; kârlı; rantabl; kazandıran
Gewinne ⟨pl⟩ kârlar: kazançlar
[... aus der Veräußerung von Vermögen] sermaye kârları
[... einbehalten] kârları tutmak/dağıtmamak
[... entnehmen] kârları tahsil etmek; kârları realize etmek
[... reinvestieren] kârları yeniden yatırmak
[... thesaurieren] kârları biriktirmek
[... transferieren] kârları transfer etmek
[angesammelte ...] birikmiş kârlar
[einbehaltene ... und Abschreibungen] ertelenmiş kâr ve amortismanlar
[nicht entnommene ...] tahsil edilmemiş kârlar
[thesaurierte ...] birikmiş kârlar
[unverhofft anfallende ...] beklenilmeyen kârlar
Gewinneinbruch ⟨m⟩ kârda gerileme
Gewinneinbuße ⟨f⟩ kârda gerileme
Gewinnentnahme ⟨f⟩ kâr realizasyonu
Gewinnermittlung ⟨f⟩ kârı hesaplama/saptama
Gewinnertrag ⟨m⟩ kâr getirisi
Gewinnerwartung ⟨f⟩ kâr beklentisi
Gewinnerzielung ⟨f⟩ kâr gerçekleştirme
Gewinngemeinschaft ⟨f⟩ kâr amacı güden topluluk
Gewinnkennziffer ⟨f⟩ kâr rasyosu/reşyosu/kıstası/oranı
Gewinnkonto ⟨n⟩ kâr hesabı
Gewinnmaximierung ⟨f⟩ *(BWL)* kâr maksimizasyonu
Gewinnmitnahme ⟨f⟩ *(Bö)* kâr realizasyonu
Gewinnorientiert ⟨adj⟩ kâra yönelik; kâr sağlamak amacını güden
[nicht ...] kâra yönelik olmayan
Gewinnrealisierung ⟨f⟩ *(BkW)* kâr realizasyonu

Gewinnrendite ⟨f⟩ kâr rantı
Gewinnreserve ⟨f⟩ *(Vers)* kâr rezervi; kârdan oluşan ihtiyat
Gewinnrückgang ⟨m⟩ kârda gerileme; kârın azalması
Gewinnrücklage ⟨f⟩ kârdan oluşan ihtiyat
Gewinnrückstellung ⟨f⟩ ertelenmiş gelir; tahsis edilmemiş kâr
Gewinnschuldverschreibung ⟨f⟩ *(WeR)* kâra katılımlı/katılmalı tahvil
Gewinnschwelle ⟨f⟩ *(KoR)* kâra geçiş noktası; *(KoR)* eşik noktası; *(KoR)* başabaş noktası; girdinin maliyeti geçtiği nokta
Gewinnschwellen-Analyse ⟨f⟩ *(KoR)* eşik analizi; *(KoR)* başabaş analizi
Gewinnschwellen-Diagramm ⟨n⟩ *(KoR)* başabaş grafiği
Gewinnspanne ⟨f⟩ kâr marjı/haddi
Gewinnstelle ⟨f⟩ *(BWL)* kâr merkezi
Gewinnsteuer ⟨f⟩ *(StR)* temettü vergisi
Gewinnstreben ⟨n⟩ kâr güdüsü
Gewinnthesaurierung ⟨f⟩ kâr biriktirme
Gewinn- und Verlustkonto ⟨n⟩ *(ReW)* kâr ve zarar hesabı
Gewinn- und Verlustrechnung ⟨f⟩ *(GuV)* *(ReW)* kâr ve zarar muhasebesi/hesabı
Gewinnung ⟨f⟩ *(BergB)* istihraç; *(Daten)* toplama
[... von Steinen und Erden] taş ve toprak istihracı
Gewinnverbesserung ⟨f⟩ kârı artırma
Gewinnverfall ⟨m⟩ kâr düşüşü; kârın düşmesi
Gewinnverhältnis ⟨n⟩ kâr oranı
Gewinnverteilung ⟨f⟩ *(BkW)* kâr dağıtımı
Gewinnverwendung ⟨f⟩ kârı kullanma; kâr dağıtımı/tahsisi
Gewinnverwendungsrechnung ⟨f⟩ kâr dağıtımı/tahsisi hesabı
Gewinnverwendungsvorschlag ⟨m⟩ kâr kullanma önerisi
Gewinnvortrag ⟨m⟩ *(ReW)* dağıtılmamış kârlar; kâr nakli
Gewinnzone ⟨f⟩ *(Diagramm)* eşik/başabaş noktası; kâra geçiş noktası
[in der ...] kârda olmak
[... erreichen] kâra geçmek
[in die ... zurückkehren] yeniden kâra geçmek
Gewinnzuwachs ⟨m⟩ kârda artış; kâr artışı
Gewohnheit ⟨f⟩ alışkanlık; yapılageliş
Gewohnheitsrecht ⟨n⟩ *(subjektiv)* töresel hak; uygulama sonucu doğan; (objektiv) töresel hukuk; örf ve âdet hukuku
[kaufmännisches ...] ticarette töresel hak
Gießerei ⟨f⟩ *(Ind)* dökümhane
Giffengut ⟨n⟩ Giffen malı
Gilde ⟨f⟩ lonca; esnaf ve sanatkârlar birliği
Gini-Koeffizient ⟨m⟩ Gini katsayısı
Gipfel ⟨m⟩ zirve; doruk
Gipfeltreffen ⟨n⟩ zirve toplantısı
Giralgeld ⟨n⟩ *(BkW)* banka parası; *(BkW)* ciro parası
Girant ⟨m⟩ *(WeR)* cıranta/ciranta; ciro edilen
[... aus Gefälligkeit] hatır cırantası
Girat(ar) ⟨m⟩ ciro eden
girierbar ⟨adj⟩ ciro edilebilir

girieren ⟨v/t⟩ ciro etmek
Girierung ⟨f⟩ *(BkW)* cirolama
Giro ⟨n⟩ *(BkW)* ciro
 [durch ... übertragen] *(BkW)* ciro yoluyla devretmek
 [beschränktes ...] *(BkW)* sınırlı/tahditli ciro
 [gewöhnliches ...] *(BkW)* normal/standart ciro
Giroabschnitt ⟨m⟩ (cirolarda) dipkoçanı; ciro kuponu
Giroabteilung ⟨f⟩ *(BkW)* ciro servisi
Girobank ⟨f⟩ *(BkW)* ciro/aktarım/virman bankası; *(BkW)* takas/kliring bankası
Giroeinlagen ⟨pl⟩ *(BkW)* cari mevduat
Girogeschäft ⟨n⟩ kliring
Girogläubiger ⟨m⟩ (cirolu) senet alacaklısı
Giroguthaben ⟨n⟩ *(BkW)* cirolu mevduat; *(BkW)* cari mevduat
Girokonto ⟨n⟩ *(BkW)* cari hesap; kredili/cirolu mevduat hesabı; açık hesap
 [laufendes ...] *(BkW)* cari işlemler/mevduat hesabı
Girokunde ⟨m⟩ *(BkW)* cari hesap müşterisi
Girosammelbank ⟨f⟩ ciro tahsilatı bankası
Girosammeldepot ⟨n⟩ ciro tahsilatı portföyü/hesabı
Girosammelverwahrung ⟨f⟩ ciro tahsilatını saklama
Giroscheck ⟨f⟩ *(BkW)* cirolu çek; kliring bankası çeki
Giroschuldner ⟨m⟩ ciro borçlusu
Giroüberweisung ⟨f⟩ *(BkW)* ciro havalesi
Giroverbindlichkeiten ⟨pl⟩ cirolu borçlar
Giroverkehr ⟨m⟩ ciro/mevduat/aktarım işlemleri
Girozentrale ⟨f⟩ *(BkW)* ciro merkezi; *(BkW)* takas odası; *(BkW)* kliring ofisi
Gitterkiste ⟨f⟩ *(Ind)* kasa
Glas ⟨n⟩ cam
Glasballon ⟨m⟩ damacana
Glas(bruch)schaden ⟨m⟩ *(Vers)* cam kırılması; cam kırılmasından oluşan hasar
Glas(bruch)versicherung ⟨f⟩ *(Vers)* cam sigortası; *(Vers)* cam kırılmasına karşı sigorta
Glasfaser ⟨f⟩ cam lifi; cam elyafı
Glasindustrie ⟨f⟩ cam sanayii
Glaswolle ⟨f⟩ camyünü
glattstellen ⟨v/t⟩ eşitlemek; ayarlamak; ⟨refl⟩ *(Bö)* gerçekleştirmek; realize etmek; *(Termin)* kapamak; *(Baissier)* aynı fiyattan gerçekleştirmek; *(Haussier)* kârı gerçekleştirmek
Glattstellung ⟨f⟩ düzeltme; eşitleme; *(Bö)* (aynı fiyattan) gerçekleştirme
Glättung ⟨f⟩ ayarlama/eşitleme (işlemi)
Glaube ⟨m⟩ niyet; inanç
 [in gutem ... n] iyi niyetle
 [in schlechtem ... n] kötü niyetle
Gläubiger ⟨m⟩ alacaklı
 [... abfinden] alacaklıları tatmin etmek
 [... aus Kontokorrentgeschäften] *(ReW)* ticari alacaklı(lar); cari hesap işlemlerinden alacaklı(lar)
 [... befriedigen] alacaklıları tatmin etmek
 [sich mit seinen ... n arrangieren] alacaklılarıyla anlaşmak
 [abgefundener ...] ödenmiş alacaklı
 [abgesonderter ...] tercihli/imtiyazlı alacaklı
 [absonderungsberechtigter ...] öncelik hakkı olan alacaklı; imtiyazlı alacaklı
 [bevorrechtigter ...] tercihli alacaklı
 [gesicherter ...] teminatlı alacaklı
 [hypothekarisch gesicherter ...] ipotek teminatlı alacaklı
 [nachrangiger ...] ikinci derecede alacaklı
 [vorrangiger ...] birinci derecede alacaklı
 [zwangsvollstreckender ...] zorunlu icradan alacaklı
Gläubigeranspruch ⟨m⟩ alacaklının hakkı
Gläubigerausgleich ⟨m⟩ alacaklılarla uzlaşma
Gläubigerliste ⟨f⟩ alacaklılar listesi
Gläubigermasse ⟨f⟩ alacaklılar heyeti
Gläubigerschutz ⟨m⟩ alacaklıların güvencesi
Gläubigervergleich ⟨m⟩ alacaklılarla uyuşma
Gläubigerversammlung ⟨f⟩ alacaklı(lar) toplantısı
Gläubigerverzeichnis ⟨n⟩ alacaklı(lar) listesi
Gläubigerverzicht ⟨m⟩ alacaklının vazgeçmesi
Gläubigerverzug ⟨m⟩ alacaklının direnmesi/temerrüdü
Gläubigervorrang ⟨m⟩ alacaklının önceliği
Glaubwürdigkeit ⟨f⟩ kredibilite; itibar
gleichartig ⟨adj⟩ türdeş
gleichbedeutend ⟨adj⟩ eşanlamlı
gleichbehandeln ⟨v/t⟩ eşit muamele yapmak
Gleichbehandlung ⟨f⟩ eşit muamele; ayırım yapmama
Gleichbehandlungsgrundsatz ⟨m⟩ ayırım yapmama prensibi
gleichberechtigt ⟨adj⟩ eşit haklara sahip
Gleichberechtigung ⟨f⟩ eşitlik
Gleichgewicht ⟨n⟩ *(BWL)* denge; *(VWL)* denge
 [... am Gütermarkt] mal piyasasında denge
 [... auf allen Märkten] *(VWL)* genel denge
 [... bei Unterbeschäftigung] *(VWL)* eksik istihdamda denge
 [... bei Vollbeschäftigung] *(VWL)* tam istihdamda denge
 [... der ekologischen Systeme] ekolojik sistemler dengesi
 [... stören] dengeyi bozmak
 [... verlieren] dengeyi kaybetmek
 [... von Angebot und Nachfrage] arz ve talebin dengesi
 [allgemeines ...] *(VWL)* genel denge
 [aus dem ... kommen] dengeyi kaybetmek
 [außenwirtschaftliches ...] dış ekonomik denge
 [binnenwirtschaftliches ...] *(VWL)* iç ekonomik denge
 [deflatorisches ...] deflasyonist denge
 [finanzielles ...] mali denge
 [gesamtwirtschaftliches ...] *(VWL)* genel ekonomik denge; (VWL) makro ekonomik denge
 [gestörtes ...] bozulmuş/bozuk denge
 [im ... sein] dengede olmak
 [ins ... bringen] dengelemek
 [kurzfristiges ...] kısa süreli denge
 [langfristiges ...] uzun süreli denge
 [marktwirtschaftliches ...] serbest piyasa dengesi
 [monetäres ...] parasal denge
 [neutrales ...] tarafsız denge
 [ökologisches ...] ekolojik denge
 [partielles ...] kısmî denge

[soziales ...] sosyal denge; toplumsal istikrar
[stabiles ...] kararlı/istikrarlı denge
[totales ...] *(VWL)* genel denge
[unbestimmtes ...] belirsiz denge
[unstabiles ...] kararsız/istikrarsız denge
[währungspolitisches ...] parasal denge
[wirtschaftliches ...] ekonomik denge
[wirtschaftliches ... herstellen] ekonomik denge sağlamak
gleichgewichtig ⟨adj⟩ dengeli
Gleichgewichtsanalyse ⟨f⟩ *(VWL)* denge analizi
[partielle ...] *(VWL)* kısmî denge analizi
Gleichgewichtsbedingung ⟨f⟩ *(VWL)* denge koşulu
Gleichgewichtseinkommen ⟨n⟩ *(VWL)* gelirin denge düzeyi
Gleichgewichtsmenge ⟨f⟩ *(VWL)* denge miktarı
Gleichgewichtsmodell ⟨n⟩ *(VWL)* denge modeli
Gleichgewichtsposition ⟨f⟩ *(AußH)* denge noktası; ticaret dengesi
Gleichgewichtspreis ⟨m⟩ *(VWL)* denge fiyatı
Gleichgewichtsstörung ⟨f⟩ *(VWL)* dengesizlik
Gleichgewichtstheorie ⟨f⟩ *(VWL)* denge teorisi
Gleichgewichtswachstum ⟨n⟩ *(VWL)* dengeli büyüme
Gleichgewichtswachstumsrate ⟨f⟩ dengeli büyüme hızı
Gleichgewichtswechselkurs ⟨m⟩ *(AußH)* dengeli döviz kuru
Gleichgewichtswert ⟨m⟩ denge değeri
Gleichgewichtszins ⟨m⟩ *(VWL)* denge faizi
Gleichgewichtszustand ⟨m⟩ denge hali; *(VWL)* denge düzeyi
Gleichheit ⟨f⟩ eşitlik; parite; tekdüzenlik
[vertikale ...] dikey eşitlik
Gleichheitsgrundsatz ⟨m⟩ eşitlik esası
Gleichheitszeichen ⟨n⟩ eşit işareti
Gleichlauf ⟨m⟩ 1. senkronizm; eşzamanlılık; senkronizasyon 2. uygun adım
gleichlaufend ⟨adj⟩ paralel; eşzamanlı; senkron
Gleichlaufprüfung ⟨f⟩ senkronizm kontrolü
gleichlautend ⟨adj⟩ aslına uygun; eşsesli
gleichmachen ⟨v/t⟩ eşitlemek; tesviye etmek
gleichmäßig ⟨adj⟩ 1. simetrik 2. tekdüzen 3. muntazam; düzgün 4. eşit 5. *(Anteil)* eşit oranlı/paylı
Gleichmäßigkeit ⟨f⟩ 1. simetri 2. tekdüzenlik 3. düzgünlük
gleichordnen ⟨v/t⟩ koordine etmek; uyum sağlamak
Gleichordnung ⟨f⟩ koordinasyon
Gleichordnungskonzern ⟨m⟩ yatay tröst/grup/konsern
Gleichrang ⟨m⟩ eşit rütbe/derece; parite
gleichrangig ⟨adj⟩ eşdereceli
Gleichschaltung ⟨f⟩ koordinasyon
gleichsetzen ⟨v/t⟩ eşit muamele yapmak; eşitlemek; bir tutmak
Gleichstand ⟨m⟩ eşdüzey; beraberlik; parite
[... herstellen] parite sağlamak
gleichstellen ⟨v/t⟩ aynı hakları vermek; eşit muamele yapmak
Gleichstellung ⟨f⟩ parite; muamele eşitliği; emansipasyon
Gleichstrom ⟨m⟩ *(Elek)* doğru akım
Gleichung ⟨f⟩ *(Math)* denklem
[homogene ...] *(Math)* türdeş denklem

gleichwertig ⟨adj⟩ eşdeğerli; denk
Gleichwertigkeit ⟨f⟩ eşdeğerlilik; denklik
Gleis ⟨n⟩ *(Bahn)* ray; hat; peron
Gleisanschluß ⟨m⟩ *(Bahn)* yan hat
Gleisnetz ⟨n⟩ *(Bahn)* demiryolu şebekesi
Gleitbahn ⟨f⟩ kızak; kayma yatağı
gleitend ⟨adj⟩ kaygan; hareketli; esnek; değişken
Gleitklausel ⟨f⟩ kaygan(lık) kaydı; eşel mobil kaydı; endeksleme planı
Gleitlohntarif ⟨m⟩ kaygan ücret tarifesi; eşel mobil tarifesi
Gleitparität ⟨f⟩ kaygan parite
Gleitpreisklausel ⟨f⟩ kaygan parite şartı/kaydı
Gleitzeit ⟨f⟩ esnek çalışma saatleri; esnek iş süresi
Gleitzeitbereich ⟨m⟩ esnek çalışma saatleri alanı/kesimi/kapsamı
Gleitzins ⟨m⟩ değişken/kaygan faiz
Gleitzoll ⟨m⟩ *(Zo)* değişken/kaygan gümrük (tarifesi)
gliedern ⟨v/t⟩ gruplamak; sınıflandırmak; düzenlemek; döküm yapmak
Gliederung ⟨f⟩ gruplama; düzenleme; sınıflandırma; döküm; teşekkül; yapı
[... des Jahresabschlusses] yıllık sonuçların dökümü
[... in Geschäftsbereiche/Sparten] faaliyet alanlarına göre sınıflandırma
[berufliche ...] meslekî gruplama/sınıflandırma
Gliedstaat ⟨m⟩ üye ülke
global ⟨adj⟩ global; genel; toplu; toplam
Globalabtretung ⟨f⟩ toplu devir ve temlik
Globalaktie(nurkunde) ⟨f⟩ global hisse senedi
Globalangebot ⟨n⟩ global arz
Globalbetrag ⟨m⟩ toplam bedel
Globalbewilligung ⟨f⟩ toplu tahsis
Globaldeckung ⟨f⟩ *(Vers)* açık kuvertür
Globalgarantie ⟨f⟩ genel/global garanti
Globalgeschäft ⟨n⟩ global/genel/toplu işlem
Globalkürzung ⟨f⟩ genel kesinti
Globalpolice ⟨f⟩ *(Vers)* global poliçe; *(Vers)* genel poliçe
Globalpreis ⟨m⟩ toplam fiyat
Globalsteuerung ⟨f⟩ *(VWL)* global güdüm/yönetim
Globalurkunde ⟨f⟩ genel senet
Globalversicherung ⟨f⟩ *(Vers)* global sigorta; *(Vers)* genel sigorta
Globalwertberichtigung ⟨f⟩ genel ayarlama
Globalzession ⟨f⟩ açık devir
Globalzuschuß ⟨m⟩ global avans
Glockenboje ⟨f⟩ *(Schff)* çanlı şamandıra
Glockenkurve ⟨f⟩ *(VWL)* çan eğrisi
GmbH ⟨f⟩ *(Jur)* limited şirket; Ltd.
[... & Co. KG] *(Jur)* komandit şirket ortaklı limited şirket
[... und Still] *(Jur)* komanditerli limited şirket
Gnade ⟨f⟩ merhamet; atıfet
Gnadenfrist ⟨f⟩ atıfet müddeti/mehili
Gnadentage ⟨pl⟩ atıfet müddeti/mehili
Gold ⟨n⟩ altın
[... am Kassamarkt] *(Bö)* spot piyasada altın
[...- und Silberbestand] *(VWL)* altın ve gümüş stokları
[Kredit gegen ...] *(BkW)* altın rehni karşılığı kredi

Goldabfluß ⟨m⟩ altın akışı
Goldader ⟨f⟩ altın damarı
Goldanleihe ⟨f⟩ altın istikrazı/bonosu; altın borçlanma senedi
Goldausfuhrpunkt ⟨m⟩ altın çıkışı noktası
Goldbarren ⟨m⟩ altın külçesi
Goldbasis ⟨f⟩ altın esası
Goldbergwerk ⟨⟨n⟩ altın madeni
Goldbestand ⟨m⟩ altın mevcudu/stokları/ankesi
Goldbewegungen ⟨pl⟩ altın hareketleri
Goldblech ⟨n⟩ altın safihası
Goldblock ⟨m⟩ altın bloku
Goldblockländer ⟨pl⟩ Altın Bloku Ülkeleri
Goldbörse ⟨f⟩ altın borsası
Golddeckung ⟨f⟩ altın karşılığı
Golddevise ⟨f⟩ altın para
Golddevisenstandard ⟨m⟩ altın kambiyo esası/standardı
Golddevisenwährung ⟨f⟩ altın kambiyo esası/standardı
Golddruck ⟨m⟩ altın basma/baskı
Goldeinfuhrpunkt ⟨m⟩ altın girişi noktası
Goldfonds ⟨m⟩ altın fonu
goldgesichert ⟨adj⟩ altın teminatlı
Goldgehalt ⟨m⟩ altın ayarı
Goldgewicht ⟨n⟩ kuyumcu tartısı
Goldgräber ⟨m⟩ altın arayıcı
Goldgrube ⟨f⟩ altın madeni
Goldhändler ⟨m⟩ altın sarrafı
Goldkernwährungssystem ⟨n⟩ altın külçe standardı
Goldklausel ⟨f⟩ altın şartı/kaydı
Goldkurs ⟨m⟩ altın fiyatı
Goldkurswährung ⟨f⟩ altın esası
Goldmarkt ⟨m⟩ altın piyasası
Goldmedaille ⟨f⟩ altın madalya
Goldmünze ⟨f⟩ altın sikke
Goldmünzwährung ⟨f⟩ altın sikke standardı
Goldnotierung ⟨f⟩ altın fiyatı
Goldobligation ⟨f⟩ altın tahvili
Goldpfandbrief ⟨m⟩ altın bonosu
Goldprägung ⟨f⟩ altın basma
Goldpreis ⟨m⟩ altın fiyatı
Goldpunkt ⟨m⟩ altın (giriş/çıkış) noktası
Goldreserve ⟨f⟩ altın ihtiyatı/stoku/rezervi
Goldschmied ⟨m⟩ kuyumcu
Goldstandard ⟨m⟩ altın standardı
Goldsuche ⟨f⟩ altın arama
Goldumlaufswährung ⟨f⟩ dolaşımdaki/tedavüldeki altın sikke
Goldvorrat ⟨m⟩ altın ihtiyatı/rezervi
Goldwaage ⟨f⟩ altın terazisi
Goldwährung ⟨f⟩ altın para
Goldwährungssystem ⟨n⟩ altın miyar rejimi
Goldwert ⟨m⟩ altın değeri
Goldwertklausel ⟨f⟩ altın değeri şartı
Gönner ⟨m⟩ teşvikçi
Goodwill ⟨m⟩ iyi niyet
Gouverneur ⟨m⟩ vali
Grad ⟨m⟩ derece
 [... der Arbeitslosigkeit] işsizlik derecesi/düzeyi
 [... der Behinderung] sakatlık derecesi
gradzahlig ⟨adj⟩ eşit sayılı
Graph ⟨m⟩ *(Stat)* harita

Graphik ⟨f⟩ grafik; çizim
 [gewerbliche ...] sınaî çizim/grafik
Grasfläche ⟨f⟩ *(LandW)* yeşil alan
Grasland ⟨n⟩ *(LandW)* yeşil alan
Gratifikation ⟨f⟩ ikramiye
gratis ⟨adj⟩ bedelsiz; ücretsiz; parasız; bedava
Gratisaktie ⟨f⟩ bedelsiz hisse senedi
Gratisemission ⟨f⟩ bedelsiz emisyon
Gratisexemplar ⟨n⟩ *(Press)* bedelsiz tanıtım sayısı
Gratismuster ⟨n⟩ *(Mk)* eşantiyon; parasız örnek; bedelsiz numune
Gratisprobe ⟨f⟩ → **Gratismuster**
Gratiszeitung ⟨f⟩ bedelsiz gazete
greifen ⟨int⟩ *(Maßnahme)* etki göstermek
Gremium ⟨n⟩ kurul; komite
Grenzabfertigung ⟨f⟩ *(Zo)* sınır kapısında muamele
Grenzabgabe ⟨f⟩ *(Zo)* gümrük resmi
Grenzanalyse ⟨f⟩ *(VWL)* marjinal analiz
Grenzanbieter ⟨m⟩ *(VWL)* marjinal satıcı
Grenzausgleich ⟨m⟩ *(EU)* dışalım ve satımlarda takviye
Grenzausgleichszahlung ⟨f⟩ *(AußH)* dışalım ve satımlarda takviye ödemesi
Grenzbahnhof ⟨m⟩ *(Zo)* sınır istasyonu
Grenzbelastung ⟨f⟩ azami yükleme; *(BWL)* marjinal maliyet
Grenzbesteuerung ⟨f⟩ marjinal vergileme
Grenzbetrieb ⟨m⟩ *(VWL)* marjinal işletme; *(VWL)* marjinal faaliyet; *(VWL)* marjinal üretim ünitesi
Grenzbezirk ⟨m⟩ sınır bölgesi
Grenzboden ⟨m⟩ *(VWL)* marjinal (gelir sağlayan) arazi
Grenze ⟨f⟩ sınır; had; hudut; limit
 [... der Rentabilität] *(BkW)* kâra geçiş noktası; *(BkW)* başabaş noktası
 [äußerste ...] azami limit
 [dehnbare ...] esnek limit
 [frei ...] *(AußH)* sınırda teslim
 [geliefert ...] *(AußH)* sınıra teslim
 [obere ...] üst sınır
 [untere ...] alt sınır
Grenzeinkommen ⟨n⟩ *(VWL)* marjinal gelir
Grenzenlos ⟨adj⟩ sınırsız; limitsiz
Grenzerlös ⟨m⟩ *(VWL)* marjinal gelir
Grenzerlösfunktion ⟨f⟩ marjinal kâr fonksiyonu
Grenzertrag ⟨m⟩ *(VWL)* marjinal ürün; *(VWL)* marjinal hasıla
 [... des Kapitals] *(VWL)* sermayenin marjinal hasılası
 [partieller ...] kısmî marjinal hasıla
Grenzertragsboden ⟨m⟩ *(VWL)* marjinal (gelir sağlayan) arazi
Grenzertragskurve ⟨f⟩ *(VWL)* marjinal ürün eğrisi
Grenzerzeugnis ⟨n⟩ *(VWL)* marjinal ürün
Grenzfinanzierung ⟨f⟩ *(BkW)* marjinal finansman
Grenzgänger ⟨m⟩ sınırlar arasında gidip gelen; pasavan sahibi
Grenzgebiet ⟨n⟩ sınır bölgesi; marjinal alan
Grenzhandel ⟨m⟩ sınır ticareti
Grenzhang ⟨m⟩ *(VWL)* marjinal eğilim
 [... zum Export] *(VWL)* marjinal ihraç eğilimi
 [... zum Import] *(VWL)* marjinal ithal eğilimi
 [... zum Verbrauch] *(VWL)* marjinal tüketim eğilimi

Grenzkapazität ⟨f⟩ *(VWL)* marjinal kapasite
Grenzkapital ⟨n⟩ *(VWL)* marjinal sermaye
Grenzkapitalkoeffizient ⟨m⟩ *(VWL)* marjinal sermaye-hasıla katsayısı
Grenzkäufer ⟨m⟩ *(VWL)* marjinal alıcı
Grenzkonsum ⟨m⟩ *(VWL)* marjinal tüketim
Grenzkontrolle ⟨f⟩ *(Zo)* sınırda kontrol
Grenzkontrollstelle ⟨f⟩ *(Zo)* sınırda kontrol kapısı
Grenzkosten ⟨pl⟩ *(BWL)* marjinal maliyet; *(KoR)* marjinal maliyet
 [konstante ...] sabit marjinal maliyet
 [langfristige ...] uzun vadeli marjinal maliyet
 [volkswirtschaftliche ...] toplumsal marjinal maliyet
Grenzkostenkalkulation ⟨f⟩ *(KoR)* marjinal maliyet muhasebesi
Grenzkostenrechnung ⟨f⟩ → Grenzkostenkalkulation
Grenzkurs ⟨m⟩ *(BkW)* marjinal oran
Grenzlast ⟨f⟩ azami yük
Grenzleerkosten ⟨pl⟩ *(KoR)* atıl kapasitenin marjinal maliyeti
Grenzleistungsfähigkeit ⟨f⟩ *(VWL)* marjinal etkinlik
 [... der Arbeit] *(VWL)* emeğin marjinal etkinliği
 [... der Investition] *(VWL)* yatırımın marjinal etkinliği
 [... des Kapitals] *(VWL)* sermayenin marjinal etkinliği
 [abnehmende ... des Kapitals] *(VWL)* sermayenin azalan marjinal etkinliği
Grenzlinie ⟨f⟩ sınır hattı
Grenzliquidität ⟨f⟩ *(VWL)* marjinal likidite
Grenzmultiplikator ⟨m⟩ *(VWL)* marjinal çarpan
Grenznachfrage ⟨f⟩ *(VWL)* marjinal talep
 [... nach Kapital] *(VWL)* marjinal sermaye talebi
Grenznachfrager ⟨m⟩ *(VWL)* marjinal alıcı; marjinal talepçi
Grenzneigung ⟨f⟩ *(VWL)* marjinal eğilim
 [... des Konsums] *(VWL)* marjinal tüketim eğilimi
Grenznutzen ⟨m⟩ *(VWL)* marjinal fayda
 [... der Arbeit] *(VWL)* emeğin marjinal faydası
 [... des Geldes] *(VWL)* paranın marjinal faydası
 [abnehmender ...] *(VWL)* azalan marjinal fayda
 [zunehmender ...] *(VWL)* artan marjinal fayda
Grenznutzenanalyse ⟨f⟩ *(VWL)* marjinal fayda analizi
Grenznutzentheorie ⟨f⟩ *(VWL)* marjinal fayda kuramı
Grenzplankostenkalkulation ⟨f⟩ → Grenzplankostenrechnung
Grenzplankostenrechnung ⟨f⟩ *(KoR)* marjinal maliyet muhasebesi; *(KoR)* marjinal maliyete dayalı fiyatlama
Grenzprodukt ⟨n⟩ *(VWL)* marjinal hasıla; *(VWL)* marjinal ürün
 [... der Arbeit] *(VWL)* emeğin marjinal hasılası
 [monetäres ...] *(VWL)* parasal marjinal hasıla
 [physisches ...] *(VWL)* fizikî marjinal hasıla; *(VWL)* marjinal fizik ürün

 [soziales ...] *(VWL)* milli marjinal hasıla
Grenzproduktion ⟨f⟩ *(VWL)* marjinal üretim
Grenzproduktivität ⟨f⟩ *(VWL)* marjinal verimlilik
 [... der Arbeit] *(VWL)* emeğin marjinal verimliliği
 [... der Investitionen] *(VWL)* yatırımların marjinal verimliliği
 [... des Geldes] *(VWL)* paranın marjinal verimliliği
 [... des Kapitals] *(VWL)* sermayenin marjinal verimliliği
 [monetäre ...] *(VWL)* parasal marjinal verimlilik
Grenzproduktivitätstheorie ⟨f⟩ *(VWL)* marjinal verimlilik kuramı
Grenzproduzent ⟨m⟩ *(VWL)* marjinal üretici
Grenzrate ⟨f⟩ *(BkW)* marjinal oran
 [... der Substitution] *(VWL)* marjinal ikame oranı
 [... der Transformation] *(VWL)* marjinal dönüşüm oranı
Grenzrentabilität ⟨f⟩ *(VWL)* marjinal kârlılık
Grenzsparen ⟨n⟩ *(VWL)* marjinal tasarruf
Grenzstation ⟨f⟩ *(Zo)* sınır kapısı/gümrüğü
Grenzsteuerbelastung ⟨f⟩ *(öFi)* marjinal vergi yükü
Grenzsteuerlast ⟨f⟩ *(öFi)* marjinal vergi yükü
Grenzsteuersatz ⟨m⟩ *(öFi)* marginal vergi oranı
Grenzstückkosten ⟨pl⟩ *(KoR)* marjinal birim maliyeti
Grenzübergang ⟨m⟩ *(Zo)* sınır (geçiş) kapısı
 [Abfertigung am ...] *(Zo)* sınır kapısında muamele
grenzüberschreitend ⟨adj⟩ *(AußH)* sınır aşırı; *(AußH)* ülkeler arası
Grenzumsatz ⟨m⟩ *(VWL)* marjinal hasıla
Grenzverbrauch ⟨m⟩ *(VWL)* marjinal tüketim
Grenzverbraucher ⟨m⟩ *(VWL)* marjinal tüketici
Grenzverkäufer ⟨m⟩ *(VWL)* marjinal satıcı
Grenzverkehr ⟨m⟩ *(AußH)* sınır trafiği
Grenzwert ⟨m⟩ kritik değer; limit
 [oberer ...] üst limit
 [unterer ...] alt limit
Grenzwertanalyse ⟨f⟩ *(VWL)* marjinal analiz
Grenzwertprodukt ⟨n⟩ (değişir üretim faktörünün) marjinal ürün geliri
Grenzzoll ⟨m⟩ *(Zo)* sınır gümrüğü
Grenzzollabfertigung ⟨f⟩ *(Zo)* sınırda gümrük muamelesi
Grenzzollamt ⟨n⟩ → Grenzzollstelle
Grenzzollstelle ⟨f⟩ *(Zo)* sınır kapısındaki gümrük; *(Zo)* sınır gümrüğü
Griffbereich ⟨m⟩ *(Ind)* iş alanı
Griffzeit ⟨f⟩ *(Ind)* âtıl zaman
Grobplanung ⟨f⟩ genel planlama
Grobsortierung ⟨f⟩ ön seçim/ayırma
Großabnahme ⟨f⟩ büyük miktarda satın alma
Großabnehmer ⟨m⟩ büyük (ölçekli) alıcı
Großaktionär ⟨m⟩ *(BkW)* baş hissedar
Großanlagenbau ⟨m⟩ *(BauW)* büyük tesis yapımı
Großanleger ⟨m⟩ *(BkW)* büyük yatırımcı
Großauftrag ⟨m⟩ büyük ölçekli sipariş (emri)
Großbank ⟨f⟩ *(BkW)* büyük banka
Großbestellung ⟨f⟩ büyük ölçekli sipariş
Großbetrieb ⟨m⟩ *(Ind)* büyük ölçekli işletme
Größe ⟨f⟩ büyüklük; ölçü; ölçüt; katsayı; boy;

toplam
[lagergängige ...] depo standardı boy/büyüklük/ölçü
[nicht lagergängige ...] depo standardı olmayan boy/büyüklük/ölçü
[gängige ...] standart büyüklük/ölçü
[nicht gängige ...] standart olmayan boy/büyüklük/ölçü; özel boy
[gesamtwirtschaftliche ...] *(VWL)* genel (ekonomik) toplam; *(VWL)* makro ekonomik toplam
[marktgängige ...] standart büyüklük/ölçü; standart piyasa büyüklüğü/ölçüsü
[von mittlerer ...] orta büyüklükte/ölçüde/çaplı
[monetäre ...] *(BkW)* parasal toplam; *(BkW)* toplam para miktarı
[veränderliche ...] *(Math)* değişken; değişken ölçüt
Großeinkauf ⟨m⟩ toptan satın alma
Großeinkäufer ⟨m⟩ toptan alıcı
Großeinkaufsgenossenschaft ⟨f⟩ toptan alım kooperatifi
Größenangaben ⟨pl⟩ ölçüler; boyutlar
Größenbeschränkungen ⟨pl⟩ ölçüde sınırlamalar
Größendegression ⟨f⟩ *(VWL)* ölçek ekonomileri
Größennachteile ⟨pl⟩ *(VWL)* eksi ekonomiler; *(VWL)* eksi ölçek ekonomileri; *(VWL)* ölçekten kaynaklanan kayıplar
Größenvorteile ⟨pl⟩ *(VWL)* ölçek ekonomileri
Großerzeuger ⟨m⟩ *(Ind)* büyük ölçekli üretici
Großfabrikation ⟨f⟩ *(Ind)* kitlesel üretim; *(Ind)* büyük ölçekli üretim
Großfilialist ⟨m⟩ mağazalar zinciri sahibi
Großformat ⟨n⟩ büyük ebat
Großgebinde ⟨n⟩ balya
[... auflösen] balyayı çözmek
Großgrundbesitzer ⟨m⟩ *(LandW)* büyük arazi sahibi
Großhandel ⟨m⟩ toptan ticaret; toptancılık
Groß- und Außenhandel ⟨m⟩ toptan ve dış ticaret
Groß- und Einzelhandel ⟨m⟩ toptan ve perakende ticaret
[... betreiben] toptancılık yapmak
[im ... verkaufen] toptan satış yapmak
Großhandelsabgabepreis ⟨m⟩ toptan satış fiyatı
Großhandelsbetrieb ⟨m⟩ toptancı işletme
Großhandelseinkauf ⟨m⟩ toptan satın alma
Großhandelsfirma ⟨f⟩ toptancı firma
Großhandelsgewerbe ⟨n⟩ toptancılık
Großhandelsindustrie ⟨f⟩ toptancı sanayi
Großhandelskaufmann ⟨m⟩ toptancı taciri
Großhandelskette ⟨f⟩ toptancı zinciri
Großhandelskonzern ⟨m⟩ toptancı tröstü
Großhandelslager ⟨n⟩ toptancı ardiyesi/deposu
Großhandelspreis ⟨m⟩ toptancı fiyatı
Großhandelspreisindex ⟨m⟩ toptancı fiyat indeksi
Großhandelsrabatt ⟨m⟩ toptancı indirimi/iskontosu
Großhandelsspanne ⟨f⟩ toptancı marjı
Großhandelsumsätze ⟨pl⟩ toptancı işlemleri hacmi
Großhandelsunternehmen ⟨n⟩ toptancı şirketi
Großhandelsverband ⟨m⟩ toptancılar birliği
Großhandelsverkauf ⟨m⟩ toptancı satışı
Großhandelsverkäufer ⟨m⟩ toptancı bayi
Großhandelsverteiler ⟨m⟩ toptancı distribütör

Großhandelsvertreter ⟨m⟩ toptancı temsilcisi/vekili
Großhändler ⟨m⟩ toptancı
[... mit breitem Sortiment] genel toptancı
Großhandlung ⟨f⟩ toptancılık
Großherstellung ⟨f⟩ *(Ind)* büyük ölçekli üretim
Großindustrie ⟨f⟩ *(Ind)* büyük ölçekli sanayi
großindustriell ⟨adj⟩ büyük (ölçekli) sanayisel/endüstriyel
Großindustrieller ⟨m⟩ *(Ind)* büyük sanayici
Grossist ⟨m⟩ toptancı
Großkapital ⟨n⟩ *(BkW)* büyük sermaye
Großkapitalist ⟨m⟩ büyük kapitalist; büyük sermayedar
Großkonzern ⟨m⟩ büyük tröst
Großkredit ⟨m⟩ *(BkW)* büyük kredi
Großkreditgeschäft ⟨n⟩ *(BkW)* toptancı kredi işleri
Großkunde ⟨m⟩ kilit müşteri
Großkundengeschäft ⟨n⟩ *(BkW)* toptancı bankacılık
Großlebensversicherung ⟨f⟩ *(LebV)* adi hayat sigortası
Großmarkt ⟨m⟩ toptancı hali; hal
Großpackung ⟨f⟩ büyük boy ambalaj
Großrechner ⟨m⟩ *(EDV)* büyük boy/ölçekli bilgisayar
Großschaden ⟨m⟩ *(Vers)* büyük çapta zarar
Großserien(an)fertigung ⟨f⟩ *(Ind)* kitlesel/seri üretim
Großserienproduktion ⟨f⟩ *(Ind)* kitlesel/seri üretim
Großtanker ⟨m⟩ *(Schff)* süpertanker
Großunternehmen ⟨n⟩ *(Ind)* büyük ölçekli işletme
Großverbraucher ⟨m⟩ toptan tüketici
Großverbrauchermarkt ⟨m⟩ toptan tüketici pazarı
Großverdiener ⟨m⟩ yüksek kazançlı
Großvertrieb ⟨m⟩ toptan dağıtım
Grube ⟨f⟩ *(BergB)* maden; *(BergB)* ocak; *(BergB)* maden ocağı
Grubenarbeiter ⟨m⟩ *(BergB)* maden işçisi
Grund ⟨m⟩ 1. neden; sebep 2. → **Boden** arazi; toprak; taban; yer 3. ana; ilk; esas; temel 4. dip
[... des Ausscheidens] ayrılış nedeni
[... und Boden] gayrimenkul mallar
[... zur Beanstandung] itiraz nedeni
[öffentlicher ...] kamu arazisi/toprağı
[zwingender ...] zorlayıcı neden
Grundabgabe ⟨f⟩ *(StR)* gayrimenkul vergisi
Grundausstattung ⟨f⟩ temel/ilk donatım
Grundbedarf ⟨m⟩ temel gereksinmeler/ihtiyaçlar
Grundbedürfnisse ⟨pl⟩ temel gereksinmeler/ihtiyaçlar
Grundbelastung ⟨f⟩ gayrimenkul yükümlülüğü
Grundbesitz ⟨m⟩ 1. gayrimenkul; emlak; mülk 2. arazi mülkiyeti
[gepachteter ...] kiraya verilmiş gayrimenkul
[gewerblich genutzter ...] ticarî amaçla kullanılan gayrimenkul
[hypothekarisch belasteter ...] ipotekle yükümlü gayrimenkul
[industriell genutzter ...] sınaî amaçla kullanılan gayrimenkul
[landwirtschaftlich genutzter ...] tarım için kullanılan gayrimenkul
[zu Wohnzwecken genutzter ...] ikamet etmek üzere kullanılan gayrimenkul

Grundbesitzer ⟨m⟩ arazi/toprak sahibi
Grundbestand ⟨m⟩ demirbaşlar; temel stok
Grundbetrag ⟨m⟩ ana meblağ; *(StR)* matrah
Grundbilanz ⟨f⟩ *(ReW)* ana bilanço
Grundbuch ⟨n⟩ *(Jur)* tapu; *(Jur)* tapu sicili
Grundbuchamt ⟨n⟩ tapu dairesi
Grundbuchauszug ⟨m⟩ tapu senedi (sureti)
Grundbucheintrag ⟨m⟩ tapu kaydı
Grundbuchlöschung ⟨f⟩ tapu kaydının terkini/silinmesi; tapudan silme
Grunddienstbarkeit ⟨f⟩ *(Jur)* taşınmaza ilişkin irtifak; *(Jur)* arzî irtifak
Grundeigentum ⟨n⟩ gayrimenkul/taşınmaz mülkiyeti
Grundeigentümer ⟨m⟩ gayrimenkul/taşınmaz maliki
gründen ⟨v/t⟩ kurmak
Gründer ⟨m⟩ kurucu
Gründeraktien ⟨pl⟩ *(BkW)* kurucu hisse senetleri
Grunderwerb ⟨m⟩ gayrimenkul iktisabı
Grunderwerbssteuer ⟨f⟩ *(StR)* emlak alım vergisi
Grunderzeugnis ⟨n⟩ ana ürün
Grundfertigkeit ⟨f⟩ temel beceri
Grundfläche ⟨f⟩ yüzey; alan; metrekare; *(LandW)* dönüm (919 qm)
Grundfreibetrag ⟨m⟩ *(StR)* en az geçim indirimi
Grundgebühr ⟨f⟩ harç; taban ücret
Grundgehalt ⟨n⟩ taban/aslî maaş
Grundgesamtheit ⟨f⟩ *(Stat)* ana kitle
[endliche ...] *(Stat)* sonu belirli ana kitle
[unendliche ...] *(Stat)* sonsuz ana kitle
Grundgeschäft ⟨n⟩ temel işlem
Grundgesetz ⟨n⟩ *(Jur)* anayasa
Grundkapital ⟨n⟩ *(BkW)* ana/esas/kayıtlı sermaye; temel anamal
[dividendenberechtigtes ...] temettü hakkı olan ana sermaye
[eingebrachtes ...] ödenmiş ana sermaye
[genehmigtes ...] taahhütlü ana sermaye
[satzungsmäßiges ...] taahhütlü ana sermaye
[verwässertes ...] sulandırılmış ana sermaye
Grundkenntnisse ⟨pl⟩ temel bilgiler
Grundkosten ⟨pl⟩ esas/temel maliyet
Grundkredit ⟨m⟩ *(BkW)* gayrimenkul kredisi
Grundlage ⟨f⟩ temel; baz; esas
Grundlagenforschung ⟨f⟩ temel araştırmalar
Grundlast ⟨f⟩ *(Jur)* gayrimenkul mükellefiyeti
Grundlohn ⟨m⟩ esas ücret
Grundmenge ⟨f⟩ *(Stat)* ana kitle
Grundnahrungsmittel ⟨pl⟩ temel gıda maddeleri
Grundpacht ⟨f⟩ yer kirası
Grundpächter ⟨m⟩ kiracı; icarcı
Grundpfand ⟨n⟩ *(Jur)* gayrimenkul rehni; ipotek
Grundpfandrecht ⟨n⟩ *(Jur)* gayrimenkul rehin hakkı
Grundpfandschuld ⟨f⟩ gayrimenkul rehin borcu
Grundprämie ⟨f⟩ standart ikramiye/prim
Grundpreis ⟨m⟩ temel fiyat
Grundprodukt ⟨n⟩ *(Ind)* ana mamul
Grundproduktion ⟨f⟩ ana imalat/üretim
Grundrechte ⟨pl⟩ *(Jur)* temel haklar
Grundriß ⟨m⟩ *(BauW)* kroki

Grundsatz ⟨m⟩ ilke; esas; kural; prensip
[... der Gegenseitigkeit] *(Jur)* karşılık(lılık) esası
[... der Leistungsfähigkeit] *(öFi)* ödeme gücü ilkesi; sahip olunan ödeme gücüne göre vergilendirme ilkesi; *(StR)* vergide edim esası
[... der steuerlichen Gleichbehandlung] vergide eşitlik esası
[... der steuerlichen Leistungsfähigkeit] *(öFi)* ödeme gücü ilkesi; *(StR)* vergide edim esası; vergi(leme)de ödeme gücü ilkesi
[... von Treu und Glauben] iyiniyet/dürüstlük kuralı
Grundsatzdebatte ⟨f⟩ esas üzerine tartışma
Grundsätze ⟨pl⟩ ilkeler; esaslar; kurallar; prensipler; standartlar
[... der Besteuerung] *(StR)* vergileme ilkeleri
[... ordnungsmäßiger Abschlußprüfung] *(ReW)* bilanço denetiminde genel kurallar
[... ordnungsmäßiger Buchführung] *(ReW)* genel kabul görmüş muhasebe ilkeleri
[... der Rechnungslegung] *(ReW)* rapor sunmada/vermede ilkeler
Grundsatzentscheidung ⟨f⟩ prensip kararı
Grundschuld ⟨f⟩ gayrimenkul borcu
Grundschuldner ⟨m⟩ *(Jur)* ipotek borçlusu; gayrimenkul borçlusu
Grundsteuer ⟨f⟩ *(StR)* gayrimenkul vergisi; *(StR)* emlak vergisi
Grundsteuerbefreiung ⟨f⟩ *(StR)* gayrimenkul vergisinden muafiyet
Grundsteuerpflichtiger ⟨m⟩ *(StR)* gayrimenkul vergisi mükellefi
Grundstoff ⟨m⟩ ana madde; hammadde
Grundgüter ⟨pl⟩ ana ürünler; *(VWL)* doğal kaynaklar
Grundindustrie ⟨f⟩ ana sanayi
Grundstück ⟨n⟩ arsa; gayrimenkul
[... auflassen] arsa(yı) devretmek; arsayı ferağ etmek
[... (hypothekarisch) belasten] (ipotekle) arsa takyit etmek
[... widerrechtlich betreten] arsaya izinsiz girmek
[... im Grundbuch eintragen] arsayı tapuya tescil ettirmek
[... entschulden] arsayı borçtan kurtarmak
[... lastenfrei machen] arsayı takyitten/borçtan kurtarmak
[... erschließen] araziyi parsellemek
[... pachten] arsa kiralamak
[... verpachten] arsayı kiraya vermek
[angrenzendes ...] bitişik arsa
[baureifes ...] inşa edilebilir arazi
[eigengenutztes ...] sahibi tarafından kullanılan arsa
[erschlossenes ...] parsellenmiş arazi
[freies ...] boş/açık arsa
[gewerblich genutztes ...] sınaî amaçla kullanılan arsa
[lastenfreies ...] ipoteksiz arsa
[unbebautes ...] inşa edilmemiş arsa; boş arsa
Grundstücke ⟨pl⟩ arsalar; gayrimenkuller
[... und Bauten/Gebäude] arsa ve binalar; gayrimenkuller

Grundstücksanteil ⟨m⟩ arsa payı
Grundstücksbelastung ⟨f⟩ arsa yükümü
Grundstückseigentümer ⟨m⟩ arsa sahibi; gayrimenkul maliki
Grundstückseinheitswert ⟨m⟩ arsa birim değeri
Grundstückserschließer ⟨m⟩ arsa edin(dir)ip tesis eden
Grundstückserschließung ⟨f⟩ arazi edin(dir)me ve tesis
Grundstückserwerb ⟨m⟩ arsa alımı/iktisabı; gayrimenkul iktisabı
Grundstückskauf ⟨m⟩ arsa satın alımı; gayrimenkul alımı
Grundstücksnachbar ⟨m⟩ komşu arsa sahibi
Grundstücksrecht ⟨n⟩ arsa hakkı/hukuku; gayrimenkul hukuku
Grundstücksregister ⟨n⟩ tapu sicili
Grundstücksübertragung ⟨f⟩ arsanın devri; *(Jur)* arsanın devir ve temliki
Grundstücksübertragungsurkunde ⟨f⟩ arsaya ait temlikname
Grundstücksumschreibung ⟨f⟩ arsa tapusunun nakli
Grundstücksurkunde ⟨f⟩ arsa tapu senedi; gayrimenkulün tapu senedi
Grundstücksurteil ⟨n⟩ *(Jur)* tapu kaydının tashihi kararı
Grundstücksverkauf ⟨m⟩ arsa satma; gayrimenkul satışı
Grundtarif ⟨m⟩ esas tarife
Gründung ⟨f⟩ kuruluş; kurma; kurulma
Gründungsakt ⟨m⟩ kuruluş işlemi
Gründungsaufwand ⟨m⟩ kuruluş giderleri/masrafları
Gründungsbilanz ⟨f⟩ kuruluş bilançosu
Gründungsfinanzierung ⟨f⟩ *(BkW)* kuruluş finansmanı
Gründungskapital ⟨n⟩ *(BkW)* apor; *(BkW)* kuruluş sermayesi
Gründungskosten ⟨pl⟩ kuruluş maliyeti
Gründungsmitglied ⟨n⟩ kurucu ortak
Gründungsstadium ⟨n⟩ kuruluş hali
Gründungsurkunde ⟨f⟩ *(Jur)* esas mukavelename; *(Jur)* kuruluş akdi
Gründungsversammlung ⟨f⟩ kurucular toplantısı
Grundvergütung ⟨f⟩ taban ödeme
Grundvermögen ⟨n⟩ taşınmaz varlıklar; emlak
 [... und bewegliche Sachen] taşınmaz varlıklar ve taşınırlar mallar
Grundwasser ⟨n⟩ kaynak suyu
Grundwert ⟨m⟩ esas değer; arazi değeri
Gruppe ⟨f⟩ grup; ekip; *(Lohn)* barem
Gruppenabschluß ⟨m⟩ *(ReW)* konsolide finansal tablo; *(ReW)* konsolide bilanço
Gruppenakkord ⟨m⟩ grup akordu
Gruppenbestellung ⟨f⟩ grup siparişi; toplu (halde) ısmarlama
Gruppenbewertung ⟨f⟩ *(StR)* birlikte değerleme; toplu değerleme
Gruppenbuchung ⟨f⟩ grup rezervasyonu
Gruppenegoismus ⟨m⟩ *(VWL)* sektörel bencillik
Gruppenermäßigung ⟨f⟩ grup indirimi
Gruppenfahrkarte ⟨f⟩ grup bileti
Gruppenfrachtrate ⟨f⟩ toptan yük ücreti
Gruppenfrachttarif ⟨m⟩ toptan yük tarifesi

Gruppeninteressen ⟨pl⟩ grup/sektör çıkarları/menfaatleri
Gruppenleiter ⟨m⟩ grup/ekip yöneticisi
Gruppenlohn ⟨m⟩ ekip ücreti; işkolunda ücret; toplu iş ücreti
Gruppentarif ⟨m⟩ ekip/grup tarifesi; toplu iş tarifesi; işkolunda tarife
Gruppenversicherung ⟨f⟩ *(Vers)* toplu sigorta; *(Vers)* grup sigortası
Gruppenwertabschreibung ⟨f⟩ *(ReW)* toplu amortisman
gruppieren ⟨v/t⟩ gruplamak; gruplara ayırmak; sınıflandırmak
Grüße ⟨pl⟩ selamlar
 [mit freundlichen ... n] dostça selamlarla
gültig ⟨adj⟩ geçerli; *(Jur)* mer'i
Gültigkeit ⟨f⟩ geçerlilik; *(Jur)* meriyet
 [... erlangen] geçerlilik kazanmak
 [... verlieren] geçerliliğini kaybetmek
Gültigkeitsdauer ⟨f⟩ geçerlilik süresi
 [... einer Garantie] garantinin geçerlilik süresi
Gültigkeitserklärung ⟨f⟩ geçerlilik beyannamesi
Gültigkeitsvermerk ⟨m⟩ *(Scheck)* geçerlilik kaydı
Gummi ⟨n⟩ lastik
Gunst ⟨f⟩ lütuf; iyilik
 [zu ... en von] lehine; hesabına
 [zu jds ... en einzahlen] birisinin hesabına ödeme yapmak
günstig ⟨adj⟩ uygun
 [preislich ...] fiyatı uygun
Günstlingswirtschaft ⟨f⟩ iltimas usulü
Gut ⟨n⟩ mal; mülk; emlak
 [meritorisches ...] *(öFi)* yarı toplumsal mal
 [minderwertiges ...] değeri düşük mal; işporta malı
 [quasi-öffentliches ...] *(öFi)* yarı toplumsal mal
Gutachten ⟨n⟩ bilirkişi raporu; ekspertiz
 [... einholen] rapor/ekspertiz çıkartmak
Gutachter ⟨m⟩ bilirkişi; eksper
gutbezahlt ⟨adj⟩ ücreti iyi
Gutdünken ⟨n⟩ kanaat
 [nach ...] istediği gibi; kanaatince
Güte ⟨f⟩ kalite; sınıf
 [handelsübliche ... und Beschaffenheit] standart kalite ve mahiyet
 [durchschnittliche ...] standart kalite
 [minderwertige ...] düşük kalite
Güteeinteilung ⟨f⟩ (ürünlerde) kaliteyi sınıflandırma
Güteklasseneinteilung ⟨f⟩ (ürünlerde) kaliteyi sınıflandırma
Gütegrad ⟨m⟩ kalite standardı
Güteklasse ⟨f⟩ kalite sınıfı
Güteklassenbezeichnung ⟨f⟩ kalite sınıfı etiketi
Gütemarke ⟨f⟩ kalite (kontrol) işareti
Gütepaß ⟨m⟩ kalite (kontrol) sertifikası
Güteprüfung ⟨f⟩ kalite kontrolü
Güter ⟨pl⟩ mallar; emtia; eşyalar
 [... des Anlagevermögens] *(BWL)* sabit sermaye malları; *(BWL)* bağlı varlıklar; *(BWL)* sabit varlıklar
 [... des Endverbrauchs] nihaî mallar
 [... des gehobenen Bedarfs] yarı lüks mallar
 [... des täglichen Bedarfs] günlük gereksinme malları

[... und Dienstleistungen] mal ve hizmetler
[... unter Zollverschluß *(Zo)* gümrük mühürü altındaki mallar
[...- und Kapitalverkehr] mal ve sermaye işlemleri
[bewegliche ...] taşınırlar; taşınır mallar
[dauerhafte ...] dayanıklı mallar
[freie ...] serbest mallar
[gebrauchsfertige ...] tüketime hazır mallar
[gefahrbringende ...] tehlikeli mallar
[haltbare ...] dayanıklı mallar
[immaterielle ...] manevî mallar/varlıklar
[immaterielle ... des Anlagevermögens] *(BWL)* manevî bağlı varlıklar
[langlebige ...] uzun ömürlü mallar
[lebensnotwendige ...] yaşamsal önem taşıyan mallar
[lebenswichtige ...] yaşamsal önem taşıyan mallar
[materielle ...] *(VWL)* fiziksel varlıklar
[minderwertige ...] düşük mallar
[sperrige ...] hacmi büyük mallar; iri mallar
[substituierbare ...] *(VWL)* ikame mallar
[unbewegliche ...] gayrimenkul mallar; taşınmazlar; *(Jur)* gayrimenkuller
[unfertige ...] *(Ind)* işlenmemiş mallar
[unterwegs befindliche ...] transit mallar
[verderbliche ...] bozulabilen mallar
[zollpflichtige ...] *(Zo)* gümrüğe tabi mallar
Güterabfertigung ⟨f⟩ mal irsalatı; mal muamelesi/işlemi
Güterangebot ⟨n⟩ mal arzı
Güterannahme ⟨f⟩ mal teslimi
Güterannahmestelle ⟨f⟩ mal teslim alma yeri
Güteraufkommen ⟨n⟩ tonaj
Güteraustausch ⟨m⟩ *(AußH)* trampa
Güterbahnhof ⟨m⟩ *(Bahn)* hamule istasyonu
Güterbeförderung ⟨f⟩ eşya/mal taşıma(cılığı)
[... in der Luft] *(Flug)* havayolu ile eşya taşıma
[... zu Lande] *(Kfz)* karayolu ile eşya taşıma
[... zu Wasser] *(Schff)* su yolu ile eşya taşıma(cılığı)
[... zur See] *(Schff)* denizde eşya taşıma
Güterbegleitschein ⟨m⟩ konşimento
Gütererzeugung ⟨f⟩ mal üretimi
Güterexport ⟨m⟩ *(AußH)* mal ihracatı
Güterfernverkehr ⟨m⟩ uzun mesafe mal taşımacılığı
Güterflugzeug ⟨n⟩ *(Flug)* kargo uçağı
Gütergemeinschaft ⟨f⟩ *(Jur)* mal birliği/ortaklığı
Güterkreislauf ⟨m⟩ *(VWL)* mal dolanımı; *(VWL)* malların dairesel akımı
Güternachfrage ⟨f⟩ mal talebi; mallarda talep
[komplementäre ...] tamamlayıcı mallarda talep
Güternahverkehr ⟨m⟩ kısa/yakın mesafe mal taşımacılığı
Güterpreis ⟨m⟩ mal fiyatı
Güterrecht ⟨n⟩ *(Jur)* mal rejimi
Güterschnellzug ⟨m⟩ *(Bahn)* ekspres yük treni
Gütersendung ⟨f⟩ mal gönderme
Güterspediteur ⟨m⟩ mal taşıyıcısı
Güterstand ⟨m⟩ *(Jur)* mal rejimi
Güterstrom ⟨m⟩ malların akımı
Gütertarif ⟨m⟩ mal (taşıma) tarifesi
Gütertausch ⟨m⟩ mal takası/değiştokuşu;

barter işlemi
Gütertransport ⟨m⟩ mal/eşya taşıma(cılığı)
[... per Bahn] *(Bahn)* demiryolu ile mal/eşya taşıma
Gütertransportleistung ⟨f⟩ (taşınan) mal hacmi
Gütertransportmarkt ⟨m⟩ mal taşıma piyasası
Gütertransportversicherung ⟨f⟩ *(Vers)* mal/eşya taşıma sigortası
Gütertrennung ⟨f⟩ mal ayrılığı
Güterumschlag ⟨m⟩ malları aktarma
Güterumschlagstelle ⟨f⟩ malları aktarma yeri
Güterverkehr ⟨m⟩ mal/eşya taşıma(cılığı); mal/eşya nakliyatı
[werkseigener ...] şirketin özel (mal/eşya) nakliyatı
Güterverlader ⟨m⟩ mal yükleten/taşıtan
Güterverladung ⟨f⟩ mal yükleme
Güterversand ⟨m⟩ mal gönderme/sevki
Güterversicherung ⟨f⟩ *(Vers)* mal (taşıma) sigortası
Güterwagen ⟨m⟩ *(Bahn)* yük vagonu
[gedeckter ...] üstü kapalı yük vagonu
[geschlossener ...] kapalı yük vagonu
[offener ...] (üstü) açık yük vagonu
Güterwirtschaft ⟨f⟩ *(VWL)* mal sektörü
Güterzug ⟨m⟩ *(Bahn)* yük treni
Güterzustellung ⟨f⟩ malların tebliği; mal teslimi
Gütesicherung ⟨f⟩ kalite teminatı/garantisi
Gütesiegel ⟨n⟩ kalite mühürü/damgası
Gütestelle ⟨f⟩ kalite kontrol dairesi
Güteüberwachung ⟨f⟩ kalite kontrolü
Güteverfahren ⟨n⟩ *(Jur)* sulh teşebbüsü
Güteverhandlung ⟨f⟩ *(Jur)* sulh teşebbüsü
Gütevorschrift ⟨f⟩ kalite standardı
Gütezeichen ⟨n⟩ kalite işareti; kaliteli marka
Gutgewicht ⟨n⟩ ağırlık eksikliğinde yapılan indirim
Gutglaubenserwerb ⟨m⟩ iyi niyetle alım/iktisap
Guthaben ⟨n⟩ alacak/matlup (hesabı); *(BkW)* mevduat; *(ReW)* aktifler; alacaklar
[... bei Kreditinstituten] *(ReW)* bankalardan alacaklar
[... blockieren] alacakları/mevduatı bloke etmek
[... pfänden] alacakları/mevduatı haczetmek
[... sperren] → **Guthaben** [... blockieren]
[befristete ...] vadeli alacaklar; *(BkW)* vadeli mevduat
[blockiertes ...] *(BkW)* bloke mevduat
[eingefrorene ...] *(ReW)* dondurulmuş aktifler
[täglich fälliges ...] *(ReW)* günlük tahakkuk eden alacaklar
[flüssiges ...] likit aktifler
[frei verfügbares ...] her an kullanılabilir mevduat; *(BkW)* ihbarsız mevduat
[gesperrtes ...] *(BkW)* bloke mevduat
[jederzeit verfügbares ...] her an kullanılabilir mevduat; *(BkW)* ihbarsız mevduat
[kein ...] *(Scheck)* karşılıksız; *(BkW)* provizyonsuz
[nicht ausreichendes ...] yetersiz mevduat
[nichtflüssige ...] likit olmayan aktifler
[täglich abhebbares ...] günlük ihbarsız/vadesiz mevduat
[verzinsliches ...] *(BkW)* faizli mevduat
Guthabenkonto ⟨n⟩ alacak/mevduat hesabı

Guthabensaldo ⟨m⟩ alacak/matlup bakiyesi
Gutsbesitzer ⟨m⟩ *(LandW)* çiftlik sahibi; *(Jur)* arazi zilyedi
Gutschein ⟨m⟩ kupon; mahsup/matlup fişi
[... zu Geschenkzwecken] ikramiyeli kupon; hediyelik kupon
Gutschrieben ⟨v/t⟩ matluba kaydetmek; alacak yazmak
Gutschrift ⟨f⟩ alacak dekontu; matlup fişi; alacak belgesi; kredi notu
[... erteilen] matlup fişi kesmek/vermek; kredi vermek
Gutschriftanzeige ⟨f⟩ *(BkW)* alacak dekontu; matlup fişi; kredi notu
gutstehen für ⟨int⟩ birisine kefil olmak
Gutsverwalter ⟨m⟩ *(LandW)* çiftlik kâhyası
Gutsverwaltung ⟨f⟩ *(LandW)* çiftlik yönetimi
G & V-Konto ⟨n⟩ *(ReW)* kâr ve zarar hesabı
G & V-Rechnung ⟨f⟩ *(ReW)* kâr ve zarar hesabı

H

Haavelmo-Theorem ⟨n⟩ *(öFi)* Denk Bütçe Çarpan Teoremi
Hab und Gut ⟨n⟩ mal mülk; (şahsî) mallar
Habe ⟨f⟩ mallar
[bewegliche ...] taşınırlar; taşınır varlıklar
Haben ⟨n⟩ alacak; kredi; *(ReW)* alacaklar
[im ... buchen] alacak kaydetmek; alacaklandırmak
haben ⟨v/t⟩ bulunmak
[auf dem Markt zu ... sein] piyasada bulunur/bulunmak
[zu ... sein] bulunur/bulunmak
Habenanzeige ⟨f⟩ *(BkW)* alacak dekontu
Habenbuchung ⟨f⟩ alacak kaydı
Habenkonto ⟨n⟩ *(ReW)* alacaklı hesap; alacak hesabı
Habenposten ⟨m⟩ *(ReW)* alacak kalemi
Habensaldo ⟨m⟩ alacak bakiyesi; alacaklı bakiye
Habenseite ⟨f⟩ alacak tarafı; alacaklı taraf
Habenzins ⟨m⟩ alacaklı faizi
Hafen ⟨m⟩ *(Schff)* liman
[... anlaufen] *(Schff)* limana girmek
[... mit Zollager] *(Zo)* antrepolu liman
[aus einem ... auslaufen] *(Schff)* limandan ayrılmak/çıkmak
[frei ...] liman teslimi
[zollfreier ...] *(Zo)* serbest liman
Hafenabgaben ⟨pl⟩ liman resmi
Hafenamt ⟨n⟩ liman idaresi
Hafenanlagen ⟨pl⟩ liman tesisleri
Hafenanlegeplatz ⟨m⟩ liman iskelesi
Hafenarbeiter ⟨m⟩ liman işçisi
Hafenausrüstung ⟨f⟩ liman teçhizatı
Hafenbahn ⟨f⟩ *(Bahn)* liman demiryolu
Hafenbahnhof ⟨m⟩ *(Bahn)* liman istasyonu
Hafenbecken ⟨n⟩ liman doku/havuzu
Hafenbehörde ⟨f⟩ liman idaresi
Hafendienstleistung ⟨f⟩ liman hizmeti
Hafeneinfahrt ⟨f⟩ liman girişi
Hafengebiet ⟨n⟩ liman bölgesi; liman sahası
Hafengebühren ⟨pl⟩ liman resmi/ücretleri
Hafengefahr ⟨f⟩ liman rizikosu
Hafengeld ⟨n⟩ liman ücreti
Hafenkapitän ⟨m⟩ liman başkanı
Hafenkommissar ⟨m⟩ liman başkanı
Hafenkonnossement ⟨n⟩ liman konişmentosu
Hafenmeister ⟨m⟩ liman başkanı
Hafenpolizei ⟨f⟩ liman polisi; liman zabıtası
Hafenspediteur ⟨m⟩ (limanda) gemi ajanı
Hafensperre ⟨f⟩ limana girme yasağı
Hafenstadt ⟨f⟩ liman şehri/kenti/kasabası
Hafentarif ⟨m⟩ liman tarifesi
Hafenumladestation ⟨f⟩ liman aktarma tesisleri
Hafenumschlag ⟨m⟩ liman trafiği; limanda aktarma
Hafenvertreter ⟨m⟩ (limanda) gemi ajanı
Hafenverwaltung ⟨f⟩ liman idaresi
Hafenzoll ⟨m⟩ *(Zo)* liman (gümrük) resmi
Hafenzollamt ⟨n⟩ *(Zo)* liman gümrüğü
Hafer ⟨m⟩ *(LandW)* yulaf
Haft ⟨f⟩ *(Jur)* tutukluluk
Haftanordnung ⟨f⟩ *(Jur)* tutuklama/yakalama talimatı/emri
Haftanstalt ⟨f⟩ *(Jur)* tutukevi
haftbar ⟨adj⟩ sorumlu; mesul
[... machen] sorumlu kılmak
[finanziell ...] mali sorumlu
[gemeinsam ...] birlikte/müşterek sorumlu
[gesamtschuldnerisch ...] zincirleme birlikte sorumlu
[jdn ... machen] birisini sorumlu tutmak
[persönlich ...] bizzat/şahsen sorumlu
[strafrechtlich ...] cezaî sorumlu
[subsidiär ...] ikinci derecede sorumlu
[voll ...] tam sorumlu
Haftbefehl ⟨m⟩ *(Jur)* tutuklama müzekkeresi
Hafteinlage ⟨f⟩ teminat mevduatı
haften ⟨int⟩ sorumlu/mesul olmak; sorumluluk taşımak
[bedingt ...] sınırlı sorumluluk taşımak; kayıtlı sorumlu olmak
[gemeinsam ...] birlikte sorumluluk taşımak
[gesamtschuldnerisch ...] zincirleme birlikte sorumlu olmak; müteselsilen sorumlu olmak
[solidarisch ...] dayanışmalı sorumluluk taşımak
[selbstschuldnerisch ...] zincirleme sorumluluk taşımak
[unbeschränkt/uneingeschränkt ...] kayıtsız şartsız sorumlu olmak
Haftkapital ⟨n⟩ *(BkW)* risk sermayesi
[nachrangiges ...] ikinci derecede risk sermayesi
Haftkaution ⟨f⟩ *(Jur)* kefalet
Haftpflicht ⟨f⟩ (zorunlu/mecburî) mali sorumluluk/mesuliyet
[... ausschließen] mali sorumluluğu hariç kılmak
[... des Frachtführers] nakliyecinin mali sorumluluğu

[... des Versicherten] sigortalının mali sorumluluğu
[gesetzliche ...] kanunî sorumluluk
[sich gegen eine ... versichern] kendini mali sorumluluğa karşı sigortalamak; reasürans yaptırmak
[solidarische ...] dayanışmalı mali sorumluluk
[wechselseitige ...] karşılıklı mali sorumluluk
Haftpflichtanspruch ⟨m⟩ mali sorumluluktan doğan hak
Haftpflichtausschluß ⟨m⟩ mali sorumluluğu hariç kılma
Haftpflichtbeschränkung ⟨f⟩ mali sorumluluğu kısıtlama
haftpflichtig ⟨adj⟩ mali sorumlu
Haftpflichtiger ⟨m⟩ sorumlu
Haftpflichtpolice ⟨f⟩ *(Vers)* mali sorumluluk poliçesi
Haftpflichtschutz ⟨m⟩ mali sorumluluk güvencesi
Haftpflichtumfang ⟨m⟩ mali sorumluluk kapsamı
Haftpflichtversicherer ⟨m⟩ *(Vers)* mali sorumluluk sigortacısı
Haftpflichtversichert ⟨adj⟩ *(Vers)* mali sorumluluk sigortalı
Haftpflichtversicherung ⟨f⟩ *(Vers)* zorunlu mali sorumluluk sigortası
[... bis zur Höhe der gesetzlichen Haftung] kanunî sorumluluk/mesuliyet haddine kadar (zorunlu) mali sorumluluk sigortası
[... der freien Berufe] serbest meslek sahipleri için mali sorumluluk sigortası
[... mit Kaskoversicherung] kasko sigortalı mali sorumluluk sigortası
[... gegen Veruntreuung] ihtilâs sigortası
[gesetzliche ...] kanunî mali sorumluluk sigortası
Haftpflichtversicherungspolice ⟨f⟩ mali sorumluluk sigortası poliçesi
Haftrichter ⟨m⟩ *(Jur)* tutuklama hakimi
Haftstrafe ⟨f⟩ *(Jur)* hapis cezası
Haftsumme ⟨f⟩ *(Jur)* kefalet bedeli
Haftung ⟨f⟩ sorumluluk; mesuliyet; kefalet
[... ablehnen] sorumluluğu reddetmek
[... aus Akzept] kabul kredisi sorumluluğu
[... aus Gewährleistung] ayıba karşı sorumluluk
[... aus unerlaubter Handlung] haksız fiilden doğan sorumluluk
[... ausschließen] sorumluluğu hariç kılmak
[... beschränken] sorumluluğu sınırlamak
[... des Arbeitgebers] istihdam edenin sorumluluğu
[... des Erfüllungsgehilfen] *(Jur)* muavin şahsın mesuliyeti
[... des Frachtführers/Spediteurs] taşıyıcının/taşıyanın sorumluluğu
[... des Gesellschafters] ortağın sorumluluğu
[... des Grundstückseigentümers] arsa sahibinin sorumluluğu
[... des Herstellers] üreticinin sorumluluğu
[... des Verkäufers] satıcının sorumluluğu
[... einer Aktiengesellschaft] anonim şirket sorumluluğu
[... für Mängel] kusurlar için sorumluluk
[... gegenüber Dritten] üçüncü kişiye karşı sorumluluk

[... übernehmen] sorumluluk üstlenmek
[anteilmäßige ...] orantılı sorumluluk
[beschränkte ...] sınırlı sorumluluk
[deliktische ...] kusurlu sorumluluk
[dingliche ...] aynî/nesnel sorumluluk
[direkte ...] birinci derecede sorumluluk
[finanzielle ...] mali sorumluluk
[gegenseitige ...] karşılıklı sorumluluk
[gemeinsame ...] birlikte sorumluluk
[gesamtschuldnerische ...] zincirleme birlikte sorumluluk
[gesetzliche ...] yasal sorumluluk; kanunî mesuliyet
[mit beschränkter ...] sınırlı sorumluluklu
[obligatorische ...] zorunlu sorumluluk
[ohne ...] sorumluluksuz; karşılıksız; teminatsız
[persönliche ...] kişisel sorumluluk
[primäre ...] birinci derecede sorumluluk
[sekundäre ...] ikinci derecede sorumluluk
[selbstschuldnerische ...] zincirleme sorumluluk
[solidarische ...] dayanışmalı sorumluluk
[stellvertretende ...] vekâleten sorumluluk
[strafrechtliche ...] cezaî sorumluluk/mesuliyet
[subsidiäre ...] ikinci derecede sorumluluk
[unbeschränkte ...] sınırsız sorumluluk
[unmittelbare ...] birinci derecede sorumluluk
[verschuldungsunabhängige ...] kusursuz sorumluluk
[vertragliche ...] akdî/ahdî sorumluluk; sözleşmeden doğan sorumluluk
[von der ... ausnehmen] sorumluluktan hariç kılmak
[von der ... befreien] sorumluluktan kurtarmak
[wechselseitige ...] karşılıklı sorumluluk
[zivilrechtliche ...] medenî sorumluluk
Haftungsanspruch ⟨m⟩ tazminat hakkı/talebi
Haftungsansprüche ⟨pl⟩ tazminat hakları/talepleri
[... Dritter] üçüncü kişilerin tazminat hakları
Haftungsausschluß ⟨m⟩ sorumsuzluk
[vertraglicher ...] akdî sorumsuzluk
Haftungsbefreiung ⟨f⟩ sorumluluktan muaflık/muafiyet/kurtarma
Haftungsbegrenzung ⟨f⟩ sorumluluğun sınırlanması; sınırlı sorumluluk
Haftungsbeschränkung ⟨f⟩ → **Haftungsbegrenzung**
Haftungsbestimmungen ⟨pl⟩ sorumlulukla ilgili mevzuat
Haftungsbeteiligung ⟨f⟩ sorumluluk payı
[... des Exporteurs] ihracatçının sorumluluk payı
[... des Garantienehmers] teminat sahibinin sorumluluk payı
[... des Leasinggebers] finansal kiracının sorumluluk payı
Haftungsbetrag ⟨m⟩ kefalet bedeli
Haftungsdauer ⟨f⟩ sorumluluk süresi
Haftungserklärung ⟨f⟩ teminat beyanı; sorumluluğu üstlenme beyanı
Haftungsfall ⟨m⟩ sorumluluk durumu/hali
[im ...] sorumluluk durumunda
Haftungsfonds ⟨m⟩ garanti/teminat fonları
Haftungsfreistellung ⟨f⟩ sorumluluktan kurtarma/muafiyet
Haftungsfreistellungsklausel ⟨f⟩ sorumluluktan kurtarma/muafiyet kaydı

Haftungsgrenze ⟨f⟩ sorumluluk haddi/sınırı
Haftungshöchstbetrag ⟨m⟩ azami teminat bedeli
Haftungskapital ⟨n⟩ teminat sermayesi
Haftungsklausel ⟨f⟩ sorumluluk kaydı
Haftungsobligo ⟨n⟩ (garantiden doğan) teminat borcu
Haftungsrisiko ⟨n⟩ sorumluluk rizikosu
Haftungsschaden ⟨m⟩ sorumluluktan doğan zarar
Haftungsschuldner ⟨m⟩ kefil
Haftungssumme ⟨f⟩ teminat bedeli; kefalet bedeli
Haftungsträger ⟨m⟩ sorumluluk taşıyan
Haftungsübernahme ⟨f⟩ sorumluluğu üstlenme
Haftungsumfang ⟨m⟩ sorumluluk/teminat kapsamı
Haftungsverbindlichkeiten ⟨pl⟩ teminat borçları
Haftungsverhältnis ⟨n⟩ sorumluluk ilişkisi
  [wechselseitiges ...] karşılıklı sorumluluk ilişkisi
Haftungsvertrag ⟨m⟩ sorumluluk akdi/sözleşmesi
Haftungsverzicht ⟨m⟩ sorumluluktan vazgeçme/feragat
Halberzeugnis ⟨n⟩ yarı mamul; yarı (işlenmiş) ürün
Halbfabrikat ⟨n⟩ yarı mamul
Halbfabrikate ⟨pl⟩ yarı mamuller; yarı işlenmiş ürünler; işlenilme sürecinde bulunan ürünler/mamuller
halbfertig ⟨adj⟩ yarı işlenmiş
Halbfertigwaren ⟨pl⟩ yarı mamuller; yarı işlenmiş mallar; işlenilme sürecinde bulunan ürünler/mamuller
Halbjahr ⟨n⟩ yarıyıl; altı ay; yıl ortası
Halbjahresabschluß ⟨m⟩ (ReW) altı aylık finansal tablo
Halbjahresbericht ⟨m⟩ (ReW) altı aylık ara rapor
Halbjahresbilanz ⟨f⟩ (ReW) altı aylık ara bilanço; yarıyıl bilançosu
Halbjahresdividende ⟨f⟩ (BkW) yıl ortası temettüü
Halbjahresergebnis ⟨n⟩ altı aylık sonuç; yarıyıl mizanı
Halbjahresgewinn ⟨m⟩ altı aylık kâr
Halbjahreszahlung ⟨f⟩ altıaylık ödeme
Halbmonatsabrechnung ⟨f⟩ iki haftalık hesap
Halbpacht ⟨f⟩ ortakçı kirası; (LandW) iştiraklı icar; (LandW) ortakçılık
Halbpension ⟨f⟩ yarı/yarım pansiyon
Halbtägig ⟨adj⟩ yarım gün
halbtags ⟨adj⟩ yarım gün
Halbtagsarbeit ⟨f⟩ yarım gün çalışma/mesai
Halbtagsbeschäftigter ⟨m⟩ yarım gün çalışan
Halbtagsbeschäftigung ⟨f⟩ yarım mesai istihdam; yarım gün çalışma
Halbtagskraft ⟨f⟩ yarım gün çalışan
Halbwaren ⟨pl⟩ → Halbfabrikate
Halbzeug ⟨n⟩ yarı mamul; yarı (işlenmiş) mal/madde
Halde ⟨f⟩ stoklar; istif
Hälfte ⟨f⟩ yarım; yarısı
  [um die ... kürzen] yarılamak; yarısını kesmek
haltbar ⟨adj⟩ dayanıklı; uzun ömürlü
  [... bis] (Lebensmitttel) tarihine kadar
  [beschränkt ...] sınırlı dayanıklı
Haltbarkeit ⟨f⟩ dayanıklılık
Haltbarkeitsdatum ⟨n⟩ dayanıklılık tarihi
halten ⟨int⟩ dayanmak; tutmak; elde tutmak; vazgeçmemek

Halter ⟨m⟩ (Kfz) işletici
Haltung ⟨f⟩ (Bö) tutum; tavır
  [abwartende ...] bekleyici/bekler tutum
  [abwartende ... einnehmen] (Bö) bekler tutuma geçmek
  [feste ... zeigen] (Bö) sıkı/ısrarlı tutum göstermek
  [harte ...] sert tutum
Hammer ⟨m⟩ çekiç
  [unter den ... bringen] artırmalı satmak
  [unter den ... kommen] artırmalı satılmak
Hand ⟨f⟩ el
  [... aufhalten] el açmak; dilenmek
  [aus erster ...] birinci elden
  [aus erster ... kaufen] birinci elden satın almak
  [aus zweiter ...] ikinci elden; kullanılmış
  [aus zweiter ... kaufen] ikinci elden satın almak
  [an die tote ... veräußern] vakıflar idaresine devretmek
  [Gemeinschaft zur gesamten ...] el birliği ortaklığı/topluluğu
  [mit der ... nacharbeiten] elden (işleyerek) bitirmek/tamamlamak
  [öffentliche ...] kamu kesimi/sektörü
  [unsichtbare ...] (VWL) görünmez el (A.Smith)
  [unter der ... verkaufen] el altından satmak
  [von ...] elden
  [von ... gefertigt] el işi
  [zur gesamten ...] el birliği
Handarbeit ⟨f⟩ el işi
Handarbeiter ⟨m⟩ el işçisi
handbedient ⟨adj⟩ elle işleyen
Handbetrieb ⟨m⟩ elle işletme
Handbuch ⟨n⟩ kılavuz; rehber
Handel ⟨m⟩ 1. ticaret 2. alışveriş; işlemler 3. pazar; piyasa
  [... abschließen] ticarette anlaşmak
  [... aussetzen] (Bö) işlemi tatil etmek
  [... mit Bezugsrechten] opsiyonlu alış haklı işlemler
  [... per Termin] alivre işlem; vadeli piyasa
  [... treiben] ticaret yapmak
  [... und Gewerbe] ticaret ve sanayi
  [... und Wirtschaft] ticaret ve ekonomi
  [ambulanter ...] seyyar piyasa/ticaret
  [amtlicher ...] (Bö) resmi işlemler
  [außerbörlicher ...] (Bö) borsa dışı piyasa
  [auswärtiger ...] (AußH) dış ticaret
  [bilateraler ...] (AußH) iki taraflı ticaret; (AußH) anlaşmalı ülkeler tecimi
  [für den ... geeignet] ticareti yapılabilir
  [freier ...] serbest ticaret/piyasa
  [grenzüberschreitender ...] sınır aşırı/aşan piyasa
  [im ... erhältlich] piyasada bulunur
  [im ... sein] piyasada bulunmak
  [in den ... bringen] piyasaya sürmek
  [inländischer ...] yerli piyasa; iç ticaret
  [innergemeinschaftlicher ...] (EU) iç piyasa
  [lebhafter ...] (Bö) canlı piyasa
  [lustloser ...] (Bö) durgun/cansız piyasa
  [mittelständischer ...] orta ölçekli işlemler

[Standardregeln für die Auslegung von Lieferklauseln im internationalen ...] *(Inco)* uluslararası ticarette satış sözleşmelerine ilişkin terimler; →**Incoterms**
[sichtbarer ...] görünen piyasa/ticaret
[unsichtbarer ...] *(vGR)* görünmeyenler; görünmeyen piyasa/ticaret
[variabler ...] değişken piyasa
handelbar ⟨adj⟩ pazarlanabilir; satılabilir; işlem görebilir
Handeln ⟨n⟩ faaliyet; ticaret (yapma); hareket etmek; davranmak
[gemeinsames ...] ortak/müşterek faaliyet
[unternehmerisches ...] girişimci faaliyeti
handeln ⟨int⟩ ticaret yapmak; faaliyet göstermek; hareket etmek; alıp satmak
[fahrlässig ...] dikkatsiz hareket etmek
[schnell ...] çabuk hareket etmek
[umsichtig ...] dikkatli hareket etmek
[vertragswidrig ...] akde/sözleşmeye aykırı hareket etmek
[vorschriftswidrig ...] talimata aykırı hareket etmek
Handels- ticaret; ticarî
[... und Dienstleistungsbereich] ticaret ve hizmet sektörü
[... und Gewerbefreiheit] ticaret ve iş yapabilme özgürlüğü
Handelsabkommen ⟨n⟩ *(AußH)* ticaret antlaşması
[Allgemeines Zoll- und ...] **(GATT)** *(AußH)* Gümrük ve Ticaret Genel Anlaşması
[bilaterales ...] iki yanlı ticaret anlaşması
Handelsabschlag ⟨m⟩ ticaret marjı
Handelsadreßbuch ⟨n⟩ ticaret rehberi/kılavuzu
Handelsagent ⟨m⟩ ticarî acente; ticaret acentası
Handelsakzept ⟨n⟩ ticarî akseptans/kabul
Handelsartikel ⟨m⟩ ticarî mal
Handelsausgleich ⟨m⟩ ticaret dengesi; ticarî denge
Handelsauskunft ⟨f⟩ ticarî tezkiye; kredibilite/pozisyon raporu
Handelsauskunftei ⟨f⟩ ticarî istihbarat bürosu
Handelsbank ⟨f⟩ *(BkW)* ticaret bankası
Handelsbarriere ⟨f⟩ ticaret engeli; ticarî engel
Handelsbedingungen ⟨pl⟩ ticarî koşullar
Handelsbeschränkung ⟨f⟩ ticaret kısıtlamaları
Handelsbetrieb ⟨m⟩ ticaret işletmesi; ticarî işletme
Handelsbevollmächtigter ⟨m⟩ ticarî vekil
Handelsbezeichnung ⟨f⟩ ticarî marka; marka; ticaret unvanı
Handelsbeziehungen ⟨pl⟩ ticarî ilişkiler
Handelsbilanz ⟨f⟩ *(vGR)* ticaret bilançosu; ticarî bilanço
[aktive ...] ticarî aktif bilanço
[offene ...] açık ticaret bilançosu
[passive ...] ticarî pasif bilanço
Handelsbilanzdefizit ⟨n⟩ ticaret bilançosu açığı
Handelsbilanzüberschuß ⟨m⟩ ticaret bilançosu fazlası
Handelsblatt ⟨n⟩ ticaret gazetesi
Handelsboykott ⟨n⟩ ticaret boykotu
Handelsbrauch ⟨m⟩ ticarî gelenek/töre; ticarî örf ve âdet; ticarî teamül
Handelsbräuche ⟨pl⟩ ticarî gelenekler/töreler; ticarî örf ve âdetler
Handelsbücher ⟨pl⟩ ticarî defterler

Handelsdefizit ⟨n⟩ ticaret açığı
Handelsdiskont ⟨m⟩ ticarî iskonto
Handelsdokument ⟨n⟩ ticarî belge
Handelseinheit ⟨f⟩ işlem birimi/ünitesi; *(Bö)* lot
[... an der Börse] borsada lot
Handelseinschränkungen ⟨pl⟩ ticaret kısıtlamaları/sınırlamaları
Handelsembargo ⟨n⟩ ticarî ambargo; ticaret ambargosu
Handelserleichterungen ⟨pl⟩ ticarî kolaylıklar
Handelserschwerung ⟨f⟩ ticareti zorlaştırma
Handelsfähig ⟨adj⟩ ticarî olanağı olan; ticareti yapılabilir; ticarî işlem görebilir; pazarlanabilir
Handelsfaktura ⟨f⟩ ticarî fatura
Handelsfirma ⟨f⟩ ticaret firması
Handelsflagge ⟨f⟩ *(Schff)* ticarî bandıra
Handelsfrau ⟨f⟩ kadın tüccar
Handelsfreiheit ⟨f⟩ ticaret yapma özgürlüğü
Handelsgericht ⟨n⟩ *(Jur)* ticaret mahkemesi
Handelsgeschäft ⟨n⟩ ticaret evi; ticarethane; ticarî işlem
Handelsgesellschaft ⟨f⟩ ticarî ortaklık/şirket
[eingetragene ...] tescilli ticarî ortaklık/şirket
[Offene ...] **(OHG)** kollektif ortaklık/şirket
[staatliche ...] devlet/kamu iktisadî teşekkülü
Handelsgesetzbuch/HGB ⟨n⟩ *(Jur)* ticaret kanunu (kitabı); *(D)* Alman Ticaret Kanunu
Handelsgewinn ⟨m⟩ ticarî kâr
Handelshemmnis ⟨n⟩ ticaret engel
Handelsherr ⟨m⟩ ticarî amir; tacir; tüccar
Handelshindernis ⟨n⟩ ticaret engel
Handelskammer ⟨f⟩ ticaret odası
Handelskapital ⟨n⟩ ticarî sermaye
Handelskette ⟨f⟩ mağazalar zinciri
Handelsklasse ⟨f⟩ (ticarî) sınıf
Handelskommission ⟨f⟩ ticaret kurulu/komisyonu
[Internationale ...] *(AußH)* Uluslararası Ticaret Komisyonu
Handelskonferenz ⟨f⟩ ticaret konferansı
Handelskorrespondenz ⟨f⟩ ticarî yazışma/haberleşme
Handelskredit ⟨m⟩ *(BkW)* ticarî kredi
Handelskreise ⟨pl⟩ ticaret çevreleri
Handelskrieg ⟨m⟩ *(AußH)* ticaret savaşı
Handelskunde ⟨f⟩ ticaret bilimi/bilgisi
Handelslehre ⟨f⟩ ticaret öğretisi/bilgisi
Handelsmarine ⟨f⟩ *(AußH)* ticaret filosu
Handelsmarke ⟨f⟩ ticarî marka
Handelsmesse ⟨f⟩ *(Mk)* ticaret fuarı
Handelsminister ⟨m⟩ ticaret bakanı
Handelsministerium ⟨n⟩ ticaret bakanlığı
Handelsmission ⟨f⟩ ticarî misyon
Handelsniederlassung ⟨f⟩ ticarî yerleşim (merkezi)
Handelsorganisation ⟨f⟩ ticarî örgüt
Handelspapier ⟨n⟩ *(WeR)* ticarî senet
[begebbares ...] ciro edilebilir ticarî senet
[übertragbares ...] devredilebilir ticarî senet
Handelspartner ⟨m⟩ ticaret ortağı
Handelsperiode ⟨f⟩ *(Bö)* işlem devresi
Handelspolitik ⟨f⟩ ticaret politikası
Handelspreis ⟨m⟩ piyasa fiyatı; rayiç
Handelsrabatt ⟨m⟩ ticarî iskonto
Handelsrechnung ⟨f⟩ ticarî fatura
Handelsrecht ⟨n⟩ *(Jur)* ticaret hukuku
Handelsreferenz ⟨f⟩ ticarî referans

Handelsregeln ⟨pl⟩ ticaret kuralları
 [internationale . . .] *(AußH)* uluslararası ticaret kuralları
Handelsregister ⟨n⟩ *(Jur)* ticaret sicili
 [ins . . . eintragen] *(Jur)* ticaret siciline kaydetmek
 [im . . . löschen] ticaret sicilinden silmek
Handelsregisterauszug ⟨m⟩ ticaret sicili kaydı sureti
Handelsregisterblatt ⟨n⟩ *(Jur)* ticaret sicili gazetesi
Handelsregistereinsicht ⟨f⟩ *(Jur)* ticaret sicilinin incelenmesi
Handelsreisender ⟨m⟩ seyyar tüccar (memuru)
Handelsrimesse ⟨f⟩ ticarî remise
Handelsschiff ⟨n⟩ *(Schff)* ticaret gemisi
Handelsschiffahrt ⟨f⟩ *(Schff)* ticarî gemicilik
Handelsschranke ⟨f⟩ ticarî engel
 [. . . n abbauen] ticarî engelleri kaldırmak
Handelsschule ⟨f⟩ ticaret okulu/lisesi
 [Höhere . . .] yüksek ticaret okulu
Handelssorte ⟨f⟩ kalite sınıfı
Handelsspanne ⟨f⟩ ticarî (işlem) marjı; alım satımda fiyat farkı
Handelssperre ⟨f⟩ ticarî/ekonomik embargo
Handelsspesen ⟨pl⟩ ticarî harcırah
Handelssprache ⟨f⟩ ticaret dili
Handelsstatistik ⟨f⟩ ticarî istatistik
Handelsstreit(igkeit) ⟨m/f⟩ ticarî/ticarette uyuşmazlık
Handelsstruktur ⟨f⟩ ticarî yapı
Handelstratte ⟨f⟩ *(WeR)* ticarî poliçe
Handelsüberschuß ⟨m⟩ ticaret üstesi
handelsüblich ⟨adj⟩ ticarî; ticarette alışagelmiş
Handelsunternehmen ⟨n⟩ ticarî girişim; ticaret şirketi
Handelsusancen ⟨pl⟩ ticarî uygulamalar; ticaret pratiği
Handelsverbindungen ⟨pl⟩ ticarî bağlar
Handelsverbot ⟨n⟩ *(AußH)* ticarî ambargo
Handelsvereinbarung ⟨f⟩ ticarî anlaşma
Handelsverkehr ⟨m⟩ ticaret; ticarî işlemler
Handelsvertrag ⟨m⟩ ticarî sözleşme
Handelsvertreter ⟨m⟩ acenta; ticarî temsilci
Handelsvertretung ⟨f⟩ acentelik; ticarî temsilcilik
Handelsverzeichnis ⟨n⟩ ticaret rehberi
Handelsvolumen ⟨n⟩ ticaret/işlem hacmi
 [gewichtet nach . . .] ticarî (hacim) ağırlıklı
Handelsware ⟨f⟩ ticaret malı; ticarî mal
 [. . . mittlerer Art und Güte] standart kaliteli ticaret malı
Handelswechsel ⟨m⟩ *(WeR)* ticarî senet; ticarî poliçe
Handelswert ⟨m⟩ ticarî değeri
Handelszentrum ⟨n⟩ ticaret merkezi
Handelszweig ⟨m⟩ ticaret dalı
handeltreibend ⟨adj⟩ ticaret yapan
Handgeld ⟨n⟩ pazarlık parası
Handgepäck ⟨n⟩ el bagajı
handhaben ⟨v/t⟩ kullanmak; işletmek
Handhabung ⟨f⟩ kullanış
Handkauf ⟨m⟩ elden satın alma
Handlanger ⟨m⟩ yamak; *(LandW)* rençper; *(BauW)* duvarcı çırağı
Händler ⟨m⟩ satıcı; tacir; tüccar
 [ambulanter . . .] gezici/seyyar satıcı; işportacı
 [fliegender . . .] gezici/seyyar satıcı; işportacı
Händlerkreise ⟨pl⟩ tüccarlar arasında; satıcı çevreleri
Händlerlager ⟨n⟩ satıcı stokları
Händlernetz ⟨n⟩ satıcı şebekesi
Händlerrabatt ⟨m⟩ satıcı indirimi
Handlung ⟨f⟩ muamele; işlem; *(Jur)* eylem; *(Jur)* fiil; *(Jur)* hareket (Laden) dükkân
 [gesetzwidrige . . .] yasaya aykırı eylem
 [grobfahrlässige . . .] ağır kusur
 [strafbare . . .] (cezayı gerektiren) eylem
 [unerlaubte . . .] *(Jur)* haksız fiil
 [vertragswidrige . . .] akde aykırı işlem
Handlungsagent ⟨m⟩ ticarî acente/acenta
Handlungsbefugnis ⟨f⟩ ticarî yetki
Handlungsbevollmächtigter ⟨m⟩ ticarî vekil
Handlungsgehilfe ⟨m⟩ tüccar memuru
Handlungsspielraum ⟨m⟩ ticarî hareket alanı
handlungsunfähig ⟨adj⟩ ticarî becerisi olmayan; ehliyetsiz
Handlungsvollmacht ⟨f⟩ ticarî vekâlet/yetki
Handschein ⟨m⟩ emre yazılı senet
Handschrift ⟨f⟩ el yazısı
 [kaufmännische . . .] ticarî el yazısı
handschriftlich ⟨adj⟩ elle yazılı
Handverkauf ⟨m⟩ elden satış; *(Bö)* tezgâh üzeri satış
Handwerk ⟨n⟩ zanaat
 [. . . ausüben] bir zanaatta çalışmak
 [. . . erlernen] zanaat öğrenmek
 [dienstleistendes . . .] hizmet verici zanaat
Handwerker ⟨m⟩ zanaatçı; esnaf; zanaatkâr
Handwerkerinnung ⟨f⟩ zanaatçılar loncası
Handwerkerstand ⟨m⟩ zanaatçılık, zanaatkârlık
Handwerksarbeit ⟨f⟩ zanaat emeği
Handwerksberuf ⟨m⟩ zanaatçılık mesleği
Handwerksbetrieb ⟨m⟩ zanaat işletmesi
Handwerksinnung ⟨f⟩ zanaat loncası
Handwerkskammer ⟨f⟩ zanaat odası
Handwerkslehre ⟨f⟩ zanaat öğretimi/eğitimi
Handwerkslehrling ⟨m⟩ zanaatçı çırağı
Handwerksmeister ⟨m⟩ zanaat ustası
Handwerksrolle ⟨f⟩ zanaat(çılar) sicili
Handwerkszeug ⟨n⟩ zanaatçı aleti
Handzeichen ⟨n⟩ el işareti
Hängeablage ⟨f⟩ asılı dosya (sistemi)
Härte ⟨f⟩ 1. güçlük; zorluk; mahrumiyet; yoksunluk 2. sertlik
Härteausgleich ⟨m⟩ mahrumiyet ödeneği/tazminatı
Härtefall ⟨m⟩ mahrumiyet/yoksunluk durumu
Hartgeld ⟨n⟩ katı para
Hartwährung ⟨f⟩ katı para
Häufigkeit ⟨f⟩ çokluk; *(Stat)* frekans
 [absolute . . .] *(Stat)* mutlak/salt frekans
 [proportionale . . .] orantılı frekans
 [relative . . .] orantılı frekans
Häufigkeitsdichte ⟨f⟩ *(Stat)* frekans yoğunluğu
Häufigkeitsfunktion ⟨f⟩ frekans fonksiyonu
Häufigkeitskurve ⟨f⟩ *(Stat)* frekans eğrisi
 [kumulative . . .] kümülatif/yığışımlı frekans eğrisi
Häufigkeitsmaß ⟨n⟩ frekans ölçüsü
Häufigkeitspolygon ⟨n⟩ *(Stat)* frekans poligonu
Häufigkeitsstufen ⟨pl⟩ kantiller

Häufigkeitstabelle ⟨f⟩ *(Stat)* frekans tablosu
Häufigkeitsverteilung ⟨f⟩ *(Stat)* frekans bölünmesi
[kumulative ...] kümülatif/yığışımlı frekans bölünmesi
Haupt ⟨n⟩ 1. ana; baş 2. asıl; esas; aslî 3. merkez
Hauptabnehmer ⟨m⟩ esas alıcı
Hauptabsatzgebiet ⟨n⟩ esas pazarlama bölgesi
Hauptaktionär ⟨m⟩ ana hissedar/aksiyoner
Hauptberuf ⟨m⟩ esas meslek; ana/asıl mesleği
hauptberuflich ⟨adj⟩ esas meslek olarak
Hauptberufsfach ⟨n⟩ esas/ana meslek dalı
Hauptbeschäftigung ⟨f⟩ esas/asıl iş/meşguliyet/uğraşım; başta gelen iş
Hauptbuch ⟨n⟩ ana/büyük defter; *(ReW)* defterikebir
Hauptbuchhaltung ⟨f⟩ ana muhasebe/hesap
Hauptbüro ⟨n⟩ merkez; merkez ofisi; müdürlük
Haupteinkäufer ⟨m⟩ esas alıcı
Haupteinnahmequelle ⟨f⟩ ana gelir kaynağı
Haupterbe ⟨m⟩ esas mirasçı
Haupterzeugnis ⟨n⟩ ana ürün
Hauptfiliale ⟨f⟩ ana şube
Hauptgeschäft ⟨n⟩ iş merkezi; merkez
Hauptgeschäftsführer ⟨m⟩ genel müdür; baş yönetici
Hauptgeschäftssitz ⟨m⟩ iş merkezinin bulunduğu yer
Hauptgeschäftsstraße ⟨f⟩ çarşının bulunduğu cadde
Hauptgetreidesorte ⟨f⟩ esas tahıl cinsi
Hauptgläubiger ⟨m⟩ baş/asıl alacaklı
Hauptkasse ⟨f⟩ ana vezne
Hauptkonto ⟨n⟩ ana hesap
Hauptkostenstelle ⟨f⟩ *(KoR)* esas maliyet yeri; *(KoR)* esas daire
Hauptkunde ⟨m⟩ baş müşteri
Hauptlieferant ⟨m⟩ esas teslimci/müteahhit
Hauptnahrungsmittel ⟨n⟩ ana besin maddeleri
Hauptniederlassung ⟨f⟩ merkez; işletme/şirket merkezi
[Ort der ...] merkezin bulunduğu yer
Hauptpostamt ⟨n⟩ *(Post)* merkez postanesi; *(Post)* ana postane
Hauptprodukt ⟨n⟩ esas ürün/mahsül
Hauptsaison ⟨f⟩ ana sezon
Hauptschuldner ⟨m⟩ *(Jur)* aslî borçlu
Hauptsicherheit ⟨f⟩ aslî teminat
Hauptsitz ⟨m⟩ merkez; işletme/şirket merkezi
Hauptstadt ⟨f⟩ başkent
Hauptstelle ⟨f⟩ merkez
Hauptstrecke ⟨f⟩ ana hat
Hauptunternehmer ⟨m⟩ genel müteahhit
Hauptversammlung ⟨f⟩ genel kurul (toplantısı)
[außerordentliche ...] olağanüstü genel kurul
[ordentliche ...] olağan genel kurul (toplantısı)
Hauptversicherer ⟨m⟩ *(Vers)* ana sigortacı
Hauptversicherung ⟨f⟩ *(Vers)* ana/merkez sigorta
Hauptverwaltung ⟨f⟩ merkez idaresi/yönetimi
Hauptwohnsitz ⟨m⟩ *(Jur)* aslî ikametgâh
Hauptzeuge ⟨m⟩ *(Jur)* aslî tanık; görgü tanığı
Hauptzollamt ⟨n⟩ *(Zo)* merkez gümrük dairesi
Hauptzweigstelle ⟨f⟩ merkez şubesi
Haus ⟨n⟩ 1. ev; konut; mesken 2. bina
[...- und Grundstücksbesitzer] konut ve arsa sahibi/zilyedi

[alleinstehendes/freistehendes ...] müstakil ev/konut
[eigengenutztes ...] sahibi tarafından kullanılan konut
[frei ...] ev teslimi
[führendes ...] önder şirket; önde gelen şirket
[ins ... liefern] eve teslim etmek
[leerstehendes ...] boş duran ev
[von ... zu ...] evden eve; kapıdan kapıya
Hausbank ⟨f⟩ bankamız
Hausbau ⟨m⟩ konut yapımı
Hausbesitz ⟨m⟩ ev/konut zilyetliği
Hausbesitzbrief ⟨m⟩ konut tapusu
Hausbesitzer ⟨m⟩ konut/mesken/ev sahibi
[nicht ortsansässiger ...] yerinde oturmayan konut sahibi
Hausbestand ⟨m⟩ konut mevcudu
Hausbewohner ⟨m⟩ konutta oturan
Hausbrand ⟨m⟩ konut yakıtı
hauseigen ⟨adj⟩ şirkete ait
Hauseigentümer ⟨m⟩ ev/konut/mesken sahibi
Häuserbestand ⟨m⟩ konut sayısı
Häusermakler ⟨m⟩ emlak komisyoncusu
Hauserrichtung ⟨f⟩ konut yapımı
Hauserwerb ⟨m⟩ konut satın alma; ev/konut sahibi olma
Hauserwerber ⟨m⟩ ev/konut alan
Hausfinanzierung ⟨f⟩ konut finansmanı
Hausfriedensbruch ⟨m⟩ *(Jur)* meskene taarruz
Hausgebrauch ⟨m⟩ evde kullanma
Hausgehilfin ⟨f⟩ hizmetçi
Hausgemacht ⟨adj⟩ evde yapılmış
Hausgeräteindustrie ⟨f⟩ beyaz eşya sanayii
Haushalt ⟨m⟩ 1. bütçe 2. aile; hane; hanehalkı
[... als Verbrauchseinheit] *(VWL)* tüketim birimi olarak hanehalkı
[... annehmen] bütçeyi kabul etmek; bütçeyi onaylamak
[... aufstellen] bütçe hazırlamak
[... ausgleichen] bütçeyi denkleştirmek
[... einbringen] bütçe önermek
[... genehmigen] bütçeyi onaylamak
[... überschreiten] bütçeyi aşmak
[... verabschieden] bütçeyi kabul etmek; bütçeyi onamak
[... vorlegen] bütçeyi sunmak
[allgemeiner ...] genel bütçe
[ausgeglichener ...] denk bütçe; dengeli bütçe
[außerordentlicher ...]. olağanüstü bütçe
[defizitärer ...] açık bütçe
[durch regelmäßige Steuereinnahmen gedeckter ...] *(öFi)* düzenli vergi geliri ile karşılanan bütçe
[in den ... einstellen] bütçeye katmak
[konsolidierter ...] konsolide bütçe
[öffentlicher ...] kamu bütçesi
[öffentliche ...e] kamu bütçeleri
[ordentlicher ...] olağan bütçe
[privater ...] özel bütçe; hanehalkı
[vorläufiger ...] geçici bütçe
haushalten ⟨int⟩ (ev) idare etmek; (aile/ev) geçindirmek
Haushälterin ⟨f⟩ ev işlerine bakan kadın
Haushaltsabfall ⟨m⟩ ev çöpü
Haushaltsänderung ⟨f⟩ bütçe değişikliği

Haushaltsanforderung ⟨f⟩ bütçe gereksinmesi/ihtiyacı
Haushaltsansatz ⟨m⟩ *(öFi)* bütçe tahmini
Haushaltsartikel ⟨pl⟩ ev eşyaları
Haushaltsaufstellung ⟨f⟩ *(öFi)* bütçeleme; bütçe yapma
Haushaltsausgleich ⟨m⟩ bütçe denkleştirmesi
Haushaltsausschuß ⟨m⟩ bütçe encümeni
Haushaltsbedarf ⟨m⟩ bütçe ihtiyacı/gereksinmesi
Haushaltsbewilligung ⟨f⟩ bütçenin onanması
Haushaltsdefizit ⟨n⟩ bütçe açığı
Haushaltsdurchführung ⟨f⟩ bütçe uygulaması
Haushaltseinkommen ⟨n⟩ hanehalkı geliri
Haushaltseinnahmen ⟨pl⟩ *(öFi)* genel bütçe gelirleri
Haushaltseinsparung ⟨f⟩ bütçe tasarrufu
Haushaltsentwurf ⟨m⟩ bütçe tasarısı/tahmini
Haushaltsexperte ⟨m⟩ bütçe eksperi
Haushaltsfachmann ⟨m⟩ bütçe uzmanı
Haushaltsfehlbetrag ⟨m⟩ *(öFi)* bütçe açığı
Haushaltsfinanzierung ⟨f⟩ bütçe finansmanı
  [... durch Schuldenaufnahme] *(öFi)* borçlanma yoluyla bütçe finansmanı
Haushaltsführung ⟨f⟩ *(BkW)* bütçe idaresi/yönetimi; *(öFi)* bütçe davranışı
Haushaltsgebaren ⟨n⟩ *(öFi)* bütçe yönetimi
Haushaltsgeld ⟨n⟩ ev harçlığı/parası
Haushaltsgerade ⟨f⟩ *(VWL)* bütçe doğrusu
Haushaltsgeräte ⟨pl⟩ evde kullanılan aletler; beyaz eşyalar
Haushaltsgesetz ⟨n⟩ bütçe kanunu
Haushaltsgleichgewicht ⟨n⟩ *(öFi)* bütçe dengesi
Haushaltsjahr ⟨n⟩ *(öFi)* bütçe yılı; *(öFi)* mali yıl
Haushaltskasse ⟨f⟩ hanehalkı bütçesi
Haushaltskonsolidierung ⟨f⟩ bütçe konsolidasyonu; bütçeleme
Haushaltskontrolle ⟨f⟩ *(öFi)* bütçe kontrolü
Haushaltskürzung ⟨f⟩ *(öFi)* bütçe kesintisi
Haushaltsmittel ⟨pl⟩ *(öFi)* ödenekler; bütçe fonları
Haushaltsmüll ⟨m⟩ ev çöpü
Haushaltspackung ⟨f⟩ aile boyu ambalaj/paket
Haushaltsperiode ⟨f⟩ *(öFi)* bütçe dönemi
Haushaltsplan ⟨m⟩ *(öFi)* bütçe;
  (öFi) bütçe tahmini
  [... aufstellen] *(öFi)* bütçe hazırlamak
Haushaltspolitik ⟨f⟩ *(öFi)* bütçe politikası
Haushaltsposten ⟨m⟩ *(öFi)* bütçe kalemi
Haushaltsprüfung ⟨f⟩ *(öFi)* bütçe denetimi
Haushaltsrecht ⟨n⟩ *(öFi)* bütçe hukuku
Haushaltssoll ⟨n⟩ *(öFi)* bütçe tahmini
Haushaltstarif ⟨m⟩ *(Gas/Wasser)* ev tarifesi
Haushaltstitel ⟨m⟩ *(öFi)* bütçe kalemi
Haushaltsüberschreitung ⟨f⟩ bütçeyi aşma
Haushaltsüberschuß ⟨m⟩ *(öFi)* bütçe fazlası
Haushaltsüberwachung ⟨f⟩ *(öFi)* bütçe kontrolü; *(KoR)* bütçe denetimi
Haushaltsunterschreitung ⟨f⟩ bütçeyi tam olarak kullanmama
Haushaltsverbrauch ⟨m⟩ *(VWL)* iç tüketim; hanehalkı tüketimi
Haushaltsvolumen ⟨n⟩ bütçe hacmi; genel bütçe toplamı; tüm bütçe toplamı
Haushaltsvoranschlag ⟨m⟩ *(öFi)* bütçe tahmini
Haushaltsvorlage ⟨f⟩ bütçe önerisi

Haushaltsvorstand ⟨m⟩ hanehalkı reisi
Haushaltswaren ⟨pl⟩ ev eşyaları
Haushaltswirtschaft ⟨f⟩ *(BWL)* bütçeleme; *(BWL)* bütçe düzenleme; *(BkW)* bütçeleme
Haushaltszuweisung ⟨f⟩ *(öFi)* ödenekler; tahsisat
Haushaltung ⟨f⟩ hanehalkı geçimi
Haushaltungsgeld ⟨n⟩ hanehalkı geçim parası
Hausierer ⟨m⟩ seyyar satıcı; ayak satıcısı
Hausierhandel ⟨m⟩ seyyar satıcılık
Hausjurist ⟨m⟩ şirket avukatı/hukukçusu; işletmenin hukuk danışmanı
Hauskäufer ⟨m⟩ konut alıcı
Hausmarke ⟨f⟩ özel marka
Hausmeister ⟨m⟩ kapıcı
Hausmeisterdienste ⟨pl⟩ kapıcı servisi
Hausmodernisierung ⟨f⟩ ev onarımı
Hausmüll ⟨m⟩ ev çöpü
Hausordnung ⟨f⟩ ev kuralları
Hauspost ⟨f⟩ iç posta
Hausrat ⟨m⟩ ev eşyası
Hausratversicherung ⟨f⟩ ev eşyası sigortası
Hausse ⟨f⟩ *(Bö)* boğa eğilimi; *(Bö)* tavan; fiyatların tavana vurması
  [auf ... kaufen] boğa eğiliminde almak; fiyatların yükselmesini bekleyerek almak
Haussebewegung ⟨f⟩ *(Bö)* boğa eğilimi; *(Bö)* yükseliş/yükselme
Hausseengagement ⟨n⟩ *(Bö)* tavan angajmanı
Haussemarkt ⟨m⟩ *(Bö)* boğa piyasası; fiyatların tavana vurduğu piyasa
Hausseposition ⟨f⟩ zirve durumu; dorukta bulunma; *(Bö)* tavanda olma
Haussespekulant ⟨m⟩ *(Bö)* boğacı; boğa (eğilimi) spekülatörü
Hausseverkauf ⟨m⟩ *(Bö)* boğa eğiliminde satış
Haussier ⟨m⟩ *(Bö)* boğa (eğilimi) işlemcisi; tereffücü
haussieren ⟨int⟩ *(Bö)* boğa eğiliminde olmak
haussierend ⟨adj⟩ *(Bö)* boğa eğiliminde olan
Hausstand ⟨m⟩ ev/aile
  [... gründen] ev/aile kurmak
Haussuche ⟨f⟩ *(Jur)* ev arama
Haustarif ⟨m⟩ *(Elek)* şirketin (ücret) tarifesi; *(Elek)* ev tarifesi
Haustürverkauf ⟨f⟩ evden eve (dolaşarak) satış
Hausverkauf ⟨m⟩ konut satımı
Hausversicherung ⟨f⟩ *(Vers)* konut sigortası
Hausverwaltung ⟨f⟩ konut idaresi
Hauswirt ⟨m⟩ ev sahibi
Hauswirtin ⟨f⟩ kadın ev sahibi
Hauswirtschaftslehre ⟨f⟩ ev ekonomisi
Hauswurfsendung ⟨f⟩ *(Mk)* doğrudan postalama
Hauszeitschrift ⟨f⟩ şirketin dergisi
Hauszustellung ⟨f⟩ eve/kapıya teslim
Havarie ⟨f⟩ *(SeeV)* avarya; *(SeeV)* gemi hasarı
  [... aufmachen] *(SeeV)* avarya düzenlemek
  [... erleiden] *(SeeV)* avaryaya maruz kalmak
  [besondere ...] *(SeeV)* özel avarya
  [einfache ...] *(SeeV)* basit avarya
  [frei von ...] *(SeeV)* avaryasız
  [frei von allgemeiner ...] *(SeeV)* genel avaryasız
  [frei von besonderer ...] *(SeeV)* özel avaryasız
  [gemeinschaftliche ...] *(SeeV)* genel avarya
  [große ...] *(SeeV)* büyük avarya

[kleine...] *(SeeV)* küçük avarya
Havarieaufmachung ⟨f⟩ *(SeeV)* avarya tesviyesi; *(SeeV)* avaryanın tespiti
Havarieausgaben ⟨pl⟩ *(SeeV)* avarya masrafları
Havarieberechnung ⟨f⟩ *(SeeV)* avaryanın tesbiti
Havariedispacheur ⟨m⟩ *(SeeV)* avarya dispaşörü; *(SeeV)* avarya düzenleyici
Havarieeinschuß ⟨m⟩ *(SeeV)* avarya aidatı
Havariegarantie ⟨f⟩ *(SeeV)* avarya teminatı
Havariegrosse ⟨f⟩ *(SeeV)* genel avarya; *(SeeV)* büyük avarya
Havariegrosse-Beitrag ⟨m⟩ *(SeeV)* genel avarya aidatı
Havariegrosse-Einschuß ⟨m⟩ *(SeeV)* genel avarya aidatı
Havariegrosse-Schaden ⟨m⟩ *(SeeV)* genel avarya hasarı
Havariegutachten ⟨n⟩ *(SeeV)* avarya ekspertizi/raporu
Havarieklausel ⟨f⟩ *(SeeV)* avarya şartı
Havariekommissar ⟨m⟩ *(SeeV)* avarya komiseri; *(SeeV)* sörveyör
Havarieregelung ⟨f⟩ *(SeeV)* avarya düzenlemesi/ayarlaması/tesviyesi
Havarierechnung ⟨f⟩ *(SeeV)* avarya hesabı
havariert ⟨adj⟩ *(SeeV)* avaryalı
Havariesachverständiger ⟨m⟩ *(SeeV)* avarya dispeççisi/dispaşörü
Havarieschaden ⟨m⟩ *(SeeV)* avarya zararı
Havarieschadensaufstellung ⟨f⟩ *(SeeV)* avarya mazbatası
Havariewaren ⟨pl⟩ *(SeeV)* avaryalı mallar
Havariezertifikat ⟨n⟩ *(SeeV)* avarya sertifikası
Hebebaum ⟨m⟩ *(Schff)* el manivelası
hebeberechtigt ⟨adj⟩ vergi ve harç almaya yetkili
Hebebock ⟨m⟩ kriko
Hebel ⟨m⟩ kaldıraç
[finanzpolitischer...] *(BkW)* mali kaldıraç; *(BkW)* finansal kaldıraç
Hebeleffekt ⟨m⟩ *(BkW)* kaldıraç; *(BkW)* kaldıraç etkisi
Hebeliste ⟨f⟩ *(StR)* vergilendirme listesi
Hebelwirkung ⟨f⟩ *(BkW)* kaldıraç etkisi
[... der Finanzierungsstruktur] *(BkW)* kaldıraç etkisi; *(BkW)* finansman kaldıracı
[... der Finanzstruktur] *(BkW)* kaldıraç etkisi; *(BkW)* finansman kaldıracı
[... der Fixkosten] *(BkW)* faaliyet kaldıracı; sabit maliyetin kaldıraç etkisi
[finanzwirtschaftliche...] *(BkW)* finansal kaldıraç
[leistungswirtschaftliche...] *(BkW)* faaliyet kaldıracı
Heberecht ⟨n⟩ vergilendirme hakkı/yetkisi; vergi alma hakkı
Hebesatz ⟨m⟩ *(StR)* matrah; tahsil haddi
Hebeschiff ⟨n⟩ *(Schff)* algarina; maçuna gemisi; vinçli kurtarma gemisi
Heftapparat ⟨m⟩ zımba aleti/makinası
heften ⟨v/t⟩ zımbalamak
Hehler ⟨m⟩ yataklık eden
Hehlerei ⟨f⟩ yataklık
Hehlerware ⟨f⟩ çalınmış mallar
Heil ⟨n⟩ *(Med)* sağlık
Heilbad ⟨n⟩ *(Med)* kaplıca

Heilberuf ⟨m⟩ *(Med)* sağlık hizmeti mesleği
Heilkosten ⟨pl⟩ *(Med)* tedavi masrafları
Heilmittel ⟨n⟩ *(Med)* ilaç; *(Med)* deva
Heim ⟨n⟩ ev; aile ocağı/yuvası
Heimarbeit ⟨f⟩ ev sanayii; evde çalışma
Heimarbeiter ⟨m⟩ evde çalışan
Heimarbeitsplatz ⟨m⟩ *(EDV)* evde çalışma yeri
Heimat ⟨n⟩ anayurt; yurt
Heimatadresse ⟨f⟩ yurtiçi adresi
Heimatanschrift ⟨f⟩ yurtiçi adresi
Heimathafen ⟨m⟩ *(Schff)* sicil limanı; *(Schff)* bağlama/ikametgâh limanı
[Gericht des... s] *(Jur)* bağlama limanı mahkemesi
Heimfahrt ⟨f⟩ dönüş; *(Schff)* dönüş seferi
Heimfall ⟨m⟩ *(Jur)* eski sahibine intikal
heimfallen ⟨int⟩ *(Jur)* eski sahibine intikal etmek
Heimindustrie ⟨f⟩ ev/el sanayii
heimisch ⟨adj⟩ yerli
Heimkehr ⟨f⟩ (eve) dönüş; avdet
heimlich ⟨adj⟩ gizli; gizlice
[... verladene Güter] gizlice yüklenen eşyalar/mallar
Heimreise ⟨f⟩ dönüş yolculuğu
Heimtextilien ⟨pl⟩ evlik döşemeler/kumaşlar
Heimweg ⟨m⟩ eve dönüş yolu
Heimwerker ⟨m⟩ evde kendi (donatım ve onarım) işini kendi gören/yapan
Heimwerkermarkt ⟨m⟩ konut donatma ve onarım malzemesi pazarı
Heimwirtschaft ⟨f⟩ ev/el sanayii
Heirat ⟨f⟩ evlilik; evlenme
Heiratsurkunde ⟨f⟩ evlenme belgesi/cüzdanı
Heiratszulage ⟨f⟩ evlenme primi/ikramiyesi
Heiratszuschuß ⟨m⟩ evlenme primi/ikramiyesi
Heizkosten ⟨pl⟩ ısıtma masrafları; yakıt maliyeti
Heizkostenbeihilfe ⟨f⟩ ısıtma masrafları yardımı
Heizkostenrechnung ⟨f⟩ yakıt faturası
Heizmaterial ⟨n⟩ yakıt malzemesi
Heizölsteuer ⟨f⟩ kalorifer yakıtı vergisi; *(TR)* aygaz vergisi
Hemmnis ⟨n⟩ engel
[bürokratisches...] bürokratik engel
[zollähnliches...] *(AußH)* gümrük benzeri engel
[zollfremdes...] *(AußH)* gümrük dışı engel
Hemmung ⟨f⟩ durma; tatil; engelle(n)me
[... der Verjährung] *(Jur)* zamanaşımının tatili
herabsetzen ⟨v/t⟩ azaltmak; indirmek; düşürmek
Herabsetzung ⟨f⟩ *(Preis)* azaltma; düşürme; indirme
[... der Altersgrenze] *(SozV)* yaş haddini indirme/düşürme
[... des Diskontsatzes] iskonto haddini düşürme
[... der Ware des Konkurrenten] *(Jur)* rakip malların istismarı
[... des Aktienkapitals] *(BkW)* esas sermayenin azaltılması
[... des Buchwertes] *(ReW)* defter/muahsebe değerini düşürme
[... des Grundkapitals] *(BkW)* ana sermayenin azaltılması
[... des Kapitals] *(BkW)* sermayenin azaltılması

heraufsetzen ⟨v/t⟩ yükseltmek
Heraufsetzung ⟨f⟩ yükseltme
  [... des Buchwertes] *(ReW)* defter/muhasebe değerini yükseltme
  [... des Kapitals] *(BkW)* sermayenin yükseltilmesi
herausbringen ⟨v/t⟩ (piyasaya) sürmek/çıkarmak
herausfliegen ⟨int⟩ işten atılmak
Herausgabe ⟨f⟩ iade; geri verme; teslim; *(Press)* yayım
  [Aufforderung zur ...] iade talebi
Herausgabeklage ⟨f⟩ *(Jur)* eşyanın iadesi davası; istihkak davası
Herausgabeverweigerung ⟨f⟩ iadeden kaçınma
herausgeben ⟨v/t⟩ 1. teslim etmek; iade etmek; geri vermek 2. yayımlamak
Herausgeber ⟨m⟩ *(Press)* yayımlayan
heraussetzen ⟨v/t⟩ *(Mieter)* çıkar(t)mak
Herbst ⟨m⟩ sonbahar; güz
Herbstkollektion ⟨f⟩ *(Textil)* sonbahar koleksiyonu
Herbstmesse ⟨f⟩ *(Mk)* güz fuarı
hereinholen ⟨v/t⟩ toplamak; temin etmek
Hereinnahme ⟨f⟩ tahsil; topla(n)ma
  [... von Aufträgen] siparişlerin toplanması
  [... von Wechseln] senetlerin tahsili
hereinnehmen ⟨v/t⟩ (içeriye) almak
  [Geld ...] para almak
  [ins Lager ...] depoya almak; stok almak
  [Wechsel ...] senet kırmak
Herfahrt ⟨f⟩ dönüş seferi
Herfracht ⟨f⟩ dönüş hamulesi/kargosu; *(Schff)* dönüş navlunu
Hergabe ⟨f⟩ teslim; teslim etme; verme
hergestellt ⟨adj⟩ yapım; yapılmış; imal edilmiş
  [fabrikmäßig ...] fabrika yapımı
  [maschinell ...] makine yapımı
  [serienmäßig ...] seri yapım; seri şekilde imal edilmiş
Herkunft ⟨f⟩ kaynak; menşe
Herkunftsbescheinigung ⟨f⟩ kaynak belgesi; menşe şahadetnamesi
Herkunftsbezeichnung ⟨f⟩ kaynak/menşe işareti
Herkunftsland ⟨n⟩ kaynak ülke; menşe ülkesi
Herkunftszeugnis ⟨n⟩ menşe şahadetnamesi
Hermesbürgschaft ⟨f⟩ *(D)* (Alman) ihracat kredisi kefaleti/teminatı
Hermesexportkreditgarantie ⟨f⟩ *(D)* (Alman) ihracat kredisi garantisi
Herrenausstatter ⟨m⟩ erkek konfeksiyoncusu
Herrenbekleidung ⟨f⟩ erkek giyim
herrenlos ⟨adj⟩ sahipsiz; terk edilmiş; *(Jur)* metrûk; *(Jur)* mahlul
Herrenmode ⟨f⟩ erkek modası
Herrschaft ⟨f⟩ egemenlik; iktidar; hakimiyet
Herrschaftsverhältnis ⟨n⟩ egemenlik/hakimiyet ilişkisi
  [... zwischen Mutter und Tochter (Unternehmen)] ana ile yavru şirket arasında egemenlik/hakimiyet ilişkisi
herstellen ⟨v/t⟩ üretmek; imal etmek
  [fabrikmäßig ...] fabrikada üretmek
  [künstlich ...] yapay/sunî olarak üretmek
  [serienmäßig ...] seri şekilde üretmek
Hersteller ⟨m⟩ → **Erzeuger/Produzent** üretici; imalatçı; yapıcı
  [... von Fremdfabrikaten] taşeron
Herstellergarantie ⟨f⟩ üretici garantisi
Herstellerhaftung ⟨f⟩ üretici sorumluluğu
Herstellerpreis ⟨m⟩ üretici fiyatı
Herstellerzeichen ⟨n⟩ üretici işareti; ticarî marka
Herstellung ⟨f⟩ → **Erzeugung/Fertigung/Produktion** üretim; imalat; yapım
  [... in kleinen Stückzahlen] küçük miktarlarda/sayılarda üretim
  [industrielle ...] sınai/endüstriyel üretim
  [kostengünstige ...] düşük maliyetle üretim
  [serienmäßige ...] *(Ind)* seri üretim
Herstellungsaufwand ⟨m⟩ *(KoR)* üretim gider(ler)i
Herstellungsfehler ⟨m⟩ üretim kusuru; fabrikasyon hatası
Herstellungsjahr ⟨n⟩ üretim yılı
Herstellungskosten ⟨f⟩ *(KoR)* imalat maliyeti; *(KoR)* üretim maliyeti; *(ReW)* tarihî maliyet; *(BWL)* ekonomik maliyet
Herstellungsland ⟨n⟩ *(AußH)* üretici ülke
Herstellungspreis ⟨m⟩ *(ReW)* maliyet fiyatı; *(ReW)* üretim fiyatı
Herstellungsverfahren ⟨n⟩ üretim yöntemi
Herstellungswert ⟨m⟩ *(ReW)* maliyet değeri
  [zum ...] üretim/imalat/yapılış fiyatına; maliyetine
herunterfahren ⟨v/t⟩ (üretimi) azaltmak
Heruntergekommen ⟨adj⟩ (iktisaden) batık/batmış
heruntergewirtschaftet ⟨adj⟩ (iktisaden) batık/batmış
herunterhandeln ⟨v/t⟩ pazarlık etmek; (pazarlık ederek) fiyat düşürmek
herunterstufen ⟨v/t⟩ derecesini/sınıfını düşürmek
herunterwirtschaften ⟨v/t⟩ (iktisaden) batırmak
Heuer ⟨f⟩ *(Schff)* tayfa ücreti
Heueraufwendungen ⟨pl⟩ *(Schff)* tayfa ücretleri
Heuerbüro ⟨n⟩ *(Schff)* tayfa devşirme bürosu
heuern ⟨v/t⟩ *(Schff)* tayfa devşirmek
  [... und feuern] *(Schff)* işe alıp işten atmak
Heuervertrag ⟨m⟩ *(Schff)* tayfa kontrat defteri; rolo
Heulboje ⟨f⟩ *(Schff)* düdüklü şamandıra
Heultonne ⟨f⟩ → **Heulboje**
HGB → **Handelsgesetzbuch** ⟨n⟩ *(Jur)* Alman Ticaret Kanunu
Hierarchie ⟨f⟩ hiyerarşi; *(Jur)* silsilei meratip
Hierarchiestufe ⟨f⟩ hiyerarşi derecesi/kademesi
Hilfe ⟨f⟩ yardım; destek
  [... gewähren] yardım tahsis etmek
  [... leisten] yardım etmek; desteklemek
  [finanzielle ...] *(BkW)* finansal yardım; *(BkW)* mali yardım
  [(projekt)gebundene ...] (projeye) bağlı yardım
  [staatliche ...] devlet yardımı
Hilfeleistung ⟨f⟩ yardım etme; kurtarma
  [unterlassene ...] yardım etmeme
Hilfsadresse ⟨f⟩ *(Wechsel)* hatır adresi
Hilfsaktion ⟨f⟩ yardım eylemi
Hilfsarbeiter ⟨m⟩ yardımcı işçi; düz işçi
hilfsbedürftig ⟨adj⟩ (yardıma) muhtaç
Hilfskasse ⟨f⟩ yardım sandığı/fonları
Hilfskostenstelle ⟨f⟩ *(KoR)* yardımcı daire
Hilfskraft ⟨f⟩ yardımcı eleman; asistan

Hilfspersonal ⟨n⟩ yardımcı kadro
Hilfsprogramm ⟨n⟩ yardım programı
[staatliches...] devlet yardım programı
Hilfprojekt ⟨n⟩ yardım projesi
Hilfsquelle ⟨f⟩ kaynak
Hilfsquellen ⟨pl⟩ kaynaklar
[wirtschaftliche...] *(VWL)* doğal kaynaklar
Hilfsstoffe ⟨pl⟩ *(KoR)* yardımcı maddeler
Hilfs- und Betriebsstoffe ⟨pl⟩ yardımcı ve işletme maddeleri
Hilfstrupp ⟨m⟩ *(Schaden)* acil servis (kadrosu)
Hilfswerk ⟨n⟩ yardım kurumu/örgütü
hinaufschnellen ⟨int⟩ *(Preis)* hızla yükselmek
hinausschieben ⟨v/t⟩ ertelemek; ileri bir tarihe atmak
hinauswerfen ⟨v/t⟩ (dışarıya) atmak; işten atmak
Hinauswurf ⟨m⟩ işten atma
Hinfahrt ⟨f⟩ gidiş (seferi); *(Schff)* gidiş seferi
Hin- und Rückfahrt ⟨f⟩ gidiş dönüş seferi
hinfällig ⟨adj⟩ *(Klausel)* kadük
Hinflug ⟨m⟩ *(Flug)* gidiş uçuşu
Hinfracht ⟨f⟩ gidiş yükü; gidiş hamulesi/kargosu; *(Schff)* gidiş navlunu
Hingabe ⟨f⟩ terk; feragat; vazgeçme
[... an Erfüllungs Statt] *(Jur)* eda yerine ifa
[... an Zahlungs Statt] *(Jur)* tediye yerine ifa
hin- und herpendeln ⟨int⟩ gidip gelmek
hinreichend ⟨adj⟩ yeterli
Hinreise ⟨f⟩ gidiş yolculuğu
Hinsicht ⟨f⟩ bakım; yön; açı
[in finanzieller...] finansal bakımdan/açıdan
[in personeller...] işgücü bakımından/açısından
[in rechtlicher und tatsächlicher...] *(Jur)* yasal ve gerçek açıdan/olarak
Hinterbliebener ⟨m⟩ hayatta kalan; *(Jur)* dul
Hinterbliebenenrente ⟨f⟩ *(SozV)* dul maaşı
Hinterbliebenenversicherung ⟨f⟩ *(Vers)* dulluk sigortası
Hinterbliebenenversorgung ⟨f⟩ *(SozV)* dullar için bakım
Hinterland ⟨n⟩ hinterlant; arka ülke
hinterlassen ⟨v/t⟩ bırakmak; *(Testament)* miras bırakmak
Hinterlassenschaft ⟨f⟩ *(Jur)* tereke; *(Jur)* miras
Hinterlassung ⟨f⟩ bırakma
[ohne... eines Testaments sterben] vasiyetname bırakmadan ölmek
hinterlegen ⟨v/t⟩ saklatmak; tevdi etmek; tevdiatta bulunmak
Hinterleger ⟨m⟩ saklatan; müstevdi
Hinterlegung ⟨f⟩ saklatma; tevdi; tevdiat(ta bulunma)
[... in bar] nakden tevdi; nakden tevdiatta bulunmak
[... der Niederschrift] *(Jur)* evrakın tevdii/saklatılması
[... einer Sicherheit] teminatın tevdiatı
[... zur Aufbewahrung] emaneten tevdi
Hinterlegungsbescheinigung ⟨f⟩ tevdiat belgesi
Hinterlegungsschein ⟨m⟩ tevdiat belgesi
Hinterlegungsstelle ⟨f⟩ tevdiat yeri
Hinterlegungssumme ⟨f⟩ depozito
Hintertür ⟨f⟩ arka kapı
[durch die...] arka kapıdan

hinterziehen ⟨v/t⟩ kaçırmak
[Steuern...] *(StR)* vergi kaçırmak
Hinweis ⟨m⟩ not; işaret; ipucu
[... geben] ipucu vermek; işaret etmek
Hinweise açıklamalar; izahat; notlar; işaretler
[allgemeine...] genel açıklamalar
hinzufügen ⟨v/t⟩ *(Brief)* eklemek; iliştirmek
hinzurechnen ⟨v/t⟩ hesaba katmak
hinzuziehen ⟨v/t⟩ 1. çağırmak; celp etmek
2. danışmak; başvurmak
Histogramm ⟨n⟩ *(Stat)* histogram; *(Stat)* sütunlu diyagram
hoch ⟨adj⟩ yüksek
[zu...] çok yüksek; fazla; aşırı
Hochachtungsvoll *(Brief)* saygılarımla
hocharbeiten ⟨refl⟩ çalışarak ilerlemek
Hochbau ⟨m⟩ *(BauW)* yerüstü inşaatı (mühendisliği)
Hoch- und Tiefbau ⟨m⟩ *(BauW)* yerüstü ve yeraltı inşaatı (mühendisliği)
hochbeanspruchbar ⟨adj⟩ son derece dayanıklı/sağlam
hochbeladen ⟨adj⟩ ağır/çok yüklü
hochbelastet ⟨adj⟩ yüksek yükümlü; çok borcu olan; *(Umwelt)* çok kirli
hochbesteuert ⟨adj⟩ *(StR)* yüksek vergili
Hochbetrieb ⟨m⟩ yoğun faaliyet/çalışma
[... haben] yoğun faaliyette olmak
hochbezahlt ⟨adj⟩ yüksek ücretli; yüksek ücret ödeyen/veren
hochdotiert ⟨adj⟩ yüksek ücretli; yüksek ücret ödeyen/veren
hochentwickelt ⟨adj⟩ çok gelişmiş; ileri
hochfahren ⟨v/t⟩ yükseltmek; hızlandırmak
Hochfinanz ⟨f⟩ *(BkW)* yüksek finans (dünyası)
Hochkonjunktur ⟨f⟩ *(VWL)* yüksek konjonktür; *(Eng)* boom
Hochkonjunkturphase ⟨f⟩ *(VWL)* konjonktürün yükselme evresi; *(VWL)* boom dönemi
Hochleistung ⟨f⟩ yüksek verim/performans
Hochleistungs- yüksek verimli/performanslı
Hochlohnindustrie ⟨f⟩ yüksek ücret (ödeyen) sanayi
Hochlohnland ⟨n⟩ yüksek ücretli ülke; ücretlerin yüksek olduğu ülke
hochmodern ⟨adj⟩ son derece modern
Hochrechnung ⟨f⟩ *(Stat)* ekstrapolasyon; *(Stat)* tahmin
hochrentierlich ⟨adj⟩ *(BkW)* yüksek faizli; *(BkW)* yüksek verimli
Hochsaison ⟨f⟩ ana mevsim/sezon
Hochschulabsolvent ⟨m⟩ yüksek okul mezunu
Hochschulabschluß ⟨m⟩ yüksek okul diploması
Hochschule ⟨f⟩ yüksek okul
[landwirtschaftliche...] tarım fakültesi
[technische...] teknik yüksek okul
Hochschutzzollpolitik ⟨f⟩ *(AußH)* himayeci gümrük politikası
Hochsee ⟨f⟩ açık deniz; denizaşırı
Hochseeflotte ⟨f⟩ *(Schff)* (açık) deniz filosu
Hochseeschiff ⟨n⟩ *(Schff)* (açık) denize elverişli gemi
Hochseeschiffahrt ⟨f⟩ *(Schff)* açık deniz gemiciliği
hochseetauglich ⟨adj⟩ *(Schff)* (açık) denize elverişli

hochseetüchtig ⟨adj⟩ → **hochseetauglich**
Höchst- azami; en yüksek
Höchstalter ⟨n⟩ azami yaş
Höchstangebot ⟨n⟩ en yüksek teklif
Höchstbedarf ⟨m⟩ azami ihtiyaç/gereksinme
Höchstbelastung ⟨f⟩ azami yük/yüküm
Höchstbestand ⟨m⟩ azami mevcut
Höchstbetrag ⟨m⟩ tavan fiyat; azami bedel
 [steuerlicher ...] *(StR)* vergiye tabi azami meblağ
Höchstbietender ⟨m⟩ en yüksek teklif veren
Höchstförderung ⟨f⟩ teşvik haddi
Höchstfreibetrag ⟨m⟩ *(StR)* azami muafiyet bedeli
Höchstgeschwindigkeit ⟨f⟩ azami hız/sürat
Höchstgewicht ⟨n⟩ azami ağırlık
Höchstgrenze ⟨f⟩ limit; tavan; azami had/sınır
 [... für Abhebungen] *(BkW)* para çekme limiti; *(BkW)* kredi limiti
Höchsthaftung ⟨f⟩ azami sorumluluk; mesuliyet haddi
Höchstkapazität ⟨f⟩ azami kapasite; maksimum kapasite
Höchstkurs ⟨m⟩ *(Bö)* tavan fiyat; tüm zamanların en yükseği
Höchstladegewicht ⟨n⟩ azami yükleme ağırlığı
Höchstlast ⟨f⟩ azami yük
Höchstleistung ⟨f⟩ azami randıman/performans/ verimlilik; *(Vers)* azami ödeme/edim
Höchstlohn ⟨m⟩ azami ücret
Höchstmaß ⟨n⟩ azami ölçü
Höchstmenge ⟨f⟩ azami miktar
Höchstpreis ⟨m⟩ azami/tavan fiyat; en yüksek fiyat
 [zum ... verkaufen] *(Bö)* en yüksek fiyattan satmak; tavan fiyattan satmak
Höchstrisiko ⟨n⟩ *(Vers)* azami riziko
Höchststand ⟨m⟩ en yüksek had; tavan
Höchststrafe ⟨f⟩ *(Jur)* en ağır ceza
Höchsttarif ⟨m⟩ *(Zo)* azami tarife; *(Zo)* en yüksek tarife
Höchstversicherungssumme ⟨f⟩ *(Vers)* azami sigorta bedeli
Höchstwert ⟨m⟩ azami değer; en yüksek değer
Höchstzuladung ⟨f⟩ azami yükleme; azami taşıma kapasitesi
Hochtechnologie ⟨f⟩ yüksek teknoloji; ileri teknoloji
Hochtransportband ⟨n⟩ konveyör
hochveredelt ⟨adj⟩ *(Ind)* yüksek derecede arıtılmış
hochverzinslich ⟨adj⟩ *(BkW)* yüksek faizli; yüksek faiz getiren/veren
hochwertig ⟨adj⟩ yüksek kaliteli
Hochzahl ⟨f⟩ *(Math)* üs; → **Exponent**
Hochzinsperiode ⟨f⟩ yüksek faiz dönemi
Hochzinspolitik ⟨f⟩ *(VWL)* yüksek faiz politikası
Hochzolland ⟨n⟩ *(AußH)* yüksek gümrük tarifeli ülke
Hof ⟨m⟩ *(LandW)* çiftlik
 [frei ...] çiftlik teslimi
Hoffnung ⟨f⟩ ümit; beklenti
Hoffnungskauf ⟨m⟩ *(Bö)* spekülatif alım
Hoffnungswert ⟨m⟩ spekülatif değer; beklenen değer
Höflichkeit ⟨f⟩ nezaket
Höflichkeitsbesuch ⟨m⟩ hatır konukluğu; nezaket ziyareti

Höhe ⟨f⟩ yükseklik; had; limit; düzey
 [... der Beschäftigung] *(VWL)* istihdam düzeyi; istihdam haddi
 [... der Besteuerung] *(StR)* vergileme haddi
 [... des Auftragsbestandes] siparişlerin hacmi/kapsamı
 [... des Kredits] *(BkW)* kredinin limiti/haddi
 [... des Streitwerts] *(Jur)* davanın değeri
 [in die ... treiben] yükseltmek; *(Geldumlauf)* şişirmek; *(Preis)* artırmak;
 (Kurse) tavana vurdurmak
Hoheit ⟨f⟩ egemenlik; hakimiyet
Hoheitsbefugnis ⟨f⟩ egemenlik kudreti
Hoheitsgebiet ⟨n⟩ milli topraklar
Hoheitsgewässer ⟨pl⟩ karasuları
Hoheitsrecht ⟨n⟩ egemenlik hakkı
Höhepunkt ⟨m⟩ doruk; zirve; tavan
 [... überschreiten] tavanı/zirveyi aşmak
Höherbewertung ⟨f⟩ *(ReW)* değer yükseltimi;
 (ReW) değer yükseltme
 [... von Anlagegütern] sabit varlıkların değerlendirilmesi
 [... der Lagervorräte] stoklarda değer yükseltimi
 [... der Währung] *(AußH)* paranın değerini yükseltme; *(AußH)* parayı değerlendirme
Höherqualifizierung ⟨f⟩ daha yüksek vasıflandırmak
höherstufen ⟨v/t⟩ terfi ettirmek
Höherstufung ⟨f⟩ terfi
Höherversicherung ⟨f⟩ *(Vers)* ek sigorta
höherverzinslich ⟨adj⟩ (daha) yüksek faiz getiren
höherwertig ⟨adj⟩ (daha) yüksek değerli
Hohlglasindustrie ⟨f⟩ çukur cam sanayii
Holding ⟨f⟩ holding
Holdinggesellschaft ⟨f⟩ holding şirketi
Holz ⟨n⟩ tahta; odun; kereste; ağaç
 [... auf dem Stamm kaufen] keresteyi ağacında almak
 [... fällen] ağaç kesmek
 [abgelagertes ...] yatırılmış/depolanmış kereste/ odun
Holzbearbeitung ⟨f⟩ ağaç/tahta işleme; marangozluk
Holzeinschlag ⟨m⟩ ağaç kesme oranı
Holzhandel ⟨m⟩ kerestecilik
Holzkiste ⟨f⟩ tahta/ağaç kasa
holzverarbeitend ⟨adj⟩ ağaç/tahta işleme
Holzverschlag ⟨m⟩ tahta kasa
Holzwirtschaft ⟨f⟩ orman urunleri sanayii
Holzwurm ⟨m⟩ *(LandW)* ağaç kurdu
Honorant ⟨m⟩ *(WeR)* bittavassut kabul eden;
 (WeR) araya girmek suretiyle kabul eden
Honorar ⟨n⟩ ücret; hatır hakkı; vizite;
 (Autor) telif ücreti
 [vorläufiges ...] *(Jur)* vekâlet ücreti
Honorarabrechnung ⟨f⟩ ücret faturası
Honorarforderung ⟨f⟩ ücret alacağı
Honorarvorschuß ⟨m⟩ *(Jur)* vekâlet ücreti;
 (Autor) telif ücreti avansı
honorieren ⟨v/t⟩ ücret vermek
Hörer ⟨m⟩ *(Tele)* ahize
 [... abheben] *(Tele)* ahizeyi ele almak
 [... abnehmen] *(Tele)* ahizeyi ele almak
Hörfunk ⟨m⟩ radyo

Hörfunkwerbung ⟨f⟩ *(Mk)* radyoyla tanıtım/reklam
horizontal ⟨adj⟩ yatay
Horizontalkonzern ⟨m⟩ yatay grup
Horten ⟨n⟩ gömüleme; iddihar; istifçilik; stok yapma; stoklama
horten ⟨v/t⟩ gömülemek; stoklamak
Hotel ⟨n⟩ otel
[... für Geschäftsreisende] iş yolculuğu yapanlar için otel
Hotelbesitzer ⟨m⟩ otel sahibi
Hotelfach ⟨n⟩ otelcilik
Hotelfachschule ⟨f⟩ otelcilik okulu
Hotel- und Gaststättengewerbe ⟨n⟩ otel ve restorancılık sanayii
Hotelverzeichnis ⟨n⟩ otel rehberi
Hotelwesen ⟨n⟩ otelcilik
Huckepackverkehr ⟨m⟩ *(Bahn)* sırtüstü ulaşımı
Hülle ⟨f⟩ kapak
[durchsichtige ...] saydam/şeffaf kapak
Hülsenfrüchte ⟨pl⟩ *(LandW)* kabuklu yemişler
Humankapital ⟨n⟩ *(VWL)* beşerî sermaye; *(ReW)* türetilmiş kaynak(lar)
Hunger ⟨m⟩ açlık
Hungerlohn ⟨m⟩ cüzî ücret; boğaz tokluğuna çalışma ücreti
Hütte ⟨f⟩ *(Ind)* dökümhane
Hüttenindustrie ⟨f⟩ *(Ind)* demir ve çelik sanayii
Hüttenwerk ⟨n⟩ *(Ind)* dökümhane
Hyperinflation ⟨f⟩ *(VWL)* aşırı enflasyon; *(VWL)* hiper enflasyon
Hypothek ⟨f⟩ *(Jur)* ipotek; *(Jur)* gayrimenkul rehin hakkı
[... ablösen] ipoteği ödemek
[... auf landwirtschaftlich genutztem Grundbesitz] tarımsal amaçla kullanılan arazi üzerinde ipotek
[... auf Kapitalversicherungsbasis] kapital sigortası karşılığı ipotek
[... auf Rentenversicherungsbasis] *(BkW)* irat sigortası karşılığı ipotek
[... aufnehmen] ipotek almak
[... bestellen] ipotek düzenlemek
[... bewilligen] ipotek kabul/tahsis etmek
[... für verfallen erklären] ipoteğin geçersizliğini beyan etmek
[... kündigen] ipoteğin feshini ihbar etmek
[... löschen] ipoteği kaldırmak/feshetmek
[... tilgen] ipoteği itfa etmek
[... zurückzahlen] ipoteği geri ödemek
[aus einer ... zwangsvollstrecken] ipotek üzerinde zorunlu icra
[erstrangige ...] birinci derece(de) ipotek
[eingetragene ...] tescilli ipotek
[gesetzliche ...] kanunî ipotek
[gewerbliche ...] ticarî ipotek
[landwirtschaftliche ...] tarımsal ipotek
[mit einer ... belasten] ipotekle takyit etmek; ipotekle borçlandırmak
[mit ... en belastet] ipotekle yükümlü; ipotekle takyit edilmiş
[nachrangige/nachstellige ...] ikinci derece ipotek
[unkündbare ...] feshedilemez ipotek

Hypothekar ⟨m⟩ ipotekli; ipotek sahibi
hypothekarisch ⟨adj⟩ ipotekli
[... belasten] ipotek karşılığı borçlandırmak
[... belastet] ipotek karşılığı borçlu/yükümlü
[... gesichert] ipotek teminatlı
[... gesicherte Anleihe] ipotek teminatlı borçlanma senedi
[... gesicherte Schuldverschreibung] ipotek teminatlı tahvil
Hypothekarkredit ⟨m⟩ ipotekli kredisi
Hypothekarpfandbrief ⟨m⟩ ipotekli borç/rehin senedi
Hypothekarschuldverschreibung ⟨f⟩ ipotekli tahvili
Hypothekenablösung ⟨f⟩ ipoteği ödeme
Hypothekenabtretung ⟨f⟩ ipoteğin temliki/devri
Hypothekenanstalt ⟨f⟩ *(BkW)* ipotek kurumu
Hypothekenaufnahme ⟨f⟩ ipotek alma
Hypothekenausfall ⟨m⟩ ipotek kaybı
Hypothekenausleihung ⟨f⟩ ipotek verme
Hypothekenbank ⟨f⟩ *(BkW)* ipotek bankası
Hypothekenbereitstellung ⟨f⟩ ipotek kurma
Hypothekenbestellung ⟨f⟩ ipotek kurma
Hypothekenbewilligung ⟨f⟩ ipotek tahsisi
Hypothekenbrief ⟨m⟩ → **Hypothekenpfandbrief**
Hypothekendarlehen ⟨n⟩ *(BkW)* ipotek karşılığı avans; gayrimenkul karşılığında ikraz
hypothekenfähig ⟨adj⟩ ipotek edilebilir
hypothekenfrei ⟨adj⟩ ipoteksiz
Hypothekengeschäft ⟨n⟩ ipotek (etme) işlemi
Hypothekengewinnabgabe ⟨f⟩ *(StR)* ipotek kazanç vergisi
Hypothekengläubiger ⟨m⟩ → **Hypothekar** *(BkW)* ipotekli alacaklı
Hypothekeninhaber ⟨m⟩ ipotek sahibi
Hypothekenkredit ⟨m⟩ *(BkW)* ipotekli kredi
Hypothekenlaufzeit ⟨f⟩ ipotek süresi
Hypothekenlebensversicherung ⟨f⟩ *(LebV)* ipotek karşılığı hayat sigortası
Hypothekenlöschung ⟨f⟩ ipoteği kaldırma; ipoteğin terkini
Hypothekennehmer ⟨m⟩ ipotek alan
Hypothekenpfandbrief ⟨m⟩ ipotekli borç/rehin senedi; ipotek akit tablosu; ipotek teminatlı tahvil
Hypothekenrang ⟨m⟩ *(Jur)* ipotek derecesi; ipotekte sıra
Hypothekenrückzahlung ⟨f⟩ ipoteği geri ödeme
Hypothekenschuld ⟨f⟩ ipotekli borç
Hypothekenschulden ⟨pl⟩ ipotekli borçlar
Hypothekenschuldner ⟨m⟩ ipotekli borçlu
Hypothekenschuldschein ⟨m⟩ *(BkW)* ipotekli borç senedi
Hypothekenschuldverschreibung ⟨f⟩ *(BkW)* ipotekli tahvil
Hypothekentilgung ⟨f⟩ ipoteğin itfası
Hypothekenurkunde ⟨f⟩ ipotek belgesi
Hypothekenvermittler ⟨m⟩ *(BkW)* ipotek aracısı
Hypothekenversicherung ⟨f⟩ *(Vers)* ipotek sigortası
Hypothekenvertrag ⟨m⟩ *(Jur)* ipotek sözleşmesi
Hypothekenzinsen ⟨pl⟩ *(BkW)* ipotek faizleri
Hypothekenzusage ⟨f⟩ ipotek ikrazat vaadi
Hypothekenzwangsvollstreckung ⟨f⟩ *(Jur)* ipoteğe zorunlu icra
hypothekisieren ⟨v/t⟩ ipotek altına almak
Hypothese ⟨f⟩ hipotez; varsayım

I

Ideal ⟨n⟩ ideal; ⟨adj⟩ ideal
Idealismus ⟨m⟩ idealizm
Idealverein ⟨m⟩ kâr amacı gütmeyen dernek
Idealwechsel ⟨m⟩ hatır senedi/poliçesi
Idee ⟨f⟩ fikir; düşünce
ideell ⟨adj⟩ fikirsel; manevî
Ideenfindung ⟨f⟩ *(Eng)* brainstorming
Ideensitzung ⟨f⟩ *(Eng)* brainstorming
Ideenskizze ⟨f⟩ dizim
Identifikationsproblem ⟨n⟩ teşhis sorunu
Identität ⟨f⟩ kimlik; özdeşlik
Identitätsgleichung ⟨f⟩ özdeşlik denklemi
Identitätszeichen ⟨n⟩ kimlik işareti
illiquide ⟨adj⟩ aciz
Illiquidität ⟨f⟩ acizlik
Image ⟨n⟩ imaj
Imitation ⟨f⟩ taklit
Immaterialgüter ⟨pl⟩ gayri maddî varlıklar
Immaterialschaden ⟨m⟩ *(Vers)* manevî zarar
immateriell ⟨adj⟩ manevî; gayri maddî; maddî olmayan
Immigration ⟨f⟩ *(AußH)* (yurtiçine) göç
Immobiliarinvestmentfonds ⟨m⟩ *(BkW)* emlak yatırım fonları
Immobiliarkredit ⟨m⟩ *(BkW)* gayrimenkul kredisi; *(BkW)* emlak kredisi
Immobiliarkreditbank ⟨f⟩ *(BkW)* emlak kredi bankası
Immobiliarkreditinstitut ⟨n⟩ *(BkW)* emlak kredi kurumu
Immobiliarpfandrecht ⟨n⟩ *(Jur)* gayrimenkul üzerinde rehin hakkı; *(Jur)* ipotek
Immobiliarvermögen ⟨n⟩ taşınmaz varlığı; emlak/gayrimenkul varlığı
Immobilie ⟨f⟩ taşınmaz; emlak; gayrimenkul; akar
Immobilien ⟨pl⟩ taşınmazlar; emlak; gayrimenkuller; akaret
Immobilienan- und Verkauf ⟨m⟩ taşınmazların alım satımı; emlak alım satımı
Immobilienanlage ⟨f⟩ taşınmaza/gayrimenkule/emlaka yatırım
Immobilienbesitz ⟨m⟩ gayrimenkul/emlak zilyetliği
Immobilienbestand ⟨m⟩ *(BkW)* taşınmazlar portföyü
Immobilienbüro ⟨n⟩ emlak bürosu
Immobilienfonds ⟨m⟩ emlak fonları
Immobiliengeschäfte ⟨pl⟩ emlak işlemleri
  [... machen] emlak işleri yapmak
Immobilienkauf ⟨m⟩ emlak satın alma/alımı
Immobilienmakler ⟨m⟩ emlak komisyoncusu
Immobilienmarkt ⟨m⟩ emlak/gayrimenkul piyasası
Immobiliensteuer ⟨f⟩ *(StR)* emlak vergisi; *(StR)* gayrimenkul vergisi
Immobilienvermögen ⟨n⟩ emlak/gayrimenkul varlığı
Immobilienversicherung ⟨f⟩ *(Vers)* emlak sigorta
Immobilienverwaltung ⟨f⟩ emlak/gayrimenkul idaresi/yönetimi
Immunität ⟨f⟩ *(Jur)* dokunulmazlık
  [Aberkennung der ...] *(Jur)* dokunulmazlığı kaldırma
Import ⟨m⟩ → **Einfuhr** *(AußH)* ithalat;
(AußH) dışalım
  [Grenzhang zum ...] marjinal ithalat oranı
  [zollfreier ...] *(AußH)* gümrüksüz ithalat
Importabgabe ⟨f⟩ ithalat vergisi
  [temporäre ...] geçici ithalat vergisi
Importanteil ⟨m⟩ ithal payı
Importantrag ⟨m⟩ ithal (izni) için başvuru/müracaat
Importartikel ⟨pl⟩ *(AußH)* ithal malları
Importbegrenzung ⟨f⟩ *(AußH)* ithalat sınırlaması
Importbescheinigung ⟨f⟩ *(AußH)* ithalat belgesi
Importbeschränkungen ⟨pl⟩ *(AußH)* ithalat kısıtlamaları
Importbestimmungen ⟨pl⟩ ithalat rejimi
  [allgemeine ...] genel ithalat rejimi
Importdrosselung ⟨f⟩ ithalatı kısma
Importembargo ⟨n⟩ *(AußH)* ithalat ambargosu; *(AußH)* ithalat yasağı
Importerklärung ⟨f⟩ *(Zo)* ithalat beyannamesi
Importeur ⟨m⟩ *(AußH)* ithalatçı
Importfinanzierung ⟨f⟩ *(BkW)* ithalat finansmanı
Importfirma ⟨f⟩ *(AußH)* ithalat şirketi
Importgenehmigung ⟨f⟩ ithalat izni/müsaadesi; *(AußH)* ithal permisi
Importgroßhändler ⟨m⟩ toptan ithalatçı
Importgüter ⟨pl⟩ *(AußH)* ithal mallar
Importhafen ⟨m⟩ *(Schff)* ithal limanı
Importhandel ⟨m⟩ *(AußH)* ithalatçılık
Importhemmnis ⟨n⟩ *(AußH)* ithalat engeli
Importhindernis ⟨n⟩ *(AußH)* ithalat engeli
importieren ⟨v/t⟩ *(AußH)* ithal etmek
Importkaufmann ⟨m⟩ dışalım taciri
Importkontingent ⟨n⟩ *(AußH)* ithalat kotası; ithalat kontenjanı
Importkontrolle ⟨f⟩ ithalat kontrolü
Importkredit ⟨m⟩ *(BkW)* ithalat kredisi
Importlizenz ⟨f⟩ *(AußH)* ithalat lisansı; *(AußH)* ithal permisi
Importmindestpreis ⟨m⟩ *(AußH)* (ithalatta) tetik fiyat
Importneigung ⟨f⟩ ithal eğilimi; *(AußH)* ithalat oranı
  [durchschnittliche ...] *(VWL)* ortalama ithal eğilimi
  [marginale ...] *(VWL)* marjinal ithal eğilimi
Importpreis ⟨m⟩ ithalat fiyatı
Importquote ⟨f⟩ *(AußH)* ithalat oranı; *(AußH)* ithalat kotası
  [durchschnittliche ...] *(VWL)* ortalama ithalat oranı
  [marginale ...] *(VWL)* marjinal ithalat oranı
Importrechnung ⟨f⟩ ithal faturası
Importrestriktionen ⟨pl⟩ *(AußH)* ithalat kısıtlamaları
Importschutzzoll ⟨m⟩ *(Zo)* koruyucu/himayeci ithal resmi
Importstopp ⟨m⟩ *(AußH)* ithalat yasağı
Importüberschuß ⟨m⟩ ithalat fazlalığı/üstesi
Importverbot ⟨n⟩ *(AußH)* ithalat yasağı
Importware ⟨f⟩ ithal malı
Importwert ⟨m⟩ ithal değeri
Importwirtschaft ⟨f⟩ *(AußH)* ithal ekonomisi

Importzoll ⟨m⟩ *(Zo)* ithal resmi; *(Zo)* oktruva
Inanspruchnahme ⟨f⟩ kullanma; faydalanma
 [... der Rücklagen] *(BkW)* ihtiyat kullanma
 [... des Geldmarktes] *(BkW)* para piyasasından faydalanma
 [... eines Akkreditivs] *(BkW)* akreditif kullanma
 [... eines Kredits] *(BkW)* kredi kullanma
 [... von Leistungen] *(Vers)* edim kullanma
inbegriffen ⟨adj⟩ içinde
Inbetriebnahme ⟨f⟩ işletmeye açma; faaliyete geçirme
Incoterms ⟨pl⟩ *(Inco)* uluslararsı ticarette satış sözleşmelerine ilişkin terimler
Indentgeschäft ⟨n⟩ *(AußH)* koşullu denizaşırı mal işlemi
Index ⟨m⟩ indeks/endeks
 [... der Aktienkurse] *(Bö)* hisse senetleri indeksi
 [... der Einzelhandelspreise] *(Stat)* perakende fiyatları indeksi
 [... der Erzeugerpreise] *(Stat)* üretici fiyatları indeksi
 [... der Großhandelspreise] *(Stat)* toptancı fiyatları indeksi
 [... der Lebenshaltungskosten] *(Stat)* geçim maliyeti indeksi
 [... der Verbraucherpreise] *(Stat)* tüketici fiyatları indeksi
 [... des Verbraucherverhaltens] *(Stat)* tüketici davranış indeksi
 [aggregierter ...] *(Stat)* bileşik indeks
 [bereinigter ...] ayarlanmış/arındırılmış indeks
 [gewichteter ...] ağırlıklı indeks
 [gewogener ...] *(Stat)* tartılı indeks
 [kombinierter ...] *(Stat)* bileşik indeks
 [nach Handelsvolumen gewichteter ...] ticarî hacim ağırlıklı indeks
 [saisonbereinigter ...] *(Stat)* mevsim ayarlı indeks
 [verketteter ...] zincirleme indeks
 [zusammengesetzter ...] bileşik indeks
Indexabweichung ⟨f⟩ indeks sapması
Indexanleihe ⟨f⟩ *(BkW)* indeksli borçlanma senedi; indeksli istikraz/tahvil
Indexbindung ⟨f⟩ *(VWL)* endeksleme
Indexfamilie ⟨f⟩ standart hanehalkı
Indexfehler ⟨m⟩ indeks hatası
indexgebunden ⟨adj⟩ indeksli; indeks bağlantılı
indexgekoppelt ⟨adj⟩ indeksli; indeks bağlantılı
indexieren ⟨v/t⟩ endekslemek; indekslemek
Indexierung ⟨f⟩ *(VWL)* endeksleme
 [... des Außenwerts] ticareti endeksleme
Indexklausel ⟨f⟩ *(Stat)* endeksleme kaydı/şartı
Indexlohn ⟨m⟩ indeksli ücret
Indexpreis ⟨m⟩ indeksli fiyat; indeks fiyatı
Indexrente ⟨f⟩ *(SozV)* endeksli emeklilik; *(SozV)* indeksli emeklilik
Indextheorie ⟨f⟩ indeks kuramı
Indexverknüpfung ⟨f⟩ *(VWL)* endeksleme; *(VWL)* indeksleme
Indexversicherung ⟨f⟩ *(Vers)* dalgalı/indeksli sigorta; abonman sigortası
Indexwährung ⟨f⟩ indeksli para; katlı kurlar standardı

Indexzahl ⟨f⟩ endeks sayısı; indeks
Indienststellung ⟨f⟩ tayin etme; göreve alma
Indifferenzebene ⟨f⟩ kayıtsızlık düzeyi
Indifferenzfunktion ⟨f⟩ *(VWL)* kayıtsızlık fonksiyonu/işlevi
Indifferenzkurve ⟨f⟩ *(VWL)* kayıtsızlık eğrisi
 [gesellschaftliche ...] *(VWL)* sosyal kayıtsızlık eğrisi; *(VWL)* toplumsal kayıtsızlık eğrisi
 [volkswirtschaftliche ...] *(VWL)* sosyal kayıtsızlık eğrisi
Indifferenzkurvenanalyse ⟨f⟩ *(VWL)* kayıtsızlık (eğrileri) analizi
Indifferenzkurvensystem ⟨n⟩ *(VWL)* kayıtsızlık haritası
Indikator ⟨m⟩ *(VWL)* gösterge; endikatör
 [geldpolitischer ...] *(VWL)* parasal gösterge
 [maßgeblicher ...] temel gösterge
 [nachhinkender ...] *(VWL)* gecikmeli gösterge
 [primärer ...] *(Stat)* temel gösterge
 [prognostischer ...] → **Frühindikator**
 [vorauseilender ...] *(VWL)* öncü gösterge
 [wirtschaftlicher ...] *(VWL)* ekonomik gösterge
indirekt ⟨adj⟩ dolaylı; araçlı
Individualanspruch ⟨m⟩ bireysel hak; şahsî alacak
Individualbedürfnis ⟨n⟩ bireysel gereksinme/ihtiyaç
Individualbesteuerung ⟨f⟩ *(StR)* bireysel vergileme
Individualdaten ⟨pl⟩ *(EDV)* kişisel veriler; *(EDV)* kişinin açık kimliği
Individualeinkommen ⟨n⟩ *(VWL)* bireysel gelir
Individualgüter ⟨pl⟩ *(VWL)* bireysel mallar; *(VWL)* özel mallar
Individualhaftung ⟨f⟩ *(Jur)* şahsî mesuliyet; kişisel sorumluluk
Individuallohn ⟨m⟩ bireysel ücret
Individualsparen ⟨n⟩ *(BkW)* bireysel tasarruf
Individualverkehr ⟨m⟩ özel ulaştırma
Individualversicherung ⟨f⟩ *(Vers)* şahıs sigortası; *(LebV)* bireysel sigorta
Individualvertrag ⟨m⟩ *(Jur)* özel sözleşme
Individuum ⟨n⟩ birey; fert
indossabel ⟨adj⟩ ciro edilebilir
Indossament ⟨n⟩ *(WeR)* ciro
 [... aus Gefälligkeit] hatır cirosu
 [... nach Protest] *(WeR)* protestodan sonraki ciro
 [... ohne Obligo] → [... ohne Rückkehr]
 [... ohne Rückkehr] *(WeR)* dönülemez/vazgeçilemez ciro
 [bedingtes ...] *(WeR)* kısmî ciro
 [durch ... begeben] ciro suretiyle/yoluyla nakledilebilen
 [durch ... übertragbar] ciro yoluyla devredilebilen
 [eingeschränktes ...] *(WeR)* kısmî ciro
 [fiduziarisches ...] inançlı ciro; itimada müstenit ciro
 [gefälschtes ...] sahte ciro
 [mit ... versehen] *(WeR)* cirolu
 [unbeschränktes ...] kayıtsız şartsız ciro
 [vollständiges ...] *(WeR)* tam ciro
Indossamenthaftung ⟨f⟩ ciro kefaleti; cırantanın mesuliyeti
Indossamentsverbindlichkeit ⟨f⟩ *(BkW)* ciro ile borçlanma

Indossant ⟨m⟩ *(WeR)* cıranta
Indossat/Indossatar ⟨m⟩ lehine ciro yapılan kimse
indossierbar ⟨adj⟩ ciro edilebilir
indossieren ⟨v/t⟩ ciro etmek
indossiert ⟨adj⟩ *(WeR)* cirolu
 [blanko...] açık cirolu
 [nicht...] cirosuz
industrialisieren ⟨v/t⟩ sanayileştirmek
industrialisiert ⟨adj⟩ sanayileşmiş
Industrialisierung ⟨f⟩ sanayileşme
Industrie ⟨f⟩ *(Ind)* sanayi; *(Ind)* endüstri
 [... in Staatsbesitz] devletin elindeki sanayi
 [...- und Gewerbegebiet] sanayi sitesi/merkezi
 [...- und Handelskammer] sanayi ve ticaret odası
 [... zur Gewinnung von Naturprodukten] doğal kaynaklar sanayii
 [arbeitsintensive...] iş yoğun sanayi
 [bearbeitende...] işleme/yapım sanayii
 [chemische...] kimya sanayii
 [einheimische...] *(VWL)* yerli sanayi
 [exportintensive ...] ihracat/dışsatım-yoğun sanayi
 [gewerbliche...] üretken sanayi
 [heimische...] *(VWL)* yerli sanayi
 [holzverarbeitende...] ağaç sanayii
 [kapitalintensive...] sermaye-yoğun endüstri/ sanayi
 [keramische...] seramik sanayii
 [kundenorientierte...] müşteriye yönelik sanayi
 [lederverarbeitende...] deri sanayii
 [lohnintensive...] → [lohnkostenintensive...]
 [lohnkostenintensive...] emek-yoğun sanayi
 [metalverarbeitende...] metal sanayii
 [mittelständische...] orta ölçekli sanayi
 [moderne...] modern sanayi
 [nachgelagerte...] tüketimde kullanılan malları üreten sanayi
 [optische...] optik sanayii
 [ortsansässige...] yerel sanayi
 [papierverarbeitende...] kâğıt sanayii
 [petrochemische...] petro-kimya sanayii
 [pharmazeutische...] ilaç sanayii
 [primäre...] ana sanayi; (sanayide) birinci sektör
 [rohstoffgewinnende...] hammadde üreten sanayi
 [saisonbedingte...] mevsimlik sanayii
 [schutzbedürftige...] bebek endüstri; korunması gereken sanayi
 [staatliche...] devlet sanayii
 [stahlverarbeitende...] çelik sanayii
 [veraltete...] eskimiş sanayi
 [verarbeitende...] işleme/yapım sanayii
 [vorgelagerte...] üretimde kullanılan malları üreten sanayi
 [weiterverarbeitende...] (sanayide) ikinci sektör; inşaat ve imalat sanayii; tüketimde kullanılan malları üreten sanayi
Industrieabfälle ⟨pl⟩ sanayi atıkları; endüstri atıkları
Industrieabgabepreis ⟨m⟩ endüstriyel satış fiyatı
Industrieabnehmer ⟨m⟩ endüstriyel alıcı
Industrieabsatz ⟨m⟩ endüstriyel satışlar
Industrieabwässer ⟨pl⟩ sanayi atık suları
Industrieaktien ⟨pl⟩ sanayi hisse senetleri

Industrieanlage ⟨f⟩ sanayi tesisi
Industrieanlagenvermietung ⟨f⟩ sanayi tesisi kiralanması
Industrieanleihe ⟨f⟩ sanayi borçlanma senedi; sanayi istikrazı
Industrieansiedlung ⟨f⟩ sanayi sitesi
Industriearbeiter ⟨m⟩ sanayi işçisi
Industriearbeiterlöhne ⟨pl⟩ sanayi (işçi) ücretleri
Industriearbeitsplatz ⟨m⟩ sanayide işyeri
Industrieartikel ⟨pl⟩ sanayi malları
Industrieausfuhr ⟨f⟩ sanayi dışsatımı; sanayi ihracatı
Industrieausstellung ⟨f⟩ *(Mk)* sanayi fuarı
Industrieausstoß ⟨m⟩ endüstriyel çıktı
Industriebeschäftigter ⟨m⟩ sanayide çalışan
Industriebeteiligung ⟨f⟩ *(BkW)* endüstri hisseleri; *(BkW)* endüstri katılımı; *(BkW)* sanayi iştirakı
Industriebetrieb ⟨m⟩ *(Ind)* sanayi işletmesi; *(Ind)* üretim/imalat tesisi
Industriebranche ⟨f⟩ terkedilimiş sanayi
Industrieentwicklung ⟨f⟩ *(VWL)* endüstriyel gelişme
Industrieerfahrung ⟨f⟩ endüstriyel deneyim; sanayi deneyimi
Industrieerzeugerpreise ⟨pl⟩ endüstriyel üretici fiyatları
Industrieerzeugnis ⟨n⟩ sanayi ürünü
Industrieerzeugnisse ⟨pl⟩ sanayi ürünleri
Industriefirma ⟨f⟩ endüstri firması
Industrieförderung ⟨f⟩ sanayi teşviki
Industrieführer ⟨m⟩ önde gelen sanayici
Industriegebiet ⟨n⟩ sanayi bölgesi
Industriegelände ⟨n⟩ sanayi alanı
Industriegewerkschaft ⟨f⟩ sanayi (işçileri) sendikası
Industriegrundstück ⟨n⟩ sanayi arsası
Industriegüter ⟨pl⟩ sanayi ürünleri/mamulleri
Industriepreise ⟨pl⟩ endüstriyel fiyatlar
Industrieindex ⟨m⟩ sanayi indeksi
Industriekaufmann ⟨m⟩ sanayi taciri
Industriekonglomerat ⟨n⟩ endüstriyel/sanayisel konglomera
Industriekonjunktur ⟨f⟩ endüstriyel konjonktür; sanayide boom
Industriekonzern ⟨m⟩ sanayi tröstü/konserni
Industriekreditbank ⟨f⟩ *(BkW)* endüstri/sanayi kredi bankası
Industriekunde ⟨m⟩ endüstri müşterisi
Industrieland ⟨n⟩ *(VWL)* sanayi ülkesi; *(VWL)* sanayileşmiş ülke
industriell ⟨adj⟩ endüstriyel
Industrieller ⟨m⟩ sanayici
Industriemeister ⟨m⟩ (fabrikada) usta
Industriemüll ⟨m⟩ endüstri atığı; sanayi atığı
Industrienorm ⟨f⟩ sanayi standardı/normu
Industriepark ⟨m⟩ sanayi merkezi/sitesi
Industriepolitik ⟨f⟩ *(VWL)* sanayi politikası
Industrieprodukte ⟨pl⟩ sanayi ürünleri
Industrieproduktion ⟨f⟩ sanayi üretimi
Industrierohstoff ⟨m⟩ endüstriyel hammadde
Industriesiedlung ⟨f⟩ sanayi sitesi
Industriespionage ⟨f⟩ *(BWL)* endüstri/sanayi casusluğu
Industriestaat ⟨m⟩ sanayi ülkesi; sanayileşmiş ülke

Industriestandort ⟨m⟩ sanayi konumu/yerleşimi; sanayinin kuruluş yeri
Industrie- und Handelskammer/IHK ⟨f⟩ sanayi ve ticaret odası
Industrieunternehmen ⟨n⟩ *(BWL)* sanayi işletmesi
Industrieverlagerung ⟨f⟩ endüstrinin/sanayinin nakli
Industrieversicherung ⟨f⟩ *(Vers)* sınaî sigorta
Industriewaren ⟨pl⟩ sanayi malları; mamuller
Industriewerk ⟨n⟩ *(Ind)* üretim tesisi; fabrika
Industriewerte ⟨pl⟩ *(Bö)* sanayi hisseleri; şirketlerin karnesi
Industriezone ⟨f⟩ sanayi alanı
Industriezweig ⟨m⟩ sanayi dalı/sektörü
Inflation ⟨f⟩ *(VWL)* enflasyon
[... abbremsen] enflasyonu frenlemek
[... anheizen] enflasyonu körüklemek
[... bei gleichzeitiger Stagnation] *(VWL)* stagflasyon
[... bekämpfen] enflasyonla mücadele etmek
[... dämpfen] enflasyonu bastırmak
[... der Nachfrage] *(VWL)* talep enflasyonu
[... drosseln] enflasyonu bastırmak
[... eindämmen] enflasyonu düşürmek
[... unter Kontrolle bekommen] enflasyonu kontrol altına almak
[... zügeln] enflasyonu yenmek
[absolute ...] *(VWL)* gerçek enflasyon; fiilî enflasyon
[allgemeine ...] *(VWL)* genel enflasyon; *(VWL)* dağınık enflasyon
[angeheizte ...] *(VWL)* körüklenmiş enflasyon; *(VWL)* ücret enflasyonu
[aufgestaute ...] *(VWL)* birikmiş enflasyon
[chronische ...] *(VWL)* kronik enflasyon
[durch Lohnsteigerungen angeheizte ...] *(VWL)* ücretlerdeki artışların körüklediği enflasyon
[durch Nachfrageüberhang ausgelöste ...] *(VWL)* fazla talebin oluşturduğu enflasyon
[durch Produktionskostensteigerung ausgelöste ...] *(VWL)* üretim maliyeti artışının oluşturduğu enflasyon
[einkommensbedingte ...] *(VWL)* gelire bağlı enflasyon
[galoppierende ...] *(VWL)* dörtnala enflasyon
[gestoppte ...] *(VWL)* durdurulmuş enflasyon; *(VWL)* bastırılmış enflasyon
[hausgemachte ...] iç enflasyon
[importierte ...] ithal edilmiş enflasyon
[kostenbedingte ...] *(VWL)* maliyete bağlı enflasyon
[kosteninduzierte ...] *(VWL)* maliyetle uyarılmış enflasyon
[latente ...] *(VWL)* gizli enflasyon; deflasyonist
[lohninduzierte ...] *(VWL)* ücretle uyarılmış enflasyon
[nachfragebedingte ...] *(VWL)* talebe bağlı enflasyon
[nachfrageinduzierte ...] *(VWL)* taleple uyarılmış enflasyon
[offene ...] *(VWL)* açık enflasyon
[sich beschleunigende ...] *(VWL)* kendini hızlandıran enflasyon
[schleichende ...] *(VWL)* sürünen enflasyon
[tief verwurzelte ...] yerleşik enflasyon
[trabende ...] *(VWL)* dörtnala enflasyon
[übermäßige ...] *(VWL)* aşırı enflasyon; *(VWL)* hiperenflasyon
[ungezügelte ...] *(VWL)* dörtnala enflasyon
[unsichtbare ...] *(VWL)* görünmeyen enflasyon; *(VWL)* gizli enflasyon
[verdeckte ...] *(VWL)* üstü kapalı enflasyon; *(VWL)* gizli enflasyon
[versteckte ...] *(VWL)* gizli enflasyon
[weltweite ...] *(VWL)* dünya çapında enflasyon
[wieder aufflackernde ...] yeniden patlayıcı enflasyon
[zügellose ...] *(VWL)* dörtnala enflasyon
[zurückgestaute ...] bastırılmış enflasyon
[zweistellige ...] *(VWL)* çift rakamlı/haneli enflasyon
inflationär ⟨adj⟩ *(VWL)* enflasyonist
inflationistisch ⟨adj⟩ *(VWL)* enflasyonist
Inflationsabbau ⟨m⟩ *(VWL)* deflasyon
Inflationsanfälligkeit ⟨f⟩ enflasyona karşı hassasiyet
Inflationsangst ⟨f⟩ enflasyon korkusu
Inflationsausgleich ⟨m⟩ enflasyondan oluşan zararı karşılama
inflationsbedingt ⟨adj⟩ enflasyona bağlı
Inflationsbefürchtung ⟨f⟩ enflasyon endişesi
Inflationsbekämpfung ⟨f⟩ *(VWL)* enflasyonla mücadele
Inflationsbekämpfungsprogramm ⟨n⟩ *(VWL)* enflasyonla mücadele programı/paketi
inflationsbereinigt ⟨adj⟩ enflasyon ayarlı; enflasyona göre arındırılmış
Inflationsbeschleunigung ⟨f⟩ enflasyonu hızlandırma; enflasyonun hızlanması
Inflationsdämpfung ⟨f⟩ → **Inflationsdrosselung**
Inflationsdrosselung ⟨f⟩ enflasyonu frenleme
Inflationsdruck ⟨m⟩ *(VWL)* enflasyonist baskı
Inflationseindämmung ⟨f⟩ → **Inflationsdrosselung**
Inflationsentwicklung ⟨f⟩ enflasyonun gelişmesi
Inflationserwartung ⟨f⟩ *(VWL)* enflasyon beklentisi
Inflationsfaktor ⟨m⟩ *(Stat)* enflasyon faktörü
inflationsfördernd ⟨adj⟩ enflasyonu teşvik edici; enflasyonu destekleyici
inflationsfrei ⟨adj⟩ enflasyonsuz
Inflationsgefahr ⟨f⟩ enflasyon tehlikesi
Inflationsgefälle ⟨n⟩ *(VWL)* enflasyon oranlarında fark; *(VWL)* enflasyon farklılığı
Inflationsgewinn ⟨m⟩ enflasyon kârı
Inflationsgipfel ⟨m⟩ enflasyonun doruğu/zirvesi
inflationshemmend ⟨adj⟩ enflasyonu önleyici/frenleyici; deflasyonist
Inflationsherd ⟨m⟩ enflasyon ocağı; enflasyonun merkezi
Inflationsindex ⟨m⟩ *(Stat)* enflasyon indeksi
Inflationsklima ⟨n⟩ *(VWL)* enflasyonist ortam
Inflationskräfte ⟨pl⟩ enflasyonist güçler
Inflationskrise ⟨f⟩ enflasyonist kriz
Inflationslücke ⟨f⟩ *(VWL)* enflasyoncu açık; *(VWL)* enflasyonist açık
Inflationsmarge ⟨f⟩ enflasyonist marj
Inflationsmoment ⟨n⟩ enflasyonist faktör

Inflationsneigung ⟨f⟩ enflasyonist eğilim
Inflationsniveau ⟨n⟩ enflasyon düzeyi
Inflationspolitik ⟨f⟩ *(VWL)* enflasyonist politika
Inflationspotential ⟨n⟩ enflasyon potansiyeli
Inflationsprozeß ⟨m⟩ *(VWL)* enflasyon süreci
Inflationsrate ⟨f⟩ *(VWL)* enflasyon oranı
 [einstellige ...] *(VWL)* tek rakamlı/haneli enflasyon oranı
 [hohe ...] *(VWL)* yüksek enflasyon oranı
 [niedrige ...] *(VWL)* düşük enflasyon oranı
 [zweistellige ...] *(VWL)* çift rakamlı/haneli enflasyon oranı
Inflationsrückgang ⟨m⟩ *(VWL)* enflasyon oranında gerileme/düşme
Inflationsschraube ⟨f⟩ → **Inflationsspirale**
Inflationsschub ⟨m⟩ enflasyon patlaması; enflasyonist itiş
Inflationsschutz ⟨m⟩ *(BkW)* enflasyona karşı korunma; *(VWL)* enflasyonu önleme
Inflationssicherung ⟨f⟩ *(BkW)* enflasyona karşı korunma; *(VWL)* enflasyonu önleme
inflationsspirale ⟨f⟩ *(VWL)* enflasyonist helezon
Inflationstempo ⟨n⟩ *(VWL)* enflasyon hızı
Inflationstendenz ⟨f⟩ enflasyonist eğilim
Inflationsttheorie ⟨f⟩ *(VWL)* enflasyon teorisi
Inflationsursachen ⟨pl⟩ *(VWL)* enflasyonun kaynakları
Inflationsventil ⟨n⟩ enflasyon sübopu
Inflationsverlust ⟨m⟩ enflasyon kaybı; enflasyondan dolayı kayıp
Inflationswelle ⟨f⟩ *(VWL)* enflasyon dalgası
Inflationswert ⟨m⟩ *(VWL)* enflasyon değeri
Inflationswirkungen ⟨pl⟩ *(VWL)* enflasyonun etkileri; *(VWL)* enflasyonun sonuçları
Inflationszahlen ⟨pl⟩ *(VWL)* enflasyon sayıları
Inflationszeichen ⟨n⟩ *(VWL)* enflasyon belirtisi
Inflationszeit ⟨f⟩ enflasyon dönemi
inflatorisch ⟨adj⟩ *(VWL)* enflasyonist
Informatik ⟨f⟩ *(EDV)* bilgisayar bilimi; *(EDV)* enformatik
Information ⟨f⟩ *(EDV)* bilgi; enformasyon; haber
 [gespeicherte ...] *(EDV)* kayıtlı bilgi
 [laufende ...] sürekli bilgi
 [unzureichende ...] yetersiz bilgi
Informationen ⟨pl⟩ bilgiler; enformasyon; haberler; malumat
 [ausführliche ...] ayrıntılı bilgiler
 [kursbeeinflussende ...] *(Bö)* fiyatları etkileyen bilgiler
 [vertrauliche ...] gizli bilgiler; *(Jur)* mahrem malumat
Informationsbank ⟨f⟩ *(EDV)* bilgi bankası; *(EDV)* veri merkezi
Informationsbeschaffung ⟨f⟩ bilgi edinme/toplama; haber alma
Informationsbesuch ⟨m⟩ bilgi edinme ziyareti
Informationsbrief ⟨m⟩ bilgi veren mektup
Informationsdienst ⟨m⟩ bilgi servisi; danışma (servisi)
Informationsfluß ⟨m⟩ *(EDV)* bilgi akımı; haberleşmeler
Informationsflußanalyse ⟨f⟩ *(EDV)* bilgi akımı analizi
Informationsgespräch ⟨n⟩ (bilgi edinmek için) görüşme; konsültasyon

Informationslücke ⟨f⟩ bilgi eksikliği/yetersizliği
Informationsmaterial ⟨n⟩ *(Mk)* enformasyon malzemesi
Informationsnetz ⟨n⟩ enformasyon ağı
Informationspflicht ⟨f⟩ bilgi verme yükümlülüğü
Informationspolitik ⟨f⟩ enformasyon politikası
Informationsquelle ⟨f⟩ bilgi/enformasyon kaynağı
Informationsrückfluß ⟨m⟩ *(Eng)* feedback
Informationsspeicherung ⟨f⟩ *(EDV)* bilgi depolama
Informationsstand ⟨m⟩ danışma; enformasyon
Informationssystem ⟨n⟩ haber alma sistemi; *(EDV)* bilgi (iletişim) sistemi; (EDV) bilgisayar sistemi
 [betriebliches ...] işletme içi haber (alma) sistemi
Informationstechnologie ⟨f⟩ *(EDV)* bilgi teknolojisi
Informationsübermittlung ⟨f⟩ *(EDV)* bilgi nakli; *(EDV)* bilgi transferi
Informationsverarbeitung ⟨f⟩ *(EDV)* bilgiişlem
Informationswerbung ⟨f⟩ *(Mk)* bilgi verici tanıtım; *(Mk)* bilgilendirici tanıtım
informieren ⟨v/t⟩ bilgi/haber/malumat vermek
Infrastruktur ⟨f⟩ *(VWL)* altyapı; *(BWL)* altyapı; *(VWL)* sosyal sabit sermaye
 [bauliche ...] fiziksel altyapı
 [institutionelle ...] kurumsal altyapı
 [materielle ...] maddî altyapı
 [personelle ...] personel altyapı
 [wirtschaftsnahe ...] ekonomiye yönelik altyapı
infrastrukturell ⟨adj⟩ altyapısal
Infrastruktureinrichtungen ⟨pl⟩ altyapı tesisleri
Infrastrukturinvestitionen ⟨pl⟩ altyapı yatırımları
Infrastrukturkosten ⟨pl⟩ altyapı maliyeti; *(VWL)* sosyal maliyet
Infrastrukturpolitik ⟨f⟩ altyapı politikası
Ingenieur ⟨m⟩ mühendis
 [ausführender ...] proje (uygulama) mühendisi
 [beratender ...] danışman mühendis
 [leitender ...] yönetici mühendis; baş mühendis
Ingenieurarbeit ⟨f⟩ mühendislik (işi)
 [computergestützte ...] *(EDV)* bilgisayar destekli mühendislik
Ingenieurbau ⟨m⟩ mühendislik
Ingenieurbüro ⟨n⟩ mühendislik bürosu/ofisi
Ingenieurschule ⟨f⟩ mühendis(lik) okulu
Ingenieurwesen ⟨n⟩ mühendislik
Inhaber ⟨m⟩ sahip; *(WeR)* hamil; *(Jur)* hamil
 [... einer Schuldverschreibung] tahvil hamili
 [... eines Akkreditivs] akreditif sahibi
 [... eines Gemeinschaftskontos] ortak mevduat hesabı sahibi
 [... eines Geschäfts] mağaza sahibi; işyeri sahibi
 [... eines Lagerpfandscheins] varant hamili; rehin senedi hamili
 [... eines Passes] pasaport sahibi
 [... eines Patents] *(Pat)* patent sahibi
 [... eines Urheberrechts] telif hakkı sahibi
 [... von Namensaktien] nama yazılı hisse senetleri hamili
 [... von Stammaktien] adi hisse senetleri hamili

[... wechseln] sahip değiştirmek
[alleiniger ...] aslî hamil
[auf den ... lautend] hamiline yazılı; hamile muharrer
[befugter ...] yetkili hamil
[eingetragener ...] kayıtlı hamil
[gutgläubiger ...] iyiniyetli hamil
[Indossament an den ...] *(WeR)* hamiline yazılı ciro
[rechtmäßiger ...] yetkili hamil
[tätiger ...] faal hamil
[Versicherungsschein auf den ...] hamile yazılı sigorta poliçesi
[zahlbar an den ...] hamiline ödenir
Inhaberaktie ⟨f⟩ *(BkW)* hamiline yazılı hisse senedi
Inhaberanleihe ⟨f⟩ *(BkW)* hamiline yazılı borçlanma senedi
Inhabereffekten ⟨pl⟩ hamiline yazılı menkul değerler
Inhaberindossament ⟨m⟩ *(WeR)* hamiline yazılı ciro
Inhaberklausel ⟨f⟩ hamiline yazılı kaydı/şartı
Inhaberkonnossement ⟨n⟩ hamiline yazılı konşimento
Inhaberlagerschein ⟨m⟩ hamiline yazılı resepise; hamiline yazılı makbuz senedi
Inhaberobligation ⟨f⟩ *(WeR)* hamiline yazılı tahvil
Inhaberpapier ⟨n⟩ *(WeR)* hamiline yazılı belge
Inhaberpolice ⟨f⟩ *(Vers)* hamiline yazılı poliçe
Inhaberscheck ⟨m⟩ *(WeR)* hamiline yazılı çek
Inhaberschuldverschreibung ⟨f⟩ *(WeR)* hamiline yazılı tahvil
Inhaberwechsel ⟨m⟩ *(WeR)* hamiline yazılı senet
Inhaberwertpapier ⟨n⟩ hamiline yazılı kıymetli evrak
Inhaberzwischenschein ⟨m⟩ hamiline yazılı ara belgesi
Inhalt ⟨m⟩ içerik; içindekiler
inhaltlich ⟨adj⟩ içerik olarak
Inhaltsangabe ⟨f⟩ *(Zo)* deklarasyon
Inhaltsübersicht ⟨f⟩ kaynakça; içindekiler
Inhaltsverzeichnis ⟨n⟩ kaynakça; içindekiler
Initialinvestition ⟨f⟩ *(VWL)* canlandırma/hamle/atılım yatırımı
Initiative ⟨f⟩ insiyatif; teşebbüs; atak; atılım
[unternehmerische ...] girişimci insiyatifi/atılımı
Inkasso ⟨n⟩ tahsil; ahzukabz
[zum ...] tahsil/kabız için
[zum ... vorlegen] tahsil için ibraz etmek
Inkassoabteilung ⟨f⟩ tahsil dairesi
Inkassoabtretung ⟨f⟩ tahsil (edilecek alacakların) devri/temliki
Inkassoagent ⟨m⟩ tahsildar
Inkassoakzept ⟨n⟩ tahsil kabulü
Inkassoanzeige ⟨f⟩ tahsil ihbarı
Inkassoauftrag ⟨m⟩ tahsil emri
Inkassobank ⟨f⟩ *(BkW)* tahsil eden banka; tahsil bankası
Inkassobeauftragter ⟨m⟩ tahsil yetkilisi
Inkassobestand ⟨m⟩ tahsil (edileceklerin) mevcudu
Inkassobrief ⟨m⟩ tahsil mektubu
Inkassobüro ⟨n⟩ tahsil dairesi

Inkassoeinzugsauftrag ⟨m⟩ ahzukabza vekâlet; tahsil etme emri
Inkassoerlös ⟨m⟩ tahsil bedeli
Inkassoermächtigung ⟨f⟩ tahsil yetkisi
Inkassoforderungen ⟨pl⟩ tahsil edilecek alacaklar
Inkassogebühren ⟨pl⟩ tahsil harcı
Inkassoindossament ⟨n⟩ *(WeR)* tahsil cirosu
Inkassokonto ⟨n⟩ alacaklar/tahsil hesabı
Inkassospesen ⟨pl⟩ tahsil harcı; tahsiliyye
Inkassostelle ⟨f⟩ tahsil dairesi
Inkassovollmacht ⟨f⟩ tahsil yetkisi veren vekâlet
Inkassowechsel ⟨m⟩ tahsil senedi
Inkrafttreten ⟨n⟩ kesinleşme; geçerlik kazanma
Inland ⟨n⟩ yurtiçi
[im ... erzeugt] yerli; yurtiçinde üretilmiş
[im ... hergestellt] yerli; yurtiçinde üretilmiş
inländisch ⟨adj⟩ yerli; yurtiçi; ülke içi; iç
Inlandsabsatz ⟨m⟩ iç satışlar
Inlandsanleihe ⟨f⟩ *(BkW)* iç borçlanma senedi
Inlandsauftrag ⟨m⟩ yurtiçi siparişi
Inlandsbedarf ⟨m⟩ yurtiçi ihtiyacı; yurtiçi talebi; iç talep
Inlandskredit ⟨m⟩ *(BkW)* iç kredi
Inlandsnachfrage ⟨f⟩ yurtiçi talebi; iç talep
Inlandsbestellung ⟨f⟩ yurtiçi siparişi
Inlandsbruttosozialprodukt ⟨n⟩ *(VWL)* gayri safi yurtiçi hasıla
Inlandseinkommen ⟨n⟩ *(StR)* yurtiçi gelirleri
Inlandseinkünfte ⟨pl⟩ *(StR)* yurtiçi gelirleri
Inlandserzeuger ⟨m⟩ yerli üretici
Inlandserzeugnis ⟨n⟩ yerli malı; yerli ürün
Inlandserzeugung ⟨f⟩ yerli üretim
Inlandsfracht ⟨f⟩ yurtiçi yükü
Inlandsgeldmarkt ⟨m⟩ *(BkW)* iç para piyasası
Inlandsgeschäft ⟨n⟩ yurtiçi işlem; iç alım satım
Inlandshandel ⟨m⟩ *(VWL)* iç ticaret
Inlandsinvestitionen ⟨pl⟩ *(VWL)* yurtiçi yatırımlar
Inlandskonjunktur ⟨f⟩ *(VWL)* iç konjonktür
Inlandskunde ⟨m⟩ yerli müşteri
Inlandslieferung ⟨f⟩ yurtiçi teslim
Inlandsmarkt ⟨m⟩ iç piyasa
Inlandsnachfrage ⟨f⟩ *(VWL)* yurtiçi talebi; *(VWL)* iç talep
Inlandsprodukt ⟨n⟩ yerli ürün; *(vGR)* yurtiçi hasıla
Inlandsproduktion ⟨f⟩ yurtiçi üretim
Inlandsschuldverschreibung ⟨f⟩ *(BkW)* iç istikraz tahvili
Inlandstarif ⟨m⟩ *(Zo)* yurtiçi/iç tarife; *(Zo)* dahilî gümrük; *(Zo)* okruva
Inlandsumsätze ⟨pl⟩ yurtiçi/iç satışlar
Inlandsverbrauch ⟨m⟩ *(VWL)* iç tüketim; *(VWL)* yurtiçi tüketimi; *(VWL)* yerli tüketim
Inlandsverschuldung ⟨f⟩ *(öFi)* iç borçlanma
Inlandsverschuldungszinsen ⟨pl⟩ iç borçlanma faizleri
Innen- iç
Innenauftrag ⟨m⟩ *(BWL)* iç sipariş; işletme içi siparişi
Innenauftragsabrechnung ⟨f⟩ *(BWL)* (işletmede) iç sipariş hesabı
Innenfinanzierung ⟨f⟩ *(BkW)* iç finansman
Innenladung ⟨f⟩ *(Schff)* iç ambar yükü
Innenlieferung ⟨f⟩ (işletmede) iç teslim; işletmeler arası teslim

Innenrevision ⟨f⟩ *(ReW)* iç denetim
Innenrevisor ⟨m⟩ *(ReW)* iç denetçi
Innenverhältnis ⟨n⟩ iç ilişki; iç münasebet
Innenumsatz ⟨m⟩ *(ReW)* (işletmede) iç işlem hacmi
innerbetrieblich ⟨adj⟩ *(BWL)* iç; işletme içi; hizmetiçi
innergemeinschaftlich ⟨adj⟩ *(EU)* topluluk içi
innerkonzernlich ⟨adj⟩ konsern içi
Innovation ⟨f⟩ *(BWL)* yenile(n)me; *(BWL)* inovasyon
Innovationsaufwendungen ⟨pl⟩ yenileme giderleri
innovationsfreudig ⟨adj⟩ yenileyici; yenileme yanlısı
Innovationshemmnis ⟨n⟩ yenilenme engeli
Innovationsinvestitionen ⟨pl⟩ yenileme yatırımları
Innovationskraft ⟨f⟩ yenileme gücü
innovativ ⟨adj⟩ yenileyici
Innung ⟨f⟩ lonca
Innungskrankenkasse ⟨f⟩ *(Vers)* loncalar sağlık sigortası
Innungsmeister ⟨m⟩ lonca ustası
Innungswesen ⟨n⟩ lonca sistemi
Insasse ⟨m⟩ oturan; *(Kfz)* yolcu
Insassenunfallversicherung ⟨f⟩ otomobil yolcu kaza sigortası
Inserat ⟨n⟩ *(Press)* ilan
[... aufgeben] ilan vermek
[sich auf ein ... hin melden] ilana cevap vermek
Inserent ⟨m⟩ ilan veren
inserieren ⟨int⟩ ilan vermek
Insichgeschäft ⟨n⟩ kendisiyle iş (yapma); kendi kendine işlem
[... abschließen] kendisiyle iş akdi
Insiderhandel ⟨m⟩ içten bilgilenme yoluyla alım satım; *(Eng)* insider trading
Insolvent ⟨m⟩ aciz
Insolvenz ⟨f⟩ aciz hali; acizlik; ödememezlik durumu
Insolvenzquote ⟨f⟩ acizlik oranı
Inspektion ⟨f⟩ denetleme; kontrol; teftiş
Instandhaltung ⟨f⟩ bakım (ve onarım)
[unterlassene ...] ihmal edilmiş bakım
[vorbeugende ...] koruyucu bakım
Instandhaltungsarbeiten ⟨pl⟩ bakım (ve onarım) işleri
Instandhaltungsauftrag ⟨m⟩ bakım ve onarım sözleşmesi
Instandhaltungsaufwand ⟨m⟩ bakım ve onarım giderleri
Instandhaltungskosten ⟨pl⟩ *(KoR)* bakım ve onarım maliyeti
Instandhaltungskostenrücklage ⟨f⟩ *(ReW)* bakım ve onarım karşılığı
instandsetzen ⟨v/t⟩ işler duruma getirmek; onarmak; tamir etmek
Instandsetzung ⟨f⟩ işler duruma getirme; onarım; onarma; tamir
Instandsetzungsmaßnahmen ⟨pl⟩ onarım önlemleri/tedbirleri
Instanz ⟨f⟩ makam; merci; *(Jur)* celse
[in erster ...] *(Jur)* birinci celsede
[zuständige ...] *(Jur)* yetkili merci
Instanzenweg ⟨m⟩ *(Jur)* yasayolu

Instanzenzug ⟨m⟩ *(Jur)* merciler
Institut ⟨n⟩ enstitü; kurum
Institution ⟨f⟩ kurum
[gemeinnützige ...] kamuya yararlı kurum
[öffentliche ...] kamu kurumu
[staatliche ...] devlet kurumu
Institutionalisierung ⟨f⟩ kurumlaşma
Instrument ⟨n⟩ araç; enstrüman
[betriebswirtschaftliches ...] işletmecilik aracı
[kreditpolitisches ...] kredi politikası aracı
[wirtschaftspolitisches ...] ekonomik politika aracı
Instrumentarium ⟨n⟩ enstrümanlar; araçlar; gereçler
Instrumentvariable ⟨f⟩ *(VWL)* araç değişken; *(VWL)* siyaset değişken
Integration ⟨f⟩ *(BWL)* bütünleşme; uyum sağlama; entegrasyon
[horizontale ...] *(BWL)* yatay bütünleşme
[vertikale ...] *(BWL)* dikey bütünleşme
Interbankaktiva ⟨pl⟩ *(BkW)* bankalararası aktif
Interbankeneinlagen ⟨pl⟩ *(BkW)* bankalararası mevduat; *(BkW)* İnterbank mevduatı
Interbankengeldmarkt ⟨m⟩ *(BkW)* bankalararası para piyasası; *(BkW)* İnterbank para piyasası
Interbankengeldsatz ⟨m⟩ *(BkW)* bankalararası para haddi; *(BkW)* İnterbank para haddi
Interesse ⟨n⟩ 1. çıkar; menfaat; yarar 2. ilgi
[... bekunden] ilgi göstermek
[berechtigtes ...] haklı çıkar
[gemeinsames ...] müşterek çıkar/menfaat
[geschäftliches ...] ticarî çıkar
[im öffentlichen ...] kamu yararına
[im öffentlichen ... handeln] kamu yararına hareket etmek
[konkurrierende ...n] rakip çıkarlar
[versicherbares/versicherungsfähiges ...] sigorta edilebilir çıkar/çıkarlar
[wirtschaftliches ...] ekonomik çıkarlar
Interessengegensatz ⟨m⟩ çıkarların uyuşmazlığı
Interessengemeinschaft ⟨f⟩ (ortak) çıkarlar topluluğu
Interessengruppe ⟨f⟩ menfaat grubu; (ortak) çıkarlar grubu
Interessenkollision ⟨f⟩ çıkarların çarpışması
Interessenkonflikt ⟨m⟩ çıkarların uyuşmazlığı
Interessent ⟨m⟩ hevesli alıcı/müşteri
Interessenvertretung ⟨f⟩ lobi; çıkar temsilciliği
Interimsbilanz ⟨f⟩ *(ReW)* ara bilanço; *(ReW)* muvakkat/geçici bilanço; *(ReW)* mizan
Interimsbuchung ⟨f⟩ *(ReW)* geçici kayıt
Interimsdividende ⟨f⟩ *(BkW)* ara/geçici temettü
Interimskonto ⟨n⟩ *(ReW)* ara hesap; *(ReW)* geçici hesap
Interimsschein ⟨m⟩ *(BkW)* ara pay senedi; *(BkW)* geçici tahvil
Interimswechsel ⟨m⟩ *(BkW)* ara poliçe; *(BkW)* geçici poliçe
intern ⟨adj⟩ iç
Interpretation ⟨f⟩ yorum
interpretieren ⟨v/t⟩ yorumlamak
Interpunktion ⟨f⟩ noktalama
Interpunktionszeichen ⟨n⟩ noktalama işareti
intersektoral ⟨adj⟩ sektörlerarası
intertemporal ⟨adj⟩ zamanlararası

Intervall ⟨n⟩ aralık
Intervallschätzung ⟨f⟩ *(Stat)* aralık tahmini
Intervention ⟨f⟩ 1. araya girme; müdahale; tavassut 2. destekleme
[... am freien Markt] serbest piyasaya müdahale
[... mangels Akzept] *(Jur)* kabul etmeme yüzünden araya girme; *(Jur)* ademi kabulden dolayı tavassut
[durch ...] *(Jur)* araya girmek suretiyle; *(Jur)* bittavassut
[kursglättende ...] fiyat destekleme
[kurssichernde ...] kur/fiyat istikrarı amacıyla müdahale
Interventionismus ⟨m⟩ destekleme ve fiyat istikrarı politikası
Interventionsakzept ⟨n⟩ *(WeR)* bittavassut kabul; *(WeR)* araya girmek suretiyle kabul; tavassutla kabul
Interventionsannahme ⟨f⟩ → Interventionsakzept
Interventionsbestände ⟨pl⟩ *(EU)* destekleme stokları
Interventionskäufe ⟨pl⟩ destekleme amacıyla satın alma
Interventionskurs ⟨m⟩ müdahale (ve destekleme) kuru
Interventionslager ⟨n⟩ *(EU)* destekleme stokları; tampon stokları
Interventionspreis ⟨m⟩ *(EU)* müdahale (ve destekleme) kuru
Interventionspreissystem ⟨n⟩ *(EU)* destekleme ve fiyat istikrar sistemi
Interventionspunkt ⟨m⟩ müdahale noktası
Interventionsstelle ⟨f⟩ *(EU)* müdahale makamı
Interventionszahlung ⟨f⟩ *(WeR)* bittavassut tediye; *(WeR)* araya girmek suretiyle ödeme
Invalidenrente ⟨f⟩ *(SozV)* malullük emekliliği
Invalidenversicherung ⟨f⟩ *(SozV)* malullük sigortası
Invalidenversicherungsleistung ⟨f⟩ *(SozV)* malullük sigortası yardımı; malullük sigortası tazminatı/edimi
Invalidität ⟨f⟩ malullük; maluliyet; sakatlık
[dauernde ...] sürekli malullük
[partielle ...] kısmî malullük
[vollständige ...] (sürekli) tam malullük
[vorübergehende ...] geçici malullük
Invaliditätsrente ⟨f⟩ *(SozV)* malullük aylığı
Invaliditätsversicherung ⟨f⟩ *(SozV)* malullük sigortası
Inventar ⟨n⟩ envanter; döküm; demirbaş (eşya)
[... aufnehmen] envanter çıkarmak; stok sayımı yapmak
[anfängliches ...] açılış envanteri
[buchmäßiges ...] defter envanteri
[lebendes ...] *(LandW)* canlı envanter; canlı hayvan stoku
[tatsächlich aufgenommenes ...] gerçek envanter
[totes ...] *(LandW)* ölü stok; tarımsal envanter
Inventarabschreibung ⟨f⟩ *(ReW)* envanter amortismanı
Inventaraufnahme ⟨f⟩ envanter çıkarma; stok sayımı; mal mevcudu sayımı
Inventaraufstellung ⟨f⟩ envanter dökümü

Inventarbewertung ⟨f⟩ envanteri değerlendirme
Inventarbuch ⟨n⟩ envanter defteri
Inventarfehlbetrag ⟨m⟩ envanter noksanlığı
inventarisieren ⟨v/t⟩ envanter saymak; envanter (sayımı) yapmak
Inventarisierung ⟨f⟩ envanter sayma; envanter (sayımı) yapma
Inventarkonto ⟨n⟩ *(ReW)* envanter hesabı
Inventarkontrolle ⟨f⟩ envanter kontrolü; envanter denetimi
Inventarliste ⟨f⟩ demirbaşların listesi
Inventarnummer ⟨f⟩ envanter numarası
Inventarprüfung ⟨f⟩ envanter denetimi
Inventarstück ⟨n⟩ demirbaş
Inventarverlust ⟨m⟩ envanter kaybı
Inventarverzeichnis ⟨n⟩ envanter dökümü
Inventarwert ⟨m⟩ envanter değeri
Inventur ⟨f⟩ (mal/stok) sayımı; envanter sayımı/çıkarma; demirbaş hesabı
[... machen] sayım yapmak; mal/stok mevcudunu saymak
[fortlaufende ...] ardışık envanter sayımı
Inventuraufnahme ⟨f⟩ envanter sayımı; stok sayımı
Inventurbilanz ⟨f⟩ envanter (sayım) bilançosu
Inventurdifferenz ⟨f⟩ envanter sayımı sonunda fark; döküm farkı
Inventurverkauf ⟨m⟩ envanter sayımı sonu satışlar
Inventurverzeichnis ⟨n⟩ demirbaşların listesi; envanter dökümü
Inverzugsetzung ⟨f⟩ erteleme
investieren ⟨v/t⟩ *(BkW)* yatırım yapmak
[antizyklisch ...] döngüye karşı yatırım yapmak
[erneut ...] yeniden yatırım yapmak
Investition ⟨f⟩ *(BWL)* yatırım; *(BkW)* yatırım
[autonome ...] özerk/otonom/bağımsız yatırım
[betriebliche ...] işletme yatırımı
[dauernde ...] *(BkW)* sürekli sermaye yatırımı
[festverzinsliche ...] *(BkW)* sabit faizli yatırım
[geplante ...] planlanan yatırım; yapılmak istenen yatırım
[gewinnbringende ...] *(BkW)* kazandıran yatırım; *(BkW)* kârlı yatırım
[gute ...] iyi yatırım
[indirekte ...] *(BkW)* dolaylı yatırım
(BkW) portföy yatırımı
[industrielle ...] *(BkW)* sınaî yatırım
[induzierte ...] *(VWL)* uyarılmış yatırım
[lohnende ...] *(BkW)* kârlı yatırım; *(BkW)* değer yatırım
[private ...] özel yatırım
[realisierte ...] gerçekleşmiş yatırım
[sichere ...] sağlam yatırım
[soziale ...] sosyal yatırım
[staatliche ...] *(öFi)* devlet yatırımı; *(öFi)* kamu yatırım(lar)ı
[steuerbegünstigte ...] *(StR)* vergi teşvikli yatırım
[strukturelle ...] yapısal yatırım
[vorteilhafte ...] *(BWL)* kârlı yatırım
Investitionen ⟨pl⟩ *(BkW)* yatırımlar
[... der öffentlichen Hand] kamu (sektörü) yatırımları
[... der Privatwirtschaft] özel sektör yatırımları

[... für den Fremdenverkehr] turizm için yatırımlar
[... im Ausland] *(AußH)* dış yatırımlar; *(AußH)* yurtdışında yatırımlar
[... im Dienstleistungssektor] hizmet sektörü yatırımları
[... im Produktionsbereich] üretim kesiminde yatırımlar
[... in Betriebsstätten] fabrikalara yatırımlar
[... in der Landwirtschaft] tarımsal yatırımlar
[... in Menschen] işgücüne (dönük) yatırımlar
[... zur Erhöhung der Produktivität] verimliliği artırıcı yatırımlar
[bauliche ...] fizikî yatırımlar
[gewerbliche ...] ticarî yatırımlar
[laufende ...] cari yatırımlar
[öffentliche ...] kamu yatırımları
[zukunftsorientierte ...] geleceğe yönelik/dönük yatırımlar
Investitionsabbau ⟨m⟩ *(VWL/BWL)* negatif yatırım
Investitionsabschreibung ⟨f⟩ *(ReW)* yatırım amortismanı; *(StR)* yatırım indirimi
Investitionsabwicklung ⟨f⟩ yatırım yönetimi/uygulaması
Investitionsanreiz ⟨m⟩ *(VWL)* yatırım teşviki; yatırımı güdüleme
Investitionsanteil ⟨m⟩ yatırım payı
Investitionsaufwand ⟨m⟩ yatırım gider(ler)i
[gesamter ...] toplam yatırım gider(ler)i
Investitionsaufwendungen ⟨pl⟩ yatırım giderleri/harcamaları
[... der Privatwirtschaft] özel sektör yatırım giderleri/harcamaları
Investitionsausgaben ⟨pl⟩ *(BkW)* yatırım harcamaları
Investitionsbank ⟨f⟩ *(BkW)* yatırım bankası
Investitionsbedingungen ⟨pl⟩ yatırım koşulları/ortamı
Investitionsbeihilfe ⟨f⟩ yatırım teşviki/yardımı
Investitionsbelebung ⟨f⟩ yatırımlarda canlanma
Investitionsbereitschaft ⟨f⟩ *(BWL)* yatırım eğilimi; yatırım yapmaya hazır olma
Investitionsbestand ⟨m⟩ yatırımların toplamı
Investitionsbetrag ⟨m⟩ yatırım tutarı; yatırılan bedel
Investitionsbilanz ⟨f⟩ yatırım bilançosu
Investitionsboom ⟨m⟩ *(VWL)* yatırımlarda patlama; *(VWL)* yatırımlarda boom
Investitionsbudget ⟨n⟩ *(BkW)* yatırım bütçesi
Investitionsdarlehen ⟨n⟩ *(BkW)* yatırım ikrazı/avansı; *(BkW)* yatırım kredisi
Investitionsdefizit ⟨n⟩ yatırım azlığı
Investitionseffekt ⟨m⟩ yatırım etkisi
Investitionsentscheidung ⟨f⟩ *(BWL)* yatırım (yapma) kararı
Investitionsentschluß ⟨m⟩ → **Investitionsentscheidung**
Investitionserfahrung ⟨f⟩ yatırım deneyimi
Investitionserhebung ⟨f⟩ yatırım derlemesi
Investitionsetat ⟨m⟩ *(BkW)* yatırım bütçesi
Investitionsfähigkeit ⟨f⟩ yatırım (yapabilme) yeteneği
Investitionsfalle ⟨f⟩ yatırım tuzağı
Investitionsfinanzierung ⟨f⟩ *(BkW)* yatırım finansmanı

Investitionsfonds ⟨m⟩ *(BkW)* yatırım fonu
Investitionsförderung ⟨f⟩ *(VWL)* yatırım teşviki
Investitionsförderungsabkommen ⟨n⟩ yatırım teşviki anlaşması
Investitionsförderungsmaßnahme ⟨f⟩ yatırım(lar)ı teşvik önlemi
Investitionsförderungsvertrag ⟨m⟩ yatırım teşviki sözleşmesi
Investitionsfreibetrag ⟨m⟩ *(StR)* yatırım indirimi
investitionsfreudig ⟨adj⟩ yatırım yanlısı
Investitionsfunktion ⟨f⟩ *(VWL)* yatırım fonksiyonu; *(VWL)* yatırım işlevi
Investitionsgenehmigung ⟨f⟩ yatırım izni; yatırım için sermaye tahsisi
Investitionsgeschäft ⟨n⟩ *(BkW)* yatırım bankacılığı
Investitionsgrad ⟨m⟩ yatırım oranı
Investitionsgüter ⟨f⟩ *(BWL)* yatırım malları; *(BWL)* sermaye malları
Investitionsgüteraufwand ⟨m⟩ sermaye malları gideri; yatırım malları gideri
Investitionsgüterbereich ⟨m⟩ sermaye malları kesimi; yatırım malları kesimi
Investitionsgütergewerbe ⟨n⟩ sermaye malları sanayii; yatırım malları sanayii
Investitionsgüterhersteller ⟨m⟩ sermaye malları üreticisi; yatırım malları üreticisi
Investitionsgüterindex ⟨m⟩ sermaye malları indeksi; yatırım malları indeksi
Investitionsgüterindustrie ⟨f⟩ sermaye malları sanayii; yatırım malları sanayii
Investitionsgüterkonjunktur ⟨f⟩ sermaye malları (yüksek) konjonktürü; yatırım malları (yüksek) konjonktürü
Investitionsgüterlieferant ⟨m⟩ sermaye/yatırım malları müteahhidi
Investitionsgütermarketing ⟨n⟩ *(Mk)* sermaye/yatırım malları pazarlaması
Investitionsgütermarkt ⟨m⟩ sermaye malları piyasası; yatırım malları pazarı
Investitionsgütermesse ⟨f⟩ *(Mk)* sermaye/yatırım malları fuarı
Investitionsgüternachfrage ⟨f⟩ sermaye malları için talep; yatırım malları için talep
Investitionsgüterproduktion ⟨f⟩ sermaye malları üretimi; yatırım malları üretimi
Investitionsgüterproduzent ⟨m⟩ sermaye malları üreticisi; yatırım malları üreticisi
Investitionsgütersektor ⟨m⟩ sermaye malları sektörü; yatırım malları sektörü
Investitionsgüterzweig ⟨m⟩ sermaye malları işkolu; yatırım malları dalı
Investitionshaushalt ⟨m⟩ *(BkW)* yatırım bütçesi
investitionshemmend ⟨adj⟩ yatırımı engelleyici/önleyici
Investitionshemmnis ⟨n⟩ yatırım engeli
Investitionshilfe ⟨f⟩ yatırım yardımı
investitionsinduziert ⟨adj⟩ yatırım uyarılı
Investitionskalkül ⟨n⟩ *(BkW)* yatırım analizi
Investitionskalkulation ⟨f⟩ yatırım muhasebesi
Investitionskette ⟨f⟩ yatırımlar zinciri; peşpeşe yatırımlar
Investitionsklima ⟨n⟩ *(BkW)* yatırım ortamı
Investitionskoeffizient ⟨m⟩ yatırım katsayısı
Investitionskonjunktur ⟨f⟩ yatırımlarda artma/patlama; yatırım faaliyeti

Investitionskonto ⟨n⟩ *(ReW)* yatırım hesabı; *(BkW)* vadeli mevduat hesabı
Investitionskontrolle ⟨f⟩ *(VWL)* yatırım kontrolü; *(VWL)* yatırımları yönlendirme
Investitionskosten ⟨pl⟩ *(BkW)* yatırım maliyeti
Investitionskredit ⟨m⟩ *(BkW)* yatırım kredisi [zinsbegünstigter . . .] *(BkW)* düşük faizli yatırım kredisi
Investitionskreditversicherung ⟨f⟩ *(Vers)* yatırım kredisi sigortası; (Vers) acze karşı sigorta
Investitionskriterium ⟨n⟩ yatırım kıstası/kriteri
Investitionslenkung ⟨f⟩ *(VWL)* yatırımları yönlendirme
Investitionslücke ⟨f⟩ *(BkW)* yatırım açığı
Investitionslust ⟨f⟩ yatırım arzusu; yatırım (yapma) hevesi; *(VWL)* yatırım eğilimi [private . . .] *(VWL)* özel (sektörün) yatırım eğilimi
Investitionsmaßnahmen ⟨pl⟩ yatırım tedbirleri
Investitionsmittel ⟨pl⟩ *(BkW)* yatırım araçları/kaynakları/fonları [bereitgestellte . . .] tahsis edilmiş yatırım fonları [kurzfristige . . .] kısa vadeli yatırım araçları [langfristige . . .] uzun vadeli yatırım araçları
Investitionsmöglichkeiten ⟨pl⟩ *(BkW)* yatırım seçenekleri; *(BkW)* yatırım fırsatları
Investitionsmöglichkeitskurve ⟨f⟩ *(VWL)* yatırım seçenekleri eğrisi
Investitionsmüdigkeit ⟨f⟩ yatırım isteksizliği
Investitionsmultiplikator ⟨m⟩ *(VWL)* yatırım çarpanı [. . . unter Berücksichtigung aller außenwirtschaftlichen Rückwirkungen] dış ticaret çarpanı
Investitionsnachfrage ⟨f⟩ *(VWL)* yatırım talebi
Investitionsneigung ⟨f⟩ *(VWL)* yatırım eğilimi [durchschnittliche . . .] ortalama yatırım eğilimi
Investitionsobjekt ⟨n⟩ yatırım objesi/konusu
investitionsorientiert ⟨adj⟩ yatırıma yönelik
Investitionspaket ⟨n⟩ yatırım paketi
Investitionsperiode ⟨f⟩ yatırım dönemi
Investitionsplan ⟨m⟩ *(BkW)* yatırım bütçesi
Investitionsplanung ⟨f⟩ yatırım planlama [zentrale . . .] merkezî yatırım planlama(sı)
Investitions- und Finanzierungsplanung ⟨f⟩ yatırım ve finansal planlama
Investitionspolitik ⟨f⟩ yatırım politikası [defensive . . .] koruyucu yatırım politikası
Investitionsprämie ⟨f⟩ yatırım primi
Investitionsprogramm ⟨n⟩ yatırım programı
Investitionsquote ⟨f⟩ yatırım oranı [jährliche . . .] yıllık yatırım oranı [marginale . . .] marjinal yatırım eğilimi
Investitionsrate ⟨f⟩ *(vGR)* yatırım oranı [gesamtwirtschaftliche . . .] *(vGR)* toplam yatırım oranı
Investitionsrechnung ⟨f⟩ *(BkW)* yatırım analizi; *(BkW)* sermaye bütçeleme; *(BkW)* sermaye giderleri hesabı [dynamische . . .] dinamik yatırım analizi [statische . . .] statik yatırım analizi
Investitionsrechnungsverfahren ⟨n⟩ *(BkW)* sermaye bütçeleme tekniği
Investitionsrendite ⟨f⟩ yatırım rantı; yatırım geliri
Investitionsrisiko ⟨n⟩ *(BkW)* yatırım riski

Investitionsrückgang ⟨m⟩ yatırımda gerileme
Investitionsrücklage ⟨f⟩ *(BkW)* yatırım ihtiyatı
Investitionsschutz ⟨m⟩ yatırımı koruma
Investitionssteuer ⟨f⟩ *(StR)* yatırım vergisi
Investitionssumme ⟨f⟩ yatırım tutarı; toplam yatırım
Investitionstätigkeit ⟨f⟩ *(BWL)* yatırım faaliyeti [. . . der Unternehmen] ortaklık yatırımları [gewerbliche . . .] ticarî/sınaî yatırım faaliyeti [nachlassende . . .] yatırımlarda azalma [rege . . .] canlı/yoğun yatırım faaliyeti [übermäßige . . .] fazla/aşırı yatırım (faaliyeti) [zu geringe . . .] çok düşük yatırım faaliyeti
Investitionstempo ⟨n⟩ yatırım hızı; yatırım oranı [nachlassendes . . .] yatırım hızında yavaşlama
Investitionstendenz ⟨f⟩ yatırım trendi
Investitionsüberhang ⟨m⟩ yatırım fazlalığı
Investitionsunlust ⟨f⟩ yatırım isteksizliği
Investitionsverbot ⟨n⟩ yatırım (yapma) yasağı
Investitionsverflechtung ⟨f⟩ *(VWL)* çapraz yatırım
Investitionsvergünstigung ⟨f⟩ *(StR)* yatırım indirimi
Investitionsverhalten ⟨n⟩ yatırım davranışı
Investitionsverlust ⟨m⟩ yatırım kaybı/zararı
Investitionsvolumen ⟨n⟩ yatırım hacmi
Investitionsvorgang ⟨m⟩ yatırım süreci
Investitionsvorhaben ⟨n⟩ *(BkW)* yatırım projesi; sermaye harcamaları projesi
Investitionswachstum ⟨n⟩ yatırım büyümesi; yatırımlarda büyüme
Investitionswert ⟨m⟩ yatırım değeri
investitionswillig ⟨adj⟩ yatırım isteklisi
Investitionszeitraum ⟨m⟩ yatırım süresi
Investitionsziel ⟨n⟩ yatırım hedefi
Investitionszulage ⟨f⟩ yatırım primi
Investitionszuschuß ⟨m⟩ *(StR)* yatırım indirimi
Investitionszuwachs ⟨m⟩ yatırım artışı; yatırımlarda artış
Investitionszweck ⟨m⟩ yatırım amacı
Investitionszyklus ⟨m⟩ yatırım döngüsü/devresi
Investivlohn ⟨m⟩ (yatırıma/sermayeye) katılım/iştirak ücreti
Investment ⟨n⟩ *(BkW)* yatırım
Investmentanalyse ⟨f⟩ *(BkW)* yatırım analizi
Investmentanteil ⟨m⟩ yatırım payı
Investmentanteilseigner ⟨m⟩ yatırım payı sahibi; yatırımda hissedar
Investmentbank ⟨f⟩ *(BkW)* yatırım bankası
Investmentfonds ⟨m⟩ *(BkW)* yatırım fonu; *(BkW)* yatırım fonları [. . . mit begrenzter Emissionshöhe] *(BkW)* kapalı uçlu fon(lar) [. . . mit Sitz in einer Steueroase] merkezî düşük vergi ülkesinde olan yatırım fonları [. . . mit unbeschränkter Anlagepolitik] genel yönetim tröstü [. . . mit unbeschränkter Anteilsemission] *(BkW)* açık uçlu fon(lar) [geschlossener . . .] *(BkW)* kapalı (uçlu) fon(lar) [offener . . .] *(BkW)* açık uçlu fon(lar) [thesaurierender . . .] birikmiş fonlar
Investmentgeschäft ⟨n⟩ yatırım ortaklığı faaliyetleri/operasyonları
Investmentgesellschaft ⟨f⟩ *(BkW)* yatırım ortaklığı [. . . mit konstantem Anlagekapital] *(BkW)* kapalı uçlu yatırım ortaklığı

[... mit offenem Anlageportefeuille] ünite tröstü
[... mit unbeschränkter Emissionshöhe] *(BkW)* açık uçlu yatırım ortaklığı
[geschlossene ...] *(BkW)* kapalı uçlu yatırım ortaklığı; *(BkW)* kapalı (uçlu) yatırım fonu
Investmentkauf ⟨m⟩ ünite alımı
Investmentplanung ⟨f⟩ yatırım planlama
Investmentsparen ⟨n⟩ yatırım tasarrufu
Investmenttrust ⟨m⟩ *(BkW)* yatırım tröstü
Investmentzertifikat ⟨n⟩ *(BkW)* yatırım fonu katılma belgesi
Investor ⟨m⟩ *(BkW)* yatırımcı
 [ausländischer ...] yabancı (uyruklu) yatırımcı
 [gewerblicher ...] ticarî yatırımcı
 [inländischer ...] yerli yatırımcı
Inzahlunggeben ⟨n⟩ takas verme
Inzahlungnahme ⟨f⟩ takas alma
irregulär ⟨adj⟩ düzensiz
irrelevant ⟨adj⟩ önemsiz
irren ⟨refl⟩ hata yapmak; yanılmak; şaşırmak
Irrläufer ⟨m⟩ *(Post)* hatalı teslim
Irrtum ⟨m⟩ hata; yanlışlık
Irrtümer ⟨pl⟩ hatalar; yanlışlıklar
 [... und Auslassungen vorbehalten] hata ve eksiklikler saklıdır/mahfuzdur; hata ve eksiklikleri birlikte kabul edilmek üzere
irrtümlich ⟨adj⟩ yanlışlıkla
Irrtumsklausel ⟨f⟩ hata kaydı; → **Irrtumsvorbehalt**
Irrtumsvorbehalt ⟨m⟩ hataları içeren çekince kaydı
Irrtumswahrscheinlichkeit ⟨f⟩ hata olasılığı; *(Stat)* anlamlılık düzeyi
Irrweg ⟨m⟩ yanlış yol
Isokosten ⟨pl⟩ eş maliyet
Isokostengerade ⟨f⟩ eş-maliyet doğrusu

Isokostenkurve ⟨f⟩ eş maliyet eğrisi
Isolierung ⟨f⟩ izolasyon
Isoproduktkurve ⟨f⟩ eş-ürün eğrisi
Isoquante ⟨f⟩ eş-ürün eğrisi
Istaufkommen ⟨n⟩ reel gelir
Istausbringung ⟨f⟩ *(BWL)* gerçek çıktı
Istausgaben ⟨pl⟩ *(BkW)* gerçek harcamalar; *(BkW)* fiilî giderler
Istausstoß ⟨m⟩ *(BWL)* reel çıktı
Istbestand ⟨m⟩ efektifler
Istbesteuerung ⟨f⟩ *(StR)* gerçek usulde vergilendirme
Istbetrag ⟨m⟩ gerçek yekûn/miktar/bedel/meblağ
Isteinnahmen ⟨pl⟩ fiilî/efektif tahsilat
Istkosten ⟨pl⟩ *(KoR)* gerçek maliyet
 [... der Gegenwart] halen gerçek maliyet
 [... der Vergangenheit] *(KoR)* batmış maliyet; tarihî (gerçek) maliyet
 [... zu Tagespreisen] cari fiyatlarla gerçek maliyet
Istkostenrechnung ⟨f⟩ *(KoR)* gerçek maliyet muhasebesi
Istleistung ⟨f⟩ *(BWL)* gerçek çıktı; gerçek performans/randıman
Iststunden ⟨pl⟩ reel adam saat(ler)
Istzeit ⟨f⟩ *(Ind)* gerçek zaman
IWF ⟨m⟩ → **Währungsfonds**
 [Internationaler ...] Uluslararası Para Fonu
 [Fazilität des ... für kompensierende Finanzierung von Exporterlösausfällen] *(IWF)* Uluslararası Para Fonu'nun telafi edici finansman kolaylığı
 [Fazilität des ... zur Finanzierung von Rohstoffausgleichslagern] (IWF) Uluslararası Para Fonu'nun tampon stok finansman kolaylığı

J

Jagd ⟨f⟩ av; avcılık
 [... auf Führungspersonal] yönetici kadro avlama/arama
 [... nach Sonderangeboten] (indirimli satışlarda) fırsatları kollama
Jagdgehege ⟨n⟩ avlak
Jagdgewehr ⟨n⟩ av tüfeği
Jagdrecht ⟨n⟩ *(Jur)* av hukuku
Jagdschein ⟨m⟩ av tezkeresi
Jagdsteuer ⟨f⟩ *(StR)* av vergisi
Jäger ⟨m⟩ avcı
Jahr ⟨n⟩ yıl; sene
 [... der Veranlagung] *(StR)* mükellefiyet yılı
 [abgelaufenes ...] geçmiş yıl
 [auf das ganze ...] yıllık olarak
 [das ganze ... hindurch] bütün yıl boyunca
 [per ...] yıllık; yılda
 [pro ...] yıllık; yılda
 [steuerpflichtiges ...] *(StR)* vergi yılı; *(ReW)* malî yıl
 [tilgungsfreie ...e] itfadan muaf yıllar
Jahresabgrenzung ⟨f⟩ *(StR)* (ertelenmiş vergilerde) yıllık sınırlama
Jahresabrechnung ⟨f⟩ *(BkW)* yıllık bordro/dekont/hesap/hesaplaşma

Jahresabsatz ⟨m⟩ yıllık satış
Jahresabschluß ⟨m⟩ *(ReW)* yıllık finansal tablo; *(ReW)* yıllık bilanço
 [... aufstellen] yıllık bilanço düzenlemek
 [... machen] yıllık bilanço yapmak
 [geprüfter ...] denetlenmiş yıllık bilanço
 [konsolidierter ...] *(ReW)* konsolide yıllık bilanço; *(ReW)* konsolide yıllık finansal tablo; *(ReW)* yıllık konsolide finansal tablo
Jahresabschlußbericht ⟨m⟩ *(ReW)* yıl sonu faaliyet raporu
Jahresabschlußbilanz ⟨f⟩ *(ReW)* yıllık kapanış bilançosu; *(ReW)* yıl sonu bilançosu
Jahresabschlußbuchungen ⟨pl⟩ *(ReW)* yıl sonu kayıtları; *(ReW)* yıl sonu muhasebeleri
Jahresabschlußprüfung ⟨f⟩ *(ReW)* yıl/dönem sonu denetimi
Jahresabschlußzahlung ⟨f⟩ *(BkW)* yıl sonu ödemesi
Jahresabschreibung ⟨f⟩ *(ReW)* yıllık amortisman
Jahresansatz ⟨m⟩ *(ReW)* yıllık tahmin; *(ReW)* yıllık bütçe tahmini
Jahresarbeitslohn ⟨m⟩ yıllık ücret
Jahresaufstellung ⟨f⟩ *(ReW)* yıllık tablo
Jahresaufkommen ⟨n⟩ yıllık gelir

155

Jahresausgleich ⟨m⟩ *(StR)* yılsonu denkleştirmesi [steuerlichen ... durchführen] *(StR)* yıl sonunda vergi denkleştirmesi yapmak
Jahresbeginn ⟨m⟩ yılbaşı
Jahresbericht ⟨m⟩ *(ReW)* yıllık rapor
Jahresbilanz ⟨f⟩ *(ReW)* yıllık bilanço
Jahresdividende ⟨f⟩ *(BkW)* yıllık temettü
Jahresdrittel ⟨n⟩ dört aylık dönem
Jahresdurchschnitt ⟨m⟩ yıllık ortalama
Jahreseinkommen ⟨n⟩ yıllık gelir
Jahreseinkünfte ⟨pl⟩ yıllık gelirler/kazanç
Jahresergebnis ⟨n⟩ *(ReW)* yıllık sonuç
Jahresetat ⟨m⟩ *(ReW)* yıllık bütçe
Jahresfehlbetrag ⟨m⟩ *(ReW)* yıllık açık
Jahresgarantie ⟨f⟩ on iki aylık garanti; yıllık garanti
Jahresgehalt ⟨n⟩ yıllık maaş
Jahresgeld ⟨n⟩ *(BkW)* on iki aylık para
Jahresgewinn ⟨m⟩ yıllık kazanç/gelir/kâr
Jahresgratifikation ⟨f⟩ yıllık ikramiye
Jahreshauptversammlung ⟨f⟩ yıllık genel kurul toplantısı
Jahreshöchststand ⟨m⟩ yıllık tavan
Jahresinventur ⟨f⟩ yıllık envanter
Jahreskapitalbedarf ⟨m⟩ yıllık sermaye gereksinimi/ihtiyacı
Jahreskongreß ⟨m⟩ yıllık kongre
Jahreslohn ⟨m⟩ yıllık ücret
Jahresmiete ⟨f⟩ yıllık kira
Jahresmietvertrag ⟨m⟩ yıllık kira akdi/sözleşmesi/kontratı
Jahresmitte ⟨f⟩ yıl ortası
Jahresmittel ⟨n⟩ yıllık ortalama
Jahresprämie ⟨f⟩ yıllık ikramiye; *(Vers)* yıllık prim
Jahresproduktion ⟨f⟩ yıllık üretim
Jahresrate ⟨f⟩ yıllık oran
Jahresreingewinn ⟨m⟩ *(ReW)* yıllık net kâr
Jahresrendite ⟨f⟩ yıllık rant
Jahressatz ⟨m⟩ yıllık oran
Jahresschluß ⟨m⟩ yıl sonu [zum ...] yıl sonunda
Jahresschlußverkauf ⟨m⟩ yıl sonu satışı
Jahressteuer ⟨f⟩ *(StR)* yıllık vergi
Jahresüberschuß ⟨m⟩ *(ReW)* yıllık net kâr
Jahresultimo ⟨m⟩ yıl sonu
Jahresumsatz ⟨m⟩ *(ReW)* yıllık satışlar; yıllık işlem miktarı
Jahresurlaub ⟨m⟩ yıllık izin [bezahlter ...] ücretli yıllık izin
Jahresverbrauch ⟨m⟩ yıllık tüketim

Jahresverdienst ⟨m⟩ yıllık kazanç
Jahresverlauf ⟨m⟩ yıllık seyir/süreç
Jahresverlust ⟨m⟩ *(ReW)* yıllık zarar
Jahresversammlung ⟨f⟩ yıllık toplantı
Jahresversicherung ⟨f⟩ *(Vers)* yıllık sigorta
Jahresvertrag ⟨m⟩ *(Jur)* bir yıllık sözleşme
Jahreswachstum ⟨n⟩ yıllık artış
Jahreswirtschaftsbericht ⟨m⟩ yıllık ekonomik rapor
Jahreszahlung ⟨f⟩ *(BkW)* yıllık ödeme; anüite
Jahreszeit ⟨f⟩ mevsim; sezon [stille ...] ölü mevsim/sezon
jahreszeitlich ⟨adj⟩ mevsimlik
Jahreszins ⟨m⟩ *(BkW)* yıllık faiz [effektiver ...] *(BkW)* efektif yıllık faiz
Jahreszinssatz ⟨m⟩ *(BkW)* yıllık faiz oranı
Jahreszinsschein ⟨m⟩ *(BkW)* yıllık faiz kuponu
Jahreszuwachs ⟨m⟩ yıllık artış
Jahreszuwachsrate ⟨f⟩ yıllık artış oranı
Jahrmarkt ⟨m⟩ fuar; mesire
Jobber ⟨m⟩ *(Bö)* cober
Journal ⟨n⟩ *(ReW)* defter; *(ReW)* yevmiye defteri
Journalbuchung ⟨f⟩ *(ReW)* defter kaydı
Jubiläum ⟨n⟩ jübile; yıldönümü
Jubiläumsbonus ⟨m⟩ jübile/yıldönümü ikramiyesi
Jugendarbeitslosigkeit ⟨f⟩ *(VWL)* gençlerde işsizlik
jung ⟨adj⟩ genç
Jüngarbeiter ⟨m⟩ genç işçi
Jungbauer ⟨m⟩ *(LandW)* genç çiftçi
Jungfernfahrt ⟨f⟩ *(Schff)* ilk sefer
Jungfernflug ⟨m⟩ *(Flug)* ilk uçuş
Junggeselle ⟨m⟩ bekâr (erkek)
Junggesellin ⟨f⟩ bekâr kadın
Jungunternehmer ⟨m⟩ genç girişimci
Jungverkäufer ⟨m⟩ genç satıcı
Juniorchef ⟨m⟩ junyor şef
Juniorpartner ⟨m⟩ junyor ortak
Jura ⟨pl⟩ *(Jur)* hukuk
Jurist ⟨m⟩ *(Jur)* hukukçu
Justitiar ⟨m⟩ *(Jur)* hukuksal danışman
Justiz ⟨f⟩ *(Jur)* adliye
Justizangestellter ⟨m⟩ *(Jur)* adliye memuru
Justizminister ⟨m⟩ adliye bakanı
Jute ⟨f⟩ hint keneviri
Jutesack ⟨m⟩ çuval
Juwel ⟨n⟩ mücevher
Juwelen ⟨pl⟩ mücevherat
Juwelier ⟨m⟩ kuyumcu
Juweliergeschäft ⟨n⟩ kuyumcu dükkânı

K

Kabel ⟨n⟩ kablo
Kabeladresse ⟨f⟩ *(Tele)* tele adres
Kabelangebot ⟨n⟩ *(Tele)* tele arz
Kabelanschrift ⟨f⟩ *(Tele)* tele adres
Kabelauftrag ⟨m⟩ *(Tele)* tele sipariş/emir
Kabelauszahlung ⟨f⟩ tele ödeme
Kabelfernsehen ⟨n⟩ kablolu televizyon
Kabelkurs ⟨m⟩ kablo fiyatı/haddi
Kabelnachricht ⟨f⟩ *(Tele)* tele mesaj
Kabelnotierung ⟨f⟩ *(Tele)* tele kayıt

Kabelpreis ⟨m⟩ kablo fiyatı/haddi
Kabelspesen ⟨pl⟩ tele harcırah
Kabelüberweisung ⟨f⟩ *(Tele)* tele havale
Kabotage ⟨f⟩ *(Schff)* kabotaj
kaduzieren ⟨v/t⟩ geçersiz kılmak
Kaffee ⟨m⟩ *(LandW)* kahve
Kaffeebörse ⟨f⟩ kahve borsası/piyasası
Kaffeesteuer ⟨f⟩ *(StR)* kahve vergisi
Kaffeeterminbörse ⟨f⟩ kahve (piyasasında) vadeli işlemler borsası

Kaffeeterminhandel ⟨m⟩ kahve (piyasasında) vadeli işlemler; kahve piyasasında alivre satışlar
kahlpfänden ⟨v/t⟩ tamamını/tümüyle haczetmek; nesi varsa haczetmek
Kahlpfändung ⟨f⟩ herşeyi/tümünü haciz
Kai ⟨m⟩ *(Schff)* rıhtım; iskele
 [ab...] rıhtımda teslim
 [am... festmachen] rıhtıma yanaşma
 [am... löschen] rıhtımda boşaltmak
 [frei...] rıhtım teslimi
 [frei Längsseite... (des Abgangshafens)] (kalkma limanında) rıhtım boyu teslim
 [längsseits...] rıhtım boyu
Kaiablieferungsschein ⟨m⟩ rıhtım makbuzu
Kaianlagen ⟨pl⟩ *(Schff)* rıhtım tesisleri
Kaianlieferung ⟨f⟩ rıhtımda teslim
Kaiannahmeschein ⟨m⟩ rıhtım makbuzu
Kaianschlußgleis ⟨n⟩ *(Bahn)* dock siding
Kaiarbeiter ⟨m⟩ *(Schff)* rıhtım işçisi
Kaibetrieb ⟨m⟩ rıhtım faaliyeti
Kaiempfangsschein ⟨m⟩ rıhtım makbuzu
Kaigebühr ⟨f⟩ rıhtım harcı; rıhtıma yanaşma resmi
Kaigeld ⟨n⟩ → **Kaigebühr**
Kaikonnossement ⟨n⟩ rıhtım konşimentosu
Kaikran ⟨m⟩ rıhtım vinci
Kailagergeld ⟨n⟩ rıhtım ambar parası
Kailagerschein ⟨m⟩ rıhtım ambar makbuzu
Kaiquittung ⟨f⟩ rıhtım makbuzu
Kaitarif ⟨m⟩ rıhtım tarifesi
Kaiumschlag ⟨m⟩ rıhtımda yükleme ve boşaltma; rıhtımda aktarma
Kaiumschlaggebühr ⟨f⟩ rıhtım aktarma harcı/resmi
Kaiversicherung ⟨f⟩ *(SeeV)* rıhtım sigortası
Kakao ⟨m⟩ *(LandW)* kakao
Kaldor-Hicks-Kriterium ⟨n⟩ *(VWL)* Kaldor-Hicks kriteri
Kalender ⟨m⟩ takvim
Kalenderabweichung ⟨f⟩ *(AußH)* takvim farkı/sapması
kalenderbereinigt ⟨adj⟩ takvim ayarlı; takvimde iş günleri sayısına göre ayarlanmış/arındırılmış
Kalenderjahr ⟨n⟩ takvim yılı
Kalkulation ⟨f⟩ *(ReW)* hesap; *(ReW)* hesaplama; *(ReW)* muhasebe
 [knappe...] dar hesap/hesaplama/muhasebe; kuruşu kuruşuna hesaplama
 [pauschale...] götürü hesaplama
 [scharfe...] dar hesap/hesaplama/muhasebe; kuruşu kuruşuna hesaplama
 [vorsichtige...] dikkatli/itinalı hesaplama; ihtiyatlı muhasebe
Kalkulationsabschlag ⟨m⟩ *(ReW)* muhasebe indirimi; *(ReW)* hesap indirimi; *(ReW)* hesaptan düşürme
Kalkulationsabteilung ⟨f⟩ *(ReW)* mali muhasebe bölümü
Kalkulationsaufschlag ⟨m⟩ hesaba katma
Kalkulationsbuch ⟨n⟩ *(ReW)* hesap defteri
Kalkulationsdaten ⟨pl⟩ hesap verileri; maliyet verileri
Kalkulationsfehler ⟨m⟩ *(ReW)* hesap hatası
Kalkulationsgrundlage ⟨f⟩ *(ReW)* hesaplama esası
Kalkulationsmethode ⟨m⟩ (maliyet) hesaplama yöntemi/metodu
Kalkulationspreis ⟨m⟩ hesaplanan fiyat

Kalkulationsspanne ⟨f⟩ hesap(lama) marjı
Kalkulationsstundensatz ⟨m⟩ hesaplanmış saat ücreti
Kalkulationssystem ⟨n⟩ *(ReW)* (maliyet) hesaplama sistemi
Kalkulationszeitraum ⟨m⟩ *(ReW)* hesap dönemi
Kalkulationszinsfuß ⟨m⟩ muhasebede kayıtların faiz/kesimi oranı
Kalkulationszinssatz ⟨m⟩ muhasebede kayıtların faiz/kesimi haddi
Kalkulationszuschlag ⟨m⟩ *(ReW)* muhasebe zammı
Kalkulator ⟨m⟩ hesap yapan; muhasip; muhasebeci; muhasebe memuru
kalkulatorisch ⟨adj⟩ izafî; hesaplı
kalkulieren ⟨v/t⟩ hesaplamak
 [falsch...] yanlış hesaplamak
 [knapp...] tam hesaplamak; tıpı tıpına hesaplamak
 [scharf...] tam hesaplamak; tıpı tıpına hesaplamak
Kammer ⟨f⟩ *(Jur)* mahkeme; oda
 [... für Wirtschaftsstrafsachen] *(Jur)* ticaret ceza mahkemesi
Kammerbezirk ⟨m⟩ ticaret odası bölgesi
Kämmerei ⟨f⟩ hazine odası
Kämmerer ⟨m⟩ 1. hazinedar 2. maliye memuru
Kammervorsitzender ⟨m⟩ *(Jur)* (mahkeme) oda başkanı
Kampagne ⟨f⟩ *(Mk)* kampanya
Kampf ⟨m⟩ mücadele
 [... gegen die Inflation] *(VWL)* enflasyonla mücadele
Kampfmaßnahmen ⟨pl⟩ mücadele önlemleri
Kampfmittel ⟨n⟩ savaşım aracı; silâh
Kampfpreis ⟨m⟩ kıyasıya fiyat; mücadele fiyatı
Kanal ⟨m⟩ suyolu; kanal
Kanalisation ⟨f⟩ kanalizasyon
Kannbestimmung ⟨f⟩ *(Jur)* uyulması zorunlu olmayan hüküm
Kannvorschrift ⟨f⟩ → **Kannbestimmung** Kantine ⟨f⟩ kantin**Kantinenbelieferung** ⟨f⟩ kantin servisi
Kantinenverpflegung ⟨f⟩ kantin servisi
Kanzlei ⟨f⟩ 1. yazıhane 2. kalem odası
Kapazität ⟨f⟩ *(BWL)* kapasite; *(BWL)* üretim gücü; kapsama gücü
 [... abbauen] kapasiteyi azaltmak/düşürmek
 [... erhöhen] kapasiteyi arttırmak
 [... erweitern] kapasiteyi arttırmak/genişletmek
 [... stillegen] işletmeyi kapatmak; kapasiteyi durdurmak
 [brachliegende...] *(BWL)* âtıl/aylak kapasite; *(BWL)* boş işçilik
 [freie...] *(BWL)* âtıl/aylak kapasite; *(BWL)* boş işçilik
 [mit voller... arbeiten] tam kapasite ile çalışmak
 [praktisch realisierbare...] *(BWL)* pratik kapasite; *(BWL)* işletme optimumu
 [überschüssige...] *(BWL)* fazla kapasite
 [unausgelastete...] tam kullanılmayan kapasite; *(BWL)* âtıl/aylak kapasite; *(BWL)* boş işçilik
 [ungenutzte...] *(BWL)* âtıl/aylak kapasite; *(BWL)* boş işçilik
 [verfügbare...] kullanılabilir kapasite
 [volle...] tam kapasite; *(BWL)* tam istihdam

Kapazitätsabbau ⟨m⟩ *(BWL)* üretim gücünü azaltma
Kapazitätsausbau ⟨m⟩ kapasite artırımı; üretim gücünün artırımı
Kapazitätsauslastung ⟨f⟩ *(BWL)* kapasite kullanımı
Kapazitätsauslastungsgrad ⟨m⟩ *(BWL)* kapasite kullanım oranı
Kapazitätsausnutzung ⟨f⟩ *(BWL)* kapasite kullanımı
Kapazitätsausweitung ⟨f⟩ kapasite genişlemesi/artırımı
Kapazitätsbedarf ⟨m⟩ *(Ind)* kapasite ihtiyacı; üretim gücü ihtiyacı
Kapazitätsbedarfsermittlung ⟨f⟩ kaynak dağılımı
Kapazitätseffekt ⟨m⟩ *(VWL)* kapasite etkisi; üretim gücü etkisi
Kapazitätsengpaß ⟨m⟩ *(BWL)* kapasite darboğazı; *(BWL)* üretim gücü darboğazı; *(BWL)* eksik kapasite
Kapazitätserweiterung ⟨f⟩ *(BWL)* kapasite arttırımı; *(BWL)* kapasiteyi genişletme; *(BWL)* üretim gücünü arttırma
Kapazitätsfaktor ⟨m⟩ *(BWL)* kapasite faktörü
Kapazitätsgrenze ⟨f⟩ *(BWL)* kapasite sınırı
[nahe an der... arbeiten] *(BWL)* kapasite sınırında çalışmak
Kapazitätskosten ⟨pl⟩ *(KoR)* üretim gücü maliyeti; *(KoR)* sabit maliyet
Kapazitätslinie ⟨f⟩ kapasite haddi/sınırı
Kapazitätslücke ⟨f⟩ *(BWL)* kapasite açığı
Kapazitätsobergrenzen ⟨pl⟩ marjinal etkinlik
Kapazitätsreserve ⟨f⟩ *(BWL)* âtıl/aylak kapasite; *(BWL)* boş işçilik
Kapazitätsüberhang ⟨m⟩ *(BWL)* üretim gücü fazlalığı; *(BWL)* kapasite fazlalığı; *(BWL)* fazla kapasite
Kapazitätsüberschuß ⟨m⟩ → **Kapazitätsüberhang**
Kapital ⟨n⟩ *(BkW)* sermaye; *(BkW)* anamal; *(BkW)* anapara
[... abschreiben] sermayeyi amorti etmek
[... anlegen] sermaye yatırmak
[... aufbringen] sermaye bulmak
[... aufnehmen] sermaye almak
[... aufstocken] sermayeyi arttırmak
[... aufzehren] sermayeyi yemek
[... berichtigen] sermayeyi düzeltmek/ayarlamak
[... beschaffen] sermaye bulmak
[... binden] sermaye bağlamak
[... einer Aktiengesellschaft] *(AG)* anonim şirket sermayesi
[... einzahlen] sermaye ödemek
[... entnehmen] sermayeyi çekmek
[... erhöhen] sermayeyi arttırmak/yükseltmek
[... festlegen] sermaye bağlamak
[... herabsetzen] sermayeyi azaltmak
[... nachschießen] yeni sermaye katmak
[... schlagen aus]... den sermaye/para yapmak
[... und Rücklagen] sermaye ve ihtiyatlar
[... und Zinsen] sermaye ve faizleri
[... verwässern] sermayeyi sulandırmak
[... zeichnen] sermaye taahhüt etmek
[arbeitendes...] *(BkW)* aktif sermaye; çalışan sermaye

[aufgenommenes...] ödünç alınmış sermaye
[ausgegebenes...] harcanmış sermaye; yatırılmış sermaye
[ausgewiesenes...] beyan edilmiş sermaye
[ausstehendes...] ödenmemiş sermaye
[bedingtes...] kayıtlı sermaye
[begebenes...] harcanmış sermaye; yatırılmış sermaye
[betriebsnotwendiges...] işletme için gerekli sermaye
[bewilligtes...] tasdik edilmiş sermaye; onaylanmış sermaye
[brachliegendes...] âtıl sermaye
[dividendenberechtigtes...] temettü hakkı olan sermaye
[eingezahltes...] ödenmiş sermaye
[flüssiges...] aktif/akar sermaye
[fremdes...] yabancı/örtülü sermaye
[gebundenes...] bağlanmış sermaye
[genehmigtes...] tasdik edilmiş sermaye; onaylanmış sermaye
[gezeichnetes...] taahhütlü sermaye
[haftendes...] risk sermayesi
[menschliches...] *(VWL)* beşerî sermaye; *(ReW)* türetilmiş kaynaklar
[mit... ausstatten] sermaye ile donatmak
[nominelles...] *(BkW)* nominal sermaye
[produktives...] üretken sermaye
[satzungsmäßiges...] tüzüksel sermaye; tüzüğün öngördüğü sermaye
[totes...] âtıl fonlar; ölü sermaye
[umlaufendes...] dönen/döner sermaye; dolaşımdaki sermaye
[ungenutztes...] kullanılmayan sermaye
[verwässertes...] sulandırılmış sermaye
[verzinsliches...] *(BkW)* faiz getiren sermaye
[werbendes...] üretken sermaye
Kapitalabfluß ⟨m⟩ sermaye akışı; sermayenin (akarak) azalması
Kapitalabwanderung ⟨f⟩ sermaye göçü
Kapitalabzug ⟨m⟩ sermaye çekme/kullanma
Kapitalabgabe ⟨f⟩ sermaye vergisi
Kapitalabschöpfung ⟨f⟩ sermaye soğurma; sermaye aşınımı
Kapitalabschreibung ⟨f⟩ *(ReW)* sermaye amortismanı
Kapitalakkumulation ⟨f⟩ sermaye birikimi
Kapitalakkumulationrate ⟨f⟩ sermaye birikimi oranı
Kapitalanhäufung ⟨f⟩ sermaye birikimi
Kapitalanlage ⟨f⟩ *(BkW)* sermaye yatırımı; sermaye plasmanı
[... in Wertpapieren] *(BkW)* portföy yatırımı; portföy plasmanı
[lohnende...] *(BkW)* kârlı yatırım; kârlı plasman
[mündelsichere...] *(BkW)* birinci derecede sağlam sermaye yatırımı
[solide...] *(BkW)* sağlam sermaye yatırımı
[verzinsliche...] *(BkW)* faiz getiren sermaye yatırımı; *(BkW)* faizli sermaye yatırımı
Kapitalanlagebetrag ⟨m⟩ sermaye yatırımı meblağı; yatırılan sermaye tutarı
Kapitalanlagegesellschaft ⟨f⟩ sermaye yatırım şirketi

Kapitalanlagegüter ⟨pl⟩ sermaye malları
Kapitalanlagen ⟨pl⟩ sermaye yatırımları
Kapitalanlagenberater ⟨m⟩ sermaye yatırımları danışmanı
Kapitalanlagenberatung ⟨f⟩ sermaye yatırımları danışmanlığı
Kapitalanlagepreis-Modell ⟨n⟩ *(BkW)* menkul kıymetleri değerlendirme modeli
Kapitalanlagevermögen ⟨n⟩ sermaye varlığı
Kapitalanleger ⟨m⟩ yatırımcı; sermaye yatıran
Kapitalansammlung ⟨f⟩ sermaye birikimi
Kapitalanteil ⟨m⟩ sermaye payı
Kapitalaufnahme ⟨f⟩ borçlanma
Kapitalaufstockung ⟨f⟩ sermaye arttırımı
Kapitalaufwand ⟨m⟩ sermaye gideri
Kapitalaufwendungen ⟨pl⟩ sermaye giderleri
Kapitalaufzehrung ⟨f⟩ sermaye aşınımı
Kapitalausfallrisiko ⟨n⟩ sermaye kaybı rizikosu
Kapitalausfuhr ⟨f⟩ sermaye ihracı
Kapitalausstattung ⟨f⟩ sermaye donatımı; sermaye kaynakları
Kapitalausweitung ⟨f⟩ sermaye genişlemesi/artırımı
Kapitalbedarf ⟨m⟩ sermaye gereksinimi/ihtiyacı
 [... öffentlichen Hand] kamu sektörü sermaye gereksinimi/ihtiyacı
Kapitalbedarfsermittlung ⟨f⟩ sermaye ihtiyacını/gereksinimini saptama
Kapitalbereitstellung ⟨f⟩ sermaye hazır bulundurma
Kapitalbereitstellungskosten ⟨pl⟩ sermaye hazır bulundurma maliyeti
Kapitalbereitstellungsprovision ⟨f⟩ sermaye hazır bulundurma komisyonu
Kapitalberichtigung ⟨f⟩ sermaye ayarlama
Kapitalberichtigungsaktie ⟨f⟩ sermaye ayarlayıcı hisse senedi
Kapitalbeschaffung ⟨f⟩ sermaye temini; sermaye bulma/yaratma
Kapitalbeschaffungsmaßnahme ⟨f⟩ sermaye yaratma önlemi
Kapitalbestand ⟨m⟩ sermaye stoku
Kapitalbeteiligung ⟨f⟩ sermayeye katılma
Kapitalbeteiligungen ⟨pl⟩ mali yatırımlar
Kapitalbetrag ⟨m⟩ sermaye bedeli
Kapitalbewegungen ⟨pl⟩ sermaye hareketleri
 [langfristige ...] uzun vadeli sermaye hareketleri
Kapitalbewegungsrechnung ⟨f⟩ *(BkW)* nakit akış tablosu; *(BkW)* sermaye hareketleri bilançosu/hesabı
Kapitalbewertung ⟨f⟩ sermaye değerlemesi/takdiri
Kapitalbilanz ⟨f⟩ sermaye bilançosu
Kapitalbildung ⟨f⟩ sermaye birikimi/oluşumu/oluşturma
Kapitalbindung ⟨f⟩ sermaye bağlama
Kapitaldeckung ⟨f⟩ sermaye karşılığı
Kapitaldividende ⟨f⟩ sermaye temettüü
Kapitaleigner ⟨m⟩ sermayedar
Kapitaleinbringung ⟨f⟩ sermaye iştiraki/katılımı
Kapitaleinkommen ⟨n⟩ sermaye geliri
Kapitaleinkünfte ⟨pl⟩ sermaye gelirleri
Kapitaleinlage ⟨f⟩ sermaye payı
Kapitaleinsatz ⟨m⟩ sermaye girdisi/iştirakı
Kapitaleinschuß ⟨m⟩ sermaye iştiraki
Kapitaleinzahlung ⟨f⟩ sermayeye iştirak/katılım

Kapitalemission ⟨f⟩ sermaye emisyonu
Kapitalemissionskosten ⟨pl⟩ sermaye emisyon maliyeti
Kapitalentnahme ⟨f⟩ sermayeyi geri çekme
Kapitalerhöhung ⟨f⟩ sermaye arttırımı
 [... aus Gesellschaftsmitteln] şirket fonlarını kullanma yoluyla sermaye arttırımı
 [... aus offenen Rücklagen] eldeki ihtiyatları kullanma yoluyla sermaye arttırımı
 [... gegen Bareinlage] nakit karşılığı sermaye arttırımı
Kapitalertrag ⟨m⟩ sermaye geliri/iradı; faiz
 [... aus Immobilen] gayrimenkul sermaye iradı
Kapitalertragsteuer ⟨f⟩ *(StR)* gayrimenkul kıymet artış vergisi
Kapitalerweiterung ⟨f⟩ sermayeyi genişletme; sermayenin genişlemesi
Kapitalexport ⟨m⟩ sermaye ihracatı; sermayenin yurtdışına akışı
Kapitalexportland ⟨n⟩ *(AußH)* sermaye ihraç eden ülke
Kapitalfestlegung ⟨f⟩ sermayenin sabitleştirilmesi
Kapitalflucht ⟨f⟩ sermaye kaçışı
 [massive ...] yoğun sermaye kaçışı
Kapitalfluß ⟨m⟩ *(BkW)* fon akışı
Kapitalflußrechnung ⟨f⟩ *(BkW)* fon akış tablosu; fonların kullanım talepleri ile ilgili tablo; bütçelenmiş finansal durumdaki değişmeler tablosu
Kapitalforderung ⟨f⟩ sermaye talebi
Kapitalgeber ⟨m⟩ finanse eden; sermayedar
Kapitalgesellschaft ⟨f⟩ sermaye şirketi
Kapitalgewinn ⟨m⟩ sermaye kârı/kazancı
 [steuerpflichtiger ...] vergiye tabi sermaye kârı/kazancı
Kapitalgewinnkonto ⟨n⟩ sermaye kâr hesabı
Kapitalgewinnsteuer ⟨f⟩ *(StR)* gayrimenkul kıymet artış vergisi
Kapitalgüter ⟨pl⟩ sermaye malları
Kapitalgüterbereich ⟨m⟩ sermaye malları kesimi
Kapitalgüterindustrie ⟨f⟩ sermaye malları sanayii
Kapitalgüterinvestition ⟨f⟩ sermaye malları yatırımı
Kapitalguthaben ⟨n⟩ sermaye mevduatı
Kapitalhaltung ⟨f⟩ sermaye yönetimi
Kapitalhebelwirkung ⟨f⟩ sermayenin kaldıraç etkisi
Kapitalherabsetzung ⟨f⟩ sermayenin azaltılması
Kapitalherkunft ⟨f⟩ sermaye kaynağı
Kapitalhilfe ⟨f⟩ sermaye/finansman yardımı; finansal yardım
Kapitalhöhe ⟨f⟩ sermaye miktarı
Kapitalimport ⟨m⟩ sermaye ithali/ithalatı
Kapitalintensität ⟨f⟩ sermaye yoğunluğu
kapitalintensiv ⟨adj⟩ sermaye-yoğun
kapitalisieren ⟨v/t⟩ sermayelendirmek
Kapitalisierung ⟨f⟩ *(BkW)* sermayelendirme; kapitalizasyon; *(ReW)* aktifleştirme
Kapitalisierungsanleihe ⟨f⟩ fon yaratıcı borçlanma senedi; fon istikrazı
Kapitalismus ⟨m⟩ *(VWL)* kapitalizm
Kapitalist ⟨m⟩ kapitalist
kapitalistisch ⟨adj⟩ kapitalist
Kapitalklemme ⟨f⟩ sermaye kıskacı/sıkışıklığı
Kapitalknappheit ⟨f⟩ sermaye darlığı
Kapitalkoeffizient ⟨m⟩ *(VWL)* sermaye katsayısı; *(VWL)* sermaye hasıla katsayısı

[durchschnittlicher ...] ortalama sermaye hasıla katsayısı
[fester ...] sabit sermaye katsayısı
[makroökonomischer ...] makroekonomik sermaye katsayısı
[marginaler ...] marjinal sermaye katsayısı
[mittlerer ...] ortalama sermaye katsayısı
Kapitalkonsolidierung ⟨f⟩ sermaye(nin) konsolidasyonu
Kapitalkonto ⟨n⟩ *(BkW)* sermaye hesabı
[negatives ...] eksi/negatif sermaye hesabı
Kapitalkosten ⟨pl⟩ *(BkW)* sermaye maliyeti; → **Finanzierungskosten** *(BkW)* finansman maliyeti; *(BkW)* yatırım maliyeti
[... pro Einheit] ünite/birim başına sermaye maliyeti
[durchschnittliche ...] ortalama sermaye maliyeti
[marginale ...] marjinal sermaye maliyeti
Kapitalkraft ⟨f⟩ finansal güç
Kapitalmarkt ⟨m⟩ *(BkW)* sermaye piyasası
[freier ...] *(BkW)* serbest sermaye piyasası
Kapitalmarktanlage ⟨f⟩ *(BkW)* sermaye piyasası yatırımı
Kapitalmarktausschuß ⟨m⟩ *(BkW)* sermaye piyasası kurulu
Kapitalmarktemission ⟨f⟩ *(BkW)* sermaye piyasasında emisyon
kapitalmarktfähig ⟨adj⟩ sermaye piyasasına girebilir
Kapitalmarktfinanzierung ⟨f⟩ *(BkW)* sermaye piyasasında finansman
Kapitalmarktklima ⟨n⟩ *(BkW)* sermaye piyasası ortamı
Kapitalmarktmittel ⟨pl⟩ *(BkW)* sermaye piyasası araçları/enstrümanları
Kapitalmarktpapiere ⟨pl⟩ *(BkW)* sermaye piyasası kâğıtları
Kapitalmarktpolitik ⟨f⟩ sermaye piyasası politikası
Kapitalmarktzins(en) ⟨m/pl⟩ *(BkW)* sermaye piyasası faiz(ler)i
Kapitalmehrheit ⟨f⟩ *(BkW)* (sermayede) hisse çoğunluğu
Kapitalmittel ⟨pl⟩ *(BkW)* fonlar; *(BkW)* finansal araçlar/enstrümanlar
Kapitalnachfrage ⟨f⟩ sermaye talebi
Kapitalnutzung ⟨f⟩ sermaye kullanımı
Kapitalnutzungsertrag ⟨m⟩ sermaye kullanımı verimi
Kapitalnutzungskosten ⟨pl⟩ sermaye kullanım maliyeti
Kapitalprämie ⟨f⟩ *(BkW)* temettü
Kapitalproduktivität ⟨f⟩ *(BWL)* sermayenin üretkenliği; sermaye verimliliği
Kapitalquelle ⟨f⟩ *(BkW)* sermaye kaynağı; *(BkW)* fon kaynağı
Kapitalrechnung ⟨f⟩ *(BkW)* sermaye hesabı
Kapitalrendite ⟨f⟩ *(BkW)* sermaye rantı/geliri
Kapitalrentabilität ⟨f⟩ *(BkW)* sermaye kârlılığı
Kapitalrente ⟨f⟩ *(BkW)* sermaye rantı/geliri
Kapitalreserve ⟨f⟩ *(BkW)* sermaye rezervi; *(BkW)* sermaye ihtiyatı
Kapitalrückfluß ⟨m⟩ sermayenin geri akışı
Kapitalrückführung ⟨f⟩ sermayenin iadesi
Kapitalrücklage ⟨f⟩ *(BkW)* sermaye ihtiyatı

Kapitalrückzahlung ⟨f⟩ sermayenin geri ödenmesi
Kapitalsammelstelle ⟨f⟩ sermaye toplama yeri
Kapitalsanierung ⟨f⟩ finansal/sermaye yenileme; sermayeyi yeniden düzenleme
Kapitalschnitt ⟨m⟩ sermaye kesintisi
Kapitalschöpfung ⟨f⟩ sermaye yaratma
Kapitalschrumpfung ⟨f⟩ sermayenin azaltılması
Kapitalschuld ⟨f⟩ sermaye borcu
Kapitalspritze ⟨f⟩ sermaye dopingi
Kapitalsteuer ⟨f⟩ *(StR)* sermaye vergisi; *(StR)* varlık vergisi
Kapitalstock ⟨m⟩ *(VWL)* sermaye stoku
Kapitalstrom ⟨m⟩ sermaye akımı
Kapitalstruktur ⟨f⟩ *(BkW)* sermaye yapısı; *(BkW)* finansman kaldıracı
[gesunde ...] sağlıklı sermaye yapısı
[optimale ...] optimum sermaye yapısı
[vertikale ...] dikey sermaye yapısı
Kapitalstrukturkennziffer ⟨f⟩ sermaye yapısı rasyosu/kodu; kaldıraç oranı
Kapitalstrukturrisiko ⟨n⟩ finansal kaldıraç; *(BkW)* kaldıraç riski
Kapitalsubstanz ⟨f⟩ gerçek sermaye
Kapitalsumme ⟨f⟩ sermaye bedeli
Kapitaltilgung ⟨f⟩ sermaye itfası
Kapitaltransaktion ⟨f⟩ sermaye aktarımı/nakli/transferi (işlemi)
Kapitaltransfer ⟨m⟩ sermaye aktarımı/nakli/transferi
Kapitaltransferierung ⟨f⟩ sermaye aktarımı/nakli/transferi
Kapitaltransfersteuer ⟨f⟩ *(StR)* sermaye transfer vergisi
Kapitalüberschuß ⟨m⟩ sermaye fazlası/üstesi; artan sermaye
Kapitalübertragung ⟨f⟩ sermaye devri
Kapitalübertragungssteuer ⟨f⟩ *(StR)* sermaye intikali vergisi; *(StR)* veraset ve intikal vergisi
Kapitalüberweisung ⟨f⟩ sermaye transferi/havalesi
Kapitalüberweisungsverkehr ⟨m⟩ sermaye transferleri
Kapitalumschichtung ⟨f⟩ sermayeyi yeniden yapılandırma
Kapitalumschlag ⟨m⟩ sermayenin devri; sermayenin rotasyonu
Kapitalumschlagplatz ⟨m⟩ finans merkezi; sermayenin döndüğü yer
Kapitalumstrukturierung ⟨f⟩ sermayeyi yeniden yapılandırma
Kapitalunterdeckung ⟨f⟩ sermaye eksikliği
Kapitalverbindlichkeit ⟨f⟩ sermaye borcu/borçlanması
Kapitalverbrauch ⟨m⟩ sermaye tüketimi
Kapitalverflechtung ⟨f⟩ mali kombinezon
Kapitalverhältnis ⟨n⟩ sermaye oranı
Kapitalverkehr ⟨m⟩ sermaye hareketleri
[freizügiger ...] serbest sermaye hareketleri
Kapitalverkehrsbilanz ⟨f⟩ *(BkW)* sermaye hareketleri bilançosu; *(BkW)* nakit akım tablosu; *(BkW)* fon akış tablosu
Kapitalverkehrsteuer ⟨f⟩ *(StR)* sermaye hareketleri vergisi
Kapitalverlust ⟨m⟩ sermaye kaybı
Kapitalverminderung ⟨f⟩ sermayenin azaltılması
Kapitalvermögen ⟨n⟩ varlık(lar); *(ReW)* aktif(ler)

Kapitalvermögenssteuer ⟨f⟩ *(StR)* varlık vergisi
Kapitalversicherung ⟨f⟩ *(Vers)* kapital sigortası
Kapitalversorgung ⟨f⟩ sermaye tedariki/temini
Kapitalverteilung ⟨f⟩ *(BkW)* cari oran
Kapitalvertreter ⟨m⟩ sermayedarlar temsilcisi
Kapitalverwaltung ⟨f⟩ sermaye/fon yönetimi
Kapitalverwässerung ⟨f⟩ sermayeyi sulandırma
Kapitalverwendung ⟨f⟩ sermaye kullanımı
Kapitalverzehr ⟨m⟩ sermaye aşınımı/tüketimi
Kapitalverzinsung ⟨f⟩ *(BkW)* sermaye faizi
Kapitalvolumen ⟨n⟩ sermaye hacmi
Kapitalwert ⟨m⟩ sermaye değeri
Kapitalzahlung ⟨f⟩ sermaye ödemesi
Kapitalzins ⟨m⟩ sermaye faizi
Kapitalzusammenlegung ⟨f⟩ sermaye gruplaşması
Kapitalzusammensetzung ⟨f⟩ sermaye bileşimi
Kapitalzuwachs ⟨m⟩ sermaye artışı
Kapitalzuwachssteuer ⟨f⟩ *(StR)* sermaye artış vergisi; şerefiye
Kapitän ⟨m⟩ *(Schff)* kaptan
Karenzfrist ⟨f⟩ bekleme süresi
Karenztag ⟨m⟩ ücret (ödenmeyen) gün
Karenzzeit ⟨f⟩ ücret (ödenmeyen) süre;
 (Anleihe) getirisiz dönem; *(Vers)* tazminatsız süre
Karriere ⟨f⟩ kariyer; meslekte ilerleme/yükselme
Karriereaussichten ⟨pl⟩ meslekte yükselme olanakları
Karrierechancen ⟨pl⟩ → **Karriereaussichten**
Karriereleiter ⟨f⟩ kariyer merdiveni
Karriereplanung ⟨f⟩ kariyer planlama
Karte ⟨f⟩ kart
 [... abstempeln] *(Arbeitsbeginn)* kart basmak
 [auf ... kaufen] kartla alışveriş yapmak
Kartell ⟨n⟩ kartel; tröst
 [..e entflechten] kartelleri çözmek
 [zu einem ... zusammenfassen] kartel oluşturmak/kurmak
Kartellabkommen ⟨n⟩ kartel anlaşması/sözleşmesi
Kartellabsprache ⟨f⟩ kartelleşme anlaşması
Kartellabteilung ⟨f⟩ kartel dairesi
Kartellamt ⟨n⟩ kartel dairesi
Kartellbildung ⟨f⟩ kartelleşme
Kartellgericht ⟨n⟩ *(Jur)* kartel mahkemesi
Kartellgesetz ⟨n⟩ *(Jur)* kartel kanunu
Kartellklage ⟨f⟩ *(Jur)* kartel davası
Kartellrecht ⟨n⟩ *(Jur)* kartel hukuku
Kartellverfahren ⟨n⟩ *(Jur)* kartel davası
Karteninhaber ⟨m⟩ kart sahibi/hamili
Kartenkredit ⟨m⟩ *(BkW)* kart kredisi; *(BkW)* kart yoluyla kredi
Kartogramm ⟨n⟩ kartogram
Karton ⟨m⟩ karton (kutu)
Kasko ⟨m⟩ *(Schff)* tekne
Kaskopolice ⟨f⟩ *(Vers)* kasko poliçe;
 (SeeV) tekne poliçesi
Kaskoversicherung ⟨f⟩ *(Vers)* kasko sigorta;
 (SeeV) tekne sigortası
Kassa ⟨f⟩ → **bar** *(BkW)* nakit;
 (BkW) peşin; peşinat
 [... gegen Dokumente] vesika karşılığı peşinat
Kassaabzug ⟨m⟩ peşin indirim
Kassadevisen ⟨pl⟩ peşin kambiyo
Kassageschäft ⟨n⟩ anında teslim işlemleri;
 spot işlem; peşin muamele

Kassakauf ⟨m⟩ peşin alım
Kassakurs ⟨m⟩ *(Bö)* kotasyon fiyatı;
 (Bö) spot fiyat; anında/peşin teslim fiyatı
 [zum ...] anında/peşin fiyat üzerinden;
 (Bö) kotasyon fiyatı üzerinden; spot fiyatına
Kassalieferung ⟨f⟩ anında/peşin teslim
Kassamarkt ⟨m⟩ *(Bö)* spot piyasa; anında teslim piyasası; nakit karşılığı teslim piyasası
Kassanotierung ⟨f⟩ *(Bö)* spot fiyat; anında teslim fiyatı
Kassapreis ⟨m⟩ peşin fiyat; *(Bö)* spot fiyat; anında teslim fiyatı
Kassaskonto ⟨m/n⟩ nakit/peşin indirim
Kassaumsatz ⟨m⟩ peşin satışlar/işlemler
Kassaverkauf ⟨m⟩ peşin satış
Kassaware ⟨f⟩ peşin mal
Kassawert ⟨m⟩ anında teslim değeri; nakit değeri
Kassawerte ⟨pl⟩ *(Bö)* anında/spot/peşin değerler
Kasse ⟨f⟩ 1. kasa; vezne 2. sandık 3. gişe
 4. nakit; peşinat 5. para 6. ankes
 [... bei Lieferung] mal teslimi karşılığı peşinat
 [... gegen Dokumente] vesika karşılığı peşinat
 [an der ...] kasada
 [gegen ...] nakit karşılığı; peşin olarak
 [gegen ... gekauft] peşin alınmış
 [gegen sofortige ...] peşinat karşılığı
 [per ...] kasadan
 [per ... kaufen] kasadan (ödeyerek) alma
 [per ... verkaufen] peşin satmak
 [sofort netto ...] anında/hemen nakit
 [staatliche ...] devlet hazinesi
Kassenabgang ⟨m⟩ kasa çıkışı
Kassenabhebung ⟨f⟩ kasadan para çekme
Kassenabschluß ⟨m⟩ kasa sayımı; vezne bilançosu
Kassenabstimmung ⟨f⟩ kasa denkliği
Kassenanweisung ⟨f⟩ kasa ödeme emri/talimatı
Kassenausgänge ⟨pl⟩ kasa çıktıları/çıkışları;
 kasadan ödemeler
Kassenbeitrag ⟨m⟩ *(SozV)* sosyal sigortalar primi
Kassenbeleg ⟨m⟩ kasa fişi
Kassenbestand ⟨m⟩ *(BkW)* nakit/kasa mevcudu; ankes
 [... und Bankguthaben] *(ReW)* kasa mevcudu ve banka mevduatı
Kassenbestandsdifferenz ⟨f⟩ kasa farkı
Kassenbestandsnachweis ⟨m⟩ kasa tutanağı
Kassenbericht ⟨m⟩ kasa bordrosu/raporu/tutanağı
Kassenbon ⟨m⟩ kasa (tahsil) fişi
Kassenbuch ⟨n⟩ *(ReW)* kasa defteri
Kassenbuchung ⟨t⟩ kasa girdisi/kaydı
Kassenbudget ⟨n⟩ *(öFi)* nakit bütçesi
 [bereinigtes ...] *(öFi)* konsolide/arındırılmış nakit bütçesi
Kassendarlehen ⟨n⟩ kasa avansı/ikrazı
Kassendefizit ⟨n⟩ kasa açığı
Kassendiebstahl ⟨m⟩ kasadan para çalma
Kassendifferenz ⟨f⟩ kasa farkı
Kassendisponent ⟨m⟩ veznedar; kasadar
Kasseneffekt ⟨m⟩ *(VWL)* para mevcutları etkisi
 [realer ...] *(VWL)* gerçek para mevcutları etkisi
Kasseneingang ⟨m⟩ kasa girişi
Kasseneinnahmen ⟨pl⟩ kasa tahsilatı
Kasseneintrag ⟨m⟩ nakit kaydı
Kassenfehlbestand ⟨m⟩ kasa noksanlığı

161

Kassenfehlbetrag ⟨m⟩ kasa noksanlığı
Kassenfinanzierung ⟨f⟩ para finansmanı; nakit finansman
Kassenführer ⟨m⟩ sayman; veznedar; kasadar
Kassenführung ⟨f⟩ kasa yönetimi/muhasebesi
Kassengehilfe ⟨m⟩ yardımcı kasadar/veznedar
Kassengeschäft ⟨n⟩ nakit işlem
Kassengewinn ⟨m⟩ kasa kârı; nakit kâr
Kassenguthaben ⟨n⟩ kasa mevcudu; ankes
Kassenhaltung ⟨f⟩ *(BkW)* nakit tutma; *(BkW)* nakit yönetimi
Kassenhaltungseffekt ⟨m⟩ *(VWL)* para mevcutları etkisi, *(VWL)* ankes etkisi
[realer ...] *(VWL)* gerçek para mevcutları etkisi; *(VWL)* reel ankes etkisi
Kassenjournal ⟨n⟩ *(ReW)* kasa defteri
Kassenkontrolle ⟨f⟩ *(ReW)* kasa denetimi; kasa kontrolü
Kassenkredit ⟨m⟩ *(BkW)* nakit kredi
Kassenlage ⟨f⟩ kasa durumu
Kassenleistung ⟨f⟩ *(Vers)* sigorta ödemesi; *(Vers)* sigorta edimi
Kassenmanko ⟨n⟩ kasa noksan(lığ)ı
Kassenmittel ⟨pl⟩ kasa mevcudu
Kassenobligation ⟨f⟩ nakit tahvil; kasa tahvili
Kassenpatient ⟨m⟩ *(Vers)* sigortalı hasta
Kassenposten ⟨m⟩ kasa kalemi
Kassenprüfer ⟨m⟩ kasa denetçisi; kasa kontrolörü
Kassenprüfung ⟨f⟩ kasa denetimi; kasanın teftişi
Kassenquittung ⟨f⟩ kasa makbuzu
Kassenrabatt ⟨m⟩ kasa indirimi/iskontosu
Kassenraub ⟨m⟩ kasa soygunu; kasa soyma
Kassenraum ⟨m⟩ kasa dairesi
Kassenraum ⟨m⟩ kasa dairesi; vezne odası
Kassenrevision ⟨f⟩ kasa denetimi; kasa kontrolü
Kassenrevisor ⟨m⟩ kasa denetçisi; kasa kontrolörü
Kassensaldo ⟨m⟩ kasa bakiyesi
Kassenscheck ⟨m⟩ kasa çeki
Kassenschlager ⟨m⟩ kasa/gişe birincisi; kasaya en çok girdiyi sağlayan
Kassenskonto ⟨m/n⟩ kasa indirimi/iskontosu
Kassenstand ⟨m⟩ kasa durumu
Kassensturz ⟨m⟩ ihbarsız kasa denetimi/sayımı
[... machen] ihbarsız kasa denetimi/sayımı yapmak
Kassenüberschuß ⟨m⟩ kasa fazlası
Kassenvoranschlag ⟨m⟩ nakit bütçesi
Kassenvorschuß ⟨m⟩ kasa avansı
Kassenwart ⟨m⟩ kasadar; veznedar; sayman
Kassenzufluß ⟨m⟩ nakit girişleri
kassieren ⟨v/t⟩ tahsil etmek
Kassierer ⟨m⟩ tahsildar; veznedar
Katalog ⟨m⟩ katalog
[bebildeter ...] resimli katalog
Kataloggeschäft ⟨n⟩ katalogdan ısmarlamalı işlem
Katalogpreis ⟨m⟩ katalog fiyatı
Katalogwarenhaus ⟨n⟩ katalogla satış mağazası
Kataster ⟨m/n⟩ kadastro
Katastrophe ⟨f⟩ afet; felaket; facia
Katastrophendeckung ⟨f⟩ *(Vers)* afetlere karşı sigorta
Katastrophenfonds ⟨m⟩ afet fonları
Katastrophenrisiko ⟨n⟩ afet rizikosu; doğal riziko
Kauf ⟨m⟩ alım; satın alma; alış
[... auf Abruf] emir üzerine satın alma

[... auf Abzahlung] taksitle satın alma
[... auf Baisse] *(Bö)* tabanda satın alma; taban fiyattan satın alma
[... auf Besicht] gördükten sonra satın alma
[... auf eigene Rechnung] kendi hesabına satın alma
[... auf feste Rechnung] kesin (satın) alım
[... auf Hausse] *(Bö)* tavanda (satın) alım; tavan fiyattan alım
[... auf Kredit] kredili alım; veresiye alım
[... auf Lieferung] alivre alım
[... auf auf Probe] denemek üzere satın alma
[... aus zweiter Hand] ikinci elden alım
[... durch Wiederkäufer] satmak için satın alma
[... gegen Kasse] peşin alım; nakit karşılığı alım
[... in Bausch und Bogen] toptan satın alma
[... mit Rückgaberecht] geri verebilme koşuluyla/şartıyla satın alma
[... nach Beschreibung] spesifikasyona/tarife göre satın alma
[... nach Muster] örneğe göre satın alma; numune üzerine alım
[... über Bildschirm] ekran üzerinden satın alma; ekranlı alışveriş
[... und Verkauf] alım ve satım; satın alma ve satma
[... unter Ausschluß jeglicher Gewährleistungsansprüche] her türlü garanti hariç olmak üzere satın alma; hiçbir teminat olmadan satın alma
[... unter Eigentumsvorbehalt] mülkiyeti saklı kayıtla satın alma
[... wie besehen] görerek satın alma
[..., wie es steht und liegt] olduğu gibi satın alma
[bedingter ...] koşullu satın alma
[vom ... zurücktreten] satın almadan vazgeçmek
[vorteilhafter ...] avantajlı satın alma
[zum ... anbieten] satın alınması için sunmak
Kaufangebot ⟨n⟩ satın alma teklifi
Kaufanwärter ⟨m⟩ satın almak için bekleyen
Kaufauftrag ⟨m⟩ satın alma emri
[... billigst] *(Bö)* en düşük fiyattan satın alma emri
[limitierter ...] *(Bö)* zarar sınırlı sipariş; (fiyatı) limitli satın alma emri
Kaufbereitschaft ⟨f⟩ (tüketicinin/alıcının) satın alma eğilimi
Käufe ⟨pl⟩ alışlar; alımlar
[... und Verkäufe] alış verişler; alım satımlar
Kaufempfehlung ⟨f⟩ satın alma tavsiyesi
Kaufen ⟨n⟩ satın alma
[geziehltes ...] amaçlı/hedefli satın alma
[spontanes ...] anında (karar vererek) satın alma
kaufen ⟨v/t⟩ satın almak
[gegen bar ...] nakit karşılığı satın almak
[bestens ...] en iyi koşullarda satın almak
[billig ...] ucuz satın almak
[billigst(ens) ...] en düşük fiyattan satın almak
[en gros ...] toptan satın almak
Kaufentscheidung ⟨f⟩ alım kararı; satın alma kararı

Käufer ⟨m⟩ → **Kunde** alıcı; müşteri; satın alan
[... einer Kaufoption] *(Bö)* alım opsiyonu alıcısı/müşterisi
[... einer Verkaufsoption] *(Bö)* satış opsiyonu alıcısı/müşterisi
[... finden] alıcı bulmak
[... haben] alıcısı olmak
[potentieller ...] paralı alıcı
Käuferandrang ⟨m⟩ alıcı(ların)/müşteri(lerin) saldırısı
Käufersturm ⟨m⟩ müşteri(lerin) saldırısı
Käufergewohnheiten ⟨pl⟩ alıcı/müşteri alışkanlıkları
Käuferinteresse ⟨n⟩ alıcı/müşteri ilgisi
Käuferkreis ⟨m⟩ alıcı/müşteri çevresi
Käufermarkt ⟨m⟩ alıcı/müşteri piyasası; talep piyasası
Käuferschaft ⟨f⟩ alıcılar; müşteriler
Käuferschicht ⟨f⟩ alıcı/müşteri kesimi
Käuferstreik ⟨m⟩ alıcı/müşteri grevi
Käuferüberschuß ⟨m⟩ alıcı/müşteri fazlalığı
Käuferverhalten ⟨n⟩ alıcı davranışı
Käuferwiderstand ⟨m⟩ alıcı(ların)/müşteri(lerin) direnmesi
Kauffrau ⟨f⟩ kadın tacir
Kaufgeld ⟨n⟩ satın alma parası
Kaufgewohnheiten ⟨pl⟩ *(Mk)* satın alma alışkanlıkları; *(Mk)* tüketim alışkanlıkları
Kaufhaus ⟨n⟩ mağaza
Kaufhauskonzern ⟨m⟩ mağazalar zinciri olan tröst/şirket/konsern
Kaufinteresse ⟨n⟩ satın alma merakı/ilgisi
Kaufkraft ⟨f⟩ satın alma gücü; alım gücü
[... abschöpfen] satın alma gücünü soğurmak/massetmek
[... der Bevölkerung] halkın satın alma gücü
Kaufkraftabschöpfung ⟨f⟩ satın alma gücünü soğurma/massetme
Kaufkraftentzug ⟨m⟩ → **Kaufkraftabschöpfung**
Kaufkraftparität ⟨f⟩ satın alma gücü paritesi
Kaufkraftparitätentheorie ⟨f⟩ satın alma gücü paritesi kuramı
Kaufkraftüberhang ⟨m⟩ satın alma gücü fazlası/üstesi
Kaufkraftzuwachs ⟨m⟩ satın alma gücünde artış; alım gücünün artması
Kaufkredit ⟨m⟩ alıcı/müşteri/tüketici kredisi
Kaufkurs ⟨m⟩ alım/alış kuru
Kaufladen ⟨m⟩ dükkan; mağaza
Kaufleute ⟨pl⟩ tacirler; tüccarlar; iş adamları
käuflich ⟨adj⟩ satın alınabilir; satılık
Kauflust ⟨f⟩ satın alma hevesi/arzusu
Kaufmann ⟨m⟩ tüccar; tacir
kaufmännisch ⟨adj⟩ ticarî
Kaufmannsbrauch ⟨m⟩ ticarî gelenek
Kaufmannsgehilfe ⟨m⟩ tüccar memuru
Kaufmiete ⟨f⟩ kiralayarak satın alma
Kaufobjekt ⟨n⟩ satın alma konusu
Kaufofferte ⟨f⟩ alım teklifi
Kaufoption ⟨f⟩ *(Bö)* alım opsiyonu
Kaufpreis ⟨m⟩ alış fiyatı; satın alma fiyatı
Kaufpreiserstattung ⟨f⟩ satın alma fiyatının iadesi
Kaufpreisminderung ⟨f⟩ satın alma fiyatını düşürme
Kaufsache ⟨f⟩ satın alma konusu

Kaufverkaufsoption ⟨f⟩ *(Bö)* alım satım opsiyonu
Kaufverpflichtung ⟨f⟩ alım zorunluğu; satın alma yükümlülüğü
Kaufvertrag ⟨m⟩ satış akdi/mukavelesi/sözleşmesi
[... unter Eigentumsvorbehalt] mülkiyet hakkı saklı satış sözleşmesi/mukavelesi
[erfüllter ...] yerine getirilmiş satış sözleşmesi; ifa edilmiş satış akdi/mukavelesi
[vom ... zurücktreten] satış sözleşmesinden geri çekilme
Kaufwelle ⟨f⟩ alım dalgası
Kaufwiderstand ⟨m⟩ alıcı(nın) direnmesi; alımda direnme
Kaufzwang ⟨m⟩ satın alma zorunluluğu
Kaution ⟨f⟩ *(BkW)* depozito; *(Jur)* kefalet
[... (bereit)stellen] kefalet temin etmek
[... hinterlegen] kefalet/depozito yatırmak; kefaleti emaneten tevdi etmek
[... leisten] kefalet/depozito ödemek
[Freilassung gegen ...] kefalet karşılığı salıverme; kefaletle tahliye
Kautionshinterlegung ⟨f⟩ depozito/kefalet yatırma
Kautionskredit ⟨m⟩ *(BkW)* kefalet kredisi
Kautionsleistung ⟨f⟩ kefalet/depozito edimi/ödemesi
Kautionsversicherung ⟨f⟩ *(Vers)* kefalet sigortası
Kennenlernen ⟨n⟩ tanıma
[.. der Arbeitswelt] iş dünyasını tanıma; iş dünyasında deneyim kazanma
Kennummer ⟨f⟩ kimlik numarası
[persönliche ...] şahsî/kişisel/özel kimlik numarası
kenntlich ⟨adj⟩ (kimliği) açık/belli
Kenntlichmachung ⟨f⟩ belirtme; işaretleme; etiketleme
Kenntnis ⟨f⟩ bilgi
[... geben] bilgi vermek
[in ... setzen] bilgilendirmek
[zur ... bringen] bildirmek
[zur ... nehmen] bilgilenmek
Kenntnisnahme ⟨f⟩ bilgi edinme; dikkate alma; ilgi
[zur ...] bilginize
[zur gefälligen ...] bilginize rica edilir
Kenntnisse ⟨pl⟩ bilgiler
[praktische ...] pratik bilgiler
[technische ...] teknik bilgiler
Kennwert ⟨m⟩ *(Stat)* parametre
Kennwort ⟨n⟩ parola; remiz
Kennzahl ⟨f⟩ 1. rasyo; reşyo 2. tasnif/indeks rakamı; kod/referans numarası 3. (mutlak) rakam; oran 4. şifre
Kennzeichen ⟨n⟩ işaret; marka; logo; *(Kfz)* plaka
kennzeichnen ⟨v/t⟩ işaretlemek; marka koymak
Kennzeichnung ⟨f⟩ işaretleme; etiketleme; markalama; marka koyma
Kennziffer ⟨f⟩ 1. rasyo; reşyo 2. tasnif/indeks rakamı; kod/referans numarası 3. (mutlak) rakam; oran 4. şifre
Kennzifferwerbung ⟨f⟩ şifreli ilan
Kern ⟨m⟩ 1. çekirdek 2. asıl; esas; ana; kök 3. nükleer
[harter ... der Arbeitslosigkeit] işsizliğin sert çekirdeği; *(VWL)* kalıcı işsizlik
Kernarbeitszeit ⟨f⟩ esas iş süresi/zamanı

Kernbelegschaft ⟨f⟩ esas/temel kadro
Kernbereich ⟨m⟩ ana dal
Kernenergie ⟨f⟩ nükleer enerji
Kerngeschäft ⟨n⟩ esas iş/işlem
Kernkraft ⟨f⟩ nükleer enerji
Kernkraftwerk ⟨n⟩ nükleer enerji santralı
Kernzeit ⟨f⟩ esas zaman
Kesselwagen ⟨m⟩ tanklı vagon; sarnıç vagonu
Kette ⟨f⟩ *(Handel)* zincir
Kettengeschäft ⟨n⟩ → **Kettenladen**
Kettenladen ⟨m⟩ mağazalar zincirine bağlı dükkân/mağaza
Kettenunternehmen ⟨n⟩ şirketler zincirine bağlı şirket/ortaklık/firma
Kfz → **Kraftfahrzeug**
KG → **Kommanditgesellschaft**
Kilometer ⟨m⟩ kilometre
Kilometergeld ⟨n⟩ kilometre parası; kilometre üzerinden hesaplanan yol parası
Kilometergelderstattung ⟨f⟩ yol masraflarının kilometre üzerinden hesaplanarak ödenmesi
Kilometerpauschale ⟨f⟩ kilometre başına götürü/peşin ödeme
Kilometerpreis ⟨m⟩ kilometre başına fiyat
Kilometertarif ⟨m⟩ kilometre başına tarife
Kind ⟨n⟩ çocuk
Kinderarbeit ⟨f⟩ çocukların çalıştırılması
Kinderbeihilfe ⟨f⟩ çocuk zammı
Kinderbetreuung ⟨f⟩ çocuk bakımı
Kinderermäßigung ⟨f⟩ çocuk indirimi
Kinderfreibetrag ⟨m⟩ *(StR)* çocuklar için vergiden muaf bedel
Kindergeld ⟨n⟩ çocuk parası
Kinderkrankheiten ⟨pl⟩ *(Med)* çocuk hastalıkları
Kinderunterhaltszahlung ⟨f⟩ *(Jur)* iştirak nafakası ödemesi
Kinderzulage ⟨f⟩ çocuk zammı
Kirche ⟨f⟩ kilise
Kircheneigentum ⟨n⟩ kilise mülkiyeti
Kirchenvermögen ⟨n⟩ kilise varlığı
Kirchensteuer ⟨f⟩ *(D)* kilise vergisi
Kiste ⟨f⟩ kasa; sandık; kutu
[... auskleiden] kasanın/sandığın/kutunun içini kaplamak
[in ... n verpacken] kasalara/kutulara koymak; kasalar/kutular halinde ambalajlamak/paketlemek
[wasserdicht ausgekleidete ...] su geçirmez kasa/kutu/sandık
Klage ⟨f⟩ *(Jur)* dava; *(Jur)* talep
[... abweisen] *(Jur)* davayı dinlememek
[... anstrengen] *(Jur)* dava açmak;
(Jur) dava talep etmek
[... einreichen] *(Jur)* dava dilekçesi vermek
[... erheben] *(Jur)* dava açmak;
(Jur) dava talep etmek
[... auf Aufhebung des Vertrages] *(Jur)* akdin feshi davası; akdi/sözleşmeyi bozma davası
[... auf Eigentumsverschaffung] *(Jur)* eşyanın iadesi davası; *(Jur)* istihkak davası
[... auf Einleitung des Zwangsvollstreckungsverfahrens] *(Jur)* cebrî icra muamelesini başlatma için dava
[... auf Erlaß einer einstweiligen Verfügung] *(Jur)* ihtiyatî tedbir alınması için dava

[... auf Eröffnung des Zwangsvollstreckungsverfahrens] *(Jur)* cebrî icra muamelesini başlatma için dava
[... auf Feststellung der Unwirksamkeit einer Kündigung] *(Jur)* feshi ihbar yüzünden butlan davası
[... auf Nutzungsentschädigung] *(Jur)* kullanmadan doğan tazminat davası
[... auf Räumung] *(Jur)* tahliye davası;
(Jur) kiracı çıkartma davası
[... auf Schadenersatz] *(Jur)* (maddî) tazminat davası; *(Jur)* ayıp davası
[... auf Unterhalt] *(Jur)* nafaka davası
[... auf Vertragsannullierung] *(Jur)* (akdi) bozma davası
[... auf Vertragserfüllung] *(Jur)* akdi ifa davası
[... auf Wandlung] *(Jur)* ayıp davası
[... auf Zahlung] ödeme davası
[... wegen Gewährleistungbruchs] *(Jur)* ayıp davası
[... zurücknehmen] *(Jur)* dava dilekçesini geri çekmek
[Abweisung der ...] *(Jur)* davanın reddi
[anhängige ...] *(Jur)* ikameli dava
[hypothekarische ...] *(Jur)* ipotek davası
[öffentliche ...] *(Jur)* kamu davası
[Unzulässigkeit der ...] *(Jur)* davanın dinlenmemesi
[zivilrechtliche ...] *(Jur)* (medenî) hukuk davası
klageberechtigt ⟨adj⟩ davaya yetkili
Klageerhebung ⟨f⟩ *(Jur)* dava açma;
(Jur) dava ikamesi
Klagefrist ⟨f⟩ *(Jur)* dava açma süresi
Klagegrund ⟨m⟩ *(Jur)* dava gerekçesi;
(Jur) dava nedeni/sebebi
klagen ⟨int⟩ *(Jur)* dava etmek
Kläger ⟨m⟩ *(Jur)* davacı; şikayetçi
Klagerecht ⟨n⟩ *(Jur)* dava hakkı;
(Jur) dava hukuku
Klageschrift ⟨f⟩ *(Jur)* dava dilekçesi
Klageweg ⟨m⟩ *(Jur)* dava yolu; *(Jur)* yasa yolu
[... beschreiten] *(Jur)* yasa yoluna başvurmak
[auf dem ...] *(Jur)* yasa yoluna başvurarak;
(Jur) hukukî yoldan
klarieren ⟨v/t⟩ *(Zo)* gümrükten geçirmek
Klarierung ⟨f⟩ *(Zo)* gümrükten geçirme
Klarsichthülle ⟨f⟩ şeffaf/naylon kılıf
Klarsichtpackung ⟨f⟩ şeffaf/naylon paket
Klärung ⟨f⟩ çözümleme; açıklığa kavuşturma
Klasse ⟨f⟩ sınıf
[arbeitende ...] emekçi sınıf
[besitzende ...] mal mülk sahibi sınıf;
varlıklı kesim
Klassenbewußtsein ⟨n⟩ sınıf bilinci
Klassenkampf ⟨m⟩ sınıf mücadelesi
Klassenmuster ⟨n⟩ standart (örnek)
Klassenunterschied ⟨m⟩ sınıf farkı
klassifizieren ⟨v/t⟩ sınıflandırmak
Klausel ⟨f⟩ kayıt; şart; kural; madde
[entgegenstehende ...] karşıt kayıt
[salvatorische ...] *(Jur)* ciddî zarar kuralı
Klebeband ⟨n⟩ yapışkan band
Klebefolie ⟨f⟩ yapışkan tabaka/selofan
Klebekraft ⟨f⟩ yapıştırma gücü

kleben ⟨v/t⟩ yapıştırmak
klebend ⟨adj⟩ yapışkan
Klebestreifen ⟨m⟩ yapışkan şerit
Klebezettel ⟨m⟩ çıkartma; yapışkan etiket
Klebstoff ⟨m⟩ yapıştırıcı madde
Kleider ⟨pl⟩ giysiler; giyim eşyaları
Kleidergeld ⟨n⟩ giysi parası
Kleiderkarte ⟨f⟩ giysi kuponu
Kleiderzulage ⟨f⟩ giysi/giyim zammı
Kleinabnehmer ⟨m⟩ özel tüketici
Kleinaktie ⟨f⟩ *(BkW)* yavru/küçük hisse senedi
Kleinaktionär ⟨m⟩ *(BkW)* küçük hissedar
Kleinanleger ⟨m⟩ *(BkW)* küçük yatırımcı
Kleinanzeige ⟨f⟩ *(Mk)* küçük ilan
Kleinarbeit ⟨f⟩ ince iş
Kleinbauer ⟨m⟩ *(LandW)* küçük çiftçi
Kleinbesitz ⟨m⟩ küçük (boy/ölçekli) zilyetlik [landwirtschaftlicher ...] küçük tarımsal zilyetlik
Kleinbetrieb ⟨m⟩ *(LandW)* küçük işletme
Klein- und Mittelbetriebe ⟨pl⟩ küçük ve orta (ölçekli) işletmeler
Kleindarlehen ⟨n⟩ *(BkW)* bireysel kredi
Kleinfamilie ⟨f⟩ *(VWL)* çekirdek aile
Kleinformat ⟨n⟩ küçük ebat
Kleingeld ⟨n⟩ ufak para
Kleingeschäft ⟨n⟩ perakendecilik
kleingestückelt ⟨adj⟩ *(Bö)* buçuklu lotlar halinde
Kleingewerbe ⟨n⟩ küçük esnaflık
Kleingewerbetreibender ⟨m⟩ küçük esnaf
Kleinhandel ⟨m⟩ → **Einzelhandel** perakende
Kleinhandelsgeschäft ⟨n⟩ perakende mağazası
Kleinhandelspreis ⟨m⟩ perakende fiyat
Kleinhandelsrabatt ⟨m⟩ perakende iskontosu
Kleinhändler ⟨m⟩ küçük tacir; perakendeci
Kleinindustrie ⟨f⟩ küçük (ölçekli) sanayi
Kleinkaufleute ⟨pl⟩ küçük tacirler; ikinci sınıf tacirler
Kleinkredit ⟨m⟩ *(BkW)* küçük kredi [gewerblicher ...] *(BkW)* küçük esnaf kredisi [persönlicher ...] *(BkW)* küçük özel kredi
Kleinkundeneinlage ⟨f⟩ *(BkW)* küçük mevduat
Kleinkundengeschäft ⟨n⟩ *(BkW)* perakende bankacılığı
Kleinlandbesitz ⟨m⟩ *(LandW)* küçük arazi zilyetliği
Kleinlandwirt ⟨m⟩ *(LandW)* küçük çiftçi; küçük arazi sahibi
Kleinlaster ⟨m⟩ *(Kfz)* kamyonet
Kleinlieferwagen ⟨m⟩ *(Kfz)* kamyonet
Kleinobligation ⟨f⟩ *(BkW)* yavru obligasyon
Kleinpackung ⟨f⟩ küçük paket
Kleinpreisgeschäft ⟨n⟩ küçük fiyatlı mağaza
Kleinschaden ⟨m⟩ *(Vers)* cüz'i zarar
Kleinserie ⟨f⟩ küçük seri; az sayı
Kleinserienfertigung ⟨f⟩ küçük seri yapım/üretim; az sayıda yapım/üretim
Kleinsparer ⟨m⟩ *(BkW)* küçük tasarruf sahibi
Kleinunternehmen ⟨n⟩ küçük ölçekli işletme; küçük (boy/çaplı) girişim
Klein- und Mittelunternehmen ⟨pl⟩ küçük ve orta ölçekli işletmeler; küçük ve orta (boy/çaplı) girişimler
Kleinverdiener ⟨m⟩ düşük kazançlı
Kleinverkauf ⟨m⟩ perakende satış; *(Bö)* buçuklu satış

Klient ⟨m⟩ *(Jur)* müvekkil
Klientel ⟨f⟩ *(Jur)* müvekkiller
Klima ⟨n⟩ iklim; hava; ortam
[inflatorisches ...] *(VWL)* enflasyonist ortam
[konjunkturelles ...] *(VWL)* ekonomik ortam
[soziales ...] sosyal ortam
[wirtschaftliches ...] *(VWL)* ekonomik ortam
Kloake ⟨f⟩ lağım
Kloakengraben ⟨m⟩ lağım çukuru
Kloakenrohr ⟨n⟩ lağım borusu; kanalizasyon
Kloakenwasser ⟨n⟩ lağım suyu
Klumpen ⟨m⟩ küme
Klumpenauswahl ⟨f⟩ *(Stat)* kümelere göre örnekleme metodu
Klumpenstichprobe ⟨f⟩ *(Stat)* kümelere göre örnekleme
Klumpenstichprobenverfahren ⟨n⟩ *(Stat)* kümelere göre örnekleme metodu
knapp ⟨adj⟩ kıt; dar
Knappheit ⟨f⟩ kıtlık; nedret; darlık
Knebelungsvertrag ⟨m⟩ bağlı/bağlayıcı sözleşme
Know-how ⟨n⟩ *(Eng)* Know-how; nasıl yapıldığını bilme; süreç bilgisi
Koalition ⟨f⟩ koalisyon
Koalitionsrecht ⟨n⟩ koalisyon özgürlüğü
Koffer ⟨m⟩ bavul; valiz
Kofferträger ⟨m⟩ hamal
Kofinanzierung ⟨f⟩ *(BkW)* ortak finansman; *(BkW)* birlikte finansman
Kohl ⟨m⟩ *(LandW)* lahana
Kohle ⟨f⟩ *(BergB)* kömür
Kohlebergbau ⟨m⟩ *(BergB)* kömür madenciliği
Kohleförderung ⟨f⟩ *(BergB)* kömür istihracı
Kohlekraftwerk ⟨n⟩ termik santral
Kohlenabbau ⟨m⟩ *(BergB)* kömür madenciliği
Kohlenausfuhr ⟨f⟩ *(AußH)* kömür ihracatı
Kohlengrube ⟨f⟩ *(BergB)* kömür ocağı
Kohlenproduktion ⟨f⟩ *(BergB)* kömür istihsali/üretimi
Kohlenschuppen ⟨m⟩ kömürlük
Kohlenstaub ⟨m⟩ kömür tozu
Kohlepapier ⟨n⟩ karbon kâğıdı
Koje ⟨f⟩ *(Schff)* kabine
Koks ⟨m⟩ kok
Koksfeuerung ⟨f⟩ kok ateşleme
Kolben ⟨m⟩ *(Maschine)* piston; *(Gewehr)* dipçik
Kolbenring ⟨m⟩ *(Maschine)* sekman
Kolchos ⟨m⟩ → **Kolchose**
Kolchose ⟨f⟩ kolhoz
Kollaps ⟨m⟩ çökme; *(Med)* kolapsus
Kollege ⟨m⟩ meslektaş; iş arkadaşı
Kollegialprinzip ⟨n⟩ kollektif sorumluluk prensibi
Kollektion ⟨f⟩ koleksiyon; mal çeşitleri
Kollektiv ⟨n⟩ toplumsal; kollektif; kamusal; müşterek; ortak
Kollektivabschreibung ⟨f⟩ *(ReW)* götürü amortisman
Kollektivbedürfnisse ⟨pl⟩ *(VWL)* toplumsal ihtiyaçlar; *(VWL)* kamu ihtiyaçları
Kollektivbesitz ⟨m⟩ *(Jur)* ortak zilyetlik; *(Jur)* müşterek zilyetlik
Kollektivgut ⟨n⟩ toplumsal/kollektif mal
Kollektivgüter ⟨pl⟩ toplumsal/kollektif mallar
Kollektivhaftung ⟨f⟩ birlikte/ortak/müşterek sorumluluk

Kollektivverhandlungen ⟨pl⟩ toplu pazarlık
Kolli ⟨pl⟩ koliler; paketler
Kollision ⟨f⟩ çarpışma; *(Schff)* çatma
Kollisionsklausel ⟨f⟩ *(SeeV)* çatma şartı
[... für beiderseitiges Verschulden] *(SeeV)* çatmada karşılıklı kusur şartı
Kollisionsschaden ⟨m⟩ *(SeeV)* çatma hasarı
Kollo ⟨n⟩ koli; paket
[jedes ... eigene Taxe] *(Vers)* her koli için ayrı kıymet takdiri
Kombinat ⟨n⟩ *(Ind)* kombina
Kommanditaktionär ⟨m⟩ komandit hissedar
Kommanditanteil ⟨m⟩ komandit hisse/pay
Kommanditgesellschaft (KG) ⟨f⟩ (adi) komandit şirket/ortaklık
[... auf Aktien] **(KGaA)** eshamlı komandit şirket;
sermayesi paylara bölünmüş komandit ortaklık
Kommanditist ⟨m⟩ komanditer
Kommanditistenanteil ⟨m⟩ komanditer payı
Kommanditistenhaftung ⟨f⟩ komanditer sorumluluğu
kommanditistisch ⟨adj⟩ sınırlı sorumluluk taşıyan
Kommanditkapital ⟨n⟩ komandit sermaye
Kommanditvertrag ⟨m⟩ komandit ortaklık sözleşmesi
Kommando ⟨n⟩ kumanda
Kommandowirtschaft ⟨f⟩ *(VWL)* kumanda ekonomisi
kommerziell ⟨adj⟩ ticarî
[nicht ...] ticarî olmayan; kâr yapmayan
kommissarisch ⟨adj⟩ komisyon/aracı olarak
Kommission ⟨f⟩ 1. komisyon; konsinye; satımlık
2. komisyon; komite; heyet
[in ...] konsinye/komisyon (olarak)
[in ... geben] konsinye/komisyon vermek
Kommissionär ⟨m⟩ komisyoncu; simsar
Kommissionierlager ⟨n⟩ konsinye stoklar
Kommissionsartikel ⟨pl⟩ konsinye eşya
Kommissionsgebühr ⟨f⟩ komisyon ücreti; simsariye
[... eines Brokers] *(BkW)* kurtaj
Kommissionsgeschäft ⟨n⟩ ankonsinyasyon (işlem)
Kommissionsgut ⟨n⟩ konsinye/satımlık mal
Kommissionshandel ⟨m⟩ ankonsinyasyon (işlem)
Kommissionslager ⟨n⟩ ankonsinyasyon stoklar
Kommissionsmakler ⟨m⟩ komisyoncu simsar
Kommissionsrechnung ⟨f⟩ komisyon faturası
Kommissionsschein ⟨m⟩ komisyon belgesi
Kommissionssendung ⟨f⟩ ankonsinyasyon
Kommissionsverkauf ⟨m⟩ ankonsinyasyon/konsinye satış
Kommissionsvertreter ⟨m⟩ ankonsinyasyon temsilcisi; konsinyeci
Kommissionsware ⟨f⟩ konsinye mal
Kommunal-→ **Gemeinde-**
Kommunalabgaben ⟨pl⟩ belediye vergileri
Kommunalanleihe ⟨f⟩ belediye borçlanması; mahalli idare istikrazı
Kommunalbank ⟨f⟩ belediye(ler) bankası
Kommunalbeamter ⟨m⟩ belediye memuru; yerel idare memuru
Kommunalbehörde ⟨f⟩ yerel makam; mahallî makam
Kommunalbetrieb ⟨m⟩ yerel işletme; belediye işletmesi

Kommunalschuldverschreibung ⟨f⟩ belediye tahvili
Kommunalsteuer ⟨f⟩ *(StR)* belediye vergisi
Kommunalverband ⟨m⟩ yerel (düzeyde) birlik
Kommunalverwaltung ⟨f⟩ belediye idaresi; yerel idare
Kommunikation ⟨f⟩ iletişim; haberleşme; komünikasyon
Kommunikationseinheit ⟨f⟩ iletişim ünitesi/birimi
Kommunikationsmittel ⟨pl⟩ iletişim araçları
Kommumikationsnetz ⟨n⟩ *(BWL)* haberleşme/iletişim ağı
Kommunikationssystem ⟨n⟩ *(BWL)* haberleşme/iletişim sistemi
Kommunikationstechnik ⟨f⟩ iletişim teknolojisi
Kommunikationstechnologie ⟨f⟩ iletişim teknolojisi
Kommunikationsweg ⟨m⟩ haberleşme yolu; iletişim kanalı
[horizontaler ...] *(BWL)* yatay iletişim kanalı
Kompagnon ⟨m⟩ iş ortağı
Kompaniegeschäft ⟨n⟩ ortak işlem/girişim/faaliyet
Kompensation ⟨f⟩ takas; trampa; kliring; taviz
Kompensationsauftrag ⟨m⟩ trampalı sipariş; takas siparişi
Kompensationsgeschäft ⟨n⟩ anlaşmalı takas işlemi/muamelesi; barter/trampa/takas işlemi/muamelesi; *(Bö)* çapraz işlem
Kompensationskonto ⟨n⟩ kliring/takas hesabı
Kompensationsverkehr ⟨m⟩ kliring/barter/takas/trampa işleri
Kompensationsware ⟨f⟩ takas mal
Kompensationszoll ⟨m⟩ *(Zo)* takas gümrüğü
kompensieren ⟨v/t⟩ takas etmek
Kompetenz ⟨f⟩ yetki
[seine ... überschreiten] yetkisini aşmak
Kompetenzbereich ⟨m⟩ yetki alanı
Kompetenzstreit ⟨m⟩ uyuşmazlık; yetki ihtilâfı
Kompetenzüberschreitung ⟨f⟩ yetki aşımı; *(Jur)* selahiyet tecavüzü
Komplementär ⟨m⟩ komandite
komplementär ⟨adj⟩ tamamlayıcı
Komplementäranteil ⟨m⟩ komandite payı/hissesi
Komplementäreinlagen ⟨pl⟩ komandite mevduatı
Komplementärgut ⟨n⟩ *(VWL)* tamamlayıcı mal
Komplementärgüter ⟨pl⟩ *(VWL)* tamamlayıcı mallar
Komplementärinvestitionen ⟨pl⟩ tamamlayıcı yatırımlar
Komplementarität ⟨f⟩ *(VWL)* tamamlayıcılık
Komplettladung ⟨f⟩ tam/tüm/komple yük
Komplex ⟨m⟩ *(Ind)* kompleks
Kompositversicherer ⟨m⟩ bileşik sigortacı
Kompositversicherung ⟨f⟩ *(Vers)* bileşik sigorta
Kompromiß ⟨m⟩ uzlaşma
Kondition ⟨f⟩ → **Bedingung** koşul; şart
Konditionen ⟨pl⟩ koşullar
[... für kurzfristige Kredite] kısa vadeli krediler için koşullar
[günstige ...] olumlu koşullar
Konfektion ⟨f⟩ konfeksiyon
Konfektionär ⟨m⟩ konfeksiyoncu
Konfektionsgröße ⟨f⟩ konfeksiyon ölçüsü
Konfektionsindustrie ⟨f⟩ konfeksiyon sanayii
Konferenz ⟨f⟩ konferans; toplantı
[... einberufen] konferansa/toplantıya çağırmak
Konferenzbeschluß ⟨m⟩ konferans/toplantı kararı

Konferenzzentrum ⟨n⟩ konferans merkezi
konfiszieren ⟨v/t⟩ toplatmak; el koymak
Konfiszierung ⟨f⟩ toplatma; el koyma
Konflikt ⟨m⟩ uyuşmazlık; çatışma; anlaşmazlık
Konfliktfall ⟨m⟩ uyuşmazlık/çatışma durumu
Konglomerat ⟨n⟩ *(VWL)* konglomera
Kongreß ⟨m⟩ kongre
Kongreßmitglied ⟨n⟩ kongre üyesi
Kongreßzentrum ⟨n⟩ kongre merkezi
Konjunktur ⟨f⟩ *(VWL)* konjonktür
 [... ankurbeln] konjonktürü pompalamak
 [... beleben] konjonktürü canlandırmak
 [... dämpfen] konjonktürü frenlemek
 [... zügeln] konjonktürü frenlemek
 [Abkühlung der ...] konjonktürün soğuması
 [flaue ...] durgun konjonktür
 [florierende ...] devresel patlama; yüksek konjonktür
 [nachlassende ...] devresel gerileme
 [rückläufige ...] devresel gerileme
 [überhitzte ...] aşırı kızmış ekonomi
 [vorübergehende ...] geçici konjonktür
konjunkturabhängig ⟨adj⟩ konjonktüre bağlı; konjonktürel; devresel
Konjunkturabkühlung ⟨f⟩ konjonktürün soğuması
Konjunkturablauf ⟨m⟩ devresel/ekonomik süreç
Konjunkturabschwächung ⟨f⟩ konjonktürün zayıflaması; resesyon
Konjunkturabschwung ⟨m⟩ konjonktürün zayıflaması; resesyon
konjunkturanfällig ⟨adj⟩ devresel (değişiklere karşı) hassas
Konjunkturankurbelung ⟨f⟩ konjonktürü pompalama; ekonomik körükleme
Konjunkturanreiz ⟨m⟩ konjonktürü güdüleme; ekonomik güdüleme
Konjunkturanstieg ⟨m⟩ konjonktür (barometresinin) yükselmesi
Konjunkturaufschwung ⟨m⟩ *(VWL)* devresel genişleme
Konjunkturauftrieb ⟨m⟩ konjonktür patlaması; devresel/ekonomik patlama
Konjunkturausgleich ⟨m⟩ ekonomik denge; devresel/konjonktürü denkleştirme
Konjunkturausgleichsrücklage ⟨f⟩ devresel denkleştirme ihtiyatı
Konjunkturaussichten ⟨pl⟩ *(VWL)* ekonomik beklentiler
Konjunkturausweitung ⟨f⟩ devresel genişleme
Konjunkturbaisse ⟨f⟩ devresel taban; depresyon
Konjunkturbarometer ⟨n⟩ ekonomik barometre
konjunkturbedingt ⟨adj⟩ devresel; konjonktüre bağlı
Konjunkturbedingungen ⟨pl⟩ ekonomik ortam/koşullar
Konjunkturbelebung ⟨f⟩ *(VWL)* devresel/ekonomik canlanma
Konjunkturbeobachter ⟨m⟩ ekonomik gözlemci
Konjunkturbericht ⟨m⟩ ekonomik rapor
Konjunkturdaten ⟨pl⟩ ekonomik veriler; konjonktür verileri
konjunkturell ⟨adj⟩ devresel; konjonktürel
Konjunkturexperte ⟨m⟩ ekonomi eksperi/uzmanı
Konjunkturflaute ⟨f⟩ (ekonomik/devresel) durgunluk; resesyon

Konjunkturförderung ⟨f⟩ ekonomik teşvik
Konjunkturfrühling ⟨m⟩ devresel canlanma
Konjunkturhoch ⟨n⟩ yüksek konjonktür; konjonktürün doruk noktası
Konjunkturindex ⟨m⟩ ekonomik indeks
Konjunkturindikator ⟨m⟩ *(VWL)* devresel gösterge; *(VWL)* ekonomik gösterge
Konjunkturklima ⟨n⟩ ekonomik ortam; konjonktürel hava/ortam
Konjunkturlage ⟨f⟩ ekonomik/konjonktürel durum
Konjunkturoptimismus ⟨m⟩ ekonomik iyimserlik
Konjunkturpolitik ⟨f⟩ *(VWL)* (ekonomik) istikrar politikası
Konjunkturprogramm ⟨n⟩ anti-enflasyonist program
Konjunkturrückgang ⟨m⟩ devresel/ekonomik gerileme; resesyon
Konjunktursachverständiger ⟨m⟩ ekonomi eksperi/uzmanı
Konjunkturschwankung ⟨f⟩ devresel/ekonomik dalgalanma
Konjunkturspritze ⟨f⟩ ekonomik doping
Konjunktursteuerung ⟨f⟩ ekonomik güdüm; *(Feinsteuerung)* hassas ayarlama
Konjunktursturz ⟨m⟩ ekonomik daralma
Konjunkturtal/Konjunkturtief ⟨n⟩ konjonktürün dip aşaması; depresyon
Konjunkturtendenz ⟨f⟩ ekonomik/devresel trend/eğilim
Konjunkturüberhitzung ⟨f⟩ konjonktürün aşırı kızışması
Konjunkturverlauf ⟨m⟩ konjonktür seyri; ekonomik seyir
Konjunkturzyklus ⟨m⟩ ekonomik döngü; konjonktür döngüsü/devresi
konkretisieren ⟨v/t⟩ *(Ware)* tanımlamak; belirlemek
Konkurrent ⟨m⟩ rakip
Konkurrenz ⟨f⟩ rekabet; rakipler
 [... machen] rekabet etmek/yapmak
 [die ...] rakiplerimiz
 [halsabschneiderische ...] kıyasıya rekabet
 [lebhafte ...] canlı rekabet
 [monopolitische ...] tekelci/monopollü rekabet
 [mörderische ...] kıyasıya rekabet
 [starke ...] canlı rekabet
 [unlautere ...] haksız rekabet
 [unvollständige ...] eksik rekabet
 [vollständige ...] tam rekabet
Konkurrenzangebot ⟨n⟩ rakip arz; karşı teklif
Konkurrenzartikel ⟨m⟩ rakip mal
Konkurrenzbeschränkung ⟨f⟩ rekabet sınırlaması
Konkurrenzdruck ⟨m⟩ rekabet baskısı
Konkurrenzerzeugnis ⟨n⟩ rakip mal/ürün
konkurrenzfähig ⟨adj⟩ rekabet edebilir
Konkurrenzfähigkeit ⟨f⟩ rekabet yeteneği
Konkurrenzkampf ⟨m⟩ rekabet mücadelesi
konkurrenzlos ⟨adj⟩ rakipsiz; rekabetsiz
Konkurrenzmarke ⟨f⟩ rakip marka
Konkurrenzpreis ⟨m⟩ rekabet fiyatı
Konkurrenzprodukt ⟨n⟩ rakip mal/ürün
Konkurrenzwerbung ⟨f⟩ *(Mk)* rekabetçi tanıtım
konkurrieren ⟨int⟩ rekabet etmek; yarışmak
konkurrierend ⟨adj⟩ rakip; rekabetçi; yarışan

Konkurs ⟨m⟩ iflas
[... abwickeln] müflisin varlıklarını tahsil ve tasfiye etmek
[... anmelden] iflas talebinde bulunmak
[... beantragen] iflas talebinde bulunmak
[... eröffnen] iflas açmak
[betrügerischer...] *(Jur)* dolanlı iflas; *(Jur)* hileli iflas
[einfacher...] adi iflas
[in... geraten] iflas etmek
[selbstverschuldeter...] *(Jur)* taksiratlı iflas
Konkursabwicklung ⟨f⟩ iflas(ın) tasfiyesi; iflas masasına giren mal ve sair kıymetlerin tahsil ve tasfiyesi
Konkursabwicklungsbilanz ⟨f⟩ iflas tasfiyesi bilançosu
Konkursandrohung ⟨f⟩ iflas ihbarı
Konkursanmeldung ⟨f⟩ iflas beyanı
Konkursantrag ⟨m⟩ iflas talebi/dilekçesi
[... stellen] iflas talebinde bulunmak; iflas dilekçesi vermek
Konkursaufhebung ⟨f⟩ iflasın kaldırılması
Konkursbeschluß ⟨m⟩ *(Jur)* iflas kararı
Konkursbilanz ⟨f⟩ iflas bilançosu
Konkursdelikt ⟨n⟩ iflasta suç
Konkursdividende ⟨f⟩ *(Jur)* iflas payı
Konkurserklärung ⟨f⟩ iflas beyanı/ilanı
Konkurseröffnung ⟨f⟩ *(Jur)* iflasın açılması
[... beantragen] iflasın açılması için talepte bulunmak
Konkurseröffnungsantrag ⟨m⟩ *(Jur)* iflasın açılması için dilekçe
[... des Gläubigers] *(Jur)* alacaklının iflas talebi
[... des Schuldners] *(Jur)* müflisin iflas talebi
Konkurseröffnungsbeschluß ⟨m⟩ *(Jur)* iflas kararı
[vorläufiger...] *(Jur)* geçici iflas kararı
Konkurseröffnungsverfügung ⟨f⟩ iflas kararı
Konkursfall ⟨m⟩ iflas durumu/hali
Konkursforderung ⟨f⟩ iflas davasında alacak hak/talep etme
[... anmelden] iflas davasında alacak hak/talep etmek
[bevorrechtigte...] iflasta öncelikli alacak
[nicht bevorrechtigte...] iflasta öncelik hakkı olmayan alacak
[nachrangige...] iflasta ikinci derecede alacak
Konkursgegenstände ⟨pl⟩ iflas masasına giren mallar
Konkursgericht ⟨n⟩ *(Jur)* iflas mahkemesi
Konkursgläubiger ⟨m⟩ iflas alacaklısı
[bevorrechtigter...] iflasta imtiyazlı alacaklı
[einfacher...] iflasta adi alacaklı
[eingetragener...] iflasta tescilli alacaklı
[gesicherter...] kendisine güvence verilmiş iflas alacaklısı
[nachrangiger...] iflasta ikinci derecede alacaklı
Konkurshandlung ⟨f⟩ iflas eylemi
Konkursklage ⟨f⟩ iflas talebi/davası
Konkursmasse ⟨f⟩ *(Jur)* iflas masası
Konkursquote ⟨f⟩ iflas payı
Konkursrichter ⟨m⟩ iflas hakimi/yargıcı
Konkursschulden ⟨pl⟩ *(Jur)* muflisin borçları
Konkursschuldner ⟨m⟩ *(Jur)* müflis
Konkursschuldnerverzeichnis ⟨n⟩ *(Jur)* müflisler sicili
Konkursverbrechen ⟨n⟩ iflas suçları
Konkursverfahren ⟨n⟩ iflas davası/muamelesi/ ameliyesi
[... mangels Masse einstellen] iflas masasının eksikliği yüzünden iflas ameliyesine son vermek
[... mangels Masse nicht eröffnen] iflas masasının eksikliği yüzünden iflası açmamak
Konkursverfügung ⟨f⟩ iflas kararı
Konkursvergleich ⟨m⟩ iflasta uzlaşma
Konkursverwalter ⟨m⟩ iflas masası memuru; sendik; tasfiye memuru
[... bestellen] sendik tayin etmek
[(gerichtlich) bestellter...] *(Jur)* mahkemece tayin edilmiş iflas masası memuru
Konkursverwaltung ⟨f⟩ *(Jur)* iflas idaresi
Konkursvorrecht ⟨n⟩ iflasta imtiyazlı/öncelikli hak(lar)
Konnossement ⟨n⟩ konşimento
[... mit einschränkendem Vermerk] ihtirazî kayıt ihtiva eden konşimento
[... ohne Einschränkung] ihtirazî kayıt ihtiva etmeyen konşimento; kayıtsız şartsız konşimento
[durchgehendes...] tranzit konşimento
[echtes...] temiz konşimento
[fehlerhaftes...] hatalı konşimento
[reines...] temiz konşimento
[unreines...] hatalı konşimento
Konnossementsgarantie ⟨f⟩ konşimento garantisi/teminatı
Konnossementsinhaber ⟨m⟩ konşimento hamili
Konserven ⟨pl⟩ konserveler
Konservenindustrie ⟨f⟩ *(Ind)* konserve sanayii
Konservierung ⟨f⟩ konserveleme
Konsignation ⟨f⟩ konsinyasyon; konsinye → **Kommission** komisyon
[in... verkaufen] komisyon üzerinden satmak
Konsignationsdepot ⟨n⟩ konsinye mal deposu
Konsignationsfaktura ⟨f⟩ *(ReW)* konsinye fatura
Konsignationsgeschäft ⟨n⟩ konsinye işlemi
Konsignationsgüter ⟨pl⟩ konsinye mallar
Konsignationslager ⟨n⟩ konsinye mal deposu/stokları
Konsignationsverkauf ⟨m⟩ konsinye satış
Konsignationsware ⟨f⟩ konsinye mal
konsolidieren ⟨v/t⟩ konsolide etmek
Konsolidierung ⟨f⟩ *(BkW)* konsolidasyon; konsolide edilme; tahkim; takviye; sağlamlaştırma
[... der Finanzen] finansal konsolidasyon
[... schwebender Schulden] *(BkW)* dalgalı borçların konsolidasyonu;
(BkW) kısa vadeli borçların konsolide edilmesi
[... von Bankkrediten] *(BkW)* banka kredilerinin konsolidasyonu
[... von Schulden] *(BkW)* borçların konsolidasyonu
[binnenwirtschaftliche...] iç konsolidasyon
[finanzielle...] finansal konsolidasyon
Konsolidierungsbedarf ⟨m⟩ konsolidasyon talebi; konsolidasyon gereksinmesi
Konsolidierungsbemühungen ⟨pl⟩ konsolidasyon çabaları
Konsolidierungserfolg ⟨m⟩ konsolidasyon başarısı
Konsolidierungsgewinn ⟨m⟩ *(BkW)* konsolidasyon kârı; *(BkW)* füzyon kârı

Konsolidierungskredit ⟨m⟩ *(BkW)* konsolidasyon kredisi
Konsolidierungskreis ⟨m⟩ konsolide şirketler
Konsolidierungsphase ⟨f⟩ konsolidasyon aşaması
Konsolidierungspolitik ⟨f⟩ *(ReW)* konsolidasyon politikası
Konsolidierungsprozeß ⟨m⟩ konsolidasyon süreci
Konsolidierungsrücklage ⟨f⟩ konsolidasyon yedeği/ihtiyatı
Konsolidierungsschuldverschreibung ⟨f⟩ *(BkW)* konsolidasyon tahvili
Konsolidierungsstufe ⟨f⟩ konsolidasyon evresi
Konsorte ⟨m⟩ katılımcı; (konsorsiyumda) üye; taahhüt eden; aracı
Konsortialanleihe ⟨f⟩ konsorsiyum borçlanması
Konsortialanteil ⟨m⟩ konsorsiyum payı
Konsortialbank ⟨f⟩ *(BkW)* konsorsiyum bankası [(feder)führende ...] yönetici konsorsiyum bankası
Konsortialführer ⟨m⟩ bankalar konsorsiyumu; konsorsiyum yöneticisi
Konsortialführung ⟨f⟩ konsorsiyum yönetimi [... einer Bank] bir bankanın konsorsiyum yönetimi
Konsortialgebühr ⟨f⟩ aracı ücreti
Konsortialgeschäft ⟨n⟩ aracılık işlemi; ortak hesaplı iş; *(Vers)* taahhütlü pazarlama; *(BkW)* aracılık/konsorsiyum bankacılığı
Konsortialkredit ⟨m⟩ *(BkW)* konsorsiyum kredisi
Konsortialmarge ⟨f⟩ aracı komisyonu
Konsortialmitglied ⟨n⟩ konsorsiyum üyesi
Konsortialnutzen ⟨m⟩ aracı payı/komisyonu
Konsortialverpflichtung ⟨f⟩ *(BkW)* aracılık yüklenimi; *(BkW)* aracı taahhüdü
Konsortium ⟨n⟩ *(BkW)* konsorsiyum
Konstruktion ⟨f⟩ çizim; proje; yapı; yapım; *(Ind)* dizayn; yapı tarzı
Konstruktionsbüro ⟨n⟩ proje dairesi; teknik çizim bürosu
Konstruktionsfehler ⟨m⟩ yapım hatası; yapısal kusur/hata
Konstruktionszeichnung ⟨f⟩ proje çizimi
Konsularfaktura ⟨f⟩ *(AußH)* konsolosluk faturası
Konsulargebühren ⟨pl⟩ *(AußH)* konsolosluk harçları/ücretleri
Konsulat ⟨n⟩ *(AußH)* konsolosluk
Konsulatsbescheinigung ⟨f⟩ *(AußH)* konsolosluk belgesi
Konsulatsrechnung ⟨f⟩ *(AußH)* konsolosluk faturası
Konsum ⟨m⟩ *(VWL)* tüketim [demonstrativer ...] gösteriş tüketimi [gesamtwirtschaftlicher ...] *(VWL)* genel tüketim
Konsumaufwand ⟨m⟩ *(VWL)* tüketim harcamaları
Konsumausgaben ⟨pl⟩ *(VWL)* tüketim harcamaları
Konsumbeschränkung ⟨f⟩ tüketimi sınırlama
Konsumdrosselung ⟨f⟩ tüketimi kısma; tüketimi kısıtlama
Konsumebene ⟨f⟩ *(VWL)* tüketim düzeyi
Konsumeffekt ⟨m⟩ *(VWL)* tüketim etkisi
Konsument ⟨m⟩ → **Verbraucher** tüketici
konsumentenfreundlich ⟨adj⟩ tüketiciye yönelik
Konsumentengewohnheiten ⟨pl⟩ *(Mk)* tüketici alışkanlıkları

Konsumentenkäufe ⟨pl⟩ tüketici alımları
Konsumentenkaufkraft ⟨f⟩ tüketici alım gücü
Konsumentenkredit ⟨m⟩ *(BkW)* tüketici kredisi
Konsumentennachfrage ⟨f⟩ *(VWL)* tüketici talebi
Konsumentenrente ⟨f⟩ *(VWL)* tüketici rantı
Konsumentenverhalten ⟨n⟩ *(Mk)* tüketici davranışı
Konsumentenwerbung ⟨f⟩ *(Mk)* tüketiciye yönelik tanıtım
Konsumforschung ⟨f⟩ *(Mk)* tüketim araştırması
Konsumfreudigkeit ⟨f⟩ tüketim arzusu/eğilimi
Konsumfunktion ⟨f⟩ *(VWL)* tüketim işlevi; *(VWL)* tüketim fonksiyonu
Konsumgenossenschaft ⟨f⟩ tüketim kooperatifi
Konsumgeschäft ⟨n⟩ tüketim kooperatifi satış mağazası
Konsumgewohnheit ⟨f⟩ *(Mk)* tüketim alışkanlığı
Konsumgut ⟨n⟩ tüketim malı
Konsumgüter ⟨pl⟩ tüketim malları
[... des täglichen Bedarfs] günlük tüketim malları
[... mit einer Einkommenselastizität der Nachfrage zwischen Null und Eins] talebin gelir elastikliği sıfır ile bir arasında olan tüketim malları
[dauerhafte ...] dayanıklı tüketim malları
[gewerbliche ...] üretilmiş tüketim malları
[kurzlebige ...] kısa ömürlü tüketim malları
[langlebige ...] uzun ömürlü tüketim malları
Konsumgüterbereich ⟨m⟩ *(VWL)* tüketim malları kesimi
Konsumgüterbranche ⟨f⟩ *(VWL)* tüketim malları sektörü
Konsumgüterhersteller ⟨m⟩ tüketim malları üreticisi
Konsumgüterindustrie ⟨f⟩ tüketim malları sanayii
Konsumgüterkonjunktur ⟨f⟩ *(VWL)* tüketim malları konjonktürü
Konsumgüternachfrage ⟨f⟩ tüketim mallarına karşı talep
Konsumgüterproduktion ⟨f⟩ tüketim malları üretimi
Konsumgütersektor ⟨m⟩ *(VWL)* tüketim malları sektörü
konsumieren ⟨f⟩ tüketmek
Konsumkredit ⟨m⟩ *(BkW)* tüketici kredisi; tüketim kredisi
Konsumkreditgenossenschaft ⟨f⟩ tüketim kredi kooperatifi
Konsumneigung ⟨f⟩ *(VWL)* tüketim eğilimi; *(VWL)* tüketim oranı
[durchschnittliche ...] *(VWL)* ortalama tüketim eğilimi
[marginale ...] *(VWL)* marjinal tüketim eğilimi
Konsumquote ⟨f⟩ *(VWL)* tüketim oranı
Konsumrausch ⟨m⟩ tüketim furyası
Konsumsättigung ⟨f⟩ tüketime doyma
Konsumsteuer ⟨f⟩ *(öFi)* tüketim vergisi
Konsumtabelle ⟨f⟩ *(VWL)* tüketim şedülü
konsumtiv ⟨adj⟩ tüketime yönelik
Konsumverhalten ⟨n⟩ tüketim/tüketici davranışı
Konsumverzicht ⟨f⟩ ertelenmiş talep; tüketimden vazgeçme
Konsumwerte ⟨pl⟩ tüketici hisseleri; tüketim değerleri
Kontakt ⟨m⟩ ilişki; temas

[... aufnehmen] ilişki kurmak; ilişkiye/temasa geçmek
[... herstellen] ilişki kurmak; ilişkiye/temasa geçmek
kontaktfähig ⟨adj⟩ girgin; girişken; ilişki kurabilir/kurulabilir; görüşülebilir
kontaktfreudig ⟨adj⟩ girgin; girişken
Konten ⟨pl⟩ *(ReW)* hesaplar; *(BkW)* hesaplar
 [... abrechnen] hesapları düzeltmek
 [... abstimmen] hesaplarda uyum sağlamak
 [... ausgleichen] hesapları düzeltmek
 [... aufgliedern] hesapları dağıtmak
 [kreditorische ...] alacak hesapları
 [zweifelhafte ...] şüpheli hesaplar
Kontenabgleichung ⟨f⟩ hesapları ayarlama
Kontenabrechnung ⟨f⟩ hesapları kapama; (hesapta) kesişme
Kontenabschluß ⟨m⟩ *(ReW)* dönem sonu finansal tablo; hesapları kapama
Kontenabstimmung ⟨f⟩ hesapları ayarlama; hesaplarda uyum sağlama
Kontenart ⟨f⟩ hesap türü; hesap nevi
Kontenblatt ⟨n⟩ hesap formu; *(ReW)* hesap fişi
Kontenbücher ⟨pl⟩ *(ReW)* hesap defterleri; *(BkW)* hesap cüzdanları
Kontenfälschung ⟨f⟩ hesaplarda sahtekârlık
Kontenform ⟨f⟩ *(ReW)* hesap şekli
Kontenfreigabe ⟨f⟩ *(BkW)* hesabın deblokajı
Kontengeschäft ⟨n⟩ hesap işlemi/muamelesi
Kontenglattstellung ⟨f⟩ hesapları ayarlama
Kontengliederung ⟨f⟩ hesapları sınıflandırma
kontenlos ⟨adj⟩ *(ReW)* kayıtsız; *(ReW)* açık kalem
Kontenrahmen ⟨m⟩ *(ReW)* (tekdüzen) muhasebe sistemi
Kontensaldo ⟨m⟩ *(BkW)* hesap bakiyesi
Kontensparen ⟨n⟩ *(BkW)* cüzdanlı tasarruf; *(BkW)* pasbuklu tasarruf
Kontenstand ⟨m⟩ *(ReW)* hesap durumu; *(BkW)* hesap durumu
Konterbande ⟨f⟩ *(Zo)* kaçak eşya
Kontermine ⟨f⟩ *(Bö)* (taban fiyatlara oynayan) spekülatörler; *(Bö)* besyeler
Konterware ⟨f⟩ *(Zo)* kaçak eşya
Kontiarbeiter ⟨m⟩ tüm vardiya işçisi
kontieren ⟨v/t⟩ hesaba geçirmek/yansıtmak
Kontingent ⟨n⟩ kota; kontenjan
 [... bewilligen] kota tahsis etmek
 [... festsetzen] kota koymak
 [... überziehen] kotayı aşmak; kotanın üstüne çıkmak
Kontingentanteil ⟨m⟩ kota payı
Kontingentaufstockung ⟨f⟩ kotayı yükseltme
Kontingentbeschränkung ⟨f⟩ kotayı kısıtlama
kontingentfrei ⟨adj⟩ kotasız
Kontingentgeschäft ⟨n⟩ kotalı işlem
Kontingente ⟨pl⟩ kotalar; kontenjanlar
 [... aufteilen] kotaları bölüşmek
kontingentieren ⟨v/t⟩ kotalamak
kontingentiert ⟨adj⟩ kotalı; kotalanmış
Kontingentierung ⟨f⟩ *(AußH)* kotalama; *(AußH)* kota dağıtımı
Kontingentierungssystem ⟨n⟩ kota sistemi; kontenjan sistemi
Kontingentierungsverfahren ⟨n⟩ kontenjan usulü; saptanca yöntemi

Kontingentvereinbarung ⟨f⟩ kota anlaşması
Kontingentzuweisung ⟨f⟩ kota tahsisi
Kontingenz ⟨f⟩ kontenjans
Kontingenzkoeffizient ⟨m⟩ kontenjans katsayısı; bağlılık katsayısı
Kontingenztafel ⟨f⟩ *(EDV)* kontenjans tablosu
Kontinuitätsprinzip ⟨n⟩ bağdaşım ilkesi
Konto ⟨n⟩ *(BkW)* hesap; *(ReW)* hesap
 [... abgeschlossen] hesap kapanmıştır; kapanmış hesap
 [... abschließen] hesabı kapatmak
 [... anlegen] hesap açmak
 [... auflösen] hesabı kapatmak
 [... belasten] hesabı borçlandırmak
 [... blockieren] *(BkW)* hesabı dondurmak; *(BkW)* hesabı bloke etmek
 [... eröffnen] *(BkW)* hesap açmak
 [... des Ausstellers] *(BkW)* keşidecinin hesabı
 [... für Abschreibungsrücklagen] *(ReW)* amortisman yedekleri hesabı
 [... für Beteiligungen] yatırımlar hesabı
 [... führen] *(ReW)* hesap tutmak; *(BkW)* hesabı olmak
 [... haben] *(BkW)* hesabı bulunmak/olmak
 [... in laufender Rechnung] *(BkW)* cari işlemler hesabı
 [... kreditieren] *(BkW)* hesaba alacak geçirmek
 [... ohne Kreditlimit] *(BkW)* kredi haddi olmayan hesap
 [... saldieren] hesabı dengelemek
 [... sperren] *(BkW)* hesabı dondurmak; *(BkW)* hesabı bloke etmek
 [... vom Konto abheben] *(BkW)* hesaptan çekmek
 [auf ... einzahlen] *(BkW)* hesaba (para) yatırmak
 [auf ein anderes ... übertragen] başka bir hesaba geçirmek
 [abgerechnetes ...] bitmiş/yapılmış hesap
 [abgeschlossenes ...] kapanmış hesap
 [ausgeglichenes ...] dengeli hesap
 [ausländisches ...] *(BkW)* yabancı hesabı
 [einem ... gutschreiben] hesaba alacak geçirmek
 [gemeinsames ...] *(BkW)* birlikte hesap; *(BkW)* müşterek hesap
 [gesperrtes ...] *(BkW)* bloke hesap; *(BkW)* dondurulmuş hesap
 [konsolidiertes ...] konsolide hesap
 [laufendes ...] *(BkW)* cari hesap
 [laufendes ... mit Zinsertrag] *(BkW)* faizli cari hesap
 [offenes ...] açık hesap
 [offenstehendes ...] düzeltilmemiş hesap; muallâktaki hesap
 [totes ...] *(BkW)* ölü hesap; *(BkW)* işlem görmeyen hesap
 [transitorisches ...] *(ReW)* tranzituar hesap; *(ReW)* geçici hesap
 [umsatzloses ...] hareket göstermeyen hesap; işlem görmeyen hesap
 [unverzinsliches ...] *(BkW)* sıfır faizli hesap
 [verzinsliches ...] *(BkW)* faiz veren hesap
 [vorläufiges ...] *(ReW)* geçici hesap; *(ReW)* tranzituar hesap

Kontoabhebung ⟨f⟩ *(BkW)* hesaptan (para) çekme
Kontoabrechnung ⟨f⟩ *(BkW)* balans düzenlemesi; hesabı kapama; ekstre
Kontoabschluß ⟨m⟩ *(BkW)* balans düzenlemesi; hesabı kapama; kesin hesap
Kontoabstimmung ⟨f⟩ hesapların mutabakatı; hesapta uyum sağlama
Kontoabtretung ⟨f⟩ hesabın devri
Kontoauflösung ⟨f⟩ *(BkW)* hesabın feshi; *(BkW)* hesabın kapatılması
Kontoauszug ⟨m⟩ *(BkW)* dekont; *(BkW)* ekstre; *(BkW)* hesap özeti
Kontobearbeitungsgebühr ⟨f⟩ hesap tutma harcı/ücreti; işlem harcı
Kontobelastung ⟨f⟩ *(BkW)* borç
Kontobestätigung ⟨f⟩ *(BkW)* uygunluk belgesi; *(BkW)* biyentruve; *(BkW)* banka tesviyesi
Kontobezeichnung ⟨f⟩ hesap başlığı
Kontoblatt ⟨n⟩ hesap formu; *(ReW)* hesap fişi
Kontoeröffnung ⟨f⟩ hesap açma/açılma
Kontoform ⟨f⟩ hesap şekli
kontoführend ⟨adj⟩ hesabı yöneten/tutan
Kontoführer ⟨m⟩ *(ReW)* hesap tutan; hesap yöneticisi(si)/tutucu(su)
Kontoführung ⟨f⟩ *(ReW)* hesap tutma; hesap ameliyesi; *(BkW)* hesap yönetimi
Kontoführungsgebühr ⟨f⟩ hesap ameliyesi/tutma harcı; işlem harcı
Kontoglattstellung ⟨f⟩ hesap ayarlaması
Kontogutschrift ⟨f⟩ *(BkW)* alacak (dekontu)
Kontoinhaber ⟨m⟩ *(BkW)* hesap sahibi
Kontokorrent ⟨n⟩ *(BkW)* cari işlemler; *(BkW)* açık hesap; *(BkW)* cari hesap
Kontokorrentbuch ⟨n⟩ cari işlemler cüzdanı; alacaklı ve borçlu hesabı cari defteri
Kontokorrenteinlagen ⟨pl⟩ *(BkW)* cari hesap mevduatı; cari işlemler mevduatı
Kontokorrentforderungen ⟨pl⟩ cari hesaptan alacaklar
Kontokorrentgläubiger ⟨m⟩ cari hesap alacaklısı
Kontokorrentguthaben ⟨n⟩ cari hesap mevduatı
Kontokorrentkonto ⟨n⟩ cari işlemler hesabı; kredili mevduat hesabı
Kontokorrentkredit ⟨m⟩ cari hesap kredisi
Kontokorrentsaldo ⟨m⟩ cari işlemler bakiyesi; cari hesap bakiyesi
Kontokorrentschuld ⟨f⟩ cari hesap borcu
Kontokorrentschuldner ⟨m⟩ cari hesap borçlusu
Kontokorrentzinsen ⟨pl⟩ cari hesap faizleri
Kontonummer ⟨f⟩ hesap numarası
Kontor ⟨n⟩ ofis; (ticarî) yazıhane
Kontoregulierung ⟨f⟩ hesap ayarlama; hesap düzeltme
Kontorist ⟨m⟩ *(ReW)* muhasip
Kontostand ⟨m⟩ *(BkW)* hesap durumu; *(BkW)* hesap bakiyesi
Kontoüberziehung ⟨f⟩ hesap depasmanı; hesabı aşma; hesapta mevcut olan paradan fazla para çekme
Kontoumsatz ⟨m⟩ hesap işlem tutarı
Kontovollmacht ⟨f⟩ *(Jur)* hesaptan para çekme vekâleti/yetkisi
Kontrabuch ⟨n⟩ *(ReW)* denetleme defteri
Kontrahent ⟨m⟩ *(Jur)* akit taraf; hasım
kontrahieren ⟨v/t⟩ *(Jur)* akit yapmak; [mit sich selbst ...] kendi kendine akit yapmak
Kontrakt ⟨m⟩ → **Vertrag** kontrat; akit; sözleşme
kontraktiv ⟨adj⟩ kontratlı; akitli; sözleşmeli
Kontraktkurve ⟨f⟩ sözleşme eğrisi
Kontraktrate ⟨f⟩ *(Fracht)* sözleşme oranı
Kontrollabschnitt ⟨m⟩ dipkoçanı; kontrol kuponu
Kontrollabteilung ⟨f⟩ kontrol bölümü
Kontrollausschuß ⟨m⟩ kontrol komisyonu
Kontrollbefugnis ⟨f⟩ kontrol yetkisi
Kontrollbehörde ⟨f⟩ kontrol makamı; denetleme makamı; murakabe makamı
Kontrollblatt ⟨n⟩ dipkoçanı; kontrol kuponu/fişi
Kontrolle ⟨f⟩ kontrol; denetim
[... aufheben] kontrolü kaldırmak
[... ausüben] kontrol etmek
[ergebnisorientierte ...] sonuca yönelik kontrol
[gesundheitsrechtliche ...] sağlık kontrolü
[innerbetriebliche ...] iç denetim
[interne ...] iç denetim
[laufende ...] devamlı kontrol; sürekli denetim
[stichprobenweise ...] örnek olarak kontrol
[verfahrensorientierte ...] sürece yönelik kontrol
Kontrolleur ⟨m⟩ kontrolör; denetçi; müfettiş
kontrollieren ⟨v/t⟩ kontrol etmek; denetlemek
[laufend ...] devamlı kontrol etmek; sürekli kontrol etmek
Kontrollinstanz ⟨f⟩ kontrol makamı; denetleme makamı; murakabe makamı
Kontrollmitteilung ⟨f⟩ kontrol edildi bildirisi
Kontrollmuster ⟨n⟩ kontrol örneği
Kontrollnummer ⟨f⟩ kontrol numarası
Kontrollorgan ⟨n⟩ kontrol organı
Kontrollrecht ⟨n⟩ kontrol etme hakkı; denetim hakkı
Kontrollstempel ⟨m⟩ kontrol damgası
Kontrollverfahren ⟨n⟩ kontrol yöntemi
Kontrollverlust ⟨m⟩ kontrol kaybı
Kontrollvermerk ⟨m⟩ kontrol şerhi
Kontrollzeichen ⟨n⟩ kontrol işareti
Konvention ⟨f⟩ konvansiyon; sözleşme; anlaşma
Konventionalstrafe ⟨f⟩ sözleşmeye dayanan para cezası; cezaî şart
Konventionalzolltarif ⟨m⟩ *(Zo)* sözleşmeli gümrük tarifesi
Konversion ⟨f⟩ çevirme; dönüştürme; döndürme; tahvil etme
Konversionsanleihe ⟨f⟩ konvertibl borçlanma senedi; konvertibl tahvil
Konversionskasse ⟨f⟩ kliring bankası
Konversionsklausel ⟨f⟩ konvertibilite şartı
Konversionskurs ⟨m⟩ (paraya) çevirme kuru
Konversionsrecht ⟨n⟩ (paraya) çevrilebilme hakkı
konvertibel ⟨adj⟩ çevrilebilir; konvertibl
Konvertibilität ⟨f⟩ konvertibilite; çevrilebilirlik
[beschränkte ...] kısıtlı konvertibilite
konvertierbar ⟨adj⟩ çevrilebilir; konvertibl
Konvertierbarkeit ⟨f⟩ konvertibilite
konvertieren ⟨v/t⟩ çevirmek
Konzentration ⟨f⟩ *(BWL)* birleşme; *(BWL)* odaklaşma; toplanma; temerküz
[... in nachgelagerte Produktionsstufen] geriye doğru birleşme/odaklaşma
[... in vorgelagerte Produktionsstufen] ileriye doğru birleşme/odaklaşma

171

[horizontale ...] yatay birleşme/odaklaşma
[vertikale ...] dikey birleşme/odaklaşma
[vertikale ... in vorgelagerte Produktionsstufen] (öne alınmış üretim aşamalarında) geriye doğru dikey odaklaşma/birleşme
Konzentrationsmaß ⟨n⟩ *(Stat)* toplanma oranı
Konzentrationstheorie ⟨f⟩ birleşme kuramı
konzentrieren ⟨v/t⟩ birleşmek
Konzept ⟨n⟩ taslak
Konzern ⟨m⟩ konsern; tröst; şirketler topluluğu; grup; kombina; sınaî birlik
[einschichtiger ...] yatay tröst/konsern
[mehrschichtiger ...] dikey tröst/konsern
[multinationaler ...] çok uluslu tröst/şirket
[vertikaler ...] dikey kombinezon
Konzernabsatz ⟨m⟩ grup satışları
Konzernabschluß ⟨m⟩ *(ReW)* konsolide finansal tablo; konsolide bilanço; tröst/konsern bilançosu
Konzernausgleich ⟨m⟩ tröst/konsern dengesi
Konzernaußenumsatz ⟨m⟩ tröst/konsern dış cirosu
Konzernausweis ⟨m⟩ *(ReW)* grup tablosu; tröst/konsern karnesi
Konzernbereich ⟨m⟩ tröst/konsern kesimi
Konzernbeteiligungen ⟨pl⟩ tröst/konsern katılımları/iştirakları
Konzernbetrieb ⟨m⟩ tröst/konsern işletme
Konzernbetriebsrat ⟨m⟩ tröst/konsern işletme komisyonu
Konzernbeziehungen ⟨pl⟩ tröst/konsern ilişkileri
Konzernbilanz ⟨f⟩ *(ReW)* konsolide bilanço; *(ReW)* konsolide finansal tablo; grup bilançosu
[konsolidierte ...] konsolide grup bilançosu
Konzernbilanzgewinn ⟨m⟩ konsolide bütçe kârı; tröst/konsern bilanço kârı
Konzernbilanzsumme ⟨f⟩ tröst/konsern bilanço tutarı
Konzernchef ⟨m⟩ tröst/konsern/grup başkanı/müdürü
Konzernfirma ⟨f⟩ tröste/konserne bağlı firma
Konzerngeschäftsbericht ⟨m⟩ konsolide/grup faaliyet raporu
Konzerngesellschaft ⟨f⟩ tröst/konsern/grup ortaklığı
Konzerngewinn ⟨m⟩ tröst/konsern/grup kârı
[... vor Steuern] vergi öncesi tröst/konsern/grup kârı
[...- und Verlustrechnung] tröst/konsern/grup kâr ve zarar muhasebesi
Konzerninnenumsätze ⟨pl⟩ tröst içi satışlar
Konzernkapitalflußrechnung ⟨f⟩ tröstün sermaye akış hesabı
Konzernrechnung ⟨f⟩ tröstün muhasebesi
Konzernrücklagen ⟨pl⟩ konsolide ihtiyatlar; grup ihtiyatları
Konzernumsatz ⟨m⟩ grup satışları; konsolide satışlar
Konzernunternehmen ⟨n⟩ tröst/grup girişimi
Konzernverbund ⟨m⟩ grup; tröstler/şirketler grubu
Konzernverlust ⟨m⟩ grup zararı
Konzernvermögen ⟨n⟩ grup varlıkları
Konzernvorstand ⟨m⟩ tröstün yönetim kurulu
Konzession ⟨f⟩ →**Lizenz** lisans; ruhsat; ruhsatname; imtiyaz; konsesyon
Konzessionär ⟨m⟩ lisans/ruhsat/konsesyon sahibi
konzessionieren ⟨v/t⟩ lisans/konsesyon vermek
konzessioniert ⟨adj⟩ imtiyazlı; lisanslı

Konzessionsabgabe ⟨f⟩ lisans harcı
Konzessionsaussteller ⟨m⟩ lisans veren
Konzessionseinnahme ⟨f⟩ redevans
Konzessionserteilung ⟨f⟩ lisans verme
Konzessionsgeber ⟨m⟩ lisans veren
Konzessionsgebühren ⟨pl⟩ lisans harçları
Konzessionsinhaber ⟨m⟩ lisans sahibi
Konzessionsnehmer ⟨m⟩ lisans alan
Konzessionssteuer ⟨f⟩ lisans vergisi
Konzessionsvergabe ⟨f⟩ lisans verme
Konzessionsvertrag ⟨m⟩ lisans sözleşmesi
Kooperation ⟨f⟩ işbirliği; kooperasyon
Kooperationsvorhaben ⟨n⟩ ortak girişim
Koordination ⟨f⟩ koordinasyon; eş güdüm; uyum/düzen sağlama
Koordinationskonzern ⟨m⟩ yatay tröst/grup/konsern
koordinieren ⟨v/t⟩ koordine etmek; uyum sağlamak
Koordinierung ⟨f⟩ koordinasyon; eş güdüm; uyum/düzen sağlama
Koordinierungsausschuß ⟨m⟩ Koordinasyon komitesi
Kopf ⟨m⟩ baş; başlık
[... eines Briefes] mektup başlığı
[per ...] başına
Kopfarbeit ⟨f⟩ kafa işi; kafa emeği; akıl işi
Kopfarbeiter ⟨m⟩ beyaz yaka işçisi; fikir işçisi
Kopfbetrag ⟨m⟩ adam başına bedel
Kopffiliale ⟨f⟩ merkez şubesi
Kopfgeld ⟨n⟩ kafa parası
Kopfjäger ⟨m⟩ *(Mk)* kafa avcısı
Kopfsteuer ⟨f⟩ *(öFi)* baş vergisi
Kopfüberschrift ⟨f⟩ başlık
Kopie ⟨f⟩ 1. kopya; suret 2. taklit
[... beglaubigen] sureti tasdik etmek
Kopiergerät ⟨n⟩ fotokopi makinası
kopieren ⟨v/t⟩ 1. taklit etmek 2. kopya etmek 3. fotokopi yapmak
Koppelgeschäft ⟨n⟩ *(AußH)* trampa işlemi; *(AußH)* barter işlemi
Kopplung ⟨f⟩ *(AußH)* trampa; *(AußH)* barter
Kopplungsgeschäft ⟨n⟩ *(AußH)* trampa işlemi; *(AußH)* barter işlemi
Kopplungsklausel ⟨f⟩ *(AußH)* trampa koşulu; *(AußH)* barter koşulu
Korb ⟨m⟩ sepet
Korbflasche ⟨f⟩ hasırlı şişe
Korbwaren ⟨pl⟩ hasır eşyalar
Korn ⟨n⟩ *(LandW)* mısır
Kornanbau ⟨m⟩ *(LandW)* mısır ekme
Körper ⟨m⟩ gövde; vücut
körperbehindert ⟨adj⟩ *(SozV)* (vücutça) sakat; *(SozV)* malul
Körperbehinderter ⟨m⟩ *(SozV)* (vücutça) sakat kişi; *(SozV)* malul
Körperschaft ⟨f⟩ kurum; *(Jur)* tüzel kişi;
[... der öffentlichen Hand] kamu tüzel kişiliği; kamu kurumu
[... des öffentlichen Rechts] kamu hukuku tüzel kişisi; medenî hukuk tüzel kişisi
[... des Privatrechts] özel tüzel kişisi: özel kurum
[gemeinnützige ...] kamu yararına çalışan kurum; hayır kurumu

körperschaftlich

[kommunale ...] mahalli kurum
[öffentliche ...] kamu kurumu; resmî kurum
[öffentlich-rechtliche ...] kamu hukuku tüzel kişisi; medenî hukuk tüzel kişisi
[privatrechtliche ...] özel tüzel kişisi; özel kurum
[staatlich geförderte ...] devletçe teşvik edilen kurum
[steuerpflichtige ...] vergi yükümlü kurum
körperschaftlich ⟨adj⟩ kurumsal
Körperschaftssteuer ⟨f⟩ *(StR)* kurumlar vergisi
[... auf einbehaltene Gewinne] ödenmemiş kâr üzerinden kurumlar vergisi
[vorausgezahlte ...] önceden ödenmiş kurumlar vergisi
[vorweggenommene ...] önceden tahsil edilmiş kurumlar vergisi
Körperschaftssteuerbefreiung ⟨f⟩ *(StR)* kurumlar vergisi muaflığı/muafiyeti
körperschaftssteuerpflichtig ⟨adj⟩ kurumlar vergisi ödemekle yükümlü
Körperschaftssteuerschuld ⟨f⟩ *(StR)* kurumlar vergisi borcu
Körperschaftssteuervorauszahlung ⟨f⟩ kurumlar vergisi ön ödemesi
Körperschaftsteuersatz ⟨m⟩ *(StR)* kurumlar vergisi haddi
Korrektivposten ⟨m⟩ → **Korrekturposten**
Korrektur ⟨f⟩ düzeltme; tashih
[technische ...] teknik düzeltme
Korrekturposten ⟨m⟩ *(ReW)* düzeltici yevmiye maddesi; *(ReW)* nazım hesaplar
Korrelation ⟨f⟩ *(Stat)* korelasyon
[lineare ...] *(Stat)* doğrusal korelasyon
[multiple ...] *(Stat)* çoklu/katlı korelasyon
[negative ...] *(Stat)* negatif korelasyon
[partielle ...] *(Stat)* kısmî korelasyon
[positive ...] *(Stat)* pozitif korelasyon
Korrelationsanalyse ⟨f⟩ *(Stat)* korelasyon analizi
Korrelationsbild ⟨n⟩ → **Korrelationsdiagramm**
Korrelationsdiagramm ⟨n⟩ *(Stat)* serpilme diyagramı
Korrelationskoeffizient ⟨m⟩ *(Stat)* korelasyon katsayısı
[multipler ...] *(Stat)* katlı korelasyon katsayısı; *(Stat)* çoklu korelasyon katsayısı
[partieller ...] *(Stat)* kısmî korelasyon katsayısı
Korrelationsmaße ⟨pl⟩ *(Stat)* korelasyon ölçüleri
Korrelationsmatrix ⟨f⟩ *(Stat)* korelasyon matrisi
Korrelationsquotient ⟨m⟩ *(Stat)* korelasyon oranı
Korrelationstabelle ⟨f⟩ *(Stat)* korelasyon tablosu
Korrespondent ⟨m⟩ *(Press)* muhabir
Korrespondenz ⟨f⟩ muhabere; yazışma; haberleşme
Korrespondenzbank ⟨f⟩ *(BkW)* muhabir banka
Korrespondenzverkauf ⟨m⟩ yazışmalı satış
korrespondieren ⟨v/t⟩ 1. yazışmak 2. uymak
korrigieren ⟨v/t⟩ düzeltmek; ayarlamak
Korruption ⟨f⟩ yolsuzluk
Kost ⟨f⟩ yeme içme; *(Bö)* nema; faiz
[... und Logis] yeme içme ve yatma
[in ... geben] *(Bö)* faize/vadeye vermek
[in ... nehmen] *(Bö)* faize/vadeye almak
Kosten ⟨pl⟩ maliyet; masraflar; *(ReW)* maliyet; *(ReW)* masraflar; *(KoR)* maliyet

Kosten

[... absetzen] *(StR)* maliyeti indirmek
[... auferlegen] *(Jur)* masrafları yüklemek
[... aufgliedern] maliyeti dağıtmak
[... aufschlüsseln] maliyeti dağıtmak
[... aufteilen] maliyeti dağıtmak
[... berechnen] maliyeti hesaplamak
[... dämpfen] maliyeti düşürmek
[... decken] maliyeti karşılamak
[... der Abschreibung] *(ReW)* amortisman maliyeti
[... der Arbeitskraft] işgücü maliyeti
[... der Auftragsabwicklung] sipariş tasfiyesi maliyeti
[... der Auftragsbeschaffung] sipariş sağlama maliyeti
[... der Betriebsbereitschaft] *(KoR)* kapasite maliyeti
[... der Betriebsführung] *(ReW)* işletme maliyeti
[... der Geldbeschaffung] *(BkW)* fon/para sağlama maliyeti
[... der Kapitalbeschaffung] *(BkW)* sermaye sağlama maliyeti
[... der Lagerhaltung] depolama/ambarlama maliyeti
[... der Lebenshaltung] *(Stat)* geçim masrafları
[... der Maschinenausrüstung] makine donatımı maliyeti
[... der Nichtverfügbarkeit] tasarrufsuzluk maliyeti
[... der Wiederbeschaffung] *(KoR)* ikame maliyeti
[... ersetzen] maliyeti karşılamak
[... plus zulässiger Gewinn] maliyet artı kâr
[... pro Einheit] *(KoR)* birim maliyeti; *(KoR)* birim başına maliyet
[... senken] maliyeti düşürmek
[... tragen] maliyeti taşımak
[... übernehmen] maliyeti yüklenmek
[... umlegen] maliyeti dağıtmak/yansıtmak
[... und Fracht] mal değeri artı navlun; *(Inco)* cf
[... vorausbezahlt] maliyeti (peşin) ödenmiştir
[... zum Buchwert] defter değeri üzerinden maliyet
[... (zurück)erstatten] maliyeti karşılamak
[..., Versicherung] mal bedeli artı sigorta; *(Inco)* c/i
[..., Versicherung und Fracht] mal bedeli artı sigorta artı navlun; *(Inco)* cif
[abnehmende ...] azalan maliyet
[abzüglich (der) ...] masraflar hariç
[abzüglich aller ...] tüm masraflar hariç
[aktivierte ...] *(ReW)* bütçelenmiş maliyet
[aktivierungspflichtige ...] aktifleştirilmesi zorunlu maliyet
[allgemeine ...] *(KoR)* genel maliyet
[alternative ...] *(BWL)* alternatif maliyet; *(BWL)* fırsat maliyeti
[an der Grenze der Wirtschaftlichkeit liegende ...] marjinal maliyet
[anfallende ...] oluşan maliyet; tahakkuk eden masraflar
[angefallene ...] oluşmuş maliyet; tahakkuk etmiş masraflar

173

[ansteigende ...] artan maliyet
[auf ... der Allgemeinheit] kamu hesabına
[auf ... der Firma] firmanın hesabına
[auf ... der Reederei] *(SeeV)* donatanın hesabına
[auf ... des Käufers] alıcı hesabına (ve riskine)
[auf ... des Staates] devlet/kamu hesabına
[auf ... des Steuerzahlers] devlet/kamu hesabına
[auf ... und Gefahr von] hesap ve riskine/rizikosuna
[auf unsere ...] (bizim) hesabımıza
[aufgelaufene ...] tahakkuk etmiş/eden masraflar
[ausschließlich (der) ...] masrafları hariç olmak üzere
[außerplanmäßige ...] plandışı masraflar
[beeinflußbare ...] kontrol edilebilir maliyet
[bewegliche ...] değişken maliyet
[degressive ...] azalan oranlı maliyet
[degressivlaufende ...] azalan oranlı maliyet
[direkte ...] direkt/dolaysız maliyet
[durchlaufende ...] tanzituar maliyet
[durchschnittliche ...] ortalama maliyet
[durchschnittliche fixe ...] ortalama sabit maliyet
[effektive ...] gerçek/fiilî maliyet
[einmalige ...] bir kereye mahsus masraflar
[einschließlich (der) ...] maliyet dahil; maliyeti içinde (olmak üzere)
[erfolgswirksame ...] kârı etkileyici maliyet
[externe ...] *(VWL)* dışsal maliyet; *(VWL)* sosyal maliyet
[feste ...] sabit maliyet
[feststehende ...] sabit maliyet
[fixe ...] *(KoR)* sabit maliyet; *(KoR)* kapasite maliyeti
[frei von ...] ücretsiz
[geplante ...] gerçekleşmesi beklenen maliyet
[gesamte variable ...] toplam değişken maliyet
[gleichbleibende ...] durağan/sabit maliyet
[historische ...] *(ReW)* tarihî maliyet
[hohe ...] yüksek maliyet
[indirekte ...] *(KoR)* dolaylı maliyet; *(KoR)* endirekt maliyet
[kalkulatorische ...] *(ReW)* atfedilen maliyet
[komparative ...] *(AußH)* karşılaştırmalı maliyet
[konstante ...] *(KoR)* sabit maliyet; sabit genel imalat maliyeti
[kontrollierbare ...] kontrol edilebilir maliyet
[laufende ...] yürüyen/cari maliyet
[leistungsabhängige ...] direkt/kısmî maliyet
[nicht beeinflußbare ...] kontrol edilemez maliyet
[nicht erfaßte ...] hesaplanmamış maliyet; bütçelenmemiş maliyet
[nicht kalkulatorische ...] izafî olmayan maliyet
[nicht relevante ...] batık maliyet
[mittelbare ...] dolaylı/endirekt maliyet
[progressive ...] artan oranlı maliyet
[progressivlaufende ...] artan oranlı maliyet
[relevante ...] *(KoR)* marjinal maliyet
[steigende ...] artan maliyet
[tatsächliche ...] gerçek maliyet

[teilfixe ...] yarı sabit maliyet
[teilvariable ...] *(KoR)* yarı değişken maliyetler
[totale ...] tümsel/toplam maliyet
[übermäßige ...] aşırı maliyet
[variable ...] *(KoR)* değişken maliyet
[veränderliche ...] değişir maliyet
[verbundene ...] müşterek maliyet
[verrechnete ...] *(KoR)* (hesaba) yansıtılmış maliyet
[verschiedene ...] çeşitli masraflar
[volkswirtschaftliche ...] *(VWL)* sosyal maliyet; *(VWL)* toplumsal maliyet; *(VWL)* dışsal maliyet
[vorgeschätzte ...] tahminî maliyet
[voraussichtliche ...] gerçekleşmesi beklenen maliyet
[vorkalkulierte ...] *(KoR)* bütçelenmiş maliyet
[wechselnde ...] değişir maliyet
[wirkliche ...] fiilî/gerçek maliyet
[zusätzliche ...] ek maliyet
kosten ⟨v/t⟩ mal olmak
Kostenabbau ⟨m⟩ maliyeti düşürme/indirme
Kostenabrechnung ⟨f⟩ maliyet faturası
Kostenabteilung ⟨f⟩ maliyet dairesi/departmanı
Kostenabweichung ⟨f⟩ *(KoR)* maliyet sapması; *(KoR)* maliyet farkı
Kostenabzug ⟨m⟩ maliyet indirimi
Kostenanalyse ⟨f⟩ *(KoR)* maliyet analizi
Kostenansatz ⟨m⟩ maliyet tahmini
Kostenanschlag ⟨m⟩ maliyet tahmini
Kostenanstieg ⟨m⟩ maliyet artışı
Kostenart ⟨f⟩ maliyet cinsi/türü
Kostenartenrechnung ⟨f⟩ maliyet türleri hesabı
Kostenaufgliederung ⟨f⟩ maliyeti dağıtma/gruplama
Kostenaufstellung ⟨f⟩ maliyet düzenleme
Kostenaufteilung ⟨f⟩ maliyet dağıtımı
Kostenauftrieb ⟨m⟩ maliyet artışı
Kostenaufwand ⟨m⟩ maliyet gider(ler)i
[... zu Marktpreisen] rayicine göre maliyet giderleri
kostenaufwendig ⟨adj⟩ maliyeti yüksek
Kostenberechnung ⟨f⟩ maliyeti hesaplama; muhasebesi; maliyetleme
Kostenbericht ⟨m⟩ maliyet raporu
Kostenberichtigungskonto ⟨n⟩ maliyeti düzeltme hesabı
Kostenbestandteile ⟨pl⟩ maliyet unsurları
Kostenbestimmungsfaktor ⟨m⟩ *(KoR)* maliyet(i etkileyici) faktör
Kostenbeteiligung ⟨f⟩ masraflara katılım/iştirak
Kostendämpfung ⟨f⟩ maliyeti düşürme
kostendämpfend ⟨adj⟩ maliyeti düşürücü
kostendeckend ⟨adj⟩ maliyeti karşılayıcı
Kostendeckung ⟨f⟩ maliyeti karşılama
Kostendeckungsbeitrag ⟨m⟩ maliyeti karşılama ödentisi
Kostendeckungsgrad ⟨m⟩ maliyeti karşılama derecesi
Kostendeckungsgrenze ⟨f⟩ → **Kostendeckungspunkt**
Kostendeckungspunkt ⟨m⟩ *(KoR)* kâra geçiş noktası; *(KoR)* eşik noktası; *(KoR)* başabaş noktası; girdinin maliyeti geçtiği nokta
Kostendegression ⟨f⟩ *(VWL)* ölçek ekonomileri; *(VWL)* ölçeğe göre artan getiriler;

maliyet azalması
[... durch optimale Betriebsvergrößerung] optimum büyüme yoluyla (ölçeğe göre) artan getiriler
[interne ...] *(VWL)* içsel ekonomiler
Kostendenken ⟨n⟩ maliyet bilinci
Kostendruck ⟨m⟩ maliyet baskısı
Kostendruckinflation ⟨f⟩ maliyet baskısı enflasyonu
Kosteneffekt ⟨m⟩ maliyet etkisi
Kosteneinflußgröße ⟨f⟩ *(KoR)* maliyet(i etkileyici) faktör
Kosteneinheit ⟨f⟩ *(KoR)* maliyet birimi/kalemi
Kosteneinsparungen ⟨pl⟩ maliyetten tasarruflar
Kostenerfassung ⟨f⟩ *(KoR)* maliyeti saptama; *(KoR)* maliyetleme
Kostenerhöhung ⟨f⟩ maliyet artışı
Kosten-Erlös-Relation ⟨f⟩ maliyet-kâr oranı
Kosten-Erlös-Schere ⟨f⟩ maliyet-kâr makası
Kostenerfassung ⟨f⟩ *(KoR)* maliyeti saptama; *(KoR)* maliyetleme
Kostenermittlung ⟨f⟩ *(KoR)* maliyeti saptama; *(KoR)* maliyetleme
Kostenersparnis ⟨f⟩ maliyetten tasarruf
Kostenerstattung ⟨f⟩ masrafları ödeme
Kostenexplosion ⟨f⟩ maliyet patlaması
Kostenfaktor ⟨m⟩ *(KoR)* maliyet faktörü
Kostenfestsetzung ⟨f⟩ *(KoR)* maliyeti saptama; *(KoR)* maliyetleme
Kostenfeststellung ⟨f⟩ *(KoR)* maliyeti saptama; *(KoR)* maliyetleme
Kostenfluß ⟨m⟩ *(KoR)* maliyet akımı
Kostenflußnachweis ⟨m⟩ *(KoR)* maliyet akımı tablosu
kostenfrei ⟨adj⟩ masrafsız; ücretsiz; bedava; parasız
Kostenfunktion ⟨f⟩ *(BWL)* maliyet fonksiyonu; *(BWL)* maliyet işlevi
Kostengefüge ⟨n⟩ maliyet yapısı
Kostengliederung ⟨f⟩ masrafların dökümü
kostengünstig ⟨adj⟩ maliyeti düşük
Kostenhöhe ⟨f⟩ maliyet haddi
Kosteninflation ⟨f⟩ *(VWL)* maliyet enflasyonu
kostenintensiv ⟨adj⟩ maliyet-yoğun
Kostenkalkulation ⟨f⟩ *(KoR)* maliyet muhasebesi
Kostenkoeffizient ⟨m⟩ maliyet katsayısı
Kostenkontrolle ⟨f⟩ *(KoR)* maliyet kontrolü
Kostenkurve ⟨f⟩ *(BWL)* maliyet eğrisi
[monetäre ...] *(BWL)* parasal maliyet eğrisi
kostenlos ⟨adj⟩ bedelsiz; maliyetsiz, masrafsız, bedava; parasız
[... abgeben] bedelsiz/bedava/parasız vermek
Kostenmiete ⟨f⟩ ekonomik rant
Kostenmitteilung ⟨f⟩ maliyet bildirgesi; maliyet raporu
kostenneutral ⟨adj⟩ maliyeti sıfır
Kosten-Nutzen-Analyse ⟨f⟩ *(BWL)* maliyet fayda analizi
Kosten-Nutzen-Kennziffer ⟨f⟩ *(öFi)* maliyet fayda oranı
Kosten-Nutzen-Rechnung ⟨f⟩ maliyet fayda hesabı
Kosten-Nutzen-Vergleich ⟨m⟩ maliyet fayda denklemi
Kosten-Nutzen-Verhältnis ⟨n⟩ maliyet fayda oranı
Kostenoptimum ⟨n⟩ maliyet optimumu

kostenpflichtig ⟨adj⟩ ücrete tabi; ücretli
Kostenplanung ⟨f⟩ maliyet planlama
Kostenplatz ⟨m⟩ *(KoR)* maliyet merkezi
Kostenpolitik ⟨f⟩ maliyet politikası
Kostenpreis ⟨m⟩ maliyet fiyatı
[zum ...] maliyet fiyatına
Kosten-Preis-Schere ⟨f⟩ maliyet-fiyat makası
Kostenprognose ⟨f⟩ maliyet tahmini
Kostenprogression ⟨f⟩ *(VWL)* eksi ölçek ekonomileri; *(VWL)* (ölçeğe göre) azalan getiriler; *(VWL)* ölçekten kaynaklanan kayıplar; maliyet artışı
Kostenrechnung ⟨f⟩ *(KoR)* maliyet muhasebesi; *(KoR)* maliyetleme
Kostenrechnungssystem ⟨n⟩ *(KoR)* maliyet sistemi; *(KoR)* maliyetleme sistemi
Kostenrechnungsverfahren ⟨n⟩ *(KoR)* maliyetleme yöntemi
Kostenrecht ⟨n⟩ *(Jur)* harçlar yasası
Kostenrentabilität ⟨f⟩ *(BWL)* maliyet etkinliği
Kostensatz ⟨m⟩ *(KoR)* maliyet haddi
Kostenschere ⟨f⟩ *(KoR)* maliyet makası
Kostenschlüssel ⟨m⟩ *(KoR)* maliyet dağıtım anahtarı
Kostensenkung ⟨f⟩ maliyeti düşürme; maliyet indirimi
kostensparend ⟨adj⟩ maliyetten tasarruflu; az/düşük maliyetli
Kostensteigerung ⟨f⟩ maliyet artışı
Kostenstelle ⟨f⟩ *(KoR)* maliyet merkezi
Kostenstellengemeinkosten ⟨pl⟩ *(KoR)* maliyet yerlerine göre genel imalat maliyeti
Kostenstellenrechnung ⟨f⟩ *(KoR)* maliyet yeri hesabı
Kostenstellenverrechnung ⟨f⟩ *(KoR)* maliyet türlerinin maliyet yerlerine dağıtımı
Kostenstruktur ⟨f⟩ maliyet yapısı
Kostentheorem ⟨n⟩ maliyet kuramı
[komparatives ...] *(AußH)* karşılaştırmalı maliyet kuramı
Kostentheorie ⟨f⟩ → **Kostentheorem**
kostenträchtig ⟨adj⟩ maliyeti yüksek; masraflı
Kostenträger ⟨m⟩ *(KoR)* maliyet kalemi/birimi
Kostenübergang ⟨m⟩ maliyetin yansıtılması/intikali
Kostenübernahme ⟨f⟩ masrafları üstlenme/devralma
Kostenüberschlag ⟨m⟩ maliyet tahmini
Kostenüberschreitung ⟨f⟩ maliyeti aşma
Kostenübersicht ⟨f⟩ maliyet tablosu; masrafların dökümü
Kostenüberwachung ⟨f⟩ *(KoR)* maliyet kontrolü
Kostenüberwälzung ⟨f⟩ maliyeti yansıtma
Kostenumlage ⟨f⟩ maliyet dağıtımı
Kosten- und Ertragsrechnung ⟨f⟩ maliyet gelir hesabı
Kostenvergleichsrechnung ⟨f⟩ *(KoR)* karşılaştırmalı maliyet muhasebesi
Kostenverhalten ⟨n⟩ *(KoR)* maliyet davranışı
Kostenverrechnung ⟨f⟩ maliyet dağıtımı/dağılımı
Kostenverteilung ⟨f⟩ *(KoR)* maliyet dağıtımı; *(KoR)* maliyet dağılımı
Kostenverteilungsbogen ⟨m⟩ *(KoR)* maliyet dağıtım tablosu
Kostenverteilungsschlüssel ⟨m⟩ *(KoR)* maliyet dağıtım anahtarı
Kostenvoranschlag ⟨m⟩ maliyet tahmini; hesap

175

Kostenvorschau ⟨f⟩ bütçe
Kostenvorsprung ⟨m⟩ *(AußH)* maliyette avantaj/üstünlük
Kostenvorstellungen ⟨pl⟩ tahminler
Kostenvorteil ⟨m⟩ (maliyette) avantaj/üstünlük [absoluter ...] *(AußH)* (maliyette) mutlak avantaj/üstünlük
Kostenwert ⟨m⟩ *(ReW)* maliyet değeri
kostenwirksam ⟨adj⟩ maliyeti etkileyici
Kostenwirksamkeit ⟨f⟩ *(BWL)* maliyet etkinliği
Kostenzange ⟨f⟩ maliyet makası
Kostgeber ⟨m⟩ *(Bö)* vadeli işlem (için) faizi veren
Kostgeld ⟨n⟩ *(Bö)* nema; repor/depor faizi; vadeli işlem faizi
Kostgeschäft ⟨n⟩ repor/depor işlemi; (menkul değerler veya döviz piyasasında) vadeli işlem
Kostnehmer ⟨m⟩ *(Bö)* vadeli işlem (için) faizi alan
kostspielig ⟨adj⟩ masraflı
Kraft ⟨f⟩ güç; kuvvet
[außer ... (gesetzt)] geçersiz (kılınmış)
[außer ... setzen] *(Jur)* geçersiz kılmak; yürürlükten kaldırmak
[bindende ...] *(Jur)* bağlayıcı güç
[in ...] geçerli
[in ... bleiben] geçerli kalmak
[in ... setzen] *(Jur)* geçerli kılmak
[in ... treten] *(Jur)* kesinleşmek; geçerlilik kazanmak
[mit rückwirkender ...] geçmişe etkili
kraft ⟨präp⟩ uyarınca; gereğince
Kräfte güçler
[inflationistische ...] *(VWL)* enflasyoncu güçler
[inflatorische ...] *(VWL)* enflasyoncu güçler
[ungelernte ...] düz/acemi işgücü; kalifiye olmayan işgücü
Kräftebedarf ⟨m⟩ *(BWL)* kapasite ihtiyacı; işgücü ihtiyacı; personel ihtiyacı
Kräftemangel ⟨m⟩ *(BWL)* kapasite eksikliği; işgücü eksikliği; personel eksikliği
Kräftenachfrage ⟨f⟩ işgücü/personel talebi
Kraftfahrzeug ⟨n⟩ *(Kfz)* motorlu araç/taşıt; →**Auto(mobil)** *(Kfz)* oto(mobil)
Kraftfahrzeugbau ⟨m⟩ otomotiv sanayii; otomobil mühendisliği
Kraftfahrzeugbestand ⟨m⟩ motorlu araç sayısı
Kraftfahrzeugbranche ⟨f⟩ otomotiv sektörü
Kraftfahrzeughaftpflicht ⟨f⟩ *(Vers)* motorlu araçta mali sorumluluk (zorunluğu)
Kraftfahrzeughaftpflichtversicherung ⟨f⟩ *(Vers)* motorlu kara araçları mecburî mali mesuliyet/sorumluluk sigortası; *(Vers)* trafik sigortası
Kraftfahrzeugindustrie ⟨f⟩ *(Ind)* otomotiv sanayii
Kraftfahrzeugpark ⟨m⟩ motorlu araç filosu
Kraftfahrzeugsammelversicherung ⟨f⟩ *(Vers)* toplu motorlu kara araçları sigortası
Kraftfahrzeugschadensabteilung ⟨f⟩ motorlu araç hasarları bölümü
Kraftfahrzeugsparte ⟨f⟩ *(Vers)* motor yüklenimi
Kraftfahrzeugsteuer ⟨f⟩ *(StR)* motorlu taşıtlar vergisi
Kraftfahrzeugunterhaltung ⟨f⟩ (motorlu) araç/vasıta bakımı
Kraftfahrzeugvermietung ⟨f⟩ otomobil kiralama
Kraftfahrzeugversicherer ⟨m⟩ *(Vers)* motorlu kara araçları sigortacısı

Kraftfahrzeugversicherung ⟨f⟩ *(Vers)* motorlu kara araçları sigortası
Kraftfahrzeugversicherungspolice ⟨f⟩ *(Vers)* motorlu kara araçları sigorta poliçesi
Kraftfahrzeugversicherungsprämie ⟨f⟩ *(Vers)* motorlu kara araçları sigorta primi
Kraftfahrzeugzulassung ⟨f⟩ *(Jur)* motorlu araç ruhsatı
Kraftfahrzeugzulieferungsindustrie ⟨f⟩ *(Ind)* otomotiv yan sanayii
kraftlos ⟨adj⟩ güçsüz; *(Jur)* geçersiz; kadük
[für ... erklären] geçersiz kılmak; *(Wechsel)* iptal etmek
[... werden] geçerliliğini kaybetmek
Kraftstoff ⟨m⟩ →**Treibstoff** akaryakıt; benzin
Kraftstoffverbrauch ⟨m⟩ akaryakıt tüketimi
Kraftverkehr ⟨m⟩ kara nakliyatı
Kraftverkehrsunternehmen ⟨n⟩ kara nakliyat şirketi
Kraftwerk ⟨n⟩ enerji santralı
Kran ⟨m⟩ vinç
Krangebühren ⟨pl⟩ vinç ücreti
Krangeld ⟨n⟩ vinç parası
krank ⟨adj⟩ *(Med)* hasta
[... melden] hasta olduğunu bildirmek
krankschreiben ⟨v/t⟩ (hastalıktan dolayı) raporla dinlenme vermek
Krankenattest ⟨n⟩ *(Med)* doktor raporu; hastalık raporu
Krankenausfallquote ⟨f⟩ hastalık oranı
Krankenbezüge ⟨pl⟩ hastalık ödenekleri
Krankengeld ⟨n⟩ hastalık parası
Krankengeldtagessatz ⟨m⟩ günlük hastalık parası haddi
Krankengeldversicherung ⟨f⟩ *(Vers)* hastalık parası sigortası
Krankenhaus ⟨n⟩ *(Med)* hastane
Krankenhausaufnahme ⟨f⟩ *(Med)* hastaneye kaldırılma/yatırılma
Krankenhausbehandlung ⟨f⟩ *(Med)* hastanede tedavi
Krankenhausbeihilfe ⟨f⟩ hastane (masrafları) yardımı
Krankenhauskostenversicherung ⟨f⟩ hastane masraflarını karşılama sigortası
Krankenhaustagegeldversicherung ⟨f⟩ hastanede kalınan günler için para sigortası
Krankenkasse ⟨f⟩ *(Vers)* sağlık sandığı; *(Vers)* sağlık sigortası; *(Vers)* hastalık sigortası
[gesetzliche ...] yasal sağlık sigortası
[örtliche ...] yerel sağlık sigortası (sistemi)
[private ...] özel sağlık sigortası (sistemi)
Krankenkassenarzt ⟨m⟩ sağlık sigortasına bağlı doktor
Krankenkassenbeitrag ⟨m⟩ sağlık sigortası primi; hastalık sigortası primi
[... des Arbeitgebers] işverenin sağlık sigortası ödentisi
Krankenkassenleistung ⟨f⟩ sağlık sigortası yardımı/edimi/ödemesi/servisi
Krankenpflichtversicherung ⟨f⟩ *(Vers)* zorunlu/ mecburî sağlık sigortası
Krankenschein ⟨m⟩ *(Med)* rapor; *(SozV)* dinlenme raporu
[mit ...] *(Med)* raporlu

Krankenstand ⟨m⟩ *(Med)* hastalık durumu/hali
Krankenstatistik ⟨f⟩ *(Stat)* hastalık istatistiği
Krankentagegeldversicherung ⟨f⟩ *(Vers)* hastalık durumunda günlük para yardımı sigortası
Krankenversicherung ⟨f⟩ *(Vers)* sağlık/hastalık sigortası; → **Krankenkasse**
Krankenversicherungsträger ⟨m⟩ → **Krankenkasse**
Krankfeiern ⟨n⟩ absenteizm; raporlu olma
krankfeiern ⟨int⟩ hastalık yüzünden izinli olmak; raporlu olmak
Krankheit ⟨f⟩ *(Med)* hastalık
 [... vorschützen] hastalığı öne sürmek
 [ansteckende ...] *(Med)* bulaşıcı hastalık
 [berufsbedingte ...] *(Med)* meslek hastalığı
 [meldepflichtige ...] bildirilmesi zorunlu hastalık
 [wegen ... beurlaubt] hastalık yüzünden izinli; raporlu
 [wegen ... fehlen] hastalık yüzünden bulunmazlık
Krankheitsfall ⟨m⟩ hastalık durumu/hali
 [im ...] hastalık durumunda
Krankheitshäufigkeitsziffer ⟨f⟩ hastalanma (sıklık/çokluk) oranı; *(Ind)* absenteizm haddi
Krankheitskosten ⟨pl⟩ hastalık masrafları/maliyeti
Krankheitsurlaub ⟨m⟩ hastalık izni
Krankheitszuschuß ⟨m⟩ *(Vers)* hastalık yardımı
Kredit ⟨m⟩ *(BkW)* kredi; → **Darlehen** ikraz; avans
 [... abtragen] krediyi geri ödemek
 [... aufnehmen] kredi almak
 [... beantragen] kredi başvurusunda bulunmak
 [... bereitstellen] kredi düzenlemek
 [... beschaffen] kredi sağlamak/bulmak; kredi temin etmek
 [... bewilligen] kredi vermeyi kabul etmek
 [... einräumen] kredi açmak
 [... eröffnen] kredi açmak
 [... finanzieren] kredi(yi) finanse etmek
 [... für Landaufschließung] arazî edindirme ve tesis kredisi
 [... geben] kredi vermek
 [... gegen Bürgschaft] *(BkW)* kefalet karşılığı kredi
 [... gegen dingliche Sicherheit] maddî/aynî teminat karşılığı kredi
 [... gegen Lagerschein] *(BkW)* emtia senedi karşılığı kredi
 [... gegen Sicherheit] *(BkW)* teminat karşılığı kredi
 [... gewähren] kredi sağlamak/vermek
 [... in laufender Rechnung] *(BkW)* cari hesap kredisi
 [... kündigen] kredinin feshini ihbar etmek
 [... mit fester Laufzeit] *(BkW)* (kesin) vadeli kredi
 [... mit variabler Verzinsung] *(BkW)* değişken faizli kredi
 [... sperren] krediyi bloke etmek
 [... tilgen] krediyi geri ödemek
 [... überziehen] kredi haddini aşmak
 [... verlängern] krediyi uzatmak/yenilemek
 [... zu günstigen Bedingungen] iyi koşullarla kredi
 [... zu verbilligtem Zinssatz] *(BkW)* düşük faizli kredi

 [... zur Absatzförderung] *(BkW)* pazarlama kredisi
 [... zurückzahlen] krediyi geri ödemek
 [auftragsgebundener ...] *(BkW)* siparişe bağlı kredi
 [abgesicherter ...] *(BkW)* teminatlı kredi
 [auf ... kaufen] kredi ile satın almak
 [auf ... verkaufen] kredi ile satmak
 [Bank-an-Bank-...] *(BkW)* bankalararası kredi; *(BkW)* interbank kredisi
 [beanspruchter ...] kullanılan kredi
 [befristeter ...] *(BkW)* vadeli kredi
 [bei Sicht fälliger ...] görüldüğünde ödenir kredi
 [bestätigter ...] akorde kredi
 [eingefrorener ...] dondurulmuş kredi
 [eingeräumter ...] tahsis edilen kredi; kredi haddi
 [gebundener ...] bağımlı kredi
 [gedeckter ...] karşılığı olan kredi; teminatlı kredi
 [genehmigter ...] otorize kredi
 [geschäftlicher ...] ticarî kredi
 [gesicherter ...] *(BkW)* teminatlı kredi
 [gewerblicher ...] meslekî kredi
 [hypothekarischer ...] emlak kredisi; ipotek karşılığı kredi
 [hypothekarisch gesicherter ...] *(BkW)* ipotek teminatlı kredi
 [im ... stehen] kredisi olmak
 [in Anspruch genommener ...] kullanılan kredi
 [kaufmännischer ...] tacir kredisi; ticarî kredi
 [knapper ...] dar kredi
 [kommerzieller ...] *(BkW)* ticarî kredi
 [kündbarer ...] ihbarlı kredi
 [kurzfristiger ...] kısa vadeli kredi
 [landwirtschaftlicher ...] *(BkW)* tarımsal kredi
 [längerfristiger ...] orta vadeli kredi
 [langfristiger ...] *(BkW)* uzun vadeli kredi
 [mittelfristiger ...] *(BkW)* orta vadeli kredi
 [neu aufgenommener ...] yeni alınmış kredi
 [niedrig verzinslicher ...] düşük faizli kredi
 [notleidender ...] batık kredi
 [offener ...] *(BkW)* açık kredi; *(BkW)* dekuver
 [öffentlicher ...] *(öFi)* kamu kredisi
 [persönlicher ...] *(BkW)* bireysel kredi; özel/şahsî kredi
 [revolvierender ...] rotatif kredi
 [rückzahlbarer ...] geri ödenebilir kredi
 [sich automatisch erneuernder ...] rotatif kredi
 [sicherer ...] sağlam kredi
 [sofort fälliger ...] günlük ödemeli kredi
 [täglich fälliger ...] günlük ödemeli kredi
 [unbefristeter ...] vadesiz kredi
 [ungedeckter ...] karşılıksız kredi
 [ungesicherter ...] teminatsız kredi
 [unkündbarer ...] dönülemez kredi
 [wieder auflebender ...] rotatif kredi
 [zinsverbilligter ...] *(BkW)* düşük faizli kredi
 [zinsloser ...] *(BkW)* faizsiz kredi
 [zweckgebundener ...] amaca bağlı kredi
Kreditabschreibung ⟨f⟩ *(ReW)* kredi amortismanı
Kreditabwicklung ⟨f⟩ kredi işlemi/muamelesi
Kreditanstalt ⟨f⟩ *(BkW)* kredi kurumu; banka
Kreditanteil ⟨m⟩ kredi nispeti; kredi payı

Kreditantrag ⟨m⟩ kredi başvurusu
Kreditapparat ⟨m⟩ kredi sistemi
Kreditart ⟨f⟩ *(BkW)* kredi türü;
(BkW) kredi çeşidi
Kreditaufnahme ⟨f⟩ *(BkW)* kredi alma;
(BkW) kredi alınımı; *(BkW)* borçlanma
[... am offenen Markt] açık/serbest piyasada kredi alma
[... der öffentlichen Hand] *(öFi)* kamu sektörünün borçlanması
[... der Unternehmen] şirketlerin kredi alması
[... durch Abtretung von Kreditoren] alacakların devri karşılığı kredi alma
[... durch Debitorenabtretung] alacakların devri karşılığı kredi alma
[... im Ausland] yurtdışında kredi alma; dış borçlanma
[... im Inland] yurtiçinde kredi alma; *(öFi)* iç borçlanma
[befristete ...] geçici borçlanma
[heimische ...] *(öFi)* iç borçlanma
[kurzfristige ...] kısa vadeli borçlanma
[langfristige ...] orta vadeli borçlanma
[nicht genehmigte ...] yetkisiz borçlanma
[öffentliche ...] *(öFi)* kamu borçlanması
Kreditaufnahmebefugnis ⟨f⟩ borçlanma yetkisi
Kreditaufnahmegrenze ⟨f⟩ *(BkW)* borçlanma sınırı; *(BkW)* kredi tavanı/limiti
Kreditaufsicht ⟨f⟩ *(BkW)* kredi denetimi
Kreditausfall ⟨m⟩ kredi kaybı
Kreditauskunft ⟨f⟩ istihbarat; banka tezkiyesi
Kreditauskunftei ⟨f⟩ istihbarat bürosu
Kreditausnutzung ⟨f⟩ kredi kullanımı
Kreditausschuß ⟨m⟩ kredi kurulu; kredi komisyonu
Kreditausweitung ⟨f⟩ *(BkW)* krediyi artırma
Kreditauszahlung ⟨f⟩ kredi verilmesi/ödenmesi
Kreditbank ⟨f⟩ *(BkW)* kredi bankası; kredi veren banka
Kreditbearbeitung ⟨f⟩ kredi işlemi
Kreditbedarf ⟨m⟩ kredi ihtiyacı/gereksinimi; kredi talebi
[... der öffentlichen Hand] *(öFi)* kamu sektörü borçlanma gereksinimi/ihtiyacı
Kreditbedingungen ⟨pl⟩ *(BkW)* kredi koşulları
Kreditberater ⟨m⟩ kredi danışmanı
Kreditbereitschaft ⟨f⟩ kredi vermeyi kabul etme
Kreditbereitstellung ⟨f⟩ kredi düzenleme
Kreditbereitstellungsgebühr ⟨f⟩ kredi düzenleme provizyonu
Kreditbeschaffung ⟨f⟩ kredi temini/bulma/sağlama
Kreditbeschaffungskosten ⟨pl⟩ kredi temini/bulma/sağlama masrafları
Kreditbesicherung ⟨f⟩ kredi karşılığı
Kreditbestand ⟨m⟩ kredi mevcudu
Kreditbetrag ⟨m⟩ kredi bedeli/haddi
Kreditbeurteilung ⟨f⟩ kredibiliteyi değerlendirme; kredi itibarını tayin etme; geri ödeme yeteneğini saptama
Kreditbewilligung ⟨f⟩ kredinin onanması; kredi tahsisi
Kreditbrief ⟨m⟩ *(BkW)* kredi/itibar mektubu; →**Akkreditiv** *(BkW)* akreditif
[... ausstellen] *(BkW)* kredi mektubu tanzim etmek; *(BkW)* akreditif açmak/düzenlemek

[bestätigter ...] *(BkW)* onaylı/teyitli kredi mektubu
[dokumentarischer ...] *(BkW)* vesikalı kredi mektubu
[unwiderruflicher ...] *(BkW)* geri dönülemez kredi mektubu
Kreditbriefausstellung ⟨f⟩ *(BkW)* akreditif düzenleme; *(BkW)* kredi mektubu tanzimi
Kreditbrieferöffnung ⟨f⟩ *(BkW)* akreditif açma; *(BkW)* kredi mektubu verme
Kreditbriefinhaber ⟨m⟩ *(BkW)* akreditif hamili; *(BkW)* kredi mektubu hamili
Kreditbürge ⟨m⟩ *(Jur)* kredi kefili
Kreditbürgschaft ⟨f⟩ *(BkW)* kredi taahhütnamesi
Kredite ⟨pl⟩ *(BkW)* krediler
[... an junge Unternehmen] yeni girişim kredileri
[... an die gewerbliche Wirtschaft] ticarî krediler
Krediteckzins ⟨m⟩ *(BkW)* kredide ana faiz
Krediteinräumung ⟨f⟩ *(BkW)* kredi açma
Krediteinschätzung ⟨f⟩ kredi (ödeme yeteneğini) değerleme
Krediteinschränkung ⟨f⟩ kredi kısıtlaması/sınırlaması
Kreditempfänger ⟨m⟩ *(BkW)* kredi alan; *(BkW)* borçlanan
Krediteröffnung ⟨f⟩ *(BkW)* kredi açma
Kreditexpansion ⟨f⟩ kredilerin genişlemesi/çoğalması
kreditfähig ⟨adj⟩ borçlanmaya/krediye yetenekli; kredibilitesi olan
Kreditfähigkeit ⟨f⟩ borçlanma ehliyeti; kredi yeteneği; kredibilite
Kreditfinanzierung ⟨f⟩ *(BkW)* kredi finansmanı
Kreditgarantie ⟨f⟩ *(BkW)* kredi garantisi
Kreditgeber ⟨m⟩ *(BkW)* kredi veren; alacaklı
Kreditgebühr ⟨f⟩ *(BkW)* kredi harcı
Kreditgenossenschaft ⟨f⟩ *(BkW)* kredi kooperatifi
[landwirtschaftliche ...] tarım kredi kooperatifi
Kreditgeschäft ⟨n⟩ *(BkW)* kredi işlemi; *(BkW)* kredi muamelesi
[kurzfristiges ...] *(BkW)* kısa vadeli kredi işlemi
[langfristiges ...] *(BkW)* uzun vadeli kredi işlemi
Kreditgewerbe ⟨n⟩ *(BkW)* kredicilik; *(BkW)* bankacılık
Kreditgewinnabgabe ⟨f⟩ *(StR)* krediden kazanç vergisi
Kreditgrenze ⟨f⟩ *(BkW)* kredi sınırı
Kredithai ⟨m⟩ tefeci
kreditieren ⟨v/t⟩ *(BkW)* kredilemek
Kreditierung ⟨f⟩ *(BkW)* kredileme
Kreditinformation ⟨f⟩ kredi danışması
Kreditinkasso ⟨n⟩ *(BkW)* kredi tahsili
Kreditinstitut ⟨n⟩ *(BkW)* kredi kurumu; *(BkW)* banka
[filialloses ...] *(BkW)* şubesiz banka
[genossenschaftliches ...] *(BkW)* kooperatif(çilik) bankası
[landwirtschaftliches ...] *(BkW)* tarım bankası
Kreditinstrument ⟨n⟩ *(BkW)* kredi enstrümanı; *(BkW)* kredi aracı
Kreditkapazität ⟨f⟩ *(BkW)* kredi (verme) kapasitesi

Kreditkapital ⟨n⟩ *(BkW)* ödünç sermaye
Kreditkarte ⟨f⟩ *(BkW)* kredi kartı
[Abhebung mittels einer ...] *(BkW)* kredi kartı ile para çekme
[gestohlene ...] çalınmış kredi karte
[verlorene ...] kaybolmuş kredi karte
Kreditkartenbesitzer ⟨m⟩ kredi kartı sahibi; kredi kartı hamili
Kreditkartengebühr ⟨f⟩ kredi kartı harcı
Kreditkasse ⟨f⟩ *(BkW)* kredi sandığı; *(BkW)* kredi bankası
Kreditkauf ⟨m⟩ kredili alım
Kreditkette ⟨f⟩ kredi zinciri
Kreditklemme ⟨f⟩ kredi sıkışıklığı
Kreditknappheit ⟨f⟩ kredi darlığı
Kreditkonditionen ⟨pl⟩ *(BkW)* kredi koşulları
Kreditkonto ⟨n⟩ *(BkW)* kredi hesabı
Kreditkontrolle ⟨f⟩ *(BkW)* kredi kontrolü
[quantitative ...] *(VWL)* kantitatif kredi kontrolü
Kreditkosten ⟨pl⟩ kredi maliyeti
Kreditkostenfinanzierung ⟨f⟩ *(BkW)* kredi maliyeti finansmanı
Kreditkrise ⟨f⟩ kredi krizi
Kreditkunde ⟨m⟩ *(BkW)* kredi müşterisi
Kreditlaufzeit ⟨f⟩ *(BkW)* kredinin vadesi; kredinin (geçerlilik) süresi
Kreditlimit ⟨n⟩ *(BkW)* kredi haddi/sınırı/limiti
[Konto ohne ...] *(BkW)* kredi haddi olmayan hesap; açık hesap
Kreditlinie ⟨f⟩ *(BkW)* kredi haddi/sınırı/limiti
[... überschreiten] *(BkW)* kredi haddini aşmak
Kreditmangel ⟨m⟩ kredi yokluğu
Kreditmarge ⟨f⟩ kredi marjı
Kreditmarkt ⟨m⟩ *(BkW)* kredi piyasası
Kreditmarktmittel ⟨pl⟩ kredi piyasası fonları
Kreditmarktschulden ⟨pl⟩ kredi piyasası borçları
Kreditmarktverschuldung ⟨f⟩ kredi piyasası
Kreditmaßstäbe ⟨pl⟩ kredi standartları/barometresi
Kreditmißbrauch ⟨m⟩ krediyi kötüye kullanma
Kreditmittel ⟨pl⟩ *(BkW)* kredi fonları
[etatisierte ...] bütçelenmiş borçlar
[objektgebundene ...] (amaca) bağlı borçlar
[staatliche ...] *(öFi)* devlet borçları
Kreditmöglichkeiten ⟨pl⟩ *(BkW)* kredi olanakları
Kreditnachfrage ⟨f⟩ *(BkW)* kredi talebi
[... der Privatkundschaft] özel sektör(ün) kredi talebi
[... der Unternehmen] iş sektörü(nün) kredi talebi
[gewerbliche ...] iş sektörü(nün) kredi talebi
[kurzfristige ...] kısa vadeli kredi talebi
[öffentliche ...] kamu sektörü(nün) kredi talebi
[private ...] özel kredi talebi
Kreditnachfragefunktion ⟨f⟩ kredi talebi fonksiyonu
Kreditnahme ⟨f⟩ kredi alma; borçlanma
Kreditnehmer ⟨m⟩ kredi alan; kredi alıcısı; borçlanan; borçlu
[gewerblicher ...] ticarî kredi alan
[privater ...] özel kredi alan
Kreditnot ⟨f⟩ kredi sıkıntısı
Kreditobligo ⟨n⟩ kredi taahhüdü
Kreditoperation ⟨f⟩ kredi operasyonu

Kreditor ⟨m⟩ kredi veren; kreditör; alacaklı
Kreditoren ⟨pl⟩ kredi verenler; alacaklılar
[... und Debitoren] kredi veren ve alanlar; alacaklı ve borçlular
[... aus Wechseln] senetten alacaklılar
Kreditorenabteilung ⟨f⟩ alacaklılar bölümü
Kreditorenbuchhaltung ⟨f⟩ alacaklılar muhasebesi
Kreditorenverzeichnis ⟨n⟩ alacaklar/alacaklıların listesi
kreditorisch ⟨adj⟩ alacaklılar tarafındaki
Kreditplafond ⟨m⟩ (bankanın) kredi portföyü; (işletmenin) kredi alma haddi
Kreditpolitik ⟨f⟩ kredi politikası
[expansive ...] *(VWL)* ucuz para politikası; *(VWL)* düşük faiz politikası
[restriktive ...] koruyucu/himayeci kredi/para politikası
Kreditposten ⟨m⟩ kredi kalemi
Kreditprolongation ⟨f⟩ kredi yenileme
Kreditprovision ⟨f⟩ kredi provizyonu
Kreditprüfung ⟨f⟩ kredi/itibar durumunu araştırma; kredibiliteyi saptama
Kreditquellen ⟨pl⟩ kredi kaynakları
Kreditrahmen ⟨m⟩ kredi haddi/kapsamı
Kreditrestriktion ⟨f⟩ kredi sınırlaması
Kreditrisiko ⟨n⟩ kredi riski
Kreditrückzahlung ⟨f⟩ krediyi geri ödeme
Kreditsachbearbeiter ⟨m⟩ kredi işlemleri memuru
Kreditschöpfung ⟨f⟩ kredi yaratma
Kreditschöpfungsmultiplikator ⟨m⟩ kredi (yaratma) çarpanı
Kreditschutz ⟨m⟩ kredi koruma/güvencesi
[auf der ... seite] kredi güvenceli tarafta; kredisi olma
Kreditsicherheit ⟨f⟩ kredi teminatı
Kreditsicherung ⟨f⟩ kredi güvencesi
Kreditspanne ⟨f⟩ kredi marjı
Kreditspielraum ⟨m⟩ kredi (kullanma) haddi
Kreditspritze ⟨f⟩ kredi dopingi
Kreditstrom ⟨m⟩ kredi akımı
Kreditstundung ⟨f⟩ moratoryum; kredi erteleme
Kreditsumme ⟨f⟩ kredi miktarı
Kredittilgung ⟨f⟩ kredinin itfası; krediyi geri ödeme
Kreditüberziehung ⟨f⟩ kredi depasmanı; kredi haddini aşma; açığa kredi kullanma
Kreditumschuldung ⟨f⟩ krediyi tahvil etme; kredi dönüştürmesi
Kreditvereinbarungen ⟨pl⟩ kredi anlaşmaları
[allgemeine ...] genel borçlanma anlaşması
Kreditverbindlichkeiten ⟨pl⟩ kredi borçları
Kreditvergabe ⟨f⟩ kredi verme
Kreditverknappung ⟨f⟩ kredi daralması
Kreditverlängerung ⟨f⟩ krediyi uzatma/yenileme; report
Kreditverlust ⟨m⟩ kredi kaybı
Kreditverlustrisiko ⟨n⟩ kredi kaybı riski
Kreditvermittler ⟨m⟩ kredi veren aracı/komisyoncu
Kreditversicherung ⟨f⟩ *(Vers)* kredi sigortası; *(Vers)* acze karşı sigorta
Kreditvertrag ⟨m⟩ *(Jur)* kredi sözleşmesi
Kreditverwendung ⟨f⟩ kredi kullanımı
Kreditvolumen ⟨n⟩ *(BkW)* kredi hacmi

Kreditwesen ⟨n⟩ *(BkW)* kredi işleri
Kreditwirtschaft ⟨f⟩ kredi sektörü; bankacılık sektörü; kredi yönetimi
Kreditwucher ⟨m⟩ fahiş faizli kredi
kreditwürdig ⟨adj⟩ kredi sahibi; itibar sahibi; itibarlı; güvenilir
Kreditwürdigkeit ⟨f⟩ kredibilite; kredi itibarı/değerliliği; güvenirlik
Kreditzins ⟨m⟩ *(BkW)* kredi faizi
[... für erstklassige Kunden] birinci sınıf müşteriler için (asgarî) kredi faizi
Kreditzinsrate ⟨f⟩ *(BkW)* kredi faiz oranı
Kreditzusage ⟨f⟩ *(BkW)* kredi onayı; *(BkW)* kredi tasdiki
Kreislauf ⟨m⟩ dolanım; dairesel akım
[... der Wirtschaft] *(VWL)* ekonominin dairesel akımı
[... des Geldes] *(VWL)* paranın dairesel akımı; para dolanımı
Kreislaufmaterial ⟨n⟩ dolanımlı malzeme
Kreislauftheorie ⟨f⟩ *(VWL)* dairesel akım kuramı
Kreuzelastizität ⟨f⟩ *(VWL)* çapraz elastiklik
[... des Angebots] *(VWL)* arzın çapraz elastikliği
[... der Nachfrage] *(VWL)* talebin çapraz elastikliği
Kreuzpreiselastizität ⟨f⟩ *(VWL)* çapraz fiyat elastikliği
Kreuzprodukt ⟨n⟩ *(Math)* çapraz ürün
Kreuzwechselkurs ⟨m⟩ *(BkW)* çapraz kambiyo kuru; *(BkW)* dövizde çapraz kur
Krieg ⟨m⟩ savaş
Kriegsanleihe ⟨f⟩ *(öFi)* savaş için borçlanma; *(öFi)* savaş istikrazı
Kriegsentschädigung ⟨f⟩ savaş tazminatı
Kriegsfolgelast ⟨f⟩ savaş sonrası yükü
Kriegsgewinn ⟨m⟩ savaş kârı
Kriegskonjunktur ⟨f⟩ *(VWL)* savaş ekonomisi; savaş konjonktürü
Kriegskosten ⟨pl⟩ *(öFi)* savaş maliyeti
Kriegslieferungen ⟨pl⟩ savaş teslimatı
Kriegsopferversorgung ⟨f⟩ *(SozV)* savaş malullerinin bakımı
Kriegsrisikoversicherung ⟨f⟩ *(Vers)* savaş rizikosuna karşı sigorta
Kriegsschulden ⟨pl⟩ *(öFi)* savaş borçları
Krise ⟨f⟩ kriz; bunalım; buhran
[wirtschaftliche ...] *(VWL)* ekonomik kriz
Krisenbestände ⟨pl⟩ kriz (zamanı) stokları
Krisenbranche ⟨f⟩ krizdeki işkolu
Krisenfonds ⟨m⟩ kriz zamanı için ayrılan fonlar; kriz fonları
Krisenmanager ⟨m⟩ kriz meneceri
Krisenstab ⟨m⟩ kriz masası
krisenunempfindlich ⟨adj⟩ krizden etkilenmez
Kühlgut ⟨n⟩ dondurulmuş/soğutulmuş/frigofirik mal
Kühlhaus ⟨n⟩ soğuk hava deposu
[im ... lagern] soğuk hava deposunda tutmak/saklamak
Kühlladung ⟨f⟩ dondurulmuş kargo
Kühlschiff ⟨n⟩ *(Schff)* soğutma tesisli gemi
Kühl(transport)wagen ⟨m⟩ frigofirik vagon
Kühlwaggon ⟨m⟩ *(Bahn)* frigofirik vagon
Kulanz ⟨f⟩ sorun çıkarmama; karşı gelmeme

Kulanzentschädigung ⟨f⟩ sorun çıkarmadan ödeme; hatır tazminatı
Kulanzregelung ⟨f⟩ sorun çıkarmadan çözümleme; hatır için çözümleme
Kulanzweg ⟨m⟩ sorunsuz yol; hatır usulü
[auf dem ..e] sorun çıkarmadan; itiraz etmeden; hatır için
Kulisse ⟨f⟩ *(Bö)* büfe (piyasası)
[in der ...] *(Bö)* büfelerde;
(Bö) büfe piyasasında
Kulissenmakler ⟨m⟩ *(Bö)* borsacı büfeci
kultivieren ⟨v/t⟩ yetiştirmek; kültür vermek; *(LandW)* işlemek/işletmek; ekip biçmek
Kultur ⟨f⟩ kültür; medeniyet; *(LandW)* işleme/işletme; ekip biçme; kültür
Kulturboden ⟨m⟩ *(LandW)* ekilmiş/işlenmiş toprak
Kulturfläche ⟨f⟩ *(LandW)* kültür alanı; *(LandW)* ekilmiş/işlenmiş alan
Kulturland ⟨n⟩ *(LandW)* kültür arazisi; *(LandW)* ekilmiş/işlenmiş arazi
Kulturpflanze ⟨f⟩ *(LandW)* kültür bitkisi; *(LandW)* yetiştirilmiş bitki
Kumulation ⟨f⟩ birikme; birikim; yığışım
Kumulationssteuer ⟨f⟩ birikim vergisi
kumulativ ⟨adj⟩ kümülatif; yığışımlı; birikmiş
kumulieren ⟨v/t⟩ birikmek; yığışmak
kündbar ⟨adj⟩ feshedilebilir; feshi ihbar edilebilir; bozulabilir
[beiderseitig ...] iki taraflı feshedilebilir; karşılıklı feshi kabil
[jederzeit ...] her an feshedilebilir
[nicht vorzeitig ...] önceden feshedilemez
Kunde ⟨m⟩ müşteri; alıcı
[barzahlender ...] nakit alıcı; nakit ödeyen müşteri
[ernsthafter ...] ciddî müşteri/alıcı
[fauler ...] tembel müşteri; ödemeyi geciktiren müşteri
[gelegentlicher ...] fırsatçı müşteri
[gewerblicher ...] ticari müşteri/alıcı
[langjähriger ...] uzun yılların müşterisi; eski müşteri
[potentieller ...] güçlü alıcı
[regelmäßiger ..] devamlı müşteri; sürekli alıcı
[woanders ... werden] başka yere gidip müşteri/alıcı olmak
[zahlungsfähiger ...] paralı müşteri
Kunden ⟨pl⟩ müşteriler
[... abwerben] *(Mk)* müşterileri ayartmak
[... anlocken] *(Mk)* müşteri çekmek
[... anziehen] *(Mk)* müşteri çekmek
[... besuchen] *(Mk)* müşterileri ziyaret etmek
[... bewirten] *(Mk)* müşterilere servis yapmak
[... werben] *(Mk)* müşteri kazanmak için reklam/tanıtım yapmak
[jdn als ... gewinnen] *(Mk)* birisini müşteri olarak kazanmak
Kundenakzept ⟨n⟩ *(WeR)* ticarî kabul; alıcı/müşteri akseptansı
Kundenangaben ⟨pl⟩ müşterinin arzusu/isteği
[nach ... anfertigen] müşterinin arzusuna göre hazırlamak/üretmek; müşterinin arzusuna göre imal etmek; fason imal etmek
[nach ... herstellen] müşterinin arzusuna göre imal etmek; fason imal etmek

Kundenansturm ⟨m⟩ müşteri saldırısı
Kundenauftrag ⟨m⟩ müşteri emri/siparişi;
(Bö) ordino
Kundenauftragsfertigung ⟨f⟩ müşteri emrine göre yapma/yapım
Kundenaußenstände ⟨pl⟩ tahsil olunmamış müşteri alacakları
Kundenberater ⟨m⟩ müşteri danışmanı;
(BkW) demarşör
Kundenbesuch ⟨m⟩ *(Mk)* müşterileri ziyaret
Kundenbetreuung ⟨f⟩ müşteri servisi;
(BkW) demarş
Kundenbuch ⟨n⟩ müşteri/alıcı defteri
Kundendarlehen ⟨n⟩ müşteri ikrazı
Kundendebitoren ⟨pl⟩ müşteri alacakları
Kundendepot ⟨n⟩ *(BkW)* müşteri portföyü;
(BkW) müşteri saklama hesabı
Kundendienst ⟨m⟩ müşteri/alıcı servisi; müşteriye hizmet etme
Kundendienstabteilung ⟨f⟩ müşteri servisi bölümü; *(BkW)* demarş
Kundendienstmitarbeiter ⟨m⟩ müşteriye hizmet ve servis kadrosu elemanı; *(BkW)* demarşör
Kundendienstorganisation ⟨f⟩ müşteriye hizmet ve servisin organizasyonu
Kundendiensttechniker ⟨m⟩ müşteriye hizmet ve servis teknisyeni
Kundendienstvertrag ⟨m⟩ müşteriye hizmet ve servis sözleşmesi
Kundenfang ⟨m⟩ *(Mk)* müşteri avı; *(Mk)* müşteri yakalama
Kundenforderungen ⟨pl⟩ müşteri alacakları
Kundenkartei ⟨f⟩ müşteri listesi
Kundenkontakter ⟨m⟩ *(Mk)* müşteri bulucu; *(BkW)* demarşör
Kundenkonto ⟨n⟩ *(ReW)* müşteriler hesabı; *(ReW)* alıcılar hesabı
Kundenkredit ⟨m⟩ *(BkW)* müşteri/alıcı/tüketici kredisi
Kundenkreditbank ⟨f⟩ *(BkW)* kredi finansmanı bankası; *(BkW)* ticarî kredi bankası
Kundenkreditkarte ⟨f⟩ *(BkW)* müşteri kredi kartı
Kundenkreditkonto ⟨n⟩ *(BkW)* müşteri kredi hesabı
Kundenkreis ⟨m⟩ müşteriler; alıcı/müşteri çevresi
[fester ...] sağlam müşteriler; sağlam/istikrarlı alıcı çevresi
Kundennummer ⟨f⟩ müşteri numarası
Kundensachbearbeiter ⟨m⟩ müşteri işlemleri memuru
Kundenskonto ⟨m/n⟩ müşteri indirimi/iskontosu
Kundenstamm ⟨m⟩ müşteriler
Kundentreue ⟨f⟩ müşteriye sadık olma; müşteriye bağlılık
Kundenverkehr ⟨m⟩ müşteri işlemleri
Kundenwechsel ⟨m⟩ *(WeR)* ticarî senet
Kundenwerber ⟨m⟩ *(Mk)* müşteri avcısı; *(BkW)* demarşör
Kundenwerbung ⟨f⟩ (reklamla/tanıtımla) müşteri avlama; *(BkW)* demarş
kündigen ⟨int⟩ feshetmek; feshi ihbar etmek; *(Arbeitnehmer)* istifa etmek; (bittiğini/feshini) bildirmek; *(Arbeitgeber)* işine son vermek
[fristgemäß ...] muaccelen (feshi) ihbar etmek
[fristlos ...] ihbarsız/bildirmeden feshetmek
[schriftlich ...] (feshi) yazılı olarak bildirmek
[termingerecht ...] muaccelen (feshi) ihbar etmek
Kündigung ⟨f⟩ fesih; feshi ihbar; *(Arbeitnehmer)* istifa; (bittiğini) bildirme; *(Arbeitnehmer)* işine son verme; *(Vertrag)* bozacağını bildirme; *(BkW)* preavi
[... aussprechen] feshi ihbarda bulunmak; feshi ihbar etmek
[... des Arbeitsverhältnisses] iş sözleşmesinin feshini ihbar
[... des Arbeitsverhältnisses durch den Arbeitgeber] işçinin işine son verme; işveren tarafından iş sözleşmesinin feshini ihbar
[... des Arbeitsverhältnisses durch den Arbeitnehmer] istifa etmek; işçi tarafından iş ilişkisinin/sözleşmesinin feshini ihbar
[... einreichen] feshi ihbar etmek
[... von Wertpapieren] kıymetli evrakı satışa sunma
[außerordentliche ...] olağanüstü feshi ihbar
[fristgemäße ...] muaccelen (feshi) ihbar
[fristlose ...] ihbarsız işten çıkarma
[gesetzliche ...] kanunen feshi ihbar
[grundlose ...] nedensiz feshi ihbar; neden göstermeden feshi ihbar
[ordnungsgemäße ...] usule uygun olarak feshi ihbar
[schriftliche ...] yazılı olarak feshi ihbar; yazılı istifa; (feshi) ihbar yazısı; istifa yazısı; yazılı olarak (çalışanın) işine son verme
[termingerechte ...] muaccelen (feshi) ihbar
[ungerechtfertigte ...] haksız olarak/şekilde feshi ihbar
[wöchentliche ...] bir hafta önceden feshi ihbar
Kündigungsabfindung ⟨f⟩ ihbar tazminatı;
(Jur) ihbar ve kıdem tazminatı
Kündigungsbenachrichtigung ⟨f⟩ feshi ihbar etme; feshi/bittiğini bildirme; *(Arbeitnehmer)* istifa bildirisi
Kündigungsentschädigung ⟨f⟩ ihbar (ve kıdem) tazminatı
Kündigungsfrist ⟨f⟩ ihbar öneli; feshi ihbar süresi; ihbar/bildirme süresi; (çalışanın) işine son verme süresi; istifa süresi
[gesetzliche ...] yasal ihbar öneli; kanunen feshi ihbar süresi
Kündigungsgrund ⟨m⟩ feshi ihbar nedeni; istifa nedeni; (çalışanın) işine son verme nedeni
Kündigungsrecht ⟨n⟩ feslh/fcshetme/ıstifa hakkı; işine son verme hakkı
[... des Arbeitgebers] işverenin işten çıkarma hakkı
[... des Arbeitnehmers] işçinin istifa hakkı
Kündigungsschreiben ⟨n⟩ (feshi) ihbar yazısı; istifa dilekçesi; işe/işine son verme yazısı
Kündigungsschutz ⟨m⟩ iş güvencesi; ihbarsız işten çıkarmalara karşı güvence
Kündigungssperre ⟨f⟩ (feshi) ihbar yasağı
Kündigungstermin ⟨m⟩ (feshi) ihbar süresi
Kundschaft ⟨f⟩ müşteri(ler)
[... bedienen] müşterilere hizmet etmek
[... übernehmen] müşterileri devralmak
[... verlieren] müşteri kaybetmek
Kunst ⟨f⟩ sanat

[... des Verkaufens] *(Mk)* satıcılık sanatı; satabilme sanatı
Kunstdünger ⟨m⟩ *(LandW)* sunî gübre; kimyasal gübre
Kunstfaser ⟨f⟩ sunî lif(ler); sunî elyaf
Kunstgewerbe ⟨n⟩ tatbikî/uygulamalı/pratik sanat
Kunststoff ⟨m⟩ sunî madde; sentetik madde; plastik
Kunststoffe ⟨pl⟩ sentetik maddeler; plastik maddeler
Kupfer ⟨n⟩ *(BergB)* bakır
Kupon ⟨m⟩ *(WeR)* kupon
[ex...] geçmiş kupon
[mit...] *(WeR)* kuponlu
[ohne...] *(WeR)* kuponsuz
[samt...] *(WeR)* kuponlu
Kuponbogen ⟨m⟩ *(WeR)* kupon karnesi
Kuponeinlösung ⟨f⟩ kupon tahsilatı
Kuponsteuer ⟨f⟩ *(StR)* kupon vergisi
Kuppelprodukt ⟨n⟩ *(Ind)* bağlantılı ürün; ortak üretilmiş mal
Kuppelproduktion ⟨f⟩ *(Ind)* bağlantılı üretim; ortak mal üretimi
Kuppelungsgeschäft ⟨n⟩ *(Kartell)* akuplımanlı işlem
kurant ⟨adj⟩ cari; geçer
Kurantgeld ⟨n⟩ cari para
Kurier ⟨m⟩ kurye
Kurs ⟨m⟩ 1. kur; fiyat 2. kayıt; kote
[... heraufsetzen] fiyatı yükseltmek
[... notieren] fiyat kaydetmek; fiyatı kote etmek
[amtlicher...] *(BkW)* resmî kur; *(Bö)* resmî fiyat
[außer...] *(Bö)* kayıt dışı; *(Bö)* kote dışı
[außer... setzen] işlemden çıkarmak; *(Geld)* (dolaşımdan) almak
[außerbörslicher...] borsa dışı fiyatı
[äußerster...] tavan fiyat
[erster...] *(Bö)* açılış fiyatı
[fester...] sabit kur
[fixer...] sabit kur; sabit döviz kuru
[fortlaufender...] cari kur
[genannter...] *(Bö)* nominal fiyat
[gesprochener...] *(Bö)* nominal fiyat; itibarî fiyat
[gestrichener...] *(Bö)* silinmiş kayıt
[günstiger...] uygun fiyat/kur
[laufender...] cari kur
[letzter...] *(Bö)* kapanış fiyatı; son fiyat
[limitierter...] *(Bö)* limitli fiyat; *(Bö)* sınırlı fiyat
[nachbörslicher...] borsa sonrası fiyat
[niedrigster...] taban fiyat; en düşük fiyat/kur
[notierter...] *(Bö)* kotasyon; kaydedilen fiyat; kote edilen fiyat
[offizieller...] resmî kur
[ohne...] kayıtsız; *(Bö)* kotesiz
[stabiler...] istikrarlı fiyat/kur
[variabler...] değişken kur/fiyat
[vorbörslicher...] *(Bö)* borsa öncesi fiyat
Kurse ⟨pl⟩ kurlar; fiyatlar
[... drücken] fiyatlara baskı yapmak
[... in die Höhe treiben] fiyatları yükseltmek
[... manipulieren] fiyatlarla oynamak
[abbröckelnde...] *(Bö)* düşen fiyatlar

[anziehende...] *(Bö)* yükselen fiyatlar
[fallende...] *(Bö)* düşen fiyatlar; *(Bö)* ayı eğilimi gösteren fiyatlar
[haussierende...] *(Bö)* (tavana doğru) yükselen fiyatlar; *(Bö)* boğa eğilimi gösteren fiyatlar
[nachgebende...] gerileyen kurlar; *(Bö)* düşen fiyatlar
[rückläufige...] gerileyen kurlar; *(Bö)* düşen fiyatlar
[steigende...] *(Bö)* yükselen fiyatlar
Kursabfall ⟨m⟩ fiyatlarda düşme
Kursabschwächung ⟨f⟩ *(Bö)* fiyatlarda düşme (eğilimi)
Kursabsicherung ⟨f⟩ *(BkW)* vadeli işlem güvencesi; *(Eng)* hedging
Kursabsicherungsgeschäft ⟨n⟩ *(BkW)* hedging işlemi
Kursänderungen ⟨pl⟩ *(BkW)* kur dalgalanmaları/değişimleri
Kursangabe ⟨f⟩ *(BkW)* kotasyon
Kursangleichung ⟨f⟩ kur ayarlaması
Kursanstieg ⟨m⟩ fiyatların/kurların yükselmesi
[... auf breiter Front] genelinde fiyatların/kurların yükselmesi
Kursarbitrage ⟨f⟩ döviz arbitrajı
Kursaufschlag ⟨m⟩ repor; prim; *(Termingeschäft)* repor
Kursauftrieb ⟨m⟩ fiyatların/kurların yükselmesi
Kursausschlag ⟨m⟩ kurlarda dalgalanma/oynama; kur/fiyat oynaması
Kursausschläge ⟨pl⟩ kur/fiyat dalgalanmaları/oynamaları
Kursaussetzung ⟨f⟩ *(Bö)* koteyi tatil etme
Kursband ⟨n⟩ *(EWS)* kambiyo marjı
Kursbewegung ⟨f⟩ *(Bö)* fiyatlarda hareket
Kursbewegungen ⟨pl⟩ kur/fiyat oynamaları/hareketleri
[starke...] yoğun kur/fiyat oynamaları/hareketleri
Kursbildung ⟨f⟩ kur/fiyat oluşturma
Kursbindung ⟨f⟩ kur/fiyat bağlama; maktu fiyat
Kursentwicklung ⟨f⟩ fiyatlarda/kurlarda gelişme; fiyatların seyri; *(Bö)* fiyatlardaki trend
Kurserholung ⟨f⟩ fiyatlarda/kurlarda toparlanma
Kursertragsverhältnis/KGV ⟨n⟩ kur farkı kâr oranı
Kursfestsetzung ⟨f⟩ kur sabitleştirmesi
Kursfeststellung ⟨f⟩ kur sabitleştirmesi
[amtliche...] resmen kur sabitleştirmesi
Kursfreigabe ⟨f⟩ kurların serbest bırakılması
Kursgefälle ⟨n⟩ kur farkları
Kursgewinn ⟨m⟩ kur farkı kârı; kurlarda yükselme; *(Bö)* piyasa kârı
[...e erzielen] kur farklarından yararlanarak kâr gerçekleştirmek
Kursgewinnverhältnis ⟨n⟩ kur farkı kâr oranı
Kursglättung ⟨f⟩ kur ayarlama
kursieren ⟨int⟩ dolaşmak
Kursindex ⟨m⟩ fiyat indeksi; kurların indeksi
Kursintervention ⟨f⟩ kur müdahalesi; kotasyon müdahalesi
Kurskorrektur ⟨f⟩ *(Bö)* kur ayarlama
[technische...] *(Bö)* teknik ayarlama
Kurslimit ⟨n⟩ (işlemde) kur/fiyat limiti
Kursmakler ⟨m⟩ döviz komisyoncusu; borsa komisyoncusu

Kursniveau ⟨n⟩ fiyat düzeyi
Kursnotierung ⟨f⟩ *(Bö)* kotasyon
Kursnotiz ⟨f⟩ *(Bö)* kotasyon
Kurspflege ⟨f⟩ fiyat destekleme ve istikrarı
Kursregulierung ⟨f⟩ kur ayarlama; fiyat destekleme/düzenleme
Kursrendite ⟨f⟩ kur rantı/geliri
Kursrisiko ⟨n⟩ kur riski; kambiyo rizikosu
Kursrückgang ⟨m⟩ kurlarda düşme/düşüş
Kursschwankung ⟨f⟩ kurlarda/fiyatlarda dalgalanma
Kurssicherung ⟨f⟩ vadeli işlem güvencesi; *(Eng)* hedging
Kurssicherungsgeschäft ⟨n⟩ hedging işlemleri
Kursspanne ⟨f⟩ kur/fiyat/kambiyo marjı
Kurssturz ⟨m⟩ fiyatlarda ani düşüş
Kursstützung ⟨f⟩ kur/fiyat destekleme
Kursstützungskäufe ⟨f⟩ fiyat destekleme işlemleri
Kurstabelle ⟨f⟩ *(Bö)* kur/fiyat cetveli
Kurstafel ⟨f⟩ *(Bö)* kur/fiyat tahtası
Kursunterschied ⟨m⟩ kur farkı; fiyat farkı
Kursveränderungen ⟨pl⟩ kur/fiyat değişmeleri/değişiklikleri
Kursverfall ⟨m⟩ kurların düşmesi; fiyatların düşmesi
Kursverlauf ⟨m⟩ kurların seyri
Kursverlust ⟨m⟩ kur kaybı; kambiyo kaybı
Kurswert ⟨m⟩ rayiç; piyasa değeri/rayici; kambiyo değeri; *(Bö)* piyasa değeri
[... einer Aktie] hisse senedinin piyasa değeri; işlem fiyatı
Kurszettel ⟨m⟩ fiyat listesi; kambiyo kurlarını gösteren tablo; *(Bö)* şirketlerin karnesi; *(Bö)* borsa fiyat cetveli; hisse senedi fiyatları listesi
Kurve ⟨f⟩ *(Math)* eğri; *(Kfz)* viraj
[logistische ...] *(Stat)* lojistik eğrisi
[scharfe ...] *(Kfz)* keskin viraj
Kurvenanpassung ⟨f⟩ *(Math)* eğriye indirgeme
Kurvendarstellung ⟨f⟩ eğriler çizelgesi/tablosu/grafiği
Kurvenschar ⟨f⟩ *(Math)* eğriler takımı
Kurvenzug ⟨m⟩ eğriler (dizisi)
kurz ⟨adj⟩ kısa
Kurzanschrift ⟨f⟩ kısa/kısatılmış adres
Kurzarbeit ⟨f⟩ kısa mesai/çalışma
kurzarbeiten ⟨int⟩ kısa mesai çalışmak

Kurzarbeiter ⟨m⟩ kısa mesai çalışan
Kurzarbeitergeld ⟨n⟩ kısa mesai/çalışma parası/ücreti
Kurzdarstellung ⟨f⟩ özet
kürzen ⟨v/t⟩ kesmek; kısaltmak
Kurzfassung ⟨f⟩ özet
kurzfristig ⟨adj⟩ kısa vadeli
Kurzindossament ⟨n⟩ *(BkW)* açık ciro
Kurzläufer ⟨m⟩ *(WeR)* kısa vadeli tahvil
kurzlebig ⟨adj⟩ kısa ömürlü; dayanıksız
Kurzpolice ⟨f⟩ *(Vers)* kısa süreli poliçe
Kurzschrift ⟨f⟩ stenografi
Kurzstreckenfracht ⟨f⟩ kısa mesafe yük; *(Schff)* kısa mesafe navlun(u)
Kurzstreik ⟨m⟩ kısa (süreli) grev
Kürzung ⟨f⟩ kesinti; azaltma; *(Kleid)* kısaltma
[... der Staatsausgaben] *(öFi)* devlet harcamalarında kesinti
[... des Etats] *(öFi)* bütçe kesintisi
[... des Gehalts] maaş kesintisi; maaşı azaltma
[... des Haushalts] *(öFi)* bütçe kesintisi
[... von Investitionsvorhaben] *(BkW)* öngörülen yatırımlarda kesinti
[globale ... en] *(öFi)* genel kesintiler
[pauschale ... en] *(öFi)* genel kesintiler
Kürzungsbetrag ⟨m⟩ kesilen bedel
Kurzurlaub ⟨m⟩ kısa (süreli) izin
Kurzvermietung ⟨f⟩ kısa süreli kiralama
Kurzversicherung ⟨f⟩ *(Vers)* kısa dönem sigorta
Kurzversicherungsvertrag ⟨m⟩ *(Vers)* kısa süreli poliçe
Kurzwaren ⟨pl⟩ aktariye; tuhafiye; konfeksiyon
Kurzwarenhändler ⟨m⟩ aktar; tuhafiyeci; konfeksiyoncu
Kurzzeitarbeit ⟨f⟩ kısa (mesai) çalışma
Küste ⟨f⟩ kıyı; sahil
[an der ...] kıyıda
Küstendampfer ⟨m⟩ → **Küstenschiff**
Küstenfahrt ⟨f⟩ *(Schff)* kabotaj; kıyı ticareti
Küstenfischerei ⟨f⟩ *(Schff)* kıyı balıkçılığı
Küstengewässer ⟨pl⟩ karasuları
Küstenhandel ⟨m⟩ *(Schff)* kıyı ticareti
Küstenschiff ⟨n⟩ *(Schff)* koster
Küstenschiffahrt ⟨f⟩ *(Schff)* kabotaj
Küstenschiffahrtsrecht ⟨n⟩ *(Schff)* kabotaj hakkı
Kux ⟨m⟩ *(BergB)* maden hissesi

L

Ladeanlagen ⟨pl⟩ yükleme tesisleri; *(Schff)* rıhtım tesisleri
Ladebeginn ⟨m⟩ yüklemeye başlama
Ladebegleitschein ⟨m⟩ yükleme pusulası
ladebereit ⟨adj⟩ yüklenmeye hazır
Ladedeck ⟨n⟩ *(Schff)* yük/yükleme güvertesi
Ladeeinheit ⟨f⟩ yük/yükleme birimi
Ladeeinrichtungen ⟨pl⟩ yükleme tesisleri; *(Schff)* rıhtım tesisleri
Ladefläche ⟨f⟩ yükleme alanı
Ladefrist ⟨f⟩ yükleme süresi
Ladegebühren ⟨pl⟩ yükleme ücreti
Ladegeld ⟨n⟩ yükleme parası
Ladegeschäft ⟨n⟩ yükleme iş(ler)i

Ladegewicht ⟨n⟩ yükleme ağırlığı; *(Schff)* safi/net tonaj; *(Schff)* dedveyt tonaj
Ladegut ⟨n⟩ kargo; *(Schff)* navlun; *(Bahn)* hamule; yüklenen eşya/mal
Ladehafen ⟨m⟩ yükleme limanı
Ladehöhe ⟨f⟩ yüklenecek yükün yüksekliği; *(Bahn)* gabari
Ladekai ⟨m⟩ *(Schff)* yükleme rıhtımı/iskelesi
Ladekapazität ⟨f⟩ yük (taşıma) kapasitesi; yükleme kapasitesi
Ladekosten ⟨pl⟩ yükleme maliyeti/masrafları
Ladekran ⟨m⟩ yükleme vinçi
Ladeliste ⟨f⟩ yük listesi; yükleme listesi; *(Schff)* manifesto

Lademaß ⟨n⟩ (yüklenecek) yük(ün) ölçüsü; *(Bahn)* gabari
Ladeluke ⟨f⟩ *(Schff)* yükleme lombarı
Laden ⟨m⟩ dükkân; mağaza
[fahrender ...] seyyar mağaza
laden ⟨v/t⟩ yüklemek; *(Jur)* davet etmek
Ladenaufsicht ⟨f⟩ mağaza denetimi
Ladenauslage ⟨f⟩ dükkândaki satılık eşyalar
Ladenausstattung ⟨f⟩ dükkânın donatımı
Ladenbesitzer ⟨m⟩ dükkân sahibi
Ladendieb ⟨m⟩ dükkân hırsızı
Ladendiebstahl ⟨m⟩ dükkân hırsızlığı
Ladeneinrichtung ⟨f⟩ dükkânın tesisatı
Ladenfläche ⟨f⟩ (dükkânın/mağazanın) satış alanı
Ladenhüter ⟨m⟩ satılamayan eşya
Ladeninhaber ⟨m⟩ dükkân sahibi
Ladenkasse ⟨f⟩ dükkân kasası
Ladenkette ⟨f⟩ *(Mk)* mağazalar zinciri
Ladenlokal ⟨n⟩ dükkân; mağaza
Ladenöffnungszeiten ⟨pl⟩ dükkânların açılış saatleri
Ladenpreis ⟨m⟩ dükkân (satış) fiyatı; mağaza (satış) fiyatı
Ladenschluß ⟨m⟩ dükkânların/mağazaların kapanış saatleri
[früher ...] dükkânların/mağazaların erken kapanması
Ladenstraße ⟨f⟩ alış veriş caddesi; dükkânların bulunduğu cadde
Ladentheke ⟨f⟩ dükkân tezgâhı
Ladentisch ⟨m⟩ dükkân tezgâhı
Ladepapiere ⟨pl⟩ yükleme evrakı/belgeleri
Laderampe ⟨f⟩ yükleme rampası
Laderaum ⟨m⟩ ambar
Ladeschein ⟨m⟩ yükleme makbuzu
Ladeschluß ⟨m⟩ yükleme sonu
Ladespesen ⟨pl⟩ yükleme harcı
Ladenverkaufspreis ⟨m⟩ dükkân fiyatı; mağaza (satış) fiyatı
Ladevermögen ⟨n⟩ yük kapasitesi; yükleme kapasitesi
Ladeverzeichnis ⟨n⟩ yük listesi; yükleme listesi; *(Schff)* manifesto
Ladezeit ⟨f⟩ yükleme süresi/müddeti
Ladezettel ⟨m⟩ yükü devralma senedi
Ladung ⟨f⟩ yük; kargo; *(Schff)* navlun; *(Bahn)* hamule; *(Jur)* davetiye
[... löschen] yük boşaltmak
[... (über)nehmen] yük (teslim) almak
[bewegliche ...] hareketli kargo; *(Bahn)* hareketli hamule; *(Schff)* hareketli navlun
[durchgehende ...] transit yük
[fahrende ...] sürülen yük; motorize yük
[feuergefährliche ...] yanar madde kargosu/hamulesi/navlunu
[flüssige ...] sıvı kargo; *(Bahn)* sıvı hamule; *(Schff)* sıvı navlun
[lose ...] havaleli yük
[nasse ...] sıvı kargo; *(Bahn)* sıvı hamule; *(Schff)* sıvı navlun
[satzungsgemäße ...] tüzüğe uygun davetiye
[schwimmende ...] yüzer kargo; *(Schff)* yüzer navlun
[sperrige ...] fazla yer kaplayan yük; havaleli yük

[trockene ...] kuru kargo; *(Bahn)* kuru hamule; *(Schff)* kuru navlun
[verderbliche ...] dayanıksız kargo; *(Bahn)* dayanıksız hamule; (Schff) dayanıksız navlun
Ladungsaufkommen ⟨n⟩ yük hacmi
Ladungseigentümer ⟨m⟩ yük hamili/sahibi; yükleten
Ladungsempfänger ⟨m⟩ yük gönderilen
Ladungsschaden ⟨m⟩ yükleme hasarı
Ladungsverzeichnis ⟨n⟩ yük listesi; *(Schff)* manifesto
Lag ⟨m⟩ *(VWL)* gecikme; *(Eng)* lag
Lage ⟨f⟩ durum; hal; konum
[... auf dem Arbeitsmarkt] iş piyasasında durum
[außenwirtschaftliche ...] *(AußH)* dış ekonomik durum
[ausweglose ...] çaresiz durum
[finanzielle ...] finansal durum; mali durum
[gesamtwirtschaftliche ...] *(VWL)* genel ekonomik durum
[gespannte ...] gergin durum
[konjunkturelle ...] ekonomik durum
[kritische ...] kritik durum
[persönliche ...] kişisel durum
[schwierige ...] zor durum
[verfahrene ...] çıkmaz
[wirtschaftliche ...] ekonomik durum
Lagebericht ⟨m⟩ durum raporu
Lageplan ⟨m⟩ konum planı
Lager ⟨n⟩ 1. depo; ardiye; *(LandW)* ambar; *(Zo)* antrepo; mağaza 2. stok; emtia; envanter
[... abbauen] ambarı/depoyu boşaltmak; stokları azaltmak
[... auffüllen] stokları yenilemek; ambarı doldurmak
[... aufstocken] stokları yenilemek; ambarı doldurmak
[... räumen] ambarı/depoyu boşaltmak; stokları azaltmak
[... umschlagen] stok devretmek
[ab ...] depoda(n); ardiyede(n); *(Zo)* antrepoda(n)
[ab ... liefern] ardiyeden/depodan sevketmek
[ab ... übergeben] ardiyede/depoda devretmek; *(Zo)* antrepoda devretmek
[ab ... übernehmen] ardiyede/depoda teslim almak; *(Zo)* antrepoda teslim almak
[ab ... verkaufen] ardiyede/depoda satmak
[auf ...] depoda; ambarda; ardiyede; stokta
[auf ... haben] depoda/stokta bulundurmak
[auf ... halten] depoda/stokta bulundurmak
[auf ... nehmen] stok almak
[auf ... produzieren] stok için üretmek
[firmeneigenes ...] firmaya ait ambar/depo/ardiye
[frei ...] ardiye teslimi; *(Zo)* antrepo teslimi
[nicht auf ...] stokta bulunmamak
[öffentliches ...] açık depo; umumî ambar
[reich sortiertes ...] çok çeşitli stoklar
[reichhaltiges ...] çok çeşitli stoklar
[Übergabe ab ...] ambarda/ardiyede devir; *(Zo)* antrepoda devir
[Übernahme ab ...] ambarda/ardiyede teslim alma; *(Zo)* antrepoda teslim alma

Lagerabbau / **Lagerveralterung**

[Verkauf ab ...] ardiyede satış; *(Zo)* antrepoda satış
[vom ... liefern] depodan sevketmek/göndermek
Lagerabbau ⟨m⟩ stokların tasfiyesi
Lagerabgang ⟨m⟩ ardiye çıkışı; *(Zo)* antrepo çıkışı
Lageranfertigung ⟨f⟩ stok üretimi
Lageranforderung ⟨f⟩ stok ihtiyacı/gereksinimi
Lagerarbeiter ⟨m⟩ ardiye/ambar işçisi
Lagerartikel ⟨m⟩ stok kalemi
Lageraufbau ⟨m⟩ stok yapma; stoklama
Lagerauffüllung ⟨f⟩ stok yenileme; stok yapma
Lagerauflösung ⟨f⟩ stokların tasfiyesi
Lageraufnahme ⟨f⟩ stok/envanter sayımı
Lageraufseher ⟨m⟩ ambar memuru; ardiyeci; *(Zo)* antrepocu
Lageraufstellung ⟨f⟩ (depodaki/ambardaki) stokların dökümü/listesi
Lageraufstockung ⟨f⟩ stoklama; stok yapma; stok yenileme
Lagerauftrag ⟨m⟩ stok siparişi
Lagerausgang ⟨m⟩ depo/ambar/ardiye çıkışı; *(Zo)* antrepo çıkışı
Lagerbedarf ⟨m⟩ stok gereksinmesi/ihtiyacı
Lagerbestand ⟨m⟩ stok; (depodaki) emtia/malların mevcudu; envanter
[... abbauen] stokları tasfiye etmek; emtia mevcudunu azaltmak
[... auffüllen] stok yenilemek; emtia mevcudunu artırmak
[... aufnehmen] stok almak/yapmak
[kritischer ...] kritik stok miktarı
Lagerbestandsauffüllung ⟨f⟩ stok yenileme
Lagerbestandsaufnahme ⟨f⟩ stok sayımı
Lagerbestandsaufstellung ⟨f⟩ stok dökümü
Lagerbestandsbewegung ⟨f⟩ stok hareketi
Lagerbestandsbewertung ⟨f⟩ stok değerleme
Lagerbestandskarte ⟨f⟩ depo takip kartı; stok kartı
Lagerbestandskontrolle ⟨f⟩ stok kontrol(ü)
Lagerbestandsliste ⟨f⟩ emtia mevcudu listesi; envanter listesi
Lagerbestandsmenge ⟨f⟩ stok miktarı
Lagerbestandsveränderung ⟨f⟩ stok değişimi
Lagerbestandsverzeichnis ⟨n⟩ stok listesi; depo mevcudu listesi
Lagerbestandswert ⟨m⟩ stok değeri
Lagerbestellung ⟨f⟩ stok siparişi
Lagerbewertung ⟨f⟩ stok değerleme
Lagerbezugsschein ⟨m⟩ ambar çıkış fişi; ambardan/ardiyeden/depodan mal çekme/alma fişi
Lagerbildung ⟨f⟩ stok yapma; emtia birikimi
Lagerbuch ⟨n⟩ depo/ambar/ardiye/antrepo defteri; *(Zo)* antrepo defteri
Lagerbuchführung ⟨f⟩ ambar/ardiye/antrepo muhasebesi
Lagerbuchhaltung ⟨f⟩ → **Lagerbuchführung**
Lagerdisposition ⟨f⟩ (antrepoda/ardiyede) stok yönetimi
Lagerdruck ⟨m⟩ stok fazlalığı
Lagereingang ⟨m⟩ ambar/depo/ardiye girişi
Lagerempfangsschein ⟨m⟩ resepise-varant; ambar/ardiye makbuzu; *(Zo)* antrepo makbuzu
Lagerfach ⟨n⟩ ambar/ardiye/antrepo bölümü
lagerfähig ⟨adj⟩ depolanabilir
Lagerfertigung ⟨f⟩ depo yapımı; stok üretimi

Lagerfläche ⟨f⟩ ambar/depo alanı
Lagergebühr ⟨f⟩ ambar/depolama ücreti; ardiye harcı; *(Zo)* antrepo resmi
Lagergeld ⟨n⟩ ambar/ardiye parası
Lagergröße ⟨f⟩ depo/ardiye/ambar büyüklüğü
Lagergut ⟨n⟩ depoluk/ardiyelik/ambarlık mal; emtia; ardiye/antrepo malı
Lagerhalle ⟨f⟩ ardiye binası; depo; *(Zo)* antrepo binası
Lagerhaltung ⟨f⟩ depolama; depoda tutma; depo ve ambarların işletilmesi
Lagerhaltungskonnossement ⟨n⟩ depo/ambar konşimentosu
Lagerhaltungskosten ⟨pl⟩ depolama maliyeti; depo ve ambarları işletme maliyeti
Lagerhaltungssystem ⟨n⟩ depolama sistemi
Lagerhaltungszyklus ⟨m⟩ envanter döngüsü
Lagerhaus ⟨n⟩ mağaza; ambar; ardiye; depo; *(Zo)* antrepo
[... für zollpflichtige Güter] gümrüğe tabi mallar antreposu
[öffentliches ...] umumî mağaza/ambar; açık depo; *(Zo)* açık mağaza
Lagerhausanstalt ⟨f⟩ umumî mağaza
Lagerhausbescheinigung ⟨f⟩ ambar makbuzu; resepise-varant
Lagerhausgesellschaft ⟨f⟩ depolama şirketi
Lagerhausumsatz ⟨m⟩ ambar devir miktarı
Lagerinvestition(en) ⟨pl⟩ stok yatırım(lar)ı
Lagerist ⟨m⟩ ardiyeci; ambar memuru; *(Zo)* antrepocu
Lagerkapazität ⟨f⟩ depolama/ambarlama kapazitesi
Lagerkarte ⟨f⟩ depo (takip) kartı; stok kartı
Lagerkontrolle ⟨f⟩ ambar/depo/ardiye kontrolü
Lagerkosten ⟨pl⟩ depo(lama/ambar(lama) maliyeti; antrepo giderleri
Lagermaterial ⟨n⟩ ambardaki madde
Lagermiete ⟨f⟩ depo kirası
lagern ⟨v/t⟩ depolamak
Lagerpfandschein ⟨m⟩ *(WeR)* varant; *(WeR)* rehin senedi
Lagerplanung ⟨f⟩ stok planlama
Lagerplatz ⟨m⟩ ambarlama/depolama yeri
Lagerräumung ⟨f⟩ depoyu boşaltma; stokların tasfiyesi
Lagerschaden ⟨m⟩ stoklarda hasar
Lagerschein ⟨m⟩ ambar makbuzu; emtia senedi; rehin senedi; varant
Lagerschuppen ⟨m⟩ ardiye kulübesi; gedik bina
Lagerschwund ⟨m⟩ depo/stok kaybı
Lagerspesen ⟨pl⟩ depolama harcı/masrafları
Lagerstelle ⟨f⟩ depo yeri
Lagerumfang ⟨m⟩ stok kapsamı
Lagerumschlag ⟨m⟩ stok devri
Lagerumschlagsgeschwindigkeit ⟨f⟩ stok devir hızı
Lagerumschlagshäufigkeit ⟨f⟩ stok devri
Lagerumschlagszeit ⟨f⟩ stok devir süresi
Lagerung ⟨f⟩ depolama; depo etme; stoklama; stoklanma
[... unter Zollverschluß] *(Zo)* antrepolu depolama
Lagerungsfähigkeit ⟨f⟩ depolama yeteneği
Lagerungshafen ⟨m⟩ *(Schff)* antrepo limanı
Lagerveralterung ⟨f⟩ stok eskimesi

Lagerverlust ⟨m⟩ depo/stok kaybı
Lagerverwalter ⟨m⟩ depo şefi; ardiyeci; ambar memuru; *(Zo)* antrepocu
Lagerverzeichnis ⟨n⟩ ambar/ardiye/stok listesi
Lagervorrat ⟨m⟩ ambar/depo/ardiye stoku
Lagerwirtschaft ⟨f⟩ ambar ve depo rejimi
Lagerzeit ⟨f⟩ depolama süresi/müddeti
Lagerzettel ⟨m⟩ ardiye/ambar/depo fişi
Lagerzugänge ⟨pl⟩ stok girişleri
Lagerzyklus ⟨m⟩ stok devri/döngüsü
Land ⟨n⟩ 1. ülke; memleket; 2. kara 3. arazi; toprak 4. bölge; *(D)* eyalet
  [... bewirtschaften] *(LandW)* araziyi/toprağı ekmek/işletmek
  [am wenigsten entwickeltes ...] en az gelişmiş ülke
  [an ... bringen] *(Schff)* karaya çıkarmak
  [anbaufähiges ...] imarı mümkün arazi
  [angebautes ...] *(LandW)* ekili arazi
  [baureifes ...] imar ve iskâna hazır arazi
  [bebautes ...] imar edilmiş bölge
  [landwirtschaftlich genutztes ...] tarım için kullanılan arazi
  [präferenzbegünstigtes ...] imtiyazlı ülke
  [unterentwickeltes ...] az gelişmiş ülke
  [weniger entwickeltes ...] az gelişmiş ülke
  [zu erschließendes ...] 1. altyapısı henüz kurulmamış arazi/bölge; 2. gelişmekte olan ülke
Landarbeit ⟨f⟩ *(VWL)* tarımsal emek
Landarbeiter ⟨m⟩ *(LandW)* tarım işçisi
Landbank ⟨f⟩ *(BkW)* tarım bankası
Landbau ⟨m⟩ *(LandW)* tarım; *(LandW)* çiftçilik
Landbesitz ⟨m⟩ arazi zilyetliği
Landbesitzer ⟨m⟩ arazi sahibi/zilyedi
Landbevölkerung ⟨f⟩ *(VWL)* kırsal nüfus
Landbewirtschaftung ⟨f⟩ *(LandW)* tarım; *(LandW)* çiftçilik
landen ⟨int⟩ *(Flug)* yere inmek; *(Schff)* karaya yanaşmak/çıkmak
Ländereien ⟨pl⟩ büyük emlak ve arazi
Landerschließung ⟨f⟩ arazi edindirme; toprak geliştirme/değerlendirme; bayındırlık; imar
Landerwerb ⟨m⟩ arazi iktisabı; toprak alma
Landesdurchschnitt ⟨m⟩ ülke ortalaması; milli ortalama
landeseigen ⟨adj⟩ devlete ait
Landesförderung ⟨f⟩ devlet/eyalet teşviki
Landesgrenze ⟨f⟩ devlet sınırı; *(D)* eyalet sınırı
Landeshilfe ⟨f⟩ devlet/eyalet yardımı
Landesplanung ⟨f⟩ bölge planlama
Landeswährung ⟨f⟩ memleket parası; milli para
Landeszentralbank ⟨f⟩ *(D)* eyalet merkez bankası
Landfracht ⟨f⟩ kara taşımacılığı
Landhandel ⟨m⟩ kırsal ticaret
Landnutzung ⟨f⟩ toprakları kullanma; toprak değerlendirme
Landpacht ⟨f⟩ yer/arazi kirası
Landratsbezirk ⟨m⟩ kaymakamlık; kaza; ilçe
Landtransport ⟨m⟩ kara taşımacılığı; karayolu taşıması
Landung ⟨f⟩ iniş; *(Schff)* karaya çıkma
Landungsgebühr ⟨f⟩ *(Flug)* alan parası; ayak bastı parası; *(Schff)* rıhtım harcı
Landungshafen ⟨m⟩ *(Schff)* varma limanı
Landungskosten ⟨pl⟩ ayak bastı parası;

(Schff) karaya çıkma ücreti; rıhtım masrafları
Landungszoll ⟨m⟩ *(Zo)* rıhtım gümrüğü
Landverkauf ⟨m⟩ arazi/toprak satışı
Landwarenhandel ⟨m⟩ tarımsal ürünler ticareti
Landweg ⟨m⟩ kara yolu
  [auf dem ...] karadan; kara yolu ile
Landwirtschaft ⟨f⟩ *(LandW)* tarım; *(LandW)* ziraat; *(LandW)* çiftçilik
  [extensive ...] *(LandW)* geniş tarım
  [intensive ...] *(LandW)* yoğun tarım
  [Preisparität in der ...] tarım paritesi
landwirtschaftlich ⟨adj⟩ tarımsal
Landwirtschaftskredit ⟨m⟩ *(BkW)* tarım kredisi
Landwirtschaftspolitik ⟨f⟩ *(VWL)* tarım politikası
  [... der Europäischen Gemeinschaft] *(EU)* Avrupa Topluluğu'nun tarım politikası
langfristig ⟨adj⟩ uzun süreli/vadeli
langjährig ⟨adj⟩ uzun yıllar; yıllarca
Langläufer ⟨m⟩ uzun vadeli istikraz/tahvil
langlebig ⟨adj⟩ uzun ömürlü; dayanıklı
Längsseite ⟨f⟩ *(Schff)* aborda
  [frei ... Kai] (ücretsiz) rıhtımda teslim
  [frei ... Schiff] (ücretsiz) aborda teslim; *(Inco)* fas
Längsseitslieferung ⟨f⟩ *(Schff)* aborda teslim
Langstrecken- uzun yol/mesafe
Langzeitarbeitslosigkeit ⟨f⟩ uzun süreli işsizlik
Last ⟨f⟩ 1. yük 2. ücret; harç 3. borç; yüküm; yükümlülük 4. masraf
  [dauernde ... en] sabit/sürekli masraflar
  [frei von ... en] masrafsız
  [soziale ... en] *(öFi)* toplumsal yüküm;
  (öFi) kamu borçları; *(öFi)* kamu borçlanması
  [steuerliche ...] *(VWL)* vergi yükü
  [zu ... des Käufers] alıcı tarafından ödenmek üzere; alıcı öder
  [zu ... en von] tarafından ödenmek üzere
  [zu jds ... en gehen] tarafından ödenmek üzere
Lastenaufzug ⟨m⟩ yük asansörü
lastenfrei ⟨adj⟩ ücretsiz; harçsız; yükümsüz
Lastenübergang ⟨m⟩ borçların devri/nakli
Lastenverteilung ⟨f⟩ borçların paylaşma; yük dağılımı
Lastkraftwagen/LKW ⟨m⟩ →**Lastwagen** *(Kfz)* ağır vasıta
Lastgrenze ⟨f⟩ azamî yük
Lastschrift ⟨f⟩ (gayri nakdî) borç kaydı
  [...en und Gutschriften] borç ve alacak kayıtları
Lastschriftanzeige ⟨f⟩ *(ReW)* borç dekontu
Lastschriftauftrag ⟨m⟩ (gayri nakdî) borç kaydı emri
Lastschriftbeleg ⟨m⟩ borç kaydı makbuzu
Lastschrifteinzug ⟨m⟩ (gayri nakdî) borç kaydı yoluyla tahsilat
Lastschrifteinzugsverkehr ⟨m⟩ (gayri nakdî) borç kaydı yoluyla tahsilat işlemleri
Lastschriftverfahren ⟨n⟩ borç kaydı yöntemi
Lastschriftverkehr ⟨m⟩ borç kaydı işlemleri
Lastwagen ⟨m⟩ *(Kfz)* ağır vasıta; kamyon
  [... mit Anhänger] *(Kfz)* römörklü kamyon
Lastwagenanhänger ⟨m⟩ *(Kfz)* ağır vasıta römörkü
Lastwagenbeförderung ⟨f⟩ kamyonla taşıma
Lastwagenladung ⟨f⟩ ağır vasıta yükü; kamyon yükü
Lastwagenpark ⟨m⟩ ağır vasıta filosu

Lastwagenspediteur ⟨m⟩ kamyonla taşıma yapan taşıyıcı/nakliyeci
Lastwagenspedition ⟨f⟩ kamyonla taşıma/nakliyat
Lastwagentransport ⟨m⟩ kamyonla taşıma/nakliyat; ağır vasıta ile taşıma
Lastzug ⟨m⟩ *(Kfz)* treyler
Lattenkiste ⟨f⟩ tahta kasa
Lauf ⟨m⟩ seyir; süre
 [... einer Frist] müecceliyet; süre; vade
Laufbahn ⟨f⟩ yol; kariyer
 [berufliche ...] meslek yolu; kariyer
Laufbahnaussichten ⟨pl⟩ kariyer yapma olanakları
Laufbahnentwicklung ⟨f⟩ meslek yolunda ilerleme; kariyer yapma
Laufbahnplanung ⟨f⟩ kariyer planlama
laufend ⟨adj⟩ cari
Laufjunge ⟨m⟩ dükkân çırağı; çırak; hademe; uşak
Laufkarte ⟨f⟩ takip kartı
Laufkunde ⟨m⟩ (tesadüfen/rastgele) gelip giden müşteri
Laufkundschaft ⟨f⟩ (tesadüfen/rastgele) gelip giden müşteriler
Laufzeit ⟨f⟩ vade; süre; geçerlilik süresi; müddet
 [... des Vertrags] *(Jur)* sözleşmenin (geçerlilik) süresi
 [... einer Anleihe] istikrazın vadesi
 [... einer Hypothek] ipoteğin süresi/vadesi
 [... einer Police] *(Vers)* poliçenin (geçerlilik) süresi
 [... einer Versicherung] *(Vers)* sigortanın (geçerlilik) süresi
 [... eines Akkreditivs] *(BkW)* akreditifin vadesi/süresi
 [... eines Darlehens] *(BkW)* avansın vadesi/süresi; *(BkW)* ikrazın vadesi/süresi
 [... eines Kredits] *(BkW)* kredinin vadesi; *(BkW)* kredinin süresi
 [... eines Mietvertrags] kira sözleşmesinin süresi
 [... eines Pachtvertrags] icar mukavelesinin süresi; kira sözleşmesinin süresi
 [... eines Patents] *(Pat)* patentin süresi
 [... eines Vertrags] *(Jur)* sözleşmenin (geçerlilik) süresi
 [... eines Wechsels] senedin vadesi
 [für die volle ...] sürenin toplamı için
 [restliche ...] geriye kalan süre; geriye kalan vade
lautend auf ⟨adj⟩ adına (ödenmek üzere); yazılı
lauter ⟨adj⟩ 1. katıksız, karışıksız; saf 2. durust; hilesiz
Layout ⟨n⟩ *(Press)* sayfa düzeni
Leasing ⟨n⟩ *(BkW)* finansal kiralama; *(Eng)* leasing
 [mittel- und langfristiges ...] orta ve uzun vadeli finansal kiralama
Leasinggeber ⟨m⟩ *(BkW)* finansal kiralamaya veren
Leasingnehmer ⟨m⟩ *(BkW)* finansal kiralama ile alan
Leasingvertrag ⟨m⟩ finansal kiralama sözleşmesi
Leben ⟨n⟩ yaşam; hayat; ömür
 [bewegtes ...] hareketli yaşam
 [eheliches ...] evlilik yaşamı
 [im täglichen ...] günlük yaşamda

 [kulturelles ...] kültür yaşamı
 [politisches ...] politik yaşam
 [soziales ...] sosyal yaşam
 [versichertes ...] sigortalı yaşam
 [wirtschaftliches ...] ekonomik yaşam; ekonomik faaliyet
leben ⟨int⟩ yaşamak
 [getrennt ...] ayrı yaşamak
Lebendgewicht ⟨n⟩ canlı ağırlık
Lebensarbeitszeit ⟨f⟩ ömür boyu toplam çalışma süresi
Lebensbedarf ⟨m⟩ yaşam ihtiyacı
Lebensbedingungen ⟨pl⟩ yaşam koşulları; hayat şartları
Lebensbedürfnisse ⟨pl⟩ geçim ihtiyaçları
Lebensdauer ⟨f⟩ (ekonomik) ömür; dayanıklılık/dayanma süresi
 [begrenzte ...] sınırlı ömür
 [durchschnittliche ...] *(LebV)* standart ömür
 [lange ...] uzun ömür
 [mittlere ...] ortalama ömür
 [mutmaßliche ...] (bir eşyanın) tahminen ömrü
 [optimale ...] *(BWL)* optimum ömür
 [wahrscheinliche ...] olasılıklı ömür
 [wirtschaftliche ...] *(BWL)* ekonomik ömür
Lebenseinkommen ⟨n⟩ kaydıhayatla gelir; ömür boyu gelir
Lebenserwartung ⟨f⟩ yaşam beklentisi
lebensfähig ⟨adj⟩ yaşamaya yetenekli
Lebensfähigkeit ⟨f⟩ yaşama yeteneği
Lebensfallversicherung ⟨f⟩ *(Vers)* karma sigorta
Lebensfrage ⟨f⟩ hayatî sorun
Lebensgefahr ⟨f⟩ hayatî tehlike
Lebensgefährte ⟨f⟩ hayat arkadaşı
Lebensgeschichte ⟨f⟩ yaşam öyküsü
Lebenshaltung ⟨f⟩ yaşam/hayat standardı; geçim; geçinme
Lebenshaltungsgleitklausel ⟨f⟩ geçimde eşel mobil kaydı
Lebenshaltungsindex ⟨m⟩ *(Stat)* geçim indeksi
Lebenshaltungskosten ⟨pl⟩ *(Stat)* geçim masrafları
Lebenshaltungskostenzuschlag ⟨m⟩ en az geçim indirimi/zammı/primi
Lebenshaltungspreisindex ⟨m⟩ *(Stat)* geçim (fiyat) indeksi
Lebenshaltungszuschuß ⟨m⟩ en az geçim indirimi
Lebenskampf ⟨m⟩ hayat mücadelesi/kavgası
Lebenskenner ⟨m⟩ hayat adamı
lebenslang ⟨adj⟩ hayat/ömür boyu; kaydıhayatla
Lebenslauf ⟨m⟩ yaşam öyküsü; özgeçmiş
Lebensmittel ⟨pl⟩ gıda maddeleri
Lebensmittelauszeichnung ⟨f⟩ gıda maddelerini etiketleme
Lebensmittelbewirtschaftung ⟨f⟩ gıda maddeleri yönetimi
Lebensmittelbranche ⟨f⟩ gıda sektörü
Lebensmitteleinfuhren ⟨pl⟩ gıda maddeleri ithalatı
Lebensmittel(einzel)handel ⟨m⟩ bakkaliye; gıda maddeleri perakendeciliği
Lebensmitteleinzelhändler ⟨m⟩ bakkal
Lebensmittelfälschung ⟨f⟩ gıda maddelerine karıştırma
Lebensmittelfilialist ⟨m⟩ gıda bayii
Lebensmittelgeschäft ⟨n⟩ bakkal dükkânı; bakkaliye; gıda pazarı

Lebensmittelgroßhandel ⟨m⟩ gıda maddeleri toptancılığı
Lebensmittelgroßhändler ⟨m⟩ gıda maddeleri toptancısı
Lebensmittelindustrie ⟨f⟩ gıda (maddeleri) sanayii
Lebensmittelkennzeichnung ⟨f⟩ gıda maddelerini etiketleme
Lebensmittelkette ⟨f⟩ gıda pazarları zinciri
Lebensmittelladen ⟨m⟩ bakkal dükkânı; bakkaliye; gıda pazarı
Lebensmittelmarke ⟨f⟩ yemek fişi
Lebensmittelverarbeitung ⟨f⟩ gıda (maddelerini) işleme
Lebensmittelverpackung ⟨f⟩ gıda maddesi ambalajı
Lebensmittelversorgung ⟨f⟩ gıda maddeleri sağlama; yemek servisi
Lebensmittelvorrat ⟨m⟩ gıda (maddeleri) stoku
lebensnotwendig ⟨adj⟩ yaşam için zorunlu/gerekli
Lebensrettung ⟨f⟩ can kurtarma
Lebensstandard ⟨m⟩ yaşam/hayat standardı
[höherer ...] yüksek yaşam/hayat standardı
Lebensstellung ⟨f⟩ ömür boyu mevki/memuriyet; kaydıhayatla memuriyet
Lebensunterhalt ⟨m⟩ geçim
[seinen ... bestreiten] geçimini kendi kazanmak
[seinen ... verdienen] hayatını kazanmak
Lebensverhältnisse ⟨pl⟩ yaşam koşulları
Lebensversicherer ⟨m⟩ *(LebV)* hayat sigortası yapan acenta/sigortacı
Lebensversicherung ⟨f⟩ *(LebV)* hayat/can sigortası
[... auf den Erlebensfall] *(LebV)* hayat halinde sigorta
[... auf den Todesfall] *(LebV)* ölüm halinde (gerçekleşen) hayat sigortası
[... auf Gegenseitigkeit] *(LebV)* karşılıklı hayat sigortası
[... für Arbeitnehmer] *(LebV)* işçiler için hayat sigortası
[... gegen Einmalprämie] *(LebV)* bir defaya mahsus prim ödemeli hayat sigortası
[... mit festem Auszahlungstermin] *(LebV)* kesin ödeme tarihli hayat sigortası
[... mit Gewinnbeteiligung] *(LebV)* kâra katılmalı hayat sigortası
[... zur Hypothekenrückzahlung] amortisman sigortası
[gegenseitige ...] *(LebV)* karşılıklı hayat sigortası
[gemischte ...] *(LebV)* karma hayat/can sigortası
[kombinierte ...] *(LebV)* karma hayat/can sigortası
Lebensversicherungsfreibetrag ⟨m⟩ vergiden muaf hayat sigortası aidat payı
Lebensversicherungsgesellschaft ⟨f⟩ *(LebV)* hayat sigortası şirketi
Lebensversicherungspolice ⟨f⟩ *(LebV)* hayat sigortası poliçesi
Lebensversicherungsprämie ⟨f⟩ *(LebV)* hayat sigortası primi
Lebensweise ⟨f⟩ yaşam/yaşama tarzı
Lebenszeit ⟨f⟩ yaşam/hayat/ömür süresi
[auf ...] *(Stelle)* kaydıhayatla; ömür boyu/boyunca
Lebenszeitanstellung ⟨f⟩ ömür boyu memuriyet
Lebenszeitbeschäftigung ⟨f⟩ ömür boyu istihdam
Lebenszyklus ⟨m⟩ yaşam devresi; ömür
lebhaft ⟨adj⟩ canlı
Leck ⟨n⟩ *(Schff)* akma
Leckage ⟨f⟩ *(Schff)* akma
[frei von ...] *(Schff)* akma frankodur
Lecken ⟨n⟩ akma
Leder ⟨n⟩ deri; meşin; kösele
[echtes ...] hakiki deri
Lederarbeit ⟨f⟩ deri işi
Lederart ⟨f⟩ deri cinsi
Lederindustrie ⟨f⟩ *(Ind)* deri sanayii
Lederwaren ⟨f⟩ deri ürünleri
Lederwarenmesse ⟨f⟩ *(Mk)* deri ürünleri fuarı
ledig ⟨adj⟩ *(Jur)* bekâr
leer ⟨adj⟩ boş
Leerabgabe ⟨f⟩ *(Bö)* açığa satış; depor işlemi
Leerbestellung ⟨f⟩ fiktif sipariş
Leere ⟨f⟩ boşluk
leeren ⟨v/t⟩ boşaltmak
Leerfahrt ⟨f⟩ boş sefer
Leerfracht ⟨f⟩ ölü yük; *(Schff)* dedveyt çarter
Leergewicht ⟨n⟩ ölü/yüksüz ağırlık; *(Schff)* dedveyt
Leergut ⟨n⟩ (ambalaj/paket/kutu/kasa gibi) içi boş mallar
Leerkauf ⟨m⟩ karşılıksız alım
Leerkosten ⟨pl⟩ *(KoR)* aylak kapasite maliyeti
Leerpackung ⟨f⟩ (içi) boş paket/ambalaj
leerstehend ⟨adj⟩ boş duran; kullanılmayan
Leertonne ⟨f⟩ *(Schff)* dedveyt tonalitosu
Leertonnage ⟨f⟩ *(Schff)* dedveyt tonajı
Leerverkauf ⟨m⟩ → **Leerabgabe**
Leerwohnung ⟨f⟩ boş daire
legal ⟨adj⟩ *(Jur)* kanunî; yasal; meşru; legal
legalisieren ⟨v/t⟩ *(Jur)* yasallaştırmak; legalize etmek
Legalität ⟨f⟩ *(Jur)* yasallık; meşruiyet
Lehre ⟨f⟩ *(Ausbildung)* çıraklık
[... absolvieren] çıraklık yapmak
[in der ... sein (bei)] (yanında) çırak olarak bulunmak
[in die ... gehen (bei)] (yanında) çıraklığa başlamak
[gewerbliche ...] sınaî çıraklık
[kaufmännische ...] ticarî çıraklık
lehren ⟨v/t⟩ öğretmek
Lehrer ⟨m⟩ öğretmen
Lehrerin ⟨f⟩ kadın öğretmen
Lehrfach ⟨n⟩ (okutulan/öğretilen) ders
Lehrgang ⟨m⟩ kurs
Lehrgangsgebühr ⟨f⟩ kurs ücreti
Lehrgangsleiter ⟨m⟩ kurs yöneticisi
Lehrgangsteilnahme ⟨f⟩ kursa katılma
Lehrgangsteilnehmer ⟨m⟩ kursa katılan; kursiyer
Lehrgegenstand ⟨m⟩ ders konusu
Lehrherr ⟨m⟩ usta
Lehrjunge ⟨m⟩ (genç erkek) çırak
Lehrkörper ⟨m⟩ öğretmen kadrosu
Lehrling ⟨m⟩ çırak
[gewerblicher ...] sanayi/zanaat çırağı
[kaufmännischer ...] ticarî çırak
Lehrlingsausbildung ⟨f⟩ çıraklık eğitimi
Lehrlingsberuf ⟨m⟩ çıraklık mesleği
Lehrlingswerkstatt ⟨f⟩ çırak eğitimi atölyesi

Lehrmädchen ⟨n⟩ kız çırak
Lehrschau ⟨f⟩ eğitici program/gösteri
Lehrstelle ⟨f⟩ çıraklık (yeri)
Lehrvertrag ⟨m⟩ çıraklık sözleşmesi
Lehrwerkstatt ⟨f⟩ → **Lehrlingswerkstatt**
Lehrwerkstätte ⟨f⟩ → **Lehrlingswerkstatt**
Lehrzeit ⟨f⟩ çıraklık devresi
Leibrente ⟨f⟩ *(SozV)* ömür boyu emeklilik; *(Jur)* kaydıhayatla gelir
Leibrentenempfänger ⟨m⟩ *(SozV)* ömür boyu emekli maaşı alan
Leibrentenversicherung ⟨f⟩ *(SozV)* ömür boyu emeklilik sigortası
Leichtbrief ⟨m⟩ *(Post)* uçak ile (mektup)
Leichter ⟨m⟩ *(Schff)* mavna
 [auf ... umladen] mavnaya aktarmak
 [frei in ...] (ücretsiz) mavna teslimi
Leichtergebühr ⟨f⟩ mavna ücreti
Leichtergeld ⟨n⟩ mavna parası
Leichtern ⟨n⟩ *(Schff)* kısmen boşaltma
leichtern ⟨v/t⟩ *(Schff)* kısmen boşaltmak
Leichterung ⟨f⟩ *(Schff)* kısmen boşaltma
Leichtindustrie ⟨f⟩ hafif endüstri
Leichtlohn ⟨m⟩ taban ücret
Leichtmetall ⟨n⟩ hafif metal
Leichtmetallindustrie ⟨f⟩ hafif metal sanayii
leichtverderblich ⟨adj⟩ kolay bozulur; dayanıksız
Leihamt ⟨n⟩ → **Leihanstalt**
Leihanstalt ⟨n⟩ (rehin karşılığı) ikraz veren kurum
Leiharbeit ⟨f⟩ kiralık iş; geçici iş
Leiharbeiter ⟨m⟩ kiralık işçi; ödünç/geçici işçi
Leiharbeitsfirma ⟨f⟩ işçi kirayan firma
Leiharbeitskräfte ⟨pl⟩ kiralık işgücü; ödünç/geçici işgücü
Leiharbeitnehmer ⟨m⟩ kiralık işçi; ödünç/geçici işçi
leihen ⟨v/t⟩ ödünç/kiraya vermek; ödünç almak; kiralamak
Leihfrist ⟨f⟩ ödünç verme süresi; kiralama süresi
Leihgebühr ⟨f⟩ ödünç verme ücreti
Leihhaus ⟨n⟩ (rehin karşılığı) ikraz veren kurum
Leihhausschein ⟨m⟩ *(WeR)* rehin makbuzu
Leihkapital ⟨n⟩ *(BkW)* ödünç sermaye
Leihkräfte ⟨pl⟩ kiralık işgücü; ödünç/geçici işgücü
Leihpersonal ⟨n⟩ kiralık personel; ödünç/geçici personel
Leihschein ⟨m⟩ *(WeR)* rehin makbuzu
Leihwagen ⟨m⟩ kiralık araba
leihweise ⟨adj⟩ kiralık olarak
leisten ⟨v/t⟩ ödemek; (hizmet) vermek
Leistung ⟨f⟩ 1. başarı, etkinlik; verim 2. randıman; performans; 3. edim; ödeme; ödeme gücü; *(Jur)* eda; edim
 [... an Dritte] üçüncü kişiye edim
 [... an Erfüllungs Statt] *(Jur)* ifa yerini tutan eda
 [... an Zahlungs Statt] *(Jur)* ödeme yerine edim
 [... in Geld] nakit/para olarak ödeme
 [... in Naturalien] aynî eda/edim; *(Jur)* maddî eda
 [... pro Arbeitsstunde] iş saati başına randıman
 [... und Gegenleistung] edim ve karşı edim
 [... verweigern] edimi reddetmek; ödemeden kaçınmak
 [... Zug um Zug] parça parça ödeme
 [abgegebene ...] *(Ind)* çıktı; verim;
 (Eng) output
 [beitragsfreie ...] *(Vers)* primden muaf ödeme; primsiz hizmet; aidatsız/ödencesiz edim
 [berufliche ...] meslekî başarı
 [empfangene ...] girdi; *(Eng)* input
 [entgeltliche ...] nakdî/parasal ödeme; *(Jur)* ivazlı eda
 [freiwillige ...] isteğe bağlı ödeme
 [jds ... bewerten] birisinin verimini değerlendirmek
 [maximale ...] *(Maschine)* azami verim; maksimum çıktı
 [mit voller ... arbeiten] tam randıman/kapasite ile çalışmak
 [nach ... bezahlen] verime göre ödemek
 [optimale ...] *(KoR)* optimum verim; optimum performans
 [schulische ...] okuldaki başarı
 [staatliche ...] devlet yardımı/ödemesi
 [unbare ...] nakit olmayan ödeme; *(Jur)* ivazsız eda
 [unentgeltliche ...] ücretsiz çalışma; tek yanlı transfer; *(Jur)* ivazsız eda
 [unmögliche ...] imkânsız eda; olanaksız eda
 [Unmöglichkeit der ...] *(Jur)* edanın imkânsızlığı; edanın olanaksızlığı
 [unternehmerische ...] girişim(ci) başarısı
 [vereinbarte ...] kararlaştırılan ödeme/verim
 [vermögenswirksame ...] varlık/sermaye oluşturan ödeme
 [vertragliche ...] akdî eda; sözleşmeli ödeme
 [wirtschaftliche ...] ekonomik verim
Leistungen ⟨pl⟩ ödemeler; yardımlar; hizmetler; *(Jur)* edalar; edimler
 [... anbieten/andienen] ödeme/yardım teklifi yapmak
 [... erbringen] ödemede/yardımda bulunmak
 [... im Krankheitsfall] hastalık durumunda hizmetler/ödemeler
 [abgerechnete ...] hesabı kapanmış ödemeler; *(ReW)* faturalı satışlar
 [fakturierte ...] hesabı kapanmış ödemeler; *(ReW)* faturalı satışlar
 [freiwillige betriebliche ...] isteğe bağlı işletme ödemeleri
 [freiwillige zusätzliche ...] isteğe bağlı ek ödemeler
 [eigene ...] kendi hesabına yapılan ödemeler
 [erbrachte ...] yapılan ödemeler/yardımlar/hizmetler
 [innerbetriebliche ...] iç ödemeler
 [soziale ...] sosyal yardımlar
 [übertarifliche ...] toplu sözleşme dışı ödemeler
 [unsichtbare ...] *(öFi)* gizli ödemeler; *(öFi)* görünmeyenler
Leistungsabfall ⟨m⟩ verimlilikte gerileme
Leistungsabgabe ⟨f⟩ verimsel çıktı; performans; *(Elek)* enerji verimi
leistungsabhängig ⟨adj⟩ randımana/performansa/verime bağlı
Leistungsabschreibung ⟨f⟩ *(ReW)* değişken maliyetleme yöntemi
Leistungsanforderungen ⟨pl⟩ performans standartları

Leistungsangebot ⟨n⟩ performans arzı
Leistungsanreiz ⟨m⟩ verime güdüleme; etkinliğin güdülenmesi
Leistungsanspruch ⟨m⟩ edim hakkı; yardım alma hakkı
Leistungsanteil ⟨m⟩ ödeme/yardım/verim/edim/kâr payı
Leistungsanwärter ⟨m⟩ ödemeden/yardımdan/ edimden yararlanacak aday
Leistungsart ⟨f⟩ *(Vers)* ödeme türü
Leistungsbedarf ⟨m⟩ *(Elek)* enerji ihtiyacı
Leistungsbemessung ⟨f⟩ (işyerinde) başarı değerleme; liyakat takdiri
leistungsberechtigt ⟨adj⟩ yardım hakkına sahip olan
Leistungsberechtigter ⟨m⟩ yardım hakkına sahip olan kişi
Leistungsbereitschaft ⟨f⟩ güdülenme; ödemeye hazır olma
Leistungsbericht ⟨m⟩ başarı raporu
Leistungsbeurteilung ⟨f⟩ (işyerinde) başarı değerleme; başarı raporu; liyakat takdiri
Leistungsbewertung ⟨f⟩ (işyerinde) başarı değerleme; liyakat takdiri
leistungsbezogen ⟨adj⟩ randımana bağlı
Leistungsbilanz ⟨f⟩ *(vGR)* cari işlemler (bilançosu); verim bilançosu
[aktive ...] aktif verim bilançosu
[negative ...] *(vGR)* cari işlemler açığı
[passive ...] pasif verim bilançosu
[positive ...] *(vGR)* cari işlemler fazlalığı
Leistungsbilanzausgleich ⟨m⟩ *(AußH)* cari işlemler dengesi
Leistungsbilanzdefizit ⟨n⟩ *(AußH)* cari işlemler açığı
Leistungsbilanzgleichgewicht ⟨n⟩ *(AußH)* cari işlemler dengesi
Leistungsbilanzmultiplikator ⟨m⟩ *(AußH)* cari işlemler çarpanı
Leistungsbilanzsaldo ⟨m⟩ *(AußH)* cari işlemler bakiyesi
Leistungsbilanzüberschuß ⟨m⟩ *(AußH)* cari işlemler üstesi/fazlalığı
Leistungsbilanzüberschußpolitik ⟨f⟩ *(AußH)* komşuyu zarara sokma politikası
Leistungsbonus ⟨m⟩ başarı primi/ikramiyesi
Leistungsbudget ⟨n⟩ *(öFi)* performans bütçe
Leistungsdauer ⟨f⟩ verim süresi; ödeme/yardım süresi
Leistungsdruck ⟨m⟩ başarı gösterme baskısı
Leistungseinkommen ⟨n⟩ verime bağlı kazanç/gelir
Leistungsempfänger ⟨m⟩ yardım/edim alan; lehtar
Leistungsentgelt ⟨n⟩ hizmet parası
Leistungsentlohnung ⟨f⟩ verime bağlı/göre ödeme
Leistungserbringer ⟨m⟩ yardım eden; hizmet veren; ödeme yapan
Leistungserstellung ⟨f⟩ randıman verme; hizmet üretme
leistungsfähig ⟨adj⟩ randımanlı; verimli; etkin; iş görür/yapabilir; ödeme gücüne sahip; edime yetenekli
Leistungsfähigkeit ⟨f⟩ verimlilik; etkinlik; kapasite; potansiyel; randıman; iş görme etkinliği/yeteneği; ödeme gücü
[... der Arbeit] emek etkinliği

[betriebliche ...] işletme verimliliği
[finanzielle ...] *(BkW)* finansal güç;
(BkW) mali iktidar; *(BkW)* ödeme gücü
[Grundsatz der ...] *(öFi)* ödeme gücü ilkesi; sahip olunan ödeme gücüne göre vergilendirme ilkesi
[körperliche ...] bedensel iş görme etkinliği/ yeteneği
[wirtschaftliche ...] ekonomik etkinlik/verimlilik
Leistungsfähigkeitsfaktor ⟨m⟩ verimlilik faktörü
Leistungsfähigkeitsprinzip ⟨n⟩ etkinlik ilkesi;
(StR) ödeme gücü ilkesi
[... in der Besteuerung] *(StR)* vergilemede ödeme gücü ilkesi
Leistungsfrist ⟨f⟩ borcun edası için tanınan süre/ mehil
Leistungsgarantie ⟨f⟩ performans/ödeme garantisi
leistungsgerecht ⟨adj⟩ adil; verime/randımana uygun
Leistungsgrad ⟨m⟩ verimlilik derecesi
Leistungsgrenze ⟨f⟩ verim sınırı
Leistungshöhe ⟨f⟩ performans/randıman/verim haddi
Leistungsklage ⟨f⟩ *(Jur)* eda davası
Leistungskoeffizient ⟨m⟩ çıktı katsayısı
Leistungskontrolle ⟨f⟩ randıman kontrolü; etkinlik kontrolü
Leistungskraft ⟨f⟩ üretim/verim gücü; kapasite; etkinlik
Leistungslohn ⟨m⟩ randımana/verime/sonuca bağlı ücret
Leistungsmaßstab ⟨m⟩ performans standardı
Leistungsmessung ⟨f⟩ randımanı/verimliliği ölçme
Leistungsnachweis ⟨m⟩ performans/randıman kanıtı; *(Ausschreibung)* ön yeterlilik
leistungsorientiert ⟨adj⟩ verime yönelik
Leistungsort ⟨m⟩ eda/edim yeri
Leistungspaket ⟨n⟩ *(SozV)* sosyal yardım paketi; *(SozV)* hizmet demeti
Leistungspflicht ⟨f⟩ ödeme/yardım yükümlülüğü; tekeffül borcu
[öffentliche ...] kamusal ödeme/yardım yükümlülüğü
Leistungspotential ⟨n⟩ kapasite
Leistungsprämie ⟨f⟩ başarı primi
Leistungsreserve ⟨f⟩ fazla kapasite
Leistungsschau ⟨f⟩ *(Mk)* ticari ürünler fuarı
[landwirtschaftliche ...] *(Mk)* tarımsal ürünler fuarı
Leistungssoll ⟨n⟩ hedeflenen randıman; beklenen randıman
Leistungsspitze ⟨f⟩ verimliliğin zirvesi/doruğu
Leistungsstand ⟨m⟩ performans/randıman durumu/düzeyi
Leistungssteigerung ⟨f⟩ randımanı/etkinliği artırma
Leistungsumfang ⟨m⟩ hizmet/servis hacmi/kapsamı; *(Vers)* ödeme kapsamı
Leistungsvergleich ⟨m⟩ başarı testi
Leistungsverkehr ⟨m⟩ *(BkW)* operasyonlar; *(AußH)* cari işlemler
Leistungsverlust ⟨m⟩ *(Elek)* enerji kaybı
Leistungsvermögen ⟨n⟩ verim/edim kapasitesi
Leistungsverweigerung ⟨f⟩ edimden kaçınma; işe itiraz
Leistungsverzeichnis ⟨n⟩ hizmet ve servislerin

(fiyat) listesi
Leistungsverzug ⟨m⟩ ödemede gecikme; eda temerrüdü
Leistungsvolumen ⟨n⟩ randıman hacmi; *(Vers)* hizmet ve ödemelerin toplamı
Leistungswettbewerb ⟨m⟩ etkinlik yarışması; etkinlikte rekabet
Leistungszeitraum ⟨m⟩ *(Vers)* ödeme süresi
Leistungsziel ⟨n⟩ verim/üretim hedefi; performans standardı
Leistungszulage ⟨f⟩ başarı zammı
Leitartikel ⟨m⟩ *(Press)* başmakale
Leitartikelverfasser ⟨m⟩ *(Press)* başmakale yazarı
Leitartikler ⟨m⟩ *(Press)* baş yazar
Leitbörse ⟨f⟩ *(Bö)* ana borsa
leiten ⟨v/t⟩ 1. yönetmek; idare etmek
2. sevk ve idare etmek
leitend ⟨adj⟩ yönetici
Leiter ⟨m⟩ 1. müdür; yönetici; başkan
2. ⟨f⟩ el merdiveni
[... der Abteilung] departman/bölüm müdürü
[... der Abteilung Rechnungswesen] muhasebe bölümü müdürü
[... der Buchhaltung] muhasebe müdürü
[... der Beschaffungsabteilung] temin/tedarik bölümü müdürü
[... der Delegation] delegasyon başkanı
[... der Einkaufsabteilung] alım bölümü müdürü
[... der Exportabteilung] dışsatım bölümü müdürü
[... der Finanzabteilung] maliye bölümü müdürü
[... des Finanzwesens] maliye işleri müdürü
[... der Forschungsabteilung] araştırma bölümü müdürü
[... der Instandhaltungsabteilung] bakım ve onarım bölümü müdürü
[... der Kreditabteilung] kredi bölümü müdürü
[... der Niederlassung] merkez şubesi müdürü
[... der Personalabteilung] personel bölümü müdürü
[... des Rechnungswesens] muhasebe müdürü
[... des Verkaufs] satış müdürü
[... der Verkaufsabteilung] satış bölümü müdürü
[... der Versandabteilung] sevkiyat/gönderme bölümü müdürü
[... der Vertriebsabteilung] pazarlama (bölümü) muduru
[... der Werbeabteilung] tanıtım bölümü müdürü
[... einer Schule] okul müdürü
[geschäftsführender ...] genel müdür; yönetim müdürü
[kaufmännischer ...] ticarî müdür
[stellvertretender ...] müdür yardımcısı
[technischer ...] teknik şef/müdür
[verantwortlicher ...] sorumlu/yetkili müdür; yönetim müdürü
Leiterin ⟨f⟩ kadın müdür; *(Schule)* müdire
Leitersprosse ⟨f⟩ el merdiveni basamağı
Leiterzeugnis ⟨n⟩ esas/ana ürün
Leitfaden ⟨m⟩ rehber; kılavuz
[... für Einkäufer] alıcı kılavuzu

leitfähig ⟨adj⟩ *(Elek)* iletken
Leitfähigkeit ⟨f⟩ iletkenlik
Leitgedanke ⟨m⟩ güdümlü düşünce
Leithammel ⟨m⟩ kösemen
Leitkurs ⟨m⟩ güdümlü kur; ana/resmî kambiyo kuru
[bilateraler ...] *(EWS)* çapraz kur
Leitkursänderung ⟨f⟩ ana/resmî kambiyo kurunda değişiklik
Leitpreis ⟨m⟩ güdümlü fiyat
Leitprodukt ⟨n⟩ esas ürün; ana ürün
Leitsatz ⟨m⟩ prensip; *(Jur)* düstur
Leitspruch ⟨m⟩ parola
Leitstern ⟨m⟩ kutup yıldızı
Leitstudie ⟨f⟩ pilot araştırma
Leitung ⟨f⟩ 1. sevk ve idare; yönetim; idare; güdüm; kumanda 2. müdürlük; yönetim; başkanlık; 3. hat 4. boru
[besetzte ...] *(Tele)* meşgul hat
[freie ...] *(Tele)* boş hat
[gemeinsame ...] birlikte/ortak yönetme/yönetim; *(Tele)* müşterek/ortak hat
[unter neuer ...] yeni yönetim altında
Leitungsbruch ⟨m⟩ boru patlaması
Leitungsebene ⟨f⟩ yönetici düzeyi
[mittlere ...] orta yönetici düzeyi
[obere ...] üst yönetici düzeyi
[untere ...] alt yönetici düzeyi
Leitungsfunktion ⟨f⟩ yönetici işlevi/fonksiyonu
Leitungsgremium ⟨n⟩ müdürlük; yönetim kadrosu
Leitungshahn ⟨m⟩ *(Wasser)* musluk
Leitungsmacht ⟨f⟩ yönetim gücü/yetkisi
Leitungsorgan ⟨n⟩ yönetim/idare organı
Leitungsorganisation ⟨f⟩ yönetim yapısı/örgütü; kumanda zinciri
Leitungsspanne ⟨f⟩ yönetim marjı; yetki alanı
Leitungsstruktur ⟨f⟩ yönetim yapısı
Leitungssystem ⟨n⟩ *(BWL)* kumanda sistemi
[einstufiges ...] *(BWL)* tek kademeli kumanda sistemi
[zweistufiges ...] *(BWL)* iki kademeli kumanda sistemi
Leitungswasser ⟨n⟩ musluk suyu; terkos suyu
Leitvermerk ⟨m⟩ yönü gösterici derkenar
Leitwährung ⟨f⟩ *(BkW)* anahtar para
Leitwort ⟨n⟩ parola
Leitzins ⟨m⟩ güdümlü faiz (haddi/oranı)
Leitzinssatz ⟨m⟩ güdümlü faiz oranı
lenkbar ⟨adj⟩ güdümlü
lenken ⟨v/t⟩ yönetmek; idare etmek; *(Kfz)* sürmek; kullanmak
Lenkpreis ⟨m⟩ güdümlü fiyat; transfer fiyatı
Lenkung ⟨f⟩ güdüm; idare; kontrol; ⟨kfz⟩ direksiyon
Lenkungsfunktion ⟨f⟩ güdüm işlevi/fonksiyonu
Lenkungsstelle ⟨f⟩ planlama ofisi
Leontief-Paradoxon ⟨n⟩ *(VWL)* Leontief paradoksu
Letztangebot ⟨n⟩ son/kesin/katî teklif; en yüksek teklif
Letztbietender ⟨m⟩ son ve en yüksek teklifi yapan
Letztkäufer ⟨m⟩ son alıcı
Letztverbraucher ⟨m⟩ son tüketici
Letztverbraucherpreis ⟨m⟩ son satış fiyatı
Letztverteiler ⟨m⟩ son dağıtımcı/distribütör

Leuchtmittelsteuer ⟨f⟩ *(StR)* ışıklandırma araçları vergisi
Leuchtreklame ⟨f⟩ *(Mk)* ışıklı reklam
Leuchtwerbung ⟨f⟩ *(Mk)* ışıklı tanıtım
Leumund ⟨m⟩ hüsnühal; iyi hal; *(BkW)* tezkiye; *(BkW)* itibar
[guter . . .] hüsnühal; itibarı yerinde
[schlechter . . .] *(BkW)* tezkiyesi bozuk
[übler . . .] *(BkW)* tezkiyesi bozuk
Leumundsbeweis ⟨m⟩ itibar tanıtı; temiz kâğıdı
Leumundsnachweis ⟨m⟩ itibar kanıtı; temiz kâğıdı
Leumundszeugnis ⟨n⟩ *(Jur)* hüsnühal varakası; doğruluk belgesi; tezkiye evrakı; iyi hal belgesi
Leverage ⟨n⟩ *(BkW)* finansal kaldıraç
Leveraged-Buyout ⟨m⟩ *(BkW)* kaldıraçlanmış satın alma
Leverage-Effekt ⟨m⟩ *(BkW)* kaldıraç etkisi
Leverage-Kennziffer ⟨f⟩ *(BkW)* kaldıraç oranı; *(BkW)* finansal kaldıraç derecesi
liberalisieren ⟨v/t⟩ liberalleştirmek
Liberalisierung ⟨f⟩ liberalleşme
Liberalismus ⟨m⟩ *(VWL)* liberalizm
[wirtschaftlicher . . .] ekonomik liberalizm; Manchester Okulu
Libor *(BkW)* libor; *(Eng)* London interbank offered rate
Licht ⟨n⟩ ışık
Lichtbild ⟨n⟩ fotoğraf
lichtecht ⟨adj⟩ (güneşten) solmaz
Lichtmaschine ⟨f⟩ *(Elek)* dinamo
Lichtreklame ⟨f⟩ → **Leuchtreklame**
Lieferabkommen ⟨n⟩ temin ve teslim anlaşması; ulaştırma/servis mukavelesi
Lieferangebot ⟨n⟩ temin ve teslim teklifi
Lieferannahme ⟨f⟩ (gönderilen malı) kabul etme; teslim alma
Lieferanschrift ⟨f⟩ servisin yapılacağı adres; (malı) teslim adresi
[ausländischer . . .] yabancı ülkede teslim adresi
[einheimischer . . .] yurtiçi/yerel teslim adresi
Lieferant ⟨m⟩ teslimci; ulaştırıcı; müteahhit; (temin ve) teslim eden; distribütör
Lieferantenbuch ⟨n⟩ teslim kayıt defteri
Lieferantengläubiger ⟨m⟩ teslimci/bayi kefili
Lieferantenkredit ⟨m⟩ *(BkW)* (teslimciye verilen) ticarî kredi
Lieferantenliste ⟨f⟩ teslimci/bayi listesi
Lieferantenpreis ⟨m⟩ teslimci/bayi fiyatı
Lieferantenrechnung ⟨f⟩ teslimci/bayi faturası; teslim edenin faturası
Lieferantenrisiko ⟨n⟩ teslimci/bayi rizikosu
Lieferantenschulden ⟨pl⟩ teslimcinin/bayinin (ticarî) borçları
Lieferantenskonto ⟨m/n⟩ teslimci/bayi iskontosu
Lieferantenverbindlichkeiten ⟨pl⟩ *(ReW)* ticarî alacaklar hesabı
Lieferantenwechsel ⟨m⟩ (teslimciden/bayiden) tahsil olunacak kabul senedi
Lieferanweisung(en) ⟨f/pl⟩ teslimle ilgili talimat
Lieferanzeige ⟨f⟩ teslim bildirisi/ihbarı
Lieferauftrag ⟨m⟩ teslim emri
Lieferausfall ⟨m⟩ teslimde aksama; teslim etmeme
lieferbar ⟨adj⟩ bulunur; (elde) bulunma; (temin ve) teslim edilir/olunabilir; servisi yapılır
[begrenzt . . .] az/sınırlı sayıda bulunur
[beschränkt . . .] az/sınırlı sayıda bulunur
[in allen Größen . . .] her büyüklükte/ölçüde bulunur; her büyüklükte/ölçüde temin ve teslim edilir
[kurzfristig . . .] kısa zamanda bulunur; en yakın zamanda teslim edilir
[nur . . . , solange der Vorrat reicht] stoklar bitinceye kadar bulunur
Lieferbarkeit ⟨f⟩ bulunabilme; teslim edilebilme
Lieferbedingungen ⟨pl⟩ servis/teslim/ulaştırma koşulları
[allgemeine . . .] genel servis/teslim koşulları
Lieferbeleg ⟨m⟩ teslim pusulası
lieferbereit ⟨adj⟩ teslim edilmeye hazır; servise hazır
Lieferdatum ⟨n⟩ teslim tarihi
Lieferengpaß ⟨m⟩ stok darboğazı
lieferfähig ⟨adj⟩ bulunur; teslim edilebilir/olunabilir; servis yapılabilir
Lieferfirma ⟨f⟩ teslimci/ulaştırıcı firma; servisini yapan firma
Lieferfrist ⟨f⟩ teslim/ulaştırma süresi
Lieferfristüberschreitung ⟨f⟩ servis/teslim tarihini aşma/geçirme; vaktinde teslim edememe
Liefergarantie ⟨f⟩ (vaktinde) teslim/ulaştırma/servis garantisi
Liefergewicht ⟨n⟩ teslim ağırlığı; teslim edilen ağırlık
Lieferklausel ⟨f⟩ teslim şartı
Lieferklauseln ⟨pl⟩ (teslimde) ticarî kayıtlar/şartlar
Lieferkontrakt ⟨m⟩ → **Liefervertrag**
Lieferkosten ⟨pl⟩ teslim/ulaştırma/servis maliyeti
Lieferkredit ⟨m⟩ teslim edenin verdiği kredi; teslimci kredisi
Lieferland ⟨n⟩ teslimci/gönderen ülke
Liefermenge ⟨f⟩ teslim miktarı; gönderilen miktar
liefern ⟨v/t⟩ teslim etmek; göndermek; sevk etmek; ulaştırmak
[bedingt . . .] kayıtlı/koşullu teslim etmek
[falsch . . .] yanlış (yere) teslim etmek
[frei Haus . . .] (ücretsiz) ev/kapı teslimi; eve (kadar) teslim etmek
Lieferort ⟨m⟩ teslim yeri
Lieferpreis ⟨m⟩ teslim fiyatı
Lieferschein ⟨m⟩ teslim/sevk belgesi/pusulası; resepise; irsaliye
[frei gegen . . .] teslim/sevk pusulası karşılığı ücretsiz teslim
Lieferschwierigkeiten ⟨pl⟩ temin ve teslimde güçlükler
Liefersperre ⟨f⟩ ambargo; sevk ambargosu
Lieferspesen ⟨pl⟩ teslim/servis masrafları
Lieferstopp ⟨m⟩ teslimi durdurma
Liefertag ⟨m⟩ teslim günü
Liefertermin ⟨m⟩ teslim tarihi
Lieferung ⟨f⟩ (temin ve) teslim; servis; sevk
[. . . ab Werk] fabrika teslimi
[. . . abnehmen] gönderileni teslim almak
[. . . am folgenden Tag] ertesi günü teslim
[. . . anbieten] temin ve teslim teklifi yapmak; servis teklif etmek
[. . . annehmen] teslimi/servisi kabul etmek; gönderileni almak
[. . . auf Abruf] çağrı üzerine teslim
[. . . durchführen] teslim etmek; servis yapmak

[... einstellen] servisi/teslimi durdurmak
[... frei Baustelle] şantiye teslimi
[... frei Bestimmungsort] gönderilecek/saptanan yere teslim
[... frei an Bord] *(Schff)* güverte teslimi; *(Inco)* fob
[... frei Haus] (ücretsiz) eve/kapıya teslim
[... frei längsseits Schiff] *(Schff)* (ücretsiz) aborda teslim; (Inco) fas
[... gegen bar] nakit karşılığı teslim; teslim alındığında/anında peşin(at)
[... gegen Barzahlung] nakit karşılığı teslim; teslim alındığında/anında peşin(at)
[... gegen Nachnahme] teslim alındığında/anında ödeme
[... nur an Wiederverkäufer] satılmak üzere teslim
[... verweigern] teslimi reddetmek; gönderileni kabul etmemek
[... von Haus zu Haus] evden eve teslim; kapıdan kapıya teslim
[auf zukünftige ... verkaufen] alivre satış yapmak; vadeli satmak
[bei ... bezahlen] tesliminde ödemeli; tesliminde ödenmek üzere
[bei ...] tesliminde
[(fracht)freie ...] irsaliyesi ödenmiş teslim
[gegen sofortige ... kaufen] anında/hemen teslim edilmek üzere satın almak
[(konzern)interne ... en] (şirkette/işletmede) iç servisler
[kostenlose ...] ücretsiz teslim
[prompte ...] anında/hemen teslim
[sofortige ...] anında/hemen teslim
[verspätete ...] gecikmeli teslim
[vertragliche ... en] sözleşmeli teslimat/servisler
[zahlbar bei ...] tesliminde ödenmek üzere
[zollfreie ...] gümrüksüz teslim
[zur sofortigen ...] hemen teslim edilmek üzere
Lieferungsanforderung ⟨f⟩ teslim talebi
Lieferungsbedingungen ⟨pl⟩ → **Lieferbedingungen**
Lieferungs- und Zahlungsbedingungen ⟨pl⟩ teslim ve ödeme koşulları
Lieferungsgeschäft ⟨n⟩ alivre satış iş(ler)i; teslim iş(ler)i
Lieferunterbrechung ⟨f⟩ servise ara verme
Lieferverpflichtung ⟨f⟩ teslim yükümlülüğü
Liefervertrag ⟨m⟩ teslim/servis sözleşmesi
Lieferverzögerung ⟨f⟩ teslimde/serviste gecikme
Lieferverzug ⟨m⟩ teslimde/serviste gecikme
Liefervorschriften ⟨pl⟩ sevk ve teslim yönetmeliği
Lieferwagen ⟨m⟩ *(Kfz)* kamyonet; servis arabası
Lieferwert ⟨m⟩ teslim değeri
Lieferzeit ⟨f⟩ teslim süresi
Lieferzettel ⟨m⟩ teslim pusulası
Liegegeld ⟨n⟩ *(Schff)* starya ücreti/parası
Liegenschaft ⟨f⟩ gayrimenkul; emlak; akar
Liegenschaftssteuer ⟨f⟩ *(StR)* gayrimenkul vergisi
Liegenschaftsübertragung ⟨f⟩ gayrimenkul intikali/nakli/temliki
Liegeplatz ⟨m⟩ *(Schff)* starya yeri; *(Bahn)* kuşet
Liegetage ⟨pl⟩ *(Schff)* (gün olarak) starya
Liegezeit ⟨f⟩ *(Schff)* (zaman olarak) starya
Lifo-Methode ⟨f⟩ (stok değerlemede) son giren ilk çıkar metodu

Limit ⟨n⟩ *(Bö)* sınır; limit (fiyatlarda) limit; tavan; marj
Limitauftrag ⟨m⟩ *(Bö)* sınırlı/limitli emir
Limitkurs ⟨m⟩ sınırlı/limitli kur
Limitpreis ⟨m⟩ sınırlı/limitli fiyat; tavan fiyat
linear ⟨adj⟩ doğrusal
Linearität ⟨f⟩ doğrusallık
Linearplanung ⟨f⟩ *(OR)* doğrusal programlama
Linie ⟨f⟩ hat; yol; çizgi; *(Math)* doğru
Liniendiagramm ⟨n⟩ *(Stat)* çizgi diyagramı
Liniendienst ⟨m⟩ tarifeli seferler/servis
Linienfertigung ⟨f⟩ seri imalat
Linienfluggesellschaft ⟨f⟩ *(Flug)* tarifeli uçak/havayolu şirketi
Linienfrachter ⟨m⟩ *(Flug)* tarifeli kargo uçağı; *(Schff)* tarifeli şilep
Linien(fracht)rate ⟨f⟩ tarifeli kargo ücreti
Linienfunktion ⟨f⟩ *(BWL)* direkt yetki; dolaysız yetki; hat fonksiyonu
Linienmanager ⟨m⟩ *(BWL)* hat yöneticisi
Linien- und Stabsorganisation ⟨f⟩ *(BWL)* hat ve kadro organizasyonu
Linienreederei ⟨f⟩ *(Schff)* tarifeli gemicilik
Linienschiffahrt ⟨f⟩ *(Schff)* tarifeli gemi seferi
Linienverkehr ⟨m⟩ tarifeli gidiş gelişler; tarifeli seferler/işlemler; *(Schff)* tarifeli seferler
liquid(e) ⟨adj⟩ likit; nakit; akar
Liquidation ⟨f⟩ *(Jur)* tasfiye; *(BkW)* likidasyon; ücret
[freiwillige ...] isteğe bağlı tasfiye
[in ... treten] iflasa gitmek
Liquidationsanordnung ⟨f⟩ tasfiye talimatı
Liquidationsanteil ⟨m⟩ tasfiye payı; tasfiyeden oluşan pay
Liquidations(aus)verkauf ⟨m⟩ tasfiye satışı
Liquidationsbeschluß ⟨m⟩ tasfiye kararı
[gerichtlicher ...] *(Jur)* tasfiye ilamı
Liquidationsbilanz ⟨f⟩ *(ReW)* tasfiye bilançosu
Liquidationserlös ⟨m⟩ tasfiye geliri
Liquidationsgesellschaft ⟨f⟩ tasfiye edilen şirket
Liquidationsgewinn ⟨m⟩ tasfiye kârı
Liquidationsguthaben ⟨n⟩ tasfiye mevduatı
Liquidationskonto ⟨n⟩ tasfiye hesabı
Liquidationskurs ⟨m⟩ *(Bö)* likidasyon kuru
Liquidationspreis ⟨m⟩ tasfiye fiyatı; *(BkW)* likidasyon fiyatı
Liquidationsquote ⟨f⟩ tasfiye oranı: tasfiyeden oluşan temettü
Liquidationstag ⟨m⟩ *(Jur)* tasfiye günü; *(Bö)* hesaplaşma gunu
Liquidationstermin ⟨m⟩ *(Jur)* tasfiye tarihi; *(Bö)* hesaplaşma tarihi
Liquidationsvergleich ⟨m⟩ *(Jur)* iflas içi konkordato
Liquidationsverlust ⟨m⟩ tasfiye zararı
Liquidationswert ⟨m⟩ *(Jur)* tasfiye değeri
liquidieren ⟨v/t⟩ 1. tasfiye etmek; paraya çevirmek 2. ücret almak
Liquidität ⟨f⟩ *(BkW)* likidite; efektif para
[... dritten Grades] *(BkW)* cari oran; üçüncü derecede likidite
[... ersten Grades] *(BkW)* asit test oranı; *(BkW)* birinci derecede likidite
[... zweiten Grades] *(BkW)* ikinci derecede likidite; *(BkW)* cari aktifin cari pasife oranı

[mangelnde ...] eksik likidite; likidite darlığı/darboğazı
Liquiditätsabfluß ⟨m⟩ likidite akışı
Liquiditätsabschöpfung ⟨f⟩ likiditeyi kullanma
Liquiditätsangebot ⟨n⟩ likidite arzı
Liquiditätsanlagen ⟨pl⟩ *(ReW)* cari varlıklar; *(BkW)* likit fonlar
Liquiditätsanreicherung ⟨f⟩ likidite artırımı
Liquiditätsanspannung ⟨f⟩ likidite gerilimi
Liquiditätsausweitung ⟨f⟩ *(BkW)* likidite genişlemesi
Liquiditätsbedarf ⟨m⟩ *(BkW)* likidite ihtiyacı; *(BkW)* nakit ihtiyacı
Liquiditätsbilanz ⟨f⟩ *(VWL)* likidite dengesi; *(ReW)* mizan
Liquiditätsbudget ⟨n⟩ *(BkW)* nakit bütçesi
Liquiditätsdisposition ⟨f⟩ *(BkW)* likidite yönetimi
Liquiditätsdruck ⟨m⟩ likidite baskısı
Liquiditätsengpaß ⟨m⟩ *(BkW)* likidite darboğazı
Liquiditätserfordernisse ⟨pl⟩ likidite için gerekli ihtiyaçlar
[übliche ...] ticarette likidite standartları
Liquiditätsfalle ⟨f⟩ *(VWL)* likidite tuzağı
Liquiditätsgebaren ⟨n⟩ *(BkW)* likidite yönetimi
Liquiditätsgrad ⟨m⟩ *(BkW)* likidite derecesi; *(BkW)* nakit oranı
[... im Sinne des acid-test] *(BkW)* asit test oranına göre likidite derecesi
Liquiditätsguthaben ⟨n⟩ *(BkW)* likit mevduat
Liquiditätshaltung ⟨f⟩ *(BkW)* nakit tutma; *(BkW)* likidite yönetimi
Liquiditätskennzahl ⟨f⟩ *(BkW)* likidite oranı; *(BkW)* likidite rasyosu/reşyosu; *(BkW)* asit test oranı
Liquiditätskennziffer ⟨f⟩ → **Liquiditätskennzahl**
Liquiditätsknappheit ⟨f⟩ likidite darlığı; likidite kıtlığı
Liquiditätslage ⟨f⟩ *(BkW)* likidite durumu; likidite pozisyonu
Liquiditätsmangel ⟨m⟩ likidite eksikliği
Liquiditätsneigung ⟨f⟩ *(VWL)* likidite tercihi
Liquiditätspolitik ⟨f⟩ *(BkW)* likidite politikası; *(BkW)* nakit para politikası
Liquiditätsposition ⟨f⟩ *(BkW)* likidite durumu; likidite pozisyonu
Liquiditätspräferenz ⟨f⟩ *(VWL)* likidite tercihi
Liquiditätsprüfung ⟨f⟩ likidite kontrolü; asit testi
Liquiditätsquote ⟨f⟩ *(BkW)* likidite derecesi; *(BkW)* nakit oranı
Liquiditätsreserve ⟨f⟩ *(BkW)* nakit rezerv; *(BkW)* likit rezerv; *(BkW)* likidite rezervi
Liquiditätsreservehaltung ⟨f⟩ *(BkW)* nakit/likit rezerv yönetimi
Liquiditätssaldo ⟨m⟩ *(VWL)* likidite dengesi; *(ReW)* mizan
Liquiditätsschöpfung ⟨f⟩ likidite yaratma
Liquiditätsstatus ⟨m⟩ *(BkW)* likidite durumu; likidite pozisyonu
Liquiditätssteuerung ⟨f⟩ likidite güdümü; likidite yönetimi
Liquiditätsüberfluß ⟨m⟩ likidite fazlası
Liquiditätsüberhang ⟨m⟩ likidite fazlası/üstesi
Liquiditätsüberschuß ⟨m⟩ likidite fazlası
Liquiditätsunwirksam ⟨adj⟩ likiditeyi etkilemeyeci
Liquiditätsvolumen ⟨n⟩ *(BkW)* likidite hacmi

Liste ⟨f⟩ liste; tablo; katalog
[... der zollpflichtigen Güter] *(Zo)* gümrüğe tabi malların listesi; *(Zo)* gümrük tarifesi
[... zollfreier Waren] *(Zo)* gümrükten muaf malların listesi
[auf die schwarze ... setzen] kara listeye koymak
Listenpreis ⟨m⟩ liste fiyatı; katalog fiyatı
Litfaßsäule ⟨f⟩ *(Mk)* ilan/reklam sütunu
Lizenz ⟨f⟩ *(Jur)* lisans
[... besitzen] lisansa sahip olmak
[... erteilen] lisans vermek
[... zurückziehen] lisansı geri almak
[in ... bauen] lisansla yapmak
[in ... fertigen] lisansla üretmek
[in ... herstellen] lisansla üretmek
[sich eine ... beschaffen] lisans temin etmek
Lizenzabgabe ⟨f⟩ lisans resmi
Lizenzabrechnung ⟨f⟩ redevans faturası
Lizenzaustausch ⟨m⟩ lisans takası; karşılıklı lisans verme
Lizenzeinnahmen ⟨pl⟩ lisans gelirleri
Lizenzerteilung ⟨f⟩ lisans verme
Lizenzfertigung ⟨f⟩ lisanslı imalat/yapım/üretim
lizenzfrei ⟨adj⟩ lisana bağlı olmayan
Lizenzgeber ⟨m⟩ lisans veren
Lizenzgebühr ⟨f⟩ lisans harcı/ücreti; *(Pat)* redevans
Lizenznehmer ⟨m⟩ lisans alan/verilen/sahibi
Lizenzrechte ⟨pl⟩ lisans hakları
Lizenzvergabe ⟨f⟩ lisans verme
Lizenzvertrag ⟨m⟩ *(Jur)* lisans sözleşmesi
LKW ⟨m⟩ → **Lastwagen**
Lockartikel ⟨m⟩ cazip (kalem) mal
lockern ⟨v/t⟩ gevşetmek
Lockerung ⟨f⟩ gevşetme
[... der Geldpolitik] *(VWL)* para politikasını gevşetme
[... von Beschränkungen] kısıtlamaları/sınırlamaları gevşetme
Lockpreis ⟨m⟩ cazip fiyat
Lockvogelangebot ⟨n⟩ *(Mk)* (müşteri çekmek için) cazip fiyatlı mal teklifi
loco → **loko**
Lohn ⟨m⟩ ücret
[... einbehalten] ücreti elde tutmak
[... pfänden] ücrete haciz koymak
[... plus Nebenkosten] ücret ve yan harcamalar/giderler/masraflar
[...- und Gehaltseinzelkosten] doğrudan ücret ve maaş maliyeti
[...- und Gehaltsempfänger] ücret ve maaş alanlar
[...- und Einkommenspolitik] *(VWL)* ücret ve gelir politikası
[...- und Preiskontrolle] ücret ve fiyat kontrolü
[...- und Preispolitik] *(VWL)* ücret ve fiyat politikası
[...- und Preisstopp] ücret ve fiyatları dondurma
[angemessener ...] adil ücret
[ausstehender ...] henüz ödenmemiş ücret
[gleicher ... für gleiche Arbeit] aynı iş için aynı ücret
[gleitender ...] kaygan ücret
[tariflicher ...] standart ücret; (toplu) sözleşmeye göre ücret
[übertariflicher ...] sözleşme dışı ücret

[üblicher ...] standart ücret
[vom ... abziehen] ücretten kesmek
Lohnabbau ⟨m⟩ ücretleri düşürme
lohnabhängig ⟨adj⟩ ücretli; ücrete bağlı
Lohnabrechnung ⟨f⟩ ücret bordrosu; ücret hesap pusulası
Lohnabschlag ⟨m⟩ ücret avansı; ücretten yapılan kesinti
Lohnabschluß ⟨m⟩ ücret üzerine anlaşma
Lohnabtretung ⟨f⟩ *(Jur)* ücretin terk ve ferağı
Lohnabweichung ⟨f⟩ ücret sapması
Lohnabzug ⟨m⟩ *(StR)* ücret üzerinden yapılan kesinti; stopaj; kesenek
Lohnangleichung ⟨f⟩ ücret ayarlaması
Lohnanhebung ⟨f⟩ ücreti artırma
Lohnanpassung ⟨f⟩ ücret ayarlaması; endeksleme
Lohnanspruch ⟨m⟩ ücret hakkı
Lohnanstieg ⟨m⟩ ücret yükselmesi/artması/artışı
Lohnanteil ⟨m⟩ ücret payı
Lohnarbeit ⟨f⟩ ücretli iş; ücretli çalışma
Lohnarbeiter ⟨m⟩ ücretli işçi
Lohnauftrag ⟨m⟩ ücretli sipariş
[im ... vergeben] ücretli sipariş vermek
Lohnauftrieb ⟨m⟩ ücret tırmanması
Lohnaufwand ⟨m⟩ ücret giderleri; *(KoR)* işçilik maliyeti
[... plus Material und Unternehmerverdienst] madde ve girişimci ücreti dahil ücret giderleri
Lohnausfall ⟨m⟩ ücret kaybı
Lohnausgleich ⟨m⟩ ücreti denkleştirme
[voller ...] eksiksiz ücret ödemesi
Lohnauszahlung ⟨f⟩ ücretleri ödeme
Lohnbescheinigung ⟨f⟩ ücret (hesap) pusulası
Lohnbuchführung ⟨f⟩ *(ReW)* ücret muhasebesi
Lohnbuchhalter ⟨m⟩ *(ReW)* muhasip
Lohnbuchhaltung ⟨f⟩ *(ReW)* ücret muhasebesi
Lohnbüro ⟨n⟩ ücret (ödeme) bürosu
Lohndruck ⟨m⟩ ücret baskısı
Lohndruckinflation ⟨f⟩ *(VWL)* ücret baskısı enflasyonu
Lohneckdaten ⟨pl⟩ ana/esas ücret
Lohneinbuße ⟨f⟩ → **Lohnausfall**
Lohneinkommen ⟨n⟩ ücret geliri
Lohneinzelkosten ⟨pl⟩ *(KoR)* direkt işçilik maliyeti; *(KoR)* doğrudan işçilik maliyeti
Lohnempfänger ⟨m⟩ ücret alan; ücretli
Löhne ⟨pl⟩ ücretler
[... und Gehälter] ücret ve maaşlar
lohnend ⟨adj⟩ (yapmağa) değer; kârlı; kâr bırakır; gelir getirir
Lohnerhöhung ⟨f⟩ ücretleri artırma/yükseltme; ücret artışı/zammı
[allgemeine ...] genel ücret artışı
[lineare ...] doğrusal ücret artışı
Lohnexplosion ⟨f⟩ ücret patlaması
Lohnfabrikation ⟨f⟩ ücretli üretim/yapım
Lohnfertigung ⟨f⟩ → **Lohnfabrikation**
Lohnfestsetzung ⟨f⟩ ücret saptama; ücret tesbiti
Lohnfindung ⟨f⟩ ücretlerin saptanması
Lohnflexibilität ⟨f⟩ ücret esnekliği/fleksibilitesi
Lohnforderung ⟨f⟩ ücret talebi
Lohnfortzahlung (im Krankheitsfall) ⟨f⟩ (hastalık durumunda) ücret ödemeye devam etme
Lohngefälle ⟨n⟩ ücret farklılaştırılması; ücret farklılıkları; ücretler arasında fark

Lohngefüge ⟨n⟩ ücret yapısı
Lohngelder ⟨pl⟩ ücretler
Lohngleichheit ⟨f⟩ ücret eşitliği
Lohngleitklausel ⟨f⟩ eşel mobil kaydı
Lohngruppe ⟨f⟩ ücret sınıfı/grubu
Lohnhöhe ⟨f⟩ ücret haddi; *(BWL)* ücret düzeyi
Lohnindex ⟨m⟩ ücret indeksi
Lohnindexbindung ⟨f⟩ (ücretlerde) endeksleme
Lohnindexierung ⟨f⟩ (ücretlerde) endeksleme yöntemi/sistemi
Lohninflation ⟨f⟩ ücret enflasyonu; *(VWL)* ücretlerin maliyet enflasyonu; (VWL) ücretle uyarılmış enflasyon
lohnintensiv ⟨adj⟩ *(BWL)* ücret yoğun
Lohnkonflikt ⟨m⟩ ücret uyuşmazlığı/çatışması
Lohn- und Preiskontrolle ⟨f⟩ ücret ve fiyat kontrolü
Lohnkosten ⟨pl⟩ ücretlerin maliyeti; *(KoR)* işçilik; *(KoR)* işçilik maliyeti
[... je Ausbringungseinheit] üretim birimi başına ücretlerin maliyeti; *(KoR)* işçilik birim maliyeti
[... je Produktionseinheit] üretim birimi başına ücretlerin maliyeti; *(KoR)* işçilik birim maliyeti
[unmittelbare ...] *(KoR)* direkt işçilik (maliyeti)
Lohnkostenanteil ⟨m⟩ *(KoR)* işçilik maliyeti oranı; ücretlerin maliyet payı
Lohnkostendruck ⟨m⟩ ücret maliyeti baskısı
Lohnkostenexplosion ⟨f⟩ ücret patlaması
Lohnkosteninflation ⟨f⟩ ücret enflasyonu; ücretlerin maliyet enflasyonu
lohnkostenintensiv ⟨adj⟩ işçilik (maliyeti) yoğun; emek-yoğun
Lohnkürzung ⟨f⟩ ücret azaltılması
Lohnliste ⟨f⟩ ücret listesi
Lohnnebenkosten ⟨pl⟩ arızî işçilik giderleri; *(KoR)* dolaylı işçilik; *(KoR)* dolaylı işçilik maliyeti
Lohnnebenleistungen ⟨pl⟩ ücret dışı avantajlar/ödemeler
Lohnniveau ⟨n⟩ *(BWL)* ücret düzeyi
Lohnpfändung ⟨f⟩ *(Jur)* ücret haczi; *(Jur)* ücrete haciz koyma
Lohnplafond ⟨m⟩ ücret tavanı
Lohnpolitik ⟨f⟩ *(VWL)* ücret politikası
Lohn-Preisspirale ⟨f⟩ *(VWL)* ücret-fiyat helezonu
Lohnquote ⟨f⟩ ücret oranı
Lohnrunde ⟨f⟩ ücret pazarlığı/raundı
Lohnsatz ⟨m⟩ ücret haddi
[natürlicher ...] doğal ücret haddi
Lohnskala ⟨f⟩ ücret basamakları
Lohnsteigerung ⟨f⟩ → **Lohnerhöhung**
Lohnsteuer ⟨f⟩ ücretten alınan gelir vergisi; gelir/ücret vergisi
Lohnsteuerabführung ⟨f⟩ ücretten vergi kesintisi
Lohnsteuerabzug ⟨m⟩ ücretten vergi kesintisi; stopaj
Lohnsteuer(jahres)ausgleich ⟨m⟩ (yıllık) ücretten alınan gelir vergisi denkleştirmesi
Lohnsteuer(berechnungs)tabelle ⟨f⟩ ücretten alınan gelir vergisi (hesap) cetveli
Lohnsteuerbescheinigung ⟨f⟩ ücretten alınan gelir vergisi (ödendiğine dair) belgesi
Lohnsteuerermäßigung ⟨f⟩ ücret/gelir vergisi indirimi

lohnsteuerfrei ⟨adj⟩ ücret/gelir vergisinden muaf; gelir vergisiz
Lohnsteuerfreibetrag ⟨m⟩ ücret/gelir vergisinden muaf meblağ
Lohnsteuerkarte ⟨f⟩ ücret/gelir vergi karnesi
Lohnsteuerpflicht ⟨f⟩ ücret/gelir vergisi yükümlülüğü
lohnsteuerpflichtig ⟨adj⟩ ücret/gelir vergisine tabi; gelir vergisi ödemekle yükümlü
Lohnsteuerrückvergütung ⟨f⟩ ücret/gelir vergisi iadesi
Lohnsteuersatz ⟨m⟩ ücretten alınan vergi haddi
Lohnstopp ⟨m⟩ ücretlerin dondurulması; ücret blokajı
Lohn- und Preisstopp ⟨m⟩ ücret ve fiyatların dondurulması
Lohnstreifen ⟨m⟩ ücret hesap pusulası
Lohnstruktur ⟨f⟩ ücret yapısı
Lohnstückkosten ⟨pl⟩ *(KoR)* işçilik birim maliyeti
Lohn- und Gehaltssumme ⟨f⟩ toplam ücret ve maaşlar
Lohnsummensteuer ⟨f⟩ toplam ücretten alınan vergi
Lohntabelle ⟨f⟩ ücret tablosu
Lohntarif ⟨m⟩ ücret tarifesi
Lohntarifvertrag ⟨m⟩ (ücretler üzerine) toplu iş sözleşmesi
Lohntheorie ⟨f⟩ ücret teorisi
[..., die den Verhandlungsprozeß der Partner in den Vordergrund stellt] ücretin toplu pazarlık teorisi
Lohntüte ⟨f⟩ ücretin içinde bulunduğu zarf
Lohnüberweisung ⟨f⟩ ücret havalesi
Lohn- und Gehaltstarifabkommen ⟨n⟩ (ücret ve maaşlar üzerine) toplu iş sözleşmesi
Lohnunterschied ⟨m⟩ ücret farkı
Lohnveredelung ⟨f⟩ ücretlerin ıslahı
[aktive ...] üçüncü kişiler için ücretlerin ıslahı
[passive ...] kendi hesabına yurtdışında üretim yaparak ücretlerin ıslahı
Lohnveredelungsverkehr ⟨m⟩ ücretleri ıslah etme işlemleri
Lohnveredler ⟨m⟩ ücret ıslahçısı
Lohnvergleich ⟨m⟩ ücret etüdü
Lohnverhandlung ⟨f⟩ ücret görüşmesi
Lohnvorauszahlung ⟨f⟩ ücret avansı
Lohnvorschuß ⟨m⟩ ücret avansı
Lohnzahltag ⟨m⟩ ücret günü
Lohnzahlung ⟨f⟩ ücret ödeme
Lohnzahlungsabrechnung ⟨f⟩ ücret bordrosu
Lohnzahlungszeitraum ⟨m⟩ ücret ödeme süresi
Lohnzettel ⟨m⟩ ücret fişi/pusulası
Lohnzulage ⟨f⟩ ücret zammı; ücrete zam; ikramiye
Lohnzuschlag ⟨m⟩ ücret zammı; ücrete zam; ikramiye
Lokal ⟨n⟩ (Geschäft) lokal; işyeri
lokal ⟨adj⟩ yerel
Lokalmarkt ⟨m⟩ *(Bö)* spot/yerel piyasa
Lokalmiete ⟨f⟩ işyeri/dükkân/ofis kirası
Lokaltarif ⟨m⟩ yerel tarife
loko ⟨adv⟩ anında; spot
Lokogeschäft ⟨n⟩ anında teslim işlemleri; spot işlem; peşin muamele
Lokohandel ⟨m⟩ spot alım satım; anında teslim işlemleri; spot işlem; peşin muamele

Lokokurs ⟨m⟩ peşin fiyat; *(Bö)* spot fiyat; anında teslim fiyatı
Lokomarkt ⟨m⟩ *(Bö)* spot piyasa; anında teslim piyasası; nakit karşılığı teslim piyasası
Lokowaren ⟨pl⟩ spot mallar
Lombard ⟨m⟩ *(BkW)* lombart; *(BkW)* karşılıklı avans; rehin/teminat karşılığı ödeme/avans
Lombardanleihe ⟨f⟩ *(BkW)* rehin karşılığı istikraz; *(BkW)* teminat karşılığı borç alma
Lombarddarlehen ⟨n⟩ *(BkW)* karşılıklı avans; *(BkW)* teminat/rehin karşılığı avans/kredi
Lombarddeckung ⟨f⟩ *(BkW)* lombart güvencesi/teminatı; *(Jur)* ek teminat
Lombardeffekten ⟨pl⟩ rehin karşılığı kabul edilir değerli senetler
lombardfähig ⟨adj⟩ *(BkW)* lombart edilir; rehin karşılığı kabul edilir
Lombardgeschäft ⟨n⟩ *(BkW)* lombart iş(ler)i; rehinli/teminatlı kredi iş(lem)leri
lombardieren ⟨v/t⟩ *(BkW)* rehin olarak kabul etmek; *(BkW)* teminat olarak kabul etmek
Lombardkredit ⟨m⟩ *(BkW)* rehin karşılığı kredi; *(BkW)* lombart kredisi; (BkW) teminatlı kredi
Lombardsatz ⟨m⟩ *(BkW)* lombart haddi
Lombardschuld ⟨f⟩ *(BkW)* lombart borcu
Lombardsicherheit ⟨f⟩ *(BkW)* lombart güvencesi/teminatı; *(Jur)* ek teminat
Lombardzins ⟨m⟩ *(BkW)* lombart faizi
Lombardzinssatz ⟨m⟩ *(BkW)* lombart faiz haddi
Londoner Interbankzinssatz ⟨m⟩ *(BkW)* libor faiz haddi
Los ⟨n⟩ kura; piyango bileti; *(Bö)* lot
[durch ... zuteilen] kura ile dağıtmak; kura ile tahsis etmek
Löscharbeiten ⟨pl⟩ *(Schff)* boşaltma/tahliye ameliyesi
löschbereit ⟨adj⟩ boşaltılmaya hazır
Löschen ⟨n⟩ 1. silme; terkin; iptal; kaldırma 2. boşaltma; tahliye
löschen ⟨v/t⟩ 1. silmek; terkin etmek; iptal etmek; kaldırmak 2. boşaltmak; tahliye etmek
Löschgebühren ⟨pl⟩ tahliye ücreti; boşaltma ücreti; *(Schff)* rıhtım ücreti
Löschgeld ⟨n⟩ *(Schff)* tahliye ücreti; rıhtım parası
Löschhafen ⟨m⟩ *(Schff)* boşaltma limanı; tahliye limanı
Löschkosten ⟨pl⟩ boşaltma masrafları; tahliye masrafları
Löschplatz ⟨m⟩ boşaltma yeri
Löschtage ⟨pl⟩ boşaltma süresi; tahliye müddeti
Löschung ⟨f⟩ silme; çizme; *(Jur)* terkin; *(Jur)* iptal; *(Fracht)* tahliye; *(Fracht)* boşaltma
[... durch Leichter] *(Schff)* mavnalarla tahliye/boşaltma
[... einer Hypothek] ipoteğin iptali
[... eines Eintrags] kaydın silinmesi; tescilin terkini
[... eines Warenzeichens] ticarî markanın iptali
[... im Handelsregister] ticarî sicilden kaydı silme; ticarî sicilde iptal/terkin
Löschungsbescheinigung ⟨f⟩ *(Schff)* tahliye belgesi; boşaltma sertifikası
Löschungsbewilligung ⟨f⟩ *(Grundbuch)* iptal izni
Löschungshafen ⟨m⟩ *(Schff)* boşaltma limanı; *(Schff)* tahliye limanı

Löschungsklage ⟨f⟩ *(Jur)* iptal davası
Löschzeit ⟨f⟩ *(Schff)* starya müddeti
Losgröße ⟨f⟩ lot (büyüklüğü/ölçüsü)
 [nicht handelsübliche ...] *(Bö)* buçuklu lot
 [optimale ...] optimum lot (büyüklüğü/ölçüsü)
Lösung ⟨f⟩ 1. fesih; kaldırma 2. çözüm
 [... des Arbeitsverhältnisses] iş ilişkisinin feshi
Lösungsvorschlag ⟨m⟩ çözüm önerisi
Lotse ⟨m⟩ *(Schff)* kılavuz
Lotsendienst ⟨m⟩ *(Schff)* kılavuz servisi
Lotsengeld ⟨n⟩ *(Schff)* kılavuz ücreti
Lotterie ⟨f⟩ lotarya; piyango
Lotterieaktie ⟨f⟩ *(BkW)* ikramiyeli hisse senedi
Lotterieanleihe ⟨f⟩ *(BkW)* ikramiyeli tahvil; ikramiyeli istikraz
Lotterieauswahl ⟨f⟩ → **Lotteriestichprobe**
Lotteriesteuer ⟨f⟩ *(StR)* piyango vergisi; *(StR)* lotarya vergisi
Lotteriestichprobe ⟨f⟩ *(Stat)* ad çekme örneklemesi
Lücke ⟨f⟩ açık
 [... im Gesetz] *(Jur)* kanunda açık; *(Jur)* kanun açığı
Luftbeförderung ⟨f⟩ *(Flug)* hava taşımacılığı; havayolu taşıması
Luftexpreßfracht ⟨f⟩ *(Flug)* uçakla ekspres kargo
Luftfahrt ⟨f⟩ *(Flug)* havacılık
 [...- und Raumfahrtindustrie] havacılık ve uzay sanayii
 [zivile ...] *(Flug)* sivil havacılık
Luftfahrtindustrie ⟨f⟩ havacılık/uçak sanayii
Luftfahrtversicherung ⟨f⟩ *(Vers)* uçak sigortası
Luftfahrzeug ⟨n⟩ *(Flug)* hava taşıtı; → **Flugzeug** *(Flug)* uçak
Luftfracht ⟨f⟩ hava hamulesi/yükü/kargosu
 [per ...] hava hamulesi/kargosu ile; uçakla
 [per ... versenden] uçakla göndermek/sevketmek
Luftfrachtbegleitschein ⟨m⟩ hava irsaliyesi; hava gönderme/sevk belgesi
Luftfrachtbrief ⟨m⟩ hava/uçakla taşıma senedi; hava irsaliyesi
Luftfrachtführer ⟨m⟩ hava/uçak kargosu taşıyıcısı
Luftfrachtgesellschaft ⟨f⟩ hava/uçak kargosu şirketi
Luftfrachtspediteur ⟨m⟩ uçak (kargo) acentası
Luftfrachtkosten ⟨pl⟩ (uçakla) kargo masrafları
Luftfrachtsendung ⟨f⟩ hava (kargosu) gönderisi
Luftfrachttarif ⟨m⟩ uçak kargosu tarifesi
Luftfrachtumschlag ⟨m⟩ uçak kargosu işlemi/ muamelesi
Luftkaskoversicherung ⟨f⟩ *(Vers)* uçağın gövde si gortası; *(Vers)* uçağın kasko sigortası
Luftlinie ⟨f⟩ hava hattı; havayolu
Luftpost ⟨f⟩ *(Post)* uçak postası
 [mit ...] *(Post)* uçakla; *(Post)* uçak postası ile
 [nicht mit ...] uçakla değil; uçak postası ile değil

Luftpostaufkleber ⟨m⟩ uçak postası etiketi
Luftpostbrief ⟨m⟩ *(Post)* uçak postası mektup
Luftpostgebühr ⟨f⟩ *(Post)* uçak postası ücreti
Luftpostleichtbrief ⟨m⟩ uçak postası mektubu
Luftpostnetz ⟨n⟩ uçak postası şebekesi
Luftpostpaket ⟨n⟩ uçak postası paketi
Luftpostporto ⟨n⟩ *(Post)* uçak postası ücreti
Luftpostsendung ⟨f⟩ uçak postası gönderisi; uçakla posta gönderisi
Luftposttarif ⟨m⟩ *(Post)* uçak postası tarifesi
Luftpostzuschlag ⟨m⟩ uçak postası için sürşarj
Luftraum ⟨m⟩ *(Flug)* hava alanı/sahası
Luftrecht ⟨n⟩ *(Jur)* hava hukuku
Luftreinhaltung ⟨f⟩ hava kirlenmesini kontrol etme
Luftreise ⟨f⟩ *(Flug)* havayolu ile yolculuk/seyahat; *(Flug)* uçak yolculuğu
Luftreiseverkehr ⟨m⟩ havayolu ile yolcu taşıma
Luftreklame ⟨f⟩ *(Mk)* havada tanıtım/reklam
Luftschadstoff ⟨m⟩ havayı kirleten madde
Luftschiff ⟨n⟩ *(Flug)* hava gemisi
lufttauglich ⟨adj⟩ *(Flug)* uçuşa elverişli
Lufttauglichkeitszeugnis ⟨n⟩ *(Flug)* uçuşa elverişlilik belgesi; *(Flug)* uçuş yeteneği belgesi
Lufttransport ⟨m⟩ *(Flug)* hava taşımacılığı; *(Flug)* havayolu taşıması
Lufttransportfrachtbrief ⟨m⟩ *(Flug)* hava taşıma senedi; *(Flug)* havayolu (ile) taşıma senedi; *(Flug)* uçakla taşıma senedi
Lufttransportgesellschaft ⟨f⟩ *(Flug)* havayolu taşıma(cılığı) şirketi; *(Flug)* havayolu taşıyıcısı
Lufttransportunternehmen ⟨n⟩ → **Lufttransportgesellschaft**
Lufttransportversicherung ⟨f⟩ *(Vers)* havayolu taşımacılık/nakliyat sigortası
Luftverkehr ⟨m⟩ *(Flug)* hava taşımacılığı; *(Flug)* hava trafiği
Luftverkehrsaufkommen ⟨n⟩ *(Flug)* hava trafiği yoğunluğu
Luftverkehrsgesellschaft ⟨f⟩ *(Flug)* havayolu taşıma şirketi; *(Flug)* hava ulaşım şirketi
 [nationale ...] *(Flug)* milli hava ulaşım/yolları şirketi
Luftverkehrsweg ⟨m⟩ *(Flug)* hava (ulaşım) yolu
Luftversicherung ⟨f⟩ *(Vers)* hava sigortası
Luftweg ⟨m⟩ *(Flug)* havayolu; *(Flug)* hava hattı
 [auf dem ...] *(Flug)* havayolu ile; *(Flug)* uçak ile
lukrativ ⟨adj⟩ kârlı; kâr bırakan
Lustbarkeitssteuer ⟨f⟩ *(StR)* eğlence vergisi
lustlos ⟨adj⟩ hevessiz; şevksiz
Luxus ⟨m⟩ lüks
Luxusartikel ⟨pl⟩ lüks eşyalar; lüks mallar
Luxusgüter ⟨pl⟩ lüks eşyalar; lüks mallar
Luxussteuer ⟨f⟩ *(StR)* lüks (eşya/mallar) vergisi

M

machbar ⟨adj⟩ yapılabilir
Machbarkeit ⟨f⟩ yapılabilirlik; *(Mk)* fizibilite
Machbarkeitsstudie ⟨f⟩ *(Mk)* fizibilite araştırması
machen ⟨v/t⟩ → **herstellen/produzieren**

Macht ⟨f⟩ güç
 [wirtschaftliche ...] ekonomik güç
Machtbefugnis ⟨f⟩ yetki
Machtkonzentration ⟨f⟩ güç yoğunlaşması

Machtmißbrauch ⟨m⟩ nüfuzun kötüye kullanılması; *(Jur)* nüfuz suiistimali
Machtzusammenballung ⟨f⟩ güç yoğunlaşması
Magazin ⟨n⟩ mağaza; →**Lager** ambar; depo; *(Zo)* antrepo
Magnet ⟨m⟩ mıknatıs
Magnetkarte ⟨f⟩ *(EDV)* manyetik kart
Magnetplatte ⟨f⟩ *(EDV)* manyetik disk
Magnetscheibe ⟨f⟩ *(EDV)* manyetik disk
Mahnbrief ⟨m⟩ uyarı mektubu; ihtar mektubu; *(Jur)* ihtarname
mahnen ⟨v/t⟩ uyarmak; *(Jur)* ihtar etmek
Mahngebühr ⟨f⟩ uyarı ücreti; ihtar ücreti; gecikme cezası
Mahnschreiben ⟨n⟩ uyarı yazısı; *(Jur)* ihtarname
Mahnung ⟨f⟩ uyarı; uyarma; *(Jur)* ihtar
[letzte ...] son ihtar
[schriftliche ...] *(Jur)* yazılı ihtar; *(Jur)* ihtarname
Mahnverfahren ⟨n⟩ ihtar usulü/yöntemi
Makel ⟨m⟩ kusur; hata
makellos ⟨adj⟩ kusursuz; hatasız
makeln ⟨int⟩ komisyonculuk yapmak
Makler ⟨m⟩ komisyoncu; aracı; simsar
[... für eigene Rechnung] kendi hesabına çalışan komisyoncu
[amtlicher ...] resmî komisyoncu
[freier ...] serbest komisyoncu
Maklerbüro ⟨n⟩ komisyoncu ofisi
Maklercourtage ⟨f⟩ kurtaj; komisyoncu payı/ücreti; komisyon
Maklergebühr ⟨f⟩ kurtaj; komisyoncu payı/ücreti; komisyon
Maklergeschäft ⟨n⟩ komisyonculuk/simsarlık işi
Maklerprovision ⟨f⟩ kurtaj; komisyoncu payı/ücreti; komisyon
Makroökonomie ⟨f⟩ *(VWL)* makro ekonomi
Makroökonomik ⟨f⟩ *(VWL)* makro ekonomik analiz
makroökonomisch ⟨adj⟩ *(VWL)* makro ekonomik
Malus ⟨m⟩ *(Vers)* ek prim; ikramiye
Malusprämie ⟨f⟩ *(Vers)* ek prim; ikramiye
Mammutgesellschaft ⟨f⟩ dev şirket
Mammutinvestitionen ⟨pl⟩ *(BkW)* dev yatırımlar
Mammutkonzern ⟨m⟩ dev konsern
Mammutprojekt ⟨n⟩ dev proje
Mammutunternehmen ⟨n⟩ dev girişim/işletme
Management ⟨n⟩ yönetim; *(BWL)* işletme yönetimi; *(Eng)* management
Managementfunktion ⟨f⟩ yönetim görevi
Management-Informationssystem ⟨n⟩ *(BWL)* işletme yönetimi bilgi sistemi
Manager ⟨m⟩ yönetmen; yönetici; işletmeci; işletme müdürü/yöneticisi; menecer
Managergehalt ⟨n⟩ yönetici maaşı
Mandant ⟨m⟩ *(Jur)* müvekkil
Mandantin ⟨f⟩ *(Jur)* müvekkile
Mandat ⟨n⟩ *(Jur)* vekâlet; *(Jur)* yetki; *(Parlament)* koltuk
Mandatgeschäft ⟨n⟩ komisyon işi; komisyon işlemi/muamelesi
Mangel ⟨m⟩ 1. eksiklik; noksanlık
2. *(Jur)* ayıp; kusur 3. kıtlık
[... an Anschlußaufträgen] *(Bö)* ordino/emir devamının eksikliği

[... an Arbeitskräften] işgücü eksikliği
[... an Arbeitsplätzen] işyeri eksikliği
[... an der Ware] malda kusur; malda ayıp
[... an Geld] *(BkW)* para eksikliği
[... an Kapital] *(BkW)* sermaye eksikliği
[... beseitigen] ayıbı/noksanlığı gidermek; kusuru düzeltmek
[... geltend machen] *(Jur)* ayıpların giderilmesini talep etmek
[... rügen] kusuru/noksanlığı ikaz etmek; *(Jur)* ayıbı ikaz etmek
[aus ... an] eksikliği yüzünden
[äußerlich erkennbarer ...] yüzeyde görülen kusur/ayıp
[behebbarer ..] düzeltilebilir kusur; giderilebilir eksiklik/noksanlık/ayıp
[festgestellter ...] tespit edilen kusur/ayıp
[formeller und offensichtlicher ...] usulde ve bariz kusur
[für einen ... haften] bir kusurdan sorumlu olmak
[geheimer ...] gizli kusur; saklı kusur; görülmeyen kusur
[innerer ...] iç kusur; iç eksiklik
[kleiner ...] küçük kusur
[verborgener ...] gizli kusur; görülmeyen kusur
[versteckter ...] saklı kusur; görülmeyen kusur
Mängel ⟨pl⟩ ayıplar; kusurlar; noksanlıklar; eksiklikler
[mit allen ...n und sonstigen Fehlern] tüm eksiklik ve sair kusurlarla
Mängelanspruch ⟨m⟩ garanti hakkı; ayıptan/noksanlıktan doğan hak
Mängelanzeige ⟨f⟩ ayıpların ihbarı; kusurları/ayıpları bildirme
Mängelausschluß ⟨m⟩ alıcı tedbirli olsun
Mängelbeseitigung ⟨f⟩ ayıpları/kusurları/noksanlıkları giderme
Mängelerscheinung ⟨f⟩ kusur/eksiklik belirtisi
Mängelfolgeschaden ⟨m⟩ ayıplardan/kusurlardan oluşan hasar/zarar
Mängelfrist ⟨f⟩ ayıpları/kusurları bildirme süresi; ayıpları ihbar etme müddeti
Mängelgarantie ⟨f⟩ ayıplara/kusurlara karşı garanti/teminat
Mängelgewähr ⟨f⟩ ayıplara karşı garanti/teminat
[ohne ...] ayıplara karşı garantisiz/teminatsız
Mängelgewährleistung ⟨f⟩ ayıplara karşı teminat/tekeffül
Mängelgewährleistungsklage ⟨f⟩ *(Jur)* ayıp davası
mangelhaft ⟨adj⟩ eksik; kusurlu; sakat
Mängelhaftung ⟨f⟩ ayıplara/kusurlara/noksanlıklara karşı sorumluluk
[stillschweigende ...] ayıplara karşı üstü kapalı sorumluluk
Mängelliste ⟨f⟩ ayıpların listesi; kusur ve noksanlıkların listesi
Mängelrüge ⟨f⟩ ayıpların ihbarı
[... geltend machen] ayıpları ihbar etmek
Mängelrügefrist ⟨f⟩ ayıbın ihbarı süresi; kusurda ikaz süresi
Mangelschaden ⟨m⟩ ayıptan oluşan zarar; fire kaybı
Mangelstück ⟨n⟩ kusurlu kalem; kusurlu parça
Mangelware ⟨f⟩ ender mal; zor bulunan mal
Manifest ⟨n⟩ *(Programm)* beyanname;

(Schff) manifesto
manipulieren ⟨v/t⟩ manipüle etmek; oynamak
Manko ⟨n⟩ eksiklik; noksanlık; kusur; *(Gewicht)* eksik/noksan ağırlık
Mankolieferung ⟨f⟩ eksik/kusurlu mal teslimi
Mannschaft ⟨f⟩ ekip; takım; *(Schff)* mürettebat; *(Schff)* gemi adamları
Mannschaftsgeist ⟨m⟩ takım ruhu
Mannstunde ⟨f⟩ adam saat
Mantel ⟨m⟩ *(Firma)* şirketin çıplak yapısı; *(WeR)* sertifika
Mantelpolice ⟨f⟩ *(Vers)* global poliçe
Manteltarifabkommen ⟨n⟩ toplu iş sözleşmesi
Manteltarifvertrag ⟨m⟩ toplu iş sözleşmesi
manuell ⟨adj⟩ elden
Manufaktur ⟨f⟩ 1. manifaturacılık 2. fabrika; imalathane
Manufakturwaren ⟨pl⟩ 1. manifatura 2. mamuller; mamul eşya; sınaî mamulat
Marge ⟨f⟩ marj
Margendruck ⟨m⟩ *(BkW)* (faizlerde) marjinal baskı
Margenverfall ⟨m⟩ marjinal düşüş
marginal ⟨adj⟩ → **Grenz-** marjinal
Marginalanalyse ⟨f⟩ *(VWL)* marjinal analiz
Marke ⟨f⟩ marka; işaret; *(Post)* pul
 [... führen] stokta markalı mal bulunması
 [gut eingeführte ...] iyi tanınmış marka; popüler marka
 [hauseigene ...] (firmanın) kendi markası
Markenartikel ⟨m⟩ markalı mal
Markenbetreuer ⟨m⟩ markalı ürün yöneticisi
Markenbezeichnung ⟨f⟩ marka adı
Markenerzeugnis ⟨n⟩ markalı ürün
Markenfabrikat ⟨n⟩ markalı ürün
Markenschutz ⟨m⟩ *(Pat)* markanın korunması
Markenname ⟨m⟩ marka adı
Markentreue ⟨f⟩ markaya bağlılık; markaya bağlı kalma
Markenware ⟨f⟩ markalı mal
Markenwerbung ⟨f⟩ *(Mk)* marka tanıtımı
Markenzeichen ⟨n⟩ alameti farika; marka işareti
Marketing ⟨n⟩ *(Mk)* pazarlama; *(Eng)* marketing
Marketinginstrumentarium ⟨n⟩ *(Mk)* pazarlama/marketing araçları
Marketingleiter ⟨m⟩ *(Mk)* pazarlama yöneticisi
Marketingmanager ⟨m⟩ *(Mk)* pazarlama yöneticisi
Markierung ⟨f⟩ işaret; işaretleme; marka koyma; nişan
Markierungsvorschriften ⟨pl⟩ işaretleme ve etiketleme yönetmeliği
Markt ⟨m⟩ pazar; piyasa
 [... aufteilen] pazarı paylaşmak; piyasayı bölüşmek
 [... beherrschen] pazara hakim olmak; piyasayı kontrol etmek
 [... beliefern] pazara/piyasaya sürmek
 [... beschicken] pazara/piyasaya sürmek
 [... eines Monopolanbieters] tekelci pazarı
 [... für Festverzinsliche] *(BkW)* vadeli yatırımlar piyasası
 [... für festverzinsliche Werte] *(BkW)* sabit faizli kıymetler piyasası
 [... für Industriewerte] sanayi değerleri/kıymetleri piyasası
 [... für unnotierte Werte] kayıtsız kıymetler piyasası
 [am ... beschaffen] piyasadan temin/tedarik etmek
 [amtlicher ...] *(Bö)* resmî piyasa
 [auf den ... bringen] piyasaya sürmek
 [auf den ... kommen] piyasaya çıkmak
 [außerbörslicher ...] *(Bö)* tezgah üstü piyasa(sı)
 [begrenzter ...] *(Bö)* dar piyasa; sıkışık piyasa
 [den ... stützen] pazarı/piyasayı desteklemek
 [den ... überschwemmen] piyasayı yoğun arzla basmak
 [den ... versorgen] piyasayı beslemek
 [dicht besetzter ...] yoğun rekabet piyasası
 [Europäischer ...] *(EU)* Avrupa (Ortak) Pazarı
 [expandierender ...] genişleyen piyasa
 [freier ...] açık piyasa; serbest pazar
 [gemeinsamer ...] ortak pazar
 [gesättigter ...] doymuş piyasa/pazar
 [monopolistischer ...] tekelci piyasa; tekelci pazar
 [offener ...] açık piyasa
 [schwarzer ...] karaborsa
 [übersättigter ...] aşırı doymuş piyasa
 [umkämpfter ...] yoğun rekabet piyasası
Marktabsprache ⟨f⟩ pazarlama anlaşması
Marktanalyse ⟨f⟩ *(Mk)* pazar analizi
Marktangebot ⟨n⟩ piyasa arzı
Marktangebotskurve ⟨f⟩ *(VWL)* piyasa arz eğrisi
Marktanteil ⟨m⟩ piyasa payı; pazar payı
Marktaufnahme ⟨f⟩ piyasaya/pazara kabul etme
Marktaufteilung ⟨f⟩ piyasayı/pazarı bölüşme
Marktausgleichslager ⟨n⟩ piyasa tampon stokları
Marktbarometer ⟨n⟩ piyasa barometresi
Marktbedingungen ⟨pl⟩ piyasa/pazar koşulları
marktbeherrschend ⟨adj⟩ piyasaya/pazara hakim
Marktbeherrschung ⟨f⟩ piyasaya/pazara hakimiyet
Marktbelebung ⟨f⟩ piyasanın canlanması
Marktbelieferung ⟨f⟩ piyasaya sürüm
Marktbeobachter ⟨m⟩ piyasa gözlemcisi
Marktbeobachtung ⟨f⟩ piyasayı gözleme
Marktbereich ⟨m⟩ piyasa sektörü
 [oberer ...] piyasa üst sektörü
 [unterer ...] piyasa alt sektörü
Marktbericht ⟨m⟩ piyasa raporu; piyasa bülteni
Marktchancen ⟨pl⟩ *(Mk)* pazarlama fırsatları; *(Mk)* piyasada talep görme şansı
Markt-Diversifikation ⟨f⟩ *(Mk)* piyasayı çeşitlendirme
Marktdurchdringung ⟨f⟩ piyasaya girme; pazara sokma
Markteinführung ⟨f⟩ piyasaya sürüm
Marktenge ⟨f⟩ dar pazar; *(Bö)* stok darlığı
Marktentwicklung ⟨f⟩ piyasa eğilimi/trendi
Markterhebung ⟨f⟩ *(Mk)* pazar/piyasa araştırması
Markterholung ⟨f⟩ piyasanın kendini toparlaması; piyasanın düzelmesi
Markterkundung ⟨f⟩ *(Mk)* pazar/piyasa araştırması
Markterprobung ⟨f⟩ *(Mk)* piyasayı deneme; pazarlama testi/denemesi
Markterschließung ⟨f⟩ pazar oluşturma/edin(dir)me; yeni pazar açma
marktfähig ⟨adj⟩ pazarlanabilir; satılabilir
Marktforscher ⟨m⟩ *(Mk)* pazar/piyasa araştırıcısı

Marktforschung ⟨f⟩ *(Mk)* pazar/piyasa araştırması
Marktführer ⟨m⟩ en iyi satılan mal
marktgängig ⟨adj⟩ pazarlanabilir
marktgerecht ⟨adj⟩ pazar koşullarına uygun
Marktgeschehen ⟨n⟩ piyasa olayları
Marktgleichgewicht ⟨n⟩ *(VWL)* piyasa dengesi
Markthalle ⟨f⟩ kapalı pazar yeri; toptancı hali; hal; kapalı çarşı
Marktkenntnis ⟨f⟩ piyasa/pazar hakkında bilgi; pazar bilgisi
Marktkräfte ⟨pl⟩ piyasa kuvvetleri/güçleri
Marktkurs ⟨m⟩ rayiç; pazar/piyasa/satış fiyatı
Marktlage ⟨f⟩ piyasa durumu
Marktlohnsatz ⟨m⟩ piyasa ücret haddi
Marktlücke ⟨f⟩ pazar boşluğu
Marktmacht ⟨f⟩ pazar/piyasa gücü
Marktmängel ⟨pl⟩ *(VWL)* piyasa aksaklıkları
Marktmiete ⟨f⟩ rayiç kira
Marktnachfrage ⟨f⟩ *(VWL)* piyasa talebi
Marktnachfragekurve ⟨f⟩ *(VWL)* piyasa talep eğrisi
Marktnachrichten ⟨pl⟩ *(Bö)* piyasa haberleri
Marktnähe ⟨f⟩ piyasaya olan yakınlık
Marktnische ⟨f⟩ pazar boşluğu
Marktordnung ⟨f⟩ pazar düzeni
Marktorganisation ⟨f⟩ *(Mk)* pazar organizasyonu; *(Mk)* pazarın örgütlenmesi; (Mk) pazarlama örgütlemesi
Marktpapier ⟨n⟩ piyasaya sürülebilir değerli kâğıt
Marktpflege ⟨f⟩ piyasa bakımı; pazarı/piyasayı koruma
Marktplatz ⟨m⟩ pazar yeri
Marktposition ⟨f⟩ pazardaki/piyasadaki pozisyon
Marktpotential ⟨n⟩ pazar/piyasa potansiyeli
Marktpräsenz ⟨f⟩ pazarda/piyasada bulunma
Marktpreis ⟨m⟩ piyasa fiyatı/rayici
Marktprognose ⟨f⟩ *(Mk)* piyasa tahmini
Marktregelung ⟨f⟩ pazar/piyasa düzenleme; pazar/piyasa rejimi
Marktregulierung ⟨f⟩ pazar rejimi; piyasa rejimi
Marktreife ⟨f⟩ *(Mk)* piyasanın oluşması
Marktrichtpreis ⟨m⟩ (piyasa) hedef fiyatı; başfiyat
Marktsachverständiger ⟨m⟩ piyasa eksperi/uzmanı
Marktsättigung ⟨f⟩ pazarın doyması
Marktsatz ⟨m⟩ piyasa fiyatı; rayiç
Marktschwankungen ⟨pl⟩ *(Mk)* piyasa dalgalanmaları
Marktschwemme ⟨f⟩ piyasanın boğulması
Marktsegment ⟨n⟩ piyasa sektörü
[oberes . . .] piyasa üst sektörü
[sich in ein höheres . . . begeben] piyasada üst sektöre yükselmek
[sich in ein niedrigeres . . . begeben] piyasada alt sektöre düşmek
[unteres . . .] piyasa alt sektörü
Marktsituation ⟨f⟩ piyasa durumu
Marktstand ⟨m⟩ pazar tezgâhı
Marktstellung ⟨f⟩ pazardaki/piyasadaki konum/pozisyon
Marktstruktur ⟨f⟩ *(Mk)* piyasa yapısı; *(Mk)* pazar yapısı
Marktstudie ⟨f⟩ *(Mk)* piyasa araştırması
Marktstützung ⟨f⟩ piyasayı destekleme; piyasadaki fiyatları destekleme
Marktteilnehmer ⟨m⟩ müşteri; *(Bö)* operatör
Markttendenz ⟨f⟩ piyasa eğilimi/trendi

Markttest ⟨m⟩ piyasa denemesi
marktüblich ⟨adj⟩ piyasada standart/normal olan; piyasada geçerli
Marktuntersuchung ⟨f⟩ piyasa araştırması/analizi
Marktverfassung ⟨f⟩ piyasanın durumu
Marktverhältnisse ⟨pl⟩ piyasa koşulları; pazar koşulları
[günstige . . .] elverişli piyasa/pazar koşulları
Marktversorgung ⟨f⟩ pazar/piyasa ihtiyaçlarını karşılama
Marktverzerrung ⟨f⟩ piyasanın (düzeninin) bozulması
Marktwert ⟨m⟩ piyasa değeri/rayici; rayiç kıymet
Marktwirtschaft ⟨f⟩ *(VWL)* piyasa ekonomisi; *(VWL)* pazar ekonomisi
[freie . . .] *(VWL)* serbest piyasa ekonomisi
[soziale . . .] *(VWL)* sosyal piyasa ekonomisi
marktwirtschaftlich ⟨adj⟩ pazar ekonomik
Marktzersplitterung ⟨f⟩ piyasanın parçalanması
Marktzins ⟨m⟩ piyasa faizi
Marktzugang ⟨m⟩ pazara/piyasaya giriş
Maschine ⟨f⟩ makina
Maschinen ⟨pl⟩ makinalar
[. . . und Anlagen] makina ve tesisler
[. . .- und Anlagenbau] makina ve tesis yapımı
[. . .- und Betriebsausrüstung] makina ve işletme donatımı
Maschinenabnutzung ⟨f⟩ makinaların aşınması
Maschinenarbeit ⟨f⟩ makina işi
Maschinenausfall ⟨m⟩ arıza; makinanın arızalanması/bozulması
Maschinenausfallzeit ⟨f⟩ arıza yüzünden makinanın çalışmadığı süre/zaman
Maschinenbau ⟨m⟩ makina mühendisliği; makina yapımı
Maschinenbearbeitung ⟨f⟩ makinayla işleme
Maschinenbediener ⟨m⟩ makinayı kullanan
Maschinenbetrieb ⟨m⟩ mekanik/makinalı işletme
Maschinenerzeugnis ⟨n⟩ makina ürünü
Maschinenfabrik ⟨f⟩ makina fabrikası
Maschinenfirma ⟨f⟩ makina firması
maschinengeschrieben ⟨adj⟩ daktilo/makina ile yazılmış
Maschinenkosten ⟨pl⟩ makina maliyeti
Maschinenlaufzeit ⟨f⟩ makinanın çalışma/işleme süresi
maschinenlesbar ⟨adj⟩ makina ile okunur
Maschinenmiete ⟨f⟩ makina kiralama
Maschinenpark ⟨m⟩ makinalar
maschinenschreiben ⟨int⟩ daktilo ile yazmak
Maschinenstillstandszeit ⟨f⟩ (arıza yüzünden) makinanın çalışmadığı süre
Maschinenstörung ⟨f⟩ makina arızalanması
Maschinenverschleiß ⟨m⟩ makina aşınması
Maschinenunternehmen ⟨n⟩ makina sanayii
Maschinenvermietung ⟨f⟩ makina kiralama
Maschinenwechsel ⟨m⟩ makina değiştirme/yenileme
Maß ⟨n⟩ ölçü; ayar; mikyas
[nach . . .] ısmarlama; siparişe göre
[nach . . . verkaufen] siparişe göre satmak
Maßarbeit ⟨f⟩ ısmarlama iş; ince iş; son derece itinalı iş
Maße ⟨pl⟩ ölçüler
[. . . und Gewichte] ölçüler ve ağırlıklar

Masse ⟨f⟩ kitle; yığın; *(Konkurs)* iflas masası; *(Jur)* tereke [statistische ...] *(Stat)* kitle/yığın
Masseansprüche ⟨pl⟩ iflas masası üzerindeki haklar
Masseforderung ⟨f⟩ iflas masasından alacak
Massegläubiger ⟨m⟩ iflas (masası) alacaklısı
Maßeinheit ⟨f⟩ ölçü birimi
Massekosten ⟨pl⟩ *(Konkurs)* tahsil ve tasfiye ile ilgili masraflar
Massenabnehmer ⟨m⟩ toptan alıcı
Massenabsatz ⟨m⟩ toptan satış
Massenankauf ⟨m⟩ toptan alım
Massenarbeitslosigkeit ⟨f⟩ *(VWL)* kitlesel/yığınsal işsizlik
Massenartikel ⟨m⟩ toptan üretilen mal; seri şekilde üretilen mal
Massenauftrag ⟨m⟩ toptan sipariş
Massenentlassungen ⟨pl⟩ toptan/kitlesel işten çıkarmalar
Massenerzeugung ⟨f⟩ kitlesel üretim; toptan istihsal; seri imalat
Massenfabrikation ⟨f⟩ kitlesel üretim; toptan istihsal; seri imalat
Massenfrachtgut ⟨n⟩ ambalajlanmamış yük; yığın halinde taşınan mal
Massengeschäft ⟨n⟩ *(BkW)* kitlesel bankacılık; kitlesel işler
Massengut ⟨n⟩ kitle malı
Massentransport ⟨m⟩ toptan nakliyat
Massenhersteller ⟨m⟩ seri imalatçı; toptan üretici
Massenherstellung ⟨f⟩ → **Massenerzeugung/ Massenfabrikation**
Massenkaufkraft ⟨f⟩ kitlenin satın alma gücü
Massenmedien ⟨pl⟩ *(Mk)* kitlesel medya
Massenproduktion ⟨f⟩ → **Massenerzeugung/ Massenfabrikation**
Massenproduktionsvorteile ⟨pl⟩ *(VWL)* ölçek ekonomileri; kitlesel üretimin yararları
Massentourismus ⟨m⟩ kitle turizmi
Massenverbrauch ⟨m⟩ kitle tüketimi; yığınsal tüketim
Massenverkauf ⟨m⟩ toptan satış
Massenware ⟨f⟩ kitle malı
Masseschuld ⟨f⟩ *(Konkurs)* müflisin borçları
Masseverteilung ⟨f⟩ *(Jur)* iflas masasının tasfiye edilip bölüşülmesi
Masseverwalter ⟨m⟩ *(Jur)* iflas masası idarecisi
Maßfracht ⟨f⟩ ölçekli yük
maßgebend/maßgeblich ⟨adj⟩ yetkili
maßgefertigt ⟨adj⟩ isteğe göre hazırlanmış/yapılmış
Maßhalten ⟨n⟩ tutumlu olma; kendi kendini kontrol etme
Maßnahme ⟨f⟩ önlem; tedbir
[... ergreifen] önlem/tedbir almak
[... zur Absatzsteigerung] sürümü/satışı artırma önlemi
[... zur Kostensenkung] maliyeti düşürme önlemi
[umgehend ... ergreifen] anında/hemen önlem/tedbir almak
[vorbeugende ...] ihtiyatî tedbir/önlem; önleyici tedbir
Maßnahmen ⟨pl⟩ önlemler; tedbirler
[... zur Rezessionsbekämpfung] resesyonu önleme tedbirleri
[... zur Sanierung] yenileme önlemleri
[flankierende ...] destekleyici önlemler
[langfristige ...] uzun vadeli önlemler
Maßnahmenbündel ⟨n⟩ *(VWL)* önlemler paketi
Maßstab ⟨m⟩ kıstas; kriter; standart; ölçek
Maßzahl ⟨f⟩ ölçek sayısı; parametre
Material ⟨n⟩ 1. malzeme; madde; gereç; materyal 2. donatım
[... beistellen] malzemeyi (kullanmak için) vermek
[...- und Arbeitskosten] madde/malzeme ve işçilik maliyeti
[...- und Herstellungsfehler] madde ve imalat hatası
[in Verarbeitung befindliches ...] işlenmekte olan madde
Materialabfall ⟨m⟩ madde/malzeme artığı
Materialabgaben ⟨pl⟩ *(Bö)* satım
Materialabgang ⟨m⟩ madde çıkışı
Materialanforderung ⟨f⟩ madde/malzeme isteme
Materialaufwand ⟨m⟩ donatım maliyeti; malzeme masrafları
Materialausgabe ⟨f⟩ (depodan dışarıya) malzeme verme
Materialausgang ⟨m⟩ çıkışı malzeme
Materialauszug ⟨m⟩ malzeme (kullanım) fişi
Materialbedarf ⟨m⟩ madde/malzeme gereksinmesi
Materialbedarfsplanung ⟨f⟩ madde gereksinmesini saptama; gerekli malzemeyi saptama; donatım planlaması
Materialbegleitkarte ⟨f⟩ madde/malzeme fişi
Materialbeistellung ⟨f⟩ maddeyi/malzemeyi (kullanmak için) verme
Materialbereitstellung ⟨f⟩ maddeyi/malzemeyi (kullanmak için) hazır bulundurmak
Materialbeschaffung ⟨f⟩ madde satın alma; malzemenin sağlanması/temini
Materialbestand ⟨m⟩ 1. madde/malzeme stoku; eldeki malzeme 2. eldeki senetlerin miktarı
Materialbestandskarte ⟨f⟩ madde stok kartı; malzeme envanteri fişi
Materialbuchführung ⟨f⟩ *(ReW)* madde stokları muhasebesi
Materialeingang ⟨m⟩ maddenin/malzemenin girişi
Materialeinkauf ⟨m⟩ maddenin/malzemenin satın alınması
Materialeinsatz ⟨m⟩ malzeme kullanımı
Materialeinstand ⟨m⟩ malzeme kullanımı
Materialeinstandskosten ⟨pl⟩ malzeme kullanım maliyeti
Materialentnahme ⟨m/f⟩ madde çıkışı
Materialentnahmeschein ⟨m⟩ madde istek fişi
Materialfehler ⟨m⟩ malzemede kusur
Materialfluß ⟨m⟩ malzeme akışı
Materialgemeinkosten ⟨pl⟩ madde genel maliyeti
Materialien ⟨pl⟩ maddeler; malzemeler; materyaller
Materialkarte ⟨f⟩ malzeme fişi/kartı
Materialknappheit ⟨f⟩ madde/malzeme kıtlığı/sıkıntısı; *(Bö)* hisse senetlerinde kıtlık
Materialkosten ⟨pl⟩ madde/malzeme masrafları/maliyeti
Materiallager ⟨n⟩ madde/malzeme deposu
Materiallagerung ⟨f⟩ madde stoklanması; malzemeyi depolama

Materiallieferant ⟨m⟩ madde/malzeme teslimcisi; malzemeyi teslim eden
Materiallieferung ⟨f⟩ madde/malzeme teslimi
Materialmangel ⟨m⟩ madde/malzeme eksikliği/ kıtlığı
Materialprobe ⟨f⟩ madde/malzeme örneği
Materialprüfung ⟨f⟩ madde/malzeme kontrolü
Materialschaden ⟨m⟩ madde/malzeme hasarı/zararı
Materialschein ⟨m⟩ madde/malzeme fişi
Materialschwund ⟨m⟩ madde/malzeme kaybı; fire verme
Materialtransport ⟨m⟩ malzeme nakli
Materialverarbeitung ⟨f⟩ madde/materyal işleme
Materialverbrauch ⟨m⟩ madde/malzeme tüketimi
Materialverknappung ⟨f⟩ madde/malzeme daralması/kıtlığı
Materialverlust ⟨m⟩ madde/malzeme kaybı
Materialversorgung ⟨f⟩ madde/malzeme temini/tedariki
Materialverwalter ⟨m⟩ madde/malzeme şefi
Materialverwaltung ⟨f⟩ madde/malzeme envanteri idaresi/yönetimi
Materialverzeichnis ⟨n⟩ madde/malzeme listesi
Materialvorrat ⟨m⟩ madde/malzeme stoku; yedek malzeme; eldeki malzeme
Materialwert ⟨m⟩ madde/malzeme değeri; hurda değeri
[zum ...] hurda fiyatına
Materialwirtschaft ⟨f⟩ (madde/malzeme) donatım ekonomisi
Materialzugänge ⟨pl⟩ madde (stok) girişleri
materiell ⟨adj⟩ maddî
Matrix ⟨f⟩ *(Math)* matris
Matrixorganisation ⟨f⟩ *(BWL)* matris örgütleme
Matrizenrechnung ⟨f⟩ *(Math)* matris cebiri
Maut(gebühr) ⟨f⟩ otoyol geçiş ücreti
maximalisieren ⟨v/t⟩ azamileştirmek; maksimize etmek
Maximalleistung ⟨f⟩ maksimum çıktı
Maximalkapazität ⟨f⟩ *(BWL)* teorik kapazite; *(BWL)* maksimum kapasite
Maximalpreis ⟨m⟩ maksimum/tavan fiyat
Mediaforschung ⟨f⟩ *(Mk)* medya araştırması
Medien ⟨pl⟩ *(Mk)* medya
Mediawerbung ⟨f⟩ *(Mk)* medya reklamcılığı; *(Mk)* medya üzerinden tanıtım
Medioabrechnung ⟨f⟩ iki haftalık ücret bordrosu
Medioausweis ⟨m⟩ → **Medioabrechnung**
Mediogeld ⟨n⟩ iki haftalık ücret
Meer ⟨n⟩ deniz
[offenes ...] açık deniz
Meeresboden ⟨m⟩ denizin dibi
Meeresbodenbergbau ⟨m⟩ deniz dibi madenciliği
Meeresbodenschätze ⟨pl⟩ deniz dibi kaynakları
Meeresverschmutzung ⟨f⟩ denizlerin kirlenmesi
Mehrabschreibung ⟨f⟩ *(ReW)* ek amortisman
Mehrarbeit ⟨f⟩ fazla çalışma/mesai
Mehrarbeitsstunde ⟨f⟩ fazla çalışma saati
Mehrarbeitsvergütung ⟨f⟩ fazla çalışma ücreti
Mehrarbeitszeit ⟨f⟩ fazla çalışma süresi
Mehrarbeitszuschlag ⟨f⟩ fazla çalışma zammı
Mehraufwand ⟨m⟩ ek giderler/masraflar
Mehrausgabe ⟨f⟩ fazla harcama
Mehrbedarf ⟨m⟩ ek gereksinim; fazla/artan ihtiyaçlar

Mehrbelastung ⟨f⟩ fazla yük/yüküm; sürşarj
Mehrbetrag ⟨m⟩ fazla olan miktar
Mehreinkommen ⟨n⟩ fazla/ek gelir/kazanç
Mehreinnahme ⟨f⟩ ek tahsilat
Mehrerlös ⟨m⟩ ek gelir/kazanç
Mehrertrag ⟨m⟩ ek gelir/kâr/kazanç
mehrfach ⟨adj⟩ çoklu; katlı; müteaddit; birçok defalar
Mehrfachbesteuerung ⟨f⟩ *(StR)* müteaddit vergileme
Mehrfachversicherung ⟨f⟩ *(Vers)* müteaddit sigorta
Mehrfachversicherungsvertreter ⟨m⟩ *(Vers)* müteaddit sigorta acentası
[selbständiger ...] *(Vers)* bağımsız müteaddit sigorta acentası
Mehrfamilienhaus ⟨n⟩ *(BauW)* apartman binası
Mehrfelderwirtschaft ⟨f⟩ *(LandW)* çok sayılı tarla rejimi
Mehrforderung ⟨f⟩ artan talep
Mehrfracht ⟨f⟩ fazla yük; hamule/yük fazlalığı; *(Schff)* navlun fazlalığı
Mehrgewicht ⟨n⟩ fazla ağırlık
Mehrheit ⟨f⟩ çoğunluk; ekseriyet
[absolute ...] salt çoğunluk; mutlak ekseriyet
[beschlußfähige ...] *(Jur)* karar yetersayısı
[einfache ...] basit çoğunluk
[überwiegende ...] büyük çoğunluk
Mehrheitsaktionär ⟨m⟩ hisse çoğunluğa sahip aksiyoner
Mehrheitsanteil ⟨m⟩ çoğunluk payı
Mehrheitsbeschluß ⟨m⟩ çoğunluğun kararı
Mehrheitsentscheidung ⟨f⟩ çoğunluğun kararı
Mehrheitsbesitz ⟨m⟩ hisse çoğunluklu zilyedlik
Mehrheitsbeteiligung ⟨f⟩ çoğunluklu iştirak/katılım
mehrjährig ⟨adj⟩ çok yıllık
Mehrkosten ⟨pl⟩ ek/ekstra/fazladan masraflar
Mehrliniensystem ⟨n⟩ *(BWL)* çok hatlı sistem
Mehrphasensteuer ⟨f⟩ *(StR)* çok aşamalı/kademeli vergi
Mehrproduktion ⟨f⟩ fazla üretim
Mehrschichtenbetrieb ⟨m⟩ çok vardiyalı işletme
mehrstellig ⟨adj⟩ *(Math)* çok haneli
Mehrverbrauch ⟨m⟩ fazla tüketim
Mehrwegpackung ⟨f⟩ çok yönlü ambalaj; birden fazla kullanılabilir ambalaj
Mehrwert ⟨m⟩ katma/artı değer
Mehrwertsteuer ⟨f⟩ **(MwSt)** *(StR)* katma değer vergisi; *(TR)* KDV
[ohne ...] *(StR)* katma değer vergisiz
mehrwertsteuerfrei ⟨adj⟩ *(StR)* katma değer vergisiz
Mehrwertsteuerbefreiung ⟨f⟩ *(StR)* katma değer vergisinden muafiyet
Mehrwertversicherung ⟨f⟩ *(Vers)* değer artışı sigortası
Mehrzweck- çok amaçlı
Mehrzwecktransporter ⟨m⟩ çok amaçlı taşıyıcı
Mehrzwecktransportschiff ⟨n⟩ *(Schff)* çok amaçlı nakliye gemisi
Meinung ⟨f⟩ düşünce; fikir; görüş (tarzı)
[abweichende ...] ayrı düşünce/görüş; değişik fikir
[maßgebliche ...] esas düşünce/görüş; ilgili görüş tarzı
[öffentliche ...] kamuoyu

[persönliche ...] şahsî/kişisel görüş
Meinungsaustausch ⟨m⟩ fikir teatisi; karşılıklı danışma; görüşme
Meinungsforscher ⟨m⟩ demoskop
Meinungsforschung ⟨f⟩ demoskopi
Meinungsforschungsinstitut ⟨n⟩ demoskopi enstitüsü/merkezi
Meinungskäufe ⟨pl⟩ spekülasyon amaçlı satın almalar
Meinungsumfrage ⟨f⟩ *(Mk)* anket
Meinungsverkäufe ⟨pl⟩ spekülasyon amaçlı satışlar
Meistbegünstigung ⟨f⟩ *(AußH)* en çok gözetilme; azami tercih
Meistbegünstigungsklausel ⟨f⟩ *(AußH)* en çok gözetilen ulus kaydı; en çok kayrılan/kayrılmış ülke koşulu/şartı/hükmü
Meistbegünstigungsregel ⟨f⟩ *(AußH)* en çok gözetilen ulus kuralı; en çok kayrılan/kayrılmış ülke kuralı
Meistbegünstigungssatz ⟨m⟩ *(AußH)* en çok kayrılan/kayrılmış ülke haddi
Meistbegünstigungstarif ⟨m⟩ *(AußH)* en çok kayrılan/kayrılmış ülke tarifesi
Meistbegünstigungszoll ⟨m⟩ *(AußH)* en çok kayrılan/kayrılmış ülke gümrük resmi
meistbietend ⟨adj⟩ en yüksek artıran; en yüksek teklif yapan/veren
Meistbietender ⟨m⟩ en yüksek teklifi yapan/veren (kimse)
Meister ⟨m⟩ usta
Meistgebot ⟨n⟩ en yüksek teklif
meistgekauft ⟨adj⟩ en fazla satın alınan
meistverkauft ⟨adj⟩ en fazla satılan
Meldeamt ⟨n⟩ *(Jur)* nüfus dairesi; *(Jur)* nüfus müdürlüğü
Meldebehörde ⟨f⟩ *(Jur)* nüfus (kayıt ve tescil) makamı
Meldebestand ⟨m⟩ bildirilen stok miktarı
Meldemenge ⟨f⟩ sipariş edilen miktar; bildirilen miktar
melden ⟨v/t⟩ bildirmek; haber vermek; beyan etmek
Meldepflicht ⟨f⟩ bildirme yükümlülüğü; haber verme mükellefiyeti
meldepflichtig ⟨adj⟩ bildirilmesi zorunlu
Melderegister ⟨n⟩ *(Jur)* nüfus sicili/kütüğü
Meldeschluß ⟨m⟩ (başvurularda) bildirme/müracaat için son tarih
Meldestelle ⟨f⟩ bildirme yeri; *(Jur)* nüfus dairesi
Meldung ⟨f⟩ haber; rapor; bildiri
Melioration ⟨f⟩ *(LandW)* ıslah; toprak reformu
Memorandum ⟨n⟩ muhtıra; andıç; uyarı yazısı
Menge ⟨f⟩ 1. miktar; hacim; kantite 2. kütle
[bestellte ...] sipariş edilen miktar
[der ... nach] miktara göre
[handelsübliche ...] ticarette standart miktar
[in großen ... n] büyük miktarlarda
[vertraglich vereinbarte ...] akit miktarı
Mengenabnahme ⟨f⟩ büyük miktarda alım; toptan satın alma
Mengenabsatz ⟨m⟩ toptan satışlar
Mengenabschlag ⟨m⟩ miktar indirimi
Mengenabweichung ⟨f⟩ miktar farkı/sapması
Mengenauftrag ⟨m⟩ büyük/toptan sipariş
Mengenbeschränkung ⟨f⟩ miktarda kota/kısıtlama

Mengeneinkauf ⟨m⟩ toptan satın alma
Mengengerüst ⟨n⟩ *(KoR)* fizikî yapı
Mengengeschäft ⟨n⟩ toptancılık; toptan muamele; *(BkW)* kitlesel bankacılık
Mengenkonjunktur ⟨f⟩ miktarlarda patlama
Mengenliste ⟨f⟩ miktar listesi
mengenmäßig ⟨adj⟩ miktar olarak; miktarca
Mengennachlaß ⟨m⟩ miktar iskontosu; miktar indirimi
Mengenpreis ⟨m⟩ toptan fiyat
Mengenproduktion ⟨f⟩ *(Ind)* kitlesel üretim
Mengenrabatt ⟨m⟩ miktar iskontosu; miktar indirimi
Mengentarif ⟨m⟩ *(Zo)* miktar üzerinden tarife
Mengenumsatz ⟨m⟩ miktar cirosu; miktar olarak satışlar
Mengenwachstum ⟨n⟩ miktarda büyüme/çoğalma
Mengenzoll ⟨m⟩ *(Zo)* spesifik gümrük
Menschenführung ⟨f⟩ personel yönetimi/idaresi
Merkblatt ⟨n⟩ broşür
Merkmal ⟨n⟩ vasıf; nitelik; kriter; kıstas; *(Stat)* gözlem
[technisches ...] teknik vasıf
Merkposten ⟨m⟩ *(ReW)* nazım hesaplar
Messe ⟨f⟩ *(Mk)* fuar; sergi
[... veranstalten] *(Mk)* fuar düzenlemek
[technische ...] *(Mk)* teknik fuar
Messeamt ⟨n⟩ fuar müdürlüğü
Messeausweis ⟨m⟩ fuar pasosu
Messebeschicker ⟨m⟩ fuara katılan; sergileyici
Messebesuch ⟨m⟩ fuar ziyareti
Messebesucher ⟨m⟩ fuar ziyaretçileri; fuarı ziyaret edenler
Messebeteiligung ⟨f⟩ fuara katılım/iştirak
Messegelände ⟨n⟩ fuar bölgesi
Messegeschäft ⟨n⟩ fuar ve sergi(leme) işleri
Messehalle ⟨f⟩ fuar/sergi salonu
Messekatalog ⟨m⟩ fuar kataloğu
Messeleitung ⟨f⟩ fuar yönetimi/idaresi
Messeplatz ⟨m⟩ fuar yeri
Messerabatt ⟨m⟩ fuar indirimi
Messestand ⟨m⟩ fuarda yer
Messeveranstalter ⟨m⟩ fuar düzenleyicisi
Meßzahl ⟨f⟩ → **Meßziffer**
Meßziffer ⟨f⟩ rakam; veri; ⟨pl⟩ veriler; oran; reşyo; indeks; *(StR)* matrah
Metall ⟨n⟩ metal; maden
Metallarbeiter ⟨m⟩ metal işçisi
Metallbörse ⟨f⟩ metal borsası; maden piyasası
Metallgeld ⟨n⟩ madenî para
Metallindustrie ⟨f⟩ metal sanayii
Metallnotierung ⟨f⟩ metal kotesi
Metallpreis ⟨m⟩ metal fiyatı
Metallverarbeitung ⟨f⟩ metal işleme
Metallwaren ⟨pl⟩ metal eşya(lar)
Metallwarenindustrie ⟨f⟩ metal eşya sanayii
Methode ⟨f⟩ metot; sistem; yöntem; usul; teknik
[... der gleitenden Mittelwerte] *(Stat)* hareketli ortalamalar metodu
[... der größten Dichte] *(Stat)* maksimum muhtemellik metodu
[... der kleinsten Quadrate] *(Stat)* en küçük kareler metodu
[buchungstechnische ...] *(ReW)* muhasebe metodu/yöntemi

[deduktive ...] tümdengelim metodu/yöntemi
[induktive ...] tümevarım metodu/yöntemi
Methodenlehre ⟨f⟩ yöntembilim; metodoloji
[ökonomische ...] ⟨f⟩ *(VWL)* ekonometri
Methodenzeitmessung ⟨f⟩ *(Ind)* kronometraj
Mietabtretung ⟨f⟩ kiranın devri/temliği
Mietanhebung ⟨f⟩ kirayı artırma
Mietaufkommen ⟨n⟩ kira geliri
Mietausfall ⟨m⟩ kira kaybı
Mietauto ⟨n⟩ kiralık oto
Mietbedingungen ⟨pl⟩ kiralama koşulları
Mietbeihilfe ⟨f⟩ kira yardımı
Mietbelastung ⟨f⟩ kira yükümü
Mietbesitz ⟨m⟩ kira zilyetliği
Miete ⟨f⟩ kira; kiralama
[... einziehen] kira tahsil etmek
[... entrichten] kira ödemek
[... stunden] kira borcunu ertelemek; kiranın ödenmesi için mühlet/önel vermek
[... zahlen] kira ödemek
[angemessene ...] âdil kira
[ortsübliche ...] (mutad) mahalli/yerel kira
[rechnerische ...] *(Jur)* izafî kira
[rückständige ...] kira borcu
Mieteinkünfte ⟨pl⟩ kira geliri
mieten ⟨v/t⟩ kiralamak
Mieter ⟨m⟩ kiracı; kiralayan
[... und Vermieter] kiracı ve ev sahibi
[alleiniger ...] müstakil/tek kiracı
[gewerblicher ...] ticarî kiracı
[jederzeit kündbarer ...] ihbar edilmesi gerekli olmayan kiracı
[neuer ...] yeni kiracı
Mieterhaftpflicht ⟨f⟩ kiracının maddî sorumluluğu
Mieterhaftpflichtversicherung ⟨f⟩ *(Vers)* kiracının maddî sorumluluk sigortası
Mieterhaftung ⟨f⟩ kiracının sorumluluğu
Mieterhöhung ⟨f⟩ kira artırımı
Mietermäßigung ⟨f⟩ kira indirimi
Mieterrechte ⟨pl⟩ kiracı hakları
Mieterschaft ⟨f⟩ kiracılar
Mieterschutz ⟨m⟩ kiracıyı koruma; kiracının korunması
Mieterschutzgesetz ⟨n⟩ kiracıyı koruma yasası
Mieterstattung ⟨f⟩ kiranın iadesi
Mietertrag ⟨m⟩ kira geliri
Mietervereinigung ⟨f⟩ kiracı (haklarını koruma) derneği
Mietfahrzeug ⟨n⟩ kiralık motorlu araç/taşıt
Mietfestschreibung ⟨f⟩ kiraları dondurma
Mietfläche ⟨f⟩ kiralık alan
Mietforderung ⟨f⟩ kiradan alacak
mietfrei ⟨adj⟩ kirasız; kira ödemeden
Mietfreigabe ⟨f⟩ kiraları serbest bırakma
Mietgarantie ⟨f⟩ kira garantisi
Mietgebühr ⟨f⟩ kira harcı
Mietgegenstand ⟨m⟩ kira konusu
Mietgeld ⟨n⟩ kira parası
Mietgesetz ⟨n⟩ kira yasası
Miethöchstpreis ⟨m⟩ kira tavanı
Miethöhe ⟨f⟩ kira düzeyi
Mietinkasso ⟨n⟩ kira tahsili
Mietkauf ⟨m⟩ finansal kiralama; leasing
Mietkäufer ⟨m⟩ finansal kiralayıcı; leasing müşterisi

Mietkaution ⟨f⟩ depozito; kira kaparosu
Mietkonto ⟨n⟩ kira hesabı
Mietkontrakt ⟨m⟩ *(Jur)* kira sözleşmesi; kira mukavelesi
Mietkontrolle ⟨f⟩ kira denetimi; kiraları denetleme
Mietkosten ⟨pl⟩ kira maliyeti
Mietlaufzeit ⟨f⟩ kira (sözleşmesi) süresi
Mietnachlaß ⟨m⟩ kira indirimi
Mietniveau ⟨n⟩ kira düzeyi
Mietobjekt ⟨n⟩ kira konusu
Mietpachtfläche ⟨f⟩ kiralık alan
Mietpartei ⟨f⟩ kiracı taraf
Mietpfändung ⟨f⟩ kira haczi
Mietpreis ⟨m⟩ kira bedeli
[monatlicher ...] aylık kira bedeli
Mietpreisbindung ⟨f⟩ maktu kira (bedeli)
Mietpreiserhöhung ⟨f⟩ kira bedelini artırma
Mietpreisfreigabe ⟨f⟩ kiraları serbest bırakma
Mietpreiskontrolle ⟨f⟩ kira kontrolü
Mietrechnung ⟨f⟩ kira faturası
Mietrecht ⟨n⟩ *(Jur)* kira hukuku
Mietsatz ⟨m⟩ kira haddi
Mietrückstände ⟨pl⟩ kira borçları
Mietrückzahlung ⟨f⟩ kirayı geri ödeme
Mietsatz ⟨m⟩ kira haddi
Mietschulden ⟨pl⟩ kira borçları
Mietschuldner ⟨m⟩ kira borçlusu; borçlu kiracı
Mietsenkung ⟨f⟩ kirayı düşürme
Mietshaus ⟨n⟩ (kiralık dairelerin bulunduğu) apartman
Mietspiegel ⟨m⟩ kira düzeyi çizelgesi
Mietsteigerung ⟨f⟩ kiraların yükselmesi
Mietstreitigkeit ⟨f⟩ kira uyuşmazlığı
Mietstopp ⟨m⟩ kiraların dondurulması
Mietsumme ⟨f⟩ kira tutarı
Mietvereinbarung ⟨f⟩ *(Jur)* kira sözleşmesi; kira üzerinde anlaşma
Mietverhältnis ⟨n⟩ kira ilişkisi; *(Jur)* kira sözleşmesi
[befristetes ...] süreli kira ilişkisi
[gewerbliches ...] ticarî kira ilişkisi
[jederzeit kündbares ...] ihbarsız kira ilişkisi
[vertraglich geregeltes ...] sözleşmeli kira ilişkisi
Mietverlängerung ⟨f⟩ kira (ilişkisini) uzatma; kira sözleşmesini yenileme
Mietverlust ⟨m⟩ kira kaybı
Mietverlustversicherung ⟨f⟩ *(Vers)* kira kaybına karşı sigorta
Mietvertrag ⟨m⟩ *(Jur)* kira sözleşmesi; kira akdi/kontratı/mukavelesi
[... abschließen] kira sözleşmesi yapmak
[... kündigen] kira sözleşmesinin feshini bildirmek
[... mit festem Zins] sabit faizli kira sözleşmesi
[... verlängern] kira sözleşmesini uzatmak/yenilemek
[jederzeit kündbarer ...] her an ihbarlı kira sözleşmesi
[kurzfristiger ...] kısa süreli kira sözleşmesi
[langfristiger ...] uzun süreli kira sözleşmesi
[mündlich abgeschlossener ...] sözlü kira sözleşmesi
[schriftlicher ...] yazılı kira sözleşmesi
[unbefristeter ...] süresiz kira sözleşmesi
Mietvertragsbestimmungen ⟨pl⟩ kira sözleşmesinin hükümleri

Mietvertragsdauer ⟨f⟩ kira sözleşmesinin süresi
Mietvorauszahlung ⟨f⟩ peşin kira; kirayı peşin ödeme
Mietvorschuß ⟨m⟩ → Mietvorauszahlung
Mietwagen ⟨m⟩ kiralık otomobil
Mietwagenverleih ⟨m⟩ otomobil kiralama; *(Eng)* Rent-a-car
Mietwagenvertretung ⟨f⟩ kiralık otomobil acentası
Mietwert ⟨m⟩ kira değeri
Mietwohnung ⟨f⟩ kiralık konut; kiralık daire
Mietwohnungsbau ⟨m⟩ kiralık konut yapımı
Mietwucher ⟨m⟩ fahiş kira
Mietzahlung ⟨f⟩ kira ödemesi
Mietzeit ⟨f⟩ kira süresi
Mietzins ⟨m⟩ kira; rant
Mietzuschuß ⟨m⟩ kira avansı/yardımı
Mikroelektronik ⟨f⟩ *(Elek)* mikro elektronik
Mikroökonomie ⟨f⟩ *(VWL)* mikro ekonomi
mikroökonomisch ⟨adj⟩ *(VWL)* mikro ekonomik
Milch ⟨f⟩ *(LandW)* süt
 [kondensierte...] *(LandW)* pastörize süt
Milchprodukte ⟨pl⟩ *(LandW)* süt ürünleri
Milchproduzent ⟨m⟩ *(LandW)* süt üreticisi
Milchpulver ⟨n⟩ süt tozu
Milchwirtschaft ⟨f⟩ *(LandW)* sütçülük; *(LandW)* mandıracılık
Milieu ⟨n⟩ ortam
 [ländliches...] kırsal ortam
Milliarde ⟨f⟩ milyar
Million ⟨f⟩ milyon
Millionär ⟨m⟩ milyoner
Minderabsatz ⟨m⟩ düşük satış
Minderaufkommen ⟨n⟩ düşük gelir
Minderbestand ⟨m⟩ açık
Minderbetrag ⟨m⟩ açık meblağ
Mindereinnahme ⟨f⟩ düşük gelir
Mindererlös ⟨m⟩ düşük hasılat
Minderertrag ⟨m⟩ düşük verim
Minderheit ⟨f⟩ azınlık
 [qualifizierte...] şartlı azınlık
Minderheitenrecht ⟨n⟩ azınlıklar hukuku
Minderheitsaktionär ⟨m⟩ azınlık hissedarı
Minderheitsanteil ⟨m⟩ azınlık payı/menfaati
Minderheitsbeteiligung ⟨f⟩ azınlık payı/menfaati
Minderheitsrechte ⟨pl⟩ azınlık hakları
Minderheitsgesellschafter ⟨m⟩ azınlık hissedarı
Minderkaufmann ⟨m⟩ küçük tacir
Minderleistung ⟨f⟩ düşük verim
Minderlieferung ⟨f⟩ eksik teslim
mindern ⟨v/t⟩ indirmek; eksiltmek, düşürmek; *(Jur)* tenkis etmek
Minderpreis ⟨m⟩ düşük/indirimli fiyat
Minderumsatz ⟨m⟩ düşük satışlar
Minderung ⟨f⟩ azalt(ıl)ma; düşürüm; indirim; *(Jur)* tenkis
 [... des Kaufpreises] alım fiyatında indirim; *(Jur)* tenkisi bedel
Minderwert ⟨m⟩ düşük değer; düşük kalite
minderwertig ⟨adj⟩ düşük değerli/kaliteli; adi
Mindest- asgari; en az/düşük
Mindestabnahme ⟨f⟩ asgari alım
Mindestabnahmemenge ⟨f⟩ asgari alım miktarı
Mindestanforderungen ⟨pl⟩ asgari koşullar; en az istenen koşullar
Mindestangebot ⟨n⟩ en düşük teklif

Mindestanlage ⟨f⟩ *(BkW)* en az yatırım; *(BkW)* asgari yatırım
Mindestansparung ⟨f⟩ *(BkW)* asgari tasarruf
Mindestanzahlung ⟨f⟩ *(BkW)* asgari depozito
Mindestarbeitszeit ⟨f⟩ asgari iş/çalışma süresi
Mindestbedarf ⟨m⟩ asgari ihtiyaç/gereksinim/talep
Mindestbestand ⟨m⟩ asgari mevcut; en az envanter haddi
Mindestbestellung ⟨f⟩ en az sipariş; asgari sipariş
Mindestbestimmungen ⟨pl⟩ asgari koşullar
Mindestbetrag ⟨m⟩ asgari bedel
Mindestdeckung ⟨f⟩ *(BkW)* munzam karşılık; asgari kuvertür
Mindestdiskontsatz ⟨m⟩ *(BkW)* asgari reeskont haddi
Mindesteinkommen ⟨n⟩ asgari gelir
Mindesteinlage ⟨f⟩ *(BkW)* asgari mevduat
Mindestertrag ⟨m⟩ asgari kâr; en düşük kazanç
Mindestforderung ⟨f⟩ asgari alacak
Mindestfracht ⟨f⟩ asgari yük
Mindestgebot ⟨n⟩ en düşük teklif
Mindestgebühr ⟨f⟩ asgari ücret
Mindestgehalt ⟨n⟩ asgari maaş
Mindestgewicht ⟨n⟩ asgari ağırlık
Mindestgewinn ⟨m⟩ asgari kâr
Mindestgrenze ⟨f⟩ asgari sınır; asgari tahdit
Mindestguthaben ⟨n⟩ *(BkW)* asgari mevduat
Mindesthaltbarkeit ⟨f⟩ en az dayanıklılık süresi
Mindesthaltung ⟨f⟩ asgari ihtiyatlar; munzam karşılıklar
Mindestkosten ⟨pl⟩ asgari maliyet
Mindestlagerbestand ⟨m⟩ asgari stok miktarı; asgari emtia
Mindestlaufzeit ⟨f⟩ asgari vade; asgari geçerlilik süresi
Mindestleistung ⟨f⟩ asgari randıman; en düşük verim
Mindestlohn ⟨m⟩ asgari ücret; taban ücret
 [garantierter...] garanti edilen asgari ücret
 [gesetzlicher...] kanunen asgari/taban ücret
Mindestmenge ⟨f⟩ asgari miktar
Mindestprämie ⟨f⟩ asgari ikramiye
Mindestpreis ⟨m⟩ asgari/taban fiyat; en düşük fiyat
 [garantierter...] *(EU)* müdahale fiyatı
Mindestqualität ⟨f⟩ (gerekli) asgari kalite
Mindestrendite ⟨f⟩ asgari rant
Mindestreserven ⟨pl⟩ asgari yedekler/ihtiyatlar; munzam karşılıklar
Mindestreservenanforderungen ⟨pl⟩ gerekli munzam karşılıkları
Mindestreservenbestimmungen ⟨pl⟩ munzam karşılık hükümleri
Mindestreservenguthaben ⟨n⟩ munzam karşılıklar hesabı
Mindestreservenhaltung ⟨f⟩ munzam karşılık tutma
Mindestrücklage ⟨f⟩ asgari ihtiyatlar; munzam karşılıklar
Mindestsatz ⟨m⟩ asgari oran
Mindeststammkapital ⟨n⟩ asgari ana sermaye
Mindeststeuersatz ⟨m⟩ *(StR)* asgari matrah
Mindestverdienst ⟨m⟩ asgari kazanç
Mindestverzinsung ⟨f⟩ *(BkW)* asgari faiz; *(BkW)* en düşük faiz
Mindestwert ⟨m⟩ asgari değer; asgari kıymet

Mindestzeichnung ⟨f⟩ *(Bö)* asgari abonman
Mindestzeichnungsbetrag ⟨m⟩ *(Bö)* asgari abonman meblağı
Mindestzinssatz ⟨m⟩ *(BkW)* asgari faiz oranı
Mindestzoll ⟨m⟩ *(Zo)* asgari gümrük
Mineralöl ⟨n⟩ petrol; ham petrol
Mineralölerzeugnis ⟨n⟩ petro-kimya ürünü
Mineralölgesellschaft ⟨f⟩ petrol şirketi
Mineralölindustrie ⟨f⟩ petro-kimya sanayii
Mineralölquelle ⟨f⟩ petrol yatağı; petrol kuyusu
Mineralölraffinerie ⟨f⟩ *(Ind)* petrol rafinerisi
Mineralölsteuer ⟨f⟩ *(StR)* akaryakıt vergisi
Mineralprodukte ⟨pl⟩ petro-kimya ürünleri
Mineralquelle ⟨f⟩ *(BergB)* maden yatağı; maden kaynağı
Mineralwasser ⟨n⟩ maden suyu; maden sodası
Minimalforderung ⟨f⟩ asgari alacak
Minimalpreis ⟨m⟩ en düşük fiyat
Minimum ⟨n⟩ minimum
Minister ⟨m⟩ bakan
 [... des Inneren] içişleri bakanı
 [... für Arbeit] çalışma bakanı
 [... für auswärtige Angelegenheiten] dışişleri bakanı
 [... für Erziehung] eğitim bakanı
 [... für Finanzen] maliye bakanı
 [... für Justiz] adliye bakanı
 [... für Technologie] teknoloji bakanı
Ministeramt ⟨n⟩ bakanlık
Ministerialabteilung ⟨f⟩ bakanlık dairesi; genel müdürlük
Ministerialbeamter ⟨m⟩ bakanlık memuru
Ministerialbürokratie ⟨f⟩ bakanlık düzeyinde bürokrasi
Ministerium ⟨n⟩ bakanlık
 [... der Finanzen] maliye bakanlığı
 [... für Arbeit] çalışma bakanlığı
 [... für auswärtige Angelegenheiten] dışişleri bakanlığı
 [... für Technologie] teknoloji bakanlığı
 [... für Umweltschutz] çevre (korunma) bakanlığı
Ministerpräsident ⟨m⟩ başbakan
Ministerrat ⟨m⟩ bakanlar kurulu
Minorität ⟨f⟩ azınlık; azlık
Minoritätsbeteiligung ⟨f⟩ azınlık iştiraki
Minus ⟨n⟩ eksi
 [im ...] ekside
Minusbestand ⟨m⟩ stok eksikliği
Minusbetrag ⟨m⟩ eksi bedel; açık
Minussaldo ⟨m⟩ eksi bakiye
Minusseite ⟨f⟩ eksi taraf; ekside olan taraf
Minuswachstum ⟨n⟩ *(VWL)* eksi büyüme; *(VWL)* negatif büyüme
Minuszins ⟨m⟩ *(BkW)* eksi faiz
Minute ⟨f⟩ dakika
 [auf die ... genau] dakikası dakikasına
 [in letzter ...] son dakikada
Minutenzeiger ⟨m⟩ yelkovan
Mischbetrieb ⟨m⟩ *(BWL)* karma işletme
mischen ⟨v/t⟩ karıştırmak
Mischfinanzierung ⟨f⟩ *(BkW)* karma finansman
Mischkalkulation ⟨f⟩ *(ReW)* karma hesap
Mischkonzern ⟨m⟩ konglomera
Mischkurs ⟨m⟩ karma kur

Mischpreis ⟨m⟩ ortalama fiyat
Mischrechnung ⟨f⟩ *(ReW)* karma hesap
Mischsatz ⟨m⟩ karma oran
Mischtarif ⟨m⟩ *(Zo)* karma tarife
Mischung ⟨f⟩ karışım
Mischwirtschaft ⟨f⟩ *(VWL)* karma ekonomi
Mischzinssatz ⟨m⟩ *(BkW)* karma faiz oranı
Mißbrauch ⟨m⟩ *(Jur)* kötüye kullan(ıl)ma; *(Jur)* suiistimal
 [... der Amtsgewalt] nüfuzun kötüye kullanılması; *(Jur)* nüfuz suiistimali
 [... der Ermessensfreiheit] takdir yetkisinin kötüye kullanılması
 [... eines Monopols] tekelin kötüye kullanılması
 [... öffentlicher Gelder] kamu fonlarının kötüye kullanılması
 [... von Haushaltsmitteln] bütçenin kötüye kullanılması
mißbrauchen ⟨v/t⟩ kötüye kullanmak; suiistimal etmek
Mißbrauchsaufsicht ⟨f⟩ *(Kartellamt)* suiistimal denetimi/kontrolü
Mißbrauchverfahren ⟨n⟩ *(Kartellamt)* suiistimal davası
Mißerfolg ⟨m⟩ başarısızlık; fiyasko
Mißernte ⟨f⟩ *(LandW)* bereketsiz mahsul
Missetat ⟨f⟩ suç
 [... begehen] suç işlemek
Missetäter ⟨m⟩ suçlu
Mißgunst ⟨f⟩ kıskançlık
Mißkredit ⟨m⟩ itibarsızlık
 [in ... bringen] itibarsız duruma düşürmek
 [in ... geraten] itibarsız duruma düşmek
Mißlingen ⟨n⟩ başarısızlık; ⟨int⟩ başarısızlığa uğramak
 [völlig ...] fiyaskoyla sonuçlanmak
Mißmanagement ⟨n⟩ *(BWL)* kötü yönetim
Mißtrauen ⟨n⟩ güvensizlik
Mißtrauensantrag ⟨m⟩ *(Jur)* güvensizlik oyuna sunma dilekçesi
Mißtrauensvotum ⟨n⟩ *(Jur)* güvensizlik oyu
Mißverhältnis ⟨n⟩ dengesizlik; oransızlık
 [... zwischen Angebot und Nachfrage] arz ile talep arasında dengesizlik
Mißverständnis ⟨n⟩ anlaşmazlık
Mißwirtschaft ⟨f⟩ *(VWL)* kötü yönetim; *(BWL)* kötü yönetim
Mitaktionär ⟨m⟩ *(BkW)* ortak hissedar; *(BkW)* müşterek hissedar
Mitarbeit ⟨f⟩ birlikte/ortak çalışma; kooperasyon
mitarbeiten ⟨int⟩ birlikte çalışmak; işe katılmak
Mitarbeiter ⟨m⟩ eleman; iş arkadaşı
Mitarbeiter ⟨pl⟩ eleman(lar); kadro; personel
 [... im Angestelltenverhältnis] memur durumunda eleman; ücretli kadro
 [... im Außendienst] dış eleman; ⟨pl⟩ dış kadro
 [betriebliche ...] şirket elemanları
 [freiberuflicher ...] serbest eleman
 [wissenschaftlicher ...] bilimsel eleman
Mitarbeiterangelegenheit ⟨f⟩ personel/kadro hususu/meselesi
Mitarbeiterbesprechung ⟨f⟩ kadro toplantısı
Mitarbeiterbeurteilung ⟨f⟩ personel takdiri
Mitarbeiterschulung ⟨f⟩ eleman eğitimi

Mitarbeiterstab ⟨m⟩ eleman kadrosu
Mitaussteller ⟨m⟩ *(WeR)* birlikte/müşterek keşideci
Mitbesitz ⟨m⟩ birlikte/müşterek zilyetlik
Mitbesitzer ⟨m⟩ birlikte/müşterek zilyet
mitbestimmen ⟨int⟩ birlikte karar vermek; birlikte oy kullanmak
Mitbestimmung ⟨f⟩ yönetime katılma; işçinin katılımı
[... am Arbeitsplatz] işyerinde işçinin katılımı
[... auf Unternehmensebene] üst yönetim düzeyinde yönetime katılma
[... der Arbeitnehmer] işçilerin yönetime katılması
[... im Aufsichtsrat] denetim kurulunda işçi katılımı
[... im Betrieb] işletme düzeyinde yönetime katılma
[paritätische ...] pariteli katılım
Mitbestimmungsrecht ⟨n⟩ birlikte oy kullanma hakkı
Mitbürge ⟨m⟩ *(Jur)* müşterek kefil; *(Jur)* birlikte kefil
Miteigentum ⟨n⟩ müşterek/ortak mülkiyet
Miteigentümer ⟨m⟩ müşterek/ortak malik
Miteigentumsanteil ⟨m⟩ müşterek/ortak mülkiyet payı
Miterbe ⟨m⟩ *(Jur)* müşterek varis
Mitfinanzierung ⟨f⟩ *(BkW)* birlikte/ortak finansman
Mitgesellschafter ⟨m⟩ şirket ortağı
Mitglied ⟨n⟩ üye; abone
[... auf Lebenszeit] ömür boyu üye
[... des Aufsichtsrats] denetim kurulu üyesi
[... des Ausschusses] heyet üyesi
[... des Verwaltungsrats] idare kurulu üyesi
[... des Vorstandes] yönetim kurulu üyesi
[assoziiertes ...] *(EU)* ortak üye
[ausscheidendes ...] (görevinden) ayrılan üye
[bevollmächtigtes ...] murahhas üye; yetki sahibi üye
[ehrenamtliches ...] fahrî üye
[eingeschriebenes ...] kayıtlı üye
[geschäftsführendes ...] yönetici/yönetmen üye
[ordentliches ...] aslî üye; tam üye
[zahlendes ...] aidat ödeyen üye
Mitgliederkartei ⟨f⟩ üyelerin listesi
Mitgliederversammlung ⟨f⟩ genel kurul toplantısı
Mitgliedervertretung ⟨f⟩ ortaklar/üyeler temsilciliği
Mitgliederzahl ⟨f⟩ üye sayısı
Mitgliedsausweis ⟨m⟩ üye(lik)/abonman karnesi
Mitgliedsbeitrag ⟨m⟩ üye(lik) aidatı; abone ücreti; katılma payı
Mitgliedschaft ⟨f⟩ üyelik; abonman
Mitgliedschaftszwang ⟨m⟩ üye/abone olma zorunluluğu
Mitgliedsfirma ⟨f⟩ üye firma
Mitgliedsgewerkschaft ⟨f⟩ bağlı sendika
Mitgliedsland ⟨n⟩ *(EU)* üye ülke
Mitgliedsnummer ⟨f⟩ üyelik numarası
Mitgliedszwang ⟨m⟩ üye olma zorunluluğu
mithaften ⟨int⟩ birlikte sorumlu olmak
Mithaftung ⟨f⟩ birlikte/ortak sorumluluk
Mitinhaber ⟨m⟩ müşterek sahip; ortak; *(Lizenz)* ortak lisans sahibi; *(Pat)* ortak patent sahibi
Mitkläger ⟨m⟩ *(Jur)* müdahil

Mitkonsorte ⟨m⟩ birlikte taahhüt eden
Mitnahme ⟨f⟩ kâr alma
Mitnahmepreis ⟨m⟩ peşin alım fiyatı
Mitreeder ⟨m⟩ *(Schff)* müşterek donatan
Mitschuldiger ⟨m⟩ *(Jur)* suç ortağı
Mitschuldner ⟨m⟩ birlikte/müşterek borçlu
Mitsprache ⟨f⟩ söz (hakkı)
Mitspracherecht ⟨n⟩ söz hakkı
Mittagessen ⟨n⟩ öğle yemeği
Mittagessensgutschein ⟨m⟩ öğle yemeği kuponu
Mittagspause ⟨f⟩ öğle dinlenmesi
Mittagsschicht ⟨f⟩ öğle(n) vardiyesi
Mittäter ⟨m⟩ *(Jur)* suç ortağı; müşterek fail
Mittäterschaft ⟨f⟩ *(Jur)* suç ortaklığı
mitteilen ⟨v/t⟩ haber vermek; bildirmek; ihbar etmek
Mitteilung ⟨f⟩ haber; bildirme; beyan; ihbar; mesaj; ilan; *(intern)* not
[amtliche ...] resmî ilan
[vertrauliche ...] mahrem malumat; gizli haber
Mitteilungsblatt ⟨n⟩ bülten; sirküler
[amtliches ...] resmî bülten
Mittel ⟨n⟩ araç; vasıta; *(Gegenmittel/Hilfsmittel)* madde; vasıta; *(Math)* ortalama; *(Stat)* ortalama; *(Ind)* araç; gereç; vasıta; *(BkW)* fon(lar); kaynak(lar); *(öFi)* ödenekler; kaynaklar
[... anlegen] yatırım yapmak
[... bereitstellen] fon tahsis etmek
[... bewilligen] fon tahsis etmek
[... binden] fonları bağlamak
[... festlegen] fonları bağlamak
[... zuweisen] fon tahsis etmek
[... zweckentfremden] fonları/kaynakları amaç dışı kullanmak
[anlagebereite ...] *(BkW)* âtıl para mevcutları; yatırıma hazır fonlar; âtıl bakiye
[arithmetisches ...] *(Stat)* aritmetik ortalama
[aufgenommene ...] *(BkW)* borçlanmalar
[ausgeliehene ...] *(BkW)* borçlanmalar
[begrenzte ...] sınırlı kaynaklar
[bereitgestellte ...] tahsis edilmiş fonlar; tahsisatlar; ödenekler
[(betriebs)fremde ...] borç(lanma)lar; dış sermaye
[bewilligte ...] *(öFi)* ödenekler
[durchlaufende ...] *(ReW)* tranzituar kalemler
[eigene ...] öz kaynaklar
[eingebrachte ...] yatırılan sermaye
[finanzielle ...] finansal/mali kaynaklar
[fiskalische ...] mali araçlar
[flüssige ...] likit fonlar/kaynaklar
[geometrisches ...] geometrik ortalama
[gewichtetes arithmetisches ...] ağırlıklı aritmetik ortalama
[gewichtiges ...] ağırlıklı ortalama
[gewogenes ...] *(Stat)* tartılı ortalama
[gleitendes ...] *(Stat)* hareketli ortalama
[harmonisches ...] *(Stat)* harmonik ortalama
[hinreichende ...] yeterli kaynaklar
[investierte ...] yatırılmış sermaye
[liquide ...] *(BkW)* nakit/likit fonlar; nakit/likit varlıklar
[mit ... n ausstatten] fon/kaynak oluşturmak
[quadratisches ...] *(Stat)* kareli ortalama
[öffentliche ...] *(öFi)* kamu fonları

[verfügbare ...] kullanılabilir fonlar; eldeki paralar; *(BkW)* disponibilite
[verkaufsförderndes ...] satışı teşvik edici araç/vasıta
[zugewiesene ...] tahsis edilmiş fonlar; *(öFi)* ödenekler
[zweckgebundene ...] amaca bağlı fonlar
Mittelabfluß ⟨m⟩ dışa doğru fon/para akımı
Mittelaufbringung ⟨f⟩ fon sağlama
Mittelaufkommen ⟨n⟩ içe doğru fon/para akımı
Mittelaufnahme ⟨f⟩ borçlanma
[... der öffentlichen Hand] *(öFi)* kamu sektörünün borçlanması
mittelbar ⟨adj⟩ dolaylı; vasıtalı; endirekt
Mittelbereitstellung ⟨f⟩ fon tahsisi
Mittelbeschaffung ⟨f⟩ fon bulma/sağlama
Mittelbetrieb ⟨m⟩ orta boy işletme; orta ölçekli işletme
Mittelbewilligung ⟨f⟩ fon tahsisi; *(öFi)* ödenekler
Mittelbewirtschaftung ⟨f⟩ fon yönetimi; mali yönetim
Mitteleinsatz ⟨m⟩ fonların kullanılması
Mittelfreigabe ⟨f⟩ fonların serbest bırakılması
mittelfristig ⟨adj⟩ orta vadeli
Mittelherkunft ⟨f⟩ fon kaynağı
[... und -verwendung] fon kaynakları ve kullanımı
Mittelindustrie ⟨f⟩ orta (ölçekli) sanayi
Mittelkurs ⟨m⟩ orta(lama) kur/fiyat
[amtlicher ...] ortalama resmî kur
mittellos ⟨adj⟩ parasız
Mittelpreis ⟨m⟩ ortalama fiyat
Mittelpunkt ⟨m⟩ odak noktası
mittels ⟨präp⟩ yoluyla; aracılığıyla
[Abhebung ... einer Kreditkarte] *(BkW)* kredi kartı ile para çekme
Mittelschicht ⟨f⟩ orta sınıf/kesim/tabaka
[gehobene ...] üst orta sınıf/kesim/tabaka
[untere ...] alt orta sınıf/kesim/tabaka
Mittelsmann ⟨m⟩ aracı; arabulucu
Mittelsorte ⟨f⟩ orta kalite
Mittelstand ⟨m⟩ orta sınıf
mittelständisch ⟨adj⟩ orta ölçekli
Mittelständler ⟨m⟩ esnaf
Mittelstandsförderung ⟨f⟩ orta kesimi teşvik
Mittelstreuung ⟨f⟩ serpilme
Mittelverteilung ⟨f⟩ fon tahsisi
Mittelverwendung ⟨f⟩ fon/kaynak kullanımı
Mittelwert ⟨m⟩ *(Math)* ortalama; orta(lama) değer
[arithmetischer ...] *(Math)* aritmetik ortalama
[gewichteter ...] *(Stat)* ağırlıklı ortalama; tartılı ortalama
[gewogener ...] *(Stat)* ağırlıklı ortalama; tartılı ortalama
[gleitender ...] *(Stat)* hareketli ortalama
[größter ...] en büyük ortalama
[harmonischer ...] harmonik ortalama
[kleinster ...] en küçük ortalama
[quadratischer ...] *(Stat)* kareli ortalama
Mittelzuführung ⟨f⟩ kaynak tahsisi; yeni fon dopingi
Mittelzuweisung ⟨f⟩ ödenek
Mittler ⟨m⟩ aracı
Mitverantwortung ⟨f⟩ müşterek/ortak sorumluluk
Mitverschulden ⟨n⟩ *(Jur)* müterafık kusur

Mitversicherer ⟨m⟩ birlikte/ortak sigortacı
mitversichern ⟨v/t⟩ birlikte sigorta etmek
Mitwettbewerber ⟨m⟩ rakip
Mitwirkung ⟨f⟩ iştirak; katılım; yardım
Möbel ⟨pl⟩ mobilya
Möbilhändler ⟨m⟩ mobilyacı
Möbelindustrie ⟨f⟩ mobilya sanayii
Mobiliar ⟨n⟩ menkul mallar; menkulat; taşınırlar; mobilya
[... und Zubehör] mobilya ve aksamı
mobiliargesichert ⟨adj⟩ *(Konkursgläubiger)* menkul karşılığı teminatlı
Mobiliarhypothek ⟨f⟩ *(Jur)* menkul rehni
Mobiliarkredit ⟨m⟩ *(BkW)* menkulat karşılığı kredi
Mobiliarpfand ⟨n⟩ *(Jur)* menkul rehni
Mobiliarverpfändung ⟨f⟩ *(Jur)* menkul rehni
Mobilien ⟨pl⟩ → Mobiliar
mobilisieren ⟨v/t⟩ mobilize etmek; harekete geçirmek; *(BkW)* realize etmek; paraya çevirmek
Mobilisierung ⟨f⟩ harekete geçirme; *(VWL)* mobilizasyon; *(BkW)* realizasyon; paraya çevir(il)me
[... stiller Reserven] ihtiyatların paraya çevrilmesi
Mobilität ⟨f⟩ mobilite; hareketlilik; akıcılık
[... der Arbeitskräfte] işgücü hareketliliği
[soziale ...] *(VWL)* sosyal akıcılık
Mode ⟨f⟩ moda
Modeartikel ⟨pl⟩ moda eşyası
Modell ⟨n⟩ model; örnek
[analytisches ...] analitik model
[ökonometrisches ...] *(VWL)* ekonometrik model
[makroökonomisches ...] *(VWL)* makroekonomik model
[statisches ...] statik model
Modellbetrieb ⟨m⟩ örnek işletme/tesis
Modellfirma ⟨f⟩ örnek şirket
Modellpalette ⟨f⟩ modeller/örnekler paleti; model çeşitleri
Modellreihe ⟨f⟩ modeller/örnekler paleti; model çeşitleri
Modellschutz ⟨m⟩ tescilli dizayn koruma
Modellstudie ⟨f⟩ model araştırma
Modellversuch ⟨m⟩ model/pilot proje
modern ⟨adj⟩ modern
modernisieren ⟨v/t⟩ modernize etmek; yenilemek; onarmak
Modernisierung ⟨f⟩ modernizasyon; yenileme; onarım
Modernisierungskosten ⟨pl⟩ onarım/yenileme maliyeti
Modeschöpfer ⟨m⟩ moda yaratıcısı
Modewaren ⟨pl⟩ moda mallar
Modus ⟨m⟩ *(Stat)* mod
möglich ⟨adj⟩ olanaklı; mümkün
[sobald wie ...] *(Brief)* en kısa zamanda
Möglichkeit ⟨f⟩ olanak; imkân
[... der Kontoüberziehung] *(BkW)* açık itibar olanağı
[berufliche ... en] meslekî olanaklar
[geschäftliche ... en] iş olanakları
[wirtschaftliche ... en] ekonomik potansiyel
Molkerei ⟨f⟩ *(LandW)* süthane; süt fabrikası; mandıra; sütçülük

Molkereibetrieb ⟨m⟩ *(LandW)* mandıra; sütçülük
Molkereierzeugnisse ⟨pl⟩ *(LandW)* süt mamulleri/ürünleri
Molkereigenossenschaft ⟨f⟩ *(LandW)* sütçülük kooperatifi
Molkereiprodukte ⟨pl⟩ *(LandW)* süt mamulleri/ürünleri
Monat ⟨m⟩ ay
 [des letzten ... s] son ayın; geçen ayın
 [dieses ... s] bu ayın
 [einen ... nach Eingang] alındıktan sonra bir ay içinde
 [einen ... nach Erhalt] alındıktan sonra bir ay içinde
 [laufender ...] bu ay
 [letzter ...] son son; geçen ay
 [im ...] ayda
Monatsabrechnung ⟨f⟩ aylık hesap; aylık bordro
Monatsabschluß ⟨m⟩ *(ReW)* aylık mizan; *(ReW)* aylık bilanço
Monatsausweis ⟨m⟩ *(ReW)* aylık tablo
Monatsbelastung ⟨f⟩ aylık giderler
Monatsbericht ⟨m⟩ *(ReW)* aylık rapor
Monatsgehalt ⟨n⟩ aylık maaş
Monatslohn ⟨m⟩ aylık ücret
Monatsumsatz ⟨m⟩ aylık satışlar; aylık hasılat; aylık ciro
Monatsvergleich ⟨m⟩ aylık karşılaştırma
Monatszahlung ⟨f⟩ aylık ödeme
monetär ⟨adj⟩ parasal
Monopol ⟨n⟩ *(VWL)* monopol; tekel
 [bilaterales ...] *(VWL)* bilateral monopol; *(VWL)* iki yanlı monopol
 [natürliches ...] *(VWL)* doğal monopol; doğal tekel
 [staatliches ...] devlet tekeli
monopolähnlich ⟨adj⟩ *(VWL)* monopol benzeri; tekel benzeri
Monopolerzeugnis ⟨n⟩ *(VWL)* monopol ürünü; tekel ürünü
Monopolgesellschaft ⟨f⟩ tekel şirketi
Monopolgewinne ⟨pl⟩ *(VWL)* monopol kârları; tekel kârları
Monopolpreis ⟨m⟩ *(VWL)* monopol fiyatı; tekel fiyatı
Monoproduktenwirtschaft ⟨f⟩ *(VWL)* tek ürün ekonomisi
Monopson ⟨n⟩ *(VWL)* monopson; *(VWL)* alıcı tekeli
Montage ⟨f⟩ *(Ind)* montaj
Montagearbeiter ⟨m⟩ *(Ind)* montaj işçisi
Montageband ⟨n⟩ *(Ind)* montaj bandı
Montagebetrieb ⟨m⟩ montaj tesisi
Montagelöhne ⟨pl⟩ montaj ücretleri
Montagewerk ⟨n⟩ montaj tesisi
Montangemeinschaft ⟨f⟩ kömür ve çelik topluluğu
Montanindustrie ⟨f⟩ demir-çelik sanayii
Montankonzern ⟨m⟩ demir-çelik tröstü/konserni
Montansektor ⟨m⟩ demir-çelik sektörü
Montanunion ⟨f⟩ demir-çelik birliği
Moratorium ⟨n⟩ *(Jur)* moratoryum
Morgen ⟨m⟩ sabah
Morgenschicht ⟨f⟩ sabah vardiyesi
Mortalität ⟨f⟩ *(Stat)* mortalite
Motor ⟨m⟩ motor

Motorenschiff (M.S.) ⟨n⟩ *(Schff)* motorlu gemi
Mühle ⟨f⟩ değirmen
Mühlenstrukturabgabe ⟨f⟩ *(StR)* değirmen yapı resmi
Müll ⟨m⟩ → **Abfall** çöp; atık
 [gewerblicher ...] sınaî atık
Müllabfuhr ⟨f⟩ çöp toplama
Müllaufbereitung ⟨f⟩ çöpleri işleme; atık arıtma
Mülldeponie ⟨f⟩ çöplük
Müllhalde ⟨f⟩ çöplük; mezbele
Müllverbrennung ⟨f⟩ çöp/atık yakma
Müllverwertung ⟨f⟩ atık arıtma
Multiplikator ⟨m⟩ *(Math)* çarpan; *(VWL)* çarpan
Mültiplikator-Akzelerator-Modell ⟨n⟩ *(VWL)* çarpan-hızlandıran modeli
Multiplikatoranalyse ⟨f⟩ *(VWL)* çarpan analizi
mündelsicher ⟨adj⟩ birinci derecede sağlam
Mundwerbung ⟨f⟩ *(Mk)* ağızdan ağıza tanıtım
Münzautomat ⟨m⟩ paralı otomat
münzbetrieben ⟨adj⟩ bozuk parayla işleyen
Münze ⟨f⟩ bozuk para
Münzfernsprecher ⟨m⟩ → **Münztelefon**
Münztelefon ⟨n⟩ *(Tele)* parayla işleyen telefon; jetonlu telefon
Münzgeld ⟨n⟩ bozuk para
Muster ⟨n⟩ 1. örnek; numune; numunelik eşya 2. desen 3. model
 [... nehmen] örnek/numune almak
 [... ohne Handelswert] ticari değeri olmayan numune/örnek/model
 [... ohne Wert] değersiz/kıymetsiz örnek
 [... ziehen] örnek/numune almak
 [auf Bestellung angefertigtes ...] siparişe göre hazırlanmış örnek
 [ausgezeichnetes ...] etiketli örnek/numune; fiyat konulmuş örnek
 [dem ... entsprechen] örneğe benzer/uygun/göre
 [eingetragenes ...] tescilli örnek
 [einheitliches ...] standart örnek/numune
 [Kauf nach ...] örneğe göre satın alma; örnek/numune üzerine alım
 [kostenloses ...] bedava/parasız numune
 [nach ... bestellen] örneğe göre sipariş vermek; örnek üzerine ısmarlamak
 [nach ... verkaufen] örnek üzerine satmak
 [nach einem ... arbeiten] örneğe/modele göre çalışmak
 [unverkäufliches ...] *(Text)* satılmaz örnektir; *(Mk)* eşantiyon
Musterabnahme ⟨f⟩ örnekleme; numune alma
Musteranmeldung ⟨f⟩ örnek tescili
Musterauftrag ⟨m⟩ deneme siparişi
Musterbetrieb ⟨m⟩ örnek işletme/tesis
 [landwirtschaftlicher ...] örnek tarım işletmesi
Musterbrief ⟨m⟩ örnek mektup
Musterbuch ⟨n⟩ *(Mk)* örnekler kataloğu; *(Mk)* numune defteri
Mustereintragung ⟨f⟩ örnek tescili
Musterentnahme ⟨f⟩ örnek alma; örnekleme
mustergemäß ⟨adj⟩ örneğe bağlı olarak
mustergetreu ⟨adj⟩ örneğe bağlı olarak
Musterkarte ⟨f⟩ desen kartı
Musterkollektion ⟨f⟩ örnekler/desenler koleksiyonu

Mustermesse ⟨f⟩ *(Mk)* örnekler/desenler/numuneler fuarı
mustern ⟨v/t⟩ incelemek
Musterprozeß ⟨m⟩ *(Jur)* emsal dava
Musterprüfung ⟨f⟩ örnek/numune denetimi
Musterschutz ⟨m⟩ *(Pat)* dizayn patenti; *(Pat)* dizayn koruma
Mustersendung ⟨f⟩ örnek/numune gönderisi
Musterstudie ⟨f⟩ pilot araştırma
Musterung ⟨f⟩ yoklama; teftiş; kontrol; denetim

Musterungsmesse ⟨f⟩ *(Mk)* fuar
Musterunterschrift ⟨f⟩ *(Jur)* imza örneği
Mustervertrag ⟨m⟩ *(Jur)* sözleşme örneği
Mutmaßlichkeit ⟨f⟩ *(Stat)* muhtemellik
Mutterbank ⟨f⟩ *(BkW)* ana banka
Muttergesellschaft ⟨f⟩ ana şirket
Mutterschaft ⟨f⟩ analık
Mutterschaftsgeld ⟨n⟩ analık parası
Mutterschaftsurlaub ⟨m⟩ analık izni

N

Nachahmung ⟨f⟩ taklit; kopya
Nachauftrag ⟨m⟩ müteakip sipariş
Nachauftragsnehmer ⟨m⟩ alt müteahhit
Nachbau ⟨m⟩ taklit; kopya
nachbauen ⟨v/t⟩ taklit etmek
nachbearbeiten ⟨v/t⟩ düzeltmek
nachbessern ⟨v/t⟩ düzeltmek
Nachbesprechung ⟨f⟩ müteakip görüşme
nachbestellen ⟨v/t⟩ ardından/munzam sipariş vermek; ardından ısmarlamak
Nachbestellung ⟨f⟩ munzam sipariş
nachbewilligen ⟨v/t⟩ ayrıca tahsis etmek
Nachbewilligung ⟨f⟩ munzam tahsisat; *(öFi)* ek ödenekler
nachbezahlen ⟨v/t⟩ munzam ödemede bulunmak
nachbilden ⟨v/t⟩ taklit etmek
Nachbildung ⟨f⟩ taklit; kopya
nachbörslich ⟨adj⟩ *(Bö)* borsa sonrası
Nachbuchung ⟨f⟩ ek kayıt
Nachbürge ⟨m⟩ *(Jur)* kefile kefil
Nachbürgschaft ⟨f⟩ *(Jur)* kefile kefalet
nachdatieren ⟨v/t⟩ sonradan tarih koymak
Nachdruck ⟨m⟩ *(Press)* yeniden basım
 [... verboten] basımı yasak
 [unerlaubter ...] *(Press)* korsan basım
nachdrucken ⟨v/t⟩ (basarak) çoğaltmak
Nacherhebung ⟨f⟩ munzam tahsilat; *(Post)* munzam posta ücreti
Nachfaßaktion ⟨f⟩ müteakip eylem/uygulama
Nachfaßbrief ⟨m⟩ müteakip mektup
Nachfaßinterview ⟨n⟩ müteakip söyleşi
Nachfaßschreiben ⟨n⟩ müteakip yazı/mektup
Nachfolge ⟨f⟩ ardıl; *(Jur)* halef
Nachfolgegesellschaft ⟨f⟩ ardıl ortaklık
Nachfolgegeschäft ⟨n⟩ ardıl işlem
Nachfolgehaftung ⟨f⟩ ikinci derecede sorumluluk; *(Jur)* fer'i mesuliyet
Nachfolgeinvestition ⟨f⟩ müteakip yatırım
nachfolgen ⟨int⟩ 1. takip etmek
 2. halef olmak; yerine geçmek
nachfolgend ⟨adj⟩ ardışık; müteakip; sonraki; takip eden; *(Text)* aşağıdaki; ⟨adv⟩ ardından; müteakiben
nachfordern ⟨v/t⟩ ardından/sonradan istemek; müteakiben talep etmek
Nachforderung ⟨f⟩ munzam talep/istek; müteakip talep
Nachfrage ⟨f⟩ talep
 [... ankurbeln] talebi pompalamak/körüklemek
 [... befriedigen] talebi tatmin etmek

 [... beleben] talebi canlandırmak
 [... decken] talebi karşılamak
 [... nach Arbeitskräften] işgücü talebi
 [... nach Produktionsfaktoren] *(VWL)* faktör talebi
 [... schaffen] *(Mk)* talep yaratmak
 [... übersteigen] talebi aşmak
 [... übersteigt die Liefermöglichkeiten] talep stokları aşıyor
 [abgeleitete ...] türemiş talep; türevsel talep
 [abnehmende ...] azalan talep
 [aufgeschobene ...] ertelenmiş talep
 [aufgestaute ...] birikmiş talep
 [dringende ...] acil talep
 [Einkommenselastizität der ...] *(VWL)* talebin gelir elastikliği
 [geringe ...] az talep
 [gesamtwirtschaftliche ...] *(VWL)* toplam talep
 [industrielle ...] sınaî talep
 [innere ...] *(VWL)* iç talep
 [inländische ...] *(VWL)* iç talep
 [interne ...] iç talep
 [jahreszeitlich bedingte ...] mevsimlik talep; mevsime bağlı talep
 [fehlende ...] eksik talep
 [gesamtwirtschaftliche ...] *(VWL)* toplumsal talep; *(VWL)* toplam ekonomik talep
 [laufende ...] cari talep
 [lebhafte ...] canlı talep
 [lustlose ...] durgun talep
 [mangelnde ...] eksik talep
 [mangels ...] talep eksikliği yüzünden
 [mengenmäßige ...] *(VWL)* fizikî talep; miktar talebi
 [monetäre ...] *(VWL)* parasal talep
 [nachlassende ...] azalan talep
 [nicht-autonome ...] türevsel talep
 [öffentliche ...] kamu talebi
 [potentielle ...] birikimli talep
 [Preiselastizität der ...] talebin fiyat esnekliği
 [private ...] özel talep
 [saisonbedingte ...] mevsimlik talep; mevsime bağlı talep
 [schwankende ...] dalgalı talep
 [spekulative ...] spekülatif talep
 [staatliche ...] devlet talebi
 [stagnierende ...] durgun talep
 [ständige ...] devamlı/sürekli talep
 [starke ...] canlı talep
 [steigende ...] artan/yükselen talep

[stetige ...] sürekli talep
[tatsächliche ...] fiilî talep
[verbundene ...] birlikte talep
[wachsende ...] artan/büyüyen/çoğalan talep
[wirksame ...] etkili talep
[zusammengesetzte ...] bileşik talep
Nachfrageabschwächung ⟨f⟩ taleplerde gerileme
Nachfrageaggregat ⟨n⟩ talep toplamı; toplam talep
Nachfrageanalyse ⟨f⟩ *(VWL)* talep analizi
Nachfrageänderung ⟨f⟩ talep değişimi
Nachfrageanstieg ⟨m⟩ talep artışı
Nachfrageausweitung ⟨f⟩ talep(lerin) genişlemesi
nachfragebedingt ⟨adj⟩ talebe bağlı
Nachfragebelebung ⟨f⟩ talep canlanması
Nachfrageberuhigung ⟨f⟩ talep durulması
Nachfragebeweglichkeit ⟨f⟩ talep hareketliliği/esnekliği
Nachfrageboom ⟨m⟩ talep patlaması
Nachfragedämpfung ⟨f⟩ talebi frenleme
Nachfragedeckung ⟨f⟩ talep karşılama
Nachfragedichte ⟨f⟩ talep yoğunluğu
Nachfragedruck ⟨m⟩ talep baskısı
Nachfrageeffekt ⟨m⟩ talep etkisi
Nachfrageelastizität ⟨f⟩ *(VWL)* talep elastikliği
Nachfrageentwicklung ⟨f⟩ *(VWL)* talep trendi
Nachfragefaktor ⟨m⟩ talep faktörü
Nachfragefunktion ⟨f⟩ *(VWL)* talep fonksiyonu
[monetäre ...] *(VWL)* parasal talep fonksiyonu
nachfragegerecht ⟨adj⟩ talebe uygun
Nachfragegesetz ⟨n⟩ talep yasası
Nachfragegleichung ⟨f⟩ *(VWL)* talep denklemi
Nachfragegröße ⟨f⟩ talep parametresi
nachfrageinduziert ⟨adj⟩ taleple uyarılmış
Nachfrageinflation ⟨f⟩ *(VWL)* talep enflasyonu; taleple uyarılmış enflasyon
[nichtmonetäre ...] *(VWL)* talep enflasyonu; talep kaymasından doğan enflasyon
Nachfragekonzentration ⟨f⟩ talep birleşmesi
Nachfragekurve ⟨f⟩ *(VWL)* talep eğrisi
[... des Haushalts] *(VWL)* bireysel talep eğrisi; *(VWL)* hanehalkı talep eğrisi
[... mit konstanter Elastizität] izoelastik talep eğrisi
[anomale ...] geriye doğru eğimli talep eğrisi
[geknickte ...] dirsekli talep eğrisi
[individuelle ...] *(VWL)* bireysel talep eğrisi
Nachfragelenkung ⟨f⟩ *(VWL)* talep güdümü; *(VWL)* talebi yönlendirme
Nachfragelücke ⟨f⟩ *(VWL)* deflasyonist açık; talep eksikliği
Nachfragemacht ⟨f⟩ talep gücü; *(VWL)* monopson güç
Nachfragemarkt ⟨m⟩ *(Mk)* talep piyasası; *(Mk)* alıcı piyasası
Nachfragemonopol ⟨n⟩ *(VWL)* monopson; *(VWL)* alıcı tekeli
nachfragen ⟨int⟩ 1. talep etmek
2. (bilgi edinmek için) sormak
Nachfrageniveau ⟨n⟩ talep düzeyi
Nachfrageoligopol ⟨n⟩ *(VWL)* talep oligopolü
nachfrageorientiert ⟨adj⟩ *(VWL)* talep yönlü; talebe yönelik
Nachfragerate ⟨f⟩ talep oranı
Nachfrageregulierung ⟨f⟩ *(VWL)* talep güdümü; *(VWL)* talebi düzenleme

Nachfragerückgang ⟨m/f⟩ talep gerilemesi
Nachfrageschrumpfung ⟨m/f⟩ talep gerilemesi
Nachfrageschub ⟨m⟩ talep itişi
nachfrageschwach ⟨adj⟩ düşük talepli
Nachfrageseite ⟨f⟩ talep yanı/tarafı
Nachfragesog ⟨m⟩ *(VWL)* talep uyarısı
Nachfragesoginflation ⟨f⟩ *(VWL)* taleple uyarılmış enflasyon
Nachfragespitze ⟨f⟩ talep zirvesi; yüksek talep
Nachfragesteigerung ⟨f⟩ talep artışı
Nachfragesteuerung ⟨f⟩ *(VWL)* talep güdümü; *(VWL)* talebi yönlendirme
Nachfragestruktur ⟨f⟩ *(VWL)* talep yapısı
Nachfragetabelle ⟨f⟩ talep şedülü
Nachfragetendenz ⟨f⟩ *(VWL)* talep trendi/eğilimi
Nachfragetheorie ⟨f⟩ *(VWL)* talep teorisi
Nachfrageüberhang ⟨m⟩ talep fazlası; *(VWL)* enflasyonist açık
Nachfrageüberschuß ⟨m⟩ talep fazlalığı
Nachfrageverhalten ⟨n⟩ talep davranışı
Nachfrageverlagerung ⟨f⟩ talep kayması
Nachfrageverschiebung ⟨f⟩ talep kayması
Nachfrageverteilung ⟨f⟩ *(VWL)* talep dağılımı
Nachfragevolumen ⟨n⟩ talep hacmi
Nachfragewachstum ⟨n⟩ talep büyümesi
Nachfragewandel ⟨m⟩ taleplerde değişme
Nachfrageweckung ⟨f⟩ talep uyandırma
nachfragewirksam ⟨adj⟩ talep etkili; talebi etkileyici
Nachfragewirkung ⟨f⟩ talep etkisi
Nachfragezuwachs ⟨m⟩ talep artışı
Nachfrist ⟨f⟩ atıfet müddeti/mehili
[... setzen] atıfet müddeti tayin etmek; süreyi uzatmak; müddeti temdit etmek
nachgeben ⟨int⟩ kabul etmek;
(Kurs/Preise) düşmek
Nachgebühr ⟨f⟩ munzam/ek ücret; sürşarj; sürtaks
nachgelagert ⟨adj⟩ *(BWL)* geriye doğru
Nachgeschäft ⟨n⟩ müteakip işlem
Nachhaftung ⟨f⟩ *(Jur)* ikinci derecede sorumluluk
Nachindossament ⟨n⟩ *(WeR)* vadeden sonraki ciro
Nachkalkulation ⟨f⟩ *(KoR)* tarihî maliyet
Nachkauf ⟨m⟩ yeniden alım; müteakip alım
Nachkosten ⟨pl⟩ *(ReW)* munzam masraflar
Nachlaß ⟨m⟩ *(Jur)* miras; *(Jur)* tereke;
(Preis) indirim; iskonto; tenzilat
[... bei Barzahlung] nakit ödemede indirim
[... bei Mengenabnahme] miktarda indirim
[... abwickeln] terekeyi tasfiye etmek
[... gewähren] indirim yapmak
[... ordnen] terekeyi tasfiye etmek
[steuerpflichtiger ...] *(StR)* vergiye tabi miras/tereke
Nachlaßabwicklung ⟨f⟩ terekenin tanzimi/taksimi
Nachlassen ⟨n⟩ → **Rückgang** gerileme; yavaşlama
nachlassen ⟨int⟩ yavaşlamak; monopolü *(Nachfrage)* gerilemek
Nachlaßfeststellung ⟨f⟩ terekenin tespiti
Nachlaßforderung ⟨f⟩ miras alacağı
Nachlaßgegenstand ⟨m⟩ *(Jur)* tereke malı
Nachlässigkeit ⟨f⟩ → **Fahrlässigkeit** ihmal
[berufliche ...] *(Jur)* meslekî ihmal
Nachlaßpfleger ⟨m⟩ *(Jur)* tereke idare memuru; *(Jur)* vasi

Nachlaßregulierung ⟨f⟩ → Nachlaßabwicklung
Nachlaßsteuer ⟨f⟩ *(StR)* veraset vergisi
Nachlaßvermögen ⟨n⟩ *(Jur)* mamelek
Nachlaßverteilung ⟨f⟩ terekenin taksimi
Nachlaßverwalter ⟨m⟩ *(Jur)* tereke idarecisi; *(Jur)* tereke idare memuru
Nachlaßverwaltung ⟨f⟩ *(Jur)* tereke idaresi
Nachlaßverzeichnis ⟨n⟩ tereke defteri
Nachlaßwert ⟨m⟩ tereke değeri
Nachlaufkosten ⟨pl⟩ munzam masraflar
Nachleistung ⟨f⟩ munzam ödeme
Nachlieferung ⟨f⟩ müteakip teslimat
Nachmessegeschäft ⟨n⟩ *(Mk)* fuar sonrası iş(ler)i
Nachmittag ⟨m⟩ öğleden sonra
[freier ...] öğleden sonra tatili
[geschäftsfreier ...] işyerlerinin kapalı olduğu öğleden sonrası
Nachmittagsbörse ⟨f⟩ *(Bö)* borsa sonrası piyasa
Nachmusterungsgeschäft ⟨n⟩ *(Mode)* fuar sonrası işleri
Nachnahme ⟨f⟩ munzam ödeme; tesliminde/alındığında ödeme; *(Post)* posta ile tahsil; *(Post)* ödemeli
[durch ... erheben] ödemeli olarak tahsil etmek
[gegen ...] ödemeli; ödeme şartlı; alındığında ödeme
[per ...] *(Post)* ödemeli; *(Post)* ödeme şartlı
[unter ... der Spesen] ücreti ödeme şartlı olarak
Nachnahmebegleitschein ⟨m⟩ *(Post)* teslim alındığında ödeme pusulası
Nachnahmebetrag ⟨m⟩ teslim alındığında ödenecek bedel
Nachnahmebrief ⟨m⟩ *(Post)* ödeme şartlı mektup
Nachnahmegebühr ⟨f⟩ *(Post)* ödemeli ücreti; posta ile tahsil ücreti
Nachnahmepostanweisung ⟨f⟩ posta ile tahsil emri; ödemeli posta emri; ödeme şartlı posta emri
Nachnahmesendung ⟨f⟩ *(Post)* ödeme şartlı yollama/gönderi
Nachnahmespesen ⟨pl⟩ *(Post)* ödemeli ücreti
Nachname ⟨m⟩ soyadı
Nachnehmen ⟨v/t⟩ tesliminde tahsil etmek
Nachorder ⟨f⟩ munzam sipariş
Nachporto ⟨n⟩ munzam/ek posta ücreti; sürtaks; sürşarj
Nachprämie ⟨f⟩ munzam prim
Nachrangig ⟨adj⟩ ikinci derecede; fer'i
Nachricht ⟨f⟩ haber; mesaj; bildirme; ⟨pl⟩ haberler
[rechtzeitige ...] vaktinde haber verme; vaktinde bildirme
Nachrichtenagentur ⟨f⟩ *(Press)* haber ajansı
Nachsaison ⟨f⟩ sezon/mevsim sonrası
nachschießen ⟨v/t⟩ ek ödemede bulunmak
Nachschub ⟨m⟩ ikmal; takviye
Nachschuß ⟨m⟩ ek ödeme; munzam ödeme
nachschüssig ⟨adj⟩ *(ReW)* ertelenmiş; askıda kalmış
Nachschußleistung ⟨f⟩ ek ödeme; munzam/katma ödeme; *(Bö)* marjı sürdürme ödemesi
Nachschußpflicht ⟨f⟩ ek ödeme zorunluluğu; *(Vers)* munzam karşılık
Nachschußpflichtig ⟨adj⟩ munzam ödeme yükümlüsü; *(Konkurs)* iştirak etmeye yükümlü
Nachschußprämie ⟨f⟩ ek prim

Nachschußzahlung ⟨f⟩ ek ödeme; munzam ödeme
Nachsendeadresse ⟨f⟩ gönderilecek adres
Nachsendeauftrag ⟨m⟩ müteakip sipariş; ardından/arkasından gönderme emri
nachsenden ⟨v/t⟩ ardından/arkasından göndermek
Nachsichtakkreditiv ⟨n⟩ *(BkW)* vesikalı akreditif
Nachsichtsfrist ⟨f⟩ atıfet müddeti/mehili; munzam vade
Nachsichttratte ⟨f⟩ *(WeR)* görüldükten muayyen bir müddet sonra ödenecek poliçe
Nachsichtwechsel ⟨m⟩ *(WeR)* görüldükten muayyen bir müddet sonra ödenecek senet
nachstehend ⟨adj⟩ aşağıdaki; aşağıda duran
Nachsteuer ⟨f⟩ *(StR)* munzam vergi
Nachsteuergewinn ⟨m⟩ *(ReW)* vergi sonrası kâr
Nacht ⟨f⟩ gece
Nachtarbeit ⟨f⟩ gece işi; gece çalışması
Nachtarbeitszuschlag ⟨m⟩ gece çalışması zammı
Nachtdienst ⟨m⟩ gece nöbeti
Nachtrag ⟨m⟩ ilave; katma; ek; munzam; *(Brief)* not
Nachtragsbewilligung ⟨f⟩ *(öFi)* ek ödenek; munzam tahsisat
Nachtragshaushalt ⟨m⟩ *(öFi)* katma bütçe; *(BWL)* katma bütçe
Nachtragspolice ⟨f⟩ *(Vers)* ek poliçe; *(Vers)* munzam poliçe
Nachtragszahlung ⟨f⟩ ek ödeme; munzam ödeme
Nachtsafe ⟨m⟩ *(BkW)* gece kasası
Nachtschicht ⟨f⟩ gece vardiyesi
Nachtzuschlag ⟨m⟩ gece zammı
Nachultimobewegung ⟨f⟩ *(ReW)* dönem sonu nakli/transferi
Nachunternehmer ⟨m⟩ tali işveren; alt müteahhit
Nachveranlagung ⟨f⟩ *(StR)* ek mükellefiyet/yükümlülük
Nachversichern ⟨v/t⟩ yeniden sigorta etmek
Nachversicherung ⟨f⟩ *(Vers)* ek sigorta; munzam sigorta
Nachversteuerung ⟨f⟩ *(StR)* munzam vergi; vergi borcunu ödeme
nachverzollen ⟨v/t⟩ *(Zo)* ayrıca gümruk ödemek
Nachweis ⟨m⟩ kanıt; *(Jur)* delil; *(Jur)* ispat; *(Jur)* beyyine; *(Papiere)* belge; vesika; evrak; dokümantasyon; karne; *(ReW)* tablo
[... der Bedürftigkeit] *(Jur)* yoksulluk belgesi
[... der Zahlungsunfähigkeit] *(Jur)* acizlik belgesi
[... einer Forderung] *(Jur)* talep gerekçesi; *(Jur)* alacağın gerekçesi
[... erbringen] delil göstermek; delil ibraz etmek; ispatlamak
[... führen] delil göstermek; delil ibraz etmek; ispatlamak
Nachwuchs ⟨m⟩ 1. genç elemanlar 2. yeni (yetişen) nesil/kuşak; genç kuşak
Nachwuchsförderung ⟨f⟩ genç elemanlar yetiştirme
Nachwuchskraft ⟨f⟩ genç eleman
Nachwuchsverkäufer ⟨m⟩ genç satıcı
nachzahlbar ⟨adj⟩ sonradan ödenebilir; *(Dividende)* kümülatif; birikmiş
nachzahlen ⟨v/t⟩ ek ödeme yapmak; ek ödemede bulunmak; üstüne ödemek
nachzählen ⟨v/t⟩ yeniden/tekrar saymak
Nachzahlung ⟨f⟩ ek ödeme; munzam ödeme

Nachzoll ⟨m⟩ *(Zo)* munzam gümrük resmi
Nachzugsaktie ⟨f⟩ *(BkW)* ertelenmiş (adi) hisse senedi
Nachzugsberechtigt ⟨adj⟩ kümülatif; yığışımlı
Näherung ⟨f⟩ *(Stat)* ortalama
Nahrung ⟨f⟩ gıda
Nahrungskette ⟨f⟩ gıda zinciri
Nahrungsmittel ⟨pl⟩ gıda maddeleri
Nahrungsbranche ⟨f⟩ gıda sektörü
Nahrungsherstellung ⟨f⟩ gıda üretimi
Nahrungsindustrie ⟨f⟩ gıda sanayii
Nahrungsverbrauch ⟨m⟩ gıda tüketimi
Nahrungsversorgung ⟨f⟩ gıda sağlama
Nahrungsvorräte ⟨pl⟩ gıda stokları
Nahverkehr ⟨m⟩ mahalli ulaştırma; yerel ulaştırma
Nahverkehrsnetz ⟨n⟩ mahalli ulaştırma ağı; yerel ulaştırma şebekesi
Name ⟨m⟩ ad; isim; nam
 [auf den ... n lautend] *(WeR)* ada yazılı; nama yazılı
 [auf den ... n von x ausstellen] *(WeR)* x adına keşide etmek
 [auf den ... n lauten] *(WeR)* x adına yazılı
 [handelsgerichtlich eingetragener ...] (ticaret sicilinde) tescilli ad
 [vollständiger ...] tam adı
Namensaktie ⟨f⟩ *(WeR)* ada/nama yazılı hisse senedi
Namenskonnossement ⟨n⟩ *(WeR)* ada/nama yazılı konşimento
Namenslagerschein ⟨m⟩ *(WeR)* ada/nama yazılı makbuz senedi
Namensobligation ⟨f⟩ *(WeR)* ada/nama yazılı tahvil
Namenspapier ⟨n⟩ *(WeR)* ada/nama yazılı kıymetli kâğıt
Namensschuldverschreibung ⟨f⟩ *(WeR)* ada/nama yazılı tahvil
namhaft ⟨adj⟩ namlı; tanınmış
Nämlichkeit ⟨f⟩ *(Zo)* kimlik
Nämlichkeitsbescheinigung ⟨f⟩ kimlik belgesi
Nämlichkeitszeichen ⟨n⟩ kimlik işareti
Naßgewicht ⟨n⟩ sıvı ağırlık
national ⟨adj⟩ milli
Nationaleinkommen ⟨n⟩ *(vGR)* milli gelir
nationalisieren ⟨v/t⟩ → **verstaatlichen**
Nationalökonomie ⟨f⟩ *(VWL)* milli ekonomi
Nationalprodukt ⟨n⟩ *(vGR)* milli hasıla
Nationalschuld ⟨f⟩ *(öFi)* milli borç
Natur ⟨f⟩ doğa; tabiat
Naturalbezüge ⟨pl⟩ doğal ücret; ayniyat
Naturalien ⟨pl⟩ 1. toprak ürünleri 2. gıda maddeleri 3. hammaddeler
Naturalleistung ⟨f⟩ doğal ücret; aynen eda; ayniyat
Naturallohn ⟨m⟩ doğal ücret; aynî ücret
Naturalpacht ⟨f⟩ *(LandW)* ortakçılık
Naturaltausch ⟨m⟩ takas; *(AußH)* trampa; *(AußH)* barter
Naturaltauschwirtschaft ⟨f⟩ *(AußH)* trampa ekonomisi
Naturalwirtschaft ⟨f⟩ *(VWL)* doğal ekonomi
Naturalzins ⟨m⟩ doğal faiz
Naturgüter ⟨pl⟩ doğal ürünler
Naturhaushalt ⟨m⟩ doğa; ekolojik sistem
Naturkatastrophe ⟨f⟩ doğal felaket
Naturkautschuck ⟨m⟩ doğal kauçuk

Naturprodukte ⟨pl⟩ *(LandW)* doğal ürünler
Naturschätze ⟨pl⟩ *(VWL)* doğal kaynaklar
Nebenabrede ⟨f⟩ danışıklı anlaşma
 [wettbewerbsbeschränkende ...] rekabeti sınırlayıcı danışıklı anlaşma
Nebenaktivitäten ⟨pl⟩ yan faaliyetler
Nebenanschluß ⟨m⟩ *(Tele)* yan hat; yan bağlantı
Nebenausgaben ⟨pl⟩ yan giderler; tali giderler
Nebenbürge ⟨m⟩ *(Jur)* birlikte kefil
Nebeneffekt ⟨m⟩ yan etki
Nebeneinkünfte ⟨pl⟩ ek gelir; yan gelir
Nebeneinnahmen ⟨pl⟩ ek gelir; yan gelir
Nebenerzeugnis ⟨n⟩ *(Ind)* yan ürün; tali mamul
Nebengebäude ⟨n⟩ *(BauW)* müştemilat
Nebengeschäft ⟨n⟩ ek iş; yan iş
Nebengleis ⟨n⟩ *(Bahn)* yan hat
Nebenkläger ⟨m⟩ *(Jur)* müdahil; davaya katılan
Nebenkosten ⟨pl⟩ ek maliyet; ek masraflar
Nebenkostenstelle ⟨f⟩ *(KoR)* yardımcı daire
Nebenleistung ⟨f⟩ ek yardım; *(Lohn)* ek ödeme
Nebenprodukt ⟨n⟩ *(Ind)* tali mamul; *(Ind)* yan ürün
nebenstehend ⟨adj⟩ ekteki; ilişikteki
Nebenstelle ⟨f⟩ şube; *(Tele)* ek hat
Negativ ⟨adj⟩ negatif; olumsuz; eksi; ters
Negativwachstum ⟨n⟩ *(VWL)* negatif büyüme
Negativzins ⟨m⟩ *(BkW)* eksi faiz; ceza faizi
Nehmer ⟨m⟩ alıcı; *(Empfänger)* gönderilen
Nennbetrag ⟨m⟩ *(BkW)* nominal bedel; itibarî bedel
Nennkapazität ⟨f⟩ nominal kapasite
Nennkapital ⟨n⟩ *(BkW)* nominal sermaye; *(BkW)* kayıtlı sermaye
Nennwert ⟨m⟩ *(BkW)* nominal değer; *(BkW)* nominal kur; *(Bö)* nominal fiyat
 [über dem ...] *(BkW)* nominal değerin üstünde
 [zum ...] *(BkW)* nominal değer üzerinden
Neoliberalismus ⟨m⟩ *(VWL)* neo-liberalizm; Manchester Ekolü
Neomerkantilismus ⟨m⟩ *(VWL)* neo-merkantilizm
Neonreklame ⟨f⟩ *(Mk)* neon ışıklı tanıtım
netto net; safi/safî
Nettoaktiva ⟨pl⟩ *(ReW)* net aktifler; net aktif değer
Nettoabsatz ⟨m⟩ *(ReW)* net satışlar
Nettoabzug ⟨m⟩ net kesinti
Nettoanlageeinkünfte ⟨pl⟩ *(BkW)* net yatırım gelirleri
Nettoanlageinvestitionen ⟨pl⟩ *(VWL)* safi sermaye oluşumu, sabit/duran varlıklarda net yatırım
Nettoanlagevermögen ⟨n⟩ *(BWL)* safi duran varlıklar
Nettoanlagewert ⟨m⟩ *(BkW)* net yatırım değeri; safi yatırım değeri
Nettoarbeitslohn ⟨m⟩ net iş ücreti
Nettoaufwand ⟨m⟩ net gider; net harcama
Nettoausschüttung ⟨f⟩ *(BkW)* net temettü; safi temettü
Nettobelastung ⟨f⟩ net yüküm
Nettobetrag ⟨m⟩ net bedel
Nettobetriebsergebnis ⟨n⟩ *(ReW)* net faaliyet kârı
Nettobetriebserfolg ⟨m⟩ *(ReW)* net faaliyet kârı
Nettobetriebsgewinn ⟨m⟩ *(ReW)* net faaliyet kârı
Nettobetriebsverlust ⟨m⟩ *(ReW)* net faaliyet zararı
Nettobewertung ⟨f⟩ *(ReW)* net değerleme
Nettobezüge ⟨pl⟩ net gelir

Nettobilanz ⟨f⟩ *(ReW)* net bilanço
Nettobuchwert ⟨m⟩ *(ReW)* net defter değeri
Nettodividende ⟨f⟩ *(BkW)* net temettü; safi temettü
Nettoeinkaufspreis ⟨m⟩ net alış fiyatı
Nettoeinkommen ⟨n⟩ net gelir
Nettoeinnahmen ⟨pl⟩ net gelirler
Nettoergebnis ⟨n⟩ net sonuç; net/safi kâr; safi hasılat
 [... nach Steuern] *(ReW)* vergi sonrası net kâr
 [... vor Steuern] *(ReW)* vergi öncesi net kâr
Nettoertrag ⟨m⟩ net getiri; net verim; safi hasıla
Nettoetat ⟨m⟩ *(öFi)* safi bütçe
Nettoetatisierung ⟨f⟩ *(ReW)* net bütçeleme (prensibi)
Nettoforderungssaldo ⟨m⟩ *(ReW)* net alacak bakiyesi; *(ReW)* net aktif değer
Nettogehalt ⟨n⟩ net maaş
Nettogewicht ⟨n⟩ net ağırlık; safi ağırlık
Nettogewinn ⟨m⟩ *(ReW)* net kâr; *(ReW)* safi kâr
Nettogewinnspanne ⟨f⟩ *(ReW)* net kâr marjı; *(ReW)* safi kâr marjı
Nettoguthaben ⟨n⟩ *(BkW)* net mevduat
Nettoinlandsprodukt ⟨n⟩ *(vGR)* safi yurtiçi hasıla
 [... zu Faktorpreisen] *(vGR)* faktör fiyatları ile safi yurtiçi hasıla
Nettoinvestition ⟨f⟩ *(vGR)* net yatırım; *(vGR)* yenileme yatırımı
Nettokapital ⟨n⟩ *(BkW)* net sermaye
Nettokapitalanlage ⟨f⟩ *(BkW)* net sermaye yatırımı; net plasman
Nettokapitalbildung ⟨f⟩ *(VWL)* safi sermaye oluşumu
Nettokosten ⟨pl⟩ *(KoR)* net maliyet
Nettokreditaufnahme ⟨f⟩ *(öFi)* net borçlanma
Nettokurs ⟨m⟩ *(BkW)* net kur; *(BkW)* net fiyat
Nettolohn ⟨m⟩ → Nettobezüge
Nettopreis ⟨m⟩ net fiyat; nakit fiyat
Nettoraumgehalt ⟨m⟩ *(Schff)* (tescilli) net tonilato
Nettoregistertonnage ⟨f⟩ *(Schff)* (tescilli) safi/net tonaj
Nettosatz ⟨m⟩ net oran
Nettosozialprodukt ⟨n⟩ *(vGR)* safi milli hasıla; *(vGR)* net milli hasıla
 [... zu Faktorpreisen] *(vGR)* faktör fiyatları ile safi milli hasıla
 [reales ...] *(vGR)* reel/gerçek safi milli hasıla
Nettoumlaufvermögen ⟨n⟩ *(ReW)* safi cari varlıklar; çalışma sermayesi; işletme sermayesi
Nettoumsatz ⟨m⟩ *(ReW)* net/safi satışlar; net/safi satış hasılatı
Nettoumsatzrendite ⟨f⟩ net/safi satış rantı
Nettoverbindlichkeiten ⟨pl⟩ *(ReW)* kısa vadeli borçlar
Nettoverdienst ⟨m⟩ *(ReW)* net kazanç
Nettoverkaufserlös ⟨m⟩ net/safi satış tutarı
Nettoverkaufspreis ⟨m⟩ net satış fiyatı
Nettoverlust ⟨m⟩ *(ReW)* net zarar
Nettovermögen ⟨n⟩ *(ReW)* safi sabit varlıklar
Nettoverschuldung ⟨f⟩ *(VWL)* safi borçlanma
Nettoverzinsung ⟨f⟩ *(ReW)* net faiz
Nettovolkseinkommen ⟨n⟩ *(vGR)* safi milli gelir
Nettowert ⟨m⟩ net değer; safi değer
Nettowertschöpfung ⟨f⟩ net değer yaratma
Nettozins ⟨m⟩ *(BkW)* net faiz

Nettozinsbelasung ⟨f⟩ *(BkW)* net faiz yükü
Nettozinssatz ⟨m⟩ *(BKW)* net faiz oranı
Nettozinsspanne ⟨f⟩ *(BKW)* net faiz marjı
Netz ⟨n⟩ ağ; şebeke
 [... der Verkehrswege und Fernmeldeverbindungen] ulaşım ve iletişim ağları
Netzplan ⟨m⟩ *(OR)* kritik yol
Netzplantechnik ⟨f⟩ *(OR)* kritik yol metodu
Netzwerk ⟨n⟩ şebeke
neu ⟨adj⟩ yeni
Neuabschluß ⟨m⟩ yeni sipariş
Neuanlage ⟨f⟩ yeni(den) yatırım/plasman
Neuansiedlung ⟨f⟩ *(Ind)* yeni kuruluş/yerleşim yeri
Neuauftrag ⟨m⟩ yeni/yeniden sipariş
Neuausrüstung ⟨f⟩ yeni donatım/teçhizat
Neuausstattung ⟨f⟩ yeni donatım/teçhizat
Neubau ⟨m⟩ *(BauW)* yeni konut
Neubaupreis ⟨m⟩ yeni konut fiyatı
Neuberechnung ⟨f⟩ *(ReW)* yeniden hesaplama
Neubewertung ⟨f⟩ *(ReW)* yeniden değerleme; *(AußH)* re(e)valüasyon
Neubewertungsgewinn ⟨m⟩ *(ReW)* yeniden değerleme kârı; *(AußH)* re(e)valüasyon kârı
Neubewertungsrücklage ⟨f⟩ *(ReW)* yeniden değerleme ihtiyatı; *(AußH)* re(e)valüasyon ihtiyatı
Neubewilligung ⟨f⟩ yeni tahsisat
Neueinstellung ⟨f⟩ yeni istihdam
Neuemission ⟨f⟩ *(BkW)* yeni emisyon
Neuentwicklung ⟨f⟩ yenilik
Neueröffnung ⟨f⟩ yeni(den) açılış
Neuerung ⟨f⟩ yenileme; inovasyon
Neufestsetzung ⟨f⟩ yeniden belirle(n)me/sapta(n)ma; yeniden tesbit etme
 [... der Währungsparitäten] *(AußH)* paritelerin yeniden belirlenmesi; *(AußH)* kambiyo kurlarının yeniden belirlenmesi
 [... Wechselkurse] *(AußH)* döviz/kambiyo kurlarının yeniden belirlenmesi
Neugliederung ⟨f⟩ → Neuordnung
Neugründung ⟨f⟩ yeni kuruluş
Neuheit ⟨f⟩ yenilik; inovasyon
Neuinvestition ⟨f⟩ *(vGR)* yenileme yatırımı
Neukreditaufnahme ⟨f⟩ → Neuverschuldung
Neuordnung ⟨f⟩ *(ReW)* yeniden düzenleme/değerleme/yapılandırma; reform; yeniden şekil verme; *(AußH)* re(e)valüasyon
 [... der Kapitalverhältnisse] *(BkW)* sermayeyi yeniden düzenleme; *(BkW)* finansal konsolidasyon
 [... des Geldwesens] *(VWL)* para reformu
Neustrukturierung ⟨f⟩ yeniden yapılanma
Neuverschuldung ⟨f⟩ *(BkW)* yeni(den) borçlanma
Neuwert ⟨m⟩ *(ReW)* yenilik değeri; *(ReW)* ikame değeri
Neuwertversicherung ⟨f⟩ *(Vers)* yenilik değeri üzerinden sigorta
 [gleitende ...] *(Vers)* yenilik değeri üzerinden dalgalı sigorta
Neuzugang ⟨m⟩ yeni giriş
Nichtabgabe ⟨f⟩ teslim etmeme; vermeme
Nichtabnahme ⟨f⟩ (teslim) almama; kabul etmeme; ademi kabul
Nichtannahme ⟨f⟩ (teslim) almama; kabul etmeme
Nichtbeachtung ⟨f⟩ dikkat etmeme; uymama; riayet etmeme

Nichtbeantwortung ⟨f⟩ cevaplandırmama
Nichtbezahlung ⟨f⟩ ödememe; ödemezlik
Nichteinhaltung ⟨f⟩ uymama; riayet etmeme
Nichteinmischungspolitik ⟨f⟩ *(VWL)* müdahale etmeme politikası
Nichteinwilligung ⟨f⟩ muvafakat etmeme
Nichterfüllung ⟨f⟩ ödememezlik; yerine getirmeme; *(Jur)* ademi ifa
[... eines Kaufvertrages] satış akdini yerine getirmeme
[... eines Vertrages] akdi yerine getirmeme
Nichterscheinen ⟨n⟩ *(Dienst)* (hazır) bulunmama; *(Jur)* gıyaplık
[(häufiges) ... am Arbeitsplatz] *(Ind)* absanteizm
nichtig ⟨adj⟩ geçersiz; *(Jur)* batıl
[für ... erklären] geçersiz kılmak
Nichtkenntnis ⟨f⟩ bilgisizlik
nichtkommerziell ⟨adj⟩ ticarî olmayan; kâr amacı gütmeyen/olmayan
Nichtleistung ⟨f⟩ işlememe; çalışmama; yapmama; ödememe; *(Jur)* ademi ifa
[bei ...] işlememe durumunda; ödememe durumunda; *(Jur)* ademi ifa halinde
Nichtlieferung ⟨f⟩ teslim etmeme
nichtlinear ⟨adj⟩ doğrusal olmayan
nichtöffentlich ⟨adj⟩ (kamuya) açık olmayan; özel; kapalı; *(Jur)* kapalı
nichtsteuerpflichtig ⟨adj⟩ *(StR)* vergiye tabi olmayan; *(StR)* vergiden muaf; *(StR)* vergilendirilemez
nichtstimmberechtigt ⟨adj⟩ oy hakkı olmayan; oy kullanamaz
nichttarifär ⟨adj⟩ sözleşme dışı; *(Zo)* tarife dışı
Nichtteilnahme ⟨f⟩ katılmama; iştirak etmeme
nichtveranlagungspflichtig ⟨adj⟩ *(StR)* muaf
Nichtzahlung ⟨f⟩ ödememe
Nichtzustellung ⟨f⟩ tebliğ etmeme; tebliğ edilmeme
Nichtzuständigkeit ⟨f⟩ *(Jur)* yetkisizlik
Niederlage ⟨f⟩ depo; *(Zo)* antrepo
niederlassen ⟨refl⟩ yerleşmek
Niederlassung ⟨f⟩ 1. müessese; işyeri 2. şube 3. yerleşim; yerleşme 4. ikamet
[eingetragene ...] tescilli işyeri
[geschäftliche ...] iş müessesesi
[gewerbliche ...] ticarî müessese
[örtliche ...] mahalli şube
Niederlassungsfreiheit ⟨f⟩ yerleşme serbestisi/özgürlüğü
Niederlassungsleiter ⟨m⟩ şube müdürü
Niederlassungsrecht ⟨n⟩ yerleşme hakkı
niederlegen ⟨v/t⟩ *(Amt)* istifa etmek; *(Jur)* tevdi etmek; yatırmak
[schriftlich ...] kaydetmek; kaleme almak
Niederlegung ⟨f⟩ bırakma; *(Amt)* istifa
[... der Arbeit] işbırakımı; grev
niederschlagen ⟨v/t⟩ *(Jur)* ceza takibinden vazgeçmek; durdurmak; *(Forderung)* feragat etmek
Niederschrift ⟨f⟩ döküm; tutanak; mazbata
[... anfertigen] tutanak düzenlemek
Niederstwert ⟨m⟩ *(ReW)* en düşük değer
Niederstwertprinzip ⟨n⟩ *(ReW)* en düşük değer prensibi
niedrig ⟨adj⟩ düşük
Niedriglohngebiet ⟨n⟩ düşük ücret bölgesi

Niedriglohnland ⟨n⟩ *(AußH)* düşük ücret ülkesi
Niedrigpreis ⟨m⟩ düşük fiyat
Niedrigpreisartikel ⟨pl⟩ düşük fiyatlı mallar; *(AußH)* damping mallar(ı)
Niedrigpreiseinfuhr ⟨f⟩ *(AußH)* ithalatta damping
Niedrigpreisstrategie ⟨f⟩ düşük fiyat stratejisi; *(AußH)* damping stratejisi
Niedrigpreiswaren ⟨pl⟩ düşük fiyatlı mallar; *(AußH)* damping mallar(ı)
niedrigrentierlich ⟨adj⟩ *(BkW)* düşük faizli; *(BkW)* düşük faiz getiren
Niedrigsteuerland ⟨n⟩ *(AußH)* düşük vergi ülkesi
Niedrigstkurs ⟨m⟩ *(BkW)* en düşük kur/fiyat; taban fiyat
Niedrigstpreis ⟨m⟩ en düşük fiyat; taban fiyat
Niedrigstzinspolitik ⟨f⟩ *(VWL)* düşük faiz politikası; *(VWL)* ucuz para politikası
Niedrigverdiener ⟨m⟩ düşük ücretli
niedrigverzinslich ⟨adj⟩ *(BkW)* düşük faizli
Niedrigzinsphase ⟨f⟩ düşük faiz aşaması
Niedrigzinspolitik ⟨f⟩ *(VWL)* düşük faiz politikası; *(VWL)* ucuz para politikası
Niedrigzollpolitik ⟨f⟩ *(AußH)* düşük gümrük politikası
Nießbrauch ⟨m⟩ yararlanma; kullanım hakkı; *(Jur)* intifa
[... auf Lebenszeit] ömür boyu intifa/kullanım hakkı
[uneingeschränkter ...] sınırsız intifa hakkı
Nießbrauchberechtigter ⟨m⟩ intifa hakkı sahibi
Nießbraucher ⟨m⟩ intifa hakkı sahibi
Nießbrauchrecht ⟨n⟩ *(Jur)* intifa hakkı; yararlanma hakkı; kullanma/kullanım hakkı
Niveau ⟨n⟩ düzey
Niveaugrenzerträge ⟨pl⟩ *(VWL)* ölçeğe (göre) getiriler
Niveaugrenzprodukt ⟨n⟩ *(VWL)* ölçeğe göre marjinal hasıla
Nochgeschäft ⟨n⟩ *(BkW)* muhayyer işlem; *(BkW)* muhayyer muamele
nominal ⟨adj⟩ nominal; itibarî
Nominalbetrag ⟨m⟩ *(BkW)* nominal bedel; *(Bö)* nominal fiyat
Nominaleinkommen ⟨n⟩ *(VWL)* nominal gelir
Nominalertrag ⟨m⟩ *(BkW)* nominal getiri; *(BkW)* faiz ve temettülerin menkul değerin piyasa fiyatına oranlanması
Nominalkapital ⟨n⟩ *(BkW)* nominal sermaye
Nominalkurs ⟨m⟩ *(BkW)* nominal kur; *(Bö)* nominal fiyat
Nominallohn ⟨m⟩ *(VWL)* nominal ücret
Nominallohnsatz ⟨m⟩ *(VWL)* nominal ücret haddi
Nominalpreis ⟨m⟩ *(Bö)* nominal fiyat
Nominalsatz ⟨m⟩ nominal oran
Nominalverzinsung ⟨f⟩ *(BkW)* nominal faiz; *(BkW)* nominal faiz oranı; *(BkW)* nominal getiri; *(BkW)* faiz ve temettülerin menkul değerin piyasa fiyatına oranlanması
Nominalwert ⟨m⟩ *(BkW)* nominal değer; *(BkW)* nominal kur; *(Bö)* nominal fiyat
Nominalzins ⟨m⟩ *(BkW)* nominal faiz
Norm ⟨f⟩ norm; standart
[der ... entsprechen] standartlara uymak
[technische ...] teknik standart

normal ⟨adj⟩ normal; standart; adi
Normalabschreibung ⟨f⟩ *(ReW)* normal amortisman
Normalabweichung ⟨f⟩ *(Stat)* normal sapma; *(Stat)* standart sapma
Normalarbeitsentgelt ⟨n⟩ standart ücret
Normalarbeitsstunden ⟨pl⟩ normal çalışma/iş saatleri
Normalarbeitstag ⟨m⟩ normal çalışma/iş günü
Normalarbeitszeit ⟨f⟩ normal çalışma süresi
Normalausführung ⟨f⟩ standart model
Normalausrüstung ⟨f⟩ standart donatım
Normalbeschäftigung ⟨f⟩ normal istihdam (düzeyi); *(KoR)* normal hacim
Normalformat ⟨n⟩ normal boy; standart boy
Normalfracht ⟨f⟩ normal/standart kargo
Normalgebühr ⟨f⟩ normal ücret; standart harç/ücret
Normalgewicht ⟨n⟩ normal ağırlık; standart ağırlık
Normalgröße ⟨f⟩ normal büyüklük/boy; standart büyüklük/boy
Normalkapazität ⟨f⟩ *(Ind)* normal kapasite
Normalkosten ⟨pl⟩ *(ReW)* normal maliyet; *(KoR)* normal maliyet
Normalkostenrechnung ⟨f⟩ *(KoR)* normal maliyet muhasebesi
Normalleistung ⟨f⟩ *(Ind)* normal/standart verim
Normallohn ⟨m⟩ normal ücret; standart ücret
Normalmaß ⟨n⟩ standart ölçü
Normalpolice ⟨f⟩ *(Vers)* standart poliçe
Normalpreis ⟨m⟩ normal fiyat; standart fiyat
Normalsatz ⟨m⟩ normal had/oran; standard had/oran
Normalsteuersatz ⟨m⟩ *(StR)* normal vergi haddi
Normalstreuung ⟨f⟩ *(Stat)* normal serpilme; *(Stat)* normal dağılım
Normaltarif ⟨m⟩ *(Zo)* normal tarife; standart tarife
Normalverbraucher ⟨m⟩ normal tüketici
Normalverdienst ⟨m⟩ normal kazanç; ortalama kazanç
Normalverteilung ⟨f⟩ *(Stat)* normal bölünme; *(Stat)* normal dağılım
[Gaußsche-...] *(Stat)* Gauss'a göre normal dağılım; → **Glockenkurve** çan eğrisi
Normalverzinsung ⟨f⟩ *(BkW)* normal faiz (getirisi)
normen ⟨v/t⟩ *(Ind)* standartlaştırmak; *(Ind)* standardize etmek
Normenfestsetzung ⟨f⟩ *(Ind)* standartlaştırma; *(Ind)* standardizasyon
Normkosten ⟨pl⟩ *(KoR)* standart maliyet
Normung ⟨f⟩ *(Ind)* standartlaştırma; standardizasyon
Not ⟨f⟩ buhran; sıkıntı; *(Härtefall)* yoksulluk; acil durum
[... leiden] sıkıntı çekmek; muhtaç olmak
[soziale ...] yoksulluk
[wirtschaftliche ...] *(VWL)* ekonomik buhran
Nota ⟨f⟩ 1. küçük muhtıra; not 2. hesap pusulası
Notadresse ⟨f⟩ geçici adres
Notanker ⟨m⟩ *(Schff)* yedek demir
Notar ⟨m⟩ *(Jur)* noter
Notaranderkonto ⟨n⟩ *(Jur)* noterin saklama hesabı
Notariat ⟨n⟩ *(Jur)* noterlik; noter
Notariatsgebühren ⟨pl⟩ *(Jur)* noter ücreti
Notariatsgehilfe ⟨m⟩ *(Jur)* noter yardımcısı

Notariatssiegel ⟨n⟩ *(Jur)* noter mühürü
Notariatsurkunde ⟨f⟩ *(Jur)* noter(lik) belgesi
Notariatsvertrag ⟨m⟩ *(Jur)* noter tasdikli sözleşme
Notdienst ⟨m⟩ acil servis
Note ⟨f⟩ 1. not; derkenar 2. nota; muhtıra 3. banknot
[diplomatische ...] memorandum; muhtıra; nota
Notenausgabe ⟨f⟩ *(BkW)* banknot emisyonu; *(BkW)* banknot ihracı
Notenbank ⟨f⟩ *(BkW)* emisyon bankası; *(BkW)* merkez bankası
notenbankfähig ⟨adj⟩ emisyon/merkez bankası tarafından reeskont edilebilir
Notenbankgeld ⟨n⟩ merkez bankası parası
Notenbankguthaben ⟨n⟩ merkez bankası mevduatı
Notenbankkredit ⟨m⟩ *(BkW)* merkez bankası kredisi
Notenbankzinsen ⟨pl⟩ *(BkW)* merkez bankası faizleri
Notendeckung ⟨f⟩ *(BkW)* banknot kuvertürü
Notenumlauf ⟨m⟩ *(BkW)* banknot dolaşımı; *(BkW)* banknot tedavülü
Notfall ⟨m⟩ acil durum
[äußerster ...] çok acil durum
Notfalldienst ⟨m⟩ acil servis; ilk yardım servisi
Notfrist ⟨f⟩ *(Jur)* kesin mehil
Notgeld ⟨n⟩ geçici para; itibarî para
Notgroschen ⟨m⟩ karagün akçesi
Nothafen ⟨m⟩ *(Schff)* barınma/sığınma limanı
Nothelfer ⟨m⟩ kurtaran; kurtarıcı
Nothilfe ⟨f⟩ ilk yardım
notieren ⟨v/t⟩ kaydetmek; not etmek; *(Bö)* kote etmek
[höher ...] *(Bö)* kotasyonu yükseltmek
[niedriger ...] *(Bö)* kotasyonu düşürmek
notiert ⟨adj⟩ kayıtlı; *(Bö)* koteli
Notierung ⟨f⟩ kayıt; *(Bö)* kotasyon; *(Bö)* kote; *(Bö)* kayıt fiyatı
[... aussetzen] *(Bö)* kotasyonu tecil etmek; kotasyonu durdurmak
[amtliche ...] *(Bö)* resmî kotasyon
[fortlaufende ...] *(Bö)* dalgalı kotasyon
[letzte ...] *(Bö)* kapanış fiyatı; son kotasyon
[variable ...] *(Bö)* değişken kotasyon; *(Bö)* dalgalı kotasyon
[zur ... zulassen] *(Bö)* kotasyona tahsis etmek; kotasyona kabul etmek
Notifikation ⟨f⟩ *(Wechsel)* itibarsızlık bildirisi
Notiz ⟨f⟩ not; muhtıra; kayıt; *(Bö)* kotasyon; kayıt (fiyatı)
[... machen] not almak
[... ohne Umsätze] *(Bö)* satışsız kotasyon; *(Bö)* nominal kotasyon
[keine ... nehmen] dikkate almamak
[ohne ...] *(Bö)* kotesiz; kayıtsız
Notizblock ⟨m⟩ bloknot
Notizbuch ⟨n⟩ not defteri
Notizheft ⟨n⟩ not defteri
Notizkalender ⟨m⟩ ajanda; muhtıra (defteri)
Notizpapier ⟨n⟩ karalama/not kâğıdı
Notizzettel ⟨n⟩ karalama kâğıdı; not kâğıdı; tezkere
Notlage ⟨f⟩ zor/sıkıntılı durum; zorunluluk durumu; *(Jur)* ıztırar hali
[dringende ...] acil durum

[finanzielle...] finansal sıkıntı/zorluk
[wirtschaftliche...] (ekonomik) sıkıntı
notlanden ⟨int⟩ *(Flug)* mecburî iniş yapmak
Notlandung ⟨f⟩ *(Flug)* mecburî iniş
notleidend ⟨adj⟩ batık; sıkıntı çeken; yoksul; muhtaç; *(Kredit)* ödenmemiş; vadesi geçmiş; *(WeR)* (ibrazında) ödenmeyen
Notlöschung ⟨f⟩ *(SeeV)* mecburî boşaltma
Notlüge ⟨f⟩ iş bitirici yalan
Notmast ⟨m⟩ *(Schff)* falso direk
Notprogramm ⟨n⟩ zorunlu program
Notrücklage ⟨f⟩ karagün akçesi; olağanüstü/fevkalâde ihtiyat akçesi
Notstand ⟨m⟩ buhran; acil durum; olağanüstü/fevkalâde durum/hal; sıkıyönetim; ıztırar hali
Notstandsfonds ⟨m⟩ (acil durumlar için) ihtiyat fonu
Notstandsgebiet ⟨n⟩ 1. buhran bölgesi 2. sıkıyönetim bölgesi
Notstandsgesetz ⟨n⟩ 1. *(Jur)* geçici yasa; *(Jur)* muvakkat kanun 2. *(Jur)* sıkıyönetim kanunu
Notstandshilfe ⟨f⟩ ilk yardım
Notstandsmaßnahme ⟨f⟩ acil önlem
Notstandsprogramm ⟨n⟩ acil program
Notunterhalt ⟨m⟩ *(Jur)* yoksulluk nafakası
Notverkauf ⟨m⟩ zorunlu satış
Notunterkunft ⟨f⟩ 1. geçici lojman/mesken 2. baraka 3. barınak
Notverordnung ⟨f⟩ *(Jur)* geçici yasa; *(Jur)* muvakkat kanun
Notwährung ⟨f⟩ geçici para
Notwehr ⟨f⟩ *(Jur)* haklı savunma; *(Jur)* meşru müdafaa
[in...] *(Jur)* meşru müdafaa halinde
notwendig ⟨adj⟩ gerekli; lüzumlu
notwendigerweise ⟨adv⟩ icabı halinde; gerekli olarak
Notwendigkeit ⟨f⟩ gereklilik; zaruret; gereksinme; ihtiyaç
[absolute...] mutlak zaruret
[dringende...] kesin zaruret
Notzeichen ⟨n⟩ imdaat işareti
Notzeit ⟨f⟩ karagün
[in...en] karagünlerde
Null ⟨f⟩ sıfır
[... und nichtig] batıl; geçersiz
[bei... anfangen] sıfırdan başlamak
[für... und nichtig erklären] batıl/geçersiz kılmak; butlanına karar vermek
[mit plus-minus... abschließen] başabaş kapamak
Nullbewertung ⟨f⟩ *(StR)* Katma Değer Vergisi muafiyeti
Nullhypothese ⟨f⟩ *(Stat)* sıfır/red hipotezi
Nullserie ⟨f⟩ *(Ind)* pilot seri; *(Ind)* pilot üretim
Nulltarif ⟨m⟩ ücretsiz
Nullwachstum ⟨n⟩ *(VWL)* sıfır ekonomik büyüme
Nullwert ⟨m⟩ sıfır değer
numerieren ⟨v/t⟩ numaralamak
Numerierung ⟨f⟩ numaralama
Nummer ⟨f⟩ 1. sayı 2. numara
[... besetzt] *(Tele)* hat meşgul
[laufende...] seri numarası
[nach...n geordnet] numaralara göre sıralanmış
Nummernkonto ⟨n⟩ *(BkW)* numaralı hesap

Nutzanteil ⟨m⟩ kâr payı
Nutzanwendung ⟨f⟩ uygulama; tatbik etme
nutzbar ⟨adj⟩ faydalı; verimli
nutzbringend ⟨adj⟩ → **nutzbar**
Nutzeffekt ⟨m⟩ verim; randıman; pratik/fiilî etki
Nutzen ⟨m⟩ *(VWL)* fayda; yarar; istifade; *(Vorteil)* avantaj; *(Gewinn)* kâr
[... abwerfen] fayda sağlamak; kâr bırakmak/getirmek
[... bringen] fayda sağlamak; kâr bırakmak/getirmek
[... ziehen aus]... den faydalanmak
[abnehmender...] azalan fayda
[allgemeiner...] kamu yararı
[erwarteter...] *(BWL)* beklenen fayda
[erzielbarer...] elde edilebilir avantaj/yarar
[externe...] *(VWL)* dışsal ekonomiler
[gesamtwirtschaftlicher...] toplam ekonomik fayda; toplumsal fayda
[gesellschaftlicher...] *(VWL)* sosyal fayda; toplumsal fayda
[größtmöglicher...] maksimum fayda
[individueller...] *(VWL)* bireysel fayda
[kardinaler...] *(VWL)* kardinal fayda
[mittelbarer...] dolaylı yarar/fayda
[negativer...] *(VWL)* negatif fayda; *(VWL)* eksi fayda
[ordinaler...] *(VWL)* ordinal fayda
[volkswirtschaftlicher...] *(VWL)* sosyal fayda
nutzen ⟨v/t⟩ kullanmak; ⟨int⟩ faydalanmak
[gewinnbringend...] kârlı kullanmak; kâr getirici şekilde kullanmak/faydalanmak
Nutzeneinheit ⟨f⟩ *(VWL)* fayda birimi; *(VWL)* util
Nutzenentgang ⟨m⟩ *(VWL)* negatif fayda; *(VWL)* eksi fayda
Nutzenmaximierung ⟨f⟩ *(VWL)* fayda maksimizasyonu; *(VWL)* faydanın maksimumlaşması
Nutzentheorie ⟨f⟩ *(VWL)* fayda kuramı; *(VWL)* istifade teorisi
[kardinale...] kardinal fayda kuramı
Nutzer ⟨m⟩ kullanıcı; faydalanan
[gewerblicher...] ticarî/sınaî kullanıcı
Nutzfahrzeug ⟨n⟩ *(Kfz)* ticarî vasıta
Nutzfläche ⟨f⟩ faydalı alan
[gewerbliche...] sınaî alan
[landwirtschaftliche...] tarımsal alan
Nutzgarten ⟨m⟩ *(LandW)* bostan
Nutzgrenze ⟨f⟩ başabaş/eşik noktası
Nutzholz ⟨n⟩ *(LandW)* kerestelik ağaç
Nutzladefähigkeit ⟨f⟩ taşıma kapasitesi
Nutzlast ⟨f⟩ saf hamule
Nutzleistung ⟨f⟩ *(Ind)* efektif çıktı/verim
nützlich ⟨adj⟩ faydalı; işe yarar
Nützlichkeit ⟨f⟩ fayda; yarar; istifade
Nützlichkeitssystem ⟨n⟩ faydacılık; ütilitarizm
Nutznießer ⟨m⟩ 1. lehtar 2. avantacı
Nutznießung ⟨f⟩ *(Jur)* intifa hakkı; *(Jur)* tasarruf; kullanım; kullanma ve faydalanma
[... haben] intifa hakkı olmak
[gemeinschaftliche...] *(Jur)* müşterek tasarruf; ortak kullanım
[lebenslängliche...] ömürboyu intifa/tasarruf/yararlanma
Nutznießungsrecht ⟨n⟩ *(Jur)* intifa hakkı; kullanım hakkı

Nutzpfandrecht ⟨n⟩ alacak üzerinde intifa/yararlanma hakkı
Nutzpflanze ⟨f⟩ *(LandW)* faydalı bitki
Nutzung ⟨f⟩ kullanım; kullanma; faydalanma; yararlanma; istifade; intifa
[... für Wohnzwecke] ikamet için kullanma
[alleinige ...] özel kullanım
[eigene ...] kişisel kullanım
[gemeinsame ...] ortak kullanım
[gewerbliche ...] ticarî kullanım
[industrielle ...] sınaî kullanım
[landwirtschaftliche ...] tarımsal kullanım
[optimale ... der Produktionsfaktoren] *(VWL)* optimum kaynak dağılımı
[wirtschaftliche ...] ekonomik/iktisadi faydalanma/kullanım
Nutzungsausfall ⟨m⟩ kullanım kaybı; bozukluk
Nutzungsberechtigter ⟨m⟩ kullanım hakkı sahibi
Nutzungsdauer ⟨f⟩ *(BWL)* ekonomik ömür
[betriebsgewöhnliche ...] ortalama ömür
[erwartete/gewöhnliche ...] beklenen ömür
[geschätzte ...] tahminî ömür
[optimale ...] *(BWL)* optimum ekonomik ömür
[tatsächliche ...] fiilî ömür
[wirtschaftliche ...] *(BWL)* ekonomik ömür
Nutzungsentgelt ⟨n⟩ kullanma parası; kira
Nutzungsertrag ⟨m⟩ kâr; getiri
Nutzungsgebühr ⟨f⟩ *(Pat)* redevans
Nutzungsgrad ⟨m⟩ faydalanma derecesi
Nutzungsgüter ⟨pl⟩ dayanıklı mallar
Nutzungsrecht ⟨n⟩ kullanım/kullanma hakkı; *(Jur)* intifa hakkı
[... auf Lebenszeit] ömürboyu kullanım/kullanma hakkı
Nutzungsschaden ⟨m⟩ kullanım kaybı
Nutzungswert ⟨m⟩ kullanım değeri
Nutzwald ⟨m⟩ kerestelik (orman); odunluk (orman)
Nutzwert ⟨m⟩ kullanım/istifade/yararlanma değeri
[... von Kosten] *(BWL)* maliyet etkinliği

O

obdachlos ⟨adj⟩ meskensiz
Obdachlosigkeit ⟨f⟩ meskensizlik
obenerwähnt ⟨adj⟩ (yukarıda) sözü edilen
obengenannt ⟨adj⟩ (yukarıda) adıgeçen
Ober ⟨m⟩ garson; ⟨adj⟩ üst; baş; ana
Oberbau ⟨m⟩ üst yapı
Obergesellschaft ⟨f⟩ ana şirket
Obergrenze ⟨f⟩ üst sınır; limit; tavan
Objekt ⟨n⟩ 1. obje; nesne 2. madde; konu; suje; *(Immobilie)* emlak
[beliehenes ...] *(BkW)* ipotekli emlak
[bezugsfertiges ...] boş emlak
[gewerblich genutztes ...] ticarî emlak
Objektbesteuerung ⟨f⟩ *(StR)* emlak vergilendirme
Objektfinanzierung ⟨f⟩ *(BkW)* proje finansmanı
Obliegenheit ⟨f⟩ ödev; görev; yükümlülük; taahhüt; *(Jur)* külfet
Obligation ⟨f⟩ *(BkW)* obligasyon; *(BkW)* tahvil; *(BkW)* borçlanma senedi; (Jur) borç
[... mit aufgeschobener Verzinsung] *(BkW)* (faizi) gecikmeli/ertelenmiş tahvil
[... mit dinglicher Sicherheit] aynî teminatlı tahvil
[... mit Dividendenberechtigung] *(BkW)* temettülü tahvil
[... mit kurzer Laufzeit] *(BkW)* kısa vadeli tahvil
[... mit kurzer Laufzeit] *(BkW)* uzun vadeli tahvil
[... mit schwankendem Zinssatz] *(BkW)* değişken faizli obligasyon; *(BkW)* değişken faizli tahvil
[... mit steigender Verzinsung] *(BkW)* yükselen getirili/faizli tahvil; *(BkW)* gecikmeli/ertelenmiş tahvil
[... mit Tilgungsplan] itfaya tabi obligasyon/borç
[... mit variabler Rendite] *(BkW)* değişken faizli obligasyon; *(BkW)* değişken faizli tahvil
[... ohne Konversions- oder Bezugsrecht und mit gestaffelter Rückzahlung] *(BkW)* adi tahvil
[auf den Inhaber lautende ...] *(BkW)* hamiline yazılı tahvil
[auf den Namen lautende ...] *(BkW)* nama yazılı tahvil
[ausstehende ...] *(BkW)* ödenmemiş obligasyon/tahvil
[begebene ...] *(BkW)* ihraç edilmiş obligasyon/tahvil
[bevorrechtigte ...] *(BkW)* tercihli tahvil
[dinglich gesicherte ...] aynî teminatlı tahvil
[erstrangig gesicherte ...] *(BkW)* birinci derece güvenceli tahvil
[erstrangige ...] *(BkW)* birinci dereceli tahvil
[festverzinsliche ...] *(BkW)* sabit faizli tahvil
[gesicherte ...] *(BkW)* güvenceli tahvil
[grundpfandmäßig gesicherte ...] *(BkW)* rehinli tahvil
[hypothekarisch gesicherte ...] *(BkW)* rehinli tahvil
[indexierte ...] *(BkW)* indeksli obligasyon; *(BkW)* indeksli tahvil
[nachrangig gesicherte ...] ikinci derecede sağlam obligasyon
[kleingestückelte ...] buçuklu obligasyon; *(Eng)* baby bond
[kommunale ...] mahallî tahvil/obligasyon
[kündbare ...] itfa edilebilir tahvil
[rückkaufbare ...] itfa edilebilir tahvil; iştiralı tahvil
[tilgbare ...] itfa edilebilir tahvil
[ungesicherte ...] *(BkW)* güvencesiz tahvil
[vorläufige ...] *(BkW)* geçici tahvil
[wertlose ...] *(BkW)* değersiz tahvil
[zinstragende ...] *(BkW)* faizli tahvil
Obligationär ⟨m⟩ *(BkW)* tahvil sahibi
Obligationen ⟨pl⟩ *(BkW)* tahviller; *(BkW)* tahvilat; *(BkW)* obligasyonlar; (BkW) borçlar
[... der öffentlichen Hand] kamu tahvilleri
[... einlösen] tahvilleri geri almak; tahvilatı rehinden kurtarmak; borçları ödemek

[... tilgen] tahvilleri geri almak; tahvilatı rehinden kurtarmak; borçları ödemek
[mündelsichere ...] devlet tahvilatı
[ungetilgte ...] itfa edilmemiş tahvilat/tahviller; ödenmemiş borçlar
Obligationenagio ⟨n⟩ tahvil acyosu/ikramiyesi/primi
Obligationenanleihe ⟨f⟩ tahvil istikrazı
Obligationenausgabe ⟨f⟩ tahvil ihracı
Obligationenkurs ⟨m⟩ tahvil fiyatı
Obligationenmarkt ⟨m⟩ *(BkW)* tahvil piyasası
Obligationenportefeuille ⟨n⟩ *(BkW)* tahviller portföyü
Obligationsagio ⟨n⟩ *(BkW)* tahvil acyosu; *(BkW)* tahvil primi
Obligationsanleihe ⟨f⟩ *(BkW)* tahvil istikrazı; *(BkW)* tahvil senedi
Obligationsausgabe ⟨f⟩ *(BkW)* tahvil çıkarma; *(BkW)* tahvil ihracı
Obligationsbesitzer ⟨m⟩ *(BkW)* obligasyon sahibi; *(BkW)* tahvil sahibi
Obligationsdisagio ⟨n⟩ *(BkW)* tahvil dizacyosu; tahvil indirimi
Obligationshandel ⟨m⟩ *(BkW)* tahvil satışı; *(BkW)* tahvil alımsatımı
Obligationsinhaber ⟨m⟩ *(BkW)* obligasyon hamili/sahibi; *(BkW)* tahvil hamili/sahibi
Obligationskupon ⟨m⟩ *(BkW)* tahvil kuponu; *(BkW)* faiz kuponu
Obligationskurs ⟨m⟩ *(BkW)* tahvil fiyatı
Obligationsmarkt ⟨m⟩ *(BkW)* tahvil piyasası
Obligationsschuld ⟨f⟩ *(BkW)* tahvil borcu
Obligationsschuldner ⟨m⟩ *(BkW)* tahvil borçlusu
Obligationstilgung ⟨f⟩ *(BkW)* tahvil itfası
Obligationszinsen ⟨pl⟩ *(BkW)* tahvil faizleri
Obligo ⟨n⟩ taahhüt; yükümlülük; garanti; teminat; kefalet
[im ...] *(Vers)* rizikolu
[ohne ...] taahhütsüz
Obligobuch ⟨n⟩ *(BkW)* kabul defteri
Obligoverzeichnis ⟨n⟩ *(BkW)* kabul defteri
Obrigkeit ⟨f⟩ otorite
Oderdepot ⟨n⟩ *(BkW)* müşterek portföy hesabı
Oderkonto ⟨n⟩ *(BkW)* müşterek hesap
offen ⟨adj⟩ açık; boş
Offenbarungseid ⟨m⟩ *(Jur)* yeminli mal beyanı
Offenbarungspflicht ⟨f⟩ ifşa/açıklama zorunluluğu; bilgi verme zorunluluğu
Offenheit ⟨f⟩ açıklık; samimiyet
offenkundig ⟨adj⟩ açık; belli; aşikâr
offenlegen ⟨v/t⟩ açıklamak; açığa vurmak; ifşa etmek; ortaya dökmek
Offenlegung ⟨f⟩ açıklama; açığa vurma; ifşa; ortaya dökme
[... von Beteiligungen] iştirakları ortaya dökme
[fehlende ...] açıklamama
[mangelnde ...] açıklamama
Offenlegungsbestimmungen ⟨pl⟩ açıklama koşulları; *(Jur)* ifşa şartları
Offenlegungspflicht ⟨f⟩ ifşa/açıklama zorunluluğu; bilgi verme zorunluluğu
Offenlegungsvorschriften ⟨pl⟩ açıklama koşulları; *(Jur)* ifşa şartları
Offenmarkt ⟨m⟩ *(BkW)* açık piyasa
Offenmarktgeschäft ⟨n⟩ *(BkW)* açık piyasa işlemi

Offenmarktkauf ⟨m⟩ açık piyasada alım
Offenmarktkredit ⟨m⟩ *(BkW)* açık piyasa kredisi
Offenmarktoperationen ⟨pl⟩ *(BkW)* açık piyasa faaliyetleri
Offenmarktpapier ⟨n⟩ *(BkW)* açık piyasa kâğıdı; açık piyasa senedi/kıymeti
Offenmarktpolitik ⟨f⟩ *(VWL)* açık piyasa politikası
Offenmarkttitel ⟨m⟩ *(BkW)* açık piyasa senedi; açık piyasa kıymeti/kâğıdı
offenstehend ⟨adj⟩ açık; tahsil edilmemiş; borçlu; ödenmemiş
öffentlich ⟨adj⟩ *(Jur)* kamusal
öffentlich-rechtlich ⟨adj⟩ *(Jur)* medenî hukuk; *(Jur)* kamu hukuku
Öffentlichkeit ⟨f⟩ *(Jur)* kamu; kamuoyu; açıklık; aleniyet
[... bei der Gerichtsverhandlung] *(Jur)* yargılamada açıklık
Öffentlichkeitsarbeit ⟨f⟩ halkla ilişkiler
Öffentlichkeitsgrundsatz ⟨m⟩ *(Jur)* açıklık prensibi; *(Jur)* açıklık esası
öffentlichkeitswirksam ⟨f⟩ (kamuya) etkili
offerieren ⟨v/t⟩ icap yapmak; icapta bulunmak; teklif vermek; pey sürmek
[fest ...] kesin icapta/teklifte bulunmak
Offerte ⟨f⟩ teklif; *(Ausschreibung)* icap; pey
[... abgeben] icapta/teklifte bulunmak; pey sürmek
[... machen] icap/teklif yapmak; pey sürmek
[... unterbreiten] icapta/teklifte bulunmak; pey sürmek
[freibleibende ...] bağımlı/bağlayıcı olmayan icap/teklif
[gültige ...] geçerli icap/teklif
[unverbindliche ...] bağımlı/bağlayıcı olmayan icap/teklif
[verbindliche ...] bağımlı icap/teklif
Offizialdelikt ⟨n⟩ *(Jur)* kamu suçu
Offizialklage ⟨f⟩ *(Jur)* kamu davası
offiziell ⟨adj⟩ resmî
Offizier ⟨m⟩ subay
[diensthabender ...] görevli/nöbetçi subay
Öffnung ⟨f⟩ açılış
[... von Angeboten] ihale açılışı; icaba davet
Öffnungszeit ⟨f⟩ açılış süresi
Öffnungszeiten ⟨pl⟩ açılış saatleri
OHG ⟨f⟩ → Offene Handelsgesellschaft
Ohne-Rechnung-Geschäft ⟨n⟩ faturasız işlem
Okkasion ⟨f⟩ fırsat
Okkupation ⟨f⟩ işgal
Okkupationsgebiet ⟨n⟩ işgal bölgesi
Ökokatastrophe ⟨f⟩ ekolojik felaket
Ökologie ⟨f⟩ ekoloji; çevrebilim
ökologisch ⟨adj⟩ ekolojik; çevrebilimsel
Ökonom ⟨m⟩ ekonom; iktisatçı
Ökonometrie ⟨f⟩ *(VWL)* ekonometri
ökonometrisch ⟨adj⟩ *(VWL)* ekonometrik
Ökonomie ⟨f⟩ ekonomi
ökonomisch ⟨adj⟩ ekonomik; *(sparsam)* ekonomik; tasarruflu
Ökosystem ⟨n⟩ ekolojik sistem
oktroyieren ⟨v/t⟩ empoze etmek
Öl ⟨n⟩ 1. petrol 2. yağ
[... fördern] petrol istihraç etmek
[nach ... bohren] petrol aramak

[pflanzliches ...] bitkisel yağ
Öldollar ⟨m⟩ petrodollar
Ölembargo ⟨n⟩ *(AußH)* petrol ambargosu
ölen ⟨v/t⟩ yağlamak
Ölexport ⟨m⟩ *(AußH)* petrol ihracı
Ölexportland ⟨n⟩ *(AußH)* petrol ihraç eden ülke
Ölfarbe ⟨f⟩ yağlı boya
Ölfeld ⟨n⟩ petrol yatağı
Ölförderland ⟨n⟩ petrol istihraç eden ülke
Ölförderstaat ⟨m⟩ petrol istihraç eden ülke
Ölförderung ⟨f⟩ petrol istihracı/üretimi
Ölfund ⟨m⟩ petrol bulma
Ölgelder ⟨pl⟩ *(AußH)* petrodolarlar
Ölgesellschaft ⟨f⟩ petrol şirketi
Ölgewinnung ⟨f⟩ petrol istihracı/üretimi
Oligarchie ⟨f⟩ *(VWL)* oligarşi
oligarchisch ⟨adj⟩ *(VWL)* oligarşik
Ölheizung ⟨f⟩ mazotlu kalorifer
ölig ⟨adj⟩ yağlı
Oligopol ⟨n⟩ *(VWL)* oligopol
Oligopson ⟨n⟩ *(VWL)* oligopson
Ölindustrie ⟨f⟩ petrol sanayii
Öllagerstätte ⟨f⟩ petrol yatağı
Ölleitung ⟨f⟩ petrol boru hattı
Ölofen ⟨m⟩ mazotlu soba
Ölpapier ⟨n⟩ yağlı kâğıt
Ölpreisexplosion ⟨f⟩ petrol fiyatlarında patlama
Ölproduktion ⟨f⟩ petrol üretimi
Ölquelle ⟨f⟩ petrol kuyusu; petrol yatağı; petrol kaynağı
Ölraffinerie ⟨f⟩ *(Ind)* petrol rafinerisi
Ölsuche ⟨f⟩ petrol arama
Ölterminmarkt ⟨m⟩ *(BkW)* vadeli petrol piyasası
Ölvorkommen ⟨n⟩ petrol yatağı
Operations Research ⟨n⟩ *(OR)* yöneylem araştırması; *(Eng)* operations research
Operationsfeld ⟨n⟩ faaliyet alanı
Operationsziel ⟨n⟩ faaliyet hedefi
Opportunitätseinkommen ⟨n⟩ transfer geliri
Opportunitätskosten ⟨pl⟩ *(BWL)* fırsat maliyeti
[... des Kapitals] sermayenin fırsat maliyeti
Optant ⟨m⟩ *(BkW)* opsiyon sahibi
Optimalbeschäftigung ⟨f⟩ *(KoR)* tam istihdam
Optimalkapazität ⟨f⟩ *(BWL)* optimum kapasite
Optimalleistung ⟨f⟩ *(KoR)* optimum verim; *(KoR)* optimum performans
Optimalplanung ⟨f⟩ *(OR)* yöneylem araştırması; *(OR)* operasyonel araştırma; (Eng) operations research
Optimalprogrammierung ⟨f⟩ *(OR)* optimum programlama
Optimierung ⟨f⟩ *(BWL)* optimasyon; optimum sağlama
[lineare ...] *(OR)* doğrusal optimasyon
Optimismus ⟨m⟩ iyimserlik
Option ⟨f⟩ seçmeli/tercihli olma; tercih edebilme; *(Bö)* opsiyon; *(BkW)* opsiyon (hakkı); *(Bö)* primli işlem
[... aufgeben] opsiyonu terk etmek
[... ausüben] opsiyonu kullanmak
[... streichen] opsiyonu iptal etmek
[... vor Fälligkeit ausüben] vadesinden önce opsiyonu kullanmak
[... verfallen lassen] opsiyonu terk etmek
[gehandelte ...] işlem gören opsiyon

[handelbare ...] işlem gören opsiyon
Optionsanleihe ⟨f⟩ *(BkW)* primli tahvil; seçmeli borç senedi; tercihli istikraz
Optionsaufgabe ⟨f⟩ (opsiyonu) terk
Optionsausübung ⟨f⟩ opsiyon (hakkını) kullanma
Optionsberechtigter ⟨m⟩ opsiyon (hakkı) sahibi
Optionsbörse ⟨f⟩ *(Bö)* primli piyasa; opsiyon borsası/piyasası
Optionsempfänger ⟨m⟩ *(Bö)* primli piyasada alıcı; opsiyon alıcısı
Optionsfrist ⟨f⟩ opsiyon süresi/vadesi
Optionsgeber ⟨m⟩ opsiyon veren
Optionsgeschäft ⟨n⟩ *(Bö)* primli piyasa işlemi; opsiyon işlemi
Optionsgewährer ⟨m⟩ opsiyon veren
Optionshandel ⟨m⟩ *(Bö)* primli piyasa; opsiyon alım satımı
Optionskäufer ⟨m⟩ *(Bö)* primli piyasada alıcı; opsiyon alıcısı
Optionsklausel ⟨f⟩ tercih hakkı şartı
Optionskontrakt ⟨m⟩ *(Bö)* primli piyasa işlemi; primli işlem
Optionsmarkt ⟨m⟩ *(Bö)* primli piyasa; opsiyon piyasası
Optionsnehmer ⟨m⟩ *(Bö)* primli piyasasa alıcı; opsiyon alıcısı
Optionspreis ⟨m⟩ *(Bö)* primli piyasa fiyatı; opsiyon fiyatı
Optionsrecht ⟨n⟩ opsiyon hakkı; seçme/tercih hakkı; muhayyerlik hakkı
[... ausüben) opsiyon hakkını kullanmak
[... nicht ausüben] seçme/tercih hakkını kullanmamak
[mit ...] seçme/tercih haklı; muhayyer
[ohne ...] seçme/tercih hakkı olmayan
Optionsschein ⟨m⟩ opsiyonlu senet; seçmeli/tercihli senet
[... für den Bezug von Aktien] hisse alım tercihli senet
Optionsscheininhaber ⟨m⟩ seçmeli senet sahibi
Optionsschluß ⟨m⟩ *(Bö)* primli piyasa işlemi; opsiyon kontratı
Optionsschuldverschreibung ⟨f⟩ pay senetleriyle değiştirilebilir tahvil
Optionsverkäufer ⟨m⟩ *(Bö)* primli piyasada satıcı; opsiyon satıcısı
Optionszeit ⟨f⟩ *(Bö)* primli piyasada süre; opsiyon süresi
ordentlich ⟨adj⟩ 1. düzenli; düzgün 2. olağan; adi
Order ⟨f⟩ → **Auftrag** emir; sipariş; *(Bö)* ordino
[... annullieren] siparişi iptal etmek
[... erteilen] sipariş/emir vermek
[an ... ausgestellt] emre (keşideli)
[an ... lautend] emre yazılı
[an die ... von] emrine
[an fremde ...] üçüncü kişi emrine
[auf ... und Rechnung von] emrine ve hesabına
[begrenzte ...] sınırlı sipariş/emir
[bis auf weitere ...] ikinci bir emre kadar
[bis auf Widerruf gültige ...] iptaline kadar geçerli emir/sipariş
[feste ...] kesin sipariş/emir
[fingierte ...] fiktif sipariş/emir
[freibleibende ...] açık sipariş/emir; anlaşmaya bağlı sipariş/emir

[limitierte ...] sınırlı sipariş
[nicht an ...] emre yazılı olmayan; ciro edilemez
[nur für einen Tag gültige ...] sadece bir gün geçerli sipariş/emir
[unbefristete ...] süresiz sipariş/emir
[zahlbar an ...] emre ödemeli
Orderformular ⟨n⟩ sipariş formu
Orderfrachtbrief ⟨m⟩ emre yazılı taşıma senedi
Orderkonnossement ⟨n⟩ emre yazılı konşimento
Orderladeschein ⟨m⟩ emre yazılı yükleme senedi
Orderlagerschein ⟨m⟩ emre yazılı makbuz senedi
Orderliste ⟨f⟩ sipariş listesi
ordern ⟨v/t⟩ ısmarlamak; sipariş vermek
Orderpapier ⟨n⟩ *(WeR)* emre yazılı kıymetli evrak
Order- und Inhaberpapiere ⟨pl⟩ emre ve hamiline yazılı kâğıtlar
Orderscheck ⟨m⟩ emre yazılı çek
Orderschuldverschreibung ⟨f⟩ emre yazılı tahvil
Ordertätigkeit ⟨f⟩ sipariş faaliyeti
Ordervolumen ⟨n⟩ sipariş hacmi
Orderwechsel ⟨m⟩ emre yazılı poliçe
Orderzettel ⟨m⟩ sipariş fişi
Ordinalzahl ⟨f⟩ sıra sayısı
ordinär ⟨adj⟩ bayağı; basit; adi
Ordinate ⟨f⟩ *(Math)* dikey eksen; y ekseni; ordinat
ordnen ⟨v/t⟩ düzenlemek; tanzim etmek; dizmek; sıralamak; düzene koymak
[alphabetisch ...] alfabetik şekilde sıralamak/dizmek
[größenmäßig ...] büyüklüğüne göre sıralamak/dizmek
[neu ...] yeniden düzenlemek
ordnend ⟨adj⟩ düzenleyici
Ordner ⟨m⟩ klasör
Ordnung ⟨f⟩ 1. düzen; nizam 2. sistem; rejim 3. durum; hal 4. disiplin 5. yönetmelik; nizamname; talimatname; tüzük
[... des Eigentums] mülkiyet düzeni
[bundesstaatliche ...] *(D)* Federal düzen/sistem
[in ... bringen] düzeltmek; yoluna koymak
[marktwirtschaftliche ...] *(VWL)* serbest piyasa ekonomi sistemi
[musterhafte ...] örnek düzen
[natürliche ...] doğal düzen
[öffentliche ...] kamu düzeni
[soziale ...] sosyal düzen
[wirtschaftliche ...] ekonomik düzen
ordnungsgemäß ⟨adj⟩ nizamî; ⟨adv⟩ usulen
Ordnungsmäßigkeit ⟨f⟩ düzenlilik, yönteme uygunluk
[... der Buchführung] muhasebenin düzenliliği
Ordnungsmaßnahme ⟨f⟩ düzenleyici önlem
Ordnungsnummer ⟨f⟩ sıra numarası
Ordnungspolitik ⟨f⟩ düzenleyici politika
Ordnungssteuer ⟨f⟩ *(StR)* nizamî rüsum; *(StR)* düzenleyici vergi
Ordnungsstrafe ⟨f⟩ *(Jur)* disiplin cezası; *(Jur)* usulsüzlük cezası
Ordnungstheorie ⟨f⟩ *(VWL)* ekonomik sistemler teorisi; *(BWL)* sistem teorisi
Ordnungsvorschriften ⟨pl⟩ düzen kuralları
ordnungswidrig ⟨adj⟩ düzene/nizama aykırı; *(Jur)* usulsüz
Ordnungswidrigkeit ⟨f⟩ nizama aykırılık; *(Jur)* nizama aykırı suç; usulsüzlük; *(StR)* usulsüzlük

Organ ⟨n⟩ organ
[...e einer Gesellschaft] şirketin organları
[amtliches ...] resmî organ
[ausführendes ...] icra organı; uygulama organı
Organabrechnung ⟨f⟩ *(ReW)* konsolide hesaplar; *(ReW)* organik bilanço
Organaufbau ⟨m⟩ organik üstyapı
Organgesellschaft ⟨f⟩ tali şirket
Organgewinn ⟨m⟩ *(ReW)* şirketlerarası kâr
Organisation ⟨f⟩ organizasyon; örgüt; teşkilat; yapı
[... für wirtschaftliche Zusammenarbeit und Entwicklung] **(OECD)** Ekonomik Kalkınma ve İşbirliği Örgütü
[personelle ...] personel organizasyonu
[technische ...] teknik organizasyon
Organisationseinheit ⟨f⟩ *(BWL)* yapı birimi; *(BWL)* organizasyon birimi; *(BWL)* teşkilat birimi; *(BWL)* yönetsel birim; *(BWL)* idare birimi
Organisationsgrad ⟨m⟩ *(Gewerkschaft)* örgütlenme derecesi
Organisationsplanung ⟨f⟩ *(BWL)* organizasyon planlaması; *(BWL)* yönetsel planlama
Organisationswesen ⟨n⟩ organizasyon
organisch ⟨adj⟩ organik
organisieren ⟨v/t⟩ düzenlemek; örgütlemek; organize etmek
[gesellschaftlich ...] örgütleşmek
[gewerkschaftlich ...] sendikalaştırmak
organisiert ⟨adj⟩ örgütlü
Organkonto ⟨n⟩ *(BkW)* grup hesabı; şirketlerarası hesap
Organkredit ⟨m⟩ *(BkW)* şirketlerarası kredi
Organkreis ⟨m⟩ grup; konsolidasyon kapsamı
Organtochter ⟨f⟩ tali şirket; bağlı şirket; yavru şirket
Organträger ⟨m⟩ ana şirket
Organverhältnis ⟨n⟩ grup ilişkisi
Organverlust ⟨m⟩ *(ReW)* şirketlerarası zarar
Organvertrag ⟨m⟩ grup oluşturma sözleşmesi
Orientierungsdaten ⟨pl⟩ *(Stat)* göstergeler
Orientierungspreis ⟨m⟩ başfiyat; hedef fiyat
Original ⟨n⟩ asıl; aslı; orijinal
Originalausfertigung ⟨f⟩ aslı; asıl suret; aslına uygun suret
Originalfaktura ⟨n⟩ orijinal fatura; faturanın aslı
Originalpackung ⟨f⟩ orijinal ambalaj
Originalquittung ⟨f⟩ orijinal makbuz; makbuzun aslı
Originalrechnung ⟨f⟩ orijinal fatura; faturanın aslı
Originaltext ⟨m⟩ metin aslı; asıl metin
Originalverpackung ⟨f⟩ orijinal ambalaj
Originalwechsel ⟨m⟩ *(WeR)* senet aslı; poliçe aslı; poliçenin birinci nüshası
Ort ⟨m⟩ yer; mahal
[... der Ausstellung] *(WeR)* keşide yeri
[... der Eintragung] *(Jur)* tescil yeri
[... der Leistung] *(Jur)* eda yeri
[... der Niederlassung] ikametgâh; *(BWL)* yerleşim yeri
Ortsabrechnung ⟨f⟩ yerinde hesap(laşma)
Ortsangabe ⟨f⟩ adres
ortsansässig ⟨adj⟩ yerli
Ortsbehörde ⟨f⟩ mahallî makam; mahallî merci
Ortsgebrauch ⟨m⟩ mahallî âdet
ortsgebunden ⟨adj⟩ mahallî; yerel

Ortsgericht ⟨n⟩ *(Jur)* mahallî mahkeme;
(Jur) yerel mahkeme
Ortgespräch ⟨n⟩ *(Tele)* şehiriçi telefon görüşmesi
Ortskrankenkasse ⟨f⟩ *(Vers)* mahallî hastalık sigortası kurumu
Ortsname ⟨m⟩ yer adı; mahalin adı
Ortssatzung ⟨f⟩ yerel tüzük; mahallî nizam(name)
Ortstarif ⟨m⟩ yerel tarife
ortsüblich ⟨adj⟩ yerel standartlara uygun; mahallî âdetlere uygun
Ortsverkehr ⟨m⟩ yerel/mahallî trafik; şehiriçi ulaştırma
Ortsvertreter ⟨m⟩ 1. yerel mümessil/temsilci 2. plasye
Ortsverwaltung ⟨f⟩ yerel yönetim; mahallî idare
Ortszustellung ⟨f⟩ mahallî tebligat
Osten ⟨m⟩ doğu
[Ferner ...] Uzak-Doğu
[Mittlerer ...] Orta-Doğu
[Naher ...] Yakın-Doğu
Ostsee ⟨f⟩ Baltık denizi
Ozean ⟨m⟩ okyanus
Ozon ⟨n⟩ ozon
Ozonschicht ⟨f⟩ ozon tabakası

P

Pacht ⟨f⟩ icar; hasılat kirası; kira (bedeli); *(LandW)* kesenek; iltizam
[... auf Lebenszeit] ömür boyunca kira
[... auf Zeit] süreli kira
[...- und Leihgesetz] kiralama ve ödünç verme kanunu; icar ve iare kanunu
[in ... geben] *(LandW)* keseneğe vermek
[in ... nehmen] keseneğe almak
Pachtaufkommen ⟨n⟩ kira geliri
Pachtbauer ⟨m⟩ kesenekçi
Pachtbesitz ⟨m⟩ kira zilyedliği
Pachtbesitzer ⟨m⟩ kiracı
Pachtdauer ⟨f⟩ kira süresi
Pachteinnahmen ⟨pl⟩ kiradan gelirler
pachten ⟨v/t⟩ kiralamak; keseneğe almak; iltizam etmek
Pächter ⟨m⟩ *(Jur)* icarcı;
(Jur) kiracı; *(LandW)* kesenekçi; kesimci; mültezim
[... auf Lebenszeit] ömür boyunca kiracı; kaydıhayatla mültezim
[neuer ...] yeni kiracı
Pachtertrag ⟨m⟩ kira geliri
pachtfrei ⟨adj⟩ kirasız
Pachtgebühr ⟨f⟩ kira bedeli
Pachtgegenstand ⟨m⟩ kira konusu
Pachtgeld ⟨n⟩ kira bedeli
Pachtgrundstück ⟨n⟩ kiralık arsa
Pachtgut ⟨n⟩ *(LandW)* iltizama verilen çiftlik
Pachthof ⟨m⟩ *(LandW)* iltizama verilen çiftlik
Pachtinhaber ⟨m⟩ kiracı;
(LandW) kesenekçi; mültezim
Pachtland ⟨n⟩ *(LandW)* iltizama verilen arazi
Pachtrecht ⟨n⟩ *(Jur)* kira hukuku
Pachtrückstände ⟨pl⟩ kira borçları
Pachtsumme ⟨f⟩ icar bedeli; kira bedeli
Pachtung ⟨f⟩ kiralama; *(LandW)* kesenek; iltizam
[landwirtschaftliche ...] tarımsal kiralama; kesenek; iltizam
Pachtvereinbarung ⟨f⟩ kira anlaşması
Pachtverhältnis ⟨n⟩ (kiralayan ile kiracı arasındaki) kira ilişkisi
Pachtverlängerung ⟨f⟩ kira akdini/sözleşmesini uzatma/yenileme
Pachtvertrag ⟨m⟩ kira akdi/sözleşmesi; icar mukavelesi
Pachtwert ⟨m⟩ kira değeri
Pachtzeit ⟨f⟩ kira süresi
Pachtzins ⟨m⟩ icar bedeli; kira bedeli
Packanlage ⟨f⟩ paketleme/ambalajlama tesisi
Packbetrieb ⟨m⟩ paketleme/ambalajlama işletmesi
Päckchen ⟨n⟩ paket
Päckchenpost ⟨f⟩ *(Post)* paket postası
Packen ⟨m⟩ paket; ambalaj; balya
Packen ⟨n⟩ *(Verpacken)* paketleme; ambalajlama
packen ⟨v/t⟩ paketlemek; ambalajlamak; *(Ladung)* istiflemek
Packer ⟨m⟩ paketleyici; ambalajcı; paket işçisi; balya yapan; hamal; *(Schff)* istifçi
Packerlohn ⟨m⟩ paketleme ücreti
Packesel ⟨m⟩ katır
Packkarton ⟨m⟩ ambalaj kutusu
Packkiste ⟨f⟩ ambalaj kutusu
Packlage ⟨f⟩ *(Straße)* blokaj
Packleinen ⟨n⟩ balya bezi
Packleinwand ⟨f⟩ ambalaj bezi; burç
Packliste ⟨f⟩ ambalaj listesi
Packmaschine ⟨f⟩ paket doldurma makinası
Packmaterial ⟨n⟩ ambalaj malzemesi
Packpapier ⟨n⟩ ambalaj/paket kağıdı
Packraum ⟨m⟩ ambalaj dairesi; *(Schff)* istif yeri
Packschnur ⟨f⟩ sicim
Packstück ⟨n⟩ paket; ambalaj
Packung ⟨f⟩ paket; ambalaj
[durchsichtige ...] şeffaf paket/ambalaj
[große ...] büyük (boy) paket/ambalaj
Packungsgestaltung ⟨f⟩ paket/ambalaj dizaynı
Packwagen ⟨m⟩ yük arabası; *(Bahn)* furgon
paginieren ⟨v/t⟩ sayfa numaralamak
Paginiermaschine ⟨f⟩ sayfa numaralama makinası
Paket ⟨n⟩ paket; ambalaj; *(Bö)* lot
[... aufgeben] paket göndermek
[... aufmachen] paket açmak
[... mit Eilzustellung] *(Post)* ekspres paket; özel ulak paket
[... packen] paket yapmak
[... üblicher Art und Größe] *(Post)* normal/standart paket
[... verschnüren] paketi bağlamak
[... von Maßnahmen zur Konjunkturbelebung] ekonomiyi teşvik edici önlemler paketi
[... von Sparmaßnahmen] tasarruf önlemleri paketi
[... von weniger als 100 Aktien] *(Aktien)* buçuklu lot
[... zustellen] paket tebliğ etmek

[als...] *(Post)* paket olarak; paket postası ile
[eingeschriebenes...] mesajeri
[gewöhnliches...] normal paket
Paketabholstelle ⟨f⟩ paket alma bürosu
Paketabschlag ⟨m⟩ *(Bö)* lot indirimi
Paketannahmestelle ⟨f⟩ paket bırakma yeri
Paketaufgabe ⟨f⟩ paket gişesi
Paketausgabe ⟨f⟩ *(Post)* paket gişesi
Paketbeförderung ⟨f⟩ paket taşıma
Paketboot ⟨n⟩ *(Schff)* paket botu
Paketdienst ⟨m⟩ paket servisi
Paketemission ⟨f⟩ *(Bö)* blok emisyonu; büyük lotlar halinde emisyon
Paketempfangsschein ⟨m⟩ paket kabulü
Paketgebühr ⟨f⟩ paket ücreti
Paketgebührensatz ⟨m⟩ *(Post)* paket tarifesi
Paketgröße ⟨f⟩ paket büyüklüğü
Pakethandel ⟨m⟩ *(Bö)* lot alımsatımı
paketieren ⟨v/t⟩ pakete koymak
Paketporto ⟨n⟩ *(Post)* paket ücreti
Paketpost ⟨f⟩ *(Post)* paket postası
[mit...] paket postası ile
Paketpostamt ⟨n⟩ *(Post)* paket postanesi
Paketpostdienst ⟨m⟩ *(Post)* paket posta servisi
Paketpostgebühr ⟨f⟩ *(Post)* paket posta ücreti
Paketpostschalter ⟨m⟩ *(Post)* paket postası gişesi
Paketpostzustellung ⟨f⟩ *(Post)* paket postası teslimi/tebligatı
Paketschalter ⟨m⟩ paket gişesi
Paketsendung ⟨f⟩ paket gönderisi
Paketumschlagstelle ⟨f⟩ paket istasyonu
Paketverkauf ⟨m⟩ *(Bö)* büyük lotlar halinde satım; blok satım
Paketversand ⟨m⟩ paket gönderme
Paketzustelldienst ⟨m⟩ paket tebligat servisi
Paketzustellung ⟨f⟩ paket tebligatı
Palette ⟨f⟩ palet
[auf... packen] paletlemek; paletlere koymak/yüklemek
Palettenladung ⟨f⟩ paletli yük; palet yükü
Panik ⟨f⟩ panik; telaş
[in... geraten] paniğe kapılmak
Panikmacher ⟨m⟩ panikçi
Panikmacherei ⟨f⟩ panik yapma/yaratma
Panne ⟨f⟩ arıza; bozukluk
[... haben] arızalanmak; bozulmak
panschen ⟨v/t⟩ *(Wein)* su katmak
Panzer ⟨m⟩ 1. zırh 2. tank
Panzerschrank ⟨m⟩ zırhlı kasa
Papier ⟨n⟩ kâğıt; evrak; *(WeR)* (kıymetli) kâğıt; *(WeR)* senet
[bezahlt...] (**bP/bp**) *(Bö)* satıcının alıcıdan çok olması
[börsengängiges...] borsada koteli/kayıtlı kâğıt/senet
[diskontfähiges...] iskonto edilebilir senet; kırdırılabilir senet
[erstklassiges...] *(Bö)* birinci derecede sağlam kâğıt
[festverzinsliches...] sabit faizli kâğıt
[handelsfähiges...] işlem görebilir kâğıt/senet
[in... einschlagen] kâğıda sarmak
[indossables...] ciro edilebilir senet
[mündelsicheres...] birinci derecede sağlam kâğıt

[übertragbares...] devredilebilir senet
[zentralbankfähiges...] taahhütlü senet
Papierfabrik ⟨f⟩ kâğıt fabrikası
Papiergeld ⟨n⟩ kâğıt para
Papiergeldumlauf ⟨m⟩ kâğıt para dolaşımı
Papierhandel ⟨m⟩ kâğıt ticareti
Papierherstellung ⟨f⟩ kâğıt imalatı
Papierindustrie ⟨f⟩ kâğıt sanayii
Papierkorb ⟨m⟩ kâğıt/çöp sepeti
Papiermaschine ⟨f⟩ kâğıt makinası
Papiersack ⟨m⟩ kâğıt torba
Papierschneidemaschine ⟨f⟩ kâğıt kesme makinası
Papiertapete ⟨f⟩ duvar kâğıdı
Papiertaschentuch ⟨n⟩ kâğıt mendil
Papiertüte ⟨f⟩ kâğıt torba
Papiervaluta ⟨f⟩ kâğıt para (sistemi)
Papierwährung ⟨f⟩ kâğıt para (sistemi)
Papierwaren ⟨pl⟩ kırtasiye
Papierwarengeschäft ⟨n⟩ kırtasiye dükkanı
Papierwert ⟨m⟩ defter değeri
Papierwerte ⟨pl⟩ senetler
Pappe ⟨f⟩ karton; mukavva
Pappkarton ⟨m⟩ karton kutu
Parabolantenne ⟨f⟩ parabol/çanak anten
parabolisch ⟨adj⟩ parabolik
Paragraph ⟨m⟩ paragraf; madde
Paragraphenüberschrift ⟨f⟩ paragraf başlığı
parallel ⟨adj⟩ parallel
Parallelwirtschaft ⟨f⟩ gizli/saklı ekonomi
Parameter ⟨m⟩ *(Stat)* parametre
[... der Grundgesamtheit] *(Stat)* ana kitle parametresi
[... der Streuung] *(Stat)* dağılım parametresi
Parametergleichung ⟨f⟩ *(Stat)* parametre denklemi
Parameterraum ⟨m⟩ *(Stat)* parametre uzayı; parametre(nin) aralığı
Parameterschätzung ⟨f⟩ *(Stat)* parametre(nin) tahmini
Paraphe ⟨f⟩ paraf
paraphieren ⟨v/t⟩ parafe etmek
parat ⟨adj⟩ hazır
paratarifär ⟨adj⟩ tarife dışı
Pari ⟨n⟩ *(BkW)* başabaş; nominal değer
[über...] *(BkW)* başabaşın üstünde
[unter...] *(BkW)* başabaşın altında
[zu...] *(BkW)* başabaş; eşikte
Pariemission ⟨f⟩ başabaş emisyon
Parigrenze ⟨f⟩ parite
Parikurs ⟨m⟩ başabaş/eşik fiyatı
Parlplatz ⟨m⟩ başabaş noktası
Parität ⟨f⟩ *(AußH)* parite; kambiyo kuru; başabaş değer
[... der Kaufkraft] satın alma gücü paritesi
[feste...] sabit parite
[gleitende...] kaygan parite
[indirekte...] çapraz kur/parite
[veränderliche...] ayarlanabilir sabit kur
Paritätsänderung ⟨f⟩ *(AußH)* parite değişikliği
Paritätsfreigabe ⟨f⟩ *(AußH)* dalgalanma
Paritätsgefüge ⟨n⟩ *(AußH)* parite yapısı
Paritätsneuordnung ⟨f⟩ kur düzenlemesi
Paritätspreis ⟨m⟩ *(VWL)* tarım paritesi
Pariwert ⟨m⟩ *(BkW)* nominal değer; başabaş değeri
Parkett ⟨n⟩ *(Bö)* parke; salon

Partei ⟨f⟩ taraf; parti
 [...en vorladen] *(Jur)* tarafları davet etmek
 [abgewiesene...] *(Jur)* dinlenmeyen taraf
 [abwesende...] hazır bulunmayan taraf
 [antragstellende...] davacı taraf
 [beklagte...] davalı taraf
 [benachteiligte...] davalı taraf
 [berechtigte...] hak sahibi taraf
 [beschwerdeführende...] davacı taraf
 [beschwerte...] davalı taraf
 [erschienene...] hazır bulunan taraf
 [gegnerische...] hasım/karşı taraf
 [geladene...] davet edilen taraf
 [im Verzug befindliche...] geciken taraf; hazır bulunmayan taraf
 [keiner... angehörend] tarafsız
 [klagende...] davacı taraf
 [obsiegende...] (davayı) kazanan taraf
 [prozeßführende...] davacı taraf
 [streitende...] davacı taraf
 [unterlegene...] (davayı) kaybeden taraf
 [verpflichtete...] yükümlü taraf
 [vertragschließende...] sözleşen taraf; *(Jur)* akit taraf
parteifähig ⟨adj⟩ *(Jur)* husumete ehil
Parteifähigkeit ⟨f⟩ taraf/husumet ehliyeti
parteiisch ⟨adj⟩ taraftar; taraf tutan
Parteienvertreter ⟨m⟩ taraf vekili
parteilos ⟨adj⟩ tarafsız
Parteivergleich ⟨m⟩ *(Jur)* tarafların uzlaşması
Partenreeder ⟨m⟩ *(Schff)* donatma iştirakçısı
Partenreederei ⟨f⟩ *(Schff)* donatma iştirakı
Partialanalyse ⟨f⟩ *(VWL)* kısmî analiz; kısmî denge analizi
Partialschaden ⟨m⟩ *(Vers)* kısmî zarar
Partialverlust ⟨m⟩ *(Vers)* kısmî zarar
Partie ⟨f⟩ lot; kısım; parti
 [... von etw. kaufen] bir maldan/şeyden bir lot/parti satın almak
 [ungerade...] buçuklu lot
Partiefertigung ⟨f⟩ lotlar/partiler halinde üretim
Partiegröße ⟨f⟩ lot büyüklüğü
Partiekauf ⟨m⟩ lotlar halinde (satın) alım
Partiemuster ⟨n⟩ lottan örnek
partienweise ⟨adj⟩ lotlar halinde
Partieproduktion ⟨f⟩ lotlar/partiler halinde üretim
Partieverkauf ⟨m⟩ lotlar halinde satış; kısmî satış
Partikulier ⟨m⟩ *(Schff)* mavna sahibi
Partizipationsgeschäft ⟨n⟩ ortak girişim faaliyeti
Partizipationsgrad ⟨m⟩ iştirak derecesi
Partizipationskonto ⟨n⟩ *(BkW)* müşterek hesap
Partizipationsplanung ⟨f⟩ müşterek/birlikte planlama
Partizipationsschein ⟨m⟩ katılım belgesi
Partner ⟨m⟩ ortak; şerik
 [und...] *(Jur)* ve ortakları
 [geschäftsführender...] yönetici/komandite ortak
Partnerschaft ⟨f⟩ ortaklık; katılım; iştirak
 [betriebliche...] sanayisel ortaklık
 [soziale...] toplumsal uzlaşma
Partnerschaftsunternehmen ⟨n⟩ ortak girişim
Partnerschaftsvertrag ⟨m⟩ ortaklık sözleşmesi
Parzelle ⟨f⟩ parsel
 [in... n aufteilen] ifraz etmek;
 parsellere ayırmak
parzellieren ⟨v/t⟩ ifraz etmek; parsellemek
Parzellierung ⟨f⟩ ifraz; parselleme
Passagier ⟨m⟩ yolcu
 [... auf der Warteliste] *(Flug)* standby yolcusu
 [...e befördern] yolcu taşımak
Passagieraufkommen ⟨n⟩ yolcu sayısı
Passagierbeförderung ⟨f⟩ yolcu taşıma
Passagierdampfer ⟨m⟩ *(Schff)* yolcu vapuru
Passagierdienst ⟨m⟩ yolcu servisi
Passagierraum ⟨m⟩ yolcu kabinesi
passierbar ⟨adj⟩ geçilebilir; *(Schff)* denize elverişli
passiv ⟨adj⟩ *(ReW)* pasif
Passiva ⟨pl⟩ *(ReW)* pasif(ler)
 [antizipative...] değerlendirilmiş pasif(ler)
 [transitorische...] borçlu tranzituat hesap
Passivbilanz ⟨f⟩ *(ReW)* pasif bilanço
Passivgelder ⟨pl⟩ borçlar
Passivgeschäft ⟨n⟩ *(BkW)* ödünç alma işlemi
Passivhandel ⟨m⟩ *(AußH)* dışalım ticareti
Passivkonto ⟨n⟩ *(ReW)* borçlu hesap
Passivkredit ⟨m⟩ *(BkW)* alınan kredi
Passivlegitimation ⟨f⟩ davalı olabilme sıfatı; pasif temsil yetkisi; *(Jur)* pasif husumet
Passivsaldo ⟨m⟩ *(ReW)* pasif bakiye; *(ReW)* açık
 [... im Außenhandel] *(AußH)* dış ticaret açığı
 [... in der Handelsbilanz] *(AußH)* ticaret bilançosu açığı
 [... der Zahlungsbilanz] *(AußH)* ödemeler bilançosu açığı
Passivschulden ⟨pl⟩ pasif borçlar
Passivseite ⟨f⟩ *(ReW)* pasif tarafı
Passivzins ⟨m⟩ *(ReW)* muaccel faiz
Patent ⟨n⟩ *(Pat)* patent; ihtira beratı; *(Schff)* patente/patenta
 [... angemeldet] tescilli patent
 [... anfechten] patente itiraz etmek
 [... auswerten] patent kullanmak
 [... beantragen] patent için başvurmak
 [... besitzen] patente sahip olmak
 [... eintragen] patent tescil etmek
 [... erteilen] patent tahsis etmek
 [... nutzen] patentten yararlanmak
 [... verfallen lassen] patenti terk etmek
 [... verwerten] patentten yararlanmak
 [... löschen] patent(i) silmek; patenti iptal etmek
 [... verletzen] patenti ihlâl etmek
 [abgelaufenes...] süresi dolmuş patent
 [älteres...] eski patent
 [angemeldetes...] tescilli patent
 [durch... geschützt] patentli
 [erteiltes...] tahsis edilmiş patent
 [früheres...] eski patent
 [umfassendes...] kapsamlı patent
 [verfallenes...] süresi dolmuş patent
 [zum... anmelden] patent için müracaatta bulunmak; patent için başvurmak
Patentabgabe ⟨f⟩ *(Pat)* redevans
Patentabtretung ⟨f⟩ patentin devri/temliki
Patentamt ⟨n⟩ patent ofisi; ihtira beratları dairesi
Patentanmeldung ⟨f⟩ patent için müracaat
Patentanspruch ⟨m⟩ *(Jur)* patent hakkı
Patentantrag ⟨m⟩ patent için müracaat
Patentanwalt ⟨m⟩ patent avukatı
Patentbeschreibung ⟨f⟩ ihtira tarifi;

patent spesifikasyonu/tanımı
Patentbesitzer ⟨m⟩ patent sahibi
Patentbrief ⟨m⟩ patent belgesi; ihtira beratı
Patentdauer ⟨f⟩ patent süresi
Patenterteilung ⟨f⟩ patent verme; patent tahsisi
Patentgeber ⟨m⟩ patent veren
Patentgebühr ⟨f⟩ ihtira tescil harcı
Patentgegenstand ⟨m⟩ patent konusu
patentgeschützt ⟨adj⟩ patentli
patentieren ⟨v/t⟩ patent tahsis etmek
 [... lassen] patent tahsis ettirmek
Patentinhaber ⟨m⟩ → **Patentbesitzer**
Patentklage ⟨f⟩ *(Jur)* patent davası
Patentkosten ⟨pl⟩ *(Pat)* patent masrafları
Patentlaufzeit ⟨f⟩ patentin geçerlilik süresi
Patentlöschung ⟨f⟩ patentin terkini
Patentmißbrauch ⟨m⟩ patenti kötüye kullanma; patentin suiistimali
Patentprozeß ⟨m⟩ *(Jur)* patent davası
Patentrecht ⟨n⟩ *(Jur)* patent hukuku; *(Jur)* ihtira hukuku
Patentschutz ⟨m⟩ patent koruma; ihtira hakkı
Patentstreit ⟨m⟩ *(Jur)* patent davası
Patentverfahren ⟨n⟩ *(Jur)* patent usulü
Patentverletzung ⟨f⟩ patentin ihlâli
pauschal ⟨adj⟩ götürü; toptan
Pauschalabfindung ⟨f⟩ götürü tazminat
Pauschalabschreibung ⟨f⟩ *(ReW)* götürü (usulü) amortisman
Pauschalabzug ⟨m⟩ *(StR)* ön tarhiyat
Pauschalbesteuerung ⟨f⟩ *(StR)* götürü vergilendirme; *(StR)* ön tarhiyat
Pauschalbetrag ⟨m⟩ götürü bedel/meblağ; *(StR)* götürü gider usulü indirim
Pauschale ⟨f⟩ götürü (ödeme)
Pauschalentschädigung ⟨f⟩ götürü tazminat
Pauschalferienreise ⟨f⟩ birleşik tur; paket halinde tatil yolculuğu
Pauschalgebühr ⟨f⟩ maktu harç
pauschaliert ⟨adj⟩ götürü
Pauschalkauf ⟨m⟩ götürü/toptan satın alma
Pauschalpreis ⟨m⟩ götürü/toptan fiyatı; maktu fiyat
Pauschalreise ⟨f⟩ paket halinde seyahat; birleşik tur; götürü yolculuk
Pauschalreisender ⟨m⟩ birleşik tur yolcusu
Pauschalreiseveranstalter ⟨m⟩ birleşik tur operatörü
Pauschalsatz ⟨m⟩ götürü oran
Pauschalsteuer ⟨f⟩ maktu/götürü vergi
Pauschalsumme ⟨f⟩ götürü tutar/toplam
Pauschaltarif ⟨m⟩ götürü/düz tarife
Pauschalurlaub ⟨m⟩ paket halinde tatil; → **Pauschalferienreise**
Pauschalurlauber ⟨m⟩ birleşik tur yolcusu
Pauschalvergütung ⟨f⟩ götürü ödeme/ücret
Pauschalwert ⟨m⟩ götürü değeri
Pauschalwertabschreibung ⟨f⟩ *(ReW)* birleşik amortisman
Pauschalzahlung ⟨f⟩ → **Pauschalvergütung**
Pauschbesteuerung ⟨f⟩ → **Pauschalbesteuerung**
Pauschbetrag ⟨m⟩ → **Pauschalbetrag**
pendeln ⟨int⟩ gidip gelmek
Pension ⟨f⟩ → **Rente** *(SozV)* emekli maaşı; emekli(lik); *(Unterkunft)* pansiyon
 [... beziehen] emekli maaşı almak
 [in ...] *(SozV)* emekli; *(WeR)* rehinli
 [in ... gehen] emekliliğe ayrılmak; emekli olmak
 [beitragsfreie ...] iştiraksız emeklilik
 [beitragspflichtige ...] iştiraklı emeklilik
Pensionär ⟨m⟩ emekli
pensionieren ⟨v/t⟩ emekliliğe ayırmak
 [sich vorzeitig... lassen] erken emekli olmak
Pensionierung ⟨f⟩ emeklilik
 [vorzeitige ...] *(SozV)* erken emeklilik
Pensionsalter ⟨n⟩ *(SozV)* emekli olma yaşı
Pensionsanwartschaft ⟨f⟩ *(SozV)* emeklilik hakları
pensionsberechtigt ⟨adj⟩ emekliliğe hak kazanmış
Pensionsgeschäft ⟨n⟩ *(BkW)* repo işlemleri; *(Unterkunft)* pansiyon işletme
Pensionsgrenze ⟨f⟩ *(SozV)* emekli olma yaşı
Pensionskasse ⟨f⟩ *(SozV)* emekli sandığı
Pensionswechsel ⟨m⟩ *(WeR)* mevduat bonosu
Periode ⟨f⟩ dönem
Periodenabgrenzungen ⟨pl⟩ *(ReW)* ertelenmiş kalemler; *(ReW)* nazım hesaplar
Periodenanalyse ⟨f⟩ dönem analizi
Periodenbeitrag ⟨m⟩ *(ReW)* dönem iştiraki
Periodenbilanz ⟨f⟩ dönem sonu bilançosu
Periodenerfolg ⟨m⟩ dönem kârı/gelir
periodenfremd ⟨adj⟩ dönem dışı
Periodengewinn ⟨m⟩ dönem kârı
Periodenkosten ⟨pl⟩ dönem maliyeti
Periodenrechnung ⟨f⟩ *(ReW)* tahakkuk esasına göre muhasebe
Periodenvergleich ⟨m⟩ dönemsel karşılaştırma
Person ⟨f⟩ kişi; *(Vertrag)* taraf
 [bedachte ...] lehtar
 [berechtigte ...] yetkili kişi
 [juristische ...] *(Jur)* tüzel kişi
 [juristische ... des öffentlichen Rechts] *(Jur)* kamu (hukuku) tüzel kişisi
 [natürliche ...] *(Jur)* gerçek kişi
 [pro ...] kişi başına
 [verantwortliche ...] sorumlu kişi
Personal ⟨n⟩ 1. personel; kadro; işgücü 2. kimlik
 [... abbauen] personel sayısını azaltmak
 [... einstellen] personel istihdam etmek
 [... im Außendienst] dış kadro
 [fest angestelltes ...] sürekli kadro
 [technisches ...] teknik personel
Personalabbau ⟨m⟩ personeli azaltma
Personalabteilung ⟨f⟩ personel (işleri) bölümü
Personalangaben ⟨pl⟩ kimlik bilgileri
Personalaufwand ⟨m⟩ personel harcamaları; ücret ve maaşlar
Personalausgaben ⟨pl⟩ personel harcamaları; ücret ve maaşlar
Personalausbildung ⟨f⟩ personel eğitimi
Personalausstattung ⟨f⟩ personel donatımı
Personalausweis ⟨m⟩ kimlik (cüzdanı); *(TR)* nüfus cüzdanı
Personalbedarf ⟨m⟩ personel gereksinimi/ihtiyacı
Personalbedarfsplanung ⟨f⟩ personel (gereksinimini/ihtiyacını) planlama
Personalberater ⟨m⟩ personel danışmanı
Personalbestand ⟨m⟩ personel kaynaklar; işgücü
Personalbeurteilung ⟨f⟩ personel takdiri
Personalbüro ⟨n⟩ personel bürosu
Personalchef ⟨m⟩ → **Personalleiter**

Personaleinsatz ⟨m⟩ personel istihdamı
Personaleinsparungen ⟨pl⟩ personelde tasarruf;
Personaleinstellung ⟨f⟩ personel istihdamı
Personalengpaß ⟨m⟩ personel/işgücü darboğazı
Personalfehlbestand ⟨m⟩ eksik personel/kadro
Personalfluktuation ⟨f⟩ personel/işgücü dönüşümü
Personalfragebogen ⟨m⟩ işe başvuru formu
Personalfreisetzung ⟨f⟩ personeli açığa/işten çıkarma
Personalführung ⟨f⟩ personel yönetimi
Personalfürsorge ⟨f⟩ personel bakımı
Personalien ⟨pl⟩ kimlik (bilgileri)
Personalinformationssystem ⟨n⟩ personel enformasyon rejimi
personalintensiv ⟨adj⟩ personel/işgücü yoğun
Personalkauf ⟨m⟩ personel/kadro satın alma
Personalknappheit ⟨f⟩ personel sıkıntısı/darlığı
Personalkosten ⟨pl⟩ personel/işgücü maliyeti; ücret ve maaşlar [allgemeine...] genel işgücü maliyeti
Personalkostenzuschuß ⟨m⟩ istihdam yardımı
Personalkredit ⟨m⟩ *(BkW)* bireysel kredi
Personalleiter ⟨m⟩ personel şefi
Personalmanager ⟨m⟩ personel şefi
Personalmangel ⟨m⟩ personel eksikliği
Personalnebenkosten ⟨pl⟩ dolaylı ücret maliyeti
Personalplanung ⟨f⟩ personel planlama; insan gücü planlaması
Personalpolitik ⟨f⟩ personel politikası
Personalrabatt ⟨m⟩ personel indirimi
Personalstand ⟨m⟩ personel durumu/düzeyi
Personalstärke ⟨f⟩ personel gücü/sayısı
Personalunterlagen ⟨pl⟩ → **Personalakte**
Personalversammlung ⟨f⟩ personel toplantısı
Personalvertreter ⟨m⟩ personel temsilcisi
Personalvertretung ⟨f⟩ personel temsilciliği
Personalverwaltung ⟨f⟩ personel/kadro yönetimi
Personalwesen ⟨n⟩ personel işleri
Personalwirtschaft ⟨f⟩ personel/kadro yönetimi
Personal.wechsel ⟨m⟩ → **Personalfluktuation**
Personenbeförderung ⟨f⟩ yolcu taşıma
Personenfirma ⟨f⟩ şahıs firması
Personengesellschaft ⟨f⟩ şahıs ortaklığı
Personennahverkehr ⟨m⟩ şehiriçi yolcu taşıma
Personenschaden ⟨m⟩ *(Vers)* fizikî hasar
Personenstand ⟨m⟩ kişisel durum; nüfus
Personenverkehr ⟨m⟩ yolcu taşıma/ulaştırma [öffentlicher...] belediye taşıtlarıyla yolcu taşıma
Personenversicherung ⟨f⟩ *(Vers)* bireysel sigorta
Petrochemie ⟨f⟩ *(Ind)* petro-kimya sanayii
Pfand ⟨n⟩ *(Jur)* rehin; *(Pfandrecht)* hapis hakkı
 [...bestellen] rehin vermek
 [...einlösen] rehinden kurtarmak
pfändbar ⟨adj⟩ haczi kabil/mümkün; haciz altına alınabilir; *(Grundstück)* ipotek olunabilir
Pfandbestellung ⟨f⟩ rehin verme; *(Hypothek)* ipotek
Pfandbrief ⟨m⟩ *(WeR)* rehinli borç senedi; *(WeR)* rehinli tahvil
Pfandbriefanstalt ⟨f⟩ *(BkW)* ipotek karşılığı kredi veren banka
Pfandbriefbesitzer ⟨m⟩ rehinli tahvil sahibi
Pfandbriefdarlehen ⟨n⟩ rehinli senetler/tahvilat karşılığı ikraz

Pfandbriefemission ⟨f⟩ *(BkW)* rehinli tahvilat ihracı
Pfandbriefgläubiger ⟨m⟩ rehinli alacaklı
Pfandbriefhandel ⟨m⟩ tahvil alım satımı
Pfandbriefinhaber ⟨m⟩ rehinli tahvil hamili
Pfandbriefschuldner ⟨m⟩ rehinli borçlu
pfänden ⟨v/t⟩ *(Jur)* haciz altına almak; *(Jur)* haciz koymak; *(Jur)* haczetmek
Pfandforderung ⟨f⟩ haciz alacağı
Pfandgeber ⟨m⟩ rehin karşılığında borç veren
Pfandgegenstand ⟨m⟩ haciz konusu; hacizli eşya
Pfandgeschäft ⟨n⟩ → **Pfandleihanstalt**
Pfandgläubiger ⟨m⟩ rehinli alacaklı
Pfandgut ⟨n⟩ hacizli mal/eşya
Pfandhaus ⟨n⟩ → **Pfandleihanstalt**
Pfandhinterlegung ⟨f⟩ depozito
Pfandindossament ⟨n⟩ *(WeR)* rehin cirosu
Pfandindossatar ⟨m⟩ *(WeR)* rehin cırantası
Pfandinhaber ⟨m⟩ → **Pfandgläubiger**
Pfandleihanstalt ⟨f⟩ rehin karşılığında borç veren kurum
Pfandnehmer ⟨m⟩ → **Pfandgläubiger**
Pfandrecht ⟨n⟩ *(Jur)* rehin hakkı; *(Jur)* hapis hakkı
 [... am Konsignationslager] konsinye mallar üzerinde hapis hakkı
 [... an beweglichen Sachen] menkuller üzerinde rehin hakkı; menkul rehni
 [... an einem Grundstück] gayrimenkul üzerinde rehin hakkı
 [... des Frachtführers] taşıyıcının hapis hakkı
 [... des Vermieters] kiralayanın hapis hakkı
 [bevorzugtes...] rüçhanlı takip hakkı
 [eingetragenes...] tescilli rehin hakkı
 [erstrangiges...] rüçhanlı takip hakkı
 [erststelliges...] rüçhanlı takip hakkı
 [nachrangiges...] ikinci derecede rehin hakkı
 [nachstehendes...] ikinci derecede rehin hakkı
Pfandsache ⟨f⟩ rehnedilen mal; rehinli mal; merhun
Pfandschein ⟨m⟩ *(WeR)* rehin senedi; rehin makbuzu; rehinli borç senedi
Pfandschuld ⟨f⟩ rehin borcu
Pfandschuldner ⟨m⟩ rehin borçlusu
Pfändung ⟨f⟩ *(Jur)* haciz
 [... aufheben] haczi fekketmek/kaldırmak
 [... beweglicher Sachen] menkullerin haczi
 [... des Einkommens] gelirin haczi
 [... des Lohnes] ücretin haczi
 [... einer Forderung] alacağın haczi
 [... gegen Sicherheitsleistung] kefalet karşılığı haciz
 [im Wege der...] haciz yoluyla
Pfändungsanordnung ⟨f⟩ haciz emri
Pfändungsanspruch ⟨m⟩ haciz hakkı
Pfändungsbefehl ⟨m⟩ haciz emri; haciz ihbarnamesi
 [... erlassen] haciz emri vermek
Pfändungsbeschluß ⟨m⟩ *(Jur)* haciz kararı
 [... erlassen] haciz kararı vermek
 [... zustellen] haciz kararı(nı) tebliğ etmek
Pfändungspfandrecht ⟨n⟩ haciz hakkı
Pfändungsprotokoll ⟨n⟩ haciz tutanağı; haciz zabıt varakası
Pfändungsklage ⟨f⟩ *(Jur)* haciz davası
Pfändungsrecht ⟨n⟩ *(Jur)* haciz hakkı
Pfändungsversuch ⟨m⟩ *(Jur)* haciz takibi
 [... erfolglos] *(Jur)* haciz takibinin sonuçsuz kalması

Pfandurkunde ⟨f⟩ rehin vesikası; rehinli senet
Pfandverkauf ⟨m⟩ rehnedilen malın satışı
Pfandverwertung ⟨f⟩ *(Jur)* merhunun paraya çevrilmesi
Pflanzung ⟨f⟩ *(LandW)* tarla
[ab...] tarla teslimi
Pflege ⟨f⟩ bakım
[... und Wartung] bakım ve onarım
pflegearm ⟨adj⟩ bakımı kolay; kolay bakılır
Pflegebeihilfe ⟨f⟩ bakım yardımı
Pflegeberuf ⟨m⟩ bakıcılık; *(Med)* hastabakıcılık
Pflegegeld ⟨n⟩ bakım parası
Pflegekosten ⟨pl⟩ bakım masrafları
pflegeleicht ⟨adj⟩ bakımı kolay; kolay bakılır
Pflegepersonal ⟨n⟩ bakım personeli
Pfleger ⟨m⟩ bakıcı; *(Gericht)* kayyım; *(Vermögen)* emanetçi
Pflegesatz ⟨m⟩ bakım haddi
Pflegezuschuß ⟨m⟩ bakım ödeneği
Pflicht ⟨f⟩ 1. görev; vazife 2. yüküm; mükellefiyet 3. taahhüt
[... verletzen] göreve karşı harekette bulunmak
[jdn von einer... entbinden] görevinden almak; azletmek
[seine... erfüllen] görevini yerine getirmek
[ausdrückliche...] kesin taahhüt
[gesetzliche...] yasal yüküm(lülük); kanunî vazife
[stillschweigende...] üstü kapalı yüküm(lülük)
[vertragliche...] akdî yüküm(lülük)
Pflichtablieferung ⟨f⟩ zorunlu teslim
Pflichtbeitrag ⟨m⟩ zorunlu aidat
Pflichtblatt ⟨n⟩ şartname; resmî gazete
[... der Wertpapierbörse] resmî borsa bülteni
Pflichteinlage ⟨f⟩ zorunlu sermaye katılımı/iştirakı
Pflicht(erb)teil ⟨m⟩ *(Jur)* mahfuz hisse; saklı pay
Pflichtkrankenkasse ⟨f⟩ zorunlu sağlık sigortası (sandığı)
Pflichtmitgliedschaft ⟨f⟩ zorunlu üyelik
Pflichtprüfung ⟨f⟩ resmî/zorunlu denetleme
Pflichtreserve ⟨f⟩ munzam karşılık
Pflichtrücklage ⟨f⟩ munzam ihtiyat
Pflichtverletzung ⟨f⟩ görev ihlâli; vazifeye muhalif hareket; hizmet kusuru
Pflichtversäumnis ⟨n⟩ görevin/vazifenin ihmali
Pflichtversicherer ⟨m⟩ *(Vers)* yasal/resmî sigortacı
Pflichtversicherung ⟨f⟩ *(Vers)* yasal/zorunlu/mecburî sigorta
Pflichtversicherungsgrenze ⟨f⟩ *(Vers)* yasal/zorunlu/mecburî sigorta haddi
Pflichtvorräte ⟨pl⟩ zorunlu/mecburî tampon stoklar
Phantasie ⟨f⟩ hayal
Phantasiebezeichnung ⟨f⟩ uydurma ad
Phantasiepreis ⟨m⟩ hayalî fiyat
Pharmahersteller ⟨m⟩ ilaç imalatçısı
Pharmaindustrie ⟨f⟩ ilaç sanayii
Phase ⟨f⟩ devre; aşama; evre; dönem
Pilot ⟨m⟩ pilot; *(Flug)* pilot
Pilotanlage ⟨f⟩ pilot tesis
Pilotfertigung ⟨f⟩ pilot üretim
Pilotprojekt ⟨n⟩ pilot proje
Pilotstudie ⟨f⟩ pilot araştırma
Pionierunternehmen ⟨n⟩ öncü/yeni girişim
Pionierunternehmer ⟨m⟩ öncü/yeni girişimci

Plafond ⟨m⟩ tavan; limit; *(BkW)* borçlanma haddi; borç alma limiti
Plakat ⟨n⟩ afiş; duvar ilanı; pankart; plakart
Plakatfläche ⟨f⟩ *(Mk)* afiş duvarı
Plakatwand ⟨f⟩ *(Mk)* afiş duvarı
Plakatwerbung ⟨f⟩ *(Mk)* afişli tanıtım
Plan ⟨m⟩ plan; proje; taslak; şema; bütçe; hedef
[... ausarbeiten] plan hazırlamak
[... skizzieren] plan çizmek
Planabweichung ⟨f⟩ *(BWL)* bütçe sapması; *(BWL)* bütçe farkı
Planbilanz ⟨f⟩ bütçelenmiş bilanço
Plane ⟨f⟩ tente
planen ⟨v/t⟩ planlamak; hedeflemek; projelemek; *(öFi)* bütçelemek
Plankapazität ⟨f⟩ bütçelenmiş faaliyet hacmi
Plankosten ⟨pl⟩ bütçelenmiş maliyet; standart maliyet
Plankostenrechnung ⟨f⟩ *(KoR)* maliyet muhasebesi; standart maliyetleme
[flexible...] *(KoR)* esnek bütçeleme
planmäßig ⟨adj⟩ planlı; plana uygun; *(öFi)* bütçeye uygun
Planrechnung ⟨f⟩ *(BWL)* bütçeleme; *(öFi)* bütçe tahmini
Plansoll ⟨n⟩ hedef
Planstudie ⟨f⟩ planlama araştırma
Plansumme ⟨f⟩ toplam hedef
Plantage ⟨f⟩ *(LandW)* mezra
Planüberwachung ⟨f⟩ bütçe kontrolu/denetimi
Planumsatz ⟨m⟩ satış hedefi
Planung ⟨f⟩ *(BWL)* bütçeleme; planlama
[betriebliche...] *(BWL)* yönetsel planlama; *(BWL)* organizasyon planlaması; *(BWL)* operasyonel planlama
[dezentrale...] merkezkaç planlama
[finanzwirtschaftliche...] mali planlama
[in der... sein] planlama aşmasında bulunmak
[kurzfristige...] kısa vadeli planlama
[langfristige...] uzun vadeli planlama
[stufenweise...] tedricî planlama
[volkswirtschaftliche...] toplumsal (ekonomik) planlama
Planungsabschnitt ⟨m⟩ planlı dönem; bütçe dönemi
Planungsabteilung ⟨f⟩ planlama bölümü
[betriebswirtschaftliche...] operasyonel planlama bölümü
Planungsansatz ⟨m⟩ bütçe tahminleri
Planungsforschung ⟨f⟩ *(OR)* yöneylem araştırması; *(Eng)* operations research
Planungsperiode ⟨f⟩ planlama aşaması/dönemi
Planungsrechnung ⟨f⟩ bütçeleme
Planungsstab ⟨m⟩ planlama kadrosu
Planungsstadium ⟨n⟩ planlama aşaması
Planungsstudie ⟨f⟩ *(Mk)* fizibilite araştırması
Planungswert ⟨m⟩ bütçelenmiş değer
Planungszeitraum ⟨m⟩ planlama süresi/aşaması
Planungsziel ⟨n⟩ (planlanan) hedef
Planwirtschaft ⟨f⟩ *(VWL)* planlı ekonomi; yönlendirilmiş piyasa ekonomisi
planziel ⟨n⟩ hedef
Platz ⟨m⟩ yer; spot; mekan; merkez; pazar
[... sparen] yerden tasarruf etmek
Platzabschluß ⟨m⟩ yerinde sözleşme

Platzagent ⟨m⟩ yerel acenta
Platzakzept ⟨n⟩ *(BkW)* mahallî kabul
Platzangebot ⟨n⟩ yerinde arz; boş yer
Platzgeschäft ⟨n⟩ spot/yerinde işlem
Platzkauf ⟨m⟩ spot/yerinde alım
Platzkosten ⟨pl⟩ *(KoR)* işyeri maliyeti
Platzkostenrechnung ⟨f⟩ *(KoR)* işyeri maliyeti muhasebesi
Platzkurs ⟨m⟩ *(Bö)* spot kur
Platzmiete ⟨f⟩ yer kirası
Platzscheck ⟨m⟩ *(WeR)* mahallî çek; şehiriçi çek
Platzspesen ⟨pl⟩ yerel harcamalar
Platzusancen ⟨pl⟩ mahallî/yerel âdetler
Platzverkauf ⟨m⟩ spot/yerinde satım
Platzvertreter ⟨m⟩ → **Platzagent**
Platzwechsel ⟨m⟩ *(WeR)* mahallî poliçe
plazieren (bei) ⟨v/t⟩ *(Emission)* plase etmek
Plazierung ⟨f⟩ *(Geld/Anleihe)* plasman; *(Anzeige)* ilan
  [... durch Konsortium] sendikasyon; aracı taahhütlü kredinin plasmanı
  [öffentliche ...] kamu plasmanı
Plazierungsgeschäft ⟨n⟩ plasman muamelesi
Plazierungsprovision ⟨f⟩ satış komisyonu
Pleite ⟨f⟩ iflas; batık
  [... gehen] batmak; iflas etmek
  [... machen] → **Pleite** [... gehen]
Pleitewelle ⟨f⟩ iflas dalgası
Plombe ⟨f⟩ kurşun(lu) damga
plombieren ⟨v/t⟩ damgalamak
Plus ⟨n⟩ *(Math)* artı
Pluskorrektur ⟨f⟩ değerini artırma/yükseltme
Police ⟨f⟩ *(Vers)* poliçe
  [... auf eine bestimmte Summe] *(Vers)* değer üzerinden poliçe
  [... ausfertigen] *(Vers)* poliçe tanzim etmek
  [... ausstellen] *(Vers)* poliçe tanzim etmek
  [... einlösen] *(Vers)* poliçe(yi) bozmak/kırdırmak
  [... mit Gewinnbeteiligung] *(Vers)* kâra katılmalı/katılımlı poliçe
  [... ohne Wertangabe] *(Vers)* açık poliçe
  [... zurückkaufen] *(Vers)* poliçeyi geri satın almak
  [abgelaufene ...] *(Vers)* süresi dolmuş/geçmiş poliçe
  [beitragsfreie ...] *(Vers)* primsiz poliçe
  [kombinierte ...] *(Vers)* karma poliçe
  [laufende ...] *(Vers)* dalgalı poliçe
  [offene ...] *(Vers)* açık/dalgalı/genel poliçe
  [verfallene ...] *(Vers)* geçmiş poliçe
  [zeitlich befristete ...] *(Vers)* süreli poliçe
Policendauer ⟨f⟩ *(Vers)* poliçenin ömrü
Policenerneuerung ⟨f⟩ *(Vers)* poliçeyi yenileme
Policeninhaber ⟨m⟩ *(Vers)* poliçe hamili/sahibi
Policenrückkaufswert ⟨m⟩ *(Vers)* poliçenin geri alım değeri
Policenverfall ⟨m⟩ *(Vers)* poliçenin düşmesi
Politik ⟨f⟩ politika; siyaset
  [... betreiben] politika izlemek
  [... der Krediterleichterung] *(VWL)* kolay kredi politikası
  [... der offenen Tür] *(AußH)* açık kapı politikası
  [... der strukturellen Wandels und der struktu-

rellen Anpassung] *(VWL)* yapısal değişim ve uyum sağlama politikası
  [... des billigen Geldes] *(VWL)* ucuz para politikası
  [... des knappen Geldes] *(VWL)* dar/katı/sıkı para politikası
  [... für Umweltschutz] çevreyi koruma politikası
  [... verfolgen] politika izlemek
  [... zur Investitionsförderung] yatırımı teşvik politikası
  [auswärtige ...] *(AußH)* dış politika
  [konjunkturfördernde ... betreiben] konjonktürü teşvik edici
  [langfristige ...] uzun dönemli/vadeli politika
  [protektionistische ...] *(VWL)* himayeci politika
  [restriktive ...] *(VWL)* tutucu politika
politisch ⟨adj⟩ politik; siyasal
Portefeuille ⟨n⟩ *(BkW)* portföy
Portefeuillebestände ⟨pl⟩ *(BkW)* portföy stokları
Portefeuilleinvestition ⟨f⟩ *(BkW)* portföy yatırımı
Portefeuillemischung ⟨f⟩ portföy bileşimi
Portefeuilleprämie ⟨f⟩ *(BkW)* portföy primi
Portefeuilleprämienreserve ⟨f⟩ portföyün saklama payı
Portefeuilleumschichtung ⟨f⟩ yansıtma operasyonu
Portefeuilleverwaltung ⟨f⟩ *(BkW)* portföy yönetimi
Portfolio ⟨n⟩ → **Portefeuille**
Portfolioanalyse ⟨f⟩ *(BkW)* portföy analizi
Portfoliogleichgewicht ⟨n⟩ *(BkW)* portföy dengesi
Portfoliokapital ⟨n⟩ *(BkW)* portföy sermayesi
Portfoliokäufe ⟨pl⟩ *(BkW)* portföy yatırımları
Portfoliomanagement ⟨n⟩ *(BkW)* portföy yönetimi
Portfolioverkehr ⟨m⟩ *(BkW)* portföy transfer(ler)i
Porto ⟨n⟩ *(Post)* posta parası/ücreti
  [... bezahlt] *(Post)* ücreti ödenmiştir
  [einschließlich ...] posta ücreti dahil
  [zuzüglich ...] posta ücreti hariç
Portoauslagen ⟨pl⟩ posta harcamaları
portofrei ⟨adj⟩ posta ücretsiz
Portofreiheit ⟨f⟩ posta parası bağışıklığı
Portogebühren ⟨pl⟩ posta ücretleri
Portokasse ⟨f⟩ küçük kasa (fonu/hesabı)
Portokosten ⟨pl⟩ posta masrafları
portopflichtig ⟨adj⟩ *(Post)* ücretli; ücrete tabi/bağlı
Portosatz ⟨m⟩ posta ücret haddi
Portospesen ⟨pl⟩ posta harcamaları
Position ⟨f⟩ kalem; kayıt; pozisyon; durum; mevki
  [... auflösen] *(Bö)* kaydı kaldırmak
  [... glattstellen] kaydı/durumu düzeltmek
  [leitende ...] yönetici düzeyinde mevki
Positionen ⟨pl⟩ kalemler; kayıtlar; pozisyonlar; mevkiler
  [... über dem Strich] *(AußH)* çizgi üstü kalemler
Positionsbereinigung ⟨f⟩ kalem ayarlama/arındırma
Positionseindeckung ⟨f⟩ *(Bö)* vadeli döviz işlemiyle riski karşılama
Post ⟨f⟩ *(Post)* posta; postahane/postane
  [abgehende ...] çıkan posta
  [auf die ... geben] postaya vermek
  [ausgehende ...] çıkan posta
  [eingehende ...] giren/gelen posta
  [gewöhnliche ...] normal posta

[mit der ...] posta ile
[mit der ... befördern] posta ile taşımak
[mit der ... bestellen] posta ile ısmarlamak
[mit der ... schicken] posta ile göndermek
[mit der ... versenden] posta ile göndermek
[mit getrennter ...] ayrı posta ile
[mit gleicher ...] aynı posta ile
[mit umgehender ...] ilk posta ile
[per ...] posta ile
Postabholung ⟨f⟩ postayı/mektupları toplama
Postabkommen ⟨n⟩ posta anlaşması
Postablieferungsschein ⟨m⟩ posta alındısı/makbuzu
Postabschnitt ⟨m⟩ posta alındısı/makbuzu
Postadresse ⟨f⟩ posta adresi
postalisch ⟨adj⟩ *(Post)* posta (yoluyla); *(Post)* postalı
Postamt ⟨n⟩ *(Post)* postahane; *(Post)* postane
Postanschrift ⟨f⟩ posta adresi
Postanstalt ⟨f⟩ *(Post)* postahane
Postantwortschein ⟨m⟩ *(Post)* cevap kuponu
Postanweisung ⟨f⟩ posta havalesi
Postaufgabe ⟨f⟩ postalama
Postauftrag ⟨m⟩ posta emri
Postausgang ⟨m⟩ posta çıkışı; çıkan posta
Postausgangskorb ⟨m⟩ posta çıkış kutusu
Postauto ⟨n⟩ posta arabası
Postbeamter ⟨m⟩ posta memuru
Postbediensteter ⟨m⟩ posta görevlisi
Postbezirk ⟨m⟩ posta bölgesi
Postbote ⟨m⟩ postacı
Postdampfer ⟨m⟩ *(Schff)* posta gemisi
Postdienst ⟨m⟩ posta görevi/servisi
Posteingang ⟨m⟩ posta girişi; gelen posta
Posteinlieferung ⟨f⟩ postaya teslim/verme; postalama
Posteinlieferungsschein ⟨m⟩ → **Postablieferungsschein**
Posten ⟨m⟩ kalem; lot; kayıt; pozisyon; hesap; madde
[... abhaken] kaleme çizgi çekmek
[... aktivieren] kayda/hesaba geçirmek
[... auf der Aktivseite] *(ReW)* aktif
[... des Bestandsverzeichnisses] envanter kalemi
[... der Rechnungsabgrenzung] *(ReW)* erteleyici kalemler
[... belasten] kalemi borçlandırmak
[... buchen] kalemi kaydetmek
[... des Umlaufvermögens] *(ReW)* cari varlık kalemleri
[... stornieren] kaydı/kalemi iptal etmek
[... streichen] kaydı/kalemi iptal etmek
[... verbuchen] kaydı hesaba geçirmek
[... vortragen] kaydı nakletmek
[antizipative ...] tahakkuklar
[außergewöhnlicher ...] olağanüstü kayıt
[debitorischer ..] borçlu kayıt; alacak kaydı
[durchlaufender ...] tranzituar/ertelenmiş kalem
[einmaliger ...] bir kereye mahsus kalem
[kalkulatorischer ...] izafi/hesaplı kalem
[in kleinen ...] küçük lotlar halinde
[kostenpflichtiger ...] maliyet kalemi
[offener ...] açık kalem
[transitorischer ...] tranzituar kalem
[verschiedene ...] *(ReW)* diğer kalemler

[vorläufiger ...] geçici kalem
Postengebühr ⟨f⟩ tescil harcı
Postfach ⟨n⟩ *(Post)* posta kutusu
Postflugzeug ⟨n⟩ *(Flug)* posta uçağı
postfrei ⟨adj⟩ *(Post)* ücretsiz
Postgebühr ⟨f⟩ *(Post)* posta ücreti
Postgebührensatz ⟨m⟩ posta ücret tarifesi
Postkarte ⟨f⟩ *(Post)* kartpostal; posta kartı
[... mit Rückantwort] *(Post)* iade kartı
postlagernd ⟨adj⟩ *(Post)* postrestant
Postlaufakkreditiv ⟨n⟩ kurye kredisi
Postlaufkredit ⟨m⟩ *(BkW)* kurye kredisi
Postleitzahl ⟨f⟩ *(Post)* posta kodu
Postleitzahlverzeichnis ⟨n⟩ *(Post)* posta kodu rehberi
Postler ⟨m⟩ *(Post)* posta görevlisi
Postmeister ⟨m⟩ *(Post)* posta müdürü
Postmonopol ⟨n⟩ posta tekeli
Postnachnahme ⟨f⟩ posta ile tahsil (emri)
Postpaket ⟨n⟩ *(Post)* posta paketi; *(Post)* koli
Postpaketdienst ⟨m⟩ posta paketi servisi; koli servisi
Postquittung ⟨f⟩ posta makbuzu
Postsack ⟨m⟩ posta çantası
Postschalter ⟨m⟩ posta gişesi
Postscheck ⟨m⟩ posta çeki
Postscheckamt ⟨n⟩ posta çeki ofisi
Postscheckdienst ⟨m⟩ posta çeki servisi
Postscheckkonto ⟨n⟩ posta çeki hesabı
Postschecküberweisung ⟨f⟩ posta çeki yoluyla kredi transferi
Postschein ⟨m⟩ posta makbuzu
Postsendung ⟨f⟩ *(Post)* müraesele
Postsparbuch ⟨n⟩ posta tasarruf cüzdanı
Poststelle ⟨f⟩ *(Post)* postane
Poststempel ⟨m⟩ *(Post)* posta damgası/mühürü
Posttarif ⟨m⟩ posta tarifesi
Posttasche ⟨f⟩ posta çantası
Postüberweisung ⟨f⟩ postayla kredi transferi
Postunion ⟨f⟩ posta birliği
Postverbindung ⟨f⟩ posta bağlantısı
Postverkehr ⟨m⟩ posta ulaştırması
Postversand ⟨m⟩ posta siparişi
Postversandwerbung ⟨f⟩ doğrudan postalama
Postverteilung ⟨f⟩ posta dağıtımı
Postverwaltung ⟨f⟩ posta idaresi
Postwagen ⟨m⟩ posta arabası; *(Bahn)* posta vagonu
Postweg ⟨m⟩ posta yolu
[auf dem ... e] posta (yolu) ile
postwendend ⟨adj⟩ iadeli
Postwerbung ⟨f⟩ postayla tanıtım; doğrudan postalama
Postwertzeichen ⟨n⟩ posta pulu
Postwurfsendung ⟨f⟩ doğrudan postalama
Postzustellung ⟨f⟩ posta tebliği
Potential ⟨n⟩ potansiyel; kapasite; olanaklar
[betriebliches ...] işletme kapasitesi
präferentiell ⟨adj⟩ tercihli
Präferenz ⟨f⟩ tercih; imtiyaz
[allgemeine ...] genel tercih
[bekundete ...] açık tercih
Präferenzanspruch ⟨m⟩ tercih hakkı
präferenz.begünstigt ⟨adj⟩ tercihli; imtiyazlı
Präferenzbehandlung ⟨f⟩ tercihli/imtiyazlı muamele

präferenzberechtigt ⟨adj⟩ tercihli; imtiyazlı
präferenziell ⟨adj⟩ tercihli
Präferenzsatz ⟨m⟩ tercih oranı
Präferenzseefrachten ⟨pl⟩ *(Schff)* tercihli navlunlar
Präferenzzoll ⟨m⟩ *(Zo)* imtiyazlı tarife
Prägeanstalt ⟨f⟩ darphane
Prägestempel ⟨m⟩ soğuk damga
Praktik ⟨f⟩ metot; pratik; politika
Praktiken ⟨pl⟩ metotlar; pratikler; politikalar
 [... unlauteren Wettbewerbs] haksız rekabet metotları
 [einschränkende ...] sınırlayıcı metotlar
 [wettbewerbsbeschränkende ...] rekabeti sınırlayıcı metotlar
praktikabel ⟨adj⟩ uygulanabilir
Praktikant ⟨m⟩ stajyer
Praktikantenstelle ⟨f⟩ staj yeri
Praktikantentätigkeit ⟨f⟩ stajyerlik
Praktikantenzeit ⟨f⟩ staj(yerlik) süresi
Praktiker ⟨m⟩ pratikçi; pratik insan
Praktikum ⟨n⟩ staj
praktizieren ⟨v/t⟩ uygulamak; tatbik etmek
Prämie ⟨f⟩ prim; ikramiye; *(Bö)* prim; opsiyon parası
 [... abwerfen] prim vermek
 [... aussetzen] ikramiye teklifinde bulunmak
 [... berechnen] prim hesaplamak
 [... erhöhen] primi artırmak
 [... erklären] *(Bö)* prim/ikramiye/opsiyon beyan etmek
 [... festsetzen] prim saptamak; ikramiye tayin etmek
 [... für unfallfreies Fahren] kazasızlık ikramiyesi
 [... für Verbesserungsvorschlag] öneri ikramiyesi
 [auf ... n verkaufen] ikramiyeli/primli/opsiyonlu satmak
 [erste ...] başlangıç primi; ilk prim
 [feste ...] sabit prim
 [fiktive ...] fiktif prim
 [gleichbleibende ...] sabit prim
 [gleitende ...] kaygan prim
 [laufende ...] cari prim
 [leistungsabhängige ...] başarı primi/ikramiyesi
 [mit ...] primli
 [natürliche ...] doğal prim
 [niedrige ...] düşük prim
 [ohne ...] primsiz
 [progressive ...] artan oranlı prim
 [rückständige ...] ödenmemiş prim
 [steigende ...] artan prim
 [vorläufige ...] geçici prim
 [zusätzliche ...] ek prim
Prämienabrechnung ⟨f⟩ prim hesap özeti
Prämienabschlag ⟨m⟩ prim kesintisi
Prämienangleichung ⟨f⟩ prim ayarlaması
Prämienanhebung ⟨f⟩ prim artırımı/artışı
Prämienanleihe ⟨f⟩ ikramiyeli istikraz/borçlanma
Prämienaufgabe ⟨f⟩ prim terki; ikramiyeyi durdurma
Prämienaufkommen ⟨n⟩ prim/ikramiye geliri
Prämienaufschlag ⟨m⟩ prim zammı; prim yükleme
Prämienauslosung ⟨f⟩ ikramiye keşidesi
Prämienbefreiung ⟨f⟩ prim ödeme muafiyeti

Prämienberechnung ⟨f⟩ prim hesaplanması
Prämienbetrag ⟨m⟩ prim meblağı
Prämienbildung ⟨f⟩ prim tesisi
Prämiendepot ⟨n⟩ *(Vers)* depo prim
Prämieneinziehung ⟨f⟩ prim tahsilatı
Prämienentlohnung ⟨f⟩ ikramiyeli ücret sistemi
Prämienentrichtung ⟨f⟩ prim ödemesi
Prämienerhöhung ⟨f⟩ prim artışı
Prämienerklärung ⟨f⟩ *(Bö)* opsiyon beyanı
Prämienerstattung ⟨f⟩ prim iadesi
Prämienfestsetzung ⟨f⟩ prim saptama; rating
Prämiengeber ⟨m⟩ *(Bö)* opsiyon parasını ödeyen
Prämiengeschäft ⟨n⟩ *(Bö)* primli işlem
Prämienhandel ⟨m⟩ *(Bö)* opsiyon alım satımı
Prämienhändler ⟨m⟩ *(Bö)* opsiyon simsarı
Prämienhöhe ⟨f⟩ prim haddi/nisbeti
Prämienkauf ⟨m⟩ *(Bö)* opsiyon alımı
Prämienkäufer ⟨m⟩ *(Bö)* opsiyon alıcısı
Prämienkurs ⟨m⟩ *(Bö)* opsiyon fiyatı
Prämienleistung ⟨f⟩ prim ödemesi
Prämienlohn ⟨m⟩ primli ücret
Prämienlohnsystem ⟨n⟩ primli ücret sistemi
Prämienlos ⟨n⟩ ikramiyeli bono
Prämienlotterie ⟨f⟩ ikramiye keşidesi
Prämienmarkt ⟨m⟩ *(Bö)* primli piyasa
Prämiennachlaß ⟨m⟩ prim indirimi
Prämiennehmer ⟨m⟩ opsiyon parasını alan
Prämienobligation ⟨f⟩ primli/ikramiyeli tahvil
Prämienpfandbrief ⟨m⟩ ikramiyeli tahvil
Prämienrabatt ⟨m⟩ prim indirimi/iskontosu
Prämienregelung ⟨f⟩ prim düzenleme(si)/sistemi; ek ödemeler planı
Prämienregulierung ⟨f⟩ prim (miktarını) ayarlama
Prämienreserve ⟨f⟩ prim ayırımı/rezervi
 [... zum Jahresende] yılsonu prim ayırımı/rezervi
Prämienrückerstattung ⟨f⟩ prim dağıtımı/iadesi
Prämienrückvergütung ⟨f⟩ prim dağıtımı/iadesi
Prämiensatz ⟨m⟩ prim nisbeti; (başlangıç) haddi
Prämienschuldverschreibung ⟨f⟩ primli/ikramiyeli tahvil
Prämienstornierung ⟨f⟩ prim iptali
Prämienstorno ⟨n⟩ prim iptali
Prämienstücklohn ⟨m⟩ parça başına primli ücret
Prämiensystem ⟨n⟩ prim sistemi
Prämientabelle ⟨f⟩ prim tablosu; *(Vers)* oran tablosu
Prämienüberhang ⟨m⟩ prim fazlası
Prämienüberschüsse ⟨pl⟩ *(LebV)* net prim geliri
Prämienverdienst ⟨m⟩ prim kazancı
Prämienverkauf ⟨m⟩ *(Bö)* opsiyon satımı
Prämienverzicht ⟨m⟩ primin terki
Prämienvolumen ⟨n⟩ *(Vers)* prim hacmi
Prämienvorauszahlung ⟨f⟩ prim ödeme avansı
Prämienzahlung ⟨f⟩ prim ödemesi
Prämienzuschlag ⟨m⟩ prim zammı
Präsentation ⟨f⟩ → **Vorlage** arz; sunuş; sunma; *(Verpackung)* ambalaj(lama)
Präsenz ⟨f⟩ → **Anwesenheit**
Präsident ⟨m⟩ 1. başkan; amir 2. cumhurbaşkanı
 [stellvertretender ...] başkan vekili
Präsidentschaft ⟨f⟩ başkanlık
Präsidium ⟨n⟩ amirlik
Praxis ⟨f⟩ pratik; uygulama; *(Med)* muayenehane; *(Anwalt)* avukatlık bürosu

[handelsübliche...] ticarette standart uygulama; ticarî alışkanlık
Praxiserfahrung ⟨f⟩ pratik deneyim
praxisorientiert ⟨adj⟩ pratik yönlü
Präzedenzfall ⟨m⟩ *(Jur)* emsal (dava)
Präzision ⟨f⟩ presizyon; itina; özen
Präzisionsarbeit ⟨f⟩ *(Ind)* ince iş;
(Ind) hassas işçilik
PR-Berater ⟨m⟩ *(Mk)* halkla ilişkiler danışmanı
Preis ⟨m⟩ 1. fiyat; paha; bedel 2. ödül; mükâfat
[... ab Erzeuger] fabrika teslim fiyatı; fabrika(dan çıkış) fiyatı
[... ab Fabrik] fabrika teslim fiyatı; fabrika(dan çıkış) fiyatı
[... ab Lager] depo(dan çıkış) fiyatı
[... (ab)verlangen] ücret istemek
[... ab Werk] fabrika teslim fiyatı; fabrika(dan çıkış) fiyatı
[... absprechen] fiyat üzerinde anlaşmak
[... angeben] fiyat vermek
[... aushandeln] pazarlık etmek
[... aussetzen] ödül/mükâfat teklif etmek
[... bei Barzahlung] peşin fiyatı
[... bei Ratenzahlung] taksitle ödeme fiyatı
[... bei sofortiger Lieferung] spot fiyatı; anında teslim fiyatı
[... berechnen] fiyatı hesaplamak
[... berichtigen] fiyat ayarlamak/düzeltmek
[... drücken] fiyat kırmak; fiyatı düşürmek
[... einschließlich Lieferkosten] teslim fiyatı dahil
[... einschließlich Mehrwertsteuer] fiyata KDV dahildir
[... einschließlich Porto und Verpackung] fiyata posta ve ambalaj dahil
[... erfragen] fiyat sormak
[... erhöhen] fiyatı artırmak/yükseltmek
[... ermäßigen] fiyatı indirmek/düşürmek
[... erzielen] fiyat tutturmak
[... festsetzen] fiyat belirlemek/saptamak; *(amtlich)* narh koymak
[... frei Bestimmungshafen] varma limanında teslim fiyatı
[... frei Grenze] sınırda teslim fiyatı
[... frei Haus] kapıya teslim fiyatı
[... frei Längsseite Schiff] *(Schff)* aborda teslim fiyatı
[... freibleibend] serbest fiyat; fiyatı takdire bağlı
[... gewinnen] ödül/mükâfat kazanmak
[... herabsetzen] fiyatı düşürmek
[... heraufsetzen] fiyat artırmak/yükseltmek
[... herunterhandeln] fiyatı pazarlıkla düşürmek
[... kalkulieren] → **Preis** [... berechnen]
[... mindern] fiyat düşürmek/indirmek
[... per Einheit] ünite/birim başına fiyat
[... pro Einheit] ünite/birim başına fiyat
[... pro Stück] tane başına fiyat
[... realisieren] fiyat(ı) gerçekleştirmek/ tutturmak
[... schätzen] fiyat biçmek
[... senken] fiyatı indirmek/düşürmek
[... stützen] fiyat desteklemek
[... unterbieten] fiyat kırmak

[... vereinbaren] fiyat kararlaştırmak
[... Verhandlungssache] fiyat görüşmeye bağlıdır
[... verlangen] fiyat istemek
[... verzollt] gümrüklü fiyat; fiyata gümrük dahildir
[...e] → **Preise**
[administrierter...] narh; *(VWL)* yönetimli fiyat
[allerniedrigster...] taban fiyat
[amtlich festgesetzter...] narh; yönetimli fiyat
[amtlich vorgeschriebener...] narh; yönetimli fiyat
[amtlicher...] narh; resmî fiyat
[angegebener...] bildirilen/verilen fiyat; beyan edilen fiyat
[angemessener...] adil fiyat
[beweglicher...] *(VWL)* esnek fiyat
[die... e sind unverbindlich empfohlen] fiyatlar (ihbarsız) değişebilir
[durchschnittlicher...] ortalama fiyat
[eingefrorener...] dondurulmuş fiyat
[empfohlener...] önerilen fiyat
[fakturierter...] fatura fiyatı
[fester...] sabit fiyat
[freibleibender...] serbest fiyat
[früherer...] eski fiyat(ı)
[gebotener...] teklif fiyatı; teklif edilen fiyat
[geforderter...] istenen fiyat; talep edilen fiyat
[geltender...] cari fiyat
[genehmigter...] onanmış fiyat
[genormter...] standart/standardize fiyat
[gestützter...] destek fiyatı
[gültiger...] cari fiyat
[handelsüblicher...] rayiç fiyat
[in Rechnung gestellter...] fatura fiyatı
[konkurrenzfähiger...] rekabet fiyatı
[kostendeckender...] maliyeti karşılayıcı fiyat
[marktdeterminierter...] *(VWL)* esnek fiyat
[marktgerechter...] adil fiyat
[mit einem... auszeichnen] fiyat (etiketi) koymak; fiyatlandırmak
[nomineller...] nominal fiyat
[notierter...] *(Bö)* koteli/kayıtlı fiyat
[schwankender...] dalgalanan fiyat
[stabiler...] istikrarlı fiyat
[starrer...] katı fiyat
[steigender...] artan fiyat
[überhöhter...] fahiş fiyat
[unerschwinglicher...] ödenemeyecek derecede yüksek fiyat
[unter...] maliyetin altında
[unter... kaufen] maliyetin altında satın almak
[unter... verkaufen] maliyetin altında satmak
[verbindlicher...] maktu fiyat
[vollen... erstatten] tam fiyatı iade etmek
[vom... abziehen] fiyattan düşürmek
[vorheriger...] önceki fiyat
[wettbewerbsfähiger...] rekabet fiyatı
Preisabbau ⟨m⟩ fiyat kesintisi
Preisabrede ⟨f⟩ fiyat danışması
Preisabschlag ⟨m⟩ iskonto; fiyatta indirim/tenzilat
Preisabschöpfung ⟨f⟩ *(EU)* fiyat ayarlama vergisi; prelevman; fiyatlarda soğurma

Preisabsprache ⟨f⟩ fiyat danışması
Preisänderung ⟨f⟩ fiyat değişikliği
Preisänderungen ⟨pl⟩ fiyat değişiklikleri
  [... vorbehalten] fiyatlarda değişiklik(ler) saklıdır
Preisanfrage ⟨f⟩ fiyat sorma
Preisangabe ⟨f⟩ fiyat bildirme/etiketi;
  (Bö) kotasyon; kayıt; kote
  [mit ... versehen] fiyatı konmuş; etiketlenmiş
Preisangabepflicht ⟨f⟩ fiyat bildirme/etiketi zorunluluğu
Preisangebot ⟨n⟩ fiyat arzı/önerisi/teklifi; icap
  [... machen] fiyat önerisinde/teklifinde bulunmak; icap etmek; icapta bulunmak; pey sürmek
  [unverbindliches ...] ihbarsız değişebilir fiyat önerisi/teklifi
  [verbindliches ...] kesin fiyat önerisi/teklifi
  [wettbewerbsfähiges ...] rekabetçi fiyat teklifi
Preisangleichung ⟨f⟩ fiyat ayarlaması
Preisanhebung ⟨f⟩ fiyat artırımı/artışı
Preisanpassung ⟨f⟩ fiyat ayarlaması
Preisanstieg ⟨m⟩ fiyat artışı
Preisaufblähung ⟨f⟩ fiyat enflasyonu
Preisaufschlag ⟨m⟩ fiyatlara zam
Preisaufsicht ⟨f⟩ fiyat denetimi
Preisauftrieb ⟨m⟩ fiyatlarda artış/yükselme
Preisausgleich ⟨m⟩ fiyat eşitleme
Preisausschreiben ⟨n⟩ yarışma
Preisauszeichnung ⟨f⟩ fiyat etiketi: etiketleme
Preisauszeichnungspflicht ⟨f⟩ fiyat etiketi zorunluluğu
preisbedingt ⟨adj⟩ fiyatla uyarılmış
Preisberechnung ⟨f⟩ fiyatlama
preisbereinigt ⟨adj⟩ fiyat ayarlı
Preisbarometer ⟨m⟩ fiyat barometresi
Preisberuhigung ⟨f⟩ fiyatların yatışması; fiyatlarda istikrar
Preisbeständigkeit ⟨f⟩ fiyat istikrarı
Preisbestimmung ⟨f⟩ fiyat belirlemesi
Preisbewegung ⟨f⟩ fiyat hareketi
Preisbildung ⟨f⟩ (VWL) fiyat teşekkülü;
  (VWL) fiyatlandırma; fiyat oluşturma/oluşumu
  [... auf Durchschnittskostenbasis] ortalama maliyete göre fiyatlandırma
  [freie ...] serbest fiyatlandırma
Preisbildungsmaßnahmen ⟨pl⟩ fiyatlandırma yöntemleri
Preisbindung ⟨f⟩ fiyat sabitleştirmesi; narh; maktu fiyat
  [... der zweiten Hand] perakendede fiyat sabitleştirmesi
Preisbrecher ⟨m⟩ fiyat kıran/kırıcı
preisdämpfend ⟨adj⟩ fiyat artışını frenleyici; deflasyonist
Preisdifferenzierung ⟨f⟩ fiyat farklılaştırması; farklı fiyat uygulama
  [agglomerative ...] bölünmüş pazarlarda en çok kâr yapma amacıyla farklı fiyat uygulama
  [deglomerative ...] farklı fiyat uygulama amacıyla piyasayı/pazarı bölme
  [monopolistische ...] farklı fiyat uygulama tekeli
Preisdiskriminierung ⟨f⟩ → Preisdifferenzierung
Preisdisziplin ⟨f⟩ fiyat disiplini
Preisdruck ⟨m⟩ fiyatlar üzerinde baskı

Preise ⟨pl⟩ fiyatlar
  [... angleichen] fiyatları ayarlamak
  [... anheben] fiyatları artırmak/yükseltmek
  [... binden] fiyatları bağlamak
  [... einfrieren] fiyatları dondurmak
  [... erhöhen] fiyatları artırmak
  [... freigeben] fiyatları serbest bırakmak
  [... ohne Abzug] indirimsiz fiyatlar
  [... senken] fiyatları düşürmek
  [... stoppen] fiyatları durdurmak
  [... stützen] fiyatları desteklemek
Preiseinbruch ⟨m⟩ fiyatlarda düşme
preiselastisch ⟨adj⟩ (VWL) elastik fiyatlı
Preiselastizität ⟨f⟩ (VWL) fiyat elastikliği
  [... der Nachfrage] (VWL) talebin fiyat elastikliği
Preisempfehlung ⟨f⟩ tavsiye edilen fiyat; maktu fiyat
preisempfindlich ⟨adj⟩ fiyatta duyarlı; hassas fiyatlı; kolayca etkilenen fiyatlı
Preisentwicklung ⟨f⟩ fiyatlarda trend
Preiserhöhung ⟨f⟩ fiyat artışı
Preisermäßigung ⟨f⟩ fiyat indirimi; tenzilat
Preisfestsetzung ⟨f⟩ fiyat sabitleştirmesi
Preisfeststellung ⟨f⟩ fiyat belirlemesi; fiyatlandırma; fiyat koyma
Preisfixierung ⟨f⟩ fiyat sabitleştirmesi
Preisflexibilität ⟨f⟩ (VWL) fiyat esnekliği
Preisfreigabe ⟨f⟩ fiyatları serbest bırakma
preisgeben ⟨v/t⟩ (Informationen) açıklamak
Preisgebot ⟨n⟩ fiyat teklifi; teklif edilen fiyat
preisgebunden ⟨adj⟩ sabit fiyatlı; fiyatı sabitleştirilmiş
Preisgefälle ⟨n⟩ fiyatlarda farklılık
Preisgefüge ⟨n⟩ fiyat yapısı
Preisgestaltung ⟨f⟩ fiyatlandırma
Preisgestaltungsmaßnahmen ⟨pl⟩ fiyatlandırma yöntemleri
Preis-Gewinn-Rate ⟨f⟩ fiyat-kâr oranı
Preisgrenze ⟨f⟩ fiyat sınırı
preisgünstig ⟨adj⟩ uygun fiyatlı; fiyatı uygun
Preisherabsetzung ⟨f⟩ fiyatta indirim
Preishöhe ⟨f⟩ fiyat düzeyi
Preisindex ⟨m⟩ (Stat) fiyat indeksi
  [... für die Lebenshaltung] (Stat) geçim indeksi
Preisinflation ⟨f⟩ (VWL) fiyat enflasyonu
Preiskalkulation ⟨f⟩ fiyatlama; fiyat hesaplama
Preiskampf ⟨m⟩ fiyat mücadelesi
Preiskartell ⟨n⟩ fiyat karteli
Preisklasse ⟨f⟩ fiyat sınıfı/kategorisi
  [in der gehobenen ...] üst fiyat sınıfında
  [in der mittleren ...] orta fiyat sınıfı
  [untere ...] alt/düşük fiyat sınıfı
Preiskontrolle ⟨f⟩ (VWL) fiyat kontrolu
Preiskorrektur ⟨f⟩ fiyat ayarlama
Preis-Kosten-Schere ⟨f⟩ fiyat-maliyet makası
Preiskrieg ⟨m⟩ fiyat mücadelesi; fiyat kırıcı savaş
Preiskürzung ⟨f⟩ fiyat azaltma
Preislage ⟨f⟩ fiyat kategorisi
Preisliste ⟨f⟩ fiyat listesi
Preismechanismus ⟨m⟩ (VWL) fiyat mekanizması
Preisnachlaß ⟨m⟩ fiyatta indirim
  [... gewähren] fiyatta indirim
Preisniveau ⟨n⟩ fiyat düzeyi
  [allgemeines ...] (VWL) genel fiyat düzeyi

Preisnotierung ⟨f⟩ kotasyon
Preisobergrenze ⟨f⟩ fiyat tavanı; en yüksek fiyat
Preisparität ⟨f⟩ fiyat paritesi
  [... in der Landwirtschaft] tarım paritesi
Preispolitik ⟨f⟩ *(Mk)* fiyat politikası
Preisrückgang ⟨m⟩ fiyatlarda gerileme/düşüş
Preisschild ⟨n⟩ fiyat etiketi
Preisschwankungen ⟨pl⟩ *(VWL)* fiyat dalgalanmaları
  [konjunkturelle ...] *(VWL)* devresel fiyat dalgalanmaları
Preissenkung ⟨f⟩ → **Preisherabsetzung**
Preisspanne ⟨f⟩ fiyat marjı
Preisspiegel ⟨m⟩ fiyat düzeyi
Preissprung ⟨m⟩ fiyatlarda fırlama
Preisstabilisierung ⟨f⟩ fiyat(ların) istikrarı
Preisstabilität ⟨f⟩ *(VWL)* fiyat istikrarı
Preisstand ⟨m⟩ fiyat düzeyi
Preissteigerung ⟨f⟩ fiyat artışı
Preissteigerungsrate ⟨f⟩ fiyat artış oranı/hızı
Preisstopp ⟨m⟩ fiyatları dondurma
Preisstruktur ⟨f⟩ fiyat yapısı
Preissturz ⟨m⟩ fiyatlarda aniden düşme
Preisstützung ⟨f⟩ fiyat destekleme ve istikrar
Preisstützungspolitik ⟨f⟩ destekleme ve fiyat istikrar politikası
Preissubvention ⟨f⟩ fiyat desteklemesi
Preistabelle ⟨f⟩ fiyat listesi
Preistendenz ⟨f⟩ fiyat trendi; fiyatlarda trend
preistreibend ⟨adj⟩ enflasyonist; fiyat itici
Preisüberwachung ⟨f⟩ fiyat kontrolu/denetimi
Preisüberwälzung ⟨f⟩ fiyat yansıması
preisunempfindlich ⟨adj⟩ fiyatta duyarsız
Preisuntergrenze ⟨f⟩ fiyat tabanı
Preisunterschied ⟨m⟩ fiyat farkı/farklılığı
Preisverabredung ⟨f⟩ fiyat sabitleştirme anlaşması
Preisveränderung ⟨f⟩ fiyat değişikliği
Preisverfall ⟨m⟩ fiyatlarda düşüş
Preisvergleich ⟨m⟩ fiyatları karşılaştırma
  [...e anstellen] fiyat karşılaştırması yapmak
Preisverleihung ⟨f⟩ ödül/mükâfat verme
Preisverzeichnis ⟨n⟩ fiyat listesi
Preisvorstellung ⟨f⟩ önerilen fiyat
Preisvorteil ⟨m⟩ fiyatta kâr
Preiswelle ⟨f⟩ fiyatlarda artış dalgası; pahalılık dalgası
preiswert ⟨adj⟩ ucuz; uygun fiyatlı
preiswürdig ⟨adj⟩ adil fiyatlı
Preiszettel ⟨m⟩ → **Preisschild**
Preiszugeständnis ⟨n⟩ fiyatta ikram
Preiszusammenbruch ⟨m⟩ fiyat şoku
Presse ⟨f⟩ *(Press)* basın
  [der ... mitteilen] basına bildirmek
Presseabteilung ⟨f⟩ basın bölümü
Presseartikel ⟨m⟩ *(Press)* gazete makalesi
Presseball ⟨m⟩ basın balosu
Pressedienst ⟨m⟩ *(Press)* basın ajansı
Presseerzeugnis ⟨n⟩ yayın
Pressefreiheit ⟨f⟩ basın özgürlüğü
Pressekonferenz ⟨f⟩ *(Press)* basın toplantısı
Pressemitteilung ⟨f⟩ *(Press)* basın bildirisi
Presserecht ⟨n⟩ *(Jur)* basın hukuku
Pressereferent ⟨m⟩ *(Press)* basın sözcüsü
Pressesprecher ⟨m⟩ *(Press)* basın sözcüsü
Presseverlautbarung ⟨f⟩ basın bildirisi

Pressevertreter ⟨m⟩ basın temsilcisi
Pressewerbung ⟨f⟩ gazete reklamı/tanıtımı
Pressewesen ⟨n⟩ *(Press)* basın işleri; *(Press)* gazetecilik
Prestige ⟨n⟩ prestij; itibar
Prestigeartikel ⟨m⟩ prestij eşyası
Prestigekonsum ⟨m⟩ gösteriş/prestij tüketimi
Prestigewerbung ⟨f⟩ imaj tanıtımı; kurumsal reklam
Prestigewert ⟨m⟩ prestij değeri
Prima ⟨m⟩ *(WeR)* birinci nüsha; poliçenin birinci nüshası; ⟨adj⟩ birinci sınıf/derece
Primanote ⟨f⟩ *(BkW)* primanota
Primapapiere ⟨pl⟩ birinci derece para piyasası kâğıtları
Primärbedarf ⟨m⟩ ana/esas ihtiyaçlar
Primärdaten ⟨pl⟩ *(Stat)* ana veriler
Primärerhebung ⟨f⟩ *(Stat)* aslî derleme
Primärgeld ⟨n⟩ *(VWL)* parasal taban; para bazı
Primärgeschäft ⟨n⟩ *(Bö)* yeni emisyon işlemi
Primärmarkt ⟨m⟩ *(Mk)* birincil piyasa
Primärprodukt ⟨n⟩ ana ürün; hammadde
Primärrohstoff ⟨m⟩ ana hammadde
Primaware ⟨f⟩ birinci kalite mal
Primawechsel ⟨m⟩ *(WeR)* poliçenin birinci nüshası → **Prima**
Prinzip ⟨n⟩ prensip; ilke; esas
  [... der Periodenabgrenzung] *(ReW)* tahakkuk esası; *(ReW)* tahakkuk sistemi
Priorität ⟨f⟩ öncelik; imtiyaz; tercih; rüçhan
Prioritätsaktie ⟨f⟩ → **Vorzugsaktie**
Prioritätsdividende ⟨f⟩ imtiyazlı/öncelikli temettü
Prioritätsgläubiger ⟨m⟩ öncelik hakkına sahip alacaklı
Prioritätsrecht ⟨n⟩ öncelik/rüçhan/imtiyaz hakkı
Prioritätswerte ⟨pl⟩ tercihli/öncelikli kıymetler
Prisengericht ⟨n⟩ *(Schff)* zapt ve müsadere mahkemesi
privat ⟨adj⟩ özel; bireysel
Private ⟨f⟩ özel sektör; bireyler
Privatanleger ⟨m⟩ *(BkW)* özel yatırımcı
Privatanschlußgleis ⟨n⟩ *(Bahn)* özel şube hattı
Privatanschrift ⟨f⟩ özel adres; ev adresi
Privatausgaben ⟨pl⟩ bireysel harcamalar
Privatbank ⟨f⟩ *(BkW)* özel banka
Privatbedarf ⟨m⟩ özel ihtiyaç
Privatbesitz ⟨m⟩ özel mülk/zilyedlik
  [in ...] özel zilyedlik altında
Privatdarlehen ⟨n⟩ *(BkW)* bireysel kredi
Privateigentum ⟨n⟩ özel mülkiyet
Privateigentümer ⟨m⟩ özel malik/sahip
Privateinkommen ⟨n⟩ özel gelir
Privateinkünfte ⟨pl⟩ özel gelir
Privatgebrauch ⟨m⟩ özel kullanım
Privatgleisanschluß ⟨m⟩ *(Bahn)* özel şube hattı
Privatgrundstück ⟨n⟩ *(Jur)* özel arsa
Privatindustrie ⟨f⟩ özel sektör
Privatinvestitionen ⟨pl⟩ *(vGR)* özel sektör yatırımları
privatisieren ⟨v/t⟩ özelleştirmek
Privatisierung ⟨f⟩ özelleştirme
Privatisierungswelle ⟨f⟩ özelleştirme dalgası
Privatkapital ⟨n⟩ özel sermaye
Privatkonto ⟨n⟩ özel/bireysel hesap
Privatkrankenkasse ⟨f⟩ *(Vers)* özel sağlık sigortası

Privatkredit ⟨m⟩ *(BkW)* bireysel kredi
Privatkunde ⟨m⟩ özel müşteri
Privatkundengeschäft ⟨n⟩ *(BkW)* kitlesel bankacılık
Privatkundschaft ⟨f⟩ özel müşteriler
Privatnachfrage ⟨f⟩ *(VWL)* bireysel talep; özel talep
Privatplazierung ⟨f⟩ özel plasman
Privatschulden ⟨pl⟩ özel/bireysel borçlar
Privatunternehmen ⟨n⟩ özel girişim/teşebbüs/şirket
Privatunternehmer ⟨m⟩ özel girişimci/müteşebbis
Privatverbrauch ⟨m⟩ *(VWL)* özel tüketim
Privatverbraucher ⟨m⟩ özel tüketici
Privatverkauf ⟨m⟩ özel satış
Privatvermögen ⟨n⟩ özel mülk/varlıklar
 [... des Gemeinschuldners] özel varlıklar
 [... des Gesellschafters] bireysel varlıklar
Privatversicherer ⟨m⟩ *(Vers)* özel sigortacı
Privatversicherung ⟨f⟩ *(Vers)* özel sigorta
Privatvertrag ⟨m⟩ *(Jur)* özel sözleşme
Privatwirtschaft ⟨f⟩ *(VWL)* özel girişim; *(VWL)* özel sektör; *(vGR)* (ekonomide) özel sektör
privatwirtschaftlich ⟨adj⟩ *(VWL)* özel girişim; özel sektör
Privileg ⟨n⟩ imtiyaz
privilegiert ⟨adj⟩ imtiyazlı
pro ⟨präp⟩ için; beher
 [... anno] yılda; her yıl
 [... Kopf] adam başına
 [... rata] oranlı
Probe ⟨f⟩ örnek; numune; deneme
 [... (ent)nehmen] örnek almak
 [auf ...] denemek üzere
 [auf ... einstellen] deneme üzere işe almak
 [auf ... kaufen] deneme ve kullanma koşuluyla satın almak; muhayyer/seçimlik almak
 [der ... entsprechen] örneğe/numuneye uygun
 [gerichtete ...] geometrik örnek
 [zur ...] dene(n)mek üzere; örnek/numune olarak
Probeabschluß ⟨m⟩ *(ReW)* (geçici) mizan
Probeanlage ⟨f⟩ *(Ind)* pilot tesis
Probeanstellung ⟨f⟩ denemek üzere istihdam
Probeauftrag ⟨m⟩ → **Probebestellung**
Probebestellung ⟨f⟩ deneme ve kullanma koşuluyla verilen sipariş; muhayyer/seçimlik sipariş
Probebetrieb ⟨m⟩ *(Ind)* pilot işletme
Probebilanz ⟨f⟩ *(ReW)* (geçici) mizan
Probekauf ⟨m⟩ deneme ve kullanma koşuluyla satın alma
Probenentnahme ⟨f⟩ örnekleme; örnek/numune alma
Probennahme ⟨f⟩ örnekleme
Probepackung ⟨f⟩ *(Mk)* eşantiyon
Probestück ⟨n⟩ örnek; numune
Probeverkauf ⟨m⟩ deneme ve kullanma koşuluyla satım; muhayyer satım
probeweise ⟨adv⟩ dene(n)mek üzere
Probezeit ⟨f⟩ deneme/uyum/intibak devresi
Probieren ⟨n⟩ deneme
 [zum ...] denemek için
probieren ⟨v/t⟩ denemek
Problem ⟨n⟩ sorun
 [... angehen] sorunu ele almak
 [... lösen] sorunu çözmek

 [alltägliches ...] günlük sorun
 [eigentliches ...] esas sorun
 [finanzielles ...] finansal/mali sorun
 [dringendes ...] acil sorun
 [personelles ...] personel sorunu
 [schwieriges ...] çözümü zor sorun
 [sich mit dem ... befassen] sorunla ilgilenmek
 [technisches ...] teknik sorun
 [ungelöstes ...] çözülmemiş sorun
 [vorrangiges ...] öncelikli sorun
Problemansatz ⟨m⟩ soruna yaklaşım
problematisch ⟨adj⟩ sorunlu
Problemauflistung ⟨f⟩ sorunları sıralama
problemlos ⟨adj⟩ sorunsuz
Problemlösung ⟨f⟩ sorun çözümü
Problemlösungsbedarf ⟨m⟩ sorun(ları) çözme gereksinimi/ihtiyacı
Produkt ⟨n⟩ → **Erzeugnis** ürün; hasıla; mamul; *(LandW)* ürün; mahsul
 [absatzstarkes ...] satışı yüksek ürün; yüksek sürümlü ürün
 [fertiges ...] bitmiş/işlenmiş ürün
 [gesamtwirtschaftliches ...] *(vGR)* milli hasıla
 [gewerbliches ...] sanayi ürünü
 [gewerbliche ...e] sınaî ürünler
 [halbfertiges ...] yarı mamul
 [heimisches ...] yerli ürün
 [landwirtschaftliches ...] tarımsal ürün/mahsul
 [markenfreies ...] markasız ürün
 [marktfähiges ...] pazarlanabilir ürün
 [pflanzliches ...] bitkisel ürün
 [umweltverträgliches ...] çevreye zararsız ürün
Produktanalyse ⟨f⟩ *(Mk)* ürün analizi
Produktangebot ⟨n⟩ (ürün) çeşitler(i)
Produktart ⟨f⟩ ürün cinsi
Produktauswahl ⟨f⟩ *(Mk)* ürün seçimi
Produktbeschaffenheit ⟨f⟩ ürün kalitesi
Produktbeschreibung ⟨f⟩ *(Mk)* ürün(ün) spesifikasyonu
Produktbündelrechnung ⟨f⟩ *(KoR)* safha maliyeti sistemi
Produkteigenschaft ⟨f⟩ ürün vasfı
Produkten ⟨pl⟩ mamuller; ürünler; *(LandW)* mahsul
Produktenbörse ⟨f⟩ mamul/ürün borsası/piyasası
Produktenmarkt ⟨f⟩ mamul/mal/ürün piyasası
Produktentwicklung ⟨f⟩ ürün geliştirme
Produktgestaltung ⟨f⟩ *(Mk)* mamul dizaynı; *(Mk)* mamul tasarımı
Produktion ⟨f⟩ → **Erzeugung/Fertigung/Herstellung** üretim; imalat; istihsal; *(Abteilung)* üretim departmanı
 [... auf Bestellung] *(Ind)* siparişe göre üretim; *(Ind)* fason imalat
 [... aufnehmen] üretime başlamak
 [... ausweiten] üretimi genişletmek
 [... drosseln] üretimi kısmak
 [... einschränken] üretimi kısıtmak
 [... einstellen] üretimi durdurmak
 [... erhöhen] üretimi artırmak
 [... stillegen] üretimi durdurmak
 [... vor Ort] yerinde imalat/üretim
 [... wiederaufnehmen] üretime yeniden başlamak
 [abfallfreie ...] atıksız üretim

[computergestützte ...] bilgisayar takviyeli üretim
[durchlaufende ...] sürekli üretim
[einheimische ...] yerli üretim
[genormte ...] standart üretim
[gesamtwirtschaftliche ...] genel üretim
[gewerbliche ...] sınaî üretim
[großbetriebliche ...] büyük çapta/boyutta üretim
[handwerkliche ...] elden üretim
[industrielle ...] sanayi üretimi; sınaî üretim
[inländische ...] iç/yurtiçi üretim
[jährliche ...] yıllık üretim
[kontinuierliche ...] sürekli üretim
[landwirtschaftliche ...] tarımsal üretim
[maschinelle ...] makinayla üretim
[mittelbare ...] dolaylı üretim
[monatliche ...] aylık üretim
[rückläufige ...] azalan/gerileyen üretim
[saisonbedingte ...] mevsimlik üretim
[serienmäßige ...] kitlesel/seri üretim
[tägliche ...] günlük üretim
[überschüssige ...] fazla üretim
[verbundene ...] bağlantılı üretim
[volkswirtschaftliche ...] *(vGR)* (gayri safi) milli hasıla
[volle ...] toplam üretim
Produktionsabgabe ⟨f⟩ *(StR)* üretim vergisi; *(TR)* istihsal vergisi; *(EG)* üretim vergisi
Produktionsablauf ⟨m⟩ üretim seyri/süreci
Produktionsablaufplanung ⟨f⟩ süreç planlama
Produktionsabteilung ⟨f⟩ üretim departmanı
Produktionsaktivität ⟨f⟩ üretim faaliyeti; çıktı
Produktionsanlage ⟨f⟩ üretim tesisi
Produktionsanlauf ⟨m⟩ üretime başlama; üretim başlangıcı
Produktionsanstieg ⟨m⟩ üretim artışı
Produktionsanstrengung ⟨f⟩ üretim çabası
Produktionsauffächerung ⟨f⟩ üretimi çeşitlendirme
Produktionsaufnahme ⟨f⟩ üretime başlama
Produktionsauftrag ⟨m⟩ üretim emri/siparişi
Produktionsaufwand ⟨m⟩ üretim giderleri/maliyeti
Produktionsausfall ⟨m⟩ üretim kaybı
Produktionsausweitung ⟨f⟩ üretim genişlemesi
Produktionsbeginn ⟨m⟩ üretim başlangıcı
Produktionsbereich ⟨m⟩ üretim alanı/dalı/ departmanı
Produktionsbetrieb ⟨m⟩ üretim işletmesi
Produktionsdauer ⟨f⟩ üretim süresi
Produktionseinheit ⟨f⟩ üretim birimi/ünitesi; üretim tesisi
Produktionseinrichtungen ⟨pl⟩ üretim tesisleri
Produktionseinstellung ⟨f⟩ üretimi kapama; üretime son verme
Produktionsergebnis ⟨n⟩ üretim sonucu; çıktı
[... je Beschäftigtenstunde] adam saat başına üretim
Produktionsfaktor ⟨m⟩ *(VWL)* üretim faktörü; kaynak
[... Arbeit] *(VWL)* üretim faktörü emek
[... Boden] *(VWL)* üretim faktörü toprak
[... Kapital] *(VWL)* üretim faktörü sermaye
Produktionsfaktoren ⟨pl⟩ *(BWL)* üretken faktörler; *(VWL)* üretim faktörleri; kaynaklar
[Nachfrage nach ...] *(VWL)* faktör talebi

[optimale Nutzung der ...] optimum kaynak dağılımı
[originäre ...] doğal kaynaklar; üretim kaynakları
[Substituierbarkeit der ...] *(VWL)* faktör mobilitesi/hareketliliği
Produktionsfehler ⟨m⟩ üretim hatası
Produktionsfluß ⟨m⟩ üretim akışı
Produktionsfunktion ⟨f⟩ *(BWL)* üretim fonksiyonu
[gesamtwirtschaftliche ...] *(VWL)* toplam üretim fonksiyonu
Produktionsgang ⟨m⟩ üretim süreci
Produktionsgebirge ⟨n⟩ *(VWL)* fizikî üretim düzeyi
Produktionsgemeinkosten ⟨pl⟩ *(KoR)* genel imalat maliyetleri
Produktionsgemeinschaft ⟨f⟩ üretim kooperatifi
Produktionsgenossenschaft ⟨f⟩ *(BWL)* üretim kooperatifi
[landwirtschaftliche ...] *(BWL)* tarım üretim kooperatifi
Produktionsgeschwindigkeit ⟨f⟩ üretim hızı
Produktionsgewinn ⟨m⟩ üretim kârı
Produktionsgüter ⟨pl⟩ *(VWL)* üretici malları; üretim malları; sermaye malları
Produktionsgütergewerbe ⟨n⟩ üretim/sermaye malları sanayii
Produktionsgüterindustrie ⟨f⟩ üretim/sermaye malları sanayii
Produktionshöchstgrenze ⟨f⟩ üretim tavanı
Produktionsindex ⟨m⟩ üretim indeksi
Produktionskapazität ⟨f⟩ *(Ind/BWL)* üretim kapasitesi; *(BWL)* üretkenlik
Produktionskapital ⟨n⟩ üretken sermaye
Produktionskartell ⟨n⟩ üretim karteli
Produktionskennziffer ⟨f⟩ üretim indeksi
Produktionskontrolle ⟨f⟩ *(Ind)* üretim kontrolu
Produktionskosten ⟨pl⟩ *(KoR)* üretim maliyeti
Produktionskraft ⟨f⟩ üretim gücü
Produktionskräfte ⟨pl⟩ *(BWL)* üretim faktörleri
Produktionskredit ⟨m⟩ *(BkW)* imalat kredisi; üretim kredisi
Produktionskreislauf ⟨m⟩ üretimin devresel akımı
Produktionsleistung ⟨f⟩ üretim oranı; çıktı; *(Eng)* output
[... je Arbeitsstunde] adam saat başına çıktı
Produktionsleiter ⟨m⟩ üretim müdürü
Produktionslizenz ⟨f⟩ üretim lisansı
Produktionslöhne ⟨pl⟩ üretim/imalat ücretleri
Produktionsmaterial ⟨n⟩ üretim/imalat maddesi
Produktionsmenge ⟨f⟩ üretim miktarı; çıktı hacmi
[optimale ...] optimum üretim miktarı
Produktionsmethode ⟨f⟩ üretim metodu
Produktionsmittel ⟨pl⟩ üretim araçları
Produktionsmöglichkeitskurve ⟨f⟩ *(VWL)* üretim olanakları eğrisi; *(VWL)* dönüşüm eğrisi
Produktionsort ⟨m⟩ üretim yeri
Produktionspause ⟨f⟩ üretime ara verme
Produktionsplan ⟨m⟩ *(Ind)* üretim bütçesi
Produktionsplanung ⟨f⟩ *(Ind)* üretim planlaması
Produktionspreis ⟨m⟩ üretim fiyatı/maliyeti
Produktionsprozeß ⟨m⟩ üretim süreci
produktionsreif ⟨adj⟩ üretime hazır
Produktionsreife ⟨f⟩ üretim aşaması
Produktionsreserve ⟨f⟩ *(BWL)* âtıl kapasite
Produktionsrückgang ⟨m⟩ üretimde gerileme

Produktionsstandort ⟨m⟩ üretim mekânı/yeri
Produktionsstätte ⟨f⟩ üretim evi/tesisi; fabrika
[... für junge Unternehmen] yavru işletme
[nachgelagerte ...] geriye doğru işletme
[vorgelagerte ...] ileriye doğru işletme
Produktionssteigerung ⟨f⟩ üretim artışı
Produktionssteuer ⟨f⟩ *(öFi)* üretim vergisi; *(StR)* istihsal vergisi
Produktionssteuerung ⟨f⟩ *(Ind)* üretim yönetimi; üretim güdümü
Produktionsstopp ⟨m⟩ üretimi durdurma; üretime son verme
Produktionstechnik ⟨f⟩ üretim tekniği
Produktionstechnologie ⟨f⟩ üretim teknolojisi
Produktionstempo ⟨n⟩ üretim/üretme hızı
Produktionstiefe ⟨f⟩ üretim derinliği
Produktionsüberhang ⟨m⟩ üretim fazlası/üstesi
Produktionsüberschuß ⟨m⟩ üretim fazlalığı
Produktionsumfang ⟨m⟩ üretim kapsamı/hacmi
Produktionsumstellung ⟨f⟩ üretim değişikliği
Produktionsunterbrechung ⟨f⟩ üretime ara verme
Produktionsunternehmen ⟨n⟩ üretim işletmesi
Produktionsverbot ⟨n⟩ üretim yasağı
Produktionsverbund ⟨m⟩ ortak üretim
Produktionsverfahren ⟨n⟩ üretim yöntemi; → **Produktionsmethode**
Produktionsverlagerung ⟨f⟩ üretim yerini değiştirme
Produktionsverlangsamung ⟨f⟩ üretimi yavaşlatma
Produktionsverlauf ⟨m⟩ üretim seyri
Produktionsvolumen ⟨n⟩ üretim hacmi
Produktionsvorbereitungen ⟨pl⟩ süreç planlama
Produktionsvorgang ⟨m⟩ üretim süreci
Produktionswachstum ⟨n⟩ üretim büyümesi
Produktionsweise ⟨f⟩ üretim metodu
Produktionswert ⟨m⟩ üretim değeri
Produktionswirtschaft ⟨f⟩ üretim sanayii/sektörü
Produktionszahlen ⟨pl⟩ üretim sayıları
Produktionszeit ⟨f⟩ üretim süresi
produktiv ⟨adj⟩ *(BWL)* üretken; *(VWL)* verimli
Produktivität ⟨f⟩ *(BWL)* üretkenlik; *(BWL)* prodüktivite; *(VWL)* verimlilik
[... des Dienstleistungsbereichs] *(VWL)* hizmet verimliliği
[betriebliche ...] *(BWL)* işletme üretkenliği
[marginale ... der Investitionen] *(VWL)* yatırımların marjinal verimliliği
[gesamtwirtschaftliche ...] *(VWL)* toplam (ekonomik) verimlilik; *(VWL)* ekonomik verimlilik; *(VWL)* toplam işgücü verimliliği
[volkswirtschaftliche ...] *(VWL)* toplam (ekonomik) verimlilik; *(VWL)* ekonomik verimlilik; *(VWL)* toplam işgücü verimliliği
Produktivitätsanstieg ⟨m⟩ *(BWL)* üretkenlik artışı; *(BWL)* prodüktivite artışı
Produktivitätsfortschritt ⟨m⟩ *(BWL)* üretkenlik artışı; *(BWL)* prodüktivite artışı
Produktivitätsgrenze ⟨f⟩ *(VWL)* marjinal verimlilik
Produktivitätskennzahl ⟨f⟩ *(BWL)* üretkenlik oranı; *(BWL)* prodüktivite oranı/reşyosu
Produktivitätssteigerung ⟨f⟩ *(BWL)* prodüktivite artırımı/artışı
Produktivitätstheorie ⟨f⟩ *(VWL)* marjinal verimlilik kuramı

Produktivitätszuwachs ⟨m⟩ *(BWL)* üretkenlik artışı; *(BWL)* prodüktivite artışı
Produktivkapital ⟨n⟩ üretken sermaye
Produktivkräfte ⟨pl⟩ üretken kaynaklar/güçler
Produktivvermögen ⟨n⟩ üretken sermaye
Produktkosten ⟨pl⟩ mamul maliyeti
Produktleben ⟨n⟩ ürün ömrü
Produktlebensdauer ⟨f⟩ ürün ömrü
Produktlebenszyklus ⟨m⟩ ürün ömrü
Produktpflege ⟨f⟩ ürün/mamul yönetimi
Produktqualität ⟨f⟩ *(BWL)* ürün kalitesi
Produktverarbeitung ⟨f⟩ ürün/mamul işleme
Produktwerbung ⟨f⟩ *(Mk)* ürün tanıtımı
Produktwert ⟨m⟩ ürün değeri
Produzent ⟨m⟩ → **Erzeuger/Hersteller** üretici; imalatçı
Produzentenhaftpflicht ⟨f⟩ üreticinin sorumluluğu
Produzentenhaftung ⟨f⟩ üreticinin sorumluluğu
Produzentenhandel ⟨m⟩ doğrudan sürüm/satış
Produzentenkartell ⟨n⟩ üretici karteli
Produzentenpreis ⟨m⟩ üretici fiyatı
Produzentenrente ⟨f⟩ *(VWL)* üretici rantı
produzieren ⟨v/t⟩ üretmek; imal etmek
[auftragsbezogen ...] *(Ind)* siparişe göre üretmek; sipariş üzerine imal etmek; fason imal etmek
Profit ⟨m⟩ → **Gewinn** kâr
profitabel ⟨adj⟩ kârlı
profitieren ⟨int⟩ kâr etmek; yararlanmak; istifade etmek
Proformabilanz ⟨f⟩ *(ReW)* geçici mizan
Proformafaktura ⟨f⟩ *(ReW)* proforma fatura
Proformarechnung ⟨f⟩ *(ReW)* proforma fatura
Prognose ⟨f⟩ tahmin
[konjunkturelle ...] *(VWL)* ekonomik tahmin
Prognosefehler ⟨m⟩ *(Stat)* tahmin hatası
Prognoserechnung ⟨f⟩ tahmin
Programm ⟨n⟩ program; plan
Programmbudget ⟨n⟩ *(öFi)* program bütçe; *(öFi)* planlama-programlama- bütçeleme sistemi
Programmerweiterung ⟨f⟩ çeşitlendirme
Programmierung ⟨f⟩ *(EDV)* programlama
[lineare ...] *(OR)* doğrusal programlama
[mathematische ...] *(Math)* matematik programlama
[quadratische ...] *(OR)* kareli programlama
[nichtlineare ...] *(OR)* doğrusal olmayan programlama
Progression ⟨f⟩ artan oran
Progressionssteuer ⟨f⟩ *(StR)* artan oranlı vergi
Progressionstarif ⟨m⟩ artan oranlı tarife
progressiv ⟨adj⟩ artan oranlı; *(Tarif)* kaygan
Projekt ⟨n⟩ proje
[schlüsselfertiges ...] hazır proje; anahtar teslimi proje
Projektabrechnung ⟨f⟩ projenin hesaplanması
Projektdauer ⟨f⟩ proje(nin) ömrü
Projektdurchführung ⟨f⟩ proje uygulaması
Projektfinanzierung ⟨f⟩ proje finansmanı
Projektförderung ⟨f⟩ proje teşviki
projektgebunden ⟨adj⟩ proje bağımlı; projeye bağlı
Projektgemeinschaft ⟨f⟩ ortak girişim; *(Eng)* joint venture
Projektgesellschaft ⟨f⟩ ortak girişim şirketi
projektieren ⟨v/t⟩ (proje) planlamak

Projektierung ⟨f⟩ (proje) planlama
Projektierungskosten ⟨pl⟩ (proje) planlama maliyeti
Projektion ⟨f⟩ *(VWL)* projeksiyon
Projektkosten ⟨pl⟩ proje maliyeti
Projektkredit ⟨m⟩ *(BkW)* proje kredisi
Projektleiter ⟨m⟩ proje yöneticisi
Projektleitung ⟨f⟩ proje yönetimi
Projektplanung ⟨f⟩ proje planlama
Projektstudie ⟨f⟩ *(Mk)* fizibilite araştırması
Projektvorlauf ⟨m⟩ ön proje aşaması
Projektzeitraum ⟨m⟩ proje dönemi
Pro-Kopf-Ausstoß ⟨m⟩ *(VWL)* adam başına (fizikî) verim/üretim
Pro-Kopf-Bedarf ⟨m⟩ *(VWL)* adam başına ihtiyaç
Pro-Kopf-Einkommen ⟨n⟩ *(vGR)* adam başına gelir
Pro-Kopf-Leistung ⟨f⟩ *(BWL)* adam başına verim/üretim
Pro-Kopf-Verbrauch ⟨m⟩ *(Stat)* adam başına tüketim
Pro-Kopf-Verschuldung ⟨f⟩ *(öFi)* adam başına borçlanma
Prokura ⟨f⟩ ticarî vekâlet
 [... erteilen] ticarî vekil olarak tayin etmek
 [per...] vekâleten
 [per... zeichnen] vekâleten imzalamak
Prokuraunterschrift ⟨f⟩ vekâleten imza
Prokurist ⟨m⟩ ticarî vekil; (ticarette) imzaya yetkili (kişi)
Prolongation ⟨f⟩ repor; temdit; sürenin uzat(ıl)ma(sı); mehil verme; yenileme
prolongationsfähig ⟨adj⟩ uzatılabilir; temdit edilebilir
Prolongationsgeschäft ⟨n⟩ *(Bö)* repor işlemi
Prolongationskredit ⟨m⟩ *(BkW)* yenileme kredisi
Prolongationsschein ⟨m⟩ yenileme/uzatma/temdit belgesi
prolongieren ⟨v/t⟩ uzatmak; yenilemek; temdit etmek
Promptgeschäft ⟨n⟩ anında işlem
Propaganda ⟨f⟩ propaganda; → **Werbung**
Properhandel ⟨m⟩ kendi hesabına ticaret
Properhändler ⟨m⟩ kendi hesabına tüccar
proportional ⟨adj⟩ orantılı
Proportionalbesteuerung ⟨f⟩ *(StR)* orantılı vergilendirme
Propregeschäft ⟨n⟩ kendi hesabına iş
Prospekt ⟨m⟩ prospektüs; broşür; bülten; el afişi/ilanı
 [... für die Börsenzulassung] *(Bö)* borsa bülteni
Prospekte ⟨pl⟩ prospektüsler; broşürler; (satış) broşürleri
Prospektmaterial ⟨n⟩ (satış) broşürleri
Prospektzwang ⟨m⟩ *(Bö)* bülten çıkarma zorunluluğu
Prosperität ⟨f⟩ refah
Protektionismus ⟨m⟩ himayecilik; koruyuculuk
protektionistisch ⟨adj⟩ himayeci
Protest ⟨m⟩ *(WeR)* protesto
 [... anmelden] protestoyu bildirmek
 [... anzeigen] protestoyu ihbar etmek; protesto etmek
 [... aufnehmen lassen] protestoyu ihbar etmek; protesto etmek
 [... hinausschieben] protestoyu ertelemek
 [... mangels Annahme] *(WeR)* kabul etmeme protestosu
 [... mangels Sicherheit] ademi teminat protestosu
 [... mangels Zahlung] *(WeR)* ödememe protestosu
 [... wegen Nichtannahme] kabul etmeme protestosu
 [mangels... es] protesto olmaması yüzünden
 [nach...] protestodan sonra; protesto üzerine
 [ohne...] protestosuz
 [unter...] protestolu
 [unter... akzeptieren] protestolu kabul etmek
 [verspäteter...] gecikmiş protesto
 [zu... gehen] protesto etmek
Protestanzeige ⟨f⟩ protesto bildirisi/ilanı
Protesterklärung ⟨f⟩ *(WeR)* protesto beyanı
Protestfrist ⟨f⟩ protesto süresi
Protestkosten ⟨pl⟩ *(WeR)* protesto masrafları
Protestschreiben ⟨n⟩ protesto mektubu/yazısı
Protestspesen ⟨pl⟩ *(WeR)* protesto masrafları
Protesturkunde ⟨f⟩ *(WeR)* protesto varakası
Protestvermerk ⟨m⟩ protesto kaydı; protesto şerhi
Protokoll ⟨n⟩ tutanak; zabıt
 [ins... aufnehmen] tutanağa geçirmek
Protokollführer ⟨m⟩ yazman; zabıt kâtibi
Provinz ⟨f⟩ taşra; il
Provinzbörse ⟨f⟩ yerel/mahalli borsa
Provinzfiliale ⟨f⟩ yerel/mahalli şube; taşra şubesi
Provision ⟨f⟩ komisyon (ücreti)
 [einmalige...] bir kereye mahsus komisyon (ücreti)
Provisionsabrechnung ⟨f⟩ komisyon faturası
Provisionsagent ⟨m⟩ komisyoncu acenta; dükruvar mümessil
Provisionseinnahmen ⟨pl⟩ komisyon geliri; tahsil edilen komisyon
provisionsfrei ⟨adj⟩ komisyonsuz; ücretsiz
Provisionsgebühr ⟨f⟩ komisyon (ücreti)
Provisionsgeschäft ⟨n⟩ komisyon üzerinden iş(lem)
Provisionshöhe ⟨f⟩ komisyon haddi
Provisionsmakler ⟨m⟩ komisyoncu simsar
Provisionsrechnung ⟨f⟩ komisyon faturası
Provisionssatz ⟨m⟩ komisyon haddi
Provisionsvertreter ⟨m⟩ komisyoncu acenta; dükruvar mümessil
Provisionszahlung ⟨f⟩ komisyon öde(n)mesi
Prozent ⟨n⟩ yüzde
 [in... (en)] yüzde olarak
Prozentsatz ⟨m⟩ yüzde (oranı)
prozentual ⟨adj⟩ yüzdeli; yüzde üzerinden
Prozeß ⟨m⟩ süreç; prosedür; *(Jur)* yargılama; dava
 [... verlieren] davayı kaybetmek
 [im... unterliegen] davayı kaybetmek
 [anhängiger...] *(Jur)* ikameli dava
 [schwebender...] *(Jur)* sürümcemede bulunan dava
Prozeßakten ⟨pl⟩ *(Jur)* dava dosyası
Prozeßanalyse ⟨f⟩ *(OR)* aktivite analizi
Prozeßbeteiligter ⟨m⟩ *(Jur)* davada taraf
Prozeßbevollmächtigter ⟨m⟩ *(Jur)* dava vekili
Prozeßfähigkeit ⟨f⟩ *(Jur)* dava ehliyeti; *(Jur)* husumet ehliyeti
 [aktive...] *(Jur)* dava (etme) ehliyeti; *(Jur)* aktif husumet; *(Jur)* husumet ehliyeti

[passive ...] *(Jur)* davayı kabul ehliyeti; *(Jur)* husumeti kabul ehliyeti
Prozeßdaten ⟨pl⟩ *(EDV)* işlem verileri
Prozeßkosten ⟨pl⟩ *(Jur)* dava masrafları; *(Jur)* yargılama masrafları
[... auferlegen] yargılama masraflarını yüklemek
Prozeßkostenhilfe ⟨f⟩ *(Jur)* adlî yardım
Prozessor ⟨m⟩ *(EDV)* işlem ünitesi
Prüfattest ⟨n⟩ denetim raporu
Prüfbeamter ⟨m⟩ muayene memuru; → **Prüfer**
prüfen ⟨v/t⟩ denetlemek; kontrol etmek; incelemek; *(Revision)* denetlemek
Prüfer ⟨m⟩ denetçi; müfettiş; kontrolör; *(ReW)* denetçi
[betriebseigener ...] iç denetçi
[innerbetrieblicher ...] iç denetçi
[unabhängiger ...] bağımsız denetçi
Prüfliste ⟨f⟩ kontrol listesi
Prüfnummer ⟨f⟩ kontrol/muayene numarası
Prüfstempel ⟨m⟩ kontrol damgası
Prüfumfang ⟨m⟩ denetim kapsamı
Prüfung ⟨f⟩ 1. sınav; imtihan 2. denetim; denetleme; teftiş; kontrol; test; revizyon; yoklama; muayene; inceleme
[... an Ort und Stelle] yerinde denetim
[... der Arbeitsabläufe] *(Ind)* süreç denetimi
[... der Betriebsabläufe] *(Ind)* süreç denetimi
[... der Bilanz] bilanço denetimi
[... der (Geschäfts)Bücher] defterlerin denetimi
[... der Geschäftsführung und Organisation] idarî denetim
[... der Gewinn- und Verlustrechnung] kâr ve zarar hesabının denetimi
[... der Investitionsvorhaben] planlanan yatırımların denetimi
[... der Kasse] kasa kontrolu
[... der Richtigkeit] doğruluğunu kontrol etme
[... der Vorräte] envanter denetimi
[... des Jahresabschlusses] bilanço denetimi
[... des Geschäftsberichts] faaliyet raporu denetimi
[... des Rechnungswesens] *(ReW)* muhasebe denetimi

[... durch unabhängigen Wirtschaftsprüfer] bağımsız ekonomik denetim uzmanı yoluyla denetim
[betriebsfremde ...] *(BWL)* dış denetim
[betriebsinterne ...] *(BWL)* iç denetim
[eingehende ...] etraflı denetim
[innerbetriebliche ...] *(BWL)* iç denetim
[pflichtgemäße ...] resmî/kanunî denetim
[planmäßige ...] olağan denetim
Prüfungsablauf ⟨m⟩ denetim/denetleme süreci
Prüfungsabschnitt ⟨m⟩ denetim aşaması
Prüfungsanstalt ⟨f⟩ muayene merkezi
Prüfungsausschuß ⟨m⟩ teftiş heyeti; denetim kurulu; sınav komisyonu
Prüfungsbericht ⟨m⟩ eksper raporu; denetim/denetçi raporu
Prüfungsergebnis ⟨n⟩ denetim sonucu
Prüfungsgebühr ⟨f⟩ denetim harcı
Prüfungsgrundsätze ⟨pl⟩ denetleme esasları
Prüfungskosten ⟨pl⟩ denetleme masrafları
Prüfungsmuster ⟨n⟩ denetmelik numune
Prüfungspflicht ⟨f⟩ denetim zorunluluğu
Prüfungsprotokoll ⟨n⟩ denetim raporu; muayene tutanağı
Prüfungstermin ⟨m⟩ 1. sınav tarihi 2. denetim tarihi; teftiş günü
Prüfungsumfang ⟨m⟩ denetim kapsamı
Prüfungsverfahren ⟨n⟩ denetleme yöntemi; muayene usulü; test işlemi
Publikum ⟨n⟩ kamu; seyirciler
Publikumsaktie ⟨f⟩ kamu hissesi
Publikumsgesellschaft ⟨f⟩ kamu iktisadi teşebbüsü
Publikumsverkehr ⟨m⟩ kamuya açık saatler
Publizität ⟨f⟩ açıklık; *(Gesellschaft)* açıkla(n)ma; bilgi verme
Publizitätsprinzip ⟨n⟩ açıklık ilkesi
Puffer ⟨m⟩ tampon
Pufferbestände ⟨pl⟩ tampon stoklar
Pufferlager ⟨n⟩ tampon stoklar deposu
Puffervorrat ⟨m⟩ tampon stok
Punkt ⟨m⟩ nokta; kalem
[unerledigte ... e] tamamlanmamış/bitmemiş işler *(Geschäftsordnung)* görüşülmemiş noktalar

Q

Quadrat ⟨n⟩ *(Math)* kare
quadratisch ⟨adj⟩ *(Math)* kareli
Quadratmeter ⟨m⟩ *(Math)* metrekare
Qualität ⟨f⟩ kalite
[... eines Erzeugnisses] ürün kalitesi
[allererste ...] en üstün kalite
[beste ...] üstün kalite
[durchschnittliche ...] standart kalite
[erste ...] birinci kalite; üstün kalite
[handelsübliche ...] ticarî kalite
[marktübliche ...] (normal/mutad) piyasa kalitesi
[minderwertige ...] düşük kalite
[mittlere ...] orta kalite
[nach ... ordnen] (kalitesine göre) derecelemek/sınıflandırmak

[zugesicherte ...] garanti/temin edilen kalite
Qualitätsanforderung ⟨f⟩ kalitede standart
Qualitätsarbeit ⟨f⟩ kaliteli işçilik
Qualitätsbeanstandung ⟨f⟩ kalite hakkında şikayet
Qualitätsbestimmung ⟨f⟩ kaliteyi saptama
Qualitätserzeugnis ⟨n⟩ kaliteli ürün/mahsul
Qualitätskennzeichnung ⟨f⟩ kalite işareti
Qualitätsklasse ⟨f⟩ kalite sınıfı
Qualitätskontrolle ⟨f⟩ kalite kontrol
Qualitätsmarke ⟨f⟩ kaliteli marka
Qualitätsprüfung ⟨f⟩ kalite kontrol
Qualitätsware ⟨f⟩ (üstün) kaliteli mal
Qualitätszeichen ⟨n⟩ kalite işareti; marka
Qualitätszusicherung ⟨f⟩ kalite garantisi
Quantil ⟨n⟩ *(Stat)* kantil
Quantität ⟨f⟩ miktar; kantite

Quantitätsbestimmung ⟨f⟩ miktar saptama
Quantitätsmangel ⟨m⟩ (miktarda) eksiklik
Quantitätstheorie ⟨f⟩ *(VWL)* miktar teorisi
 [... des Geldes] *(VWL)* paranın miktar teorisi
Quarantäne ⟨f⟩ *(Med)* karantina
Quartal ⟨n⟩ *(ReW)* dönem; *(ReW)* üç aylık süre
 [letztes ...] son dönem
Quartalsabrechnung ⟨f⟩ dönem hesabı; dönem sonu bilançosu
Quartalsabschluß ⟨m⟩ dönem sonu bilançosu
Quartalsausweis ⟨m⟩ dönem hesabı/raporu; mizan
Quartalsbericht ⟨m⟩ dönem hesabı/raporu; mizan
Quartalsdividende ⟨f⟩ üç aylık temettü; dönem sonu temettüü
Quartalsrechnung ⟨f⟩ dönem sonu hesabı/bilançosu
Quartalsverrechnung ⟨f⟩ dönem sonu hesabı/bilançosu
Quartil ⟨n⟩ *(Stat)* kartil
Quartilabstand ⟨m⟩ *(Stat)* kartiller arası aralık
 [halber ...] *(Stat)* kartil sapması;
 (Stat) kartiller arası yarım aralık
Quartilschiefemaß ⟨n⟩ *(Stat)* kartiller arasındaki farkın ölçüsü
Quelle ⟨f⟩ kaynak
 [an der... besteuern] *(StR)* kaynakta vergilemek
 [an der... erheben] *(StR)* kaynakta tarh etmek
 [an der... kaufen] yerinde(n) satın almak
 [authentische ...] güvenilir kaynak
 [finanzielle ... n] finansal/mali kaynaklar
 [verläßliche ...] güvenilir kaynak
Quellenabzug ⟨m⟩ *(StR)* kaynakta kesme; stopaj
Quellenbesteuerung ⟨f⟩ *(StR)* kaynakta vergilendirme; → **Quellenabzug**
Quellennachweis ⟨m⟩ kaynak kanıtı; kaynakların listesi
Quellenprinzip ⟨n⟩ *(StR)* kaynak prensibi
Quellenstaat ⟨m⟩ *(AußH)* kaynak ülke
Quellensteuer ⟨f⟩ *(StR)* kaynak vergisi; stopaj
 [... erheben] *(StR)* kaynakta vergi kesmek

Quellensteuerabzug ⟨m⟩ *(StR)* kaynakta vergi kesme; stopaj
Quellentext ⟨m⟩ kaynak metni
Quellenverzeichnis ⟨n⟩ kaynakça
Quellwasser ⟨n⟩ kaynak suyu
Querkurs ⟨m⟩ *(BkW)* çapraz kur
Querschnitt ⟨m⟩ kesit
Querschreiben ⟨n⟩ *(WeR)* çizgi
querschreiben ⟨v/t⟩ (enine) çizmek; *(WeR)* kabul etmek
Querverbindung ⟨f⟩ iç bağlantı
quittieren ⟨v/t⟩ makbuz vermek; alındığına dair imza ile teyit etmek; *(Dienst)* istifa etmek
quittiert ⟨adj⟩ makbuzlu; alındı
Quittung ⟨f⟩ *(ReW)* makbuz
 [... ausstellen] makbuz tanzim etmek
 [... erteilen] makbuz vermek
 [doppelte ...] *(ReW)* çift makbuz
 [endgültige ...] kesin makbuz
 [gegen ...] *(ReW)* makbuz karşılığı
 [gültige ...] geçerli makbuz
 [laut beiliegender ...] ekteki makbuza göre
 [ohne ...] makbuzsuz
 [ordnungsgemäße ...] usulen makbuz
 [unausgefüllte ...] açık makbuz
 [vorläufige ...] geçici makbuz
Quittungsblock ⟨m⟩ makbuz defteri
quotal ⟨adj⟩ oranlı; kısmî; garameten
Quote ⟨f⟩ kota; pay; oran;
 (Konkurs) garameten tevzi
 [...n festlegen] kotaları saptamak
 [...n zuteilen] kotaları dağıtmak; kotaları tahsis etmek
Quotenanteil ⟨m⟩ kota payı
Quotenregelung ⟨f⟩ kota rejimi
Quotenzuteilung ⟨f⟩ kota(ların) dağıtımı
Quotenzuweisung ⟨f⟩ kota(ların) tahsisi
quotieren ⟨v/t⟩ kotalamak; *(Bö)* kote etmek

R

Rabatt ⟨m⟩ indirim; tenzilat; iskonto
 [... bei Barzahlung] nakit iskontosu
 [... bei Mengenabnahme] miktar iskontosu
 [... bewilligen] indirim yapmak; iskonto yapmak
 [... für Einzelhändler] perakende iskontosu
 [... für Wiederverkäufer] perakende iskontosu
 [... gewähren] indirim yapmak; iskonto yapmak
 [... zugestehen] indirim yapmak; iskonto yapmak
 [abzüglich ...] indirimsiz; iskontosuz
 [mit ...] indirimli; iskontolu
 [handelsüblicher ...] ticarî iskonto/indirim
 [ohne ...] indirimsiz; iskontosuz; net
Rabattbedingungen ⟨pl⟩ iskonto koşulları
Rabattpreis ⟨m⟩ indirimli fiyat; iskonto fiyatı
Rabattsatz ⟨m⟩ indirim haddi; iskonto haddi
Radio ⟨n⟩ → **Rundfunk** radyo
Radioreklame ⟨f⟩ *(Mk)* radyoda reklam/tanıtım
Radiowerbung ⟨f⟩ *(Mk)* radyoda reklam/tanıtım
Raffinerie ⟨f⟩ *(Ind)* rafineri

Raffinerieerzeugnis ⟨n⟩ → **Rafinerieprodukt**
Raffinerieprodukt ⟨n⟩ *(Ind)* rafineri ürünü
Rahmen ⟨m⟩ çerçeve; yapı; kapsam
Rahmenabkommen ⟨n⟩ çerçeve anlaşması
Rahmenbedingungen ⟨pl⟩ genel koşullar; ortam
 [gesamtwirtschaftliche ...] *(VWL)* makroekonomik ortam
 [konjunkturelle ...] *(VWL)* ekonomik ortam
 [wirtschaftliche ...] *(VWL)* ekonomik ortam
Rahmenbestimmungen ⟨pl⟩ *(Jur)* genel hükümler
Rahmenkredit ⟨m⟩ *(BkW)* kredi haddi
Rahmenplan ⟨m⟩ *(BWL)* genel plan
Rahmentarifvertrag ⟨m⟩ toplu iş sözleşmesi
Raiffeisenbank ⟨f⟩ *(BkW)* tarım kredi kooperatifi
Raiffeisenkasse ⟨f⟩ *(BkW)* tarım kredi kooperatifi
Ramschware ⟨f⟩ değersiz mal
Rand ⟨m⟩ kenar
Randbemerkung ⟨f⟩ derkenar
Rang ⟨m⟩ derece; sıra; tertip; mertebe; rütbe
 [... der Gläubiger] *(Jur)* sıra cetveli
 [... einer Forderung] alacakta öncelik

Rangfolge ⟨f⟩ → **Rang/Rangordnung** derece; sıra; tertip; mertebe silsilesi; meratip silsilesi; rütbe silsilesi
 [... von Konkursforderungen] *(Jur)* sıra cetveli
Rangierbahnhof ⟨m⟩ *(Bahn)* manevra garı
Rangkorrelation ⟨f⟩ *(Stat)* sıra korelasyonu
Rangkorrelationsanalyse ⟨f⟩ *(Stat)* sıra korelasyon analizi
Rangkorrelationskoeffizient ⟨m⟩ *(Stat)* sıra korelasyon katsayısı
Rangordnung ⟨f⟩ → **Rang/Rangfolge**
 [... der Ansprüche] *(Jur)* sıra cetveli
 [... der Pfandrechte] *(Jur)* hacizde derece
Rangstelle ⟨f⟩ → **Rang**
Rangzahl ⟨f⟩ *(Stat)* sıra sayısı
Rat ⟨m⟩ kurul; meclis; *(Zentralbank)* guvernörlük
Rate ⟨f⟩ taksit; oran
 [auf ... n] taksitle
 [auf ... n kaufen] taksitle satın almak
 [in ... n] taksitle
 [in ... n bezahlen] taksitle ödemek
 [in ... n zahlen] taksitle ödemek
 [in monatlichen ... n] aylık taksitler halinde
 [erste ...] ilk taksit; *(Anzahlung)* depozito
 [jährliche ...] yıllık taksit/oran
 [kurzfristige ... n] kısa vadeli taksitler
 [letzte ...] son taksit
 [rückständige ...] gecikmiş taksit; vadesi geçmiş taksit
 [überfällige ...] gecikmiş taksit; vadesi geçmiş taksit
Ratendarlehen ⟨n⟩ *(BkW)* taksit kredisi
Rateneinkauf ⟨m⟩ taksitle alım
Ratengeschäft ⟨n⟩ taksitli işlem
Ratenkauf ⟨m⟩ taksitle alım; taksitle satın alma
Ratenkredit ⟨m⟩ *(BkW)* taksit kredisi
Ratenpreis ⟨m⟩ taksitle alım fiyatı
Ratensparen ⟨n⟩ taksitle tasarruf
Ratenvereinbarung ⟨f⟩ taksitle alım mukavelesi
Ratenverkauf ⟨m⟩ taksitle satım; taksitli satış
Ratenzahlung ⟨f⟩ taksitle ödeme
 [... leisten] taksit ödemek
 [gestundete ...] ertelenmiş taksit
 [letzte ...] son taksit
Ratenzahlungsbedingungen ⟨pl⟩ taksitle ödeme koşulları
Ratenzahlungsgeschäft ⟨n⟩ taksitle ödeme (işi)
Ratenzahlungskauf ⟨m⟩ taksitle (ödemeli) alım; ertelenmiş ödemeli alım
Ratenzahlungskredit ⟨m⟩ taksitle alım kredisi; ertelenmiş ödeme kredisi
Ratenzahlungsvertrag ⟨m⟩ taksitle alım mukavelesi
Ratgeber ⟨m⟩ kılavuz; rehber; danışman
 [steuerlicher ...] vergi kılavuzu
Ration ⟨f⟩ rasyon; pay; tayın
rationalisieren ⟨v/t⟩ *(BWL)* rasyonalize/modernize etmek; etkinleştirmek
Rationalisierung ⟨f⟩ *(BWL)* rasyonelleştirme; *(BWL)* modernleştirme; *(BWL)* etkinleştirme
Rationalisierungseinsparung ⟨f⟩ etkinlik kârı
Rationalisierungseinsparungen ⟨pl⟩ etkinlik kârları; verimlilik kârları
Rationalisierungserfolg ⟨m⟩ etkinleştirmede başarı; etkinlik artışı
Rationalisierungsgewinn ⟨m⟩ etkinlik kârı

Rationalisierungsinvestition ⟨f⟩ *(BWL)* modernizasyon yatırımı
Rationalisierungsinvestitionen ⟨pl⟩ *(BWL)* modernleştirmeye yönelik sermaye harcamaları
Rationalisierungsplan ⟨m⟩ *(BWL)* etkinleştirme planı; yeniden yapılandırma planı
Rationalisierungsreserve ⟨f⟩ *(BWL)* etkinliği artırıcı potansiyel
rationell ⟨adj⟩ rasyonel; ölçülü; hesaplı; ekonomik
Raub ⟨m⟩ soygun
Raubbau ⟨m⟩ aşırı ölçüde sömürme; *(BergB)* madenlerin aşırı ölçüde sömürülmesi; *(LandW)* aşırı ölçüde ekip biçerek toprağı sömürme; (Weidewirtschaft) aşırı ölçüde otlandırma; *(Forstwirtschaft)* ağaçların aşırı ölçüde kesilmesi
Raubgut ⟨n⟩ *(Jur)* çalınmış mal
Raubüberfall ⟨m⟩ *(Jur)* soygun
Rauchwaren ⟨pl⟩ tütün mahsulleri; *(Pelze)* kürk eşya
Raum ⟨m⟩ uzay; yer; *(Fläche)* alan; bölge; *(Laderaum)* ambar; *(Inhalt)* hacim; kapasite; *(Zimmer)* oda
 [gewerblich genutzter ...] ticarî amaçla kullanılan yer
Raumbedarf ⟨m⟩ yer ihtiyacı
räumen ⟨v/t⟩ tahliye etmek; boşaltmak
Raumfahrt ⟨f⟩ uzay yolculuğu
Raumfahrtindustrie ⟨f⟩ uzay sanayii
Raumförderungsprogramm ⟨n⟩ bölge planlaması
Rauminhalt ⟨m⟩ hacim; metreküp
räumlich ⟨adj⟩ yerel; mahallî
Räumlichkeiten ⟨pl⟩ yer; lokal
Raummangel ⟨m⟩ 1. yer darlığı/eksikliği/sıkıntısı; yersizlik
Raummiete ⟨f⟩ yer kirası
Raumordnung ⟨f⟩ bölge planlaması
Raumplanung ⟨f⟩ bölge planlaması
raumsparend ⟨adj⟩ yerden tasarruflu
Räumung ⟨f⟩ tahliye; boşaltma; *(Lager)* boşaltma; *(Jur)* tahliye; kiralananın tahliyesi
Räumungsanordnung ⟨f⟩ *(Jur)* tahliye emri/kararı
Räumungsbefehl ⟨m⟩ *(Jur)* tahliye müzekkeresi
Räumungsausverkauf ⟨m⟩ tahliye/tasfiye satışı
Räumungsklage ⟨f⟩ *(Jur)* tahliye davası; kiracı çıkartma davası
Räumungsschlußverkauf ⟨m⟩ tasfiye satışı
Räumungsverkauf ⟨m⟩ tasfiye satışı
 [... wegen Geschäftsaufgabe] (işyerinin kapanması yüzünden) tasfiye satışı
Raumverschwendung ⟨f⟩ yer israfı
Raumverteilungsplan ⟨m⟩ yer (bölüşüm) planı
Reaktion ⟨f⟩ tepki; reaksiyon; davranış
 [(markt)technische ...] *(Bö)* teknik davranış/tepki
Reaktionsgleichung ⟨f⟩ *(VWL)* davranış denklemi
real ⟨adj⟩ gerçek; reel; efektif; aynî; fiilî
Realabwertung ⟨f⟩ efektif devalüasyon
Realakzept ⟨n⟩ edim karşılığı kabul
Realaufwertung ⟨f⟩ efektif reevalüasyon
Realbesteuerung ⟨f⟩ *(StR)* emlak vergisi
Realeinkommen ⟨n⟩ *(VWL)* reel gelir
Realerlös ⟨m⟩ reel getiri
Realien ⟨pl⟩ 1. gayrimenkuller 2. donneler
Realisation ⟨f⟩ → **Realisierung** *(ReW)* gerçekleş(tir)me; realizasyon; likidasyon;

(Jur) tasfiye; *(Bö)* realizasyon
Realisationsgewinn ⟨m⟩ *(ReW)* likidasyon/tasfiye kârı; *(Bö)* realizasyon kârı
Realisationskonto ⟨n⟩ realizasyon hesabı; tasfiye hesabı
Realisationsprinzip ⟨n⟩ *(ReW)* realizasyon esası; fifo metodu
Realisationsverkauf ⟨m⟩ tasfiye satışı
Realisationswert ⟨m⟩ tasfiye değeri
Realisierbarkeit ⟨f⟩ *(BWL)* fizibilite
realisieren ⟨v/t⟩ *(ReW)* gerçekleştirmek; *(Bö)* realize etmek; paraya dönüştürmek; *(Jur)* tasfiye etmek; *(BWL)* uygulamak
Realisierung ⟨f⟩ → **Realisation** *(ReW)* gerçekleş-(tir)me; likidasyon; *(Bö)* realizasyon; *(Jur)* tasfiye
Realisierungsgewinn ⟨m⟩ *(Bö)* realizasyon/gerçekleş(tir)me kârı
Realkapital ⟨n⟩ sabit/fizikî sermaye; sabit varlıklar
Realkasseneffekt ⟨m⟩ *(VWL)* reel ankes etkisi
Realkassenhaltungseffekt ⟨m⟩ *(VWL)* gerçek para mevcutları etkisi
Realkonsum ⟨m⟩ *(VWL)* reel tüketim
Realkosten ⟨pl⟩ *(VWL)* gerçek maliyet; *(KoR)* fiilî maliyet
Realkredit ⟨m⟩ *(BkW)* gayrimenkul kredisi; *(BkW)* emlak kredisi
Realkreditinstitut ⟨n⟩ *(BkW)* ipotek bankası
Reallast ⟨f⟩ gayrimenkul mükellefiyeti; taşınmaz yükümlülüğü; aynî yükümlülük
Reallohn ⟨m⟩ *(VWL)* gerçek/reel ücret
Realprodukt ⟨n⟩ *(vGR)* gerçek gayri safi millî hasıla
Realsteuer ⟨f⟩ *(StR)* aynî vergi
Realtausch ⟨m⟩ *(AuβH)* barter işlemi; mal takası
Realvermögen ⟨n⟩ gayrimenkul; mülk; mülkiyet; *(VWL)* sabit sermaye
Realwert ⟨m⟩ reel/gerçek değer
Realzeit ⟨f⟩ fiilî saatler; *(EDV)* gerçek zaman
Realzeitbetrieb ⟨m⟩ *(EDV)* gerçek zamanda işlem
Realzeitverarbeitung ⟨f⟩ *(EDV)* gerçek zamanda işleme
Realzins ⟨m⟩ *(VWL)* reel faiz; *(BkW)* effektif faiz
Realzinssatz ⟨m⟩ *(VWL)* reel faiz oranı; *(BkW)* effektif faiz oranı
Reassekuranz ⟨f⟩ → **Rückversicherung**
Rechenanlage ⟨f⟩ *(EDV)* bilgisayar
Recheneinheit ⟨f⟩ hesap birimi
Rechenfehler ⟨m⟩ hesap hatası/yanlışlığı
Rechenschaft ⟨f⟩ hesap
[... (ab)legen] hesap vermek
Rechenzentrum ⟨n⟩ *(EDV)* bilgisayar merkezi
rechnen ⟨int⟩ hesaplamak; ⟨refl⟩ ödemek
Rechner ⟨m⟩ hesap makinası; *(EDV)* bilgisayar
rechnergesteuert ⟨adj⟩ *(EDV)* bilgisayar güdümlü/kontrollü
rechnergestützt ⟨adj⟩ *(EDV)* bilgisayar destekli/takviyeli
Rechnung ⟨f⟩ *(ReW)* fatura; *(ReW)* hesap; *(ReW)* muhasebe; *(KoR)* muhasebe
[... ablegen] hesap vermek
[... ausschreiben] fatura kesmek/yazmak/çıkarmak
[... ausstellen] fatura kesmek/yazmak/çıkarmak
[... begleichen] fatura ödemek
[... bezahlen] fatura ödemek

[... erteilen] hesap sunmak/vermek
[... in doppelter Ausfertigung] iki nüshalı fatura
[... legen] hesap vermek
[... liquidieren] fatura ödemek
[... prüfen] faturayı kontrol etmek
[... schreiben] fatura kesmek/yazmak
[... skontieren] faturada iskonto yapmak
[... überprüfen] fatura(yı) kontrol etmek
[... vorlegen] hesap vermek/sunmak
[auf ... bestellen] fatura karşılığı sipariş vermek
[auf ... kaufen] veresiye satın almak
[auf ... und Gefahr] hesap ve riskine
[auf ... und Gefahr des Käufers] alıcının hesap ve riskine
[auf neue ... übertragen] yeni hesaba geçirmek
[auf neue ... vortragen] yeni hesaba geçirmek
[auf die ... setzen] hesaba yazmak; faturaya işlemek
[auf eigene ... arbeiten] kendi hesabına çalışmak
[auf feste ...] sabit fiyatla
[auf fremde ... kaufen] başkası hesabına satınalmak
[auf eigene ...] kendi hesabına
[ausgestellte ...] tanzim edilmiş fatura
[ausstehende ... en] *(ReW)* ödenmemiş faturalar
[fällige ... en] muaccel faturalar
[fremde ...] üçüncü kişi hesabı
[für ... von] hesabına
[für eigene ...] kendi hesabına
[für fremde ...] üçüncü kişi hesabına
[gemäß beigefügter ...] ekteki fatura gereğince
[gesamtwirtschaftliche ...] *(vGR)* genel muhasebe
[im Rückstand befindliche ...] askıda kalmış hesap; muallâk hesap
[in ... gestellt] faturalı
[in ... stellen] fatura yazmak
[laufende ...] *(ReW)* açık hesap; cari hesap
[laut ...] faturaya/hesaba göre
[offene ...] *(ReW)* açık hesap; kapanmamış hesap; ödenmemiş fatura
[offenstehende ...] *(ReW)* açık hesap; kapanmamış hesap; ödenmemiş fatura
[unbezahlte ...] ödenmemiş fatura
[vorläufige ...] proforma fatura; geçici fatura
Rechnungsabgrenzung ⟨f⟩ *(ReW)* tahakkuk etmiş ve ödenecek masraflar; *(ReW)* gerçekleşme ve erteleme; *(ReW)* tahakkuk ve tehir
[aktive ...] *(ReW)* tahakkuk etmiş gelir; alacaklar; ödenmiş masraflar; tranzituar aktifler
[passive ...] *(ReW)* tahakkuk etmiş masraf; ertelenmiş gelir; tranzituar pasifler
Rechnungsabgrenzungsposten ⟨m⟩ *(ReW)* alacaklar ve borçlar; tahakkuk etmiş ve ödenecek/ertelenmiş masraflar/kalemler; *(Aktiva)* tahakkuk etmiş masraflar/kalemler/gelir; alacaklar; tahakkuklar; *(Passiva)* borçlar; ertelemeler
Rechnungsabschluß ⟨m⟩ (kapanış) bilanço(su)
[... testieren] *(Wirtschaftsprüfer)* bilançoyu onaylamak
Rechnungsabschnitt ⟨m⟩ *(ReW)* hesap dönemi
Rechnungsabschrift ⟨f⟩ fatura sureti
Rechnungsabteilung ⟨f⟩ muhasebe servisi
Rechnungsaufstellung ⟨f⟩ bilanço

Rechnungsausgleich ⟨m⟩ bilanço
Rechnungsauszug ⟨m⟩ *(BkW)* hesap özeti; *(BkW)* ekstre
Rechnungsbeleg ⟨m⟩ hesap pusulası; muhasebe fişi
Rechnungsbericht ⟨m⟩ *(ReW)* muhasebe raporu
Rechnungsbetrag ⟨m⟩ fatura bedeli
[... kassieren] fatura bedelini tahsil etmek
Rechnungsbuch ⟨n⟩ *(ReW)* muhasebe defteri
Rechnungsdatum ⟨n⟩ faturanın tarihi
Rechnungsdefizit ⟨n⟩ hesap açığı
Rechnungsdoppel ⟨n⟩ fatura sureti; ikinci fatura
Rechnungseinheit ⟨f⟩ *(ReW)* muhasebe birimi
Rechnungseinzugsverfahren ⟨n⟩ *(BkW)* direkt borçlandırma sistemi
Rechnungserteilung ⟨f⟩ hesap verme
Rechnungsführer ⟨m⟩ muhasebeci; muhasip; muhasebe memuru
Rechnungsführung ⟨f⟩ muhasebe; hesap tutma
[... prüfen] hesapları denetmek
Rechnungsgutschrift ⟨f⟩ muhasebe matlup fişi
Rechnungshof ⟨m⟩ *(Jur)* sayıştay
Rechnungsjahr ⟨n⟩ hesap yılı
Rechnungskauf ⟨m⟩ veresiye alım
Rechnungskontrolle ⟨f⟩ muhasebe denetimi
Rechnungslegung ⟨f⟩ *(ReW)* muhasebe; hesap verme/sunma; mali rapor
[... mit Bewertung zum Zeitwert] *(KoR)* cari maliyet muhasebesi
[... nach Anschaffungskostenprinzip] *(KoR)* tarihî maliyet muhasebesi (prensibi)
[... nach dem Wiederbeschaffungswertprinzip] *(KoR)* cari maliyet muhasebesi (prensibi)
[... zu Wiederbeschaffungskosten] *(KoR)* ikame maliyeti muhasebesi
[kaufkraftinduzierte ...] *(ReW)* genel fiyat düzeyi muhasebesi
Rechnungslegungsgrundsätze ⟨pl⟩ *(ReW)* muhasebe esasları; *(ReW)* bilanço esasları
Rechnungslegungspflicht ⟨f⟩ hesap verme mükellefiyeti/yükümlülüğü
Rechnungsperiode ⟨f⟩ *(ReW)* hesap dönemi; *(ReW)* muhasebe dönemi
Rechnungsplan ⟨m⟩ hesap planı
Rechnungsposition ⟨f⟩ hesap kalemi
Rechnungsposten ⟨m⟩ hesap kalemi
Rechnungspreis ⟨m⟩ fatura fiyatı
Rechnungsprüfer ⟨m⟩ muhasebe denetçisi
[betrieblicher ...] iç denetçi
[satzungsmäßiger ...] yasal denetçi
[vereidigter ...] yeminli muhasebe denetçisi
Rechnungsprüfung ⟨f⟩ *(ReW)* muhasebe denetimi
[... durchführen] muhasebe görmek; muhasebe denetlemek
[innerbetriebliche ...] iç muhasebe denetimi
Rechnungsquartal ⟨n⟩ üç aylık hesap dönemi
Rechnungsrevisor ⟨m⟩ muhasebe denetçisi
Rechnungssumme ⟨f⟩ fatura bedeli
Rechnungsübersicht ⟨f⟩ *(ReW)* hesap durumu
Rechnungsübertrag ⟨m⟩ hesap nakli
Rechnungsunterlagen ⟨pl⟩ muhasebe kayıtları
Rechnungswährung ⟨f⟩ hesap parası
Rechnungswesen ⟨n⟩ *(ReW)* muhasebe(cilik)
[betriebliches ...] işletme muhasebesi
[entscheidungsorientiertes ...] *(ReW)* yönetim muhasebesi

[externes ...] *(ReW)* maliye muhasebesi
[internes ...] yönetim muhasebesi
[kaufmännisches ...] *(ReW)* mali muhasebe
[öffentliches ...] *(öFi)* kamu muhasebesi
[volkswirtschaftliches ...] *(vGR)* genel muhasebe
Rechnungszeitraum ⟨m⟩ *(ReW)* hesap dönemi; *(ReW)* muhasebe dönemi
Recht ⟨n⟩ *(Jur)* hukuk; *(Anspruch)* hak
[... abtreten] hakkı temlik etmek
[... anerkennen] hak tanımak
[... anwenden] yasaları uygulamak
[... auf Arbeit] çalışma hakkı
[... auf Einsichtnahme in die Bücher] defterleri inceleme hakkı
[... auf etwas haben] birşeyde hak sahibi olmak
[... auf Gewinnbeteiligung] kâra katılma/iştirak hakkı
[... auf Leistung] akdin ifasını isteme hakkı
[... auf Schaden(s)ersatz] (maddî) tazminat hakkı
[... auf Streik] grev yapma hakkı
[... aufgeben] haktan vazgeçmek
[... ausüben] hak(kını) kullanmak
[... der Niederlassung] yerleşme hakkı
[... der Schuldverhältnisse] *(Jur)* borçlar hukuku
[... des Urhebers] *(Jur)* telif hakkı
[... einräumen] hak tanımak/vermek
[... gewähren] hak tanımak/vermek
[... sprechen] *(Jur)* karar vermek
[...e an jdn übertragen] hakkı birisine devretmek
[...e aus dem Wechsel] *(WeR)* senetten doğan haklar
[...e und Verpflichtungen aus einem Vertrag] akitten doğan hak ve sorumluluklar
[abgetretenes ...] temlik olunmuş hak; devredilmiş hak
[alle ...e vorbehalten] her hakkı saklıdır/mahfuzdur
[auf ein ... verzichten] bir haktan feragat etmek
[ausschließlich aller ...e] tüm haklar hariç
[ausschließliches ...] özel hak
[bedingtes ...] koşullu hak
[bürgerliches ...] *(Jur)* medenî hukuk
[dingliches ...] *(Jur)* aynî hak
[einklagbares ...] dava edilebilir hak
[einschließlich aller ...e] tüm haklar dahil
[erloschenes ...] düşmüş hak
[erworbenes ...] kazanılmış hak
[für ... erkennen] *(Jur)* (hak) tanımak
[geltendes ...] *(Jur)* mer'i/meri hukuk
[geschriebenes ...] yazılı hukuk
[gültiges ...] *(Jur)* mer'i/meri hukuk
[inländisches ...] iç hukuk
[innerstaatliches ...] iç hukuk
[internationales ...] *(Jur)* uluslararası hukuk
[nationales ...] milli hukuk
[natürliches ...] *(Jur)* doğal hukuk
[öffentliches ...] *(Jur)* kamu hukuku
[privates ...] *(Jur)* özel hukuk
[sich das ... vorbehalten] hakkını saklı tutmak
[staatsbürgerliche ...e] medenî haklar
[streitiges ...] çekişmeli hak
[übertragbares ...] devredilebilir hak

[vertragliche ... e und Pflichten] akitten doğan hak ve borçlar
[vertragliches ...] *(Jur)* akit hukuku
[von einem ... Gebrauch machen] haktan istifade etmek
[von ... s wegen] hukukça; kanunen
[wirtschaftliche ... e] *(AußH)* ticari alacaklar
[zwingendes ...] buyurucu/emredici hukuk
recht ⟨adv⟩ haklı; adil
[... und billig] haklı ve adil
rechtlich ⟨adj⟩ hukuken; hukukî; hukukça; hukuksal açıdan
rechtmäßig ⟨adj⟩ kanunî; meşru; haklı
Rechtsabteilung ⟨f⟩ muhakemat müdürlüğü; hukuk (işleri) bölümü
Rechtsanspruch ⟨m⟩ *(Jur)* (yasal) hak; hak iddiası
[... bestreiten] hakkı inkâr etmek
[... haben] hakka sahip olmak
[... geltend machen] hakkı dava etmek
[... verlieren] hak(kı) kaybetmek
[auf einen ... verzichten] haktan vazgeçmek
[einwandfreier ...] sahih hak
[gültiger ...] geçerli hak
[verjährter ...] zamanaşımına uğramış hak
Rechtsanwalt ⟨m⟩ *(Jur)* avukat
[... beauftragen] avukat yetkilendirmek/tutmak
[... bestellen] avukat tayin etmek
[... zu Rate ziehen] avukata danışmak
[gegnerischer ...] davalı avukatı
[klägerischer ...] davacı avukatı
Rechtsanwaltsanderkonto ⟨n⟩ *(Jur)* avukatın saklama hesabı
Rechtsanwaltsbüro ⟨n⟩ *(Jur)* avukat bürosu
Rechtsanwaltsgebühr ⟨f⟩ *(Jur)* avukat ücreti
Rechtsanwaltspraxis ⟨f⟩ *(Jur)* avukat bürosu
Rechtsanwendung ⟨f⟩ kanunların uygulanması
Rechtsauffassung ⟨f⟩ yasal görüş
Rechtsausschluß ⟨m⟩ *(Jur)* hak düşümü
Rechtsbeistand ⟨m⟩ *(Jur)* adlî yardım
Rechtsberater ⟨m⟩ hukuk müşaviri/danışmanı
Rechtsberatung ⟨f⟩ hukuk müşavirliği/danışmanlığı; hukukî danışma
Rechtsbeschwerde ⟨f⟩ hukukî itiraz
Rechtsbestimmungen ⟨pl⟩ yasa hükümleri
Rechtsbruch ⟨m⟩ yasaların ihlâli/çiğnenmesi
Rechtseinwand ⟨m⟩ itiraz
rechtsfähig ⟨adj⟩ yetenekli; ehlî
Rechtsfähigkeit ⟨f⟩ hak ehliyeti/yeteneği; medenî hakları kullanma ehliyeti
[... verleihen] hak kullanma yeteneği tanımak
[mangelnde ...] ehliyetsizlik
Rechtsfakultät ⟨f⟩ hukuk fakültesi
Rechtsfall ⟨m⟩ hukukî olay; dava
[schwebender ...] sürümcemede bulunan dava
Rechtsform ⟨f⟩ *(Jur)* hukuksal yapı
[... der Unternehmung] girişimin hukuksal yapısı
[... einer Gesellschaft] bir şirketin hukuksal yapısı
Rechtsfrieden ⟨m⟩ *(Jur)* hukukî istikrar
Rechtsgeschäft ⟨n⟩ *(Jur)* hukuksal işlem; *(Jur)* hukukî muamele
[einseitiges ...] tek taraflı/yanlı hukuksal işlem
[kaufähnliches ...] satınalma benzeri hukuksal işlem

[nichtiges ...] bâtıl hukuksal işlem
[sittenwidriges ...] ahlâk ve adaba aykırı hukukî muamele
[unzulässiges ...] gayri meşru (hukukî) muamele
Rechtsgrundsatz ⟨m⟩ *(Jur)* hukukî düstur
rechtsgültig ⟨adj⟩ kanunen geçerli; *(Jur)* kanunî; *(Jur)* mer'i/meri; *(Jur)* meşru
Rechtsgültigkeit ⟨f⟩ kanunen geçer(li)lik; meriyet; meşruiyet
Rechtsgutachten ⟨n⟩ hukukî rapor
rechtshängig ⟨adj⟩ *(Jur)* ikameli
Rechtshilfe ⟨f⟩ *(Jur)* hukukî yardım; *(Jur)* istinabe
Rechtsinhaber ⟨m⟩ hak sahibi
Rechtsirrtum ⟨m⟩ *(Jur)* hukukî hata
Rechtskraft ⟨f⟩ *(Jur)* kesinlik
rechtskräftig ⟨adj⟩ *(Jur)* kesinleşmiş
Rechtslage ⟨f⟩ *(Jur)* hukukî vaziyet/durum
[nach der ...] hukukî duruma göre
Rechtsmißbrauch ⟨m⟩ *(Jur)* hakkın kötüye kullanılması; *(Jur)* hakkın suiistimali
Rechtsmittel ⟨n⟩ kanun yolu; yasa yolları
[... einlegen] kanun yoluna başvurmak
[auf ... verzichten] temyiz etmemek
Rechtsbelehrung ⟨f⟩ kanunî itiraz yolları hakkında izahat
Rechtsnachfolge ⟨f⟩ *(Jur)* (hakta) halefiyet
Rechtsnachfolger ⟨m⟩ *(Jur)* (hakta) halef
Rechtsordnung ⟨f⟩ hukuk nizamı/düzeni
Rechtspersönlichkeit ⟨f⟩ *(Jur)* tüzel kişilik
Rechtsprechung ⟨f⟩ *(Jur)* kazaî içtihat; *(Jur)* yargı
Rechtssache ⟨f⟩ dava; hukukî mesele; hukuk işi
Rechtsschutz ⟨m⟩ *(Jur)* hukukî himaye; *(Jur)* hukuku koruma; *(Jur)* hıfzı hukuk
[gewerblicher ...] ticarette hukuku koruma
Rechtsschutzversicherung ⟨f⟩ *(Jur)* hukukî yardım sigortası
Rechtssicherheit ⟨f⟩ *(Jur)* hukuksal güvence
Rechtsspruch ⟨m⟩ *(Jur)* hüküm
Rechtsstaat ⟨m⟩ *(Jur)* hukuk devleti
Rechtsstreit ⟨m⟩ *(Jur)* dava; → **Rechtsstreitigkeit**
Rechtsstreitigkeit ⟨f⟩ hukukî uyuşmazlık; hak uyuşmazlığı
Rechtstitel ⟨m⟩ *(Jur)* hukukî illet; *(Jur)* istihkak; *(Jur)* senet
[urkundlicher ...] *(Jur)* müsbit senet
Rechtsübergang ⟨m⟩ *(Jur)* hakkın intikali
Rechtsübertragung ⟨f⟩ *(Jur)* hakkın intikali
rechtsunfähig ⟨adj⟩ *(Jur)* hukuken ehliyetsiz; hukuken yeteneksiz
rechtsungültig ⟨adj⟩ (hukuken) geçersiz
rechtsunwirksam ⟨adj⟩ (hukuken) geçersiz
Rechtsurkunde ⟨f⟩ yasal belge
rechtsverbindlich ⟨adj⟩ *(Jur)* hukuken bağlayıcı
Rechtsverbindlichkeit ⟨f⟩ hukukî taahhüt
Rechtsverhältnis ⟨n⟩ *(Jur)* hukukî münasebet; *(Jur)* hukuksal ilişki
Rechtsverletzung ⟨f⟩ *(Jur)* hukukun ihlâli
Rechtsverlust ⟨m⟩ *(Jur)* hak kaybı
[... eines Konkursschuldners] *(Jur)* iflas borçlusunun hak kaybı; *(Jur)* müflisin hak kaybı
Rechtsverordnung ⟨f⟩ *(Jur)* kararname
Rechtsvertreter ⟨m⟩ *(Jur)* hukukî temsilci; dava vekili; avukat
Rechtsverzicht ⟨m⟩ *(Jur)* haktan feragat

Rechtsvorbehalt ⟨m⟩ hukuksal çekince; kanunlara uygunluğu saklı tutma
Rechtsvorgänger ⟨m⟩ *(Jur)* (hakta) selef
Rechtsvorschrift ⟨f⟩ *(Jur)* kanun hükmü
Rechtsweg ⟨m⟩ *(Jur)* yargı yolu; *(Jur)* yasa yolu; *(TR)* temyiz yolu
[... beschreiten] *(Jur)* yasa yoluna başvurmak
rechtswidrig ⟨adj⟩ hukuka aykırı; haksız; gayri meşru
rechtswirksam ⟨adj⟩ kanunen muteber/geçerli; *(Urteil)* kesin
Rechtswissenschaft ⟨f⟩ hukuk bilimi/ilmi
Rede ⟨f⟩ konuşma; söz
redeberechtigt ⟨adj⟩ söz hakkı olan
rede- und stimmberechtigt ⟨adj⟩ söz ve oy hakkı olan
Rediskont ⟨m⟩ *(BkW)* reeskont
rediskontfähig ⟨adj⟩ reeskont edilebilir
rediskontieren ⟨v/t⟩ reeskont etmek
Rediskontkontingent ⟨n⟩ reeskont kotası
Rediskontrahmen ⟨m⟩ reeskont kapsamı
reduzieren ⟨v/t⟩ azaltmak; eksiltmek; indirmek; tenzil etmek
Reede ⟨f⟩ *(Schff)* demir yeri; dış liman
[auf der ... ankern] *(Schff)* alargada demir atmak/salmak
Reeder ⟨m⟩ *(Schff)* armatör; donatan
Reederei ⟨f⟩ *(Schff)* (gemi) donatma; armatörlük
Reedereihaftpflicht ⟨f⟩ *(SeeV)* donatanın mali sorumluluğu
Reedereivertreter ⟨m⟩ *(Schff)* gemi acentesi
REFA-Fachmann ⟨m⟩ *(Ind)* zaman ve hareket eksperi
REFA-Studie ⟨f⟩ *(Ind)* zaman ve hareket etüdü
Referat ⟨n⟩ rapor; *(Abteilung)* daire şubesi; bölüm; departman
Referent ⟨m⟩ sözcü; danışman; *(Abteilung)* daire/bölüm şefi
[persönlicher ...] özel danışman
Referenz ⟨f⟩ referans; bonservis
[geschäftliche ...] iş referansı
[persönliche ...] kişisel referans
Referenzbank ⟨f⟩ *(BkW)* muhatap banka
Referenzperiode ⟨f⟩ başvuru dönemi
Referenzpreis ⟨m⟩ taban fiyat
Referenzschreiben ⟨n⟩ referans; bonservis; takdirname
refinanzierbar ⟨adj⟩ reeskont edilebilir; yeniden finanse edilebilir
refinanzieren ⟨v/t⟩ yeniden finanse etmek; reeskont etmek
Refinanzierung ⟨f⟩ yeniden finansman; röfinansman; reeskont
Refinanzierungsbedarf ⟨m⟩ *(BkW)* yeniden finansman talebi/ihtiyacı
Refinanzierungskredit ⟨m⟩ *(BkW)* röfinansman kredisi; yeniden finansman kredisi
Refinanzierungsmittel ⟨pl⟩ yeniden finansman fonları
Refinanzierungspapier ⟨n⟩ ticarî kâğıt
Refinanzierungssatz ⟨m⟩ yeniden finansman oranı; reeskont haddi
Regal ⟨n⟩ *(Gestell)* raf
Regalfläche ⟨f⟩ reyon
Regel ⟨f⟩ kural

Regeln ⟨pl⟩ kurallar
[... und Bestimmungen] kurallar ve hükümler
Regelarbeitszeit ⟨f⟩ standart iş süresi
Regelausführung ⟨f⟩ standart model
regeln ⟨v/t⟩ düzenlemek; ayarlamak; düzeltmek; kontrol etmek
[vertraglich ...] yazılı taahhüt etmek; yazılı olarak düzenlemek
Regelsatz ⟨m⟩ standart oran
Regelsteuersatz ⟨m⟩ standart vergi oranı
Regeltarif ⟨m⟩ standart tarife; standart oran
Regelung ⟨f⟩ düzenleme; ayarlama; rejim; aranjman; *(Vertrag)* taahhüt; şart; hüküm
Regie ⟨f⟩ reji; idare; yönetim; tekel idaresi
Regiebetrieb ⟨m⟩ kamu iktisadi teşebbüsü
Regiekosten ⟨pl⟩ *(KoR)* genel maliyet
Regierung ⟨f⟩ *(Jur)* hükümet
Regierungsanleihe ⟨f⟩ *(BkW)* devlet bonosu
Regierungsauftrag ⟨m⟩ kamu siparişi
Regierungsausgaben ⟨pl⟩ *(öFi)* devlet harcamaları
Regierungsprecher ⟨m⟩ hükümet sözcüsü
Region ⟨f⟩ yöre; bölge
[strukturschwache ...] altyapısı zayıf yöre/bölge; gelişmemiş yöre/bölge
Regionalbank ⟨f⟩ *(BkW)* bölgesel banka
Regionalbeihilfe ⟨f⟩ bölgesel yardım
Regionalentwicklung ⟨f⟩ *(VWL)* bölgesel kalkınma
Regionalförderung ⟨f⟩ *(VWL)* bölgesel teşvik; bölgesel kalkın(dır)ma
Regionalplanung ⟨f⟩ bölge planlaması
Regionalvertreter ⟨m⟩ bölgesel acenta
Register ⟨n⟩ 1. sicil; kütük 2. fihrist; münderecat 3. kayıt defteri
[im ... löschen] sicilde tescili terkin etmek
[in ein ... eintragen] sicile kaydetmek; tescil etmek
[zum ... anmelden] sicile kaydettirmek; tescil ettirmek
Registerabschrift ⟨f⟩ kayıt sureti
Registeramt ⟨n⟩ sicil dairesi
Registerauszug ⟨m⟩ sicil sureti; kayıt sureti
Registerbeamter ⟨m⟩ sicil memuru
Registerbrief ⟨m⟩ *(Schff)* tasdikname
Registereintragung ⟨f⟩ sicil kaydı; tescil
Registerführer ⟨m⟩ sicil memuru
Registergebühr ⟨f⟩ tescil harcı/ücreti
Registerhafen ⟨m⟩ *(Schff)* bağlama limanı
Registerlöschung ⟨f⟩ sicilde tescilin terkini; sicilde kaydın iptali
Registerrichter ⟨m⟩ *(Jur)* sicil hakimi
Registerschiffsraum ⟨m⟩ *(Schff)* tonilato
Registratur ⟨f⟩ 1. kayıt; tescil 2. sicil dairesi; evrak kalemi
Registraturangestellter ⟨m⟩ sicil memuru
registrieren ⟨v/t⟩ tescil etmek; kaydetmek
Registrierkasse ⟨f⟩ *(StR)* ödeme kaydedici cihaz
Registrierung ⟨f⟩ tescil; kayıt; kaydetme
[... einer Gesellschaft] ortaklığın/şirketin tescili
reglementieren ⟨v/t⟩ sınırlamak; tayin ve tahdit etmek
Regreß ⟨m⟩ 1. tazminat talebi 2. *(Jur)* müracaat
[... geltend machen] tazminat talebinde bulunmak
[... mangels Annahme] kabul etmeme yüzünden tazminat talebi

[... mangels Zahlung] ödememe yüzünden tazminat talebi
[ohne ...] tazminat talebi olmadan
Regreßanspruch ⟨m⟩ *(Jur)* müracaat hakkı
Regreßklage ⟨f⟩ *(Jur)* tazminat davası
Regreßpflicht ⟨f⟩ tazmin yükümlülüğü/mükellefiyeti
regreßpflichtig ⟨adj⟩ tazminle yükümlü/mükellef
Regression ⟨f⟩ *(Stat)* regresyon; bağlanım
[bedingte ...] *(Stat)* kayıtlı regresyon
[lineare ...] *(Stat)* doğrusal regresyon
[multiple ...] *(Stat)* çoklu/katlı regresyon
Regressionsanalyse ⟨f⟩ *(Stat)* regresyon analizi
Regressionsfläche ⟨f⟩ *(Stat)* regresyon yüzeyi
Regressionsfunktion ⟨f⟩ *(Stat)* regresyon fonksiyonu/işlevi
Regressionsgerade ⟨f⟩ *(Stat)* regresyon doğrusu
Regressionsgleichung ⟨f⟩ *(Stat)* regresyon denklemi
Regressionskoeffizient ⟨m⟩ *(Stat)* regresyon katsayısı
Regressionskurve ⟨f⟩ *(Stat)* regresyon eğrisi
Regressionslinie ⟨f⟩ *(Stat)* regresyon doğrusu
Regressionsparameter ⟨m⟩ *(Stat)* regresyon parametresi
regulieren ⟨v/t⟩ 1. çözümlemek; tesviye etmek; ödemek; sonuca bağlamak 2. ayarlamak; düzeltmek
Regulierung ⟨f⟩ 1. çözümle(n)me; tesviye; ödeme; sonuca bağlama 2. ayarlama; düzeltme
[... eines Schadens] *(Vers)* hasar tesviyesi
[... eines Versicherungsfalls] *(Vers)* sigorta halinde tesviye
[... in bar] nakit olarak ödeme
[... ohne Anerkennung einer Rechtspflicht] *(Vers)* hak kabul etmeden tesviye
Regulierungsbeauftragter ⟨m⟩ *(Vers)* (hasar) tesviye acentası
Regulierungskosten ⟨pl⟩ *(Vers)* (hasar) tesviye masrafları
Rehabilitation ⟨f⟩ itibarın iadesi; itibarın yerine getirilmesi; *(Jur)* mennu hakların iadesi
[berufliche ...] meslekte itibarın yerine getirilmesi
Rehabilitierung ⟨f⟩ itibarı iade etme; *(Jur)* memnu hakların iadesi
[... eines Gemeinschuldners] *(Jur)* müflisin itibarının iadesi
[... eines Konkursschuldners] *(Jur)* iflasta itibarın iadesi
reichhaltig ⟨adj⟩ zengin; çok çeşitli
Reichtum ⟨m⟩ zenginlik; servet
[natürliche ... er] doğal servetler/zenginlikler; *(VWL)* doğal kaynaklar
Reihe ⟨f⟩ dizi; sıra
[arithmetische ...] *(Math)* aritmetik dizi
[der ... nach] sıra ile
Reiheneigenheim ⟨n⟩ → Reihenhaus
Reihenfabrikation ⟨f⟩ *(Ind)* seri imalat
Reihenfertigung ⟨f⟩ *(Ind)* seri imalat
Reihenfolge ⟨f⟩ sıra
[in der ... des Eingangs] *(ReW)* giriş sırasına göre
[in der ... des Einlaufs] ilk giren ilk çıkar yöntemine göre
[... der Pfandrechte] *(Jur)* rehin derecesi

Reihenhaus ⟨n⟩ *(BauW)* sıra ev
rein ⟨adj⟩ safi; net; arı; saf; karışmamış; temiz
Reinauslagen ⟨pl⟩ net harcamalar
Reinerlös ⟨m⟩ net getiri/kâr
Reinertrag ⟨m⟩ net getiri/kâr
Reinfracht ⟨f⟩ *(Schff)* dedveyt
Reingewicht ⟨n⟩ net ağırlık
Reingewinn ⟨m⟩ *(ReW)* safi kâr; net kâr
[... abwerfen] net kâr bırakmak
[... erzielen] net kâr bırakmak
[... nach Steuern] vergi sonrası net kâr
[... nach Versteuerung] vergi sonrası net kâr
[... vor Steuern] vergi öncesi net kâr
[... vor Versteuerung] vergi öncesi net kâr
[ausgewiesener ...] beyan edilen net kâr
[ausschüttungsfähiger ...] dağıtılmamış net kâr
Reinverdienst ⟨m⟩ net kazanç/gelir
Reinverlust ⟨m⟩ net zarar
Reinvermögen ⟨n⟩ net varlıklar
[... der Gesellschafter] hissedarların hisseleri
reinvestieren ⟨v/t⟩ yeniden yatırım yapmak
Reinvestition ⟨f⟩ *(BWL)* yenileme yatırımı; *(BWL)* ikame yatırımı
Reise ⟨f⟩ yolculuk; seyahat; gezi; tur; *(Schff)* sefer; seyahat
[zusammengesetzte ...] bileşik yolculuk
Reiseabrechnung ⟨f⟩ seyahat masrafları faturası/raporu
Reiseagentur ⟨f⟩ seyahat acentesi
Reiseausgaben ⟨pl⟩ → Reisekosten
Reiseauslagen ⟨pl⟩ → Reisekosten
Reisebüro ⟨n⟩ seyahat acentesi
Reisebürokaufmann ⟨m⟩ seyahat ajanı
Reisedevisen ⟨pl⟩ seyahat dövizi
Reiseentschädigung ⟨f⟩ (seyahat için) harcırah
Reiseermäßigungen ⟨pl⟩ seyahat indirimleri
Reiseerstattung ⟨f⟩ seyahat masraflarının tazmini
Reisegewerbe ⟨n⟩ seyyar/gezici satıcılık/tüccarlık
Reisegewerbetreibender ⟨m⟩ seyyar/gezici satıcı; seyyar/gezici tüccar memuru
Reisekosten ⟨pl⟩ yol masrafları; seyahat giderleri; harcırah
Reiseland ⟨n⟩ turizm ülkesi
reisen ⟨v/i⟩ seyahat etmek; yolculuk yapmak
[geschäftlich ...] iş için seyahat etmek
Reisender ⟨m⟩ yolcu; turist; gezici satıcı
[als ... arbeiten] gezici satıcı olarak çalışmak
Reisepauschale ⟨f⟩ (seyahat için) harcırah
Reiseplanung ⟨f⟩ gezi/tur planlama
Reisepolice ⟨f⟩ *(Vers)* seyahat poliçesi; *(SeeV)* sefer poliçesi
Reiseprospekt ⟨m⟩ seyahat broşürü
Reisescheck ⟨m⟩ *(WeR)* seyahat çeki
Reisespesen ⟨pl⟩ yol gider(ler)i; (seyahat için) harcırah; seyahat harcamaları/masrafları
Reisespesenabrechnung ⟨f⟩ yol giderleri faturası; seyahat harcamaları raporu
Reisetag ⟨m⟩ ayrılma günü
Reisetätigkeit ⟨f⟩ seyahat/tur yapma
Reiseunfallversicherung ⟨f⟩ *(Vers)* seyahat kaza sigortası
Reiseunternehmen ⟨n⟩ → Reiseveranstalter
Reiseunternehmer ⟨m⟩ → Reiseveranstalter
Reiseveranstalter ⟨m⟩ tur operatörü
Reiseverkehr ⟨m⟩ turizm ulaştırması; turist/yolcu

taşıma; (turistik) seyahat; *(ReW)* (dış) seyahat; turistik harcamalar/masraflar
Reiseverkehrsausgaben ⟨pl⟩ *(ReW)* seyahat/turizm harcamaları
Reiseverkehrsbilanz ⟨f⟩ turizm bilançosu
Reiseverkehrseinnahmen ⟨pl⟩ turizm gelirleri
Reiseversicherung ⟨f⟩ seyahat sigortası; *(SeeV)* sefer poliçesi
Reiseversicherungsprämie ⟨f⟩ *(SeeV)* sefer primi
Reisevertrag ⟨m⟩ seyahat sözleşmesi
Reisevertreter ⟨m⟩ seyahat acentesi
Reisevorbereitungen ⟨pl⟩ seyahat hazırlıkları
Reisewelle ⟨f⟩ turist akını
Reisezuschuß ⟨m⟩ (seyahat için) harcırah
Reklamation ⟨f⟩ protesto; itiraz; şikayet; *(Mängelrüge)* ayıbın ihbarı
Reklamationsbrief ⟨m⟩ şikayet mektubu
Reklamationsfrist ⟨f⟩ şikayet/itiraz süresi
Reklamationsschreiben ⟨n⟩ şikayet yazısı
Reklame ⟨f⟩ → Werbung *(Mk)* reklam; *(Mk)* tanıtım
[... machen] *(Mk)* reklam yapmak; *(Mk)* tanıtmak
[überregionale ...] *(Mk)* ülke çapında reklam/tanıtım
Reklameanzeige ⟨f⟩ *(Mk)* ilan
Reklameartikel ⟨m⟩ *(Mk)* eşantiyon
Reklamefläche ⟨f⟩ *(Mk)* reklam/ilan tahtası
Reklamepreis ⟨m⟩ *(Mk)* reklam/ilan fiyatı
Reklameprospekt ⟨m⟩ *(Mk)* reklam/tanıtım broşürü
Reklameschild ⟨n⟩ *(Mk)* reklam/ilan tabelası
Reklametafel ⟨f⟩ *(Mk)* reklam/ilan tahtası
reklamieren ⟨v/t⟩ *(beanstanden)* ayıbı ihbar etmek; şikayet etmek; *(beanspruchen)* hak talep etmek
Rekord ⟨m⟩ rekor
Rekordernte ⟨f⟩ *(LandW)* rekor hasat
Rekordhöhe ⟨f⟩ rekor düzey
Rekordsatz ⟨m⟩ rekor oran
Rektaindossament ⟨n⟩ *(WeR)* kayıtlı ciro
Rektaklausel ⟨f⟩ *(WeR)* ciro edilemez kaydı
Rektakonnossement ⟨n⟩ düz konşimento
Rektalagerschein ⟨m⟩ *(WeR)* ciro edilemez makbuz senedi
Rektapapier ⟨n⟩ *(WeR)* ciro edilemez senet; *(WeR)* ada yazılı senet; *(Aktie)* (WeR) kayıtlı hisse; *(WeR)* ada yazılı hisse senedi
Rektascheck ⟨m⟩ *(WeR)* ciro edilemez çek; *(WeR)* ada yazılı çek
Rektawechsel ⟨m⟩ *(WeR)* ciro edilemez poliçe; *(WeR)* ada yazılı poliçe
Rembours ⟨m⟩ *(BkW)* rambursman; ticarî kredi mektubu
Remboursbank ⟨f⟩ *(BkW)* kabul bankası; *(BkW)* keşide eden banka
Remboursgeschäft ⟨n⟩ *(BkW)* ticarî bankacılık
Rembourskredit ⟨m⟩ *(BkW)* belgeli/vesikalı kredi
Remboursschuldner ⟨m⟩ belgeli/vesikalı kredi borçlusu
Remboursverbindlichkeit ⟨f⟩ belgeli poliçe taahhüdü/yükümü
Remboursswechsel ⟨m⟩ *(WeR)* vesikalı senet/poliçe; belgeli poliçe
Remittend ⟨m⟩ geri gönderilen nüsha/kopya
Remittende ⟨f⟩ iade edilen kalem

Remittent ⟨m⟩ *(WeR)* lehdar
Rendite ⟨f⟩ 1. hasılat; verim 2. irat; gelir; kazanç
[... nach Steuern] vergi sonrası gelir/hasılat
[effektive ...] efektif/net gelir
[mit hoher ...] yüksek gelirli
Renditeaktie ⟨f⟩ *(WeR)* irat senedi
Renditegefälle ⟨n⟩ gelir açığı/farklılığı
Renditekennziffer ⟨f⟩ kârlılık oranı/reşyosu
Renditekurve ⟨f⟩ gelir eğrisi
Renditeobjekt ⟨n⟩ yüksek gelir getiren mülk/varlık
renditestark ⟨adj⟩ yüksek verimli
renditeträchtig ⟨adj⟩ → renditestark
Renditevergleich ⟨m⟩ *(ReW)* hasılat/kazanç karşılaştırması
[... nach Steuern] vergiye göre hasılat/kazanç karşılaştırması
rentabel ⟨adj⟩ kârlı; rantabl; gelirsağlar
Rentabilität ⟨f⟩ kârlılık; rantabilite; gelirsağlarlık
[... des Eigenkapitals] özsermaye kârlılığı
[unzureichende ...] yetersiz rantabilite
Rentabilitätsanalyse ⟨f⟩ *(BkW)* kârlılık analizi; *(KoR)* eşik analizi
Rentabilitätsberechnung ⟨f⟩ *(BkW)* kârlılık muhasebesi; *(KoR)* maliyet muhasebesi
Rentabilitätseinbuße ⟨f⟩ kârlılık kaybı
Rentabilitätsfaktor ⟨m⟩ kârlılık faktörü
Rentabilitätsgrenze ⟨f⟩ başabaş noktası
[... erreichen] kâra geçmek
Rentabilitätsgröße ⟨f⟩ kârlılık oranı
Rentabilitätskriterium ⟨n⟩ kârlılık kriteri/kıstası
Rentabilitätsprüfung ⟨f⟩ başabaş/kârlılık analizi
Rentabilitätsrechnung ⟨f⟩ *(BkW)* kârlılık muhasebesi; *(KoR)* maliyet muhasebesi
Rentabilitätsschwelle ⟨f⟩ başabaş noktası; kâra geçiş noktası
Rente ⟨f⟩ emeklilik; emekli aylığı/maaşı; rant; rantiye; anüite; irat
[... abwerfen] faiz getirmek
[... auf den Überlebensfall] kaydıhayatla irat
[... bekommen] emekli maaşı almak
[... beziehen] emekli maaşı almak
[... kapitalisieren] geliri sermayeleştirmek
[... mit Gewinnbeteiligung] kâra katılmalı/katılımlı rant
[... mit Beitragspflicht] katılım yükümlü emeklilik
[... ohne Beitragspflicht] iştiraksız/katılımsız emeklilik
[... wegen Berufsunfähigkeit] meslekte iş göremezlik yüzünden bağlanan emekli aylığı/maaşı
[... wegen Erwerbsunfähigkeit] iş göremezlik yüzünden bağlanan emekli aylığı/maaşı
[beitragsfreie ...] iştiraksız/katılımsız emeklilik
[beitragspflichtige ...] iştirak/katılım yükümlü emeklilik
[dynamische ...] *(SozV)* indeksli emeklilik; ücrete/gelire bağlı emeklilik; indeksli irat
[einkommensbezogene ...] *(SozV)* indeksli emeklilik; indeksli irat
[festverzinsliche ... n] *(WeR)* sabit faizli bonolar
[in ... n anlegen] bonolara/tahvillere yatırım yapmak; irat senedi almak
[in ... gehen] emekliliğe ayrılmak; emekli olmak
[lebenslängliche ...] kaydıhayatla irat

[ökonomische ...] ekonomik rant
[volkswirtschaftliche ...] ekonomik rant
[vorgezogene ...] *(SozV)* erken emeklilik
[vorzeitig in ... gehen] erken emekli olmak
Renten ⟨pl⟩ emeklilikler; emeklilik aylıkları; bono ve tahviller; irat senetleri
Rentenalter ⟨n⟩ *(SozV)* emeklilik yaşı
Rentenanlage ⟨f⟩ bonolara/tahvillere yatırım
Rentenanleihe ⟨f⟩ *(WeR)* irat senedi
Rentenanpassung ⟨f⟩ *(SozV)* emeklilikte endeksleme
Rentenanspruch ⟨m⟩ *(SozV)* emeklilik hakkı
Rentenanstalt ⟨f⟩ emekli sandığı; *(SozV)* sosyal sigortalar kurumu
Rentenantrag ⟨m⟩ emeklilik dilekçesi
Rentenanwartschaft ⟨f⟩ *(SozV)* emeklilik hakkı; *(SozV)* emeklilikte adaylık
Rentenauszahlung ⟨f⟩ emekli ödemesi
Rentenbank ⟨f⟩ *(BkW)* emekli bankası; *(BkW)* ipotek bankası
[landwirtschaftliche ...] tarım ipoteği bankası
Rentenbemessungsgrundlage ⟨f⟩ *(SozV)* emeklilik matrahı
Rentenberechnung ⟨f⟩ emekli paralarının hesaplanması
rentenberechtigt ⟨adj⟩ emekli (olma) hakkına sahip
Rentenbestand ⟨m⟩ *(Vers)* anüite portföyü; *(BkW)* tahvil/bono portföyü
Rentenbezieher ⟨m⟩ *(SozV)* emekli
Rentendynamik ⟨f⟩ *(SozV)* (emekliliği) endeksleme
Rentenempfänger ⟨m⟩ *(SozV)* emekli
Rentenerhöhung ⟨f⟩ emekli maaşlarında artış
Rentenfonds ⟨m⟩ *(SozV)* emeklilik fonu
Rentenhandel ⟨m⟩ *(BkW)* bono ticareti
Rentenkapitalversicherung ⟨f⟩ *(Vers)* sermaye iradı sigortası; *(Vers)* irat sigortası
Rentenkurs ⟨m⟩ bono/tahvil fiyatı
Rentenleistungen ⟨pl⟩ emekli(lik) ödemeleri/edimleri
Rentenmarkt ⟨m⟩ sabit faizli bono piyasası
Rentenmarkttitel ⟨m⟩ sabit faizli menkul kıymet; bono
Rentennachzahlung ⟨f⟩ munzam emeklilik ödeme
Rentennotierungen ⟨pl⟩ bono fiyatları
Rentenpapier ⟨n⟩ bono; sabit faizli menkul kıymet/değer; irat senedi
Rentenpapiere ⟨pl⟩ bono ve tahviller; irat senetleri
Rentenpolice ⟨f⟩ *(SozV)* emeklilik poliçesi; *(Vers)* anüite poliçesi
Rentenportefeuille ⟨n⟩ *(BkW)* bono/tahvil portföyü; *(BkW)* irat senetleri portföyü
Rentenrendite ⟨f⟩ bono rantı
Rentenrückkaufwert ⟨m⟩ (geri satın alındığında) anüite değeri
Rentenschein ⟨m⟩ irat senedi; anüite sertifikası/kuponu; faiz kuponu
Rentenschuld ⟨f⟩ irat borcu
Rentenschuldverschreibung ⟨f⟩ *(WeR)* irat senedi; anüite tahvili
Rentensparer ⟨m⟩ bono tasarruf sahibi
Rententitel ⟨pl⟩ bono ve tahviller; irat senetleri
Rentenversicherung ⟨f⟩ *(SozV)* emeklilik/irat sigortası

[beitragsfreie ...] iştiraksız/katılımsız emeklilik sigortası
[beitragspflichtige ...] iştirak/katılım yükümlülüğü taşıyan emeklilik sigortası
[einkommensbezogene ...] *(SozV)* indeksli emeklilik sigortası; gelire bağlı emeklilik sigortası
[gesetzliche ...] yasal emeklilik sigortası
[private ...] özel emeklilik sigortası
Rentenversicherungsanspruch ⟨m⟩ *(SozV)* emekli(lik) hakkı
Rentenversicherungsbeitrag ⟨m⟩ *(SozV)* emekli keseneği
Rentenversicherungsträger ⟨m⟩ *(SozV)* emekli(lik) fonu; *(SozV)* emekli sandığı
Rentenwert ⟨m⟩ *(WeR)* sabit faizli irat senedi; *(WeR)* sabit faizli tahvil/bono
Rentenzahlung ⟨f⟩ emekli ödemesi
rentieren ⟨refl⟩ kâr bırakmak/getirmek; değmek
rentierlich ⟨adj⟩ kârlı
Rentner ⟨m⟩ *(SozV)* emekli
Rentnerhaushalt ⟨m⟩ *(SozV)* emekli hanehalkı
Reorganisation ⟨f⟩ yeniden yapılanma
reorganisieren ⟨v/t⟩ yeniden yapılamak; yeniden organize etmek
Reparatur ⟨f⟩ *(Ind)* onarım; onarma; tamir
[... und Wartung] *(Ind)* onarım ve bakım
Reparaturarbeiten ⟨pl⟩ onarım işleri; tamirat
Reparaturauftrag ⟨m⟩ onarım emri
Reparaturaufwand ⟨m⟩ onarım masrafı
reparaturbedürftig ⟨adj⟩ onarımı gerekli; tamire muhtaç
Reparaturkosten ⟨pl⟩ onarım maliyeti; tamir masrafları
Reparaturleistungen ⟨pl⟩ onarım servisi/hizmeti; tamirat
Reparaturrechnung ⟨f⟩ onarım faturası
Reparaturwerkstatt ⟨f⟩ tamirhane
reparieren ⟨v/t⟩ onarmak; tamir etmek
[nicht mehr zu ...] onarılamaz; tamir edilemez
repartieren ⟨v/t⟩ dağıtmak; *(Aktien)* taksim etmek
Repartierung ⟨f⟩ dağıtım; *(Aktien)* taksim
repatriieren ⟨v/t⟩ yeniden vatandaşlığa almak
Report ⟨m⟩ *(Kursabschlag)* repor
Reporteffekten ⟨pl⟩ reporlu menkuller
Reportgeschäft ⟨n⟩ 1. reporlu işlem; repor işlemi 2. *(BkW)* report işlemi
reportieren ⟨v/t⟩ reporlu işlem yapmak
Reportprämie ⟨f⟩ repor primi
Reporttag ⟨m⟩ repor gunu; repor işleminin yapılacağı gün
Reporttermin ⟨m⟩ repor günü; repor işleminin yapılacağı gün
Repräsentant ⟨m⟩ temsilci; mümessil
Repräsentanz ⟨f⟩ temsilcilik; mümessillik; acenta/acente
Repräsentation ⟨f⟩ temsil; sunuş
Repräsentationsaufwand ⟨m⟩ temsil (ve ağırlama) masrafı/gideri/harcaması
Repräsentationsaufwendungen ⟨pl⟩ ağırlama ve tanıtım masrafları
Repräsentationsfonds ⟨m⟩ temsil ve ağırlama fonu
Repräsentationskosten ⟨pl⟩ temsil (ve ağırlama) masrafları
Repräsentationswerbung ⟨f⟩ *(Mk)* temsilî tanıtım

Repräsentationszulage ⟨f⟩ temsil ve ağırlama harçlığı
repräsentativ ⟨adj⟩ temsilî
Repräsentativauswahl ⟨f⟩ *(Stat)* temsilî seçim; *(Verfahren)* örnekleme
Repräsentativbefragung ⟨f⟩ *(Mk)* temsilî anket
Repräsentativumfrage ⟨f⟩ *(Mk)* temsilî anket
reprivatisieren ⟨v/t⟩ (yeniden) özelleştirmek
Reprivatisierung ⟨f⟩ (yeniden) özelleştirme
Reproduktion ⟨f⟩ taklit; kopya; reprodüksiyon
Reproduktionskosten ⟨pl⟩ reprodüksiyon maliyeti
Reproduktionswert ⟨m⟩ reprodüksiyon/ikame değeri
Reserve ⟨f⟩ → **Rücklage** ihtiyat; yedek; rezerv; karşılık; ankes
 [... für besondere Fälle] ihtiyat akçesi
 [... für zweifelhafte Forderungen] *(ReW)* şüpheli alacaklar karşılığı
 [aus Höherbewertung gebildete ...] revalüasyon fazlası
 [ausgewiesene ...] beyan edilen ihtiyatlar
 [eiserne ...] daimî ihtiyat akçesi
Reserven ⟨pl⟩ ihtiyatlar; yedekler; rezervler; kaynaklar
 [... ansammeln] ihtiyat biriktirmek
 [... aufstocken] ihtiyat biriktirmek/oluşturmak
 [... ausschöpfen] ihtiyatları kullanıp bitirmek
 [... bilden] ihtiyat oluşturmak
 [... mobilisieren] ihtiyatları likide etmek
 [... vorhalten] ihtiyatları saklamak
 [amtliche ...] munzam karşılıklar
 [angesammelte ...] birikmiş ihtiyatlar/rezervler
 [flüssige ...] likit rezervler/kaynaklar
 [freie ...] hazır ihtiyatlar; *(BkW)* disponibilite
 [offene ...] hazır ihtiyatlar
 [stille ...] gizli ihtiyatlar
 [strategische ...] stratejik stoklar/yedekler
 [technische ...] *(Vers)* teknik yedekler
 [unsichtbare ...] gizli ihtiyatlar
reserveähnlich ⟨adj⟩ ihtiyat benzeri
Reserveanlage ⟨f⟩ *(Ind)* yedek tesis
Reservebetrag ⟨m⟩ ihtiyat bedeli
 [... für unvorhergesehene Fälle] ihtiyat fonu
Reservefonds ⟨m⟩ ihtiyat fonu
Reservehaltung ⟨f⟩ ihtiyat yönetimi/tutma
Reservekapital ⟨n⟩ ihtiyat sermayesi
Reservelager ⟨n⟩ tampon stoklar
Reservesatz ⟨m⟩ ihtiyat oranı
Reservesoll ⟨n⟩ munzam karşılıklar
Reservewährung ⟨f⟩ rezerv para
reservieren ⟨v/t⟩ (yer) ayır(t)mak
Reservierung ⟨f⟩ rezervasyon, (yer) ayır(t)ma
Respekt ⟨m⟩ saygı
Respektfrist ⟨f⟩ *(WeR)* atıfet müddeti/mehili
Respekttage ⟨pl⟩ *(WeR)* atıfet müddeti/mehili
Ressort ⟨n⟩ departman; bölüm
Ressortbesprechung ⟨f⟩ bölüm/departman toplantısı
Ressortchef ⟨m⟩ bölüm/departman müdürü
Ressortleiter ⟨m⟩ bölüm/departman yöneticisi
Ressourcen ⟨pl⟩ kaynaklar
 [natürliche ...] doğal kaynaklar
 [ökonomische ...] *(VWL)* ekonomik kaynaklar
Ressourcenallokation ⟨f⟩ *(BWL)* kaynak dağılımı
 [optimale ...] *(BWL)* optimum kaynak dağılımı

Ressourcenfluß ⟨m⟩ kaynak akışı
Ressourcenplanung ⟨f⟩ *(BWL)* kaynak planlama
Ressourcentransfer ⟨m⟩ kaynak transferi
Rest ⟨m⟩ bakiye; kalan; artık; artan
Restanten ⟨pl⟩ *(ReW)* direnen kalemler; *(Buchung)* ertelenmiş kalemler; *(Effekten)* artıklar
Restarbeitslosigkeit ⟨f⟩ *(VWL)* kalıcı işsizlik; çekirdek işşsizlik
Restaurant ⟨n⟩ restoran
 [... betreiben] restoran işletmek
Restaurantbesitzer ⟨m⟩ restoran sahibi
Restaurantrechnung ⟨f⟩ restoran hesabı/faturası
Restauration ⟨f⟩ 1. restorasyon; onarım 2. restoran; yemek servisi; iaşe
Restaurierung ⟨f⟩ onarım; restorasyon
Restbestand ⟨m⟩ bakiye
Restbetrag ⟨m⟩ bakiye bedel
 [... zahlen] kalanı ödemek
Reste ⟨pl⟩ artıklar; kalıntılar
Restepartie ⟨f⟩ buçuklu lot
Restforderungen ⟨pl⟩ sair alacaklar; matlup bakiye
Restguthaben ⟨n⟩ matlup bakiye
restituieren ⟨v/t⟩ iade etmek
Restitution ⟨f⟩ iade
Restitutionsklage ⟨f⟩ *(Jur)* istirdat davası
Restlaufzeit ⟨f⟩ geri kalan süre
Restlebensdauer ⟨f⟩ geri kalan ömür
restlich ⟨adj⟩ geri kalan; sair
Restmenge ⟨f⟩ kalan miktar; artık
Restnutzungsdauer ⟨f⟩ geri kalan ömrü
Restpartie ⟨f⟩ buçuklu lot
Restriktion ⟨f⟩ kısıtlama; tahdit; baskı
 [...en von Bankkrediten] *(VWL)* katı para politikası
 [wirtschaftliche ...en] *(VWL)* ekonomik baskı
Restriktionskurs ⟨m⟩ *(VWL)* kısıtlayıcı/katı politika
restriktiv ⟨adj⟩ kısıtlayıcı; dar; katı
restrukturieren ⟨v/t⟩ yeniden yapılamak; yeniden organize etmek; yeniden endüstrileşmek
Restsaldo ⟨m⟩ *(ReW)* matlup bakiye; *(BkW)* matlup bakiye
Restschuld ⟨f⟩ *(ReW)* borç bakiyesi
Reststrafe ⟨f⟩ *(Jur)* geri kalan ceza
Restsumme ⟨f⟩ bakiye meblağı
Restwaren ⟨pl⟩ artık mallar
Restwert ⟨m⟩ hurda değeri; *(ReW)* artık değer
Restwertabschreibungsmethode ⟨f⟩ *(ReW)* artık değer amortisman metodu
Restwertrechnung ⟨f⟩ *(ReW)* artık değer hesabı/muhasebesi
Retorsion ⟨f⟩ misilleme; misliyle davranma/mukabele; *(Jur)* mukabele bilmisil
Retorsionszoll ⟨m⟩ *(Zo)* telafi edici vergi
Retoure ⟨f⟩ iade; geri verme
Retouren ⟨pl⟩ iade edilen mallar
Retourenbuch ⟨n⟩ iadeler defteri; iade edilen mallar defteri
Retourfracht ⟨f⟩ *(Schff)* avdet/dönüş navlunu
Retourscheck ⟨m⟩ *(WeR)* iade edilen çek
Retoursendung ⟨f⟩ *(Schff)* avdet/dönüş navlunu
Retourwaren ⟨pl⟩ iade edilen mallar
Retrozedent ⟨m⟩ *(Vers)* retrosedan
retrozedieren ⟨v/t⟩ *(Vers)* retrosede etmek
Retrozession ⟨f⟩ *(Vers)* retrosesyon

Rettung ⟨f⟩ kurtarma; tahlisiye
Rettungsaktion ⟨f⟩ kurtarma eylemi/ameliyesi
Rettungsanker ⟨m⟩ kurtuluş çaresi; *(Schff)* ocaklık demiri
revalorisieren ⟨v/t⟩ revalorize etmek; yeniden değerlendirmek
Revaluation ⟨f⟩ revalorizasyon; yeniden değerlendirme
Revers ⟨m/n⟩ *(WeR)* revers; taahhütname; doğrulama senedi
revidieren ⟨v/t⟩ revize etmek; yeniden gözden geçirmek
Revier ⟨n⟩ bölge; *(Med)* hasta koğuşu; *(Med)* revir; *(Polizei)* karakol
Revision ⟨f⟩ denetim; revizyon; muayene; teftiş ve murakabe; tadil; *(ReW)* muhasebe denetimi; *(Jur)* temyiz
[betriebsfremde ...] (işletmede) tarafsız denetim
[interne ...] *(ReW)* iç muhasebe denetimi
[stichprobenhafte ...] örnekleme yoluyla denetim
Revisor ⟨m⟩ revizör; denetçi
Rezeption ⟨f⟩ *(Hotel)* resepsiyon
Rezession ⟨f⟩ *(VWL)* resesyon
[... überstehen] resesyonu atlatmak
[schwere ...] *(VWL)* ağır resesyon
[weltweite ...] *(VWL)* dünya çapında resesyon
Richter ⟨m⟩ *(Jur)* yargıç; *(Jur)* hakim
[... in Nachlaßangelegenheiten] *(Jur)* tereke hakimi
Richterablehnung ⟨f⟩ *(Jur)* hakimin reddi
Richtigkeit ⟨f⟩ doğruluk
[... einer Rechnung anerkennen] faturanın doğruluğunu kabul etmek
[... eines Kontoauszugs bestätigen] hesap özetinin doğruluğunu teyit etmek
Richtlinie ⟨f⟩ yönerge; talimatname; yönetmelik
[Bankrechtskoordinierungs-...] Bankalar Hukuku Koordinasyon Talimatnamesi
Richtlinien ⟨pl⟩ yönergeler
Richtpreis ⟨m⟩ başfiyat; güdümlü fiyat
[empfohlener ...] önerilen güdümlü fiyat
[unverbindlicher ...] bağlayıcı olmayan güdümlü fiyat
Richtwert ⟨m⟩ standart; hedef
Richtzahl ⟨f⟩ indeks
Riesenkonsern ⟨m⟩ mega tröst
Riesenunternehmen ⟨n⟩ mega girişim/şirket
Riesenprojekt ⟨n⟩ mega proje
Rimesse ⟨f⟩ remise; → **Überweisung**
Risiko ⟨n⟩ riziko; risk; *(Gefahr)* muhatara; tehlike
[... streuen] riski/rizikoyu dağıtmak
[... tragen] risk taşımak
[... übernehmen] riziko yüklenmek
[... versichern] rizikoyu sigortalamak
[auf ... des Käufers] alıcının riski
[auf ... des Spediteurs] taşıyıcının riski
[ausgeschlossenes ...] risikosuz
[berufliches ...] meslek riski
[deckungsfähiges ...] karşılanabilir riziko
[erhöhtes ...] yüksek risk/riziko
[finanzielles ...] finansal risk
[handelsübliches ...] normal ticarî risk/riziko
[noch bestehendes ...] halen mevcut risk/riziko
[normales ...] normal risk/riziko
[ohne ...] rizikosuz
[unerwartetes ...] beklenmeyen risk
[unternehmerisches ...] girişim rizikosu
[unversicherbares ...] sigortalanamaz riziko
[versicherbares ...] sigortalanabilir riziko
[wirtschaftliches ...] ekonomik risk
Risikoabsicherung ⟨f⟩ → **Risikoabdeckung**
risikoarm ⟨adj⟩ az rizikolu
Risikogarantie ⟨f⟩ risk teminatı
Risikogeschäft ⟨n⟩ rizikolu/riskli iş
Risikoinvestition ⟨f⟩ rizikolu yatırım
Risikokapital ⟨n⟩ girişim/risk sermayesi
Risikokapitalfinanzierung ⟨f⟩ *(BkW)* risk sermayesi finansmanı
Risikominderung ⟨f⟩ riski azaltma
risikoreich ⟨adj⟩ çok riskli
Risikorückiage ⟨f⟩ *(Vers)* muhataralar ihtiyatı
Risikorückstellung ⟨f⟩ → **Risikorücklage**
Risikoübernahme ⟨f⟩ risk alma; riziko üstlenme; aracılık yüklenimi
Risikounternehmen ⟨n⟩ riskli girişim
Risikoversicherung ⟨f⟩ *(Vers)* risk sigortası
Roboter ⟨m⟩ *(Ind)* robot
Robotertechnik ⟨f⟩ *(Ind)* robot teknolojisi
Roggen ⟨m⟩ *(LandW)* çavdar
roh ⟨adj⟩ ham; kaba
Rohbau ⟨m⟩ *(BauW)* kaba inşaat
Rohbaugewerbe ⟨n⟩ *(BauW)* kaba inşaatçılık
Rohmaterial ⟨n⟩ ham malzeme; hammadde; işlenmemiş madde
Rohmetall ⟨n⟩ ham metal
Rohöl ⟨n⟩ ham petrol
Rohprodukt ⟨n⟩ *(LandW)* ham mahsul
Rohr ⟨n⟩ boru
Rohrbruch ⟨m⟩ boru patlaması
Rohrleitung ⟨f⟩ boru hattı
Rohrleitungsnetz ⟨n⟩ boru hattı şebekesi
Rohrpost ⟨f⟩ pnömatik posta
Rohrzucker ⟨m⟩ *(LandW)* şeker kamışı
Rohseide ⟨f⟩ *(LandW)* ham ipek
Rohsilber ⟨n⟩ ham gümüş
Rohstahl ⟨m⟩ ham çelik
Rohstahlerzeugung ⟨f⟩ ham çelik üretimi
Rohstoff ⟨m⟩ hammadde
[chemischer ...] kimyasal hammadde
[gewerblicher ...] sınaî hammadde
Rohstoffabkommen ⟨n⟩ hammadde sözleşmesi
Rohstoffe ⟨pl⟩ hammaddeler; doğal kaynaklar
Rohstoff(beschaffungs)kosten ⟨pl⟩ *(KoR)* hammadde (alım/tedarik) maliyeti
Rohstoffbörse ⟨f⟩ hammadde borsası
Rohstoffgewinnung ⟨f⟩ hammadde kazanma
Rohstoffindustrie ⟨f⟩ hammadde sanayii
Rohstoffmarkt ⟨m⟩ hammadde piyasası
Rohstoffpreis ⟨m⟩ hammadde fiyatı
Rohstoffquellen ⟨pl⟩ hammadde kaynakları; doğal kaynaklar
Rohstoffverarbeitung ⟨f⟩ hammadde işleme
Rohstoffversorgung ⟨f⟩ hammadde temini/sağlama
Rohstoffvorkommen ⟨n⟩ hammadde kaynakları/ stokları
Rohüberschuß ⟨m⟩ gayri safi kâr
Rohumsatz ⟨m⟩ gayri safi satışlar; brüt satışlar
Rohverlust ⟨m⟩ gayri safi zarar

Rohware ⟨f⟩ *(Ind)* işlenmemiş mal
Rollbahn ⟨f⟩ *(Flug)* pist
Rollfuhr ⟨f⟩ taşıma
Rollfuhrdienst ⟨m⟩ taşıyıcılık/hammal servisi
Rollgeld ⟨n⟩ hamaliye; hammallık/taşıyıcılık ücreti
Rollgut ⟨n⟩ taşınır eşya
Rolltreppe ⟨f⟩ yürüyen merdiven
Rost ⟨m⟩ pas
rostbeständig ⟨adj⟩ paslanmaz
rosten ⟨int⟩ paslanmak
rostfrei ⟨adj⟩ paslanmaz
rostig ⟨adj⟩ paslı
Rotte ⟨f⟩ takım
Rottenführer ⟨m⟩ ustabaşı
Route ⟨f⟩ yol; rota
Rückantwort ⟨f⟩ cevap
 [... bezahlt] *(Post)* iadesi/cevabı ödenmiştir
Rückantwortkarte ⟨f⟩ *(Post)* cevaplı posta kartı; *(Post)* iade kartı
Rückassekuranz ⟨f⟩ *(Vers)* reasürans
Rückäußerung ⟨f⟩ cevap
Rückbehaltungsrecht ⟨n⟩ *(Jur)* hapis hakkı
Rückbildung ⟨f⟩ geriye doğru gelişme/ ilerleme/inkişaf
rückbuchen ⟨v/t⟩ ristorno etmek
Rückbuchung ⟨f⟩ ristorno
Rückbürge ⟨m⟩ *(Jur)* rücua kefil
Rückbürgschaft ⟨f⟩ *(Jur)* rücua kefalet
rückdatieren ⟨v/t⟩ eski tarih koymak
rückerstatten ⟨v/t⟩ iade etmek; geri vermek
Rückerstattung ⟨f⟩ iade; geri verme; geri öde(n)me; *(Jur)* istirdat
 [... in bar] nakden iade
 [... von Steuern] *(StR)* vergi(lerin) iadesi
Rückerstattungsanspruch ⟨m⟩ geri verme hakkı; *(Jur)* istirdat hakkı
Rückerstattungsklage ⟨f⟩ *(Jur)* istirdat davası
Rückfahrkarte ⟨f⟩ dönüş bileti
Rückfahrt ⟨f⟩ dönüş seferi
Rückforderung ⟨f⟩ geri isteme
Rückfracht ⟨f⟩ *(Schff)* dönüş navlunu
Rückgabe ⟨f⟩ geri verme; iade
rückgabepflichtig ⟨adj⟩ geri vermekle yükümlü
Rückgaberecht ⟨n⟩ geri verme hakkı
Rückgang ⟨m⟩ gerileme; azalma; düşüş
 [... der Aktienkurse] hisse senedi fiyatlarında düşüş
 [... der Arbeitslosigkeit] işsizliğin azalması
 [... der Nachfrage] talebin azalması
 [... der Umsätze] satışlarda azalma
 [... erfahren] düşüş kaydetmek
 [saisonbedingter ...] mevsime bağlı azalma/düşüş
Rückgewinnung ⟨f⟩ geri kazanma; *(Eng)* recycling
Rückgriff ⟨m⟩ geri dönme; *(Jur)* rücu; *(Jur)* müracaat
 [... mangels Zahlung] *(Jur)* ödemeden imtina halinde müracaat hakkı
 [... nehmen] müracaat etmek
 [ohne ...] rücusuz; müracaatsız
Rückgriffsanspruch ⟨m⟩ geri dönme hakkı; *(Jur)* müracaat/rücu hakkı
Rückgriffsrecht ⟨n⟩ geri dönme hakkı; *(Jur)* müracaat/rücu hakkı
Rückgut ⟨n⟩ iade edilen mal; geri verilen mal

Rückholverfahren ⟨n⟩ *(Zo)* drawback usulü
Rückkauf ⟨m⟩ geri alma; iştira
 [... von Schuldverschreibungen] *(BkW)* tahvillerin iştirası
Rückkaufagio ⟨n⟩ *(BkW)* iştira acyosu; *(Vorzugsaktie)* alım ikramiyesi
rückkaufbar ⟨adj⟩ iştira edilir; geri alınır
 [nicht ...] geri alınmaz
rückkaufen ⟨v/t⟩ geri almak
Rückkaufsberechtigung ⟨f⟩ *(Vers)* iştira hakkı
Rückkauf(s)garantie ⟨f⟩ geri alınma garantisi; iştira teminatı
Rückkaufsgebühr ⟨f⟩ *(LebV)* iştira ücreti
Rückkaufskurs ⟨m⟩ → **Rückkaufspreis**
Rückkaufsprämie ⟨f⟩ iştira primi
Rückkaufspreis ⟨m⟩ iştira fiyatı
Rückkaufswert ⟨m⟩ *(Vers)* iştira değeri
Rückladung ⟨f⟩ dönüş yükü
Rücklage ⟨f⟩ → **Reserve/Rückstellung** ihtiyat (akçesi); rezerv; yedek (akçe)
 [... für die Erneuerung des Anlagevermögens] *(ReW)* sabit varlıkların yenilenmesi için ayrılmış ihtiyat
 [... für Instandsetzung] onarım rezervi
 [... für laufende Risiken] *(Vers)* cari muhataralar ihtiyatı
 [... für Preissteigerungen] fiyat artışları için ayrılmış ihtiyat
 [... für ungewisse Verbindlichkeiten] şüpheli alacaklar/borçlar için ayrılmış ihtiyat
 [... für unvorhergesehene Verluste] plansız zararlar için ayrılmış ihtiyat
 [allgemeine ...] icabı halinde ihtiyat; munzam karşılık
 [außerordentliche ...] olağanüstü ihtiyat akçesi
 [zusätzliche ...] munzam ihtiyat
Rücklagen ⟨pl⟩ ihtiyatlar; rezervler; yedekler
 [... angreifen] ihtiyatları kullanmak
 [... auflösen] ihtiyatları tasfiye etmek
 [... bilden] ihtiyat oluşturmak/yaratmak
 [... stärken] ihtiyatları takviye etmek
 [... in Anspruch nehmen] → [... angreifen]
 [... und Guthaben bei Banken] bankalardaki ihtiyat ve mevduatlar
 [... zur Abschreibung langfristiger Anlagegüter] itfa fonu
 [allgemeine ...] icabı halinde ihtiyatlar
 [ausgewiesene ...] beyan edilen ihtiyatlar
 [den ... zuführen] ihtiyatlara tahsis/dahil etmek
 [gesetzliche ...] kanunî ihtiyatlar; munzam karşılıklar
 [in die ... einstellen] ihtiyatlara tahsis/dahil etmek
 [satzungsmäßige ...] kanunî ihtiyatlar; munzam karşılıklar
 [stille ...] gizli ihtiyatlar
 [versicherungstechnische ...] teknik yedekler; muallâk tazminat ihtiyatları
Rücklagenanteil ⟨m⟩ ihtiyat payı
Rücklagenauflösung ⟨f⟩ ihtiyatların tasfiyesi
Rücklagenbildung ⟨f⟩ ihtiyat oluşturma
Rücklagenkonto ⟨n⟩ ihtiyat hesabı
Rücklagensoll ⟨m⟩ rezerv hedefi
Rücklagenzuführung ⟨f⟩ → **Rücklagenzuweisung**
Rücklagenzuweisung ⟨f⟩ ihtiyat(ların) tahsisi

rückliefern ⟨v/t⟩ geri göndermek/yollamak
Rückmeldung ⟨f⟩ geribildirim
Rücknahme ⟨f⟩ geri alma/alınma; geri çekme/çekilme; istirdat
[... einer Klage] *(Jur)* davayı geri alma/çekme
[... einer Kündigung] ihbarı geri alma/çekme
[... eines Auftrags] siparişin geri çekilmesi
[keine ...] geri alınmaz
Rücknahmegarantie ⟨f⟩ geri alma garantisi
Rücknahmekurs ⟨m⟩ → Rücknahmepreis
Rücknahmepreis ⟨m⟩ itfa fiyatı; geri alma fiyatı
Rücknahmeverpflichtung ⟨f⟩ geri alma zorunluğu
Rücknahmewert ⟨m⟩ geri alma değeri; istirdat değeri
Rückschein ⟨m⟩ *(Post)* iade kartı
Rückreise ⟨f⟩ dönüş yolculuğu; *(Schff)* dönüş seferi; avdet yolculuğu
Rückseite ⟨f⟩ arka sayfa
[auf der ...] arka sayfada
rücksenden ⟨v/t⟩ geri göndermek
Rücksendung ⟨f⟩ geri gönderme
Rückstellung ⟨f⟩ ihtiyat (ayırma); → Rücklage/Reserve
[... für Abschreibung langfristiger Anlagegüter] uzun vadeli sabit sermaye malları için ihtiyat (ayırma)
[... für das Betriebskapital] işletme sermayesi için ihtiyat (ayırma); işletme sermayesi ihtiyatı
[... für Eventualverbindlichkeiten] icabı halinde ihtiyat (ayırma)
[... für Schuldentilgung] borçların itfası için ihtiyat (ayırma)
[... für Steuern] vergi için ihtiyat (ayırma)
[... für uneinbringliche Forderungen] tahsil edilemeyen alacaklar karşılığı/ihtiyatı/rezervi
[... für zweifelhafte Forderungen] *(ReW)* şüpheli alacaklar karşılığı
Rückstellungen ⟨pl⟩ ihtiyatlar; yedekler; karşılıklar
[... auflösen] ihtiyatları tasfiye etmek
[... bilden] ihtiyat oluşturmak
[... für Abschreibungen] *(ReW)* amortisman ihtiyatları
Rückstellungsbedarf ⟨m⟩ ihtiyat ayırma ihtiyacı
Rückstellungsbetrag ⟨m⟩ ihtiyat meblağı/bedeli
Rückstellungsposten ⟨m⟩ ihtiyat kalemi
Rücktritt ⟨m⟩ cayma; (geri) dönme; rücu; istifa; çekilme
[... einreichen] istifasını bildirmek
[... erklären] istifasını bildirmek
[... vom Vertrag] akitten dönme; akitten rücu
Rücktrittserklärung ⟨f⟩ istifa beyanı
Rücktrittsfrist ⟨f⟩ cayma müddeti
Rücktrittsgebühr ⟨f⟩ cayma tazminatı
Rücktrittsgesuch ⟨n⟩ istifa dilekçesi
Rücktrittsgrund ⟨m⟩ *(Vertrag)* cayma nedeni; rücu sebebi
Rücktrittsrecht ⟨n⟩ geri dönme hakkı; cayma/rücu hakkı
[vertragsgemäßes ...] akitten dönme hakkı
Rücktrittsvorbehalt ⟨m⟩ ciddî zarar kuralı; kaçamak maddesi; güvenlik şartı
rücküberweisen ⟨v/t⟩ havaleyi iade etmek
Rückumwandlung ⟨f⟩ eski hale getirme
rückvergüten ⟨v/t⟩ geri ödemek; iade etmek
Rückvergütung ⟨f⟩ geri ödeme; iade

[... von Steuern] vergilerin iadesi
Rückversicherer ⟨m⟩ *(Vers)* reasürans sigortacısı; reasürör
Rückversicherung ⟨f⟩ *(Vers)* reasürans; mükerrer sigorta
[übertragene ...] *(Vers)* retrosesyon
Rückversicherungsanstalt ⟨f⟩ *(Vers)* reasürans kurumu/şirketi
Rückversicherungsgesellschaft ⟨f⟩ *(Vers)* reasürans şirketi
Rückversicherungsprämie ⟨f⟩ *(Vers)* reasürans primi
Rückversicherungsquote ⟨f⟩ *(Vers)* reasürans haddi
Rückversicherungsträger ⟨m⟩ *(Vers)* reasürans şirketi
Rückversicherungsvertrag ⟨m⟩ *(Vers)* reasürans sözleşmesi
Rückwechsel ⟨m⟩ *(WeR)* retret
Rückwechselkonto ⟨n⟩ *(BkW)* retret hesabı
Rückwechselspesen ⟨pl⟩ *(BkW)* retret ücreti
rückwirkend ⟨adj⟩ geçmişe dokunan; geçmişi etkileyen; *(Jur)* makable şamil; makabline şümul olan
Rückwirkung ⟨f⟩ geçmişe dokunma; *(Jur)* makable şümul
rückzahlbar ⟨adj⟩ itfa edilebilir; geri ödenebilir
[nicht ...] itfa edilemez; amorti edilemez
rückzahlen ⟨v/t⟩ → zurückzahlen
Rückzahlung ⟨f⟩ itfa; geri ödeme; ristorno
[... des Kapitals] sermayenin geri ödenmesi
[... in Raten] taksitle geri ödeme
[... vor Fälligkeit] muacceliyetinden önce ödeme
Rückzahlungsbetrag ⟨m⟩ itfa bedeli/meblağı; ristorno bedeli
Rückzahlungsfrist ⟨f⟩ itfa süresi
Rückzahlungskurs ⟨m⟩ itfa fiyatı
Rückzahlungspreis ⟨m⟩ itfa fiyatı
Rückzahlungswert ⟨m⟩ itfa değeri; ristorno değeri
Rückzahlungstag ⟨m⟩ itfa günü; tahakkuk tarihi; muacceliyet
Rückzahlungstermin ⟨m⟩ itfa tarihi; tahakkuk tarihi; muacceliyet
Rückzoll ⟨m⟩ *(Zo)* vergi iadesi; *(Zo)* reddi rüsum
Ruf ⟨m⟩ itibar
[geschäftlicher ...] iş itibarı
[kaufmännischer ...] ticarî itibar
Rufnummer ⟨f⟩ *(Tele)* telefon numarası
Rüge ⟨f⟩ azarlama; *(Jur)* adlî tevbih
rugen ⟨v/t⟩ azarlamak; *(Jur)* tevbih etmek
Ruhe ⟨f⟩ dinlenme; istirahat
[sich vorzeitig zur ... setzen] *(SozV)* erken emekli olmak
[sich zur ... setzen] *(SozV)* emekli olmak; emekliliğe ayrılmak
Ruhegehalt ⟨n⟩ *(SozV)* emekli maaşı
Ruhegeld ⟨n⟩ → Ruhegehalt
Ruhen ⟨n⟩ durma
[... der Geschäfte] işlerin durması
[... des Verfahrens] *(Jur)* davanın taliki
Ruhepause ⟨f⟩ dinlenme; istirahat
Ruheraum ⟨m⟩ dinlenme odası
Ruhestand ⟨m⟩ *(SozV)* emeklilik
[im ...] emekli
[in den ... treten] emekliliğe ayrılmak

[in den ... versetzen] emekliliğe ayırmak [vorzeitiger ...] *(SozV)* erken emeklilik
Ruhestandsalter ⟨m⟩ *(SozV)* emeklilik yaşı
Ruhestandsregelung ⟨f⟩ *(SozV)* emeklilik düzenlemesi
Ruhestandsversicherung ⟨f⟩ *(SozV)* emekli sigortası
Ruhetag ⟨m⟩ dinlenme/tatil günü
Ruhezeit ⟨f⟩ dinlenme zamanı/süresi
Ruhezone ⟨f⟩ dinlenme kısmı/bölgesi
Rumpf ⟨m⟩ gövde; *(Schff)* tekne
Rundbrief ⟨m⟩ → **Rundschreiben**
Rundfunk ⟨m⟩ → **Radio**
Rundfunkreklame ⟨f⟩ → **Rundfunkwerbung**
Rundfunkwerbung ⟨f⟩ *(Mk)* radyoda tanıtım/reklam
Rundschreiben ⟨n⟩ sirküler
Rüsten ⟨n⟩ *(Ind)* donatım; donatma
rüsten ⟨v/t⟩ donatmak
Rüstkosten ⟨pl⟩ *(Ind)* donatım/donatma maliyeti
Rüstung ⟨f⟩ silahlanma
Rüstungsbetrieb ⟨m⟩ *(Ind)* silah fabrikası
Rüstungsetat ⟨m⟩ *(öFi)* savunma bütçesi
Rüstungsfabrik ⟨f⟩ *(Ind)* silah fabrikası
Rüstungsindustrie ⟨f⟩ *(Ind)* silah sanayii
Rüstzeit ⟨f⟩ *(Ind)* donatma süresi
[... nach Arbeitsschluß] iş bitiminden sonra donatma süresi

S

Saat ⟨f⟩ *(LandW)* tohum
Saatgut ⟨n⟩ (tarımsal) tohumlar
Sachabschreibung ⟨f⟩ *(ReW)* sabit varlık amortismanı
Sachanlage(n) ⟨f/pl⟩ sabit/maddî varlıklar
[... und immaterielle Anlagewerte] maddî ve manevi varlıklar
Sachanlagegüter ⟨pl⟩ *(ReW)* sabit varlıklar
Sachanlagenabschreibung ⟨f⟩ *(ReW)* sabit varlıkların amortismanı
Sachanlagenerneuerung ⟨f⟩ *(ReW)* sabit varlıkların ikamesi
Sachanlageninvestition ⟨f⟩ *(ReW)* aktifleştirme yükümlülüğü taşıyan harcama; sabit varlıklara/sermayeye yapılması gereken ilaveler
Sachanlagenkonto ⟨n⟩ *(ReW)* sabit varlık(lar) hesabı
Sachanlagenzugang ⟨m⟩ *(ReW)* sabit varlıklara ilave
Sachanlagevermögen ⟨n⟩ *(ReW)* maddi (sabit) varlıklar
[... insgesamt] toplam varlıklar
Sachaufwand ⟨m⟩ *(ReW)* işletme gideri
Sachaufwendungen ⟨pl⟩ *(ReW)* işletme harcamaları
Sach-Bargründung ⟨f⟩ nakdî ve aynî kuruluş
Sachbearbeiter ⟨m⟩ yetkili/görevli/sorumlu memur; kâtip
[... für Öffentlichkeitsfragen] halkla ilişkiler için yetkili/görevli/sorumlu memur; halkla ilişkiler görevlisi
Sache ⟨f⟩ dava; husus; konu
[... verhandeln] *(Jur)* davayı dinlemek; yargılamak
[bewegliche ... n] menkuller; menkulat; taşınırlar
[nicht streitige ...] *(Jur)* çekişmesiz dava
[schwebende ...] *(Jur)* sürümcemede bulunan dava
Sachgesellschaft ⟨f⟩ *(Vers)* emlak sigorta şirketi
Sachgründung ⟨f⟩ aynî kuruluş
Sachgüter ⟨pl⟩ sabit varlıklar
Sachinvestitionen ⟨pl⟩ maddî varlıklara sermaye harcaması
Sachkapital ⟨n⟩ aynî sermaye
Sachkapitalbildung ⟨f⟩ reel sermaye oluşturma
Sachkenntnis ⟨f⟩ uzbilim; *(Eng)* Know how
Sachkonto ⟨n⟩ *(ReW)* ayniyat mevcutları ana hesabı
sachkundig ⟨adj⟩ eksper; uzman
Sachleistung ⟨f⟩ aynî eda
Sachlohn ⟨m⟩ aynî ücret
Sachmangel ⟨m⟩ malzeme kusuru
Sachmängelhaftung ⟨f⟩ kalite garantisi
Sachrente ⟨f⟩ aynî rant
Sachschaden ⟨m⟩ maddî hasar/zarar/ziyan
Sachschadenrisiko ⟨n⟩ *(Vers)* maddî hasar rizikosu
Sachschadenversicherung ⟨f⟩ *(Vers)* maddî hasara karşı sigorta
Sachspende ⟨f⟩ bağışlanan mal
Sachsteuer ⟨f⟩ *(StR)* emlak vergisi
Sachverhalt ⟨m⟩ *(Jur)* keyfiyet
Sachvermögen ⟨n⟩ *(VWL)* sabit sermaye
Sachversicherer ⟨m⟩ *(Vers)* emlak/eşya/mal/mülk sigortacısı
Sachversicherung ⟨f⟩ *(Vers)* emlak/eşya/mal/mülk sigortası
Sachverstand ⟨m⟩ → **Sachkenntnis**
sachverständig ⟨adj⟩ uzman
Sachverständigengutachten ⟨n⟩ ekspertiz; bilirkişi/uzman raporu
Sachverständiger ⟨m⟩ bilirkişi; eksper
[... für Seeschadenberechnung] *(SeeV)* dispaşör; dispeççi
[beeidigter ...] yeminli bilirkişi
Sachwalter ⟨m⟩ yediemin; idareci
Sachwert ⟨m⟩ aynî/nesnel değer
Sachwerte ⟨pl⟩ ayniyat
Sack ⟨m⟩ çuval; torba; bohça
Saison ⟨f⟩ mevsim; sezon
saisonabhängig ⟨adj⟩ mevsimlik; mevsime bağlı
Saisonarbeit ⟨f⟩ mevsimlik iş
Saisonarbeiter ⟨m⟩ mevsimlik işçi
Saisonarbeitslosigkeit ⟨f⟩ mevsimlik işsizlik
Saisonartikel ⟨pl⟩ mevsimlik mal
Saisonausgleich ⟨adj⟩ mevsimlik denkleştirme
Saisonausverkauf ⟨m⟩ mevsim sonu satışı
Saisonbedarf ⟨m⟩ mevsimlik ihtiyaç/gereksinme
saisonbedingt ⟨adj⟩ mevsimlik; mevsime bağlı
Saisonbelegschaft ⟨f⟩ mevsimlik işgücü
saisonbereinigt ⟨adj⟩ mevsim ayarlı; mevsime göre arındırılmış
Saisonberuf ⟨m⟩ mevsime bağlı meslek

Saisonbeschäftigung ⟨f⟩ mevsimlik çalıştırma
Saisonbewegung ⟨f⟩ *(Stat)* mevsimlik hareket; *(Stat)* mevsimlik dalgalanma
Saisongeschäft ⟨n⟩ mevsimlik ticaret
Saisonschluß ⟨m⟩ mevsim sonu
Saisonschwankung ⟨f⟩ *(Stat)* mevsimlik dalgalanma; *(Stat)* mevsimlik hareket
Saisonware ⟨f⟩ mevsimlik mal
Saldenabstimmung ⟨f⟩ *(ReW)* açık kapama
Saldenaufstellung ⟨f⟩ bilanço dökümü
Saldenauszug ⟨m⟩ *(BkW)* dekont
Saldenbestätigung ⟨f⟩ bakiyenin doğrulanması; bakiyenin teyit edilmesi
saldieren ⟨v/t⟩ açık/açığı kapamak
Saldierung ⟨f⟩ açık/açığı kapama
Saldo ⟨m⟩ bakiye; açık; ankes
[... anerkennen] bakiyeyi kabul etmek
[... aufweisen] bakiye göstermek
[... aus Einnahmen und Ausgaben] nakit akışı/akımı
[... ausgleichen] açık kapamak; bakiyeyi dengelemek
[... der Leistungsbilanz] *(AußH)* cari işlemler dengesi
[... der Zahlungsbilanz] *(AußH)* dış ödemeler dengesi
[... vortragen] *(ReW)* bakiyeyi aktarmak/devretmek
[... zu Ihren Lasten] *(BkW)* borçlu bakiyeniz
[... zu jds Gunsten] *(BkW)* alacaklı bakiye
[debitorischer ...] *(BkW)* borçlu bakiye
[verfügbarer ...] kullanılabilir bakiye; *(ReW)* defter bakiyesi
[vorgetragener ...] aktarılmış/devredilmiş bakiye
Saldoanzeige ⟨f⟩ hesap özeti; *(BkW)* dekont
Saldoauszug ⟨m⟩ hesap özeti; *(BkW)* dekont
Saldoguthaben ⟨n⟩ alacak bakiyesi
Saldoübertrag ⟨m⟩ bakiyenin devri
Saldovortrag ⟨m⟩ bakiyenin devri
Sammelauftrag ⟨m⟩ *(BkW)* kollektif emir/talimat
Sammelausfuhrgenehmigung ⟨f⟩ *(AußH)* genel ihraç permisi
Sammelbank ⟨f⟩ *(BkW)* portföy bankası
Sammelbestellung ⟨f⟩ toplu sipariş; merkezî alım
Sammelbewertung ⟨f⟩ toplu değerleme
Sammelfaktura ⟨f⟩ → **Sammelrechnung**
Sammelkonto ⟨n⟩ *(ReW)* ana hesap; toplayıcı hesap; kollektif hesap
Sammelpolıce ⟨t⟩ *(Vers)* kombıne/bırleşik/global polıçe
Sammelrechnung ⟨f⟩ toplu/toptan fatura
Sammelstelle ⟨f⟩ tahsil bürosu
Sammeltarif ⟨m⟩ grup tarifesi
Sammelversicherung ⟨f⟩ *(Vers)* grup sigortası
Sammelversicherungsvertrag ⟨m⟩ *(Vers)* global polıçe
Sammelwerbung ⟨f⟩ *(Mk)* ortak/birlikte tanıtım
Samstag ⟨m⟩ cumartesi (günü)
[langer ...] (mağazaların geç kapandığı) uzun cumartesi
[verkaufsoffener ...] (mağazaların geç kapandığı) uzun cumartesi
sanieren ⟨v/t⟩ yenilemek; onarmak
Sanierung ⟨f⟩ yenileme; onarım; yeniden yapılanma; yeniden örgütle(n)me; yeniden sermayeleştirme
Sanierungsgebiet ⟨n⟩ kalkınma bölgesi
Sanierungsplan ⟨m⟩ kalkınma planı; sermayeyi yeniden yapılandırma planı; *(Kapitalumschichtung)* yeniden sermayeleştirme planı; finansal konsolidasyon planı
Sanktion ⟨f⟩ yaptırım; sanksiyon; zorlayıcı önlem
[... en aufheben] sanksiyonları kaldırmak
[... en verhängen] sanksiyon koymak
Satellit ⟨m⟩ uydu
Satellitenstadt ⟨f⟩ uydu kent
Sättigung ⟨f⟩ doyma (durumu); doyum
Sättigungsgrad ⟨m⟩ doyma/doyum derecesi/haddi
Sättigungsnachfrage ⟨f⟩ doyum talebi
Sättigungspunkt ⟨m⟩ doyma/doyum noktası
Satz ⟨m⟩ cümle; *(Gebühr)* oran; had; *(Zo)* resim; vergi; *(Jur)* şart; *(Druck)* dizgi
[... Dokumente] takım evraklar
[... für Tagesgeld] *(BkW)* ihbarsız mevduat faizi; *(Eng)* call rate
[einheitlicher ...] standart oran
[ermäßigter ...] indirimli oran
[handelsüblicher ...] (olağan) ticarî oran
Satzfehler ⟨m⟩ *(Druck)* dizgi hatası
Satzung ⟨f⟩ *(Jur)* tüzük
Säule ⟨f⟩ sütun
Säulendarstellung ⟨f⟩ → **Säulendiagramm**
Säulendiagramm ⟨n⟩ *(Stat)* histogram; sütunlu grafik/diyagram
säumig ⟨adj⟩ gecikmeli
Säumnis ⟨n⟩ gecikme; temerrüt
Säumnisgebühr ⟨f⟩ gecikme harcı
Säumnisurteil ⟨n⟩ *(Jur)* gıyap kararı
Säumniszuschlag ⟨m⟩ gecikme faizi; temerrüt faizi
Schablone ⟨f⟩ şablon
Schablonenpapier ⟨n⟩ şablonlu kâğıt
Schachtel ⟨f⟩ kutu; paket
Schachtelprivileg ⟨n⟩ iştirak kazançları istisnası
Schachtelvergünstigung ⟨f⟩ → **Schachtelprivileg**
Schaden ⟨m⟩ hasar; zarar; *(SeeV)* avarya
[... abschätzen] hasarı takdir etmek
[... abwickeln] hasar tesviye etmek
[... anmelden] hasar bildirmek; hasarı beyan etmek
[... aufnehmen] hasarı tesbit etmek
[... begutachten] hasarı tesbit etmek
[... beheben] bozukluğu düzeltmek; zararı gidermek
[... berechnen] hasarı takdir etmek
[... besichtigen] hasarı teftiş etmek
[... erleiden] hasar görmek
[... ersetzen] zararı ödemek
[... feststellen] hasarı tesbit etmek
[... haben] zararı olmak
[... infolge höherer Gewalt] zorlayıcı nedenler sonucu oluşan hasar/zarar; mücbir sebeplerden doğan zarar
[... inspizieren] hasarı teftiş etmek
[... regulieren] hasar tesviye etmek
[... verursachen] hasara sebep/neden olmak
[... wiedergutmachen] zararı ödemek
[... zufügen] zarar vermek
[beglichener ...] ödenmiş/çözümlenmiş hasar
[eigentlicher ...] *(Vers)* fiilî/gerçek hasar

[eingetretener ...] vaki hasar
[entstandener ...] vaki hasar
[finanzieller ...] finansal/mali zarar
[gegen ... versichern] hasara karşı sigorta etmek
[geringfügiger ...] cüz'i hasar
[ideeller ...] manevî zarar/kayıp
[materieller ...] fizikî hasar; maddî zarar
[mit ...] hasarlı; *(SeeV)* avaryalı
[mittelbarer ...] dolaylı hasar
[regulierter ...] ödenmiş/çözümlenmiş hasar
[schwebender ...] çözümlenmemiş hasar
[schwerer ...] ağır hasar
[tatsächlicher ...] *(Vers)* fiilî/gerçek hasar
[unersetzbarer ...] tazmin edilemez hasar/zarar
[unmittelbarer ...] dolaysız hasar
schaden ⟨int⟩ zarar vermek
Schäden ⟨pl⟩ hasar(lar)
[frei von ... in besonderer Havarie] *(SeeV)* özel avaryada hasarsız
Schadenabfindung ⟨f⟩ hasar tesviyesi; hasar tazminatı
Schadenaufmachung ⟨f⟩ *(SeeV)* avarya raporu
Schadenbericht ⟨m⟩ hasar raporu
Schadenersatz ⟨m⟩ (maddî hasar için) tazminat; zarar/hasar ikamesi
[... ausschließen] hasarları hariç kılmak
[... beanspruchen] hasar için tazminat istemek
[... fordern] hasar için tazminat istemek
[... für Folgeschäden] hasar sonuçları tazminatı
[... leisten] hasar için tazminat ödemek
[... verlangen] hasar için tazminat istemek
[... zahlen] hasar için tazminat ödemek
[... zuerkennen] *(Jur)* tazminat hakkı tanımak
[auf ... erkennen] *(Jur)* tazminat hakkı tanımak
[auf ... (ver)klagen] tazminat davası açmak
Schadenersatzanspruch ⟨m⟩ maddî tazminat hakkı/talebi
[... geltend machen] tazminat talebinde bulunmak
[... regulieren] hasarı tesviye etmek
[berechtigter ...] haklı tazminat talebi
[festgestellter ...] tesbit edilmiş hasar; kanıtlanmış tazminat hakkı/talebi
Schadenersatzforderung ⟨f⟩ *(Jur)* tazminat talebi
Schadenersatzklage ⟨f⟩ *(Jur)* (maddî) tazminat davası
[... einreichen] tazminat davası açmak
Schadenersatzleistung ⟨f⟩ tazminat edimi
Schadenersatzpflicht ⟨f⟩ (maddî) tazminat mükellefiyeti
schadenersatzpflichtig ⟨adj⟩ tazminat ödemekle yükümlü
Schadenfestsetzung ⟨f⟩ hasar tayini/tesbiti
Schadenfeststellung ⟨f⟩ hasar tayini/tesbiti
Schadenfreiheitsrabatt ⟨m⟩ *(Vers)* hasarsızlık indirimi
Schadenquote ⟨f⟩ hasar oranı
Schadenrückversicherung ⟨f⟩ *(Vers)* hasar reasüransı
Schadensabgeltung ⟨f⟩ *(Vers)* hasarı ödeme; *(Vers)* hasarın tazmini
Schadensabrechnung ⟨f⟩ *(Vers)* hasar tesviyesi
Schadensabschätzung ⟨f⟩ *(Vers)* hasarın takdiri
Schadensabteilung ⟨f⟩ *(Vers)* tazminat bölümü

Schadensabwicklung ⟨f⟩ *(Vers)* hasar tesviyesi
Schadensanmeldung ⟨f⟩ hasar ihbarı
Schadensanzeige ⟨f⟩ hasar ihbarı
Schadensart ⟨f⟩ *(Vers)* hasar çeşidi
Schadensaufmachung ⟨f⟩ *(Vers)* hasar tesviyesi
Schadensberechnung ⟨f⟩ hasar/zarar hesabı
Schadensbesichtigung ⟨f⟩ hasar teftişi
Schadensbeteiligung ⟨f⟩ *(Vers)* (hasara) iştirak
Schadensbewertung ⟨f⟩ hasar/zarar değerleme
Schadensexzedent ⟨m⟩ *(Vers)* aşkın hasar
Schadensexzedentenrückversicherung ⟨f⟩ *(Vers)* aşkın hasar reasüransı
Schadensfall ⟨m⟩ hasar hali/durumu
[im ...] hasar halinde
Schadensfolgen ⟨pl⟩ hasar sonuçları; hasarın doğurduğu sonuç(lar)
Schadensforderung ⟨f⟩ hasar alacağı
Schadensfrei ⟨adj⟩ hasarsız
Schadensfreiheitsrabatt ⟨m⟩ *(Vers)* hasarsızlık indirimi
Schadenshaftung ⟨f⟩ hasardan dolayı sorumluluk
Schadensmeldung ⟨f⟩ hasar beyanı/ihbarı
Schadensmitteilung ⟨f⟩ hasar beyanı/ihbarı
Schadensprüfung ⟨f⟩ hasar teftişi
Schadensregulierer ⟨m⟩ hasar tesviye acentesi/acentası; *(SeeV)* avarya dispaşörü
Schadensregulierung ⟨f⟩ *(Vers)* hasar tesviyesi
Schadensregulierungskosten ⟨pl⟩ *(Vers)* hasar tesviye masrafları
Schadensreserve ⟨f⟩ *(Vers)* cari muhataralar ihtiyatı
Schadenssachverständiger ⟨m⟩ bilirkişi; ehlivukuf
Schadenssumme ⟨f⟩ *(Vers)* hasar bedeli
Schadensumfang ⟨m⟩ hasarın kapsamı
Schadensursache ⟨f⟩ *(Vers)* hasar nedeni
Schadensverlauf ⟨m⟩ *(Vers)* hasarın seyri
Schadensversicherung ⟨f⟩ *(Vers)* hasara karşı sigorta
Schadenswahrscheinlichkeit ⟨f⟩ *(Vers)* hasar ihtimali
schadhaft ⟨adj⟩ kusurlu; bozuk
schädigen ⟨v/t⟩ zarar vermek; yaralamak
schädlich ⟨adj⟩ zararlı
Schadstoff ⟨m⟩ zararlı madde
Schadstoffbelastung ⟨f⟩ zararlı madde haddi
Schaffung ⟨f⟩ yaratma
[... von Arbeitsplätzen] işyeri yaratma
Schalter ⟨m⟩ vezne; gişe; tezgâh
Schalterbeamter ⟨m⟩ veznedar; gişe memuru; tezgâhtar *(BkW)* veznedar
Schalterdienst ⟨m⟩ vezne servisi
Schaltergeschäft ⟨n⟩ tezgâh üstü işlem(ler)
Schalterhalle ⟨f⟩ *(BkW)* veznelerin bulunduğu salon
Schalterraum ⟨m⟩ *(BkW)* veznelerin bulunduğu oda
Schalterstunden ⟨pl⟩ gişe saatleri; *(BkW)* vezne saatleri
Schalterverkauf ⟨m⟩ gişe satışı; tezgâh üstü satış
Schalterverkehr ⟨m⟩ vezne/gişe işlemleri; tezgâh üstü satışlar
Schalterzeiten ⟨pl⟩ → **Schalterstunden**
Schattenpreis ⟨m⟩ gölge fiyat
Schattenwirtschaft ⟨f⟩ *(VWL)* gizli/saklı ekonomi
Schatzamt ⟨n⟩ hazine (müsteşarlığı); hazine odası
Schatzanleihe ⟨f⟩ *(WeR)* hazine bonosu

Schatzanweisung ⟨f⟩ *(WeR)* hazine bonosu
Schatzbrief ⟨m⟩ *(WeR)* hazine bonosu
schätzen ⟨v/t⟩ (kıymeti) takdir/tahmin etmek; değer biçmek; değerlemek
Schätzer ⟨m⟩ takdir eden; değer biçen; *(Stat)* tahmin
Schätzfehler ⟨m⟩ *(Stat)* tahmin hatası
Schätzgebühr ⟨f⟩ takdir ücreti
Schätzfunktion ⟨f⟩ *(Stat)* tahmin
 [erwartungstreue . . .] *(Stat)* kusursuz tahmin
 [konsistente . . .] *(Stat)* tutarlı tahmin
 [lineare . . .] *(Stat)* doğrusal tahmin
Schätzkosten ⟨pl⟩ tahminî maliyet
Schatzmeister ⟨m⟩ haznedar
Schätzmethode ⟨f⟩ *(Stat)* tahmin metodu
Schätzpreis ⟨m⟩ takdir fiyatı
Schätzung ⟨f⟩ (değer) takdir(i); değer biçme; değerleme; *(Stat)* tahmin; *(Stat)* kestirim
 [. . . des Parameters] *(Stat)* parametrenin tahmini
 [amtliche . . .] resmî takdir
 [gerichtliche . . .] mahkemece takdir
 [gutachterliche . . .] eksper tahmini
 [lineare . . .] *(Stat)* doğrusal tahmin
 [offizielle . . .] idarî takdir
 [sequentielle . . .] *(Stat)* ardışık tahmin; *(Stat)* ardışık kestirim
 [vorläufige . . .] geçici takdir
Schätzungsbefugnis ⟨f⟩ takdir yetkisi
Schätzungsbetrag ⟨m⟩ takdir edilen bedel
Schätzungsfunktion ⟨f⟩ *(Stat)* tahmin
 [tendenzfreie . . .] *(Stat)* sapmasız tahmin
Schätzungsgrundlage ⟨f⟩ değerleme esası
Schätzungssache ⟨f⟩ takdir meselesi
Schätzungstheorie ⟨f⟩ *(Stat)* tahmin teorisi
Schatzwechsel ⟨m⟩ *(WeR)* (kısa vadeli) hazine bonosu
 [regelmäßig angebotene . . .] düzenli arz edilen hazine bonoları
 [laufend ausgegebene . . .] sürekli ihraç edilen hazine bonoları
Schätzwert ⟨m⟩ takdir/tahmin değeri; *(Stat)* tahmin
Schau ⟨f⟩ gösteri; ekspoze
Schaubild ⟨n⟩ diagram; grafik
Schaufenster ⟨n⟩ vitrin; camekân
 [. . . ansehen] vitrin(ler)e bakmak
 [. . . dekorieren] vitrin dekore etmek
 [. . . gestalten] vitrin dekore etmek
Schaufensterauslage ⟨f⟩ vitrin ekspozesi; vitrindekiler
Schaufensterdekorateur ⟨m⟩ vitrin dekoratörü
Schaufensterdekoration ⟨f⟩ vitrin dekorasyonu/dizaynı
Schaufenstergestaltung ⟨f⟩ vitrin dekorasyonu/dizaynı
Schaufensterwerbung ⟨f⟩ vitrinde reklam/tanıtım
Schauobjekt ⟨n⟩ expoze
Scheck ⟨m⟩ çek
 [. . . anerkennen] çeki kabul etmek
 [. . . auf den Überbringer ausstellen] hamiline çek keşide etmek
 [. . . ausfüllen] → **Scheck** [. . . ausstellen]
 [. . . ausschreiben] → **Scheck** [. . . ausstellen]
 [. . . ausstellen] çek keşide etmek

 [. . . bei der Bank einreichen] bankaya çek ibraz etmek
 [. . . bestätigen] çek tasdik etmek
 [. . . einlösen] çek ödemek
 [. . . einziehen] çek tahsil etmek
 [. . . entgegennehmen] çek kabul etmek
 [. . . fälschen] çek tahrif etmek; sahte çek düzenlemek
 [. . . girieren] çek ciro etmek
 [. . . honorieren] çek ödemek
 [. . . kreuzen] çek çizmek
 [. . . mit einem Verrechnungsvermerk versehen] hesaba geçirilmek üzere çeki çizmek
 [. . . nicht einlösen] çeki ödememek
 [. . . nur zur Verrechnung] virman çeki
 [. . . ohne Deckung] karşılıksız çek
 [. . . schreiben] çek yazmak
 [. . . sperren] çeki bloke etmek
 [. . . stornieren] çeki iptal etmek
 [. . . über das Kreditlimit] kredi limitini aşan çek
 [. . . verfolgen] çeki takip etmek
 [. . . vernichten] çek imha etmek
 [. . . verrechnen] çeki hesaba geçirmek; çeki takas ve mahsup etmek
 [. . . ziehen auf] üstüne çek keşide etmek
 [. . . zum Einzug überreichen] çeki tahsil için ibraz etmek
 [abgeänderter . . .] tahrif edilmiş çek
 [abgerechneter . . .] ödenmiş çek
 [allgemein gekreuzter . . .] umumî çizgili çek
 [annullierter . . .] iptal edilmiş çek
 [auf den Namen lautender . . .] ada/nama yazılı çek
 [auf den Überbringer lautender . . .] hamiline yazılı çek
 [bankbestätigter . . .] *(BkW)* provizyonlu çek
 [bankgarantierter . . .] banka teminatlı çek
 [besonders gekreuzter . . .] hususî çizgili çek
 [bestätigter . . .] teyitli/vizeli çek
 [durch die Bank garantierter . . .] banka tarafında garantili çek
 [eingelöster . . .] ödenmiş çek
 [entwerteter . . .] ödenmiş çek
 [fehlerhafter . . .] tahrif edilmiş çek
 [gedeckter . . .] karşılığı olan çek
 [gefälschter . . .] sahte çek
 [gekreuzter . . .] çizgili çek
 [gesperrter . . .] bloke çek
 [girierfähiger . . .] ciro edilebilir çek
 [girierter . . .] çiro edilmiş çek
 [mit einem . . . bezahlen] çek ile ödemek
 [noch nicht verrechneter . . .] henüz hesaba geçirilmemiş çek; henüz mahsup edilmemiş çek
 [offener . . .] açık çek
 [protestierter . . .] protestolu çek
 [überfälliger . . .] ödenmesi gecikmiş çek
 [unausgefüllter . . .] açık/doldurulmamış çek
 [undatierter . . .] tarihsiz çek
 [uneingelöster . . .] ödenmemiş çek; henüz bankaya ibraz edilmemiş çek
 [ungedeckten . . . ausstellen] karşılıksız çek keşide etmek
 [ungedeckter . . .] karşılıksız çek
 [verfallener . . .] süresi geçmiş çek
 [verjährter . . .] zamanaşımına uğramış çek

255

[vordatierter ...] sonraki tarihli çek; muahhar çek; vadeli çek; (BkW) postdate çek
[weißer ...] blanko çek
Scheckabrechnung ⟨f⟩ çek takası
Scheckabrechnungsstelle ⟨f⟩ çek takas odası
Scheckabschnitt ⟨m⟩ çek alonju
Scheckabteilung ⟨f⟩ çek bölümü
Scheckaussteller ⟨m⟩ çeki çeken kimse; çeki keşide eden; keşideci
Scheckaustauschstelle ⟨f⟩ çek takas odası
Scheckbegünstigter ⟨m⟩ lehine çek keşide edilen
Scheckbestand ⟨m⟩ eldeki çekler; çek(lerin) mevcudu
Scheckbestätigung ⟨f⟩ çek provizyonu; çekin tasdiki/teyidi/onayı
Scheckbetrug ⟨m⟩ çek sahtekârlığı
Scheckbezogener ⟨m⟩ çeke muhatap olan; çekin muhatabı
Scheckbuch ⟨n⟩ çek defteri/karnesi
Scheckbürgschaft ⟨f⟩ *(WeR)* çeke kefalet
Scheckdeckung ⟨f⟩ çekin karşılığı
Scheckduplikat ⟨n⟩ *(WeR)* çekin ikinci nüshası
Scheckeingang ⟨m⟩ çek girişi
Scheckeinlösegebühr ⟨f⟩ çek ödeme ücreti/harcı
Scheckeinlösung ⟨f⟩ çekin ödenmesi
Scheckeinreichung ⟨f⟩ çekin ibrazı
Scheckeinziehung ⟨f⟩ çek tahsili
Scheckeinzug ⟨m⟩ çekin tahsili
Scheckempfänger ⟨m⟩ çeki ödeyen
Scheckfälschung ⟨f⟩ çek sahtekârlığı
Scheckformular ⟨n⟩ çek formu
Scheckgeld ⟨n⟩ çek parası
Scheckheft ⟨n⟩ çek defteri/karnesi
Scheckgesetz ⟨n⟩ *(WeR)* çek kanunu
Scheckinhaber ⟨m⟩ çek(in) hamili
Scheckinkasso ⟨n⟩ çek tahsili
Scheckkarte ⟨f⟩ çek kartı
Scheckkartenbetrug ⟨m⟩ çek kartıyla sahtekârlık
Scheckkarteninhaber ⟨m⟩ çek kartı sahibi/hamili
Scheckklausel ⟨f⟩ çek şartı/kaydı
Scheckkonteninhaber ⟨m⟩ çek hesabı sahibi
Scheckkonto ⟨n⟩ *(BkW)* çek hesabı
Scheckkontoinhaber ⟨m⟩ *(BkW)* çek hesabı sahibi
Scheckkontrollabteilung ⟨f⟩ çek kontrol bölümü
Scheckkredit ⟨m⟩ çek kredisi; çek karşılığı kredi
Scheckkunde ⟨m⟩ çek müşterisi
Scheckleiste ⟨f⟩ çek alonju/koçanı
Scheckliste ⟨f⟩ çek listesi
Scheckmißbrauch ⟨m⟩ çek sahtekârlığı
Schecknehmer ⟨m⟩ çeki ödeyen
Schecknummer ⟨f⟩ çek numarası
Scheckrecht ⟨n⟩ *(WeR)* çek hukuku
Scheckrückgabe ⟨f⟩ çekin geri çevrilmesi
[... mangels Deckung] karşılık eksikliği yüzünden çekin geri çevrilmesi
Scheckschutz ⟨m⟩ çek koruma
Schecksperre ⟨f⟩ çekin durdurulması; çekin bloke edilmesi
Schecksteuer ⟨f⟩ çek vergisi
Scheckumlauf ⟨m⟩ çek tedavülü; çeklerin dolaşımı
Scheckverkehr ⟨m⟩ çek iş(lem)leri
Scheckverrechnung ⟨f⟩ çekin mahsubu/takası; çek(ler)in hesaba geçirilmesi
Scheckverrechnungsstelle ⟨f⟩ çek takas odası
Scheckvordruck ⟨m⟩ çek formu

Scheck- und Wechselverkehr ⟨m⟩ *(BkW)* çek ve senet iş(lem)leri
Scheckzahlung ⟨f⟩ çek ödeme
Schein ⟨m⟩ görünürde; aldatıcı; hayalî; fiktif; sahte; *(Dokument)* senet; belge; sertifika; *(Papier)* kâğıt; not; *(Geld)* banknot
Scheinangebot ⟨n⟩ aldatıcı teklif
Scheinbilanz ⟨f⟩ fiktif bilanço
Scheinfaktura ⟨f⟩ proforma fatura
Scheinfirma ⟨f⟩ naylon/paravan firma
Scheinforderung ⟨f⟩ fiktif alacak
Scheingebot ⟨n⟩ danışıklı icap/teklif
Scheingeschäft ⟨n⟩ danışıklı iş; görünürdeki işlem; *(Jur)* adi muvazaa
Scheingesellschaft ⟨f⟩ görünürde ortaklık; naylon firma
Scheingewinn ⟨m⟩ fiktif kâr
Scheingründung ⟨f⟩ fiktif kuruluş
Scheinhandel ⟨m⟩ hayalî ticaret
Scheinkauf ⟨m⟩ fiktif alım
Scheinkonto ⟨n⟩ fiktif hesap
Scheinrechnung ⟨f⟩ proforma fatura
Scheinunternehmen ⟨n⟩ naylon firma; paravan şirket
Scheinverkauf ⟨m⟩ fiktif satış; muvazaalı satış
Scheinverlust ⟨m⟩ fiktif zarar
Scheinwechsel ⟨m⟩ hatır senedi
Scheinwert ⟨m⟩ fiktif değer
Scheitern ⟨n⟩ başarısızlık
scheitern ⟨int⟩ başarısızlığa uğramak; *(Verhandlungen)* çıkmaza girmek
Schema ⟨n⟩ *(Stat)* tablo; diyagram; çizelge
Schemabrief ⟨m⟩ şeklî mektup
schenken ⟨v/t⟩ bağışlamak
Schenkung ⟨f⟩ bağışlama; bağış
[bedingte ...] koşullu bağış
Schenkungsteuer ⟨f⟩ *(StR)* intikal vergisi
Schenkungsurkunde ⟨f⟩ bağışlama senedi
Schicht ⟨f⟩ *(Arbeit)* vardiya; *(Bevölkerung)* tabaka; kesim; sınıf
[soziale ...] toplumsal/sosyal kesim
Schichtarbeit ⟨f⟩ vardiya işi
Schichtarbeiter ⟨m⟩ vardiya işçisi
Schichtarbeitszuschlag ⟨m⟩ vardiya zammı
Schichtarbeitszulage ⟨f⟩ vardiya zammı
Schichtbetrieb ⟨m⟩ (çok) vardiyalı işletme
Schichtleistung ⟨f⟩ vardiya başına verim; vardiya kapasitesi
Schichtlohn ⟨m⟩ vardiya ücreti
Schichtsystem ⟨n⟩ vardiya sistemi; vardiyalı sistem
Schickschuld ⟨f⟩ gönderilecek borç
Schiedsabkommen ⟨n⟩ *(Jur)* hakem muahedesi
Schiedsausschuß ⟨m⟩ *(Jur)* hakem encümeni; *(Jur)* hakem heyeti
Schiedsgericht ⟨n⟩ *(Jur)* hakem mahkemesi
[... anrufen] hakem mahkemesine müracaat etmek
[an ein ... verweisen] hakem mahkemesine nakletmek
[durch ein ... regeln] hakem mahkemesi yoluyla
Schiedsgerichtsbarkeit ⟨f⟩ *(Jur)* tahkim
Schiedsgerichtsentscheidung ⟨f⟩ *(Jur)* tahkim kararı
Schiedsgerichtsinstanz ⟨f⟩ *(Jur)* hakem mahkemesi
Schiedsgerichtskosten ⟨pl⟩ tahkim masrafları
Schiedsgutachten ⟨n⟩ *(Jur)* tahkim kararı

Schiedsgutachter ⟨m⟩ arbitrajcı; → Schiedsrichter
Schiedsinstanz ⟨f⟩ (Jur) hakem mahkemesi
Schiedskommission ⟨f⟩ (Jur) hakem heyeti
Schiedsmann ⟨m⟩ arbitrajcı; → Schiedsrichter
Schiedsrecht ⟨n⟩ (Jur) tahkim hukuku
Schiedsrichter ⟨m⟩ (Jur) hakem
Schiedsrichterausschuß ⟨m⟩ (Jur) hakemler encümeni
Schiedsspruch ⟨m⟩ (Jur) hakem kararı
 [durch ... entscheiden] hakem yoluyla karar vermek
Schiedsstelle ⟨f⟩ tahkim heyeti; tahkim encümeni; ombudsman
Schiedsverfahren ⟨n⟩ (Jur) hakem usulü
Schiedsvertrag ⟨m⟩ (Jur) tahkim mukavelesi
Schiene ⟨f⟩ (Bahn) ray; (Bahn) demiryolu
 [frei ...] demiryolu teslimi; (Inco) FOR
Schienenanbindung ⟨f⟩ (Bahn) hat bağlantısı
Schienennetz ⟨n⟩ (Bahn) demiryolu şebekesi
Schienentransport ⟨m⟩ (Bahn) demiryolu taşıması
Schiene-Straße-Güterverkehr ⟨m⟩ birleşik taşıma; değişik tür taşıtlarla (yapılan) taşıma
Schiff ⟨n⟩ (Schff) gemi
 [... chartern] (Schff) gemi kiralamak
 [... entladen] (Schff) gemi boşaltmak
 [... in Fracht nehmen] → Schiff [... chartern]
 [... löschen] (Schff) gemi boşaltmak
 [ab ...] gemi teslimi
 [abgehendes ...] (limandan) ayrılan gemi
 [auf dem ...] gemide/güvertede
 [frei ...] gemide/güvertede teslim
 [frei ans ...] geminin bordasında teslim
 [frei längsseits ...] geminin bordasında teslim
 [im Linienverkehr fahrendes ...] tarifeli sefer yapan gemi
 [längsseits ... liefern] geminin bordasında teslim etmek
 [per ... befördern] gemi ile taşıma
 [seetüchtiges ...] denize elverişli gemi
 [zurückfahrendes ...] dönen gemi
Schiffahrt ⟨f⟩ deniz seferi; denizcilik; deniz yolları; denizyolu
Schiffahrtsagent ⟨m⟩ deniz yolları ajanı
Schiffahrtsagentur ⟨f⟩ deniz yolları acentesi
Schiffahrtsgesellschaft ⟨f⟩ deniz taşımacılığı şirketi
Schiffahrtslinie ⟨f⟩ denizyolları
Schiffahrtsrisiko ⟨n⟩ (SeeV) deniz muhataraları
Schiffahrtsverkehr ⟨m⟩ denizyolu ulaştırması
Schiffahrtsversicherung ⟨f⟩ (SeeV) deniz sigortası
Schiffahrtsweg ⟨m⟩ denizyolu
Schiffbau ⟨m⟩ (Ind) gemi yapımı
Schiffbauindustrie ⟨f⟩ gemi sanayii
Schiffbruch ⟨m⟩ (SeeV) deniz kazası
Schiffer ⟨m⟩ armatör
Schiffsabfahrt ⟨f⟩ geminin kalkması; geminin yola çıkması
Schiffsagent ⟨m⟩ gemi ajanı
Schiffsagentur ⟨f⟩ gemi acentası
Schiffsanteil ⟨m⟩ gemi payı
Schiffsaufgabe ⟨f⟩ gemiyi terketme
Schiffsausrüster ⟨m⟩ (gemi) donatan
Schiffsausrüstung ⟨f⟩ gemi donatımı
Schiffsbefrachter ⟨m⟩ gemi yükleten
Schiffsbefrachtungsvertrag ⟨m⟩ (Jur) çarter parti
Schiffsbergung ⟨f⟩ (gemi) kurtarma

Schiffsbesatzung ⟨f⟩ gemi mürettebatı; gemi adamları
Schiffsbrief ⟨m⟩ gemi tasdiknamesi
Schiffsbücher ⟨pl⟩ gemi vesikaları
Schiffsdokumente ⟨pl⟩ gemi vesikaları
Schiffsdisponent ⟨m⟩ gemi müdürü
Schiffsdurchsuchung ⟨f⟩ gemi arama
Schiffseigentümer ⟨m⟩ → Schiffseigner
Schiffseigner ⟨m⟩ armatör
Schiffsfracht ⟨f⟩ gemi yükü; navlun
Schiffsfrachtbrief ⟨m⟩ gemiyle taşıma senedi; deniz yükü belgesi
Schiffsfrachtvertrag ⟨m⟩ (Jur) çarter parti
Schiffsgläubiger ⟨m⟩ gemi alacaklısı
Schiffsgläubigerrecht ⟨n⟩ gemi alacaklısı hakkı(nı veren alacak)
Schiffsgüter ⟨pl⟩ (Schff) navlun
Schiffshypothek ⟨f⟩ gemi ipoteği
Schiffsinspektion ⟨f⟩ gemi sürveyi
Schiffskapitän ⟨m⟩ geminin kaptanı
Schiffskasko ⟨m⟩ (SeeV) tekne
Schiffskaskoversicherer ⟨m⟩ (SeeV) tekne sigortacısı
Schiffsklasse ⟨f⟩ gemi klâsı
Schiffsklasseattest ⟨n⟩ (geminin) klâs sertifikası
Schiffsklassifikation ⟨f⟩ gemilerin derecelendirilmesi/sınıflandırılması
Schiffskran ⟨m⟩ gemi vinci
Schiffskredit ⟨m⟩ gemi ödüncü
Schiffskurs ⟨m⟩ geminin rotası
Schiffsladung ⟨f⟩ gemi yükü; (Schff) navlun
Schiffsladungsverzeichnis ⟨n⟩ manifesto
Schiffsmakler ⟨m⟩ gemi taşımacılığı aracısı
 [... und Spediteur] deniz taşımacılığı aracısı
Schiffsmanifest ⟨n⟩ gemi manifestosu
Schiffsmannschaft ⟨f⟩ → Schiffsbesatzung
Schiffsmeßbrief ⟨m⟩ → Schiffsmeßschein
Schiffsmeßschein ⟨m⟩ gemi ölçü belgesi
Schiffsmiete ⟨f⟩ gemi kirası
Schiffsmietvertrag ⟨m⟩ (Schff) çarter parti; (Schff) çarter sözleşmesi
Schiffsname ⟨m⟩ gemi adı
Schiffsoffizier ⟨m⟩ gemi zabiti
Schiffspapiere ⟨pl⟩ gemi belgeleri/vesikaları
Schiffspart ⟨m⟩ gemiye iştirak payı
Schiffspassage ⟨f⟩ gemi yolculuğu
Schiffspassagier ⟨m⟩ geminin yolcusu
Schiffspfandbrief ⟨m⟩ deniz ödüncü tahvili
Schiffspfandkredit ⟨m⟩ gemi rehni karşılığında borç para
Schiffspfändung ⟨f⟩ geminin müsaderesi; bahrî müsadere
Schiffsraum ⟨m⟩ gemi tonajı
Schiffsregister ⟨n⟩ gemi sicili
Schiffsregisterbrief ⟨m⟩ gemi tasdiknamesi
Schiffsregistrierung ⟨f⟩ gemilerin sicili; gemi tescili
Schiffsreise ⟨f⟩ gemi yolculuğu/seyahati
Schiffsreparaturwerft ⟨f⟩ gemi tezgâhı
Schiffsrettung ⟨f⟩ gemi kurtarma
Schiffsrumpf ⟨m⟩ tekne
Schiffssachverständiger ⟨m⟩ gemi dispaşörü
Schiffsseite ⟨f⟩ alaborda
Schiffstagebuch ⟨n⟩ gemi jurnali
Schiffstonnage ⟨f⟩ gemi tonajı; tonilato
Schiffstrümmer ⟨pl⟩ gemi enkazı

Schiffsunfall ⟨m⟩ *(SeeV)* deniz kazası
Schiffsverladekosten ⟨pl⟩ gemi yükleme masrafları
Schiffsverlust ⟨m⟩ geminin zıyaı
Schiffsvermietung ⟨f⟩ gemi kiralama; çarter
Schiffsverpfändung ⟨f⟩ gemi rehni
Schiffsversicherung ⟨f⟩ *(SeeV)* deniz sigortası
Schiffswerft ⟨f⟩ gemi tezgâhı; tersane
Schiffswrack ⟨n⟩ gemi enkazı
Schiffszahlmeister ⟨m⟩ gemi muhasebecisi
Schiffszertifikat ⟨n⟩ gemi tasdiknamesi
Schiffszubehör ⟨n⟩ gemi teferruatı
Schiffszusammenstoß ⟨m⟩ *(SeeV)* çatma
Schild ⟨n⟩ etiket
 [... mit Preisangabe] fiyat etiketi
Schildchen ⟨n⟩ etiket
Schlachthaus ⟨n⟩ → Schlachthof
Schlachthof ⟨m⟩ mezbaha; salhane; kanara
Schlachtvieh ⟨n⟩ *(LandW)* kasaplık hayvan
Schlange ⟨f⟩ yılan; *(Anstehen)* kuyruk
 [... im Tunnel] *(EWS)* tüneldeki yılan
 [... stehen] kuyrukta beklemek
Schleichhandel ⟨m⟩ kaçakçılık; karaborsa
Schleichwerbung ⟨f⟩ örtülü tanıtım; kamufle reklam
Schlepper ⟨m⟩ *(Schff)* römorkör; cer aracı; çekici
Schleppgebühr ⟨f⟩ *(Schff)* çekme ücreti
Schleppkahn ⟨m⟩ *(Schff)* römorkör
schlichten ⟨v/t⟩ arabulmak; uzlaştırmak
Schlichter ⟨m⟩ arabulucu; uzlaştırıcı
Schlichtung ⟨f⟩ arabulma; arabuluculuk; tahkim; uzlaştırma
 [... in Arbeitsstreitigkeiten] iş uyuşmazlıklarında arabuluculuk/uzlaştırma
 [staatliche ...] resmî arabuluculuk
Schlichtungsangebot ⟨n⟩ uzlaştırma önerisi
Schlichtungsausschuß ⟨m⟩ *(Jur)* tahkim divanı
 [ständiger ...] *(Jur)* daimî tahkim divanı
Schlichtungsbefugnis ⟨f⟩ uzlaştırma/tahkim yetkisi
Schlichtungsentscheidung ⟨f⟩ *(Jur)* tahkim kararı
Schlichtungsklausel ⟨f⟩ arabuluculuk/tahkim koşulu
Schlichtungskommission ⟨f⟩ tahkim divanı
Schlichtungsstelle ⟨f⟩ tahkim divanı
Schlichtungsvereinbarung ⟨f⟩ *(Jur)* tahkim mukavelesi
Schlichtungsverfahren ⟨n⟩ *(Jur)* uzlaştırma yöntemi; *(Jur)* tahkim usulü
schließen ⟨v/t⟩ kapa(t)mak; *(zeitweilig)* durdurmak; tatil etmek; ara vermek
Schließfach ⟨n⟩ *(BkW)* kasa
Schließfachaufbewahrung ⟨f⟩ *(BkW)* kasada saklama
Schließfachgebühr ⟨f⟩ *(BkW)* kasa (kiralama) ücreti
Schließfachmiete ⟨f⟩ *(BkW)* kasa kirası
Schließung ⟨f⟩ kapa(t)ma; kapanma; *(Ind)* tasfiye; *(zeitweilig)* durdurma
 [... während der Ferien] tatilde kapama
Schließungszeiten ⟨pl⟩ kapanma saatleri
Schlot ⟨m⟩ → Schornstein baca
Schluß ⟨m⟩ kapanış; son; kesin; *(Bö)* lot
 [gebrochener ...] *(Bö)* buçuklu lot
 [voller ...] *(Bö)* tam lot
Schlußabrechnung ⟨f⟩ *(Kommissionär)* kesin fatura
Schlußabrechnungstag ⟨m⟩ *(Bö)* kesin hesap günü

Schlußbestimmungen ⟨pl⟩ kesin hükümler
Schlußbetrag ⟨m⟩ toplam
Schlußbilanz ⟨f⟩ *(ReW)* kesin bilanço; *(ReW)* kapanış bilançosu
Schlußeinheit ⟨f⟩ *(Bö)* işlem gören lot; işlem birimi
Schlüssel ⟨m⟩ anahtar; kilit; *(Verteilung)* oran; kota
Schlüsselarbeit ⟨f⟩ kilit iş
Schlüsselarbeiter ⟨m⟩ kilit işçi
Schlüsselbranche ⟨f⟩ kilit endüstri/sanayi
schlüsselfertig ⟨adj⟩ anahtar teslimi
Schlüsselindustrie ⟨f⟩ kilit endüstri/sanayi
Schlußkurs ⟨m⟩ kapanış kuru/fiyatı
Schlußnotierung ⟨f⟩ kapanış kaydı/kotasyonu/kotesi/fiyatı
Schlußprüfung ⟨f⟩ son denetim/kontrol; bitirme sınavı
Schlußrechnung ⟨f⟩ kapanış hesabı; kesin hesap
Schlußsaldo ⟨m⟩ kapanış bakiyesi
Schlußtag ⟨m⟩ son gün/tarih; kapanış günü/tarihi
Schlußverkauf ⟨m⟩ mevsim sonu satışı
Schlußzahlung ⟨f⟩ kesin ödeme
Schmalspur ⟨f⟩ *(Bahn)* dar hat
Schmalspurbahn ⟨f⟩ dar hatlı demiryolu; dekovil
schmieren ⟨v/t⟩ *(bestechen)* rüşvet vermek
Schmiergeld ⟨n⟩ rüşvet
Schmuggel ⟨m⟩ kaçakçılık
Schmuggelgut ⟨n⟩ → Schmuggelware
schmuggeln ⟨v/t⟩ kaçırmak; kaçakçılık yapmak
Schmuggelware ⟨f⟩ kaçak mal
Schnäppchen ⟨n⟩ fırsat
Schnäppchenjäger ⟨m⟩ fırsat avcısı
schnell ⟨adj⟩ hızlı; süratli; acil
Schnelldampfer ⟨m⟩ *(Schff)* ekspres vapur
Schnelldienst ⟨m⟩ acil servis; *(Post)* mesajeri
Schnellgut ⟨n⟩ *(Post)* mesajeri
Schnellpaket ⟨n⟩ *(Post)* mesajeri
Schnellpaketzustellung ⟨f⟩ *(Post)* mesajeri
Schnellverkehr ⟨m⟩ *(BkW)* direkt transfer
Schönwetterlage ⟨f⟩ *(Konjunktur)* iyimser ekonomik ortam
Schönwetterperiode ⟨f⟩ refah dönemi
Schornstein ⟨m⟩ baca
Schrägstrich ⟨m⟩ (eğri) çizgi
Schreibabteilung ⟨f⟩ yazı işleri (bölümü)
Schreibarbeit ⟨f⟩ kâğıt işi
Schreibbedarf ⟨m⟩ kırtasiye
Schreibbüro ⟨n⟩ yazıhane
Schreiben ⟨n⟩ yazı; mektup
 [amtliches ...] resmî mektup/yazı
 [beiliegendes ...] ekteki mektup/yazı
 [förmliches ...] resmî mektup/yazı
 [kurzes ...] kısa mektup
schreiben ⟨v/t⟩ yazmak; yazışmak
 [blind ...] on parmakla (bakmadan) yazmak
 [krank ...] *(Med)* raporlu yazmak
Schreibfehler ⟨m⟩ daktilo hatası
Schreibgebühr ⟨f⟩ yazım/yazma ücreti
Schreibkraft ⟨f⟩ yazman
Schreibmaschine ⟨f⟩ daktilo
 [mit der ...] daktilo ile yazmak
 [mit der ... geschrieben] daktilo ile yazılmış
Schreibmaschinenpapier ⟨n⟩ daktilo kâğıdı
Schreibmaterial ⟨n⟩ kırtasiye
Schreibpapier ⟨n⟩ yazı/mektup kâğıdı

Schreibpersonal ⟨n⟩ yazman kadrosu
Schreibschrift ⟨f⟩ el yazısı
Schreibtischarbeit ⟨f⟩ masa işi
Schreibtischforschung ⟨f⟩ *(Stat)* dolaylı derleme
Schreibwaren ⟨pl⟩ kırtasiye
Schreibwarengeschäft ⟨n⟩ kırtasiyeci (dükkanı)
Schreibwarenhandlung ⟨f⟩ →**Schreibwarengeschäft**
Schreibzimmer ⟨n⟩ yazı/kalem/sekreter odası
Schrift ⟨f⟩ yazı
Schriftform ⟨f⟩ yazılı şekil; yazı şekli
[in . . .] yazılı şekilde; yazılı olarak
Schriftführer ⟨m⟩ yazman; kâtip
Schriftgut ⟨n⟩ evraklar; dokümanlar
schriftlich ⟨adj⟩ yazılı
Schriftprobe ⟨f⟩ yazı örneği
Schriftsatz ⟨m⟩ *(Jur)* layiha
Schriftstück ⟨n⟩ yazım; belge
Schriftverkehr ⟨m⟩ yazışma
Schriftwechsel ⟨m⟩ yazışma
Schritt ⟨m⟩ adım
[gerichtliche . . . e einleiten] yasa yoluna başvurmak
[gerichtliche . . . e ergreifen] yasa yoluna başvurmak
[geeignete . . . e] gerekli adımlar
Schrott ⟨m⟩ hurda; atık
Schrotthandel ⟨m⟩ hurdacılık
Schrotthändler ⟨m⟩ hurdacı
Schrottwert ⟨m⟩ hurda değeri
Schub ⟨m⟩ itiş
[inflationärer . . .] *(VWL)* enflasyonist itiş
Schulabgänger ⟨m⟩ okuldan ayrılan
Schulabgangszeugnis ⟨n⟩ okuldan ayrılma/çıkış belgesi; tasdikname
Schulbildung ⟨f⟩ okul eğitimi; tahsil
Schuld ⟨f⟩ 1. borç; →**Schulden** borçlar; *(Verschuldung)* borçlanma 2. suç
[. . . anerkennen] borcu kabul etmek
[. . . avalieren] borca kefil olmak
[. . . begleichen] borç ödemek
[. . . beitreiben] alacağı ahzukabz
[. . . bezahlen] borç ödemek
[. . . einklagen] alacağı dava etmek
[. . . eintreiben] alacağı tahsil etmek
[. . . entrichten] borç ödemek
[. . . erlassen] borçtan vazgeçmek
[. . . tilgen] borç kapamak
[abgetragene . . .] ödenmiş borç
[ausstehende . . .] ödenmemiş borç
[beitreibbare . . .] tahsili mümkün borç
[bevorrechtigte . . .] öncelikli alacak
[dinglich gesicherte . . .] aynî teminatlı borç
[fällige . . .] vadesi gelmiş borç; ivedili/muaccel borç
[fundierte . . .] konsolide borç; uzun vadeli borç
[für eine . . . haften] bir borca kefil olmak
[gerichtlich anerkannte . . .] mahkemece tanınmış borç
[getilgte . . .] kapanmış borç; ödenmiş alacak
[hypothekarisch gesicherte . . .] ipotek teminatlı borç
[jdm die . . . geben] birisini suçlamak
[kurzfristige . . .] kısa vadeli/süreli borç(lar)
[langfristige . . .] uzun vadeli/süreli borç(lar)

[laufende . . .] cari borç
[öffentliche . . .] kamu borcu
[restliche . . .] geri kalan borç
[schwebende . . .] askıda olan borç
[unbediente . . .] ödenmemiş borç
[uneinbringliche . . .] tahsil edilemeyen borç
[ungedeckte . . .] karşılıksız borç
[ungesicherte . . .] teminatsız borç
[verjährte . . .] yıllanmış borç
Schuldanerkenntnis ⟨f⟩ borç ikrarı
Schuldanerkennung ⟨f⟩ borcun tanınması
Schuldbefreiung ⟨f⟩ borçtan kurtulma
Schuldbekenntnis ⟨n⟩ *(Jur)* itiraf
Schuldbeweis ⟨m⟩ *(Jur)* suç delili
Schulden ⟨pl⟩ borçlar
[. . . abbezahlen] borç ödemek
[. . . annullieren] borçları iptal etmek; borçları silmek
[. . . aufnehmen] borç almak
[. . . begleichen] borçları kapamak
[. . . der öffentlichen Hand] *(öFi)* kamu borçları
[. . . einer Firma] firma borçları
[. . . machen] borç yapmak; borçlanmak
[. . . tilgen] borçları kapamak
[. . . zu variablen Zinssätzen] değişken faizli borçlar
[. . . zurückzahlen] borçları geri ödemek
[antizipative . . .] muaccel borçlar
[aufgelaufene . . .] tahakkuk etmiş borçlar; birikmiş borçlar
[aufgenommene . . .] alınmış borçlar
[ausstehende . . . einkassieren] ödenmemiş borçları tahsil etmek
[bis über beide . . .] boğazına kadar borç
[die Ohren in . . . stecken] boğazına kadar borçta olmak
[drückende . . .] yüklü borçlar
[eingetriebene . . .] tahsil edilmiş borçlar
[faule . . .] çürük borçlar
[frei von . . .] borçsuz
[gerichtlich festgestellte . . .] mahkemece tesbit edilmiş borçlar
[gestundete . . .] askıya alınmış borçlar; ertelenmiş borçlar
[in . . . stecken] borca batmak; borca batmış olmak
[kurzfristige . . .] kısa vadeli borçlar
[laufende . . .] cari borçlar
[mit . . . belastet] borçla kayıtlı/yükümlü
[öffentliche . . .] *(öFi)* kamu borçlanması
[persönliche . . .] sahsî borçlar
[schwebende . . .] askıda olan/kalan borçlar; cari borçlar
[tief in . . . stecken] boğazına kadar borçta olmak
[uneinbringliche . . .] tahsil edilemeyen borçlar
[ungewisse . . .] şüpheli borçlar
[zweifelhafte . . .] şüpheli borçlar
Schuldenabbau ⟨m⟩ borçları azaltma
Schuldenablösung ⟨f⟩ borçları ödeme/kapama
Schuldenaufnahme ⟨f⟩ borçlanma
[staatliche . . .] *(öFi)* devlet borçlanması
Schuldenbegleichung ⟨f⟩ borç kapama; borçların tasfiyesi
Schuldenbeitreibung ⟨f⟩ →**Schuldeneintreibung**
Schuldeneintreibung ⟨f⟩ alacakların tahsili/

ahzukabzı
Schuldeneinziehung ⟨f⟩ → **Schuldeneintreibung**
Schuldenerlaß ⟨m⟩ ibra; borçtan vazgeçme
schuldenfrei ⟨adj⟩ borçsuz
Schuldenhaftung ⟨f⟩ borç sorumluluğu
Schuldenlast ⟨f⟩ borç yükü/külfeti
Schuldenmanagement ⟨n⟩ borç yönetimi
Schuldenmoratorium ⟨n⟩ borç erteleme
Schuldennachlaß ⟨m⟩ borç miktarında yapılan indirim/tenzilat
Schuldenregulierung ⟨f⟩ borçların tasfiyesi
Schuldenrückführung ⟨f⟩ borç miktarında yapılan indirim
Schuldenrückzahlung ⟨f⟩ borçların geri ödenmesi
Schuldentilgung ⟨f⟩ borcun itfası; borç kapama
Schuldenumwandlung ⟨f⟩ borcun dönüştürülmesi/yenilenmesi
Schuldenverwaltung ⟨f⟩ borç yönetimi
Schuldenverzeichnis ⟨n⟩ borç listesi
Schuldenzahlung ⟨f⟩ borç ödeme
Schuldenzuwachs ⟨m⟩ borç artışı
Schuldforderung ⟨f⟩ (borçtan) alacak
Schuldforderungen ⟨pl⟩ (borçtan) alacaklar
[... abtreten] alacakları devretmek
schuldhaft ⟨adj⟩ kusurlu
schuldig ⟨adj⟩ 1. borçlu 2. suçlu
Schuldkapital ⟨n⟩ borç sermayesi
Schuldkonto ⟨n⟩ borç hesabı
Schuldner ⟨m⟩ borçlu
[fauler ...] batık borçlu
[gepfändeter ...] hacizli borçlu
[in Verzug befindlicher ...] (Jur) mütemerrit borçlu
[säumiger ...] (Jur) mütemerrit borçlu
[schlechter ...] batık borçlu
[zahlungsunfähiger ...] aciz borçlu
Schuldneradresse ⟨f⟩ borçlu
Schuldnerland ⟨n⟩ borçlu ülke
Schuldnervermögen ⟨n⟩ borçlunun malları/varlığı
Schuldnerverzug ⟨m⟩ borçlunun direnmesi/temerrüdü
Schuldpapier ⟨n⟩ (WeR) borç senedi
Schuldposten ⟨m⟩ borç kalemi
Schuldrecht ⟨n⟩ (Jur) borçlar hukuku
schuldrechtlich ⟨adj⟩ (Jur) akdî
Schuldsaldo ⟨m⟩ borç bakiyesi
Schuldschein ⟨m⟩ (WeR) borç senedi
[... ausstellen] borç senedi keşide etmek
[... einlösen] borç senedini kırdırmak
[dinglich gesicherter ...] aynî teminatlı borç senedi
[gesicherter ...] teminatlı borç senedi
[ungesicherter ...] teminatsız borç senedi
Schuldscheinbesitzer ⟨m⟩ borç senedi hamili
Schuldscheinforderung ⟨f⟩ senetli borç
Schuldscheininhaber ⟨m⟩ borç senedi hamili
Schuldsumme ⟨f⟩ borç miktarı/tutarı
Schuldtitel ⟨m⟩ (WeR) borç senedi
[vollstreckbarer ...] (Jur) infazı kabil senet
Schuldübernahme ⟨f⟩ (Jur) borç iltizamı
schuldübernahmefähig ⟨adj⟩ (Jur) borç iltizamına ehil
Schuldübertragung ⟨f⟩ borcun devri
Schuldumwandlung ⟨f⟩ borcun dönüştürülmesi/yenilenmesi

Schuldurkunde ⟨f⟩ (WeR) borç vesikası/belgesi [hypothekarisch gesicherte ...] ipotek karşılığı teminatlı borç belgesi; (WeR) rehinli borç belgesi
Schuldverhältnis ⟨n⟩ borç münasebeti/ilişkisi
Schuldverpflichtung ⟨f⟩ borç
Schuldverpflichtungen ⟨pl⟩ borçlar
[seinen ... nachkommen] borçlarını ödemek
Schuldverschreibung ⟨f⟩ (WeR) tahvil
[... ausgeben] tahvil ihraç etmek
[... der öffentlichen Hand] kamu tahvili
[... mit Bezugsrecht auf Aktien] hisse senetleriyle değiştirilebilir tahvil
[... mit Gewinnbeteiligung] kâra katılmalı/katılımlı tahvil; kâra katılma hakkı veren tahvil
[... mit niedrigem Nennwert] nominal değeri düşük tahvil; (Eng) baby bond
[... mit Tilgungsverpflichtung] itfa yükümlülüğü taşıyan tahvil
[... ohne Tigungsverpflichtung] itfa yükümlülüğü taşımayan tahvil
[... tilgen] tahvili itfa etmek
[... umwandeln] tahvili değiştirmek
[ablösbare ...] itfa edilebilir tahvil
[auf den Inhaber lautende ...] hamiline yazılı tahvil
[auf den Namen lautende ...] nama yazılı tahvil
[begebbare ...] ciro/iskonto edilebilir tahvil
[bevorrechtigte ...] tercihli tahvil
[börsennotierte ...] borsada koteli tahvil
[festverzinsliche ...] sabit faizli tahvil
[gesicherte ...] güvenceli tahvil
[hypothekarisch gesicherte ...] rehinli tahvil
[kündbare ...] itfa edilebilir tahvil
[mündelsichere ...] devlet tahvili
[mündelsichere ... en] devlet tahvilatı
[ungesicherte ...] güvencesiz tahvil
[unkündbare ...] itfa edilemez tahvil
Schuldverschreibungsinhaber ⟨m⟩ (WeR) tahvil hamili
Schuldvertrag ⟨m⟩ (Jur) borç akdi
Schuldverzicht ⟨m⟩ borçtan vazgeçme
Schuldwechsel ⟨m⟩ (WeR) borç senedi
Schuldzinsen ⟨pl⟩ (BkW) borç faizleri
Schuldzinsenabzug ⟨m⟩ (StR) borç faizi muafiyeti
Schule ⟨f⟩ okul
[berufsbildende ...] meslek okulu
Schulentlassener ⟨m⟩ okuldan ayrılan/çıkan
Schulentlassungszeugnis ⟨n⟩ tasdikname; okuldan çıkış belgesi
Schulgeld ⟨n⟩ okul parası
Schulgeldversicherung ⟨f⟩ okul parası sigortası
Schulung ⟨f⟩ eğitim
[... von Führungskräften] yönetici eğitimi
[berufliche ...] meslek eğitimi
[betriebliche ...] işletme/hizmet içi eğitim
[firmeninterne ...] işletme/hizmet içi eğitim
[praktische ...] pratik eğitim
Schulungslehrgang ⟨m⟩ eğitim kursu
Schulungsstätte ⟨f⟩ → **Schulungszentrum**
Schulungszentrum ⟨n⟩ eğitim merkezi
schürfen (nach) ⟨int⟩ (BergB) maden aramak; ara(ştır)mak; (Erz) sondaj yapmak
Schürferlaubnis ⟨f⟩ (BergB) maden ruhsatnamesi
Schürf- und Abbaukonzession ⟨f⟩ (BergB) maden arama ve işletme imtiyazı

Schute ⟨f⟩ *(Schff)* mavna
Schutz ⟨m⟩ koruma; himaye; güvence
Schutzablauf ⟨m⟩ *(Pat)* koruma süresinin sonu
schützen ⟨v/t⟩ korumak
 [gesetzlich . . .] kanunen korumak
 [urheberrechtlich . . .] telif hakkını korumak
Schutzfrist ⟨f⟩ *(Pat)* koruma süresi
Schutzmarke ⟨f⟩ *(Pat)* marka
 [eingetragene . . .] *(Pat)* tescilli marka; alameti farika
Schutzmarkenverletzung ⟨f⟩ tescilli markanın kötüye kullanılması
Schutzmaßnahme ⟨f⟩ koruyucu önlem; *(Jur)* ihtiyatî tedbir
Schutzrecht ⟨n⟩ saklı/mahfuz hak; korunma hakkı
 [(gewerbliches) . . .] saklı (ticarî) hak
Schutzrechte ⟨pl⟩ saklı haklar; *(Pat)* patent hakları
Schutzvereinigung ⟨f⟩ güvence örgütü; koruyucu örgüt
 [. . . für allgemeine Kreditsicherung] *(Schufa)* kredi güvencesi sağlama istihbarat örgütü
Schutzverpackung ⟨f⟩ koruyucu ambalaj
Schutzzollpolitik ⟨f⟩ himayeci gümrük politikası
Schutzzoll(tarif) ⟨m⟩ *(Zo)* himayeci gümrük (tarifesi)
schwach ⟨adj⟩ zayıf; istikrarsız; kararsız; *(Nachfrage)* durgun; isteksiz
Schwäche ⟨f⟩ istikrarsızlık; kararsızlık
 [zur . . . neigend] *(Bö)* düşüş trendli
Schwächeneigung ⟨f⟩ *(Bö)* düşüş trendi
schwanken ⟨int⟩ dalgalanmak
schwankend ⟨adj⟩ dalgalı
Schwankung ⟨f⟩ dalgalanma
 [. . . der Wechselkurse] kambiyo kurlarında dalgalanma
 [...en im Handelsverkehr] ticarette dalgalanmalar
 [jahreszeitliche . . .] → [saisonale . . .]
 [konjunkturelle . . . en] *(VWL)* konjonktürel dalgalanmalar; *(VWL)* devresel dalgalanmalar
 [saisonale . . .] *(Stat)* mevsimlik dalgalanma; *(Stat)* mevsimlik hareket
 [saisonbedingte . . .] → [saisonale . . .]
 [zufallsbedingte . . .] arızî dalgalanma; tesadüfî dalgalanma; düzensiz hareket
Schwankungsbreite ⟨f⟩ dalgalanma marjı
Schwankungsreserve ⟨f⟩ *(Vers)* muallâk tazminat ihtiyatları
Schwankungsrückstellung ⟨f⟩ *(Vers)* muallâk tazminat ihtiyatları
Schwankungsspitze ⟨f⟩ dalgalanma doruğu
Schwarzarbeit ⟨f⟩ kaçak çalışma/iş
Schwarzgeld ⟨n⟩ kara para
Schwarzhandel ⟨m⟩ karaborsa; elaltı ticareti
Schwarzhändler ⟨m⟩ karaborsacı
Schwarzmarkt ⟨m⟩ karaborsa
Schwarzmarktpreis ⟨m⟩ karaborsa fiyatı
schwebend ⟨adj⟩ *(Jur)* sürümcemede; askıda; *(Schuld)* tahsil edilmemiş
Schwebeposten ⟨m⟩ *(ReW)* askıda kalmış kalem
Schwelle ⟨f⟩ eşik
Schwellenland ⟨n⟩ *(AußH)* eşik ülke; *(AußH)* gelişmekte olan ülke
Schwellenpreis ⟨m⟩ eşik fiyatı
schwer ⟨adj⟩ ağır

Schwerarbeit ⟨f⟩ ağır iş
Schwerindustrie ⟨f⟩ *(Ind)* ağır sanayi
Schwerlastwagen ⟨m⟩ *(Kfz)* ağır vasıta
Schwerpunkt ⟨m⟩ ağırlık noktası
Schwertransport ⟨m⟩ ağır yük
Schwertransporter ⟨m⟩ *(Kfz)* ağır vasıta
Schwestergesellschaft ⟨f⟩ bağımlı şirket
schwimmend ⟨adj⟩ yüzen; dalgalı
Schwindel ⟨m⟩ hile; sahtekârlık; aldatma; dalavere
Schwindelfirma ⟨f⟩ naylon/paravan şirket
Schwindelgesellschaft ⟨f⟩ → **Schwindelfirma**
Schwindelunternehmen ⟨n⟩ → **Schwindelfirma**
Schwindelgeschäft ⟨n⟩ hayalî ticaret
Schwindler ⟨m⟩ sahtekâr; hilebaz; dalavereci
Schwund ⟨m⟩ fire
Schwundrate ⟨f⟩ fire oranı
Schwundverlust ⟨m⟩ fire kaybı
See ⟨f⟩ deniz
 [auf hoher . . .] açık denizde
 [auf offener . . .] açık denizde
 [hohe . . .] açık deniz
 [in . . . stechen] denize açılmak
Seeassekuranz ⟨f⟩ *(SeeV)* deniz asüransı; *(SeeV)* deniz sigortası
Seebeförderung ⟨f⟩ denizyolu taşıması; deniz taşımacılığı/nakliyatı
seebeschädigt ⟨adj⟩ *(SeeV)* avaryalı
Seeblokade ⟨f⟩ deniz ablukası
Seefahrer ⟨m⟩ denizci; deniz gezgini
Seefahrt ⟨f⟩ denizcilik
Seefahrtsschule ⟨f⟩ denizcilik okulu/akademisi
seefest ⟨adj⟩ denize elverişli/dayanır/dayanıklı
Seeflugzeug ⟨n⟩ deniz uçağı
Seefracht ⟨f⟩ navlun; deniz yükü
Seefrachtbrief ⟨m⟩ denizle taşıma senedi; deniz yükü belgesi; konşimento
Seefrachtführer ⟨m⟩ deniz taşımacısı/taşıyıcısı
Seefrachtgeschäft ⟨n⟩ navlun muamelesi
Seefrachtgut ⟨n⟩ denizyolu ile sevkedilen eşya
Seefrachtrate ⟨f⟩ navlun ücreti
Seefrachtvertrag ⟨m⟩ navlun sözleşmesi; deniz yoluyla taşıma sözleşmesi
Seefreiheit ⟨f⟩ denizlerin serbestisi
Seegebräuche ⟨pl⟩ denizcilik örf ve usulleri
Seegefahr ⟨f⟩ deniz rizikosu
Seegericht ⟨n⟩ *(Jur)* deniz mahkemesi
Seegewohnheiten ⟨pl⟩ denizcilik örf ve usulleri
Seegütertransport ⟨m⟩ deniz nakliyatı
Seehafen ⟨m⟩ deniz limanı
Seehafenspediteur ⟨m⟩ deniz acentâsı
Seehandel ⟨m⟩ deniz ticareti
Seehandelsrecht ⟨n⟩ *(Jur)* deniz ticaret hukuku
Seekanal ⟨m⟩ deniz kanalı
Seekarte ⟨f⟩ deniz haritası
Seekaskoversicherung ⟨f⟩ *(SeeV)* (deniz) tekne sigortası
Seekonnossement ⟨n⟩ deniz yükü belgesi; konşimento
Seekrieg ⟨m⟩ deniz savaşı
Seekriegsrecht ⟨n⟩ *(Jur)* deniz savaşları hukuku
Seeleute ⟨pl⟩ denizciler
Seemacht ⟨f⟩ deniz gücü
Seemann ⟨m⟩ deniz adamı; denizci; tayfa
seemäßig ⟨adj⟩ *(Schff)* denize elverişli/dayanıklı
Seemeile ⟨f⟩ deniz mili

Seepfandrecht ⟨n⟩ *(Jur)* deniz ödüncü;
(Jur) gemi rehni
Seepolice ⟨f⟩ *(SeeV)* deniz (sigortası) poliçesi
Seeprisenrecht ⟨n⟩ *(Jur)* denizde zapt
Seeräuber ⟨m⟩ deniz haydutu
Seeräuberei ⟨f⟩ deniz soygunculuğu
Seerecht ⟨n⟩ *(Jur)* deniz hukuku
Seereise ⟨f⟩ deniz gezisi/yolculuğu
Seerisiko ⟨n⟩ deniz rizikosu
Seerisiken ⟨pl⟩ *(SeeV)* deniz muhataraları
Seeschaden ⟨m⟩ *(SeeV)* avarya; deniz hasarı
Seeschiedsgericht ⟨n⟩ *(Jur)* deniz hakem mahkemesi
Seeschiff ⟨n⟩ denize dayanıklı gemi
Seeschiffahrt ⟨f⟩ *(Schff)* deniz gemiciliği
Seespediteur ⟨m⟩ deniz taşımacılığı aracısı/şirketi; deniz yolları acentası; deniz nakliyecisi
Seestraße ⟨f⟩ deniz yolu
Seetransport ⟨m⟩ deniz taşımacılığı/nakliyatı
Seetransportgefahr ⟨f⟩ deniz taşımacılığı rizikosu
Seetransportgesellschaft ⟨f⟩ deniz taşımacılığı şirketi
Seetransportrisiko ⟨n⟩ deniz taşımacılığı rizikosu
Seetransportversicherer ⟨m⟩ *(SeeV)* deniz (nakliyat) sigortacısı
Seetransportversicherung ⟨f⟩ *(SeeV)* deniz taşımacılık/nakliyat sigortası
Seetransportversicherungsvertrag ⟨m⟩ *(SeeV)* deniz nakliyat sigortası mukavelesi
seetüchtig ⟨adj⟩ *(Schff)* denize dayanıklı/elverişli
[nicht ...] *(Schff)* denize dayanıksız/elverişsiz
Seetüchtigkeit ⟨f⟩ *(Schff)* denize dayanıklılık
Seeunfall ⟨m⟩ *(SeeV)* deniz kazası
seeuntüchtig ⟨adj⟩ *(Schff)* denize dayanıksız/ elverişsiz
Seeuntüchtigkeit ⟨f⟩ *(Schff)* denize dayanıksızlık
Seeverbindung ⟨f⟩ deniz yolu
Seeverkehr ⟨m⟩ *(Schff)* deniz ulaştırması/trafiği
seeverpackt ⟨adj⟩ *(Schff)* denize (seferine) elverişli ambalajlı
Seeverpackung ⟨f⟩ *(Schff)* deniz ambalajı
Seeversicherer ⟨m⟩ *(SeeV)* deniz sigortacısı
Seeversicherung ⟨f⟩ *(SeeV)* deniz sigortası
Seeversicherungsgesellschaft ⟨f⟩ *(SeeV)* deniz sigorta şirketi
Seeversicherungspolice ⟨f⟩ *(SeeV)* deniz sigortası poliçesi
Seeweg ⟨m⟩ *(Schff)* deniz yolu
[auf dem ...] deniz yoluyla
[auf dem ... befördern] deniz yoluyla taşımak
[auf dem ... schicken] deniz yoluyla göndermek
Seewurf ⟨m⟩ denizin attığı enkaz; denize atılan eşya
Seezollhafen ⟨m⟩ *(Zo)* antrepo limanı
Seite ⟨f⟩ sayfa
Sekretär ⟨m⟩ sekreter; kâtip
Sekretariat ⟨n⟩ yazı işleri; sekreterlik
Sektion ⟨f⟩ kesim; bölüm; dal; departman
Sektor ⟨m⟩ sektör; kesim
[industrieller ...] sanayi sektörü; *(VWL)* işkolu
[landwirtschaftlicher ...] *(VWL)* tarım sektörü
[öffentlicher ...] kamu sektörü
[privater ...] özel sektör
[staatlicher ...] devlet sektörü
sekundär ⟨adj⟩ ikincil; tali; ikinci derece

Sekundärbedarf ⟨m⟩ tali ihtiyaçlar
Sekundärbereich ⟨m⟩ ikincil kesim/sektör
Sekundärgüterproduktion ⟨f⟩ tali üretim
Sekundärmarkt ⟨m⟩ ikincil piyasa
Sekundawechsel ⟨m⟩ *(WeR)* poliçenin ikinci nüshası
selbständig ⟨adj⟩ bağımsız; serbest; kendi hesabına (çalışan)
[sich ... machen] kendi hesabına iş kurmak
Selbständiger ⟨m⟩ serbest meslek sahibi; kendi hesabına çalışan (kişi)
Selbständigkeit ⟨f⟩ bağımsızlık; kendi hesabına çalışma
Selbstauflösung ⟨f⟩ gönüllü tasfiye
Selbstbedienung ⟨f⟩ *(Eng)* self service
Selbstbeschränkung ⟨f⟩ kendi kendini sınırlama
[... im Export] ihracatta kendi kendini sınırlama
Selbstbeteiligung ⟨f⟩ *(SeeV)* garameye iştirak
selbsterstellt ⟨adj⟩ özel yapılmış; özel imal edilmiş
Selbstfinanzierung ⟨f⟩ otofinansman; kendi kendine finansman
Selbstfinanzierungskraft ⟨f⟩ otofinansman gücü
Selbstfinanzierungsmittel ⟨pl⟩ özkaynaklar; otofinansman araçları
selbstgenügsam ⟨adj⟩ kendine yeterli
Selbstgenügsamkeit ⟨f⟩ kendine yeter(li)lik
Selbstherstellung ⟨f⟩ özel imalat/yapım
Selbstkontrolle ⟨f⟩ özdenetim
Selbstkosten ⟨pl⟩ özgül/has maliyet
Selbstkostenpreis ⟨m⟩ özgül/has maliyet fiyatı
[zum ...] özgül/has maliyet fiyatına
Selbstkostenpreismethode ⟨f⟩ özgül/has maliyet metodu
Selbstläufer ⟨m⟩ *(Mk)* çok iyi satılan mal
selbstregulierend ⟨adj⟩ kendi kendini ayarlayıcı
Selbstschuldner ⟨m⟩ asıl/zincirleme/müteselsil borçlu
selbstschuldnerisch ⟨adj⟩ zincirleme borçlu
Selbstverbrauch ⟨m⟩ öztüketim
Selbstversorgung ⟨f⟩ *(VWL)* otarşi; özyeterlik
Selbstvertrauen ⟨n⟩ özgüven
Selbstverwaltung ⟨f⟩ özyönetim; otonomi; muhtariyet
Selbstverwaltungskörperschaft ⟨f⟩ özyönetimli kurum
Selbstverwaltungsorgan ⟨n⟩ özyönetimli kurum
Selbstzahler ⟨m⟩ *(Vers)* kendi ödeyen (hasta)
Senat ⟨m⟩ senato; *(Jur)* daire; kurul; heyet
senden ⟨v/t⟩ göndermek
[portofrei ...] *(Post)* ücreti ödenmiş olarak göndermek
Sender ⟨m⟩ gönderen
Sendung ⟨f⟩ gönderi; gönderme; *(BkW)* havale
[... als Frachtgut] *(Schff)* gemiyle gönderme
[... gegen Nachnahme] ücretli gönderi
[bahnlagernde ...] *(Bahn)* istasyon teslimi gönderi
[eingeschriebene ...] *(Post)* taahhütlü gönderi
[freie ...] (ücreti) ödenmiş gönderi
[postlagernde ...] *(Post)* postane teslimi gönderi
[zollfreie ...] gümrüksüz gönderi; gümrükten muaf gönderi
senken ⟨v/t⟩ düşürmek; indirmek

Senkung ⟨f⟩ redüksiyon; indirim; kesinti
Sensibilität ⟨f⟩ hassasiyet; duyarlılık
Sensibilitätsanalyse ⟨f⟩ *(BWL)* hassasiyet analizi; *(BWL)* duyarlılık analizi
Sequentialtest ⟨m⟩ *Stat)* ardışık test/sınama
Sequenzanalyse ⟨f⟩ *(Stat)* ardışık analiz/çözümleme
Serie ⟨f⟩ seri; dizi; kitlesel
    [in ... (en) herstellen] seri şekilde üretmek
Serienanfertigung ⟨f⟩ *(Ind)* dizi yapım; *(Ind)* seri imalat
Serienausführung ⟨f⟩ standart model
Serienerzeugnis ⟨n⟩ kitlesel ürün/mamul
Serienfertigung ⟨f⟩ *(Ind)* dizi yapım; *(Ind)* seri imalat
Seriengüter ⟨pl⟩ kitlesel mallar
Serienherstellung ⟨f⟩ seri imalat/üretim
serienmäßig ⟨adj⟩ standart; seri
Serienmodell ⟨n⟩ standart model
Seriennummer ⟨f⟩ seri numarası
Serienproduktion ⟨f⟩ seri imalat; kitlesel üretim
Serienreife ⟨f⟩ imalat/üretim aşaması
Serienstückzahl ⟨f⟩ seri numarası
Sicherheit ⟨f⟩ 1. teminat; güvence; garanti 2. emniyet; güvenlik 3. karşılık 4. kefalet
    [... am Arbeitsplatz] çalışma yerinde emniyet/güvenlik
    [... bieten] teminat teklif etmek
    [... des Arbeitsplatzes] iş güvencesi
    [... fordern] teminat/güvence talep etmek
    [... gewähren] teminat sağlamak/vermek
    [... hinterlegen] teminat yatırmak
    [... leisten] teminatta bulunmak; garanti/teminat vermek
    [... stellen] teminatta bulunmak; garanti/teminat vermek
    [angemessene ...] uygun teminat
    [bankmäßige ...] banka güvencesi/teminatı
    [berufliche ...] meslekî güvence; iş güvencesi
    [dingliche ...] gayrimenkul rehni; ipotek; aynî teminat; maddî güvence
    [erststellige ...] birinci derece sağlam teminat/güvence
    [gegen ... verkaufen] güvence/teminat karşılığı satmak
    [geeignete ...] uygun teminat
    [gemeinsame ...] müşterek teminat; birlikte güvence
    [genügende ...] yeterli güvence/teminat
    [grundbuchliche ...] tapu teminatı
    [hinreichende ...] yeterli teminat/güvence
    [hypothekarische ...] ipotek karşılığı teminat
    [nachrangige ...] ikinci derecede güvence/teminat
    [nationale ...] milli güvenlik
    [öffentliche ...] kamu güvenliği
    [ohne ...] karşılıksız; teminatsız; güvencesiz
    [persönliche ...] şahsî teminat
    [reale ...] aynî teminat
    [soziale ...] *(SozV)* sosyal güvenlik; *(SozV)* sosyal refah
    [statistische ...] istatistik katsayısı/faktörü
    [überschüssige ...] aşkın teminat/güvence
    [vertragliche ...] akdî teminat/güvence
    [vorläufige ...] geçici teminat/güvence
    [vorrangige ...] birinci derecede teminat
    [zusätzliche ...] ek teminat/güvence
    [zweitrangige ...] ikinci derecede teminat/güvence
Sicherheitsanforderungen ⟨pl⟩ emniyet/güvenlik standartları
Sicherheitsbeauftragter ⟨m⟩ emniyet/güvenlik görevlisi
Sicherheitsbestand ⟨m⟩ asgarî stok düzeyi; tampon stoklar
Sicherheitsdepot ⟨n⟩ ihtiyat fonu; *(Vers)* depo prim
Sicherheitserklärung ⟨f⟩ teminat beyanı
Sicherheitsgeber ⟨m⟩ kefil; garantör
Sicherheitsklausel ⟨f⟩ güvenlik şartı
Sicherheitsleistung ⟨f⟩ *(Jur)* kefalet; teminat itası
    [gegen ... kaufen] *(Bö)* marjlı satınalma
    [gegen ... verkaufen] *(Bö)* marjlı satma
Sicherheitsmarge ⟨f⟩ güvence marjı
Sicherheitsrücklage ⟨f⟩ munzam ihtiyatlar
Sicherheitssumme ⟨f⟩ teminat bedeli; güvence tutarı
Sicherheitsüberprüfung ⟨f⟩ emniyet kontrolu
sichern ⟨v/t⟩ güvence/teminat altına almak; garanti etmek/vermek
    [dinglich ...] aynî güvence/teminat altına almak
    [hypothekarisch ...] ipotekle güvence/teminat altına almak
sicherstellen ⟨v/t⟩ güvence altına almak; *(beschlagnahmen)* elkoymak
Sicherung ⟨f⟩ güvence; *(Kredit)* teminat
    [... der Arbeitsplätze] iş güvencesi
    [... der Vollbeschäftigung] tam istihdam güvencesi
Sicherungshypothek ⟨f⟩ teminat ipoteği
Sicherungsklausel ⟨f⟩ güvenlik şartı; kaçamak kaydı
Sicherungswechsel ⟨m⟩ teminat senedi
Sicht ⟨f⟩ görüş; görünüş
    [bei ...] görüldüğünde; avisto; görünce
    [bei ... zahlen] görüldüğünde ödemek
    [nach ...] görüldükten sonra
    [zahlbar bei ...] görüldüğünde ödenir
Sichtakkreditiv ⟨m⟩ *(WeR)* görüldüğünde ödenir akreditif
Sichtanweisung ⟨f⟩ *(WeR)* görüldüğünde ödenir senet
Sichteinlage ⟨f⟩ *(BkW)* vadesiz mevduat
Sichteinlagenkonto ⟨n⟩ *(BkW)* vadesiz mevduat hesabı
Sichtguthaben ⟨n⟩ *(BkW)* vadesiz mevduat
Sichtkonto ⟨n⟩ *(BkW)* vadesiz hesap
Sichtkreditbrief ⟨m⟩ *(WeR)* görüldüğünde ödenir kredi mektubu
Sichtpapier ⟨n⟩ *(WeR)* görüldüğünde ödenir senet
Sichtschuldschein ⟨m⟩ *(WeR)* görüldüğünde ödenir senet
Sichttage ⟨pl⟩ atıfet müddeti/mehili
Sichttratte ⟨f⟩ *(WeR)* görüldüğünde ödenir poliçe
Sichtwechsel ⟨m⟩ *(WeR)* görüldüğünde ödenir senet/poliçe
Sickerverlust ⟨m⟩ akma kaybı
Siedlung ⟨f⟩ yerleşim yeri; site
Siedlungsabfall ⟨m⟩ ev çöpü
Siedlungsgenossenschaft ⟨f⟩ konut kooperatifi
Siegel ⟨n⟩ *(Jur)* mühür
    [... abnehmen] mührü kaldırmak
    [... anbringen] mühürlemek;

mühür altına almak
[... entfernen] mührü kaldırmak
[... verletzen] mührü zedelemek
Siegelbruch ⟨m⟩ *(Jur)* mühür fekki
Silbe ⟨f⟩ hece
Silber ⟨n⟩ gümüş
Silberbarren ⟨m⟩ külçe gümüş
Silbermünze ⟨f⟩ gümüş sikke
Silberwährung ⟨f⟩ *(VWL)* gümüş para (standardı)
Silo ⟨m/n⟩ silo
simultan ⟨adj⟩ eşanlı
Simultangründung ⟨f⟩ ani kuruluş
Simultanhaftung ⟨f⟩ eşanlı sorumluluk
Situation ⟨f⟩ durum
 [ausweglose...] çaresiz durum
 [finanzielle...] mali durum
 [persönliche...] kişisel durum
 [konjunkturelle...] ekonomik durum
 [kritische...] kritik durum
 [schwierige...] zor durum
 [verfahrene...] çıkmaz
 [wirtschaftliche...] ekonomik durum
Sitte ⟨f⟩ ahlâk; örf
 [...n und Gebräuche] örf ve âdetler
Sitz ⟨m⟩ ikamet(gâh); mesken; koltuk;
 (Unternehmen) merkez
 [... der Gesellschaft] *(Jur)* şirket merkezi
 [freier...] boş koltuk/yer
 [ständiger...] *(Jur)* daimî ikametgâh
 [steuerlicher...] *(StR)* vergi ikametgâhı
Sitzladefaktor ⟨m⟩ koltuk/yolcu yük faktörü
Sitzordnung ⟨f⟩ oturma sırası
Sitzplatz ⟨m⟩ oturacak yer
Sitzung ⟨f⟩ toplantı; oturum; konferans; *(Jur)* celse;
 (Bö) seans
 [... anberaumen] toplantıya çağırmak
 [... einberufen] toplantıya çağırmak
 [... des Aufsichtsrats] *(Jur)* denetim kurulu toplantısı
 [... des Vorstands] *(Jur)* yönetim kurulu toplantısı
Sitzungsbericht ⟨m⟩ toplantı raporu;
 (Jur) celse raporu; tutanak
Sitzungsprotokoll ⟨n⟩ toplantı tutanağı;
 (Jur) celse raporu; tutanak
Sitzungsgeld ⟨n⟩ huzur hakkı
Sitzungssaal ⟨m⟩ toplantı salonu;
 (Jur) duruşma salonu
Sitzungsverlauf ⟨m⟩ *(Bö)* seans seyri
Skalenerträge ⟨pl⟩ *(VWL)* ölçeğe (göre) getiriler;
 ölçek randımanları
 [abnehmende...] *(VWL)* ölçeğe göre azalan getiriler
 [konstante...] *(VWL)* ölçeğe göre sabit getiriler;
 (VWL) ölçeğe göre değişmez maliyetler
 [steigende...] *(VWL)* ölçeğe göre artan getiriler
 [zunehmende...] *(VWL)* ölçeğe göre artan getiriler
Skalenvorteile ⟨pl⟩ *(VWL)* ölçek ekonomileri
Skonti ⟨pl⟩ iskontolar
skontieren ⟨v/t⟩ iskonto yapmak
Skonto ⟨n/m⟩ iskonto
 [... bei Barzahlung] nakit iskontosu
 [mit...] iskontolu
Skontoabzug ⟨m⟩ iskonto indirimi

Skontogewährung ⟨f⟩ iskonto tahsisi
Sockel ⟨m⟩ temel
Sockelarbeitslosigkeit ⟨f⟩ *(VWL)* kalıcı işsizlik
Sofortabzug ⟨m⟩ *(StR)* kaynakta kesme; stopaj
Sofortauftrag ⟨m⟩ acil sipariş
Soforteinlage ⟨f⟩ *(BkW)* ihbarsız mevduat
Soforthilfe ⟨f⟩ anında yardım
Sofortkauf ⟨m⟩ spot alım
Sofortlieferung ⟨f⟩ anında/hemen teslim
Sofortmaßnahme ⟨f⟩ acil önlem/tedbir
Sofortzahlung ⟨f⟩ peşin ödeme; nakit ödeme
Solawechsel ⟨m⟩ *(WeR)* alacak senedi
Solidarbeitrag ⟨m⟩ dayanışma ödeneği
Solidarbürge ⟨m⟩ *(Jur)* dayanışmalı kefil
Solidarbürgschaft ⟨f⟩ *(Jur)* dayanışmalı kefalet;
 (Jur) zincirleme birlikte kefalet
Solidarhaftung ⟨f⟩ dayanışmalı sorumluluk
solidarisch ⟨adj⟩ dayanışmalı;
 (Jur) zincirleme birlikte
Solidarität ⟨f⟩ dayanışma
Solidaritätsabgabe ⟨f⟩ *(StR)* dayanışma vergisi
Solidaritätsfonds ⟨m⟩ dayanışma fonu
Solidaritätsstreik ⟨m⟩ dayanışma grevi
Solidarschuld ⟨f⟩ müşterek borç
Solidarschuldner ⟨m⟩ müşterek borçlu
solide ⟨adj⟩ sağlam; itibarlı; dayanıklı
Soll ⟨n⟩ borç; hedef; *(öFi)* tahmin
 [... nicht erreichen] hedefe ulaşamamak
 [... und Haben] borç ve alacak
 [...- und Habenzinsen] borç ve alacak faiz(ler)i
 [im... buchen] borçlandırmak; borca yazmak
 [im... stehen] borçta olmak
Sollabgrenzungsposten ⟨m⟩ *(ReW)* ertelenmiş gelirler kaydı; düzeltici kalem
Sollarbeitszeit ⟨f⟩ normal çalışma süresi
Sollausbringung ⟨f⟩ beklenen verim;
 standart verim
Sollbeleg ⟨m⟩ *(BkW)* borç dekontu
Sollbestand ⟨m⟩ nominal/itibarî envanter;
 hedef envanter
Sollbesteuerung ⟨f⟩ *(StR)* karineler usulü vergilendirme
Sollbuchung ⟨f⟩ *(ReW)* borç kaydı
Sollgewicht ⟨n⟩ standart ağırlık
Sollkosten ⟨pl⟩ *(KoR)* bütçelenmiş maliyet
Sollkostenrechnung ⟨f⟩ *(KoR)* standart maliyetleme; fonksiyonel bütçeleme
Sollleistung ⟨f⟩ *(BWL)* hedef üretim;
 standart verim
Sollmenge ⟨f⟩ *(BWL)* hedef üretim;
 bütçelenmiş miktar
Sollposten ⟨m⟩ *(ReW)* borç kalemi;
 (ReW) borç kaydı
Sollproduktion ⟨f⟩ *(BWL)* hedef üretim;
 (BWL) standart üretim
Sollsaldo ⟨m⟩ *(ReW)* borç bakiyesi
Sollseite ⟨f⟩ *(ReW)* borçlu taraf
Sollvorgabe ⟨f⟩ (konulan/planlanan) hedef
Sollwert ⟨m⟩ nominal/itibarî değer; istenilen değer
Sollzins ⟨m⟩ *(BkW)* borç faizi
 [...(fuß) für erste Adressen] *(BkW)* ana faiz oranı
solvent ⟨adj⟩ → **liquide/zahlungsfähig**
Solvenz ⟨f⟩ ödeme gücü/yeteneği; mali iktidar/güç
Sommer ⟨m⟩ yaz

Sommerschlußverkauf ⟨m⟩ yaz (mevsimi) sonu satış(lar)ı
Sonderabgabe ⟨f⟩ *(StR)* özel kesenek
Sonderabreden ⟨pl⟩ özel şartlar
Sonderabschreibung ⟨f⟩ *(ReW)* olağanüstü/hızlandırılmış amortisman
[verkürzte ...] *(ReW)* hızlandırılmış amortisman
Sonderabschöpfung ⟨f⟩ *(StR)* özel kesenek; *(StR)* özel vergi
Sonderanfertigung ⟨f⟩ *(Ind)* özel (sipariş üzerine) yapım
Sonderausgaben ⟨pl⟩ *(ReW)* özel harcamalar; *(Press)* özel sayılar
Sonderausgabenabzug ⟨m⟩ *(ReW)* özel harcamalar keseneği; *(StR)* özel indirim
Sonderausschüttung ⟨f⟩ *(BkW)* olağanüstü temettü; *(BkW)* olağanüstü kâr payı
Sonderausstattung ⟨f⟩ özel aksesuar; ekstralar
Sonderbeilage ⟨f⟩ *(Press)* özel ilave
Sonderbestellung ⟨f⟩ özel sipariş
Sonderbestimmungen ⟨pl⟩ *(Jur)* özel hükümler
Sonderdividende ⟨f⟩ *(BkW)* olağanüstü temettü; *(BkW)* olağanüstü kâr payı
Sondereinkünfte ⟨pl⟩ olağanüstü gelirler
Sondereinlage ⟨f⟩ *(BkW)* özel mevduat
Sondereinnahmen ⟨pl⟩ olağanüstü gelirler
Sonderermäßigung ⟨f⟩ özel indirim
Sondererträge ⟨pl⟩ olağanüstü gelirler
Sonderfreibetrag ⟨m⟩ *(StR)* özel indirim
Sonderhaushalt ⟨m⟩ özel bütçe
Sonderkonditionen ⟨pl⟩ *(Jur)* özel şartlar; özel koşullar
Sonderkonto ⟨n⟩ *(BkW)* özel hesap
Sonderkredit ⟨m⟩ *(BkW)* özel kredi
Sonderkreditinstitut ⟨n⟩ *(BkW)* özel kredi kurumu
Sonderposten ⟨m⟩ *(ReW)* olağanüstü kalem; *(ReW)* özel kalem
Sonderpreis ⟨m⟩ özel fiyat
Sonderprüfung ⟨f⟩ özel denetim
Sonderrabatt ⟨m⟩ özel indirim
Sonderrecht ⟨n⟩ özel hak; imtiyaz
Sonderregelung ⟨f⟩ özel düzenleme
Sonderschicht ⟨f⟩ ek/özel vardiya
Sondersitzung ⟨f⟩ olağanüstü toplantı
Sondervereinbarung ⟨f⟩ özel anlaşma
Sondervergütung ⟨f⟩ (özel) ikramiye
Sondervermögen ⟨n⟩ özel varlıklar
Sondervertrag ⟨m⟩ *(Jur)* özel sözleşme
Sondervertretung ⟨f⟩ özel vekâlet; özel temsilcilik
Sondervollmacht ⟨f⟩ *(Jur)* özel vekâletname
Sondervorschrift ⟨f⟩ özel hüküm
Sonderziehungsrecht ⟨n⟩ *(IWF)* Özel Çekiş Hakkı
Sonderzoll ⟨m⟩ *(Zo)* spesifik gümrük
Sonntag ⟨m⟩ pazar (günü)
[verkaufsoffener ...] mağazaların açık olduğu pazar günü
Sonntagsarbeit ⟨f⟩ pazar günü çalışma
Sonntagsdienst ⟨m⟩ pazar nöbeti
Sonntagsruhe ⟨f⟩ pazar tatili
Sonntagsverkauf ⟨m⟩ pazar günü satış
Sorgeberechtigter ⟨m⟩ *(Jur)* velayet hakkı sahibi; veli
Sorgerecht ⟨n⟩ *(Jur)* velayet
Sorgfalt ⟨f⟩ ihtimam; özen; itina; hassasiyet; dikkat

[... eines ordentlichen Kaufmanns] düzenli bir tacirin ihtimam ve takayyüdü
[angemessene ...] uygun ihtimam/itina/özen
[ausreichende ...] yeterli ihtimam/itina/özen
[mangelnde ...] eksik/yetersiz ihtimam
[mangelnde ... des Spediteurs] taşıyıcının ihmali
Sorgfaltspflicht ⟨f⟩ ihtimam yükümü
Sorgfaltspflichtverletzung ⟨f⟩ ihmal
Sorte ⟨f⟩ çeşit; cins; tip; sınıf; kalite
[feinste ...] en iyi/yüksek kalite
[minderwertige ...] düşük kalite
Sorten ⟨pl⟩ yabancı paralar; dövizler
[nach ...] kalitesine/derecelere göre
Sortengeschäft ⟨n⟩ *(BkW)* döviz işlemleri
Sortenhandel ⟨m⟩ *(BkW)* döviz ticareti
Sortenkurs ⟨m⟩ *(BkW)* döviz kuru
sortieren ⟨v/t⟩ (seçip) ayırmak; (kalitesine göre) sınıflara ayırmak; ayıklamak; elemek; tanzim etmek
Sortierung ⟨f⟩ ayırma; (kalitesine göre) sınıflandırma
Sortiment ⟨n⟩ çeşitler; mal çeşitleri; koleksiyon; seçilmiş/seçkin mallar
[hochwertiges ...] kaliteli çeşitler
Sortimenter ⟨m⟩ perakende kitap satan
Sortimentsausweitung ⟨f⟩ *(Mk)* çeşitlendirme; çeşitleri çoğaltma
Sortimentsbreite ⟨f⟩ çeşitler
Sortimentsqualität ⟨f⟩ seçilmiş malların kalitesi
[... verbessern] kaliteyi yükseltmek
[... verringern] kaliteyi düşürmek
sozial ⟨adj⟩ sosyal; toplumsal
Sozialabgaben ⟨pl⟩ *(StR)* sosyal vergiler; sosyal kesenekler
Sozialamt ⟨n⟩ sosyal hizmet/yardım dairesi
Sozialarbeit ⟨f⟩ sosyal hizmet işi
Sozialarbeiter ⟨m⟩ sosyal hizmet işçisi
Sozialausgaben ⟨pl⟩ sosyal hizmet/refah harcamaları
Sozialausschuß ⟨m⟩ sosyal konsey
Sozialbeamter ⟨m⟩ sosyal güvenlik memuru
Sozialbeitrag ⟨m⟩ *(SozV)* sosyal sigortalar primi; *(VWL)* sosyal güvenlik aidatı
Sozialberuf ⟨m⟩ sosyal hizmet mesleği
Sozialbilanz ⟨f⟩ *(vGR)* sosyal muhasebe; *(vGR)* milli muhasebe
Sozialbudget ⟨n⟩ *(ReW)* sosyal bütçe; *(öFi)* sosyal hizmetler bütçesi; *(vGR)* sosyal muhasebe
Sozialeinrichtung ⟨f⟩ hayır kurumu; *(BWL)* sosyal tesisler; *(BWL)* sosyal hizmetler
Sozialdemokratie ⟨f⟩ *(VWL)* sosyal demokrasi
Sozialfonds ⟨m⟩ *(VWL)* sosyal fon
[Europäischer ...] *(EU)* Avrupa Sosyal Fonu
Sozialfürsorge ⟨f⟩ *(SozV)* sosyal refah (işi)
Sozialgericht ⟨n⟩ *(Jur)* sosyal mahkeme
Sozialhilfe ⟨f⟩ *(SozV)* sosyal yardım; *(SozV)* yoksulluk yardımı
Sozialhilfeempfänger ⟨m⟩ sosyal yardım alan; yoksulluk yardımı alan
Sozialhilfeleistungen ⟨pl⟩ sosyal yardım ödemeleri
sozialisieren ⟨v/t⟩ sosyalize etmek; kamulaştırmak
Sozialisierung ⟨f⟩ *(VWL)* sosyalizasyon
Sozialismus ⟨m⟩ *(VWL)* sosyalizm
Sozialkapital ⟨n⟩ sosyal sermaye

Sozialkonsum ⟨m⟩ sosyal hizmetleri kullanma; sosyal hizmetlerden faydalanma/yararlanma
Sozialkosten ⟨pl⟩ *(VWL)* toplumsal maliyet; *(VWL)* sosyal maliyet
Soziallasten ⟨pl⟩ sosyal vergiler; *(SozV)* sosyal sigorta primleri; *(VWL)* sosyal güvenlik/refah harcamaları; *(VWL)* sosyal maliyet ve fayda
Sozialleistung ⟨f⟩ *(SozV)* sosyal yardım/ödeme
Sozialleistungen ⟨pl⟩ *(VWL)* sosyal güvenlik harcamaları; *(SozV)* sosyal yardımlar/ödemeler; hayır ödemeleri
[freiwillige ...] isteğe bağlı sosyal yardım/ödeme
[gesetzliche ...] yasal sosyal yardım/ödeme
Sozialmiete ⟨f⟩ sosyal (yardım katılımlı) kira
Sozialmieter ⟨m⟩ (kira üzerinden) sosyal (yardım alan) kiracı
Sozialordnung ⟨f⟩ *(VWL)* sosyal düzen
Sozialpartner ⟨pl⟩ işçi ve işveren taraflar; yöneten ve yönetilen taraflar
Sozialplan ⟨m⟩ sosyal refah paketi/planı
Sozialpolitik ⟨f⟩ *(VWL)* sosyal politika
Sozialprodukt ⟨n⟩ *(vGR)* milli hasıla; *(vGR)* sosyal hasıla
[nominales ...] *(vGR)* nominal milli hasıla
Sozialproduktrechnung ⟨f⟩ *(vGR)* milli muhasebe; *(vGR)* sosyal muhasebe
Sozialstaat ⟨m⟩ sosyal devlet; *(VWL)* sosyal refah devleti
Sozialrabatt ⟨m⟩ sosyal indirim/iskonto
Sozialversicherung ⟨f⟩ *(SozV)* sosyal sigorta(lar)
Sozialversicherungsbeitrag ⟨m⟩ *(SozV)* sosyal sigorta primi
Sozialversicherungsleistung ⟨f⟩ *(SozV)* sosyal sigorta ödemesi
sozialversicherungspflichtig ⟨adj⟩ *(SozV)* sosyal sigorta yükümlüsü
Sozialversicherungsrente ⟨f⟩ *(SozV)* sosyal sigorta emekliliği
Sozialversicherungsträger ⟨m⟩ *(SozV)* sosyal sigortalar kurumu
Sozialvertrag ⟨m⟩ *(VWL)* sosyal sözleşme
Sozialwerk ⟨n⟩ sosyal kurum; hayır kurumu
Sozialwohnung ⟨f⟩ sosyal (yardım katılımlı) ev/daire
Sozialzulage ⟨f⟩ aile zammı; sosyal zam
Sozietät ⟨f⟩ ortaklık; hissedarlık; şirket
Sozius ⟨m⟩ ortak; hissedar
Spanne ⟨f⟩ marj; aralık
Sparanleihe ⟨f⟩ *(WeR)* tasarruf bonosu
Sparanreiz ⟨m⟩ *(BkW)* tasarrufa teşvik; tasarruf güdülemesi
Sparaufkommen ⟨n⟩ tasarruf hacmi; toplam tasarruflar
Sparbrief ⟨m⟩ *(WeR)* tasarruf bonosu
Sparbuch ⟨n⟩ *(BkW)* tasarruf cüzdanı; *(BkW)* pasbuk
Spareinlage ⟨f⟩ *(BkW)* tasarruf mevduatı
[befristete ...] vadeli tasarruf mevduatı
[sofort fällige ... n] ihbarsız tasarruf mevduatı
[mündelsichere ... n] sağlam tasarruf mevduatı
Sparen ⟨n⟩ *(BkW)* tasarruf
[... am falschen Ende] hatalı/yanlış tasarruf
[... der privaten Haushalte] hane halklarının tasarrufu
[geplantes ...] planlı tasarruf

[indexiertes ...] indeksli tasarruf
[institutionelles ...] kurumsal tasarruf
[negatives ...] *(VWL)* ters tasarruf; *(VWL)* negatif tasarruf
[prämienbegünstigtes ...] ikramiye teşvikli tasarruf
[steuerbegünstigtes ...] vergi teşvikli tasarruf
sparen ⟨int⟩ tasarruf etmek; para biriktirmek
Sparer ⟨m⟩ *(BkW)* tasarruf (hesabı) sahibi; para biriktiren
Sparförderung ⟨f⟩ *(VWL)* tasarrufları teşvik
Sparförderungsgesetz ⟨n⟩ *(D)* tasarrufları teşvik yasası
Sparfreudigkeit ⟨f⟩ *(VWL)* tasarruf eğilimi
Sparfunktion ⟨f⟩ *(VWL)* tasarruf fonksiyonu/işlevi
Spargelder ⟨pl⟩ *(BkW)* tasarruf mevduatı
Spargeschäft ⟨n⟩ *(BkW)* tasarruf işlemi/muamelesi
Spargewohnheiten ⟨pl⟩ *(VWL)* tasarruf alışkanlıkları
Sparguthaben ⟨n⟩ *(BkW)* tasarruf mevduatı
Sparhaushalt ⟨m⟩ *(öFi)* tasarruflu bütçe
Sparkapital ⟨n⟩ *(BkW)* tasarruf sermayesi
Sparkasse ⟨f⟩ *(BkW)* tasarruf sandığı/bankası
[genossenschaftliche ...] kooperatif tasarruf sandığı/bankası
[kommunale ...] mahalli tasarruf sandığı/bankası
[städtische ...] şehiriçi tasarruf sandığı/bankası
Sparkassenbrief ⟨m⟩ *(BkW)* tasarruf sandığı/bankası sertifikası
Sparkonto ⟨n⟩ *(BkW)* tasarruf (mevduatı) hesabı
Sparleistungen ⟨pl⟩ toplam tasarruflar
[private ...] *(VWL)* özel tasarruflar
Sparmaßnahme ⟨f⟩ tasarruf önlemei; *(VWL)* ekonomik önlem/tedbir; kemer-sıkma
Sparneigung ⟨f⟩ *(VWL)* tasarruf eğilimi
[durchschnittliche ...] *(VWL)* ortalama tasarruf eğilimi
[marginale ...] *(VWL)* marjinal tasarruf eğilimi
Sparpackung ⟨f⟩ aile boyu paket
Sparparadoxon ⟨n⟩ *(VWL)* tasarruf paradoksu
Sparpolitik ⟨f⟩ *(VWL)* kemer-sıkma politikası; tasarruf politikası
Sparprämie ⟨f⟩ *(BkW)* tasarruf primi
Sparpreis ⟨m⟩ ucuz fiyat; tasarruflu fiyat
Sparprogramm ⟨n⟩ *(VWL)* tasarruf programı
[extremes ...] *(VWL)* kemer-sıkma politikası
Sparquote ⟨f⟩ *(BkW)* tasarruf oranı; *(vGR)* (gelir) oranı; *(VWL)* tasarruf eğilimi
Sparrate ⟨f⟩ *(BkW)* tasarruf oranı
sparsam ⟨adj⟩ tasarruflu; tutumlu
Sparsamkeit ⟨f⟩ tasarrufluluk; tutumluluk
Sparschwein ⟨n⟩ (domuz şeklinde) kumbara
Spartarif ⟨m⟩ ucuz tarife; ekonomik tarife; tasarruflu tarife
Spartätigkeit ⟨f⟩ *(VWL)* tasarruf faaliyeti
[... anregen] *(VWL)* tasarruf faaliyetini güdülemek
[private ...] *(VWL)* bireysel tasarruf faaliyeti
Sparte ⟨f⟩ kısım; şube; dal; işkolu; branş
Spartenleiter ⟨m⟩ kısım şefi; şube müdürü
Sparverhalten ⟨n⟩ *(VWL)* tasarruf davranışı
Sparzins ⟨m⟩ *(BkW)* tasarruf (mevduatı) faizi
Sparzinsrate ⟨f⟩ *(BkW)* tasarruf (mevduatı) faiz oranı

Spätindikator ⟨m⟩ *(VWL)* gecikmeli gösterge
Spätschicht ⟨f⟩ gece vardiyası
Spediteur ⟨m⟩ taşıyıcı; taşıyan; nakliyeci
Spediteurbescheinigung ⟨f⟩ taşıyıcı belgesi
Spediteurdurchkonnossement ⟨n⟩ taşıyıcı konşimentosu
Spediteurhaftung ⟨f⟩ taşıyıcı sorumluluğu
Spediteurpfandrecht ⟨n⟩ taşıyanın rehin hakkı
Spedition ⟨f⟩ taşımacı/taşıyıcı; nakliyat şirketi
Speditionsbetrieb ⟨m⟩ taşıyıcı şirketi
Speditionsgebühren ⟨pl⟩ taşıyıcı ücreti; irsaliye
Speditionsgewerbe ⟨n⟩ taşımacılık
Speditionsgüter ⟨pl⟩ yük
Speditionskaufmann ⟨m⟩ taşıyıcı tacir
Speditionskosten ⟨pl⟩ taşıma masrafları
Speditionsrechnung ⟨f⟩ taşıyıcının faturası
Speditionsversicherung ⟨f⟩ *(Vers)* nakliyat sigortası; *(Vers)* taşıyıcının risk sigortası
Speditionsvertrag ⟨m⟩ taşıma sözleşmesi
Speditionsvertreter ⟨m⟩ taşıyıcı acenta
Speicher ⟨m⟩ depo; mağaza; *(Zo)* antrepo; *(LandW)* silo; *(EDV)* bellek; hafıza
Speichergebühren ⟨pl⟩ *(Zo)* antrepo harç ve giderleri
Speichermiete ⟨f⟩ *(Zo)* antrepo kirası
speichern ⟨v/t⟩ depolamak
Speicherplatz ⟨m⟩ depo(lama) yeri
Spekulant ⟨m⟩ *(Bö)* spekülatör; vurguncu; operatör; *(Hausse)* yükseliş eğiliminde alıcı; boğa; *(Baisse)* düşüş eğilimde alıcı; ayı; besye
Spekulation ⟨f⟩ *(BkW)* spekülasyon; *(Bö)* spekülasyon; vurgun
Spekulationsgeschäfte ⟨pl⟩ *(Bö)* spekülatif operasyonlar/işlemler
Spekulationsgewinn ⟨m⟩ *(BkW)* spekülasyon kârı
Spekulationskapital ⟨n⟩ risk/girişim sermayesi
Spekulationskasse ⟨f⟩ *(BkW)* âtıl para mevcutları; *(VWL)* spekülatif amaçlarla nakit tutma; *(BkW)* âtıl para
Spekulationskäufe ⟨pl⟩ *(Bö)* spekülatif alımlar
Spekulationsmotiv ⟨n⟩ *(VWL)* spekülasyon güdüsü
Spekulationspapiere ⟨pl⟩ *(Bö)* spekülatif amaçlı yatırım
Spekulationssteuer ⟨f⟩ *(StR)* spekülasyon vergisi
Spekulationsverkäufe ⟨pl⟩ spekülatif satışlar
spekulieren ⟨int⟩ spekülasyon yapmak; oynamak
Spende ⟨f⟩ bağış
spenden ⟨v/t⟩ bağışta bulunmak; bağışlamak
Spendenkonto ⟨n⟩ bağış hesabı
Spendenquittung ⟨f⟩ bağış için makbuz
Spender ⟨m⟩ bağışlayan; bağışta bulunan
Sperrauftrag ⟨m⟩ *(BkW)* durdurma emri
Sperre ⟨f⟩ blokaj; engel; *(AußH)* ambargo; *(Scheck)* durdurma; *(Konto)* blokaj/dondurma (süresi); *(Verbot)* yasak
sperren ⟨v/t⟩ *(Konto)* bloke etmek; dondurmak; *(Scheck)* durdurmak; *(Verbot)* yasaklamak; *(AußH)* ambargo koymak
Sperrfrist ⟨f⟩ bekleme süresi; *(Vers)* tazminatsız süre
Sperrgut ⟨n⟩ büyük hacimli mal
Sperrguthaben ⟨n⟩ *(BkW)* bloke mevduat; donmuş alacaklar
Sperrkonto ⟨n⟩ *(BkW)* bloke hesap
Sperrvermögen ⟨n⟩ dondurulmuş/bloke varlıklar

Sperrzeit ⟨f⟩ *(Vers)* tazminatsız süre
Spesen ⟨pl⟩ yol giderleri; masraflar; harcırah; harcamalar
[... abrechnen] yol giderlerini hesaplamak
[... (zurück)erstatten] yol giderlerini tazmin etmek
Spesenabrechnung ⟨f⟩ giderler hesabı; yol avansları hesabı
Spesenaufstellung ⟨f⟩ giderler hesabı; yol avansları hesabı
Spesenerstattung ⟨f⟩ yol giderlerinin/masraflarının tazmini
Spesenkonto ⟨n⟩ *(ReW)* yol avansları hesabı
Spesenrechnung ⟨f⟩ masraf faturası
Spesensatz ⟨m⟩ harcırah
Spezialanfertigung ⟨f⟩ *(Ind)* özel yapım
Spezialausführung ⟨f⟩ *(Ind)* özel model/yapım
Spezialbank ⟨f⟩ *(BkW)* ihtisas bankası; özel banka
Spezialisierung ⟨f⟩ uzmanlaşma
Spezialist ⟨m⟩ uzman; eksper
Spezialkenntnisse ⟨pl⟩ *(Eng)* Know-how
Spezialwerte ⟨pl⟩ özel kıymetler/menkuller
Spezieskauf ⟨m⟩ neviyle alım; belirli mal alımı
Speziesschuld ⟨f⟩ *(Jur)* neviyle tayin olunan borç
Speziesverkauf ⟨m⟩ neviyle satış; belirli mal satımı
Spezifikation ⟨f⟩ özgüllük; spesifikasyon
spezifisch ⟨adj⟩ özgül; spesifik
Spiel ⟨n⟩ oyun; kumar
[freies ... des Wettbewerbs] serbest rekabet
Spielkartensteuer ⟨f⟩ oyun/iskambil kağıdı vergisi
Spielwaren ⟨pl⟩ oyuncak(lar)
Spielwarengeschäft ⟨n⟩ oyuncak mağazası
Spielwarenhandel ⟨m⟩ oyuncak ticareti
Spielwarenmesse ⟨f⟩ *(Mk)* oyuncak fuarı
Spinnweb-Theorem ⟨n⟩ *(VWL)* Örümcek Ağı Kuramı
Spirale ⟨f⟩ helezon
[deflatorische ...] *(VWL)* deflasyonist helezon
Spirituosen ⟨pl⟩ içkiler; ispirtolu içkiler
Spirituosengeschäft ⟨n⟩ içki satan mağaza
Spitze ⟨f⟩ zirve; doruk; tavan
Spitzenangebot ⟨n⟩ en iyi/yüksek teklif; *(VWL)* marjinal arz
Spitzenbedarf ⟨m⟩ azami talep
Spitzenergebnis ⟨n⟩ rekor sonuç
Spitzenleistung ⟨f⟩ *(BWL)* maksimum verim; *(Mk)* rekor performans
Spitzenmarke ⟨f⟩ önder marka
Spitzenqualität ⟨f⟩ en üstün kalite
Spitzensatz ⟨m⟩ en yüksek oran, azami oran
Spitzensteuersatz ⟨m⟩ *(StR)* azami vergi oranı
Spitzentechnik ⟨f⟩ üstün/yüksek teknoloji
Spitzentechnologie ⟨f⟩ üstün/yüksek teknoloji
Spitzenumsatz ⟨m⟩ rekor satışlar
Spitzenzeit ⟨f⟩ doruk dönem
Spotgeschäft ⟨n⟩ anında/spot işlem
Spotkurs ⟨m⟩ spot fiyat/kur
Spotmarkt ⟨m⟩ spot piyasa
spottbillig ⟨adj⟩ son derece ucuz
Spottpreis ⟨m⟩ fırsat fiyatı
Sprechstunde ⟨f⟩ görüşme/danışma saatleri
Sprechzeit ⟨f⟩ görüşme/danışma saatleri
Sprechzimmer ⟨n⟩ görüşme odası
Spruch ⟨m⟩ *(Jur)* hüküm; *(Jur)* karar; *(Schiedsspruch)* hakem kararı

Spruchkammer ⟨f⟩ *(Jur)* hakem heyeti
Staat ⟨m⟩ devlet; kamu sektörü
  [vom ... finanziert] devlet tarafından finanse edilen
staatlich ⟨adj⟩ devlet(çe); milli; kamu(sal)
Staatsangehöriger ⟨m⟩ vatandaş
Staatsangehörigkeit ⟨f⟩ *(Jur)* vatandaşlık
Staatsangestellter ⟨m⟩ devlet memuru
Staatsanleihe ⟨f⟩ *(WeR)* devlet tahvili/bonosu; *(WeR)* kamu borçlanma senedi
Staatsanleihen ⟨pl⟩ *(öFi)* kamu fonları
Staatsanteil ⟨m⟩ devlet payı
Staatsanwalt ⟨m⟩ *(Jur)* savcı
Staatsanwaltschaft ⟨f⟩ *(Jur)* savcılık
Staatsauftrag ⟨m⟩ devlet siparişi
Staatsausgaben ⟨pl⟩ *(öFi)* kamu harcamaları
Staatsbank ⟨f⟩ *(BkW)* milli banka; *(BkW)* kamu bankası
Staatsbeamter ⟨m⟩ devlet memuru
Staatsbeihilfe ⟨f⟩ devlet/kamu yardımı
Staatsbesitz ⟨m⟩ devlet malı
  [in ...] devlet elinde
Staatsbeteiligung ⟨f⟩ devlet katılımı; kamu iştiraki
Staatsbetrieb ⟨m⟩ kamu işletmesi
Staatsdienst ⟨m⟩ kamu hizmeti
staatseigen ⟨adj⟩ devlete ait
Staatseigentum ⟨n⟩ devlet malı
Staatseinnahmen ⟨pl⟩ devlet/kamu gelirleri
  [... und -ausgaben] devlet gelir ve giderleri
Staatsfinanzen ⟨pl⟩ *(öFi)* kamu maliyesi
Staatsgelder ⟨pl⟩ devlet parası; *(öFi)* kamu fonları
Staatshaftung ⟨f⟩ devletin sorumluluğu
Staatshand ⟨f⟩ devlet eli
  [in ...] devlet elinde
Staatshandel ⟨m⟩ devlet ticareti
Staatshandelsland ⟨n⟩ devletin ticaret yaptığı ülke
Staatshaushalt ⟨m⟩ *(öFi)* genel bütçe; *(öFi)* devlet bütçesi
  [gedeckter ...] *(öFi)* denk bütçe
Staatshilfe ⟨f⟩ devlet yardımı
Staatsindustrie ⟨f⟩ devlet sanayii; milli sanayi
Staatskapitalismus ⟨m⟩ *(VWL)* devlet kapitalizmi
Staatskasse ⟨f⟩ hazine
Staatskontrolle ⟨f⟩ devlet kontrolu
Staatskosten ⟨pl⟩ devlet masrafları
  [auf ...] devletin hesabına
Staatskredit ⟨m⟩ *(öFi)* devlet kredisi
Staatsmittel ⟨pl⟩ devlet parası; kamu fonları
Staatsmonopol ⟨n⟩ *(VWL)* devlet tekeli
Staatsobligationen ⟨pl⟩ *(WeR)* devlet tahvilleri
Staatsquote ⟨f⟩ *(öFi)* devlet harcalamaları oranı
Staatsschuld ⟨f⟩ *(öFi)* kamu borçlanması; kamu borcu
Staatsschuldenaufnahme ⟨f⟩ *(öFi)* kamu borçlanması
Staatsschuldschein ⟨m⟩ *(WeR)* devlet borçlanma senedi
Staatstitel ⟨m⟩ *(WeR)* devlet tahvili/bonosu
Staatsunternehmen ⟨n⟩ kamu işletmesi
Staatsverbrauch ⟨m⟩ *(vGR)* kamu tüketimi
Staatsvermögen ⟨n⟩ kamu mal varlığı
Staatsverschuldung ⟨f⟩ *(öFi)* devlet/kamu borçlanması
Staatsversicherung ⟨f⟩ *(Vers)* milli sigorta
Staatswirtschaft ⟨f⟩ *(VWL)* kamu sektörü

Staatswohl ⟨n⟩ *(VWL)* kamu yararı
Staatszuschuß ⟨m⟩ devlet yardımı
Staatszuweisung ⟨f⟩ devlet ödeneği
Stab ⟨m⟩ çubuk; *(Personal)* kadro
Stabdiagramm ⟨n⟩ *(Stat)* histogram; sütunlu diyagram/grafik
stabil ⟨adj⟩ istikrarlı; sağlam; dayanıklı; uzun ömürlü
Stabilisatoren ⟨pl⟩ *(VWL)* istikrarlandırıcılar
  [automatische ...] *(VWL)* otomatik istikrarlandırıcılar
stabilisieren ⟨v/t⟩ sabitleştirmek;
  ⟨refl⟩ *(Preis/Kurs)* sabitleşmek
Stabilisierung ⟨f⟩ stabilizasyon; *(Preis/Kurs)* sabitleşme
Stabilität ⟨f⟩ *(VWL)* istikrar
  [... der Preise] *(VWL)* fiyatların istikrarı
  [... der Wirtschaft] *(VWL)* ekonominin istikrarı
  [... des Geldwertes] *(VWL)* parasal istikrar
  [außenwirtschaftliche ...] *(VWL)* dış (ekonomik) istikrar
  [binnenwirtschaftliche ...] *(VWL)* iç (ekonomik) istikrar
  [politische ...] *(VWL)* politik istikrar
  [wirtschaftliche ...] *(VWL)* ekonomik istikrar
Stabilitätsfonds ⟨m⟩ istikrar fonu
Stabilitätspolitik ⟨f⟩ *(VWL)* istikrar politikası
Stabilitätsprogramm ⟨n⟩ *(VWL)* istikrar programı
Stadt ⟨f⟩ kent; şehir
Stadtbehörde ⟨f⟩ mahalli makam
Städtebau ⟨m⟩ kentleştirme
Städteplanung ⟨f⟩ kent planlama
Stadterneuerung ⟨f⟩ kent onarımı; kent yenileme
Stadterweiterung ⟨f⟩ kentleştirme
Stadtfiliale ⟨f⟩ şehir şubesi
Stadtgemeinde ⟨f⟩ belediye; belediye hizmetleri gören tüzel kişi
Stadtkämmerer ⟨m⟩ defterdar
Stadtkern ⟨m⟩ kent/şehir merkezi
Stadtrand ⟨m⟩ kentin/şehrin dış semtleri
Stadtrandlage ⟨f⟩ merkeze uzak konum; şehrin dış semtlerinde yer/konum
Stadtrandstandort ⟨m⟩ → **Stadtrandlage**
Stadtsanierung ⟨f⟩ kent onarımı
Stadtsteueramt ⟨n⟩ mahalli vergi dairesi
Stadtverwaltung ⟨f⟩ 1. belediye 2. şehir idaresi
Stadtwerke ⟨pl⟩ belediye tesisleri
Staffelbesteuerung ⟨f⟩ *(StR)* artan (oranlı) vergileme
Staffelmiete ⟨f⟩ kademeli kira
staffeln ⟨v/t⟩ kademelendirmek; derecelere ayırmak
Staffelpreis ⟨m⟩ artan oranlı fiyat
Staffelpreise ⟨pl⟩ kademelendirilmiş fiyatlar
Staffelskonto ⟨m/n⟩ artan oranlı iskonto
Staffelsteuer ⟨f⟩ *(StR)* artan oranlı vergi
Staffeltarif ⟨m⟩ kademeli tarife; değişik/değişken tarife; artan oranlı tarife
Staffelung ⟨f⟩ kademelendirme; *(Lohn)* kademeli ödeme
Stagflation ⟨f⟩ *(VWL)* stagflasyon; *(VWL)* ekonomik durgunluk ve enflasyon
Stagnation ⟨f⟩ *(VWL)* ekonomik durgunluk
stagnieren ⟨int⟩ *(VWL)* durgunlaşmak
stagnierend ⟨adj⟩ *(VWL)* durgun; cansız;

hareketsiz
Stahl ⟨m⟩ çelik
 [rostfreier ...] paslanmaz çelik
Stahlarbeiter ⟨m⟩ çelik işçisi
Stahlerzeugnis ⟨n⟩ çelik ürünü
Stahlerzeugung ⟨f⟩ çelik üretimi
stahlgepanzert ⟨adj⟩ çelik zırhlı
Stahlhandel ⟨m⟩ çelik ticareti
Stahlherstellung ⟨f⟩ çelik üretimi
Stahlhütte ⟨f⟩ çelikhane
Stahlindustrie ⟨f⟩ çelik sanayii
Stahlpanzerung ⟨f⟩ çelik zırh
Stahlproduktion ⟨f⟩ çelik üretimi
Stahlrohr ⟨n⟩ çelik boru
Stahlsektor ⟨m⟩ çelik sektörü
stahlverarbeitend ⟨adj⟩ çelik yapıcı
Stahlwalzwerk ⟨n⟩ *(Ind)* çelik haddehanesi
Stahlwerk ⟨n⟩ *(Ind)* çelik fabrikası; *(Ind)* çelikhane
Stammaktie ⟨f⟩ *(WeR)* adi hisse senedi
 [nicht stimmberechtigte ...] *(WeR)* sahibine oy hakkı vermeyen adi hisse senedi
Stammaktionär ⟨m⟩ adi hissedar
Stammbelegschaft ⟨f⟩ ana kadro; devamlı/sürekli kadro/personel
Stammfirma ⟨f⟩ ana şirket
stammgesellschaft ⟨f⟩ ana şirket
Stammhaus ⟨n⟩ ana şirket
Stammkapital ⟨n⟩ ana sermaye
Stammkunde ⟨m⟩ devamlı müşteri
Stammkundschaft ⟨f⟩ devamlı müşteriler
Stammpersonal ⟨n⟩ ana/çekirdek kadro
Stammsitz ⟨m⟩ merkez
Stammwerk ⟨n⟩ ana işletme
Stand ⟨m⟩ durum; vaziyet; hal; düzey; seviye; yer; pozisyon; sınıf; *(Bö)* düzey; seviye; *(Konto)* balans; durum; *(Ausstellung)* stant; pavyon
 [... abbauen] stant sökmek
 [... aufbauen] stant kurmak
 [... der Preise] fiyatların düzeyi
 [... der Technik] teknoloji düzeyi
 [... der Verhandlungen] görüşmelerin durumu
 [... unter freiem Himmel] açık hava standı
 [auf dem höchsten ...] en yüksek düzeyde
 [auf den neuesten ... bringen] modernize etmek
 [der letzte ...] en son durum
 [finanzieller ...] finansal durum; mali vaziyet
 [jetziger ...] şimdiki durum
Standard ⟨m⟩ standart; esas
Standardabweichung ⟨f⟩ *(Stat)* standart sapma
Standardaktie ⟨f⟩ *(WeR)* adi hisse senedi
Standardartikel ⟨m⟩ standart kalem (mal)
Standardausführung ⟨f⟩ standart model
Standardausrüstung ⟨f⟩ standart malzeme
Standardbrief ⟨m⟩ normal mektup
Standarderzeugnis ⟨n⟩ standart ürün
Standardfabrikat ⟨n⟩ standart ürün
Standardfehler ⟨m⟩ standart hata
Standardformat ⟨n⟩ standart boy
Standardformular ⟨n⟩ standart formüler
Standardgesamtheit ⟨f⟩ *(Stat)* standart toplam
Standardgewicht ⟨n⟩ standart ağırlık
Standardgröße ⟨f⟩ standart büyüklük/boy
standardisieren ⟨v/t⟩ standardize etmek
Standardkosten ⟨pl⟩ *(KoR)* standart maliyet

Standardkostenrechnung ⟨f⟩ *(KoR)* standart maliyet muhasebesi
Standardlohn ⟨m⟩ standart ücret
Standart-Maschinenstunden ⟨pl⟩ *(KoR)* standart makina saatleri
Standardmodell ⟨n⟩ standart model
Standardmuster ⟨n⟩ standart örnek
Standardnormalverteilung ⟨f⟩ *(Stat)* standart normal bölünme
Standardpreis ⟨m⟩ standart/normal fiyat
Standardsteuersatz ⟨m⟩ *(StR)* standart vergi oranı
Standardvertrag ⟨m⟩ *(Jur)* standart sözleşme formu
Standardwert ⟨m⟩ → **Standardaktie**
Standardzeit ⟨f⟩ standart saatler
Standbremse ⟨f⟩ *(Kfz)* el freni
Standesregeln ⟨pl⟩ meslek ahlakı kuralları
standeswidrig ⟨adj⟩ meslek ahlakına aykırı
Standeswidrigkeit ⟨f⟩ meslek ahlakına aykırılık
Standfläche ⟨f⟩ *(Mk)* stant alanı/yeri
Standgeld ⟨n⟩ stant parası; işgaliye
Standinhaber ⟨m⟩ stant sahibi
Standmiete ⟨f⟩ stant kirası
Standort ⟨m⟩ mekân; konum; yer; kuruluş/tesis yeri
 [... auf der grünen Wiese] kırsal mekân/konum
 [... außerhalb des Zentrums] merkez dışında mekân/konum
 [... bestimmen] mekân/konum/yer tayin etmek
 [... finden] mekân/konum/yer bulmak
 [außerstädtischer ...] şehirdışı mekân; şehir dışında konum
standortgebunden ⟨adj⟩ mekâna/yere/konuma bağlı
Standortnachteil ⟨m⟩ mekân/konum açısından dezavantaj
Standorttheorie ⟨f⟩ mekân teorisi; *(VWL)* kuruluş yeri teorisi
Standortveränderung ⟨f⟩ nakil; taşınma; mekân/konum/yer değiştirme
Standortverlegung ⟨f⟩ nakil; taşınma; mekân/yer/konum değiştirme
Standortvorteil ⟨m⟩ kuruluş yerinin avantajı; konumsal/yerel avantaj
Standortwahl ⟨f⟩ mekân/konum seçimi; kuruluş yeri seçimi
Stapel ⟨m⟩ istif; yığın; küme; *(Schff)* kızak; tezgâh
 [vom ... lassen] *(Schff)* kızaktan indirmek; tezgâhtan çıkmak
 [vom ... laufen] *(Schff)* kızaktan inmek; tezgâhtan çıkmak
 [auf... legen] *(Schff)* kızağa almak/çekmek; tezgâha almak
Stapellauf ⟨m⟩ *(Schff)* kızaktan in(diril)me
stapeln ⟨v/t⟩ istiflemek; istif yapmak/etmek; üstüste koymak/yığmak
Stapelplatz ⟨m⟩ *(Schff)* antrepo yeri
Start ⟨m⟩ başlangıç; hareket; kalkış; *(Flug)* havalanma; kalkış
Startbeihilfe ⟨f⟩ başlangıç avansı/yardımı
startbereit ⟨adj⟩ *(Flug)* kalkışa hazır
Starterlaubnis ⟨f⟩ *(Flug)* havalanma/kalkış izni
Startfinanzierung ⟨f⟩ *(BkW)* başlangıç finansmanı
Starthilfe ⟨f⟩ *(BkW)* başlangıç yardımı
Startkapital ⟨n⟩ başlangıç sermayesi

startklar ⟨adj⟩ *(Flug)* kalkışa hazır
Startkosten ⟨pl⟩ başlangıç maliyeti
Startschwierigkeiten ⟨pl⟩ başlangıç zorlukları
Statistik ⟨f⟩ *(Stat)* istatistik
 [... aufstellen] istatistik düzenlemek
 [... auswerten] istatistikleri değerlendirmek
 [amtliche ...] resmî istatistik
 [betriebswirtschaftliche ...] işletme istatistiği
 [geschönte ...] oynanmış veriler
Statistiker ⟨m⟩ *(Stat)* istatistikçi
statistisch ⟨adj⟩ *(Stat)* istatistik
Status ⟨m⟩ durum; hal; pozisyon; itibar; prestij; statü
 [... quo] statüko
 [finanzieller ...] mali durum; itibar
 [gesellschaftlicher ...] sosyal durum
 [gesetzlicher ...] yasal durum
 [neutraler ...] tarafsızlık
 [rechtlicher ...] hukuksal durum
Statusprüfung ⟨f⟩ (kişisel) durumla ilgili istihbarat
Statusverlust ⟨m⟩ prestij/itibar kaybı
Statuszahlen ⟨pl⟩ bilanço sayıları
Statut ⟨n⟩ *(Jur)* tüzük; *(Jur)* statü; *(Jur)* nizamname; *(AG)* anatüzük; ana mukavelename
statutengemäß ⟨adj⟩ yasal; tüzüğe uygun
Stau ⟨m⟩ tıkanma; *(Kfz)* kuyruk
Stauattest ⟨n⟩ *(Schff)* istif evrakı
Stauen ⟨n⟩ *(Schff)* istif
stauen ⟨v/t⟩ istif yapmak/etmek; istiflemek
Stauer ⟨m⟩ *(Schff)* istifçi
Stauerei ⟨f⟩ *(Schff)* istifleme
Stauerlohn ⟨m⟩ *(Schff)* istif ücreti
Staugebühr ⟨f⟩ *(Schff)* istif ücreti
Staumeister ⟨m⟩ *(Schff)* istif memuru
Stauplan ⟨m⟩ *(Schff)* istif planı
Stauraum ⟨m⟩ *(Schff)* istif yeri
Stechkarte ⟨f⟩ *(Ind)* (zamanı kontrolu için) delikli kart
Stechuhr ⟨f⟩ *(Ind)* kontrol saati
steigen ⟨int⟩ yükselmek; artmak
steigern ⟨v/t⟩ artırmak; yükseltmek
Steigerung ⟨f⟩ artış; yükseliş
 [... der Beschäftigung] *(VWL)* istihdam artışı
 [inflationsbedingte ...] *(VWL)* enflasyonist artış
Steigerungsbetrag ⟨m⟩ artış (bedeli)
Steigerungsklausel ⟨f⟩ artış kaydı; eşel mobil kaydı
Steigerungssatz ⟨m⟩ artış oranı
Steinbruch ⟨m⟩ taş ocağı
Steinkohle ⟨f⟩ taş kömürü
Stellage ⟨f⟩ *(Bö)* çift ikramiyeli muamele
Stelle ⟨f⟩ pozisyon; mevki; iş; kalem; yer; *(Math)* hane; *(Behörde)* daire; ofis; büro
 [... antreten] işe başlamak
 [... streichen] işyerini kaldırmak; işyerini iptal etmek
 [amtliche ...] makam; daire
 [freie ...] açık işyeri
 [leitende ...] yönetim pozisyonu/mevkii
 [offene ...] açık işyeri
 [sich um eine ... bewerben] iş için başvurmak
 [staatliche ...] devlet dairesi
 [unbesetzte ...] açık işyeri
 [zuständige ...] yetkili makam/daire
stellen ⟨v/t⟩ yerleştirmek; koymak; vermek
Stellenbeschreibung ⟨f⟩ iş tanımı

Stellenbewerber ⟨m⟩ (iş için) müracaat eden; (iş için) başvuran
Stellenbezeichnung ⟨f⟩ iş unvanı
Stellengemeinkosten ⟨pl⟩ *(KoR)* yer/departman genel maliyeti
Stellengesuch ⟨n⟩ iş başvurusu; işe alınmak için dilekçe/istida
Stelleninhaber ⟨m⟩ iş/mevki sahibi
Stellenjäger ⟨m⟩ iş arayan
Stellenmarkt ⟨m⟩ iş piyasası
Stellenplan ⟨m⟩ kadro planı
Stellenrotation ⟨f⟩ *(BWL)* iş rotasyonu
Stellensuche ⟨f⟩ iş arama
Stellensucher ⟨m⟩ iş arayan
Stellenwechsel ⟨m⟩ işyerini değiştirme
Stellung ⟨f⟩ →**Stelle/Position** mevki; pozisyon; konum; iş
 [ohne ...] işsiz
 [... aufgeben] işi bırakmak
 [... innehaben] mevki sahibi olmak
 [... kündigen] istifa etmek
 [beherrschende ...] hakim durum/pozisyon
 [marktbeherrschende ...] piyasaya hakim durum/pozisyon
Stellungnahme ⟨f⟩ fikir yürütme; mütalaa
 [... abgeben] fikir yürütmek; mütalaada bulunmak
 [... einholen] fikir almak
 [schriftliche ...] yazılı mütalaa
stellvertretend ⟨adj⟩ *(Jur)* vekâleten; *(Jur)* temsilen
Stellvertreter ⟨m⟩ *(Jur)* vekil; *(Jur)* temsilci
Stempel ⟨m⟩ damga; mühür
Stempelabgabe ⟨f⟩ *(StR)* damga resmi
Stempelfarbe ⟨f⟩ ıstampa mürekkebi
stempelfrei ⟨adj⟩ *(StR)* damga resminden muaf
Stempelgebühr ⟨f⟩ *(StR)* damga vergisi
Stempelgeld ⟨n⟩ işsizlik parası
Stempelkarte ⟨f⟩ *(Ind)* kontrol saati kartı; *(Ind)* işçilik zaman kartı
Stempelkissen ⟨n⟩ ıstampa
Stempelmarke ⟨f⟩ *(StR)* damga pulu
stempeln ⟨v/t⟩ damgalamak
Stempelpapier ⟨n⟩ damgalı (yaprak) kâğıt
Stempelsteuer ⟨f⟩ *(StR)* damga vergisi
Stempelsteuergesetz ⟨n⟩ *(StR)* damga vergisi kanunu
stempelpflichtig ⟨adj⟩ *(StR)* damga resmine tabi
Stempeluhr ⟨f⟩ *(Ind)* kontrol saati
Stenoaufnahme ⟨f⟩ stenogram
Stenograf ⟨m⟩ stenograf
Stenographie ⟨f⟩ stenografi
Stenographiermaschine ⟨f⟩ stenotip
Stenokontoristin ⟨f⟩ stenografi bilen kâtip
Stenotypistin ⟨f⟩ stenodaktilograf
Sterbealter ⟨n⟩ ölüm yaşı
Sterbefallversicherung ⟨f⟩ *(Vers)* ölüm hali için sigorta
Sterbegeldversicherung ⟨f⟩ *(Vers)* ölüm halinde tazminat sigortası
Sterbehäufigkeit ⟨f⟩ *(Stat)* mortalite/ölüm oranı
Sterberate ⟨f⟩ *(Stat)* ölüm oranı
Sterberegister ⟨n⟩ *(Jur)* ölüm kütüğü; *(Jur)* ölüm sicili
Sterbetafel ⟨f⟩ *(Vers)* mortalite tablosu

Sterbeurkunde ⟨f⟩ *(Jur)* ölüm vesikası;
  (Jur) ölüm ilmuhaberi
Sterbewahrscheinlichkeit ⟨f⟩ *(Vers)* beklenen mortalite
Sterbeziffer ⟨f⟩ *(Vers)* mortalite oranı;
  (Stat) ölüm oranı
Sterblichkeit ⟨f⟩ mortalite
Sterblichkeitserwartung ⟨f⟩ mortalite beklentisi
Sterblichkeitskurve ⟨f⟩ mortalite eğrisi
Sterblichkeitstabelle ⟨f⟩ → **Sterbetafel**
Sterblichkeitsziffer ⟨f⟩ *(Vers)* mortalite oranı;
  (Stat) ölüm oranı
Steuer ⟨f⟩ *(StR)* vergi; *(Schff)* dümen
  [... auf Grundbesitz] *(StR)* emlak vergisi
  [... auf Kursgewinne] sermaye iradı vergisi
  [... auf Veräußerungsgewinne] sermaye iradı vergisi
  [... auf Vermögensübertragungen] *(StR)* intikal vergisi
  [... beitreiben] vergi tahsil etmek
  [... berechnen] vergilemek
  [... erheben] vergilendirmek
  [... erstatten] vergi iade etmek
  [... mit negativen Leistungsanreizen] ağır vergi
  [... überwälzen] vergi yansıtmak
  [... umgehen] vergiden kaçmak
  [... veranlagen] vergilemek
  [...n] → **Steuern**
  [abzüglich ...] vergi düştükten sonra
  [bei der ... in Abzug bringen] vergiden düşmek
  [bundesstaatliche ...] *(D)* Federal vergi
  [der ... unterliegen] vergiye tabi olmak
  [direkte ...] dolaysız/vasıtasız vergi
  [doppelte ...] çifte vergi
  [einschließlich ...] vergi dahil
  [fällige ...] tahakkuk etmiş vergi
  [frei von ... n] vergiden muaf
  [indirekte ...] vasıtalı/dolaylı vergi
  [mit einer ... belegen] vergilendirmek
  [nach ... n] vergiden sonra; vergi sonrası
  [nicht mit einer ... belegen] sıfır oranlamak
  [pauschalierte ...] götürü vergi
  [persönliche ...] bireysel vergi
  [progressive ...] artan oranlı vergi
  [regressive ...] tersine artan oranlı vergi; azalan oranlı vergi
  [repressive ...] ağır vergi
  [rückständige ...] askıda kalmış vergi
  [rückwirkende ...] tersine artan oranlı vergi; azalan oranlı vergi
  [spezifische ...] spesifik vergi
  [staatliche ...] devlet vergisi
  [von der ... absetzen] vergiden düşmek
  [von der ... befreien] vergiden muaf tutmak
  [von der ... befreit] vergiden muaf
  [zur ... heranziehen] vergilendirmek
  [zuzüglich ...] vergi hariç
Steuerabführung ⟨f⟩ vergi ödeme
Steuerabzug ⟨m⟩ *(StR)* vergi kesintisi
  [... an der Quelle] stopaj; kaynakta vergi kesme
steuerabzugsfähig ⟨adj⟩ vergilendirilebilir; vergisi kesilebilir
Steuerabzugsverfahren ⟨n⟩ *(StR)* kesinti yolu ile vergilendirme

Steueramt ⟨n⟩ vergi dairesi
Steuerangleichung ⟨f⟩ *(EU)* vergilerde uyum sağlama
Steueranrechnung ⟨f⟩ vergi alacağı
Steueranreiz ⟨m⟩ vergide güdüleme; vergi teşviki
Steueranteil ⟨m⟩ vergi payı
Steueranwalt ⟨m⟩ vergi avukatı; vergi hukukunda uzman avukat
Steuerart ⟨f⟩ *(StR)* vergi cinsi
Steueraufkommen ⟨n⟩ *(öFi)* vergi varidatı/gelirleri
Steuerausfall ⟨m⟩ vergi kaybı
Steuerausweis ⟨m⟩ *(StR)* vergi cüzdanı;
  (StR) vergi karnesi
steuerbar ⟨adj⟩ *(StR)* vergiye ehil
Steuerbeamter ⟨m⟩ *(StR)* vergi memuru
Steuerbefreit ⟨adj⟩ *(StR)* vergiden muaf
Steuerbefreiung ⟨f⟩ *(StR)* muafiyet
  [zeitweilige ...] *(StR)* geçici muafiyet
steuerbegünstigt ⟨adj⟩ *(StR)* indirimli; vergi avantajlı
Steuerbegünstigung ⟨f⟩ *(StR)* vergi indirimi; vergi avantajı
Steuerbehandlung ⟨f⟩ vergi uygulama
Steuerbehörde ⟨f⟩ vergi dairesi
Steuerbelastung ⟨f⟩ vergi külfeti/yükü
Steuerbeleg ⟨m⟩ *(StR)* vergi makbuzu
Steuerbemessungsgrundlage ⟨f⟩ *(StR)* vergi matrahı
Steuerberater ⟨m⟩ vergi danışmanı/müşaviri
Steuerberatung ⟨f⟩ vergi danışmanlığı/müşavirliği
Steuerberechnung ⟨f⟩ *(StR)* vergilendirme
Steuerberechnungsgrundlage ⟨f⟩ *(StR)* vergi matrahı
Steuerbereinigt ⟨adj⟩ vergi ayarlı; vergiye göre arındırılmış
Steuerbescheid ⟨m⟩ vergi bildirimi
Steuerbescheinigung ⟨f⟩ vergi belgesi; vergi için belge
Steuerbestimmmungen ⟨pl⟩ *(StR)* vergi mevzuatı
Steuerbetrag ⟨m⟩ vergi bedeli
  [anrechenbarer ...] vergi kredisi
Steuerbilanz ⟨f⟩ vergi bilançosu
Steuerbuchführung ⟨f⟩ vergi muhasebesi
Steuerbuchhaltung ⟨f⟩ vergi muhasebesi
Steuerdelikt ⟨n⟩ *(StR)* vergi suçu
Steuerdifferenzierung ⟨f⟩ *(StR)* ayrıntılı vergilendirme
Steuereinbehaltung ⟨f⟩ *(StR)* vergi tevkifatı
Steuereingang ⟨m⟩ vergi girdisi
Steuereinkünfte ⟨pl⟩ vergi gelirleri
Steuereinnahmen ⟨pl⟩ vergi tahsilatı/gelirleri
Steuereinnehmer ⟨m⟩ *(StR)* tahsildar
Steuereintreibung ⟨f⟩ vergi tahsilatı/tahsili
Steuereinziehung ⟨f⟩ vergi tahsilatı/tahsili
Steuererhebung ⟨f⟩ *(StR)* vergilendirme;
  (StR) vergi tarhı; *(StR)* tarhiyat
  [... an der Quelle] *(StR)* kaynakta vergi kesme; stopaj
  [... durch Abzugsverfahren] kesinti yolu ile vergilendirme
Steuererhöhung ⟨f⟩ vergi artışı
Steuererklärung ⟨f⟩ *(StR)* vergi beyanı;
  (StR) vergi beyannamesi
  [... abgeben] vergi beyanında bulunmak
  [gemeinsame ... abgeben] birlikte vergi beyanında bulunmak

Steuererlaß ⟨m⟩ *(StR)* vergi indirimi; vergiden muaf tutma
Steuererleichterung ⟨f⟩ *(StR)* vergi kolaylığı
 [... auf Arbeitseinkommen] ücretlerde vergi kolaylığı
 [... für gewerbliche Unternehmen] ticarî işletmeler için vergi kolaylığı
 [...en für Hypothekenschulden] ipotekte vergi kolaylığı
Steuerermäßigung ⟨f⟩ *(StR)* vergi indirimi
 [... auf Arbeitseinkommen] ücretlerde vergi indirimi
 [... beantragen] vergi indirimi için başvurmak
 [... der Ehefrau] evli kadın için vergi indirimi
 [... für erhöhte Lagerbewertung] vergide aşırı stok indirimi
 [... gewähren] vergide indirim yapmak
Steuerersparnis ⟨f⟩ vergi tasarrufu; vergiden tasarruf
Steuerersparnisse ⟨pl⟩ vergi tasarrufları
Steuererstattung ⟨f⟩ *(StR)* vergi iadesi
Steuerertrag ⟨m⟩ vergi getirisi
Steuerfachmann ⟨m⟩ vergi uzmanı
steuerfähig ⟨adj⟩ *(StR)* vergiye ehil
Steuerfahndung ⟨f⟩ *(StR)* vergi takibi
Steuerflucht ⟨f⟩ *(Hinterziehung)* vergi kaçırma; *(Vermeidung)* vergiden kaç(ın)ma
Steuerforderung ⟨f⟩ vergi alacağı
Steuerformular ⟨n⟩ *(StR)* vergi formu
Steuerfortwälzung ⟨f⟩ vergilerin ileriye yansıması
steuerfrei ⟨adj⟩ *(StR)* vergiden muaf; *(StR)* istisna
Steuerfreibetrag ⟨m⟩ vergiden muaf meblağ; vergide muaflık/istisna bedeli
 [... für Kinder] *(StR)* çocuklar için istisna bedeli
 [... für mitverdienende Ehefrau] *(StR)* çalışan evli kadın için istisna bedeli
 [... für Rentner] *(StR)* emekli indirimi
 [... für Verheiratete] *(StR)* evliler için istisna bedeli
 [persönlicher ...] *(StR)* bireysel istisna bedeli
Steuerfreigrenze ⟨f⟩ *(StR)* istisna haddi
Steuerfreiheit ⟨f⟩ vergi muafiyeti/muaflığı; *(StR)* muafiyet/istisna
 [... gewähren] istisnaya tabi tutmak
Steuergeheimnis ⟨n⟩ *(StR)* vergi mahremiyeti
Steuergegenstand ⟨m⟩ *(StR)* verginin konusu
Steuergelder ⟨pl⟩ vergiler
Steuergerechtigkeit ⟨f⟩ *(öFi)* vergi adaleti
Steuergericht ⟨n⟩ *(StR)* vergi mahkemesi
Steuergesetz ⟨n⟩ *(StR)* vergi kanunu
Steuergesetzgebung ⟨f⟩ *(StR)* vergi mevzuatı
Steuerguthaben ⟨n⟩ vergi kredisi; vergiden alacak
Steuerhinterziehung ⟨f⟩ *(StR)* vergi kaçırma/kaçakçılığı
Steuerhoheit ⟨f⟩ *(öFi)* aktif vergi süjesi; vergi koymaya yetkili organ
Steuerinzidenz ⟨f⟩ vergi yansıması
Steuerjahr ⟨n⟩ *(StR)* vergi yılı
Steuerkarte ⟨f⟩ *(StR)* vergi kartı; *(StR)* vergi karnesi
Steuerklasse ⟨f⟩ vergi sınıfı
Steuerkürzung ⟨f⟩ vergi indirimi
Steuerlast ⟨f⟩ *(StR)* vergi külfeti; vergi yükü
steuerlich ⟨adj⟩ vergi

Steuermeidung ⟨f⟩ vergiden kaçınma
Steuermeldepflicht ⟨f⟩ vergi bildirme yükümlülüğü
Steuermeßbetrag ⟨m⟩ vergi oranı
Steuermeßwert ⟨m⟩ vergilenebilir değer
steuermindernd ⟨adj⟩ vergi indirimli
Steuermittel ⟨pl⟩ vergi araçları; vergiler
Steuermoral ⟨f⟩ vergi ahlâkı; vergide dürüstlük
Steuern ⟨pl⟩ *(StR)* vergiler
 [... abführen] vergileri ödemek
 [... auf Zufallsgewinne] beklenmeyen kâr vergileri
 [... einnehmen] vergi tahsil etmek
 [... erhöhen] vergileri artırmak
 [... ermäßigen] vergileri indirmek/düşürmek
 [... hinterziehen] vergi kaçırmak
 [... nachzahlen] munzam vergileri ödemek
 [... und Abgaben] vergi ve resimler
 [... verwalten] vergileri yönetmek
 [... vom Einkommen und Ertrag] gelir ve irat vergileri
 [... vom Wertzuwachs] kıymet artış vergileri
 [... von Schenkungen] intikal vergileri
 [... zahlen] vergi ödemek
 [..., Zölle und Abgaben] vergi, resim ve harçlar
 [angefallene ...] tahakkuk etmiş vergiler
 [ausgewiesene ...] beyan edilmiş vergiler
 [direkte ...] dolaysız vergiler
 [einbehaltene ...] kesilmiş vergiler
 [gestundete ...] ertelenmiş vergiler
 [hinterzogene ...] kaçırılmış vergiler
 [kommunale ...] mahallî idare vergiler
 [örtliche ...] yerel/mahallî vergiler
 [spezielle ...] spesifik vergiler
 [städtische ...] belediye vergileri
 [vor ...] vergiden önce; vergi öncesi
Steuernachforderung ⟨f⟩ munzam vergi talebi; vergi sonrası borcu
Steuernachlaß ⟨m⟩ vergi indirimi/istisnası; vergiden muaflık/muafiyeti
Steuernachzahlung ⟨f⟩ munzam vergi ödeme
Steuerneutral ⟨adj⟩ vergiyi etkilemeyen
Steuernummer ⟨f⟩ *(StR)* vergi numarası
Steueroase ⟨f⟩ *(AußH)* vergi cenneti
Steuerordnungswidrigkeit ⟨f⟩ *(StR)* vergide usulsüzlük
Steuerpflicht ⟨f⟩ *(StR)* mükellefiyet; vergi yükümlülüğü
 [beschränkte ...] *(StR)* dar mükellefiyet
 [unbeschränkte ...] *(StR)* tam mükellefiyet
steuerpflichtig ⟨adj⟩ *(StR)* mükellef; vergiye tabi; vergi ödemekle yükümlü
Steuerpflichtiger ⟨m⟩ *(StR)* mükellef; vergi sorumlusu/yükümlüsü
Steuerpolitik ⟨f⟩ *(VWL)* vergi politikası
Steuerpräferenz ⟨f⟩ vergi istisnası
Steuerprüfer ⟨m⟩ vergi denetim elemanı
Steuerprüfung ⟨f⟩ vergi denetimi; *(StR)* yoklama
Steuerquelle ⟨f⟩ vergi kaynağı
Steuerquote ⟨f⟩ *(StR)* vergi oranı
 [individuelle ...] bireysel vergi oranı
Steuerrecht ⟨n⟩ *(StR)* vergi hukuku
 [internationales ...] uluslararası vergi hukuku
Steuerreform ⟨f⟩ *(VWL)* vergi reformu
Steuerreformbündel ⟨n⟩ *(VWL)* vergi reform paketi

Steuerreformpaket ⟨n⟩ *(VWL)* vergi reform paketi
Steuerregelung ⟨f⟩ *(StR)* vergi mevzuatı/ düzenlemesi
Steuerrevision ⟨f⟩ vergi denetimi
Steuerrückerstattung ⟨f⟩ *(StR)* vergi iadesi
Steuerrücklage ⟨f⟩ *(ReW)* vergi ihtiyatları
Steuerrückstände ⟨pl⟩ *(StR)* bakaya; askıda kalmış vergiler
Steuerrückstellung ⟨f⟩ *(ReW)* vergi ihtiyatı
Steuerrückvergütung ⟨f⟩ *(StR)* vergi iadesi
Steuerrückwälzung ⟨f⟩ vergilerin geriye yansıması
Steuerrückzahlung ⟨f⟩ *(StR)* vergi iadesi
Steuersatz ⟨m⟩ *(StR)* vergi haddi; *(StR)* matrah
  [einheitlicher ...] tek oranlı vergi haddi
  [gestaffelter ...] artan oranlı vergi haddi
Steuerschätzung ⟨f⟩ *(StR)* karineler usulü vergilendirme
Steuerschuld ⟨f⟩ *(StR)* vergi borcu
Steuerschulden ⟨pl⟩ *(StR)* vergi borçları
Steuerschuldner ⟨m⟩ *(StR)* vergi borçlusu
Steuersenkung ⟨f⟩ *(StR)* vergi indirimi
Steuersitz ⟨m⟩ *(StR)* vergi adresi; *(StR)* vergi ikametgâhı
steuersparend ⟨adj⟩ vergiden tasarruflu
Steuerstrafe ⟨f⟩ *(StR)* vergi cezası
Steuerstraftat ⟨f⟩ *(StR)* vergi suçu
Steuerstreitfrage ⟨f⟩ vergi uyuşmazlığı
Steuerstundung ⟨f⟩ vergi ertelemesi
Steuersubjekt ⟨n⟩ mükellef; verginin konusu
Steuersystem ⟨n⟩ *(öFi)* vergi sistemi
Steuersystematik ⟨f⟩ vergi planlama
Steuertabelle ⟨f⟩ → Steuertarif
Steuertarif ⟨m⟩ *(StR)* vergi tarifesi
  [progressiver ...] artan (oranlı) vergi tarifesi
  [proportionaler ...] oranlı vergi tarifesi
Steuertatbestand ⟨m⟩ *(StR)* verginin konusu
Steuertechnik ⟨f⟩ *(Ind)* güdüm tekniği
Steuertermin ⟨m⟩ vergi ödeme tarihi/günü
Steuerüberwälzung ⟨f⟩ vergi yansıması
Steuerumgehung ⟨f⟩ → Steuervermeidung
Steuerung ⟨f⟩ güdüm; yönlendirme; *(Kfz)* sürme
  [... des Materialdurchlaufs] malzeme yönetimi
  [... von Produktionsprozessen] *(Ind)* süreç yönetimi; üretim güdümü
Steuerveranlagung ⟨f⟩ *(StR)* vergilendirme
Steuerverbindlichkeiten ⟨pl⟩ vergi yükümlülükleri/borçları
Steuervergehen ⟨n⟩ *(Jur)* vergi suçu
Steuervergünstigung ⟨f⟩ *(StR)* vergi indirimi; *(StR)* vergi teşvik tedbiri
  [... für Investitionen] yatırımlar için vergi teşvik tedbiri
Steuervermeidung ⟨f⟩ *(StR)* vergiden kaçınma
Steuerverteilung ⟨f⟩ *(VWL)* vergi dağılımı
Steuerverwaltung ⟨f⟩ *(StR)* vergi idaresi
Steuervorauszahlung ⟨f⟩ götürü vergi ödemesi
Steuervorschriften ⟨pl⟩ *(StR)* vergi mevzuatı
Steuerwert ⟨m⟩ *(StR)* vergi değeri
Steuerzahler ⟨m⟩ vergi ödeyen; *(StR)* mükellef; yükümlü
Steuerzahlung ⟨f⟩ *(StR)* vergi ödemesi
Steuerzuschlag ⟨m⟩ *(StR)* (vergide) zam
Steuerzwecke ⟨pl⟩ vergi amaçları
Stichprobe ⟨f⟩ *(Stat)* örnek; sondaj
  [... entnehmen] örnek almak
  [bewußt gewählte ...] iradî (seçilmiş) örnek
  [einseitig betonte ...] taraflı/yanlı örnek
  [mehrstufige ...] çok aşamalı örnek
  [repräsentative ...] temsilî örnek
  [sequentielle ...] ardışık örnek
  [ungeschichtete ...] basit örnek
  [verzerrte ...] taraflı/yanlı örnek(leme)
  [zufällig gewählte ...] tesadüfî örnek
  [zweistufige ...] iki aşamalı örnek(leme)
Stichprobenauswahl ⟨f⟩ *(Stat)* örnek seçimi
Stichprobeneinheit ⟨f⟩ örnekleme birimi
Stichprobenentnahme ⟨f⟩ örnekleme; sondaj
Stichprobenerhebung ⟨f⟩ örnekleme; sondaj
Stichprobenerhebungsgrundlage ⟨f⟩ *(Stat)* örnekleme çerçevesi
Stichprobenfehler ⟨m⟩ *(Stat)* örnekleme hatası
Stichprobenkontrolle ⟨f⟩ örnekleme denetimi
Stichprobennetz ⟨n⟩ *(Stat)* örneklemeler ağı
Stichprobenplan ⟨m⟩ *(Stat)* örnekleme tasarımı
Stichprobenprüfung ⟨f⟩ *(Stat)* örnekleme testi
Stichprobenraum ⟨m⟩ *(Stat)* örnek uzayı; olaylar uzayı
Stichprobentheorie ⟨f⟩ örnekleme teorisi
Stichprobenumfang ⟨m⟩ *(Stat)* örnek mevcudu
Stichprobenvariable ⟨f⟩ *(Stat)* örnek değeri; *(Stat)* örnekleme değişkeni
Stichprobenvarianz ⟨f⟩ *(Stat)* örnek varyansı
Stichprobenverfahren ⟨n⟩ *(Stat)* örnekleme metodu/yöntemi/usulü
  [... mit Klumpenauswahl] kümelere göre örnekleme metodu/yöntemi
  [einfaches ...] basit örnekleme metodu/yöntemi
  [geschichtetes ...] zümrelere göre örnekleme yöntemi/metodu
  [mehrstufiges ...] çok aşamalı örnekleme metodu
  [sequentielles ...] ardışık örnekleme yöntemi
  [ungeschichtetes ...] basit örnekleme yöntemi
  [unkontrolliertes ...] tesadüfî örnekleme yöntemi
Stichprobenverteilung ⟨f⟩ *(Stat)* örnekleme bölünmesi
Stichtag ⟨m⟩ tespit edilen gün; muacceliyet
stiften ⟨v/t⟩ vakfetmek
Stifter ⟨m⟩ vâkıf; vakfeden kişi; vakıf kuran kişi
Stiftung ⟨f⟩ *(Jur)* vakıf
  [... errichten] vakıf kurmak
  [... Warentest] tüketici mallarını denetim vakfı
  [gemeinnützige ...] *(Jur)* kamuya yararlı vakıf
  [mildtätige ...] *(Jur)* hayır vaklı
  [nicht öffentliche ...] *(Jur)* özel vakıf
  [öffentlich-rechtliche ...] kamu vakfı
Stiftungseinkünfte ⟨pl⟩ vakıf gelirleri
Stiftungsfonds ⟨m⟩ vakıf fonu
Stiftungsgelder ⟨pl⟩ vakıf paraları
Stiftungskapital ⟨n⟩ vakıf sermayesi
Stiftungsurkunde ⟨f⟩ *(Jur)* vakıfname
Stiftungsvermögen ⟨n⟩ vakıf varlığı
stillegen ⟨v/t⟩ kapamak; faaliyet(in)e son vermek; *(zeitweilig)* tatil etmek; faaliyeti durdurmak
Stillegung ⟨f⟩ kapama; faaliyete son verme; *(zeitweilig)* tatil etme; faaliyeti durdurma
Stillhalteabkommen ⟨n⟩ moratoryum
Stillhalter ⟨m⟩ *(Optionsgeschäft)* opsiyon sahibi; primli piyasada alıcı

Stillstand ⟨m⟩ durma; durgunluk; kesatlık
Stimmabgabe ⟨f⟩ oy verme; oylama
stimmberechtigt ⟨adj⟩ oy hakkına sahip; oy hakkı olan
Stimme ⟨f⟩ oy
[... abgeben] oy vermek
[abgegebene...] kullanılmış oy
[sich der... enthalten] çekimser kalmak
[übertragbare...] devredilebilir oy
[ungültige...] geçersiz oy
stimmen ⟨int⟩ oy kullanmak; oy vermek; seçmek; *(übereinstimmen)* doğru olmak
Stimmenauszählung ⟨f⟩ oy sayımı; oyları sayma
Stimmengleichheit ⟨f⟩ oy eşitliği
Stimmenmehrheit ⟨f⟩ oy çoğunluğu
[mit...] *(AG)* oy çoğunluğu ile
Stimmenthaltung ⟨f⟩ çekimserlik; oy vermeme
Stimmrecht ⟨n⟩ *(Jur)* oy hakkı
[... ausüben] oy hakkını kullanmak
[... ausüben lassen] *(Stellvertreter)* oy hakkını kullandırmak
[... übertragen] oy hakkını devretmek
[mit... (ausgestattet)] *(Aktie)* oy hakkı olan
[ohne...] oy hakkı olmayan
[übertragbares...] devredilebilir oy hakkı
Stimmrechtsaktie ⟨f⟩ *(WeR)* sahibine oy hakkı tanıyan hisse (senedi)
Stimmrechtsübertragung ⟨f⟩ oy hakkının devri/intikali
Stimmung ⟨f⟩ ruh hali; duygu; neşe; *(Bö)* hava; atmosfer; ortam
[freundliche...] *(Bö)* iyimser hava
[gedrückte...] sıkıntı; kötümser hava
[lustlose...] *(Bö)* hevessizlik; isteksiz hava
[optimistische...] *(Bö)* iyimser hava
[uneinheitliche...] *(Bö)* düzensiz/karışık trend
Stimmzettel ⟨m⟩ oy pusulası
Stock ⟨m⟩ *(BauW)* kat
Stocken ⟨n⟩ *(VWL)* stagnasyon; *(VWL)* durgunluk
stocken ⟨int⟩ *(VWL)* durgunlaşmak
Stockung ⟨f⟩ *(VWL)* stagnasyon; *(VWL)* durgunluk
Stockwerk ⟨n⟩ → **Stock**
Stockwerkseigentum ⟨n⟩ *(Jur)* kat mülkiyeti
Stoff ⟨m⟩ 1. kumaş 2. madde; malzeme
[gefährliche... e] tehlikeli maddeler
Stoffkosten ⟨pl⟩ *(KoR)* madde maliyeti
Stoffmuster ⟨n⟩ kumaş deseni
Stopp ⟨m⟩ durdurma; dondurma
stoppen ⟨v/t⟩ durdurmak; ⟨int⟩ durmak
Stoppkurs ⟨m⟩ tavan fiyat; (fiyatta) limit
Stopppreis ⟨m⟩ tavan fiyat; (fiyatta) limit
stornieren ⟨v/t⟩ iptal etmek; silmek
Stornierung ⟨f⟩ iptal; silme; *(ReW)* düzeltici kayıt
Stornierungsbuchung ⟨f⟩ iptal kaydı
Stornierungseintrag ⟨n⟩ iptal kaydı
Stornierungssgebühr ⟨f⟩ iptal ücreti/harcı
Storno ⟨n⟩ → **Stornierung**
Störung ⟨f⟩ boz(ul)ma; aksaklık; *(Beeinträchtigung)* halel; ihlâl; bozma; taciz; tecavüz; *(Ind)* arıza; bozukluk; bozulma
[... beheben] arızayı/bozukluğu ortadan kaldırmak
[... der öffentlichen Ruhe] *(Jur)* halkın rahatını bozma

[... des Gleichgewichts] dengenin bozulması
[... im Besitz] *(Jur)* gayrimenkule tecavüz; hakkı olmayan yerlere tecavüz; meskene taarruz
[... in der Wirtschaft] ekonomide aksaklık/bozukluk
[... verursachen] rahatsızlığa/aksaklığa neden olmak
[geistige...] akıl bozukluğu; zihin bulanıklığı
[technische...] teknik arıza
Störungsdienst ⟨m⟩ tamir servisi
störungssfrei ⟨adj⟩ arızasız; *(Tele)* parazitsiz
Störungszeit ⟨f⟩ *(Ind)* ölü zaman; arıza/işlememe süresi
Stoß ⟨m⟩ itiş; *(Haufen)* yığın; küme
Stoßarbeit ⟨f⟩ periyodik iş; devresel çalışma
Stoßauftrag ⟨m⟩ acil sipariş
Stoßbedarf ⟨m⟩ periyodik/devresel ihtiyaç
Stoßbetrieb ⟨m⟩ periyodik işletme; devresel çalışma
Stoßdämpfer ⟨m⟩ *(Kfz)* amortisör
Stoßgeschäft ⟨n⟩ yüklü iş
Stoßproduktion ⟨f⟩ *(BWL)* periyodik üretim
Stoßzeit ⟨f⟩ işin/trafiğin yoğun olduğu saat; iş (koşuşum) saati
[außerhalb der... (en)] işin/trafiğin yoğun olduğu saatler dışında
Strafandrohung ⟨f⟩ *(Jur)* cezaî müeyyide
Strafanzeige ⟨f⟩ *(Jur)* cürmü haber verme; suç/ceza bildirisi
strafbar ⟨adj⟩ *(Jur)* cezayı mültezim
Strafbestimmung ⟨f⟩ *(Jur)* cezaî hüküm
Strafe ⟨f⟩ *(Jur)* ceza
[... zahlen] (para olarak) ceza ödemek
[etw. unter... stellen] birşeye ceza koymak
straffen ⟨v/t⟩ sıkmak; kısıtlamak
Straffung ⟨f⟩ sıkma; kısıtlama
[... der Kreditzügel] *(VWL)* dar kredi politikası
Strafgeld ⟨n⟩ *(Jur)* para cezası
Strafgericht ⟨n⟩ *(Jur)* ceza mahkemesi
Strafgesetzbuch ⟨n⟩ *(Jur)* ceza kanunu
Strafmaß ⟨n⟩ *(Jur)* cezanın miktarı
strafmildernd ⟨adj⟩ *(Jur)* cezayı hafifletici
Strafporto ⟨n⟩ *(Post)* sürşarj
Strafprozeß ⟨m⟩ *(Jur)* ceza davası/yargılaması
Strafrecht ⟨n⟩ *(Jur)* ceza hukuku
Strafregister ⟨n⟩ *(Jur)* adlî sicil
Straftat ⟨f⟩ *(Jur)* suç; cürüm
Strafverfahren ⟨n⟩ *(Jur)* ceza yöntemi/usulü; ceza davası
Strafverfolgung ⟨f⟩ *(Jur)* adlî/cezaî takibat; ceza takibatı; kovuşturma
Strafzins ⟨m⟩ ceza faizi
Strafzoll ⟨m⟩ *(Zo)* cezalı gümrük; *(Zo)* cezalı tarife
Straße ⟨f⟩ yol; sokak
[auf zer... transportieren] karayolu ile taşımak
[nichtöffentliche...] özel yol
Straßenabgaben ⟨pl⟩ *(StR)* yol vergisi
Straßenanschluß ⟨m⟩ yol bağlantısı
Straßenbau ⟨m⟩ yol yapımı
Straßenbenutzungsgebühr ⟨f⟩ yol harcı
Straßenfahrzeug ⟨n⟩ *(Kfz)* karayolu taşıtı; *(Kfz)* taşıt aracı
[gewerbliches...] ticarî (maksatla kullanılan) taşıt aracı

Straßenfahrzeugbau ⟨m⟩ taşıt araçları sanayii
Straßenfrachtführer ⟨m⟩ karayolu taşıyıcısı
Straßengüterfernverkehr ⟨m⟩ karayolu ile uzun mesafe eşya taşıma
Straßengütertransport ⟨m⟩ karayolu ile eşya taşıma; karayolu nakliyatı
Straßengütertransportunternehmen ⟨n⟩ karayolu nakliyatı şirketi
Straßenhandel ⟨m⟩ işportacılık
Straßenhändler ⟨m⟩ işportacı; seyyar satıcı
Straßenreklame ⟨f⟩ *(Mk)* sokak reklamı/ilanı
Straßentransport ⟨m⟩ yol nakliyatı
 [im ...] karayolu ile
Straßenverkauf ⟨m⟩ işportacılık; seyyar satıcılık
Straßenverkäufer ⟨m⟩ işportacı; seyyar satıcı
Straßenverkaufsstand ⟨m⟩ işporta
Straßenverkehr ⟨m⟩ trafik; yol trafiği; karayolu trafiği
Strategie ⟨f⟩ strateji
 [... der neuen Produkte] *(Mk)* yeni ürün stratejisi
Strazze ⟨f⟩ yevmiye defteri
Strecke ⟨f⟩ hat; yol; rota; mesafe; *(Bahn)* hat
Streckenbilanz ⟨f⟩ *(Transport)* faaliyet bilançosu
Streckenfracht ⟨f⟩ mesafe yükü;
 (Schff) mesafe navlunu
Streckengeschäft ⟨n⟩ antrepolu işlem/ticaret
Streckenhandel ⟨m⟩ müşteriyle doğrudan ticaret
Streckenumsatz ⟨m⟩ stoksuz satışlar
streichen ⟨v/t⟩ çizmek; silmek; iptal etmek
 [Nichtzutreffendes ...] uymayanın üstünü çizmek
Streichung ⟨f⟩ çizme; silme; iptal
Streifendiagramm ⟨n⟩ *(Stat)* çizgili diyagram
Streik ⟨m⟩ grev; işbırakımı
 [... ausrufen] greve çağırmak
 [... abbrechen] greve son vermek
 [... ausrufen] greve çağırmak
 [... beenden] greve son vermek
 [gewerkschaftlich genehmigter ...] onaylı grev
 [in den ... treten] greve gitmek; grev yapmak
 [organisierter ...] örgütlü grev
 [spontaner ...] ani grev
 [ungesetzlicher ...] yasadışı/kanunsuz grev
 [wilder ...] ani grev; yasadışı/kanunsuz grev
 [zum ... aufrufen] greve çağırmak
Streikabstimmung ⟨f⟩ grev oylaması
Streikaufruf ⟨m⟩ greve çağrı
Streikbrecher ⟨m⟩ grev kırıcı
streiken ⟨int⟩ grev yapmak
Streikende ⟨n⟩ grev sonu
Streikfonds ⟨m⟩ grev fonu
Streikposten ⟨m⟩ grev gözcüsü
Streikrecht ⟨n⟩ grev hakkı
Streikurabstimmung ⟨f⟩ grev oylaması
Streikverbot ⟨n⟩ grev yasağı
Streikversicherung ⟨f⟩ *(Vers)* grev sigortası
Streit ⟨m⟩ kavga; çekişme; ihtilaf; uyuşmazlık; anlaşmazlık; niza; dava
streiten ⟨refl⟩ kavga etmek; çekişmek;
 (Jur) çekişmek
Streitfall ⟨m⟩ *(Jur)* ihtilaf; *(Jur)* çekişme;
 (Jur) dava
Streitgegenstand ⟨m⟩ *(Jur)* uyuşmazlık/dava konusu; *(Jur)* ihtilaf konusu

Streitgenosse ⟨f⟩ *(Jur)* dava arkadaşı
streitig ⟨adj⟩ *(Jur)* nizalı; *(Jur)* çekişmeli;
 (Jur) ihtilaflı
Streitigkeit → Streit
 [arbeitsrechtliche ...] iş uyuşmazlığı
 [wirtschaftliche ... en] ekonomik uyuşmazlıklar
Streitpunkt ⟨m⟩ uyuşmazlık noktası
Streitsache ⟨f⟩ *(Jur)* ihtilaf/çekişme/uyuşmazlık/dava konusu
Streitsumme ⟨f⟩ dava konusu tutar/bedel; davalı bedel
Streitwert ⟨m⟩ dava konusu tutar/bedel; davalı bedel
Streuprüfung ⟨f⟩ *(Stat)* medya değerlemesi
Streupunktdiagramm ⟨n⟩ *(Stat)* serpilme diyagramı
Streuung ⟨f⟩ yayılma; dağılım;
 (Stat) serpilme; *(Stat)* varyans
 [... der Aktien] hisselerin dağılımı
 [lineare ...] *(Stat)* ortalama sapma
 [mittlere ...] *(Stat)* ortalama sapma
Streuungsdiagramm ⟨n⟩ *(Stat)* serpilme diyagramı
Streuungskoeffizient ⟨m⟩ *(Stat)* serpilme katsayısı
Streuungsmaß ⟨n⟩ *(Stat)* varyans; dağılım olçüsü
Streuungsquadrat ⟨n⟩ *(Stat)* varyans
Streuungsungleichheit ⟨f⟩ *(Stat)* değişen varyans(lık)
Streuverlust ⟨m⟩ *(Elek)* akma
Strich ⟨m⟩ çizgi; çizik
Strichdiagramm ⟨n⟩ *(Stat)* çizgi diyagramı
strittig ⟨adj⟩ çekişmeli; ihtilaflı
Strohgesellschaft ⟨f⟩ paravan şirket
Strom ⟨m⟩ akım; *(Elek)* elektrik; akım; ceryan
 [... von Besuchern] ziyaretçi akımı
 [güterwirtschaftlicher ...] mal akımı
 [schiffbarer ...] *(Schff)* gemiyle taşımacılığa elverişli akarsu
Stromausfall ⟨m⟩ *(Elek)* elektrik/ceryan kesilmesi
Stromerzeuger ⟨m⟩ elektrik üretici (şirket)
Stromerzeugung ⟨f⟩ elektrik üretimi
Stromleistung ⟨f⟩ *(Elek)* elektrik gücü
Stromtarif ⟨m⟩ elektrik tarifesi
Stromverbrauch ⟨m⟩ elektrik tüketimi
Stromverbraucher ⟨m⟩ elektrik tüketicisi
Struktur ⟨f⟩ yapı; desen
Strukturanalyse ⟨f⟩ yapısal analiz
Strukturänderung ⟨f⟩ *(VWL)* yapısal değişim
Strukturanpassung ⟨f⟩ *(VWL)* yapısal uyum
Strukturbereinigung ⟨f⟩ yeniden yapıla(n)ma; yapısal arındırma
Strukturhilfe ⟨f⟩ yapısal yardım; yeniden yapıla(n)ma yardımı
Strukturkrise ⟨f⟩ yapısal kriz/bunalım
Strukturparameter ⟨m⟩ *(Stat)* yapısal parametre
Strukturpolitik ⟨f⟩ yapısal politika; bölge kalkındırma politikası
strukturpolitisch ⟨adj⟩ *(VWL)* yapısal
Strukturproblem ⟨n⟩ *(VWL)* yapısal sorun
Strukturveränderung ⟨f⟩ *(VWL)* yapısal değişim;
 (BauW) yapıda değişiklik
Strukturvariable ⟨f⟩ *(Stat)* yapısal değişken
Strukturverbesserung ⟨f⟩ yapısal gelişme/kalkınma
Strukturwandel ⟨m⟩ *(VWL)* yapısal değişim
strukturell ⟨adj⟩ yapısal
Stück ⟨n⟩ birim; parça; tane; *(WeR)* kâğıt;

(WeR) senet
[... Papier] kâğıt parçası
[... Zucker] kesme şeker
[pro ...] tanesi; birimi; tane/parça/birim başına
[fehlerhaftes ...] kusurlu parça
Stückdepot ⟨n⟩ *(BkW)* menkul değerler portföyü
Stückdividende ⟨f⟩ hisse/pay başına temettü
Stücke ⟨pl⟩ *(WeR)* kâğıtlar;
(WeR) senetler; tahviller; hisseler
[freie ...] *(Bö)* işlem görebilir senetler
Stückaktie ⟨f⟩ *(WeR)* bireysel hisse senedi
Stückarbeit ⟨f⟩ parça başına iş
Stückarbeiter ⟨m⟩ parça işçisi
Stückdividende ⟨f⟩ *(BkW)* hisse/pay başına temettü
stückeln ⟨v/t⟩ bölmek; parçalamak; parçalara ayırmak
Stückelung ⟨f⟩ *(WeR)* bölme
Stückfracht ⟨f⟩ karma yük; *(Schff)* kırkambar
Stückgebühr ⟨f⟩ birim başına ücret
Stückgeld ⟨n⟩ bozuk para
Stückgewicht ⟨n⟩ parça ağırlığı
Stückgut ⟨n⟩ parça mal/eşya
Stückgutfracht ⟨f⟩ *(Schff)* kırkambar navlunu
Stückgutbahnhof ⟨m⟩ *(Bahn)* parça mal istasyonu; *(Bahn)* paket garı/istasyonu
Stückgutladung ⟨f⟩ parça mal yükü; *(Schff)* kırkambar yükü
Stückgutlieferung ⟨f⟩ parça mal sevkiyatı
Stückgutsendung ⟨f⟩ parça mal sevkiyatı
Stückguttarif ⟨m⟩ parça mal tarifesi; *(Schff)* kırkambar tarifesi
Stückgutverkehr ⟨m⟩ parça eşya trafiği; parça mal ulaştırma
Stückgutversand ⟨m⟩ parça mal sevkiyatı
Stückgutvertrag ⟨m⟩ parça mal sözleşmesi; *(Schff)* kırkambar mukavelesi
Stückkalkulation ⟨f⟩ *(KoR)* birim muhasebesi; *(KoR)* ürün maliyetleme
Stückkosten ⟨pl⟩ *(KoR)* birim maliyeti
Stückkostenkalkulation ⟨f⟩ *(KoR)* birim maliyeti muhasebesi; *(KoR)* ürün maliyetleme
Stückkostenrechnung ⟨f⟩ *(KoR)* birim maliyeti muhasebesi
Stückkurs ⟨m⟩ pay başına fiyat; parça/birim başına fiyat
Stückliste ⟨f⟩ *(Ind)* parça listesi
Stücklohn ⟨m⟩ →**Akkord** parça başına ücret
Stücklohnarbeit ⟨f⟩ parça hesabıyle iş
Stücklohnarbeiter ⟨m⟩ parça işçisi
Stücklohnsatz ⟨m⟩ parça başına ücret haddi
Stückmuster ⟨n⟩ parça örneği; örnek; numune
Stücknotierung ⟨f⟩ *(Bö)* birim kotasyonu
Stückpreis ⟨m⟩ birim fiyatı; parça başına fiyat
Stückverkauf ⟨m⟩ perakende satış
Stückverzeichnis ⟨n⟩ spesifikasyon; *(Bö)* karne
Stückware ⟨f⟩ parça mal(ı)
stückweise ⟨adj⟩ parça halinde/durumunda
Stückzahl ⟨f⟩ parça/birim sayısı/adedi; adet; miktar
[gerade ...] *(Bö)* tam lot
[ungerade ...] *(Bö)* buçuklu lot
[verkaufte ...] satılan miktar
Stückzinsen ⟨pl⟩ *(BkW)* tahakkuk etmiş faizler
Stückzoll ⟨m⟩ *(Zo)* spesifik gümrük
Studie ⟨f⟩ araştırma; etüd

Stufe ⟨f⟩ basamak; kademe; aşama; derece; mertebe
[auf gleicher ...] aynı aşamada/derecede
[höchste ...] en yüksek kademe
[kritische ...] kritik aşama
Stufenflexibilität ⟨f⟩ *(VWL)* ayarlanabilir sabit kur
[limitierte ...] *(VWL)* ayarlanabilir sabit kur sistemi
Stufenflexibilitätssystem ⟨n⟩ *(VWL)* ayarlanabilir sabit kur sistemi
Stufengründung ⟨f⟩ *(AG)* tedricî kuruluş
Stufenleiterverfahren ⟨n⟩ *(KoR)* kademeli kumanda sistemi
Stufenproduktion ⟨f⟩ *(BWL)* kademeli üretim
Stufenrabatt ⟨m⟩ kademeli iskonto
Stufensatz ⟨m⟩ *(Vers)* kademeli/tedricî oran
Stufentarif ⟨m⟩ *(StR)* kademeli tarife
Stunde ⟨f⟩ saat
stunden ⟨v/t⟩ mühlet/önel vermek
Stundendurchschnitt ⟨m⟩ saat ortalaması
Stundeneinkommen ⟨n⟩ saat başına gelir
Stundenlohn ⟨m⟩ saat ücreti; saat başına ücret
Stundenlohnarbeit ⟨f⟩ saat ücreti ile çalışma
Stunden(lohn)satz ⟨m⟩ saat başına ücret
Stundenverdienst ⟨m⟩ saat başına kazanç
stundenweise ⟨adj⟩ saat başına
Stundung ⟨f⟩ erteleme; askıya al(ın)ma; mühlet/önel verme
[... des Kaufpreises] ertelenmiş ödeme
[... gewähren] mühlet/önel vermek/tanımak
Stundungsfrist ⟨f⟩ atıfet müddeti/mehili
Stundungszinsen ⟨pl⟩ gecikme/temerrüt faizi
Sturm ⟨m⟩ 1. fırtına 2. saldırı; hücum
[... auf die Bank] bankaya hücum
Sturmschaden ⟨m⟩ fırtına hasarı
Sturm(schaden)versicherung ⟨f⟩ *(Vers)* fırtına hasarına karşı sigorta
Sturz ⟨m⟩ düşme
stürzen ⟨int⟩ düşmek; devrilmek; yıkılmak; *(Preis)* düşmek
[nicht ...!] Devirmeyiniz!
stützen ⟨v/t⟩ desteklemek
Stützkäufe ⟨pl⟩ destekleme alımları
Stützkurs ⟨m⟩ destekleme kuru
Stützpreis ⟨m⟩ *(VWL)* destekleme fiyatı
Stützung ⟨f⟩ *(VWL)* destekleme
[... der Agrarpreise] *(VWL)* tarımsal fiyatları destekleme
[... der Währung] para destekleme; para istikrarını koruma
Stützungskauf ⟨m⟩ destekleme alımı
Stützungskäufe ⟨pl⟩ destekleme alımları
Stützungskredit ⟨m⟩ destekleme kredisi
Stützungskurs ⟨m⟩ destekleme kuru
Stützungspreis ⟨m⟩ destekleme fiyatı
Submission ⟨f⟩ eksiltme
[... ausschreiben] eksiltmeye davet etmek
[an einer ... teilnehmen] eksiltmeye katılmak
Submissionsangebot ⟨n⟩ eksiltmede teklif/icap
Submissionsaufforderung ⟨f⟩ eksiltmede icaba davet
Submissionsbedingungen ⟨pl⟩ eksiltme koşulları
Submissionsbewerber ⟨m⟩ eksiltmede icapçı
Submissionsgarantie ⟨f⟩ eksiltme güvence
Submissionspreis ⟨m⟩ eksiltme fiyatı

Submissionsverfahren ⟨n⟩ eksiltme yöntemi
Submissionsverkauf ⟨m⟩ eksiltme yoluyla satış
Submissionsweg ⟨m⟩ eksiltme yolu
[auf dem ... e] eksiltme yoluyla
Submittent ⟨m⟩ eksilten; eksiltme yoluyla pey süren
Subsistenzminimum ⟨n⟩ en düşük geçim haddi; asgari geçim seviyesi
Subskription ⟨f⟩ abonman; iştirak
Subskriptionsangebot ⟨n⟩ abonman arzı/teklifi
Subskriptionspreis ⟨m⟩ abonman fiyatı
Substanz ⟨f⟩ madde; özdek; (maddî) varlıklar; özünlü değer
Substanzbesteuerung ⟨f⟩ *(StR)* emlak vergileme
Substanzerhaltungsrücklage ⟨f⟩ *(ReW)* enflasyon ihtiyatı
Substanzschaden ⟨m⟩ *(Vers)* maddî hasar
Substanzverlust ⟨m⟩ varlık kaybı
Substanzverzehr ⟨m⟩ yitirme; tüketim
Substanzwert ⟨m⟩ maddî değer; *(Fonds)* safi varlık değeri
Substanzzuwachs ⟨m⟩ varlık hacminde büyüme
Substitut ⟨n⟩ *(VWL)* ikame malı
Substitutionseffekt ⟨m⟩ ikame etkisi
Substitutionselastizität ⟨f⟩ *(VWL)* ikame elastikliği
[konstante ...] *(VWL)* sabit ikame elastikliği
[variable ...] *(VWL)* değişken ikame elastikliği
Substitutionsgut ⟨n⟩ *(VWL)* ikame malı
Substitutionsgüter ⟨pl⟩ *(VWL)* ikame mallar
Substitutionskosten ⟨pl⟩ ikame maliyeti; fırsat maliyeti
Substitutionsprodukt ⟨n⟩ *(VWL)* ikame malı
Substitutionsrate ⟨f⟩ ikame oranı
Subunternehmer ⟨m⟩ alt müteahhit; ikinci üstlenci; taşeron; tali işveren
Subunternehmertätigkeit ⟨f⟩ taşeronculuk
Subvention ⟨f⟩ *(VWL)* sübvansiyon; *(VWL)* teşvik primi
subventionieren ⟨v/t⟩ *(VWL)* sübvanse etmek; *(VWL)* teşvik etmek
Subventionsabbau ⟨m⟩ teşvikleri azaltma
Subventionsempfänger ⟨m⟩ teşvik primi alıcısı
Suche ⟨f⟩ arama
[... nach Arbeit] iş arama
[... nach Bodenschätzen] sondaj
[... nach Führungskräften] *(Mk)* yönetici eleman arama; *(Mk)* kafa avcılığı
Suffizienz ⟨f⟩ *(Stat)* yeterlilik

Sukzessivgründung ⟨f⟩ *(AG)* tedricî kuruluş
Sukzessivlieferung ⟨f⟩ ardışık teslim; mütevali teslim
Sukzessivlieferungsvertrag ⟨m⟩ ardışık teslim sözleşmesi; mütevali teslim mukavelesi; açık sözleşme
Summe ⟨f⟩ toplam; tutar
[... der ausgegebenen Aktien] *(BkW)* ihraç edilmiş hisse toplamı
[... des privaten Verbrauchs] *(vGR)* hanehalkı tüketimi
[einbehaltene ...] ödenmemiş/ertelenmiş tutar/ meblağ
[einmalige ...] bir kereye mahsus tutar
[fällige ...] muaccel bedel/tutar
[gesamte ...] toplam tutar
[restliche ...] bakiye
[veranschlagte ...] tahmin
Summenanpassung ⟨f⟩ bedelde uyum sağlama; bedeli ayarlama
[automatische ...] *(Vers)* endeksleme
Summenbilanz ⟨f⟩ *(ReW)* mizan; *(vGR)* devir bilançosu
Summenrabatt ⟨m⟩ miktarda indirim; miktar iskontosu
Supermarkt ⟨m⟩ süpermarket
Swapkredit ⟨m⟩ *(BkW)* swap kredisi
Swapkurs ⟨m⟩ *(BkW)* swap oranı
Swapsatz ⟨m⟩ *(BkW)* swap oranı
Swing ⟨m⟩ *(BkW)* sürekli kredi; *(Eng)* swing
Syndikat ⟨n⟩ sendika; konsorsiyum
Syndikatsbildung ⟨f⟩ sendikalaşma; sendika oluşturma
Syndikus ⟨m⟩ *(Jur)* hukuk müşaviri
System ⟨n⟩ sistem; rejim; metod
[... der freien Marktwirtschaft] *(VWL)* serbest pazar ekonomisi sistemi
[... flexibler Wechselkurse] *(AußH)* dalgalanma; *(AußH)* esnek döviz kurları sistemi
[gemischtwirtschaftliches ...] *(VWL)* karma ekonomik düzen
[marktwirtschaftliches ...] *(VWL)* pazar ekonomisi sistemi
Systemanalyse ⟨f⟩ *(BWL)* sistem analizi
Systemanalytiker ⟨m⟩ *(BWL)* sistem analizcisi
Systemtheorie ⟨f⟩ *(BWL)* sistem kuramı; *(VWL)* ekonomik sistemler kuramı

T

Tabelle ⟨f⟩ tablo; cetvel; diyagram; çizelge; tarife
[versicherungsstatistische ...] *(Vers)* aktüerya tablosu
Tafel ⟨f⟩ cetvel; tablo; levha
Tafelgeschäft ⟨n⟩ *(Bö)* tezgah üstü işlem
Tag ⟨m⟩ gün
[... der Abrechnung] hesap(laşma) günü
[... der Lieferung] teslim günü
[... der Rechnungsstellung] faturanın tarihi
[... des Inkrafttretens] *(Jur)* kesinleşme tarihi
[...- und Nachtdienst] gece gündüz servisi; 24 saatlik servis

[...e nach dato] *(WeR)* muacceliyetten sonraki günler
[...e nach Sicht] *(WeR)* görüldükten sonraki günler
[festgesetzter ...] tayin edilen gün; saptanan gün
[letzter ... des Monats] ayın son günü
[pro ...] günde
[sich einen ... freinehmen] bir gün için izin almak
Tagarbeit ⟨f⟩ gündüz çalışma
Tagebau ⟨m⟩ *(BergB)* yer üstü madenciliği

Tagelohn ⟨m⟩ yevmiye ücreti
Tagelöhner ⟨m⟩ yevmiyeli işçi
Tagesabrechnung ⟨f⟩ *(Spedition)* günlük fatura; günlük hesap(laşma)
Tagesarbeit ⟨f⟩ günlük çalışma
Tagesauftrag ⟨m⟩ günlük sipariş
Tagesbilanz ⟨f⟩ günlük bilanço
Tagesdurchschnitt ⟨m⟩ günlük ortalama
Tageseinlage ⟨f⟩ *(BkW)* günlük mevduat
Tageseinnahme ⟨f⟩ *(ReW)* günlük kasa; *(ReW)* günlük nakit girdi; günlük tahsilat
Tagesfertigung ⟨f⟩ günlük üretim
Tagesförderung ⟨f⟩ günlük istihsal
Tagesgeld ⟨n⟩ günlük (para); *(BkW)* günlük kredi/para; *(Spesen)* günlük harç
Tagesgeld(zins)satz ⟨m⟩ *(BkW)* ihbarsız mevduat faizi
[... zwischen Banken] *(BkW)* bankalararası ihbarsız mevduat faiz oranları
Tagesgeschäft ⟨n⟩ günlük işlem
Tageshöchstkurs ⟨m⟩ günlük tavan
Tageskasse ⟨f⟩ *(ReW)* günlük kasa; *(ReW)* günlük nakit girdi; günlük tahsilat
Tageskurs ⟨m⟩ piyasa değeri; cari fiyat; rayiç bedel
Tagesleistung ⟨f⟩ günlük verim; günlük üretim
Tagesordnung ⟨f⟩ *(Jur)* gündem
[auf der ... stehen] gündemde bulunmak
[auf die ... setzen] gündeme koymak
Tagesordnungspunkt ⟨m⟩ *(Jur)* gündem maddesi
[behandelte ... e] görüşülmüş gündem maddeleri
Tagespreis ⟨m⟩ cari fiyat
Tagesproduktion ⟨f⟩ günlük üretim
Tagessatz ⟨m⟩ rayiç; günlük had/oran
Tagesschicht ⟨f⟩ gündüz vardiyası
Tagesspesen ⟨pl⟩ günlük harcırah
Tagesstempel ⟨m⟩ yevmiye damgası
Tagestiefstkurs ⟨m⟩ günlük asgari kur; günlük taban
Tagesumsätze ⟨pl⟩ *(Bö)* günlük işlem hacmi
Tagesverbrauch ⟨m⟩ günlük tüketim
Tagesverdienst ⟨m⟩ günlük kazanç
Tageswert ⟨m⟩ ikame/piyasa değeri; rayiç bedel
tageweise ⟨adj⟩ günlük; günde
Tagung ⟨f⟩ konferans; kongre
Tagungsablauf ⟨m⟩ konferans süreci
Tagungsleiter ⟨m⟩ konferans başkanı
Tagungsunterlagen ⟨pl⟩ konferans evrakı
Takt ⟨m⟩ *(Ind)* aşama; dönem
Taktfertigung ⟨f⟩ *(Ind)* aşamalı yapım
Taktstraße ⟨f⟩ *(Ind)* montaj hattı
Talfahrt ⟨f⟩ *(Kurs)* düşüş; *(Konjunktur)* gerileme
Talon ⟨m⟩ koçan; dipkoçanı
Talsohle ⟨f⟩ *(Konjunktur)* dip
Tankschiff ⟨n⟩ *(Schff)* tanker
Tante-Emma-Laden ⟨m⟩ bakkal
Tantieme ⟨f⟩ ikramiye; yüzde; *(Pat)* redevans
[leistungsbezogene ...] verime bağlı ikramiye
Tara ⟨f⟩ dara; ambalaj ağırlığı
[... und Gutgewicht] dara ve ağırlık eksikliğinde yapılan indirim
[handelsübliche ...] ticarî dara
[reine ...] net dara
Taragewicht ⟨n⟩ dara ağırlığı
tarieren ⟨v/t⟩ darasını almak

Tarif ⟨m⟩ tarife
[... für Großkunden] toptancı tarifesi
[... für Sammelladungen] kırkambar tarifesi
[... für Stückgüter] parça mallar tarifesi; kırkambar tarifesi
[anzuwendender ...] uygulamalı tarife
[ausgehandelter ...] ahdi/sözleşmeli tarife
[autonomer ...] özerk tarife
[besonderer ...] müstesna tarife
[degressiver ...] azalan oranlı tarife
[einheitlicher ...] standart tarife
[ermäßigter ...] indirimli tarife
[geltender ...] geçerli tarife
[gemischter ...] karma tarife
[gespaltener ...] bölünmüş tarife
[gestaffelter ...] değişik tarife
[gleitender ...] kaygan (oranlı) tarife
[gültiger ...] geçerli tarife
[saisonaler ...] mevsimlik tarife
[verbilligter ...] ucuz tarife
Tarifabkommen ⟨n⟩ toplu iş sözleşmesi; ücret sözleşmesi
Tarifabschluß ⟨m⟩ toplu iş sözleşmesi; ücret sözleşmesi
Tarifänderung ⟨f⟩ tarife değişikliği
tarifär ⟨adj⟩ tarifeli
Tarifarbeit ⟨f⟩ sözleşmeli iş
Tarifauseinandersetzung ⟨f⟩ toplu iş mücadelesi
Tarifautonomie ⟨f⟩ toplu iş görüşmesi özgürlüğü; toplu pazarlık özgürlüğü
Tarifbesteuerung ⟨f⟩ standart vergileme
Tarifbestimmungen ⟨pl⟩ toplu sözleşmenin maddeleri/şartları
Tarifbezirk ⟨m⟩ toplu pazarlık bölgesi
Tariferhöhung ⟨f⟩ standart ücret(lerde) artış
Tariffracht ⟨f⟩ tarifeli yük
Tarifklasse ⟨f⟩ tarife sınıfı
Tarifkommission ⟨f⟩ toplu pazarlık komitesi
Tarifkonflikt ⟨m⟩ *(Löhne)* toplu sözleşme çatışması
Tarifkontingent ⟨n⟩ *(EU)* Topluluk tarifesi kotası
tariflich ⟨adj⟩ tarifeli; tarifeye göre; standart
Tariflohn ⟨m⟩ standart ücret
Tariflohnsatz ⟨m⟩ standart ücret oranı
Tarifparteien ⟨pl⟩ toplu sözleşmenin tarafları; işveren ve işçiler
Tarifpartner ⟨pl⟩ toplu sözleşmenin tarafları; işveren ve işçiler
Tarifpolitik ⟨f⟩ *(Löhne)* ücret politikası
Tarifpreis ⟨m⟩ tarifeli fiyat; standart ücret
Tarifstreit ⟨m⟩ *(Löhne)* toplu sözleşme çatışması
Tarifsystem ⟨n⟩ tarife sistemi
Tarifvereinbarung ⟨f⟩ toplu iş sözleşmesi
Tarifvereinheitlichung ⟨f⟩ tarife standardizasyonu
Tarifverhandlungen ⟨pl⟩ toplu görüşmeler
Tarifvertrag ⟨m⟩ toplu iş sözleşmesi
Tasche ⟨f⟩ cep; çanta; torba
[aus eigener ... bezahlen] cepten ödemek
[in die eigene ... wirtschaften] kendi cebini doldurmak; kendi cebine çalışmak
Taschendieb ⟨m⟩ *(Jur)* yankesici
Taschengeld ⟨n⟩ cep harçlığı
Taschenkalender ⟨m⟩ cep takvimi
Taschenlampe ⟨f⟩ cep lambası/feneri
Taschenmesser ⟨n⟩ çakı
Taschenwörterbuch ⟨n⟩ cep sözlüğü

Tastatur ⟨f⟩ klavye
Taste ⟨f⟩ tuş
Tastenhebel ⟨m⟩ tuş kolu
Tastenheber ⟨m⟩ tuş kolu
Tastenreihe ⟨f⟩ tuş sırası
Tastensteuerung ⟨f⟩ tuş kontrolu
Tastentelefon ⟨n⟩ *(Tele)* tuşlu telefon
Tat ⟨f⟩ *(Jur)* fiil; eylem; hareket; iş; *(Straftat)* suç
 [auf frischer . . .] *(Jur)* suçüstü
 [auf frischer . . . ertappen] *(Jur)* suçüstü yakalamak
 [auf frischer . . . ertappt] *(Jur)* suçüstü yakalanmış
 [auf frischer . . . erwischen] *(Jur)* suçüstü yakalamak
 [in die . . . umsetzen] gerçekleştirmek
Tatbestand ⟨m⟩ olay; hadise;
 (Jur) hadisenin unsurları; *(Jur)* keyfiyet
 [. . . einer strafbaren Handlung erfüllen] *(Jur)* cezayı mültezim suç unsurlarını oluşturmak
Tatbestandsaufnahme ⟨f⟩ hadisenin/olayın tespiti
Tatbestandsmerkmale ⟨pl⟩ *(Jur)* suç unsurları
Tatbeteiligter ⟨m⟩ *(Jur)* suç ortağı
Täter ⟨m⟩ *(Jur)* fail
Tatgehilfe ⟨m⟩ *(Jur)* yardakçı
tätig ⟨adj⟩ faal; aktif; çalışan
 [beruflich . . .] çalışan; meslekte faal
 [freiberuflich . . .] serbest çalışan
 [ganztägig . . .] tam gün faal; tam gün çalışan
Tätigkeit ⟨f⟩ faaliyet; aktivite; iş; çalışma; meşguliyet
 [. . . aufgeben] işi bırakmak
 [. . . ausüben] iş görmek; (bir) işte çalışmak
 [. . . einstellen] işi bırakmak
 [. . . vor dem Militärdienst] askerlik hizmetinden önce iş
 [. . . wiederaufnehmen] işe devam etmek; işi yeniden ele almak; yeniden işe başlamak
 [angemessene . . .] uygun iş
 [außerberufliche . . .] meslek dışı faaliyet/iş
 [anstrengende . . .] yorucu iş
 [anwaltliche . . .] avukatlık işi
 [beratende . . .] danışmanlık işi
 [bisherige . . .] bundan önceki iş
 [entgeltliche . . .] paralı iş
 [freiberufliche . . .] serbest iş
 [führende . . .] yönetim işi
 [gefährliche . . .] tehlikeli iş
 [geistige . . .] fikir işi
 [gesamtwirtschaftliche . . .] genel (ekonomik) faaliyet
 [geschäftliche . . .] iş faaliyeti
 [gewerbliche . . .] ticarî faaliyet
 [gewerkschaftliche . . .] sendikal faaliyet
 [gewinnbringende . . .] kâr getiren iş; kârlı iş
 [hauptberufliche . . .] esas iş
 [häusliche . . .] ev işi
 [herstellerische . . .] üretim faaliyeti
 [kaufmännische . . .] ticarî iş
 [landwirtschaftliche . . .] tarım işi; tarımsal faaliyet
 [leitende . . .] yönetim işi; idarî faaliyet
 [literarische . . .] edebî iş
 [nebenberufliche . . .] yan iş
 [regelmäßig ausgeübte . . .] düzenli iş
 [schöpferische . . .] yaratıcı faaliyet/iş
 [schriftstellerische . . .] yazarlık
 [selbständige . . .] serbest iş
 [soziale . . .] sosyal iş
 [unqualifizierte . . .] düz iş
 [unselbständige . . .] bağımlı/ücretli iş
 [werbende . . .] üretken iş
 [wirtschaftliche . . .] ekonomik faaliyet
Tätigkeitsanalyse ⟨f⟩ faaliyet analizi; *(Ind)* iş analizi
Tätigkeitsausweitung ⟨f⟩ faaliyeti/işi genişletme/çeşitlendirme
 [horizontale . . .] faaliyeti/işi büyütme/genişletme
 [vertikale . . .] faaliyeti/işi zenginleştirme/çeşitlendirme
Tätigkeitsbereich ⟨m⟩ faaliyet alanı; iş kolu
Tätigkeitsbericht ⟨m⟩ faaliyet raporu
Tätigkeitsfeld ⟨n⟩ faaliyet alanı
Tätigkeitsgebiet ⟨n⟩ faaliyet alanı
Tätigkeitsmerkmale ⟨pl⟩ işin karakteristikleri
Tätigkeitsnachweis ⟨m⟩ faaliyet raporu
Tatsache ⟨f⟩ olgu; olay; hadise; vakıa; gerçek; hakikat; fiil
 [. . . beweisen] olayı ispatlamak
 [strittige . . .] çekişmeli hadise
 [wirtschaftliche . . .] ekonomik gerçek
Tatsachenbericht ⟨m⟩ hadiseler raporu
Tatsachenbeweis ⟨m⟩ *(Jur)* vakıa ile ispat
Tatverdacht ⟨m⟩ *(Jur)* suç şüphesi
tauglich ⟨adj⟩ elverişli; sağlam; yetenekli; uygun
Tauglichkeit ⟨f⟩ elverişlilik; yetenek
Tausch ⟨m⟩ takas; değiştirme; değiştokuş *(AußH)* barter;
 [in . . . geben] takas vermek
 [in . . . nehmen] takas almak
tauschen ⟨v/t⟩ takas etmek; değiştirmek; değiştokuş etmek
Tauschgeschäft ⟨n⟩ barter işlemi; takaslı muamele/işlem
Tauschhandel ⟨m⟩ takas (işlemi); değiştokuş; takaslı ticaret
Tauschhandelsgeschäft ⟨n⟩ takaslı muamele/işlem; *(AußH)* barter işlemi
Tauschmittel ⟨n⟩ takas aracı
Tauschobjekt ⟨n⟩ takas birimi; takas kalemi
Täuschung ⟨f⟩ aldatma; iğfal; *(Betrug)* hile
 [arglistige . . .] ardniyetli aldatma; *(Jur)* dessas hile
 [vorsätzliche . . .] ardniyetli aldatma; *(Jur)* dessas hile
Tauschwaren ⟨pl⟩ takas malları
Tauschwert ⟨m⟩ takas değeri
Tauschwirtschaft ⟨f⟩ *(AußH)* barter sistemi
Taxator ⟨m⟩ takdir edici
Taxe ⟨f⟩ takdir ücreti
Taxgewicht ⟨n⟩ takdir ağırlığı
taxieren ⟨v/t⟩ değer takdiri yapmak; değer biçmek; takdir etmek
Taxkurs ⟨m⟩ takdir edilen fiyat
Taxpreis ⟨m⟩ takdir edilen fiyat
Taxwert ⟨m⟩ takdir değeri
Team ⟨n⟩ ekip
Teamarbeit ⟨f⟩ ekip çalışması; *(Eng)* teamwork
Technik ⟨f⟩ teknik; teknoloji; metod
Techniker ⟨m⟩ teknisyen

technisch ⟨adj⟩ teknolojik; teknik
technisieren ⟨v/t⟩ otomatize/mekanize etmek
Technokrat ⟨m⟩ teknokrat
Technokratie ⟨f⟩ teknokrasi
Technologie ⟨f⟩ teknoloji
 [moderne ...] modern teknoloji
Technologiefortschritt ⟨m⟩ teknolojik ilerleme/gelişme
Technologiepark ⟨m⟩ teknopark
Technologietransfer ⟨m⟩ teknoloji transferi
Technologiezentrum ⟨n⟩ teknoloji merkezi; teknopark
Technostruktur ⟨f⟩ teknik yapı
Teil ⟨m/n⟩ parça; kısım; pay; hisse; bileşim
 [vertragschließender ...] akit taraf
 [zu gleichen ... en] eşit paylarda
Teilabschreibung ⟨f⟩ *(ReW)* kısmî amortisman
Teilakzept ⟨n⟩ kısmen kabul
Teilannahme ⟨f⟩ kısmen kabul
Teilelager ⟨n⟩ parça deposu
Teilelieferant ⟨m⟩ parça müteahhidi
teilen ⟨v/t⟩ bölmek; paylaşmak
Teilerfüllung ⟨f⟩ kısmî eda; kısmen edim
Teilergebnis ⟨n⟩ kısmî netice
Teilerhebung ⟨f⟩ kısmî derleme
teilgezahlt ⟨adj⟩ kısmen ödenmiş
Teilhaber ⟨m⟩ ortak; hissedar; şerik
 [... abfinden] (şirketten) tazminatla ortak çıkarmak
 [aktiver ...] faal/çalışan ortak
 [als ... aufnehmen] (şirkete) ortak almak
 [ausscheidender ...] ayrılan ortak
 [neu eintretender ...] yeni ortak
 [nicht haftender ...] komanditer ortak
 [haftender ...] (birinci derecede) sorumlu ortak
 [beschränkt haftender ...] sınırlı sorumlu ortak
 [persönlich ...] birinci derecede sorumlu ortak; komandite ortak
 [stiller ...] komanditer ortak
 [tätiger ...] faal ortak; çalışan ortak
 [unbeschränkt haftender ...] sınırsız sorumlu ortak; komandite
 [verantwortlicher ...] (birinci derecede) sorumlu/mesul ortak
 [zahlungsunfähiger ...] aciz ortak
Teilhaberschaft ⟨f⟩ hissedarlık; ortaklık
 [stille ...] komanditer ortaklık
Teilhabervertrag ⟨m⟩ ortaklık sözleşmesi
Teilhaftung ⟨f⟩ kısmî/sınırlı sorumluluk
Teilhavarie ⟨f⟩ *(SeeV)* özel avarya
Teilindossament ⟨n⟩ kısmî ciro
Teilkaskoversicherung ⟨f⟩ *(SeeV)* kısmî tekne sigortası; *(Kfz)* kısmî kasko sigorta
Teilkosten ⟨pl⟩ kısmî maliyet
Teilkostenrechnung ⟨f⟩ *(KoR)* kısmî maliyet muhasebesi; *(KoR)* değişken maliyetleme (sistemi)
Teillieferung ⟨f⟩ kısmen teslim
Teilnahme ⟨f⟩ katılma; iştirak; abonman
Teilnahmebedingungen ⟨pl⟩ iştirak/katılma/abonman/abone koşulları
Teilnehmegebühr ⟨f⟩ iştirak/katılma ücreti
Teilnehmer ⟨m⟩ katılan; abone; iştirakçi
Teilnehmerausweis ⟨m⟩ üye(lik) kartı
Teilnehmergebühr ⟨f⟩ katılma ücreti; *(Tele)* abone ücreti

Teilnehmerzahl ⟨f⟩ katılanların sayısı; abone sayısı
 [beschlußfähige ...] karar yetersayısı
Teilpacht ⟨f⟩ *(LandW)* iştiraklı icar
Teilrechnung ⟨f⟩ *(KoR)* marjinal muhasebe/hesap; direkt maliyetleme
Teilschaden ⟨m⟩ *(Vers)* kısmî zarar; *(SeeV)* özel avarya
 [... eingeschlossen] *(SeeV)* özel avaryalı
 [mit ...] *(SeeV)* özel avaryalı
Teilstreik ⟨m⟩ yerel grev
Teilung ⟨f⟩ taksim; bölüşme; bölme
 [... der Kosten] masrafları bölüşme
 [... eines Nachlasses] *(Jur)* terekenin taksimi
Teilveräußerung ⟨f⟩ kısmî satış
Teilverkauf ⟨m⟩ kısmî satış
Teilverlust ⟨m⟩ kısmî zarar; *(SeeV)* özel avarya
Teilversicherung ⟨f⟩ kısmî sigorta
Teilzahlung ⟨f⟩ *(BkW)* taksitle ödeme; kısmî/kısmen ödeme; *(Rate)* taksit
 [als ...] taksitle
 [auf ... kaufen] taksitle satın almak
Teilzahlungssaktie ⟨f⟩ kısmen ödenmiş hisse (senedi)
Teilzahlungsbedingungen ⟨pl⟩ *(BkW)* taksitle ödeme koşulları
Teilzahlungsfinanzierung ⟨f⟩ *(BkW)* taksitle ödeme finansmanı
Teilzahlungsgeschäft ⟨n⟩ *(BkW)* taksitli işlem; ertelenmiş ödemeli satış
Teilzahlungskauf ⟨m⟩ *(BkW)* taksitle satın alma; taksitle alım
Teilzahlungskredit ⟨m⟩ *(BkW)* taksit kredisi; taksitle alım kredisi
Teilzahlungspreis ⟨m⟩ taksitle alım fiyatı
Teilzahlungsverkauf ⟨m⟩ *(BkW)* taksitle satış; taksitli satış
Teilzahlungsverpflichtungen ⟨pl⟩ taksitle ödeme yükümlülükleri
Teilzahlungsvertrag ⟨m⟩ taksitle ödeme sözleşmesi
Teilzeitarbeit ⟨f⟩ yarım gün çalışma
Teilzeitbeschäftigung ⟨f⟩ yarım gün çalıştırma/istihdam
Telefax ⟨n⟩ *(Tele)* telefaks
Telefon ⟨n⟩ *(Tele)* telefon
 [per ...] telefonla
Telefonanlage ⟨f⟩ telefon tesisatı
Telefonanrufbeantworter ⟨m⟩ telesekreter
 [automatischer ...] (otomatik) telesekreter
Telefonanschluß ⟨m⟩ telefon bağlantısı
Telefonat ⟨n⟩ telefon görüşmesi
Telefonbuch ⟨n⟩ telefon rehberi
Telefongebühren ⟨pl⟩ telefon ücretleri
Telefongesellschaft ⟨f⟩ telefon şirketi
Telefongespräch ⟨n⟩ telefon konuşması
Telefonhandel ⟨m⟩ *(Bö)* telefonla alım satım
Telefonhäuschen ⟨n⟩ telefon kulübesi
telefonieren ⟨int⟩ telefon etmek
Telefonist ⟨m⟩ telefon operatörü
Telefonkunde ⟨m⟩ telefon abonesi
Telefonleitung ⟨f⟩ telefon hattı
Telefonnetz ⟨n⟩ telefon şebekesi
Telefonnummer ⟨f⟩ telefon numarası
Telefonrechnung ⟨f⟩ telefon faturası
Telefontarif ⟨m⟩ telefon tarifesi
Telefonteilnehmer ⟨m⟩ telefon abonesi

Telefontischen ⟨n⟩ telefon masası
Telefonverkauf ⟨m⟩ telefonla alışveriş
Telefonverkehr ⟨m⟩ → Telefonhandel
Telefonverzeichnis ⟨n⟩ → Telefonbuch
Telefonzähler ⟨m⟩ telefon (ücret) sayacı
Telefonzentrale ⟨f⟩ telefon santralı
Telegraf ⟨m⟩ telgraf
Telegrafenbeamter ⟨m⟩ telgraf memuru
Telegrafenleitung ⟨f⟩ telgraf hattı
Telegrafenmast ⟨m⟩ telgraf direği
telegrafieren ⟨v/t⟩ telgraf çekmek
telegrafisch ⟨adj⟩ telgraf ile
Telegramm ⟨n⟩ *(Tele)* telgraf
Telegrammadresse ⟨f⟩ telgraf adresi
Telegrammanschrift ⟨f⟩ telgraf adresi
Telegrammgebühr ⟨f⟩ telgraf ücreti
Telegrammübermittlung ⟨f⟩ telgraf havalesi
Telekommunikation ⟨f⟩ *(Tele)* telekomünikasyon
Telekopierer ⟨m⟩ *(Tele)* telefaks
Telekopiergerät ⟨n⟩ *(Tele)* telefaks makinası/aleti
Telephon ⟨n⟩ → Telefon
Telex ⟨n⟩ *(Tele)* teleks
Telexanschluß ⟨m⟩ *(Tele)* teleks hattı
Telexnummer ⟨f⟩ *(Tele)* teleks numarası
Tendenz ⟨f⟩ eğilim; trend
 [fallende ...] *(Bö)* düşüş eğilimi
 [inflationäre ...] *(VWL)* enflasyonist eğilim
 [inflationistische ...] *(VWL)* enflasyonist eğilim
 [konjunkturelle ...] *(VWL)* devresel trend
 [lustlose ...] *(Bö)* hevesizlik; durgunluk; isteksizlik
 [steigende ...] yükseliş; *(Bö)* yükseliş eğilimi
 [allgemeine wirtschaftliche ...] genel ekonomik trend
Tenderverfahren ⟨n⟩ eksiltme yöntemi/usulü
Termin ⟨m⟩ randevu; vade; tarih; muacceliyet
 [... absagen] randevuyu iptal etmek
 [... anberaumen] gün/tarih tayin etmek
 [... ansetzen] tarih/vade belirlemek
 [... der Fertigstellung] tamamlanma günü/tarihi
 [... festlegen] tarih/vade belirlemek
 [... (fest)setzen] tarih/vade belirlemek
 [... überschreiten] vadeyi aşmak/geçirmek
 [... verlängern] vadeyi uzatmak/ertelemek
 [... versäumen] *(Zahlung)* (ödemede) gecikmek
 [per ...] gelecekte teslim edilmek üzere
 [auf ... kaufen] vadeli almak
 [auf ... verkaufen] vadeli satmak
 [abgelaufener ...] geçmiş tarih
 [angesetzter ...] tayin edilen gün/tarih
 [festgesetzter ...] tayin edilen gün/tarih
 [letzter ...] son tarih; muacceliyet
 [per ... kaufen] vadeli almak
 [per ... verkaufen] vadeli satmak
 [vereinbarter ...] kararlaştırılan tarih
Terminbörse ⟨f⟩ *(Bö)* vadeli işlemler borsası
Termineinlage ⟨f⟩ *(BkW)* vadeli mevduat
Termingeld ⟨n⟩ *(BkW)* vadeli mevduat
Termingeldsatz ⟨m⟩ *(BkW)* vadeli mevduat haddi/oranı
Termingeldzinsen ⟨pl⟩ *(BkW)* vadeli mevduat faizi
termingemäß ⟨adj⟩ vadesinde; zamanında
termingerecht ⟨adj⟩ vadesinde; zamanında
Termingeschäft ⟨n⟩ *(BkW)* vadeli işlem; *(Bö)* vadeli işlem

Terminguthaben ⟨n⟩ *(BkW)* vadeli mevduat
Terminhandel ⟨m⟩ opsiyonlu işlemler; *(Waren)* vadeli alım satım
Terminkauf ⟨m⟩ vadeli alım
 [... und -verkauf] *(Bö)* çift ikramiyeli muamele
Terminkurs ⟨m⟩ vadeli kur/fiyat
Terminlieferung ⟨f⟩ vadeli teslim
Terminmappe ⟨f⟩ vade defteri
Terminmarkt ⟨m⟩ *(Bö)* vadeli işlemler piyasası; opsiyon piyasası
Terminüberschreitung ⟨f⟩ vadeyi geçirmek
Terminverzögerung ⟨f⟩ gecikme
Terminverkauf ⟨m⟩ vadeli satış
Terminverlängerung ⟨f⟩ uzatma
Terminverschiebung ⟨f⟩ erteleme; talik
Tertiawechsel ⟨m⟩ *(WeR)* poliçenin üçüncü nüshası
Test ⟨m⟩ test; deneme
Testament ⟨n⟩ *(Jur)* vasiyet(name)
testieren ⟨v/t⟩ vize etmek; onaylamak
testiert ⟨adj⟩ vizeli; onaylı
Testwerbung ⟨f⟩ *(Mk)* pilot tanıtım
teuer ⟨adj⟩ pahalı
Teuerung ⟨f⟩ pahalılaşma; pahalılık
Teuerungsausgleich ⟨m⟩ geçim ayarlaması
Teuerungsrate ⟨f⟩ enflasyon oranı
Teuerungwelle ⟨f⟩ pahalılık dalgası
Teufelskreis ⟨m⟩ kısır döngü
Teuerungszulage ⟨f⟩ pahalılık zammı; geçim ayarlaması
Text ⟨m⟩ metin
Textilarbeiter ⟨m⟩ tekstil işçisi
Textilerzeugnisse ⟨pl⟩ tekstil ürünleri
Textilfabrik ⟨f⟩ tekstil/dokuma fabrikası
Textilien ⟨pl⟩ tekstiller; dokumalar
Textilindustrie ⟨f⟩ tekstil sanayii
Theke ⟨f⟩ tezgâh
Thekenverkauf ⟨m⟩ *(Bö)* tezgâh üstü satış
Theorie ⟨f⟩ kuram; teori
 [... der Schätzung] *(Stat)* tahmin teorisi
 [... des allgemeinen Gleichgewichts] *(VWL)* genel denge teorisi
Tief ⟨n⟩ *(VWL)* depresyon; taban; dip
 [wirtschaftliches ...] *(VWL)* (ekonomik) depresyon
Tiefbau ⟨m⟩ *(BauW)* yeraltı inşaatı
Tiefflug ⟨m⟩ *(Flug)* alçaktan uçuş
Tiefgang ⟨m⟩ *(Schff)* su çekimi; geminin çektiği su
tiefkühlen ⟨v/t⟩ (şok) dondurmak
Tiefkühlkette ⟨f⟩ dondurulmuş gıda maddeleri satan mağazalar zinciri
Tiefkühllastwagen ⟨m⟩ *(Kfz)* frigofirikli kamyon
Tiefkühlschiff ⟨n⟩ *(Schff)* soğutma tesisli gemi
Tiefkühlung ⟨f⟩ soğuk(ta) depolama
Tiefkühlwaggon ⟨m⟩ *(Bahn)* frigofirik vagon
Tiefpunkt ⟨m⟩ taban; dip; en düşük nokta
Tiefsee ⟨f⟩ açık deniz; denizaşırı
Tiefseebergbau ⟨m⟩ *(BergB)* açık deniz madenciliği
Tiefseehafen ⟨m⟩ *(Schff)* açık deniz limanı
Tiefstand ⟨m⟩ taban; dip; en düşük düzey/durum
Tiefstkurs ⟨m⟩ taban kur/fiyat
Tiefstpreis ⟨m⟩ taban fiyat
Tier ⟨n⟩ *(LandW)* hayvan
Tierversicherung ⟨f⟩ *(Vers)* hayvan sigortası
Tierzucht ⟨f⟩ *(LandW)* hayvancılık; hayvan yetiştirme

Tierzüchter ⟨m⟩ *(LandW)* yetiştirici
tilgbar ⟨adj⟩ itfaya bağlı/tabi; itfa edilebilir [nicht...] itfa edilemez
tilgen ⟨v/t⟩ itfa etmek; geri ödemek
Tilgung ⟨f⟩ itfa; geri ödeme; amortizasyon
 [... einer Anleihe] borçlanma senedinin itfası; istikraz itfası
 [... einer Hypothek] ipoteğin geri ödenmesi
 [... in Raten] taksitle geri ödeme
 [vorzeitige...] vadesinden önce geri ödeme
Tilgungsanleihe ⟨f⟩ itfa edilebilir borçlanma senedi; itfa kabiliyetli istikraz
Tilgungsaufschub ⟨m⟩ itfa ödemelerinin ertelenmesi
Tilgungsaussetzung ⟨f⟩ itfa ödemelerinin durdurulması
Tilgungsdarlehen ⟨n⟩ itfa edilebilir kredi
Tilgungsdauer ⟨f⟩ itfa müddeti/süresi
Tilgungsfonds ⟨m⟩ itfa fonu
tilgungsfrei ⟨adj⟩ itfasız
Tilgungsleistung ⟨f⟩ itfa ödemesi
Tilgungsplan ⟨m⟩ itfa planı
Tilgungsrate ⟨f⟩ itfa oranı
Tilgungsrücklage ⟨f⟩ itfa için ayrılan yedek akçe
Tilgungsrückstand ⟨m⟩ itfada gecikme; geri ödemede gecikme
Tilgungsstock ⟨m⟩ itfa fonu
Titel ⟨m⟩ sıfat; başlık; *(Press)* manşet; *(Jur)* hak; *(Jur)* ilâm; *(Jur)* infazı kabil senet; *(Liste)* kalem; *(WeR)* kıymet; *(WeR)* hisse; *(WeR)* senet
Titelinhaber ⟨m⟩ *(Jur)* hak sahibi
Tochtergesellschaft ⟨f⟩ (ana şirkete) bağlı şirket
 [hundertprozentige...] yüzde yüz bağlı şirket
Todesfall ⟨m⟩ ölüm hali
Todesfallbonus ⟨m⟩ *(LebV)* ölüm halinde ikramiye
Todesfallversicherung ⟨f⟩ *(LebV)* ölüm hali için sigorta
 [abgekürzte...] *(LebV)* ölüm hali için kısa dönem sigorta
 [normale...] *(LebV)* ölüm hali için (adi) sigorta
Todesfallziffer ⟨f⟩ *(Stat)* ölüm/mortalite oranı
Toleranz ⟨f⟩ tolerans; *(Abweichung)* sapma; fark; varyans
Tonnage ⟨f⟩ tonaj; *(Schff)* tonilato; gemi tonajı
Tonne ⟨f⟩ ton
 [... Leergewicht] *(Schff)* dedveyt tonu
Totalabschreibung ⟨f⟩ *(ReW)* tam amortisman
Totalerhebung ⟨f⟩ *(Stat)* tümel derleme
Totalgleichgewichtstheorie ⟨f⟩ *(VWL)* genel denge teorisi
Totalperiode ⟨f⟩ şirket(in) ömrü
Tourismus ⟨m⟩ → **Fremdenverkehr** turizm; turizm sanayii
Tourismusbilanz ⟨f⟩ turizm bilançosu
Tourismusbranche ⟨f⟩ turizm sektörü
Tourismusgewerbe ⟨n⟩ turizm sanayii
Tourist ⟨m⟩ turist
Touristenausgaben ⟨pl⟩ turist harcamaları
Touristenhotel ⟨n⟩ turistik otel
Touristensaison ⟨f⟩ turizm mevsimi/sezonu
Touristentarif ⟨m⟩ turistik tarife
Touristenwerbung ⟨f⟩ turizm reklamı
Touristik ⟨f⟩ → **Fremdenverkehr** turizm; turizm sanayii
Touristikunternehmen ⟨n⟩ turizm şirketi

Touristikunternehmer ⟨m⟩ tur operatörü
Trabantensiedlung ⟨f⟩ uydu kent; site
Trabantenstadt ⟨f⟩ uydu kent
Tradition ⟨f⟩ gelenek
tragbar ⟨adj⟩ taşınabilir; taşınır; portatif
 [finanziell...] ödenebilir
tragen ⟨v/t⟩ taşımak; desteklemek
Träger ⟨m⟩ taşıyıcı; hamal; hamil; (destekleyen/taşıyıcı) kurum
 [... der Arbeitsvermittlung] iş ve işçi bulma kurumu
 [... der Sozialversicherung] *(SozV)* sosyal sigortalar kurumu
Tragfähigkeit ⟨f⟩ taşıma kapasitesi; *(Schff)* tonalito; tonaj
Tragfläche ⟨f⟩ taşıyıcı satıh; *(Flug)* kanat
Trägheit ⟨f⟩ atalet
Transaktion ⟨f⟩ operasyon; işlem; faaliyet
Transaktionen ⟨pl⟩ operasyonlar; işlemler
 [induzierte...] *(AußH)* denkleştirici işlemler
 [unsichtbare...] *(vGR)* görünmeyen işlemler
Transaktionskasse ⟨f⟩ *(VWL)* işlemler için nakit tutma
Transaktionskosten ⟨pl⟩ *(Bö)* işlem maliyeti
Transaktionskurs ⟨m⟩ operasyon/işlem kuru
Transaktionsmotiv ⟨n⟩ *(VWL)* muamele güdüsü
Transaktionsvolumen ⟨n⟩ operasyon/işlem hacmi
Transaktionswährung ⟨f⟩ operasyon parası; işlem gören para
Transfer ⟨m⟩ transfer; devir; havale
 [... von Devisen] döviz transferi
 [... von Kapital] *(BkW)* sermaye transferi
 [... von Ressourcen] *(AußH)* kaynak transferi
 [einseitiger...] *(vGR)* tek yanlı transfer;
 (vGR) tek taraflı ödeme
Transferausgaben ⟨pl⟩ *(vGR)* transfer harcamaları
Transferbegünstigter ⟨m⟩ 1. havale alıcısı
 2. ardıl; halef
Transferbilanz ⟨f⟩ *(vGR)* devir bilançosu; *(vGR)* transfer bilançosu; *(vGR)* tek yanlı transferler; *(vGR)* tek taraflı ödemeler
Transfereinkommen ⟨n⟩ *(vGR)* transfer geliri
transferierbar ⟨adj⟩ transfer/havale edilebilir; aktarılabilir
transferieren ⟨v/t⟩ transfer/havale etmek
Transferrisiko ⟨n⟩ *(AußH)* transfer riski
Transferspesen ⟨pl⟩ *(BkW)* havale harcamaları
Transferzahlungen ⟨pl⟩ *(vGR)* transfer harcamaları; *(vGR)* transfer ödemeleri
 [... des Staates] *(vGR)* devlet transfer harcamaları
Transformationskurve ⟨f⟩ *(VWL)* dönüşüm eğrisi; *(VWL)* üretim olanakları eğrisi
Transit ⟨m⟩ transit; düzgeçiş
Transitabfertigung ⟨f⟩ *(Zo)* transit muamelesi/işlemi
Transitabgabe ⟨f⟩ transit resmi
Transitbahnhof ⟨m⟩ *(Bahn)* transit istasyonu
Transitbescheinigung ⟨f⟩ transit belgesi/kâğıdı
Transitdauer ⟨f⟩ transit süresi
Transitdeklaration ⟨f⟩ *(Zo)* transit beyannamesi; düzgeçit bildirgesi
Transiterklärung ⟨f⟩ → **Transitdeklaration**
Transiterlaubnis ⟨f⟩ transit permisi/izni
Transitfracht ⟨f⟩ transit yükü;

(Schff) transit/aktarma navlunu
Transitgebühr ⟨f⟩ transit ücreti
Transitgenehmigung ⟨f⟩ transit permisi/izni
Transitgut ⟨n⟩ transit eşya/malı
Transithafen ⟨m⟩ *(Schff)* transit limanı
Transithandel ⟨m⟩ antrepolu ticaret
Transithändler ⟨m⟩ transit tüccarı
Transitkonnossement ⟨n⟩ transit konşimentosu
Transitkosten ⟨pl⟩ transit masrafları
Transitladung ⟨f⟩ transit kargosu
Transitlager ⟨n⟩ transit deposu; *(Zo)* antrepo
Transitpapiere ⟨pl⟩ transit belgeleri/kâğıtları
Transitreisender ⟨m⟩ transit yolcusu
Transitschein ⟨m⟩ transit tezkeresi
Transitspesen ⟨pl⟩ transit harçları
Transittarif ⟨m⟩ *(Zo)* transit tarifesi
Transitverfahren ⟨n⟩ transit rejimi
Transitvergünstigung ⟨f⟩ transit imtiyazı
Transitverkehr ⟨m⟩ transit ulaştırma
Transitversicherung ⟨f⟩ *(Vers)* transit sigortası
Transitvisum ⟨n⟩ *(Zo)* transit vizesi
Transitwaren ⟨pl⟩ transit malları
Transitweg ⟨m⟩ transit yolu
Transitzeit ⟨f⟩ transit süresi
Transitzoll ⟨m⟩ *(Zo)* transit gümrüğü
Transport ⟨m⟩ taşıma; nakliye; nakliyat
  [... auf dem Land- und Seeweg] kara ve deniz yolu ile taşıma
  [... auf dem Landweg] *(Kfz)* karayolu ile taşıma
  [... auf dem Luftwege] *(Flug)* hava taşımacılığı
  [... per Bahn] *(Bahn)* demiryolu taşımacılığı
  [... per LKW] *(Kfz)* kara taşımacılığı
  [... per Schiene] *(Bahn)* demiryolu taşımacılığı
  [... per Straße] *(Kfz)* kara taşımacılığı
  [... zur See] *(Schff)* deniz taşımacılığı
  [beim ...] taşımada
  [beim ... beschädigt] taşımada hasar görmüş
  [während des ... s] taşıma anında
transportabel ⟨adj⟩ taşınabilir; taşınır; portatif
Transportablauf ⟨m⟩ taşıma süreci
Transportabwicklung ⟨f⟩ taşıma/nakliye muamelesi
Transportanlage ⟨f⟩ taşıma tesisi
Transportanlagen ⟨pl⟩ taşıma aksesuarı
Transportausrüstung ⟨f⟩ taşıma teçhizatı
Transportband ⟨n⟩ *(Ind)* taşıma bandı; *(Ind)* taşıyıcı band
Transportbedingungen ⟨pl⟩ taşıma şartları
Transportbehälter ⟨m⟩ taşıma kabı; konteyncr
Transportdokument ⟨n⟩ taşıma belgesi
Transporteinrichtung ⟨f⟩ taşıma teçhizatı
Transportentfernung ⟨f⟩ taşıma mesafesi
Transportfähig ⟨adj⟩ taşınabilir
Transportfirma ⟨f⟩ taşıyıcı firma; taşımacılık firması
Transportflugzeug ⟨n⟩ *(Flug)* kargo uçağı
Transportführer ⟨m⟩ taşımacı; nakliyeci; taşıyıcı
Transportgebühren ⟨pl⟩ taşıma ücretleri
Transportgefahren ⟨pl⟩ taşıma tehlikeleri; *(Schff)* deniz rizikoları
Transportgefäß ⟨n⟩ taşıma tankı; konteyner
Transportgeschäft ⟨n⟩ taşıma ticareti
Transportgesellschaft ⟨f⟩ taşımacılık ortaklığı/şirketi
Transportgewerbe ⟨n⟩ taşıma sanayii

Transportgüter ⟨pl⟩ transit mallar
Transporthaftung ⟨f⟩ taşıyıcının sorumluluğu
transportierbar ⟨adj⟩ taşınabilir
transportieren ⟨v/t⟩ taşımak; nakletmek
Transportintensität ⟨f⟩ taşıma yoğunluğu
Transportkapazität ⟨f⟩ taşıma kapasitesi
Transportkonnossement ⟨n⟩ taşıma konşimentosu
  [kombiniertes ...] bileşik/kombine konşimento
Transportkosten ⟨pl⟩ taşıma masrafları
  [... bezahlt] taşıma ücreti ödenmiş
  [... zu Lasten des Absenders] taşıma masraflarını gönderen öder
  [... zu Lasten des Empfängers] taşıma masraflarını teslim alan öder
Transportleitung ⟨f⟩ taşıma koordinasyonu
Transportmenge ⟨f⟩ taşıma miktarı
Transportmittel ⟨n⟩ taşıma aracı
Transportpapiere ⟨pl⟩ taşıma evrakı
Transportschaden ⟨m⟩ taşıma hasarı
Transportschein ⟨m⟩ taşıma konşimentosu
Transportunternehmen ⟨n⟩ taşımacılık/nakliyat şirketi
Transportunternehmer ⟨m⟩ *(Kfz)* taşıma müteahhidi
Transportversicherung ⟨f⟩ *(Vers)* taşımacılık sigortası
Transportvertrag ⟨m⟩ taşıma sözleşmesi; *(Schff)* çarter parti
Transportvolumen ⟨n⟩ (taşınan) yük hacmi
Transportvorschriften ⟨pl⟩ taşıma(cılık) mevzuatı
Transportweg ⟨m⟩ transit
  [auf dem ...] transitte
Transportwesen ⟨n⟩ taşımacılık
Trassant ⟨m⟩ keşide eden
Trassat ⟨m⟩ muhatap; kabul eden
trassieren ⟨v/t⟩ keşide etmek
Tratte ⟨f⟩ *(WeR)* poliçe
  [... akzeptieren] poliçeyi kabul etmek
  [... mit Akzept versehen] poliçeyi kabul etmek
  [... mit Dokumenten] belgeli poliçe
  [... ohne Dokumente] açık poliçe
  [... zum Akzept vorlegen] poliçeyi kabul için ibraz etmek
  [... zur Annahme] kabul için ibraz edilen poliçe
  [nichtdokumentäre ...] açık poliçe
  [reine ...] açık poliçe
Tratteninkasso ⟨n⟩ *(WeR)* poliçe tahsili/ahzukabzı
Trattenkredit ⟨m⟩ *(BkW)* akseptans kredisi
Treibstoff ⟨m⟩ yakıt
Treibstoffkosten ⟨pl⟩ yakıt maliyeti
Treibstoffsteuer ⟨f⟩ *(StR)* yakıt vergisi
Treibstoffvorräte ⟨pl⟩ yakıt rezervleri/stokları
Trend ⟨m⟩ trend; eğilim
  [logarithmischer ...] *(VWL)* üstel trend
Trendanalyse ⟨f⟩ *(Stat)* trend analizi
Trennung ⟨f⟩ ayrılık; ayrılma
Trennungsentschädigung ⟨f⟩ mahrumiyet tazminatı
Trennungsgeld ⟨n⟩ mahrumiyet tazminatı
Treppendiagramm ⟨n⟩ *(Stat)* histogram
Treppenpolygon ⟨n⟩ *(Stat)* frekans poligonu
Treppenverfahren ⟨n⟩ *(KoR)* kademeli kumanda sistemi
Tresor ⟨m⟩ *(BkW)* kasa
Tresorfach ⟨n⟩ *(BkW)* kasa gözü
Tresorraum ⟨m⟩ *(BkW)* kasa dairesi

Treue ⟨f⟩ liyakat
Treuhand ⟨f⟩ yediemin; tröst
Treuhänder ⟨m⟩ yediemin
  [... bestellen] yediemin atamak;
  yediemin tayin etmek
  [als ... verwalten] emaneten idare etmek
treuhänderisch ⟨adj⟩ inançlı; itimada müstenit
Treuhandgelder ⟨pl⟩ tröst fonu/paraları
Treuhandgesellschaft ⟨f⟩ tröst şirketi
Treuhandkapital ⟨n⟩ tröst sermayesi
Treuhandverwaltung ⟨f⟩ emaneten idare
Treuhandvollmacht ⟨f⟩ yediemin yetkisi
Trinkgeld ⟨n⟩ bahşiş
Trockendock ⟨n⟩ *(Schff)* yüzen/kuru havuz
Trockenlegung ⟨f⟩ *(LandW)* drenaj
Trust ⟨m⟩ tröst; kombina
Tuch ⟨n⟩ bez; kumaş
Tuchfabrik ⟨f⟩ bez dokuma fabrikası
Tuchwaren ⟨pl⟩ bez dokumalar
Typ ⟨m⟩ tip; model; marka
Typenmuster ⟨n⟩ temsilî örnek
Typung ⟨f⟩ *(Ind)* standartlaştırma; standardizasyon

U

Überabschreibung ⟨f⟩ *(ReW)* aşırı amortisman
Überangebot ⟨n⟩ *(VWL)* aşırı arz
  [... an Arbeitskräften] *(VWL)* aşırı işgücü arzı
Überangebotsinflation ⟨f⟩ *(VWL)* aşırı arz enflasyonu
Überarbeit ⟨f⟩ fazla çalışma
überarbeiten ⟨refl⟩ aşırı/fazla çalışmak;
  ⟨v/t⟩ (yapılmış) işi kontrol etmek
Überarbeitung ⟨f⟩ 1. sürmenaj; aşırı çalışma sonucu yorulmuş olma 2. kontrol; revizyon
  [technische ...] teknik kontrol/revizyon
Überbau ⟨m⟩ üstyapı
überbeanspruchen ⟨v/t⟩ fazla kullanmak/yüklemek; aşındırmak
Überbedarf ⟨m⟩ fazla talep; fazla gereksinme
Überbelasten ⟨v/t⟩ fazla borçlandırmak/yüklemek
Überbelastung ⟨f⟩ fazla borçlandırma/yükleme
überbelegen ⟨v/t⟩ fazla (sayıda) kaydetmek; fazla rezervasyon yapmak
Überbelegung ⟨f⟩ fazla rezervasyon
Überbeschäftigung ⟨f⟩ *(VWL)* aşırı istihdam; *(BWL)* işgücü fazlalığı
Überbesetzen ⟨v/t⟩ fazla personel kullanmak
Überbestand ⟨m⟩ stok fazlalığı
Überbesteuern ⟨v/t⟩ *(StR)* fazla vergilemek
Überbesteuerung ⟨f⟩ *(StR)* fazla vergileme
Überbetrieblich ⟨adj⟩ şirketlerarası
überbevölkert ⟨adj⟩ fazla nüfuslu
Überbevölkerung ⟨f⟩ *(Stat)* fazla nüfus
Überbevorratung ⟨f⟩ aşırı/fazla stoklama
Überbewerten ⟨v/t⟩ aşırı/fazla değerlendirmek
Überbewertung ⟨f⟩ *(BkW)* aşırı değerlendirme; *(ReW)* fazla değerlendirme
  [... des Geldes] *(BkW)* paranın aşırı değerlendirilmesi
Überbewertungsgeldpolitik ⟨f⟩ aşırı değerlendirilmiş kur politikası
Überbezahlen ⟨v/t⟩ fazla(dan) ödemek
Überbezahlt ⟨adj⟩ fazla ödenmiş
Überbezahlung ⟨f⟩ fazla ödeme
Überbieten ⟨v/t⟩ fazla artırmak; üstün teklif yapmak
Überbietender ⟨m⟩ fazla artıran
Überbieter ⟨m⟩ fazla artıran
Überbietung ⟨f⟩ fazla artırma
Überbleibsel ⟨n⟩ fazlalık; artık; kalıntı; ⟨pl⟩ artıklar; kalıntılar
Überbringer ⟨m⟩ hamil
  [an ...] hamiline

  [auf den ... lautend] hamiline yazılı
  [zahlbar an ...] hamiline ödenir
Überbringerscheck ⟨m⟩ *(WeR)* hamiline yazılı çek
überbrücken ⟨v/t⟩ atlatmak
Überbrückungsdarlehen ⟨n⟩ → **Überbrückungskredit**
Überbrückungskredit ⟨m⟩ *(BkW)* geçici süreyi atlatmak için tahsis edilen kredi
überbuchen ⟨v/t⟩ *(ReW)* fazla kaydetmek
Überdeckung ⟨f⟩ *(Vers)* aşkın teminat
überdurchschnittlich ⟨adj⟩ ortalama üstü; olağanüstü
übereignen ⟨v/t⟩ devretmek; *(Jur)* temlik etmek
Übereignung ⟨f⟩ *(Jur)* temlik; *(Jur)* ferağ ve devir
  [... durch Mittler] aracı yoluyla temlik
  [... eines Grundstücks] bir arsanın temliki
  [... im Todesfall] ölüm halinde temlik
  [bedingte ...] koşullu devir
  [fiduziarische ...] inançlı devir; itimada müstenit temlik
  [unentgeltliche ...] ivazsız intikal
  [urkundliche ...] vesikalı/belgeli temlik
Übereignungsanspruch ⟨m⟩ *(Jur)* temlik hakkı
Übereignungsurkunde ⟨f⟩ *(Jur)* temlikname; temlik senedi
Übereinkommen ⟨n⟩ anlaşma; uzlaşma
  [... erzielen] anlaşmaya varmak
  [internationales ...] uluslararası anlaşma
  [laut ...] anlaşmaya göre; anlaşma gereğince
  [stillschweigendes ...] üstü kapalı anlaşma
  [vorläufiges ...] geçici anlaşma
Übereinkunft ⟨f⟩ anlaşma; uzlaşma
  [... mit Gläubigern] alacaklılarla uzlaşma
  [in gegenseitiger ...] karşılıklı anlaşmalı
  [stille ...] gizli anlaşma
  [vorläufige ...] geçici (olarak) anlaşma
  [zu einer ... gelangen] anlaşmaya varmak
übereinstimmen ⟨int⟩ aynı görüşte olmak; bağdaşmak; uymak
übereinstimmend ⟨adj⟩ uyumlu; uygun
Übereinstimmung ⟨f⟩ *(Person)* uyuşma; görüş birliği; *(Sache)* uygunluk
  [... erzielen] görüş birliğine varmak; uyum sağlamak
  [... von Warenzeichen] *(Pat)* markaların birbirine benzemesi
  [allgemeine ...] genel görüş birliği
  [doppelseitige ...] iki taraflı uyuşma
  [in ... bringen] *(Konten)* uyum sağlamak

[teilweise ...] kısmen uyuşma
[zeitliche ...] zamansal uyum; senkronizasyon
Übereinstimmungskoeffizient ⟨m⟩ uygunluk katsayısı
Überfall ⟨m⟩ *(Jur)* soygun
[... auf eine Bank] *(Jur)* banka soygunu
[bewaffneter ...] *(Jur)* silâhlı soygun
überfällig ⟨adj⟩ ödenmesi gecikmiş; vadesi dolmuş
Überfallversicherung ⟨f⟩ *(Vers)* soyguna karşı sigorta
Überfluß ⟨m⟩ bolluk; refah
Überflußgesellschaft ⟨f⟩ refah toplumu
überflüssig ⟨adj⟩ gereksiz; fazla
Überforderung ⟨f⟩ fazla ücret isteme; aşırı alacak/hak talebi
Überfracht ⟨f⟩ fazla yük; *(Schff)* fazla navlun
Überführung ⟨f⟩ *(Jur)* suçun ispat edilmesi; *(Immobilie)* nakil; *(Kfz)* üstgeçit
[... in Gemeineigentum] kamulaştırma
Übergabe ⟨f⟩ devir ve teslim; tevdi; teslim (etme)
[... ab Lager] depo teslimi; *(Zo)* antrepoda devir
[aufgeschobene ...] ertelenmiş devir ve teslim
[bedingte ...] koşullu devir ve teslim
[bedingungslose ...] kayıtsız şartsız devir ve teslim
[bei ... zahlbar] tesliminde ödenir
[fehlerhafte ...] hatalı teslim; anlaşmaya uymayan şekilde teslim etme
[fiktive ...] fiktif devir ve teslim
[gegen ... der Dokumente übertragbar] evrak teslimi karşılığı temliki kabil
[mittelbare ...] vasıtalı devir ve teslim
[übertragbar durch ...] tevdi yoluyla temliki kabil; teslim yoluyla devredilebilir
Übergabefrist ⟨f⟩ teslim tarihi
Übergang ⟨m⟩ geçiş; *(Jur)* intikal; *(Kfz)* geçit
[... des Eigentums] *(Jur)* mülkiyetin intikali
[... für Fußgänger] yaya geçiti
[... von Todes wegen] *(Jur)* ölüme bağlı intikal
[... von Vermögen] *(Jur)* mal varlığının intikali
Übergangsbahnhof ⟨m⟩ *(Bahn)* aktarma istasyonu
Übergangsbestimmungen ⟨pl⟩ *(Jur)* intikal hükümleri
Übergangsfinanzierung ⟨f⟩ *(BkW)* ara finanzman
Übergangsgesetz ⟨n⟩ *(Jur)* geçici yasa; muvakkat kanun
Übergangshaushalt ⟨n⟩ geçici bütçe
Übergangskonto ⟨n⟩ *(ReW)* tranzituar hesap
Übergangslösung ⟨f⟩ geçici çözüm
Übergangsmaßnahme ⟨f⟩ geçici önlem
Übergangsperiode ⟨f⟩ geçiş/intikal dönemi
Übergangsphase ⟨f⟩ geçiş aşaması; intikal devresi
Übergangsposten ⟨m⟩ *(ReW)* tranzituar/ertelenmiş kalem
Übergangspunkt ⟨m⟩ geçiş noktası
Übergangsregelung ⟨f⟩ geçici düzenleme
Übergangsstadium ⟨n⟩ geçiş aşaması
Übergangsstation ⟨f⟩ *(Bahn)* aktarma istasyonu
Übergangsstelle ⟨f⟩ geçit; geçiş yeri
Übergangsstellung ⟨f⟩ geçici görev
Übergangstarif ⟨m⟩ geçici tarife
Übergangsvergütung ⟨f⟩ geçici ücret
Übergangsverwaltung ⟨f⟩ geçici yönetim
Übergangsvorschriften ⟨pl⟩ *(Jur)* geçiş hükümleri

Übergangswert ⟨m⟩ *(Zo)* tranzit/geçiş değeri
Übergangszeit ⟨f⟩ geçiş süresi
übergeben ⟨v/t⟩ devretmek; tevdi etmek
Übergebot ⟨n⟩ daha yüksek teklif
übergehen ⟨v/t⟩ geçmek; intikal etmek
Übergepäck ⟨n⟩ fazla bagaj
Übergewicht ⟨n⟩ fazla ağırlık; ağırlık fazlası
Übergewinn ⟨m⟩ fazla/aşırı kâr
Überhang ⟨m⟩ fazlalık; üste
[... an Arbeitskräften] *(BWL)* işgücü fazlalığı
[... an Aufträgen] sipariş fazlalığı
Überhitzung ⟨f⟩ *(VWL)* aşırı kızışma
überhöht ⟨adj⟩ aşırı yüksek; fahiş
[preislich ...] fahiş fiyatlı; aşırı yüksek fiyatlı
Überholen ⟨n⟩ geçme
[... verboten] *(Kfz)* geçmek yasaktır
überholen ⟨v/t⟩ *(Kfz)* geçmek; *(Ind)* onarmak; *(Motor)* rektifiye etmek
überholt ⟨adj⟩ eskimiş; onarılmış; *(Motor)* rektifiye edilmiş
Überholverbot ⟨n⟩ geçme yasağı
Überindustrialisierung ⟨f⟩ *(VWL)* fazla sanayileşme
überinvestieren ⟨v/t⟩ *(BkW)* fazla yatırım yapmak
Überinvestition ⟨f⟩ *(BkW)* fazla yatırım
Überkapazität ⟨f⟩ *(BWL)* fazla kapasite
überkapitalisieren ⟨v/t⟩ *(BkW)* fazla sermayelendirmek
überkapitalisiert ⟨adj⟩ *(BkW)* fazla sermayelendirilmiş
Überkapitalisierung ⟨f⟩ *(BkW)* fazla sermayelendirme
Überkonjunktur ⟨f⟩ *(VWL)* aşırı konjonktür
überkreditieren ⟨v/t⟩ *(BkW)* fazla itibar/kredi vermek
Überkreuzverflechtung ⟨f⟩ *(BWL)* çapraz kombinezon
überladen ⟨v/t⟩ fazla yüklemek; ⟨adj⟩ aşırı yüklü
Überladung ⟨f⟩ aşırı yük
Überland- şehirlerarası
Überlandleitung ⟨f⟩ şehirlerarası hat
Überlandpost ⟨f⟩ *(Post)* şehirlerarası posta
Überlandstraße ⟨f⟩ şehirlerarası karayolu
Überlandtransport ⟨m⟩ şehirlerarası taşıma/nakliyat
Überlandverkehr ⟨m⟩ şehirlerarası ulaştırma/trafik
überlassen ⟨v/t⟩ emanet etmek; bırakmak; terk/temlik etmek; devretmek
[entgeltlich ...] ivazlı bırakmak; satmak
[käuflich ...] satmak için bırakmak
[leihweise ...] ariyeten bırakmak
Überlassung ⟨f⟩ *(Jur)* devir ve ferağ; *(Jur)* temlik; bırakma; terk
[... zur Nutznießung] kullanma ve faydalanma için bırakma
[schenkungsweise ...] *(Jur)* intikalî ferağ
[unentgeltliche ...] ivazsız ferağ
Überlassungsurkunde ⟨f⟩ *(Jur)* temlikname; temlik belgesi
Überlassungsvertrag ⟨m⟩ *(Jur)* ferağ ve devir borcu yükleyen akit
Überlast ⟨f⟩ fazla yük
überlasten ⟨v/t⟩ fazla yüklemek
überlastet ⟨adj⟩ fazla yüklü
Überlastung ⟨f⟩ fazla yükleme

285

Überlastungsgeld ⟨n⟩ *(Flug)* fazla bagaj ücreti
Überlauf ⟨m⟩ taşma
Überlaufanzeiger ⟨m⟩ taşma göstergesi
Überlaufbehälter ⟨m⟩ taşma kabı
Überleben ⟨n⟩ sağ/hayatta kalma
Überlebenskampf ⟨m⟩ ölüm kalım mücadelesi
Überlebensklausel ⟨f⟩ *(Jur)* kaydıhayat şartı
Überlebensrente ⟨f⟩ *(SozV)* hayat halinde emeklilik
Überlebensversicherung ⟨f⟩ *(Vers)* yaşama olasılığına/ihtimaline karşı sigorta
Überlebenswahrscheinlichkeit ⟨f⟩ yaşama olasılığı/ihtimali
überlegen ⟨v/t⟩ düşünmek; ⟨adj⟩ üstün
[hin und her ...] bir aşağı bir yukarı düşünmek
Überlegenheit ⟨f⟩ üstünlük
[zahlenmäßige ...] sayı üstünlüğü
Überlegung ⟨f⟩ düşünme; düşünce; *(Jur)* mütalaa
Überlegungsfrist ⟨f⟩ düşünme müddeti
Überliegegebühr ⟨f⟩ *(Schff)* sürastarya ücreti
Überliegegeld ⟨n⟩ → Überliegegebühr
Überliegezeit ⟨f⟩ *(Schff)* sürastarya (müddeti)
Überliquidität ⟨f⟩ *(BkW)* aşırı likidite;
(BkW) likidite fazlalığı
Übermaß ⟨n⟩ furya; aşırı ölçü
[im ...] aşırı ölçüde
übermäßig ⟨adj⟩ aşırı (ölçüde)
Übermittlung ⟨f⟩ iletişim; iletme; gönderme; yollama; ulaştırma
[... von Daten] veri iletişimi
Übernachfrage ⟨f⟩ *(VWL)* aşırı/fazla talep; *(VWL)* talep fazlası
Übernachfrageinflation ⟨f⟩ *(VWL)* aşırı talep enflasyonu
Übernahme ⟨f⟩ teslim alma; devralma; deruhte etme; ele geçirme; *(Risiko)* aracılık yüklenimi; yüklenme; yükümlenme; üstlenme; taahhüt
[... ab Lager] antrepoda teslim alma
[... an Bord] gemiye teslim alma
[... des Ausfallrisikos] kredi kaybı rizikosunu yükümlenme
[... durch die Geschäftsführung] yönetim yoluyla üstlenme
[... eines Amtes] görev üstlenme
[... eines Risikos] bir rizikoyu üstlenme; aracılık yüklenimi
[... von Bürgschaften] kefalet üstlenme
[... von Effektenemissionen] menkul değerler ihracını taahhüt
[... von Schulden] borç yüklenme
[... von Verbindlichkeiten] borçlanma; borç/yükümlülük üstlenme
[feste ...] *(Emission)* kesin bağlantı aracılığı
Übernahmeabkommen ⟨n⟩ teslim alma anlaşması; *(Emission)* aracı yüklenim sözleşmesi
Übernahmeangebot ⟨n⟩ ele geçirme teklifi
[... unterbreiten] ele geçirmek için teklifte bulunmak
Übernahmebedingungen ⟨pl⟩ kabul koşulları
Übernahmebescheinigung ⟨f⟩ tesellüm ilmuhaberi
[... (des Spediteurs)] taşıyanın yüklenim belgesi
Übernahmegarantie ⟨f⟩ *(Emission)* taahhüt; üstlenme garantisi
Übernahmekampf ⟨m⟩ devralma mücadelesi
Übernahmekonnossement ⟨n⟩ tesellüm konşimentosu; deniz yükü alma belgesi

Übernahmekonsortium ⟨n⟩ aracılık yüklenim konsorsiyumu; plasman bankaları sendikası;
(Vers) yüklenim/taahhüt grubu
Übernahmekurs ⟨m⟩ satınalma kuru;
ele geçirme fiyatı
Übernahmepreis ⟨m⟩ ele geçirme fiyatı;
taahhüt fiyatı
Übernahmeprovision ⟨f⟩ yüklenim komisyonu
Übernahmeschein ⟨m⟩ tesellüm ilmuhaberi;
(Schff) rıhtım makbuzu
Übernahmeverpflichtung ⟨f⟩ aracılık yüklenimi
Übernahmevertrag ⟨m⟩ *(BkW)* tesellüm akdi;
(WeR) aracılık/yüklenim sözleşmesi
übernehmen ⟨v/t⟩ *(Ladung)* teslim almak; devralmak; *(Kosten)* üstlenmek
Überpariemission ⟨f⟩ başabaşın üstünde emisyon
Überparikurs ⟨m⟩ başabaşın üstünde kur
Überproduktion ⟨f⟩ *(BWL)* aşırı üretim
überprüfen ⟨v/t⟩ yoklamak; muayene/kontrol etmek; *(Person)* muayene etmek;
(ReW) denetlemek
Überprüfung ⟨f⟩ yoklama; muayene; revizyon; kontrol; denetim; *(Person)* soruşturma; muayene; arama; *(ReW)* denetleme
[betriebliche ...] faaliyet denetimi;
işletme kontrolü
[gerichtliche ...] *(Jur)* mahkeme soruşturması
[stichprobenartige ...] *(Stat)* örnekleme;
örnek kontrolü
Überprüfungsausschuß ⟨m⟩ muayene komisyonu
Überprüfungsbefugnis ⟨f⟩ muayene yetkisi
Überprüfungskommission ⟨f⟩ muayene komisyonu
überprüfungspflichtig ⟨adj⟩ muayeneye tabi
Überprüfungsrecht ⟨n⟩ muayene/yoklama hakkı
Überprüfungsverfahren ⟨n⟩ muayene usulü;
yoklama yöntemi
überschätzen ⟨v/t⟩ fazla değer vermek;
(StR) fazla takdir etmek
Überschlag ⟨m⟩ kaba tahmin
überschreiben ⟨v/t⟩ nakletmek; devretmek
Überschreibung ⟨f⟩ transfer; nakil;
(Grundstück) devir ve ferağ; temlik
Überschreitung ⟨f⟩ aşma; aşım
[... der Zuständigkeit] *(Jur)* yetki aşımı
[... des Kostenvoranschlags] tahminî maliyeti aşma
Überschrift ⟨f⟩ başlık
überschuldet ⟨adj⟩ aşırı borçlanmış
Überschuldung ⟨f⟩ aşırı borçlanma
Überschuß ⟨m⟩ fazla(lık); artık; bakiye; kâr
[... der Aktiva über die Passiva] *(ReW)* aktifin pasife oranla fazlalığı
[... der Dienstleistungsbilanz] *(vGR)* görünmeyenlerde kâr
[... der Einnahmen über Ausgaben] gelirin gidere oranla fazlalığı
[... der Zahlungsbilanz] *(vGR)* ödemeler bilançosu fazlalığı
[... in der Handelsbilanz] *(vGR)* ticaret bilançosu fazlalığı
[... in Leistungsbilanz] *(vGR)* cari işlemler (bilançosu) fazlalığı
[buchmäßiger ...] *(ReW)* defter bakiyesi
[einbehaltener ...] *(BkW)* dağıtılmamış kâr
[rechnerischer ...] izafî kâr

[(versicherungs)technischer ...] *(Vers)* aktüerya kârı; *(Vers)* teknik kâr
Überschußanteil ⟨m⟩ kâr payı
Überschußbetrag ⟨m⟩ kâr bedeli
Überschußreserve ⟨f⟩ *(BkW)* âtıl para
Überschußzahlung ⟨f⟩ *(Jur)* temettü ödemesi
Übersee denizaşırı; açık deniz; alarga
[in ...] açık denizde
Überseeauftrag ⟨m⟩ denizaşırı sipariş
Überseedampfer ⟨m⟩ *(Schff)* açık deniz gemisi
Überseefiliale ⟨f⟩ denizaşırı şube
Überseefracht ⟨f⟩ *(Schff)* denizaşırı navlun
Überseegeschäft ⟨n⟩ denizaşırı iş(lem)
Überseehandel ⟨m⟩ *(AußH)* denizaşırı ticaret
Überseeinvestition ⟨f⟩ *(AußH)* denizaşırı yatırım
Überseemarkt ⟨m⟩ *(AußH)* denizaşırı pazar
Überseereise ⟨f⟩ açık deniz yolculuğu
Überseeschiff ⟨n⟩ *(Schff)* açık deniz gemisi
Überseeschiffahrt ⟨f⟩ açık deniz seferi/yolculuğu
Überseetransport ⟨m⟩ denizaşırı taşıma/nakliyat
Überseetratte ⟨f⟩ *(SeeV)* denizaşırı poliçe
Überseeumsätze ⟨pl⟩ denizaşırı satışlar
Überseeverkehr ⟨m⟩ denizaşırı ulaştırma
Überseeversicherung ⟨f⟩ *(SeeV)* açık deniz sigortası; denizaşırı seyahat sigortası
übersenden ⟨v/t⟩ göndermek
[anliegend ... wir] ekte gönderiyoruz
[zur Kenntnisnahme ...] bilgi için göndermek
Übersender ⟨m⟩ gönderen
Übersendung ⟨f⟩ gönderme; gönderi; sevk; *(Geld)* transfer
übersetzen ⟨v/t⟩ tercüme etmek; çevirmek
[frei ...] serbest çevirmek
[sinngemäß ...] anlamca çevirmek; anlamına uygun çevirmek
[wortgetreu ...] kelimesi kelimesine çevirmek
[wortwörtlich ...] kelimesi kelimesine çevirmek
Übersetzer ⟨m⟩ (yazılı) tercüman/çevirmen
[beeidigter ...] yeminli (sözlü) tercüman/çevirmen
[ermächtigter ...] yetkili (yazılı) tercüman/çevirmen
Übersetzung ⟨f⟩ tercüme; çeviri
[annähernde ...] yaklaşık tercüme/çeviri
[beglaubigte ...] tasdikli tercüme; onaylı çeviri
[freie ...] serbest tercüme/çeviri
[genaue ...] tam tercüme/çeviri
[mündliche ...] sözlü tercüme/çeviri
[schlechte ...] kötü tercüme/çeviri
[sinngemäße ...] anlamca çeviri/tercüme
[wortgetreue ...] kelimesi kelimesine çeviri/tercüme
[wortwörtliche ...] kelimesi kelimesine çeviri/tercüme
Übersetzungsbüro ⟨n⟩ tercüme bürosu
Übersetzungsfehler ⟨m⟩ tercüme hatası
Übersetzungsgebühr ⟨f⟩ tercüme ücreti
Übersetzungsprogramm ⟨n⟩ *(EDV)* tercüme programı
Übersicht ⟨f⟩ özet; tablo; *(ReW)* döküm
[tabellarische ...] tablo
Überspezialisierung ⟨f⟩ aşırı/fazla uzmanlaşma
übersteigen ⟨v/t⟩ aşmak; geçmek
übersteigern ⟨v/t⟩ daha yüksek teklifte bulunmak; *(Ausschreibung)* daha yüksek pey sürmek

übersteigert ⟨adj⟩ aşırı; aşkın
Überstunden ⟨pl⟩ fazla çalışma/mesai (süresi/saatleri)
[... leisten] fazla mesai yapmak
[... machen] fazla mesai yapmak
[bezahlte ...] ücretli fazla çalışma; ödemeli fazla mesai
Überstundenarbeit ⟨f⟩ fazla (mesai) çalışma
Überstundenbezahlung ⟨f⟩ fazla mesai ödemesi
Überstundenlohn ⟨m⟩ fazla çalışma ücreti
Überstundenprämie ⟨f⟩ fazla çalışma zammı
Überstundensatz ⟨m⟩ fazla mesai haddi
Überstundenverbot ⟨n⟩ fazla çalışma yasağı
Überstundenverdienst ⟨m⟩ fazla çalışma kazancı
Überstundenvergütung ⟨f⟩ fazla çalışma ücreti
Überstundenzeit ⟨f⟩ fazla çalışma süresi
Überstundenzulage ⟨f⟩ fazla çalışma zammı
Überstundenzuschlag ⟨m⟩ fazla çalışma zammı
Übertrag ⟨m⟩ aktarma; geçirme; nakil; yansıtma; röpor
[... auf neue Rechnung] yeni hesaba aktarma
übertragbar ⟨adj⟩ devir ve temlik edilebilir; devri mümkün; devredilebilen; nakledilebilen; temlik edilebilen; ferağ olunabilen
[... durch Übergabe] tevdi yoluyla temliki kabil; teslim yoluyla devredilebilir; devir ve ferağı kabil
[nicht ...] devir ve ferağı kabil olmayan; devri mümkün olmayan; ferağ olunamayan
übertragen ⟨v/t⟩ devretmek; *(Buchung)* nakletmek; geçirmek; *(Jur)* intikal ettirmek; devir ve temlik etmek
Übertragender ⟨m⟩ *(Jur)* temlik eden
Übertragung ⟨f⟩ devir; nakil; transfer; geçirme; *(Aufgabe)* görevlendirme; (WeR) devir; *(Jur)* intikal; *(Jur)* devir ve ferağ; *(Jur)* temlik; tevdi; (ReW) aktarma; nakil
[... der Konkursmasse] *(Jur)* iflas masasının devri
[... des Warengewinns auf die Gewinn- und Verlustrechnung] *(ReW)* mal kârının kâr ve zarar hesabına nakli
[... durch Abtretung] *(Jur)* ferağ yoluyla devir
[... durch Erbschaft] *(Jur)* miras yoluyla intikal
[... durch Giro] cirolu devir
[... einer Forderung] alacağın temliki
[... eines Rechts] alacak hakkının devri
[... eines Saldos] *(ReW)* bakiyenin nakli
[... in das Hauptbuch] *(ReW)* defterikebire geçirme
[... von Anteilen] *(BkW)* hisselerin devri
[... von Befugnissen] *(Jur)* yetki devri
[... von Eigentum] *(Jur)* mülkiyetin nakli
[... von Grundbesitz] *(Jur)* gayrimenkul nakli
[öffentliche ... en] *(vGR)* kamu transferleri
[private ... en] özel transferler
[uneingeschränkte ...] kayıtsız şartsız devir
[unentgeltliche ...] *(Jur)* ivazsız intikal
[unwiderrufliche ...] kesin devir; *(Jur)* mutlak temlik
Übertragungsbedingungen ⟨pl⟩ devir/temlik koşulları
Übertragungsbeleg ⟨m⟩ devir makbuzu; *(Jur)* temlikname; temlik belgesi
Übertragungsbescheinigung ⟨f⟩ *(Jur)* temlikname; temlik belgesi

Übertragungsbilanz ⟨f⟩ *(vGR)* devir bilançosu; *(vGR)* tek yanlı transferler
Übertragungsbilanzdefizit ⟨n⟩ *(vGR)* devir bilançosu açığı; transferlerde açık
Übertragungseinkommen ⟨n⟩ *(vGR)* transfer geliri
Übertragungsempfänger ⟨f⟩ devralan; *(Jur)* temellük eden
Übertragungserklärung ⟨f⟩ devir beyanı; *(Jur)* temlikname
Übertragungsgebühr ⟨f⟩ *(Jur)* ferağ/intikal harcı; devir ücreti; *(Aktien)* (tescil) işlem/muamele harcı
Übertragungsgewinn ⟨m⟩ transfer kârı
Übertragungskosten ⟨pl⟩ *(Jur)* intikal masrafları
Übertragungsleistung ⟨f⟩ transfer kapasitesi
Übertragungsschein ⟨m⟩ *(Jur)* temlikname; transfer belgesi
Übertragungsurkunde ⟨f⟩ *(Jur)* temlikname; temlik belgesi
Übertragungsverfügung ⟨f⟩ *(Jur)* arazi mülkiyetini nakleden mahkeme ilâmı
Übertragungsvermerk ⟨m⟩ *(BkW)* transfer kaydı; *(WeR)* temlik şerhi; *(WeR)* ciro
übertreten ⟨v/t⟩ *(Jur)* kabahat işlemek
Übertretung ⟨f⟩ *(Jur)* kabahat
 [... begehen] kabahat işlemek
 [... der Machtbefugnis] *(Jur)* yetki aşımı
Überversicherung ⟨f⟩ *(Vers)* aşkın sigorta
Übervorrat ⟨m⟩ stok fazlalığı
übervorteilen ⟨v/t⟩ aşırı yararlanmak
Übervorteilung ⟨f⟩ aşırı yararlanma; *(Jur)* gabin
überwachen ⟨v/t⟩ kontrol etmek; denetlemek; gözetmek
 [laufend ...] sürekli kontrol etmek
Überwachung ⟨f⟩ kontrol; denetim; *(Jur)* gözetim; nezaret
 [... der Betriebsabläufe] *(BWL)* faaliyet kontrolü
 [... des Kassenbestands] *(ReW)* kasa denetimi
 [... des Rechnungswesens] *(ReW)* maliye denetimi
 [ärztliche ...] *(Med)* doktor kontrolü; *(Med)* tedavi
 [finanzielle ...] mali denetim
 [polizeiliche ...] *(Jur)* polis nezareti/gözetimi
 [technische ...] *(Ind)* teknik kontrol
 [zentrale ...] merkezî denetim
Überwachungsausschuß ⟨m⟩ kontrol komisyonu
Überwachungsbeamter ⟨m⟩ kontrol memuru; kontrolör
Überwachungsbehörde ⟨f⟩ kontrol makamı
Überwachungsdienst ⟨m⟩ kontrol servisi
 [technischer ...] teknik kontrol servisi
überwälzen ⟨v/t⟩ *(ReW)* yansıtmak
 [voll ...] *(ReW)* tam yansıtmak
Überwälzung ⟨f⟩ yansı(t)ma
 [versteckte ...] *(StR)* gizli yansıma
Überwälzungseffekt ⟨m⟩ *(VWL)* yansıma etkisi; *(VWL)* dışsal etki
überweisen ⟨v/t⟩ havale etmek
 [telegraphisch ...] *(Post)* telgrafla havale etmek
Überweisung ⟨f⟩ havale; transfer; para havalesi; kredi transferi; hesap nakli; *(Vorgang)* nakil
 [... durch die Post] *(Post)* posta yoluyla havale/transfer
 [... einer Sache] *(Jur)* dava(nın) nakli
 [... einer Sache an ein Schiedsgericht] *(Jur)* davanın hakem mahkemesine nakli
 [... von Geld] *(BkW)* para havalesi/transferi
 [bankmäßige ...] *(BkW)* banka havalesi/transferi; virman
 [bargeldlose ...] *(BkW)* gayri nakdi havale/transfer
 [postalische ...] *(Post)* posta havalesi
 [telegraphische ...] *(Post)* telgraf havalesi
Überweisungsabschnitt ⟨m⟩ *(BkW)* havale fişi
Überweisungsauftrag ⟨m⟩ *(BkW)* havale emri; virman; kredi transfer emri
Überweisungsbeleg ⟨m⟩ *(BkW)* havale fişi
Überweisungsempfänger ⟨m⟩ *(BkW)* havale alıcısı; *(BkW)* kendisine havale yapılan kişi
Überweisungsformular ⟨n⟩ *(BkW)* havale/transfer fişi
Überweisungsträger ⟨m⟩ *(BkW)* havale/transfer fişi
Überweisungsverkehr ⟨m⟩ *(BkW)* kredi transferleri
überzahlen ⟨v/t⟩ fazla ödemek
Überzahlung ⟨f⟩ fazla ödeme
überzeichnen ⟨v/t⟩ *(BkW)* (kıymetli evrak ihracında) fazla taahhüt etmek
überzeugen ⟨v/t⟩ *(Mk)* ikna etmek
Überzeugungskraft ⟨f⟩ *(Mk)* ikna gücü
überziehen ⟨v/t⟩ *(BkW)* kredi limitini aşmak; *(Konto)* açığa çekmek
Überziehung ⟨f⟩ *(BkW)* depasman; *(BkW)* kredi limitini aşma; *(Konto)* açığa çekme
Überziehungsbetrag ⟨m⟩ açığa çekilen tutar; kredi limitini aşan bedel
Überziehungskredit ⟨m⟩ açık kredi/itibar; *(BkW)* depasman kredisi
Überziehungskreditzinsen ⟨pl⟩ açık kredi/itibar faizleri; *(BkW)* depasman faizleri
Überziehungsmöglichkeit ⟨f⟩ açık kredi/itibar olanağı/imkânı
Überziehungszinsen ⟨pl⟩ *(BkW)* depasman faizleri
überzogen ⟨adj⟩ açık; *(Preis)* fahiş
üblich ⟨adj⟩ olağan; mutad; olağan; alışagelmiş; geleneksel
Übungswerkstatt ⟨f⟩ çırak eğitim merkezi
Ultimo ⟨m⟩ ay sonu; ayın sonunda
Ultimoabrechnung ⟨f⟩ *(ReW)* aylık hesap durumu; aylık mizan
Ultimoabschluß ⟨m⟩ aylık mizan
Ultimoausgleich ⟨m⟩ aylık mizan
Ultimobedarf ⟨m⟩ aylık ihtiyaç/gereksinme
Ultimofälligkeiten ⟨pl⟩ aylık tahakkuklar
Ultimogeschäft ⟨n⟩ ay sonunda işlem
Ultimokurs ⟨m⟩ ay sonunda kur/fiyat
Ultimoliquidation ⟨f⟩ *(ReW)* aylık likidasyon; ay sonunda hesaplaşma
Ultimokurs ⟨m⟩ ay sonunda fiyat
Ultimoregulierung ⟨f⟩ *(ReW)* aylık düzenleme; ay sonunda hesaplaşma
Ultimostand ⟨m⟩ *(ReW)* ay sonunda hesap durumu
Ultimowechsel ⟨m⟩ *(WeR)* ay sonunda ödenecek poliçe
umadressieren ⟨v/t⟩ yeni adresi yazmak; yeni adrese göndermek
umbuchen ⟨v/t⟩ rezervasyonu/kaydı değiştirmek; yeniden rezervasyon yapmak

Umbuchung ⟨f⟩ yeniden rezervasyon; ters kayıt; (kayıtta) nakil
Umfang ⟨m⟩ kapsam; hacim
 [... der Ausleihungen] *(BkW)* kredi hacmi
 [... der Geschäftstätigkeit] (iş) faaliyet düzeyi
 [... der Haftung] sorumluluk kapsamı
 [... der Produktion] üretim(in) kapsamı
 [... einer Versicherung] *(Vers)* sigortanın kapsamı
Umfeld ⟨n⟩ *(BWL)* çevre
 [betriebliches ...] *(BWL)* iş çevresi
Umfeldbedingungen ⟨pl⟩ *(BWL)* çevresel koşullar
umfinanzieren ⟨v/t⟩ yeniden finanse etmek; finansmanı değiştirmek
umfirmieren ⟨v/t⟩ şirketin nev'ini değiştirmek; şirketi çevirmek
Umfrage ⟨f⟩ *(Mk)* araştırma; anket
 [... der öffentlichen Meinung] *(Mk)* kamuoyu araştırması
umgehend ⟨adj⟩ derhal; hemen; ⟨adv⟩ ilk posta ile
umgestalten ⟨v/t⟩ yeniden yapılamak
umgliedern ⟨v/t⟩ yeniden yapılamak
umgründen ⟨v/t⟩ *(BWL)* şirketin nev'ini değiştirmek
Umladebahnhof ⟨m⟩ *(Bahn)* aktarma istasyonu
Umladegebühr ⟨f⟩ aktarma ücreti
Umladehafen ⟨m⟩ *(Schff)* aktarma limanı
Umladekonnossement ⟨n⟩ *(Schff)* aktarma konşimentosu
umladen ⟨v/t⟩ (yük) aktarmak
Umladeplatz ⟨m⟩ aktarma yeri
Umladung ⟨f⟩ aktarma
Umlage ⟨f⟩ *(StR)* vergi; resim; *(ReW)* dağılım; dağıtım; taksim
 [... von Gemeinkosten] *(ReW)* genel maliyetin dağılımı
Umlagebeitrag ⟨m⟩ katılım/iştirak payı
Umlageerhebung ⟨f⟩ *(StR)* vergileme
umlagefrei ⟨adj⟩ *(StR)* vergiden muaf
umlagepflichtig ⟨adj⟩ *(StR)* vergiye tabi
Umlageverfahren ⟨n⟩ dağıtım sistemi; *(BWL)* maliyet dağıtım sistemi
Umlauf ⟨m⟩ dolaşım; tedavül
 [in ... bringen] dolaşıma çıkarmak
 [außer ... setzen] dolaşımdan almak
umlaufen ⟨int⟩ dolaşmak; akmak
Umlaufgeschwindigkeit ⟨f⟩ dolaşım hızı; dolaşım (ve el değiştirme) hızı
 [... des Geldes] *(VWL)* paranın dolaşım hızı
Umlaufhaushalt ⟨m⟩ *(BkW)* cari finansman; cari bütçe
Umlaufkapital ⟨n⟩ *(ReW)* döner sermaye
Umlaufmarkt ⟨m⟩ *(Bö)* ikincil piyasa
Umlaufmaterial ⟨n⟩ *(Bö)* arzlar
Umlaufmittel ⟨n⟩ cari fonlar
Umlaufrendite ⟨f⟩ cari getiri
Umlaufschreiben ⟨n⟩ sirküler
Umlaufvermögen ⟨n⟩ *(ReW)* dönen/cari varlıklar
 [... abzüglich Verbindlichkeiten] *(ReW)* işletme sermayesi; *(BWL)* safi cari varlıklar
 [monetäres ...] *(ReW)* cari finansal varlıklar
umlegen ⟨v/t⟩ dağıtmak
Umlegung ⟨f⟩ dağılım; dağıtım; taksim
 [... von Gemeinkosten] *(KoR)* dolaylı maliyet dağılımı

 [... von (Un)kosten] *(KoR)* maliyet dağılımı
Umlegungsverfahren ⟨n⟩ dağıtım sistemi
ummelden ⟨v/t⟩ ikametgâh değişikliğini bildirmek
Umorganisation ⟨f⟩ *(BWL)* yeniden örgütlenme/yapılanma/düzenleme
Umpacken ⟨n⟩ ambalaj yenileme; *(Großhandel)* yeniden denk yapma
umpacken ⟨v/t⟩ ambalaj yenilemek; *(Großhandel)* yeniden denk yapma
umrechenbar ⟨adj⟩ konvertibl
umrechnen ⟨v/t⟩ dönüştürmek; çevirmek; tahvil etmek
Umrechnung ⟨f⟩ dönüştürme; çevirme; tahvil etme
 [... aufs Jahr] yıla bölme/yansıtma
 [... in fremde Währung] dövize çevirmek
Umrechnungsgewinne ⟨pl⟩ tahvil kârları
Umrechnungskurs ⟨m⟩ kambiyo/döviz kuru; parite; tahvil rayici
 [amtlicher ...] resmî kambiyo kuru
umrüsten ⟨v/t⟩ *(Ind)* yeniden donatmak
Umrüstzeit ⟨f⟩ *(Ind)* yeniden donatma süresi
Umsatz ⟨m⟩ devir miktarı; satışlar; hasılat; ciro; *(Bö)* işlemler; satışlar
 [... am Kassamarkt] *(Bö)* spot satışlar/işlemler
 [... im Großhandel] toptan satışlar; toptancı(lık) satışları
 [... mit Dritten] *(ReW)* müşteriye yönelik satışlar
 [direkter ...] *(Mk)* direkt/doğrudan satışlar
 [fakturierter ...] *(ReW)* faturalı satışlar
 [fremder ...] *(AußH)* dış satışlar
 [interner ...] iç satışlar
 [jährlicher ...] *(ReW)* yıllık devir miktarı; yıllık hasılat
 [pro-Kopf-...] *(VWL)* adam/kişi başına hasılat
 [rückläufiger ...] azalan hasılat
Umsatzanstieg ⟨m⟩ satışlarda artış
Umsatzaufwendungen ⟨pl⟩ satış giderleri/masrafları
Umsatzbeteiligung ⟨f⟩ satış/satıcı komisyonu
Umsätze ⟨pl⟩ satışlar
 [... im Einzelhandel] perakende satışlar
Umsatzeinbruch ⟨m⟩ satışlarda düşme/azalma
Umsatzeinbuße ⟨f⟩ satışlarda düşme/azalma
Umsatzentwicklung ⟨f⟩ satışlarda trend
Umsatzerlös ⟨m⟩ satış getirisi
Umsatzertrag ⟨m⟩ satış getirisi
Umsatzflaute ⟨f⟩ satışlarda durgunluk
Umsatzgeschwindigkeit ⟨f⟩ *(BWL)* devir hızı
Umsatzgewinn ⟨m⟩ satışlardan elde edilen kâr
Umsatzkapazität ⟨f⟩ satış potansiyeli
Umsatzkennziffer ⟨f⟩ *(BWL)* devir rasyosu; *(BWL)* devir oranı
Umsatzkosten ⟨pl⟩ satış maliyeti/masrafları
Umsatzkostenverfahren ⟨n⟩ satış maliyeti yöntemi
Umsatz-Leverage ⟨n⟩ *(BkW)* faaliyet kaldıracı
Umsatzprovision ⟨f⟩ satış/satıcı komisyonu
Umsatzrechnung ⟨f⟩ *(ReW)* gelir tablosu
Umsatzrekord ⟨m⟩ satış rekoru
Umsatzrendite ⟨f⟩ kâr marjı; devir-getiri oranı; satışlardan elde edilen kâr
Umsatzrentabilität ⟨f⟩ satışların kârlılığı
Umsatzrückgang ⟨m⟩ satışlarda gerileme/azalma
Umsatzschwankungen ⟨pl⟩ satışlarda dalgalanmalar

umsatzstark ⟨adj⟩ çabuk satılan; yüksek hasılatlı
Umsatzsteigerung ⟨f⟩ satışları arttırma; devir miktarında artış
Umsatzsteuer ⟨f⟩ *(StR)* satış vergisi; ciro vergisi; muamele vergisi
[... im Einzelhandel] *(StR)* perakende satış vergisi
Umsatzsteuerbelastung ⟨f⟩ satış vergisi yükümü
Umsatzsteuererklärung ⟨f⟩ satış vergisi beyannamesi
Umsatzsteuererstattung ⟨f⟩ satış vergisi iadesi
umsatzsteuerfrei ⟨adj⟩ satış vergisinden muaf
Umsatzsteuerrückerstattung ⟨f⟩ satış vergisi iadesi
Umsatzvolumen ⟨n⟩ satış hacmi
Umsatzwachstum ⟨n⟩ satışlarda artış
Umsatzzahl ⟨f⟩ satış/devir rakamı
Umsatzziffer ⟨f⟩ satış/devir rakamı
Umschlag ⟨m⟩ *(Brief)* zarf; *(Güter)* aktarma; *(BkW)* dönme; devir
[... des Eigenkapitals] *(BkW)* özsermayenin dönmesi
[... des Kapitals] *(BkW)* sermayenin dönmesi
[frankierter...] pullu zarf
[wattierter...] astarlı zarf
Umschlaganlage ⟨f⟩ aktarma tesisi; terminal
Umschlagbahnhof ⟨m⟩ *(Bahn)* aktarma istasyonu
umschlagen ⟨v/t⟩ aktarmak; *(umsetzen)* dönmek
Umschlaggebühren ⟨pl⟩ aktarma ücreti
Umschlaggeschwindigkeit ⟨f⟩ *(BWL)* dönme hızı; *(BWL)* devir hızı
[... der Debitorensalden] alacakların dönme hızı
Umschlaghafen ⟨m⟩ *(Schff)* aktarma limanı
Umschlagkapazität ⟨f⟩ aktarma kapasitesi
Umschlagkennziffer ⟨f⟩ *(BWL)* devir rasyosu; *(BWL)* devir oranı
Umschlagpapier ⟨n⟩ ambalaj kâğıdı
Umschlagshäufigkeit ⟨f⟩ *(BWL)* dönme çabukluğu; *(BWL)* devir hızı
[... des Eigenkapitals] özsermayenin dönme çabukluğu
[... des Gesamtvermögens] varlıkların dönme çabukluğu
[... des Lagerbestandes] stokların dönme çabukluğu
[... des Warenbestandes] stokların dönme çabukluğu
Umschlagskapital ⟨n⟩ dönen sermaye; işletme sermayesi
umschreiben ⟨v/t⟩ yeniden yazmak; geçirmek; *(Besitz)* devir ve temlik etmek
Umschreibung ⟨f⟩ yeniden yazılma; geçirme; *(Besitz)* devir ve temlik
umschulden ⟨v/t⟩ borcu tahvil etmek; borcu yenilemek
Umschuldung ⟨f⟩ *(BkW)* borç/kredi yenileme
Umschuldungskredit ⟨m⟩ *(BkW)* (borç) yenileme kredisi
Umschulung ⟨f⟩ yeni meslek edin(dir)me
Umschulungsmaßnahme ⟨f⟩ yeni meslek edin(dir)me tedbiri/önlemi
umsetzen ⟨v/t⟩ satmak; realize etmek; ciro yapmak; *(Personal)* başka iş vermek; yerini değiştirmek
Umsetzung ⟨f⟩ değiştirme; realize etme; *(Personal)* başka iş verme; transfer

umsiedeln ⟨v/t⟩ göç ettirmek
Umsiedlung ⟨f⟩ göç ettirme
umsonst ⟨adv⟩ *(gratis)* ücretsiz; parasız; bedava
Umstand ⟨m⟩ durum; faktör
[wesentlicher...] *(Jur)* soruşturmanın belli başlı sonuçları; fezleke
Umstände ⟨pl⟩ durum(lar); hal(ler); keyfiyet; şartlar; nedenler; faktörler
[außenwirtschaftliche...] dış faktörler
[äußere...] dış nedenler/faktörler
[außergewöhnliche...] olağanüstü nedenler
[bestimmte...] belli durumlar/haller
[individuelle...] bireysel durum
[mildernde...] hafifletici nedenler/sebepler
[nähere...] ayrıntılar; detaylar; *(Jur)* hal ve keyfiyet
[persönliche...] özel durum
[strafverschärfende...] *(Jur)* cezayı ağırlatıcı sebepler
[unter diesen...n] bu durumda
[unter keinen...n] hiç bir durumda
[unvorhergesehene...] beklenmemiş durum
[wenn die... es erfordern] gerekli durumda; icabı halinde
[wichtigste...] en önemli faktörler
umstehend ⟨adv⟩ arka sayfadaki
Umstellung ⟨f⟩ değişiklik; değiş(tir)me; değişim
[innerbetriebliche...] iç değişiklik
[organisatorische...] örgütsel değişiklik
umstrukturieren ⟨v/t⟩ yeniden yapılamak
Umstrukturierungspolitik ⟨f⟩ yeniden yapılama politikası
Umtausch ⟨m⟩ değiştirme; takas; tahvil; *(Devisen)* bozdurma; *(Eng)* barter; *(Eng)* swap
Umtauschaktion ⟨f⟩ takas işlemi; swap operasyonu
umtauschen ⟨v/t⟩ değiştirmek; *(Devisen)* bozdurmak
Umtauschfrist ⟨f⟩ değiştirme süresi
Umtauschkurs ⟨m⟩ *(Devisen)* kambiyo kuru; bozdurma/değiştirme kuru
Umtauschpreis ⟨m⟩ değiştirme fiyatı
Umtauschrecht ⟨n⟩ *(Optionsanleihe)* iştira hakkı
Umtauschrelationen ⟨pl⟩ ticarî koşullar
Umtauschsatz ⟨m⟩ *(Devisen)* bozdurma/değiştirme oranı
Umtauschverhältnis ⟨n⟩ *(Devisen)* bozdurma/değiştirme oranı
umverteilen ⟨v/t⟩ yeniden dağıtmak
Umverteilung ⟨f⟩ yeniden dağılım/dağıtım
[... von Einkommen] gelirin yeniden dağılımı
[... von Einkommen und Vermögen] gelir ve varlıkların yeniden dağılımı
Umwandlung ⟨f⟩ konversiyon; borçları dönüştürme; *(Strafe)* tahvil; değiştirme; *(Gesellschaft)* yeniden yapılanma; yeniden organize etme
[... von Rücklagen] ihtiyatların tasfiyesi/transferi
[... von Schulden in Eigenkapital] borçları özsermayeye dönüştürme
Umwandlungsgewinn ⟨m⟩ yeniden yapılanma kârı
Umwandlungswert ⟨m⟩ *(Vers)* ödeme değeri
Umwelt ⟨f⟩ çevre
[betriebliche...] iş çevresi
[gesellschaftliche...] toplumsal çevre
[soziale...] sosyal çevre

umweltbelastend ⟨adj⟩ çevre(yi) kirletici
Umweltbelastung ⟨f⟩ çevre kirlenmesi
umweltbewußt ⟨adj⟩ çevre bilinçli
Umweltbewußtsein ⟨n⟩ çevre bilinci
umweltfeindlich ⟨adj⟩ çevreye zarar verici; çevreyi kirletici/zehirleyici
umweltfreundlich ⟨adj⟩ çevreye zarar vermeyen; çevreyi kirletmeyen
Umweltkatastrophe ⟨f⟩ ekolojik âfet/felaket
Umweltminister ⟨m⟩ çevre bakanı
Umweltpolitik ⟨f⟩ çevre politikası
Umweltproblem ⟨n⟩ çevre sorunu
Umweltschaden ⟨m⟩ çevre hasarı
Umweltschutz ⟨m⟩ çevre koruma
umweltverschmutzend ⟨adj⟩ çevreyi kirletici
Umweltverschmutzung ⟨f⟩ çevre kirlenmesi, çevre kirliliği
Umzug ⟨m⟩ taşınma
Umzugsbeihilfe ⟨f⟩ taşınma yardımı
Umzugsgut ⟨n⟩ taşınır eşya
Umzugskosten ⟨pl⟩ taşınma masrafları
unabhängig ⟨adj⟩ bağımsız; tarafsız
Unabhängigkeit ⟨f⟩ bağımsızlık
[wirtschaftliche ...] ekonomik bağımsızlık
unausführbar ⟨adj⟩ uygulanamaz
unausgeglichen ⟨adj⟩ dengesiz
unausgenutzt ⟨adj⟩ âtıl; aylak; kullanılmamış
unbeanstandet ⟨adj⟩ itirazsız
unbeantwortet ⟨adj⟩ cevapsız/yanıtsız (kalmış); cevap verilmemiş; yanıtlanmamış
unbebaut ⟨adj⟩ (Grundstück) boş; gelişmemiş; (LandW) ekilmemiş
unbefangen ⟨adj⟩ önyargısız; tarafsız
unbefrachtet ⟨adj⟩ yüksüz; boş
unbefristet ⟨adj⟩ süresiz
unbefugt ⟨adj⟩ yetkisiz
unbeglichen ⟨adj⟩ ödenmemiş; kapanmamış
unbegrenzt ⟨adj⟩ sınırsız; limitsiz
unbegründet ⟨adj⟩ nedensiz; yersiz
unbemittelt ⟨adj⟩ aciz; parasız
unbenutzt ⟨adj⟩ kullanılmayan; kullanılmamış
unberechenbar ⟨adj⟩ hesapsız; hesaplanamaz
unberechnet ⟨adj⟩ ücretsiz
unberechtigt ⟨adj⟩ yetkisiz; haksız
unberücksichtigt ⟨adj⟩ dikkate alınmamış
unbeschädigt ⟨adj⟩ hasarsız; (SeeV) avaryasız
unbeschäftigt ⟨adj⟩ işsiz; meşguliyetsiz
unbeschränkt ⟨adj⟩ sınırsız; kayıtsız şartsız
unbesehen ⟨adj⟩ görülmeden
unbesetzt ⟨adj⟩ boş; serbest; meşgul olmayan
unbesichert ⟨adj⟩ güvencesiz; teminatsız
unbestätigt ⟨adj⟩ onaysız; teyitsiz
unbestimmt ⟨adj⟩ belirsiz; şüpheli; kesin olmayan; sonsuz
unbestreitbar ⟨adj⟩ inkâr edilemez
unbewirtschaftet ⟨adj⟩ yönetilmeyen; idaresiz; kontrolsüz
unbezahlbar ⟨adj⟩ ödenemez; paha biçilmez
unbrauchbar ⟨adj⟩ kullanışsız; kullanılamaz; işlemez
undatiert ⟨adj⟩ tarihsiz
unecht ⟨adj⟩ sahte
unedel ⟨adj⟩ adi
uneinbringlich ⟨adj⟩ tahsil edilemez
uneingelöst ⟨adj⟩ ödenmemiş; kırdırılmamış

uneingeschränkt ⟨adj⟩ sınırsız; limitsiz
uneinheitlich ⟨adj⟩ düzensiz
uneinlösbar ⟨adj⟩ ödenemez; kırdırılamaz
uneintreibbar ⟨adj⟩ tahsil edilemez
uneinziehbar ⟨adj⟩ tahsil edilemez
unentbehrlich ⟨adj⟩ vazgeçilemez
unentgeltlich ⟨adj⟩ ücretsiz; bedava; parasız
unerfahren ⟨adj⟩ deneyimsiz; tecrübesiz
unergiebig ⟨adj⟩ verimsiz
unerhältlich ⟨adj⟩ bulunmaz; temin/tedarik edilemez
unerheblich ⟨adj⟩ önemsiz
unerlaubt ⟨adj⟩ yasak; haksız; gayrimeşru; yetkisiz; izinsiz
unerledigt ⟨adj⟩ bitmemiş; tamamlanmamış; askıda (kalmış)
unersetzbar ⟨adj⟩ ikamesiz; yerine konulamaz; tekrar bulunamaz
unfachmännisch ⟨adj⟩ amatör; acemi
unfähig ⟨adj⟩ yeteneksiz; beceriksiz; kabiliyetsiz
Unfall ⟨m⟩ kaza
[... innerhalb der Arbeitszeit] iş kazası
[... mit Todesfolge] ölümle sonuçlanan kaza
Unfallanzeige ⟨f⟩ kaza ihbarı
Unfallausgleich ⟨m⟩ (Vers) kaza tazminatı
Unfallbeihilfe ⟨f⟩ kaza yardımı
Unfallentschädigung ⟨f⟩ kaza tazminatı
Unfallhaftpflicht ⟨f⟩ kazaya karşı mali sorumluluk
[... des Arbeitgebers] işverenin mali sorumluluğu
Unfallpolice ⟨f⟩ (Vers) kaza poliçesi
Unfallsschaden ⟨m⟩ (Vers) kaza hasarı
Unfalltod ⟨m⟩ kaza sonucu ölüm
Unfallverhütung ⟨f⟩ kaza(yı) önleme
Unfallversicherung ⟨f⟩ (Vers) kaza sigortası
[gesetzliche ...] (Vers) yasal/kanunî kaza sigortası
[gewerbliche ...] (Vers) sınai kaza sigortası
[persönliche ...] (Vers) bireysel kaza sigortası
[private ...] (Vers) özel/bireysel kaza sigortası
Unfallversicherungspolice ⟨f⟩ (Vers) kaza sigortası poliçesi
unfrankiert ⟨adj⟩ (Post) pulsuz
unfrei ⟨adj⟩ ücreti ödenmemiş; alındığında ödemeli
unfundiert ⟨adj⟩ konsolide olmamış; (Schuld) dalgalı
ungebraucht ⟨adj⟩ kullanılmamış
ungedeckt ⟨adj⟩ karşılıksız; açık
ungeeignet ⟨adj⟩ uygun olmayan, (Person) yeteneksiz; beceriksiz
ungekündigt ⟨adj⟩ ihbarsız
ungelernt ⟨adj⟩ kalifiyesiz; düz
ungenutzt ⟨adj⟩ kullanılmamış
ungeprüft ⟨adj⟩ (ReW) denetlenmemiş
ungerechtfertigt ⟨adj⟩ haksız
ungesichert ⟨adj⟩ korunmasız; güvencesiz
ungetilgt ⟨adj⟩ itfasız
Ungleichgewicht ⟨n⟩ (VWL) dengesizlik
[... beseitigen] dengesizliği gidermek
[... der Handelsbilanz] ticarî dengesizlik
[... in der Zahlungsbilanz] (AußH) ödemeler bilançosu dengesizliği
[außenwirtschaftliches ...] (AußH) dış dengesizlik

[strukturelles ...] *(VWL)* yapısal dengesizlik
[wirtschaftliches ...] *(VWL)* ekonomik dengesizlik
Ungleichgewichtsmodell ⟨n⟩ *(VWL)* dengesizlik modeli
ungültig ⟨adj⟩ geçersiz; kadük; batıl; iptal edilmiş
[... machen] iptal etmek; kaldırmak; geçersiz kılmak
Ungültigkeit ⟨f⟩ geçersizlik; *(Jur)* butlan
universal ⟨adj⟩ evrensel; genel; global; küresel
Universalbank ⟨f⟩ evrensel banka
Universalerbe ⟨m⟩ tek mirasçı
Universalpolice ⟨f⟩ *(Vers)* global poliçe
Universalversicherung ⟨f⟩ *(Vers)* global sigorta
Universität ⟨f⟩ üniversite
Universitätsabschluß ⟨m⟩ üniversite diploması
Universitätsstudium ⟨n⟩ üniversite tahsili
unkalkulierbar ⟨adj⟩ hesaplanamaz
Unkosten ⟨pl⟩ → **Kosten** harcamalar; masraflar
[... bestreiten] masrafları karşılamak
[... erstatten] (yapılan) masrafları ödemek
[... übernehmen] masrafları üstlenmek
unlauter ⟨adj⟩ haksız
unmittelbar ⟨adj⟩ dolaysız; vasıtasız
Unmöglichkeit ⟨f⟩ olanaksızlık; *(Jur)* imkânsızlık
[... der Erfüllung] *(Jur)* ifanın imkânsızlığı
[... der Leistung] *(Jur)* edanın imkânsızlığı
[nachträgliche ...] *(Jur)* akit yapıldıktan sonra imkânsızlık
[ursprüngliche ...] *(Jur)* akit yapıldığı sırada imkânsızlık
unnotiert ⟨adj⟩ *(Bö)* kayıtsız; kotesiz
unorganisiert ⟨adj⟩ örgütsüz; *(Gewerkschaft)* sendikasız
unpfändbar ⟨adj⟩ haczi caiz/mümkün olmayan
unproduktiv ⟨adj⟩ verimsiz; âtıl
unrein ⟨adj⟩ kirli; pis; bulanık; *(Metall)* katışık; *(Konnossement)* şartlı
unrentabel ⟨adj⟩ verimsiz; kârsız
unsachgemäß ⟨adj⟩ usulsüz; uygun olmayan
unschädlich ⟨adj⟩ zararsız
unselbständig ⟨adj⟩ bağımlı
unseriös ⟨adj⟩ ciddî olmayan; güvenilmez
unsicher ⟨adj⟩ emin olmayan; tehlikeli; *(Bö)* huzursuz; tedirgin
unsortiert ⟨adj⟩ düzensiz
unsozial ⟨adj⟩ antisosyal
unstatthaft ⟨adj⟩ uygunsuz
Unstimmigkeit ⟨f⟩ uyumsuzluk; fark
unstreitig ⟨adj⟩ şüphesiz; münakaşa götürmez; *(Jur)* ihtilafsız; çekişmesiz
Unsumme ⟨f⟩ aşırı miktar/tutar
untätig ⟨adj⟩ âtıl; aylak; pasif; işsiz
Untätigkeit ⟨f⟩ faaliyetsizlik; aylaklık
untauglich ⟨adj⟩ elverişsiz; yeteneksiz; yetersiz
Untauglichkeit ⟨f⟩ elverişsizlik; yeteneksizlik
untenstehend ⟨adj⟩ aşağıda sözü edilen
Unterabteilung ⟨f⟩ alt bölüm/departman
Unterakkreditiv ⟨n⟩ *(BkW)* karşılıklı akreditif
Unteranbieter ⟨m⟩ alt müteahhit
Unterauftragnehmer ⟨m⟩ alt müteahhit
Unterausschuß ⟨m⟩ alt komisyon
unterbeschäftigt ⟨adj⟩ eksik istihdamlı
Unterbeschäftigung ⟨f⟩ *(VWL)* eksik istihdam; *(BWL)* işgücü eksikliği

unterbesetzt ⟨adj⟩ eksik kadrolu
Unterbesetzung ⟨f⟩ personel eksikliği
Unterbeteiligung ⟨f⟩ dolaylı katılım
unterbewerten ⟨v/t⟩ eksik değerlemek
Unterbewertung ⟨f⟩ eksik değerleme
Unterbezahlung ⟨f⟩ düşük ücret ödeme
unterbieten ⟨v/t⟩ (fiyat) kırmak; daha düşük fiyatla satmak
Unterbietung ⟨f⟩ *(Ausschreibung)* fiyat kırma
[... von Preisen] damping
Unterbilanz ⟨f⟩ eksi bilanço; açıklı kapanan bilanço
unterbrechen ⟨v/t⟩ ara vermek; tatil etmek
Unterbrechung ⟨f⟩ ara verme; tatil etme; kesilme
[... der Verjährung] *(Jur)* zamanaşımının tatili/kesilmesi
[... einer Sitzung] toplantıya ara vermek
unterbreiten ⟨v/t⟩ yaymak; sunmak; *(Submission)* eksiltmek
Unterbreitung ⟨f⟩ eksiltme
unterbringen ⟨v/t⟩ barındırmak; yerleştirmek; plase etmek
Unterbringung ⟨f⟩ barındırma; konaklama *(Geld/Anleihe)* plasman; *(Arbeitsstelle)* barındırma; lojman verme
Unterdeckung ⟨f⟩ eksik karşılık/kuvertür/provizyon; fon eksikliği
unterdurchschnittlich ⟨adj⟩ ortalama/standart altı
untergeordnet ⟨adj⟩ tali; bağlı; yan
Untergesellschaft ⟨f⟩ bağlı şirket
Untergewicht ⟨n⟩ eksik ağırlık
Untergrundwirtschaft ⟨f⟩ *(VWL)* gizli/saklı ekonomi
Unterhalt ⟨m⟩ bakım; geçim; *(Jur)* nafaka
unterhalten ⟨v/t⟩ bakmak; desteklemek; işletmek
Unterhaltsanspruch ⟨m⟩ *(Jur)* nafaka hakkı
Unterhaltsbeihilfe ⟨f⟩ bakım yardımı; nafaka ek yardımı
unterhaltsberechtigt ⟨adj⟩ nafaka hak sahibi
Unterhaltsplichtiger ⟨m⟩ bakım/nafaka yükümlüsü
Unterhaltsrente ⟨f⟩ bakım aylığı
Unterhaltssache ⟨f⟩ *(Jur)* nafaka davası
Unterhaltszahlung ⟨f⟩ nafaka ödemesi
Unterhaltung ⟨f⟩ *(Ind)* bakım; *(Freizeit)* eğlence; *(Gespräch)* sohbet
[... und Instandsetzung] *(Ind)* bakım ve onarım
Unterhaltungsaufwand ⟨m⟩ bakım harcaması/masrafı
Unterhaltungsindustrie ⟨f⟩ eğlence sanayii
Unterhaltungskosten ⟨pl⟩ *(Ind)* bakım maliyeti
Unterkonto ⟨n⟩ *(ReW)* tali hesap
Unterkostenstelle ⟨f⟩ *(KoR)* alt maliyet merkezi
Unterkunft ⟨f⟩ 1. barındırma; konaklama 2. lojman; konut 3. ikametgâh; mesken
[... und Verpflegung] iaşe ve barındırma
Unterkunftsmöglichkeit ⟨f⟩ konaklama olanağı
Unterlagen ⟨pl⟩ dokümanlar; evraklar
[..., Nachweise und Bescheinigungen] *(Jur)* dokümantasyon
[buchungstechnische ...] muhasebe evrakları
[geschäftliche ...] iş evrakları
[vertrauliche ...] gizli evraklar
Unterlassung ⟨f⟩ *(Jur)* iradî olan imtina
Unterlassungsklage ⟨f⟩ *(Jur)* müdahalenin men'i davası

Unterlieferant ⟨m⟩ alt müteahhit
unterliegen ⟨int⟩ tabi olmak
Unterlizenz ⟨f⟩ alt lisans
Untermieter ⟨m⟩ alt kiracı; kiracının kiracısı
Unternehmen ⟨n⟩ → **Firma/Gesellschaft** şirket; işletme; firma; girişim; teşebbüs; iktisadi kuruluş/teşekkül
[... der öffentlichen Hand] kamu iktisadi teşebbüsü
[... im Familienbesitz] aile şirketi
[... privaten Rechts] özel hukuk girişimi
[beherrschendes ...] hakim şirket
[börsennotiertes ...] borsa kotasına kayıtlı şirket
[führendes ...] önder şirket
[gemeinnütziges ...] kâr amacı gütmeyen (iktisadi) teşebbüs
[genossenschaftliches ...] sınaî kooperatif; kooperatifçilik girişimi
[gewerbliches ...] ticarî/sınaî girişim; *(BWL)* ticarî işletme
[gewagtes ...] riskli girişim; spekülasyon
[großes ...] büyük şirket
[mittelständisches ...] orta ölçekli girişim
[mittleres ...] orta (ölçekli) girişim
[öffentliches ...] kamu sektörü girişimi/teşebbüsü
[staatliches ...] devlet (iktisadi) teşekkülü
[städtisches ...] belediye
[verbundenes ...] bağımlı şirket
Unternehmensabschluß ⟨m⟩ yılsonu şirket bilançosu
Unternehmensaufkauf ⟨m⟩ şirket satın alma
[mit Krediten finanzierter ...] kaldıraçlanmış satın alma
Unternehmensberater ⟨m⟩ işletmecilik danışmanı
Unternehmensberatung ⟨f⟩ işletmecilik danışmanlığı
Unternehmensbereich ⟨m⟩ bölüm; işkolu
Unternehmensbeteiligung ⟨f⟩ iştirak; katılım
Unternehmensbewertung ⟨f⟩ firma değerlemesi; işletmenin değer takdiri
Unternehmensbilanz ⟨f⟩ *(ReW)* işletme bilançosu; şirketin bilançosu
Unternehmensfinanzierung ⟨f⟩ *(BkW)* şirket finansmanı
Unternehmensförderung ⟨f⟩ iş promosyonu
Unternehmensforschung ⟨f⟩ *(OR)* yöneylem araştırması; *(Eng)* Operations Research
Unternehmensführung ⟨f⟩ şirket yönetimi
Unternehmensgewinn ⟨m⟩ şirket kârı
Unternehmensgründung ⟨f⟩ şirketin kuruluşu; iş kurma
Unternehmensgruppe ⟨f⟩ şirketler grubu
Unternehmenshaftung ⟨f⟩ şirket sorumluluğu
Unternehmenskapital ⟨n⟩ özsermaye
Unternehmensleitung ⟨f⟩ şirket yönetimi
Unternehmensplanung ⟨f⟩ yönetsel planlama; organizasyon planlaması
Unternehmenspolitik ⟨f⟩ şirket politikası
Unternehmenssubstanz ⟨f⟩ şirket varlıkları
Unternehmenszentrale ⟨f⟩ şirket merkezi
Unternehmensziel ⟨n⟩ şirketin/girişimin hedefi
Unternehmenszweck ⟨m⟩ şirketin amacı
Unternehmer ⟨m⟩ 1. girişimci; müteşebbis; sanayici 2. işadamı; işveren 3. müteahhit 4. operatör;

⟨pl⟩ iş adamları; girişimciler
[... und Arbeitnehmer] işveren ve işçi
[selbständiger ...] bağımsız müteahhit
Unternehmerhaftpflicht ⟨f⟩ işverenin mali sorumluluğu
Unternehmerlohn ⟨m⟩ girişim kârı; *(VWL)* normal kâr
Unternehmerrisiko ⟨n⟩ girişimci riski
Unternehmerschaft ⟨f⟩ girişimcilik; girişimciler; iş adamları; sanayiciler
Unternehmertum ⟨n⟩ → **Unternehmerschaft**
Unternehmerverband ⟨m⟩ girişimciler/işverenler sendikası
Unternehmung ⟨f⟩ atılım; faaliyet; girişim; teşebbüs
[gemeinwirtschaftliche ...] kâr amacı gütmeyen atılım
[geschäftliche ...] iş atılımı/faaliyeti
[öffentlich-rechtliche ...] kamu hukuku girişimi
[privatrechtliche ...] özel girişim
Unternehmungsforschung ⟨f⟩ *(OR)* yöneylem araştırması; *(Eng)* operations research
Unternehmungsführung ⟨f⟩ *(BWL)* yönetim
[zielgesteuerte ...] *(BWL)* amaçlara göre yönetim
Unternehmungsgeist ⟨m⟩ girimşimcilik ruhu; teşebbüs azmi; insiyatif
Unterordnungskonzern ⟨m⟩ yatay tröst/konsern
Unterpreisverkauf ⟨m⟩ maliyet fiyatının altında satma
untersagen ⟨v/t⟩ yasaklamak
Unterschied ⟨m⟩ fark
Unterschiedsbetrag ⟨m⟩ fark bedeli
unterschlagen ⟨v/t⟩ zimmete geçirmek
Unterschlagung ⟨f⟩ zimmete geçirme
unterschreiben ⟨v/t⟩ imzalamak; imza atmak
[blanko ...] açığa imza atmak
[eigenhändig ...] bizzat imzalamak; kendi eliyle imzalamak
unterschrieben ⟨adj⟩ imzalanmış
[nicht ...] imzalanmamış
Unterschrift ⟨f⟩ imza
[... beglaubigen] imza onaylamak; imzayı tasdik etmek
[... und Siegel] imza ve mühür
[beglaubigte ...] onaylanmış/tasdikli imza
[ohne ...] imzasız
[zur ... vorlegen] imza için ibraz etmek
Unterschriftenprobe ⟨f⟩ uygulamaya elverişli imza; *(Jur)* tatbika medar imza
Unterschriftsbefugnis ⟨f⟩ imzaya yetki, imza yetkisi
unterschriftsberechtigt ⟨adj⟩ imza(ya) yetkisi olan
Unterschriftsberechtigter ⟨m⟩ imza(ya) yetki sahibi
Unterschriftsvollmacht ⟨f⟩ imzaya yetki/selâhiyet
Unterschuß ⟨m⟩ eksik; açık
unterstützen ⟨v/t⟩ desteklemek; yardım etmek
Unterstützung ⟨f⟩ destek(leme); yardım;
(SozV) sosyal destek/yardım
[finanzielle ...] *(BkW)* mali/finansal destek/yardım
[staatliche ...] devlet yardımı
[werbemäßige ...] *(Mk)* tanıtımla destek(leme)
[werbliche ...] *(Mk)* tanıtımla destek(leme)
unterstützungsberechtigt ⟨adj⟩ destek/yardım alma hakkına sahip olan
Unterstützungsempfänger ⟨m⟩ destek/yardım alan

Unterstützungsfonds ⟨m⟩ sosyal yardım/güvenlik fonu
Unterstützungskasse ⟨f⟩ sosyal yardım sandığı
Unterstützungsleistungen ⟨pl⟩ *(SozV)* sosyal yardım ödemeleri
untersuchen ⟨v/t⟩ muayene etmek; araştırmak; incelemek
Untersuchung ⟨f⟩ *(Zo)* muayene; *(Med)* muayene; *(Jur)* soruşturma; araştırma; inceleme
[ärztliche ...] *(Med)* doktor muayenesi
[zollamtliche ...] *(Zo)* gümrük muayenesi
Untersuchungsausschuß ⟨m⟩ soruşturma kurulu
Untersuchungshaft ⟨f⟩ *(Jur)* tutukluluk
Untersuchungsrichter ⟨m⟩ *(Jur)* soruşturma hakimi
Untersuchungsverfahren ⟨n⟩ *(Jur)* soruşturma yöntemi
Untersuchungszeitraum ⟨m⟩ araştırma süresi
Untertagearbeit ⟨f⟩ *(BergB)* yeraltı (işlerinde) çalışma
Untertagearbeiter ⟨m⟩ yeraltı işlerinde çalışan işçi
Untertagebau ⟨m⟩ *(BergB)* yeraltı madenciliği
Untertagebetrieb ⟨m⟩ yeraltı işletmesi/madenciliği
unterversichern ⟨v/t⟩ *(Vers)* eksik sigortalamak
unterzeichnen ⟨v/t⟩ imzalamak
Unterzeichner ⟨m⟩ imzalayan
Unterzeichnung ⟨f⟩ imza
untilgbar ⟨adj⟩ itfa edilemez; itfasız
unübertragbar ⟨adj⟩ devri mümkün olmayan; devredilemez; devrolunamayan
unverarbeitet ⟨adj⟩ işlenmemiş; ham
unverbindlich ⟨adj⟩ bağlayıcı olmayan
unverfälscht ⟨adj⟩ hilesiz
unverheiratet ⟨adj⟩ evlenmemiş; bekâr
unverkauft ⟨adj⟩ satılmamış
unveröffentlicht ⟨adj⟩ yayımlanmamış
unverpackt ⟨adj⟩ ambalajlanmamış; ambalajsız
unverpfändet ⟨adj⟩ hacizsiz; ipoteksiz
unverschlossen ⟨adj⟩ *(Brief)* açık (zarflı)
unverschuldet ⟨adj⟩ borçsuz; borcu olmayan
unversehrt ⟨adj⟩ hasarsız
unversichert ⟨adj⟩ sigortasız
unversteuert ⟨adj⟩ vergilendirilmemiş; vergi öncesi
unverwendbar ⟨adj⟩ kullanılamaz
unverzinslich ⟨adj⟩ faizsiz; faiz getirmez
unverzollt ⟨adj⟩ *(Zo)* gümrüklenmemiş
unvollständig ⟨adj⟩ bitmemiş
unwiderruflich ⟨adj⟩ geri dönülemez
unwirksam ⟨adj⟩ geçersiz; etkisiz; *(Jur)* batıl
unzulässig ⟨adj⟩ yasak
unzureichend ⟨adj⟩ yetersiz
unzuständig ⟨adj⟩ yetkisiz; ehliyetsiz
Unzutreffendes uymayan
[... streichen] uymayanı çizin
unzuverlässig ⟨adj⟩ güvenilmez
urbar ⟨adj⟩ *(LandW)* tarıma elverişli
Urerzeuger ⟨m⟩ *(BWL)* ana üretici
Urerzeugung ⟨f⟩ *(BWL)* ana üretim
Urheber ⟨m⟩ yazar
Urheberrecht ⟨n⟩ *(Jur)* telif hakkı; *(Pat)* patent hakkı
Urkunde ⟨f⟩ belge; evrak; senet; doküman
[... ausfertigen] *(Jur)* belge tanzim etmek; belge düzenlemek
[... beglaubigen lassen] belge tasdik ettirmek

[... zustellen] belge tebliğ etmek
[amtliche ...] resmî belge
[begebbare ...] devir ve temlik edilebilir belge
[beglaubigte ...] tasdikli/onaylı belge
[durch ... belegt] belgeli/vesikalı
[vollstreckbare ...] *(Jur)* infazı kabil senet
Urkundenfälschung ⟨f⟩ evrakta sahtekârlık
Urkundenvorlage ⟨f⟩ evrak/doküman ibrazı
Urkundsbeamter ⟨m⟩ evrak memuru
Urlaub ⟨m⟩ izin; → **Ferien** tatil
[... beantragen] izin istemek; izin için başvurmak
[bezahlter ...] ücretli izin
[tariflicher ...] sözleşmeli izin
Urlauber ⟨m⟩ izin yapan; turist
Urlaubsanspruch ⟨m⟩ izin hakkı
Urlaubsberechtigung ⟨f⟩ izin hakkı
Urlaubsgeld ⟨n⟩ izin parası
Urlaubsplan ⟨m⟩ izin planı
Urlaubsregelung ⟨f⟩ izin düzenlemesi
Urlaubsort ⟨m⟩ tatil yeri
Urlaubsreisen ⟨pl⟩ tatil gezileri; izin seyahatleri
Urlaubszeit ⟨f⟩ izin zamanı/süresi
Urproduktion ⟨f⟩ ana üretim/sektör
Ursache ⟨f⟩ neden; sebep
Urschrift ⟨f⟩ aslı
Ursprung ⟨m⟩ kaynak; menşe; kök; köken
[... einer Ware] *(AußH)* ürünün menşei
Ursprungsangabe ⟨f⟩ menşe beyannamesi
Ursprungsbescheinigung ⟨f⟩ menşe/kaynak belgesi
Ursprungsbezeichnung ⟨f⟩ *(AußH)* menşe işareti
Ursprungserzeugnis ⟨n⟩ *(EG)* kaynak ürün
Ursprungsland ⟨n⟩ *(AußH)* kaynak ülke
Ursprungsnachweis ⟨m⟩ menşe kanıtı
Ursprungsort ⟨m⟩ menşe
Ursprungswert ⟨m⟩ asıl değer
Ursprungszeichen ⟨n⟩ menşe işareti
Ursprungszeugnis ⟨n⟩ *(Jur)* menşe şahadetnamesi
Urteil ⟨n⟩ *(Jur)* karar; *(Jur)* hüküm
[... anfechten] *(Jur)* kararı temyiz etmek; karara karşı üst mahkemeye müracaat etmek
[... auf Zahlung] *(Jur)* ödeme kararı
[... aufheben] *(Jur)* kararı bozmak
[... sprechen] karar vermek; *(Jur)* hüküm kılmak
[... vollstrecken] *(Jur)* kararı tenfiz/icra etmek
[... zugunsten des Beklagten] *(Jur)* davalının lehine karar
[... zugunsten des Klägers] *(Jur)* davacının lehine karar
[erstinstanzliches ...] *(Jur)* asliye mahkemesi kararı
[fachmännisches ...] uzman fikri
[letztinstanzliches ...] *(Jur)* yargıtay kararı
[rechtskräftiges ...] *(Jur)* kesin karar
[vorläufiges ...] *(Jur)* geçici hüküm/karar
[zur Bewährung ausgesetztes ...] *(Jur)* tecilli karar; *(Jur)* tecil edilmiş ceza
Urteilsbegründung ⟨f⟩ *(Jur)* karar gerekçesi
Urteilsspruch ⟨m⟩ *(Jur)* hüküm; *(Schiedsgericht)* hakem kararı
Usance ⟨f⟩ yapılageliş; (ticarette) örf ve âdet
Usancegeschäft ⟨n⟩ çapraz işlem
Usancehandel ⟨m⟩ çapraz alım satım

V

vakant ⟨adj⟩ boş
Vakanz ⟨f⟩ boş yer
vakuum verpackt ⟨adj⟩ hava geçmez ambalajlı
Vakuumverpackung ⟨f⟩ hava geçmez ambalaj
Valoren ⟨pl⟩ valörler; hisseler; *(Wertsachen)* kıymetler
Valuta ⟨pl⟩ →Devisen/Währung döviz; para; *(Datum)* muacceliyet
[in ... zahlen] döviz olarak ödemek
Valutaakzept ⟨n⟩ döviz akseptansı
Valutabestände ⟨pl⟩ döviz stokları; eldeki dövizler
Valutagewinn ⟨m⟩ döviz kârı; dövizden kâr
Valutaguthaben ⟨n⟩ *(BkW)* döviz mevduatı; *(TR)* döviz tevdiat hesabı
Valutakonto ⟨n⟩ döviz hesabı
Valutakurs ⟨m⟩ doviz kuru; kambiyo kuru
Valutarisiko ⟨n⟩ döviz riski
Valutaschuld ⟨f⟩ döviz borcu
Valutaverlust ⟨m⟩ döviz kaybı
Valutazahlung ⟨f⟩ para ödeme
valutieren ⟨v/t⟩ muacceliyeti saptamak
Valutierung ⟨f⟩ muacceliyetin saptanması
Variable ⟨f⟩ *(Math)* değişken
[erklärende ...] *(Stat)* açıklayıcı değişken
[exogene ...] *(VWL)* dışsal değişken
[quantitative ...] *(BWL/VWL)* kantitatif değişken
[stochastische ...] *(Stat)* rastlantısal değişken
[verzögerte ...] *(Stat)* gecikmeli değişken
[vorherbestimmte ...] *(Stat)* önceden belli değişken
[ursächliche ...] *(Stat)* açıklayıcı değişken
Variante ⟨f⟩ çeşit
Variantenstückliste ⟨f⟩ çeşitler listesi
Varianz ⟨f⟩ *(Stat)* varyans
[... der Grundgesamtheit] *(Stat)* ana kitle varyansı
[... der Stichprobe(neinheit)] *(Stat)* örnek varyansı
[... innerhalb der Gruppe] *(Stat)* grup-içi varyansı
[... innerhalb einer Klasse] *(Stat)* sınıf-içi varyans
[... zwischen den Gruppen] *(Stat)* gruplararası varyans
[... zwischen den Klassen] *(Stat)* sınıflararası varyans
[empirische ...] *(Stat)* örnek varyansı
Varianzanalyse ⟨f⟩ *(Stat)* varyans analizi
Variation ⟨f⟩ değişkenlik
Variationskoeffizient ⟨m⟩ değişkenlik katsayısı
Venturekapital ⟨n⟩ *(BkW)* risk sermayesi
verabreden ⟨v/t⟩ randevulaşmak; sözleşmek
Verabredung ⟨f⟩ randevu
[geschäftliche ...] iş randevusu
Veralten ⟨n⟩ eskime
veralten ⟨int⟩ eskimek
Veränderung ⟨f⟩ değişim; değişme; değişiklik
[... im Anlagevermögen] sermaye kâr ve zararları
[... in Prozent] yüzde olarak değişim
[konjunkturelle ...] devresel değişim

[strukturelle ...] *(VWL)* yapısal değişim
veranlagen ⟨v/t⟩ tabi tutmak;
(StR) vergilemek; vergilendirmek
[anteilmäßig ...] *(StR)* oranlamak
[gemeinsam ...] *(StR)* birlikte tabi tutmak;
(StR) birlikte vergilendirmek
[zusammen ...] *(StR)* birlikte tabi tutmak;
(StR) birlikte vergilendirmek
Veranlagung ⟨f⟩ *(StR)* vergilendirme;
(StR) mükellefiyet
[... zur Einkommensteuer] *(StR)* gelir vergisi mükellefiyeti
[gemeinsame ...] *(StR)* birlikte mükellefiyet
Veranlagungsgrundlage ⟨f⟩ *(StR)* matrah
Veranlagungsjahr ⟨n⟩ *(StR)* vergi yılı
veranlagungspflichtig ⟨adj⟩ *(StR)* mükellef; vergiye tabi
veranstalten ⟨v/t⟩ düzenlemek
Veranstalter ⟨m⟩ organizatör; düzenleyici;
(Reise) tur operatörü
Veranstaltung ⟨f⟩ program
verantwortlich ⟨adj⟩ sorumlu; yetkili
Verantwortlichkeit ⟨f⟩ sorumluluk; mesuliyet
Verantwortung ⟨f⟩ sorumluluk; mesuliyet
[... ablehnen] sorumluluğu reddetmek
[... haben] sorumluluk taşımak; sorumlu olmak
[... tragen] sorumluluk taşımak; sorumlu olmak
[... übernehmen] sorumluluk üstlenmek
[... übertragen] sorumluluğu devretmek
[jdn zur ... ziehen] birisini sorumlu tutmak
Verantwortungsbereich ⟨m⟩ sorumluluk dairesi/ alanı
Verantwortungsbewußtsein ⟨n⟩ sorumluluk hissi
verarbeiten ⟨v/t⟩ işlemek
[maschinell ...] makina ile işlemek
Verarbeiter ⟨m⟩ işleyici; imalat; *(Öl)* rafine eden
Verarbeitung ⟨f⟩ işleme; işçilik
[gute ...] iyi işçilik
[industrielle ...] sınaî imalat
Verarbeitungsbetrieb ⟨m⟩ imalathane; işleme tesisi
Verarbeitungsfehler ⟨m⟩ imalat hatası; hatalı işçilik
Verarbeitungskosten ⟨pl⟩ işleme/imalat maliyeti;
(KoR) işçilik maliyeti
Verarbeitungsqualität ⟨f⟩ işçiliğin kalitesi
Verarbeitungsstufe ⟨f⟩ işleme/üretim aşaması
Verarmung ⟨f⟩ fakirleşme; yoksullaşma
Verarmungswachstum ⟨n⟩ *(AußH)* yoksullaştıran büyüme
verausgaben ⟨v/t⟩ harcamak; ⟨refl⟩ israf etmek
Verausgabung ⟨f⟩ harcama
[... von öffentlichen Haushaltsmitteln zur Konjunkturbelebung in Zeiten wirtschaftlicher Depression] *(öFi)* açığa dayanan harcama
veräußern ⟨v/t⟩ satmak; elden çıkarmak
Veräußerung ⟨f⟩ elden çıkarma; satış; gerçekleştirme
Veräußerungsanzeige ⟨f⟩ satış ilanı
Veräußerungsbedingungen ⟨pl⟩ satış koşulları
Veräußerungsbefugnis ⟨f⟩ satmaya yetki
Veräußerungsgewinn ⟨m⟩ satıştan (elde edilen) kâr
Veräußerungskette ⟨f⟩ satış zinciri
Veräußerungskosten ⟨pl⟩ satış maliyeti

Veräußerungspreis ⟨m⟩ satış fiyatı
Veräußerungssperre ⟨f⟩ satış yasağı
Veräußerungstermin ⟨m⟩ satış tarihi
Veräußerungstreuhand ⟨f⟩ satış tröstü
Veräußerungsverbot ⟨n⟩ satış yasağı
[... veranlassen] satış yasağı koymak
Veräußerungsvollmacht ⟨f⟩ satış yetkisi/vekâletnamesi
Veräußerungsverlust ⟨m⟩ satış sonrası zarar
Veräußerungswert ⟨m⟩ satış/gerçekleştirme değeri
Verband ⟨m⟩ birlik; konfederasyon
verbieten ⟨v/t⟩ yasaklamak
verbilligen ⟨v/t⟩ ucuzlatmak; fiyatı düşürmek
Verbilligung ⟨f⟩ ucuzlatma; fiyat düşürme/kırma
verbindlich ⟨adj⟩ bağlayıcı; zorunlu;
(Angebot) kesin
Verbindlichkeit ⟨f⟩ 1. borç; yükümlülük 2. taahhüt
[dinglich gesicherte ...] aynî teminatlı borç
[gemeinsame ...] müşterek yükümlülük
[gesamtschuldnerische ...] zincirleme birlikte yükümlülük
Verbindlichkeiten ⟨pl⟩ borçlar; yükümlülükler; pasif; *(ReW)* alacaklılar hesabı
[... aus Bürgschaften] kefalet borçları
[... aus der Annahme gezogener Wechsel] kabullerden doğan borçlar
[... aus Lieferungen und Leistungen] *(ReW)* ticari alacaklar
[... begleichen] borçları ödemek; borç kapamak
[... eingehen] yükümlülük altına girmek; borç almak
[... erfüllen] borçları ödemek; borç kapamak
[... gegenüber Banken] banka pasifi
[... gegenüber Kreditinstituten] kredi kurumlarına karşı borçlar/yükümlülükler; banka pasifi
[aufgelaufene ...] birikmiş borçlar
[befristete ...] vadeli borçlar
[eingegangene ...] vaki yükümlülükler
[entstandene ...] birikmiş borçlar
[fundierte ...] konsolide borçlar
[geschäftliche ...] ticarî borçlar
[hypothekarische ...] ipotekli borçlar
[kurzfristige ...] kısa vadeli borçlar
[langfristige ...] uzun vadeli borçlar; ertelenmiş borçlar
[laufende ...] cari borçlar
[nachrangige ...] ikinci derecede borçlar
[offene ...] ödenmemiş borçlar
[ungewisse ...] şüpheli borçlar
[unvollkommene ...] eksik yükümlülükler
[vertragliche ...] akitten doğan borçlar
[verzinsliche ...] faizli borçlar/yükümlülükler
Verbindung ⟨f⟩ bağlantı; ilişki
[sich in ... setzen mit] ilişkiye geçmek
Verbindungsmann ⟨m⟩ aracı
Verbot ⟨n⟩ *(Jur)* yasak
[... aufheben] *(Jur)* yasağı kaldırmak
[... verhängen] *(Jur)* yasak koymak
Verbrauch ⟨m⟩ tüketim; kullanma
[... im Inland] *(VWL)* iç tüketim; yurtiçi tüketimi
[... pro Kopf] adam başına tüketim
[eigener ...] öztüketim
[einheimischer ...] *(VWL)* iç tüketim; yerli tüketim

[gewerblicher ...] sınaî tüketim
[inländischer ...] *(VWL)* iç tüketim; yurtiçi tüketimi
[mangelnder ...] eksik tüketim
[öffentlicher ...] *(vGR)* kamu tüketimi; *(vGR)* devlet tüketimi
[privater ...] *(vGR)* hanehalkı tüketimi
[zum sofortigen ...] hemen kullanmak için/üzere
verbrauchen ⟨v/t⟩ tüketmek
Verbraucher ⟨m⟩ tüketici
[gewerblicher ...] sınaî tüketici
[industrieller ...] sınaî tüketici
[inländischer ...] yerli tüketici
[letzter ...] son tüketici
Verbraucheranalyse ⟨f⟩ *(Mk)* tüketici (davranışı) analizi
Verbraucheraufnahmebereitschaft ⟨f⟩ *(Mk)* tüketici kabullenmesi
Verbraucherausgaben ⟨pl⟩ *(VWL)* tüketici harcamaları
Verbraucherbedarf ⟨m⟩ *(VWL)* tüketici talebi
Verbraucherbedürfnisse ⟨pl⟩ *(VWL)* tüketici istekleri/ihtiyaçları
Verbraucherbefragung ⟨f⟩ *(Mk)* tüketici anketi
Verbraucherberatung ⟨f⟩ *(Mk)* tüketici danış(ması)
Verbraucherboykott ⟨m⟩ tüketici boykotu
Verbraucherdarlehen ⟨n⟩ *(BkW)* tüketici kredisi
Verbrauchereinkommen ⟨n⟩ tüketici geliri
Verbrauchergenossenschaft ⟨f⟩ tüketici kooperatifi
Verbrauchergewohnheiten ⟨pl⟩ *(Mk)* tüketici alışkanlıkları
Verbrauchergruppe ⟨f⟩ tüketici grubu
Verbraucherhandel ⟨m⟩ perakende ticaret
Verbraucherkäufe ⟨pl⟩ tüketici alımları
Verbraucherkaufkraft ⟨f⟩ tüketici(nin) alım gücü
Verbraucherkonsum ⟨m⟩ tüketim harcaması
Verbraucherkredit ⟨m⟩ *(BkW)* tüketici kredisi
Verbrauchermarkt ⟨m⟩ tüketim malları piyasası
Verbrauchernachfrage ⟨f⟩ *(VWL)* tüketici talebi
Verbraucherpreis ⟨m⟩ tüketici fiyatı
Verbraucherpreisindex ⟨n⟩ tüketici fiyat indeksi
Verbraucherschicht ⟨f⟩ tüketici kesimi
Verbraucherschutz ⟨m⟩ tüketicinin korunması
Verbraucherverband ⟨m⟩ tüketiciler birliği
Verbraucherverhalten ⟨n⟩ *(Mk)* tüketici davranışı; *(Mk)* tüketici tutumu
Verbraucherverzicht ⟨m⟩ ertelenmiş tüketim
Verbraucherzentrale ⟨f⟩ tüketici danışma merkezi
Verbraucherzurückhaltung ⟨f⟩ tüketici(nin) direnmesi
Verbrauchsabgabe ⟨f⟩ *(öFi)* tüketim vergisi
Verbrauchsabweichung ⟨f⟩ *(KoR)* bütçe sapması
Verbrauchsartikel ⟨pl⟩ tüketim eşyaları
Verbrauchsausweitung ⟨f⟩ tüketimin artması; tüketim artışı
Verbrauchsbereich ⟨m⟩ tüketici sektörü
Verbrauchsbeschränkungen ⟨pl⟩ tüketim sınırlamaları
Verbrauchsfunktion ⟨f⟩ *(VWL)* tüketim fonksiyonu
Verbrauchsgegenstände ⟨pl⟩ tüketim eşyaları
Verbrauchsgüter ⟨pl⟩ tüketim malları
[dauerhafte ...] dayanıklı tüketim malları
[gewerbliche ...] sınaî tüketim malları

[kurzlebige ...] kısa ömürlü tüketim malları; dayanıksız tüketim malları
[langlebige ...] uzun ömürlü tüketim malları
Verbrauchsgüterbereich ⟨m⟩ tüketim malları kesimi
Verbrauchsgüterhersteller ⟨m⟩ tüketim malları üreticisi
Verbrauchsgüterindustrie ⟨f⟩ tüketim malları sanayii
Verbrauchsgütersektor ⟨m⟩ tüketim malları sektörü
verbrauchsintensiv ⟨adj⟩ tüketim yoğun
Verbrauchsrate ⟨f⟩ *(VWL)* tüketim oranı
Verbrauchssteuer ⟨f⟩ *(StR)* tüketim vergisi
verbrauchssteuerfrei ⟨adj⟩ *(StR)* tüketim vergisinden muaf
verbrauchssteuerpflichtig ⟨adj⟩ *(StR)* tüketim vergisine tabi
[nicht ...] *(StR)* tüketim vergisinden muaf
Verbrauchsstoffe ⟨pl⟩ *(Ind)* maddeler
Verbrauchsstufe ⟨f⟩ *(VWL)* tüketim aşaması
verbreitern ⟨v/t⟩ genişletmek
Verbreiterung ⟨f⟩ genişletme; yayma
[... des Angebots] *(VWL)* arzı genişletme
Verbreitung ⟨f⟩ dağıtım; yayma
verbriefen ⟨v/t⟩ belgeli garanti vermek; *(Forderung)* kıymetli evrak yoluyla garanti/teminat vermek
verbuchen ⟨v/t⟩ kaydetmek; kayda/deftere geçirmek
Verbuchung ⟨f⟩ kaydetme; kayda/deftere geçirme
Verbund ⟨m⟩ birlik; kombina
Verbundfertigung ⟨f⟩ birlikte üretim
Verbundproduktion ⟨f⟩ birlikte üretim
Verbundwerbung ⟨f⟩ müşterek/birlikte tanıtım
Verbundwirtschaft ⟨f⟩ *(VWL)* bütünleşmiş ekonomi
verbürgen ⟨v/t⟩ 1. teminat vermek; garanti etmek 2. kefalet etmek
[sich selbstschuldnerisch ...] zincirleme kefil olmak
verbüßen ⟨v/t⟩ *(Jur)* (ceza) çekmek
Verderb ⟨m⟩ bozulma; çürüme; *(Brot)* bayatlama
[innerer ...] içten bozulma/çürüme
[üblicher ...] normal çürüme
verderben ⟨v/t⟩ bozulmak; çürümek
verderblich ⟨adj⟩ *(Ware)* bozulur; kısa ömürlü
verdienen ⟨v/t⟩ kazanmak; hak etmek
[brutto ...] brüt kazanmak
[netto ...] net kazanmak
Verdiener ⟨m⟩ kazanan; kazanç sahibi
Verdienst ⟨m⟩ kazanç; gelir; kâr; ücret
[durchschnittlicher ...] ortalama kazanç
verdienstabhängig ⟨adj⟩ kazanca bağlı
Verdienstausfall ⟨m⟩ kazanç kaybı
Verdienstbescheinigung ⟨f⟩ kazanç belgesi
verdienstbezogen ⟨adj⟩ kazanca bağlı
Verdienstdurchschnitt ⟨m⟩ kazanç ortalaması; ortalama kazanç
Verdienstspanne ⟨f⟩ kâr marjı
verdingen ⟨v/t⟩ ihale etmek; ⟨refl⟩ hizmete girmek; kapılanmak
Verdingung ⟨f⟩ ihale; icaba davet
verdorben ⟨adj⟩ bozulmuş; bozuk; çürümüş; çürük
verdrängen ⟨v/t⟩ çıkartmak

Verdrängung ⟨f⟩ çıkartma
Verdrängungswettbewerb ⟨m⟩ kıyasıya rekabet
verdünnen ⟨v/t⟩ sulandırmak
verdunsten ⟨int⟩ buharlaşmak
Veredeler ⟨m⟩ işleyici
veredeln ⟨v/t⟩ *(Metall)* arıtmak; işlemek; *(LandW)* ıslah etmek; aşılamak
veredelt ⟨adj⟩ *(Metall)* arıtılmış; işlenmiş; *(LandW)* aşılı
Veredelung ⟨f⟩ *(Metall)* arıtma; *(BWL)* işleme; *(LandW)* ıslah; aşılama
[aktive ...] *(BWL)* işletme içi işleme
[passive ...] *(BWL)* işletme dışı işleme
Veredelungsbetrieb ⟨m⟩ arıtma tesisi
Veredelungsprodukt ⟨n⟩ işlenmiş ürün
Verein ⟨m⟩ *(Jur)* dernek
[eingetragener ...] **(eV)** *(Jur)* kayıtlı/tescilli dernek
[gemeinnütziger ...] kamuya yararlı dernek
Vereinbarung ⟨f⟩ anlaşma; uzlaşma; sözleşme; akit
[... auf Gegenseitigkeit] karşılıklı anlaşma
[... brechen] anlaşmayı bozmak
[... erzielen] anlaşmaya/uzlaşmaya varmak
[... treffen] anlaşmaya/uzlaşmaya varmak; sözleşmek
[... über die Zusammenarbeit] işbirliği anlaşması
[ausdrückliche ...] kesin anlaşma
[außergerichtliche ...] davasız/çekişmesiz anlaşma
[geschäftliche ...] iş anlaşması
[gütliche ...] iyi niyetle anlaşma; çekişmesiz uzlaşma
[mündliche ...] sözlü anlaşma
[nach ...] randevu ile
[schriftliche ...] yazılı anlaşma
[tarifvertragliche ...] toplu iş sözleşmesi
[verbindliche ...] bağlayıcı anlaşma
vereinheitlichen ⟨v/t⟩ standardize etmek; tek düzene sokmak; basitleştirmek
Vereinheitlichung ⟨f⟩ standardizasyon; basitleştirme
Vereinigung ⟨f⟩ birlik; örgüt; federasyon
[gemeinnützige ...] kamuya yararlı birlik/örgüt
[wirtschaftliche ...] ticari birlik
vereinnahmen ⟨v/t⟩ tahsil etmek
Vereinsbeitrag ⟨m⟩ *(Jur)* dernek aidatı
Vereinsgründung ⟨f⟩ *(Jur)* dernek kuruluşu
Vereinsmitglied ⟨n⟩ *(Jur)* dernek üyesi
Vereinssatzung ⟨f⟩ *(Jur)* dernek tüzüğü
Verelendungswachstum ⟨n⟩ *(AußH)* yoksullaştıran büyüme
Verfahren ⟨n⟩ usul; yöntem; ameliye; prosedür; süreç; sistem; muamele; işlem; metot; *(Jur)* usul; yöntem; dava; yargılama
[... einstellen] *(Jur)* takibi durdurmak
[... einleiten] *(Jur)* dava açmak
[... in Gang bringen] *(Jur)* dava açmak
[analytisches ...] analiz yöntemi/metodu
[bilanzanalytisches ...] bilanço analizi
[disziplinarisches ...] disiplin yöntemi/usulü
[gerichtliches ...] *(Jur)* dava
[industrielles ...] endüstriyel süreç
[konkursrechtliches ...] iflas davası/ameliyesi/muamelesi/usulü

[schiedsrichterliches ...] hakem usulü
[schwebendes ...] *(Jur)* sürümcemede bulunan dava
[streitiges ...] *(Jur)* çekişmeli dava; *(Jur)* ihtilaflı dava
Verfahrensantrag ⟨m⟩ *(Jur)* dava dilekçesi
Verfahrenkosten ⟨pl⟩ *(Jur)* dava masrafları
Verfahrenseröffnung ⟨f⟩ *(Jur)* dava açma
Verfahrensfehler ⟨m⟩ *(Jur)* usul hatası
Verfahrensforschung ⟨f⟩ *(OR)* yöneylem araştırması; *(OR)* operasyonel araştırma; *(Eng)* operations research
Verfahrensrecht ⟨n⟩ *(Jur)* usul hukuku
Verfahrensweise ⟨f⟩ hareket tarzı; politika; pratik; *(Jur)* yargılama usulü
Verfall ⟨m⟩ *(Termin)* muacceliyet; tahakkuk; *(Kurs)* düşüş; *(Niedergang)* çöküş; *(Jur)* sukut; düşme
[... einer Police] *(Vers)* poliçenin bitmesi; poliçenin düşmesi
[bei ...] muacceliyette; tahakkukta
Verfallbuch ⟨n⟩ *(BkW)* vade defteri
Verfalldatum ⟨n⟩ muacceliyet; tahakkuk tarihi; vadenin bitme tarihi
verfallen ⟨int⟩ *(Termin)* muaccel olmak; *(Jur)* sukut etmek; düşmek
Verfalltag ⟨m⟩ muacceliyet; tahakkuk tarihi; vadenin bitme tarihi
Verfallzeit ⟨f⟩ *(WeR)* muacceliyet
Verfasser ⟨m⟩ yazar
Verfassung ⟨f⟩ *(Jur)* anayasa; *(Zustand)* durum; hal; *(Bö)* ortam; durum
Verflechtung ⟨f⟩ bütünleşme; entegrasyon; kombinezon
[... mit nachgelagerten Sektoren] *(VWL)* ileriye doğru bütünleşme
[... mit vorgelagerten Sektoren] *(VWL)* geriye doğru bütünleşme
[... von Unternehmen] (şirketlerde) bütünleşme
[absatzmäßige ...] *(VWL)* ileriye doğru bütünleşme
[beschaffungsmäßige ...] *(VWL)* geriye doğru bütünleşme
[binnenwirtschaftliche ...] *(VWL)* iç ekonomik bütünleşme
[finanzielle ...] *(vGR)* mali bütünleşme; *(BkW)* finansal kombinezon
[vertikale ...] *(BWL)* dikey bütünleşme
[wirtschaftliche ...] *(VWL)* ekonomik bütünleşme
Verflechtungskoeffizient ⟨m⟩ bütünleşme katsayısı
verflüssigen ⟨v/t⟩ *(Kapital)* realize etmek; gerçekleştirmek; tasfiye etmek; satmak
Verflüssigung ⟨f⟩ *(Kapital)* likidasyon; realizasyon; tasfiye; satış
Verfrachter ⟨m⟩ taşıyıcı; taşıyan; taşıtan
Verfrachtung ⟨f⟩ mal taşıma
Verfrachtungsvertrag ⟨m⟩ taşıma sözleşmesi; *(Schff)* çarter parti
verfügbar ⟨adj⟩ kullanılabilir; harcanabilir; bulunur; hazır; eldeki; disponibl
verfügen ⟨v/t⟩ tasarruf etmek
[... über] mutasarrıf olmak
Verfügung ⟨f⟩ *(Jur)* tasarruf; *(Jur)* (icraî) karar; talimat

[einstweilige ...] *(Jur)* ihtiyatî tedbir; muvakkat karar/tedbir
[testamentarische ...] *(Jur)* ölüme bağlı tasarruf; *(Jur)* vasiyet
verfügungsberechtigt ⟨adj⟩ *(Jur)* mutasarrıf
Verfügungsberechtigung ⟨f⟩ *(Jur)* tasarruf hakkı; kullanma yetkisi
Verfügungsrecht ⟨n⟩ *(Jur)* tasarruf hakkı
Vergabe ⟨f⟩ tahsis; *(Auftrag)* ihale; sipariş verme
[... im Submissionswege] eksiltme yoluyla ihale
[... von Mitteln] fon tahsisi
[... von Staatsaufträgen] devlet ihalesi
[freihändige ...] yarışmalı ihale
Vergabebedingungen ⟨pl⟩ ihale koşulları/şartları
Vergabepraxis ⟨f⟩ ihale uygulaması
Vergabeverfahren ⟨n⟩ ihale yöntemi
Vergabevolumen ⟨n⟩ ihale hacmi
vergeben ⟨v/t⟩ *(Auftrag)* sipariş vermek
Vergehen ⟨n⟩ *(Jur)* suç
Vergeltung ⟨f⟩ misilleme; mukabele; karşılık verme
Vergeltungsmaßnahme ⟨f⟩ misilleme önlemi/tedbiri
[wirtschaftliche ...] *(AußH)* ekonomik misilleme
Vergeltungszoll ⟨m⟩ *(Zo)* misilleme gümrüğü
vergesellschaften ⟨v/t⟩ kamulaştırmak; sosyalize etmek
Vergleich ⟨m⟩ karşılaştırma; mukayese; *(Jur)* sulh; uzlaşma; uyuşma; konkordato; cebrî sulh
[... beantragen] *(Jur)* konkordato talebinde bulunmak
[... (mit Gläubigern) abschließen] alacaklılarla uyuşmak
[... zur Abwendung des Konkurses] *(Jur)* iflas dışı konkordato
[außergerichtlicher ...] özel konkordato
[gerichtlicher ...] adlî/resmî konkordato
vergleichen ⟨v/t⟩ karşılaştırmak; ⟨refl⟩ *(Jur)* uyuşmak
Vergleichsantrag ⟨m⟩ *(Jur)* konkordato talebi
Vergleichsbilanz ⟨f⟩ *(ReW)* karşılaştırmalı bilanço
Vergleichseröffnung ⟨f⟩ *(Jur)* konkordato (uygulamasının) açılması
Vergleichsgläubiger ⟨m⟩ konkordato alacaklısı
Vergleichsperiode ⟨f⟩ konkordato mühleti
Vergleichsquote ⟨f⟩ *(Jur)* konkordato yüzdesi
Vergleichstermin ⟨m⟩ konkordato mehili
Vergleichsverfahren ⟨n⟩ konkordato projesi/uygulaması
Vergleichsverwalter ⟨m⟩ konkordato komiseri
Vergleichsvorschlag ⟨m⟩ konkordato önerisi
Vergleichszeitraum ⟨m⟩ konkordato mühleti
Vergnügung ⟨f⟩ eğlence
Vergünstigung ⟨f⟩ imtiyaz; öncelik; avantaj; indirim
[steuerliche ...] vergi imtiyazı/imdirimi
vergüten ⟨v/t⟩ ödemek
Vergütung ⟨f⟩ ödeme; ücret
[... von Überstunden] fazla mesai ücreti
[... von Zöllen] *(Zo)* drawback; reddi rüsm
[erfolgsabhängige ...] başarıya bağlı ödeme/ücret
Vergütungsgruppe ⟨f⟩ barem
verhaften ⟨v/t⟩ *(Jur)* tutuklamak
Verhalten ⟨n⟩ davranış; tutum; tavır; hareket
[berufswidriges ...] meslek ahlâkına aykırı davranış/hareket

[preisbewußtes ...] fiyat bilinçli davranış
[standeswidriges ...] ahlâka aykırı davranış/ hareket
[wettbewerbsbeschränkendes ...] rekabeti kısıtlayıcı davranış
[wettbewerbsfeindliches ...] rekabet kurallarına aykırı davranış
[wettbewerbsschädliches ...] rekabete zarar verici davranış
[wettbewerbswidriges ...] rekabet kurallarına aykırı davranış
verhalten ⟨refl⟩ davranmak; hareket etmek
Verhaltensgleichung ⟨f⟩ *(VWL)* davranış denklemi
Verhaltenssnormen ⟨pl⟩ davranış kuralları
Verhältnis ⟨n⟩ ilişki; *(Math)* oran
[... der Aktiva zu den Passiva] *(BkW)* varlık oranı
[... der flüssigen Aktiva zu laufenden Verbindlichkeiten] likidite katsayısı; işletme sermayesi oranı; ikinci derecede likidite
[... der Tarifparteien] toplu sözleşme ilişkileri
[... der Tarifpartner] toplu sözleşme ilişkileri
[... der kurzfristigen Aktiva zu den kurzfristigen Verbindlichkeiten] *(BkW)* cari oran
[... von Arbeitgebern und Arbeitnehmern] işveren işçi ilişkileri
[... von langfristigem verzinslichen Kapital zu Eigenkapital] dış borçlanma oranı
[... von bevorrechtigtem Kapital zu Stammaktien] dış borçlanma oranı
[... von Obligationen und Vorzugsaktien zu Stammaktien] kaldıraç
[... zwischen Umlaufvermögen und kurzfristigen Schulden] *(BkW)* cari oran
[... zwischen Umsatzerlösen und variablen Kosten] *(BWL)* değişken maliyet oranı
[in umgekehrtem ...] ters orantılı
[vertragliches ...] akdî ilişki; akitten doğan ilişki
Verhältnisse ilişkiler; koşullar; durum
[finanzielle ...] mali koşullar
[wirtschaftliche ...] ekonomik durum
Verhältnisgröße ⟨f⟩ *(VWL)* ilişkiye bağlı değişken
verhandelbar ⟨adj⟩ pazarlanabilir; görüşülebilir
verhandeln ⟨v/t⟩ pazarlık yapmak; görüşmek; *(Jur)* yargılamak
Verhandlung ⟨f⟩ görüşme; müzakere; pazarlık; *(Jur)* duruşma; yargılama
[...en auf Betriebsebene] işletme düzeyinde görüşmeler
[...en zwischen den Tarifpartnern] toplu pazarlık
[...en aufnehmen] görüşmelere başlamak
[Abbruch von ... en] görüşmelerin kesilmesi; müzakerelerin bozulması
Verhandlungsangebot ⟨n⟩ görüşme teklifi
Verhandlungsergebnis ⟨n⟩ görüşmelerin sonucu
Verhandlungsgegenstand ⟨m⟩ görüşülen konu; pazarlık konusu
Verhandlungsrunde ⟨f⟩ pazarlık raundı
Verhandlungsstärke ⟨f⟩ pazarlık gücü
Verhinderung ⟨f⟩ engel(leme); önlem (alma)
verjähren ⟨int⟩ *(Jur)* zamanaşımına uğramak
Verjährung ⟨f⟩ *(Jur)* zamanaşımı
Verjährungsfrist ⟨f⟩ *(Jur)* zamanaşımı süresi
Verkauf ⟨m⟩ satış; satma

[... an Ort und Stelle] yerinde/anında satış
[... auf Abzahlungsbasis] taksitle satış
[... auf Baisse] açıktan satış
[... auf Kommissionsbasis] konsinye satış
[... auf Lieferung] *(Bö)* vadeli satış
[... auf Rechnung] veresiye satış
[... auf Termin] *(Bö)* vadeli satış
[... fördern] satışları teşvik etmek
[... durch den Großhandel] toptancı yoluyla satma
[... gegen bar] nakit karşılığı satış; peşin satış
[... gegen Kasse] nakit karşılığı satış; peşin satış
[... gegen Nachnahme] teslimde ödemeli satış
[... gegen Zahlungsziel] kesin vadeli satış; alivre satış; veresiye satma
[... gegen Ziel] kesin vadeli satış; alivre satış; veresiye satma
[... nach Probe] örneğe göre satış
[... ohne Zwischenhandel] doğrudan satış; aracısız satış
[... unter Vorbehalt] kayıtlı/şartlı satış
[... wegen Geschäftsaufgabe] tasfiye satışı
[direkter ...] doğrudan satış
[fester ...] kesin satış
[freibleibender ...] kayıtlı/şartlı satış
[freihändiger ...] elden satış
[zum ... anbieten] satışa sunmak
[zum ...] satılık(tır)
verkaufen ⟨v/t⟩ satmak
[billig ...] ucuz satmak
[einzeln ...] taneyle satmak; parça parça satmak
[freihändig ...] elden satmak
[gegen bar ...] nakit karşılığı satmak; peşin satmak
[meistbietend ...] en yüksek teklifi yapana satmak
[nicht zu ...] satılık değil
[partieweise ...] lotlar halinde satmak
[sich nicht ...] satılmamak; alıcı bulamamak
[zu ...] satılık(tır)
Verkäufer ⟨m⟩ satıcı; *(Laden)* satıcı; tezgâhtar; ⟨pl⟩ satış kadrosu
[... im Außendienst] dış satıcı;
⟨pl⟩ dış satış kadrosu
Verkäuferin ⟨f⟩ kadın satıcı
Verkäufermarkt ⟨m⟩ satıcı piyasası
Verkäuferpfandrecht ⟨n⟩ satıcının rehin hakkı
verkäuflich ⟨adj⟩ satılık
Verkaufsabschluß ⟨m⟩ satış sözleşmesi
Verkaufsabteilung ⟨f⟩ satış bölümü/departmanı
Verkaufsanreiz ⟨m⟩ satış güdülemesi; satışa teşvik
Verkaufsargument ⟨n⟩ öne sürülen satış nedeni
Verkaufsausstellung ⟨f⟩ satış fuarı
Verkaufsbedingungen ⟨pl⟩ satış koşulları/şartları
[Allgemeine ...] genel satış koşulları/şartları
Verkaufsbeleg ⟨m⟩ satış fişi
Verkaufsbüro ⟨n⟩ satış bürosu/ofisi
Verkaufsempfehlung ⟨f⟩ satma tavsiyesi
Verkaufserwartungen ⟨pl⟩ satış beklentileri
Verkaufsfahrer ⟨m⟩ taşıtlı seyyar satıcı
Verkaufsfläche ⟨f⟩ satış alanı
verkaufsfördernd ⟨adj⟩ *(Mk)* satışı teşvik edici
Verkaufsförderung ⟨f⟩ *(Mk)* promosyon; *(Mk)* satış teşviki

Verkaufsgebiet ⟨n⟩ satış bölgesi
Verkaufsgebot ⟨n⟩ satış teklifi
Verkaufsgenossenschaft ⟨f⟩ satış kooperatifi
Verkaufsgespräch ⟨n⟩ satış görüşmesi
Verkaufskonto ⟨n⟩ *(BkW)* ticarî hesap
Verkaufskosten ⟨pl⟩ satış maliyeti
Verkaufskurs ⟨m⟩ satış kuru/fiyatı
Verkaufsoption ⟨f⟩ *(Bö)* put opsiyonu
Verkaufsorganisation ⟨f⟩ *(Mk)* satış organizasyonu
Verkaufspersonal ⟨n⟩ satış personeli/kadrosu
Verkaufspolitik ⟨f⟩ *(Mk)* pazarlama/satış politikası
Verkaufspreis ⟨m⟩ satış fiyatı
Verkaufsprogramm ⟨n⟩ satış programı; mal/ürün çeşitleri; koleksiyon
Verkaufsprospekt ⟨n⟩ *(Mk)* satış broşürü; *(Bö)* bülten
Verkaufsprovision ⟨f⟩ satış komisyonu
Verkaufspunkt ⟨m⟩ satış noktası
Verkaufsreinerlös ⟨m⟩ net satış geliri; safi satış hasılatı
Verkaufsrekord ⟨m⟩ satış rekoru
Verkaufsspesen ⟨pl⟩ satış harcamaları/masrafları
Verkaufsstand ⟨m⟩ stant; büfe; tezgâh
Verkaufsstelle ⟨f⟩ *(Laden)* satış yeri; bayi
Verkaufssteuer ⟨f⟩ *(StR)* satış vergisi
Verkaufsvertrag ⟨m⟩ *(Jur)* satış sözleşmesi
Verkaufsvertreter ⟨m⟩ satış temsilcisi
Verkaufszahlen ⟨pl⟩ satış rakamları
Verkehr ⟨m⟩ ulaştırma; ulaşım; trafik; işlemler; *(Bö)* işlemler
[amtlicher ...] *(Bö)* resmî işlemler
[aus dem ... ziehen] işlemden almak; *(Geld)* dolaşımdan kaldırmak
[außerböslicher ...] *(Bö)* tezgâh üzeri işlemler
[bargeldloser ...] nakitsiz işlemler; gayri nakdi transferler
[brieflicher ...] yazışma
[freier ...] *(Waren)* serbest dolaşım
[gebrochener ...] birleşik/kombine taşıma; değişik tür taşıtlarla yapılan taşıma
[in ... bringen] dolaşıma çıkarmak
[kombinierter ...] birleşik/kombine taşıma; değişik tür taşıtlarla yapılan taşıma
[öffentlicher ...] kamu ulaştırması; belediye ulaştırması
Verkehrsanbindung ⟨f⟩ ulaştırma/ulaşım bağlantısı
Verkehrsbehörde ⟨f⟩ trafik makamı
Verkehrsdichte ⟨f⟩ trafik yoğunluğu
Verkehrseinrichtungen ⟨pl⟩ ulaştırma tesisleri
verkehrsfähig ⟨adj⟩ pazarlanabilir; satılabilir; *(Währung)* cari; *(begebbar)* ciro/iskonto edilebilir; cirolu
Verkehrsfähigkeit ⟨f⟩ pazarlanabilme (yeteneği); *(Begebbarkeit)* ciro/iskonto edilebilme; *(Währung)* geçerlilik
Verkehrsgesellschaft ⟨f⟩ taşıma/nakliyat şirketi
Verkehrsnetz ⟨n⟩ ulaştırma ağı/şebekesi
Verkehrssprache ⟨f⟩ resmî dil
Verkehrssteuer ⟨f⟩ *(StR)* ulaştırma vergisi
Verkehrsweg ⟨m⟩ ulaşım yolu
Verkehrswert ⟨m⟩ piyasa değeri; rayiç değer
verklagen ⟨v/t⟩ *(Jur)* dava etmek
Verknappung ⟨f⟩ daralma; darlık; kıtlık
[... am Arbeitsmarkt] *(VWL)* işgücü piyasasında daralma; *(VWL)* piyasada işgücü daralması

[... am Geldmarkt] para piyasasında daralma
[... der Kreditmittel] *(BkW)* kredi daralması/darlığı
verkünden ⟨v/t⟩ bildirmek; ilân etmek; haber vermek
verkürzen ⟨v/t⟩ kısaltmak; azaltmak
Verkürzung ⟨f⟩ azalt(ıl)ma; kısalt(ıl)ma
[... der Arbeitszeit] çalışma saatlerinin azaltılması
Verladeanlage ⟨f⟩ yükleme tesis(ler)i
Verladeanweisungen ⟨pl⟩ yükleme talimatı
verladebereit ⟨adj⟩ yüklenmeye hazır
Verladedauer ⟨f⟩ yükleme müddeti
Verladedokument ⟨n⟩ yükleme belgesi
Verladegebühr ⟨f⟩ yükleme ücreti
Verladegewicht ⟨n⟩ yükleme ağırlığı
Verladehafen ⟨m⟩ *(Schff)* yükleme limanı
Verladekosten ⟨pl⟩ yükleme masrafları
[... und Versicherung] mal ve yükleme bedeli, sigorta; (Inco) c/i
[..., Versicherung und Fracht] mal bedeli, sigorta, navlun; (Inco) CIF
Verladeliste ⟨f⟩ yükleme listesi; *(Schff)* manifesto
verladen ⟨v/t⟩ yüklemek
Verladepapiere ⟨pl⟩ yükleme belgeleri
Verladeplatz ⟨m⟩ yükle(t)me yeri
Verlader ⟨m⟩ yükleten
Verladerampe ⟨f⟩ rampa
Verladeschein ⟨m⟩ *(Schff)* yükleme konşimentosu
Verladestation ⟨f⟩ terminal
Verladestelle ⟨f⟩ yükle(t)me yeri
Verladetermin ⟨m⟩ yükleme tarihi
Verladung ⟨f⟩ yükleme
Verladezeugnis ⟨n⟩ *(Schff)* yükleme konşimentosu
Verlag ⟨m⟩ *(Press)* yayınevi; *(Press)* kitabevi
verlagern ⟨v/t⟩ yerini değiştirmek; *(Produktion)* nakletmek
Verlagerung ⟨f⟩ nakil; yer değiştirme
[... der Fertigung] *(BWL)* üretimin nakli
[... von Produktionsstätten] *(BWL)* üretim tesislerinin nakli
Verlagsanstalt ⟨f⟩ *(Press)* yayınevi
Verlagsrecht ⟨n⟩ *(Press)* yayın hakkı
Verlangen ⟨n⟩ istek
[auf ...] istek üzerine
[auf ... zahlbar] istek üzerine ödenir
[zahlbar bei ...] istek üzerine ödenir
verlangen ⟨v/t⟩ istemek; talep etmek
verlängern ⟨v/t⟩ uzatmak; temdit etmek; yenilemek; ertelemek
Verlängerung ⟨f⟩ uzat(ıl)ma; temdit; yenile(n)me; ertele(n)me
[... der Frist] sürenin uzatılması; müddeti temdit etme
[... der Kreditlaufzeit] *(BkW)* kredinin yenilenmesi
[... des Passes] pasaport süresinin temditi/uzatılması
[... des Zahlungsziels] ödeme süresinin uzatılması; vadenin ertelenmesi
verlassen ⟨v/t⟩ terk etmek; bırakmak; ⟨refl⟩ (auf) güvenmek; ⟨adj⟩ terk edilmiş; metruk
Verlauf ⟨m⟩ seyir; gelişme
[... der Konjunktur] *(VWL)* ekonominin seyri
verlautbaren ⟨v/t⟩ bildirmek; ilân etmek;

duyurmak; yaymak
Verlautbarung ⟨f⟩ beyanname; bildiri; duyuru
verlegen ⟨v/t⟩ nakletmek; *(Press)* yayımlamak; *(Termin)* ertelemek; tâlik etmek; *(Ind)* (kuruluş yerini) nakletmek
Verleger ⟨m⟩ *(Press)* yayımcı; *(Getränke)* dağıtımcı
Verlegung ⟨f⟩ nakil; *(Termin)* erteleme; tâlik
[... der Verhandlung] *(Jur)* duruşmanın tâliki
[... des Sitzes] *(Ind)* şirket merkezinin nakli
[... des Steuersitzes] *(StR)* vergi ikametgâhının nakli
[... eines Unternehmens] şirketin nakli
Verleih ⟨m⟩ kiralama; kiraya verme
verleihen ⟨v/t⟩ 1. ödünç vermek 2. kiraya vermek
verletzen ⟨v/t⟩ yaralamak; *(Jur)* ihlâl etmek; bozmak; tecavüz etmek; karşı gelmek
Verletzung ⟨f⟩ *(Med)* yara(lama); *(Jur)* ihlâl; bozma; kusur
[... der Dienstpflichten] *(Jur)* hizmet kusuru
[... der Gewährleistungspflicht] *(Jur)* tekeffül borcunun ihlâli
[... der Ruhe und Ordnung] *(Jur)* sukûneti ihlâl; halkın rahatını bozma
[... der Verfassung] *(Jur)* anayasanın ihlâli
[... der Vertragspflicht] *(Jur)* akdin ihlâli
[... des Urheberrechts] *(Jur)* telif hakkının ihlâli
[... eines Patents] *(Jur)* patentin ihlâli
[... eines Vertrages] *(Jur)* akdin ihlâli
[... mit Todesfolge] *(Jur)* ölümle sonuçlanan yaralama
[... von Pflichten] *(Jur)* görev ihlâli; *(Jur)* vazifeye muhalif hareket; *(Jur)* hizmet kusuru
[... von Warenzeichen] markaların ihlâli
Verleumdung ⟨f⟩ çamur atma; *(Jur)* iftira
Verleumdungsklage ⟨f⟩ *(Jur)* iftira davası
Verlust ⟨m⟩ kayıp; zarar; ziyan; *(Flüssigkeit)* akma
[... auf dem Transport(wege)] transit kaybı
[... abdecken] zararı kapamak
[... ausweisen] zararla kapamak
[... des Arbeitsplatzes] işyerinin kaybı
[... erleiden] zarar görmek
[... tilgen] zararı kapamak; zararı telafi etmek
[mit ... abschließen] zararla kapamak
[mit ... arbeiten] zararına çalışmak
[betriebsbedingter ...] işletme/faaliyet zararı
[buchmäßiger ...] *(ReW)* muhasebe zararı
[eingetretener ...] vaki zarar
[einmaliger ...] bir kereye mahsus zarar
[finanzieller ...] mali/finansal zarar/kayıp
[mit ... verkaufen] zararına satmak; zararla satmak
[mittelbarer ...] dolaylı zarar
[rechnerischer ...] *(ReW)* muhasebe zararı
[versicherungstechnischer ...] *(Vers)* aktüerya zararı; taahhüt kaybı
Verlustbeteiligung ⟨f⟩ zarara katılma/iştirak
Verlustgeschäft ⟨n⟩ zararına iş
Verlustnachweis ⟨m⟩ zarar kanıtı
Verlustpreis ⟨m⟩ damping fiyatı; kırıcı fiyat
Verlustquelle ⟨f⟩ zarar kaynağı
Verlustrücklage ⟨f⟩ munzam karşılıklar
Verlustrückstellungen ⟨pl⟩ munzam karşılıklar
Verlustsaldo ⟨m⟩ ters bakiye
Verlustübernahme ⟨f⟩ zararı üstlenme
Verlustvortrag ⟨m⟩ zararı yansıtma

Verlustzuweisung ⟨f⟩ zarar dağılımı
vermarkten ⟨v/t⟩ pazarlamak; pazara sürmek
Vermarktung ⟨f⟩ pazarlama
vermeiden ⟨v/t⟩ kaçınmak; önlemek
Vermeidung ⟨f⟩ kaçınma; önleme
Vermerk ⟨m⟩ şerh; not; şart; kayıt
vermieten ⟨v/t⟩ kiraya vermek
Vermieter ⟨m⟩ kiraya veren; kiralayan; *(Wohnung)* ev sahibi
[... und Mieter] ev sahibi ve kiracı
Vermietung ⟨f⟩ kiraya verme; kiralama
[... von Betriebsanlagen] tesis kiralama
[... von Industrieanlagen] tesis kiralama
vermindern ⟨v/t⟩ azaltmak; indirmek; düşürmek
Verminderung ⟨f⟩ azalt(ıl)ma; indirim; düşürme
[... des Wertes] değer düşürme; *(ReW)* amortisman
vermitteln ⟨int⟩ aracılık yapmak; *(Stelle)* (iş) bulmak
Vermittler ⟨m⟩ aracı; arbitrajcı; *(Makler)* komisyoncu
Vermittlung ⟨f⟩ aracılık; *(Tele)* santral
[... von Arbeitskräften] iş ve işçi bulma
Vermittlungsbüro ⟨n⟩ acenta; *(Arbeitskräfte)* iş ve işçi bulma bürosu
Vermittlungsgebühr ⟨f⟩ komisyon; aracı/komisyoncu ücreti
Vermittlungsgeschäft ⟨n⟩ komisyonculuk
Vermittlungsprovision ⟨f⟩ komisyon; aracı/komisyoncu ücreti
Vermittlungstätigkeit ⟨f⟩ aracılık faaliyeti/hizmeti
Vermittlungsverfahren ⟨n⟩ aracılık yöntemi
Vermittlungsvorschlag ⟨m⟩ uzlaşma önerisi
Vermögen ⟨n⟩ servet; varlık(lar); mülk(iyet); emlak
[... einer Gesellschaft] şirket varlıkları
[... übertragen] varlık devretmek/nakletmek
[in jds ... vollstrecken] birisinin varlıklarını/servetini haczetmek
[bewegliches ...] menkul varlıklar
[gemeinsames ...] müşterek mülkiyet/varlıklar
[umlaufendes ...] cari/dönen varlıklar
Vermögensabgabe ⟨f⟩ sermaye/varlık vergisi
Vermögensanlage ⟨f⟩ yatırım; varlık tesisi
Vermögensansammlung ⟨f⟩ sermaye birikimi
Vermögensaufzehrung ⟨f⟩ varlık tüketimi
Vermögensberater ⟨m⟩ yatırım danışmanı
Vermögensbestandteil ⟨m⟩ varlık
Vermögensbilanz ⟨f⟩ mali bilanço
vermögensbildend ⟨adj⟩ varlık/sermaye oluşturucu
Vermögensbildung ⟨f⟩ varlık/sermaye oluşturma
Vermögenseinbuße ⟨f⟩ varlık kaybı
Vermögenseinkommen ⟨n⟩ varlık geliri
Vermögensertrag ⟨m⟩ sermaye kârı; yatırım geliri
Vermögenserwerb ⟨m⟩ varlık edinme
Vermögensgegenstand ⟨m⟩ varlık
Vermögensgegenstände ⟨pl⟩ varlık
[bewegliche ...] menkul varlıklar
[immaterielle ...] gayri maddi varlıklar
[materielle ...] maddi varlıklar
Vermögensgewinn ⟨m⟩ sermaye kârı
Vermögenshaushalt ⟨m⟩ sermaye bütçesi
Vermögenskonto ⟨n⟩ varlık hesabı
Vermögenslage ⟨f⟩ mali durum
Vermögensobjekt ⟨n⟩ varlık
Vermögensposten ⟨m⟩ varlık

Vermögensschöpfung ⟨f⟩ servet yaratma
Vermögenssperre ⟨f⟩ varlıkları dondurma
Vermögenssteuer ⟨f⟩ *(StR)* varlık vergisi; *(StR)* sermaye vergisi
Vermögensstruktur ⟨f⟩ varlık ve yükümlülük yapısı
Vermögensübertragung ⟨f⟩ varlık nakli; sermaye transferi
Vermögensumschichtung ⟨f⟩ yeniden varlık yapılanması
Vermögensverhältnisse ⟨pl⟩ mali durum
Vermögensverlust ⟨m⟩ varlık kaybı
Vermögensversicherung ⟨f⟩ *(Vers)* emlak sigortası
Vermögensverwalter ⟨m⟩ *(BkW)* portföy idarecisi
Vermögensverwaltung ⟨f⟩ varlık/mülk/yatırım/portföy idaresi
Vermögensverzehr ⟨m⟩ varlık tüketimi
Vermögenswert ⟨m⟩ varlık
[finanzieller ...] finansal varlık
[immaterieller ...] gayri maddî varlık
[veräußerter ...] tasfiye edilmiş varlık
Vermögenswerte ⟨pl⟩ varlıklar
[bare ...] likit varlıklar
[flüssige ...] likit varlıklar
vermögenswirksam ⟨adj⟩ varlık oluşturucu/yaratıcı
vermuten ⟨v/t⟩ tahmin etmek
vernachlässigen ⟨v/t⟩ ihmal etmek
Vernachlässigung ⟨f⟩ ihmal
vernichten ⟨v/t⟩ yoketmek; imha etmek
Vernichtung ⟨f⟩ imha: yok etme/edilme
[... von Arbeitsplätzen] işyerlerinin imhası
veröffentlichen ⟨v/t⟩ ilan etmek; açıklamak; yayınlamak
Veröffentlichung ⟨f⟩ ilan; açıklama; yayın
Veröffentlichungspflicht ⟨f⟩ ilan etme zorunluluğu
Veröffentlichungsrechte ⟨pl⟩ yayın hakları
Verordnungsblatt ⟨n⟩ resmî gazete
Verpächter ⟨m⟩ kiralayan
[... und Pächter] arazi sahibi ve kiracı
Verpachtung ⟨f⟩ kiralama; kiraya verme
verpacken ⟨v/t⟩ paket/ambalaj yapmak
Verpacker ⟨m⟩ ambalajcı
verpackt ⟨adj⟩ ambalajlı
[handelsüblich ...] ticarî standartlara göre ambalajlı
[nicht ...] ambalajsız
[seemäßig ...] *(Schff)* denize elverişli ambalajlı
Verpackung ⟨f⟩ ambalaj; ambalajlama; paket; paketleme
[... eingeschlossen] ambalaj(lama) içinde/dahil
[... frei] ambalajı (ücrete) dahil
[handelsübliche ...] standart ambalaj
[mangelhafte ...] kusurlu ambalaj
[seemäßige ...] *(Schff)* denize elverişli ambalaj
[wasserdichte ...] su geçirmez ambalaj
[zuzüglich ...] ambalajlama/paketleme hariç
Verpackungsgewicht ⟨n⟩ dara
Verpackungsindustrie ⟨f⟩ amabalaj sanayii
Verpackungskosten ⟨pl⟩ ambalaj(lama) maliyeti
Verpackungsmaterial ⟨n⟩ ambalaj malzemesi
verpfänden ⟨v/t⟩ rehne koymak
Verpfänder ⟨m⟩ rehin veren; *(Jur)* râhin
Verpfändung ⟨f⟩ *(Jur)* rehin
[... eines Schiffes] gemi rehni
[... und Abtretung von Forderungen] alacakların rehni ve temliki

[durch ... besichern] rehin altına almak
Verpfändungsurkunde ⟨f⟩ *(Jur)* rehin belgesi
Verpflegung ⟨f⟩ iaşe; yedirip içirme; *(Eng)* catering
Verpflegungsbetrieb ⟨m⟩ *(Ind)* kantin ve yemek servisi; *(Flug)* catering işletmesi
Verpflegungseinrichtungen ⟨pl⟩ iaşe teçhizatı
verpflichten ⟨v/t⟩ taahhüt altına almak; yükümlü kılmak; görevlendirmek; ⟨refl⟩ yüklenmek; sorumluluk üstlenmek; kefil olmak
[sich schriftlich ...] yazılı olarak taahhüt etmek
[vertraglich ...] sözleşmeli kefil olmak
verpflichtet ⟨adj⟩ borçlu; yükümlü; mükellef; kefil
[gesamtschuldnerisch ...] *(Jur)* zincirleme birlikte kefil
[vertraglich ...] sözleşmeli borçlu
Verpflichtung ⟨f⟩ yüküm(lülük); borç; taahhüt; angajman; kefalet
[... zu Zahlungen] mali yükümlülük
[... abgelten] borcu ödemek
[... eingehen] yükümlülük altına girmek; borç üstlenmek
[gesamtschuldnerische ...] *(Jur)* zincirleme birlikte kefalet
[vertragliche ...] *(Jur)* akitten doğan borç
Verpflichtungsgeschäft ⟨n⟩ borçlanma işlemi; *(Jur)* iltizamî muamele
Verpflichtungen ⟨pl⟩ yükümlülükler; borçlar; taahhütler
[... gegenüber Dritten] üçüncü kişilere karşı taahhütler
[aufgelaufene ...] tahakkuk etmiş borçlar
[eingegangene ...] vaki borçlar
[entstandene, aber nicht bezahlte ...] ertelenmiş harcamalar
[geschäftliche ...] ticarî borçlar/taahhütler
[hypothekarische ...] ipotekten doğan borçlar
[laufende ...] cari borçlar
[offene ...] ödenmemiş borçlar
[seinen ... nachkommen] borçlarını ödemek
Verpflichtungserklärung ⟨f⟩ *(Jur)* taahhütname
Verpflichtungsschein ⟨m⟩ *(Jur)* taahhütname; *(WeR)* borç senedi
verplomben ⟨v/t⟩ damgalamak
verrechnen ⟨v/t⟩ mahsup etmek; ⟨refl⟩ yanlış hesaplamak
Verrechnung ⟨f⟩ takas; mahsup; kliring; alacak kaydı
[nur zur ...] hesaba geçirilecektir
[zur ...] mahsuben
Verrechnungsabkommen ⟨n⟩ kliring anlaşması
Verrechnungsbank ⟨f⟩ *(BkW)* takas bankası; *(BkW)* kliring bankası
Verrechnungsbeleg ⟨m⟩ *(ReW)* mahsup fişi
Verrechnungsbilanz ⟨f⟩ takas ve mahsup işlemleri bilançosu
Verrechnungsdefizit ⟨n⟩ kliring açığı
Verrechnungseinheit ⟨f⟩ hesap birimi
Verrechnungsgeschäft ⟨n⟩ takas ve mahsup işlemi/muamelesi; kliring işi
Verrechnungsguthaben ⟨n⟩ takas ve mahsup mevduatı; kliring mevduatı
Verrechnungskonto ⟨n⟩ takas/kliring hesabı
Verrechnungspreis ⟨m⟩ takas ve mahsup fiyatı; işlem/transfer fiyatı
Verrechnungssatz ⟨m⟩ maliyet yükleme haddi

Verrechnungsscheck ⟨m⟩ *(WeR)* çizgili çek;
(WeR) takas ve mahsup çeki;
hesaba geçirilmek üzere çekilen çek
Verrechnungsstelle ⟨f⟩ takas odası; kliring ofisi/dairesi
Verrechnungtag ⟨m⟩ hesaplaşma günü
Verrechnungsverkehr ⟨m⟩ kliring/takas işlemleri
verringern ⟨v/t⟩ azaltmak; kısmak
Verringerung ⟨f⟩ azaltma; kısma
Versammlung ⟨f⟩ toplantı; toplanma; içtima
 [... der Aktionäre] *(AG)* hissedarlar toplantısı
 [... einberufen] toplantıya davet etmek; toplantıya çağırmak
 [... leiten] toplantıyı yönetmek
 [... unter freiem Himmel] açık hava toplantısı
 [außerordentliche ...] olağanüstü toplantı
 [beschlußfähige ...] karar yetersayısı
 [konstituierende ...] kurucu meclis;
 (Firmengründung) kurucu(lar) toplantısı
 [ordentliche ...] olağan toplantı
Versammlungsfreiheit ⟨f⟩ toplanma özgürlüğü
Versammlungsleiter ⟨m⟩ toplantı başkanı
Versammlungsort ⟨m⟩ toplantı yeri
Versammlungsrecht ⟨n⟩ toplantı hakkı
Versand ⟨m⟩ gönder(il)me; yolla(n)ma; sevk(iyat); irsal(at); postala(n)ma
 [... beschleunigen] sevkiyatı hızlandırmak
 [... frei Haus] evde/kapıda teslim; ücretsiz gönderme
 [... gegen Nachnahme] (tesliminde) ödemeli gönderme/sevkiyat
 [... per Bahn] demiryolu ile gönderme/sevkiyat
Versandabteilung ⟨f⟩ sevkiyat dairesi
Versandanschrift ⟨f⟩ gönderilen adres
Versandanzeige ⟨f⟩ sevk bildirisi/ihbarı; irsal haberi
Versandart ⟨f⟩ yollama usulü
Versandbahnhof ⟨m⟩ *(Bahn)* sevk istasyonu
Versandbedingungen ⟨pl⟩ sevk koşulları; irsal şartları
Versandbereit ⟨adj⟩ sevke hazır
Versandbescheinigung ⟨f⟩ sevk belgesi; irsal kaimesi
Versanddatum ⟨n⟩ sevk/yollama tarihi
Versanddokumente ⟨pl⟩ sevk evrakı; irsal belgeleri
versandfertig ⟨adj⟩ sevke hazır
Versandgebühren ⟨pl⟩ sevk/irsal harç ve ücretleri
Versandhafen ⟨m⟩ *(Schff)* yükleme limanı
Versandkosten ⟨pl⟩ sevk masrafları
Versandleiter ⟨m⟩ sevk memuru
Versandliste ⟨f⟩ sevk listesi; irsaliye
Versandmenge ⟨f⟩ gönderilen miktar
Versandmitteilung ⟨f⟩ sevk/irsal pusulası
Versandnote ⟨f⟩ sevk/irsal pusulası
Versandort ⟨m⟩ sevk mahalli
Versandpapiere ⟨pl⟩ sevk evrakı
Versandschein ⟨m⟩ sevk/irsal belgesi/pusulası
Versandspediteur ⟨m⟩ irsalatçı
Versandspesen ⟨pl⟩ irsal harçları
Versandstelle ⟨f⟩ sevk bürosu
Versandtasche ⟨f⟩ *(Post)* sevk çantası
Versandunternehmen ⟨n⟩ taşımacı şirket; taşıyan
verschicken ⟨v/t⟩ göndermek; sevk etmek
verschiebbar ⟨adj⟩ (yerinden) oynar; *(Termin)* ertelenebilir
Verschiebebahnhof ⟨m⟩ *(Bahn)* manevra istasyonu

verschieben ⟨v/t⟩ kaydırmak; (yerini) değiştirmek; ertelemek
Verschiebung ⟨f⟩ kay(dır)ma; değişiklik; *(Termin)* erteleme; tehir
 [... der Angebotskurve] *(VWL)* arz eğrisinde kayma
 [... der Ladung] yükü aktarma
 [... der Nachfragekurve] *(VWL)* talep eğrisinde kayma
 [strukturelle ...] yapısal kayma/değişiklik
 [zeitliche ...] zaman farkı/değişikliği/kayması
verschiffen ⟨v/t⟩ *(Schff)* gemiyle sevketmek; *(Schff)* gemiyle yollamak
Verschiffung ⟨f⟩ *(Schff)* sevk(etme); yollama; irsal(at); → **Versand**
Verschiffungsanweisungen ⟨pl⟩ *(Schff)* sevk talimatı
Verschiffungsanzeige ⟨f⟩ irsal/sevk ihbarı/haberi
Verschiffungsauftrag ⟨m⟩ sevketme emri
Verschiffungsbescheinigung ⟨f⟩ *(Schff)* irsal belgesi; irsaliye
Verschiffungsdokumente ⟨pl⟩ *(Schff)* sevk evrakı
Verschiffungsgewicht ⟨n⟩ *(Schff)* sevk ağırlığı
Verschiffungskonnossement ⟨n⟩ *(Schff)* sevk konşimentosu
Verschiffungspapiere ⟨pl⟩ *(Schff)* sevk evrakı
Verschiffungsvorschriften ⟨pl⟩ *(Schff)* sevk talimatı
Verschiffungsware ⟨f⟩ *(Schff)* irsal malları
verschlechtern ⟨v/t⟩ bozmak; ⟨refl⟩ kötüleşmek; bozulmak
Verschlechterung ⟨f⟩ kötüleşme; bozulma
 [... der Auftragslage] sipariş durumunda kötüleşme
 [... der Finanzlage] mali durumda bozulma/kötüleşme
 [... der Gewinnsituation] kâr durumunda kötüleşme
 [... der Qualität] kalitenin bozulması
 [... der Umweltbedingungen] ekolojik bozulma
 [... der Wirtschaftslage] ekonomik durumun bozulması
Verschleiß ⟨m⟩ aşınma (ve yıpranma)
 [... des Produktionsapparates] *(vGR)* sermaye tüketimi
 [außergewöhnlicher ...] *(BWL)* olağanüstü aşınma
 [geplanter ...] *(BWL)* bütçelenmiş aşınma
 [natürlicher ...] *(BWL)* doğal aşınma
 [normaler ...] *(BWL)* normal/adi aşınma
 [technischer ...] *(BWL)* adi aşınma
Verschleißgeschwindigkeit ⟨f⟩ *(BWL)* aşınma (ve yıpranma) hızı
verschleudern ⟨v/t⟩ maliyetin altında satmak; damping fiyatına satmak; yok pahasına satmak
Verschleuderung ⟨f⟩ damping; maliyetin altında satma; yok pahasına satma
verschlüsseln ⟨v/t⟩ şifrelemek; kodlamak
Verschlüsselung ⟨f⟩ şifrele(n)me; kodla(n)ma
 [... und Klassifizierung] şifreleme/kodlama ve gruplama/sınıflandırma
Verschluß ⟨m⟩ kapak; kilit; mühür
 [unter ...] kilitli; mühürlü
Verschlußverletzung ⟨f⟩ *(Jur)* mührün fekki
verschmelzen ⟨v/t⟩ kaynaşmak
Verschmelzung ⟨f⟩ 1. kaynaşma; füzyon

2. bütünleşme; entegrasyon 3. kombinezon
[... durch Neubildung] konsolidasyon
[... gleichartiger Firmen] *(BWL)* yatay bütünleşme; benzer firmaların kaynaşması
Verschmelzungsvertrag ⟨m⟩ füzyon sözleşmesi
verschmutzt ⟨adj⟩ kirli; kirlenmiş
Verschmutzung ⟨f⟩ kirlenme; kirlilik
Verschmutzunggrad ⟨m⟩ kirlenme derecesi
Verschnitt ⟨m⟩ *(Tabak)* harman
verschrotten ⟨v/t⟩ hurda demir olarak kullanmak; *(Schff)* hurdaya çıkarmak
Verschrottung ⟨f⟩ hurda demir olarak kullanma; hurdaya çıkarma
Verschulden ⟨n⟩ kusur; ihmal; kabahat
[... bei Vertragsabschluß] *(Jur)* akit sırasında kusur
[beiderseitiges ...] iki taraflı kusur; karşılıklı kusur
[dienstliches ...] hizmet kusuru
[eigenes ...] kendi kusuru
[fahrlässiges ...] ihmal
[fremdes ...] başkasının kusuru
[grobes ...] ağır kusur
[mitwirkendes ...] müşterek mesuliyet/ sorumluluk
[ohne ..] kusursuz
[persönliches ...] şahsî kusur
Verschuldenshaftung ⟨f⟩ kusurlu mesuliyet/ sorumluluk
verschuldet ⟨adj⟩ 1. borçlu 2. kusurlu
Verschuldung ⟨f⟩ borçlar; borçlanma
[... der öffentlichen Hand] *(öFi)* kamu borçlanması
[äußere ...] *(AußH)* dış borçlar; *(AußH)* dış borçlanma
[kurzfristige ...] kısa vadeli borçlanma
[langfristige ...] uzun vadeli borçlanma
[laufende ...] cari borçlar
[nicht genehmigte ...] yetkisiz borçlanma
[öffentliche ...] *(öFi)* kamu borçlanması
[öffentliche ... durch Kreditaufnahme] *(öFi)* açık finansman; *(öFi)* açık harcama; *(öFi)* kredi yoluyla kamu borçlanması
[private ...] özel borçlar
Verschuldungsbedarf ⟨m⟩ borçlanma ihtiyacı/ gereksinmesi
[... der öffentlichen Hand] *(öFi)* kamu sektörünün borçlanma ihtiyacı/gereksinmesi
Verschuldungsfähigkeit ⟨f⟩ borçlanma yeteneği; borçlanmaya ehliyet
Verschuldungsfrist ⟨f⟩ borçlanma süresi
Verschuldungsgrad ⟨m⟩ *(BkW)* borçlanma derecesi; *(BkW)* borçlanma oranı
Verschuldungsgrenze ⟨f⟩ borçlanma limiti
Verschuldungshaftung ⟨f⟩ borçlanmadan doğan sorumluluk
Verschuldungskennziffer ⟨f⟩ *(BkW)* borçlanma oranı
Verschuldungskoeffizient ⟨m⟩ *(BkW)* borçlanma katsayısı; *(BkW)* borçlanma oranı
Verschuldungsmöglichkeit ⟨f⟩ borçlanma olanağı/ imkânı; borçlanma gücü
Verschuldungspolitik ⟨f⟩ *(öFi)* borçlanma politikası
Verschuldungspotential ⟨n⟩ borçlanma gücü/kapasitesi

Verschuldungsquote ⟨f⟩ borçlanma oranı
Verschuldungsrate ⟨f⟩ borçlanma oranı
Verschuldungsrisiko ⟨n⟩ kaldıraç rizikosu; borçlanmadan doğan risk
Verschuldungsspielraum ⟨m⟩ borç(lar)/borçlanma marjı
Verschuldungsvorgang ⟨m⟩ borçlanma süreci
Verschuldungszuwachs ⟨m⟩ borç artışı
verschwenden ⟨v/t⟩ israf etmek; çarçur etmek
verschwenderisch ⟨adj⟩ savurgan; müsrifçe; tutumsuz
Verschwendung ⟨f⟩ savurganlık; israf; müsriflik
[... öffentlicher Gelder] kamu fonları savurganlığı
[... von Energie] enerji savurganlığı
[... von Ressourcen] *(BWL)* kaynak savurganlığı
verschwiegen ⟨adj⟩ *(Jur)* ketum; ağzı sıkı; sır saklamayı bilen
Verschwiegenheit ⟨f⟩ *(Jur)* ketumiyet; ağzı sıkılık; meslek sırrı
Verschwiegenheitspflicht ⟨f⟩ *(Jur)* ketumiyet mükellefiyeti
Versehen ⟨n⟩ yanlışlık; hata; ihmal
[aus ...] yanlışlıkla; ihmal yüzünden
versenden ⟨v/t⟩ yollamak; göndermek; irsal/sevk etmek
Versender ⟨m⟩ gönderen; irsalatçı; sevkiyatçı; nakliyatçı
Versendung ⟨f⟩ → **Versand**
versetzen ⟨v/t⟩ nakletmek; başka yere tayin etmek
Versetzung ⟨f⟩ nakil; nakletme; yerini değiştirme
[... in den Ruhestand] emekliye ayırma
[zeitweilige ...] geçici olarak (başka yere) nakil/tayin
versicherbar ⟨adj⟩ sigortalanabilir
Versicherer ⟨m⟩ *(Vers)* sigortacı; taahhüt eden
versichern ⟨v/t⟩ *(Vers)* sigortalamak; taahhüt etmek
[sich ... lassen] (kendisine) sigorta yaptırmak
versichert ⟨adj⟩ *(Vers)* sigortalı
Versicherter ⟨m⟩ *(Vers)* sigortalı; sigorta poliçesi hamili
Versicherung ⟨f⟩ *(Vers)* sigorta; taahhüt; *(LebV)* asürans
[... abschließen] sigorta yaptırmak; sigortayı akdetmek
[... an Eides statt] *(Jur)* yeminli beyan
[... auf den Todesfall] *(LebV)* ölüm hali için sigorta
[... auf den Todes- und Erlebensfall] ölüm ve hayat halinde sigorta
[... auf Gegenseitigkeit] *(Vers)* karşılıklı sigorta
[... auf Zeit] *(Vers)* süreli sigorta
[... für fremde Rechnung] *(Vers)* üçüncü kişi hesabına sigorta
[... gegen alle Gefahren] tüm rizikolara karşı sigorta
[... gegen Folgeschäden] hasar sonuçlarına karşı sigorta
[... gegen Haftpflichtschäden] üçüncü kişi sigortası
[... mit Gewinnbeteiligung] kâra katılmalı/katılımlı sigorta poliçesi
[... mit Selbstbeteiligung] iştirak koşullu sigorta

[... geben] *(Vers)* sigortalamak; taahhüt etmek
[... gewähren] sigortalamak; taahhüt etmek
[abgekürzte ...] *(Vers)* süreli sigorta
[abgelaufene ...] *(Vers)* geçmiş/bitmiş poliçe
[beitragsfreie ...] ödenmiş sigorta
[eidesstattliche ...] *(Jur)* yeminli beyan
[eidliche ...] *(Jur)* yeminli ifade
[freiwillige ...] *(Vers)* isteğe bağlı sigorta
[gegenseitige ...] *(Vers)* karşılıklı sigorta
[laufende ...] *(Vers)* dalgalı sigorta
[prämienfreie ...] *(Vers)* ödenmiş sigorta
[prolongierte ...] *(Vers)* uzatılmış/yenilenmiş sigorta
Versicherungsagent ⟨m⟩ *(Vers)* sigorta acentesi
Versicherungsaktiengesellschaft ⟨f⟩ *(Vers)* sigorta-(cılık) anonim şirketi
Versicherungsanspruch ⟨m⟩ *(Vers)* sigorta hakkı
Versicherungsanstalt ⟨f⟩ *(Vers)* sigorta kurumu
Versicherungsart ⟨f⟩ sigorta cinsi
Versicherungsaufsicht ⟨f⟩ sigorta murakabesi
Versicherungsaufsichtsbehörde ⟨f⟩ sigorta murakabe kurulu
Versicherungsaufsichtsgesetz ⟨n⟩ *(Jur)* sigorta murakabe kanunu
Versicherungsauftrag ⟨m⟩ sigorta emri
Versicherungsbedingungen ⟨pl⟩ sigorta şartları
Versicherungsbeginn ⟨m⟩ sigorta başlangıcı
Versicherungsbegünstigter ⟨m⟩ sigorta lehdarı
Versicherungsbeitrag ⟨m⟩ sigorta primi
Versicherungsbeleihung ⟨f⟩ sigorta poliçesi üzerinde ikrazat
Versicherungsberechtigter ⟨m⟩ sigorta lehdarı
Versicherungsbescheinigung ⟨f⟩ sigorta belgesi
Versicherungsbestand ⟨m⟩ sigorta(lar) portföyü; sigorta poliçeleri mevcudu
Versicherungsbestätigung ⟨f⟩ sigorta teyidnamesi
Versicherungsbetrug ⟨m⟩ sigorta sahtekârlığı
Versicherungsbörse ⟨f⟩ sigorta borsası
Versicherungsdarlehen ⟨n⟩ sigorta avansı/ikrazı
Versicherungsdauer ⟨f⟩ sigorta süresi
Versicherungsdeckung ⟨f⟩ sigorta karşılığı
Versicherungsfachmann ⟨m⟩ sigorta eksperi
versicherungsfähig ⟨adj⟩ sigortalanabilir
Versicherungsfonds ⟨m⟩ sigorta fonu
Versicherungsformular ⟨n⟩ sigorta (poliçesi) formu
Versicherungsgeber ⟨m⟩ sigortalayıcı; sigortalayan
Versicherungsgebühr ⟨f⟩ sigorta harcı
Versicherungsgegenstand ⟨m⟩ sigorta edilecek konu
Versicherungsgeschäft ⟨n⟩ sigorta işlemi
Versicherungsgesellschaft ⟨f⟩ *(Vers)* sigorta şirketi
Versicherungsgewerbe ⟨n⟩ *(Vers)* sigortacılık
Versicherungsindustrie ⟨f⟩ sigorta endüstrisi
Versicherungsinspektor ⟨m⟩ sigorta müfettişi
Versicherungsjahr ⟨n⟩ sigorta yılı
Versicherungskarte ⟨f⟩ *(SozV)* sigorta kartı
Versicherungskonzern ⟨m⟩ sigortalar grubu
Versicherungsmakler ⟨m⟩ sigorta aracısı
Versicherungsmarkt ⟨m⟩ sigorta piyasası
Versicherungsmathematik ⟨f⟩ *(Vers)* sigorta matematiği
Versicherungsmathematiker ⟨m⟩ *(Vers)* aktüer
versicherungsmathematisch ⟨adj⟩ *(Vers)* aktüeryal
Versicherungsnehmer ⟨m⟩ sigortayı yaptıran; sigortalı; sigortalanan
Versicherungsnummer ⟨f⟩ *(Vers)* sigorta numarası

Versicherungspflicht ⟨f⟩ sigorta yükümlülüğü/mükellefiyeti
Versicherungspflichtig ⟨adj⟩ sigorta mükellefiyetine tabi
Versicherungspolice ⟨f⟩ *(Vers)* sigorta poliçesi
[... erneuern] *(Vers)* sigorta poliçesini yenilemek
[... mit fester Laufzeit] *(Vers)* vadeli poliçe
[... mit Wertangabe] *(Vers)* değer poliçesi
[... ohne Wertangabe] *(Vers)* açık poliçe
[vorläufige ...] *(Vers)* geçici sigorta poliçesi
Versicherungsprämie ⟨f⟩ *(Vers)* sigorta primi
Versicherungsrecht ⟨n⟩ *(Jur)* sigorta hukuku
Versicherungsregulierer ⟨m⟩ tesviyeci; *(SeeV)* dispeççi
Versicherungsrisiko ⟨n⟩ sigorta/sigortalama riski
Versicherungssachverständiger ⟨m⟩ *(Vers)* hasar tesviyecisi; *(SeeV)* dispeççi; *(SeeV)* dispaşör
Versicherungsschaden ⟨m⟩ hasar; *(SeeV)* avarya
Versicherungsschein ⟨m⟩ sigorta poliçesi
[vorläufiger ...] geçici sigorta poliçesi
Versicherungsschutz ⟨m⟩ *(Vers)* kuvertür
Versicherungssparte ⟨f⟩ sigorta sınıfı
Versicherungssteuer ⟨f⟩ *(StR)* sigorta vergisi
Versicherungssumme ⟨f⟩ sigorta bedeli/miktarı
[... im Todesfall] ölüm halinde sigorta bedeli
[ausgezahlte ...] ödenen sigorta bedeli
[doppelte ...] *(Unfalltod)* çift tazminat
Versicherungsumfang ⟨m⟩ sigorta hacmi
Versicherungsverlust ⟨m⟩ sigorta kaybı/zararı
Versicherungsvertrag ⟨m⟩ *(Vers)* sigorta mukavelesi
[... mit Einmalprämie] tek primli sigorta mukavelesi
Versicherungsvertreter ⟨m⟩ sigorta acentesi
Versicherungswert ⟨m⟩ sigorta değeri
Versicherungswesen ⟨n⟩ sigortacılık; sigorta sistemi
Versicherungswirtschaft ⟨f⟩ sigorta endüstrisi; sigorta teşebbüsleri
Versicherungszeit ⟨f⟩ sigorta süresi
Versicherungszertifikat ⟨n⟩ → **Versicherungsschein**
Versicherungszweig ⟨m⟩ sigorta dalı/kolu
versiegeln ⟨v/t⟩ mühürlemek
versiegelt ⟨adj⟩ mühürlü
versorgen ⟨v/t⟩ bakmak; geçimini sağlamak; temin/tedarik etmek
Versorger ⟨m⟩ 1. müteahhit; temin/tedarik eden 2. muin; aile yardımcısı
Versorgung ⟨f⟩ 1. temin; tedarik; sağla(n)ma 2. bakım; geçim; emeklilik 3. ulaştırma
Versorgungsbetrieb ⟨m⟩ kamu hizmeti işletmesi
Versorgungsempfänger ⟨m⟩ yardım alan
Versorgungsengpaß ⟨m⟩ arz darboğazı
Versorgungskasse ⟨f⟩ *(SozV)* emekli sandığı
verspätet ⟨adj⟩ geç kalmış; gecikmiş
Verspätung ⟨f⟩ gecikme; temerrüt
Verspätungsschaden ⟨m⟩ gecikme sonucu hasar/zarar
Verspätungszinsen ⟨pl⟩ gecikme faizleri
Verspätungszuschlag ⟨m⟩ gecikme zammı
Versprechen ⟨n⟩ vaat; söz verme
[... halten] sözünde durmak
versprechen ⟨v/t⟩ söz vermek
Versprechensempfänger ⟨m⟩ söz verilen
Versprechensgeber ⟨m⟩ söz veren

verstaatlichen ⟨v/t⟩ kamulaştırmak; istimlak etmek
Verstaatlichung ⟨f⟩ kamulaştırma; istimlak
verständigen ⟨v/t⟩ bildirmek; bilgi vermek
Verständigung ⟨f⟩ anlaşma
Verständnis ⟨n⟩ anlayış
 [... zeigen] anlayış göstermek
verstauen ⟨v/t⟩ (Schff) istiflemek; istif etmek
Verstauung ⟨f⟩ istif
Versteigerer ⟨m⟩ müzayedeci
versteigern ⟨v/t⟩ artırmaya çıkarmak; artırma ile satmak
Versteigerung ⟨f⟩ artırma; müzayede
 [durch öffentliche ...] açık artırma yolu ile
 [freiwillige ...] ihtiyarî artırma
 [gerichtliche ...] adlî artırma
 [holländische ...] açık eksiltme
 [öffentliche ...] açık artırma
Versteigerungserlös ⟨m⟩ müzayede kârı
Versteigerungsliste ⟨f⟩ müzayedede kaime
Versteigerungslokal ⟨n⟩ müzayede salonu
Versteigerungsort ⟨m⟩ artırma yeri
Versteigerungspreis ⟨m⟩ müzayede fiyatı
Versteigerungstermin ⟨m⟩ müzayede günü
Versteigerungsvermerk ⟨m⟩ müzayede şerhi
verstellen ⟨v/t⟩ ayarlamak
verstempeln ⟨v/t⟩ damgalamak
versteuern ⟨v/t⟩ vergi(sini) ödemek
Versteuerung ⟨f⟩ vergi ödeme
Versteuerungswert ⟨m⟩ vergi değeri
Verstoß ⟨m⟩ aykırı hareket; aykırılık; yolsuzluk; muhalefet (suçu); ihlâl
 [... gegen das Gesetz] kanuna aykırılık
 [... gegen Devisenbestimmungen] döviz suçu; dövizle ilgili mevzuatın ihlâli
 [... gegen die guten Sitten] suiniyet; kötü niyet
 [... gegen die Regeln] kurallara aykırılık
 [... gegen die Sittlichkeit] ahlâka aykırılık
 [... gegen die Verkehrsvorschriften] trafik kurallarına aykırılık
 [... gegen die Vorschriften] mevzuata aykırılık
Versuch ⟨m⟩ teşebbüs; girişim; deneme; deney; test
 [... anstellen] teşebbüste bulunmak; denemek
 [... aufgeben] teşebbüsten vazgeçmek
 [... der Steuerhinterziehung] vergi kaçırmaya teşebbüs
 [... unternehmen] teşebbüste bulunmak
versuchen ⟨v/t⟩ denemek; teşebbüs etmek
 [alles Erdenkliche ...] akla gelen herşeyi denemek
Versuchsanlage ⟨f⟩ (Ind) pilot tesis
Versuchskaninchen ⟨n⟩ kobay
Versuchsproduktion ⟨f⟩ (Ind) pilot üretim
Versuchsstadium ⟨n⟩ deneme aşaması
versuchsweise ⟨adj⟩ denemek üzere
vertagen ⟨v/t⟩ ertelemek; tehir etmek; talik etmek
Vertagung ⟨f⟩ erteleme; tehir; talik
verteidigen ⟨v/t⟩ savunmak; korumak
Verteidiger ⟨m⟩ (Jur) savunma vekili
 [... bestellen] savunma vekili tayin etmek
Verteidigung ⟨f⟩ savunma; müdafaa
 [... vor Gericht] (Jur) mahkeme önünde/huzurunda savunma
Verteidigungsausgaben ⟨pl⟩ (vGR) savunma harcamaları

Verteidigungshaushalt ⟨m⟩ (vGR) savunma bütçesi
Verteidigungspolitik ⟨f⟩ savunma politikası
verteilen ⟨v/t⟩ dağıtmak; (zuteilen) bölüşmek; tahsis etmek
Verteiler ⟨m⟩ distribütör; dağıtıcı; satıcı
Verteilergewerbe ⟨n⟩ distribütörlük
Verteilerhandel ⟨m⟩ distribütörlük
Verteilerkette ⟨f⟩ dağıtıcı zinciri; dağıtım zinciri; distribütör ağı
Verteilerliste ⟨f⟩ dağıtıcı listesi; dağıtım listesi
Verteilernetz ⟨n⟩ (Mk) dağıtım ağı/şebekesi; (Mk) distribütör ağı; (Mk) satıcılar ağı
Verteilerstelle ⟨f⟩ distribütör; dağıtım yeri; (LandW) pazarlama merkezi
Verteilersystem ⟨n⟩ dağıtıcı sistemi; dağıtım sistemi
Verteilerwirtschaft ⟨f⟩ distribütörlük
Verteilerzentrale ⟨f⟩ dağıtım merkezi
Verteilung ⟨f⟩ dağıtım; dağılım; dağılma; bölünme; bölüşüm; tevzi; tahsis; (Zuteilung) bölüşüm; tahsis; (Stat) bölünme
 [... der Bevölkerung] nüfus dağılımı
 [... der Einkommen] (VWL) gelir dağılımı
 [... der Geschäftsunkosten] (KoR) genel maliyet dağılımı
 [... der Steuerlast] (öFi) vergi dağılımı
 [... des Gewinns] (BkW) kâr dağılımı
 [... einer Dividende] (BkW) temettü dağıtımı
 [... von Arbeitskräften] işgücü dağılımı
 [anteilmäßige ...] orana göre dağıtım; (Jur) garameten tevzi
 [gerechte ...] âdil dağılma
 [kumulative ...] (Stat) yığışımlı bölünme; (Stat) kümülatif bölünme
 [prozentuale ...] yüzde dağılımı
Verteilungsanlagen ⟨pl⟩ dağıtım tesisleri
Verteilungsfunktion ⟨f⟩ (Stat) dağılım fonksiyonu
Verteilungskosten ⟨pl⟩ (Mk) dağıtım maliyeti
Verteilungskurve ⟨f⟩ dağıtım eğrisi
Verteilungslager ⟨n⟩ dağıtım deposu
Verteilungsmaße ⟨pl⟩ dağılım ölçüleri
Verteilungsmodus ⟨m⟩ dağıtım formülü
Verteilungsnetz ⟨n⟩ (Mk) dağıtım ağı; (Mk) pazarlama sistemi
Verteilungsplan ⟨m⟩ dağıtım planı
Verteilungspostamt ⟨n⟩ dağıtım postanesi
Verteilungsprozeß ⟨m⟩ dağıtım süreci
Verteilungsquote ⟨f⟩ (VWL) bölüşüm oranı; (Liquidation) tasfiye payı
 [funktionelle ... n] faktör payları
Verteilungsschlüssel ⟨m⟩ dağıtım oranı; bölüşüm formülü
Verteilungsstelle ⟨f⟩ dağıtım yeri; (LandW) pazarlama merkezi
Verteilungssystem ⟨n⟩ (Mk) dağıtım sistemi; (Mk) pazarlama sistemi
Verteilungstheorie ⟨f⟩ (VWL) bölüşüm teorisi; (VWL) dağılım kuramı
Verteilungsverfahren ⟨n⟩ dağıtım yöntemi
Verteilungswege ⟨pl⟩ (Mk) dağıtım yolları/kanalları
 [... im Ausland] (Mk) dış dağıtım yolları
Verteilzentrum ⟨n⟩ (Post) dağıtım merkezi
verteuern ⟨v/t⟩ pahalılaştırmak; fiyatları artırmak/yükseltmek; ⟨refl⟩ pahalılaşmak
vertikal ⟨adj⟩ dikey
Vertikale ⟨f⟩ (Math) dikey eksen

Vertikalkonzentration ⟨f⟩ dikey birleşme
Vertikalverflechtung ⟨f⟩ *(BWL)* dikey bütünleşme
Vertikalverbund ⟨m⟩ *(BWL)* dikey bütünleşme
Vertrag ⟨m⟩ *(Jur)* akit; *(Jur)* sözleşme; anlaşma; mukavele; kontrat; *(Urkunde)* mukavele(name); akitname; muahede(name); *(Versicherung)* mukavele; *(völkerrechtlich)* sözleşme; antlaşma; muahede
[... abschließen] akit/sözleşme yapmak; mukavele akdetmek
[... annullieren] sözleşmeyi bozmak; akdi feshetmek
[... auf Lebenszeit] kaydıhayatla akit; ömürboyu mukavele
[... auf Werksebene] istisna akdi; yapıt sözleşmesi
[... aufheben] sözleşmeyi bozmak
[... aufkündigen] akdi/sözleşmeyi feshetmek
[... auflösen] sözleşmeyi feshetmek
[... aufsetzen] sözleşme düzenlemek
[... ausfertigen] sözleşme düzenlemek
[... brechen] sözleşmeyi ihlâl etmek
[... einhalten] sözleşmeyi yerine getirmek
[... erfüllen] sözleşmeyi yerine getirmek
[... erneuern] sözleşmeyi yenilemek
[... für ungültig erklären] akdi/sözleşmeyi geçersiz kılmak
[... kündigen] akdi/sözleşmeyi feshetmek/ bozmak
[... schließen] sözleşme yapmak
[... unterzeichnen] sözleşme imzalamak
[... verlängern] sözleşmeyi yenilemek
[... zu Lasten Dritter] üçüncü şahıs aleyhine akit
[... zugunsten Dritter] üçüncü şahıs lehine akit
[aleatorischer ...] *(Jur)* baht veya tesadüfe bağlı mukavele
[befristeter ...] süresi belirli sözleşme; belirli süreli sözleşme
[bindender ...] bağlayıcı akit/anlaşma
[einseitig bindender ...] tek tarafı bağlayıcı akit
[einseitiger ...] tek taraflı akit
[entgeltlicher ...] ivazlı akit/sözleşme
[formloser ...] şekle bağlı olmayan akit/sözleşme
[gegenseitiger ...] karşılıklı akit
[laut ...] sözleşme gereğince
[konkludent geschlossener ...] zımnî akit; üstü kapalı sözleşme
[mehrseitiger ...] çok taraflı akit/anlaşma; çok yanlı sözleşme
[mündlicher ...] sözlü yapılan mukavele; sözlü akit/anlaşma
[nichterfüllter ...] icra edilmemiş akit
[nichtiger ...] *(Jur)* batıl akit
[öffentlich-rechtlicher ...] medenî hukuk akdi
[rechtsgültiger ...] geçerli bağlayıcı sözleşme
[rechtsverbindlicher ...] bağlayıcı sözleşme
[schriftlicher ...] yazılı sözleşme
[sittenwidriger ...] ahlâka mugayir akit; ahlâka aykırı sözleşme
[stillschweigend geschlossener ...] zımnî akit; üstü kapalı sözleşme
[stillschweigender ...] zımnî akit
[synallagmatischer ...] karşılıklı borç doğuran akit

[unbefristeter ...] belirsiz süreli akit/sözleşme
[unentgeltlicher ...] ivazsız akit/sözleşme
[ungültiger ...] geçersiz sözleşme; *(Jur)* batıl akit
[völkerrechtlicher ...] uluslararası an(t)laşma
[vom ... zurücktreten] akitten/mukaveleden caymak
[vorläufiger ...] geçici sözleşme
[wettbewerbsbeschränkender ...] rekabeti sınırlayıcı sözleşme
[zweiseitiger ...] iki taraflı akit
vertraglich ⟨adj⟩ *(Jur)* akdî
Vertragsablauf ⟨m⟩ *(Jur)* akdin hitamı
Vertragsabschluß ⟨m⟩ sözleşme/mukavele akdi
[bei ...] akit sırasında/yapılırken
[Verschulden bei ...] *(Jur)* akit sırasında kusur
Vertragsänderung ⟨f⟩ akit/sözleşme değişikliği
Vertragsanspruch ⟨m⟩ akitten doğan hak
Vertragsaufhebung ⟨f⟩ akdin feshi; sözleşmeyi bozma; sözleşmenin kaldırılması
Vertragsaufkündigung ⟨f⟩ akdin/sözleşmenin feshini ihbar
Vertragsauflösung ⟨f⟩ akdin çözülmesi/feshi; sözleşmenin kaldırılması
Vertragsbedingungen ⟨pl⟩ anlaşma koşulları; sözleşme şartları
[stillschweigend vereinbarte ...] *(Jur)* zımnî şartlar
Vertragsbeendigung ⟨f⟩ akdin feshi
Vertragsbeginn ⟨m⟩ akit/sözleşme başlangıcı
Vertragsbruch ⟨m⟩ akdin/sözleşmenin ihlâli
Vertragsdauer ⟨f⟩ mukavele müddeti; sözleşme süresi
Vertragserfüllung ⟨f⟩ akdin icrası
Vertragsfähigkeit ⟨f⟩ mukavele ehliyeti
Vertragsforderung ⟨f⟩ akitten doğan alacak
Vertragsform ⟨f⟩ akdin şekli; mukavele şekli
Vertragsformeln ⟨pl⟩ sözleşme maddeleri
[handelsübliche ...] ticarî maddeler
Vertragsformular ⟨n⟩ sözleşme formu
Vertragsfreiheit ⟨f⟩ akit serbestisi; sözleşme özgürlüğü
Vertragsgarantie ⟨f⟩ akdî garanti; sözleşme garantisi
Vertragsgemäß ⟨adj⟩ sözleşme gereği
Vertragsgroßhändler ⟨m⟩ toptancı bayi; (genel) distribütör
Vertragshaftung ⟨f⟩ akdî sorumluluk; akitten doğan sorumluluk
Vertragshandel ⟨m⟩ bayilik; distribütörlük
Vertragshändler ⟨m⟩ bayi; distribütör
Vertragsinhalt ⟨m⟩ sözleşmenin konusu
Vertragsklausel ⟨f⟩ sözleşme maddesi
Vertragskündigung ⟨f⟩ akdin feshini ihbar
Vertragslaufzeit ⟨f⟩ akit/sözleşme süresi
Vertragspartei ⟨f⟩ akit taraf; âkit; sözleşen taraf
Vertragspartner ⟨m⟩ akit taraf; âkit; sözleşen taraf
Vertragspflicht ⟨f⟩ akit/sözleşme yapma zorunluluğu
Vertragsrücktritt ⟨m⟩ akitten cayma/dönme
Vertragsschluß ⟨m⟩ akit/sözleşme yapılması; *(Jur)* akit inikadı
Vertragsseite ⟨f⟩ sözleşen taraf; *(Jur)* akit taraf
Vertragsstrafe ⟨f⟩ sözleşme cezası; cezaî şart
Vertragstarif ⟨m⟩ *(Jur)* ahdî tarife

Vertragstext ⟨m⟩ sözleşme metni
Vertragstreue ⟨f⟩ *(Jur)* ahde vefa
Vertragsurkunde ⟨f⟩ *(Jur)* akitname
Vertragsverbindlichkeit ⟨f⟩ akitten/sözleşmeden doğan borç(lar)
Vertragsverhältnis ⟨n⟩ sözleşme ilişkisi
Vertragsverlängerung ⟨f⟩ sözleşmenin yenilenmesi/uzatılması
Vertragsverletzung ⟨f⟩ akdin ihlâli; akdî kusur; akit kusuru
Vertragsverpflichtung ⟨f⟩ akitten/sözleşmeden doğan yüküm
Vertragsversprechen ⟨n⟩ akit yapma vaadi; sözleşme sözverisi
Vertragswert ⟨m⟩ sözleşme değeri
vertragswidrig ⟨adj⟩ akde/sözleşmeye aykırı
 [... handeln] akde aykırı hareket etmek
Vertragswidrigkeit ⟨f⟩ akde aykırılık
Vertragszeitraum ⟨m⟩ mukavele müddeti; akit/sözleşme süresi
Vertrauen ⟨n⟩ güven; itimat
Vertrauensmann ⟨m⟩ güvenilir kişi; kendisine güvenilen kişi; mutemet
Vertrauenswerbung ⟨f⟩ *(Mk)* halkla ilişkiler; kurumsal tanıtım
vertrauenwürdig ⟨adj⟩ güvenilir; emin
vertraulich ⟨adj⟩ gizli
vertreiben ⟨v/t⟩ satmak; dağıtmak
vertreten ⟨v/t⟩ temsil etmek
Vertreter ⟨m⟩ temsilci; mümessil; vekil; acenta/acente; satış temsilcisi; bayi; distribütör
 [... auf Provisionsbasis] komisyon üzerinden satış mümessili
 [... der Arbeitnehmer] işçi temsilcisi
 [alleiniger ...] genel vekil/mümessil; genel distribütör
 [berufener ...] atanmış vekil; tayin edilmiş vekil
 [bevollmächtigter ...] yetkili acenta; yetkili distribütör
 [gesetzlicher ...] *(Jur)* kanunî vekil
Vertreterbericht ⟨m⟩ acenta raporu
Vertreterbesuch ⟨m⟩ satıcı ziyareti
Vertreterbüro ⟨n⟩ temsilci(lik) bürosu
Vertretergebiet ⟨n⟩ satış bölgesi
Vertreternetz ⟨n⟩ acentalar ağı; distribütör ağı/şebekesi
Vertreterversammlung ⟨f⟩ üye toplantısı
Vertretervertrag ⟨m⟩ acenta/temsilcilik sözleşmesi
Vertretung ⟨f⟩ 1. temsilcilik 2. acenta(lık) 3. vekâlet; vekillik
 [... der Arbeitnehmer] işçi temsilciliği
 [... ohne Vollmacht] selâhiyetsiz/yetkisiz temsil
 [... übernehmen] vekâlet etmek
 [alleinige ...] genel temsil yetkisi
 [ausschließliche ...] genel temsilcilik
 [rechtliche ...] kanunî/yasal temsilcilik
 [zur alleinigen ... berechtigt] genel temsilcilik hakkını haiz olma
Vertretungsbefugnis ⟨f⟩ temsil yetkisi
vertretungsberechtigt ⟨adj⟩ temsile yetkili
Vertretungsgebiet ⟨n⟩ temsil bölgesi
Vertretungsorgan ⟨n⟩ temsil organı
Vertretungsvollmacht ⟨f⟩ vekâlet akdi
Vertrieb ⟨m⟩ 1. satış; sürüm; pazarlama; dağıtım 2. distribütör(lük)

 [allgemeiner ...] genel distribütör(lük)
 [direkter ...] doğrudan satış
Vertriebsabkommen ⟨n⟩ pazarlama anlaşması
Vertriebsabsprache ⟨f⟩ distribütörlük/dağıtım sözleşmesi
Vertriebsabteilung ⟨f⟩ pazarlama/satış departmanı/bölümü
Vertriebsagentur ⟨f⟩ satış acentası; distribütör
Vertriebsapparat ⟨m⟩ *(Mk)* pazarlama organizasyonu
Vertriebsaufwendungen ⟨pl⟩ dağıtım giderleri
Vertriebsförderung ⟨f⟩ sürüm/satış promosyonu
Vertriebsgenossenschaft ⟨f⟩ sürüm kooperatifi
Vertriebsgesellschaft ⟨f⟩ satış/pazarlama/dağıtım şirketi; distribütör
Vertriebskosten ⟨pl⟩ pazarlama/dağıtım maliyeti
Vertriebskostenrechnung ⟨f⟩ *(KoR)* dağıtım maliyeti muhasebesi
Vertriebskostenstelle ⟨f⟩ *(KoR)* satış maliyet merkezi
Vertriebslager ⟨n⟩ satış deposu
Vertriebsnetz ⟨n⟩ *(Mk)* dağıtım ağı; *(Mk)* pazarlama ağı
Vertriebsorganisation ⟨f⟩ *(Mk)* satış organizasyonu; *(Mk)* pazarlama organizasyonu
Vertriebspreis ⟨m⟩ satış fiyatı
Vertriebsspesen ⟨pl⟩ satış harcamaları
Vertriebssystem ⟨n⟩ *(Mk)* dağıtım sistemi
Vertriebsweg ⟨m⟩ *(Mk)* dağıtım yolu; *(Mk)* dağıtım kanalı
verunreinigen ⟨v/t⟩ kirletmek
Verunreinigung ⟨f⟩ kirletme; kirlenme
veruntreuen ⟨v/t⟩ zimmete geçirmek
Veruntreuung ⟨f⟩ zimmete geçirme; yolsuzluk
verursachen ⟨v/t⟩ neden/sebep olmak; sebebiyet vermek
Verursacher ⟨m⟩ sebep olan
verurteilen ⟨v/t⟩ *(Jur)* hüküm giydirmek/vermek; mahkûm etmek
Verurteilung ⟨f⟩ *(Jur)* mahkûmiyet; hüküm (giydirme)
 [... zu Schadenersatz] tazminat ödeme hükmü
vervielfältigen ⟨v/t⟩ teksir etmek; çoğaltmak
Vervielfältigung ⟨f⟩ teksir; çoğaltma
Vervielfältigungsapparat ⟨m⟩ teksir makinası
Vervielfältigungsgerät ⟨n⟩ teksir makinası
Vervielfältigungsmaschine ⟨f⟩ teksir makinası
Vervielfältigungsrecht ⟨n⟩ *(Jur)* çoğaltma hakkı
verwahren ⟨v/t⟩ saklamak; muhafaza etmek
 [sich ... gegen] direnmek; itiraz etmek
Verwahrer ⟨m⟩ saklayan
verwahrlost ⟨adj⟩ bakımsız
Verwahrlosung ⟨f⟩ bakımsızlık
Verwahrung ⟨f⟩ saklama; muhafaza; emanet; *(Jur)* ida [in ... nehmen] nezaret altına almak
Verwahrungsgeschäft ⟨n⟩ saklama işlemi; vedia muamelesi
Verwahrungsstück ⟨n⟩ emanet; *(Jur)* vedia
Verwahrungsvertrag ⟨m⟩ saklama sözleşmesi; *(Jur)* vedia akdi
verwalten ⟨v/t⟩ yönetmek; idare etmek
 [treuhänderisch ...] emaneten yönetmek
Verwalter ⟨m⟩ idareci; yönetici
 [amtlicher ...] *(Konkurs)* iflas müdürü
 [treuhänderischer ...] yediemin

Verwaltung ⟨f⟩ idare; yönetim; reji
[... der Gesellschaft] şirket(in) yönetimi
[... eines Vermögens] emlak idaresi
[... eines Wertpapierdepots] *(BkW)* portföy yönetimi
[... von Kapitalanlagen] yatırım yönetimi
[bundeseigene ...] *(D)* Federal idare
[kommunale ...] mahalli idare; belediye
[öffentliche ...] kamu idaresi
[örtliche ...] mahalli idare; belediye
[städtische ...] şehir idaresi; belediye
[unter staatlicher ...] devlet yönetimi altında
Verwaltungsakt ⟨m⟩ *(Jur)* idarî tasarruf; idarî işlem
Verwaltungsangestellter ⟨m⟩ idare memuru
Verwaltungsapparat ⟨m⟩ idare mekanizması
Verwaltungsbehörde ⟨f⟩ idare makamı; idarî makam
Verwaltungsbezirk ⟨m⟩ idarî mıntıka
Verwaltungsdienst ⟨m⟩ idarecilik; sivil hizmet
Verwaltungsgebäude ⟨n⟩ idare binası
Verwaltungsgebühr ⟨f⟩ işlem/muamele harcı
Verwaltungsgemeinkosten ⟨pl⟩ genel yönetim maliyeti
Verwaltungsgericht ⟨n⟩ *(Jur)* idarî mahkeme
Verwaltungskosten ⟨pl⟩ idare masrafları
Verwaltungspersonal ⟨n⟩ yönetici kadro; idare personeli
Verwaltungspraktiken ⟨pl⟩ idarî uygulamalar
Verwaltungsrat ⟨m⟩ idare heyeti; yönetim kurulu
Verwaltungsratsbezüge ⟨pl⟩ idare heyeti ödenekleri; idare heyeti üyelerinin huzur hakları
Verwaltungsratsvorsitzender ⟨m⟩ idare heyeti başkanı
Verwaltungsrecht ⟨n⟩ *(Jur)* idare hukuku
Verwaltungtätigkeit ⟨f⟩ idarî faaliyet
Verwaltungsweg ⟨m⟩ idarî yol/kanal
verwässern ⟨v/t⟩ sulandırmak
Verwässerung ⟨f⟩ sulandırma
[... des Aktien- und Eigenkapitals] *(BkW)* varlık sulandırma
verweigern ⟨v/t⟩ reddetmek; itiraz etmek; kabul etmemek
Verweigerung ⟨f⟩ red; itiraz; kabul etmeme
[... der Annahme] kabul etmeme
[... der Zahlung] ödememe
[... des Akzepts] *(BkW)* akseptansın reddi
Verweildauer ⟨f⟩ kalma süresi; *(Schff)* starya müddeti
verwendbar ⟨adj⟩ kullanışlı; pratik
verwenden ⟨v/t⟩ kullanmak; uygulamak
Verwender ⟨m⟩ kullanıcı; kullanan
Verwendung ⟨f⟩ faydalanma; kullanma; uygulama; tatbik; *(Geld)* tahsis
[... des Gewinns] *(BkW)* kâr tahsisi
[... von Haushaltsmitteln] *(öFi)* bütçe tahsisi; ödenekleri kullanma
Verwendungsbereich ⟨m⟩ uygulama alanı
Verwendungmöglichkeit ⟨f⟩ kullanma olanağı
Verwendungsrechnung ⟨f⟩ harcamaların hesabı; gider muhasebesi
verwerten ⟨v/t⟩ kullanmak; faydalanmak
Verwertung ⟨f⟩ kullanma; faydalanma; *(Altmaterial)* *(Eng)* recycling
[... eines Patents] patentten faydalanma; patenti kullanma

verwirken ⟨v/t⟩ sukut etmek; düşmek
Verwirkung ⟨f⟩ düşme; sukut; ıskat
[... eines Rechts] hakkın sukutu/düşmesi; *(Jur)* sukutu hak
Verwirkungsfrist ⟨f⟩ hak düşüren süre; *(Jur)* ıskat edici müddet
Verwirkungsklausel ⟨f⟩ *(Jur)* ıskat şartı
Verzehr ⟨m⟩ tüketim
verzehren ⟨v/t⟩ tüketmek
Verzeichnis ⟨n⟩ cetvel; döküm; tablo; fihrist; liste; defter; *(Tele)* rehber
[... der Aktionäre] *(AG)* hazirun cetveli
[... der Aktiva und Passiva] aktif ve pasiflerin dökümü
[... der Debitoren] alacaklar listesi
[... der Gläubiger] alacaklılar listesi
Verzicht ⟨m⟩ feragat; vazgeçme
[... auf einen Anspruch] borçtan vazgeçme
[... auf Ersatzansprüche] tazminat talebinden feragat
[... auf Rechtsanspruch] haktan feragat
[... auf Wechselprotest] protestodan vazgeçme
[... leisten] feragat beyan etmek
verzichten ⟨int⟩ feragat etmek; vazgeçmek
Verzichterklärung ⟨f⟩ feragatname; feragat beyannamesi
verzinsen ⟨v/t⟩ faiz ödemek; ⟨refl⟩ faiz vermek
verzinslich ⟨adj⟩ faizli; faiz getiren
Verzinsung ⟨f⟩ *(BkW)* faiz; getiri
[... der Kapitalanlagen] sermaye yatırımları faizi
[... des Eigenkapitals] özsermaye faizi/getirisi
[... von Spareinlagen] tasarruf mevduatı faizi
[effektive ...] net/safi/effektif getiri
[kalkulatorische ...] bütçelenmiş/hesaplanmış faiz
[variable ...] değişken faiz
verzögern ⟨v/t⟩ geciktirmek; ertelemek
Verzögerung ⟨f⟩ *(VWL)* gecikme; geciktirme; ertele(n)me
verzollen ⟨v/t⟩ *(Zo)* gümrüklemek; deklare etmek; gümrük ödemek
verzollt ⟨adj⟩ *(Zo)* gümrüklenmiş
Verzollung ⟨f⟩ *(Zo)* gümrükleme; gümrük muamelesi; deklarasyon; gümrük
[... nach Gewicht] *(Zo)* spesifik gümrük
[... nach Wert] *(Zo)* ad valorem gümrük
[... zum Pauschalsatz] götürü (oranlı) gümrükleme
Verzollungsformalitäten ⟨pl⟩ *(Zo)* gumruk muamelesi
Verzollungswert ⟨m⟩ *(Zo)* beyan kıymeti/değeri
Verzug ⟨m⟩ *(Zahlung)* direnme; temerrüt; gecikme
Verzugsschaden ⟨m⟩ *(Vers)* gecikmeden doğan hasar/zarar
Verzugsschadensersatz ⟨m⟩ *(Jur)* gecikme tazminatı
Verzugsstrafe ⟨f⟩ gecikme cezası
Verzugstage ⟨pl⟩ *(Wechsel)* atıfet müddeti/mehili
Verzugszinsen ⟨pl⟩ gecikme faizi; *(Jur)* temerrüt faizi
Vieh ⟨n⟩ *(LandW)* hayvan
[... züchten] hayvan beslemek/yetiştirmek
Viehbestand ⟨m⟩ hayvan mevcudu/stoku
Viehfutter ⟨n⟩ *(LandW)* hayvan yemi

Viehhaltung ⟨f⟩ *(LandW)* hayvancılık
Viehhandel ⟨m⟩ hayvan ticareti
Viehmarkt ⟨m⟩ hayvan pazarı
Viehzucht ⟨f⟩ *(LandW)* hayvan besiciliği
viel ⟨adj⟩ çok
  [sehr...] pekçok
  [ziemlich...] oldukça çok
  [zu...] çok fazla
Vielfalt ⟨f⟩ çeşit
vielfältig ⟨adj⟩ çeşitli
vielschichtig ⟨f⟩ kompleks
Viereck ⟨n⟩ dörtgen; dörtkenar
  [magisches...] (fiyat istikrarı, büyüme, tam istihdam ve dış dengeden oluşan) sihirli dörtgen
vierseitig ⟨adj⟩ dört kenarlı
Vierteljahr ⟨n⟩ çeyrek yıl; üç ay
Vierteljahresbilanz ⟨f⟩ *(ReW)* üç aylık bilanço
Vierteljahresgeld ⟨n⟩ üç aylık para
vierteljährlich ⟨adj⟩ üç aylık
vinkulieren ⟨v/t⟩ *(Aktien)* kayıtlamak; temlik kaydı/şartı koymak
Vinkulierung ⟨f⟩ kayıtla(n)ma; devir/temlik kaydı/şartı koyma
  [...von Aktien] hisse senetlerinin kayıtlanması
Visitenkarte ⟨f⟩ *(Mk)* kartvizit
Visum ⟨n⟩ vize
  [...mit Arbeitserlaubnis] çalışma izinli vize
Vizekonsul ⟨m⟩ *(AußH)* muavin konsolos
Vizepräsident ⟨m⟩ başbakan; başkan yardımcısı
  [geschäftsführender...] genel müdür yetkisi olan başkan vekili/yardımcısı
Volk ⟨n⟩ halk; ulus
Völkerrecht ⟨n⟩ *(Jur)* uluslararası hukuk
Volksaktie ⟨f⟩ halk hissesi; *(BkW)* kamu senedi
Volksbank ⟨f⟩ *(TR)* halk bankası; *(D)* kooperatif bankası; halk bankası
Volkseinkommen ⟨n⟩ *(vGR)* milli gelir
  [reales...] *(vGR)* gerçek milli gelir
Volkshochschule ⟨f⟩ halk eğitim merkezi
Volksvermögen ⟨n⟩ *(vGR)* milli servet; sosyal sermaye
Volkswirtschaft ⟨f⟩ ulusal ekonomi; *(VWL)* milli ekonomi; *(VWL)* sosyal ekonomi; *(VWL)* iktisat; *(Theorie)* makroekonomi
  [angewandte...] *(VWL)* uygulamalı iktisat
  [entwickelte...] gelişmiş ekonomi
  [geschlossene...] *(VWL)* kapalı ekonomi
  [offene...] *(VWL)* açık ekonomi
Volkswirtschaftler ⟨m⟩ iktisatçı; ekonomist
volkswirtschaftlich ⟨adj⟩ *(VWL)* sosyo-ekonomik; *(VWL)* makroekonomik; *(VWL)* genel; *(VWL)* sosyal
Volkswirtschaftslehre ⟨f⟩ *(VWL)* makroekonomi
Volkswirtschaftstheorie ⟨f⟩ *(VWL)* iktisat teorisi
Volkswohl ⟨n⟩ halkın refahı; *(VWL)* kamu refahı; *(VWL)* sosyal refah
Volkszählung ⟨f⟩ nüfus sayımı
Vollarbeitskraft ⟨f⟩ tam gün işgücü
Vollauslastung ⟨f⟩ *(BWL)* tam kapasite kullanımı
Vollbeschäftigung ⟨f⟩ *(VWL)* tam istihdam; *(BWL)* tam kapasite kullanımı
  [Gleichgewicht bei...] *(VWL)* tam istihdam dengesi
Vollbeschäftigungsbudget ⟨n⟩ *(öFi)* tam istihdam bütçesi

Vollbeschäftigungsdefizit ⟨n⟩ *(öFi)* tam istihdam açığı
Vollbeschäftigungsgarantie ⟨f⟩ tam istihdam garantisi
Vollbeschäftigungslücke ⟨f⟩ gayri safi milli hasıla açığı
Vollbeschäftigungspolitik ⟨f⟩ *(VWL)* tam istihdam politikası
Vollbeschäftigungswirtschaft ⟨f⟩ *(VWL)* tam istihdam ekonomisi
Vollbeschäftigungsziel ⟨n⟩ *(VWL)* tam istihdam hedefi
Vollcharter ⟨m⟩ *(Schff)* tam çarter
Volleigentum ⟨n⟩ mutlak mülkiyet
Volleinzahlung ⟨f⟩ *(Kapital)* tam ödeme
vollenden ⟨v/t⟩ tamamlamak; bitirmek
Vollendung ⟨f⟩ tamamlama; bitirme
Vollerhebung ⟨f⟩ *(Stat)* tümel derleme
vollhaftend ⟨adj⟩ sınırsız sorumlu
Vollhaftung ⟨f⟩ tam/sınırsız sorumluluk
Vollindossament ⟨n⟩ *(WeR)* tam ciro
Vollkonsolidierung ⟨f⟩ *(ReW)* tam konsolidasyon
Vollkosten ⟨pl⟩ *(KoR)* tam maliyet
Vollkostenprinzip ⟨n⟩ *(KoR)* tam maliyet prensibi
Vollkostenrechnung ⟨f⟩ *(KoR)* tam maliyet muhasebesi
Vollmacht ⟨f⟩ vekâlet; vekâletname; yetki; selahiyet
  [...erteilen] yetki vermek
  [absolute...] sınırsız/mutlak yetki
  [ausdrückliche...] açık/kesin yetki
  [mit...ausstatten] yetkili kılmak
  [ohne...] yetkisiz; vekâletsiz
  [schriftliche...] yazılı yetki
  [seine...überschreiten] yetkisini aşmak
  [unbeschränkte...] sınırsız/tam yetki
Vollmachtgeber ⟨m⟩ yetki/vekâlet veren
Vollmachtnehmer ⟨m⟩ vekil (olan)
Vollmachtserteilung ⟨f⟩ yetkilendirme; vekâlet verme
Vollmachtsindossament ⟨n⟩ temsil cirosu
Vollmachtsinhaber ⟨m⟩ yetki/vekâlet sahibi
vollstreckbar ⟨adj⟩ *(Jur)* icrası kabil; *(Jur)* infazı kabil
Vollstrecker ⟨m⟩ *(Jur)* icra memuru
Vollstreckung ⟨f⟩ *(Jur)* icra; *(Jur)* tenfiz; *(Jur)* infaz
  [...anordnen] icraya karar vermek
  [...aussetzen] icrayı talik etmek
  [...durch Versteigerung] artırma yoluyla icra
  [...eines Testaments] vasiyetin tenfizi
Vollstreckungsanordnung ⟨f⟩ *(Jur)* icra kararı
Vollstreckungsaufschub ⟨m⟩ *(Jur)* icranın taliki
Vollstreckungsbeamter ⟨m⟩ *(Jur)* icra memuru
Vollstreckungsbefehl ⟨m⟩ *(Jur)* icra emri
Vollstreckungsbehörde ⟨f⟩ *(Jur)* icra makamı; *(Jur)* icra dairesi
Vollstreckungsbescheid ⟨m⟩ *(Jur)* icra kararı
Vollstreckungsbeschluß ⟨m⟩ *(Jur)* icra kararı
Vollstreckungsgläubiger ⟨m⟩ *(Jur)* icra alacaklısı
Vollstreckungsschuldner ⟨m⟩ *(Jur)* icra borçlusu
Vollstreckungstitel ⟨m⟩ *(Jur)* infazı kabil senet
Vollstreckungsurteil ⟨n⟩ *(Jur)* icra kararı
Vollstreckungsverfahren ⟨n⟩ *(Jur)* icra yöntemi
Vollstreckungsversteigerung ⟨f⟩ *(Jur)* zorunlu artırma

Vollversammlung ⟨f⟩ *(Jur)* genel kurul
Vollzeitarbeit ⟨f⟩ tam gün iş
Vollzeitarbeiter ⟨m⟩ tam gün çalışan işçi
Vollzeitbeschäftigung ⟨f⟩ tam gün çalıştırma
Volontär ⟨m⟩ (gönüllü) stajyer
Volontariat ⟨n⟩ stajyerlik
Volumen ⟨n⟩ hacim
Voranschlag ⟨m⟩ maliyet tahmini; *(KoR)* kalkulasyon; *(BKW)* geçici bütçe
Vorausabschreibung ⟨f⟩ *(ReW)* hızlandırılmış amortisman
vorausbezahlen ⟨v/t⟩ peşin ödemek
vorausbezahlt ⟨adj⟩ peşin ödenmiş
Vorausbilanz ⟨f⟩ *(ReW)* geçici mizan
vorausdatieren ⟨v/t⟩ ileriki bir tarihi ertelemek; *(Scheck)* sonraki bir tarih koymak
vorausgezahlt ⟨adj⟩ peşin ödenmiş
Vorauskasse ⟨f⟩ peşin ödeme
Vorausplanung ⟨f⟩ ileriye dönük planlama; bütçeleme
Vorausrechnung ⟨f⟩ *(ReW)* proforma fatura
Voraussetzung ⟨f⟩ önkoşul
Vorausveranlagung ⟨f⟩ *(StR)* götürü mükellefiyet
Vorauszahlung ⟨f⟩ avans (ödeme); ön/peşin ödeme
Vorbedingung ⟨f⟩ önkoşul
Vorbehalt ⟨m⟩ çekinme; çekince; sakınma; ihtiraz; ihtiyat kaydı
 [ohne ...] kayıtsız şartsız
 [unter ...] ihtiraz/ihtiyat kaydı ile
 [unter ... sämtlicher Rechte] her hakkı saklı(dır)/mahfuz(dur)
 [Verkauf unter ...] çekinmeli/sakınmalı satış
vorbehaltlich ⟨adj⟩ çekinceli
Vorbehaltsklausel ⟨f⟩ çekince/çekinme kaydı; *(Jur)* ihtirazî kayıt
Vorbehaltspreis ⟨m⟩ mahfuz fiyat
Vorbehaltsware ⟨f⟩ mahfuz mallar
Vorbehaltszahlung ⟨f⟩ koşullu ödeme; çekince kaydıyla ödeme
Vorbereitung ⟨f⟩ hazırlık
Vorbereitungskurs ⟨m⟩ hazırlık kursu
Vorbereitungsstadium ⟨n⟩ hazırlık/plan aşaması
 [im ...] hazırlık/plan aşamasında
Vorbesitzer ⟨m⟩ önceki sahibi; *(Jur)* self
Vorbesprechung ⟨f⟩ ön görüşme/konuşma; brifing
vorbestellen ⟨v/t⟩ ayırtmak; önceden sipariş etmek
Vorbestellung ⟨f⟩ ayırtma; rezervasyon; ön sipariş
Vorbildung ⟨f⟩ tahsil; eğitim
vorbörslich ⟨adj⟩ borsa öncesi
vordatieren ⟨v/t⟩ ileriki bir tarihi ertelemek; *(Scheck)* sonraki bir tarih koymak
Vordermann ⟨m⟩ öncül; *(WeR)* self
Vordividende ⟨f⟩ *(BkW)* ara temettü
Vordruck ⟨m⟩ form
 [... ausfüllen] form doldurmak
Voreigentümer ⟨m⟩ önceki malik; öncül iye
Vorentscheidung ⟨f⟩ ön karar
Vorentwurf ⟨m⟩ öntasar; öntaslak
Vorerzeugnis ⟨n⟩ esas ürün
Vorfabrikat ⟨n⟩ esas ürün
Vorfall ⟨m⟩ olay; hadise
Vorfälligkeitsklausel ⟨f⟩ *(Jur)* muacceliyet şartı
vorfinanzieren ⟨v/t⟩ *(BkW)* önceden finanse etmek
Vorfinanzierung ⟨f⟩ *(BkW)* önfinansman; *(AußH)* prefinansman

Vorfinanzierungskredit ⟨m⟩ *(BkW)* önfinansman kredisi; *(AußH)* prefinansman kredisi
vorführen ⟨v/t⟩ göstermek; sergilemek
Vorführung ⟨f⟩ gösteri; temsil; sergi
Vorgabe ⟨f⟩ standart; hedef
 [globale ...] genel standart
Vorgabekosten ⟨pl⟩ *(KoR)* bütçelenmiş maliyet
Vorgabezeit ⟨f⟩ standart zaman
Vorgabezeitermittlung ⟨f⟩ standart zaman(ı) saptama
Vorgang ⟨m⟩ seyir; süreç; olay; *(Akte)* evveliyat
Vorgänger ⟨m⟩ öncül; self
Vorgehen ⟨n⟩ hareket; prosedür; yaklaşım; *(Jur)* takip; kovuşturma
 [gerichtliches ...] *(Jur)* adlî takip/kovuşturma
 [strafrechtliches ...] *(Jur)* ceza takibi
vorgelagert ⟨adj⟩ *(Ind)* ileriye doğru
vorgeschrieben ⟨adj⟩ zorunlu; mecburî
vorgesehen ⟨adj⟩ öngörülen; öngörülmüş
Vorgesetzter ⟨m⟩ üst; amir; patron; şef
Vorgespräch ⟨n⟩ ön görüşme/konuşma
Vorhaben ⟨n⟩ proje; program
 [öffentliches ...] kamu projesi/programı
 [unternehmerisches ...] girişimci projesi
vorhalten ⟨v/t⟩ saklı tutmak; *(Kapazität)* hazır bulundurmak
Vorhersage ⟨f⟩ *(Stat)* tahmin
Vorhersagefehler ⟨m⟩ *(Stat)* tahmin hatası
Vorhersageirrtum ⟨m⟩ → **Vorhersagefehler**
Vorinstanz ⟨f⟩ *(Jur)* asliye
Vorjahr ⟨n⟩ önceki/geçmiş yıl
Vorjahreszahlen ⟨pl⟩ önceki yılın sayıları
Vorkalkulation ⟨f⟩ *(ReW)* ön muhasebe
Vorkasse ⟨f⟩ avans/ön ödeme
 [... leisten] ön ödemede bulunmak
Vorkauf ⟨m⟩ önalım
Vorkaufsrecht ⟨n⟩ önalım hakkı; *(Jur)* rüçhan hakkı
Vorkehrung ⟨f⟩ tedbir; önlem
Vorkommen ⟨n⟩ *(BergB)* damar; kaynak
Vorkommnis ⟨n⟩ vakıa; olay
Vorkommnisse ⟨pl⟩ vukuat; olaylar
vorladen ⟨v/t⟩ *(Jur)* celp etmek
Vorladung ⟨f⟩ *(Jur)* celpname
Vorlage ⟨f⟩ model; örnek; *(Dokument)* ibraz; *(Geld)* avans; *(WeR)* arz
 [... des Geschäftsberichts] faaliyet raporunun ibrazı
 [... von Abschlüssen] *(ReW)* finansal raporlama
 [... zum Akzept] *(WeR)* kabule arz; *(WeR)* kabule ibraz
 [... zum Inkasso] tahsil için ibraz
 [... zur Annahme] *(WeR)* kabule arz; *(WeR)* kabule ibraz
 [... zur Zahlung] ödeme için ibraz
 [fällig bei ...] ibrazında ödenir
 [in ... treten] avans vermek
 [zahlbar bei ...] ibrazında ödenir
Vorlauffinanzierung ⟨f⟩ *(BkW)* önfinansman
vorläufig ⟨adj⟩ geçici; muvakkat
vorlegen ⟨v/t⟩ ibraz etmek; sunmak; arzetmek; *(Dokument)* ibraz etmek; *(Geld)* avans vermek
Vorlegung ⟨f⟩ ibraz; arz
 [... zum Akzept] *(WeR)* kabule ibraz;

(WeR) kabule arz
Vorlegungsfrist ⟨f⟩ *(WeR)* kabule arz müddeti; *(WeR)* kabule ibraz için derpiş edilen müddet
Vorlegungsgebot ⟨n⟩ *(WeR)* kabule arz şerhi
Vorlegungspflicht ⟨f⟩ *(Jur)* ibraz mecburiyeti
Vorlegungsverbot ⟨n⟩ *(WeR)* kabule arz yasağı
Vorlegungsvermerk ⟨m⟩ *(WeR)* kabule arz şerhi
Vorleistung ⟨f⟩ *(Zahlung)* ön ödeme; avans
vormerken ⟨v/t⟩ not etmek; *(Auftrag)* ayırmak
Vormerkung ⟨f⟩ not etme; rezervasyon
Vormund ⟨m⟩ *(Jur)* vasi
Vormundschaft ⟨f⟩ *(Jur)* vesayet
Vorort ⟨m⟩ dış semt
Vororte ⟨pl⟩ dış semtler
Vorperiode ⟨f⟩ önceki dönem
Vorprämie ⟨f⟩ *(Optionshandel)* apel primi
Vorprämiengeschäft ⟨n⟩ apel yoluyla alım satım; apel ilanlı işlem
Vorprämienkäufer ⟨m⟩ apel ilan eden; ödeme çağrısında bulunan
Vorprodukt ⟨n⟩ ana ürün; hammadde
Vorrang ⟨m⟩ tercih; öncelik
Vorrat ⟨m⟩ stok(lar)
 [... an Fertigerzeugnissen] mamul mal stokları
 [... anlegen] stok yapmak
 [... auffrischen] stokları yenilemek
 [... auffüllen] stokları yenilemek
 [abbaubare ...] *(BergB)* işletilebilir kaynaklar
 [auf ... produzieren] stok (için) üretmek
Vorräte ⟨pl⟩ stoklar; envanter; kaynaklar
 [... abbauen] stokları azaltmak
Vorratsabbau ⟨m⟩ stok azaltma
Vorratsanfertigung ⟨f⟩ stok için üretim
Vorratsbewertung ⟨f⟩ stok/envanter değerleme
Vorratsbewirtschaftung ⟨f⟩ stok/envanter yönetimi
Vorratsbildung ⟨f⟩ stoklama; stok yapma
Vorratshaltung ⟨f⟩ stok bulundurma/tutma; envanter yönetimi
Vorratslager ⟨n⟩ mevcut stoklar; tampon stoklar; envanter
Vorratslagerung ⟨f⟩ stoklama
Vorratsproduktion ⟨f⟩ stok üretimi
Vorratsverzeichnis ⟨n⟩ envanter listesi
Vorratswirtschaft ⟨f⟩ stoklama; envanter/stok yönetimi/rejimi
Vorrecht ⟨n⟩ öncelik hakkı; imtiyaz
Vorrechtsaktie ⟨f⟩ → **Vorrangaktie**
Vorrechtsgläubiger ⟨m⟩ tercihli/imtiyazlı alacaklı
Vorrichtung ⟨f⟩ cihaz; teçhizat
Vorruhestand ⟨m⟩ *(SozV)* erken emeklilik
 [in den ... treten] erken emekliliğe ayrılmak
Vorruhestandsregelung ⟨f⟩ erken emeklilik düzenlemesi
Vorsaison ⟨f⟩ ön mevsim/sezon; *(LandW)* turfan
vorsätzlich ⟨adj⟩ *(Jur)* kasden; kasdî (olarak)
vorschießen ⟨v/t⟩ avans vermek
Vorschlag ⟨m⟩ öneri; tasarı
 [... ausarbeiten] öneri/tasarı hazırlamak
 [... machen] öneride bulunmak
Vorschlagswesen ⟨n⟩ *(BWL)* öneri sistemi
 [betriebliches ...] *(BWL)* işyerinde öneri sistemi
Vorschrift ⟨f⟩ yönerge; talimat; kural; hüküm; kaide; yönetmelik; nizamname; mevzuat; tüzük
 [laut ...] yönetmelik gereğince

 [nach ... arbeiten] yönetmeliğe uygun olarak çalışmak
 [zwingende ...] bağlayıcı hüküm
Vorschriften ⟨pl⟩ mevzuat; hükümler; yönetmelik
 [... eines Vertrages] *(Jur)* akdin hükümleri
 [... einhalten] yönetmeliğe/hükümlere riayet etmek
 [... über Kennzeichnung] işaretleme
 [... verletzen] kurallara karşı gelmek
 [bilanzrechtliche ...] *(ReW)* bilançolama kuralları
 [den ... entsprechend] *(Jur)* mevzuata uygun olarak
 [einschlägige ...] *(Jur)* ilgili mevzuat
 [geltende ...] *(Jur)* meri mevzuat; yürürlükteki mevzuat/hükümler/yönetmelik
 [gerichtliche ...] *(Jur)* adlî hükümler
 [gesetzliche ...] *(Jur)* kanunî mevzuat; mevzuat hükümleri
 [steuerrechtliche ...] *(StR)* vergi mevzuatı
vorschriftsgemäß ⟨adj⟩ yönetmeliğe/talimata uygun; nizamî; usulen; mevzuat hükümleri uyarınca
vorschriftsmäßig ⟨adj⟩ yönetmeliğe/talimata uygun; nizamî; usulen
vorschriftswidrig ⟨adj⟩ yönetmeliğe/talimata aykırı; usulsüz
Vorschuß ⟨m⟩ avans; öndelik
 [... auf Waren] mal karşılığı avans
Vorschußdividende ⟨f⟩ ara temettüü
Vorschußzahlung ⟨f⟩ avans ödeme
Vorschußzins ⟨m⟩ avans faizi; eksi faiz
Vorsicht ⟨f⟩ dikkat; ikaz; ihtiyat
Vorsicht! dikkat!
 [... Zerbrechlich!] dikkat! kırılır eşya!
Vorsichtskasse ⟨f⟩ *(VWL)* tedbirli bulunmak için nakit tutma
Vorsichtsmarkierung ⟨f⟩ ikaz işareti
Vorsichtsmaßnahme ⟨f⟩ ihtiyat tedbiri
Vorsichtsmotiv ⟨n⟩ *(VWL)* ihtiyat güdüsü
Vorsitz ⟨m⟩ başkanlık
 [... führen] başkanlık yapmak
Vorsitzender ⟨m⟩ başkan; reis
 [... des Verwaltungsrats] idare heyeti/meclisi başkanı
 [... des Vorstands] idare heyeti başkanı; yönetim kurulu başkanı
Vorsorge ⟨f⟩ tedbir; önlem; ihtiyat
 [... treffen] tedbir almak
Vorsorgeaufwendungen ⟨pl⟩ önlem/tedbir masrafları/giderleri
Vorsorgemaßnahme ⟨f⟩ ihtiyat tedbiri; önleyici tedbir
Vorsorgepauschale ⟨f⟩ munzam karşılık
Vorsorgereserve ⟨f⟩ tampon stoklar; ihtiyat akçesi
vorsorglich ⟨adj⟩ önleyici; tedbirli; ihtiyatî
Vorstand ⟨m⟩ yönetim kurulu; idare heyeti
Vorstandsbericht ⟨m⟩ idare heyeti raporu
Vorstandsmitglied ⟨n⟩ idare heyeti üyesi; yönetim kurulu üyesi
 [geschäftführendes ...] murahhas üye
Vorstandssprecher ⟨m⟩ yönetim sözcüsü
Vorstandsvorsitzender ⟨m⟩ idare heyeti başkanı; yönetim kurulu başkanı
vorstellen ⟨v/t⟩ tanıtmak; tanıştırmak;

takdim etmek
[sich selbst ...] kendi kendini tanıtmak
Vorstellung ⟨f⟩ tanıtım; *(Person)* tanış(tır)ma
Vorstellungsgespräch ⟨n⟩ çalıştırma görüşmesi
Vorsteuer ⟨f⟩ *(StR)* ön tarhiyat; vergi öncesi (girdi); *(Mehrwertsteuer)* katma değer vergisi
Vorsteuergewinn ⟨m⟩ *(ReW)* vergi öncesi kâr
Vorstudie ⟨f⟩ *(Mk)* fizibilite araştırması; *(Mk)* pilot araştırma
Vortag ⟨m⟩ önceki/geçen/geçmiş gün; dün
Vortagseinbuße ⟨f⟩ *(Bö)* geçmiş gün zararı; bir gün önceki zarar
Vortagsgewinn ⟨m⟩ *(Bö)* geçmiş gün kârı; bir gün önceki kâr
Vortagsstand ⟨m⟩ bir gün önceki durum
Vorteil ⟨m⟩ avantaj; yarar; fayda; üstünlük
[...e der Massenfertigung] *(VWL)* kitlesel üretim ekonomileri
[handelspolitische ... e] ticarî çıkarlar
[komparativer ...] *(AußH)* karşılaştırmalı üstünlük
[sich einen ... verschaffen] çıkar sağlamak; *(Jur)* rüşvet almak
[steuerlicher ...] vergi avantajı
Vorteilhaftigkeit ⟨f⟩ kârlılık
Vortrag ⟨m⟩ konferans; konuşma; demeç; *(ReW)* nakil; yürütme; geçirme
[... auf neue Rechnung] yeni hesaba nakil
[... aus alter Rechnung] eski hesaptan nakil
[... aus letzter Rechnung] son hesaptan nakil

Vortragsposten ⟨m⟩ *(ReW)* nakledilen kalem; *(ReW)* aktarılan kalem
Vorvereinbarung ⟨f⟩ geçici/ön akit/sözleşme/anlaşma
vorverlegen ⟨v/t⟩ *(Termin)* öne almak
Vorvertrag ⟨m⟩ geçici akit; *(Jur)* ön sözleşme
Vorwahl(nummer) ⟨f⟩ *(Tele)* ön kod numarası
Vorwärtsintegration ⟨f⟩ *(BWL)* ileriye doğru bütünleşme
[vertikale ...] *(BWL)* ileriye doğru dikey bütünleşme
Vorwärtsstrategie ⟨f⟩ *(Mk)* ilerleme stratejisi
Vorwegabzug ⟨m⟩ *(StR)* kaynakta kesme
Vorwegbewilligung ⟨f⟩ *(BkW)* öncelikli tahsisat
Vorwegzahlung ⟨f⟩ peşin ödeme
vorzeitig ⟨adj⟩ öncelikli
Vorzug ⟨m⟩ öncelik; imtiyaz; rüçhan; tercih; avantaj
Vorzüge ⟨pl⟩ *(Bö)* öncelikli/imtiyazlı hisseler
Vorzugsaktie ⟨f⟩ öncelikli/imtiyazlı hisse senedi
Vorzugsaktionär ⟨m⟩ öncelikli/imtiyazlı hissedar
Vorzugsbedingungen ⟨pl⟩ imtiyazlı koşullar
Vorzugsbehandlung ⟨f⟩ imtiyazlı muamele
Vorzugskapital ⟨n⟩ *(BkW)* öncelikli/tercihli sermaye
Vorzugspreis ⟨m⟩ pazarlık fiyatı; avantajlı/özel fiyat
Vorzugsrecht ⟨n⟩ öncelik/imtiyaz/rüçhan hakkı
Vorzugstarif ⟨m⟩ rüçhanlı tarife; tercihli tarife
Vorzugszoll ⟨m⟩ *(Zo)* rüçhanlı gümrük

W

Wachstum ⟨n⟩ *(BWL)* büyüme; *(BWL)* genişleme; *(VWL)* büyüme; *(VWL)* kalkınma
[... ankurbeln] büyümeyi/kalkınmayı pompalamak
[... anregen] büyümeyi/kalkınmayı teşvik etmek
[... aus eigener Kraft] kendi gücüyla kalkınma
[... der Industrie] endüstriyel büyüme
[anhaltendes ...] *(VWL)* istikrarlı/kararlı büyüme
[exponentielles ...] *(VWL)* üstel büyüme
[exportinduziertes ...] dışsatımla uyarılmış büyüme
[geringes ...] *(VWL)* istikrarsız büyüme
[gleichgewichtiges ...] *(VWL)* dengeli büyüme/kalkınma
[langsames ...] *(VWL)* istikrarsız büyüme
[reales ...] *(VWL)* reel büyüme
[stetiges ...] *(VWL)* sürekli büyüme; *(VWL)* istikrarlı büyüme; (VWL) kararlı büyüme
[ungleichgewichtiges ...] *(VWL)* dengesiz büyüme
[vertikales ...] *(BWL)* dikey büyüme
[volkswirtschaftliches ...] *(VWL)* ekonomik büyüme/kalkınma
[wirtschaftliches ...] *(VWL)* ekonomik büyüme/kalkınma
[zyklisches ...] *(VWL)* devresel büyüme
Wachstumsfonds ⟨m⟩ kalkınma fonu
Wachstumsgebiet ⟨n⟩ *(VWL)* kalkınma bölgesi

Wachstumsgleichgewicht ⟨n⟩ istikrarlı/kararlı/dengeli büyüme
Wachstumsgrad ⟨m⟩ büyüme hızı
Wachstumsgrenze ⟨f⟩ *(VWL)* büyümenin sınırı
wachstumshemmend ⟨adj⟩ büyümeyi/kalkınmayı engelleyici
Wachstumskoeffizient ⟨m⟩ büyüme oranı
Wachstumskurs ⟨m⟩ *(VWL)* büyüme/kalkınma politikası; *(BWL)* genişleme politikası
Wachstumskurve ⟨f⟩ *(Stat)* büyüme eğrisi
Wachstumsmodell ⟨n⟩ *(VWL)* büyüme modeli
Wachstumspfad ⟨m⟩ *(VWL)* kalkınma yolu
[instabiler ...] *(VWL)* bıçak sırtı denge
Wachstumsphase ⟨f⟩ *(Mk)* büyüme aşaması
Wachstumspotential ⟨n⟩ *(VWL)* büyüme/kalkınma potansiyeli
Wachstumsprozeß ⟨m⟩ *(VWL)* büyüme/kalkınma süreci; *(BWL)* büyüme/genişleme süreci
Wachstumsrate ⟨f⟩ *(VWL)* büyüme oranı/hızı
wachstumsschwach ⟨adj⟩ yavaş büyüyen
Wachstumsspielraum ⟨m⟩ *(VWL)* büyüme potansiyeli
wachstumsstark ⟨adj⟩ hızlı büyüyen
Wachstumstempo ⟨n⟩ *(VWL)* büyüme hızı
Wachstumstheorie ⟨f⟩ *(VWL)* büyüme teorisi
Waffe ⟨f⟩ silah
Waffen ⟨pl⟩ silahlar
Waffenausfuhr ⟨f⟩ *(AußH)* silah ihracatı
Waffenembargo ⟨n⟩ *(AußH)* silah ambargosu
Waffenexport ⟨m⟩ *(AußH)* silah ihracatı

Waffenhandel ⟨m⟩ (AußH) silah ticareti
Wagen ⟨m⟩ (Kfz) araba; taşıt; (Bahn) wagon
[frei (auf)...] (Bahn) wagon teslimi;
(Kfz) kamyon teslimi
Wagenladung ⟨f⟩ (Bahn) wagon yükü;
(Kfz) kamyon yükü
Waggon ⟨m⟩ wagon; → Wagen
[frei...] (Bahn) wagon teslimi
Waggonfracht ⟨f⟩ (Bahn) hamule
Waggonladung ⟨f⟩ (Bahn) vagon yükü
Wagnis ⟨n⟩ risk; riziko; tehlike
Wagnisfinanzierung ⟨f⟩ (BkW) risk finansmanı
Wagniskapital ⟨n⟩ (BkW) risk sermayesi
Wahl ⟨f⟩ seçim; (Abstimmung) oylama;
(Auswahl) seçenek; tercih
[erste...] birinci (sınıf) kalite
[zweite...] ikinci (sınıf) kalite; orta kalite
Wahlausschuß ⟨m⟩ (Jur) seçim kurulu/heyeti
Wahlberechtigung ⟨f⟩ (Jur) seçim ehliyeti
Wähler ⟨m⟩ seçmen
Wahlergebnis ⟨n⟩ seçim sonucu
Wahlgeheimnis ⟨n⟩ seçim gizliliği
Wahlkampagne ⟨f⟩ seçim kampanyası
Wahlkampf ⟨m⟩ seçim mücadelesi
Wahlperiode ⟨f⟩ seçim dönemi
Wahlpflicht ⟨f⟩ seçme yükümlülüğü
Wahlprotokoll ⟨n⟩ seçim tutanağı
Wahlrecht ⟨n⟩ (Jur) seçme ve seçilme hakkı;
seçim hakkı; seçim hukuku
[aktives...] seçme hakkı
[passives...] seçilme hakkı
Wahlschuld ⟨f⟩ alternatif borç; seçimlik borç
Wahlurne ⟨f⟩ oy sandığı
Wahrscheinlichkeit ⟨f⟩ (Stat) ihtimal; olasılık
[bedingte...] (Stat) bağlı ihtimal
[mit großer...] büyük (bir) olasılıkla
[subjektive...] beklenti
Wahrscheinlichkeitsdichte ⟨f⟩ (Stat) ihtimal yoğunluğu; (Stat) olasılık yoğunluk fonksiyonu
Wahrscheinlichkeitsfunktion ⟨f⟩ (Stat) ihtimal fonksiyonu; (Stat) olasılık fonksiyonu
Wahrscheinlichkeitsrechnung ⟨f⟩ (Stat) ihtimallerin hesaplanması
Wahrscheinlichkeitsstichprobe ⟨f⟩ (Stat) ihtimalî örnekleme
Wahrscheinlichkeitstheorie ⟨f⟩ (Stat) ihtimal teorisi
Wahrscheinlichkeitsverteilung ⟨f⟩ (Stat) ihtimal bölünmesi
Wahrung ⟨f⟩ koruma
[... der Preisstabilität] fiyat istikrarını koruma
[... der Rechte] hakların korunması
Währung ⟨f⟩ para; → Devisen/Valuta döviz
[... abwerten] parayı devalüe etmek
[... aufwerten] parayı revalüe etmek
[... entwerten] parayı devalüe etmek
[... stützen] parayı desteklemek
[abgewertete...] devalüe (edilmiş) para
[aufgewertete...] revalüe (edilmiş) para
[ausländische...] yabancı para; döviz
[bewirtschaftete...] yönetilen para
[feste...] katı para
[frei konvertierbare...] serbest döviz
[fremde...] yabancı para; döviz
[gesetzliche...] resmî para
[harte...] katı para

[konvertierbare...] konvertibl para
[schwache...] zayıf para
[starke...] katı para
[überbewertete...] aşırı değerlendirilmiş para
[weiche...] yumuşak/zayıf para
Währungsabkommen ⟨n⟩ para anlaşması
Währungsabteilung ⟨f⟩ kambiyo servisi
Währungsabwertung ⟨f⟩ devalüasyon
[partielle...] kısmî devalüasyon
Währungsänderung ⟨f⟩ para değişikliği
Währungsanleihe ⟨f⟩ döviz istikrazı;
döviz olarak borç alma
Währungsausschuß ⟨m⟩ (TR) Para-Kredi Kurulu
Währungsbehörde ⟨f⟩ para makamı
Währungsbestände ⟨pl⟩ (VWL) para stoku
Währungseinheit ⟨f⟩ (VWL) para birimi
Währungsfonds ⟨m⟩ para fonu
[Internationaler...] (IWF) Uluslararası Para Fonu
Währungsgarantie ⟨f⟩ döviz garantisi
Währungsgeschäft ⟨n⟩ döviz operasyonu
Währungsguthaben ⟨n⟩ (BkW) döviz mevduatı
Währungskredit ⟨m⟩ (BkW) döviz kredisi;
(BkW) döviz olarak kredi
Währungskrise ⟨f⟩ (VWL) para krizi
Währungskurs ⟨m⟩ (BkW) döviz kuru
Währungsmechanismus ⟨m⟩ (VWL) parasal ayarlanma mekanizması
Währungsparität ⟨f⟩ parasal parite
Währungspolitik ⟨f⟩ (VWL) para politikası
[stabilitätsorientierte...] (VWL) istikrara yönelik para politikası
Währungspolster ⟨n⟩ (AußH) döviz rezervleri
Währungsreform ⟨f⟩ (VWL) para reformu
Währungsreserven ⟨pl⟩ (AußH) döviz rezervleri
Währungsrisiko ⟨n⟩ kambiyo riski; döviz riski
Währungsrücklage ⟨f⟩ döviz rezervleri
Währungsscheck ⟨m⟩ (WeR) döviz çeki
Währungsschlange ⟨f⟩ (EWS) para yılanı
Währungsschwankungen ⟨pl⟩ döviz dalgalanmaları
Währungssicherung ⟨f⟩ (VWL) paranın istikrarını koruma
Währungsspekulant ⟨m⟩ para/döviz spekülatörü
Währungsspekulation ⟨f⟩ para/döviz spekülasyonu
Währungsstabilität ⟨f⟩ (VWL) para(nın) istikrarı
Währungssystem ⟨n⟩ (VWL) para sistemi
Währungsterminmarkt ⟨m⟩ (BkW) vadeli döviz işlemleri piyasası
Währungsunion ⟨f⟩ para birliği; (EWS) yılan
Währungsverbund ⟨m⟩ para birliği; (EWS) yılan
Währungsverlust ⟨m⟩ para kaybı
Wald ⟨m⟩ → Forst orman
Waldbau ⟨m⟩ amenajman
Waldwirtschaft ⟨f⟩ amenajman
Walzstahl ⟨m⟩ (Ind) hadde çeliği
Walzwerk ⟨n⟩ (Ind) haddehane
Wandel ⟨m⟩ değişim
[technischer...] teknolojik değişim
Wandelanleihe ⟨f⟩ konvertibl borçlanma senedi;
konvertibl bono/tahvil
Wandelobligation ⟨f⟩ konvertibl obligasyon
Wandelschuldverschreibung ⟨f⟩ konvertibl tahvil
Wanderung ⟨f⟩ göç
[... der Arbeitskräfte] (VWL) işgücü göçü
Wanderungsbilanz ⟨f⟩ (VWL) göç bilançosu

Wandlung ⟨f⟩ başkalaşım; istihâle; *(Rücktritt vom Kaufvertrag)* akdin feshi
Wandlungsklage ⟨f⟩ *(Jur)* fesih davası; bozma davası
Wandlungskurs ⟨m⟩ değiştirme/bozdurma kuru
Wandlungsrecht ⟨n⟩ *(Jur)* cayma hakkı
Ware ⟨f⟩ mal; ürün
 [... auf den Markt bringen] mal(lar)ı piyasaya sürmek
 [abgepackte ...] ambalajlı mal
 [auf dem Transport befindliche ...] transit malı
 [ausgesuchte ...] seçilmiş/seçkin mal
 [ausgezeichnete ...] (fiyat) etiketli mal
 [beschädigte ...] zarar görmüş mal
 [eingehende ...] gelen mal
 [(ein)heimische ...] yerli malı
 [erstklassige ...] birinci kalite mal; yüksek kaliteli mal
 [fabrikmäßig hergestellte ...] fabrika malı
Waren ⟨pl⟩ mallar; emtia
 [... annehmen] mal teslim almak
 [... auf Lager] depo/ardiye malları
 [... beschlagnahmen] malları haczetmek
 [... führen] mal stoku yapmak
 [... für den laufenden Verbrauch] günlük tüketim malları
 [... mit hoher Umsatzgeschwindigkeit] devir hızı yüksek mallar
 [... mittlerer Qualität] orta kaliteli mallar
 [... umschlagen] mal alıp satmak
 [... unter Zollverschluß] *(Zo)* antrepolu mallar
 [bestellte ...] sipariş edilmiş mallar
 [empfindliche ...] dayanıksız mallar
 [kurzlebige ...] dayanıksız mallar
 [(leicht) verderbliche ...] (çabuk) bozulan mallar
 [minderwertige ...] düşük kaliteli mallar
 [prima ...] seçkin kaliteli mallar
 [sofort lieferbare ...] hemen teslim edilebilir mallar
 [unverpackte ...] ambalajsız mallar
 [verkäufliche ...] satılık mallar
 [weiße ...] markasız mallar
 [zollfreie ...] *(Zo)* gümrükten muaf mallar
 [zollpflichtige ...] *(Zo)* gümrüğe tabi mallar
 [zum Verkauf stehende ...] satılık mallar
Warenangebot ⟨n⟩ mal arzı; mal çeşitleri
Warenausfuhr ⟨f⟩ mal dışsatımı/ihracatı
Warenausgang ⟨m⟩ çıkan mallar
Warenausgangslager ⟨n⟩ bitmiş mallar deposu
Warenausgleichslager ⟨n⟩ tampon mal stokları
Warenauslieferung ⟨f⟩ mal sevkiyatı
Warenaustausch ⟨m⟩ *(AußH)* dış alım ve satımlar; barter işlemi
Warenaustauschverhältnis ⟨n⟩ *(AußH)* ticaret hadleri
Warenauszeichnung ⟨f⟩ işaret(leme); etiket(leme)
Warenbegleitschein ⟨m⟩ konşimento
Warenbestand ⟨m⟩ stok mevcudu
Warenbestandsliste ⟨f⟩ envanter/stok listesi
Warenbilanz ⟨f⟩ ticaret bilançosu
Wareneinfuhr ⟨f⟩ *(AußH)* mal ithalatı
Wareneingang ⟨m⟩ giren mallar
Waren einkauf ⟨m⟩ mal alımı
Wareneinlagerung ⟨f⟩ depolama

Warenempfänger ⟨m⟩ malı teslim alan; gönderilen; konsinye
Warenforderungen ⟨pl⟩ (ticarî) alacaklar
Warengeschäft ⟨n⟩ mal alım satımı
Warenhandel ⟨m⟩ mal ticareti
Warenhaus ⟨n⟩ mağaza
Warenhauskette ⟨f⟩ mağazalar zinciri
Warenimporte ⟨pl⟩ *(AußH)* mal ihracatı
Warenkredit ⟨m⟩ *(BkW)* ticarî kredi
Warenlager ⟨n⟩ ardiye
Warenlieferung ⟨f⟩ mal sevkiyatı
Warenliste ⟨f⟩ stok listesi
Waren- und Dienstleistungsmarkt ⟨m⟩ ticaret piyasası; mal ve hizmetler piyasası
Warenmuster ⟨n⟩ örnek; numune
Warenpreis ⟨m⟩ mal fiyatı
Warenprobe ⟨f⟩ örnek; numune
Warenprüfung ⟨f⟩ kalite kontrolü
Warenrechnung ⟨f⟩ (ticarî) fatura
Warensortiment ⟨n⟩ mal çeşitleri
Warentausch ⟨m⟩ mal takası; *(AußH)* barter işlemi
Warenterminbörse ⟨f⟩ vadeli mal işlemleri borsası
Warenterminhandel ⟨m⟩ vadeli mal işlemleri/ticareti
Warenumschlag ⟨m⟩ stok devri; malların dönmesi
Warenverzeichnis ⟨n⟩ mal listesi; *(Zo)* barname; *(Schff)* navlun manifestosu
Warenvorrat ⟨m⟩ mal stokları
Warenwechsel ⟨m⟩ *(WeR)* emtia senedi; ticarî senet
Warenwerbung ⟨f⟩ *(Mk)* mal tanıtımı
Warenzeichen ⟨n⟩ *(Pat)* marka; alameti farika
 [... eintragen] *(Pat)* markayı tescil ettirmek
 [eingetragenes ...] *(Pat)* tescilli marka
 [(gesetzlich) geschütztes ...] *(Pat)* tescilli marka
Warnstreik ⟨m⟩ uyarı grevi
warten ⟨v/t⟩ bakım/servis yapmak
Warteschlange ⟨f⟩ bekleme hattı; bekleme kuyruğu; kuyruk
Warteschlangenmodell ⟨n⟩ *(OR)* bekleme hattı modeli
Warteschlangentheorie ⟨f⟩ *(OR)* bekleme hattı teorisi
Wartesystem ⟨n⟩ *(OR)* bekleme hattı sistemi
Wartezeit ⟨f⟩ *(Ind)* bekleme süresi
Wartung ⟨f⟩ *(Ind)* bakım (ve onarım); ikmal
Wartungsarbeiten ⟨pl⟩ *(Ind)* bakım ve onarım işleri
Wartungsdienst ⟨m⟩ *(Ind)* bakım ve onarım hizmeti/servisi
Wartungskosten ⟨pl⟩ *(ReW)* bakım ve onarım maliyeti
Wartungsvertrag ⟨m⟩ bakım ve onarım sözleşmesi
Wasser ⟨n⟩ su
 [zu ... und zu Lande] suda ve karada
wasserdicht ⟨adj⟩ su geçirmez
Wasserschaden ⟨m⟩ *(Vers)* su hasarı
Wasserstraße ⟨f⟩ su yolu
Wassertransport ⟨m⟩ su taşımacılığı
Wasserwirtschaft ⟨f⟩ sular idaresi
Webwaren ⟨pl⟩ dokumalar
Wechsel ⟨m⟩ değiştirme; *(WeR)* poliçe; *(WeR)* senet; bono
 [... abrechnen] senedi/poliçeyi iskonto etmek
 [... an Order ausstellen] emre senet keşide etmek

[... annehmen] poliçeyi/senedi kabul etmek
[... auf jdn ziehen] üçüncü şahıs hesabına poliçe keşide etmek
[... auf Sicht] görüldüğünde ödenmesi şart olan senet
[... ausfertigen] senet/poliçe keşide etmek
[... ausstellen] senet/poliçe keşide etmek
[... avalieren] *(WeR)* senede kefil olmak
[... bezahlen] senedi ödemek
[... einlösen] *(BkW)* senet kırdırmak
[... einziehen] senet tahsil etmek
[... gegen Abtretung der Warenforderung] emtia senedi
[... gegen Dokumente] vesika karşılığı senet
[... girieren] senet/poliçe ciro etmek
[... im Umlauf] dolaşımdaki senetler
[... indossieren] senet/poliçe ciro etmek
[... mit Akzept versehen] senede kabul şerhi koymak
[... mit Giro versehen] senedi cirolamak
[... nicht annehmen] poliçeyi/senedi kabul etmemek
[... zu Protest gehen lassen] poliçeyi protesto etmek
[... zum Akzept vorlegen] poliçenin kabulü için ibraz etmek
[... zum Inkasso] tahsil için poliçe
[... zur Annahme] poliçenin kabule arzı
[... zur Annahme vorlegen] poliçenin kabulü için ibaz etme
[akzeptierter ...] kabul (edilmiş) senet/poliçe
[angekaufter ...] iskontolu poliçe
[angenommener ...] kabul (edilmiş) senet/poliçe
[auf den Inhaber lautender ...] hamiline yazılı poliçe
[auf Order lautender ...] emre yazılı senet/poliçe
[ausländischer ...] yurtdışı senedi
[bankfähiger ...] bankaca geçerli/muteber senet
[begebener ...] cirolu poliçe/senet
[bezahlter ...] ödenmiş senet/poliçe
[diskont(ier)fähiger ...] ciro edilebilir senet
[diskontierter ...] iştira senedi
[dokumentarfreier ...] açık poliçe
[domizilierter ...] adresli/ikametgâhlı poliçe
[eigener ...] emre yazılı senet; bono
[eingelöster ...] kırdırılmış poliçe
[fälliger ...] muaccel senet/poliçe
[falscher ...] sahte senet/poliçe
[fauler ...] çürük senet/poliçe
[für einen ... bürgen] senede kefil olmak
[gefälligkeitshalber ausgestellter eigener ...] hatır senedi
[gefälschter ...] sahte poliçe/senet
[gewerblicher ...] ticari poliçe
[gezogener ...] *(WeR)* poliçe; keşide edilmiş senet; → **Tratte**
[girierter ...] cirolu senet/poliçe; ciro edilmiş poliçe
[indossierter ...] cirolu senet/poliçe; ciro edilmiş poliçe
[inländischer ...] yurtiçi senedi
[kurzer ...] kısa vadeli poliçe
[kurzfristiger ...] kısa vadeli poliçe
[langer ...] uzun vadeli poliçe
[langfristiger ...] kısa vadeli poliçe

[nach dato zahlbar gestellter ...] görüldükten muayyen bir müddet sonra ödenecek poliçe
[nicht vollständig ausgefüllter ...] eksik poliçe
[notleidender ...] çürük senet
[nur durch Abtretung übertragbarer ...] kabul için ibraz edilmesi menedilen poliçe
[offener ...] açık poliçe
[protestierter ...] protestolu poliçe
[rediskont(ierungs)fähiger ...] iskonto edilebilir senet
[reiner ...] açık poliçe
[sicherer ...] muteber/geçerli senet
[trassierter ...] keşide edilmiş senet; poliçe; → **Tratte**
[übertragbarer ...] ciro yoluyla devredilebilen senet; ciro edilebilir senet
[umlaufender ...] dolaşımdaki/tedavüldeki poliçe
[ungedeckter ...] karşılıksız senet/poliçe
[weitergegebener ...] ciro edilmiş senet
[zu Protest gegangener ...] protestolu poliçe
[zur Zahlung vorgelegter ...] ödenmesi için ibraz edilmiş poliçe
Wechselakzept ⟨n⟩ poliçe(nin) kabulü
Wechselannahme ⟨f⟩ poliçe(nin) kabulü
Wechselausfertigung ⟨f⟩ *(WeR)* poliçe(nin) nüshası
[zweite ...] *(WeR)* poliçenin ikinci nüshası
Wechselaussteller ⟨m⟩ (senette/poliçede) keşideci
Wechselbank ⟨f⟩ *(BkW)* poliçeyi kabul eden banka
Wechselbesitzer ⟨m⟩ *(WeR)* poliçe hamili; poliçeyi taşıyan
Wechselbestand ⟨m⟩ eldeki senetler; *(BkW)* senet portföyü
Wechselbezogener ⟨m⟩ poliçeyi kabul eden; senet/poliçe muhatabı
Wechselbürge ⟨m⟩ *(WeR)* senede kefil; aval veren (kimse)
Wechselbürgschaft ⟨f⟩ *(WeR)* aval
Wechseldebitoren ⟨pl⟩ poliçe alacakları
Wechseldeckung ⟨f⟩ poliçe karşılığı
Wechseldiskont ⟨m⟩ *(BkW)* banka iskontosu
Wechseldiskontierung ⟨f⟩ poliçeyi iskonto etme
Wechseleinlösung ⟨f⟩ senet kırdırma
Wechseleinzug ⟨m⟩ senet tahsili
Wechselerstausfertigung ⟨f⟩ *(WeR)* poliçenin birinci nüshası
Wechselfähigkeit ⟨f⟩ *(WeR)* poliçeye ehliyet; *(WeR)* poliçe ile borçlanmaya ehliyet
Wechselfälligkeit ⟨f⟩ poliçenin ödenmesi zamanı
Wechselforderungen ⟨pl⟩ poliçe alacakları
Wechselfrist ⟨f⟩ *(WeR)* muacceliyet
Wechselgarantie ⟨f⟩ senet/poliçe garantisi
Wechselgeber ⟨m⟩ *(WeR)* keşideci
Wechselgeld ⟨n⟩ bozuk para
Wechselgeschäft ⟨n⟩ acyotaj; senet iş(lem)leri; *(Devisen)* kambiyo işlemi/muamelesi
Wechselgirant ⟨m⟩ poliçe/senet cirantası
Wechselgiro ⟨n⟩ ciro
Wechselindossament ⟨n⟩ poliçe cirosu
Wechselinhaber ⟨m⟩ *(WeR)* poliçe hamili
Wechselinkasso ⟨n⟩ *(WeR)* poliçe tahsili
Wechselkredit ⟨m⟩ *(BkW)* iskonto kredisi
Wechselkurs ⟨m⟩ kambiyo kuru; döviz (bozdurma) kuru
[amtlicher ...] resmî kambiyo/döviz kuru
[fester ...] sabit döviz kuru

[fixer . . .] sabit döviz kuru
[fixierter . . .] sabitleştirilmiş döviz kuru
[flexibler . . .] esnek kambiyo/döviz kuru
[freier . . .] serbest döviz kuru
[gestützter . . .] destekli döviz kuru
[mehrfache . . . e] katlı kurlar
[multiple . . . e] katlı kurlar
[schwankender . . .] dalgalı döviz kuru
[starrer . . .] sabit(leştirilmiş) döviz kuru; katı döviz kuru
[ungebundener . . .] serbest kambiyo kuru; serbest dalgalanmalı döviz kuru
Wechselkursabsicherung ⟨f⟩ döviz kurlarını destekleme
Wechselkursänderung ⟨f⟩ döviz kurunda değişiklik; kambiyo paritesi değişikliği
Wechselkursänderungen ⟨pl⟩ döviz kuru dalgalanmaları
Wechselkursanpassung ⟨f⟩ kur düzenlemesi; paritelerin ayarlanması
Wechselkursarbitrage ⟨f⟩ çapraz işlem
Wechselkursfeststellung ⟨f⟩ döviz kurunun sabitleştirilmesi
Wechselkursflexibilität ⟨f⟩ döviz kuru esnekliği
Wechselkursfreigabe ⟨f⟩ döviz kurunu serbest bırakma; serbest dalgalanma
Wechselkurskontrolle ⟨f⟩ kambiyo denetimi
Wechselkursmechanismus ⟨m⟩ kambiyo mekanizması
Wechselkursparität ⟨f⟩ kambiyo paritesi
Wechselkurspolitik ⟨f⟩ döviz kuru politikası; kambiyo politikası
Wechselkursschwankungen ⟨pl⟩ döviz (kuru) dalgalanmaları
Wechselkurssicherung ⟨f⟩ *(Devisen)* döviz kurlarını destekleme
Wechselkurssicherungsgeschäft ⟨n⟩ kur destekleme operasyonu
Wechselkursstabilität ⟨f⟩ kambiyo istikrarı
Wechselkurssystem ⟨n⟩ kambiyo rejimi
Wechselkursverbund ⟨m⟩ para birliği
[europäischer . . .] *(EG)* Avrupa Para Birliği
Wechsellaufzeit ⟨f⟩ poliçenin vadesi
Wechselmakler ⟨m⟩ döviz simsarı; kambiyo acentesi; kambist
wechseln ⟨v/t⟩ değiştirmek; bozdurmak
[Besitzer . . .] el değiştirmek
Wechselnehmer ⟨m⟩ senet lehdarı
Wechseloblige ⟨n⟩ kambiyo taahhüdü
Wechselprotest ⟨m⟩ *(WeR)* (senedi/poliçeyi) protesto
[. . . mangels Annahme] *(WeR)* kabul etmeme protestosu
[. . . mangels Zahlung] *(WeR)* ödememe protestosu
Wechselrückgabe ⟨f⟩ poliçeyi geri verme
Wechselschulden ⟨pl⟩ poliçe/senet borçları
Wechselschuldner ⟨m⟩ poliçe borçlusu
wechselseitig ⟨adj⟩ karşılıklı
Wechselstube ⟨f⟩ kambiyo bürosu
Wechseltrassierung ⟨f⟩ *(WeR)* senet keşidesi; *(WeR)* poliçe keşidesi
Wechselübertragung ⟨f⟩ poliçenin devredilmesi
Wechselumlauf ⟨m⟩ dolaşımdaki senetler
Wechselverbindlichkeiten ⟨pl⟩ poliçe ile borçlanma

[. . . eingehen] poliçe ile borçlanmak
[. . . gegenüber Banken] bankalara poliçe ile borçalanma
Wechselzahlung ⟨f⟩ poliçede ödeme
Wechselzweitschrift ⟨f⟩ *(WeR)* poliçenin ikinci nüshası
Wegwerfpackung ⟨f⟩ tek yönlü ambalaj
Weihnachtsgeld ⟨n⟩ noel parası
Weihnachtsgeschäft ⟨n⟩ noel satışları
Wein ⟨m⟩ şarap
Weisung ⟨f⟩ talimat; emir; direktif
weisungsgemäß ⟨adj⟩ talimat uyarınca; talimata uygun
weiterleiten ⟨v/t⟩ iletmek
weiterverarbeiten ⟨v/t⟩ tamamlamak
weiterveräußern ⟨v/t⟩ yeniden satmak
weiterzahlen ⟨v/t⟩ ödemeye devam etmek
Weizen ⟨m⟩ *(LandW)* buğday
Weizenbörse ⟨f⟩ buğday borsası
Weizenmehl ⟨n⟩ *(LandW)* buğday unu
Weizenschrot ⟨m⟩ *(LandW)* kırılmış buğday
Welt ⟨f⟩ dünya
Weltabschluß ⟨m⟩ *(AußH)* dünya çapında konsolide bilanço
Weltanschauung ⟨f⟩ dünya görüşü; ideoloji
[materialistische . . .] materyalist ideoloji
Weltausstellung ⟨f⟩ *(Mk)* dünya fuarı
Weltbank ⟨f⟩ Dünya Bankası
weltbekannt ⟨adj⟩ dünyaca tanınmış
Weltbürger ⟨m⟩ *(Jur)* dünya vatandaşı
Welthandel ⟨m⟩ *(AußH)* dünya ticareti; uluslararası ticaret
Weltherrschaft ⟨f⟩ dünya hakimiyeti
Weltkarte ⟨f⟩ dünya haritası
Weltkonjunktur ⟨f⟩ *(AußH)* dünya konjonktürü
Weltmarkt ⟨m⟩ *(AußH)* dünya piyasası
Weltmarktanteil ⟨m⟩ *(AußH)* dünya piyasasındaki pay
Weltmarktbedingungen ⟨pl⟩ *(AußH)* dünya piyasası koşulları
Weltmarktpreis ⟨m⟩ *(AußH)* dünya piyasası fiyatı
Weltmeer ⟨n⟩ okyanus
weltoffen ⟨adj⟩ liberal görüşlü; kozmopolit
Weltpolitik ⟨f⟩ dünya politikası
Weltpostverein ⟨m⟩ *(Post)* Dünya Posta Birliği
Weltraum ⟨m⟩ uzay
Weltraumfahrt ⟨f⟩ uzay yolculuğu
Weltraumflug ⟨m⟩ uzay uçuşu
Weltraumforschung ⟨f⟩ uzay araştırması
Weltraumlaboratorium ⟨n⟩ uzay laboratuvarı
Weltreise ⟨f⟩ dünya seyahati/turu
Weltumsatz ⟨m⟩ *(AußH)* dünya çapında satışlar; *(AußH)* dünya çapında hasılat
Weltwährungsfonds ⟨m⟩ *(IWF)* Uluslararası Para Fonu
weltweit ⟨adj⟩ dünya çapında
Weltwirtschaft ⟨f⟩ *(VWL)* dünya ekonomisi
Weltwirtschaftskrise ⟨f⟩ *(VWL)* dünya ekonomik buhranı
Weltwirtschaftsordnung ⟨f⟩ *(VWL)* uluslararası ekonomik düzen
Werbeabteilung ⟨f⟩ reklam dairesi
Werbeagentur ⟨f⟩ reklam acentası
Werbeaktion ⟨f⟩ *(Mk)* reklam/tanıtım kampanyası
Werbeanzeige ⟨f⟩ ilan

Werbeartikel ⟨m⟩ *(Mk)* eşantiyonluk kalem/eşya
Werbeaufwand ⟨m⟩ reklam/tanıtım gideri
Werbeberater ⟨m⟩ reklam/tanıtım danışmanı
Werbeberatung ⟨f⟩ reklam/tanıtım danışmanlığı
Werbebrief ⟨m⟩ *(Mk)* reklam mektubu
Werbeetat ⟨m⟩ *(Mk)* reklam bütçesi
Werbefachmann ⟨m⟩ *(Mk)* reklam/tanıtım uzmanı
Werbefeldzug ⟨m⟩ *(Mk)* reklam/satış/tanıtım kampanyası
Werbefernsehen ⟨n⟩ *(Mk)* televiyonda reklamlar
Werbefilm ⟨m⟩ *(Mk)* reklam filmi; tanıtıcı film
Werbegeschenk ⟨n⟩ *(Mk)* eşantiyon
Werbeinstrument ⟨n⟩ *(Mk)* reklam/tanıtım aracı
Werbekampagne ⟨f⟩ *(Mk)* reklam kampanyası
Werbemaßnahmen ⟨pl⟩ *(Mk)* tanıtım çabaları
Werbematerial ⟨n⟩ reklam/tanıtım malzemesi
Werbemittel ⟨n⟩ *(Mk)* reklam aracı; *(Mk)* tanıtım aracı
werben ⟨int⟩ *(Kunden)* reklam yapmak; *(Arbeitskräfte)* istihdam etmek
werbend ⟨adj⟩ *(Mk)* tanıtıcı; *(Aktiva)* gelir getirici
Werbeplakat ⟨n⟩ *(Mk)* reklam/tanıtım posteri/afişi
Werbeprospekt ⟨m⟩ *(Mk)* reklam prospektüsü; reklam el afişi
Werbeslogan ⟨m⟩ *(Mk)* reklam sloganı
Werbespruch ⟨m⟩ *(Mk)* reklam sloganı
Werbetext ⟨m⟩ *(Mk)* reklam metni
Werbeträgeranalyse ⟨f⟩ *(Mk)* medya analizi
werbewirksam ⟨adj⟩ etkili
Werbewirkung ⟨f⟩ *(Mk)* tanıtım etkisi
Werbung ⟨f⟩ *(Mk)* reklamcılık; *(Mk)* promosyon; *(Mk)* tanıtım
[direkte ...] *(Mk)* doğrudan tanıtım
[vergleichende ...] *(Mk)* karşılaştırmalı reklam
Werdegang ⟨m⟩ kariyer; yaşam öyküsü
[beruflicher ...] kariyer
Werft ⟨f⟩ *(Schff)* tersane
Werk ⟨n⟩ *(IndW)* tesis; fabrika; işletme
[... schließen] *(zeitweilig)* işletmeyi durdurmak; *(endgültig)* işletmeyi tasfiye etmek
[ab ...] fabrika çıkışı/teslimi
Werkpreis ⟨m⟩ fabrika çıkış fiyat
Werksanschluß ⟨m⟩ *(Bahn)* özel şube hattı
werkseigen ⟨adj⟩ özel; işletmeye/fabrikaya ait
Werksferien ⟨pl⟩ iş(letme) tatili
Werkshafen ⟨m⟩ *(Schff)* (işletmeye ait) özel liman
Werksladen ⟨m⟩ işletme kantini
Werksleitung ⟨f⟩ işletme/fabrika yönetimi
Werkstatt ⟨f⟩ atölye
Werkstattfertigung ⟨f⟩ atölye yapımı
Werkstoff ⟨m⟩ madde; malzeme
Werkstoffeinsatz ⟨m⟩ malzeme girdisi
Werkstoffprüfung ⟨f⟩ malzeme denetimi/kontrolu
Werkswohnung ⟨f⟩ işletme lojmanı
Werktag ⟨m⟩ iş/çalışma günü
Werktätiger ⟨m⟩ işçi
Werkvertrag ⟨m⟩ yapıt sözleşmesi; *(Jur)* istisna akdi
Werkzeug ⟨n⟩ alet
Werkzeugindustrie ⟨f⟩ alet yapımı/imalat sanayii
Wert ⟨m⟩ değer; kıymet
[... angeben] değer bildirmek; değer/kıymet beyan etmek
[... bei Wiedererlangung] istirdat değeri
[... berechnen] değer hesaplamak

[... besitzen] değeri olmak
[... bestimmen] değer biçmek
[... der Anlage] yatırım değeri
[... der Arbeit] işçilik (değeri)
[... des Anlagevermögens] sabit varlıkların değeri
[... erhöhen] değerini yükseltmek
[... haben] değeri olmak
[... in bar] nakit değeri
[...e] → **Werte**
[abgeschriebener ...] *(ReW)* amortisman değeri
[an ... gewinnen] değer kazanmak
[an ... verlieren] değer kaybetmek
[angegebener ...] *(Zo)* beyan edilen değer
[börsengängiger ...] pazarlanabilir (menkul) kıymet
[buchmäßiger ...] *(ReW)* defter değeri
[deklarierter ...] *(Zo)* beyan edilen değer
[dichtester ...] *(Stat)* mod
[eigentlicher ...] mutlak değer
[erklärter ...] *(Zo)* beyan edilen değer
[fiktiver ...] fiktif değer
[führender ...] *(Bö)* piyasa birincisi
[gängiger ...] cari pazar değeri
[gegenwärtiger ...] cari değer
[häufigster ...] *(Stat)* mod
[ideeller ...] manevî değer
[im ... herabsetzen] değerini düşürmek
[innerer ...] *(VWL)* özünlü değer
[materieller ...] maddî değer
[ökonomischer ...] ekonomik değer
[rechnerischer ...] *(ReW)* hesap değeri; *(ReW)* muhasebe değeri
[rechnungsfähiger ...] *(Vers)* aktüeryal değer
[rechnungsmäßiger ...] *(Vers)* aktüeryal değer
[restlicher ...] bakiye değeri
[spezifischer ...] spesifik değer
[statistischer ...] istatistik değer
[tatsächlicher ...] gerçek/reel değer
[ungefährer ...] ortalama değer
[unter ... deklarieren] *(Zo)* düşük değerle beyan etmek
[versicherbarer ...] *(Vers)* sigortalanabilir değeri
[versicherter ...] *(Vers)* sigortalı değeri
[versicherungsmathematischer ...] *(Vers)* aktüeryal değer
[wirtschaftlicher ...] ekonomik değer
Wertabnahme ⟨f⟩ değer yitirme
Wertabschreibung ⟨f⟩ *(ReW)* amortisman
Wertabschlag ⟨m⟩ indirim
Wertanalyse ⟨f⟩ *(BWL)* değer analizi
Wertangabe ⟨f⟩ değer/kıymet beyanı; beyan edilen değer
Wertanstieg ⟨m⟩ değer kazanma; değerlenme
Wertarbeit ⟨f⟩ (kaliteli) işçilik
Wertberichtigung ⟨f⟩ re(e)valüasyon; yeniden değerleme; *(ReW)* amortisman ihtiyatı; aşınma payı
[... auf das Anlagevermögen] sabit varlıkların yeniden değerlenmesi
[... auf Forderungen] alacaklarda indirim
[... auf Istkostenbasis] *(KoR)* fiilî maliyet ayarlaması
[... auf das Sachanlagevermögen] *(ReW)* maddî (duran) varlıklarda amortisman ihtiyatı;

(ReW) birikmiş amortisman
[... auf das Umlaufvermögen] *(ReW)* şüpheli borçlar payı;
(ReW) cari/dönen varlıklarda amortisman
Wertberichtigungsaktie ⟨f⟩ *(BkW)* ikramiyeli hisse senedi
Wertbrief ⟨m⟩ *(Post)* paralı mektup
Werte ⟨pl⟩ *(WeR)* (menkul) kıymetler
Werteinbuße ⟨f⟩ değer kaybı
Wertentwicklung ⟨f⟩ *(Anlage/Fonds)* performans
Werterhöhung ⟨f⟩ değer artışı
Wertermittlung ⟨f⟩ değer takdiri
Wertfeststellung ⟨f⟩ değer biçme
Wertmarke ⟨f⟩ *(StR)* damga pulu
Wertminderung ⟨f⟩ değer yitirme/kaybı
[substanzbedingte ...] tükenme
[technisch bedingte ...] aşınma ve yıpranma
Wertpapier ⟨n⟩ *(WeR)* kıymetli kâğıt/evrak; menkul kıymet; hisse senedi; senet
[auf den Inhaber ausgestelltes ...] hamiline yazılı kıymetli kâğıt
[auf den Inhaber lautendes ...] hamiline yazılı kıymetli kâğıt
[begebbares ...] ciro/iskonto edilebilir (değerli) senet
[(durch Indossament) übertragbares ...] ciro edilebilir kıymetli kâğıt
[festverzinsliches ...] sabit faizli kıymetli evrak
[kaufmännisches ...] ticarî senet
[stimmberechtigtes ...] sahibine oy hakkı veren kıymetli evrak
[verzinsliches ...] faiz getiren
Wertpapieranlage ⟨f⟩ *(BkW)* portföy yatırımı
Wertpapierbesitz ⟨m⟩ kıymetli evrak portföyü; menkul kıymetler portföyü
Wertpapierbestand ⟨m⟩ kıymetli evrak portföyü; menkul kıymetler portföyü
Wertpapierbörse ⟨f⟩ menkul kıymetler borsası
Wertpapierdepot ⟨n⟩ emanet değerler cüzdanı; kıymetli kâğıt portföyü
Wertpapiere ⟨pl⟩ kıymetli evrak; değerli kâğıtlar; menkul kıymetler; *(ReW)* yatırımlar
[... des Anlagevermögens] yatırımlar; sabit varlık hisseleri
Wertpapieremission ⟨f⟩ kıymetli evrak emisyonu
Wertpapierfachmann ⟨m⟩ teknik analizci
Wertpapiergeschäft ⟨n⟩ valörlü işlem
Wertpapierhandel ⟨m⟩ menkul kıymet alım satımı
Wertpapierinhaber ⟨m⟩ kıymetli evrak sahibi, hisse (senedi) sahibi
Wertpapierkauf ⟨m⟩ kıymetli evrak alımı
Wertpapierkunde ⟨m⟩ *(BkW)* yatırımcı
Wertpapierkurs ⟨m⟩ değerli evrak fiyatı
Wertpapiermarkt ⟨m⟩ menkul kıymetler piyasası; kıymetli kâğıt piyasası
Wertpapierrecht ⟨n⟩ *(WeR)* kıymetli evrak hukuku
Wertpapierrückkauf ⟨m⟩ *(BkW)* röpor
Wertpapiersammeldepot ⟨n⟩ *(BkW)* emanet kıymetler cüzdanı
Wertpapiersparen ⟨n⟩ *(BkW)* portföy yatırımı
Wertpapierübertragung ⟨f⟩ hisse devri; değerli evrak transferi
Wertpapierumsatz ⟨m⟩ işlem hacmi
Wertpapierurkunde ⟨f⟩ *(WeR)* hisse senedi
Wertparadoxon ⟨n⟩ *(VWL)* değer paradoksu

Wertsachen ⟨pl⟩ kıymetli eşya
Wertschätzung ⟨f⟩ değer biçme; değer takdiri
Wertschöpfung ⟨f⟩ değer artışı; katma değer; safi hasıla
[volkswirtschaftliche ...] *(vGR)* safi yurtiçi hasıla
Wertschöpfungssteuer ⟨f⟩ *(StR)* katma değer vergisi (KDV)
Wertschrift ⟨f⟩ değerli evrak
Wertsteigerung ⟨f⟩ değer artışı/kazanma
[... durch Neubewertung] yeniden değerleme yoluyla değer kazanma
Wertsteuer ⟨f⟩ *(StR)* değere göre vergi; *(StR)* ad valorem vergi; *(StR)* değer üzerinden vergi
Werttaxe ⟨f⟩ değer takdiri
Werttheorie ⟨f⟩ *(VWL)* değer kuramı/teorisi
Werttitel ⟨m⟩ değer kâğıdı
Wertung ⟨f⟩ değerleme; dereceleme; sınıflandırma
Wertunterschied ⟨m⟩ değer farkı
Wertverhältnis ⟨n⟩ değer oranı
Wertverlust ⟨m⟩ değer kaybı
Wertverminderung ⟨f⟩ değer azaltma/düşürümü
Wertversicherung ⟨f⟩ *(Vers)* değer üzerinden sigorta
Wertverzollung ⟨f⟩ *(Zo)* değere göre gümrükleme; ad valorem gümrük
wertvoll ⟨adj⟩ değerli
Wertzoll ⟨m⟩ *(Zo)* değere göre gümrük; *(Zo)* ad valorem gümrük resmi
Wertzollrecht ⟨n⟩ değer yasası
Wertzunahme ⟨f⟩ değerlenme; değer kazanma
Wertzuwachs ⟨m⟩ değer artışı
[... der Lagerbestände] stokların değer artışı
[... eines Grundstücks] arsa değerinin artışı
Wertzuwachsfonds ⟨m⟩ değer artış fonu
Wertzuwachssteuer ⟨f⟩ *(StR)* kıymet artış vergisi
Wettbewerb ⟨m⟩ rekabet; yarışma
[... ausschalten] rekabeti yasaklamak
[... ausschreiben] icaba davet etmek
[... behindern] rekabeti önlemek
[... beleben] rekabeti canlandırmak
[... beschränken] rekabeti sınırlamak
[... einschränken] rekabeti sınırlamak
[... fördern] rekabeti teşvik etmek
[... verzerren] rekabeti bozmak
[... verschärfen] rekabeti yoğunlaştırmak
[... zwischen Banken] bankalararası rekabet
[... zwischen verschiedenen hierarchischen Ebenen] dikey rekabet
[beschränkter ...] sınırlı rekabet
[freier ...] serbest rekabet
[funktionsfähiger ...] fonksiyonel (işlerliği olan) rekabet
[harter ...] sert/yoğun rekabet
[hemmungsloser ...] sınırsız rekabet
[im ... stehen] rekabette bulunmak
[industrieller ...] endüstriyel rekabet
[lauterer ...] haklı rekabet
[mörderischer ...] kıyasıya rekabet
[offener ...] açık rekabet
[ruinöser ...] kıyasıya rekabet
[scharfer ...] keskin/yoğun rekabet
[schrankenloser ...] sınırsız rekabet
[ungeregelter ...] sınırsız rekabet
[unlauterer ...] haksız rekabet
[unvollkommener ...] eksik rekabet

[unvollständiger ...] eksik rekabet
[vollkommener ...] tam rekabet
[vollständiger ...] tam rekabet
[wirksamer ...] etkin rekabet
[wirtschaftlicher ...] ekonomik rekabet
[zunehmender ...] artan rekabet
Wettbewerber ⟨m⟩ rakip
Wettbewerbsabrede ⟨f⟩ rekabette danışıklık
Wettbewerbsbedingungen ⟨pl⟩ rekabet koşulları; rekabetin önkoşulları
wettbewerbsbeschränkend ⟨adj⟩ rekabeti sınırlayıcı
Wettbewerbsbeschränkung ⟨f⟩ rekabet sınırlaması
Wettbewerbsbeschränkungen ⟨pl⟩ rekabet sınırlamaları
[horizontale ...] yatay rekabet sınırlamaları
[vertikale ...] dikey rekabet sınırlamaları
Wettbewerbsdruck ⟨m⟩ rekabet baskısı
wettbewerbsfähig ⟨adj⟩ rekabete yetenekli
[... sein] rekabete yetenekli olmak
Wettbewerbsfähigkeit ⟨f⟩ rekabet yeteneği/gücü
[... der Unternehmen] şirketlerin rekabet yeteneği
[... fördern] rekabet yeteneğini teşvik etmek
wettbewerbsfeindlich ⟨adj⟩ rekabete karşı/aykırı
Wettbewerbsförderung ⟨f⟩ rekabetin teşviki
Wettbewerbsfreiheit ⟨f⟩ rekabet özgürlüğü
Wettbewerbsgesetz ⟨n⟩ haksız rekabet kanunu
wettbewerbsintensiv ⟨adj⟩ rekabet yoğun
Wettbewerbsklima ⟨n⟩ rekabet ortamı
Wettbewerbskraft ⟨f⟩ rekabet gücü
Wettbewerbsmarkt ⟨m⟩ rekabet piyasası
Wettbewerbsnachteil ⟨m⟩ rekabet dezavantajı/engeli
Wettbewerbsnormen ⟨pl⟩ rekabet standartları
Wettbewerbspolitik ⟨f⟩ rekabet politikası
[aktive ...] dinamik rekabet politikası
Wettbewerbspreis ⟨m⟩ rekabet fiyatı
[freier ...] serbest rekabet fiyatı
Wettbewerbsregel ⟨f⟩ rekabet kuralı
Wettbewerbsregeln ⟨pl⟩ rekabet kuralları
Wettbewerbsstärke ⟨f⟩ rekabet gücü
Wettbewerbsstellung ⟨f⟩ rekabet pozisyonu/konumu
Wettbewerbstheorie ⟨f⟩ rekabet kuramı
Wettbewerbsverbot ⟨n⟩ rekabet yasağı
Wettbewerbsverfälschung ⟨f⟩ rekabette sahtekârlık
Wettbewerbsverhalten ⟨n⟩ rekabetçi tutum/davranış
Wettbewerbsverzerrung ⟨f⟩ rekabeti bozma
Wettbewerbsvorteil ⟨m⟩ rekabet avantajı
wettbewerbswidrig ⟨adj⟩ rekabete aykırı
Wettstreit ⟨m⟩ yarışma; müsabaka; rekabet
Widerruf ⟨m⟩ geri alma/çekme; *(Auftrag)* iptal
widerrufen ⟨v/t⟩ geri almak/çekmek; *(Auftrag)* iptal etmek
Widerspruch ⟨m⟩ itiraz
[... einlegen] itirazda bulunmak; itiraz etmek
Wiederanlage ⟨f⟩ yeniden yatırım
Wiederanlagerabatt ⟨m⟩ yeniden yatırım iskontosu
Wiederanmietung ⟨f⟩ yeniden kiralama
Wiederanschaffungswert ⟨m⟩ ikame değeri
Wiederaufbau ⟨m⟩ yeniden inşa/yapıla(n)ma; rekonstrüksiyon
Wiederaufleben ⟨n⟩ canlanma

[... einer Versicherung] *(Vers)* sigortanın yenilenmesi
Wiederausfuhr ⟨f⟩ *(AußH)* reeksport
Wiederbelebung ⟨f⟩ (yeniden) canlanma
[... des Handels] ticaretin (yeniden) canlanması
[... der Wirtschaft] ekonominin (yeniden) canlanması
Wiederbeschaffung ⟨f⟩ ikame; yerine koyma; yenileme
Wiederbeschaffungskosten ⟨pl⟩ *(KoR)* ikame maliyeti; *(KoR)* yerine koyma maliyeti; *(KoR)* yenileme maliyeti; *(ReW)* ikame fiyatı
[Rechnungslegung zu ...] *(KoR)* ikame maliyeti muhasebesi
Wiederbeschaffungspreis ⟨m⟩ *(ReW)* ikame fiyatı; yenileme fiyatı
Wiederbeschaffungswert ⟨m⟩ *(ReW)* ikame değeri
wiederbeschäftigen ⟨v/t⟩ yeniden istihdam etmek
Wiedereinfuhr ⟨f⟩ *(AußH)* reimport
Wiedereingliederung ⟨f⟩ yeniden uyum sağlama; yeniden intibak; reentegrasyon
[... in den Arbeitsprozeß] iş sürecine yeniden intibak
[berufliche ...] mesleğe yeniden intibak
Wiedereinsetzung ⟨f⟩ eski haline getirme; haklarını iade etme
wiedereinstellen ⟨v/t⟩ yeniden/tekrar işe almak; yeniden tayin etmek
Wiedereinstellung ⟨f⟩ yeniden/tekrar işe alma; yeniden tayin
wiedererlangen ⟨v/t⟩ geri almak/kazanmak; yeniden elde etmek; istirdat etmek
Wiedererlangung ⟨f⟩ geri alma/kazanma; yeniden elde etme; istirdat
[... der Rentabilität] yeniden kârlılığa geçme
Wiedergewinnung ⟨f⟩ geri kazanma; yeniden elde etme; istirdat; *(Altmaterial)* kurtarma
wiedergutmachen ⟨v/t⟩ telafi/tazmin etmek; istirdat etmek
Wiedergutmachung ⟨f⟩ tazminat; istirdat
Wiedergutmachungsanspruch ⟨m⟩ *(Jur)* istirdat davası
wiederherstellen ⟨v/t⟩ restore etmek; yenilemek
Wiederherstellung ⟨f⟩ restorasyon; yenileme
Wiederinbesitznahme ⟨f⟩ *(Jur)* istirdat
Wiederinbetriebnahme ⟨f⟩ yeniden işletmeye açma/başlama
Wiederinstandsetzung ⟨f⟩ onarma; tamir etme
Wiederkauf ⟨m⟩ yeniden/tekrar satın alma
Wiederveräußerung ⟨f⟩ yeniden/tekrar satma
wiederverfrachten ⟨v/t⟩ yeniden gemiye yüklemek
Wiederverfrachtung ⟨f⟩ yeniden gemiye yükleme
Wiederverkauf ⟨m⟩ yeniden/tekrar satma
wiederverkaufen ⟨v/t⟩ yeniden/tekrar satmak
Wiederverkäufer ⟨m⟩ perakendeci; *(Obst/Gemüse)* kabzımal
[... beliefern] perakendecilere satmak
[an ... liefern] perakendecilere satmak
Wiederverkäuferpreis ⟨m⟩ perakendeci fiyatı
Wiederverkaufspreis ⟨m⟩ perakende fiyatı
Wiederverkaufsrabatt ⟨m⟩ ticarî indirim/tenzilat/iskonto
Wiederverkaufskonto ⟨n⟩ ticarî iskonto
Wiederverkaufswert ⟨m⟩ perakende satış değeri
Wiederwahl ⟨f⟩ yeni(den) seçim

Wiegebescheinigung ⟨f⟩ ağırlık belgesi
Wiegegebühr ⟨f⟩ *(StR)* kantariye
Wiegekarte ⟨f⟩ kantar fişi
wiegen ⟨v/t⟩ tartmak
Wiese ⟨f⟩ *(LandW)* çayır
[grüne ...] yeşil çayır; çimenler
Windhundprinzip ⟨n⟩ ilk gelen ilk alır prensibi
Windhundverfahren ⟨n⟩ ilk gelen ilk alır usulü
Windprotest ⟨m⟩ hazır bulunmama protestosu
Windschäden ⟨pl⟩ fırtına hasarı
Winter ⟨m⟩ kış
Wintergeld ⟨n⟩ kış ikramiyesi
Wintergetreide ⟨n⟩ *(LandW)* kış mahsulü
Winterschlußverkauf ⟨m⟩ kış mevsimi sonu satışları
Winzer ⟨m⟩ *(LandW)* bağcı
wirksam ⟨adj⟩ etkili; etkin; efektif
Wirksamkeit ⟨f⟩ etkinlik
Wirkung ⟨f⟩ etki; tesir; sonuç; netice; başarı
[gegenteilige ...] ters etki; aksi tesir
[negative ...] negatif/ters/olumsuz etki
[ohne ... bleiben] etkisiz kalmak
[positive ...] pozitif/olumlu etki
[mit sofortiger ...] hemen geçerli olmak üzere
Wirkungsbereich ⟨m⟩ etki/faaliyet alanı; sektör
Wirkungskraft ⟨f⟩ etkenlik; etkileme gücü
wirkungslos ⟨adj⟩ etkisiz
Wirkungsverzögerung ⟨f⟩ *(VWL)* gecikme; *(Eng)* lag
Wirtschaft ⟨f⟩ ekonomi; iktisat
[... ankurbeln] ekonomiyi pompalamak; ekonomiyi harekete geçirmek
[arbeitsteilige ...] uzmanlaşmış ekonomi
[autarke ...] *(VWL)* yeterlilik ekonomisi
[dienstleistungsorientierte ...] *(VWL)* hizmet veren ekonomi
[einheimische ...] *(VWL)* iç ekonomi
[freie ...] *(VWL)* serbest ekonomi
[gemischte ...] *(VWL)* karma ekonomi
[gewerbliche ...] sınaî ekonomi
[heimische ...] *(VWL)* iç ekonomi
[kapitalistische ...] kapitalist ekonomi
[mittelständische ...] *(VWL)* orta ölçekli ekonomiler
[örtliche ...] *(VWL)* yerel ekonomi
[private ...] *(VWL)* özel kesim; *(VWL)* özel sektör
[regionale ...] *(VWL)* bölgesel ekonomi
[sozialistische ...] *(VWL)* sosyalist ekonomi
[(staatlich) gelenkte ...] *(VWL)* kumanda ekonomisi
[statische ...] *(VWL)* durağan ekonomi; *(VWL)* statik ekonomi
[wachsende ...] büyüyen ekonomi
wirtschaften ⟨int⟩ yönetmek; idare etmek
[schlecht ...] kötü yönetmek
[sparsam ...] iktisadi yönetmek; tasarruf etmek
Wirtschaftler ⟨m⟩ ekonomist; iktisatçı
wirtschaftlich ⟨adj⟩ ekonomik; iktisadi
Wirtschaftlichkeit ⟨f⟩ ekonomiklik; kârlılık; ekonomik etkinlik
Wirtschaftlichkeitsanalyse ⟨f⟩ *(BWL)* (ekonomik) etkinlik analizi; ekonomik analiz; fizibilite araştırması
Wirtschaftlichkeitsberechnung ⟨f⟩ *(BWL)* etkinlik hesabı; *(BkW)* kârlılık analizi

Wirtschaftlichkeitsgrad ⟨m⟩ etkinlik derecesi
Wirtschaftlichkeitsgrenze ⟨f⟩ başabaş/eşik noktası; ekonomik eşik
Wirtschaftlichkeitskoeffizient ⟨m⟩ etkinlik katsayısı
Wirtschaftlichkeitsprüfung ⟨f⟩ ekonomiklik kontrolü
Wirtschaftlichkeitsrechnung ⟨f⟩ *(BWL)* etkinlik hesabı; *(KoR)* üretim maliyeti analizi
Wirtschaftlichkeitsstudie ⟨f⟩ *(BWL)* (ekonomik) etkinlik analizi; fizibilite araştırması
Wirtschaftsablauf ⟨m⟩ ekonominin seyri
Wirtschaftsabschwung ⟨m⟩ ekonomik gerileme
Wirtschaftsaktivität ⟨f⟩ ekonomik faaliyet
Wirtschaftsankurbelung ⟨f⟩ ekonomiyi körükleme/pompalama
Wirtschaftsanpassung ⟨f⟩ ekonomi uyum
Wirtschaftsausschuß ⟨m⟩ ekonomi kurulu
Wirtschaftsaufschwung ⟨m⟩ ekonomik canlanma
Wirtschaftsauskunft ⟨f⟩ *(BkW)* mali durum ile ilgili istihbarat
Wirtschaftsauskunftei ⟨f⟩ *(BkW)* mali istihbarat bürosu
Wirtschaftsausweitung ⟨f⟩ *(VWL)* (ekonomik) büyüme; ekonomik genişleme
[ausgewogene ...] *(VWL)* dengeli büyüme; dengeli ekonomik genişleme
Wirtschaftsbau ⟨m⟩ işhanı
Wirtschaftsbelange ⟨pl⟩ ekonomik çıkarlar
Wirtschaftsbelebung ⟨f⟩ ekonomik canlanma
Wirtschaftsbereich ⟨m⟩ ekonomik alan/kesim/sektör
Wirtschaftsbetrieb ⟨m⟩ ekonomik kuruluş
[öffentlicher ...] kamu iktisadi teşekkülü
Wirtschaftsbeziehungen ⟨pl⟩ ekonomik ilişkiler
[internationale ...] *(AußH)* uluslararası ekonomik ilişkiler
Wirtschaftsblockade ⟨f⟩ *(AußH)* ekonomik abluka
Wirtschaftsdaten ⟨pl⟩ ekonomik veriler
Wirtschaftseinheit ⟨f⟩ ekonomik birim
Wirtschaftsentwicklung ⟨f⟩ ekonomik gelişme/kalkınma
[ungünstige ...] olumsuz ekonomik gelişme
Wirtschaftsfachmann ⟨m⟩ ekonomi uzmanı
Wirtschaftsfachleute ⟨pl⟩ ekonomi uzmanları
Wirtschaftsfachschule ⟨f⟩ iktisat lisesi
Wirtschaftsfaktor ⟨m⟩ *(VWL)* ekonomik faktör
Wirtschaftsflaute ⟨f⟩ *(VWL)* ekonomik durgunluk; *(VWL)* resesyon
Wirtschaftsflüchtling ⟨f⟩ ekonomik sığınmacı
Wirtschaftsförderung ⟨f⟩ *(VWL)* ekonominin teşviki
Wirtschaftsform ⟨f⟩ *(VWL)* ekonomik düzen; *(VWL)* ekonomik sistem
[gemischte ...] *(VWL)* karma ekonomik düzen
Wirtschaftsforschung ⟨f⟩ ekonomik araştırma
Wirtschaftsfrage ⟨f⟩ ekonomik sorun
Wirtschaftsfreiheit ⟨f⟩ ekonomik özgürlük/serbesti
Wirtschaftsgebäude ⟨n⟩ işhanı; *(LandW)* çiftlik binası
Wirtschaftsgebiet ⟨n⟩ ekonomik bölge; sınaî bölge
Wirtschaftsgefüge ⟨n⟩ *(VWL)* ekonomik yapı
Wirtschaftsgemeinschaft ⟨f⟩ ekonomik topluluk
Wirtschaftsgipfel ⟨m⟩ *(VWL)* ekonomik zirve (toplantısı); ekonomi zirvesi

321

Wirtschaftsgut ⟨n⟩ varlık; *(VWL)* ekonomik mal
[immaterielles ...] gayri maddi varlık
[materielles ...] maddi varlık
[unbewegliches ...] gayri menkul varlık
Wirtschaftsgüter ⟨pl⟩ varlıklar; ekonomik mallar
[... des Anlagevermögens] sabit varlıklar
[bewegliche ...] menkul varlıklar
Wirtschaftshilfe ⟨f⟩ ekonomik yardım
Wirtschaftshochschule ⟨f⟩ iktisat fakültesi
Wirtschaftsingenieur ⟨m⟩ iktisat mühendisi
Wirtschaftsinteressen ⟨pl⟩ ekonomik çıkarlar
Wirtschaftsjahr ⟨n⟩ mali yıl
Wirtschaftskammer ⟨f⟩ iktisat odası
Wirtschaftsklima ⟨n⟩ ekonomik ortam
Wirtschaftskonferenz ⟨f⟩ ekonomi konferansı
Wirtschaftskonzentration ⟨f⟩ ekonomik merkezleşme
Wirtschaftskraft ⟨f⟩ ekonomik güç
Wirtschaftskreislauf ⟨m⟩ ekonominin dairesel akımı
Wirtschaftskrieg ⟨m⟩ ekonomik savaş
Wirtschaftskrise ⟨f⟩ ekonomik bunalım
Wirtschaftslage ⟨f⟩ ekonomik durum
[allgemeine ...] ekonominin durumu
Wirtschaftsleben ⟨n⟩ ekonomik yaşam
Wirtschaftslehre ⟨f⟩ *(VWL)* iktisat
Wirtschaftsmacht ⟨f⟩ ekonomik güç
Wirtschaftsminister ⟨m⟩ ekonomi bakanı
Wirtschaftsordnung ⟨f⟩ ekonomik düzen/sistem
[liberale ...] liberal ekonomik düzen/sistem
Wirtschaftsplan ⟨m⟩ ekonomik bütçe/plan
Wirtschaftsplanung ⟨f⟩ *(VWL)* ekonomik planlama
Wirtschaftspolitik ⟨f⟩ *(VWL)* ekonomik politika; ekonomi politikası
[allgemeine ...] *(VWL)* genel ekonomik politika
[angebotsorientierte ...] *(VWL)* arza yönelik ekonomik politika
[inflatorische ...] *(VWL)* enflasyonist ekonomik politika
[nachfrageorientierte ...] *(VWL)* talebe yönelik ekonomik politika
Wirtschaftspotential ⟨n⟩ ekonomik birikim/potansiyel
Wirtschaftspräferenz ⟨f⟩ ekonomik tercih
Wirtschaftsprognose ⟨f⟩ *(VWL)* ekonomik tahmin; *(VWL)* ekonomik öngörü
Wirtschaftsprogramm ⟨n⟩ *(VWL)* ekonomik program
Wirtschaftsprozeß ⟨m⟩ ekonomik süreç
Wirtschaftsprüfer ⟨m⟩ ekonomik denetim uzmanı
Wirtschaftsprüfung ⟨f⟩ ekonomik denetim
Wirtschaftsrat ⟨m⟩ ekonomik konsey
Wirtschaftsrecht ⟨n⟩ ekonomik hukuku
Wirtschaftsreform ⟨f⟩ *(VWL)* ekonomik reform
Wirtschaftssachverständiger ⟨m⟩ ekonomi uzmanı/eksperi
Wirtschaftssanktion ⟨f⟩ *(VWL)* ekonomik yaptırım
Wirtschaftssektor ⟨m⟩ ekonomi sektörü
Wirtschaftssituation ⟨f⟩ *(VWL)* ekonomik durum
Wirtschaftsspionage ⟨f⟩ *(BWL)* endüstri/sanayi casusluğu
Wirtschaftsstabilität ⟨f⟩ *(VWL)* ekonomik istikrar
Wirtschaftsstockung ⟨f⟩ *(VWL)* ekonomik durgunluk; *(VWL)* stagnasyon

Wirtschaftsstrategie ⟨f⟩ ekonomik strateji
Wirtschaftsstruktur ⟨f⟩ *(VWL)* ekonomik yapı
Wirtschaftsstufe ⟨f⟩ *(VWL)* ekonomik aşama; *(VWL)* ekonomik evre
Wirtschaftssystem ⟨n⟩ *(VWL)* ekonomik sistem
[... mit starker zentraler Planung] *(BWL)* kumanda ekonomisi
[kapitalistisches ...] *(VWL)* kapitalist ekonomik sistem
Wirtschaftstagung ⟨f⟩ ekonomi konferansı
Wirtschaftstätigkeit ⟨f⟩ ekonomik faaliyet
[... des Staates] devletin ekonomik faaliyeti
[intensive ...] yoğun ekonomik faaliyet
Wirtschaftsteil ⟨m⟩ *(Zeitung)* ekonomi bölümü/sayfası/haberleri
Wirtschaftstheorie ⟨f⟩ *(VWL)* ekonomi teorisi
Wirtschaftsüberschuß ⟨m⟩ *(VWL)* ekonomik fazla
Wirtschaftsunion ⟨f⟩ *(VWL)* ekonomik birlik
Wirtschaftunternehmen ⟨n⟩ iktisadi teşebbüs; ekonomik girişim
[öffentliches ...] kamu iktisadi teşebbüsü (KİT)
Wirtschaftsverband ⟨m⟩ ekonomik birlik
Wirtschaftsverbrechen ⟨n⟩ ekonomik suç
Wirtschaftsvereinigung ⟨f⟩ ekonomik birlik
Wirtschaftsverflechtung ⟨f⟩ *(VWL)* ekonomik bütünleşme
Wirtschaftswachstum ⟨n⟩ *(VWL)* ekonomik büyüme; *(VWL)* ekonomik kalkınma
[... ankurbeln] ekonomik büyümeyi/kalkınmayı pompalamak
[... fördern] ekonomik büyüme teşvik etmek
[beschleunigtes ...] hızlandırılmış ekonomik büyüme
[intensives ...] yoğun ekonomik büyüme
Wirtschaftswandel ⟨m⟩ ekonomik değişim
Wirtschaftswelt ⟨f⟩ ekonomi dünyası
Wirtschaftswert ⟨m⟩ ekonomik değer
Wirtschaftswissenschaft ⟨f⟩ ekonomi (bilimi)
[normative ...] *(VWL)* normatif ekonomi
[positive ...] *(VWL)* pozitif ekonomi
Wirtschaftswissenschaften ⟨pl⟩ ekonomi bilimi; iktisadi bilimler
Wirtschaftswissenschaftler ⟨m⟩ ekonomist; iktisatçı
wirtschaftswissenschaftlich ⟨adj⟩ ekonomik
Wirtschaftszahlen ⟨pl⟩ ekonomik veriler
Wirtschaftszeitreihe ⟨f⟩ *(Stat)* ekonomik zaman serileri
Wirtschaftszeitschrift ⟨f⟩ ekonomi/iktisat dergisi
Wirtschaftszweig ⟨m⟩ *(VWL)* işkolu; faaliyet kesimi; sanayi (sektörü)
[junger ...] yavru sanayi
[konjunkturabhängiger ...] devresel sanayi
[neuer ...] yeni sanayi sektörü
Wirtschaftszyklus ⟨m⟩ *(VWL)* ekonomik devre; *(VWL)* ekonomik döngü
Wissen ⟨n⟩ bilgi; haber
[ohne mein ...] haberim olmadan
wissen ⟨v/t⟩ bilmek; haberi olmak
[bestimmt ...] kesin bilmek
[nicht ...] bilmemek
[nur zu gut ...] çok iyi bilmek
[sehr genau ...] çok iyi bilmek
Wissenschaft ⟨f⟩ bilim
[... der Unternehmensführung] işletmecilik (bilimi)

[empirische...] deneysel bilim
Wissenschaftler ⟨m⟩ bilimci; bilim adamı
wissenschaftlich ⟨adj⟩ bilimsel
Witterung ⟨f⟩ 1. hava 2. koku
[... aufnehmen] kokusunu almak
witterungsbedingt ⟨adj⟩ havaya bağlı; hava şartlarına/koşullarına bağlı
witterungsbeständig ⟨adj⟩ hava etkilerine dayanıklı
Witterungsschaden ⟨m⟩ *(Vers)* fırtına hasarı
Witterungsverhältnisse ⟨pl⟩ hava şartları/koşulları; hava durumu
[ungünstige...] kötü hava şartları/koşulları
Witwe ⟨f⟩ dul kadın
Witwer ⟨m⟩ dul erkek
Witwengeld ⟨n⟩ dul maaşı
Woche ⟨f⟩ hafta
[kommende...] gelecek hafta
Wochenarbeitslohn ⟨m⟩ haftalık iş ücreti
Wochenarbeitszeit ⟨f⟩ haftalık iş/çalışma süresi
Wochenausweis ⟨m⟩ haftalık rapor
Wochenbericht ⟨m⟩ haftalık rapor
Wochenbett ⟨n⟩ loğusalık
Wochenblatt ⟨n⟩ *(Press)* haftalık gazete
Wochenendausflug ⟨m⟩ haftasonu gezisi
Wochenende ⟨n⟩ haftasonu
wochenlang ⟨adj⟩ haftalar boyunca
Wochenlohn ⟨m⟩ haftalık ücret
Wochenmarkt ⟨m⟩ haftalık pazar
Wochentag ⟨m⟩ haftanın günü
wöchentlich ⟨adj⟩ haftalık
Wochenverdienst ⟨m⟩ haftalık kazanç
[durchschnittlicher...] haftalık ortalama kazanç
Wochenzeitschrift ⟨f⟩ haftalık dergi
Wochenzeitung ⟨f⟩ *(Press)* haftalık gazete
Wöchnerin ⟨f⟩ loğusa
Wohl ⟨n⟩ iyilik; hayır; refah; yarar; fayda
[allgemeines...] kamu hayrı/refahı
[öffentliches...] kamu hayrı/refahı
wohlbekannt ⟨adj⟩ tanınmış; meşhur
Wohlfahrt ⟨f⟩ sosyal yardım/hizmet; sosyal refah
Wohlfahrtsamt ⟨n⟩ sosyal yardım dairesi/merkezi
Wohlfahrtsempfänger ⟨m⟩ sosyal yardım alan
Wohlfahrtspflege ⟨f⟩ sosyal yardım işi
Wohlfahrtsstaat ⟨m⟩ sosyal refah devleti
Wohlfahrtsunterstützung ⟨f⟩ sosyal yardım; yoksullara yardım
Wohlfahrtsunterstützungsempfänger ⟨m⟩ sosyal yardım alan
Wohlfahrtsverband ⟨m⟩ hayır örgütü
wohlhabend ⟨adj⟩ varlıklı; zengin
Wohlstand ⟨m⟩ refah; zenginlik
Wohlstandsgesellschaft ⟨f⟩ refah toplumu
Wohlstandsniveau ⟨n⟩ refah düzeyi/seviyesi
wohltätig ⟨adj⟩ hayırsever
Wohltätigkeitseinrichtung ⟨f⟩ hayır kurumu
Wohlwollen ⟨n⟩ iyi niyet
wohlwollend ⟨adj⟩ iyi niyetli
Wohnanhänger ⟨m⟩ karavan
Wohnanlage ⟨f⟩ apartman binası
Wohnbau ⟨m⟩ konut/mesken yapımı
Wohnbaudarlehen ⟨n⟩ konut/mesken yapımı kredisi
Wohnbautätigkeit ⟨f⟩ konut/mesken yapımı faaliyeti

Wohnbezirk ⟨m⟩ mahalle; semt; konut alanı; ikamet(gâh)/mesken bölgesi
Wohneigentum ⟨n⟩ konut/mesken mülkiyeti
Wohneinheit ⟨f⟩ hane; lojman; konut; mesken
wohnen ⟨int⟩ ikamet etmek; oturmak
Wohnfläche ⟨f⟩ oturum alanı; evin/dairenin metrekaresi
Wohngebäude ⟨n⟩ apartman binası; *(LandW)* çiftlik binası
Wohngebiet ⟨n⟩ konut alanı; ikametgâh/mesken bölgesi; mahalle
Wohngeld ⟨n⟩ kira yardımı
wohnhaft ⟨adj⟩ mukim
Wohnhaus ⟨n⟩ apartman binası
Wohnheim ⟨n⟩ yurt
Wohnkomfort ⟨m⟩ ev komforu
Wohnkultur ⟨f⟩ ev kültürü
Wohnmöbel ⟨pl⟩ ev mobilyası
Wohnort ⟨m⟩ ikametgâh; oturduğu yer
Wohnraummangel ⟨m⟩ konut/mesken sıkıntısı; konutsuzluk
Wohnraumnachfrage ⟨f⟩ konuta/meskene talep
Wohnrecht ⟨n⟩ *(Jur)* sükna hakkı
Wohnsiedlung ⟨f⟩ konut/mesken sitesi
[geplante...] konut/mesken sitesi projesi
Wohnsitz ⟨m⟩ ikametgâh/oturum (yeri)
[... verlegen] taşınmak
[dauernder...] *(Jur)* daimi ikametgâh
[fester...] *(Jur)* daimi ikametgâh
[ständiger...] *(Jur)* daimi/sürekli ikametgâh; sürekli oturduğu yer
[steuerlicher...] *(StR)* vergi ikametgâhı
Wohsitzänderung ⟨f⟩ ikametgâh/adres değişikliği
Wohnsitzstaat ⟨m⟩ ikametgâhın bulunduğu ülke
Wohnsitzwechsel ⟨m⟩ ikametgâh değişikliği; taşınma
Wohnung ⟨f⟩ daire; apartman dairesi; konut; ev
[... beschaffen] ev bulmak
[... beziehen] eve taşınmak
[... einrichten] ev döşemek
[... finanzieren] evi finanse etmek
[... mieten] ev/daire kiralamak
[... räumen] evden taşınmak; evi boşaltmak; evi tahliye etmek
[... suchen] ev aramak
[... vermieten] ev(i) kiraya vermek
[... wechseln] ev değiştirmek
[leerstehende...] boş (duran) daire
[möblierte...] möbleli daire
Wohnungsbau ⟨m⟩ konut yapımı
[öffentlicher...] kamu sektörü konut yapımı
[sozialer...] sosyal konut yapımı
Wohnungsbaufinanzierung ⟨f⟩ konut yapımı finansmanı
Wohnungsbauförderung ⟨f⟩ konut yapımını teşvik
Wohnungsbaugenossenschaft ⟨f⟩ konut yapımı kooperatifi
Wohnungsbauprojekt ⟨n⟩ konut (yapımı) projesi
Wohnungsbautätigkeit ⟨f⟩ konut yapımı (faaliyeti)
Wohnungsbestand ⟨m⟩ konut mevcudu/sayısı
Wohnungseigentum ⟨n⟩ konut mülkiyeti
Wohnungseigentümer ⟨m⟩ konut/ev sahibi
Wohnungseinheit ⟨f⟩ hane; lojman; konut; mesken
Wohnungsgröße ⟨f⟩ konut büyüklüğü
Wohnungsmarkt ⟨m⟩ konut piyasası

Wohnungsmiete ⟨f⟩ ev/konut kirası
Wohnungsnot ⟨f⟩ ev/konut kıtlığı/darlığı/sıkıntısı
Wohnungssuche ⟨f⟩ ev/daire arama
Wohnungswechsel ⟨m⟩ ev/adres değiştirme
Wohnverhältnisse ⟨pl⟩ evde yaşam(a) koşulları
Wohnviertel ⟨n⟩ ikamet(gâh)/konut/mesken bölgesi; mahalle; semt
Wollballen ⟨m⟩ yün top
Wolle ⟨f⟩ *(LandW)* yün
Wollhandel ⟨m⟩ yün ticareti
Wollhändler ⟨m⟩ yün tüccarı
Wollmarkt ⟨m⟩ yün piyasası

Wollwaren ⟨pl⟩ yünlüler
Wortlaut ⟨m⟩ metin; *(Brief)* başlık; mektup başı
wörtlich ⟨adj⟩ kelimesi kelimesine; aynen
Wucher ⟨m⟩ tefecilik; murabaha
Wucherer ⟨m⟩ tefeci; murabahacı
wucherisch ⟨adj⟩ fahiş; aşırı
Wucherpreis ⟨m⟩ fahiş fiyat
Wucherzins ⟨m⟩ fahiş faiz
Wunsch ⟨m⟩ arzu; istek
   [auf ...] istek üzerine
wunschgemäß ⟨adj⟩ isteğe uygun; istenildiği gibi
Wurfsendung ⟨f⟩ doğrudan postalama

X

x-Achse ⟨f⟩ *(Math)* yatay eksen

Z

Zahl ⟨f⟩ sayı; rakam
   [... der Arbeitslosen] işsiz sayısı
   [... der Beschäftigten] *(BWL)* istihdam sayısı
   [... der Enthaltungen] çekimser oyların sayısı
   [... der Erwerbstätigen] çalışanların sayısı
   [... der offenen Stellen] işgücü açığı olan işyerlerinin sayısı
   [... der Sitze] koltuk sayısı
   [... der Stimmenthaltungen] çekimser oyların sayısı
   [... vor dem Komma] virgülün önündeki rakam
   [absolute ...] *(Math)* mutlak sayı
   [einstellige ...] *(Math)* tek haneli sayı
zahlbar ⟨adj⟩ ödenebilir; ödenir
   [... bei Lieferung] mal tesliminde ödeme
   [... netto gegen Kasse] peşin ödeme
Zahlen ⟨pl⟩ sayılar; rakamlar
   [aus den roten ... herauskommen] zararı kapamak
   [in runden ...] yuvarlak rakamlarla
   [mit schwarzen ... arbeiten] *(ReW)* artı/pozitif bilançoyla çalışmak
   [rote ... schreiben] zarar yapmak; ziyan etmek
   [schwarze ... schreiben] artı/pozitif bilançoya sahip olmak
zahlen ⟨v/t⟩ ödemek; tediye etmek
   [bar ...] nakden/nakit ödemek; peşin parayla ödemek
   [einen Beitrag ...] bir aidatı ödemek
   [im Voraus ...] peşin ödemek
   [in Raten ...] taksitle ödemek
   [pünktlich ...] vaktinde/zamanında ödemek
Zahlenangabe ⟨f⟩ sayısal veri
zahlenmäßig ⟨adj⟩ sayısal; sayıca; sayı olarak
Zahlenverhältnis ⟨n⟩ sayısal oran
Zahlenwerk ⟨n⟩ tüm sayılar; istatistik
Zahlenwert ⟨m⟩ sayı değeri
Zahler ⟨m⟩ ödeyen; tediyeci
   [säumiger ...] ödemede geciken; ödemeyen
Zahlfracht ⟨f⟩ kargo; hamule; *(Schff)* navlun
Zahlkarte ⟨f⟩ posta havalesi fişi; ödeme fişi; mandakart

Zahlkasse ⟨f⟩ gişe; vezne; kasa
Zahlliste ⟨f⟩ ödeme bordrosu
zahllos ⟨adj⟩ sayısız
Zahlmeister ⟨m⟩ hesap memuru; defterdar
Zahlpflicht ⟨f⟩ ödeme yükümlülüğü
zahlpflichtig ⟨adj⟩ ödemekle yükümlü
Zahlpflichtiger ⟨m⟩ ödemekle yükümlü olan
Zahlplan ⟨m⟩ ödeme planı
Zahlrang ⟨m⟩ ödeme sırası
   [... der Gläubiger] alacaklıların ödeme sırası
Zahlschein ⟨m⟩ ödeme fişi/makbuzu
Zahlstelle ⟨f⟩ ödeme yeri
Zahltag ⟨m⟩ ödeme günü
Zahlung ⟨f⟩ ödeme; tediye
   [... auf Abruf] istek üzerine ödeme; talep edildiğinde ödeme
   [... auf Verlangen] istek üzerine ödeme; talep edildiğinde ödeme
   [... aussetzen] ödemeyi tatil etmek; ödemeyi kesmek/durdurmak
   [... bei Auftragserteilung] sipariş üzerine ödeme; ihale verildiğinde ödeme
   [... bei Erhalt der Ware] mal tesliminde ödeme
   [... bei Fälligkeit] vadesi geldiğinde ödeme; süresi dolduğunda ödeme
   [... bei Fertigstellung] bitiminden/tamamlandıktan sonra ödeme
   [... bei Lieferung] tesliminde ödeme
   [... beitreiben] zorla tahsil etmek
   [... durch Scheck] çekle ödeme
   [... einer Pauschale] götürü ödeme; toptan ödeme
   [... einstellen] ödemeleri tatil etmek
   [... erbitten] ödenmesi için ricada bulunmak
   [... für das Gesamtjahr] bütün yıl için ödeme
   [... gegen Dokumente] doküman/belge karşılığı ödeme
   [... gegen Nachnahme] ödemeli gönderme
   [... hinausschieben] ödemeyi ertelemek
   [... leisten] ödeme yapmak; tediyede bulunmak
   [... nach (Herstellungs)-Fortschritt] imalatın ilerlemesinden sonra ödeme

Zählung

[... verweigern] ödemeyi/tediyatı reddetmek
[anteilige ...] payına düşen miktarı ödeme; oran üzerinden ödeme
[ausstehende ...] askıda kalan ödeme
[bargeldlose ...] cari hesap sistemi; gayri nakdi ödeme
[bis zur ...] ödeninceye kadar
[freiwillige ...] isteğe bağlı ödeme; gönüllü ödeme
[in ... geben] satın alınan yeni eşyada kısmen ödeme karşılığı olarak eşya vererek indirim sağlamak; takas etmek
[in ... nehmen] satılan yeni eşyada kısmen ödeme karşılığı olarak eşya alıp satış fiyatında indirim yapmak; herhangi bir şeyi para yerine almak
[konstante jährliche ...] aralıksız yıllık ödeme
[sofortige ...] acil/acele ödeme; hemen/peşin ödeme
[unbare ...] cari hesap sistemi; havale çeki ile ödeme
[zur ... auffordern] ödeme yapılmasını talep etmek
[zur ... fällig] ödeme vakti gelmiş/dolmuş; muaccel
[zur ... mahnen] ödeme yapılmasını uyarmak
[zur ... vorlegen] ödeme için sunmak/arzetmek
Zählung ⟨f⟩ sayım
Zahlungen ödemeler; tediyat
[mit ... in Verzug kommen] ödemelerde gecikmek
[regelmäßig wiederkehrende ...] düzenli devresel/periyodik ödemeler
Zahlungsabschnitt ⟨m⟩ 1. (ödeme) dip koçanı 2. ödeme devresi
Zahlungsanweisung ⟨f⟩ ödeme emri
Zahlungsart ⟨f⟩ ödeme tarzı
Zahlungsanordnung ⟨f⟩ ödeme emri/talimatı
Zahlungsanweisung ⟨f⟩ ödeme emri/talimatı
Zahlungsanzeige ⟨f⟩ ödeme bildirisi
Zahlungsaufforderung ⟨f⟩ ödeme talebi; ödemeye çağrı
Zahlungsaufschub ⟨m⟩ moratoryum; borç erteleme/tecili; ödeme zorunluluğunu erteleme; ödemeyi tehir etme
[... bewilligen] ödemenin ertelenmesini kabul etmek
[... gewähren] ödemenin ertelenmesini kabul etmek
[allgemeiner ...] moratoryum
Zahlungsausgleich ⟨m⟩ ödemeler dengesi; ödeşme
[... unter Banken] *(BkW)* bankalararası ödeşme; *(BkW)* kliring
[Bank für Internationalen ...] Uluslararası Denkleştirme Bankası
Zahlungsbedingungen ⟨pl⟩ ödeme koşulları
[günstige ...] uygun ödeme koşulları
Zahlungsbefehl ⟨m⟩ *(BkW)* ödeme emri; *(Jur)* ödeme emri
Zahlungsbeleg ⟨m⟩ ödeme makbuzu
Zahlungsbestätigung ⟨f⟩ ödeme onayı; ödenildiğine dair teyit
Zahlungsbilanz ⟨f⟩ *(vGR)* ödemeler bilançosu; ödemeler dengesi
[aktive ...] aktif ödemeler bilançosu

Zahlungsvereinbarung

[ausgeglichene ...] *(AußH)* denk/dengeli ödemeler bilançosu
[passive ...] açık ödemeler bilançosu
[unausgeglichene ...] *(AußH)* açık ödemeler bilançosu
Zahlungsbilanzdefizit ⟨n⟩ *(AußH)* ödemeler bilançosu açığı
Zahlungsbilanzgleichgewicht ⟨n⟩ *(AußH)* ödemeler (bilançosu) dengesi
Zahlungsbilanzüberschuß ⟨m⟩ *(AußH)* ödemeler dengesi fazlalığı; *(AußH)* ödemeler bilançosu fazlalığı
Zahlungsbilanzungleichgewicht ⟨n⟩ *(AußH)* ödemeler bilançosu dengesizliği
Zahlungsdatum ⟨n⟩ ödeme günü/tarihi
Zahlungsdefizit ⟨n⟩ ödemeler açığı
[... im Außenhandel] dış ticarette ödemeler açığı
Zahlungseingang ⟨m⟩ tahsilat; ödemenin girişi
Zahlungseinstellung ⟨f⟩ ödemeleri tatil etme; ödemelerin kesilmesi; ödemeleri durdurma
Zahlungsempfänger ⟨m⟩ ödemeyi alan; ödenen kişi
Zahlungserinnerung ⟨f⟩ ödeme uyarısı
Zahlungserleichterung ⟨f⟩ ödeme kolaylığı
Zahlungsermächtigung ⟨f⟩ ödeme yetkisi/salâhiyeti
zahlungsfähig ⟨adj⟩ ödeme iktidarına sahip; ödeyebilir; ödeme gücü olan
Zahlungsfähigkeit ⟨f⟩ ödeme gücü; mali güç/iktidar
Zahlungsfrist ⟨f⟩ ödeme mühleti/süresi
[... verlängern] ödeme süresini uzatmak
Zahlungsgarantie ⟨f⟩ ödeme garantisi
zahlungskräftig ⟨adj⟩ ödeyebilecek güçte; ödeme iktidarına sahip
Zahlungsmittel ⟨n⟩ para; ödeme aracı
[... mit befreiender Wirkung] borçtan kurtaran para
[gesetzliches ...] cari para; tedavülde olan para
Zahlungsmittelumlauf ⟨m⟩ para dolanımı; para dolaşımı
Zahlungsmodus ⟨m⟩ ödeme tarzı/koşulları
Zahlungsmoral ⟨f⟩ ödemeyi vicdanen kabul etme; borcuna sadık olma
zahlungspflichtig ⟨adj⟩ ödemekle yükümlü
Zahlungspflichtiger ⟨m⟩ ödemekle yükümlü olan
Zahlungspotential ⟨n⟩ ödeme gücü; mali güç/iktidar
Zahlungsrückstand ⟨m⟩ ödemelerde gecikme
Zahlungsrückstände ⟨pl⟩ transferi gecikmiş borçlar
Zahlungsschwierigkeiten ⟨pl⟩ ödeme zorlukları/ güçlükleri
Zahlungssperre ⟨f⟩ ödemenin engellenmesi/durdurulması
Zahlungsstelle ⟨f⟩ ödemeyi yapan yer
Zahlungssystem ⟨n⟩ ödeme sistemi
Zahlungstag ⟨m⟩ ödeme günü
Zahlungstermin ⟨m⟩ ödeme günü/tarihi
Zahlungsüberschuß ⟨m⟩ ödeme artığı/fazlalığı
Zahlungs- und Überweisungsverkehr ⟨m⟩ transfer işlemleri; kasa ve havale işlemleri/muameleleri
zahlungsunfähig ⟨adj⟩ aciz
Zahlungsunfähigkeit ⟨f⟩ aciz hali; acizlik
Zahlungsungleichgewicht ⟨n⟩ ödeme dengesizliği
Zahlungsverbindlichkeit ⟨f⟩ borç
Zahlungsverbot ⟨n⟩ ödeme yasağı
Zahlungsvereinbarung ⟨f⟩ ödeme anlaşması

[bilaterale ...] iki yanlı ödeme anlaşması
Zahlungsverkehr ⟨m⟩ *(BkW)* ödeme işlemleri; nakdi işlemler
[... mit dem Ausland] *(AußH)* dış ülkelerle ödeme işlemleri
[bargeldloser ...] *(BkW)* gayri nakdi transferler
[internationaler ...] *(AußH)* uluslararası ödeme işlemleri
Zahlungsvermögen ⟨n⟩ ödeme gücü; ödeme yeteneği/kabiliyeti
Zahlungsverpflichtung ⟨f⟩ ödeme yükümlülüğü
Zahlungsversäumnis ⟨n⟩ ödemeyi ihmal etme; ödemede ihmal
Zahlungsverweigerung ⟨f⟩ ödemeyi reddetme; ödemeyi kabul etmeme
Zahlungsverzögerung ⟨f⟩ ödemede gecikme
Zahlungsverzug ⟨m⟩ ödemede gecikme
Zahlungszweck ⟨m⟩ ödeme amacı; ödemenin konusu
Zahlungsziel ⟨n⟩ ödeme tarihi
[... einräumen/gewähren] ödeme için tarih koymak/vermek
[offenes ...] açık bırakılan ödeme tarihi
Zahlweise ⟨f⟩ ödeme şekli
Zeche ⟨f⟩ *(BergB)* maden ocağı; *(Gaststätte)* hesap
Zechenarbeiter ⟨m⟩ *(BergB)* maden (ocağı) işçisi
Zedent ⟨f⟩ alacağı devreden/geçiren; alacağı temlik eden
zedieren ⟨int⟩ alacağı devretmek; alacağı temlik etmek
Zehnerpackung ⟨f⟩ onluk ambalaj
Zeichen ⟨n⟩ 1. işaret 2. alamet, marka
[... angeben] işareti bildirmek
[Ihr ...] işaretiniz
[unser ...] işaretimiz
Zeichenbüro ⟨n⟩ çizim bürosu
[technisches ...] teknik çizim bürosu
zeichnen ⟨v/t⟩ 1. işaretlemek; imzalamak 2. abone olmak; taahhüt etmek
[eine Anleihe ...] bir borcu taahhüt etmek
[per Prokura ...] yetkili olarak taahhüt etmek
[verantwortlich ...] sorumlu olarak taahhüt etmek
Zeichner ⟨m⟩ 1. ressam 2. abone; taahhüt eden
[technischer ...] teknik ressam
Zeichnung ⟨f⟩ 1. çizim; resim; kroki; taslak 2. abonman; sürdürüm; süskripsiyon; iştirak (taahhüdü); katılma (yükümü) 3. imza (atma)
[... von Aktien] hisse senetlerinin ihdas ve arzı
[technische ...] *(Ind)* teknik çizim
[zur ... auflegen] arz için ihdas etmek; iştirak taahhüdü için sunmak
[zur ... aufgelegt] arz/iştirak için ihdas edilmiş
Zeichnungsangebot ⟨n⟩ (evrak ihdas ederek) halka arz
Zeichnungsaufforderung ⟨f⟩ iştiraka davet; taahhüdüne çağrı; imzaya davet
Zeichnungsbedingungen ⟨pl⟩ taahhüt koşulları; tedavüle çıkarılmış hisse senetleri alma taahhüdüne ilişkin koşullar
Zeichnungsbefugnis ⟨f⟩ imza yetkisi
zeichnungsberechtigt ⟨adj⟩ imza yetkisine sahip; imzaya yetkili
Zeichnungsberechtigter ⟨m⟩ → **Zeichnungsbevollmächtigter**

Zeichnungsberechtigung ⟨f⟩ imzaya yetki
Zeichnungsbetrag ⟨m⟩ iştirak/taahhüt bedeli
Zeichnungsbevollmächtigter ⟨m⟩ imzaya yekili
Zeichnungsfrist ⟨f⟩ taahhüt süresi
Zeichnungsgrenze ⟨f⟩ *(Vers)* taahhüt limiti
Zeichnungskurs ⟨m⟩ *(BkW)* ihdas fiyatı; abonman/arz/emisyon fiyatı
Zeichnungsliste ⟨f⟩ müracaat/abonman/iştirak/ taahhüt listesi
Zeichnungspreis ⟨m⟩ *(BkW)* ihdas fiyatı; abonman/arz/emisyon fiyatı
Zeichnungsrecht ⟨n⟩ iştirak/taahhüt hakkı
Zeichnungsschein ⟨m⟩ iştirak/müracaat formu
Zeichnungsurkunde ⟨f⟩ taahhütname
Zeichnungsvollmacht ⟨f⟩ imza yetkisi
Zeilenhonorar ⟨n⟩ satır sayısına göre hesaplanan fiyat
Zeit ⟨f⟩ zaman; vakit; süre
[arbeitsfreie ...] çalışma dışındaki boş zaman
[auf ...] alivre; vadeli
[auf ... verkaufen] alivre satış yapmak
[auf begrenzte ...] belli/sınırlı zaman için
[auf kurze ...] kısa zaman için
[auf unbegrenzte ...] sınırsız zaman için
[effektiv gearbeitete ...] effektif çalışılmış zaman
[festgesetzte ...] kararlaştırılan süre/zaman
[Gelder auf ...] vadeli paralar
[Geschäfte auf ...] vadeli yapılan işler
[in angemessener ...] uygun zamanda
[tilgungsfreie ...] itfadan muaf süre/zaman
[verkehrsschwache ...] trafiğin yoğun olmadığı zaman
[zinsfreie ...] faizsiz süre
[zur ...] halen; şu anda
[zur rechten ...] tam zamanında
Zeitablauf ⟨m⟩ süreç
Zeitabschnitt ⟨m⟩ devre
Zeitabstand ⟨m⟩ aralık; fasıla
Zeitakkordlohn ⟨m⟩ zaman akordu ücreti
Zeitangestellte ⟨f⟩ geçici olarak çalışan memur; iş sözleşmesi zamanla sınırlı olan memur
Zeitarbeiter ⟨m⟩ iş sözleşmesi zamanla sınırlı olan işçi
Zeitarbeitskräfte ⟨f⟩ iş sözleşmesi zamanla sınırlı olan işgücü/personel
Zeitaufwand ⟨m⟩ zaman harcama; harcanan zaman
zeitaufwendig ⟨adj⟩ çok zaman alan
Zeitausgleich ⟨m⟩ fazla mesai tazminatı
zeitbedingt ⟨adj⟩ zamana bağlı
Zeitcharter ⟨m⟩ *(Schff)* zaman çarteri
Zeitdifferenz ⟨f⟩ zaman farkı
Zeitdruck ⟨m⟩ zaman baskısı
Zeiteinheit ⟨f⟩ zaman birimi
Zeiteinteilung ⟨f⟩ mevcut zamanı ayırma/bölme
Zeiterfassung ⟨f⟩ zaman ölçümü
Zeitersparnis ⟨f⟩ zamandan tasarruf; kazanılan zaman
Zeitfaktor ⟨m⟩ zaman faktörü
Zeitfracht ⟨f⟩ *(Schff)* vadeli navlun
zeitgebunden ⟨adj⟩ zamana bağlı
zeitgemäß ⟨adj⟩ zamana uygun
zeitgerecht ⟨adj⟩ zamana uygun
Zeitgeschäft ⟨n⟩ vadeli muamele/işlem
Zeitgeschmack ⟨m⟩ zamanın zevki; moda
Zeitgewinn ⟨m⟩ zaman kazancı; kazanılan zaman

Zeitkauf ⟨m⟩ alivre alım; vadeli satın alma
Zeitkontrolle ⟨f⟩ zaman kontrolü
zeitlich ⟨adj⟩ zamana ait/bağlı; geçici/muvakkat
Zeitlohn ⟨m⟩ zaman birimine göre ücret
Zeitlohnarbeiter ⟨m⟩ zaman birimine göre ücret alan işçi; gündelikçi
zeitlos ⟨adj⟩ modaya/zamana bağlı olmayan
Zeitmangel ⟨m⟩ zaman kıtlığı
Zeitmesser ⟨m⟩ kronometre; saat; taksimetre
Zeitmessung ⟨f⟩ zamanı ölçme
Zeitpersonal ⟨n⟩ geçici kadro
Zeitplan ⟨m⟩ program; saat planı
Zeitplanung ⟨f⟩ zaman planlama
Zeitpolice ⟨f⟩ (Vers) geçici/muvakkat sigorta poliçesi
Zeitpräferenz ⟨f⟩ (VWL) zaman tercihi
Zeitpräferenzrate ⟨f⟩ (VWL) zaman tercihi oranı
Zeitpräferenztheorie ⟨f⟩ (VWL) zaman tercihi teorisi
[... des Zinses] (VWL) faizin zaman tercihi teorisi
Zeitpunkt ⟨m⟩ 1. an 2. tarih
[... der Anmeldung] başvuru/müracaat tarihi
[... der Fertigstellung] bitirme tarihi
[... der Versandbereitschaft] sevke hazır bulunma tarihi
[... des Beginns] başlama tarihi
[angesetzter ...] tayin/tespit edilen tarih
[zum festgesetzten ...] tayin/tespit edilen tarihte
Zeitraum ⟨m⟩ müddet; süre; devre
Zeitreihe ⟨f⟩ (Stat) zaman serileri/serisi; kronoloji
Zeitreihenanalyse ⟨f⟩ (Stat) zaman serileri(nin) analizi
Zeitreihenmodell ⟨n⟩ (Stat) zaman serileri(nin) modeli
Zeitrente ⟨f⟩ (SozV) süreli emeklilik
Zeitschrift ⟨f⟩ dergi; mecmua
Zeitschriftenabonnement ⟨n⟩ dergi/mecmua abonmanı
Zeitspanne ⟨f⟩ devre; süre; peryod
zeitsparend ⟨adj⟩ zamandan tasarruf eden/edici
Zeittafel ⟨f⟩ kronolojik cetvel/tablo
Zeit- und Bewegungsstudie ⟨f⟩ (Ind) zaman ve hareket etüdü
Zeitung ⟨f⟩ (Press) gazete
[... abonnieren] gazeteye abone olmak
Zeitungsabonnement ⟨n⟩ (Press) gazete abonmanı
Zeitungsanzeige ⟨f⟩ (Press) gazete ilanı
Zeitungsartikel ⟨m⟩ (Press) gazete makalesi
Zeitungsausschnitt ⟨m⟩ (Press) gazete kupürü
Zeitungsbeilage ⟨f⟩ (Press) gazete ilavesi
Zeitungsbericht ⟨m⟩ (Press) gazete haberi
Zeitungshändler ⟨m⟩ gazete bayii
Zeitungsinserat ⟨n⟩ (Press) gazete ilanı
Zeitungskiosk ⟨n⟩ gazete bayii
Zeitungskorrespondent ⟨m⟩ (Press) gazete muhabiri
Zeitungsleser ⟨m⟩ (Press) gazete okuyucusu
Zeitungsmeldung ⟨f⟩ (Press) gazete haberi
Zeitungspapier ⟨n⟩ (Press) gazete kağıdı
Zeitungsspalte ⟨f⟩ (Press) gazete kolonu/sütunu
Zeitungsverkäufer ⟨m⟩ gazete satıcısı
Zeitungsverleger ⟨m⟩ gazete sahibi
Zeitungswerbung ⟨f⟩ (Mk) gazete reklamcılığı
Zeitungswesen ⟨n⟩ (Press) gazetecilik
Zeitunterschied ⟨m⟩ 1. saat farkı 2. zaman farkı
Zeitverkauf ⟨m⟩ alivre satış
Zeitverlauf ⟨m⟩ zaman akışı; süre
Zeitverlust ⟨m⟩ zaman kaybı
Zeitversäumnis ⟨f⟩ zaman kaybı
Zeitverschwendung ⟨f⟩ zaman israfı
Zeitversicherung ⟨f⟩ (Vers) muvakkat/geçici sigorta; süreli sigorta
Zeitvertrag ⟨m⟩ süreli sözleşme
Zeitvorgabe ⟨f⟩ zaman verme
Zeitwechsel ⟨m⟩ süreli senet/poliçe
Zeitwert ⟨m⟩ (ReW) şu andaki değeri
Zeitzuschlag ⟨m⟩ zaman ikramiyesi/zammı
Zement ⟨m⟩ çimento
zementieren ⟨v/t⟩ çimentolamak
zensieren ⟨v/t⟩ 1. not vermek 2. sansür etmek
Zensor ⟨m⟩ 1. not veren 2. sansürcü
Zensur ⟨f⟩ 1. not 2. sansür
zentral ⟨adj⟩ merkezi
Zentralbank ⟨f⟩ merkez bankası
zentralbankfähig ⟨adj⟩ reeskonta müsait
Zentralbankgeld ⟨n⟩ merkez bankası parası
Zentralbankguthaben ⟨n⟩ merkez bankası rezervleri
[... der Kreditinstitute] kredi kurumlarının merkez bankasındaki rezervleri
Zentralbehörde ⟨f⟩ üst devlet makamı; merkezi devlet dairesi
Zentrale ⟨f⟩ merkez; santral
Zentraleinkauf ⟨m⟩ merkezi alım
Zentralgenossenschaft ⟨f⟩ toptancı kooperatifi; kooperatifler birliği
Zentralisation ⟨f⟩ merkezileştirme
zentralisieren ⟨v/t⟩ merkezileştirmek; bir noktada toplamak
zentralisiert ⟨adj⟩ merkezileştirilmiş
Zentralisierung ⟨f⟩ merkezileştir(il)me
Zentralismus ⟨m⟩ merkeziyet; merkeziyetçilik
Zentralkomitee ⟨n⟩ merkez komitesi
Zentrallager ⟨n⟩ merkez deposu; merkezi depo
Zentralorgan ⟨n⟩ merkez organı; merkezi organ
Zentralplanung ⟨f⟩ merkezi planlama
Zentralrat ⟨m⟩ merkez kurulu
Zentralregierung ⟨f⟩ merkezi hükümet
Zentralstelle ⟨f⟩ merkezi yer; ana bina; merkez
Zentralverband ⟨m⟩ federasyon
Zentralverwaltung ⟨f⟩ merkezi idare/yönetim
zentrieren ⟨v/t⟩ ortalamak
Zentrum ⟨n⟩ merkez
zerbrechen ⟨v/t⟩ kırmak; parçalamak
zerbrechen ⟨int⟩ kırılmak, parçalanmak
zerbrechlich ⟨adj⟩ kırılabilir
zerdrücken ⟨v/t⟩ ezmek
Zerfall ⟨m⟩ parçalanma; dağılma
zerfallen ⟨int⟩ parçalanmak; dağılmak
Zerfallserscheinung ⟨f⟩ parçalanma belirtisi
zerlegen ⟨v/t⟩ parçalara ayırmak; demonte etmek
Zerlegung ⟨f⟩ 1. ayırma; bölme; bölünme 2. demontaj
[... der Besteuerungsgrundlagen] (StR) vergileme esaslarını ayırma
Zerlegungsanteile ⟨pl⟩ bölünme payları/hisseleri
zerreißen ⟨v/t⟩ yırtmak; ⟨int⟩ yırtılmak
zerrissen ⟨adj⟩ yırtık; yırtılmış; parçalanmış

327

Zerschlagung ⟨f⟩ yıkma; kırma; parçalama
Zerschlagungswert ⟨m⟩ hurda değeri; yıkma/kırma/parçamala değeri
zersetzbar ⟨adj⟩ bozulabilir; çözülebilir [biolologisch...] biyolojik olarak çözülebilir
zersetzen ⟨v/t⟩ bozmak; çözmek; birimlere ayırmak
Zersetzung ⟨f⟩ bozulma; çözülme
zerstörbar ⟨adj⟩ tahrip edilebilir
zerstören ⟨v/t⟩ tahrip etmek
Zerstörung ⟨f⟩ tahrip
Zertifikat ⟨n⟩ belge; sertifika
Zertifikatsbesitzer ⟨m⟩ belge hamili/sahibi
Zession ⟨f⟩ alacağın devri/temliki; devir ve temlik
Zessionär ⟨m⟩ alacak geçirilen; temlik olunan kişi
zessionsfähig ⟨adj⟩ devredilebilir; temlik edilebilir
Zessionskredit ⟨m⟩ devir/temlik kredisi
Zessionsschuldner ⟨m⟩ temlikten borçlu olan
Zettel ⟨m⟩ pusula; fiş; kâğıt parçası
Zettelkasten ⟨m⟩ fişler kutusu; kartotek
Zeuge ⟨m⟩ *(Jur)* tanık; *(Jur)* şahit
Zeugnis ⟨n⟩ 1. bonservis; referans 2. karne 3. tanıklık
 [... ablegen] tanıklık yapmak
 [... beibringen] bonservis vermek
 [ärztliches...] *(Med)* doktor raporu
ziehen ⟨v/t⟩ 1. çekmek 2. çıkarmak 3. keşide etmek
 [Bilanz...] bilanço çıkarmak
 [Wechsel auf jemanden...] bir kimse üzerine poliçe keşide etmek
Ziehung ⟨f⟩ çekiliş
 [... eines Wechsels] *(WeR)* poliçenin keşidesi
Ziehungsrecht ⟨n⟩ keşide hakkı
Ziel ⟨n⟩ 1. hedef; amaç; gaye 2. vade; veresiye
 [... einräumen] mühlet/vade tanımak
 [... gewähren] mühlet/vade tanımak
 [... im Geschäftsverkehr] *(BkW)* ticari işlemlerde vade
 [... verlängern] vadeyi uzatmak
 [auf... verkaufen] vadeli/veresiye satmak
 [das... erreichen] hedefe ulaşmak
 [gesamtwirtschaftliches...] genel ekonomik hedef
 [offenes...] açık vade
 [Verkauf auf...] vadeli/veresiye satış
Zielbereich ⟨m⟩ hedef alanı
Zielflughafen ⟨m⟩ *(Flug)* varış havaalanı
Zielgruppe ⟨f⟩ hedef alınan grup/piyasa
Zielhafen ⟨m⟩ *(Schff)* varış limanı
Zielhierarchie ⟨f⟩ hedefler
Zielkonflikt ⟨m⟩ hedefte çelişki
ziellos ⟨adj⟩ amaçsız; hedefsiz
Ziellosigkeit ⟨f⟩ amaçsızlık; hedefsizlik
Zielpreis ⟨m⟩ hedef fiyat; başfiyat
Zielpublikum ⟨n⟩ hedef alınan müşteri kitlesi
Zielsetzung ⟨f⟩ amaç; hedef; amacın/hedefin tayini
Zielvariable ⟨f⟩ *(BWL)* hedef değişkeni; *(OR)* hedef değişkeni
 [stellvertretende...] *(VWL)* hedef değişkeni
Zielvorgabe ⟨f⟩ amacın saptanması; hedefin tayini
Ziffer ⟨f⟩ 1. adet; sayı 2. rakam 3. fıkra
Zins ⟨m⟩ *(BkW)* faiz
 [... für Ausleihungen] borç/kredi verme faizi
 [... für erste Adressen] güvenilir (banka) müşterileri için faiz
 [... und Zinseszins] faiz ve mürekkep faiz
 [effektiver...] effektif faiz
Zinsabschnitt ⟨m⟩ faiz kuponu
Zinsabzug ⟨m⟩ faiz indirimi/iskontosu
Zinsanhäufung ⟨f⟩ faiz birikimi
Zinsanpassung ⟨f⟩ faizleri ayarlama
Zinsauftrieb ⟨m⟩ faizlerde yükselme
Zinsaufwand ⟨m⟩ faiz masrafları
Zinsbedingungen ⟨pl⟩ faiz koşulları
zinsbegünstigt ⟨adj⟩ faizde imtiyazlı
Zinsbelastung ⟨f⟩ faiz borcu
Zinsberechnung ⟨f⟩ faiz hesabı
Zinsbesteuerung ⟨f⟩ faizi vergileme
zinsbringend ⟨adj⟩ faiz getiren
Zinsdifferenz ⟨f⟩ faiz farkı
Zinseinnahmen ⟨pl⟩ faiz gelirleri
Zinsen ⟨pl⟩ faizler
 [... abwerfen] faiz getirmek
 [... anstehen lassen] faizleri biriktirmek
 [... bringen] faiz getirmek
 [... berechnen] faizleri hesaplamak
 [... senken] faizleri düşürmek
 [... und Tilgung] faizler ve itfa
 [... zu drei Prozent berechnen] faizleri yüzde üçten hesap etmek
 [ablösbare...] çözülebilir faizler
 [abzüglich der...] faizler çıktıktan sonra
 [aufgelaufene...] tahakkuk eden/etmiş faizler
 [einfache...] basit faizler
 [fällige...] vadesi dolmuş faizler
 [feste...] sabit faizler
 [fiktive...] tahmini faizler
 [gegen... leihen] faiz mukabili ödünç para vermek
 [gesetzliche...] yasal faizler
 [kalkulatorische...] hesaplanmış faizler
 [marktübliche...] piyasada geçerli faiz
 [nicht erhobene...] tahakkuk ettirilmemiş faizler; gerçekleştirilmemiş faizler
 [übliche...] mutat/alışılmış faizler
 [variable...] değişken faizler
 [vertraglich vereinbarte...] akdî faizler; mukavele/sözleşme ile kararlaştırılan faizler
 [von... leben] faizden yaşamak
 [zusammengesetzte...] *(BkW)* bileşik faizler; *(BkW)* mürekkep faizler
Zinsenausfall ⟨m⟩ faiz kaybı
Zinsenkonto ⟨n⟩ faizler hesabı
Zinsenlast ⟨f⟩ faiz borcu; faizden doğan/oluşan borç
Zinserhöhung ⟨f⟩ faiz artışı
Zinsermäßigung ⟨f⟩ faiz tenzilatı/indirimi
Zinsersparnis ⟨f⟩ faiz tasarrufu
Zinsertrag ⟨m⟩ faiz geliri/kazancı
Zinseszins ⟨m⟩ *(BkW)* bileşik faiz; *(BkW)* mürekkep faiz
Zinseszinsverbot ⟨n⟩ mürekkep/bileşik faiz yasağı
Zinsforderung ⟨f⟩ faiz talebi
zinsfrei ⟨adj⟩ faizsiz, faizden muaf
 [... ausleihen] faizsiz borç para vermek
 [...es Kapital] faizsiz sermaye
Zinsfuß ⟨m⟩ faiz haddi/oranı
 [amtlicher...] resmî faiz haddi
 [interner...] *(VWL)* marjinal dönüşüm oranı
Zinsgarantie ⟨f⟩ faiz garantisi

Zinsgefälle ⟨n⟩ faizlerde düşüş
zinsgünstig ⟨adj⟩ uygun faizli
Zinsgutschein ⟨m⟩ faiz kuponu
Zinsherabsetzung ⟨f⟩ faiz indirimi; faiz oranlarının aşağıya çekilmesi
Zinshöchstsatz ⟨m⟩ azami faiz haddi/oranı
zinslos ⟨adj⟩ faizsiz
Zinsniveau ⟨n⟩ faizlerin seviyesi/yüksekliği
Zinspapier ⟨n⟩ faiz getiren senet
Zinspolitik ⟨f⟩ faiz politikası
Zinsrate ⟨f⟩ faiz oranı
Zinsrechnung ⟨f⟩ faiz hesabı
Zinssatz ⟨m⟩ *(BkW)* faiz oranı
[... für Ausleihungen] avanslar için faiz oranı; kredi faiz oranı
[... für erste Adressen] güvenilir (banka) müşterileri için faiz oranı
[... für Spareinlagen] tasarruf mevduatı için faiz oranı
[gesetzlicher ...] yasal faiz oranı
[handelsüblicher ...] ticarette geçerli faiz oranı
[nominaler ...] nominal faiz oranı
[realer ...] reel faiz
Zinsschein ⟨m⟩ faiz kuponu/fişi
[... für Schuldverschreibungen] *(WeR)* tahvil kuponu
[...e erneuern] faiz kuponlarını yenilemek
Zinssenkung ⟨f⟩ faiz indirimi/düşüşü
zinssicher ⟨adj⟩ faizi garantili
Zinsspanne ⟨f⟩ faiz marjı
Zinsstaffel ⟨f⟩ faiz kademesi
Zinssteigerung ⟨f⟩ faiz artışı
Zinssteuer ⟨f⟩ faiz vergisi
Zinsstruktur ⟨f⟩ faiz yapısı
Zinsstundung ⟨f⟩ faiz ödemelerinin ertelenmesi
Zinstabelle ⟨f⟩ faiz tablosu
Zinstag ⟨m⟩ faiz günü
Zinstermin ⟨m⟩ faiz ödeme günü/tarihi
zinstragend ⟨adj⟩ faiz getiren
[...e Aktie] faiz getiren hisse senedi
Zinsumwandlung ⟨f⟩ faiz dönüşümü/değişimi
Zinsunterschied ⟨m⟩ faiz farkı
zinsverbilligt ⟨adj⟩ faiz indirimli
Zinsverbindlichkeit ⟨f⟩ faiz borcu
[... von Geldinstituten] mali müesseselerin faiz verme zorunluluğu
Zinsvergünstigung ⟨f⟩ faizlerde indirim
Zinsverjährung ⟨f⟩ faizde zamanaşımı
Zinsverlust ⟨m⟩ faiz kaybı
Zinswucher ⟨m⟩ fahiş faiz
Zinszahlen ⟨pl⟩ adat
Zinszahlung ⟨f⟩ faiz ödemesi
zirka aşağı yukarı; takriben
Zirkular ⟨n⟩ genelge, sirküler; tamim
Zirkulation ⟨f⟩ dolaşım; tedavül; sürüm
Zirkulationsperiode ⟨f⟩ dolaşım devresi/peryodu
[... des Kapitals] sermayenin dolaşım devresi
zirkulieren ⟨int⟩ tedavül etmek; dolaşmak
Zitat ⟨n⟩ alıntı
zivil ⟨adj⟩ sivil; *(Jur)* medeni
Zivilgericht ⟨n⟩ *(Jur)* hukuk mahkemesi
Zivilgesetzbuch ⟨n⟩ *(Jur)* medeni kanun/yasa
Zivilprozeß ⟨m⟩ *(Jur)* medeni hukuk davası
Zivilrecht ⟨n⟩ *(Jur)* medeni hukuk
zivilrechtlich ⟨adj⟩ *(Jur)* medeni hukukça

Zivilverwaltung ⟨f⟩ sivil idare
Zoll ⟨m⟩ *(Zo)* gümrük; *(StR)* gümrük resmi
[... entrichten] *(Zo)* gümrük resmi ödemek
[Allgemeines ... - und Handelsabkommen] **(GATT)** *(AußH)* Gümrük Tarifeleri ve Ticaret Genel Anlaşması
[beim ... abfertigen] *(Zo)* gümrük muamelesi yapmak; *(Zo)* gümrükte işlem yapmak
[beim ... abgeben] *(Zo)* gümrükte teslim etmek
[beim ... angeben] *(Zo)* gümrükte beyan etmek
[beim ... deklarieren] *(Zo)* gümrükte deklare etmek
[binnenländischer ...] yurtiçi gümrük (resmi)
[dem ... unterliegen] *(Zo)* gümrüğe tabi olmak
[erhobener ...] *(Zo)* tahsil edilen gümrük
[gestaffelter ...] kademeli gümrük
[gleitender ...] değişen gümrük tarifesi
[mit ... belegen] *(Zo)* gümrük koymak; *(Zo)* gümrüğe tabi tutmak
[nach Wert erhobener ...] *(StR)* ad valorem gümrük resmi
Zollabbau ⟨m⟩ *(AußH)* gümrüklerin kaldırılması
Zollabfertigung ⟨f⟩ *(Zo)* gümrük muamelesi/işlemi
Zollabfertigungsstelle ⟨f⟩ gümrük işlemlerinin yapıldığı yer
Zollabgaben ⟨pl⟩ *(Zo)* gümrük resimleri; *(Zo)* gümrük vergileri
Zolladungsverzeichnis ⟨n⟩ gümrük için hamule listesi
Zollager ⟨n⟩ *(Zo)* antrepo; gümrük ambarı/ardiyesi/deposu
zollähnlich ⟨adj⟩ gümrük benzeri/gibi
Zollamt ⟨n⟩ *(Zo)* gümrük dairesi
Zollangabe ⟨f⟩ gümrük beyanı
Zollanmeldung ⟨f⟩ gümrüğe başvurma/müracaat
Zollantrag ⟨m⟩ gümrük dilekçesi
Zollaufkommen ⟨n⟩ gümrükten gelir
Zollaufschlag ⟨m⟩ gümrük zammı
Zollaufsicht ⟨f⟩ gümrük denetimi/kontrolü
Zollaufsichtsstelle ⟨f⟩ gümrük kontrol yeri
Zollbeamter ⟨m⟩ *(Zo)* gümrük memuru
Zollbegleitpapier ⟨n⟩ gümrük ek evrakı
Zollbegleitschein ⟨m⟩ gümrük vesikası
Zollbegünstigung ⟨f⟩ gümrük imtiyazı
Zollbehörde ⟨f⟩ *(Zo)* gümrük makamı
Zollbescheinigung ⟨f⟩ *(Zo)* gümrük belgesi
Zollbestimmungen ⟨pl⟩ *(Zo)* gümrük yönetmeliği
Zollbewertung ⟨f⟩ gümrük değerlemesi
Zolldeklaration ⟨f⟩ *(Zo)* gümrük beyannamesi
Zolldokument ⟨n⟩ gümrük evrakı
Zolldurchfuhrschein ⟨m⟩ *(Zo)* gümrük transit belgesi
Zolleinfuhrerklärung ⟨f⟩ *(Zo)* gümrük ithal beyanı
Zolleinfuhrschein ⟨m⟩ *(Zo)* gümrük ithal belgesi
Zolleinheit ⟨f⟩ gümrük birimi
Zolleinlagerung ⟨f⟩ antrepoya kaydetme/koyma
Zolleinnahme ⟨f⟩ gümrük tahsilatı
Zolleinnehmer ⟨m⟩ gümrük resmi alan
Zollerklärung ⟨f⟩ *(Zo)* gümrük beyannamesi; *(Schff)* manifesto
Zollerleichterung ⟨f⟩ gümrükte kolaylık
Zollermäßigung ⟨f⟩ gümrük vergisinde indirim
Zollerstattung ⟨f⟩ gümrük resmi/vergisi iadesi
Zollfahndung ⟨f⟩ gümrük takibatı
Zollfahndungsstelle ⟨f⟩ gümrük takip makamı

Zollfaktura ⟨f⟩ *(Zo)* gümrük faturası
Zollflagge ⟨f⟩ *(Schff)* gümrük arması
Zollformalitäten ⟨pl⟩ gümrük muameleleri/ işlemleri
Zollformular ⟨n⟩ *(Zo)* gümrük formu
zollfrei ⟨adj⟩ *(StR)* gümrüksüz; *(StR)* gümrükten muaf
[... machen] gümrükten muaf tutmak
Zollfreibetrag ⟨m⟩ gümrüksüz meblağ; gümrükten muaf meblağ
Zollfreigebiet ⟨n⟩ serbest bölge
Zollfreihafen ⟨m⟩ *(Schff)* serbest liman
Zollfreiheit ⟨f⟩ *(StR)* gümrük muafiyeti
Zollfreikontingent ⟨n⟩ gümrükten muaf kontenjan
Zollfreilager ⟨n⟩ *(Zo)* antrepo; gümrük ardiyesi/deposu
Zollfreiliste ⟨f⟩ gümrükten muaf malların listesi
Zollfreimenge ⟨f⟩ gümrükten muaf miktar
Zollfreischein ⟨m⟩ gümrükten serbest geçiş belgesi
Zollgebäude ⟨n⟩ *(Zo)* gümrük binası
Zollgebiet ⟨n⟩ gümrük alanı/bölgesi/sahası
Zollgebühr ⟨f⟩ *(Zo)* gümrük resmi
Zollgebührenermäßigung ⟨f⟩ *(Zo)* gümrük resmi indirimi
Zollgeleitschein ⟨m⟩ gümrük vesikası
Zollgesetz ⟨n⟩ *(Jur)* gümrük yasası
Zollgesetzgebung ⟨f⟩ *(Jur)* gümrük mevzuatı
Zollgrenze ⟨f⟩ gümrük sınırı
Zollgut ⟨n⟩ gümrüğe tabi mal
Zollgutlager ⟨n⟩ *(Zo)* antrepo; *(Zo)* gümrüğe tabi mallar ardiyesi/deposu
Zollhafen ⟨m⟩ *(Schff)* gümrük limanı
Zollharmonisierung ⟨f⟩ gümrük tarifelerinde uyuşum
Zollhinterziehung ⟨f⟩ *(Jur)* gümrük kaçakçılığı
Zollinhaltserklärung ⟨f⟩ *(Zo)* gümrük beyannamesi
Zollinie ⟨f⟩ gümrük hattı/hududu
Zollinspektor ⟨m⟩ *(Zo)* gümrük müfettişi
Zollkontingent ⟨n⟩ *(Zo)* gümrük kontenjanı/kotası
Zollkontrolle ⟨f⟩ gümrük kontrolü/muayenesi
Zollkrieg ⟨m⟩ gümrük tarifesi çatışması
Zöllner ⟨m⟩ *(Zo)* gümrük memuru
Zollniederlage ⟨f⟩ *(Zo)* antrepo; gümrük ardiyesi/deposu
[öffentliche ...] *(Zo)* resmî antrepo
Zollordnung ⟨f⟩ gümrük yönetmeliği
Zollpapier ⟨n⟩ gümrük evrakı
Zollpflicht ⟨f⟩ *(StR)* gümrük mükellefiyeti; gümrük ödeme yükümlülüğü
zollpflichtig ⟨adj⟩ *(StR)* gümrük resmine tabi
Zollplombe ⟨f⟩ *(Zo)* gümrük kurşun damgası
Zollpolitik ⟨f⟩ *(VWL)* gümrük politikası
Zollquittung ⟨f⟩ *(Zo)* gümrük makbuzu
Zollrechnung ⟨f⟩ *(Zo)* gümrük faturası
Zollrecht ⟨n⟩ *(Jur)* gümrük hukuku
Zollregelung ⟨f⟩ gümrük düzeni
Zollrückerstattung ⟨f⟩ → **Zollrückvergütung** *(AußH)* ihraç/ihracat primi; *(StR)* gümrük resmi iadesi; *(Eng)* drawback
Zollrückvergütung ⟨f⟩ → **Zollrückerstattung** *(AußH)* ihraç/ihracat primi; *(StR)* gümrük resmi iadesi; *(Eng)* drawback
[... für Re-Exporte] *(AußH)* drawback sistemi; *(StR)* reddi rüsum

Zollsatz ⟨m⟩ *(Zo)* gümrük (resmi) haddi/oranı
Zollschein ⟨m⟩ *(Zo)* gümrük belgesi
Zollschranke ⟨f⟩ gümrük kapısı engeli
Zollspeicher ⟨m⟩ *(Zo)* antrepo
Zollspeicherwirtschaft ⟨f⟩ *(VWL)* antrepo rejimi
Zollstempel ⟨m⟩ *(Jur)* gümrük damgası
Zollsteuer ⟨f⟩ *(StR)* gümrük resmi/vergisi
Zollstrafe ⟨f⟩ *(Jur)* gümrük cezası
Zollsystem ⟨n⟩ *(VWL)* gümrük rejimi; gümrük yöntemi
Zolltarif ⟨m⟩ *(Zo)* gümrük tarifesi
Zollunion ⟨f⟩ *(AußH)* gümrük birliği
Zollverband ⟨m⟩ *(AußH)* gümrük birliği
Zollverfahren ⟨n⟩ gümrük yöntemi/uygulaması
Zollvergünstigung ⟨f⟩ *(StR)* gümrük indirimi
Zollversandgut ⟨n⟩ *(Zo)* gümrük transit malı
Zollverschluß ⟨m⟩ *(Zo)* gümrük mühürlü; antrepoda bulunan
[aus dem ... nehmen] *(Zo)* antrepodan almak
[unter ... einlagernd] *(Zo)* antrepoda bulunan
[unter ... lassen] *(Zo)* antrepoda bırakmak
[unter ... liegend] *(Zo)* antrepoda yatan
Zollverwaltung ⟨f⟩ *(Zo)* gümrük idaresi/makamı
Zollverzeichnis ⟨n⟩ gümrük tarifesi
Zollvorschriften ⟨pl⟩ *(Jur)* gümrük mevzuatı/ nizamnamesi
Zollware ⟨f⟩ *(Zo)* gümrük malı
Zollwert ⟨m⟩ *(Zo)* gümrük değeri
Zone ⟨f⟩ bölge; mıntıka
[neutrale ...] tarafsız bölge
Zonentarif ⟨m⟩ bölge tarifesi
Zubehör ⟨n⟩ aksam; aksesuar; parçalar
Zucker ⟨m⟩ şeker
Zuckerbörse ⟨f⟩ şeker borsası/piyasası
Zuckerindustrie ⟨f⟩ şeker sanayii
Zuckermarkt ⟨m⟩ şeker piyasası
Zuckerraffinerie ⟨f⟩ *(Ind)* şeker rafinerisi
Zuckerrübe ⟨f⟩ *(LandW)* şeker pancarı
Zuckersteuer ⟨f⟩ *(StR)* şeker üzerinden alınan vergi
zuerkennen ⟨v/t⟩ tanımak; tasvip etmek
Zuerstentnahme ⟨f⟩ ilk/önceden alınma
[... der älteren Bestände] ilk alınan mallar ilk olarak satılır (usulü); *(ReW)* ilk giren ilk çıkar yöntemi; *(ReW)* Fifo-yöntemi
[... der neuesten Bestände] en son giren mallar ilk olarak satılır (usulü); *(ReW)* son giren ilk çıkar yöntemi; *(ReW)* Lifo-yöntemi
Zufall ⟨m⟩ rastlantı; tesadüf
Zufallsauswahl ⟨f⟩ *(Stat)* rastlantısal örnek(leme); tesadüfi örnek(leme)
Zufallsergebnis ⟨n⟩ rastlantısal sonuç
Zufallsfehler ⟨m⟩ *(Stat)* rastlantısal hata; *(Stat)* tesadüfi hata
Zufallsvariable ⟨f⟩ *(Stat)* rastlantısal değişken
[diskrete ...] kesikli rastlantısal değişken
[kontinuierliche ...] *(Stat)* sürekli rastlantısal değişken
[standardisierte ...] *(Stat)* standart değişken
[stetige ...] *(Stat)* sürekli rastlantısal değişken
Zufluß ⟨m⟩ girdi; giriş
[... des Kapitals] sermaye girdisi
Zufuhr ⟨f⟩ 1. sevk 2. tedarik
[... von Eigenkapital] *(BkW)* özsermaye artırımı

Zuführung ⟨f⟩ 1. sevk etme
2. sağlama; tedarik etme
zuführen ⟨v/t⟩ 1. sevketmek
2. sağlamak; tedarik etmek
[dem Reservefonds einen Beitrag ...] *(BkW)* ihtiyat fonuna yeni bir meblağ aktarmak
Zugabe ⟨f⟩ 1. prim; ikramiye 2. ek; ilave
[als ...] prim/ek olarak
Zugabeartikel ⟨m⟩ *(Mk)* eşantiyon; (alış verişte müşteri kazanmak için bedava verilen) ikramiye
Zugang ⟨m⟩ giriş; duhul
[... zu den Büchern haben] muhasebe defterlerine bakmaya yetkili olmak
[erweiterter ...] *(IWF)* özel çekiş hakkı
zugänglich ⟨adj⟩ 1. girilebilir
2. ulaşılabilir; varılabilir
Zugartikel ⟨m⟩ *(Mk)* müşteri çeken mal
zugehören ⟨int⟩ ait olmak
Zugehörigkeit ⟨f⟩ ait/mensup olma; mensubiyet
zugelassen ⟨adj⟩ ruhsatlı; izinli; tescilli
[...e Aktie] *(Bö)* kote edilmiş hisse senedi
zugesichert ⟨adj⟩ garantili; teminatlı;
garanti/temin edilen
[...e Eigenschaft] garanti edilen özellik; temin edilen vasıf
Zugeständnis ⟨n⟩ taviz; konsesyon
[... machen] tavizde bulunmak
[handelspolitisches ...] *(AußH)* ticari taviz
[preisliches ...] fiyatta taviz
zugestellt ⟨adj⟩ tebliğ edilmiş
zugewiesen ⟨adj⟩ 1. havale edilmiş 2. tahsis edilmiş
Zugewinn ⟨m⟩ ek kazanç
zügig ⟨adj⟩ vakit kaybetmeden; hemen
[...e Abwicklung] hemen işlem yapma
Zugkraft ⟨f⟩ çekiş gücü
zugunsten lehine
Zukauf ⟨m⟩ (ayrıca/ilaveten) satın alma
zukaufen ⟨v/t⟩ (ayrıca/ilaveten) satın almak
Zukunft ⟨f⟩ gelecek
[in ...] gelecekte
Zukunftsaussichten ⟨pl⟩ geleceğe yönelik tahminler/beklentiler
Zukunftsinvestition ⟨f⟩ *(BkW)* geleceğe yönelik yatırım
zukunftsorientiert ⟨adj⟩ ileriye yönelik; geleceğe yönelik
Zukunftsplanung ⟨f⟩ geleceği planlama; ileriye yönelik planlama
Zukunftsrechnung ⟨f⟩ fonksiyonel bütçeleme
Zukunftssicherung ⟨f⟩ geleceği güvence altına alma
Zukunftstechnologie ⟨f⟩ ileri teknoloji
zukünftig ⟨adj⟩ gelecekteki
Zulage ⟨f⟩ zam; (maaşta/ücrette) zam; prim; ikramiye
zulassen ⟨v/t⟩ kabul etmek; izin vermek
zulässig ⟨adj⟩ *(Jur)* meşru
Zulassung ⟨f⟩ 1. kabul 2. ruhsat 3. tescil
[... eines Auftrages] bir talebin kabulü
[... von Beweisen und Zeugen] *(Jur)* delil ve tanıkların kabulü
[... von Kraftfahrzeugen] vasıtaların trafikte kullanılabilmesi için ruhsat verme
[... zum Börsenhandel] borsada muameleye kabul; borsada kota olma

[... zur Notierung] *(Bö)* kotasyon/kayıt izni
[einstweilige ...] geçici ruhsat;
geçici olarak kabul
Zulassungsantrag ⟨m⟩ ruhsat dilekçesi;
kabul talebi
Zulassungsausschuß ⟨m⟩ ruhsat komitesi
Zulassungsbedingungen ⟨pl⟩ kabul edilme koşulları
Zulassungsbescheinigung ⟨f⟩ ruhsatname;
ruhsat belgesi
Zulassungsbeschränkungen ⟨pl⟩ kabulde kısıtlamalar/sınırlamalar
Zulassungsgesuch ⟨n⟩ ruhsat dilekçesi; kabul talebi
Zulassungsnummer ⟨f⟩ ruhsat numarası;
(Kfz) plaka
Zulassungsprospekt ⟨m⟩ *(Bö)* bülten; prospektüs
Zulassungsprüfung ⟨f⟩ 1. kabul sınavı
2. ruhsat vermek için kontrol
Zulassungsschein ⟨m⟩ ruhsatname; ruhsat belgesi
Zulassungsstelle ⟨f⟩ ruhsat servisi; tescil dairesi;
(Bö) kayıt ve kabul dairesi
Zulassungsverfahren ⟨n⟩ ruhsat verme usulü/yöntemi
Zulauf ⟨m⟩ rağbet; ilgi
Zulieferant ⟨m⟩ *(Ind)* ara mal ve mamûlleri müteahhiti
Zulieferbetrieb ⟨m⟩ *(Ind)* ara mal ve mamûl üreten işletme
Zulieferer ⟨m⟩ *(Ind)* ara mal ve mamûlleri sevkeden
Zulieferindustrie ⟨f⟩ *(Ind)* ara mal ve mamûller üreten sanayi
zuliefern ⟨v/t⟩ göndermek; sevk etmek
Zulieferung ⟨f⟩ gönderme; sevk
Zunahme ⟨f⟩ artma; artış; çoğalma
[... der Arbeitslosigkeit] işsizliğin artması
[... der Lagerbestände] emtiada artış;
depo mallarında artış
zunehmen ⟨int⟩ artmak; çoğalmak
Zunft ⟨f⟩ lonca; esnaf loncası
[in eine ... aufnehmen] bir loncaya almak
Zunftzwang ⟨m⟩ loncaya girme zorunluluğu
zurechenbar ⟨adj⟩ ücrete tabi tutulabilir;
ücret alınabilir
zurechnen ⟨v/t⟩ hesaba katmak
zurück ⟨adv⟩ geri; geride; arkada
[... geben] geri vermek; iade etmek
[... zum Absender] gönderene iade
zurückbehalten ⟨v/t⟩ alıkoymak; geri vermemek
Zurückbehaltung ⟨f⟩ alıkoyma
Zurückbehaltungsrecht ⟨n⟩ *(Jur)* hapis hakkı
[... des Spediteurs] *(Jur)* taşıyıcının hapis hakkı
[... des Verkäufers] *(Jur)* satıcının hapis hakkı
[kaufmännisches ...] *(Jur)* ticarette hapis hakkı
zurückbelasten ⟨v/t⟩ geriye dönük borçlamak
zurückbezahlen ⟨v/t⟩ geri ödemek
zurückbringen ⟨v/t⟩ geri getirmek
zurückbuchen ⟨v/t⟩ *(ReW)* geriye dönük kayda geçirmek
zurückdatieren ⟨v/t⟩ geçmiş tarih koymak
Zurückdiskontierung ⟨f⟩ *(BkW)* reeskont yapma
zurückerhalten ⟨v/t⟩ geri almak
zurückerstatten ⟨v/t⟩ geri ödemek/vermek
Zurückerstattung ⟨f⟩ geri ödeme
zurückfordern ⟨v/t⟩ geri istemek;
iadesini talep etmek
[Auslagen ...] masrafları geri talep etmek

zurückgeben ⟨v/t⟩ iade etmek, geri vermek
zurückgehen ⟨int⟩ geri gitmek; gerilemek;
(Bö) düşmek
[den Kurs... lassen] *(Bö)* fiyatları düşürmek
zurückgenommen ⟨adj⟩ geri alınmış
zurückgesetzt ⟨adj⟩ geriye alınmış/atılmış
[...es Datum] geriye alınmış/atılmış tarih
zurückgewiesen ⟨adj⟩ reddedilmiş
[...er Wechsel] *(WeR)* reddedilmiş senet
zurückgewinnen ⟨v/t⟩ tekrar elde etmek
zurückhalten ⟨v/t⟩ alıkoymak; elde tutmak
Zurückhaltung ⟨f⟩ çekimserlik
zurücknehmen ⟨v/t⟩ geri almak/çekmek
zurückschicken ⟨v/t⟩ geri göndermek
zurücksenden ⟨v/t⟩ geri göndermek
zurückschreiben ⟨v/t⟩ cevap yazmak
Zurückstellung ⟨f⟩ erteleme
zurücktreten ⟨v/t⟩ 1. geri çekilmek 2. istifa etmek
zurückverlangen ⟨v/t⟩ geri istemek
zurückzahlen ⟨v/t⟩ geri ödemek
Zurückzahlung ⟨f⟩ geri ödeme
Zusage ⟨f⟩ 1. söz; tasvip 2. temin
3. kabul; olur; olumlu cevap
[verbindliche...] kesin kabul
Zusagevolumen ⟨n⟩ toplam kredi tutarı
Zusammenarbeit ⟨f⟩ iş birliği; kooperasyon; birlikte/müşterek çalışma
[Organisation für wirtschaftliche... und Entwicklung] **(OECD)** *(AußH)* Ekonomik Kalkınma ve İşbirliği Örgütü
[wirtschaftliche...] *(AußH)* ekonomik iş birliği
zusammenarbeiten ⟨int⟩ iş birliği yapmak; birlikte çalışmak
Zusammenballung ⟨f⟩ konglomerasyon; bir araya gelme; birikim
zusammenbauen ⟨v/t⟩ *(Ind)* monte etmek
zusammenbrechen ⟨int⟩ çökmek; yıkılmak
Zusammenbruch ⟨m⟩ çöküş; yıkılma
[...des Aktienmarkts] menkul kıymetler piyasasının çökmesi; hisse senedi piyasasının çökmesi
[ökologischer...] *(VWL)* ekolojik çöküş
Zusammenfassung ⟨f⟩ özet
Zusammenkunft ⟨f⟩ biraraya gelme; toplanma
zusammenlegen ⟨v/t⟩ birleştirmek; eklemek; toplamak; konsolide etmek
zusammenschließen ⟨v/t⟩ birleşmek
[zu einem Kartell...] kartelleşmek
Zusammenschluß ⟨m⟩ birleşme; kartelleşme
[...von Aktiengesellschaften] *(AG)* anonim şirketlerin birleşmesi/kartelleşmesi
[horizontaler...] yatay birleşme
[vertikaler...] dikey birleşme
[wettbewerbsbeschränkender...] rekabeti kısıtlayıcı birleşme/kartelleşme
Zusammensetzung ⟨f⟩ 1. bileşim; terkip
2. sıralama; tertip
[...des Aufsichtsrates] denetim kurulunun terkibi
[warenmäßige...] mal kategorilerine göre sıralama/tertip
zusammensparen ⟨v/t⟩ tasarruf yapmak
zusammenstellen ⟨v/t⟩ düzene koymak; sıralamak
Zusammenstellung ⟨f⟩ düzenleme; tertip; sıralama
Zusammenveranlagung ⟨f⟩ *(StR)* birlikte/müşterek vergileme

Zusatz ⟨m⟩ ek; ilave; *(Text)* derkenar; dipnot
Zusatzabgabe ⟨f⟩ ek kesinti
Zusatzaktie ⟨f⟩ *(BkW)* ek hisse senedi
Zusatzetat ⟨m⟩ *(öFi)* katma bütçe
Zusatzfinanzierung ⟨f⟩ *(BkW)* ek finansman
Zusatzfracht ⟨f⟩ ilave yük; yük fazlası; *(Schff)* ilave navlun
Zusatzinformation ⟨f⟩ ek bilgi
zusätzlich ⟨adj⟩ ayrıca; ek olarak
[...bewilligte Haushaltsmittel] *(öFi)* ek ödenekler
Zusatzlohn ⟨m⟩ ek/ilave ücret
Zusatzpolice ⟨f⟩ *(Vers)* ek poliçe;
(Vers) munzam poliçe
Zusatzprämie ⟨f⟩ ek prim; munzam prim
Zusatzprotokoll ⟨n⟩ ek tutanak
Zusatzvergütung ⟨f⟩ ek ödeme
Zusatzvermerk ⟨m⟩ ek kayıt; dipnot; derkenar
Zusatzversicherung ⟨f⟩ *(Vers)* ek sigorta; *(Vers)* munzam sigorta
Zusatzversorgung ⟨f⟩ ek bakım (ödemeleri); *(SozV)* ek yardım (ödemeleri)
Zuschlag ⟨m⟩ zam; ilave; katma; prim;
(Ausschreibung) ihale (etme)
[...erhalten] ihaleyi kazanmak;
(Auktion) üstünde kalmak
[...erteilen] *(Ausschreibung)* ihale etmek; ihaleyi vermek
[...für Überstunden] fazla mesai için prim/zam
[mit...] zamlı
Zuschlaggebühr ⟨f⟩ sürşarj; ek/munzam ücret; zamlı ücret
Zuschlagkalkulation ⟨f⟩ *(KoR)* sipariş maliyetleme; sipariş maliyet sistemi
Zuschlagsfracht ⟨f⟩ ilave yük; *(Schff)* ilave navlun
zuschlagsfrei ⟨adj⟩ zamsız; fiyat fazlası olmayan
Zuschlagsgebühr ⟨f⟩ sürşarj; munzam ücret
Zuschlag(s)karte ⟨f⟩ *(Bahn)* zamlı bilet; zamlı/munzam tren bileti
Zuschlagsporto ⟨n⟩ *(Post)* munzam posta ücreti; sürtaks
Zuschlagsprämie ⟨f⟩ ek prim; munzam prim
Zuschlagspreis ⟨m⟩ *(Ausschreibung)* ihale fiyatı
Zuschlagssteuer ⟨f⟩ sürtaks; *(StR)* munzam vergi; *(StR)* katma değer vergisi
zuschreiben ⟨v/t⟩ hesaba geçirmek;
(ReW) yüklemek
Zuschreibung ⟨f⟩ hesaba geçirme; *(ReW)* yükleme
Zuschrift ⟨f⟩ mektup; yazı
Zuschuß ⟨m⟩ *(öFi)* munzam tahsisat; *(öFi)* ek ödenek(ler); *(VWL)* sübvansiyon; teşvik; ek mali yardım; *(BkW)* avans; kredi
[...gewähren] sübvansiyon vermek; sübvansiyone etmek
[öffentlicher...] *(VWL)* sübvansiyon;
(öFi) ek ödenekler
[staatlicher...] *(VWL)* sübvansiyon;
(öFi) ek ödenekler
[verlorener...] kayıp sübvansiyon
zuschußberechtigt ⟨adj⟩ sübvansiyon hakkına sahip
Zuschußbetrieb ⟨m⟩ sübvansiyonlu işletme
Zuschußempfänger ⟨m⟩ sübvansiyon alan
Zuschußgeschäft ⟨n⟩ sübvansiyonlu işlem
zusenden ⟨v/t⟩ göndermek
Zusendung ⟨f⟩ gönderilen

zusichern ⟨v/t⟩ 1. garanti vermek; temin etmek 2. söz vermek ; vaat etmek
Zusicherung ⟨f⟩ 1. garanti; teminat 2. taahhüt 3. söz; vaat
[... einer Eigenschaft] kalite garantisi
[... handelsüblicher Qualität] ticari kalite standartlarına uygunluk garantisi
[ausdrückliche ...] kesin garanti/teminat
[vertragliche ...] akdî teminat
Zustand ⟨m⟩ durum; hal
[äußerlich guter ...] görünüşte iyi durum
[baulicher ...] tamir edilmesi gerekli durum
[betriebsfähiger ...] işler durum
[einwandfreier äußerer ...] görünüşte kusursuz durum
[vorzüglicher ...] son derece iyi durum
zuständig ⟨adj⟩ 1. ilgili 2. yetkili
Zuständigkeit ⟨f⟩ yetki
Zuständigkeitsbereich ⟨m⟩ yetki alanı
Zustelldienst ⟨m⟩ posta servisi; tebliğ ve teslim servisi
zustellen ⟨v/t⟩ teslim etmek; *(Jur)* tebliğ etmek
Zustellung ⟨f⟩ teslim; *(Jur)* tebliğ
[... durch die Post] *(Post)* posta yoluyla tebliğ/teslim
[... frei Haus] ücretsiz eve teslim
[... von Paketen] *(Post)* paket teslimi
[persönliche ...] elden teslim; şahsen tebliğ
[portofreie ...] *(Post)* ücretsiz teslim
Zustellungsadresse ⟨f⟩ tebliğ/teslim edilecek adres
Zustellungsdienst ⟨m⟩ tebliğ ve teslim servisi
Zustellungsurkunde ⟨f⟩ tebligat belgesi
Zustimmung ⟨f⟩ 1. muvafakat; rıza 2. uygun bulma 3. kabullenme
[ohne ...] rızasız
[stillschweigende ...] üstü kapalı kabullenme; *(Jur)* zımni rıza
zuteilen ⟨v/t⟩ dağıtmak; tahsis etmek; tevzi etmek
Zuteilung ⟨f⟩ dağıtım; tahsis; tevzi
[... der Aufgaben] görevlerin dağıtımı
Zuteilungsbenachrichtigung ⟨f⟩ dağıtım/tahsis bildirisi
Zuteilungsschein ⟨m⟩ tahsis belgesi
Zuteilungsbetrag ⟨m⟩ tahsis bedeli
Zuwachs ⟨m⟩ büyüme; artış
[mengenmäßiger ...] miktarda büyüme
Zuwachsrate ⟨f⟩ büyüme oranı; artış oranı
[... der Investitionen] yatırımlarda büyüme oranı
zuweisen ⟨v/t⟩ tahsis etmek; havale etmek
Zuweisung ⟨f⟩ tahsisat; havale
[... an die Reserven] *(BkW)* ihtiyat fonlarına tahsisat
[... an die Rücklagen] *(BkW)* ihtiyat fonlarına tahsisat
[... von Geldmitteln] *(BkW)* fonların tahsisatı
zuwenden ⟨v/t⟩ ödemek; avans vermek; bağışta bulunmak
Zuwendung ⟨f⟩ ödeme; avans verme; bağışlama; *(Jur)* temlikî muamele
zuwiderhandeln ⟨int⟩ karşı gelmek
Zwang ⟨m⟩ zor; cebir
Zwangsabgabe ⟨f⟩ *(StR)* zorunlu vergi
Zwangsankauf ⟨m⟩ zorunlu satın alma
Zwangsanleihe ⟨f⟩ zorunlu istikraz

Zwangsarbeit ⟨f⟩ 1. angarya; cebrî çalıştırma 2. çalıştırma cezası
Zwangsauflösung ⟨f⟩ cebrî tasfiye; zorunlu tasfiye
Zwangsbeitreibung ⟨f⟩ *(Jur)* cebren tahsil
Zwangsbeleihung ⟨f⟩ zorunlu borçlanma
Zwangsbewirtschaften ⟨v/t⟩ kayıtlı olarak işletmek
Zwangsbewirtschaftung ⟨f⟩ kayıtlı olarak işletme; güdümlü işletme
Zwangseingriff ⟨m⟩ *(Jur)* mecburî tahkim
Zwangsenteignung ⟨f⟩ zoralım; *(Jur)* mecburî/zorunlu istimlâk
Zwangsgeld ⟨n⟩ (yürütme makamlarınca uygulanan) para cezası
Zwangshaft ⟨f⟩ *(Jur)* hapsen tazyik
Zwangskonkurs ⟨m⟩ zorunlu iflas
Zwangslage ⟨f⟩ zorunluluk durumu; zaruret hali; *(Jur)* ıstırar hali
zwangsläufig ⟨adj⟩ zarurî; zorunlu; haliyle
Zwangsliquidation ⟨f⟩ cebrî tasfiye; zorunlu likidasyon/tasfiye
Zwangsmaßnahme ⟨f⟩ zorlayıcı önlem; *(Jur)* zecrî tedbir
[... treffen] zorlayıcı önlem almak
Zwangsräumung ⟨f⟩ *(Jur)* (kiralananın) cebren tahliye(si)
Zwangssparen ⟨n⟩ zorunlu tasarruf
Zwangsvergleich ⟨m⟩ konkordato; cebrî sulh; zorunlu uyuşma; mecburî itilaf
Zwangsverkauf ⟨m⟩ *(Jur)* cebrî satım
Zwangsversicherung ⟨f⟩ *(Vers)* mecburî sigorta
Zwangsversteigerung ⟨f⟩ *(Jur)* cebrî/zorunlu artırma
[öffentliche ...] *(Jur)* zorunlu açık artırma
zwangsversteigern ⟨v/t⟩ zorunlu artırma ile satmak
Zwangsverwalter ⟨m⟩ yediemin
Zwangsvollstreckung ⟨f⟩ *(Jur)* cebrî icra; zorunlu/zorlu icra
[... aussetzen] *(Jur)* cebrî icrayı talik etmek
[... betreiben] *(Jur)* cebrî icra yoluna gitmek
[Antrag auf ...] cebrî/zorlu icra talebi
[Aussetzung der ...] *(Jur)* cebrî/zorlu icranın taliki
[durch ...] *(Jur)* cebrî/zorlu icra yoluyla
[Rückgängigmachung der ...] *(Jur)* cebrî icranın iadesi
Zwangsvollstreckungsbefehl ⟨m⟩ *(Jur)* cebrî icra emri
Zwangsvollstreckungskosten ⟨pl⟩ cebrî/zorunlu icranın masrafları
Zwangsvollstreckungsmaßnahme ⟨f⟩ *(Jur)* cebrî icra tedbiri
Zwangsvollstreckungsverfahren ⟨n⟩ *(Jur)* cebrî icra yöntemi
Zwangsvollstreckungsverkauf ⟨m⟩ *(Jur)* cebrî icra yoluyla satış/satma
Zwangswirtschaft ⟨f⟩ *(VWL)* güdümlü ekonomi; *(VWL)* kontenjantman
Zweck ⟨m⟩ amaç; hedef
[gewerblicher ...] ticarî amaç
zweckbestimmend ⟨adj⟩ amacı doğrultusunda; amaca yönelik
Zweckbestimmung ⟨f⟩ amaç
Zweckbindung ⟨f⟩ amaca bağlılık
zweckdienlich ⟨adj⟩ amaca uygun
zweckentfremden ⟨v/t⟩ amaç dışı kullanmak

Zweckentfremdung ⟨f⟩ amaç dışı kullanma
Zwecksparen ⟨n⟩ *(BkW)* amaçlı tasarruf
Zweig ⟨m⟩ dal; branş
Zweigfiliale ⟨f⟩ yan şube
Zweiggeschäft ⟨n⟩ şube
Zweigniederlassung ⟨f⟩ şube
Zweigstelle ⟨f⟩ şube
Zweigstellenleiter ⟨m⟩ şube müdürü
Zweischichtsystem ⟨n⟩ *(Ind)* çift/iki vardiya usulü
zweistellig ⟨adj⟩ çift/iki haneli
Zweitausfertigung ⟨f⟩ *(Jur)* ikinci nüsha; *(Jur)* suret; *(Jur)* düplikata
Zweitbeschäftigung ⟨f⟩ ek/yan iş
Zweitschrift ⟨f⟩ *(Jur)* ikinci nüsha; *(Jur)* suret; *(Jur)* düplikata
Zwischenabrechnung ⟨f⟩ *(ReW)* geçici/muvakkat hesap; ara hesap
Zwischenabschluß ⟨m⟩ *(ReW)* mizan; *(ReW)* ara bilançosu; *(ReW)* geçici/muvakkat bilanço
Zwischenaktie ⟨f⟩ geçici/muvakkat hisse senedi
Zwischenbericht ⟨m⟩ ara raporu
Zwischenbilanz ⟨f⟩ *(ReW)* mizan; *(ReW)* ara bilançosu; *(ReW)* geçici/muvakkat bilanço

Zwischendividende ⟨f⟩ *(BkW)* ara temettüü
Zwischenentscheidung ⟨f⟩ *(Jur)* ara kararı
Zwischenergebnis ⟨n⟩ geçici sonuç; *(ReW)* mizan
Zwischenerzeugnis ⟨n⟩ *(Ind)* ara mamul; *(Ind)* ara ürünü
Zwischenfabrikat ⟨n⟩ *(Ind)* ara mamul; *(Ind)* ara ürünü
zwischenfinanzieren ⟨v/t⟩ geçici olarak finanse etmek
Zwischenfinanzierung ⟨f⟩ *(BkW)* ara finansman
Zwischengewinn ⟨m⟩ geçici kâr; ara temettüü
Zwischenhafen ⟨m⟩ *(Schff)* ara limanı
Zwischenhandel ⟨m⟩ aracı ticaret; toptancılık
Zwischenhändler ⟨m⟩ komisyoncu; toptancı
Zwischenlager ⟨n⟩ ardiye; *(Zo)* antrepo
zwischenlagern ⟨v/t⟩ geçici olarak depolamak; *(Zo)* antrepoda saklamak
Zwischenlösung ⟨f⟩ geçici çözüm
Zwischenprodukt ⟨n⟩ *(Ind)* ara malı
Zwischenspediteur ⟨m⟩ ara taşıyıcı
Zwischenzielvariable ⟨f⟩ *(VWL)* hedef değişkeni
zyklisch ⟨adj⟩ *(VWL)* döngüsel; *(VWL)* devresel
Zyklus ⟨m⟩ *(VWL)* döngü; *(VWL)* devre

Buchanzeigen

Kompetenz in Wirtschaft

Vahlens Großes Wirtschaftslexikon
Herausgegeben von
Prof. Dr. Erwin Dichtl und
Prof. Dr. Otmar Issing
2., überarbeitete und
erweiterte Auflage. 1993
2 Bände Leinen
im Schuber
Band 1: XXII, 1265 Seiten,
Band 2: XXII, 1205 Seiten.
DM 350,—
ISBN 3-8006-1698-X

11.000 Stichwörter von fast 300 Fachleuten zusammengetragen, bieten das gesamte Basiswissen der Wirtschaftswissenschaften einschließlich ihrer wirtschaftlich bedeutsamen Nachbardisziplinen.

Verlage Beck / Vahlen München

MARKETING PUR

Vahlens Großes Marketinglexikon

Herausgegeben von Professor Dr. Hermann Diller.

Das ganze Spektrum des Marketingwissens.
Für Unternehmer, Verwaltungen, Organisationen.
Für Praktiker, Planer, Publizisten.
Zur Aneignung, Anleitung, Anwendung.
Zur Vertiefung, Verwertung, Vermittlung.
In über 4000 Stichwörtern.
1992. XV, 1356 Seiten.
In Leinen DM 248,—
ISBN 3-8006-1571-1

VERLAGE BECK/VAHLEN MÜNCHEN

Premium
CONTROLLING

Neu

Die beiden bekannten Controlling-Experten Horváth und Reichmann haben mit Hilfe von über 100 internationalen Controlling-Spezialisten aus Wissenschaft und Praxis ein Lexikon aufgelegt, das als "State of the Art" dieses modernen Konzepts zur Unternehmenssteuerung gelten darf: Das neue Nachschlagewerk vermittelt die allgemeinen konzeptionellen Grundlagen des Controlling, liefert aber auch spezielle Gestaltungsvorschläge und trägt nicht zuletzt zur Klärung vielfältiger Detailfragen bei.

Das Lexikon ist in Breite und Tiefe umfassend und fundiert angelegt und erleichtert dem Leser das Arbeiten zusätzlich durch eine Fülle von Übersichten, Tabellen und Graphiken.

HORVÁTH/REICHMANN
Vahlens Großes Controllinglexikon

Herausgegeben
von Prof. Dr. Péter Horváth
und Prof. Dr. Thomas Reichmann.
1993. XXI, 682 Seiten.
In Leinen DM 164,—
ISBN 3-8006-1416-2

VERLAGE BECK/VAHLEN MÜNCHEN

Wirtschaftsenglisch auf dem PC

WINDOWS-HYPERBOOK WIRTSCHAFTSENGLISCH

ist eine zweisprachige Datenbank mit jeweils mehr als 50.000 Termini aus 30 Fachgebieten der englischen und deutschen Wirtschaftssprache. Das Programm basiert auf dem bekannten »Wirtschaftswörterbuch« von Professor Schäfer und läuft unter Windows 3.1. Dadurch ist die Zusammenarbeit mit entsprechenden Textverarbeitungssystemen gewährleistet. Mit einem Tastendruck können Sie einen dort markierten Text nachschlagen und die Übersetzung übernehmen.

Mit dem Hyperbook können Sie sich schnell innerhalb verwandter Begriffe bewegen, regelmäßige Updates halten Sie auf dem laufenden.

Systemvoraussetzungen:
IBM AT oder kompatibel (386 empfohlen) ● 2 MB Hauptspeicher (4 MB empfohlen) ● 10 MB freier Festplattenspeicher ● 1 Diskettenlaufwerk 9 cm (3,5") ● MS-DOS ab Version 3.3 ● MS-Windows ab Version 3.1.

Schäfer · **WINDOWS-HYPERBOOK**
Wirtschaftsenglisch

Elektronisches Wirtschaftswörterbuch Englisch – Deutsch und Deutsch – Englisch

1994. 47 Seiten Programmanleitung.
8 Disketten, jeweils 9 cm (3,5") nach dem Industriestandard unter MS-DOS für Windows ab Version 3.1.
Im Ordner DM 248,— (unverbindliche Preisempfehlung)
ISBN 3-8006-1795-1

Verlag Vahlen · 80791 München